OFTINGER/STARK
Schweizerisches Haftpflichtrecht
Band II/3

Schweizerisches Haftpflichtrecht

Zweiter Band: Besonderer Teil

Dritter Teilband
Übrige Gefährdungshaftungen

von **Karl Oftinger** †
Professor an der Universität Zürich

4. Auflage, vollständig überarbeitet und ergänzt von

Emil W. Stark
Professor an der Universität Zürich

Schulthess Polygraphischer Verlag, Zürich 1991

Das Material ist bis Ende 1990 berücksichtigt worden.

Vorschlag für die Zitierweise:
OFTINGER/STARK, Schweiz. Haftpflichtrecht II/3, § . . . N . . .

© Schulthess Polygraphischer Verlag, Zürich 1991
ISBN 3 7255 2876 4

Vorwort

Der vorliegende 3. Band des Besonderen Teils schliesst diesen ab. Noch nicht überarbeitet ist der Allgemeine Teil, d. h. der einzige Band, der von Karl Oftinger noch in einer 4. Auflage herausgegeben worden ist. Diese ist allerdings jetzt auch schon gut 15 Jahre alt, und es liegt daher nahe, sie ebenfalls neu herauszugeben. Dies drängt sich um so mehr auf, als bei der Darstellung des Besonderen Teils verschiedene neue, allgemein gültige Betrachtungsweisen herangezogen werden mussten, die in einem neuen Allgemeinen Teil noch wissenschaftlich untermauert werden sollten. Dafür muss ich allerdings die Leser schon jetzt um Geduld bitten.

Im 1. Band des Besonderen Teils wurde neben der Verschuldenshaftung und den einfachen Kausalhaftungen des OR und des ZGB die Haftung für Gewässerverschmutzung nach Art. 36 GSG dargestellt. Dieser Artikel ist seither vom Parlament neu formuliert worden, und es steht noch nicht fest, ob das revidierte Gewässerschutzgesetz einer Volksabstimmung unterworfen wird. Zur neuen Fassung der Haftpflichtnorm konnte im vorliegenden Band nicht Stellung genommen werden.

Der 2. Band des Besonderen Teils ist, abgesehen von einer kurzen Darlegung des Wesens der Gefährdungshaftungen, dem SVG gewidmet. Die kürzlich in Kraft gesetzte Revision dieses Gesetzes betrifft den haftpflicht- und versicherungsrechtlichen Teil nicht.

Drei der im vorliegenden Band behandelten Gefährdungshaftungen sind von Karl Oftinger in der Vorauflage dargestellt worden. Es war aber nur in bezug auf das EHG und das ElG möglich, sich auf Ergänzungen und Nachführungen zu beschränken. Demgegenüber sind die haftpflichtrechtlichen Bestimmungen der MO seit dem Erscheinen der zweiten Bearbeitung durch Karl Oftinger im Jahre 1960 zweimal abgeändert worden. Ausserdem wurde 1962 das ZSG erlassen, das haftpflichtrechtlich in so engem Zusammenhang mit der MO steht, dass sich eine Gesamtdarstellung und damit eine vollständige Überarbeitung des MO-Teils aufdrängte.

Dass das KHG, das RLG und das SSG ganz neu bearbeitet werden mussten, liegt auf der Hand, weil sie neueren Datums sind. Dabei stand kaum Judikatur und nur sehr wenig Literatur zur Verfügung.

Wenn man den Besonderen Teil eines Rechtsgebietes wie des Haftpflichtrechts bearbeitet und dabei immer wieder mehr oder weniger die

Vorwort

gleichen Probleme in bezug auf die verschiedenen Haftungsarten behandelt, fällt einem auf, wie wenig sich der Gesetzgeber dem Gedanken der Geschlossenheit und Einheitlichkeit der Rechtsordnung verpflichtet fühlt, wie wenig Hochachtung er vor dem Recht hat und wie leichten Herzens er die gleiche Frage einmal so und einmal anders regelt, wie souverän er die gesetzgeberischen Freiheiten ausschöpft und wie wenig er sich durch seine eigenen früheren Entscheidungen gebunden fühlt. Dadurch wird der Eindruck zerstört, dass hinter einer Rechtsnorm mehr stecke als eine mehr oder weniger zufällige Mehrheit in den Räten. Das ist dort unerwünscht und falsch, wo die Rechtsordnung prinzipielle Werturteile zum Ausdruck bringen und sich nach höheren Grundsätzen ausrichten sollte, wie im Haftpflichtrecht.

Selbstverständlich muss sich aber auch das Haftpflichtrecht dem sozialen Wandel anpassen. Gegen solche Änderungen richtet sich diese Kritik nicht.

Es ist hier nicht der Ort, diese Gedanken weiter auszuführen. Auf Widersprüche ist an den betreffenden Stellen hingewiesen worden.

Zum Schluss sei noch allen gedankt, die das Erscheinen des vorliegenden 3. Bandes durch ihre Hilfe ermöglicht haben. In erster Linie erwähne ich den NATIONALFONDS ZUR FÖRDERUNG DER WISSENSCHAFTLICHEN FORSCHUNG, der mir durch seine Unterstützung auch nach meiner Emeritierung an der Universität ermöglicht hat, Assistenten beizuziehen und auf die Mitarbeit einer Sekretärin zu zählen. Es handelt sich um die Herren STEPHAN WEBER und ROGER QUENDOZ, beide lic. iur. sowie um die Rechtsanwälte ROLF MEIER und OSKAR RÜETSCHI, die durch ihren grossen Einsatz die Erstellung dieses Buches erst ermöglicht und sich selbständig und sehr sorgfältig um den wissenschaftlichen Apparat gekümmert haben. Sie haben auch das Abkürzungsverzeichnis sowie das Sach- und das Gesetzesregister erstellt und mir bei der Korrektur der Probeabzüge unschätzbare Dienste geleistet. Mit zur Equipe gehörte auch bei diesem Band meine langjährige Sekretärin, Fräulein ANNEMARIE FEHR, der ich für ihre qualifizierte Mitarbeit ebenfalls grossen Dank schulde.

Von eminenter Bedeutung war für mich auch das Verständnis, das ich für meine Anliegen beim VERLAG SCHULTHESS immer gefunden habe, insbesondere bei Frau Dr. CH. HOMBURGER und ihrem Nachfolger, Herrn W. STOCKER, sowie bei Herrn B. EUGSTER. Ihnen allen sei ganz herzlich gedankt.

März 1991   Emil W. Stark

Inhaltsübersicht zu Band II

Vorauflage

Bd. II/1 Verschuldenshaftung, gewöhnliche Kausalhaftungen, Haftung aus Gewässerverschmutzung

§ 16	Verschuldenshaftung	—
§ 17	Übersicht über die Struktur der Haftungen ohne Verschulden, insbesondere der gewöhnlichen Kausalhaftungen	§ 16
§ 18	Haftpflicht des Urteilsunfähigen	—
§ 19	Haftpflicht des Werkeigentümers	§ 17
§ 20	Haftpflicht des Geschäftsherrn	§ 18
§ 21	Haftpflicht des Tierhalters	§ 19
§ 22	Haftpflicht des Familienhauptes	§ 20
§ 23	Haftpflicht aus Gewässerverschmutzung	—

Bd. II/2 Gefährdungshaftungen: SVG

§ 24	Struktur der Gefährdungshaftungen	—
§ 25	Haftpflicht des Motorfahrzeughalters	§ 23
§ 26	Haftpflichtversicherung des Motorfahrzeughalters und ergänzende Schadensdeckungen	§ 23a

Bd. II/3 Übrige Gefährdungshaftungen

§ 27	Haftpflicht der Eisenbahnen, der konzessionierten sonstigen Transportunternehmungen und der Post	§ 21
§ 28	Haftpflicht der Betriebsinhaber elektrischer Anlagen	§ 22
§ 29	Kernenergiehaftpflicht	—
§ 30	Haftpflicht für Rohrleitungsanlagen	—
§ 31	Haftpflicht nach Sprengstoffgesetz	—
§ 32	Haftpflicht der Eidgenossenschaft für Unfallschäden infolge militärischer und Zivilschutzübungen	§ 24

Inhaltsverzeichnis

	Seite
Vorwort	V
Inhaltsübersicht zu Bd. II	VII
Abkürzungen	XXVII
Literaturverzeichnis	XXXIX

§ 27 Haftpflicht der Eisenbahnen, der konzessionierten sonstigen Transportunternehmungen und der Post

I.	**Grundlagen**	2
	A. Rechtsquellen	2
	B. Haftungsgrundsatz	3
	C. Geltungsbereich des Eisenbahnhaftpflichtgesetzes	5
	1. In sachlicher Hinsicht: Kreis der dem Gesetz unterstellten Transportmittel und Unternehmungen	5
	2. In persönlicher Hinsicht	13
	a) Kreis der haftpflichtigen Unternehmungen	13
	b) Kreis der Geschädigten	13
	aa) Positive Abgrenzung: Reisende und Nichtreisende	13
	bb) Negative Abgrenzung: Anwendbarkeit des Unfallversicherungsgesetzes	14
	3. In rechtlicher Hinsicht: Verhältnis zu anderen Haftpflichtvorschriften	14
	a) Zum Elektrizitätsgesetz	14
	b) Zum Strassenverkehrsgesetz	14
	c) Zum Obligationenrecht	14
II.	**Subjekt der Haftpflicht**	16
	A. Grundsatz	16
	B. Einzelfragen	17
III.	**Voraussetzungen der Haftpflicht**	22
	A. Positive Voraussetzungen: Verursachung eines Schadens durch den Betrieb und gegebenenfalls durch Bau- oder Hilfsarbeiten der Transportunternehmung	22
	1. Schaden	23
	a) Personenschaden	23
	b) Sachschaden	23
	aa) Sachschaden im Zusammenhang mit gleichzeitigem Personenschaden	24
	bb) Sachschaden ohne Zusammenhang mit gleichzeitigem Personenschaden	26
	cc) Überblick über die transportrechtliche Haftung	28

Inhaltsverzeichnis

c) Vermögensschaden i.e.S.	31
d) Anhang: Überblick über die Haftung nach Expropriations-, Nachbar- und Umweltschutzrecht	32
2. Begriff der Transportunternehmung	35
3. Verursachung	35
a) Kausalzusammenhang	35
b) Betrieb	36
c) Bau	47
d) Hilfsarbeiten	50
e) Rechtswidrigkeit	53
B. Negative Voraussetzung: Keine Befreiung gestützt auf Entlastungsgründe und besondere Befreiungsgründe	53
1. Entlastungsgründe	54
a) Höhere Gewalt	54
b) Drittverschulden	55
c) Selbstverschulden	57
2. Besonderer Befreiungsgrund des deliktischen Verhaltens des Geschädigten	65
a) Verbrecherisches und unredliches Verhalten	66
b) Polizeivorschriftswidriges Verhalten	71
IV. Übrige Fragen	**73**
A. Verschulden	74
B. Schadensberechnung und Schadenersatzbemessung	76
1. Personenschaden	76
a) Schadensberechnung	76
b) Schadenersatzbemessung	76
2. Sachschaden	83
a) Schadensberechnung	83
b) Schadenersatzbemessung	85
C. Genugtuung	85
D. Gegenseitige Schädigung und andere Fälle der Kollision von Haftungen unter sich	89
E. Mehrheit von Ersatzpflichtigen. Regress	89
F. Haftpflicht und Versicherung	91
G. Schutz des Geschädigten vor Benachteiligung	93
H. Verdunkelungsunfälle	93
J. Verjährung und Verwirkung	93
K. Prozessuale Vorschriften	94
1. Örtliche Zuständigkeit	94
2. Sachliche Zuständigkeit	98
3. Aktiv- und Passivlegitimation	99
4. Prozessmaximen. Ermessen	100
5. Pflicht zur Anzeige von Unfällen	101
L. Verschärfung der Kausalhaftung durch Konzession	101
M. Internationales Privatrecht	101

V. Insbesondere: Haftpflicht der Post und der konzessionierten Transportunternehmungen 102

A. Grundlagen 102
1. Die Tätigkeit der Postverwaltung 102
2. Die konzessionierten Transportunternehmungen 103
3. Die Postkursunternehmer 104

B. Auf die einzelnen Schadensarten anwendbare Haftpflichtvorschriften 105
1. Personenschaden 105
   - a) Betrieb der Post in eigener Regie 105
   - b) Betrieb der konzessionierten Automobilunternehmungen 106
   - c) Betrieb der Postkursunternehmer 107
2. Sachschaden 107
   - a) Betrieb der Post in eigener Regie 107
     - aa) Transport mit Motorfahrzeugen 107
     - bb) Transport mit anderen Transportmitteln 108
     - cc) Sonstige Posthaftpflicht 108
   - b) Betrieb der konzessionierten Automobilunternehmungen 109
   - c) Betrieb der Postkursunternehmer 109

C. Subjekt der Haftpflicht 110
1. Postverwaltung 110
2. Konzessionierte Automobilunternehmungen 110
3. Postkursunternehmer 110

D. Verschiedene Vorschriften 111
1. Geltungsbereich der Haftpflichtvorschriften 111
   - a) In persönlicher Hinsicht: Anwendbarkeit des Unfallversicherungsgesetzes 111
   - b) In räumlicher Hinsicht 111
2. Regress 112
3. Haftpflicht und Versicherung 112
4. Verzugszins 112
5. Verjährung 112
6. Prozessuale Vorschriften 113
   - a) Zuständigkeit für Klagen gegen die Postverwaltung gestützt auf das Eisenbahnhaftpflichtgesetz 113
   - b) Zuständigkeit für Klagen gegen die Postverwaltung gestützt auf das Strassenverkehrsgesetz 113
   - c) Zuständigkeit für Klagen gegen konzessionierte Automobilunternehmungen und Trolleybusunternehmungen 114
   - d) Zuständigkeit für Klagen gegen Postkursunternehmer 114

§ 28 Haftpflicht der Betriebsinhaber elektrischer Anlagen

I. Grundlagen 115
A. Rechtsquellen 115
B. Haftungsgrundsatz 117
C. Geltungsbereich des Elektrizitätsgesetzes 118

Inhaltsverzeichnis

      1. In sachlicher Hinsicht: Kreis der den Haftpflicht-
         bestimmungen des Gesetzes unterstellten Anlagen   118
         a) Positive Abgrenzung: Schwach- und Starkstromanlagen   118
         b) Negative Abgrenzung: Hausinstallationen und ihnen
            gleichgestellte Anlagen   120
      2. In persönlicher Hinsicht   125
         a) Kreis der haftpflichtigen Betriebsinhaber   125
         b) Kreis der Geschädigten   125
            aa) Positive Abgrenzung: Vertragspartner und Dritte   125
            bb) Negative Abgrenzung: Anwendbarkeit des
                Unfallversicherungsgesetzes   125
      3. In rechtlicher Hinsicht: Verhältnis zu anderen
         Haftpflichtvorschriften   126
         a) Zum Eisenbahnhaftpflichtgesetz   126
         b) Zum Strassenverkehrsgesetz und zum Trolleybusgesetz   130
         c) Zum Obligationenrecht   131

II. Subjekt der Haftpflicht   133

   A. Grundsatz   133
   B. Einzelfragen   140
      1. Zusammengesetzte Anlage   140
      2. Zusammentreffen von Leitungen   142

III. Voraussetzungen der Haftpflicht   144

   A. Positive Voraussetzungen: Verursachung eines Schadens
      durch den Betrieb einer elektrischen Anlage   144
      1. Schaden   144
         a) Personenschaden   144
         b) Sachschaden   145
         c) Weiterer Schaden   150
         d) Anhang: Überblick über die Haftung nach Expropriations-
            und Nachbarrecht. Radiorecht   150
      2. Begriff der elektrischen Anlage   151
      3. Verursachung   152
         a) Kausalzusammenhang   152
         b) Betrieb   152
      4. Rechtswidrigkeit   154
   B. Negative Voraussetzung: Keine Befreiung gestützt auf
      Entlastungsgründe und besondere Befreiungsgründe   154
      1. Entlastungsgründe   154
         a) Höhere Gewalt   155
         b) Drittverschulden   158
         c) Selbstverschulden   159
      2. Besonderer Befreiungsgrund des «widerrechtlichen» oder des
         «vorschriftswidrigen» Verhaltens des Geschädigten   160

IV. Übrige Fragen   163

   A. Verschulden   163
   B. Schadensberechnung und Schadenersatzbemessung   163
   C. Genugtuung   164

D. Gegenseitige Schädigung elektrischer Anlagen und andere
Fälle der Kollision von Haftungen unter sich 164
E. Mehrheit von Ersatzpflichtigen. Regress 166
F. Haftpflicht und Versicherung 166
G. Schutz des Geschädigten vor Benachteiligung 166
H. Verjährung und Verwirkung 167
J. Prozessuale Vorschriften 167
  1. Örtliche Zuständigkit 167
  2. Prozessmaximen. Ermessen 168
  3. Pflicht zur Anzeige von Unfällen 168
K. Verschärfung der Kausalhaftung durch Konzession 168

§ 29 Kernenergiehaftpflicht

I. Grundlagen 170
  A. Rechtsquellen 170
  B. Haftungsgrundsatz und Eigenarten des Gesetzes 173
    1. Ausgestaltung der Kausalhaftung 173
    2. Sicherstellung der Haftpflichtansprüche gegen
Zahlungsunfähigkeit und Zeitablauf 175
      a) Sicherstellung gegen Zahlungsunfähigkeit des
Haftpflichtigen 175
      b) Sicherstellung gegen Zeitablauf 179
    3. Internationale Übereinkommen 180
    4. Ausländische Regelungen 182
    5. Zur Charakteristik des Gesetzes 184
    6. Aufgabe der Darstellung 185
  C. Geltungsbereich der Haftpflichtbestimmungen des KHG 185
    1. In sachlicher Hinsicht 185
      a) Unterstellte Kernanlagen 185
      b) Transporte von Kernmaterialien 189
        aa) Transporte von Kernmaterialien aus dem Ausland
an den Inhaber einer schweizerischen Kernanlage
(KHG 3 III) 189
        bb) Transporte von Kernmaterialien aus der Schweiz an
einen ausländischen Empfänger (KHG 3 II) 190
        cc) Transport von Kernmaterialien innerhalb der Schweiz
(KHG 3 II) 190
        dd) Transporte von Kernmaterialien im Transit durch die
Schweiz (KHG 3 V) 191
      c) Ausnahme von Radioisotopen und Kernmaterialien mit
geringer Strahlenwirkung 191
        aa) Radioisotope 192
        bb) Kernmaterialien mit geringer Strahlenwirkung 192
      d) Negative Umschreibung des Geltungsbereiches 193
    2. In persönlicher Hinsicht 194
      a) Kreis der haftpflichtigen Personen 194
      b) Kreis der potentiellen Geschädigten 194
        aa) Grundsatz 194

bb) Rechtsstellung der obligatorisch gegen Unfall
versicherten Arbeitnehmer (KHG 9 I) ... 195
3. In rechtlicher Hinsicht: Verhältnis zu andern
Haftpflichtvorschriften ... 196
a) Im Verhältnis zu Haftpflichtbestimmungen des OR
und des ZGB ... 196
b) Im Verhältnis zu andern Gefährdungshaftungen ... 196
4. In örtlicher Hinsicht: Schädigende Wirkungen über die
Landesgrenzen hinweg ... 197
D. Kanalisierung der Haftpflicht ... 200

II. **Subjekt der Haftpflicht** ... 202

A. Schäden aus dem Betrieb einer Kernanlage ... 203
1. Grundsatz ... 203
2. Begriff des Inhabers einer Kernanlage ... 203
a) Allgemeine Überlegungen ... 203
b) Der Inhaberbegriff von EHG und ElG ... 205
c) Der Inhaberbegriff des KHG im besonderen ... 205
3. Haftpflicht des Eigentümers der Kernanlage ... 207

B. Schäden bei Transporten von Kernmaterialien ... 207

C. Einzelfragen. Wechsel des Verantwortlichen ... 208

D. Haftpflicht für Schäden an der Kernanlage ... 216
1. Grundsatz ... 216
2. Schadenersatzansprüche des Eigentümers gegen nach aussen
solidarisch Mithaftpflichtige ... 216
3. Schadenersatzansprüche gegen die in KHG 6 erwähnten
Regressaten ... 217

III. **Voraussetzungen der Haftpflicht** ... 217

A. Positive Voraussetzungen. Verursachung eines
Nuklearschadens ... 217
1. Begriff des Nuklearschadens ... 217
2. Die Erscheinungsformen des Nuklearschadens ... 223
a) Personenschaden ... 223
b) Immaterielle Unbill ... 230
c) Sachschaden ... 231
d) Sonstiger Schaden ... 234
e) Schaden aus Abwehr einer Gefährdung ... 234
aa) Unterscheidung von zwei Anwendungsgebieten ... 235
bb) Die allgemeinen Grundsätze des Haftpflichtrechts in
bezug auf Schäden aus Abwehr einer Gefährdung ... 235
cc) Die Sondernorm von KHG 2 I lit. b im besonderen ... 238
f) Beweis des Schadens und des Kausalzusammenhanges
zwischen einem konkreten, unspezifischen
Bestrahlungsschaden und dem nuklearen Ereignis ... 243
3. Kernanlage ... 246
4. Transportierte Kernmaterialien ... 247
5. Verursachung ... 247
6. Widerrechtlichkeit ... 249

B. Negative Voraussetzungen	249
1. Entlastungsgründe	249
a) Bedeutung der Nichterwähnung von höherer Gewalt und grobem Drittverschulden	249
b) Absichtliches Selbstverschulden des Geschädigten	251
aa) Absicht oder Vorsatz?	252
bb) Urteilsunfähigkeit des Geschädigten	253
cc) Zusätzliches, vom Haftpflichtigen zu vertretendes Verschulden	253
c) Grobe Fahrlässigkeit des Geschädigten	253
d) Hilfeleistung durch den Geschädigten	254
e) Verschulden einer Hilfsperson des Geschädigten	254
2. Fremdbestimmung der haftungsbegründenden Ursache	254
3. Besondere Befreiungsgründe	255
IV. Rückgriffsrechte	**255**
A. Rückgriffsrechte nach KHG 6	255
1. Absichtliche Verursachung des Schadens durch einen Dritten (KHG 6 lit. a)	256
a) Verursachung des Schadens durch einen Dritten	256
b) Absicht oder Vorsatz des Dritten?	257
2. Entwendung oder Verhehlung der Kernmaterialien, von denen der Schaden ausgegangen ist, durch einen Dritten (KHG 6 lit b.)	258
a) Entwendung von Kernmaterialien	258
b) Verhehlung von Kernmaterialien	259
3. Vertragliche Regressrechte (KHG 6 lit. c)	260
B. Interner Ausgleich zwischen dem Inhaber und dem Eigentümer einer Kernanlage	262
C. Regress bei Überschneidungen der Haftpflichtordnungen verschiedener Staaten	263
D. Zusammenwirken von Kernmaterialien aus verschiedenen Kernanlagen	265
E. Regress des Sachversicherers nach VVG 72 resp. den einschlägigen Bestimmungen des kantonalen Brandassekuranzrechts	266
1. Regress des Sachversicherers des Eigentümers gegen den Inhaber der Kernanlage	266
2. Rückgriff des Sachversicherers gegen Dritte	267
F. Verjährung und Verwirkung der Rückgriffsrechte	267
G. Übergang der Rückgriffsrechte auf den Haftpflichtversicherer (KHG 20 II)	267
V. Übrige Haftpflichtfragen	**268**
A. Verschulden und Selbstverschulden	268
1. Verschulden auf der Seite des Haftpflichtigen	268
2. Selbstverschulden des Geschädigten	270

XV

Inhaltsverzeichnis

a) Selbstverschulden eines aussenstehenden Dritten	270
b) Selbstverschulden einer Hilfsperson des Haftpflichtigen	271
B. Schadensberechnung	271
C. Schadenersatzbemessung	272
1. Allgemeine Bemerkungen	272
2. Faktoren der Schadenersatzbemessung	273
a) Selbstverschulden	273
b) Keine Berücksichtigung der Notlage des Haftpflichtigen	274
c) Ungewöhnlich hohes Einkommen des Geschädigten	274
d) Anrechnung von Leistungen einer Unfallversicherung (KHG 9 II)	274
e) Weitere, im Rahmen des richterlichen Ermessens zu berücksichtigende Faktoren	275
D. Genugtuung	276
E. Kollision von Haftpflichtigen unter sich	276
F. Mehrheit von Ersatzpflichtigen	277
G. Vereinbarungen über Haftpflichtansprüche (KHG 8)	278
1. Wegbedingung oder Beschränkung der Haftpflicht	279
2. Anfechtbarkeit von Vereinbarungen mit offensichtlich unzulänglichen Entschädigungen	279
H. Änderung der Verhältnisse (KHG 10 III)	280
1. Voraussetzungen	281
a) Verschlimmerung des Gesundheitszustandes des Geschädigten	281
b) Neue Tatsachen oder Beweismittel	283
2. Rechtsfolgen gemäss KHG 10 III	283
a) «Revision» des Urteils	284
b) Änderung einer Vereinbarung	284
J. Verjährung und Verwirkung (KHG 10 I)	285
1. Die relative Verjährungsfrist	285
2. Die absolute Frist	286
3. Keine strafrechtliche Frist	287
4. Die Spätschäden (KHG 13)	288
5. Verjährung und Verwirkung von Rückgriffsrechten (KHG 10 II)	289
6. Unterbrechung der Verjährung. Wirkung auf Mitbeteiligte (KHG 10 IV)	291
K. Das Prozessverfahren	292
1. Beweissicherung (KHG 22)	292
2. Sachliche, örtliche und funktionelle Zuständigkeit (KHG 23—25)	293
3. Weitere prozessrechtliche Vorschriften (KHG 26—28)	293
L. Internationales Privatrecht und Zivilprozessrecht	295
1. Örtliche Zuständigkeit	295
2. Das anwendbare Recht	297
M. Subsidiäre Haftung des Bundes in besonderen Fällen (KHG 16)	298

Inhaltsverzeichnis

VI. Sicherstellung des Geschädigten durch Haftpflichtversicherung eines privaten Versicherers und durch den Bund — 301

  A. Die Grundzüge — 301

  B. Gemeinsame Bestimmungen für beide Versicherungsträger — 303
    1. Die für die Deckungssumme massgebende örtliche Einheit des versicherten Risikos — 303
    2. Mehrere Haftpflichtige für die gleiche Anlage — 305
    3. Zinsen und Verfahrenskosten — 306
      a) Zinsen — 306
      b) Verfahrenskosten — 307
      c) Die praktische Abwicklung — 308
    4. Direktes Forderungsrecht und Einredenausschluss (KHG 19) — 310
    5. Benachteiligung des Geschädigten durch Ausübung der versicherungsrechtlichen Rückgriffsrechte (KHG 20 I) — 315
    6. Das Nebeneinander von Bundes- und privater Versicherung — 316

  C. Besondere Bestimmungen für die private Versicherung — 317
    1. Ausschluss von Risiken durch die privaten Versicherer (KHG 11 III) — 317
    2. Die Wiederherstellung der vollen Deckung (KHG 18) — 320
      a) Überblick — 320
      b) Die Lösung des KHG — 321
        aa) Meldepflicht des privaten Versicherers — 321
        bb) Die zusätzliche Versicherung — 323
        cc) Die für das erste und ein eventuelles zweites nukleares Ereignis zur Verfügung stehenden Deckungssummen — 323
    3. Aussetzen und Ende der Versicherung (KHG 21) — 325

  D. Die Bundesdeckung nach KHG 12 — 326

VII. Versicherungen des Geschädigten — 328

  A. Obligatorische Versicherungen (KHG 9 I) — 328
  B. Prämienzahlung durch den Haftpflichtigen (KHG 9 II) — 329

VIII. Grossschäden (KHG 29 / 30) — 329

  A. Voraussetzungen der Grossschadenordnung — 330
  B. Allgemein verbindlicher Bundesbeschluss (KHG 29 I Satz 1) — 332
  C. Der mögliche Inhalt der Entschädigungsordnung — 332
    1. Aufhebung von Rückgriffsrechten von Versicherungseinrichtungen auf den Haftpflichtigen (KHG 29 I Satz 2) — 333
      a) Die rechtliche Natur der aufhebbaren Rückgriffsrechte — 333
      b) Träger der aufhebbaren Rückgriffsrechte — 334
      c) Die Benachteiligung des Geschädigten und der Vorbehalt von KHG 20 — 335
      d) Kürzung der Rückgriffsrechte — 336
      e) Wirtschaftliche Bedeutung der Aufhebung der Rückgriffsrechte der Versicherer — 336

Inhaltsverzeichnis

    2. Allgemeine Grundsätze über die Befriedigung des
      Geschädigten   337
      a) Genugtuungsansprüche   337
      b) Grobes Selbstverschulden   338
      c) Notlage des Ersatzpflichtigen   338
      d) Ungewöhnlich hohes Einkommen des Geschädigten   338
      e) Notlage des Geschädigten   339
      f) Prozentuale Kürzung aller Schadenersatzansprüche   339
      g) Verschiedene Behandlung von Personen- und Sachschaden   339
      h) Massnahmen der öffentlichen Hand zur Abwehr oder
        Verminderung der Schädigung   340
  D. Beiträge des Bundes   340
  E. Eidgenössische Erledigungsinstanz (KHG 29 III)   342
  F. Durch einen Grossschaden hervorgerufener Notstand
    (KHG 30)   343
  G. Gross-Spät-Schäden   344

§ 30 Haftpflicht für Rohrleitungsanlagen

 I. **Grundlagen**   345

  A. Rechtsquellen   345

  B. Haftungsgrundsatz und Eigenarten des Gesetzes.
    Aufgabe der Darstellung   346
    1. Natur und Ausgestaltung der Kausalhaftung   346
    2. Rolle der Haftpflichtversicherung   349
    3. Ausländische Regelungen   350
      a) Deutschland   350
      b) Österreich   351
      c) Frankreich   352
    4. Aufgabe der Darstellung   352

  C. Geltungsbereich der Regelung des RLG über die
    Haftpflicht und Versicherung   353
    1. In sachlicher Hinsicht: Kreis der dem RLG unterstellten
      Anlagen   353
      a) Positive Abgrenzung: Begriff und Arten der Rohrleitungen 353
        aa) Die beförderten Brenn- und Treibstoffe   353
        bb) Technisches Kriterium   355
        cc) Die dem Betrieb dienenden Einrichtungen 356
      b) Negative Abgrenzung: Vom Gesetz ausgenommene
        Rohrleitungen   357
      c) Bedeutung des Plangenehmigungsverfahrens   358
      d) Haftpflichtrechtliche Würdigung des Geltungsbereiches
        (in sachlicher Hinsicht)   358
    2. In persönlicher Hinsicht   359
      a) Kreis der Haftpflichtigen   359
      b) Kreis der Geschädigten   359
    3. In rechtlicher Hinsicht: Verhältnis zu anderen
      Haftpflichtvorschriften   361

	a) Ausdrückliche gesetzliche Regelungen	361
	b) Die anderen Haftpflichtnormen	361
	aa) OR 41 und 55	362
	bb) OR 58	362
	cc) ZGB 679	362
	dd) ElG 27	362

II. Subjekt der Haftpflicht 363

A. Grundsatz 363
1. Begriff des Inhabers der Anlage — 363
2. Die Haftpflicht des Eigentümers — 364

B. Einzelfragen 365
1. Die Bedeutung der Konzessionserteilung — 365
2. Wechsel des Inhabers oder des Eigentümers — 365
3. Eigentum an den schädigenden Brenn- und Treibstoffen — 366
4. Betriebsvertrag — 366
5. Pachtvertrag — 366
6. Hilfspersonenhaftung — 367
7. Mehrheit von aus RLG 33 Haftpflichtigen — 368
   - a) Inhaber und Eigentümer — 368
   - b) Mehrere Mitinhaber — 369

III. Voraussetzungen der Haftpflicht 369

A. Positive Voraussetzungen: Verursachung des Schadens durch den Betrieb einer Rohrleitungsanlage oder durch eine Rohrleitungsanlage ausser Betrieb 369
1. Schaden — 369
2. Begriff der Rohrleitungsanlagen — 370
3. Verursachung — 371
   - a) Kausalzusammenhang — 371
   - b) Schäden durch den Betrieb einer Rohrleitungsanlage — 371
   - c) Mangelhaftigkeit und fehlerhafte Behandlung einer nicht in Betrieb stehenden Anlage — 376
     - aa) Allgemeines — 376
     - bb) Die Mängel einer Rohrleitungsanlage — 377
     - cc) Fehlerhafte Behandlung einer Rohrleitungsanlage — 380
4. Widerrechtlichkeit — 381
5. Dauereinwirkungen — 381

B. Negative Voraussetzungen: Keine Befreiung gestützt auf Entlastungs- und besondere Befreiungsgründe 382
1. Allgemeines — 382
2. Das vom Haftpflichtigen zu vertretende Verschulden — 383
3. Die einzelnen Entlastungsgründe — 384
   - a) Ausserordentliche Naturvorgänge — 384
   - b) Kriegerische Ereignisse — 385
   - c) Selbstverschulden des Geschädigten — 386
   - d) Drittverschulden — 386
   - e) Fremdbestimmung der haftungsbegründenden Ursache — 387

IV. Übrige Fragen 387

A. Verschulden 387

Inhaltsverzeichnis

B. Selbstverschulden des Geschädigten	388
C. Schadensberechnung	389
D. Schadenersatzbemessung	389
E. Genugtuung	389
F. Gegenseitige Schädigung und andere Fälle der Kollision von Haftungen	390
G. Mehrheit von Ersatzpflichtigen. Regress	390
H. Vereinbarungen über Haftpflichtansprüche	391
1. Vertragliche Regelungen über die Wegbedingung oder Beschränkung der Haftpflicht nach RLG 33	391
2. Anfechtung offensichtlich unzulänglicher Vergleiche	392
J. Verjährung	392
K. Prozessuale Vorschriften	393

V. Obligatorische Haftpflichtversicherung und andere Formen der Sicherstellung — 394

A. Allgemeines	394
B. Ausgestaltung der obligatorischen Haftpflichtversicherung	396
1. Wer ist der Versicherungspflicht unterworfen?	396
2. Die administrative Sicherstellung der Erfüllung der Versicherungspflicht	397
3. Umfang der Versicherungspflicht	398
a) Mindestdeckung	398
b) Ausnahmen von der Versicherungspflicht	400
c) Deckung der persönlichen Haftpflicht der Hilfspersonen	401
4. Befreiungsanspruch des Inhabers	401
5. Aussetzen und Aufhören der Versicherung	402
C. Unmittelbares Forderungsrecht des Geschädigten gegen den Haftpflichtversicherer und Einredenausschluss	403
1. Direktes Forderungsrecht	403
a) Allgemeines	403
b) Geltungsbereich	404
2. Einredenausschluss und Rückgriffsrecht des Versicherers	404
D. Rückgriffsrechte des Versicherers gegen mithaftende Dritte	405

§ 31 Haftpflicht nach Sprengstoffgesetz

I. Grundlagen — 407

A. Rechtsquellen	407
B. Haftungsgrundsatz und Abgrenzungen	408
1. Wesen dieser Haftung	408
2. Gegenüberstellung ähnlicher Haftungsnormen in ausländischen Rechten	409

3. Tendenz, Notwendigkeit und praktische Bedeutung einer
   verschärften Haftung für explosionsgefährliche Stoffe ... 411
4. Einfluss der Polizeibestimmungen des SGG auf die Auslegung
   von dessen Haftungsnorm ... 412

C. Geltungsbereich von SSG 27 ... 413
   1. In sachlicher Hinsicht ... 413
      a) Die der Haftpflicht unterstellten Betriebe und Anlagen ... 413
      b) Die die Haftpflicht begründenden Sprengmittel und
         pyrotechnischen Gegenstände ... 416
      c) Herstellung, Lagerung und Verwendung von Sprengmitteln
         oder pyrotechnischen Gegenständen ... 419
   2. In persönlicher Hinsicht ... 420
      a) Kreis der haftpflichtigen Personen ... 420
      b) Kreis der Geschädigten ... 422
   3. In rechtlicher Hinsicht: Verhältnis zu anderen
      Haftpflichtvorschriften ... 422
      a) Verhältnis zu anderen Spezialgesetzen des Haftpflichtrechts ... 423
      b) Verhältnis zum Obligationenrecht und zum Zivilgesetzbuch ... 423

D. Polizei- und Strafrecht ... 424
   1. Polizeirechtliche Vorschriften ... 424
   2. Strafrechtliche Vorschriften ... 424

E. Abgrenzung gegenüber dem öffentlichen Recht ... 424

II. Subjekt der Haftpflicht ... 425

A. Grundsatz ... 425
B. Begriff des Betriebsinhabers ... 425
   1. Allgemeine Kriterien ... 425
   2. Einzelfragen ... 425
C. Begriff des Inhabers der Anlage ... 429
   1. Allgemeine Kriterien ... 429
   2. Einzelfragen ... 429

III. Voraussetzungen der Haftpflicht ... 430

A. Positive Voraussetzungen ... 430
   1. Schaden ... 430
   2. Immaterielle Unbill ... 432
   3. Explosion von Sprengmitteln oder pyrotechnischen
      Gegenständen ... 432
      a) Im allgemeinen ... 432
      b) Gewollte und ungewollte Explosionen ... 433
      c) Explosionsort ... 434
   4. Verursachung ... 435
   5. Widerrechtlichkeit ... 435
B. Negative Voraussetzungen: Keine Befreiung gestützt auf
   Entlastungs- und besondere Befreiungsgründe ... 436
   1. Entlastungsgründe ... 436
      a) Höhere Gewalt ... 436
      b) Grobes Selbstverschulden des Geschädigten ... 437
      c) Grobes Drittverschulden ... 437
   2. Besondere Befreiungsgründe ... 438

Inhaltsverzeichnis

IV.	**Übrige Fragen**	438
	A. Verschulden und Selbstverschulden	438
	1. Verschulden	439
	a) Bedeutung von Bewilligungen	439
	b) Verletzung polizeirechtlicher Verhaltensnormen	440
	2. Selbstverschulden des Geschädigten	440
	B. Schadenersatzbemessung	442
	1. Allgemeine Bemerkungen. Bedeutung des Verschuldens des Haftpflichtigen und seiner Hilfspersonen	442
	2. Faktoren der Schadenersatzbemessung	443
	a) Selbstverschulden des Geschädigten	443
	b) Notlage des Ersatzpflichtigen	443
	c) Anrechnung von Versicherungsleistungen	443
	C. Genugtuung	444
	D. Gegenseitige Schädigung und andere Fälle der Kollision von Haftungen unter sich	444
	1. Schädigungen unter Inhabern von Betrieben und Anlagen mit Sprengmitteln oder pyrotechnischen Gegenständen	445
	2. Schädigungen eines nach anderen Normen als SSG 27 Kausalhaftpflichtigen durch eine Explosion von Sprengmitteln oder pyrotechnischen Gegenständen	447
	3. Schädigung des nach SSG 27 Verantwortlichen bei Mitverursachung der Explosion durch einen Dritten	447
	E. Mehrheit von Ersatzpflichtigen. Regress	448
	F. Vereinbarungen über Haftpflichtansprüche	450
	G. Verjährung	450
	H. Prozessuale Vorschriften	450

§ 32 Haftpflicht des Staates für Schädigungen durch die Armee und den Zivilschutz

I.	**Grundlagen**	452
	A. Übersicht	452
	B. Rechtsquellen	454
	C. Zuständigkeit und Verfahren	456
	D. Andere Tatbestände vom Militär bewirkter Schädigungen Dritter	458
	E. Keine Haftung ohne Gesetz	462
	F. Haftungsgrundsatz und Eigenarten des Gesetzes. Aufgabe der Darstellung	462
	G. Geltungsbereich der Haftpflichtbestimmungen der Militärorganisation	470
	1. In sachlicher Hinsicht: Begriff des Militärischen	470
	2. In persönlicher Hinsicht: Kreis der Geschädigten	472

	a) Natürliche Personen	472
	b) Juristische Personen	477
	3. In rechtlicher Hinsicht: Verhältnis zu anderen Haftpflichtvorschriften	478
	a) Im allgemeinen	478
	b) Verhältnis von MO 22 I und 23 zu den anderen Haftpflichtbestimmungen	480
	aa) Zum Strassenverkehrsgesetz	480
	bb) Zum Eisenbahnhaftpflichtgesetz	482
	cc) Zum Elektrizitätsgesetz	483
	dd) Zum Luftfahrtgesetz	484
	ee) Zum Sprengstoffgesetz	484
	ff) Zum Rohrleitungsgesetz	484
	gg) Zum Obligationenrecht und zum Zivilgesetzbuch	484
II.	**Subjekt der Haftpflicht**	488
	A. Die Eidgenossenschaft	488
	B. Haftung der einzelnen Militärpersonen	488
	1. Gegenüber Zivilpersonen	488
	a) Grundsatz	488
	b) Einzelfragen	492
	2. Gegenüber Militärpersonen	494
	3. Gegenüber dem Bund und gegenüber Zivilschutzorganisationen	497
III.	**Voraussetzungen der Haftpflicht**	497
	A. Positive Voraussetzungen	498
	1. Unfallereignis	498
	2. Schaden	500
	3. Verursachung durch einen Wehrmann oder die Truppe	502
	a) Begriff des Wehrmannes	502
	b) Begriff der Truppe	504
	c) Begriff der dienstlichen Verrichtung	504
	d) Begriff der militärischen Übung	507
	aa) In Friedenszeiten	507
	bb) Im Krieg, im Aktivdienst und bei Naturkatastrophen	512
	e) Kausalzusammenhang	514
	4. Widerrechtlichkeit	516
	a) Für welche Schädigungen ist die Rechtswidrigkeit dadurch aufgehoben, dass militärisches Handeln einen staatlichen Charakter aufweist?	517
	b) Setzt die Haftpflicht nach MO 23 die Widerrechtlichkeit der Schädigung voraus?	521
	aa) Voraussetzungen der Rechtswidrigkeit nicht gegeben	521
	bb) Aufhebung der Rechtswidrigkeit durch einen Rechtfertigungsgrund	523
	c) Sonstige Widersprüchlichkeit der Rechtsordnung bei Anwendung von MO 23 auf rechtmässige Schädigungen	525
	aa) Differenz zu MO 22 I	525
	bb) Differenz zu den anderen Gefährdungshaftungen	525
	d) Schlussfolgerung	525

	5. Aktivlegitimation	526
B.	Negative Voraussetzungen	526
	1. Entlastungsgründe	526
	a) Allgemeine Bemerkungen	526
	b) Die Intensität des Haftungsgrundes	527
	aa) Bei MO 22 I	527
	bb) Bei MO 23	528
	c) Die einzelnen Entlastungsgründe	529
	aa) Höhere Gewalt	529
	bb) Selbstverschulden	529
	cc) Drittverschulden	529
	2. Rechtfertigungsgründe	530

IV. Regress des Bundes auf den Armeeangehörigen   530

- A. Regressvoraussetzungen   531
  1. Schadenersatzleistung des Bundes   531
  2. Vorsätzliche oder grobfahrlässige Verursachung durch den Wehrmann   532
- B. Höhe des Regresses   533
  1. Die mitwirkende Militärgefahr als Kürzungsgrund   534
  2. Die Art des Dienstes   534
  3. Die militärische Führung   535
  4. Die finanziellen Verhältnisse des Regressschuldners   536
- C. Verhältnis unter mehreren militärischen Regressschuldnern   536

V. Übrige Fragen   537

- A. Verschulden   537
- B. Schadensberechnung und Schadenersatzbemessung   538
  1. Schadensberechnung   538
     - a) Allgemeine Regeln. Sachschaden   538
     - b) Personenschaden   539
  2. Schadenersatzbemessung   540
- C. Genugtuung   541
- D. Gegenseitige Schädigung und andere Fälle der Kollision von Haftungen unter sich   541
- E. Mehrheit von Ersatzpflichtigen. Regress   543
- F. Haftpflicht und Versicherung   547
- G. Schutz des Geschädigten vor Benachteiligung   548
- H. Verdunkelungsunfälle   549
- J. Verjährung   549
  1. Schadenersatzansprüche gegen den Bund   549
  2. Schadenersatzansprüche des Bundes   550
  3. Regressansprüche des Bundes gegenüber einem Wehrmann   550
  4. Die strafrechtliche Verjährung   551
  5. Unterbrechung und Stillstand der Verjährung   552
  6. Die Geltendmachung der Verjährung   552

VI. Schädigungen durch den Zivilschutz ... 552
A. Grundlagen ... 552
1. Rechtsquellen ... 552
2. Zuständigkeit und Verfahren ... 553
3. Land- und Sachschäden ... 554
4. Haftungsgrundsatz und Eigenarten des Gesetzes. Aufgabe der Darstellung ... 555
5. Geltungsbereich der haftpflichtrechtlichen Bestimmungen des Zivilschutzgesetzes ... 557
   a) In sachlicher Hinsicht: Infolge von Zivilschutzveranstaltungen zugefügte Schäden ... 557
   b) In persönlicher Hinsicht: Kreis der Geschädigten ... 558
   c) In rechtlicher Hinsicht: Verhältnis zu anderen Haftpflichtvorschriften ... 562
      aa) Zum Strassenverkehrsgesetz ... 562
      bb) Zum Eisenbahnhaftpflichtgesetz und zum Luftfahrtgesetz ... 562
      cc) Zum Elektrizitätsgesetz ... 562
      dd) Zum Sprengstoffgesetz ... 562
      ee) Zum Rohrleitungsgesetz ... 563
      ff) Zum Obligationenrecht und zum Zivilgesetzbuch ... 563

B. Subjekt der Haftpflicht ... 564
1. Haftung von Bund, Kantonen, Gemeinden und Betrieben ... 564
2. Haftung des einzelnen Zivilschutzangehörigen ... 565
   a) Gegenüber Zivilpersonen ... 565
   b) Gegenüber anderen Zivilschutzangehörigen ... 565
   c) Gegenüber der Zivilschutzorganisation ... 566
   d) Gegenüber Militärpersonen ... 567

C. Voraussetzungen der Haftpflicht ... 567
1. Positive Voraussetzungen ... 567
   a) Schaden ... 567
   b) Verursachung ... 568
      aa) Der Begriff der dienstlichen Verrichtung ... 568
      bb) Kurse und Übungen ... 569
   c) Widerrechtlichkeit ... 570
   d) Aktivlegitimation ... 570
2. Negative Voraussetzungen ... 571
   a) Entlastungsgründe ... 571
3. Rechtfertigungsgründe ... 572

D. Regress des Zivilschutzträgers auf den Zivilschutzangehörigen, der den Schaden verursacht hat ... 572

E. Übrige Fragen ... 573
1. Verschulden ... 573
2. Schadensberechnung und Schadenersatzbemessung ... 573
3. Genugtuung ... 574
4. Gegenseitige Schädigung und andere Fälle der Kollision von Haftungen unter sich ... 574
5. Mehrheit von Ersatzpflichtigen. Regress ... 574
6. Haftungsverhältnisse unter verschiedenen Trägern von Zivilschutzorganisationen ... 574

XXV

Inhaltsverzeichnis

    7. Haftpflicht und Versicherung. Schutz des Geschädigten vor
       Benachteiligung   575
    8. Verdunkelung   575
    9. Verjährung   576

Gesetzesregister   579

Sachregister   591

Abkürzungen

A./Aufl.	Auflage
a.A.	am Anfang
a. a. O.	am angeführten Ort
ABGB	Allgemeines Bürgerliches Gesetzbuch für Österreich, vom 1. Juni 1811
Abs.	Absatz
AcP	Archiv für die civilistische Praxis (Heidelberg/Tübingen 1818 ff.)
ACS	Automobilclub der Schweiz
AdA	Angehörige(r) der Armee
a. E.	am Ende
AG	Aargau/Aktiengesellschaft
AGVE	Aargauische Gerichts- und Verwaltungsentscheide (Aarau 1947 ff.; vor 1947 VAargR)
AHV	Alters- und Hinterlassenenversicherung
AHVG	BG über die Alters- und Hinterlassenenversicherung, vom 20. Dezember 1946 [SR 831.10]
AKW	Atomkraftwerk
al.	alinea
a. M.	anderer Meinung
Amtl. Bull.	Amtliches Bulletin der Bundesversammlung; NR = Nationalrat, SR = Ständerat (vor 1963: Sten. Bull.)
Anm.	Anmerkung
aOR/alt OR	altes schweizerisches Obligationenrecht = BG über das Obligationenrecht vom 14. Juni 1881 (aufgehoben)
Arch.	Archiv
Art.	Artikel
AS	Sammlung der eidgenössischen Gesetze (Bern 1948 ff.)
ATCF	Extraits des principaux arrêts du Tribunal cantonal de l'état de Fribourg (Freiburg 1929 ff.)
AtG	BG über die friedliche Verwendung der Atomenergie und den Strahlenschutz, vom 23. Dezember 1959 (Atomgesetz; Haftpflicht und Versicherung ersetzt durch KHG) [SR 732.0]
AtomHG	Österreichisches Atomhaftpflichtgesetz

Abkürzungen

AVO	VO über die Beaufsichtigung von privaten Versicherungseinrichtungen, vom 11. September 1931 [SR 961.05]
aVVV	Verkehrsversicherungsverordnung, vom 20. November 1959, in der Fassung vor der Revision (AS 1959, 1271)
BaG	BG über die Banken und Sparkassen, vom 8. November 1934 [SR 952.0]
BB	Bundesbeschluss
BBG	BG über die Schweizerischen Bundesbahnen, vom 23. Juni 1944 [SR 742.31]
BBl	Bundesblatt
Bd./Bde.	Band/Bände
Berner Kommentar	Kommentar zum schweizerischen Zivilrecht (Bern 1910 ff.). Seit 1964: Kommentar zum schweizerischen Privatrecht
BfU	Schweizerische Beratungsstelle für Unfallverhütung
BG	Bundesgesetz
BGB	Bürgerliches Gesetzbuch für das Deutsche Reich, vom 18. August 1896
BGBl	(Deutsches oder österreichisches) Bundesgesetzblatt
BGE	Entscheidungen des schweizerischen Bundesgerichts, Amtliche Sammlung (Lausanne 1875 ff.)
BGH	(Deutscher) Bundesgerichtshof
BGHZ	Entscheidungen des (deutschen) Bundesgerichtshofes in Zivilsachen (seit 1951)
Bgr./BGer	Bundesgericht
BJM	Basler Juristische Mitteilungen (Basel 1954 ff.)
Botsch.	Botschaft
BR	Bundesrat
BRB	Bundesratsbeschluss
BS	Bereinigte Sammlung des Bundesrechts
BV	Bundesverfassung der Schweizerischen Eidgenossenschaft, vom 29. Mai 1874 [SR 101]
BVA	BB über die Verwaltung der schweizerischen Armee, vom 30. März 1949 [SR 510.30]
BVG	BG über die berufliche Alters-, Hinterlassenen- und Invalidenvorsorge, vom 25. Juni 1982 [SR 831.40]
BVV (2)	VO über die berufliche Alters-, Hinterlassenen- und Invalidenvorsorge, vom 18. April 1984 [SR 831.441.1]
BZP	BG über den Zivilprozess, vom 4. Dezember 1947 [SR 273]

bzgl.	bezüglich
bzw.	beziehungsweise
c.	contra
ca.	circa
Cal. L. Rev.	California Law Review
CASETEX	Datenbank im Haftpflicht-, Sozialversicherungs- und Privatversicherungsrecht
c. ass.	(Französischer) code des assurances, vom 16. Juli 1976
c. ass. L.	Teil 1 des (französischen) code des assurances, vom 16. Juli 1976 (enthält die Erlasse auf Gesetzesstufe)
c. cass. R	Teil 2 des (französischen) code des assurances, vom 16. Juli 1976 (enthält die Erlasse auf Verordnungsstufe)
CAV	Übereinkommen über die Haftung der Eisenbahn für Tötung und Verletzung von Reisenden, vom 26. Februar 1966 (ersetzt durch CIV Art. 26 ff.)
CCfr	Code civil français, vom 21. März 1804
CCit	codice civile italiano, vom 16. März 1942
chap.	chapter (engl.)/chapitre (franz.) = Kapitel
CIM	Einheitliche Rechtsvorschriften für den Vertrag über die internationale Eisenbahnbeförderung von Gütern (Anhang B zu COTIF) [SR 0.742.403.1]
CIV	Einheitliche Rechtsvorschriften für den Vertrag über die internationale Eisenbahnbeförderung von Personen und Gepäck (Anhang A zu COTIF) [SR 0.724.403.1]
cm^3	Kubikzentimeter
COTIF	Übereinkommen über den internationalen Eisenbahnverkehr, vom 9. Mai 1980 [SR 0.742.403.1]
ders.	derselbe
dgl.	dergleichen
d. h.	das heisst
dies.	dieselben
Diss.	Dissertation
Dok.	Dokument
E	Entwurf
E./Erw.	Erwägung
EbG	Eisenbahngesetz, vom 20. Dezember 1957 [SR 742.101]
EG	Europäische Gemeinschaft/Einführungsgesetz

Abkürzungen

EHG	BG betreffend die Haftpflicht der Eisenbahn- und Dampfschiffahrtsunternehmungen und der Post, vom 28. März 1905 (Eisenbahnhaftpflichtgesetz) [SR 221.112.742]
eidg.	eidgenössisch
EisenbahnG	Österreichisches Eisenbahngesetz von 1957
EJPD	Eidgenössisches Justiz- und Polizeidepartement
EKHG	(Österreichisches) Eisenbahn- und Kraftfahrzeug-Haftpflichtgesetz, vom 21. Januar 1959
E KHG	Entwurf Kernenergiehaftpflichtgesetz
ElG	BG betreffend die elektrischen Schwach- und Starkstromanlagen, vom 24. Juni 1902 [SR 734.0]
EMD	Eidgenössisches Militärdepartement
EMV	Eidgenössische Militärversicherung
EntG	BG über die Enteignung, vom 20. Juni 1930 [SR 711]
Entwurf KMVG	BG über die Kranken- und Mutterschaftsversicherung (BBl 1981 II 1117 ff., 1241 ff., abgelehnt in der Volksabstimmung vom 6. Dezember 1987)
E StSG	Entwurf Strahlenschutzgesetz
EVG	Eidgenössisches Versicherungsgericht Luzern
EVGE	Entscheidungen des Eidgenössischen Versicherungsgerichts, Amtliche Sammlung; seit 1970: Teil V der BGE
ExpK	Expertenkommission
f./ff.	folgend/folgende
FG	Festgabe
FHG	Fabrikhaftpflichtgesetz, vom 25. Brachmonat 1881 (aufgehoben)
Fr.	Franken
FN	Fussnote
FS	Festschrift
gl. M.	gleicher Meinung
GSG	BG über den Schutz der Gewässer gegen Verunreinigung, vom 8. Oktober 1971 (Gewässerschutzgesetz; wird vom Bundesgericht und z.T. in der Literatur mit GSchG abgekürzt) [SR 814.20]
HE	Schweizer Blätter für handelsrechtliche Entscheidungen (Zürich 1882–1901)
HGB	Handelsgesetzbuch für das Deutsche Reich, vom 10. Mai 1897
hg./hrsg.	herausgegeben
HPflG	Deutsches Haftpflichtgesetz, vom 4. Januar 1978

i.e.S.	in engerem Sinne
i.K.	in Kraft
insbes.	insbesondere
IPRG	BG über das Internationale Privatrecht, vom 18. Dezember 1987 [SR 291]
i.S.	in Sachen/im Sinne
IV	Invalidenversicherung
IVG	BG über die Invalidenversicherung, vom 19. Juni 1959 [SR 831.20]
JAR	Jahrbuch des Schweizerischen Arbeitsrechts (Bern 1980 ff.)
JSG	BG über die Jagd und den Schutz wildlebender Säugetiere und Vögel, vom 20. Juni 1986 [SR 922.0]
JT	Journal des Tribunaux, Partie I: droit fédéral (Lausanne 1853 ff.)
JVG	BG über Jagd- und Vogelschutz, vom 10. Juli 1925 (ersetzt durch JSG)
JZ	(Deutsche) Juristenzeitung (Tübingen 1951 ff.)
Kap.	Kapitel
KG	BG über Kartelle und ähnliche Organisationen, vom 20. Dezember 1985 (Kartellgesetz) [SR 251]
KHG	Kernenergiehaftpflichtgesetz, vom 18. März 1983 [SR 732.44]
KHV	VO zum Kernenergiehaftpflichtgesetz, vom 5. Dezember 1983 [SR 732.441]
Km/h od. Km/Std.	Stundenkilometer
Komm.	Kommentar
KUVG	BG über Kranken- und Unfallversicherung, vom 13. Juni 1911 (seit 1. Januar 1984: KVG und UVG)
KVG	BG über die Krankenversicherung, vom 13. Juni 1911 [SR 832.10]
L. Rev.	Law Review
LFG	BG über die Luftfahrt, vom 21. Dezember 1948 (Luftfahrtgesetz) [SR 748.0]
LGVE	Luzerner Gerichts- und Verwaltungsentscheide (Luzern 1865 ff.; vor 1974: Maximen)
Lit.	Literatur
lit.	litera
lt.	laut
m	Meter

Abkürzungen

Maschr.	Maschinenschrift
m. a. W.	mit anderen Worten
MDR	Monatsschrift für deutsches Recht (Hamburg 1947 ff.)
MFG	BG über den Motorfahrzeug- und Fahrradverkehr, vom 15. März 1932 (ersetzt durch das SVG)
Mio.	Million
MKGE	Entscheidungen des Militärkassationsgerichtes (Band, Nummer des Entscheides)
MMG	BG betreffend die gewerblichen Muster und Modelle, vom 30. März 1900 [SR 232.12]
MO	Militärorganisation der Schweizerischen Eidgenossenschaft, vom 12. April 1907 [SR 510.10]
Mrd.	Milliarde
MSchG	BG betreffend den Schutz der Fabrik- und Handelsmarken, vom 26. September 1890 [SR 232.11]
MSV	VO über den militärischen Strassenverkehr, vom 1. Juni 1983 [SR 510.710]
MV	Militärversicherung
MVG	BG über die Militärversicherung, vom 20. September 1949 [SR 833.1], (in Revision)
m. w. H.	mit weiteren Hinweisen
N	Note, Randnote
NF	Neue Folge
NJW	Neue Juristische Wochenschrift (München 1947 ff.)
n. p.	nicht publiziert
NR	Nationalrat
Nr.	Nummer
NZZ	Neue Zürcher Zeitung
OECD	Organisation for Economy, Cooperation and Development (Organisation für wirtschaftliche Zusammenarbeit und Entwicklung)
OeJZ	Österreichische Juristenzeitung
OGer	Obergericht
OG	BG über die Organisation der Bundesrechtspflege, vom 16. Dezember 1943 [SR 173.110]
OR	BG über das Obligationenrecht, vom 30. März 1911 [SR 220]
OS	Offizielle Sammlung der Gesetze, Beschlüsse und Verordnungen des Eidgenössischen Standes Zürich

PatG	BG betreffend die Erfindungspatente, vom 25. Juni 1954 [SR 232.14]
PKG	Praxis des Kantonsgerichts von Graubünden (Chur 1942 ff.)
Pra.	Praxis des Bundesgerichts (Basel 1912 ff.)
PraRek	Praxis der Rekurskommission der Eidgenössischen Militärverwaltung (Bern 1929 ff.)
PUe	Pariser Übereinkommen vom 29. Juli 1960 über die Haftung gegenüber Dritten auf dem Gebiet der Kernenergie
PVG	BG betreffend den Postverkehr, vom 2. Oktober 1924 (Postverkehrsgesetz) [SR 783.0]
PVV I	VO I zum PVG, vom 1. September 1967 [SR 783.01]
PVV II	VO II zum PVG, vom 4. Januar 1960 (Automobilkonzessionsverordnung) [SR 744.11]
RE	Rechnungseinheit
recht	Zeitschrift für juristische Ausbildung und Praxis (Bern 1983 ff.)
Rep.	Repertorio di giurisprudenza Patria (Bellinzona 1869 ff.)
resp.	respektive
Revue	Revue der Gerichtspraxis im Gebiete des Bundeszivilrechts (Beilage zur ZSR, Basel 1883—1911)
RGZ	Entscheidungen des (deutschen) Reichsgerichts in Zivilsachen (1880—1943)
RIP	Ordnung für die internationale Eisenbahnbeförderung von Privatwagen (Anlage II zu CIM) [SR 0.742.403.1]
RJN	Recueil de jurisprudence neuchâteloise (Neuenburg 1884 ff.)
RLG	BG über Rohrleitungsanlagen zur Beförderung flüssiger oder gasförmiger Brenn- oder Treibstoffe, vom 4. Oktober 1963 (Rohrleitungsgesetz) [SR 746.1]
RVJ	Revue valaisanne de jurisprudence (Sitten 1967 ff.)
Rz	Randziffer
S.	Seite
s.	siehe
SAG	Schweizerische Aktiengesellschaft, Zeitschrift für Handels- und Wirtschaftsrecht (Zürich 1928 ff.)
sc.	scilicet (das heisst, nämlich)
SchKG	BG über Schuldbetreibung und Konkurs, vom 11. April 1889 [SR 281.1]
Sem.jud./Semjud	La Semaine judiciaire (Genf 1879 ff.)

Abkürzungen

SJIR	Schweizerisches Jahrbuch für internationales Recht (Zürich 1914 ff.)
SJK	Schweizerische Juristische Kartothek (Genf 1941 ff.)
SJZ	Schweizerische Juristen-Zeitung (Zürich 1904 ff.)
sog.	sogenannt
SPR	Schweizerisches Privatrecht (Basel und Stuttgart 1967 ff.)
SR	Systematische Sammlung des Bundesrechts
SSG	BG über explosionsgefährliche Stoffe, vom 25. März 1977 (Sprengstoffgesetz) [SR 941.41]
SSVO	Sprengstoffverordnung, vom 26. März 1980 [SR 941.411]
SSchG	BG über die Schiffahrt unter der Schweizerflagge, vom 23. September 1953 (Seeschiffahrtsgesetz) [SR 747.30]
Sten.Bull/Stenbull	Amtliches Stenographisches Bulletin der Bundesversammlung; NR = Nationalrat, SR = Ständerat (Seit 1963 Amtliches Bulletin)
StGB	Schweizerisches Strafgesetzbuch, vom 21. Dezember 1937 [SR 311.0]
StR	Ständerat
StSG (Botsch.)	Botschaft zu einem Strahlenschutzgesetz, vom 17. Februar 1988, BBl 1988 II 181 ff. (Botsch. StSG)
SUVA	Schweizerische Unfallversicherungsanstalt in Luzern
SVG	BG über den Strassenverkehr, vom 19. Dezember 1958 (Strassenverkehrsgesetz) [SR 741.01]
SVK	Schweizerischer Versicherungskurier (Bern 1945 ff.)
SVZ	Schweizerische Versicherungs-Zeitschrift (Bern 1933 ff.)
SZ	Entscheidungen des österreichischen obersten Gerichtshofes in Zivil- und Justizverwaltungssachen
SZR	Sonderziehungsrecht des Internationalen Währungsfonds
SZS	Schweizerische Zeitschrift für Sozialversicherung und berufliche Vorsorge (Bern 1957 ff.)
T	Tafel
TBG	BG über die Trolleybusunternehmungen, vom 29. März 1950 [SR 744.21]
TG	BG über den Transport im öffentlichen Verkehr, vom 4. Oktober 1985 (Transportgesetz) [SR 742.40]
TV	VO über den Transport im öffentlichen Verkehr, vom 5. November 1986 (Transportverordnung) [SR 742.401]
u.	und

u.a.	unter anderem/und andere
u.a.m.	und anderes mehr
UK	Unterkommission
URG	BG betreffend das Urheberrecht an Werken der Literatur und Kunst, vom 7. Dezember 1922/24. Juni 1955 [SR 231.1]
u.U.	unter Umständen
UVG	BG über die Unfallversicherung, vom 20. März 1981 [SR 832.20]
UVV	VO über die Unfallversicherung, vom 20. Dezember 1982 [SR 832.202]
UWG	BG gegen den unlauteren Wettbewerb, vom 19. Dezember 1986 [SR 241]
v.	versus
v.a.	vor allem
VAargR	Vierteljahresschrift für Aargauische Rechtsprechung (Aarau 1901 ff.; seit 1947 AGVE)
VAG	BG betreffend die Aufsicht über die privaten Versicherungseinrichtungen, vom 23. Juni 1978 [SR 961.01]
VAS	Entscheidungen schweizerischer Gerichte in privaten Versicherungsstreitigkeiten (Bern 1886 ff.)
VersR	Versicherungsrecht; Juristische Rundschau für die Individualversicherung (Karlsruhe 1950 ff.)
VerwEntsch	Verwaltungsentscheide der Bundesbehörden (Bern 1927—1963; ab 1964 VPB)
VG	BG über die Verantwortlichkeit des Bundes sowie seiner Behördemitglieder und Beamten, vom 14. März 1958 (Verantwortlichkeitsgesetz) [SR 170.32]
vgl.	vergleiche
VMBF	VO vom 31. März 1971 über die Motorfahrzeuge des Bundes und ihre Führer [SR 741.541]
VMFD	VO vom 3. Juli 1985 über den militärischen Frauendienst [SR 513.71]
VO	Verordnung
VPB	Verwaltungspraxis der Bundesbehörden (Bern 1964 ff.)
VStr	BG über das Verwaltungsstrafrecht, vom 22. März 1974 [SR 313.0]
VVG	BG über den Versicherungsvertrag, vom 2. April 1908 [SR 221.229.1]
VVO	Vollzugsverordnung

Abkürzungen

VVV	Verkehrsversicherungsverordnung, vom 20. November 1959 [SR 741.31]
z. B.	zum Beispiel
ZBGR	Schweizerische Zeitschrift für Beurkundungs- und Grundbuchrecht (Wädenswil 1920 ff.)
ZBJV	Zeitschrift des Bernischen Juristenvereins (Bern 1865 ff.)
ZBl	Schweizerisches Zentralblatt für Staats- und Gemeindeverwaltung (ältere Zitierweise: ZSGV) (Zürich 1900 ff.)
ZGB	Schweizerisches Zivilgesetzbuch, vom 10. Dezember 1907 [SR 210]
Ziff.	Ziffer
zit.	zitiert
ZPO	Zivilprozessordnung
ZR	Blätter für zürcherische Rechtsprechung (Zürich 1902 ff.)
ZSG	BG über den Zivilschutz, vom 23. März 1962 (Zivilschutzgesetz) [SR 520.1]
ZSGV	Schweizerisches Zentralblatt für Staats- und Gemeindeverwaltung (neuere Zitierweise: ZBl) (Zürich 1900 ff.)
ZSR	Zeitschrift für Schweizerisches Recht, Neue Folge (Basel 1882 ff.)
ZStrR	Schweizerische Zeitschrift für Strafrecht (Bern 1888 ff.)
z. T.	zum Teil
Zürcher Kommentar	Kommentar zum Schweizerischen Zivilgesetzbuch (Zürich 1909 ff.)
ZVglRWiss	Zeitschrift für vergleichende Rechtswissenschaft (Heidelberg 1878 ff.)
ZVW	Zeitschrift für Vormundschaftswesen (Zürich 1946 ff.)
ZWR	siehe RVJ
z. Zt.	zur Zeit

Besondere Zitierweise

— Die **Kommentare** zu ZGB oder OR werden mit dem Namen des Verfassers, der Kommentarreihe (Berner oder Zürcher Kommentar), der Auflage und dem Erscheinungsjahr zitiert.

— Die **Periodika,** welche nicht mit dem Kalenderjahr zitiert sind, werden nach dem Jahrgang (Bandnummer) angegeben.

Verweisungen

— Verweise auf die **Vorauflage** beziehen sich auf **Bd. II/1 der 3. A. 1970** (EHG, EIG) sowie auf **Bd. II/2 der 3. A. 1972** (MO).

— Verweise auf **Bd. I** beziehen sich auf die **4. A. 1975.**

— Verweise auf **Bd. II/1** beziehen sich auf die **4. A. 1987.**

— Verweise auf **Bd. II/2** beziehen sich auf die **4. A. 1989.**

— Innerhalb **Bd. II** wird der Text mit den Randnoten (N) zitiert, die Anmerkungen mit den Fussnoten (FN). Bei beiden beginnt die Zählung in jedem Paragraphen neu. Innerhalb des Paragraphen wird direkt auf die N oder FN verwiesen; sonst wird der Paragraph angegeben.

Literatur

A. Gesamtliteraturverzeichnis

(Schriften, die im ganzen Band nur mit dem / den Verfassernamen zitiert werden)

BECKER/HERMANN	Berner Kommentar zum Obligationenrecht, Allgemeiner Teil (Bern 1941)
BREHM ROLAND	Berner Kommentar — Art. 41—44 OR (Bern 1986) — Art. 45—48 OR (Bern 1987) — Art. 49—57 OR (Bern 1989) — Art. 58—61 OR (Bern 1990)
BUCHER EUGEN	Schweizerisches Obligationenrecht, Allgemeiner Teil ohne Deliktsrecht (2. A. Zürich 1988)
DESCHENAUX/TERCIER	La responsabilité civile (2. A. Bern 1982)
DEUTSCH ERWIN	Haftungsrecht, Bd. I: Allgemeine Lehren (Köln/Berlin u. a. 1976)
ESSER/SCHMIDT	Schuldrecht, Bd. I: Allgemeiner Teil (6. A. Heidelberg 1984)
ESSER/WEYERS	Schuldrecht, Bd. II: Besonderer Teil (6. A. Heidelberg 1984)
GAUCH/SCHLUEP	Schweizerisches Obligationenrecht, Allgemeiner Teil, 2 Bde. (4. A. Zürich 1987)
GEIGEL (hrsg. von G. SCHLEGELMILCH)	Der Haftpflichtprozess (20. A. München 1990)
HÜTTE KLAUS	Die Genugtuung bei Tötung und Körperverletzung (OR 47) (Zürich 1989)
GUHL/MERZ/KUMMER	Das Schweizerische Obligationenrecht (7. A. Zürich 1980)
KELLER ALFRED	Haftpflicht im Privatrecht — Bd. I (4. A. Bern 1979) — Bd. II (Bern 1987)
KELLER/GABI	Das Schweizerische Schuldrecht, Bd. II: Haftpflichtrecht (2. A. Basel und Frankfurt a. M. 1988)
KELLER/SYZ	Haftpflichtrecht, Ein Grundriss in Schemen und Tabellen (3. A. Zürich 1990)
KÖTZ HEIN	Deliktsrecht (4. A. Frankfurt a. M. 1988)

Literatur

LANGE HERMANN	Schadensersatz (Tübingen 1979)
LARENZ KARL	Lehrbuch des Schuldrechts, Bd. I: Allgemeiner Teil (14. A. München 1987)
MAURER ALFRED	Einführung in das schweizerische Privatversicherungsrecht (2. A. Bern 1986)
MAURER ALFRED	Schweizerisches Sozialversicherungsrecht — Bd. I: Allgemeiner Teil (2. A. Bern 1983) — Bd. II: Besonderer Teil (Bern 1982)
MAURER ALFRED	Schweizerisches Unfallversicherungsrecht (Bern 1985)
MERZ HANS	Obligationenrecht, Allgemeiner Teil, 1. Teilband, in SPR VI/1 (Basel und Frankfurt a. M. 1984)
OSER/SCHÖNENBERGER	Zürcher Kommentar zum Obligationenrecht, Allgemeiner Teil (2. A. Zürich 1929)
SCHAER ROLAND	Grundzüge des Zusammenwirkens von Schadenausgleichsystemen (Basel und Frankfurt a. M. 1984)
STARK EMIL W.	Ausservertragliches Haftpflichtrecht, Skriptum (2. A. Zürich 1988)
STAUFFER/SCHAETZLE	Barwerttafeln (4. A. Zürich 1989)
von TUHR/PETER	Allgemeiner Teil des Schweizerischen Obligationenrechts, Bd. I (3. A. Zürich 1979, mit Supplement 1984)
von TUHR/ESCHER	Allgemeiner Teil des Schweizerischen Obligationenrechts, Bd. II (3. A. Zürich 1974, mit Supplement 1984)

B. Übrige Literatur

Die auf den Gegenstand eines Paragraphen bezügliche Literatur ist jeweils an dessen Anfang zusammengestellt. Sie wird innerhalb des gleichen Paragraphen einzig mit dem Verfassernamen zitiert. Weitere Literaturangaben finden sich bei einzelnen Untertiteln sowie in den Fussnoten.

§ 27 Haftpflicht der Eisenbahnen, der konzessionierten sonstigen Transportunternehmungen und der Post

Literatur

SCHWEIZERISCHE: BAUMBERGER, Die Haftpflicht für Reisegepäck nach schweiz. Recht (Diss. Bern 1913). — PAUL BOLLER, Betrieb und Betriebsgefahr in den Verkehrshaftpflichtgesetzen, insbes. im Eisenbahnhaftpflichtrecht (Diss. Zürich 1946). — ROGER J. BRAUNSCHWEIG, Die Skilifte nach dem schweizerischen öffentlichen Recht (Diss. St. Gallen 1977). — J. BUSER, Das schweizerische Postverkehrsgesetz (2. A. Zürich 1930). — ANDRÉ BUSSY, Les accidents de passages à niveau (Lausanne 1956). — DESCHENAUX/TERCIER § 16. — FELIX ENDTNER, Haftpflicht und Versicherung des Gemeinwesens beim Betrieb von Motorfahrzeugen (Diss. Bern 1952). — JULES FAURE, Haftpflicht der Eisenbahn, SJK Nr. 1048ff. (Genf 1976/77). — JOHN FAVRE/JOSEF WICK, Das schweizerische Transportrecht für Eisenbahnen und Schiffe (Basel 1949). — MARGUERITE FLORIO, La responsabilité des chemins de fer pour la mort et les blessures de voyageurs en trafic international (Diss. Lausanne 1969). — JAKOB GABATHULER, Entwicklung und Ökonomie der Schlittenseilbahnen, Skilifte und Sesselbahnen (Diss. Bern 1947). — BENJAMIN GRIVEL, La responsabilité civile des entreprises de transport (Diss. Lausanne 1934). — ERNST GUYER, Kommentar zum schweizerischen Bundesgesetz betr. die Haftpflicht der Eisenbahn- und Dampfschiffahrtsunternehmungen und der Post, vom 28. März 1905 (Zürich 1905). — DERS., Aufsätze über das schweizerische Eisenbahnhaftpflichtrecht (Zürich 1905) — HANS-RUDOLF HERDENER, Die rechtliche Behandlung der Trolleybus-Unternehmungen (Diss. Zürich 1951). — FRITZ HESS, Die neuere Eisenbahngesetzgebung des Bundes, 2 Bde. (Solothurn 1941/45). — GERHARD JAKOB, Unebenheiten zwischen dem SVG und dem EHG, SJZ 71 (1975) 233ff. — ALFRED KELLER I 186ff. — MAX KOLLER, Konzessionierung und rechtliche Behandlung von Luftseilbahnen und Skiliften (Diss. Zürich 1946). — CHRISTIAN KÜNG, Die Konzessionierung von Luftseilbahnen nach Bundesrecht (Grüsch 1988). — JULIUS OETIKER, Die Eisenbahn-Gesetzgebung des Bundes, Bd. II (Solothurn 1917) 475ff. — SCHAFFHAUSER/ZELLWEGER, Grundriss des schweizerischen Strassenverkehrsrechts, Band II: Haftpflicht und Versicherung (Bern 1988) N 1350ff. — MAX SCHÄRER, Recht und Gerichtspraxis über Haftpflicht und Schadenersatz (Bern 1940). — HANS SCHWENDENER, Das Personentransportrecht (Diss. Bern 1911). — BERNHARD STAEHELIN, Gedanken zur Haftung im Transportrecht, in: Die Verantwortlichkeit im Recht, Bd. II (Zürich 1981) 739ff. — HANS KASPAR STIFFLER, Die Haftung der Seilbahnunternehmungen für ausservertragliche Schädigungen (Diss. Zürich 1958). — DERS., Schweizerisches Skirecht (Derendingen 1978) 94ff. — MAX STRAUSS, Konzessionierung und Rechtsverhältnisse der Automobil-Transportunternehmungen in der Schweiz (Diss. Zürich 1937). — TUASON/ROMANENS, Das Recht der schweizerischen PTT-Betriebe (3. A. Bern 1980).

DEUTSCHE: BIERMANN, Gesetz über die Haftpflicht der Eisenbahnen und Strassenbahnen für Sachschäden (Münster 1953). — DERS., Das Reichshaftpflichtgesetz (2. A. Münster 1956). — EMIL BÖHMER, Das Sachschadenhaftpflichtgesetz (Berlin 1954). — DERS., Das Reichshaftpflichtgesetz (Berlin 1950). — GEORG EGER, Das

Reichshaftpflichtgesetz (7. A. Hannover 1912). — WERNER FILTHAUT, Haftpflichtgesetz, Kommentar (2. A. München 1988). — FINGER, Eisenbahngesetze, Teil I Bd. 6 (5. A. München 1968). — FRIESE, Reichshaftpflichtgesetz (München/Berlin 1950). — WERNER FULL, Zivilrechtliche Haftung im Strassenverkehr (München 1980) 671 ff. — REINHART GEIGEL/GÜNTER SCHLEGELMILCH, 22. Kap. N 1 ff. — REINHARD GREGER, Zivilrechtliche Haftung im Strassenverkehr (Berlin 1985). — SELIGSOHN, Haftpflichtgesetz (2. A. Berlin/Leipzig 1931).

ÖSTERREICHISCHE: HELMUT KOZIOL II 509 ff. — MUTZ, Die Haftung der Eisenbahn für Tötung und Verletzung von Reisenden im internationalen Eisenbahnverkehr nach dem Zusatzübereinkommen zur CIV (Wien 1977). — JOSEF PICHLER/WOLFGANG HOLER, Handbuch des österreichischen Skirechts (Wien 1987). — ERIKA VEIT/ROLF E. VEIT, Das Eisenbahn- und Kraftfahrzeug-Haftpflichtgesetz (4. A. Wien 1984). — BRUNO WIESBAUER/PETER ZETTER, Transporthaftung (Wien 1984).

RECHTSVERGLEICHENDE: UWE J. WACHENDORF, Die Haftpflichtlage bei dem Betrieb von Berg- und Seilbahnen und Schleppliften in den Alpenländern, VersR 1982, 117 ff.

I. Grundlagen

A. Rechtsquellen

1   Die *Eisenbahnhaftpflicht,* wie sie nach der wichtigsten Kategorie der ihr unterstellten Unternehmungen genannt wird, ist geordnet im BG betr. die Haftpflicht der Eisenbahn- und Dampfschiffahrtsunternehmungen und der Post, vom 28. März 1905 (EHG)[1]. Es hat das alte EHG, das BG betr. die Haftpflicht der Eisenbahn- und Dampfschiffahrts-Unternehmungen bei Tötungen und Verletzungen, vom 1. Heumonat 1875, ersetzt[2]. Das EHG enthält mit Ausnahme einiger prozessualer Vorschriften (Art. 19, 20, 22, 25) nur zivilrechtliche Normen. Indessen sind für das Haftpflichtrecht zahlreiche Erlasse verwaltungsrechtlicher, darunter polizeirechtlicher, und strafrechtlicher Art aus der umfangreichen Eisenbahn- und Schiffahrtsgesetzgebung[3] bedeutsam.

---

[1] SR 221.112.742.
[2] Über die Revision GUYER, Aufsätze 7 ff.; Botschaft des Bundesrates, BBl 1901 I 672 ff.; die übrigen bei OETIKER II 475 zit. Materialien.
[3] Zusammengestellt bis Ende April 1918 in den 4 Bänden von OETIKER, Die Eisenbahngesetzgebung des Bundes (Solothurn 1913—1918), fortgeführt bis 1. Dezember 1944 durch die eingangs dieses Paragraphen zit. zwei Bände von HESS. Die seitherigen Neuerungen sind der SR zu entnehmen. Das Eisenbahngesetz vom 20. Dezember 1957 (SR 742.101) ersetzte das BG über den Bau und Betrieb der Eisenbahnen..., vom 23. Dezember 1872.

Den verwaltungsrechtlichen Vorschriften lassen sich insbesondere einige Begriffsbestimmungen entnehmen. Von den polizeirechtlichen Bestimmungen dienen zahlreiche der Unfallverhütung; sie spielen öfters eine Rolle bei der Feststellung des allfälligen Verschuldens einer haftpflichtigen Unternehmung oder des Selbstverschuldens eines Geschädigten. Hinsichtlich des letzteren sind namentlich zu nennen das BG betr. Handhabung der Bahnpolizei, vom 18. Februar 1878 (Bahnpolizeigesetz; SR 742.147.1)[4] und die VO über die Signalisierung von Bahnübergängen, vom 15. Dezember 1975 (SR 742.148.31)[5].

B. Haftungsgrundsatz

Das EHG begründet in klarer Form eine sich als *Gefährdungshaftung*[6] darstellende *Kausalhaftung*. Der Inhaber einer vom Gesetz erfassten Unternehmung haftet grundsätzlich für den durch seinen Betrieb verursachten Schaden; er wird von der Haftung befreit, wenn er sich mit Erfolg auf einen der drei Entlastungsgründe (höhere Gewalt, Drittverschulden oder Selbstverschulden) beruft.

Die Haftung beruht nicht auf dem Nachweis eines Mangels in der Anlage oder im Betrieb oder auf dem Nachweis einer Verletzung von Sorgfaltspflichten oder gar eines Verschuldens. Die Anknüpfung an einen gefährdenden Betrieb lässt die Haftung als *Betriebshaftung* erscheinen[7]; dass auch Schädigungen bei Bauarbeiten und bei bestimmten Hilfsarbeiten nach EHG beurteilt werden (Art. 1 I), stellt lediglich eine Erweiterung der allein typischen Betriebshaftung dar. Die Kausalhaftung des EHG schliesst eine Haftung für *Hilfspersonen* in sich (Art. 1 II, 8, 18).

Auch das *deutsche Recht* kennt eine spezialgesetzliche Regelung der Eisenbahnhaftpflicht. Das Reichshaftpflichtgesetz vom 7. Juni 1871 sah eine als Gefährdungshaftung aufgefasste Verantwortlichkeit des Betriebsunternehmers für Schaden infolge Körperverletzung und

---

4 Revidiert durch das EbG von 1957, Art. 96.
5 Beachte auch die darauf gestützte VO über den Bau von automatischen Anlagen zur Sicherung von Niveauübergängen, vom 15. Juli 1970 (SR 742.148.311).
6 Bd. I 20 ff.; Bd. II/2 § 24 N 1 ff.
7 Bd. I 24, 87, 91.

§ 27   Haftpflicht der Eisenbahnen, Transportunternehmungen und der Post

Tötung vor. Für Sachschaden war ursprünglich keine einheitliche Regelung getroffen, sondern es galten landesrechtliche Vorschriften (Art. 105 Einführungsgesetz zum BGB), in Preussen z. B. das Eisenbahngesetz vom 3. November 1838, besonders § 25. Erst mit Gesetz vom 29. April 1940 über die Haftpflicht der Eisenbahnen und Strassenbahnen für Sachschäden wurde eine einheitliche Regelung geschaffen. Heute befindet sich die Haftungsgrundlage sowohl für Personen als auch Sachschäden im Haftpflichtgesetz vom 4. Januar 1978 (insbes. § 1 und 4ff.)[8].

5   Obwohl das Reichshaftpflichtgesetz auf die Gestaltung unseres alten EHG eingewirkt hat[9], hat sich das schweizerische Recht durchaus selbständig entwickelt. Es bietet in manchen Punkten klarere Lösungen. Zum Unterschied vom schweizerischen Recht, wo das Spezialgesetz die Anwendung des OR ausschliesst, kann nach deutschem Recht neben der spezialgesetzlichen Haftung des Betriebsunternehmers noch diejenige nach der allgemeinen Verschuldensnorm von BGB § 823, nach BGB § 831 usw., oder nach Vertrag, in Frage kommen (früher Reichshaftpflichtges. § 9, Sachschadenhaftpflichtges. § 7; heute HPflG § 12).

6   In *Österreich* gilt seit dem 1. Juni 1959 das Bundesgesetz über die Haftung für den Ersatz von Schäden aus Unfällen beim Betrieb von Eisenbahnen und beim Betrieb von Kraftfahrzeugen (EKHG), vom 21. Jänner 1959[10]. Personenschaden und Sachschaden werden einer Gefährdungshaftung unterstellt, die für Bahnen und Motorfahrzeuge einheitlich geregelt ist. Statt der in andern Ländern, auch in der Schweiz, wahrnehmbaren, immer weiter getriebenen Zersplitterung des Haftpflichtrechts[11], sind hier bemerkenswerterweise wenigstens zwei wichtige Gruppen von Haftpflichtigen von der gleichen Ordnung erfasst. Das Gesetz übernimmt verschiedentlich die Formeln der Haftpflichtbestimmungen des deutschen Strassenverkehrsgesetzes, weist

---

[8] Vgl. GEIGEL/SCHLEGELMILCH 22. Kap. vor N 1ff, N 2; MEDICUS II 374; FILTHAUT § 1 N 1ff. Abkürzungen: HaftpflG oder HPflG. Die Regelung im HPflG ist im wesentlichen gleich wie im Reichshaftpflichtgesetz, weshalb im folgenden häufig auch noch auf dessen Literatur verwiesen wird.
[9] Botschaft BBl 1874 I 890.
[10] Darüber der eingangs dieses Paragraphen zit. Kommentar von VEIT/VEIT; KOZIOL II 509ff.
[11] Zur Frage einer generellen Gefährdungshaftung vgl. Bd. II/2 § 24 N 37ff.

I. Grundlagen § 27

aber in einer Reihe von Fragen Parallelen zum schweizerischen EHG auf[12].

Die Vorschriften *weiterer Länder* über die Haftung für Schäden, die auf Eisenbahnen zurückgehen, stehen vorwiegend auf ganz anderem Boden als das schweizerische Recht. Erörterungen erübrigen sich deshalb[13].

Bei *internationalen Transporten* sind die entsprechenden Abkommen (COTIF, CIV, CIM, RIP) zu beachten. Früher regelte eine spezielle Konvention vom 26. Februar 1966 die Haftung der Eisenbahn für den Tod und die Verletzung von Reisenden[14]; diese ist seit 1980 Bestandteil der CIV (Art. 26 ff.)[15]. Gemäss CIV 26 besteht bei Personen- und Sachschaden eine weitgehend dem EHG angenäherte Haftung[16].

C. Geltungsbereich des Eisenbahnhaftpflichtgesetzes

1. In sachlicher Hinsicht: Kreis der dem Gesetz unterstellten Transportmittel und Unternehmungen

Das EHG erklärt sich für anwendbar auf Haftpflichtansprüche gegen *Eisenbahnunternehmungen* (EHG 1 I), gegen *Schiffahrtsunternehmungen* und gegen die eidgenössische *Post* (EHG 24). Durch eine zusätzliche Vorschrift (PVG 3 II) werden ihm ferner *generell* alle *sonstigen Transportunternehmungen* unterstellt, die im Hinblick auf die gewerbsmässige Reisendenbeförderung mit regelmässigen Fahrten

---

[12] Das deutsche HPflG regelt auch die Haftpflicht aus verschiedenen Haftpflichttatbeständen (Eisenbahn, gefährliche Anlage, gefährlicher Betrieb), die aber sehr verschiedenartig sind, so dass daraus mehr eine gesetzgebungstechnische als eine inhaltliche Vereinheitlichung resultiert.

[13] Vgl. ZWEIGERT/KÖTZ II 407 ff. Im *französischen* Recht beurteilt sich die Haftung des Eisenbahnunternehmers nach CCfr 1384 I (vgl. dazu Bd. II/1 § 19 N 6); eine Gefährdungshaftung aufgrund eines besonderen Gesetzes besteht nur für den Inhaber einer Drahtseilbahn; vgl. FERID/SONNENBERGER II N 2 O 10 und 361.

[14] Sog. CAV (vgl. AS 1972, 2945 und 1975, 311 f.), für die Schweiz in Kraft seit 1. Januar 1973; vgl. dazu die Botschaft des Bundesrates, BBl 1968 II 229 ff.

[15] Vgl. BBl 1982 III 914, 921; WIESBAUER/ZETTER 505 f.

[16] Vgl. DESCHENAUX/TERCIER § 16 N 13; im einzelnen ferner die Werke von FLORIO und MUTZ, sowie BBl 1968 II 233 f. (alle noch zur CAV); zur jetzigen Rechtslage FILTHAUT § 12 N 212 ff.

gemäss PVG 1 Ia/3 I einer sogenannten *Postkonzession* bedürfen. Soweit indes die Beförderung durch die Post oder eine konzessionierte Unternehmung mit *Motorfahrzeugen* erfolgt, ist das SVG an die Stelle des EHG getreten; hierüber Näheres unter Ziff. V (hinten N 225 ff.). Wie sich zeigen wird, sind es *Transportmittel* ganz verschiedener Art, die vom EHG erfasst werden.

10 Soweit nicht der *Bund* selber Inhaber der dem EHG unterstellten Beförderungsmittel ist, handelt es sich ausnahmslos um *konzessionspflichtige* Unternehmungen. Denn nicht nur die von den Vorschriften PVG 1 Ia/3 I erfassten Transportunternehmungen (wozu auch die ohnehin dem EHG unterstellten Schiffahrtsunternehmungen gehören), welche der regelmässigen, gewerbsmässigen Personenbeförderung obliegen, bedürfen einer Konzession (und zwar gestützt auf das Postregal, BV 36, PVG 1 und 2), sondern auch alle nichteidgenössischen Bahnen im Sinne des EHG sind konzessionspflichtig: dies in Rücksicht auf das Eisenbahnregal (BV 26, EbG 5). Es ist einleuchtend, dass für die Unterstellung unter das EHG nicht die *tatsächliche* Konzessionierung massgebend ist, sondern die Frage, ob nach den zitierten Regalvorschriften die Konzessions*pflicht* gegeben ist[17]. Sollte eine Unternehmung den Betrieb aufgenommen haben, ohne dass sie vorher konzessioniert worden wäre, so würde dies demnach die Anwendung des EHG nicht ausschliessen; im Haftpflichtprozess wäre die Konzessionspflicht als Vorfrage zu prüfen[18]. Diese ist oft identisch mit der Frage, ob das schadenverursachende Beförderungsmittel eine Eisenbahn im Sinne der Eisenbahngesetzgebung oder ein Schiff, eine Luftseilbahn usw. im Sinne der einschlägigen verwaltungsrechtlichen Vorschriften darstelle.

11 Somit *ist das EHG,* wie zusammenfassend festzustellen ist, *abgesehen von seiner Anwendbarkeit auf die Eisenbahnen, die Post und die Schiffahrtsunternehmungen,* aufgrund des Art. 3 II PVG *das Haftpflichtgesetz der konzessionspflichtigen Transportunternehmungen.* Dies gilt

---

[17] Gleicher Meinung A. KELLER I 190.
[18] Hinsichtlich der Anwendbarkeit des VVG (Art. 101), die von der Konzessionspflicht der Versicherungsunternehmungen präjudiziert wird, stellt sich die gleiche Frage, und sie wird im wesentlichen gleich beantwortet; dazu die bei DÜRR, Das Versicherungsvertragsgesetz (Bern 1946) 328 zit. Urteile, besonders VAS VII Nr. 30, 341–43; X Nr. 88; BGE 62 II 178; JAEGER III Art. 101 N 46, 47.

indes dort nicht, wo kraft besonderer Vorschrift ein anderes Gesetz für massgebend erklärt ist [19].

Das EHG ist demgemäss *im einzelnen* anwendbar auf: 12

1. *Eisenbahnen* (EHG 1 I). Das sind nach der Definition in Art. 1 II   13
EbG (von 1957), die hier herangezogen werden darf, «Unternehmungen, die nach ihrer Zweckbestimmung von jedermann zur Beförderung von Personen und Gütern benützt werden können und deren Fahrzeuge auf oder an Schienen laufen» [20, 21]. Sie dienen dem öffentlichen Verkehr.

Nach ihrer verwaltungsrechtlichen Stellung sind es entweder die   14
Schweizerischen Bundesbahnen [22] oder konzessionspflichtige Bahnen [23]. Es macht keinen Unterschied aus, ob man eine Hauptbahn oder eine Nebenbahn vor sich hat [24], eine Normalspur-, Schmalspur- oder Zahn-

---

[19] Diese generelle Feststellung bedarf insofern einer Einschränkung, als die konzessionierte Unternehmung den Betrieb durch eine andere selbständig führen lassen kann, wobei dann auch diese andere Subjekt der Haftung ist; vgl. hinten N 45.

[20] Ob die Schienen aus Eisen, Stahl oder anderem Material hergestellt sind, ist gleichgültig; gl. M. BIERMANN, Reichshaftpflichtges. 15; FILTHAUT § 1 N 9. Zum Begriff der Eisenbahn, aus der reichen Literatur, BURCKHARDT, Komm. der schweiz. BV (3. A. Bern 1931) 191; OETIKER I 28; HESS/WEIBEL, Das Enteignungsrecht des Bundes (2 Bde., Bern 1986) II 65f.; STAEBLIN, Die Eisenbahnkonzession nach schweiz. Recht (Diss. Zürich 1938) 119ff.; WERNER SCHMID, Die Sanierung privater Eisenbahn- und Schiffahrt-Unternehmungen... (Diss. Zürich 1939) 34ff.; TINNER, Rechtsbeziehungen zwischen Bund und Kantonen im Eisenbahnwesen (Diss. Zürich 1941) 1 ff.; VOLMAR in Monatsschr. für bern. Verwaltungsrecht... 7, 97ff.; FAURE, SJK Nr. 1041 S. 1ff.; STÄMPFLI in SJZ 24, 337/38; PFISTER in ZSGV 40, 418; EGER 42ff.; BIERMANN Reichshaftpflichtges. 14ff.; FILTHAUT § 1 N 4. — Berühmt geworden ist die an scholastischer Genauigkeit unübertroffene, rund 12 Druckzeilen umfassende Definition des Reichsgerichts in seinem Urteil vom 17. März 1880, RGZ 1, 251, wiedergegeben bei BIERMANN 14/15.

[21] Eine Übersicht über die bestehenden Bahnen sowie eine Reihe von zusätzlichen Angaben bieten die «Schweizerische Verkehrsstatistik», periodisch hrsg. vom Bundesamt für Statistik (Bern). Die Konzessionsurkunden von Eisenbahnen, Luftseilbahnen und anderen Transportunternehmungen sind samt weiterem Material abgedruckt in der offiziellen periodischen Publikation «Verkehrsaktensammlung» (früher Eisenbahnakten-Sammlung = «Sammlung der auf das schweizerische Eisenbahnwesen bezüglichen amtlichen Aktenstücke»; VO vom 29. November 1976, SR 170.571).

[22] BG über die Schweiz. Bundesbahnen vom 23. Juni 1944 (SR 742.31) Art. 4 I.

[23] EbG 5ff. (sog. «Privatbahnen»).

[24] Die Begriffe sind umschrieben in EbG 2.

§ 27   Haftpflicht der Eisenbahnen, Transportunternehmungen und der Post

radbahn[25], eine Strassenbahn[26] oder eine Standseilbahn[27]. Ebenso unerheblich ist die Art der Fortbewegung: ob elektrische, dampf-, explosionsmotorische oder tierische Traktion bestehe, oder ob die Fortbewegung mittels der Schwerkraft usw. eintrete[28].

15 Ohne Belang sind die Rechtsform und die Wirtschaftsform der Unternehmung: ob Regiebetrieb des Bundes, eines Kantons oder einer Gemeinde, ob die Bahnen auf privat- oder gemischtwirtschaftlicher Grundlage betrieben werden, ob durch Aktiengesellschaften, andere Organisationsformen oder Einzelpersonen. Es kommt nicht darauf an, ob ein Bahnbetrieb bereits amtlich eröffnet worden ist[29], oder ob er zunächst den Bedürfnissen des Bahnbaus (EHG 1 I) oder Versuchszwecken[30] dient.

16 Dem EHG untersteht auch der Betrieb auf den Verbindungsgeleisen; darunter sind Schienengeleise zu verstehen, die eine gewerbliche Anlage mit dem Netz der Schweizerischen Bundesbahnen oder einer konzessionierten Eisenbahn verbinden: BG über die Rechtsverhältnisse der Verbindungsgeleise zwischen dem schweizerischen Eisenbahnnetz und gewerblichen Anstalten, vom 19. Dezember 1874 (SR 742.141.5) Art. 13[31].

17 *Keine* Eisenbahnen im Sinn des EHG[32] sind die nicht konzessionspflichtigen internen Bahnanlagen von Fabriken, Bergwerken, Steinbrüchen u. dgl., weil sie nicht dem öffentlichen Verkehr dienen, ferner die für vorübergehende Zwecke erstellten Rollbahnen (Werkbahnen)[33]; und sogenannte Berg- und Talbahnen oder Rutschbahnen an Volksfesten[34]; auch örtlich auf Schienen laufende Maschinen wie z. B. Krane fallen

---

[25] BGE 5, 589.
[26] BGE 25 II 281; 40 II 422; 53 II 84, 502; 88 II 448.
[27] BGE 9, 268. — Über Einteilung und Spielarten der Seilbahnen unter technischem und juristischem Gesichtspunkt STIFFLER, Haftung, 4 ff. Vgl. im übrigen anschliessend Ziff. 3.
[28] Nachstehend FN 172; BIERMANN Reichshaftpflichtges. 14 ff.; DESCHENAUX/TERCIER § 16 N 16.
[29] Sem.jud. 1911, 498/503.
[30] Eine Versuchsanlage dient nur dann — wenigstens indirekt — dem öffentlichen Verkehr, wenn Versuche im Hinblick auf eine dieses Kriterium erfüllende Bahn gemacht werden. Versuche, deren Resultate die Gestaltung einer internen Bahnanlage (unten N 17) bestimmen sollen, unterstehen daher nicht dem EHG.
[31] Vgl. auch hinten N 46; BGE 93 I 496; RVJ 1983, 307 ff.
[32] Vgl. auch anschliessend Ziff. 3.
[33] BGE 36 II 244.
[34] Vgl. VEIT/VEIT 57 E. 1.

I. Grundlagen § 27

ausser Betracht[35]. Das Moment der Bestimmung der Bahnen für den öffentlichen Verkehr[36] bringt es mit sich, dass — wie vorweggenommen —, abgesehen von den Bundesbahnen, nur die konzessionspflichtigen Bahnen dem EHG unterstellt sind. Alt EHG 1 hatte dies ausdrücklich vorgesehen; es gilt aber auch nach heutiger Rechtslage[37]. Öffentlichkeit des Verkehrs und Konzessionspflicht einerseits, und Anwendbarkeit des EHG anderseits, sind Korrelate; ein weiteres Korrelat ist die Anwendbarkeit der bahnpolizeilichen Vorschriften[38].

Die Voraussetzung, dass eine Bahn dem *öffentlichen Verkehr* zu dienen habe, entspricht insofern dem Gedanken der Gefährdungshaftungen, als in der Öffentlichkeit des Verkehrs dasjenige Moment zu sehen ist, das den Gesetzgeber veranlasst, den Gefahrensatz nicht anzuwenden und die Schaffung eines gefährlichen Zustandes zu ent-schuldigen[39]. Nur am öffentlichen Bahnverkehr besteht ein öffentliches Interesse! 18

2. *Schiffahrtsunternehmungen.* Dem EHG unterstellt sind allein die gemäss PVG 1 Ia/3 I konzessionspflichtigen Unternehmungen sowie die entsprechenden, dem regelmässigen Verkehr dienenden Schiffahrtsunternehmungen des Bundes: EHG 24 Ziff. 1; PVG 3 II; VO über die konzessions- und bewilligungspflichtige Schiffahrt, vom 9. August 1972 (SR 747.211.1). In welcher Weise die Schiffe fortbewegt werden, ob mit Dampf, Explosionsmotoren, Elektrizität oder andern Mitteln, ist unerheblich. 19

Nicht unter das EHG fallen alle nicht konzessionspflichtigen Unternehmungen, Betriebsarten, Fahrten oder Schiffe, z. B. privaten Zwecken dienende Fahrzeuge. Eine eigene Haftpflichtordnung, und zwar eine Verschuldenshaftung für Hilfspersonen mit Exkulpationsmöglichkeit[40], 20

---

[35] Derartige Anlagen stellen meist ein Werk im Sinne von OR 58 dar; betr. Rutschbahnen Bd. II/1 § 19 N 93 Ziff. 9 a. E.
[36] Im deutschen Recht ist dies nicht Voraussetzung der Anwendung des Spezialgesetzes; GEIGEL/SCHLEGELMILCH 22. Kap. N 3; BIERMANN, Reichshaftpflichtges. 15; FILTHAUT § 1 N 14.
[37] BGE 36 II 244 und dort zit. Materialien; BGE 26 II 18; 35 II 408.
[38] EbG 23; ZEERLEDER 32.
[39] Vgl. Bd. II/2 § 24 N 22 ff.
[40] Vgl. Bd. II/1 § 23 N 28; A. KELLER I 188; OFTINGER (Bd. I 22 FN 68) bezeichnet sie als Kausalhaftung mit umgekehrter Beweislast.

besteht für die Meer- und Binnenschiffe[41] gemäss BG über die Seeschiffahrt unter der Schweizer Flagge, vom 23. September 1953 (SSchG 48 ff., 126 II)[42].

21 3. *Luftseilbahnen* (einschliesslich Gondelbahnen, Sesselbahnen u. dgl.), *Schlittenseilbahnen und Aufzüge*[43]. Diese Beförderungsmittel stellen nach schweizerischem Verwaltungs- und Haftpflichtrecht keine Eisenbahnen dar[44]. Sie bedürfen nicht einer Eisenbahnkonzession, sondern einer Postkonzession[45], sofern die Voraussetzungen der Art. 1 Ia/ 3 I PVG erfüllt sind[46]. Alsdann unterstehen sie gemäss PVG 3 II dem EHG[47]. Die Erteilung der Konzession richtet sich nach der VO über

---

[41] Zur Regelung der Binnenschiffahrt im einzelnen vgl. BG über die Binnenschiffahrt, vom 3. Oktober 1975 (SR 747.201).

[42] Bd. I 22 FN 68; DESCHENAUX/TERCIER § 17 N 3.

[43] Liftanlagen in Häusern gehören nicht hieher. Sie werden vom Postregal nach PVG I nicht erfasst, weil sie nicht *regelmässige* Fahrten durchführen. Ihr Betrieb setzt daher auch keine Konzession nach PVG 3 I voraus. Sie unterstehen OR 58; vgl. Bd. II/1 § 19 N 38. Hier ist vielmehr an Aufzüge wie denjenigen am Bürgenstock zu denken.

[44] Vgl. A. KELLER I 187; DESCHENAUX/TERCIER § 16 N 20. — Überblicke über die technische Ausgestaltung solcher Bahnen bei STIFFLER, Haftung 3 ff.; KOLLER 35 ff.; GABATHULER 27 ff. — Bei den Schlittenseilbahnen wird ein mit Kufen auf Schnee gleitendes Gefährt, ähnlich wie bei den Standseilbahnen, an einem Seil bergwärts gezogen. Von den Aufzügen gehören nur die dem allgemeinen Verkehr dienenden hierher (z. B. derjenige auf der Münsterterrasse in Bern).

[45] Vgl. KÜNG 65 ff.

[46] Nähere Umschreibung der Voraussetzungen für die Erteilung der Konzession in PVV I 11. Über die Verwaltungspraxis: Bericht über die Konzessionierungspraxis bei Luftseilbahnen..., hrsg. vom *Eidg. Post- und Eisenbahndepartement* = heute: *Eidg. Verkehrs- und Energiewirtschaftsdepartement* (Stand Ende Dezember 1957, erschienen 1959), 6 ff.

[47] STIFFLER, Haftung 83 ff., und Skirecht 105 FN 47 kritisiert mit Recht, dass die geltende Gesetzgebung, weil sie die Unterstellung unter das EHG vom formellen Kriterium der Konzessionspflicht abhängig macht, zu unangebrachten Ergebnissen führen kann: Da die Konzessionspflicht fehlt, besteht z. B. für stark frequentierte Luftseilbahnen, die für den Bau von Elektrizitätswerken im Gebirge errichtet werden, keine Gefährdungshaftung nach EHG (vgl. die nachfolgend im Kontext zit. VO über die Luftseilbahnen mit Personenbeförderung ohne Bundeskonzession und über die Skilifte, Art. 1 und 4). STIFFLER postuliert deshalb, die heutige Ordnung sei dahin zu revidieren, dass das EHG überall dort anwendbar wird, wo die für ein Beförderungsmittel von der Art der Luftseilbahnen, Aufzüge u. dgl. typische — die spezifische — *Betriebsgefahr* auftritt. EHG und PVG wären dementsprechend abzuändern.
Im Ergebnis gleich ist die Rechtslage in Deutschland, HPflG · 1 I; GEIGEL/ SCHLEGELMILCH 22. Kap. N 4. Ebenso das österreichische Recht, EisenbahnG 1; KOZIOL II 521; PICHLER/HOLZER 78. — Das Abstellen auf die spezifische Betriebsgefahr darf nicht in dem Sinne verstanden werden, dass im konkreten Fall zu entscheiden wäre, ob sie vorliege und daher das EHG Anwendung finde. Das würde dem geltenden

I. Grundlagen § 27

die Konzessionierung von Luftseilbahnen, vom 8. November 1978 (SR 743.11). Von der Befugnis Gebrauch machend, die ihm in PVG 2 II eingeräumt ist, hat der Bundesrat gewisse Anlagen von der Konzessionspflicht *ausgenommen*: vgl. im einzelnen die VO über die Luftseilbahnen mit Personenbeförderung ohne Bundeskonzession und über die Skilifte, vom 22. März 1972 (SR 743.21)[48]. Haftpflichtansprüche beurteilen sich infolgedessen nicht nach EHG, sondern nach OR 41 ff., namentlich OR 58[49]. Wird eine solche Bahn vom Bund subventioniert, so hat deren Betreiber eine angemessene Haftpflichtversicherung abzuschliessen (vgl. VO über subventionierte Luftseilbahnen mit Personenbeförderung, vom 24. Oktober 1961 [SR 743.25] Art. 4 II).

4. *Die Post.* Deren Transportbetrieb wird indes heute überwiegend mit Motorfahrzeugen besorgt; unter Ziff. V (N 225 ff.) dieses Paragraphen ist im einzelnen zu zeigen, wieweit neben dem SVG, das hierauf fast durchwegs anwendbar ist, noch das EHG heranzuziehen bleibt. Das gleiche gilt für die der Post vergleichbaren *konzessionierten Unternehmungen*. 22

In *negativer Hinsicht* sind folgende Abgrenzungen erforderlich: 23

1. Der Betrieb der *Trolleybusfahrzeuge,* die dem öffentlichen Verkehr dienen (sogenannte geleislose Bahnen oder Oberleitungsomnibusse), und der ihnen gleichgestellten — ganz selten anzutreffenden — *Gyrobusfahrzeuge* ist ebenfalls konzessionspflichtig. Gemäss gesetzlicher Definition ist ein Trolleybus ein Fahrzeug, «welches die zur Bewegung benötigte elektrische Energie aus einer Fahrleitung entnimmt und auf öffentlichen Strassen verkehrt, ohne an Schienen gebunden zu sein». Kraft eigens erlassener Bestimmungen unterstehen diese Transportmit- 24

System unserer Gefährdungshaftungen widersprechen. Das Kriterium der spezifischen Betriebsgefahr ist vielmehr als Anweisung an den Gesetzgeber aufzufassen, welche Bahnen dem EHG zu unterstellen seien. So sollten insbesondere Luftseilbahnen mit vier und weniger Plätzen der Gefährdungshaftung unterstehen, weil die Grösse der Gefahr nicht von der Anzahl der angebotenen Plätze abhängt.

[48] Dazu Konkordat über die nicht eidgenössisch konzessionierten Luftseilbahnen und Skilifte, vom 15. Oktober 1951 (SR 743.22; Art. 5 I sieht eine Versicherungspflicht vor), und weitere technische Vorschriften (z. B. VO über Bau und Betrieb von eidgenössisch konzessionierten Seilbahnen, vom 10. März 1986 [SR 743.12]; VO über die Drahtseile von Seilbahnen, vom 21. Mai 1946 [SR 743.122]).

[49] Bd. II / 1 § 19 N 93 Ziff. 10; STIFFLER, Skirecht 107 ff.

tel nicht dem EHG, sondern dem SVG, früher dem MFG[50]; soweit jedoch der Schaden durch den Betrieb einer elektrischen Anlage oder die Einwirkung des elektrischen Stromes auf das Fahrzeug verursacht wird, gilt das ElG: BG über die Trolleybusunternehmungen, vom 29. März 1950 (SR 744.21) Art. 1 II, 4, 15; SVG 7 II; VO über Haftpflicht und Versicherungen im Strassenverkehr, vom 20. November 1959 (VVV) Art. 1 II; BRB über die Gyrobusunternehmungen, vom 28. August 1953 (SR 744.212).

25   2. Für die *Skilifte* verneinte früher die Verwaltungspraxis die Konzessionspflicht gemäss PVG 1 Ia/3 I, weil keine Beförderung im Sinne dieser Vorschriften vorliege[51]. Skilifte sind motorisch angetriebene Vorrichtungen, von denen die auf ihren Ski stehenden Skifahrer mit Hilfe eines umlaufenden Seils und geeigneter Haltevorrichtungen bergwärts geschleppt werden[52]. In der 1. Auflage dieses Buches[53] ist noch die gegenteilige Auffassung vertreten und das Erfordernis einer Postkonzession bejaht worden. Gestützt auf das vorn FN 48 zit. Konkordat, welches vom Bundesrat genehmigt wurde (und dem bisher 22 Kantone beigetreten sind), konnte diese Meinung in der 2./3. A. (Bd. II/1 303) nicht mehr aufrecht gehalten werden. In der Zwischenzeit erliess der Bundesrat die VO über die Luftseilbahnen mit Personenbeförderung ohne Bundeskonzession und über die Skilifte, vom 22. März 1972 (SR 743.21), wo in Art. 2 II/III die Skilifte gestützt auf PVG 2 II ausdrücklich von der Konzessionspflicht ausgenommen werden. Somit ist jetzt die Rechtslage eindeutig: die Skilifte unterstehen neben der vertraglichen Haftung (OR 97, 101 usw.) OR 41 ff., insbes. OR 58[54].

---

[50] Über die früher herrschende Kontroverse, ob das EHG oder das MFG gelte, die 1. Auflage, 658 f.; BGE 68 IV 21 ff.; eingehend die eingangs des Paragraphen zit. Arbeit von HERDENER.

[51] Bericht des *Post- und Eisenbahndepartementes* (zit. vorstehend FN 46) 7; KOLLER 99 ff.; GABATHULER 53; BRAUNSCHWEIG 86, 96.

[52] Über die technische Seite CONSTAM, Die Entwicklung der Skilifte, im «Bulletin des Arbeitgeberverbandes schweiz. Transportanstalten» 10, Nr. 93, S. 1678 ff.; BRAUNSCHWEIG 7 f. Über die strafrechtliche Erfassung KURT STAUB, Hinderung, Störung und Gefährdung von Betrieben, die der Allgemeinheit dienen (Diss. Zürich 1941) 41/42 und über die öffentlichrechtliche Behandlung der Skilifte eingehend die Arbeit von BRAUNSCHWEIG.

[53] S. 656 f.; zustimmend DÜRRENMATT in ZBJV 83, 450/51 und, einlässlich, STIFFLER, Haftung 51 ff.

[54] Bd. II/1 § 19 N 51 und 93 Ziff. 10 mit Hinweis auf einen praktischen Fall; STIFFLER, Skirecht 107 ff.; A. KELLER I 189 f.

Auch im deutschen Recht gilt für Skilifte keine Gefährdungshaftung[55], im Gegensatz zu Österreich, wo sie unter das EKHG fallen[56].

Soweit im folgenden von den *Eisenbahnen* die Rede ist, gelten die Ausführungen, wenn nichts Abweichendes bemerkt ist, sinngemäss auch für die *andern Beförderungsmittel,* die dem EHG unterstellt sind.

2. In persönlicher Hinsicht:

a) Kreis der haftpflichtigen Unternehmungen

Es sind die Unternehmungen, die die soeben unter N 12 ff. aufgezählten Beförderungsmittel betreiben und der Konzessionspflicht unterstehen. Für die genaue Abgrenzung sei auf die Ausführungen über das Subjekt der Haftpflicht (unten N 39 ff.) verwiesen.

b) Kreis der Geschädigten

aa) Positive Abgrenzung: Reisende und Nichtreisende

Die Haftpflicht nach EHG erstreckt sich in gleicher Weise auf Unfälle, von denen Reisende wie Nichtreisende betroffen werden. Ob sich die Reisenden im Augenblick der Schädigung in oder ausserhalb ihres Fahrzeugs befinden, ist gleichgültig. Die den Reisenden zugefügten Schäden entstehen meist bei Entgleisungen, Zusammenstössen, durch Sturz vom Zug u. dgl.; Unfälle von Nichtreisenden sind in der Regel auf Zusammenstösse der Bahnen mit Fussgängern, Automobilen, Pferdewagen usw. zurückzuführen, bei Schiffen auf Kollisionen mit andern Schiffen, mit Booten, Schwimmern oder mit am Ufer befindlichen Personen und Sachen.

---

[55] Vgl. GEIGEL/SCHLEGELMILCH 22. Kap. N 1; WACHENDORF, VersR 1982, 122; FILTHAUT § 1 N 19.
[56] Vgl. KOZIOL II 521 und seine diesbezüglich geäusserte Kritik; WACHENDORF, VersR 1982, 121 f.; VEIT/VEIT 51 f. und dort zit. Lit.; PICHLER/HOLZER 91 ff.

bb) Negative Abgrenzung:
Anwendbarkeit des Unfallversicherungsgesetzes

30 Die Anwendbarkeit des EHG ist beschränkt, soweit die Haftpflicht der Unternehmungen gegenüber ihren Arbeitnehmern durch die obligatorische Versicherung des UVG ersetzt ist: vgl. UVG 44 II[57].

3. In rechtlicher Hinsicht: Verhältnis zu anderen Haftpflichtvorschriften

a) Zum Elektrizitätsgesetz

31 Die Abgrenzung des Anwendungsgebiets beider Gesetze ist namentlich bedeutungsvoll bei Unfällen, die im Zusammenhang mit *elektrisch betriebenen Bahnen* entstehen; zweckmässigerweise wird davon bei der Behandlung des ElG in § 28 N 37 ff. die Rede sein (daneben hinten N 90 ff.).

b) Zum Strassenverkehrsgesetz

32 Wenn eine Bahn-, Schiffahrts-, Luftseilbahn- oder ähnliche Unternehmung sich Automobilkurse angliedert, so untersteht deren Betrieb dem SVG. Das gilt auch für die Post, wie unter Ziff. V näher auseinanderzusetzen.

33 Wie in § 25 N 54 ff. dargelegt, ist das SVG auch auf Motorfahrzeuge anzuwenden, die auf privatem Areal verkehren. Damit stellt sich die Frage, ob Unfälle mit Elektrotraktoren, Hubstaplern usw. in Bahnhöfen nach SVG oder nach EHG abzuwickeln seien. Darauf ist hinten N 90 ff. bei der Besprechung des Betriebsbegriffes des EHG zurückzukommen.

c) Zum Obligationenrecht

34 Das Verhältnis des EHG als der *lex specialis* zum OR als der *lex generalis* ordnet sich nach den in Bd. I § 13 dargestellten Grundsätzen. Wie die *ausservertragliche* Verschuldenshaftung nach OR 41 (Bd. I

---

[57] Vgl. ALFRED MAURER, Schweiz. Unfallversicherungsrecht (Bern 1985) 568 sowie Bd. I 423 ff. (noch zum KUVG).

I. Grundlagen § 27

479 ff.), so ist auch die *vertragliche Haftung* (Bd. I 483 f.) gegenüber einem Reisenden durch das EHG abgelöst[58]. Es ist indes zu beachten, dass eine Eisenbahnanlage, besonders die Schienenanlage und die Bahnbauten aller Art (bei einer Strassenbahn auch die Kombination von Schienen und Strasse) ein *Werk* darstellt, das an und für sich die Haftung gemäss OR 58 begründen kann[59].

Das Problem der Alternativität oder Exklusivität von EHG 1 gegenüber OR 58 stellt sich nur, wenn die gleiche Person in ein- und derselben Funktion aus beiden Bestimmungen haftpflichtig ist[60], wenn also z.B. die bauliche Anlage der Bahn einen Werkmangel aufweist. Dann ist das EHG exklusiv anwendbar. Anders ist zu entscheiden, wenn der Mangel ein Werk betrifft, das als solches nicht zur Bahnanlage gehört[61] und nur zufällig im Eigentum der Bahn steht: Dann gilt Alternativität. 35

Gemäss den später auseinanderzusetzenden Kriterien (vgl. N 90 ff.) für die Unterstellung unter das EHG ist dieses meist unanwendbar auf Unfälle auf Treppen oder Perrons von Bahnhöfen, die etwa durch Ausgleiten entstehen; hier gilt vielmehr ausschliesslich die Werkeigentümerhaftung[62]. Soweit überhaupt die Haftbarmachung nach EHG nicht möglich ist, muss demnach geprüft werden, ob sie sich nach dem *gemeinen Recht* begründen lässt. Neben OR 58 bieten auch die Haftungen nach OR 55 und 101 dem Geschädigten Vorteile. Endlich ist OR 41, in Verbindung mit ZGB 55 II, zu beachten[63]. 36

Obwohl die *Bundesbahnen* als Staatsbetrieb vorab vom öffentlichen Recht beherrscht sind, unterstehen sie doch im Verhältnis zu ihren Benützern und zu Dritten grundsätzlich dem Privatrecht[64]. Wo auf eine Schädigung nicht ein Spezialgesetz (EHG, SVG, TG usw.) oder eine Spezialvorschrift des gemeinen Rechts (OR 55, 56, 58, ZGB 679 37

---

[58] Demgegenüber erwägt BGE 74 II 214, doch zu Unrecht, OR 54 auf Genugtuungsansprüche gegen die Bahn (EHG 8) anzuwenden.
[59] Bd. II / 1 § 19 N 59.
[60] Vgl. Bd. II / 1 § 20 FN 38.
[61] Vgl. den Tatbestand von BGE 56 II 90, wo die gleiche Gemeinde Eigentümerin der Strasse *und* Inhaberin des Betriebes der Strassenbahn war. Hier ergab sich die Haftung der Gemeinde aus zwei verschiedenen Funktionen, weshalb das Bundesgericht mit Recht Alternativität angenommen hat.
[62] Gleicher Meinung FAURE, SJK Nr. 1048 S. 7.
[63] Auch OR 567 III, 603, 718 III, 814 IV, 899 III; ferner ZGB 333; dazu Bd. II / 1 § 20 N 12 ff., 25 ff., 32 ff. Zu ZGB 679 vgl. hinten N 80 f.
[64] BGE 47 I 249; HESS I 49; BG über die Schweiz. Bundesbahnen vom 23. Juni 1944 (SR 742.31) Art. 4 I.

u.a.m.) anwendbar ist, gilt deshalb OR 41 (zusammen mit ZGB 55 II)[65].

38 Ausdrückliche *Verweisungen* auf das OR enthält das EHG nur für den Stillstand, die Hinderung und die Unterbrechung der Verjährung (EHG 14 II, OR 134 ff.).

II. Subjekt der Haftpflicht

A. Grundsatz

39 Das Gesetz bezeichnet als Subjekt der Eisenbahnhaftpflicht den «*Inhaber* der Eisenbahnunternehmung» (EHG 1). Das ist diejenige Unternehmung, in deren Interesse, und damit auf deren eigene *Rechnung und Gefahr*[66], der Betrieb im Augenblicke des Unfalls geführt worden ist[67]. Diese Unternehmung besitzt regelmässig auch die mit einer gewissen Befehlsgewalt verbundene, tatsächliche, unmittelbare *Verfügung* über die zum Eisenbahnbetrieb im technischen Sinne notwendigen Einrichtungen und Fahrzeuge und das zu ihrer Bedienung erforderliche Personal. Es ist diejenige Unternehmung, die in der Lage sein sollte, das zur Vermeidung von Schäden Nötige vorzukehren. Das Eigentum an der Anlage[68] und dem Rollmaterial ist nicht massgebend[69]. In der Regel sind es die Schweizerischen Bundesbahnen oder die Unternehmung, auf deren Namen die Konzession für die Strecke, auf der sich der Unfall ereignet hat, lautet (oder aber lauten sollte, wenn die Konzessionierung erfolgt wäre). Auch die nachstehend zu

---

[65] Unzutreffend BGE 47 II 413. Näheres Bd. II/1 § 20 N 32 ff.; der Betrieb der Bundesbahnen ist eine «gewerbliche Verrichtung» im Sinne der dortigen Ausführungen. Vgl. auch BGE 74 II 214; 84 II 207; 91 I 234, 239; 113 II 251 E. 8.
[66] Der Ausdruck «Gefahr» bedeutet hier nicht die Wahrscheinlichkeit von Schädigungen Dritter, sondern das wirtschaftliche Risiko.
[67] BGE 9, 282; 26 II 18; 82 II 69, 71; 102 II 25, 30 f.
[68] BGE 9, 281; 37 II 224; 82 II 69; 102 II 25.
[69] BGE 66 II 195: Die Arbeiter des Empfängers einer per Bahn beförderten Ware, die auf offener Bahnstrecke auszuladen ist, besorgen den Transport des Bahnwagens allein; haftpflichtig ist gleichwohl die *Bahn* und nicht der Empfänger.

besprechenden Sondertatbestände lassen sich anhand des erwähnten Merkmals, dass derjenige haftbar sei, auf dessen Rechnung und Gefahr der Betrieb geführt werde, ohne grosse Schwierigkeiten erfassen.

Wie sich zeigt, wird das Subjekt der Eisenbahnhaftpflicht nach einem *materiellen* Kriterium bestimmt. 40

B. Einzelfragen

1. Beim sogenannten *Konkurrenzbetrieb,* wo mehrere Unternehmungen gemeinsam eine Strecke oder einen Bahnhof (Gemeinschaftsbahnhof) benützen[70], haftet diejenige Unternehmung, bei *deren* Betrieb der Unfall sich ereignet hat[71], m.a.W. auf deren Rechnung und Gefahr der schadenverursachende Betriebsvorgang erfolgt, also namentlich das schädigende Fahrzeug gefahren ist; insbesondere ist auch hier nicht das Eigentum an der Anlage massgebend[72]. Wird z.B. durch das Personal der Eigentümerin A eines Gemeinschaftsbahnhofs ein falsches Weichenmanöver ausgeführt und entgleist deswegen der Zug einer Unternehmung B, so haftet B. Denn der Unfall hat sich bei *deren* Betrieb ereignet; sie hat sich zu ihrem Betrieb der Einrichtungen des (der andern Unternehmung gehörenden) Bahnhofs und des in ihm tätigen Personals bedient (EHG 1 II), gleichgültig, von wem dieses angestellt ist[73]. Die Eigentümerin der Anlagen kann gegebenenfalls nach den Grundsätzen der Anspruchskonkurrenz (Bd.I 341f.) aus OR 41, 55 oder 58 zusätzlich belangt werden. Solidarische Haftung der verschiedenen Unternehmungen kann auch dann eintreten, und zwar hier auf allen Seiten gemäss EHG, wenn der schadenverursachende Betriebsvorgang, z.B. ein Rangiermanöver, im Interesse (folglich auf Rechnung und Gefahr) mehrerer Bahnen erfolgt ist. Die interne Schadensverteilung ist im Fall des Konkurrenzbetriebs jeweils zwischen den beteiligten Unternehmungen zum voraus durch Vertrag geregelt[74]. 41

---

[70] Über die eisenbahnrechtliche Seite der Frage BALDINGER, Der Anschlusszwang der Eisenbahnen nach schweiz. Recht (Diss. Zürich 1938) 91. Ein Tatbestand BGE 71 II 236; vgl. ferner 91 I 223f.
[71] BGE 9, 281; 19, 181; 91 I 223.
[72] Über die Regelung bei durchgehenden Zügen vgl. hinten FN 76.
[73] Vgl. BGE 19, 181.
[74] Dazu Bd. I 370f.; BGE 71 II 236ff. Über solche Verträge BALDINGER 99ff.

42 2. Erfolgt der *Betrieb durch mehrere Unternehmungen gemeinsam* oder wird der Schaden durch das *Zusammentreffen* der Funktionen *des Betriebs mehrerer Unternehmungen* verursacht (z. B. durch einen Zusammenstoss von Zügen verschiedener Unternehmungen), dann haften die beteiligten Unternehmungen dem geschädigten Dritten solidarisch nach EHG[75]. Für den Schaden, den sich die Unternehmungen *gegenseitig* zufügen, sind die in Bd. I § 9 entwickelten Grundsätze massgebend, sofern nicht durch Vertrag zum voraus eine Regelung getroffen worden ist: vgl. Bd. I 333.

43 3. Beim *durchgehenden Verkehr,* d. h. wenn das gleiche Rollmaterial und unter Umständen das gleiche Personal die Strecken verschiedener Unternehmungen befährt, haftet nach einer international anerkannten Regel jede Unternehmung für den Schaden, welcher auf der Strecke zugefügt wird, die sie im kritischen Augenblick auf eigene Rechnung und Gefahr betreibt. Gewöhnlich haftet danach die *Eigentümerin der Strecke*[76]; sie bedient sich zum Betrieb insoweit fremden Rollmaterials und allenfalls Personals[77]. Aufgrund gleichlautender Begründung haftet die Eigentümerin der Strecke auch, wenn die Unfallursachen ganz überwiegend in Betriebsfunktionen der Eigentümerin des Rollmaterials liegen und ihr auch das darauf tätige Personal angehört[78].

44 4. Ist eine Bahnanlage von der Konzessionärin durch *Pachtvertrag*[79] einer anderen Unternehmung überlassen worden, dann haftet die Pächterin, da sie den Betrieb auf eigene Rechnung und Gefahr führt.

45 5. Hat eine Unternehmung durch einen sog. *Betriebsvertrag*[80] die tatsächliche Ausübung des Betriebes einer andern Unternehmung — z. B.

---

[75] BGE 9, 281; A. KELLER I 198.
[76] An und für sich kommt es nicht auf das Eigentum an der Bahnanlage an. Bei durchgehendem Verkehr auf Linien verschiedener Bahnunternehmungen ist aber davon auszugehen, dass jede von ihnen den durchgehenden Zug auf ihrer Strecke betreibt.
[77] EGER 103 ff.; DESCHENAUX/TERCIER § 16 N 45; VEIT/VEIT 68.
[78] Anderer Meinung Vorauflage 308, sowie VEIT/VEIT 68/69, unter Berufung auf FRIESE, Reichshaftpflichtgesetz 48. Diese abweichende Meinung würde dazu führen, dass das Subjekt der Haftpflicht sich aus Umständen ergäbe, die dem Geschädigten nicht ohne weiteres bekannt sind.
[79] Ein Verzeichnis von Pachtverträgen bei HESS I 461 ff. Dazu LOUIS KLINGLER, Die Unternehmenspacht (Diss. Zürich 1943).
[80] Vgl. für elektrische Anlagen § 28 N 82, für Kernanlagen § 29 N 151.

II. Subjekt der Haftpflicht § 27

einer Tochtergesellschaft — übertragen, dann trifft diese auch die Haftpflicht. Das muss auch gelten, wenn das wirtschaftliche Ergebnis in vollem Umfang auf die konzessionierte Unternehmung «durchschlägt»[81]. Die betriebsführende Unternehmung betreibt die Eisenbahn auf eigene Rechnung und Gefahr, auch wenn das wirtschaftliche Risiko, das den Inhalt dieses Begriffes ausmacht[82], auf Grund des Betriebsvertrages schlussendlich von der andern Gesellschaft getragen wird. Die betriebsführende Unternehmung verfügt über das Personal, die Anlagen und das Rollmaterial.

6. Wer bei *Verbindungsgeleisen*[83] als Subjekt der Haftpflicht in Frage 46 kommt, kann nicht allgemein gesagt werden, sondern ist im Einzelfall nach dem genannten Kriterium zu entscheiden[84]. Je nachdem haftet nicht eine Eisenbahnunternehmung, sondern — und zwar gemäss EHG — die gewerbliche Unternehmung, die das Verbindungsgeleise benützt[85]. Das Eigentum am Verbindungsgeleise ist auch hier nicht ausschlaggebend[86]. Wenn z. B. die Bahnunternehmung die Zustellung und das Abholen der über das Verbindungsgeleise zu befördernden Wagen mit *ihrer* Lokomotive und ihrem Personal besorgt, dann ist *sie* haftpflichtig[87]; anders verhält es sich, falls die gewerbliche Unternehmung mit *eigener* Lokomotive und eigenem Personal die Beförderung durchführt. In Grenzfällen mag die Entscheidung nicht leicht sein. In den sogenannten Anschlussgeleiseverträgen, die die Beziehungen zwischen der Bahn, die den Anschluss eines Verbindungsgeleises an ihr Netz gestattet, und dessen Eigentümer oder sonstigen Benützern regeln, findet sich eine *interne* Zuteilung der Haftung, wogegen die Haftung *extern,* d. h. gegenüber dem Geschädigten, sich ausschliesslich nach

---

[81] Es kommt in solchen Fällen also nicht darauf an, *wer Inhaber der Konzession ist,* sondern, wer die tatsächliche und unmittelbare Verfügung über die für den Betrieb nötigen Sachen sowie über das den Betrieb durchführende Personal hat, die Betriebseinnahmen einzieht und die Betriebskosten bezahlt. In BGE 4, 440 spricht das Bundesgericht von einer «Übertragung konzessionsmässiger Rechte» bzw. einer «Konzessionsübertragung der Ausübung nach». Vgl. BGE 102 II 24; Eisenbahngesetz (SR 742.101) 9; A. KELLER I 196.
[82] Vgl. § 28 FN 68.
[83] Vorne N 16.
[84] BGE 31 II 223 ff.; 82 II 69 ff.; ZBJV 33, 414; Sem.jud. 1911, 763; RVJ 1983, 313 f.
[85] BGE 31 II 224 f.
[86] BGE 31 II 32; RVJ 1983, 313 f.
[87] BGE 26 II 19; 31 II 223 ff.; 82 II 71; ZR 41 Nr. 25 S. 65/66; RVJ 1983, 309 und 314.

Gesetz (und den vorstehend entwickelten Kritierien) richtet: Verbindungsgeleisegesetz (SR 742.141.5) Art. 13 und EHG[88].

47   7. Ereignet sich ein Unfall beim eisenbahnbetriebsmässigen Gebrauch eines im Eigentum einer gesonderten Unternehmung stehenden *Speise- oder Schlafwagens*[89], eines *Privatgüterwagens,* eines *Tankwagens* oder eines im Eigentum der Postverwaltung befindlichen Bahn*postwagens,* so haftet nicht der jeweilige Eigentümer, sondern die Eisenbahnunternehmung, bei deren Betrieb der Schaden zugefügt worden ist[90].

48   8. Ist ein Unfall (Überfahrenwerden, Zusammenstoss) durch das Offenlassen der Barrieren eines *Privatübergangs* verursacht, und sind die Barrieren von den am Übergang berechtigten Personen zu bedienen[91], so kann sich die Klage gleichwohl gegen die Bahnunternehmung richten, weil der Unfall durch den Bahnbetrieb herbeigeführt worden ist; es fragt sich dann aber, ob Entlastung wegen groben Drittverschuldens angezeigt sei[92].

49   9. Für Schädigungen Dritter bei *Strolchenfahrten*[93] — d. h. nicht des Strolchenfahrers; vgl. dazu hinten N 154 — haftet die Eisenbahnunter-

---

[88] BGE 26 II 20; 82 II 70; ALFRED FORRER, Die wirtschaftliche Bedeutung der privaten Anschlussgeleise in der Schweiz (Diss. Bern rer.pol. 1957) 7. — Die *Arbeitnehmer* der Eigentümer oder sonstigen Benützer von Verbindungsgeleisen unterstehen, gleich wie die Bahnarbeiter, der Unfallversicherung nach UVG, Bd. I 426 f.
Die hier nicht zu behandelnde *transportrechtliche* Haftung für die über das Verbindungsgeleise beförderten Güter richtet sich nach den allgemeinen Vorschriften des TG (Verbindungsgeleisegesetz Art. 11 II). Der Eigentümer oder sonstige Benützer des Geleises haftet für die dem bahneigenen Rollmaterial zugefügten und für die sonstigen Schäden (Verbindungsgeleisegesetz Art. 11 I, 12). Für die Einzelheiten FRÖLICHER, Die Rechtsverhältnisse der Verbindungsgeleise (Diss. Bern 1922) 141 ff.

[89] Über die Haftung für dort eingebrachte Sachen SCHWENDENER, Das Personentransportrecht (Diss. Bern 1911) 27 FN 4. Das Gesagte gilt auch, wo eine Schlafwagenunternehmung ganze Schlafwagen*züge* verkehren lässt. Zum Ganzen RUGE, Schlafwagenrecht (Marburg 1930).

[90] Dazu EGER 98; BIERMANN, Reichshaftpflichtgesetz 79 ff.; FILTHAUT § 1 N 40. Vgl. auch BGE 59 II 468.

[91] BG betr. Handhabung der Bahnpolizei, vom 18. Februar 1878 (SR 742.147.1) Art. 3 II.

[92] BGE 14, 77 / 78; HE 6, 337; ZBJV 35, 577. Vgl. auch Sem.jud. 1912, 680; nachstehend FN 99.

[93] Solche sind selten, kommen aber vor; vgl. NZZ Nr. 181 vom 6./7. August 1988, S. 11, über eine Strolchenfahrt vom Basler Güterbahnhof nach St. Louis.

II. Subjekt der Haftpflicht § 27

nehmung, wobei sie selbstverständlich bei Verschulden des Strolchenfahrers an der Verursachung des Unfalles auf diesen Regress nehmen kann. Das EHG erwähnt die Strolchenfahrt nicht und schliesst die Haftung für sie daher nicht aus. Dies erscheint als angemessen, da das Betreiben einer Eisenbahnunternehmung die Strolchenfahrt mit einem Eisenbahnfahrzeug ermöglicht. Diese Regelung entspricht z.T. derjenigen nach SVG 75[94].

10. Die Eisenbahnunternehmung haftet für alle Personen, deren sie sich «zum Betriebe des Transportgeschäftes oder zum Bau der Bahn bedient», d.h. für ihre *Hilfspersonen*. Deren Verhalten stellt keinen Entlastungsgrund dar (EHG 1 II), und ihr Verschulden wird der Unternehmung angerechnet (EHG 8, 18)[95]. Sie gelten als *alter ego* der Unternehmung; Befreiung wegen genügender *cura in eligendo, instruendo vel custodiendo* ist ausgeschlossen. Gemäss den Regeln über eine Mehrheit von Ersatzpflichtigen (Bd.I 337 ff.) können die Hilfspersonen, sofern sie im Verschulden sind (OR 41), auch selber, solidarisch mit der Unternehmung, belangt werden[96], es sei denn, die Hilfspersonen fallen unter Art.2 des eidg. Verantwortlichkeitsgesetzes vom 14. März 1958: diesfalls besteht nach dessen Art.3 III und 11 II keine Klage gegen sie[97]. Zu den Hilfspersonen gehört in erster Linie das eigene Personal der Unternehmung, daneben aber auch jede andere Person, deren rechtliches oder tatsächliches Verhältnis zur Bahnunternehmung dieser erlaubt, sich ihrer zu bedienen[98]. Der Fall des Konkurrenzbetriebs, wo

50

---

[94] Vgl. Bd. II/2 § 25 N 193 ff., insbesondere N 245 ff. Der Eisenbahn-Strolchenfahrer haftet aber im Gegensatz zum Motorfahrzeug-Strolchenfahrer nicht kausal, und der Regress gegen ihn setzt daher sein Verschulden voraus.
In § 6 des österreichischen EKHG wird demgegenüber die Haftung für Strolchenfahrten mit Motor- und mit Eisenbahnfahrzeugen gleich geregelt.

[95] Das ist in EHG 8 besonders erwähnt für die Genugtuung, gilt aber allgemein.
Die Umschreibung des Begriffs der Hilfsperson spielt also nur eine Rolle bezüglich der Frage, ob ihr Verhalten der Bahnunternehmung als zusätzliches Verschulden anzurechnen ist.

[96] BGE 56 II 397 ff.; SJZ 39, 574; Sem.jud. 1959, 355. Zutreffend SCHREIBER in SJZ 28, 193 und v. SALIS in ZBJV 33, 449; unzutreffend DAVID in SJZ 28, 114.

[97] Zu Art. 1 dieses Gesetzes: BBl 1956 I 1398/99; BG über das Dienstverhältnis der Bundesbeamten vom 30. Juni 1927 (SR 172.221.10) Art. 2, 62 (Fassung lt. BG vom 24. Juni 1949); BRB über das Verzeichnis der Ämter, deren Träger die Eigenschaft von Bundesbeamten haben, vom 18. Oktober 1972 (SR 172.221.111); auch SJZ 39, 573.

[98] Dazu Bd. II/1 § 20 N 59 ff.

die eine Bahn sich unter Umständen des Personals der andern bedient, ist erwähnt worden[99].

51   11. Wie noch darzutun ist[100], erstreckt sich die Haftung der Eisenbahnunternehmung selbst dann auf Bauunfälle, wenn sie die Arbeiten durch einen *selbständigen Bauunternehmer* ausführen lässt; auch dieser ist folglich nicht Dritter im Sinn des Gesetzes, dessen Verhalten als Entlastungsgrund in Betracht fiele (EHG 1 II). Er ist zwar nicht Hilfsperson im Sinne von OR 55[101]. Er kann aber solidarisch mit der Bahn belangt werden (OR 41, 55, 58, 101).

52   12. Der Grundsatz, dass derjenige als Subjekt der Haftpflicht anzusehen sei, auf dessen Rechnung und Gefahr der Betrieb erfolgt, gilt auch für Schiffahrtsunternehmungen, Luftseilbahnen und die *übrigen dem EHG unterstellten Betriebe*. Die meisten der soeben besprochenen Sonderfragen erheben sich hier nicht.

III. Voraussetzungen der Haftpflicht

A. Positive Voraussetzungen: Verursachung eines Schadens durch den Betrieb und gegebenenfalls durch Bau- oder Hilfsarbeiten der Transportunternehmung

53   Damit eine *Bahn* oder eine der anderen dem EHG unterstellten *Transportunternehmungen* gestützt auf dieses Gesetz verantwortlich gemacht werden kann, muss ein *Schaden* entstanden sein, der durch den *Betrieb verursacht* worden ist; dem Betrieb werden gegebenenfalls die *Bau-* und *Hilfsarbeiten* gleichgestellt. Die hervorgehobenen Stich-

---

[99] *Keine* Hilfspersonen sind die an einem Privatübergang Berechtigten, die auf eigene Verantwortung die Barrieren bedienen, soeben N 48.
[100] Hinten N 112 ff.
[101] Dazu Bd. II/1 § 20 N 67 f.

worte machen als positive Voraussetzungen der Haftpflicht das *Beweisthema* des klagenden Geschädigten aus. Sie sind einzeln zu erörtern. Es sei vorweggenommen, dass das EHG nur dann anwendbar ist, wenn der Schaden *unfall*mässig zugefügt wird [102], auch für das Vorliegen eines Unfalls ist der Geschädigte beweispflichtig.

1. Schaden

Die Haftung nach EHG erstreckt sich sowohl auf Personenschaden 54 (EHG 1 I) als auch auf Sachschaden (EHG 11).

a) Personenschaden

Hinsichtlich des Personenschadens — des durch Tötung oder Kör- 55 perverletzung verursachten Schadens — sind keine Besonderheiten zu verzeichnen [103].

b) Sachschaden

Für den Sachschaden — Beschädigung, Zerstörung und Verlust, ins- 56 besondere von beweglichen Sachen — besteht eine eigenartige, zu Schwierigkeiten (und widersprechenden Auffassungen) führende Sonderregelung: Die Haftung ist gemäss EHG 11 verschieden ausgestaltet, je nachdem der Sachschaden *mit* oder *ohne* Zusammenhang mit einem gleichzeitigen *Personenschaden* eingetreten ist (nachstehend N 57 ff., 63 ff.) [104]. Die Regelung hängt ferner davon ab, ob sich die Sachen «unter der eigenen Obhut» des Verunfallten befunden haben; trifft das *nicht* zu, so sind gegebenenfalls statt der Vorschriften des EHG diejeni-

---

[102] Bd. I 90 ff.
[103] Vgl. Bd. I 185 ff.; FAURE, SJK Nr. 1048 S. 4 f.
[104] BGE 40 II 422; 56 II 64; SJZ 20, 183; ZBJV 21, 289; 35, 575. OETIKER II 500; SCHÄRER 192 ff.; BAUMBERGER 57; GRIVEL 50 ff.; STAEHELIN 753; A. KELLER I 192 f.; FAURE, SJK Nr. 1049 S. 15 f. Anderer Meinung GUYER 122/23; SCHWENDENER 146. Unzutreffend BGE 76 II 332/33, wie MARTIN in SJZ 47, 193 mit Recht hervorhebt. Über weitere Unstimmigkeiten der Gerichtspraxis BUSSY (zit. eingangs dieses Paragraphen) N 78 ff. — Beiden Absätzen von EHG 11 ist *gemeinsam*, dass der Schaden durch einen *Unfall* i. w. S. verursacht sein muss, Bd. I 90. Der Ausdruck «Unfall» in Abs. 1 bedeutet dagegen einen Unfall i. e. S., der als solcher eben Personenschaden bewirkt, Bd. I 92 ff.

§ 27 Haftpflicht der Eisenbahnen, Transportunternehmungen und der Post

gen des Transportgesetzes (TG) anzuwenden, die deshalb auszugsweise erwähnt werden (N 66 ff.). Schliesslich soll als Exkurs die Haftung nach Expropriations- und Nachbarrecht berührt werden (N 80 ff.). Die zugehörige Schadensberechnung (EHG 12) wird hinten N 183 ff. dargestellt.

aa) Sachschaden im Zusammenhang mit gleichzeitigem Personenschaden

57 Wird jemand — sei er Reisender oder Nichtreisender — bei einem Eisenbahnunfall getötet oder verletzt, dann tritt für den *Sachschaden* die ordentliche *Kausalhaftung* im Sinn des EHG *nur* unter der doppelten Voraussetzung ein, dass der Sachschaden mit dem Personenschaden «im *Zusammenhang* steht» und dass der Verunfallte[105] die Sachen «unter seiner eigenen *Obhut* mit sich führte» (EHG 11 I)[106]. Die Tatsache der Tötung oder Körperverletzung genügt für die Anwendbarkeit der Bestimmung; dass daraus Schadenersatzansprüche abgeleitet werden können, ist nicht erforderlich[107].

58 Es hat sich die Meinung herausgebildet, dass unter Obhut (französisch: garde, italienisch: custodia) ein Verhältnis eigener Art zur Sache zu verstehen sei: rein tatsächliche Beziehungen genügen; weder Besitz im Sinne von ZGB 919 ff. noch Eigentum sind erforderlich. Die Obhut hat derjenige, der im Augenblick des Unfalls über die Sache gebot, sie führte oder überwachte[108]. Sobald die Person, welche die Obhut ausübte, getötet oder verletzt worden ist, tritt für den Sachschaden die Kausalhaftung in Wirksamkeit, gleichgültig, wer hinsichtlich des letzteren der Geschädigte sei. Danach kann z. B. der Eigentümer eines Automobils (auch eine juristische Person) nach EHG 11 I klagen, also Kausalhaftung für den Ersatz seines Sachschadens beanspruchen, wenn das

---

[105] Im deutschen Text «der Betroffene», im französischen «la victime».
[106] Die Beschädigung von *Grundstücken* z. B. durch das Entgleisen von Bahnfahrzeugen wird vom Wortlaut von EHG 11 I nicht erfasst, weil man diese Sachen nicht «mit sich führen» kann. Gleichwohl ist die Erstreckung der ohnehin unvollkommen formulierten Vorschrift auf diesen Tatbestand angezeigt. Dies entspricht der schon beim Erlass des alten EHG bestehenden Meinung, auch die unfallmässige Schädigung von Grundstücken werde von diesem Gesetz getroffen; vgl. ZEERLEDER 39/40 und die Bemerkungen nachstehend N 63 ff.
[107] Gleicher Meinung PORTMANN, Organ und Hilfsperson im Haftpflichtrecht (Bern 1958) 85; A. KELLER I 193. Anderer Meinung BGE 40 II 423 und offenbar auch 76 II 389; FAURE, SJK Nr. 1048 S. 5.
[108] BGE 44 II 438; ZBJV 21, 289; 58, 541; MARTIN in SJZ 47, 193; FAURE, SJK Nr. 1048 S. 5; zurückhaltender ZR 7 Nr. 13; gegenteilig ZR 41 Nr. 25 S. 66/67. — Das Kriterium ist nicht identisch mit demjenigen der Haltereigenschaft nach OR 56 oder SVG 58 I.

Fahrzeug in seiner Abwesenheit vom Chauffeur geführt wurde, dieser verunfallte und zudem das Automobil Schaden nahm: der Unfall des Chauffeurs, der die Obhut über die beschädigte Sache ausübte, zieht zugunsten des Eigentümers der Sache die Kausalhaftung der Bahn nach sich [109].

Ist der Getötete oder Verletzte ein *Reisender* der haftpflichtigen Bahn, dann sind die unter seiner *Obhut* befindlichen Sachen die persönlichen Gegenstände, die er auf sich trägt, wie Kleider [110], Schmuck [111] u. dgl., oder das sogenannte taxfreie Handgepäck, das er in den Wagen zu nehmen berechtigt ist [112]. Für Frachtgut und aufgegebenes Reisegepäck [113] kommt allein Haftung gemäss Transportrecht in Betracht (nachstehend N 66 ff.), da sich die betreffenden Sachen nicht in seiner Obhut befinden. Sachen von *Nichtreisenden,* welche unter deren Obhut stehen, werden meist Fahrzeuge [114], Tiere [115], mitgetragene Gegenstände, Kleider, Wertsachen u. dgl. darstellen, und sie werden vor allem durch Zusammenstösse beschädigt. Sie fallen unter EHG 1 I.

Weil der *Verlust* von Gegenständen, insbesondere von Wertsachen, im Gegensatz zur Beschädigung und Zerstörung, oft nicht *bewiesen* werden kann, auferlegt die Praxis der Bahnunternehmung den Beweis, dass die Sachen *nicht* verloren gegangen sind [116].

---

[109] So, virtuell aber unzweifelhaft, BGE 44 II 436 ff.; nachdrücklich ZBJV 68, 541 und schon HE 12, 328/29 = Revue XII Nr. 21, unter Berufung auf FICK, den Verfasser des Vorentwurfs zum alten EHG; MACKENROTH 42, ebenfalls unter Berufung auf FICK; SCHÄRER 193 gestützt auf HE 12, 328/29; JAKOB, SJZ 71, 237. Gegenteilig ZR 41 Nr. 25 S. 66 f.: Der Eigentümer müsse im beschriebenen Fall nach EHG 11 II klagen. In der 1. Auflage des vorliegenden Buches, 669 (gl. M. MARTIN in SJZ 47, 193), wurde die Ansicht vertreten, der verunfallte *Chauffeur* müsse den Sachschaden des Eigentümers nach EHG 11 I geltend machen, während der Eigentümer, wenn er *selber* klagt, unter EHG 11 II falle und das Verschulden zu beweisen habe (zustimmend PORTMANN a.a.O. 85). Daran ist wie schon in der 2. Auflage nicht festzuhalten. — Unklar BGE 76 II 389; offengelassen BGE 93 II 127; gl. M. A. KELLER 193; SCHAFFHAUSER/ZELLWEGER II N 1365.
[110] Sem.jud. 1912, 540.
[111] BGE 21, 126; 32 II 219.
[112] Vgl. auch TG 19 II Satz 2; hinten N 72.
[113] Über die Begriffe Handgepäck, Frachtgut und Reisegepäck hinten N 66 ff. Als Handgepäck sind auch Gegenstände zu betrachten, die unentgeltlich im Gepäckwagen befördert werden, wie Ski, Bassgeigen und ähnliche unhandliche Stücke. Dazu OETIKER II 76; GRIVEL 51; HARTMANN (zit. nachstehend FN 137) 10.
[114] ZBJV 77, 281 ff.; Sem.jud. 1920, 522; MARTIN in SJZ 47, 193; die Zitate gemäss FN 109.
[115] BGE 10, 525; 24 II 535; 25 II 283; 44 II 436; Sem.jud. 1908, 265; VAE 9, 68.
[116] BGE 32 II 223; FAURE, SJK Nr. 1048 S. 6.

§ 27   Haftpflicht der Eisenbahnen, Transportunternehmungen und der Post

61   Das *Mass der Haftung* ist jeweils dasselbe für den Personenschaden und den damit zusammenhängenden Sachschaden; allfällige Gründe einer Schadenersatzreduktion wirken sich bei beiden gleich aus. Dasselbe gilt für die Entlastungsgründe. Analog zu den später zu besprechenden Vorschriften von EHG 6 und 7[117] wird angenommen, dass die Bahn nicht oder nur reduziert haftet, wenn ein bestimmter Gegenstand vorschriftswidrig als Handgepäck mitgenommen, statt dass er z. B. als Reisegepäck aufgegeben wird, oder wenn er überhaupt nicht befördert werden dürfte[118].

62   Die Haftung nach EHG 11 I gilt bei Bahnen nicht nur für Betriebsunfälle, sondern auch für *Bauunfälle*[119] und für Unfälle im Zusammenhang mit *Hilfsarbeiten* im Sinne von EHG 1 I (nachstehend N 121 ff.).

bb) Sachschaden ohne Zusammenhang mit gleichzeitigem Personenschaden

63   Fehlt es an den Voraussetzungen von EHG 11 I, namentlich am Zusammenhang zwischen Sachschaden und gleichzeitigem Personenschaden, ist also insbesondere derjenige, in dessen Obhut sich die geschädigten Sachen im Augenblicke der Schädigung befunden haben, weder getötet, noch körperlich verletzt worden, so ist die Kausalhaftung ausgeschlossen, und das *Verschulden* der Bahnunternehmung *muss bewiesen werden* (EHG 11 II)[120]. Trotzdem ist das EHG und nicht das OR anzuwenden; d. h., dass für alle Fragen, mit Ausnahme eben der Erforderlichkeit eines Verschuldens, die Grundsätze des EHG gelten. Auch die Vorschrift von EHG 11 II betrifft den Schaden, der Reisenden wie Nichtreisenden[121] zustösst. Für Frachtgut und aufgegebenes Reisegepäck ist das Transportrecht massgebend (hinten N 66 ff.). Auch die Beschädigung eines Grundstücks durch Entgleisen gehört hierher

---

[117] Hinten N 149 ff.
[118] So das Bundesgericht im Hinblick auf Sachen, die vorschriftswidrig als Reisegepäck aufgegeben worden sind, BGE 37 II 1.
[119] BGE 37 II 223.
[120] BGE 40 II 422; 56 II 64; 68 II 263; 69 II 404, 411; 76 II 389; ZR 41 Nr. 25 S. 67; Sem.jud. 1919, 329; 1949, 599; 1959, 347; SJZ 39, 182; MARTIN in SJZ 47, 193; PORTMANN (zit. vorstehend FN 107) 84 ff.; A. KELLER I 194; STAEHELIN 753; FAURE, SJK Nr. 1049 S. 16; a. M. GUIDO BRUSA, Die einseitige Enthaftungserklärung (Diss. Freiburg 1977) 11 ff., insbes. 19 f., der schon de lege lata auch bei Sachschaden unabhängig von Personenschaden die Kausalhaftung befürwortet.
[121] BGE 25 II 563; 37 II 221; 40 II 420; 51 II 459; 56 II 63; ZR 8 Nr. 178; SJZ 9, 164; 15, 33; ZBJV 75, 529; Sem.jud. 1919, 328; die Zitate gemäss FN 109.

III. Voraussetzungen der Haftpflicht § 27

(vgl. aber vorn FN 106). Ferner ist an den bei Dampfbetrieb einer Bahn oder eines Schiffs möglichen Fall des Funkenwurfs aus dem Kamin der Feuerungsanlage zu denken, der auf einem benachbarten Grundstück einen Brand[122] oder sonstigen Schaden[123] verursacht. Auch Rauch und Russ vermögen schon Schaden anzurichten[124]. Das Unfallmässige[125] der Schädigung — was Voraussetzung der Anwendung des EHG ist — wird meist gegeben sein[126]. Hat eine derartige Schädigung auch einen Personenschaden bewirkt, so ist EHG 11 I anwendbar, sofern die übrigen der dortigen Voraussetzungen erfüllt sind[127]. Der Bahnunternehmung wird das Verschulden ihres Personals[128] und der sonstigen Personen, «deren sie sich zum Betriebe des Transportgeschäfts oder zum Bau der Bahn bedient» (EHG 1 II), also z.B. auch das Verschulden von Bauunternehmern[129], angerechnet[130].

Nach bundesgerichtlicher Ansicht wird bei gegenseitiger Haftung von *Eisenbahn* und *Motorfahrzeug,* sofern Sachschaden ohne gleichzeitigen Personenschaden entstanden ist, *auf beiden Seiten* nur bei Verschulden gehaftet: der in EHG 11 II vorgesehene Ausschluss der Kausalhaftung zugunsten der milderen Verschuldenshaftung besteht somit auch zum Vorteil des Motorfahrzeughalters, indem man die Regel von SVG 61 II (früher MFG 39 Satz 2) auf diesen Fall der Kollision zwischen Bahn und Motorfahrzeug erstreckt[131]. 64

---

[122] BGE 20, 156; 23 II 1770; 47 II 408; VAE 9, 73; dazu SPIESS, Die Haftpflicht der Eisenbahn für Schädigungen des Eigentums der Adjazenten (Diss. Zürich 1901); ZEERLEDER 39; ROELLI, Die Haftplicht der schweiz. Eisenbahnen..., Gutachten (Frauenfeld 1913) 7; FAURE, SJK Nr. 1049 S. 16.
[123] Zum Beispiel an aufgehängter Wäsche; BIERMANN, Sachschadenges. 168.
[124] BIERMANN a.a.O.
[125] Unfall i. w. S., Bd. I 90.
[126] Nach alt EHG 8 = EHG 11 beurteilt den Fall des Funkenwurfs anscheinend auch BGE 20, 161. Gl. M. FINGER 37; BIERMANN, Sachschadenges. 166 ff.; FILTHAUT § 1 N 126. In BGE 23 II 1776 ff. und 47 II 412 ff. wird die Frage, ob EHG 11 anwendbar sei, nicht geprüft. Für Immissionen gilt die Ordnung nachstehend N 80 ff.
[127] Soeben FN 106.
[128] BGE 69 II 407 f.; 76 II 390; Sem.jud. 1912, 542.
[129] BGE 37 II 225. Berufung auf die Befreiungsgründe von OR 55 ist hier wie überall (vorne N 50) unbehelflich; ZBJV 61, 73.
[130] Vorne N 50.
[131] Bd. I 318 FN 13 mit Belegen; Bd. II/2 § 25 N 682; BGE 69 II 410/11; Sem.jud. 1959, 347 ff.; JT 1986 I 415; A. KELLER I 194, 301; JÜRG BAUR, Kollision der Gefährdungshaftung gemäss SVG mit andern Haftungen (Diss. Zürich 1979) 93; FAURE, SJK Nr. 1050 S. 10; JAKOB, SJZ 71, 236; BUSSY/RUSCONI, Code suisse de la circulation routière (2. A. Lausanne 1984) N 3.2 zu LCR 59; SCHAFFHAUSER/ZELLWEGER II N 1367; PETER STEIN, Haftungskompensation, ZSR 102 I 74.

§ 27   Haftpflicht der Eisenbahnen, Transportunternehmungen und der Post

65 Die wenig einleuchtende, vom Gesetz getroffene Abstufung der Haftung, je nachdem die Person, in deren Obhut sich die beschädigte Sache befand, selber einen Personenschaden erlitten hat oder nicht — im einen Fall muss das Verschulden nicht bewiesen werden, wohl aber im andern Fall — kann zu befremdlichen Ergebnissen führen. Kollidiert z. B. ein Automobil mit einer Bahn und werden drei Insassen schwer verleltzt, der mitfahrende Eigentümer bleibt aber heil, dann kann er nicht nach EHG 11 I klagen, sondern hat den Nachweis des Verschuldens zu erbringen (Abs. 2); hätte er aber selber eine geringfügige Verletzung davongetragen, wäre die rechtliche Lage umgekehrt [132, 133]. Eine Revision von EHG 11 drängt sich auf.

cc) Überblick über die transportrechtliche Haftung [134]

66 Aus EHG 11 I und II muss geschlossen werden, dass die dortige Regelung in keinem Fall für den Sachschaden an Frachtgut und an aufgegebenem Reisegepäck gilt; ebensowenig sind, wie zu ergänzen ist, diese Vorschriften dort anwendbar, wo keine *unfall*mässige Schädigung von taxfreiem Handgepäck vorliegt. Statt dessen sind die Vorschriften des Transportgesetzes (TG) und der Transportverordnung (TV) anzuwenden. Sie gelten in der Hauptsache in gleicher Weise für Eisenbahnen [135], Schiffe und Luftseilbahnen: TG 1 [136]. Die entsprechenden Vorschriften für die Post und die konzessionierten Automobilunternehmungen werden hinten N 225 ff. besprochen. Es kann sich hier nur um die Mitteilung der *Grundzüge* handeln.

67 1. Für *Frachtgut,* d. h. Gegenstände, die von der Unternehmung aufgrund eines Frachtvertrags befördert werden, besteht nach TG 39 I / TV

---

[132] BGE 56 II 63; vgl. auch 44 II 436 ff.; A. KELLER I 193; SCHAFFHAUSER/ZELLWEGER II N 1366; STEIN, a. a. O., ZSR 102 I 75.
[133] Bei Kollisionen mit Bahnen, die eine Strasse mitbenützen, empfiehlt es sich deshalb unter Umständen, falls EHG 11 II anzuwenden wäre, den Anspruch auf OR 58 zu stützen und je nachdem die Bahn oder den Strasseneigentümer als Werkeigentümer zu belangen; vorne N 36.
[134] Vgl. die Botschaft des Bundesrates über Transporte des öffentlichen Verkehrs, vom 23. Februar 1983; BBl 1983 II 167 ff. Die folgenden Ausführungen beschränken sich auf einen kurzen Hinweis auf die wichtigsten Bestimmungen.
[135] Bundesbahnen und konzessionierte Bahnen; BG über die Schweiz. Bundesbahnen, vom 23. Juni 1944 (SR 742.31) Art. 4 I.
[136] Botschaft (zit. FN 134) 178.

III. Voraussetzungen der Haftpflicht § 27

36 eine besonders ausgestaltete Kausalhaftung[137]. Die Unternehmung haftet «für ihre Bediensteten» (TG 40), darunter für die («offizielle») bahnamtliche *Camionnage*, d. h. die Abfuhr der Güter von der Bahnstation (TG 40 Satz 2)[138], und für den «Eisenbahn-Cargo-Domizildienst» der schweizerischen Bahnen[139]. Für die Haftung gewöhnlicher Camionneure gilt dagegen das Recht des OR (Art. 447), desgleichen für die Haftung der Bahn für den Abholdienst der bahnamtlichen Camionneure, es sei denn, die Bahn hätte eigens auch hierfür die Haftung nach Transportrecht übernommen[140].

Auf die *internationalen Transporte* ist das Übereinkommen über den internationalen Eisenbahnverkehr vom 9. Mai 1980 (COTIF), Anhang B: Einheitliche Rechtsvorschriften für den Vertrag über die internationale Eisenbahnförderung von Gütern, das CIM, anzuwenden. Als solche Transporte gelten Sendungen von Gütern, die mit durchgehendem Frachtbrief zur Beförderung auf einem Weg aufgegeben werden, der die Gebiete mindestens zweier dem Übereinkommen angeschlossener Staaten berührt und ausschliesslich Strecken umfasst, die auf einer dem Übereinkommen beigegebenen Liste verzeichnet sind (CIM 1 / COTIF 3 und 10). Die Haftung (CIM 35 ff.) entspricht derjenigen nach TG[141]. 68

2. *Aufgegebenes Reisegepäck* (Passagiergut) sind Gegenstände, die nicht unter der persönlichen Obhut des Reisenden bleiben, sondern der Unternehmung zur Beförderung übergeben werden. Die Haftung ist analog derjenigen für Frachtgut geordnet (TG 23, TV 14)[142]. 69

Für den *internationalen* Verkehr gilt das CIV: Einheitliche Rechtsvorschriften für den Vertrag über die internationale Eisenbahnbeförde- 70

---

[137] Zur Rechtslage vor Erlass des TG vgl. OSER/SCHÖNENBERGER Vorbem. vor Art. 440 und dort zit. Literatur; Art. 447 N 22 ff.; VADNAI, Leitfaden des schweiz. Transportwesens (Zürich 1931) 62 ff.; SCHWENDENER 110 ff.; HARTMANN, Verkehrswesen (12. A. Zürich 1941). Spezialliteratur zum Transportrecht zit. bei HESS I 563 ff..
[138] Dazu OSER/SCHÖNENBERGER Vorbem. N 7 vor Art. 440; VADNAI 63; SCHWENDENER 206; FAURE, SJK Nr. 1056 S. 6 f.
[139] Hierüber (noch unter der Bezeichnung «Franko-Domizildienst»); FAVRE/WICK Art. 167 N 4.
[140] FAVRE/WICK Art. 151 N 21; SCHWENDENER 206.
[141] Das CIM ist als Bestandteil der COTIF (Anhang B) abgedruckt in SR 0.742.403 und ersetzt das CIM vom 7. Februar 1970; vgl. dazu WIESBAUER/ZETTER, Transporthaftung (Wien 1984) 504 ff. mit weiterführender Lit. und Konkordanztabellen (S. 658 ff.); BBl 1982 III 911 ff. (Botschaft des Bundesrates zur Revision).
[142] Dazu BAUMBERGER 67 ff.; SCHWENDENER 128 ff.

§ 27 Haftpflicht der Eisenbahnen, Transportunternehmungen und der Post

rung von Personen und Gepäck [143]. Ihm unterstehen alle Beförderungen von Gepäck, das aufgrund internationaler Ausweise zur Beförderung auf einem Weg aufgegeben wird, der die Gebiete mindestens zweier dem Übereinkommen angeschlossener Staaten berührt und ausschliesslich Strecken umfasst, die auf einer dem Übereinkommen beigegebenen Liste verzeichnet sind (CIV 1/COTIF 3 und 10). Auch hier besteht Kausalhaftung (CIV 35). Die Bahn haftet «für ihre Leute» (CIV 45).

71 3. Unter taxfreiem *Handgepäck* [144] sind Gegenstände zu verstehen, die, ohne aufgegeben zu werden, im Personenwagen unentgeltlich mitgeführt werden dürfen. Für den Schaden, von dem dieses Gepäck betroffen wird, haftet die Unternehmung gemäss Transportrecht nur bei *Verschulden* (TG 19 II Satz 1). Das gleiche gilt im *internationalen* Verkehr (CIV 47 § 2); die Bahnen haften für «ihre Leute» (CIV 45). Eine Haftungsgemeinschaft der Bahnen besteht nicht (CIV 47 § 3).

72 Gemäss den Ausführungen vorn N 57 ff. besteht indessen dann *Kausalhaftung* der Bahn für das Handgepäck, und zwar gemäss EHG, wenn der Sachschaden im *Zusammenhange* mit einem gleichzeitigen *Personenschaden* des Reisenden eintritt (EHG 11 I/TG 19 II Satz 2). Aber auch *ohne* solchen Zusammenhang (EHG 11 II) ist, wie sich gezeigt hat, das EHG — jedoch diesfalls mit Beweis des *Verschuldens* — dann anzuwenden, wenn der Sachschaden *unfall*mässig eingetreten ist [145]; nur wenn das letztere nicht zutrifft, sind die angeführten Vorschriften des Transportrechts massgebend [146]. Auch wenn nach EHG 11 II, sowie nach Transportrecht Verschuldenshaftung besteht, können sich bei der Feststellung der Ansprüche Unterschiede ergeben; so ist die Verjährung verschieden geordnet: EHG 14 im Gegensatz zu TG 46.

73 4. Der Vollständigkeit halber sei eine weitere Kategorie von Sachen genannt, für deren Verlust, Zerstörung oder Beschädigung die Eisenbahnunternehmungen gegebenenfalls aufzukommen haben: die *Privat-*

---

[143] Anhang A zur COTIF vom 9. Mai 1980, SR 0.742.403. Es ersetzt das CIV vom 7. Februar 1970; vgl. WIESBAUER/ZETTER (zit. FN 141) a.a.O.; BBl 1982 III 911 ff.
[144] Dazu BAUMBERGER 46 ff.; SCHWENDENER 124 ff., 147 ff.
[145] Dies im Sinne eines Unfalls i. w. S., vorstehend FN 120.
[146] Dazu OETIKER II 500 N 1; BAUMBERGER 48, 51 ff. (beide noch zur Rechtslage vor Erlass des TG).

güterwagen (TG 27)[147]. Das sind Wagen, die von einer Eisenbahnunternehmung auf den Namen eines Privaten, d.h. einer nicht mit einer Eisenbahnunternehmung identischen Person, in Betrieb gestellt werden. Die Haftung der Bahn für Schaden an Privatgüterwagen ist auf dem Gebiet des internen schweizerischen Rechts jeweils in einem von Fall zu Fall abgeschlossenen, aber einheitlich ausgebildeten Einstellungsvertrag geordnet. Hierdurch ist die Haftung abschliessend geregelt. Die Voraussetzungen von EHG 11 würden ohnehin nicht zutreffen.

Im *internationalen* Verkehr gilt die mit RIP bezeichnete Internationale Ordnung für die Beförderung von Privatwagen, Art. 13[148].   74

c) Vermögensschaden i.e.S.

Neben den Personen- und Sachschäden gibt es auch weitere Schäden, die in keine dieser beiden Kategorien fallen[149]. Wenn sie die Folge eines Personen- oder Sachschadens sind[150], werden sie als Teil desselben betrachtet und gelten für sie die gleichen Regeln[151]. Die hier zu behandelnde Frage betrifft die Fälle, in denen ein *damnum emergens* oder ein *lucrum cessans* unabhängig von einem Personen- oder Sachschaden eingetreten ist: Vermögensschaden i.e.S. oder «sonstiger» oder «übriger» Schaden. Im Vordergrund stehen die Verspätungsschäden[152].   75

---

[147] Darüber GUGOLZ, Privatgüterwagen und Eisenbahn (Diss. Zürich 1935); MILLER, Fragen aus dem Beförderungsrecht der Privatgüterwagen, in FG Solothurn. Juristen zum 75jährigen Bestehen des Schweiz. Juristenvereins (Solothurn 1936) 154ff.; FAVRE/WICK Art. 187.

[148] SR 0.742.403.2. Sie ist als Anlage II zum CIM dessen Bestandteil; VerwEntsch 9 Nr. 180; WIESBAUER/ZETTER (zit. FN 141) 593ff.

[149] Beispiel: Nach einem Eisenbahnunfall bleibt ein Niveauübergang während der Aufräumarbeiten geschlossen. Ein Automobilist muss deswegen einen langen Umweg machen und verpasst seinen Zug und damit auch die Gerichtsverhandlung, zu der er als Beklagter vorgeladen ist. Dies veranlasst das Gericht, Anerkennung des tatsächlichen Klagegrundes und Verzicht auf Einreden anzunehmen. Es fällt daher ein Urteil zu seinen Ungunsten und belastet ihn mit Kosten; vgl. HANS ULRICH WALDER-BOHNER, Zivilprozessrecht (3. A. Zürich 1983) 431ff.

[150] Verdienstausfall und Heilungskosten als Folgen einer Verletzung, Chômage als Folge der Beschädigung eines Autos.

[151] Vgl. Bd. I 61; Bd. II/2 § 25 N 300; STARK, Skriptum N 153ff.; A. KELLER I 44f. – Vgl. zum Vermögensschaden im Allgemeinen auch KELLER/GABI 13f.; DESCHENAUX/TERCIER § 3 N 21f.; BREHM N 85 zu OR 41.

[152] Vgl. TG 17 betr. Verspätungsschäden von Reisenden.

76 Das OR und das ZGB sprechen einfach vom Schaden und erwähnen den Personen- und den Sachschaden in den Normen, die eine Haftpflichtart begründen, nicht speziell. Hier umfasst daher die Schadenersatzpflicht auch den Vermögensschaden i.e.S. Im EHG werden demgegenüber in Art. 1 nur der Personenschaden und in Art. 11 nur der Sachschaden aufgeführt, ähnlich wie im SVG, im ElG, im LFG, im RLG und in MO 23, aber im Gegensatz zum KHG, zum JSG, zum SSG, zu MO 22 I und zum GSG. Es stellt sich daher die Frage, ob solche Schäden in analoger Anwendung der Bestimmungen über Personen- und Sachschäden oder nach OR 41 ff. zu regulieren sind oder ob sie überhaupt nicht ersetzt werden.

77 Die unterschiedliche Behandlung in den verschiedenen Gesetzen lässt sich kaum rechtfertigen. Die praktische Bedeutung dieser Differenzen ist allerdings nur gering, weil bei Vermögensschäden i.e.S. in Ermangelung einer Rechtsgutsverletzung keine Rechtswidrigkeit vorliegt, wenn nicht eine Verhaltensnorm verletzt wurde, die den Schutz vor entsprechenden Schäden bezweckt[153]. Das ist kaum je der Fall.

78 Ist die Rechtswidrigkeit aber einmal gegeben, so dürfte es richtiger sein, die Vermögensschäden i.e.S. in analoger Anwendung von EHG 1 und 11 nach dem EHG abzuwickeln und nicht nach OR.

79 Die *Anwaltskosten* sind als Folgen des Personen- und Sachschadens zu betrachten, zu dessen Regulierung sie aufgewendet werden. Die Rechtswidrigkeit ergibt sich dann aus der Körperverletzung oder der Sachbeschädigung[154].

d) Anhang: Überblick über die Haftung nach Expropriations-, Nachbar- und Umweltschutzrecht

80 Bau und Betrieb einer Bahn können infolge der Einwirkung von Lärm, Erschütterungen, Rauch, Russ und wegen anderer *Immissionen* die Bewohner benachbarter Grundstücke belästigen, und ihre Immobilien und Mobilien können Schaden erleiden. Schadenersatzansprüche sind, wenn die Einwirkungen übermässig, aber unvermeidbar sind, im *Expropriationsverfahren* geltend zu machen (EntG 5 in Verbindung mit

---

[153] Vgl. Bd. I 131; Bd. II/1 § 16 N 43, 101; STARK, Skriptum N 268; BREHM N 36 ff. zu OR 41; KELLER/GABI 36; v. TUHR/PETER 415 f.
[154] Vgl. BGE II/2 § 25 N 297 ff., insbesondere N 301.

III. Voraussetzungen der Haftpflicht   § 27

EbG von 1957 Art. 20)[155]: Der Geschädigte kann Ersatz verlangen für den Entzug der zivilrechtlichen — nachbarrechtlichen — Klagen, die ihm sonst die Abwehr solcher Immissionen aufgrund von ZGB 684/ 679 erlauben würden[156]. Die Befugnis zu dieser Abwehr ist ihm deshalb genommen, weil die Konzessionierung der Eisenbahn die Immissionen grundsätzlich der Widerrechtlichkeit, welche die Voraussetzung der nachbarrechtlichen Klagen ist, entkleidet[157]. Wenn somit diese Klagen auch nicht angestrengt werden können, so müssen doch ihre tatbeständlichen Voraussetzungen insoweit erfüllt sein, als die Einwirkungen, von denen der Kläger betroffen ist, das Übermass im Sinne von ZGB 684 erreichen. Das Expropriationsverfahren kann auch nachträglich eingeleitet werden, sofern die Beeinträchtigungen sich erst nach dem Beginn des Baues der Eisenbahn oder bei ihrem Betriebe zeigen (EntG 41 I lit. b, 66 lit. b)[158]. Das letztere Vorgehen steht auch dann offen, wenn die Bahn die benötigten Grundstücke freihändig statt mittels Expropriation erworben hat; denn die nachbarrechtlichen Klagen würden auch diesfalls nicht zugelassen[159].

Die *zivilrechtliche Klage* gemäss ZGB 684/679 kann jedoch nach 81 feststehender Rechtsauffassung dann angestrengt werden, wenn die Immissionen nicht nur übermässig, sondern zudem vermeidbar sind[160].

---

[155] Die Rechtsfragen, welche die Immissionen aus öffentlichen Grundstücken und aus Grundstücken expropriationsberechtigter Unternehmungen aufwerfen, sind eingehend behandelt bei OFTINGER, Lärmbekämpfung als Aufgabe des Rechts (Zürich 1956) 30 ff., 56 ff.; dort findet sich eine ausführliche Dokumentation. Dazu ferner HESS/ WEIBEL, Das Enteignungsrecht des Bundes (2 Bde., Bern 1986) I 16 ff.; WEGMANN, Das Gemeinwesen als Nachbar (Diss. Bern 1941) 38 ff., 43 ff.; PETER UELI ROSENSTOCK, Die Haftung des Staates als Unternehmer im Bereiche der Hoheitsverwaltung (Diss. Zürich 1966) 164 ff.; MARTIN STREICHENBERG, Nachbar- und Enteignungsrecht bei Sachen im Gemeingebrauch (Diss. Zürich 1970); JÖRG KUBAT, Die Enteignung des Nachbarrechts (Diss. Basel 1971); ANDRÉ GRISEL, Traité de droit administratif, Bd. II (Neuenburg 1984) 715 ff.; KARL LUDWIG FAHRLÄNDER, Zur Abgeltung von Immissionen aus dem Betrieb öffentlicher Werke ... (Bern 1985). Vgl. auch die Angaben Bd. II/ 2 § 25 FN 488.
Als Beispiele aus der Judikatur BGE 62 I 266; 64 I 231; 66 I 142; 101 Ib 406; 104 I b 79; SJZ 4, 52 Nr. 16.
[156] Bd. II/1 § 19 N 15, 24; Bd. II/2 § 25 N 322, 327.
[157] BGE 79 I 203; HESS/WEIBEL (zit. FN 155) I 286 f. mit weiteren Hinweisen.
[158] BGE 62 I 12, 269; 64 I 230 ff., 381; 66 I 141/42; ZIMMERLIN in SJZ 36, 119 ff.
[159] BGE 79 I 203.
[160] EbG 20 formuliert dieses Erfordernis virtuell dahin, dass es sich um eine «unvermeidliche oder nicht leicht abzuwendende Folge des Baues oder Betriebes der Bahn handelt». Ein ins Gewicht fallender Unterschied besteht nicht, da sowohl die Umschreibung «ver-

§ 27 Haftpflicht der Eisenbahnen, Transportunternehmungen und der Post

Dann überschreiten sie den von der Konzession legitimierten Umfang und sind widerrechtlich[161]. Trifft dies zu, so kann der betroffene Nachbar auch den Besitzesschutz gemäss ZGB 928/29 beanspruchen[162].

82 EntG 7 III verpflichtet die Enteigner, darunter die Bahnen, *präventive* Massnahmen zu ergreifen, indem sie die «geeigneten Vorrichtungen» erstellen, «um die Öffentlichkeit und die benachbarten Grundstücke gegen Gefahren und Nachteile sicherzustellen, die mit der Erstellung und dem Betriebe [ihres] Unternehmens notwendig verbunden und nicht nach Nachbarrecht zu dulden sind»[163].

83 Auch ein *Schiffahrtsbetrieb* kann die Schädigung der Nachbarschaft durch Lärm, Russ, Rauch, Funkenwurf, Wellenschlag u. dgl. bewirken. Da den konzessionierten Unternehmungen das Expropriationsrecht zusteht[164] (man denke z.B. an den Bau von Hafenanlagen, Landungsbrücken, Kanälen), gelten für sie die gleichen Regeln wie für die Eisenbahnen.

84 Diese Regelung wird heute ergänzt durch das *BG über den Umweltschutz* vom 7. Oktober 1983 (USG)[165] und die gestützt darauf erlassenen VO[166]. Hiefür ist auf die Ausführungen im Bd. II/2 § 25 N 324ff. zu verweisen. Der wesentliche Unterschied zwischen den Immissionen, die durch Motorfahrzeuge verursacht werden, und denjenigen, die auf eine Eisenbahn usw. zurückgehen, besteht darin, dass bei Auto-Immissionen eine enorme Zahl von Motorfahrzeughaltern (meistens Mini-) Ursachen setzen, während eine Eisenbahnstrecke immer von der gleichen Bahnunternehmung benützt wird. Diesem Unterschied kommt

---

meidbar» wie die Formel «nicht leicht abzuwenden» das Element der Zumutbarkeit der Schutzmassnahmen gegen die Immissionen enthalten. Der Wortlaut von EbG 20 schafft unnötigerweise Verwirrung.

[161] Näheres OFTINGER, Lärmbekämpfung (zit. FN 155) 34ff.; aus der Judikatur statt vieler BGE 61 II 328ff.; 97 I 179ff.; 107 I b 387ff.
[162] Vgl. EMIL W. STARK, Berner Komm. (2. A. 1984) N 16f. zu ZGB 928.
[163] OFTINGER, Lärmbekämpfung (zit. FN 155) 67; HESS/WEIBEL (zit. FN 155) I 136ff. Über die Praxis zum entsprechenden Art. 16 des EbG von 1872 vgl. die 1. Aufl. 678 FN 115; SPIESS (zit. FN 122).
[164] EbG von 1957 Art. 95 I/Art. 3; diese Bestimmungen ersetzen (Art. 96 I Ziff. 12) den BB betr. Unterstellung der konzessionierten Schiffahrtunternehmungen unter die Bundesgesetzgebung über die Verpflichtung zur Abtretung von Privatrechten, vom 21. Juni 1907 (BS 7, 393). — Für *Luftseilbahnen* usw. ist um EbG kein Expropriationsrecht vorgesehen (über die nicht eidg. konzessionierten Anlagen: Konkordat über die nicht eidg. konzess. Luftseilbahnen und Skilifte, vom 15. Oktober 1951, SR 743.22, Art. 4).
[165] SR 814.01.
[166] Vgl. vor allem die Lärmschutz-VO vom 15. Dezember 1986 (SR 814.331), welche im Anhang 4 Belastungsgrenzwerte für Eisenbahnlärm enthält.

III. Voraussetzungen der Haftpflicht § 27

keine praktische Bedeutung zu, weil die Ersatzansprüche für Immissionsschäden sich bei Motorfahrzeugen normalerweise gegen den Strasseneigentümer richten und nicht gegen die Motorfahrzeughalter.

2. Begriff der Transportunternehmung

Der klagende Geschädigte muss dartun, dass der eingetretene Schaden von einer *Eisenbahn*unternehmung oder einer *anderen* dem EHG unterstellten *Transportunternehmung* ausgeht. Deren Begriffe ergeben sich aus der Aufzählung und Abgrenzung der vom EHG erfassten Beförderungsmittel: vorn N 12 ff. 85

3. Verursachung

a) Kausalzusammenhang

Soll ein Anspruch sich auf das EHG stützen, so muss der Schaden oder die immaterielle Unbill durch einen Unfall verursacht sein, der infolge des *Betriebes* oder *Baues* einer Eisenbahn entstanden ist, oder infolge von «*Hilfsarbeiten*, mit denen die besondere Gefahr des Eisenbahnbetriebes verbunden ist» (EHG 1 I). Die Anknüpfung an den Betrieb gilt in gleicher Weise für die übrigen Beförderungsmittel, auf die das EHG anwendbar ist; ob auch Unfälle bei Bau- und Hilfsarbeiten einbezogen werden, wird zu prüfen sein (vgl. hinten N 112 ff.). 86

Nach dem Vorbild des deutschen Reichshaftpflichtgesetzes (§ 1) spricht das geltende, wie schon das alte EHG (Art. 1/2), von Unfällen, die sich *beim* Bau oder Betrieb oder *bei* Hilfsarbeiten ereignet haben. Für das deutsche Recht ist aus dem Wort «bei» etwa geschlossen worden, es müsse kein Kausalzusammenhang zwischen dem Betrieb und dem Unfall vorliegen; «bei» deute auf einen weiteren Kreis von haftungsbegründenden Umständen, so dass als Betriebsunfälle nicht allein diejenigen gelten würden, die ursächlich, sondern auch solche, die nur örtlich und zeitlich mit Betriebsvorgängen zusammenhängen[167]. 87

---

[167] GEIGEL/SCHLEGELMILCH 22. Kap. N 17 ff.; FINGER 9. Anderer Meinung BIERMANN, Reichshaftpflichtges. 24; EGER 15; SELIGSOHN 62; FILTHAUT § 1 N 61. Ausführlich ESSER, Grundlagen und Entwicklung der Gefährdungshaftung (München/Berlin 1941) 18 ff.

§ 27   Haftpflicht der Eisenbahnen, Transportunternehmungen und der Post

88   In der schweizerischen Praxis war nie zweifelhaft, dass allein diejenigen Unfälle vom EHG erfasst werden, die *durch* einen Betriebs-, Bau- oder Hilfsarbeitsvorgang *verursacht* sind[168]; aus der *tatbeständlichen* Lage ergibt sich dann zusätzlich, dass das schädigende Ereignis *dazu* noch örtlich und zeitlich mit dem Betrieb im Zusammenhang stehen wird. Die übrigen schweizerischen Haftpflichtgesetze drücken die offenbar als selbstverständlich geforderte *Kausalbeziehung* denn auch mit den Worten «durch» oder «infolge» aus: ElG 27 I, SVG 58 I, MO 23, ZSG 77 I, KHG 3, SSG 27 I, SSchG 48; sinngemäss gleich LFG 64.

89   Im übrigen weichen die Resultate der geschilderten abweichenden deutschen Auffassung kaum von den Ergebnissen der hier vertretenen Meinung ab; die Ansichten teilen sich eher bei der nachfolgend zu behandelnden Frage, ob der als Ursache zu betrachtende Vorgang mit der sogenannten Betriebsgefahr verbunden sein müsse.

b) Betrieb[169]

90   1. Die *Eigenart* des Eisenbahnbetriebs und gleichzeitig die für ihn eigentümliche Gefahr beruht auf der mit Hilfe geeigneter Kräfte und mit einer gewissen Raschheit erfolgenden Fortbewegung verhältnismässig schwerer Massen auf Schienen[170]. Daraus leitet sich der *Betriebsbegriff* im Sinn des EHG ab; es geht um den Betrieb im *technischen Sinn*[171], d. h. um Vorgänge, welche der in der geschilderten Weise erfolgenden Beförderung von Personen und Gütern dienen. Nicht hierher gehört der sogenannte *Betrieb im gewerblichen Sinne,* d. h. der wirtschaftliche Komplex, den eine Eisenbahnunternehmung darstellt, also die ganze Verwaltung mit Einschluss z. B. der Büroarbeiten. Der typische Betriebsunfall ist für einen Reisenden ein Eisenbahnunglück (Zusammenstoss, Entgleisung, Einsturz einer Brücke, Sturz aus dem fahrenden Zug u. dgl.), für einen Nichtreisenden das Überfahrenwerden oder das Zusammenstossen des eigenen Fahrzeugs mit einem Eisenbahnzug. Es ist gleichgültig, durch welche Kräfte ein Eisenbahnfahrzeug

---

[168] Vor allem BGE 16, 125; 60 II 373. Die Auffassung liegt der gesamten Judikatur zugrunde. Abweichend GUYER 50.
[169] Zum Ganzen BOLLER 47 ff. und THOMAS MAURER, Drittverschulden und Drittverursachung im Haftpflichtrecht (Bern 1974) 92 ff.
[170] BGE 27 II 376; 37 II 232; DESCHENAUX/TERCIER § 16 N 50.
[171] BGE 39 II 102; 42 II 516; 60 II 373; Sem.jud. 1911, 504.

III. Voraussetzungen der Haftpflicht § 27

im Augenblick des Unfalls getrieben wird: ob durch die normale motorische Triebkraft, ob es von Menschen geschoben, von Tieren gezogen oder durch seine eigene Schwere bewegt wird[172]. Zum eigentlichen Betrieb zählt[173] die bundesgerichtliche Praxis[174] die mit dem Betrieb unmittelbar zusammenhängenden Handlungen, die der Vorbereitung oder dem Abschluss der Beförderung von Personen und Sachen dienen.

Kasuistik 91

Die folgende Zusammenstellung will den im Kontext abstrakt umschriebenen Betriebsbegriff verdeutlichen. Vgl. ferner (namentlich für die ältere Judikatur): ERISMANN 14 ff.; MACKENROTH, Nebengesetze zum Schweiz. Obligationenrecht (Zürich 1898) 21 N 3; auch AEPPLI, Der Betriebsunfall... (Diss. Zürich 1910) 112 ff.; reiche Kasuistik der älteren deutschen Praxis bieten EGER 11—42 und SELIGSOHN 30 ff., aus neuerer Zeit FILTHAUT § 1 N 59 ff.; VEIT/VEIT 25 ff.

Der Anschaulichkeit halber werden auch Unfälle berücksichtigt, die normalerweise einzig dem *Bahnpersonal* zustossen (und vom UVG erfasst werden), weil sie sich bei bahninternen Vorgängen abspielen. Dagegen bleiben so *eindeutige* Ereignisse wie das Überfahrenwerden und die Zusammenstösse meistenteils ausser Betracht.

1. Als Betriebsvorgang oder als Betriebsunfall wurden betrachtet:

— Materialtransport für Bahnbau, auf dem Geleise, mit besonderen Wagen (BGE 9, 527; 10, 520; 12, 589; 18, 806; 24 II 525).

— Manövrieren (BGE 21, 779).

— Rangieren und Bereitstellen von Wagen und Lokomotiven (BGE 18, 238; 17, 119).

— Einfahren eines Tramzugs ins Depot (BGE 34 II 579).

— Fahren einer Lokomotive zum Kohlenlager (BGE 39 II 103).

— Bewegen einer Lokomotive über der Putzgrube (BGE 13, 57).

— Überfahren- (BGE 33 II 33) und Gequetschtwerden (BGE 33 II 221 ff.) von Wagen, die von menschlicher Hand geschoben werden.

— Sturz von einer Brücke beim Schieben eines leeren Wagens (BGE 18, 269).

---

[172] BGE 9, 527; 10, 520; 12, 589; 16, 124; 18, 806; 27 II 4; 31 II 33, 225. Zutreffend deshalb die Annahme eines Betriebsunfalls, als jemand durch *handgeschobene* Wagen überfahren (BGE 31 II 33) oder gequetscht (BGE 31 II 221 ff.) wurde. Unzutreffend BGE 21, 435: Beförderung einer ungeheizten, reparaturbedürftigen Lokomotive aus einem Depot in ein anderes nicht als Betriebsvorgang betrachtet; ähnlich ZBJV 51, 569.

[173] Zum Teil zu Unrecht, nachstehend N 216 und schon GUYER, Aufsätze 23 ff.

[174] BGE 15, 269 und dort zit. ältere Praxis; 26 II 27/28; 31 II 26; 36 II 93; 39 II 102/03; 42 II 516; 60 II 373; 66 II 195.

§ 27 Haftpflicht der Eisenbahnen, Transportunternehmungen und der Post

— Ein- und Ausladen von Gütern bei stillstehenden Zügen und Einzelwagen, sofern diese Vorgänge aus betriebstechnischen Gründen mit dem Fahrbetrieb unmittelbar zusammenhängen und mit besonderer Eile und Hast vor sich gehen müssen (BGE 14, 618; 16, 124 ff.; 19, 797 ff.; 21, 778/79; ZR 68 Nr. 78 E. 1a. Vgl. auch nachstehend FN 216 a. E.).

— Bereitstellen von Rollmaterial zum Einlad und Auslad von Waren, die für einen privaten Empfänger bestimmt sind, auf offener Strecke; Fahrt des Rollmaterials bis zur Ein- oder Ausladestelle (BGE 66 II 195).

— Verletzung eines Reisenden oder Bahnangestellten durch ein mit dem Lokomotivrauch ins Auge gelangendes Kohlenstäubchen (BGE 13, 477; 18, 264 ff.; ZBJV 21, 362; 23, 567) oder durch ein von den Bremsen sich lösendes Metallteilchen (SJZ 63, 162).

— Schädigung durch Funkenwurf aus einer Dampflokomotive; über den Fall der Sachbeschädigung vorne N 63 ff.

— Verletzung durch die offenstehende Tür eines vorbeifahrenden Wagens (BGE 6, 153).

— Quetschung des Fingers eines Reisenden durch die zuschlagende Türe eines fahrenden Wagens (BGE 22, 456; 32 II 7; 69 II 261; ZBJV 32, 63).

— Sturz aus dem Tram infolge Erschütterung (Sem.jud. 1898, 591; 1918, 495; 1928, 463).

— Um- oder Herabfallen von Ski im fahrenden Zug infolge der Erschütterungen des Wagens (SJZ 35, 11).

— Feuererscheinung an einer in einem elektrischen Tram angebrachten elektrischen Apparatur (SJZ 4, 234).

— Besteigen und Verlassen eines stillstehenden Zugs (BGE 42 II 382 ff.; 60 II 373/74; 66 II 285; Sem.jud. 1911, 504; ZBJV 66, 516), vgl. dazu hinten N 92 ff.

— Aufspringen auf fahrenden Zug (BGE 102 II 363) bzw. Abspringen vor dem Anhalten des Zugs (BGE 85 II 350).

— Scheuwerden von Zugtieren (BGE 10, 524; 24 II 534; 25 II 282, 767 ff.; 30 II 33; 32 II 252; 44 II 436; Sem.jud. 1893, 319).

— Kollision von Tram und pferdebespanntem Wagen, wodurch dieser auf das Trottoir geschleudert wird und dort einen Fussgänger verletzt (Sem.jud. 1908, 383).

— Hineinfahren in eine wegen der Durchfahrt eines Zuges geschlossene Barriere (BGE 10, 524; ZBJV 70, 414).

— Verletzung durch Kontakt mit unter Strom stehender Fahrleitung während der Vorbereitungen zum Abladen eines Güterwagens (BGE 89 II 38; vgl. auch 97 II 180; dazu hinten N 105 f. und dort dargelegte abweichende Auffassung).

2. Nicht als Betriebsvorgang oder als Betriebsunfall wurden betrachtet:

— Reinigen einer ungeheizten Lokomotive (BGE 10, 125).

— Beförderung einer ungeheizten Lokomotive: Kritik FN 172.

— Reparatur einer demontierten elektrischen Lokomotive, die unter Strom steht, wobei der Strom aber der Heizung und Beleuchtung dient (BGE 37 II 231; hinten § 28 N 51).

— Einsetzen von Stützen auf einem der Bahn gehörenden Güterwagen für Langholz, durch bahnfremde Arbeiter, ohne durch den Betrieb geforderte Eile (BGE 27 II 376).

III. Voraussetzungen der Haftpflicht § 27

— Unfall bei der Arbeit an einem Kran, der zu einem im Eigentum der Bahn befindlichen Lagerhaus gehört (BGE 8, 94).
— Ausgleiten auf dem Bahnhofperron (SJZ 5, 147). Derartige Unfälle auf dem Bahnhofareal fallen nicht unter das EHG (so Stürze auf Treppen, Durchgängen, Unterführungen, Vorplätzen, in Wartesälen, Schalterhallen u. dgl. Dazu VAE 6, 283; 7, 14, 149, 150, 199; 11, 31); vgl. hinten N 100 ff.
— Unfall, verursacht durch einen in die Bahnhofhalle einfahrenden Hotelomnibus (ZBJV 73, 198).
— Explosion einer im Eisenbahnwagen befindlichen Bombe (BGE 37 II 239).
— Ertrinken eines Bahnangestellten auf dem Heimweg von der Arbeit (BGE 31 II 206) oder beim Versuch, seine ertrinkende Ehefrau zu retten (BGE 31 II 208).
— Zusammenstoss eines Autos mit einer ausserhalb der Bahnbetriebszeit geschlossenen Barriere (SJZ 4, 217).

Für die Beantwortung der Frage, ob ein Schaden durch den Betrieb 92
verursacht ist, sind entscheidend die *technischen Zusammenhänge* zwischen den fraglichen, für den Schaden unmittelbar kausalen Vorgängen oder Einrichtungen und der eisenbahnmässigen Beförderung sowie den dazu dienenden Kräften[175]. Auch bahninterne Betriebsvorgänge können Dritte schädigen, so dass in solchen Fällen ein haftpflichtbegründender Unfall anzunehmen ist[176].

Die Bundesgerichtspraxis betrachtet es nicht als erforderlich, dass 93
einem Betriebsvorgang, damit er unter das EHG subsumiert werden kann, die eisenbahnmässige, sogenannte besondere oder spezifische *Betriebsgefahr* anhaftet[177]. Die Betriebsgefahr gilt demnach *nicht* als *Voraussetzung* der Haftung, was in Grenzfällen bedeutsam ist. Im Allgemeinen Teil dieses Buches (Bd. I 20 ff.) wird gezeigt, dass diese Auffassung an der rechtspolitischen Grundlage der Eisenbahn-Gefährdungshaftung vorbeigeht[178]. Es ist zwar richtig, dass sich bei sorgfältiger Interpretation des Wortlautes von EHG 1 der Schluss aufdrängt, dass bei Verursachung eines Unfalles durch[179] Bau und Betrieb einer Eisenbahn die Auswirkung der besonderen Betriebsgefahr eines Eisenbahnbetriebes nicht Haftungsvoraussetzung ist, nachdem sie nur in bezug

---

[175] BGE 39 II 103; 42 II 516.
[176] Dazu BGE 34 II 580; 42 II 517.
[177] BGE 39 II 102; 60 II 374/75. Gleicher Meinung GUYER 50 N 2; OETIKER II 480 N 1, 481 N 2, vgl. aber 492 oben; SCHÄRER 178; ROELLI in SJZ 5, 158; A. KELLER I 192; FAURE, SJK Nr. 1048 S. 6 f., der zwar von der «besonderen Gefahr» spricht, aber darunter praktisch alles subsumiert, was mit Bau und Betrieb der Bahn zusammenhängt.
[178] Zustimmend STIFFLER, Haftung 81 f.
[179] Das Gesetz sagt «beim». Vgl. dazu vorn N 87.

§ 27   Haftpflicht der Eisenbahnen, Transportunternehmungen und der Post

auf die Hilfsarbeiten im Text des Gesetzes erwähnt wird[180]. Man kann aber auch argumentieren, dass die Bedeutung der spezifischen Betriebsgefahr sich namentlich beim Betrieb von selbst ergebe, was bei Hilfsarbeiten nicht der Fall ist. Daher habe sie dort ausdrücklich erwähnt werden müssen, damit man nicht zu unvernünftigen Schlüssen gelange[181]. Es drängt sich daher auf, die Betriebsgefahr beim Betrieb einer Eisenbahn, unabhängig von deren Erwähnung ausschliesslich bei den Hilfsarbeiten, immer zu berücksichtigen[182,183].

94   Man kann die sich stellende Frage auch so formulieren: Ist unter Betrieb im Sinne von EHG 1 nur die Eisenbahn-Technik zu verstehen, die schnelle Fortbewegung auf Schienen und alles, was damit zusammenhängt, oder darüber hinaus auch die ganze mit einer Eisenbahnunternehmung verbundene weitere Aktivität. Zu denken ist dabei an die Begleitumstände wie Ein- und Aussteigen, Be- und Entladen von Güterwagen, Öffnen und Schliessen von Barrieren oder auch von Weichen, über die Reisende bei zu kurzen Bahnsteigen zu Fuss gehen müssen.

95   Wenn unverständliche Widersprüche zwischen einzelnen Gebieten der Rechtsordnung vermieden werden sollen, ist auch hier vom Grundgedanken der Gefährdungshaftungen[184] auszugehen, wonach die Schaffung von unvermeidbaren Gefahren, die an sich ein Verschulden darstellen würde, vom Gesetzgeber wegen des beteiligten öffentlichen Interesses ent-schuldigt und durch eine Gefährdungshaftung ersetzt wird. Daraus ergeben sich die drei bekannten Voraussetzungen jeder Art von Gefährdungshaftung: Schaffung von Gefahren, Unvermeidbarkeit der Auswirkung dieser Gefahren (d.h. es gibt keine genügenden Schutzmassnahmen gegen sie) und das öffentliche Interesse an der Aktivität, mit der die Schaffung der Gefahren verbunden ist.

---

[180] Vgl. BGE 60 II 374/75; A. KELLER I 192.
[181] Man denke an die Lieferung von Schmierfett an eine Bahn oder an die Reparatur einer Türe eines Eisenbahnwagens. Auch das sind Hilfsarbeiten.
[182] SVG 58 I spricht auch nur vom Betrieb als Ursache und nicht von der Auswirkung der Betriebsgefahr; vgl. auch LFG 64 und ElG 27.
[183] Gleicher Meinung DESCHENAUX/TERCIER § 16 N 48; ebenso die deutsche Praxis, vgl. FILTHAUT § 1 N 60 mit Hinweisen. — In der Vorauflage 329 wird die vom strengen Wortlaut abweichende Interpretation damit begründet, dass seit Erlass des EHG die obligatorische Unfallversicherung der Arbeitnehmer (früher nach KUVG, heute nach UVG) eingeführt worden ist. Der besondere Schutz der Arbeitnehmer sei daher nicht mehr nötig.
[184] Vgl. Bd. II/2 § 24 N 17 ff.

III. Voraussetzungen der Haftpflicht § 27

Die Gefahren einer Eisenbahn sind offensichtlich. Sie ergeben sich 96
aus der grossen Geschwindigkeit, mit der sehr grosse Massen fortbewegt werden. Zusätzlich können die langen Bremswege von Eisenrädern auf Eisenschienen und die Bindung des Zuges an die Geleise erwähnt werden, die ein Ausweichmanöver eines Lokomotivführers ausschliessen[185].

Diese durch die Technik der Eisenbahnen geschaffenen Gefahren 97
sind unvermeidbar, wenn auch zuzugeben ist, dass die Bahnen heute ein viel sichereres Transportmittel darstellen als die Motorfahrzeuge. Die grossen Anstrengungen, die zur Hebung der Sicherheit gemacht werden, tragen ihre Früchte, können aber die Betriebsgefahr nicht ausschalten.

Das öffentliche Interesse an den Bahnen liegt auf der Hand. 98

Wenn ein Eisenbahnzug sich in Bewegung befindet und dabei einen 99
Unfall verursacht, ist die Mitwirkung der Betriebsgefahr evident[186].

Unter dem Gesichtspunkt des Grundgedankens der Gefährdungs- 100
haftung stellt sich aber die Frage, ob das EHG auch anwendbar sein soll, wenn nicht ein Eisenbahnzug oder auch nur ein einzelner Wagen in Bewegung den Unfall verursacht hat, sondern nur die Begleitumstände dafür kausal waren. Hier sind Unfälle zu erwähnen, die sich beim Ein- und Aussteigen bei stehendem Zug ereignen[187], wobei häufig die durch den fahrplanmässigen Verkehr gebotene Eile[188] als Argument für die Bejahung der Betriebsgefahr benützt wird. Nahe damit verwandt sind Unfälle durch das Gedränge in Bahnhöfen, beim Be- und Entladen von Gepäck- und Güterwagen, wobei besondere Eile geboten sein kann oder nicht. Im weiteren sind die Fingerverletzungen durch

---

[185] Vgl. auch MAURER (zit. FN 169) 93/94 mit Beispielen.

[186] Dies gilt auch, wenn durch die Erschütterungen während der Fahrt, die Zentrifugalkräfte in einer Kurve oder die bei Brems- und Beschleunigungsmanövern auftretenden Kräfte Reisende verletzt oder mitgeführtes Handgepäck zu Boden geworfen wird.

[187] Wenn jemand beim Einsteigen ausgleitet, mit einem Bein unter den stehenden Zug gerät und unmittelbar nachher bei dessen Anfahren verletzt wird, liegt demgegenüber ohne Zweifel ein Betriebsunfall vor.

[188] Neben der Eile kann eine Rolle spielen, dass lange Züge bei vielen Leuten auf dem Bahnsteig schlecht überblickt werden können, so dass das Abfahrtssignal geöffnet wird, obwohl ein Behinderter noch am Aussteigen ist. Solche Fälle werden allerdings durch die automatisch schliessenden Türen bei modernem Wagenmaterial weitgehend ausgeschlossen. Die Eile wird als eisenbahnmässiger Umstand anerkannt von A. KELLER I 191; kritisch ROCHUS GASSMANN-BURDIN, Energiehaftung (Zürich 1988) 159ff.

zuschlagende Türen zu erwähnen sowie die Belästigungen und Verletzungen durch Mitreisende, das Ausgleiten auf einem Bahnsteig usw.[189].

101 Die Eile kann auch der Grund dafür sein, dass eine Barriere zu schnell geschlossen wird, so dass ein Strassenbenützer mit ihr kollidiert[190].

102 Die Würdigung solcher Unfälle, die auf die Begleitumstände zurückzuführen sind und nicht auf die Fortbewegung eines Zuges, muss unter Berücksichtigung des konkreten Falles erfolgen. Dabei ist davon auszugehen, dass die Eile kein genügendes Moment darstellt, um die Gefährdungshaftung zu bejahen[191]. Sie ist in unserer Zeit zu einer normalen Erscheinung geworden, die uns überall begleitet, und kann daher nicht als eine Besonderheit des Bahnbetriebes anerkannt werden. Das Ein- und Aussteigen, das Be- und Entladen von Wagen, die Fingerverletzung durch zuschlagende Türen und die Belästigung und Verletzung von Mitreisenden[192] können daher richtigerweise nur zu einer EHG-Haftung führen, wenn besondere Umstände dies ausnahmsweise rechtfertigen[193].

103 Wenn aber eine Barriere unvorsichtig geschlossen wird, besteht ein enger Zusammenhang mit den Gefahren des sich schnell fortbewegenden Zuges, dessen Durchfahrt unmittelbar bevorsteht, und liegt daher eine indirekte Wirkung der spezifischen Betriebsgefahr vor[194].

104 Zu den Begleitumständen sind auch die Motorfahrzeuge zu rechnen, die auf den Bahnsteigen hin- und herfahren, insbesondere die Elektrotraktoren und Hubstapler. Sie weisen nicht die Betriebsgefahr der

---

[189] Wenn der Lärm der Eisenbahn Tiere zum Scheuen bringt oder andere, warnende Geräusche übertönt, ist demgegenüber der Zusammenhang mit der typischen Betriebsgefahr zu bejahen.

[190] In einem solchen Fall liegt regelmässig ein Verschulden des Barrierenwärters vor. Wenn die Haftpflicht nach EHG beurteilt wird, haftet die Bahnunternehmung voll für dieses Verschulden. Wenn statt des EHG das OR gilt, hat die Bahnunternehmung die Möglichkeit, den Befreiungsbeweis von OR 55 anzutreten.

[191] Sonst müsste man eine Gefährdungshaftung für alle fahrplangebundenen Transportmittel einführen.

[192] Vgl. Sem.jud. 1910, 252.

[193] Dies ist z. B. der Fall bei *Gehbehinderten*. Für sie ist die Schwierigkeit des Ein- und Aussteigens, des Zirkulierens in engen, auch stillstehenden Wagen usw. eine spezifische Betriebsgefahr der Eisenbahn; denn die Gestaltung der Eisenbahnwagen und der Bahnsteige ist durch den technischen Eisenbahnbetrieb bedingt.
Vgl. auch BGE 69 II 262, wo sich der Zug im Zeitpunkt des Unfalles in Bewegung befand, was für den Unfall kausal war.

[194] Mit Verspätung geschlossene Barrieren können leicht zu einem Unfall führen, verspätetes Erreichen des Wagens nur zu einem verpassten Zug.

Eisenbahn, sondern des Motorfahrzeuges auf. Aufgrund der in Bd. II/2 § 25 N 54 ff. vertretenen Meinung, dass das SVG nicht nur auf öffentlichen Strassen gelte, ist auf sie dieses Gesetz anzuwenden.

Für die Bejahung der spezifischen Betriebsgefahr, ist aber nicht erforderlich, dass ein Unfall sich *ausschliesslich* beim Eisenbahnbetrieb ereignen kann. Doch fällt nicht unter die eisenbahnmässige Betriebsgefahr, was sich, ohne Bezugnahme auf die Fortbewegung, *allein* aus der Eigenart der zur Fortbewegung verwendeten Kräfte (Elektrizität, Dampfkondensation, Explosion von Benzin- und Öldämpfen usw.) ergibt; denn hier ist die Gefahr dieselbe wie bei einer stabilen Anlage mit der gleichen technischen Ausstattung [195]. Wohl aber ist die Unterstellung unter das EHG gerechtfertigt, sobald eine Kombination der den verwendeten Kräften eigenen Gefahr mit der aus der Fortbewegung resultierenden Gefahr vorliegt, weil dies wieder die typische, eisenbahnmässige Betriebsgefahr darstellt. Dagegen gehört z.B. ein Unfall, der bei Arbeiten an der Oberleitung einer elektrischen Bahn eintritt, nicht unter das EHG subsumiert, sondern unter das ElG; umgekehrt untersteht dem EHG ein Unfall, der darauf zurückgeht, dass an der elektrischen Apparatur eines Triebfahrzeugs durch die Erschütterung des Fahrens eine technische Anomalie entsteht, so dass ein Reisender durch das Austreten von Strom oder durch Funken geschädigt wird [196].

105

Die Praxis des Bundesgerichts hat sich *entgegen* diesen Überlegungen dahin festgelegt, die zur Traktion dienende Elektrizität sei so sehr Teil des Bahnbetriebs, dass daher rührende Unfälle auch ohne jede Einwirkung eines Fahrzeugs dem EHG zu unterstellen seien [197].

106

---

[195] So z. B. die Verletzung eines Strassenpassanten durch ein Metallstück, das wegen der im nahen Depot erfolgenden Explosion einer dort in Reparatur befindlichen *stillstehenden* Lokomotive davongeschleudert wird. Wird ein an einer Brücke arbeitender Maler durch den ausströmenden Dampf einer auf dem Geleise haltenden Lokomotive verbrüht (VAE 8, 356), so ist dagegen das EHG anzuwenden, obwohl man auch von einer stabilen Dampfmaschine verbrüht werden kann; denn die Unfallsituation ist typisch für den Bahnbetrieb.

[196] Vgl. den in der Kasuistik erwähnten Fall SJZ 4, 234. — Näheres hinten § 28 N 40 ff.

[197] So sinngemäss BGE 81 II 561; bestätigt durch BGE 89 II 42; 97 II 182. Nach EHG wurden demgemäss folgende Tatbestände beurteilt: BGE 66 II 200: Ein Knabe gleitet beim Überqueren des Bahnkörpers aus und fällt auf die stromführende dritte Schiene; es befindet sich kein Zug in der Nähe, so dass der Sturz nicht etwa auf das Herannahen eines solchen, damit auf die hierdurch begründete Eile, und infolgedessen mittelbar auf einen Betriebsvorgang im eigentlichen Sinne, zurückzuführen ist. BGE 75 II 71: Der Geschädigte stellt mittels einer Stange Kontakt mit dem Fahrdraht her. BGE 89 II 38:

107   Von der Frage, ob die Auswirkung der eisenbahnmässigen Betriebsgefahr Haftungsvoraussetzung und bei welchen Ereignissen eine solche Auswirkung im Spiele sei, ist die weitere Frage zu trennen, welches Gewicht der Betriebsgefahr zukommt, deren Auswirkung in einem konkreten Fall bejaht wird. Diese Frage hat von vornherein nur rechtliche Bedeutung, wenn neben der Betriebsgefahr weitere Unfallursachen zu berücksichtigen sind; denn wenn *nur* die Betriebsgefahr im Spiele ist, besteht volle Haftpflicht der Eisenbahnunternehmung, sei diese Betriebsgefahr nun normal oder abnormal gross gewesen[198].

108   Wenn aber neben dem Betrieb der Eisenbahnunternehmung weitere rechtlich relevante Ursachen eines Unfalles im Spiele sind, sei es ein Selbstverschulden des Geschädigten, sei es ein Drittverschulden oder der Betrieb eines andern Gefährdungshaftpflichtigen, müssen im Rahmen der sektoriellen Verteilung[199] die Gewichte der verschiedenen Faktoren gegeneinander abgewogen werden. Ein bestimmtes Selbstverschulden führt zu einem um so kleineren Abzug, je grösser die ihm gegenüberstehende Betriebsgefahr ist. Daraus entstand der Begriff der *erhöhten Betriebsgefahr,* der bei den Entlastungsgründen, bei der Schadenersatzbemessung, bei Haftungskollisionen und bei einer Mehrheit von Haftpflichtigen eine Rolle spielt. Dort ist darauf zurückzukommen. Er kann darüber hinaus beim Vergleich der Umstände eines konkreten Falles mit Präjudizien wertvolle Hilfe leisten. Er setzt als Gegenstück

---

Kontakt mit Fahrleitung bei Vorbereitungen zum Abladen eines Güterwagens. BGE 97 II 180: Beim Umladen von Alteisen auf einen Güterwagen gerät der Autokran des Lastwagens an die Fahrleitung. — Demgegenüber wird der Unfall an einer Freileitung, die der Zufuhr von Strom für den Bahnbetrieb dient, mit Recht gemäss ElG beurteilt, BGE 81 II 562.; FAURE, SJK Nr. 1050 S. 7.

Die grundsätzliche Bestätigung der im Kontext vertretenen Auffassung ist in der Lösung des Art. 15 BG über die Trolleybusunternehmungen, vom 29. März 1950 (SR 744.21) zu sehen: Unfälle, die auf den Betrieb einer elektrischen Anlage oder auf die Einwirkung des elektrischen Stromes auf das Trolleybusfahrzeug zurückgehen, unterstehen vorab dem ElG; OFTINGER in ZSR 68, 408a.

Dem Bundesgericht hat sich WALTER T. MOLL, Die Haftpflicht der Betriebsinhaber elektrischer Anlagen (Diss. Bern 1945) 28 ff. angeschlossen, wogegen STIFFLER, Haftung 62 ff. der oben entwickelten Auffassung folgt. A. KELLER I 178 und 195 will demgegenüber sowohl das ElG als auch das EHG zur Anwendung bringen.

[198] Bei der Verschuldenshaftung kann demgegenüber die Grösse des Verschuldens auch ohne andere mitwirkende Faktoren auf die Höhe des zu bezahlenden Schadenersatzes Einfluss haben, weil OR 43 I bei leichtem Verschulden dem Richter die Möglichkeit gibt, den Schadenersatz herabzusetzen (Grundsatz der Proportionalität zwischen Verschulden und Schadenersatz); vgl. Bd. I 263 f. und die in Bd. II/1 § 16 FN 50 zitierte Literatur.

[199] Vgl. Bd. II/2 § 25 N 558, 569, 605, 653, 711; STARK, Skriptum N 331, 1036 ff.

III. Voraussetzungen der Haftpflicht § 27

den Begriff einer normalen Betriebsgefahr voraus. Wenn die Erhöhung der Betriebsgefahr auf einem vom Haftpflichtigen zu vertretenden Verschulden beruht, ist *dieses* bei der sektoriellen Verteilung zu berücksichtigen und ist damit die Einschaltung des Faktors der dadurch bestimmten Erhöhung der Betriebsgefahr nicht mehr geboten. Diese ist vielmehr nur separat in Rechnung zu stellen, wenn ihr kein Verschulden zugrunde liegt, das vom Haftpflichtigen zu vertreten ist [200, 201].

---

[200] Vgl. BGE 111 II 89, wo das Bundesgericht die sehr hohe, aber damals erlaubte Geschwindigkeit eines Autos dadurch berücksichtigt hat, dass es eine sich daraus ergebende bedeutende Betriebsgefahr (un risque inhérent considérable lié à la vitesse élevée) annahm. Im allgemeinen ist bei Motorfahrzeugunfällen eine erhöhte Betriebsgefahr auf einen Verstoss gegen Verkehrsregeln zurückzuführen, weshalb dieser Begriff in Bd. II/2 § 25 nicht näher erörtert wurde. Dies drängte sich um so mehr auf, als die Betriebsgefahren verschiedener Motorfahrzeuge von Natur aus erhebliche Unterschiede aufweisen, weshalb man nicht von einer «normalen» Betriebsgefahr sprechen kann; vgl. Bd. II/2 § 25 N 667 ff.

[201] Die Gerichtspraxis hat bei den folgenden Sachverhalten eine Erhöhung der Betriebsgefahr angenommen:
— Schneetreiben (BGE 35 II 548);
— Morschwerden eines Gerüsts (BGE 37 II 96/97);
— Besonders gefährliche Beschaffenheit eines Niveauüberganges (BGE 57 II 432; vgl. auch Sem.jud. 1912, 682; 1911, 766; JT 1984 I 422 f.);
— Fehlerhafte Anlage eines Bahnhofes (BGE 102 II 366);
— Besonders gefährliche Gestaltung eines Verbindungsgeleises (BGE 26 II 22);
— Fehlen einer Unterführung in einem viel benützten Bahnhof (BGE 61 II 135);
— Viele Postkarren auf einem Bahnsteig und dergl. (BGE 69 II 266);
— Grosses Gedränge, Regen, Dunkelheit auf einem Bahnhof, Verspätung eines Zuges (BGE 69 II 327/28);
— Ungewöhnliches Vorgehen bei der Abfertigung des Zuges (BGE 69 II 330);
— Eingeleisigkeit einer Strassenbahn (BGE 58 II 252);
— Linksseitige Führung eines Strassenbahngeleises auf der Strasse (BGE 58 II 253);
— Einmünden verschiedener schmaler, abschüssiger Seitenstrassen in die von einer Strassenbahn befahrene Strasse (BGE 53 II 86);
— Zusammenstellen eines Personenzuges aus Wagen mit teils offenen, teils geschlossenen Plattformen, zudem Offenlassen der Stirnwandtüren geschlossener Plattformen, die an einen offenen Übergang zum nächsten Wagen grenzen (BGE 68 II 272);
— Fehlen eines Aborts in einem Personenwagen, was den Reisenden nötigt, während der Fahrt die offene Plattform zu überschreiten, um einen andern Wagen aufzusuchen (BGE 72 II 195);
— Vgl. ferner BGE 33 II 20; 34 II 453/54; 71 II 120; ZR 53 Nr. 144 S. 318/19; SJZ 30, 201/02; GUJER in ZBJV 43, 364.
Der Begriff der erhöhten Betriebsgefahr ist von der deutschen Praxis in unzähligen Urteilen geklärt worden; vgl. GEIGEL/SCHLEGELMILCH 3. Kap. N 83; SELIGSOHN 142/43; BÖHMER, Reichshaftpflichtgesetz, 56; BIERMANN, Reichshaftpflichtgesetz, 28 ff., 108; JAGUSCH/HENTSCHEL, Strassenverkehrsrecht (29. A. München 1987) N 37 zu StVO 19; GREGER N 3 zu Haftpflichtgesetz 4. Einzelne deutsche Autoren warfen den Gerichten zur Zeit der Geltung des Reichshaftpflichtgesetzes vor, sie hätten oft *normale*

§ 27 Haftpflicht der Eisenbahnen, Transportunternehmungen und der Post

109   2. Für die *Schiffe,* die dem EHG unterstellt sind, gelten diese Ausführungen sinngemäss; die spezifischen Gefahrenmomente liegen in der Fortbewegung des, ein gewisses Gewicht aufweisenden, Schiffes auf dem Wasser, mit Hilfe der hiefür eingesetzten Kräfte.

110   **Kasuistik**

Als Betriebsunfälle bei Schiffen wurden betrachtet:

— Das Zerquetschen des Fusses einer auf der Landebrücke stehenden Person zwischen dem federnden Prellpfahl, gegen den das Schiff beim Landen stösst, und der Landebrücke (BGE 36 II 93).

— Zusammenstoss mit einem anderen Schiff (Sem.jud. 1920, 520).

— Explosion auf einem Dampfschiff (BGE 22, 749 ff.).

— Sturz mit der Schiebebrücke ins Wasser (BGE 23 II 1053).

— Passagiere einer «Schwalbe» werden von einer Welle durchnässt, die ein vorbeifahrender Dampfer erzeugt (Sem.jud. 1912, 540).

— Als Betriebsunfälle wären z. B. weiters zu beurteilen: Zusammenstösse mit Schwimmern, mit Bestandteilen des Ufers und mit Landevorrichtungen; Sturz vom fahrenden oder haltenden Schiff; durch die Schiffsmaschinen oder durch herunterstürzende Ausrüstungsgegenstände verursachte Unfälle; Ausgleiten auf dem Schiff infolge der Nässe der Planken oder der Bewegungen des Schiffs; Ertrinken eines Reisenden bei der Benützung eines Rettungsbootes; Einsturz einer Landebrücke im Zusammenhang mit dem Anlegen eines Schiffs, u. dgl.

111   3. Bei den *Luftseilbahnen* (vgl. als Anwendungsfall BGE 102 II 23), *Sesselbahnen, Schlittenseilbahnen* u. dgl. liegt die Eigenart der Betriebsgefahr ebenfalls vor allem in den mit der Fortbewegung auf Grund bestimmter Kräfte zusammenhängenden Momenten, bei den ersteren beiden ist dazu die Loslösung von der Erdoberfläche wesentlich. Sie hat zur Folge, dass bei Pannen und Unfällen Passagiere durch eigentliche Rettungsaktionen auf den Erdboden gebracht werden müssen, sei

    Umstände als Erhöhung der Betriebsgefahr bezeichnet, so dass unrichtigerweise das Selbstverschulden zu gering veranschlagt oder zu Unrecht die Entlastung verweigert worden sei; vgl. dazu BÖHMER in NJW 1956, 8 f.; zur Frage näher BOLLER 78 ff.
    Es lässt sich keine abschliessende Liste von Tatbeständen der Erhöhung der Betriebsgefahr aufstellen und diese schliesst die Entlastung der Bahn auch nicht immer aus: Vielmehr kann das Selbstverschulden so intensiv auftreten, dass es sogar die Manifestation einer erhöhten Betriebsgefahr als inadäquate Ursache erscheinen lässt und deshalb zur Entlastung der Bahn führt.

III. Voraussetzungen der Haftpflicht § 27

es durch Helikopter, sei es, dass sie in Körben oder anderswie aus der Kabine heruntergelassen werden. Unfälle bei solchen Rettungen fallen auch unter das EHG[202]. Wenn ein Passagier einen Schock erleidet oder sich durch das lange Warten in der Kabine eine Erkältungskrankheit zuzieht, ist die Haftpflicht des Bahnunternehmers ebenfalls zu bejahen[203].

c) Bau

1. Unter den Begriff des *Eisenbahnbaus* fällt an und für sich jede Tätigkeit, die der Erstellung der Geleiseanlagen (Unter- und Oberbau) und der zugehörigen Hochbauten dient, und die, wie sich aus der Judikatur ableiten lässt, in einem funktionellen, örtlichen und zeitlichen Zusammenhang mit der Geleiseanlage steht[204]. Die Abgrenzung des Baubegriffs vom Betriebsbegriff ist unwesentlich, weil sowohl Bau- wie Betriebsunfälle schlechthin der Haftung nach EHG unterstellt sind[205]; die Abgrenzung von den Hilfsarbeiten ist dann von Bedeutung, wenn man mit der herrschenden Meinung bei den Bauunfällen, gleich wie bei den Betriebsunfällen, die Einwirkung der Betriebsgefahr nicht als Haftungsvoraussetzung ansieht; es wird davon noch die Rede sein. Die Gleichstellung von Bau- und Betriebsunfällen lässt es als gleichgültig erscheinen, ob eine neu erbaute Bahn im Augenblick eines Unfalls bereits dem Verkehr übergeben war oder nicht.

112

---

[202] Bei Unfällen mit Rettungshelikoptern ist auch das LFG anwendbar: Der Flugzeughalter und der Luftseilbahn-Unternehmer haften solidarisch; die Haftpflicht des Helikopterhalters gegenüber Passagieren ist aber betraglich beschränkt.

[203] Fraglich könnte nur das in EHG 1 (vgl. vorn N 53) vorausgesetzte Unfallereignis sein, d. h. die Plötzlichkeit der Einwirkung. Sie ist hier zu bejahen; MAURER, Unfallversicherungsrecht, 170; Entscheid des Kantonsgerichts Neuenburg vom 1. Dezember 1986, zit. in CaseTex Dok. Nr. 680.

[204] Dazu BGE 36 II 246/47, 583; 37 II 556; SJZ 52, 181; DESCHENAUX/TERCIER § 16 N 53.

[205] Anders verhielt es sich nach alt EHG, das in Art. 1 für Bauunfälle die Verschuldenshaftung vorsah. Für den Begriff des Bahnbaus als solchen ist die Praxis zu alt EHG gleichwohl verwertbar; BGE 36 II 245/46.

§ 27 Haftpflicht der Eisenbahnen, Transportunternehmungen und der Post

113 **Kasuistik**

Der *funktionelle* Zusammenhang zwischen einem schadenverursachenden Vorgang und der Geleiseanlage beruht in der erwähnten Zweckbestimmung der einzelnen Arbeit: sie muss auf die Erstellung der Eisenbahnanlagen gerichtet sein. Dieser Zusammenhang ist gemäss der Praxis als gegeben zu betrachten z. B. beim Tunnelbau (BGE 32 II 584; 37 II 463), beim Brückenbau (BGE 36 II 246), bei der Erstellung eines dem Brückenbau dienenden Gerüsts (BGE 36 II 246; 37 II 94) und sogar beim Bau einer dem Trambetrieb dienenden Telephonleitung (BGE 31 II 27), ferner bei der Asphaltierung desjenigen Teils einer öffentlichen Strasse, in der sich das Geleise eines Trams befindet (BGE 37 II 224); schliesslich wurden wiederholt Bauarbeiten an einem Stationsgebäude dem EHG unterstellt (BGE 36 II 575; 44 II 290; 63 II 205), dagegen nicht die Einrichtung einer Zentralheizung in einem Bahnhofgebäude (BGE 42 II 254). Nicht nur die ursprüngliche Erstellung der Bahnanlage gilt als Bauarbeit im Sinne des EHG, sondern auch alle spätern Ergänzungs-, Unterhalts- und sonstigen Reparaturarbeiten, sowohl an den Geleiseanlagen (BGE 8, 334; 10, 133; 26 II 28; 31 II 29; 36 II 568; 63 II 205), als auch an den Stationsgebäuden (BGE 36 II 575). Im einzelnen betrifft dies vor allem Arbeiten zur Regulierung und Auswechslung der Geleise (BGE 36 II 569, 575; 37 II 224, 555), wie: Auswechseln und Heben von Schwellen, Neubeschottern, Lockern des Schotters, Einschieben von Holzunterlagen zwischen Schiene und Schwelle, Wiederherstellung von Spurweite und Schienenüberhöhung (BGE 37 II 555) usw.

Damit der *örtliche* Zusammenhang der Arbeit mit der Geleiseanlage gewährleistet ist, muss sie im «Betriebsrayon» der Bahn vollzogen werden (BGE 37 II 556); sie braucht indessen nicht gerade auf dem vorhandenen oder zukünftigen Bahnkörper ausgeführt zu werden (BGE 36 II 247). Deshalb wird z. B. die für den Bahnbau vorgenommene Ausbeutung von Steinbrüchen, die mit dem Bahnkörper durch Rollbahnen verbunden sind, als Bauarbeit angesehen (BGE 36 II 248), gleich wie überhaupt das Herbeischaffen von Material auf besonderen Werkbahnen (BGE 8, 99; 10, 128; 20, 889ff.; 23 II 1049; 36 II 246). Der örtliche Zusammenhang fehlt der Arbeit an der Herstellung von Brückenbestandteilen (BGE 36 II 247), Wagen, Lokomotiven (BGE 36 II 577) usw., die in einer Fabrik ausgeführt wird.

Der *zeitliche* Zusammenhang ist nach der Praxis noch vorhanden, wenn während einer Unterbrechung der Arbeit sich ein Unfall ereignet, sofern sich der betroffene Arbeiter oder Angestellte «innerhalb des Betriebsrayons der haftpflichtigen Unternehmung befindet und ein Kausalzusammenhang zwischen Arbeit und Unfall besteht» (BGE 37 II 556 und dortige Zitate); das war z. B. der Fall, als während der Mittagspause eine Dynamitpatrone explodierte (BGE 37 II 556/57).

114 Die Haftung der Bahn ist die gleiche, ob sie den Bau selber ausführt oder ihn einem *Bauunternehmer* überträgt; denn sie haftet auch für Unfälle, die sich bei Arbeiten ereignen, die dieser ausführt[206].

115 Die Kasuistik zeigt, dass vor allem *Arbeitnehmer* der Eisenbahnunternehmung als Geschädigte aufgetreten sind; bei zahlreichen der

---

[206] BGE 35 II 407; 36 II 245/46, 248; ZBJV 45, 690. Der Bauunternehmer kann nach OR 41, 55, 101, ZGB 55 usw. solidarisch belangt werden, BGE 42 II 364. Zur besonderen Rechtslage bei Schädigung von *Arbeitern* der Bauunternehmung (früher KUVG 128 Ziff. 3/129 II; heute UVG 44 II) vgl. BGE 96 II 218 ff. und dazu Bd. I 428 u. 433, insbesondere FN 253 u. 276; A. KELLER I 195; FAURE, SJK Nr. 1050 S. 8 f.

III. Voraussetzungen der Haftpflicht   § 27

aufgezählten Bauarbeiten ist eine Gefährdung Dritter nicht gut denkbar [207]. Die Unterstellung der Bauarbeiten unter das EHG hat deshalb nur mehr geringe Bedeutung, seit die Haftpflicht gegenüber den Arbeitnehmern durch die Versicherung nach UVG ersetzt ist. Die EHG-Haftung ist seinerzeit auf die Bauarbeiten ausgedehnt worden, um den Arbeitnehmern möglichst grosse Hilfe zu gewähren [208].

Die gleiche Tendenz hat dazu geführt, dass die Praxis [209] bei den Bauunfällen, gleich wie bei den Betriebsunfällen, davon absieht, das Vorhandensein einer *Betriebsgefahr* als Voraussetzung der Haftung anzuerkennen [210]. Diese Auffassung führt zu unerfreulichen Ergebnissen. Denn dass der Sturz vom Dach eines Bahnhofgebäudes oder Güterschuppens und der Unfall bei Arbeiten an einer Telephonleitung [211] noch etwas mit der eisenbahnmässigen Gefährdung zu tun haben, die doch allein die rechtspolitische Begründung dieser Art von Kausalhaftung abzugeben vermag, kann im Ernst nicht behauptet werden. Zudem entsteht Rechtsungleichheit.   116

Die einleuchtendste und mit dem Grundgedanken der Gefährdungshaftungen allein zu vereinbarende Lösung wäre die Streichung der Haftung für Bauunfälle aus dem EHG [212]. Zum mindesten ist es bis dahin die Aufgabe der Rechtsprechung, durch Berücksichtigung des Moments der Betriebsgefahr die Korrektur vorzunehmen, die sich auch infolge des Wirksamwerdens des KUVG und jetzt des UVG aufdrängt. Für die nähere Begründung sei auf die Bemerkungen vorstehend N 95 ff. verwiesen. Will man die Betriebsgefahr als Haftungsvoraussetzung berücksichtigen, so werden die drei von der geltenden Praxis verlangten Voraussetzungen des funktionellen, örtlichen und zeitlichen Zusammenhanges gegenstandslos; denn ein Vorgang, der wohl mit der Betriebsgefahr behaftet ist, aber nicht den gerade genannten dreifachen Zusammenhang mit der Geleiseanlage aufweist, ist kaum denkbar.   117

---

[207] Vgl. aber BGE 36 II 582; 63 II 205 f.; SJZ 52, 181.
[208] Vgl. die in BGE 36 II 577 zit. Materialien.
[209] BGE 35 II 407; 36 II 245 ff., 581 f.; 63 II 205. Gleicher Meinung GUYER 50 FN 2; derselbe, in SJZ 7, 339 ff.; OETIKER II 480 N 1; SCHÄRER 177 FN 4. Anderer Meinung SCHERER in SJZ 5, 309.
[210] In der parlamentarischen Beratung des Gesetzes wurde ein Antrag auf Berücksichtigung der Betriebsgefahr *abgelehnt*, Stenbull 1904, 320 und 377: BGE 36 II 577.
[211] BGE 36 II 573; 44 II 290; 31 II 27.
[212] Gleicher Meinung A. KELLER I 192; ROCHUS GASSMANN-BURDIN, Energiehaftung (Zürich 1988) 144 f., 164 f.

§ 27   Haftpflicht der Eisenbahnen, Transportunternehmungen und der Post

118   2. Bei *Schiffen* bezieht sich die Haftung nach EHG laut ausdrücklicher Bestimmung nur auf Betriebsunfälle, nicht auf Bauunfälle (EHG 24 Ziff. 1)[213].

119   3. Das gleiche gilt für die *Post* (EHG 24 Ziff. 2), soweit sie heute überhaupt noch dem EHG untersteht (darüber Ziff. V, hinten N 225 ff.).

120   4. Ob die EHG-Haftung der *übrigen konzessionierten Unternehmungen* sich nur auf Betriebsunfälle oder auch auf Bauunfälle erstreckt, kann dem Gesetz nicht unmittelbar entnommen werden. Wohl erklärt PVG 3 II auf die konzessionierten Transportunternehmungen schlechthin das EHG für anwendbar. Wer indessen, entsprechend der hier vertretenen Auffassung, die Unterstellung der Unfälle beim Bahnbau unter das EHG als durch die Entwicklung überholt betrachtet, wird der Ansicht sein, dass die Haftung der aufgezählten Unternehmen sich lediglich auf den Betrieb erstrecke. Zudem haften neben der Post auch die konzessionierten Schiffahrtsunternehmungen für Bauunfälle nicht nach EHG, was allein schon dagegen spricht, die andern konzessionierten Unternehmungen einer weitergehenden Haftung zu unterwerfen.

d) Hilfsarbeiten

121   1. Als *eisenbahnmässige* Hilfsarbeit bezeichnet das Bundesgericht eine Tätigkeit, die, ohne zum Bahnbetrieb zu gehören, doch von dessen technischer Eigenart beeinflusst ist, auf die also namentlich die Eile übergreift, mit der sich der Eisenbahnbetrieb abwickelt[214]. Gleich wie die Haftung für Bauunfälle, ist auch diejenige für Unfälle bei Hilfsarbeiten seinerzeit im Interesse der *Arbeitnehmer* ins EHG aufgenommen worden. Sie gilt zwar an und für sich auch zugunsten von *Dritt*personen[215]; doch werden solche Fälle selten sein. Gemäss ausdrücklicher Vorschrift muss mit der Hilfsarbeit die eisenbahnmässige *Betriebsgefahr* verbunden sein, damit Haftung nach EHG eintreten kann (EHG 1 I). Die Umschreibung der Betriebsgefahr findet sich vorn N 93 ff.

122   Wie sich bei der Besprechung des Betriebsbegriffs (vorn N 90 ff.) gezeigt hat, hat die Gerichtspraxis diesen ausserordentlich erweitert,

---

[213] Gleicher Meinung GUYER 43; SCHÄRER 202 FN 1.
[214] BGE 34 II 444.
[215] BGE 34 II 580.

III. Voraussetzungen der Haftpflicht § 27

indem sie alle mit dem eigentlichen Betrieb, d. h. der eisenbahnmässigen Beförderung von Personen und Gütern, unmittelbar zusammenhängenden Vorgänge einbezieht, die der Vorbereitung und dem Abschluss des Transports dienen[216]. Deshalb bleibt für den Begriff der Hilfsarbei-

---

[216] Vorne N 91. Ob diese von Wortlaut und Sinn des Gesetzes nicht gedeckte *Ausdehnung* des Begriffs des *Betriebs* auf Kosten der Hilfsarbeiten richtig ist, muss sehr bezweifelt werden. Die Vermengung der beiden Begriffe hat ihre Wurzel im folgenden: Die Haftpflicht nach dem *alten* EHG erstreckte sich *nicht* auf Hilfsarbeiten; diese unterstanden vielmehr dem FHG (Ausdehnungsgesetz vom 26. April 1887, Art. 4). Das FHG enthielt ein Schadenersatzmaximum von 6000 Fr. und sah für den Fall, dass ohne Verschulden gehaftet wurde, eine Reduktion des Schadenersatzes vor (Art. 6 II und 5 lit. a). Die Subsumtion der Hilfsarbeiten unter das FHG stellte die Praxis vor die Notwendigkeit, die nicht immer leichte *Abgrenzung* von Betriebs- und Hilfsarbeiten vorzunehmen. Um diese Schwierigkeit zu vermeiden und namentlich um das Eisenbahnpersonal den genannten Beschränkungen des Schadenersatzes zu entziehen, ging die Gerichtspraxis (BGE 16, 124; 19, 797 ff.) *entgegen dem Wortlaut des Gesetzes* (den ein Kreisschreiben des Bundesrates vom 8. Dezember 1887, abgedruckt bei ZEERLEDER 164, unterstreichen wollte; vgl. auch ZEERLEDER 36/37 und OETIKER 480 N 3) dazu über, die Hilfsarbeiten immer dann unter den Eisenbahn*betrieb* zu subsumieren und folglich das EHG statt des FHG anzuwenden, wenn sie durch die Betriebsgefahr gekennzeichnet waren; GUYER, Aufsätze 20 ff.; BGE 27 II 376 und dort zit. Judikatur; auch BGE 19, 798. Diese Praxis sollte durch das revidierte EHG insofern sanktioniert werden, als man die mit der Betriebsgefahr behafteten Hilfsarbeiten von Gesetzes wegen dem EHG unterstellte, für sie aber eine eigene Kategorie schädigender Vorgänge vorsah; Stenbull 1902, 364, 378; BGE 34 II 444; 37 II 232. Dies hätte richtigerweise einer neuen Fassung des Betriebsbegriffs durch die Judikatur rufen sollen, indem Betriebs- und Hilfsarbeiten *auseinandergehalten* worden wären. Statt dessen blieb die Praxis dabei, den Begriff des Betriebs auch auf Vorgänge zu erstrecken, die der Vorbereitung und dem Abschluss der eigentlichen Beförderung von Personen und Sachen dienen. Dies ist dann belanglos, wenn Handlungen in Frage stehen, mit denen die *Betriebsgefahr* verbunden ist. Da die herrschende Meinung die Anwendung des EHG auf Betriebsunfälle jedoch nicht vom Vorhandensein der Betriebsgefahr abhängig macht, zeitigt die Vermengung des Betriebs und der Hilfsarbeiten in folgender Hinsicht *unrichtige Resultate*: Werden zum Betrieb Handlungen gezählt, die mit keiner Betriebsgefahr verbunden sind, die aber in Wirklichkeit Hilfsarbeiten darstellen, so wird zu Unrecht das EHG angewendet; denn würden diese Handlungen, wie richtig, als Hilfsarbeiten betrachtet, so schlösse das Fehlen der Betriebsgefahr die Unterstellung unter das EHG aus. Das trifft z. B. zu bei einem Sturz in den Schacht eines Warenaufzugs (BGE 42 II 516). Würde man Existenz und Funktion eines Warenaufzugs richtigerweise zu den Hilfsarbeiten schlagen, so müsste man das Vorhandensein der eisenbahnmässigen Betriebsgefahr verneinen; da man den Tatbestand aber unter den Betriebsbegriff subsumiert, wird das EHG zu Unrecht angewendet. Aber selbst dann noch liesse sich der Fehlschluss vermeiden, würde man, wie N 93 ff. postuliert, das Vorhandensein der Betriebsgefahr nicht nur für die Unfälle bei Hilfsarbeiten, sondern auch für die Betriebsunfälle (und Bauunfälle) verlangen. Dies würde eine einheitliche und folgerichtige Handhabung des Gesetzes gewährleisten. Solange sich die Praxis dazu nicht entschliessen kann, empfiehlt sich mindestens eine genauere als die bisher übliche Ausscheidung von Betriebs- und Hilfsarbeitsunfällen. Von den Vorgängen, die zum *Betrieb* gezählt worden sind, gehören z. B. folgende zu den

ten auch aus diesem Grunde nur ein sehr beschränktes Anwendungsgebiet übrig[217].

123 **Kasuistik**

Die Gerichtspraxis ist dementsprechend unbedeutend. Als mit der Betriebsgefahr behaftete *Hilfsarbeit wurde betrachtet:* das wegen bevorstehenden Zugsabgangs in Eile vorgenommene Aushängen einer defekten Türe eines auf dem Reservegeleise stehenden Motorwagens (BGE 34 II 444). *Gegenteilig* wurde entschieden, dass ein Unfall durch elektrischen Strom, der nicht der Fortbewegung, sondern der Heizung und Beleuchtung einer elektrischen Lokomotive diente, nicht ein Hilfsarbeitsunfall sei (BGE 37 II 232); das gleiche gilt für Hilfsarbeiten beim Eisenbahn*bau* (BGE 36 II 245, 574). Auch die bahnamtliche Camionnage ist keine durch die eisenbahnmässige Betriebsgefahr ausgezeichnete Hilfsarbeit. Hier gilt entweder Haftung nach SVG oder OR 41, 55, 56 usw.; bei Schaden an beförderten Sachen ist Transportrecht massgebend (vorne N 66 ff.).

124 Aus den hinsichtlich der Bauunfälle mitgeteilten Gründen (vorn N 112 ff.) gilt die Haftung für Unfälle bei Hilfsarbeiten *nicht* für die

125 2. *Schiffe*[218], die

126 3. *Post*[219] und die

127 4. *übrigen konzessionierten Unternehmungen.*

128 Besser wäre es, die Bauarbeiten und die Hilfsarbeiten würden aus dem EHG herausgenommen. Wenn sie mit der spezifischen Eisenbahn-Betriebsgefahr verbunden sind, würde das der Anwendung des EHG nicht entgegenstehen. Wenn nicht, ist seine Anwendung nicht angezeigt. Der mit der Erwähnung dieser Arbeiten in EHG 1 bezweckte Schutz

---

Hilfsarbeiten: Drehen auf der Drehscheibe (BGE 18, 238; ZBJV 19, 293), Beladen einer Lokomotive mit Kohle und Wasser (BGE 39 II 103), Ein- und Ausladen von Gütern (Zitate in der Kasuistik N 110; ferner ZR 68 Nr. 78 E. 1a) und — wie gerade erwähnt — Sturz in einen Aufzugschacht.

Die Art der gesetzlichen Fassung und richterlichen Handhabung der Begriffe des Betriebs, des Baues und der Hilfsarbeit zeigt, wie ein an sich berechtigtes, aber mit falschen Mitteln gefördertes soziales Streben Resultate zeitigen kann, die zu andern, ebenso berechtigten, rechtlichen Postulaten in Gegensatz geraten und zahlreiche *Widersprüche* heraufbeschwören. Wer die hier vertretenen Auffassungen als berechtigt ansieht, aber fürchtet, mit dem Gesetzeswortlaut in Konflikt zu geraten, wird eine *Revision* des EHG befürworten müssen.

[217] Vgl. DESCHENAUX/TERCIER § 16 N 54.
[218] Gleicher Meinung GUYER 43.
[219] Anderer Meinung für die Haftung der Post BUSER 174.

der Arbeitnehmer hat heute kaum mehr Bedeutung, ausser dass dem Sozialversicherer ein Regressrecht gegen den Eisenbahnunternehmer zugestanden wird. Es ist nicht einzusehen, weshalb Bau- und Hilfsarbeiten für eine Eisenbahn ohne Auswirkung der Betriebsgefahr rechtlich anders behandelt werden sollten als für eine Strasse, ein Haus, eine Fabrik oder ein Atomkraftwerk.

e) Rechtswidrigkeit

Natürlich führen nur rechtswidrige Schädigungen zu einer Haftpflicht nach EHG. Wenn ein Bahnbeamter sich eines Angreifers, der ihn durch die offene Wagentüre hinaus werfen will, nur dadurch erwehren kann, dass er ihn selbst hinaus stösst, entfällt die Haftpflicht der Bahnunternehmung wegen fehlender Rechtswidrigkeit (Notwehr) auch dann, wenn dem Angreifer wegen Urteilsunfähigkeit kein grobes Selbstverschulden vorgeworfen werden kann. 128a

B. Negative Voraussetzung: Keine Befreiung gestützt auf Entlastungsgründe und besondere Befreiungsgründe

Die dem EHG unterstellte Unternehmung haftet, sobald die *positiven* Voraussetzungen (vorstehend N. 53 ff.) ihrer Verantwortlichkeit erfüllt sind. Es steht ihr aber alsdann ein Befreiungsbeweis offen, so dass die Haftbarkeit auch an die *negative* Voraussetzung des Nichterbringens dieses Beweises geknüpft ist. Es sind zwei Gruppen von Befreiungsgründen auseinanderzuhalten[220]: die üblichen *Entlastungsgründe* (Exzeptionsgründe; nachstehend N 130 ff.) und ein *besonderer,* zum Unterschied von jenen nicht mit dem Kausalproblem zusammenhängender Befreiungsgrund, derjenige des *deliktischen Verhaltens* des Geschädigten (hinten N 149 ff.) 129

---

[220] Vgl. über diese im *allgemeinen* Bd. II/1 § 20 N 106 ff.

§ 27 Haftpflicht der Eisenbahnen, Transportunternehmungen und der Post

1. Entlastungsgründe

130   Das EHG (Art. 1 I) kennt die drei Entlastungsgründe der *höheren Gewalt*, des *Drittverschuldens* und des *Selbstverschuldens*, die in Bd. I § 3 V (S. 108 ff.) auf allgemeinem Plane behandelt sind [221].

a) Höhere Gewalt

131   Es darf auf die in Bd. I 118 ff. vorgenommene Kennzeichnung verwiesen werden [222]. Aus den Gründen, die dort angeführt sind, ist die Gerichtspraxis kaum je dazu gelangt, wegen Vorliegens höherer Gewalt den Kausalzusammenhang zwischen Schaden und Eisenbahnbetrieb, Eisenbahnbau oder -hilfsarbeit als unterbrochen zu betrachten [223].

132   **Kasuistik**

Höhere Gewalt ist mit Recht *nicht angenommen* worden:

— Soweit ein Unfall durch technische Vorkehrungen hätte abgewendet werden können (BGE 23 I 626; Sem.jud. 1897, 493), z. B. mittels Verbauungen gegen Lawinen oder Steinschlag; dazu BGE 16, 335 ff.; ferner BGE 4, 452; 23 I 626. Vgl. auch BGE 10, 529; 12, 586; ZBJV 26, 323; 27, 302.

— Als ein Benützer eines Bahnhofes wegen Schneegestöbers den nahenden Zug nicht sah und überfahren wurde (BGE 35 II 541, 546).

— Als die Schienen infolge des Nebels nass wurden und das Anhalten des Zuges erschwerten (BGE 7, 814; ZBJV 73, 448).

— Hinsichtlich des Scheuens von Tieren (BGE 10, 528; 24 II 534).

— Hinsichtlich des Wirkens der Schwerkraft (Sem.jud. 1911, 505).

— Hinsichtlich eines aussergewöhnlichen Schneefalls (Sem.jud. 1897, 626).

---

[221] Unzutreffend Sem.jud. 1909, 14/15.
[222] Die *deutsche* Judikatur ist nicht verwertbar, weil dort auch *Drittverschulden*, das im schweiz. Recht einen eigenen Entlastungsgrad darstellt, als höhere Gewalt aufgefasst werden kann; vgl. GEIGEL/SCHLEGELMILCH 22. Kap. N 25.
[223] Höhere Gewalt ist selbst dann nicht anzunehmen, wenn Gesteinsmassen unmittelbar vor eine Lokomotive fallen und beim Aufprall ein Wagen zusammengedrückt wird und andere Wagen entgleisen; denn die spezifische Betriebsgefahr des Eisenbahnbetriebes hat sich eindeutig ausgewirkt. Anders ist zu entscheiden, wenn ein einzelner Felsbrocken ein Wagendach durchschlägt und einen Passagier verletzt; vgl. EMIL W. STARK, Entlastungsgründe im Haftpflichtrecht (Diss. Zürich 1946) 149; Bd. II/2 § 25 FN 716.

b) Drittverschulden

Dritte, deren Verhalten als Entlastungsgrund in Betracht fällt, sind 133
Personen, die weder mit dem Geschädigten noch mit dem Haftpflichtigen identisch sind, und die auch nicht zu den Leuten gehören, für welche die Bahnunternehmung einstehen muss: ihre Hilfspersonen, einschliesslich aller derjenigen, deren sie sich «zum Betriebe des Transportgeschäftes oder zum Bau der Bahn bedient», also auch der Bauunternehmer und deren Hilfspersonen (EHG 1 II)[224].

Das EHG spricht nur von Drittverschulden schlechthin, so dass 134
auch leichtes Verschulden zur Entlastung genügen würde. Wie im «Allgemeinen Teil» (Bd. I 108 ff.) auseinandergesetzt, weist das Drittverschulden indes bei den Spezialgesetzen verhältnismässig selten die genügende *Intensität* auf, um die zur Entlastung erforderliche «Unterbrechung» des Kausalzusammenhangs herbeizuführen[225]. Das im Begriff der Intensität liegende quantitative Moment[226] führt dazu, dass die Aussicht auf eine Entlastung dann noch kleiner als gewöhnlich wird, wenn die Betriebsgefahr, deren Manifestation zum Unfall führt[227], durch irgend einen Umstand im Vergleich zur normalen Lage erhöht wird[228]; das ist z. B. der Fall bei bestimmten technischen Eigenheiten wie der linksseitigen Führung eines Strassenbahngeleises[229] und namentlich, wenn ein zusätzliches Verschulden auf seiten der Bahn vorliegt[230]. Im letzteren Fall ist eine Entlastung so gut wie immer ausgeschlossen.

---

[224] Näheres vorne N 48 und 50 und BGE 19, 181. Dritte sind auch die an einem *privaten Bahnübergang* berechtigten Personen (Bahnpolizeigesetz [zit. vorn N 1] Art. 3 II); sie sind selbst dann nicht Hilfspersonen, wenn sie die Pflicht haben, die Barriere zu schliessen; BGE 14, 77 ff.; HE 6, 337 ff.; ZBJV 35, 577.

[225] Die Judikatur verwendet gerne die Formel (über deren Bedeutung Bd. I 111), das Drittverschulden müsse als *einzige* Ursache des Schadens erscheinen: BGE 24 II 49; 29 II 15; 33 II 500/01; 38 II 226; 39 II 320; 58 II 253; 68 II 257, 259/60; 69 II 262 f.; 81 II 163; 85 II 354; 87 II 306; 88 II 450; 89 II 45; 95 II 255. Sem.jud. 1917, 725/26. Vgl. ferner BGE 34 II 582; 37 II 239; 57 II 366; 60 II 148; ZR 54 Nr. 7 S. 25, 28/29.

[226] Bd. I 111; BGE 68 II 262; 69 II 263.

[227] Bd. I 87.

[228] BGE 69 II 262 f.; vorn N 108.

[229] BGE 58 II 253.

[230] BGE 68 II 257; 69 II 262 f. Vgl. auch alt EHG 2 und dazu GUYER in SJZ 3, 309. — Verschulden liegt immer schon dann vor, wenn die Eisenbahn nicht alle zumutbare Sorgfalt aufgewendet hat, um das schuldhafte Einwirken Dritter zu verhindern; BGE 14, 455 ff.

§ 27   Haftpflicht der Eisenbahnen, Transportunternehmungen und der Post

135   Auch wenn man im Gegensatz zur Vorauflage (Bd. II/1, 2./3. A., 341) die Theorie der Neutralisation der Verschulden der beiden Seiten ablehnt[231], schliesst Verschulden auf seiten der Bahn die Entlastung durch Drittverschulden aus. Auch wenn eine Eisenbahn nicht gefährdungshaftpflichtig wäre, würde das Verschulden eines Dritten ihre Haftpflicht für das von ihr zu vertretende Verschulden nicht ausschliessen, sondern zu ihrer solidarischen Haftpflicht neben dem Dritten führen. Dies ist um so mehr gerechtfertigt, nachdem die Bahn auch ohne Verschulden, d. h. kausal, haftpflichtig ist. Die Berücksichtigung des Drittverschuldens als Entlastungsgrund beruht auf einem Werturteil, das vernünftigerweise zum Schluss führt, dass einem Drittverschulden die für die Unterbrechung des Kausalzusammenhanges nötige Intensität fehlt, wenn auch die Bahn ein Verschulden zu vertreten hat[232].

136   **Kasuistik**

Die angeführten Grundsätze lassen erwarten, dass *nicht oft* ein entlastendes Drittverschulden angenommen werden kann. Indessen ist zu berücksichtigen, dass die nachher zu erwähnende neuere Tendenz der Gerichte, dem Selbstverschulden eher als früher die zur Entlastung nötige Intensität beizumessen, sich auch auf die Beurteilung des Drittverschuldens auswirken wird (so schon BGE 57 II 365; 60 II 147). Vgl. auch die Kasuistik bei FAURE, SJK Nr. 1049 S. 13 f.; ferner A. KELLER I 198 f.; MAURER (zit. FN 137) 102 ff.

1. Entlastung wegen Drittverschuldens wurde *gewährt* im Hinblick auf:

— das Verhalten von Eltern, die ein schwachsinniges Kind allein reisen liessen (BGE 60 II 147).

— das Verhalten eines Automobilisten, der blindlings auf einen Bahnübergang zufuhr, ohne sich umzusehen, ob sich ein Zug nähere (BGE 57 II 365; vgl. auch 87 II 301; 93 II 111).

— das Verhalten eines Kutschers, der sich mit einem schreckhaften Pferd in den Bereich einer Strassenbahn begab (Sem. jud. 1893, 321).

— die Explosion einer von einem Dritten gelegten Bombe in einem Wagen (BGE 37 II 239).

— das fehlerhafte Verhalten von Offizieren, die das Überqueren eines Bahngeleises mit Geschützen zu leiten hatten, wobei es zu einer Kollision zwischen Bahn und Geschütz kam. Das Verschulden der einzelnen beteiligten Militärpersonen wurde zusammengerechnet und *in globo* der Eidgenossenschaft, die hier Dritter war (als Drittverschulden) zugerechnet (BGE 68 II 261 f.).

---

[231] Vgl. Bd. II/2 § 25 N 555 ff.
[232] Diese Wertung ist in bezug auf die Motorfahrzeuge in SVG 59 I gesetzlich festgelegt worden; vgl. Bd. II/2 § 25 N 460.

2. *Entlastung* wurde *abgelehnt* wegen:

a) *schlechthin ungenügender Intensität*

— des Drittverschuldens der aufsichtspflichtigen Eltern eines verunglückten Kindes (BGE 33 II 500; 34 II 580; 81 II 163; 95 II 259 ff.)

b) *konkurrierenden Verschuldens auf seiten der Bahn* im Zusammenhang mit

— dem unbefugten Manipulieren eines Dritten an einer Weiche (BGE 38 II 225/26).

— dem Verhalten eines aufsichtspflichtigen Vaters (BGE 39 II 320; 81 II 163).

— dem Offenlassen einer Barriere durch die an einem privaten Übergang berechtigten Personen (BGE 14, 78).

— dem unrichtigen Manöver eines Automobilisten (Sem.jud. 1917, 725).

— dem Verhalten einer Bauunternehmung, die zu nahe an der Bahnlinie ein Baugerüst erstellte (BGE 96 II 359).

— dem Missverständnis eines Vorgesetzten beim Abladen eines Güterwagens (BGE 89 II 38).

c) *sonstiger erhöhter Betriebsgefahr* im Zusammenhang mit

— dem Verhalten eines Automobilisten (BGE 58 II 253).

c) Selbstverschulden

Auch das Selbstverschulden muss, wie im «Allgemeinen Teil» näher ausgeführt[233], eine genügende *Intensität* aufweisen, um den Kausalzusammenhang zwischen Betrieb, Bau oder Hilfsarbeit einerseits und Schaden anderseits zu «unterbrechen»[234]. Bei Zusammenstössen zwischen Bahn und Motorfahrzeug und entsprechenden Haftungskollisionen kann das Selbstverschulden — das ist die Fahrlässigkeit des Automobilisten — ebenfalls zur Entlastung der Bahn führen[235]; doch ist dies, weil Gefährdungshaftung mit Gefährdungshaftung zusammentrifft, selten der Fall[236].

137

---

[233] Bd. I 110 f., 121 ff.
[234] BGE 33 II 21 ff.; 34 II 452; 35 II 20; 37 II 96; 38 II 655; 42 II 388, 518; 55 II 339; 66 II 201; 68 II 259/60; 69 II 262; 71 II 120; 75 II 73; 85 II 354; 96 II 359; 102 II 366; ferner FAURE, SJK Nr. 1049 S. 5. — Es genügt zur Entlastung der Bahn natürlich nicht, dass sie kein Verschulden trifft, BGE 35 II 20/21.
[235] Bd. I 316, 325 f.; BGE 87 II 301 ff.; 88 II 448 ff.; 93 II 111 ff.; RVJ 1983, 316 u. 321 ff.; JT 1984 I 419 ff. — Im übrigen stellen Zusammenstösse u. dgl. zwischen Bahn und Motorfahrzeug ein Kollisionsproblem in dem Sinne dar, wie in Bd. I § 9 entwickelt.
[236] Vgl. dazu BGE 93 II 130.

§ 27 Haftpflicht der Eisenbahnen, Transportunternehmungen und der Post

138   Gleich wie beim Drittverschulden schliesst ein zusätzliches Verschulden der Bahn[237] regelmässig die Entlastung aus, desgleichen vielfach die durch irgend einen sonstigen Umstand herbeigeführte Erhöhung der Betriebsgefahr, wofür die Bahn einzustehen hat[238]. Es ist wohl zu beachten, dass es hier, wie schon beim Drittverschulden und bei der höheren Gewalt, um die Anwendung des Grundsatzes der *adäquaten Verursachung* geht: Dann, und nur dann, hat eine Entlastung zu erfolgen, wenn das Selbstverschulden, in quantitativer Hinsicht betrachtet, diejenige Intensität erreicht hat, die den Betrieb, den Bau oder die Hilfsarbeit, oder anders: die in ihnen manifestierte Betriebsgefahr, als Ursache zurücktreten lässt. An sich würde auch leichtes Selbstverschulden genügen[239]; doch wird es selten die erforderliche Intensität aufweisen.

139   Diese quantitative Betrachtung des Entlastungsproblems führt zur Relativierung[240]. So ist sehr wohl denkbar, dass trotz Erhöhung der Betriebsgefahr eine Entlastung erfolgt, sobald das Selbstverschulden dermassen grob ist, dass es die von der Bahn zu verantwortenden Ursachen als inadäquat erscheinen lässt[241]. Fährt z. B. ein Radfahrer mit grösster Sorglosigkeit in einen Zug, so muss eine Entlastung erfolgen, selbst wenn ein im obigen Sinn als Erhöhung der Betriebsgefahr zu wertendes[242] Schneetreiben geherrscht hat; dieses hätte den Radfahrer gerade zu erhöhter Aufmerksamkeit veranlassen sollen[243]. Eine derartige Bewertung des Selbstverschuldens führt dazu, dass der Erhöhung

---

[237] BGE 26 II 22; 34 II 445; 35 II 549; 42 II 517/18, 388; 50 II 409; 57 II 432; 66 II 201; 68 II 257; 71 II 120; 84 II 388; 96 II 359. — Verschulden der Bahn kann gegebenenfalls schon darin liegen, dass sie es unterlassen hat, die ihr zumutbaren Vorkehren zu treffen, um das Einwirken des Geschädigten zu verhüten; Bd. I 88f., 150f.; BGE 66 II 201/02; 96 II 359.
[238] Zur Erhöhung der Betriebsgefahr vgl. vorn N 108 ff.
[239] BGE 29 II 4; 33 II 21.
[240] Bd. I 110f., 121; FAURE, SJK Nr. 1049 S. 5.
[241] Gleicher Meinung P. PEYER, Kollision zwischen Motor- und Schienenfahrzeugen, Jurist. Publikationen des ACS, Heft 4 (Bern 1971) 51.
[242] BGE 35 II 548.
[243] So anscheinend auch das Bundesgericht in einem Entscheid vom 17. Mai 1934, zit. ZBJV 70, 423; vgl. ferner BGE 61 II 135. Im Entscheid BGE 53 II 86 hätte deshalb wohl eine Entlastung erfolgen dürfen. Eine Reihe der FN 201 zit. Umstände sollte eine erhöhte Aufmerksamkeit des Publikums nach sich ziehen, was sich im Sinne einer verschärften Bewertung des Selbstverschuldens auswirken müsste.

III. Voraussetzungen der Haftpflicht § 27

der Betriebsgefahr weniger Gewicht zukommt. Umgekehrt fliesst aus dem befürworteten Prinzip des Abwägens der beidseitigen Ursachen, dass die Erhöhung der Betriebsgefahr ihrerseits die Bedeutung des Selbstverschuldens herabsetzt: es kann alsdann, wie sich gezeigt hat, untauglich werden, die Entlastung herbeizuführen [244].

Belastet die Bahn ein zusätzliches Verschulden, so wird die Entlastung kaum je erfolgen; hier kann die Berücksichtigung der beidseitig je belastenden Faktoren auf dem Weg der Schadenersatzbemessung erfolgen (EHG 5; nachstehend N 173 ff.) [245]. Doch ist auch bei zusätzlichem Verschulden der Bahn eine Entlastung nicht grundsätzlich ausgeschlossen; man denke etwa an Selbsttötung. 140

Die frühere Gerichtspraxis hat die Frage der Entlastung nicht immer mit der wünschbaren Konsequenz vom Gesichtspunkt der adäquaten Verursachung aus beurteilt [246]. Die jüngeren Urteile gehen insofern gewöhnlich zutreffend vor. Dagegen erweckt es Bedenken, wenn in älteren Urteilen betont wird, die Entlastung sei dann angezeigt, wenn das als Selbstverschulden (oder Drittverschulden) qualifizierte Verhalten «in keiner Weise voraussehbar war» [247]. Dieses als zusätzlich gedachte Kriterium ist nicht allein unnötig, sondern verwirrend; die Voraussehbarkeit ist ein Merkmal des Verschuldens des Schädigers und nicht tauglich, die Frage der Adäquanz zu lösen [248]. Die Bahnen unterliegen einer Kausalhaftung, nicht einer Verschuldenshaftung. 141

In der *Bewertung des Selbstverschuldens* hat die Rechtsprechung eine Wandlung durchgemacht. Seinerzeit stellten sich die Gerichte auf den Standpunkt, Unachtsamkeiten bei der Berührung mit der Eisenbahn seien auch für sorgfältige Personen unvermeidlich und deshalb entschuldbar. Die spätere Praxis vertritt demgegenüber mit Recht die Meinung, der Verkehr sei dermassen angewachsen und der Umgang mit Eisenbahnen aller Art so alltäglich geworden, dass die damit verbundenen Gefahren als jedermann vertraut gelten können und dem Publikum 142

---

[244] BGE 69 II 330; 84 II 388.
[245] Vgl. BGE 96 II 359 mit Verweisen.
[246] Man vgl. immerhin BGE 33 II 22/23.
[247] BGE 68 II 260; 75 II 73; 85 II 354.
[248] Bd. I 76f., 148f.; zutreffend jetzt BGE 87 II 127f., 308; 102 II 366; FAURE, SJK Nr. 1049 S. 6f.

ein entsprechend grösseres Mass von Sorgfalt zur Pflicht gemacht werden müsse [249]. Das gilt in gleicher Weise für Reisende wie Nichtreisende, unter den letzteren namentlich für Fussgänger, Automobilisten, Fuhrleute, Radfahrer und andere Fahrzeuglenker. Die blosse Existenz einer Bahnanlage bedeutet schon ein Warnungszeichen, das jedermann zur Aufmerksamkeit und Vorsicht veranlassen sollte [250]. Zudem besitzt die Bahn das *Vortrittsrecht* [251]; dies auferlegt den Benützern von Niveauübergängen und von Strassen, die von einer Strassenbahn mitbefahren werden, die Pflicht, sich zu versichern, ob für sie der Durchgang frei ist [252].

143 Wie alle Befreiungsgründe, so ist auch das Selbstverschulden von der beklagten Unternehmung zu *beweisen*. Das scheint die Folge zu haben, dass Unklarheiten im Unfallvorgang sich schlechthin zum Nachteil der Unternehmung auswirken [253]. Indessen treten Tatbestände auf, wo vernünftigerweise eine andere Erklärung des Unfalls als durch Zurückführen auf Selbstverschulden nicht denkbar ist. Hier muss das Selbstverschulden auch *ohne strikten* Beweis als vorhanden *angenommen*

---

[249] Besonders BGE 55 II 341 und 57 II 365, 587, im Gegensatz zu BGE 23 II 1618; 24 II 47; 33 II 23, 25; 35 II 21; 53 II 85ff. Anders immerhin schon BGE 25 II 11. Abschwächend BGE 66 II 288. Eine zu milde Beurteilung des Verhaltens des Geschädigten auch z. B. in Sem.jud. 1917, 724: Der Begleiter eines Lastwagens steht im Fahren (vgl. BGE 43 II 517) auf dem Trittbrett des Wagens; mindestens eine Schadenersatzreduktion wäre hier gerechtfertigt gewesen. Zutreffend dagegen BGE 68 II 271: Der Reisende brauche nicht alle Unfallmöglichkeiten zum voraus bedacht zu haben, die hinterher erwogen werden, wenn man den unabgeklärten Unfallvorgang zu rekonstruieren versucht.
Die frühere Tendenz der Gerichte mit ihrer zu scharfen Belastung der Eisenbahnen hat mit Recht der Kritik gerufen, SALVISBERG in ZBJV 66, 49ff., 97ff. und 70, 409ff.; dazu die Entgegnung von HÄBERLIN in ZBJV 70, 534ff. Vgl. auch COURVOISIER in SJZ 31, 53; FAURE, SJK Nr. 1049 S. 6.

[250] In diesem Sinn die von SALVISBERG in ZBJV 66, 62 zit. amerikanische und französische Gerichtspraxis.

[251] Vgl. SVG 28 und 38 I; BGE 56 II 95; 67 II 188; 77 IV 179; 90 IV 257; 96 IV 133; RVJ 1983, 320; JT 1984 I 421.

[252] Auch wenn gemäss dem öffentlichen Fahrplan ein Zug nicht zu erwarten ist, darf das Publikum deshalb nicht ein geringeres Mass von Aufmerksamkeit auf Niveauübergänge, Kreuzungen u. dgl. verwenden, weil Züge ausser dem öffentlichen Fahrplan verkehren können; BGE 33 II 20; 55 II 340; 61 II 136; ZBJV 76, 367.

[253] So SELIGSOHN 149; BGE 85 II 355/56.

III. Voraussetzungen der Haftpflicht § 27

werden[254]. Man hat einen Anwendungsfall des sogenannten *prima-facie*-Beweises vor sich[255].

Sobald jedoch der Geschädigte andere ernsthafte Möglichkeiten des Unfallherganges beweist, ist der Annahme des Selbstverschuldens die Grundlage entzogen, und die Haftung der Bahn tritt gemäss EHG 1 I in Wirksamkeit[256]. Die Zulässigkeit dieser Anwendung des *prima-facie*-Beweises lässt sich, neben dessen genereller Anerkennung in der Rechtslehre, durch die Besinnung auf die überhaupt möglichen Ursachen eines Unfalls rechtfertigen. Damit ein Bahnbetrieb einen Unfall bewirkt, muss zum Tatbestand der normalen Abwicklung des Betriebs ein zusätzlicher Umstand hinzukommen: entweder ein Zufall oder ein menschliches Verhalten[257]. Wenn kein anderes — zum Eisenbahnbetrieb hinzutretendes — Moment gefunden wird[258], das die Auswirkung der Betriebsgefahr herbeigeführt haben kann, als ein mögliches, schweres Selbstverschulden des Geschädigten, so liegt es nahe, ein solches Selbstverschulden anzunehmen, wenn es unter Berücksichtigung der Umstände als plausibel erscheint[259].

144

---

[254] Bd. I 123 und Belege dort FN 196 (sie beziehen sich sämtliche auf Eisenbahnunfälle), darunter BGE 22, 1093, wo schon im Jahr 1897 folgendes festgestellt wurde: «In dieser Beziehung nun ist die Vorinstanz *zu weit gegangen*, wenn sie erklärt, der Beweis für die Darstellung der Beklagten [bezügl. des Selbstverschuldens] könne nur durch den *strikten* Nachweis dafür geleistet werden, entweder dass der Unfall überhaupt nicht anders denkbar sei, als verursacht durch die behauptete Handlung des Verletzten, oder dass positiv ein bestimmtes Verhalten des letztern die Ursache desselben sei. Sondern *es muss genügen*, wenn nach menschlicher Einsicht, bei Betrachtung der Verhältnisse aus dem Gesichtspunkt des natürlichen Verlaufs der Dinge die sämtlichen positiven und negativen Beweismomente zusammengefasst für die zu beweisende Tatsache eine derartige *Wahrscheinlichkeit* ergeben, dass *daneben jede andere* naturgesetzlich vielleicht nicht gerade ausgeschlossene *Möglichkeit* völlig *in den Hintergrund tritt*.» (Hervorhebungen vom Verfasser.) Zu eng ist die in BGE 66 II 289 geäusserte Auffassung; in BGE 27 II 432/33, 440; 29 II 232 und 85 II 154 ff. werden an den Beweis des Selbstverschuldens ebenfalls strengere Anforderungen gestellt als hier befürwortet wird.

[255] Darüber Bd. I 81, II/1 § 19 N 91 mit Belegen. Neben diesen GAUGLER in SVZ 26, 306 ff., 344 ff.

[256] So im Ergebnis BGE 68 II 266 ff.

[257] Bd. I 84 f., 86 f.

[258] Man denke an ein mögliches Verschulden von Bahnpersonal, Verschulden eines Dritten oder Erhöhung der Betriebsgefahr.

[259] Wenn z. B. jemand aus einem Zug fällt, dessen Türen während der Fahrt nicht verriegelt sind, ist es theoretisch möglich, dass er aus Versehen die Türfalle betätigte, dass die Türe nicht richtig geschlossen war, dass er von einem Dritten absichtlich hinausgestossen wurde oder dass er sich das Leben nehmen wollte. Wenn der Zug überfüllt war und vor der Türe ein Gedränge herrschte, darf nicht auf einen Suizidversuch geschlossen werden,

§ 27 Haftpflicht der Eisenbahnen, Transportunternehmungen und der Post

145 Der Bahnbetrieb ist ein durch hohen technischen Standard gesicherter Massenbetrieb; nach der Erfahrung wird es innerhalb der typischen Abläufe des Geschehens selten vorkommen, dass ein Unfall ohne feststellbare Ursache entsteht, ohne dass eben Selbstverschulden vorliegt. Es geht hier, wie bei jedem Anwendungsfall des *prima-facie*-Beweises, um die Bewertung der Wahrscheinlichkeit und damit um die Beweiswürdigung[260].

146 **Kasuistik**

Es sind die aufschlussreicheren der nicht sehr zahlreichen *typischen* Tatbestände aufgenommen. Die früher dem KUVG und heute dem UVG unterstehenden Unfälle des Eisenbahnpersonals sind in der Regel nicht berücksichtigt (dazu hinten N 182). Weitere Kasuistik bei A. KELLER I 200 ff.; FAURE, SJK Nr. 1049 S. 7 ff.; BIERMANN, Reichshaftpflichtgesetz 106 ff.; EGER 174 ff.; SELIGSOHN 130 ff. (diese deutsche Literatur bezieht sich noch auf das Reichshaftpflichtgesetz); FILTHAUT § 1 N 211 ff.

1. Die *Entlastung* wurde *gewährt* in folgenden Fällen:

— Selbsttötung (BGE 9, 187; ZBJV 30, 139).

— Nicht zum Bahnpersonal gehörender Dritter marschiert auf dem Bahnkörper (Sem.jud. 1899, 329); vgl. auch hinten N 163; ferner BGE 23 I 625.

— Fünfzehnjähriger Bursche berührt mit einer Stange den Fahrdraht (BGE 75 II 73). — Ähnlicher, aber aufgrund abweichender Umstände anders beurteilter Fall BGE 66 II 197 ff.; vgl. auch 89 II 42 ff. — Über Zweifel an der Anwendbarkeit des EHG (statt des ElG?) vorne N 105.

— Reisegewohnter, mit dem Bahnhof vertrauter Geschäftsreisender springt blindlings über das Geleise (BGE 61 II 135).

— Fussgänger überschreitet das Geleise der Strassenbahn, ohne nach heranfahrenden Zügen Ausschau zu halten (BGE 53 II 434; 57 II 586; VAargR 1941, 104; anders die frühere, gegenüber den Fussgängern nachsichtigere Praxis: BGE 35 II 21; vgl. ferner 33 II 23, 25; 35 II 547; hinsichtlich eines Radfahrers: 53 II 85 ff.) — oder: ein Fussgänger verdeckt sich dazu noch die Sicht mit seinem Regenschirm (Urteil des Bundesgerichts, zit. bei DE WATTEVILLE, Répertoire des principes jurisprudentiels suisse en matière de resp. civ...., Lausanne 1938, 31).

— Überschreiten des Geleises unmittelbar vor dem Zug (Sem.jud. 1892, 648).

— Schwerhöriger überschreitet einen Niveauübergang, ohne sich umzusehen (Sem.jud. 1912, 680 ff.).

es sei denn, er ergebe sich eindeutig aus Zeugenaussagen. Herrschten im Zug normale Verhältnisse, so ist zwar das kriminelle Verhalten eines Dritten sehr unwahrscheinlich. Ein Selbstmordversuch darf trotzdem nur angenommen werden, wenn sich aus der persönlichen Situation des Geschädigten genügende Anhaltspunkte dafür ergeben.

[260] Vgl. BGE 101 II 137 E. 5a; 90 II 233.

III. Voraussetzungen der Haftpflicht § 27

— Automobilist fährt blindlings auf einen Niveauübergang zu, ohne trotz schärfster Pfeifsignale der Lokomotive nach einem Zug Ausschau zu halten (BGE 55 II 338 ff.). Vgl. ferner ZBJV 77, 283: zu hohes Tempo, zu geringe Aufmerksamkeit des Automobilisten; es ist unerheblich, dass der Lokomotivführer Passagiere auf dem Führerstand mitfahren lässt, da sein sonstiges Verhalten beim Unfall vorwurfsfrei ist. BGE 93 II 130 ff.: Lastwagenfahrer überhört und übersieht Warnanlage bei Bahnübergang (vgl. auch 87 II 309 ff.; RVJ 1983, 308 ff. und JT 1984 I 419 ff.).

— Kollision zwischen der Strassenbahn und einem Automobilisten, der unversehens beim Herannahen eines Zuges auf dem Geleise anhält (Sem.jud. 1952, 125)[261].

— Kollision zwischen Strassenbahn und Motorradfahrer, der dem herannahenden Tram den Vortritt nicht gewährt (BGE 88 II 451 ff.)[261].

— Auf- und Abspringen von der fahrenden Strassenbahn (BGE 53 II 503; 74 II 60), obwohl Gefahr besteht, gegen ein neben dem Geleise errichtetes Gerüst zu stossen (BGE 26 II 525/26). Diese strenge Beurteilung gilt vermehrt, wenn der Reisende entgegen der Fahrtrichtung vom fahrenden Zug steigt (BGE 74 II 61/62)[262].

— Abspringen vom fahrenden Zug (BGE 84 II 388; ZR 53 Nr. 144 S. 318/19)[262].

— Besteigen eines fahrenden Zugs; Stehen auf dem Trittbrett (Sem.jud. 1896, 748; vgl. auch BGE 102 II 367: Aufspringen)[262].

— Nichtgebrauch des Geländers und sonstiger Hilfsmittel, die gerade zur Vermeidung von Unfällen beim Aussteigen aus dem Eisenbahnwagen angebracht sind (BGE 42 II 386).

— Verlassen des Wagens, ohne auf die Treppenstufen zu sehen (BGE 42 II 387), ohne sich am Handgriff zu halten (Sem.jud. 1911, 507); während eines Diensthalts (Sem.jud. 1911, 507).

— Sturz eines Reisenden vom Trittbrett, weil er die Distanz zwischen diesem und dem Perron wegen des darüberschleifenden Rocks einer vor ihm aussteigenden Frau nicht abschätzen kann und gleichwohl nicht zuwartet, bis die Sicht frei ist (BGE 42 II 387).

— Überqueren der offenen Plattform und des ungesicherten Überganges zwischen den Wagen eines fahrenden Zuges (unter näher spezifizierten Voraussetzungen), wobei sich der Reisende dieser Gegebenheiten bewusst ist (BGE 68 II 267/68).

2. Nach den vorstehend im Haupttext angestellten Überlegungen kann die *Entlastung verweigert* werden wegen schlechthin ungenügender Intensität des Selbstverschuldens, wegen konkurrierenden Verschuldens der Bahn und wegen sonst erhöhter Betriebsgefahr. Nur für den Tatbestand der *ungenügenden Intensität* des Selbstverschuldens werden hier Beispiele gegeben, also für Fälle, in denen die Gerichte das Vorliegen eines Selbstverschuldens überhaupt verneint und folglich auch keine Reduktion des

---

[261] Über die *Kollisionen von Bahn und Motorfahrzeug* im übrigen vorne N 137 und dortige Verweisungen, namentlich auf Bd. I § 9; ferner SCHAFFHAUSER/ZELLWEGER II N 1350 ff.

[262] Das Auf- und Abspringen ist polizeirechtlich verboten, TG 51 II lit. a; BGE 84 II 388. Doch besteht Selbstverschulden schon unabhängig hievon. In BGE 102 II 367/68 führte das Selbstverschulden (Aufspringen auf angefahrenen Zug) nur deshalb nicht zur Entlastung, weil die Geschädigte nicht voll urteilsfähig war.

§ 27   Haftpflicht der Eisenbahnen, Transportunternehmungen und der Post

Schadenersatzes gemäss EHG 5 vorgenommen haben. Die Kasuistik für die *andern* Tatbestände des (zur Entlastung nicht ausreichenden) Selbstverschuldens findet sich im Zusammenhang der Erörterung der *Schadenersatzbemessung* mitgeteilt: hinten N 179. Die Unfälle des Bahnpersonals sind auch hier ausser Betracht gelassen; darüber hinten N 182.

Keine Entlastung wurde demgemäss im Hinblick auf folgende Vorgänge gewährt:

— Geübter Fuhrmann hält sein eisenbahngewohntes Pferd in genügender Distanz von einem ausfahrenden Zug, ohne abzusteigen; der Zug verursacht das Scheuen des Pferdes (BGE 32 II 253; vgl. auch 25 II 282/83, 769; 30 II 35).

— Guter Reiter hält es nicht für erforderlich, beim Herannahen eines Trams anzuhalten; er kann einen Seitensprung des Pferdes nicht verhindern (Sem.jud. 1912, 718).

— Infolge schuldhaften Offenlassens der Barriere auf das Geleise gefahrener Wagenlenker ergreift beim Herannahen des Zuges nicht die richtigen Massnahmen zu seiner Rettung aus drohender Todesgefahr: statt stillzustehen oder rückwärts zu fahren, peitscht er das Pferd vorwärts (Sem.jud. 1905, 380).

— Abspringen von der fahrenden Strassenbahn (Sem.jud. 1899, 212) oder von fahrendem Zug (BGE 85 II 356f.) — Vgl. indes die vorstehend unter Ziff. 1 der Kasuistik angeführten, gegenteiligen Entscheide.

— Besteigen eines trotz Ablaufs der Abfahrtszeit noch nicht abgefahrenen, stillstehenden Zugs (BGE 61 II 136).

— Reisender hält sich am Türrahmen eines Wagens, was zur Folge hat, dass ihm ein Finger durch die zuschlagende Türe zerquetscht wird (ZBJV 32, 63).

— Auf der Plattform eines Strassenbahnwagens stehender Reisender hält sich nicht fest (Sem.jud. 1918, 495). — Das Urteil gibt zu Zweifeln Anlass (dazu Sem.jud. 1928, 463).

— Reisender wartet auf der Plattform eines Strassenbahnwagens das völlige Anhalten ab, steigt dann, die linke Hand am Haltegriff, aufs Trittbrett hinunter; er stürzt, weil der nachschiebende Anhängewagen dem Tramzug einen Stoss versetzt. Darin, dass der Reisende vor dem Anhalten zum Ausgang geht und vor dem Absteigen aufs Trittbrett nicht noch diesen Stoss abwartet, liegt kein die Bahn befreiendes Selbstverschulden (BGE 66 II 288).

— Reisender betritt die geschlossene Plattform eines Personenwagens bei geöffneter Stirnwandtüre (unter näher spezifizierten Umständen, BGE 68 II 269). — Reisender überquert den offenen Übergang, um in einem andern Wagen den Abort aufzusuchen, weil der eigene Wagen keinen solchen aufweist (BGE 72 II 195).

— Reisender unterlässt es, sich der Fortsetzung der Fahrt mit einer Postkutsche zu widersetzen, trotz der ihm erkennbaren, gefährlichen Umstände, unter denen die Reise vor sich geht (BGE 30 II 634).

— Vom Zusammenstoss mit einem Dampfer bedrohte Insassen einer Schaluppe stürzen sich, um sich zu retten, ins Wasser (Sem.jud. 1920, 520).

— Ein nicht ungefährliches Verhalten (für die Küche eines Dampfschiffs bestimmte Ware wird von der Landungsbrücke aus durch eine Luke hineingereicht, statt über die Schiebebrücke getragen zu werden) wird deshalb nicht als zur Entlastung genügendes Selbstverschulden angesehen, weil es stets geübt und geduldet worden ist (BGE 36 II 94).

III. Voraussetzungen der Haftpflicht § 27

— Über das Verhalten Urteilsunfähiger vgl. Bd. I 154 ff.; von den dort zitierten Urteilen beziehen sich u. a. folgende auf das EHG: BGE 26 II 641/42; 27 II 7/8; 29 II 14; 31 II 34; 33 II 500; 34 II 580; 53 II 435; 60 II 147; 66 II 201; 75 II 73; seither 102 II 367 ff.

Ein vollständiger Überblick über die *Beurteilung des Selbstverschuldens* durch die Gerichtspraxis lässt sich erst gewinnen, wenn man auch die Kasuistik zur *Schadenersatzbemessung* (hinten N 173 ff.) berücksichtigt. Denn oft führt ein Selbstverschulden, das an und für sich genügend intensiv wäre, um die Entlastung der Bahn zu bewirken, deshalb nicht zu deren Befreiung, weil auf ihrer Seite ein zusätzliches Verschulden vorliegt oder eine Erhöhung der Betriebsgefahr eingetreten ist. Aus prozesstaktischen Gründen wird die beklagte Eisenbahnunternehmung ungeachtet der Einzelumstände gewöhnlich die Einrede des Selbstverschuldens grundsätzlich zum Zweck der Entlastung anrufen und eventuell zum Zweck der Schadenersatzreduktion (EHG 5)[263]. 147

Die vorstehenden Ausführungen gelten sinngemäss für die *Post*, die *Schiffe*[264] und die *übrigen*, von konzessionierten Unternehmungen eingesetzten *Transportmittel*. Bei den Eisenbahnen sind sie neben den *Betriebsunfällen* auf *Bauunfälle*[265] und auf Unfälle bei *Hilfsarbeiten* anwendbar. 148

2. Besonderer Befreiungsgrund des deliktischen Verhaltens des Geschädigten

Die Entlastungsgründe der höheren Gewalt, des Drittverschuldens und des Selbstverschuldens beruhen auf der Überlegung, dass durch das Dazwischentreten dieser Umstände der Kausalzusammenhang zwischen Schaden einerseits und Betrieb, Bau oder Hilfsarbeit anderseits unterbrochen sei; wegen fehlender *Adäquanz* der von ihr zu vertretenden Ursachen wird die Bahn befreit. Demgegenüber sehen EHG 6 und 7 die Befreiung der Bahn aus *pönalen Erwägungen* vor. Ohne dass man zum vornherein die Grundsätze der adäquaten Verursachung und der 149

---

[263] Wenn die Eisenbahn grundsätzlich ihre Haftbarkeit anerkannt hat, sich aber im Prozess gleichwohl auf Selbstverschulden beruft, so bedeutet dies (wie das Bundesgericht zuvorkommend bemerkt hat), dass sie gemäss EHG 5 eine Reduktion des Schadenersatzes erzielen will; BGE 29 II 229/30.
[264] BGE 36 II 89.
[265] BGE 37 II 96/97, 467.

§ 27 Haftpflicht der Eisenbahnen, Transportunternehmungen und der Post

Unterbrechung des Kausalzusammenhanges heranzieht, wird die Haftung der Bahn verneint oder reduziert, weil der Geschädigte sich eines — deliktischen — Verhaltens schuldig gemacht hat, das ihn ganz oder zum Teil des Haftpflichtanspruchs *unwürdig* erscheinen lässt. Man hat einen besonderen, nicht von den Regeln der Adäquanz beherrschten Tatbestand des Selbstverschuldens vor sich.

150   Die praktische Bedeutung der beiden Art. 6 und 7 ist minim; zu EHG 6 findet sich kein bundesgerichtliches Urteil in der amtlichen Sammlung[266]. In den Urteilen, die EHG 7 erwähnen[267], wurde nie gestützt auf diese Norm die Haftpflicht reduziert oder abgelehnt. Entweder war die Verletzung der in Frage stehenden Polizeinorm vorher ständig geduldet worden oder sie wurde als Selbstverschulden berücksichtigt, d. h. nicht in Anwendung von EHG 7. Trotzdem sind die beiden Bestimmungen, nachdem sie im Gesetz stehen, zu erörtern.

a) Verbrecherisches und unredliches Verhalten

151   Hat «der Verletzte oder Getötete sich durch eine verbrecherische oder unredliche Handlung mit der Eisenbahn in Berührung gebracht», so ist, wie EHG 6 bestimmt, *jede Haftung ausgeschlossen*[268].

152   1. Um abzuklären, was als *«verbrecherische»* Handlung anzusehen sei, ist auf das Strafrecht abzustellen. Das StGB enthält eigene Strafdrohungen gegen die Hinderung, Störung und Gefährdung des öffentlichen Verkehrs, die in Art. 237—239 als «Verbrechen und Vergehen gegen den öffentlichen Verkehr» zusammengefasst sind. Die Ausführung derartiger Delikte[269] bedingt vielfach eine physische Annäherung

---

[266] In den Publikationen kantonaler Urteile konnte auch kein Entscheid gefunden werden.
[267] BGE 36 II 93; 50 II 407; 72 II 194/95; vgl. auch 42 II 393, wo es sich um einen ElG-Fall handelte; EHG 7 wird nur zum Vergleich erwähnt.
[268] TUASON/ROMANENS 98 möchten diese Bestimmung auf die *Postautomobile* analog anwenden. Diese unterstehen indes dem SVG, das keine solche Regelung kennt, und der Analogieschluss verbietet sich angesichts des singulären Charakters von EHG 6; eine parallele Ordnung ist lediglich in ElG 35 zu finden.
[269] Aus der *Literatur:* E. F. ZWICKY, Der Strafschutz der schweiz. Eisenbahnen... (Diss. Zürich 1946); ALEX GASS, Strafrechtlicher Schutz des Eisenbahnverkehrs... (Diss. Bern 1947); KURT STAUB, Hinderung, Störung und Gefährdung von Betrieben, die der Allgemeinheit dienen (Diss. Zürich 1941); MAX WAGNER, Der allgemeine Verkehrsstörungstatbestand des Schweiz. StGB...(Diss. Bern 1944); KARMANN, Störung des

III. Voraussetzungen der Haftpflicht § 27

an das Verkehrsmittel oder an seine Anlagen; wenn der Täter dabei geschädigt wird, so hat er — das ist die Meinung von EHG 6 — jeden Haftpflichtanspruch verwirkt, und dies unabhängig von einem Selbstverschulden im Sinne von EHG 1.

Der Umstand, dass EHG 6 von «verbrecherischen» Handlungen spricht, kann nicht dazu führen, nur diejenigen Straftatbestände heranzuziehen, die in der Terminologie des StGB als *Verbrechen* gelten (StGB 9), so dass die *Vergehen* auszuschalten wären; StGB 237—239 enthalten sowohl Verbrechens- wie Vergehenstatbestände. Vielmehr ist das Wort «verbrecherisch» in EHG 6 offenbar im weiteren Sinne gemeint, als allgemeine Kennzeichnung eines deliktischen Verhaltens der geschilderten Art. Nur diese Auslegung vermag der eingangs geschilderten *ratio* von EHG 6 gerecht zu werden. Aus dem gleichen Grunde müssen auch die Unterlassungen berücksichtigt werden, obschon EHG 6 nur von verbrecherischen «Handlungen» spricht. Dagegen ist die *fahrlässige* Begehung *auszuscheiden,* obwohl auch sie von StGB 237—239 erfasst wird[270]. Was man mit der Sondervorschrift von EHG 6 ahnden will, das ist der deliktische *Vorsatz* (man beachte EHG 7, nachstehend N 162 ff., wo von «wissentlicher» Übertretung die Rede ist); es würde zu weit gehen, jeden Verkehrsteilnehmer[271], der unachtsam einen offenen Bahnübergang befährt und deshalb mit einem Zug zusammenstösst, aufgrund von EHG 6 zum *vornherein* von jeder Schadenersatzforderung auszuschliessen. Bei Fahrlässigkeit sollen vielmehr allein die *gewöhnlichen* Vorschriften über das *Selbstverschulden* massgebend sein: EHG 1 und 5. Es darf nicht übersehen werden, dass EHG 6 (wie auch EHG 7) eine Ausnahmevorschrift darstellt, die als solche einschränkend auszulegen ist[272]. Ihre *ratio* rechtfertigt wohl die Anwendung auf Vergehenstatbestände (neben den Verbrechen), nicht aber auf den Fall blosser Fahrlässigkeit.

153

öffentlichen Verkehrs, ZStrR 65, 198 ff.; GÜNTER STRATENWERTH, Schweizerisches Strafrecht, Besonderer Teil II (3. A. Bern 1984) § 34. Unter den Wortlaut von EHG 6 fallen auch Delikte, die nicht gegen den öffentlichen Verkehr gerichtet sind. Beispiele dafür lassen sich schwer finden. Es wäre denkbar, dass sich jemand mit einem gefälschten Ausweis als Aufsichtsperson Zutritt zur Führerkabine einer Lokomotive verschafft und Opfer eines Unfalls wird. Zur Fälschung eines Fahrausweises vgl. hinten FN 278.

[270] Gleicher Meinung ohne Begründung SCHÄRER 187, Art. 6 N 1; A. KELLER I 204; zweifelnd FAURE, SJK Nr. 1049 S. 3 f.
[271] Vgl. den Sachverhalt von BGE 65 I 61 ff.
[272] Zustimmend FAURE, SJK Nr. 1049 S. 4.

§ 27 Haftpflicht der Eisenbahnen, Transportunternehmungen und der Post

154   Unter EHG 6 fällt auch eine *Strolchenfahrt* mit einem Fahrzeug einer Eisenbahn[273]. Sie ist nach StGB 143 als Sachentziehung mit Gefängnis oder mit Busse bedroht; es gilt also der gleiche Strafrahmen wie für die Entwendung eines Motorfahrzeuges zum Gebrauch nach SVG 94 Ziff. 1 I[274]. Gestützt auf EHG 6 haftet die Bahnunternehmung dem Entwender nicht für den von ihm erlittenen Schaden[275]. Wenn dieser das entwendete Triebfahrzeug einem Dritten überlässt, der seinerseits damit verunfallt — ein wohl kaum vorkommender Sachverhalt —, dürfte diesem mindestens eine unredliche Handlung vorgeworfen werden können[276, 277]. Während EHG 6 aufgrund allgemeiner Überlegungen, aber auch aufgrund von TG 16 (vgl. hinten N 158f.) für den «Schwarzfahrer» nicht gilt, rechtfertigt sich seine Anwendung auf den Strolchenfahrer; dieser wird von TG 16 nicht anvisiert.

155   2. Neben der «verbrecherischen» wird in EHG 6 die *«unredliche» Handlung* erwähnt, die ebenfalls zum Ausschluss der Haftpflichtforderung führt, wenn sich der Geschädigte hierdurch «mit der Eisenbahn in Berührung gebracht hat». Darunter ist insbesondere das sogenannte Schwarzfahren zu verstehen, d. h. das Reisen ohne jeglichen oder ohne gültigen Fahrausweis; es stellt einen eigenen, betrugsähnlichen, Deliktstatbestand dar (StGB 151 II). Wenn der Täter den Fahrausweis verän-

---

[273] Vgl. die in NZZ Nr. 181 vom 6./7. August 1988 S. 11 beschriebene Strolchenfahrt mit einer Rangierlokomotive vom Basler Güterbahnhof nach St-Louis.

[274] Befinden sich im entwendeten Zug oder Triebwagen dritte Personen (Passagiere, Bahnpersonal), so liegt ihnen gegenüber Freiheitsberaubung oder Entführung im Sinne von StGB 183 vor; vgl. insbesondere BGE 99 IV 221; REHBERG, Strafrecht III (4. A. Zürich 1987) 162 ff.

[275] Nach SVG 75 I haftet der Halter eines entwendeten Motorfahrzeuges gegenüber Dritten, nicht aber gegenüber Benützern dieses Fahrzeuges, die bei Beginn der Fahrt von der Entwendung zum Gebrauch Kenntnis hatten oder bei pflichtgemässer Aufmerksamkeit haben konnten; vgl. Bd. II/2 § 25 N 193 ff.

[276] In § 6 des österreichischen EKHG wird die Strolchenfahrt mit einem Eisenbahnfahrzeug resp. einem Motorfahrzeug durch die gleiche Norm geregelt. Nach dieser haftet für den Ersatz des Schadens anstelle des Betriebsunternehmers der Entwender und solidarisch mit ihm der Bahnunternehmer, wenn er ein Verschulden an der Entwendung zu vertreten hat. Ist dies nicht der Fall, so haftet allein der Entwender und er kann für seinen Schaden keinen Ersatz verlangen, ausser von Dritten; vgl. VEIT-VEIT N 7 zu EKHG 6.

[277] Über die Haftung gegenüber Dritten vgl. vorn N 49.

dert hat, so kann ihm zudem Urkundenfälschung vorgeworfen werden (StGB 251)[278].

3. Wie sich aus EHG 6 schliessen lässt, muss der Vorsatz, eine «verbrecherische» oder «unredliche» Handlung zu begehen, der *Anlass* zur *Berührung* mit der Bahn sein; der Vorsatz darf sich also nicht erst bilden, wenn die Berührung bereits stattgefunden hat. 156

Das von EHG 6 erfasste Verhalten des Geschädigten unterscheidet sich, wie bereits bemerkt, vom eigentlichen Selbstverschulden dadurch, dass es nicht nach den Grundsätzen der adäquaten *Verursachung* auf die Herbeiführung des Schadens eingewirkt zu haben braucht; es genügt, dass dieses Verhalten die *Vorbedingungen* des schädigenden Ereignisses geschaffen hat. Folglich braucht der Schaden selber weder durch die verbrecherische oder unredliche Handlung, noch durch ein weiteres, *kausales* Selbstverschulden im *eigentlichen* Sinn verursacht zu sein[279]. Wer z.B. mit einer gefälschten Fahrkarte in einem Zug fährt und bei dessen Entgleisen verletzt wird, hat den ihm erwachsenen Schaden nicht mitverursacht; gleichwohl ist die Eisenbahn von jeder Haftung befreit, weil der Tatbestand unter EHG 6 fällt. 157

Diese Betrachtungsweise überzeugt allerdings in bezug auf den *«Schwarzfahrer»*[280], d.h. den praktisch wichtigsten Fall einer unredlichen Handlung, in ganz besonderem Masse nicht. Die Sanktion des Verlustes der Haftpflichtansprüche wegen Fehlens eines gültigen Fahrausweises ist schlechterdings unangemessen[281] und kann mit dem Grundgedanken unseres Haftpflichtrechts in keiner Weise in Überein- 158

---

[278] Fälschung eines Fahrausweises der Schweiz. Bundesbahnen ist Fälschung einer Urkunde des Bundes, StGB 340 Ziff. 1; BGE 71 IV 154. Vgl. zur strafrechtlichen Seite die Literatur zu StGB 151 und 251.
[279] So der Wortlaut von alt EHG 4; als — wie man glaubte — selbstverständlich, wurde diese Feststellung in EHG 6 weggelassen; Stenbull. 1904, 52 ff.; dazu BGE 9, 184/85; 14, 604.
[280] Vgl. vorn N 155 und in bezug auf die SVG-Haftung Bd. II/2 § 25 N 469 und 600. Nach telephonischer Auskunft der SBB wenden diese EHG 6 nicht auf Schwarzfahrer an, was aber offenbar nicht für alle Bahnunternehmungen gilt. — Vgl. NZZ Nr. 110 vom 16. Mai 1989 zu einer tödlich endenden Schwarzfahrt im Maschinenraum eines IC-Zuges (vgl. auch «Der Landbote» Nr. 109 vom 16. Mai 1989).
[281] Nur für Extremfälle gleicher Meinung A. KELLER I 204. Das österreichische EKHG schliesst in § 3 Ziff. 1 seine Anwendung aus, wenn der Verletzte «durch die Eisenbahn ohne den Willen des Betriebsunternehmers und ohne ein diesem zufliessendes, wenn auch unangemessenes Entgelt befördert wurde». Vgl. auch § 4 und KOZIOL II 523.

§ 27 Haftpflicht der Eisenbahnen, Transportunternehmungen und der Post

stimmung gebracht werden. Dazu kommt, dass nur derjenige «Schwarzfahrer» von dieser Sanktion betroffen wird, der bei seiner Fahrt ohne Billet einen Unfall erleidet und dass beim einen der Verlust der Haftpflichtansprüche vielleicht Fr. 1000.— ausmacht, beim andern 1000mal mehr. Das ist rechtsungleiche Behandlung schlimmster Art. Stossend ist auch, dass EHG 6 im öffentlichen Autobus und im Trolleybus[282] nicht gilt, wohl aber in der Strassenbahn[283].

159 Diese Argumentation wird unterstützt durch TG 16, wo die Sanktionen festgelegt sind, denen Reisende in öffentlichen Verkehrsmitteln unterliegen, wenn sie keinen Fahrausweis haben. Die Aufzählung, die den Verlust der Haftpflichtansprüche nicht enthält, ist sehr differenziert und daher als abschliessend zu betrachten.

160 Es sind freilich auch Fälle denkbar, wo das Verhalten des Geschädigten *gleichzeitig* für den Schaden mit kausal ist *und* den Tatbestand von EHG 6 erfüllt: so, wenn ein Attentäter eine Bombe auf das Geleise legt und dabei überfahren wird; aber diese Kausalität des Selbstverschuldens ist eben nicht Voraussetzung der Anwendung von EHG 6. Hieraus ergibt sich mit andern Worten, dass Befreiung nach EHG 6 auch dann eintritt, wenn die adäquate Ursache des dem Geschädigten zugefügten Schadens allein im Betrieb liegt oder wenn sogar ein zusätzliches Verschulden der Bahn feststellbar ist[284]. Diese, von den Grundsätzen der adäquaten Kausalität absehende Bewertung des verbrecherischen oder unredlichen Verhaltens des Geschädigten hat ihre Wurzel, wie eingangs erwähnt, in pönalen Überlegungen; es würde als stossend betrachtet, wenn in solchen Fällen noch Ersatz gefordert werden könnte[285].

---

[282] Das SVG und das TBG enthalten keine entsprechende Bestimmung.
[283] Weitere Schwierigkeiten ergeben sich bei der Frage, ob die Entlastung auch Platz greife, wenn jemand mit einem Zweitklassbillett in die erste Klasse sitzt, wenn jemand mit einem halben Billett fährt, obschon sein Halbtaxabonnement abgelaufen ist, und wie es sich mit den Ansprüchen aus OR 41 gegen einen schuldigen Bahnangestellten verhält.
[284] Dazu BGE 14, 604.
[285] Eine Ausnahme wäre vielleicht zu machen, wenn auf seiten der Bahn ein *Dolus* der Schädigung vorläge. Hier sollte derjenige den Schaden in der Hauptsache tragen, der das verwerflichere Delikt begangen hätte. Würde z. B. ein Reisender mit einer gefälschten Fahrkarte fahren und ein Eisenbahnangestellter ihn aus persönlichen Motiven vom fahrenden Zug werfen, so dass er getötet würde, dann wäre es unangebracht, die Bahn zu befreien; vgl. A. KELLER I 204. In analoger Anwendung von EHG 5 könnte immerhin eine Haftungsreduktion eintreten.

III. Voraussetzungen der Haftpflicht § 27

4. Obwohl EHG 6 nur vom «Verletzten oder Getöteten» spricht, 161
muss die Befreiung der Eisenbahnunternehmung angesichts der *ratio*
der Bestimmung auch für *Sachschaden* gelten; ob der Sachschaden im
Zusammenhang mit einem Personenschaden eingetreten ist oder nicht
(EHG 11 I/II; vorne N 56ff.), ist gleichgültig. Neben dem *Schadenersatz* ist auch die *Genugtuung* ausgeschlossen.

b) Polizeivorschriftswidriges Verhalten

«Hat sich der Verletzte oder Getötete durch wissentliche Übertre- 162
tung polizeilicher Vorschriften» mit der Eisenbahn «in Berührung
gebracht», so kann der Richter die Unternehmung von der Haftung
entbinden oder diese einschränken (EHG 7). Im letzteren Fall schreitet
er zur *Reduktion* des Schadenersatzes oder der Genugtuung; entbindet
er die Bahn von der Haftung, dann liegt wiederum ein besonders gearteter, von der Kausalität absehender *Befreiungsgrund* vor.

Unter die *polizeilichen Vorschriften* im Sinne dieser Bestimmung fällt 163
vor allem das Bahnpolizeigesetz[286], durch welches z. B. verboten ist: das
Betreten des Bahnkörpers und des Bahnhofareals (Art. 1)[287]; das Überschreiten des Geleises bei geschlossener Barriere (Art. 3); deren eigenmächtiges Öffnen (Art. 5)[288]; das eigenmächtige Manipulieren an Weichen (Art. 5)[289]. Ferner gehören hierher die VO über die Signalisierung
von Bahnübergängen vom 15. Dezember 1975 (SR 742.148.31) und das
TG; hier wird namentlich verboten, einzusteigen, nachdem ein Fahrzeug
sich in Bewegung gesetzt hat (TG 51 II lit. a)[290].

Die Übertretung muss *wissentlich* erfolgen, d. h. im Bewusstsein der 164
Unrechtmässigkeit der Handlung (Bewusstsein der Rechtswidrigkeit)[291].
Deshalb werden an den Bahnanlagen und in den Wagen Verbotstafeln

---

[286] BG betr. die Handhabung der Bahnpolizei, vom 18. Februar 1878 (SR 742.147.1).
[287] Dazu BGE 63 II 206; Sem.jud. 1899, 328.
[288] Dazu BGE 14, 604; ZBJV 24, 489. Keine Übertretung der erwähnten Vorschrift begeht ein Fussgänger, der ein Drehkreuz benützt, das anstelle oder neben einer Barriere angebracht ist; BGE 23, 1614. Vgl. auch Sem.jud. 1912, 680.
[289] Dazu BGE 38 II 224/25.
[290] Dazu BGE 25 II 11; 28 II 33ff. – Das in TG 51 II lit. a ebenfalls untersagte Aussteigen während der Fahrt wird von EHG 7 nicht erfasst, weil der Reisende sich hierdurch nicht «in Berührung» mit der Bahn bringt.
[291] BGE 9, 185; 13, 53; 17, 256; Sem.jud. 1899, 328; 1891, 403.

angebracht[292]. Wenn die Übertretung einer Vorschrift stets geduldet worden ist, kann von Wissentlichkeit der Übertretung nicht mehr gesprochen werden[293]. Wo die Wissentlichkeit nicht nachgewiesen ist, bleibt immer noch die Frage offen, ob nicht gleichwohl die Entlastung der Bahn gemäss EHG 1 oder die Reduktion des Schadenersatzes nach EHG 5 erfolgen kann, sofern das Verhalten des Geschädigten ein *eigentliches* Selbstverschulden darstellt[294]. Die Übertretung muss nicht nur wissentlich, sondern schlechthin schuldhaft erfolgen, d. h. namentlich unter dem Gesichtspunkt der Urteilsfähigkeit zurechenbar sein, was insbesondere bei Kindern bedeutsam werden kann[295]. EHG 7 ist nicht anwendbar, wenn jemand ohne seinen Willen mit der Bahn in Berührung gebracht wird, z. B. von einem durchgehenden Pferd[296] oder durch einen Sturz auf das Geleise. Die Vorschrift ist seinerzeit als unanwendbar erklärt worden auf Arbeitnehmer, soweit sie infolge ihrer dienstlichen Tätigkeit mit der Bahn in Berührung kamen[297]; für sie fielen allein das eigentliche Selbstverschulden oder die Vorschrift von EHG 6 in Betracht.

165   Gleich wie beim Tatbestand von EHG 6, braucht nach der Meinung des Gesetzes das Verhalten des Geschädigten nicht *kausal* zu sein für den ihm erwachsenen Schaden, und es muss nicht ein *eigentliches* Selbstverschulden darstellen[298]. Diese Auffassung führt indes zu Schwierigkeiten, sobald zu entscheiden ist, wann bei Anwendung von EHG 7 die *Befreiung* der Bahn zu erfolgen habe, und wann lediglich

---

[292] Sem.jud. 1899, 328. Wo man auf den ersten Blick sieht, dass eine Anlage nicht für das Publikum bestimmt ist, braucht nicht eine Verbotstafel vorhanden zu sein, um die *Wissentlichkeit* der Übertretung herbeizuführen; BGE 63 II 207; A. KELLER I 207. Auch dass man einen Bahnübergang nicht bei geschlossener Barriere überschreiten darf, weiss jedermann (BGE 14, 604). Eine mit der Schärfe des Art. 35 ElG formulierte Bestimmung, wonach die polizeiliche oder sonstige Vorschrift *bekannt* gegeben sein müsse, fehlt dem EHG; doch schliesst das Erfordernis der Wissentlichkeit (EHG 7) in sich, dass die fraglichen Vorschriften dem Publikum *bewusst* sind.
[293] BGE 36 II 94; vgl. aber auch BGE 14, 282 ff.; 21, 782; 32 II 429; Sem.jud. 1899, 328; ZBJV 34, 23. Anders verhält es sich, wenn die Duldung nur in wenigen Ausnahmefällen erfolgt ist, BGE 50 II 407/08.
[294] BGE 13, 53; 17, 256; 32 II 429; Sem.jud. 1899, 329; ZBJV 23, 171.
[295] Vgl. FAURE, SJK Nr. 1049 S. 4; GUIDO BRUSA, Die einseitige Enthaftungserklärung (Diss. Freiburg 1977) 54 f.
[296] BGE 10, 526.
[297] BGE 42 II 393.
[298] Alt EHG 4; Stenbull. 1904, 52 ff.; BGE 9, 184/85; 14, 604; ZBJV 32, 171. Der Entwurf des Bundesrates sah das Gegenteil vor: BBl 1901 I 680.

eine *Schadenersatzreduktion;* die Vorschrift legt beide Möglichkeiten in das Ermessen des Richters. Die Abgrenzung ist nur dadurch in befriedigender Weise zu erreichen, dass man doch auf die Kausalität abstellt und nur dann Befreiung eintreten lässt, wenn das polizeivorschriftswidrige Verhalten derart beschaffen ist, dass es den Kausalzusammenhang zwischen Schaden und Betrieb der Bahn (oder Bau oder Hilfsarbeit) als ein *eigentliches* Selbstverschulden gemäss EHG 1 I zu unterbrechen vermag. Dann entfallen die Haftpflichtansprüche schon wegen dieses Selbstverschuldens und braucht es dafür EHG 7 nicht. Liegt auf der Seite der Bahn ein zusätzliches Verschulden oder eine erhöhte Betriebsgefahr vor, so muss das (polizeiwidrige) Selbstverschulden um so grösser sein, um für die Entlastung der Bahn zu genügen, genau gleich, wie wenn keine Polizeivorschrift wissentlich verletzt worden wäre.

Ein polizeivorschriftswidriges Verhalten ohne Selbstverschulden 166 könnte theoretisch dann und nur dann einen Weg zur Entlastung oder Schadenersatzreduktion ohne Selbstverschulden öffnen, wenn die polizeiliche Norm ein Verhalten verbieten würde, dessen Gefährlichkeit der Täter — das spätere Opfer — nicht erkennen konnte. Das mag beim Aufkommen der Eisenbahnen für einzelne Vorschriften noch zugetroffen haben. Heute dürfte es aber kaum mehr vorkommen und daher hat EHG 7 keine Daseinsberechtigung mehr.

Für *Sachschaden* und *Genugtuung* gilt das vorn N 161 Gesagte sinn- 167 gemäss.

IV. Übrige Fragen

Die weitere Regelung der Schadenersatz- und Genugtuungsansprü- 168 che ergibt sich in der Hauptsache aus den *allgemeinen Grundsätzen des Haftpflichtrechts.* Für einige Fragen enthält das EHG eigene, meist mit den auch sonst geltenden Prinzipien im Einklang stehende, Vorschriften; sie sind nachstehend zusammen mit einigen *Sonderfragen* darzustellen.

A. Verschulden

169 Obwohl das EHG eine Kausalhaftung vorsieht, spielt doch das — zusätzliche —, auf seiten der haftpflichtigen Unternehmung allenfalls festgestellte *Verschulden* eine bedeutende Rolle hinsichtlich verschiedener Fragen (Bd. I 138 ff.): es sei namentlich die Konkurrenz des bahnseitigen Verschuldens mit einem Selbst- oder Drittverschulden erwähnt[299], ferner die Genugtuung (nachstehend N 188 ff.). Der Unternehmung wird, wie sich von selber ergibt, das Verschulden ihrer *Hilfspersonen* zugerechnet; EHG 8 und 18 (indirekt auch EHG 1 II) heben diese Regel noch eigens hervor. Das gleiche gilt für die übrigen in EHG 1 II erwähnten Personen[300]. Sind mehrere Hilfspersonen in Erscheinung getreten, dann wird ihr Verschulden zusammengerechnet[301]. Wird die Bahn von einer juristischen Person betrieben, dann gilt das Verschulden der *Organe* als Verschulden der Unternehmung selber[302]. Um eine *Kasuistik* des Verschuldens zu gewinnen, müsste man die Judikatur zu allen diesen Anwendungsfällen einsehen. Am eindrücklichsten sind die auf die Genugtuung bezüglichen Tatbestände; es sei auf die dortige Zusammenstellung *verwiesen*: nachstehend N 191. Auch die strafrechtliche Praxis zu den Delikten gegen den öffentlichen Verkehr kann Material liefern[303].

170 Für die Festlegung der *Grundsätze,* nach denen das Verschulden bewertet wird, können die im «Allgemeinen Teil» (Bd. I 138 ff.) entwikkelten Regeln herangezogen werden. Demgemäss ist vorab zu untersuchen, inwiefern eine für den Unfall kausale[304] Übertretung bahnpolizeilicher, strassenverkehrspolizeilicher, reglementarischer oder sonstiger, namentlich technischer, Vorschriften als Verschulden zu bewerten ist[305], oder inwiefern ein solches im Nichtergreifen der durch eine bestimmte

---

[299] Vorne N 63, 135 f., 157; hinten N 182.
[300] Vorne N 50 ff.
[301] BGE 68 II 262.
[302] ZGB 55 II, OR 718 III, 814 IV, 899 III; dazu BGE 76 II 391 ff. Das Entsprechende gilt für Kollektiv- und Kommanditgesellschaften, OR 567 III/603. Näheres Bd. II/1 § 20 N 13 ff.
[303] Vorne N 152 f.; Stämpfli in SJZ 24, 339 ff.
[304] BGE 24 II 46.
[305] Eine Zugsverspätung (BGE 30 II 38; 33 II 20) und ein zu kurz bemessener Zugsaufenthalt auf einer Station (BGE 60 II 146) begründen kein Verschulden. Vgl. aber 69 II 330: Abfertigung eines Zuges zur Unzeit.

IV. Übrige Fragen § 27

Sachlage gebotenen Massnahmen (z.B. Signalgeben, Bremsen) liegt[306]. Es ist auch daran zu erinnern, dass die dem Bahnbetrieb innewohnende Gefahr von vornherein die allgemeine Pflicht, angemessene Schutzmassnahmen zu treffen, begründet[307]. Die Bedeutung behördlicher Genehmigungen und Kontrollen ist ebenfalls besprochen worden[308]. Im übrigen richtet sich das Mass der Sorgfalt im Rahmen des Zumutbaren nach den Erfordernissen, die im Interesse der Verkehrssicherheit aufgestellt werden müssen. Dabei sind die konkreten Umstände zu berücksichtigen, wie die Art der Eisenbahn, ihre Verkehrsdichte, diejenige des Strassenverkehrs bei gemeinsamer Benützung der Fahrstrasse durch Bahn und Strassenfahrzeuge, die Beschaffenheit der Bahnhöfe, diejenige der Niveauübergänge[309] u. dgl. Erhöhte Betriebsgefahr steigert die Sorgfaltspflicht[310]. Bei einer Strassenbahn wird in der Regel grössere Sorgfalt verlangt werden dürfen als bei einer andern Bahn[311]. *Grobe Fahrlässigkeit*[312] liegt dann vor, wenn unter Verletzung der elementarsten Vorsichtsgebote die sonst von jeder Bahnunternehmung aufgewendete Sorgfalt ausser acht gelassen wird und wenn der Betriebssicherheit nicht einmal diejenige Aufmerksamkeit gewidmet wird, welche auch eine nicht besonders sorgsame Verwaltung zu beachten pflegt[313].

In einer beiläufigen Bemerkung erwägt das Bundesgericht, OR 54 I 171 heranzuziehen, namentlich um eine Genugtuung zusprechen zu können, wenn die Hilfsperson der Bahn *urteilsunfähig* ist[314]. Diese Lösung ist abzulehnen. Die Sondervorschrift von OR 54 I will bei der Verschul-

---

[306] Dazu BGE 28 II 208; 32 II 238 und dort zit. Judikatur; 67 II 188; 68 II 258 ff.; 71 II 124. Über die Reaktionszeit und andere Anforderungen an einen Lokomotivführer BGE 68 II 259. Betreffend die Strassenbahnen ist SVG 48 zu beachten.
[307] Bd. I 88 f., 150 f.
[308] Bd. I 151 f.; dazu BGE 67 II 188.
[309] Dazu BGE 55 II 339; 57 II 432; 71 II 121 ff.; 76 II 329 ff. Dass jeder Niveauübergang eingeschrankt werde, ist z. B. nicht erforderlich, BGE 55 II 339; VO über die Signalisierung von Bahnübergängen vom 15. Dezember 1975 (SR 742.148.31). Über die Signalisierung BGE 67 II 188; 71 II 123; RVJ 1983, 316 ff.; JT 1984 I 422 f. — Eingehend Bussy, Les accidents de passages à niveau, passim; ferner Geiser in SJZ 55, 269 ff. — Zur Rechtslage auch EbG von 1957 Art. 24 ff.; VO über Bau und Betrieb der Eisenbahnen vom 23. November 1983 (SR 742.141.1) Art. 30.
[310] BGE 69 II 328.
[311] BGE 24 II 47; 25 II 564; 29 II 16; 30 II 41.
[312] Bd. I 153.
[313] BGE 19, 199; 24 II 39.
[314] BGE 74 II 214.

denshaftung, wo überhaupt keine Ersatzpflicht bestünde, wenn der Schädiger urteilsunfähig ist, dem Richter ermöglichen, aus Billigkeitsgründen doch eine Ersatzpflicht eintreten zu lassen (dazu Bd. II/1 § 18); bei der Kausalhaftung besteht aber schon ohne Verschulden — also ohne Rücksicht auf die Urteilsfähigkeit des Schädigers — grundsätzlich eine Ersatzpflicht, so dass der Heranziehung von OR 54 die *ratio* fehlt[315].

B. Schadensberechnung und Schadenersatzbemessung

1. Personenschaden

a) Schadensberechnung

172 Sowohl für den Tatbestand der *Körperverletzung* (EHG 3) wie der *Tötung* (EHG 2) zählt das Gesetz die im «Allgemeinen Teil» erörterten *Schadensposten* auf (Bd. I 185 ff.); hiefür und für die zugehörige *Schadensberechnung* sei auf die dortigen Ausführungen verwiesen[316]. Das gleiche gilt hinsichtlich der besonderen Fragen der *Gestalt des Schadenersatzes* (EHG 9; Bd. I 213 ff., 248 f.) und der Aufnahme eines *Rektifikationsvorbehalts* in ein Urteil, das sich über die Folgen einer Körperverletzung ausspricht (EHG 10, 14 I; Bd. I 219 ff.).

b) Schadenersatzbemessung

173 Diese Frage findet sich in Bd. I § 7 erörtert, worauf insgesamt verwiesen sei. Der dortigen Behandlung der verschiedenen Faktoren der Schadenersatzbemessung ist soviel beizufügen:

174 1. Das *Selbstverschulden* ist im EHG ausdrücklich als Reduktionsgrund aufgeführt: EHG 5[317]; Bd. I 265 ff. Im Anschluss an die Ausfüh-

---

[315] Vgl. Bd. II/2 § 25 N 482.
[316] Dazu THILO in JT 1955 I 98 ff.
[317] Dem alten EHG fehlte eine dem Art. 5 des revidierten Gesetzes entsprechende Vorschrift; doch hatte die Praxis das Gesetz längst in diesem Sinne ergänzt, z. B. BGE 10,

rungen vorstehend N 137 ff. ist daran zu erinnern, dass das Selbstverschulden zur *Entlastung* ungeeignet sein kann und alsdann als Grund zur *Schadenersatzreduktion* in Betracht fällt: wenn ihm schlechthin die zur Unterbrechung des Kausalzusammenhanges genügende Intensität fehlt, oder wenn ein zusätzliches Verschulden die Bahn trifft, oder wenn die Betriebsgefahr, für die sie einzustehen hat, durch einen sonstigen Umstand erhöht ist[318]. Daraus ergibt sich zugleich das System für die Ordnung und Würdigung der Kasuistik, die sich auf die Schadenersatzreduktion wegen Selbstverschuldens bezieht; die Fälle sind uneinheitlich. In der Vorauflage 364 wird die Meinung vertreten, dass ein zusätzliches Verschulden, für das die Bahn einzustehen hat, das Selbstverschulden ganz oder zum Teil neutralisieren könne. Aus den in Bd. II/2 § 25 N 555 ff. dargelegten Gründen, auf die hier verwiesen werden kann, ist diese Auffassung abzulehnen: Ein Selbstverschulden ist im Rahmen der sektoriellen Verteilung immer zu berücksichtigen, es sei denn, es sei verglichen mit den andern rechtlich relevanten Faktoren als quantité négligeable zu betrachten.

2. In EHG 7 ist ein besonderer, im *deliktischen Verhalten* des Geschädigten liegender Reduktionsgrund vorgesehen. Dafür kann auf die Ausführungen vorn N 162 ff. verwiesen werden.

3. Gemäss EHG 4 stellt das *ungewöhnlich hohe Einkommen des Geschädigten* einen eigenen Reduktionsgrund dar: Bd. I 273 f.; Bd. II/2 § 25 N 611 ff.

4. *Drittverschulden* ist entsprechend der allgemeinen Regel kein Reduktionsgrund: Bd. I 281 f.[319].

---

116 ff.; 14, 267. Zu EHG 5 vgl. neben der allgemeinen Literatur GUYER in ZBJV 43, 369 ff.
Die *Formulierung* von EHG 5 ist übrigens *verfehlt*. Wenn gesagt wird: «Trifft den Getöteten oder Verletzten ein *Teil der Schuld* an dem Unfall, so kann der Richter die Entschädigung ... ermässigen», so scheint das zu bedeuten, dass eine Schadenersatzreduktion nur erfolgen könne, wenn auch die *Bahn* ein Verschulden treffe, was aber keineswegs die Meinung ist; vgl. BGE 33 II 22/23 und den deutlicheren französischen Text: «... si l'accident est dû *en partie* à une faute de la victime ...».
[318] Über den Begriff der erhöhten Betriebsgefahr vgl. vorn N 108 ff.
[319] BGE 81 II 165.

§ 27   Haftpflicht der Eisenbahnen, Transportunternehmungen und der Post

178   5. Die gegenseitige Schädigung Haftpflichtiger und andere Fälle der Kollision von Haftungen, oder konkreter, um den Hauptfall zu nennen: *Zusammenstösse* u. dgl. von *Bahnen und Motorfahrzeugen,* beurteilen sich nicht einfach nach den Regeln über das Selbstverschulden (der jeweiligen Gegenpartei der Bahn), sondern gemäss eigens dafür entwikkelten Regeln, die in Bd. I § 9 und Bd. II/2 § 25 N 626 ff. dargestellt sind [320].

179   **Kasuistik** zur *Schadenersatzreduktion* wegen *Selbstverschuldens*

Unter Ziff. 1 der vorangehenden Darlegungen sind *drei Gründe* aufgeführt worden, aus denen ein (eigentliches) Selbstverschulden im Rahmen von EHG 5 zur Schadenersatzreduktion führen kann. Hieraus ergibt sich das *System* für den folgenden Überblick, der einige *typische* Fälle erfassen soll. Die Gerichtspraxis ist reich an einschlägigen Tatbeständen, die indes hier nicht alle verwertet zu werden brauchen; vgl. auch die Kasuistiken bei A. KELLER I 201 ff. und FAURE, SJK Nr. 1049 S. 9 ff.

1. *Reduktion des Schadenersatzes ausschliesslich aufgrund des Selbstverschuldens:*

Das sind Fälle, in denen ein Selbstverschulden vorliegt, das nicht die zur Entlastung der Bahn erforderliche *Intensität* aufweist (vorne N 137; Kasuistik N 146), und in denen keine Konkurrenz des Selbstverschuldens mit einem der anschliessend unter Ziff. 2 oder 3 erwähnten Umstände besteht. Solche Tatbestände sind selten, weil die Fälle der Konkurrenz viel häufiger auftreten. — Hierher gehören:

— 14jähriges Mädchen springt auf fahrenden Zug auf, um nicht zu spät in die Schule zu kommen; auf dem Trittbrett verliert es das Gleichgewicht und stürzt auf das Geleise, wobei ihm beide Beine unterhalb der Knie abgefahren werden; Reduktion um drei Viertel (BGE 102 II 369) bei verminderter Urteilsfähigkeit.

— 52jährige Frau steht bei Einfahrt des Zuges in den Bahnhof zum Aussteigen vorzeitig auf das Trittbrett. Reduktion um die Hälfte (BGE 85 II 357).

— Achtjähriger Knabe schlittelt verbotswidrig auf einer das Strassenbahngeleise kreuzenden Strasse; Reduktion um einen Viertel (BGE 72 II 204/05).

— Zwei Frauen haben von einem Stationsvorstand die Erlaubnis erhalten, als Zugang zur Station einen Dienstpfad zu benützen, der einem wenig gebrauchten Geleise entlang führt. Als ein Zug wider Erwarten auf diesem Geleise einfährt, weichen die Frauen trotz des zweimaligen Warnsignals nicht aus und werden angefahren; Reduktion um drei Viertel (Bundesgericht in NZZ Nr. 151 vom 29. Januar 1941).

— Reisender steht auf der Plattform der Strassenbahn, ganz nahe einer Seitentüre, weshalb er bei einem Stoss, den der Wagen durch das Befahren einer Kurve erhält, hinausstürzt; Reduktion um einen Drittel (Sem.jud. 1928, 463. Abweichende, doch wohl unrichtige Beurteilung eines ähnlichen Tatbestandes Sem.jud. 1918, 495).

[320] Neben den dort zit. Belegen GEISER in SJZ 55, 269 ff.; A. KELLER I 300 ff.; BAUR (zit. vorn FN 136) 89 ff.; zur analogen Anwendung von SVG 61 II bei Sachschaden vgl. vorn N 64 mit Hinweisen.

IV. Übrige Fragen § 27

— Folgender Tatbestand würde richtigerweise eher hierhergehören: Reisender hält sich am Türpfosten eines Wagens, was zur Folge hat, dass ihm ein Finger durch die zuschlagende Tür zerquetscht wird (ZBJV 32, 63; das Gericht hat zu Unrecht keine Schadenersatzreduktion vorgenommen).

2. Reduktion des Schadenersatzes im Falle der Konkurrenz von bahnseitigem Verschulden mit Selbstverschulden

— Automobilist[321] befährt einen Niveauübergang ohne die mindeste Vorsicht; im einen Fall unterlässt der Lokomotivführer vorschriftswidrig die Signalgebung (BGE 57 II 432), im andern Fall ist die Barriere vorschriftswidrig offen (BGE 50 II 408 ff.); Reduktion in beiden Fällen um zwei Drittel (vgl. auch BGE 35 II 549).

— Lastwagenchauffeur beachtet auf Bahnareal manövrierenden Güterwagen nicht; auch das Bahnpersonal lässt es an der nötigen Vorsicht mangeln und es fehlt eine notwendige Signalisation; Reduktion um die Hälfte (BGE 99 II 206; beachte aber, dass es um Beurteilung eines reinen Sachschadens ging, in welchem Fall SVG 61 II analog angewendet wird; vgl. vorn N 64).

— Fuhrwerklenker befährt einen Niveauübergang ohne die mindeste Vorsicht; Nichtfunktionieren einer am Niveauübergang angebrachten Alarmglocke (BGE 34 II 454, 458); am Übergang wachsendes Gebüsch verdeckt die Sicht (Sem.jud. 1911, 766).

— Radfahrer befährt einen Niveauübergang ohne jede Vorsicht; ungenügendes Pfeifsignal, ungenügende Vorsicht des Lokomotivführers; Reduktion um drei Viertel (BGE 71 II 120 ff.).

— Passant überquert das Geleise auf einem Bahnhof ohne sich umzusehen; keine Schutzmassnahmen seitens der Bahn; Reduktion um einen Viertel (BGE 35 II 547 ff., 552).

— Völlige Unachtsamkeit eines Fussgängers; zu hohe Geschwindigkeit der Strassenbahn; Reduktion um einen Drittel (BGE 35 II 22. Gemäss der heutigen Praxis, vorne N 142, würde wohl eine grössere Reduktion vorgenommen).

— Grobe Unachtsamkeit eines Fussgängers auf einer Strasse mit Verbindungsgeleise; keine Schutzmassnahmen seitens der Bahn; Reduktion um mehr als zwei Drittel (BGE 26 II 22, 24).

— Fussgänger liegt betrunken auf dem Strassenbahngeleise; Bremsen und Scheinwerfer des Strassenbahnwagens ungenügend; Reduktion um die Hälfte (Sem.jud. 1906, 458).

— Zu hohe Geschwindigkeit eines Automobils[321], das an der Stelle, wo ein Strassenbahngeleise repariert wird, verunglückt; keine Schutzmassnahmen seitens der Bahn; Reduktion um die Hälfte (BGE 37 II 225).

— Betrunkener stolpert über einen Erdhaufen, der bei Reparaturen an einem Bahngeleise schuldhafterweise ohne Beleuchtung (BGE 17, 256 ff.) am Trottoirrande liegen gelassen wurde.

---

[321] In diesen, vor dem Inkrafttreten des MFG gefällten Urteilen wurde bei Kollisionen der Bahnen mit Motorfahrzeugen das Verhalten der Lenker der Motorfahrzeuge lediglich unter dem Gesichtspunkt des Selbstverschuldens gewürdigt. Heute gilt die vorstehend Ziff. 5 erwähnte besondere Regelung.

§ 27   Haftpflicht der Eisenbahnen, Transportunternehmungen und der Post

— Aufspringen auf einen fahrenden Zug; vorzeitige Abfertigung des Zugs; Reduktion um etwas weniger als einen Viertel (BGE 28 II 33; vgl. auch BGE 25 II 11).

— Abspringen vom fahrenden Zug; vorzeitige Abfertigung des Zugs; Reduktion um die Hälfte (BGE 23 II 1626 ff:). Ähnlich BGE 84 II 388 ff.: zudem Verschulden des Kondukteurs, der den Reisenden aus dem fahrenden Zug steigen lässt (S. 391/92); Reduktion um die Hälfte (S. 387, 392).

— Überklettern eines zur Abfahrt bereit stehenden Zuges; gleichwohl erfolgende Abfertigung dieses Zuges; Reduktion um die Hälfte (unter Berücksichtigung einer Erhöhung der Betriebsgefahr, BGE 69 II 331, 333/34).

— Verlassen eines schon wegfahrenden Schiffs, während die Schiebebrücke eingezogen wird; vorzeitiges Kommando zur Abfahrt, bevor die Schiebebrücke völlig eingezogen ist (BGE 23 II 1056 ff.).

— Ein Reisender lässt seine Hand aus dem Fenster eines fahrenden Wagens heraushängen, weshalb sie beim Anschlagen an eine Telephonstange zerschmettert wird; keine Schutzmassnahmen seitens der Bahn (BGE 30 II 30).

— Ein Reisender öffnet bei Einfahrt des Zuges die Türe; diese schlägt an ein vorstehendes Gerüstrohr und reisst beim Zurückschlagen dem Passagier den Arm ab; mangelnde Überprüfung des Lichtraums durch die Bahn; Reduktion um zwei Fünftel (BGE 96 II 359).

— Strassenbahnreisender verlässt den Wagen auf der Seite des andern Geleises; vorschriftswidriges Offenlassen der Türe durch das Zugspersonal; Reduktion um zwei Fünftel (Sem.jud. 1902, 399).

— Reisender tritt während der Fahrt auf die Plattform eines Wagens, ohne dass ausserordentliche Umstände dies gerechtfertigt hätten; vorschriftswidriges Offenlassen der Türe durch das Zugspersonal; Reduktion um ca. neun Zehntel (BGE 32 II 10). Vgl. auch SJZ 26, 187 Nr. 133.

— Reisender schliesst auf ungeschickte Weise die Tür eines fahrenden Wagens; die Bahn verwendet Wagen, deren Türen nicht richtig geschlossen werden können; Reduktion um einen Drittel (BGE 22, 456 ff.).

— Betrunkener stürzt in den Schacht eines auf dem Bahnhofperron befindlichen Warenaufzugs; keine Schutzmassnahmen seitens der Bahn; Reduktion um drei Viertel (BGE 42 II 518).

3. Reduktion des Schadenersatzes im Falle der Konkurrenz einer Erhöhung der Betriebsgefahr mit Selbstverschulden:

— Reisender öffnet die Wagentüre vorzeitig; der Perron ist mit Postwagen verstellt, gegen deren einen die Wagentüre schlägt, so dass sie zufällt und den Reisenden verletzt; Reduktion um drei Viertel (BGE 69 II 267).

— Überklettern eines zur Abfahrt bereit stehenden Zuges; verschiedene, die Betriebsgefahr erhöhende Umstände (aufgezählt BGE 69 II 327/28, 330); Reduktion um die Hälfte (unter Berücksichtigung bahnseitigen Verschuldens, S. 331, 333/34).

— Bahnhofbenützer überquert das Geleise ohne sich umzusehen; ungünstige atmosphärische Verhältnisse (Schneetreiben); Reduktion um einen Viertel (BGE 35 II 547/48).

IV. Übrige Fragen　§ 27

— Betreten eines Holzgerüsts trotz Warnung; Einsturz des Gerüsts infolge Morschheit (BGE 37 II 96).

— Mineur nähert sich vorschriftswidrig einer Sprengstelle; Reduktion um zwei Fünftel (BGE 37 II 464).

Die Beurteilung und die allfälligen Folgen des *Selbstverschuldens* bei Unfällen des *Bahnpersonals* richten sich nicht mehr nach dem EHG, seitdem die Haftpflicht der Bahnunternehmungen gegenüber ihren Arbeitnehmern, die früher eine bedeutende Rolle gespielt hat, durch die *obligatorische Unfallversicherung* abgelöst ist (UVG 44)[322]. Für denjenigen Teil des Schadens, der durch die Versicherung nicht gedeckt ist, kann der verunfallte Arbeitnehmer seinen Arbeitgeber — die Bahnunternehmung — zwar belangen, aber nicht gemäss EHG, sondern nach den Vorschriften von OR 41 ff.: Bd. I 431 ff. Zusammen mit andern, in UVG 44 aufgezählten Personen ist der Arbeitgeber zudem insofern vor der Haftbarmachung geschützt, als er (abgesehen von der Genugtuung) nur bei Vorliegen von Absicht oder grober Fahrlässigkeit eines Organs belangbar ist; ein seltener Tatbestand. Ungeachtet dieser veränderten Rechtslage mag es sich rechtfertigen, das Selbstverschulden des Personals nachfolgend zu behandeln. Dabei ist zu beachten, dass es in Rücksicht auf UVG 44 um das Selbstverschulden im Zusammenhange von OR 44 I geht; trotzdem verdient die unter der Herrschaft des EHG geschaffene Gerichtspraxis Beachtung.

180

In Übereinstimmung mit der allgemeinen *Konzeption des Selbstverschuldens* (Bd. I 158 ff.) ist als schuldhaft bezeichnet worden: das Ausserachtlassen derjenigen Aufmerksamkeit, die ein sorgfältiger Beamter oder Angestellter unter den gegebenen Umständen aufzuwenden pflegt[323]. Dabei ist zu berücksichtigen, dass das Personal den Gefahren mehr ausgesetzt ist als das Publikum, und dass es trotzdem wegen der Erfordernisse des Dienstes nicht so vorsichtig sein kann wie dieses; das Personal darf auch bis zu einem gewissen Grad mit dem vertrauten, normalen Ablauf der Dinge rechnen[324]. Ferner ist, wie schon im «Allgemeinen Teil» bemerkt, in Rechnung zu stellen, dass man gegen die Gefahr abstumpft; eine so ausserordentliche Anspannung der Aufmerksamkeit, wie sie die ständig lauernden Gefahren eigentlich verlangen, kann nicht dauernd geleistet werden. Deshalb ist

181

---

[322] Diese Bestimmung ersetzte KUVG 128 und 129.
[323] BGE 25 II 275 ff.; 29 II 4, 7.
[324] BGE 25 II 277; 27 II 433.

§ 27   Haftpflicht der Eisenbahnen, Transportunternehmungen und der Post

bei der Beurteilung des Selbstverschuldens ein milderer Massstab als sonst angezeigt[325]. Die Nichtbeachtung einer Dienstvorschrift bedeutet nicht durchwegs Selbstverschulden; so namentlich nicht, wenn die Nichtbeachtung geduldet wird[326], oder falls die Umstände sogar eine Abweichung erheischen[327].

182   **Kasuistik** über das *Selbstverschulden* des *Bahnpersonals*

Bei der Durchsicht der Gerichtspraxis vor Inkrafttreten des KUVG muss man sich vor Augen halten, dass offenbar soziale Rücksichten die Gerichte gelegentlich zugunsten des Personals zu Schlüssen kommen liessen, die unter den heutigen Verhältnissen einer Korrektur bedürften. Neben den folgenden Urteilen vgl. ERISMANN 26 ff.; MACKENROTH 26 FN 34 ff.; GUYER 73 ff.; ZEERLEDER 105 ff., 109; EGER 163 ff.; SELIGSOHN 130.

1. *Keine Entlastung der Bahn und keine Schadenersatzreduktion wurde in folgenden Fällen zugestanden:*

— Überschreiten des Geleises, den Blick auf ein in Händen gehaltenes dienstliches Papier gerichtet (BGE 25 II 275; 27 II 432).

— Überschreiten des Geleises, ohne sich umzusehen (statt vieler BGE 28 II 13/14; 29 II 7).

— Gehen durch eine Lücke zwischen zwei stillstehenden Wagen, während manövriert wird; Zerdrücktwerden zwischen den Puffern (BGE 14, 264; 17, 118 ff.; 27 II 441/42; 18, 249. Vgl. aber anderseits BGE 9, 84 ff.).

— Reglementswidriges Abspringen vom fahrenden Zug (BGE 9, 273 ff.).

— Unzweckmässige Ausführung einer Hilfsarbeit; die dabei vorgekommene, schadenverursachende Ungeschicklichkeit des Angestellten ist auf die betriebsmässige Raschheit zurückzuführen, mit der die Arbeit auszuführen war (BGE 34 II 445).

2. *Entlastung wurde in folgenden Fällen gewährt:*

— Überschreiten des Geleises unmittelbar vor dem herannahenden Zug (BGE 25 II 290).

— Öffnen eines Briefes, auf dem Geleise gehend (BGE 16, 126).

— Begehen eines dem Verunfallten bekannten Rangiergeleises, ohne sich nach rangierenden Zügen umzusehen (BGE 32 II 430).

— Aufenthalt auf dem Geleise ohne dienstliche Veranlassung, trotz des Bewusstseins, dass ein Zug einfahren könnte (BGE 13, 474).

— Begehen einer Bahnstrecke durch einen Bahnwärter in trunkenem Zustand; er wird überfahren (BGE 19, 789 ff.).

---

[325] BGE 7, 534; 18, 247, 255; 22, 771; 28 II 15; 29 II 5, 231; 34 II 445.
[326] BGE 9, 276; 14, 269; 23 I 156; vgl. auch BGE 5, 585 ff.; 19, 222.
[327] BGE 10, 120; 19, 222; 29 II 7/8, 230/31.

IV. Übrige Fragen   § 27

— Reglementswidriges Gehen durch eine Lücke zwischen zwei Wagen während des Manövrierens, ohne dass eine Veranlassung dafür besteht, und ohne darauf zu achten, ob der in Bewegung befindliche zweite Wagen bereits nachgeschoben ist (BGE 9, 84 ff.).
— Abspringen von einem in voller Fahrt befindlichen Zug (BGE 9, 12/13). Anders, wenn das Abspringen unter dem Eindruck unmittelbarer Todesgefahr erfolgt (BGE 12, 590; dazu Bd. I 162).
— Kondukteur verlässt reglementswidrig den Gepäckwagen zum Besuch des Bahnhofbuffets; reglementswidriges und sehr unvorsichtig erfolgendes Aufspringen auf den schon in rascher Bewegung befindlichen Zug (BGE 19, 221 ff.).

3. Wegen Selbstverschuldens wurde der Schadenersatz in folgenden Fällen reduziert:

— Überschreiten des Geleises, ohne sich umzusehen; Verschulden der Bahn wegen reglementswidrigen Manövers; Reduktion um die Hälfte (BGE 28 II 22).
— Ein auf einem Bahngeleise tätiger Arbeiter weicht vor dem herannahenden Zug reglementswidrig auf das andere Geleise aus, statt vom Bahndamm wegzutreten; Verschulden der Bahn wegen mangelnder Konsequenz in der Handhabung des Reglements; Reduktion um die Hälfte (BGE 14, 267).
— Reglementswidriges Abspringen vom fahrenden Zug, zwei schwere Dienstmäntel auf dem einen Arm, drei Laternen in der andern Hand; Reduktion um einen Zehntel (BGE 38 II 655).
— Heizer beugt sich zu weit hinaus und schlägt gegen einen neben dem Geleise stehenden Baum; Verschulden der Bahn, weil sie den Baum in zu geringem Abstand zum Geleise hat stehen lassen (BGE 19, 512 ff.).
— Reglementswidriges Hinauslehnen aus einem fahrenden Zug; Anschlagen an eine Laterne; Verschulden der Bahn wegen zu geringen Abstands der Laterne; Reduktion um ungefähr zwei Drittel (BGE 10, 116 ff.).

2. Sachschaden

a) Schadensberechnung

Wenn die Eisenbahn gemäss EHG 11 für Sachschaden haftet (vorne N 56 ff.), dann sind für die Schadensberechnung *zwei Tatbestände* auseinanderzuhalten, wie sich EHG 12 entnehmen lässt: 183

1. Fällt der Bahn *kein Verschulden* zur Last, dann haftet sie nur für den «wirklichen Wert» der beschädigten, zerstörten oder verlorenen Sache; d. h. man wendet die *objektive Berechnungsart* an: Bd. I 250 f. Insbesondere wird entgangener Gewinn nicht ersetzt.   184

185   2. Ist dagegen ein *Verschulden* festgestellt[328], so «kann» — wie das Gesetz sagt — eine «weitergehende Entschädigung» zugesprochen werden. Dies will sagen, dass die *subjektive Berechnungsart* (Bd. I 251 ff.) Platz greift; auch der entgangene Gewinn, die Chômage und der Minderwert einer stark ausgebesserten Sache sind dann, neben andern Posten, zu berücksichtigen[329]. Das Wort «kann» ist nicht dahin aufzufassen, es sei in das Ermessen des Richters gestellt, ob er bei Vorliegen von Verschulden die subjektive Berechnungsart anwenden wolle; er *muss* es tun. Dies ergibt sich aus dem Wesen des Schadens und seines Ersatzes, der grundsätzlich auf vollen Ausgleich der erwachsenen Nachteile zielt; das «kann» will nur den Gegensatz zum Tatbestand der Schuldlosigkeit der Bahn hervorheben, welche die objektive Berechnungsart nach sich zieht.

186   Soweit auf einen Sachschaden nicht das EHG, sondern das *Transportrecht* anzuwenden ist, fallen die soeben mitgeteilten Regeln ausser Betracht, und die Schadensberechnung richtet sich nach den einschlägigen transportrechtlichen Vorschriften[330].

---

[328] In der unklar formulierten Bestimmung EHG 12 ist davon die Rede, eine «weitergehende Entschädigung» könne nur «in den Fällen des Art. 8 zugesprochen werden.» Die letztere Vorschrift umschreibt die Voraussetzungen der Genugtuung, so dass die erwähnte Stelle vernünftigerweise nur besagen kann, es müsse ein *Verschulden* vorliegen (vgl. alt EHG 9); dagegen kann der Sinn nicht der sein, der Sachschaden müsse im Zusammenhang mit einem Personenschaden eingetreten und wegen des letzteren *tatsächlich* eine Genugtuung zugesprochen worden sein. Unzutreffend Sem.jud. 1912, 543.

[329] In BGE 37 II 227 sind die Kosten für die Hebung eines in einen See gestürzten Automobils zugesprochen worden.
Dass im Verschuldensfall unter anderem auch für *entgangenen Gewinn* Ersatz zu leisten ist, ergibt sich aus der allgemeinen Regel, wonach *aller* Schaden zu veranschlagen ist (Bd. I 57). Ohne zwingenden Grund sollte davon nicht abgewichen werden. In EHG 12 ist denn auch nirgends davon die Rede, für den entgangenen Gewinn sei *kein* Ersatz zu leisten. Gleicher Meinung im Ergebnis ZBJV 68, 545 und im Hinblick auf alt EHG 9: HE 12, 330. Gleicher Meinung ferner ROELLI, Die Haftpflicht der schweiz. Eisenbahnen unter der Herrschaft des BG über die Kranken- und Unfallversicherung, Gutachten (Frauenfeld 1913) 8; STEINER in SJZ 28, 80; SCHÄRER 194; FAURE, SJK Nr. 1050 S. 2. Anderer Meinung anscheinend STREBEL MFG 41 N 21, FN b, unter Berufung auf BGE 54 II 222. Dort wird diese Frage aber gar nicht entschieden. Die Vorschrift ElG 27 II, wonach für «Störungen im Geschäftsbetrieb» nicht gehaftet wird (hinten § 28 N 108 ff.), ist singulärer Art und erträgt keine Verpflanzung ins Eisenbahnhaftpflichtrecht. — Dazu auch BUSSY, Les accidents de passages à niveau (Lausanne 1956) N 84, der anscheinend die Ausführungen in der 1. Aufl. dieses Buches missversteht.

[330] Vorne N 66 ff.

IV. Übrige Fragen   § 27

b) **Schadenersatzbemessung**

Nach allgemeiner Regel[331] ist das *Selbstverschulden* auch bei Sach- 187
schaden ein Grund zur Schadenersatzreduktion, gleichgültig, in welcher
Weise (Kausalhaftung oder Verschuldenshaftung, EHG 11 I/II) oder
nach welcher Vorschrift (EHG oder Transportrecht) im übrigen gehaftet werde[332]. Für Begriff und Funktion des Selbstverschuldens und der
übrigen Reduktionsgründe sei auf die Ausführungen im «Allgemeinen
Teil» und zum soeben behandelten Personenschaden verwiesen: Bd. I
§ 7 und vorstehend N 173 ff.

C. Genugtuung

Gemäss EHG 8 kann bei *Tötung* und *Körperverletzung* «unter Wür- 188
digung der besonderen Umstände» eine angemessene Geldsumme als
Genugtuung zugesprochen werden. *Voraussetzung* ist ein für den Unfall
kausales *Verschulden* des Inhabers der Eisenbahnunternehmung, seiner
Hilfspersonen oder anderer Personen, für die er einzustehen hat (EHG
8 und 1 II)[333].

Nachdem früher das Verschulden als Voraussetzung für die Leistung 189
einer Genugtuungssumme betrachtet wurde[334], hat das Bundesgericht
im Jahre 1948 in BGE 74 II 212/13 in einem Anwendungsfall von
OR 54 auch ohne Verschulden eine Genugtuungssumme zugesprochen.
Die herrschende Meinung[335] hat sich diesem Urteil angeschlossen,
soweit das Gesetz nicht am Verschulden als Voraussetzung einer
Genugtuungszahlung ausdrücklich festhält. Dies war früher neben EHG
8 und VG 6 I in MFG 42 der Fall. Das SVG (vom 19. Dezember
1958) verzichtet nun aber auf eine solche Sonderregelung und verweist
in Art. 62 I wie die andern Spezialgesetze[336] auf das OR[337]. EHG 8

---

[331] Dazu BGE 13, 54/55; 69 II 410. EHG 5 ist nur auf *Personenschaden* zugeschnitten, was in BGE 37 II 224 übersehen wird; vgl. auch A. KELLER I 206.
[332] Vgl. als Beispiel BGE 99 II 195 ff. E. 4; dazu auch A. KELLER I 302.
[333] BGE 36 II 572; 37 II 98; RVJ 1984, 143.
[334] Vgl. Bd. I in der 2. A. (Zürich 1958) 262/63.
[335] Vgl. Bd. I 295; KELLER/GABI 127; STARK, Skriptum, N 189; DESCHENAUX/TERCIER § 16 N 11 f.; A. KELLER II 118.
[336] Vgl. A. KELLER II 109.
[337] Vgl. Bd. II/2 § 25 N 623 ff.

§ 27 Haftpflicht der Eisenbahnen, Transportunternehmungen und der Post

und VG 6 I sind in der heutigen (bundesrechtlichen) Haftpflichtordnung die einzigen Normen, die — im Rahmen ihres Anwendungsbereiches — die Genugtuungsleistung noch von einem Verschulden abhängig machen[338].

190 Gemäss dem EHG soll «namentlich» bei Arglist und grober Fahrlässigkeit Genugtuung geschuldet sein, doch genügt unter Umständen auch leichte Fahrlässigkeit[339]. Für die *übrigen Fragen* kann auf die Ausführungen Bd. I § 8 verwiesen werden, hinsichtlich einzelner Regeln über das Verschulden auf die Darlegungen vorstehend N 169 ff.

191 **Kasuistik**

Nachstehend sind einige die Beurteilung des *Verschuldens* betreffende Urteile zitiert; bei den meisten ging es denn auch um die Zusprechung einer *Genugtuung*. Bezüglich der *Dokumentierung* über die Judikatur zum Verschulden sei im übrigen auf die vorstehend N 169 ff. gemachten Bemerkungen verwiesen. Soweit Urteile zu alt EHG 7 angeführt werden, ist zu beachten, dass dort die Verurteilung zu einer Genugtuung neben der Arglist *grobe* Fahrlässigkeit voraussetzte, was vielleicht da und dort eine im Vergleich zu heute strengere Beurteilung des Verschuldens nahelegte. In den im folgenden zitierten Entscheiden fällt das Verschulden meist mit einer Reglements- oder sonstigen Vorschriftswidrigkeit auf seiten der Bahn zusammen. Weitere Zitate bei ERISMANN 52/53; MACKENROTH 40 ff.; GUYER 98 N 4a ff.

1. Das Vorhandensein eines *Verschuldens* wurde in folgenden Fällen *bejaht:*

— Offenlassen der Barriere; grobe Fahrlässigkeit (BGE 34 II 197; Sem.jud. 1905, 381).

— Mangelhafte Bedienung der Barriere (BGE 69 II 408; 76 II 389).

— Mangelhafte Ausstattung der Barriere (BGE 81 II 164).

— Mangelhafte Anlage eines Niveauüberganges, insbesondere verdeckte Sicht (BGE 69 II 157/58; 76 II 331; ZBJV 75, 530).

— Fehlen der vorgeschriebenen Schutzmassnahmen an einem Niveauübergang (BGE 39 II 319/20).

— Nichtfunktionieren der an einem Niveauübergang angebrachten Alarmglocke; grobe Fahrlässigkeit (BGE 34 II 457/58).

---

[338] In BGE 74 II 214 wird in einem *obiter dictum* die Frage aufgeworfen, ob EHG 8 nicht durch OR 54 zu ergänzen sei. Das würde bedeuten, dass bei objektiv fehlerhaftem Verhalten eines urteilsunfähigen Bahnangestellten die Leistung einer Genugtuung durch die Bahnunternehmung in Frage käme, nicht aber bei trotz Urteilsfähigkeit fehlendem Verschulden. Befriedigender ist es wohl, bei der nächsten Gelegenheit EHG 8 abzuändern.

[339] Bd. I 295/96 und dort FN 43.

IV. Übrige Fragen § 27

— Zirkulierenlassen der Züge an Telephonstangen vorbei, die in ungenügendem Abstand vom Geleise stehen; übersetzte Geschwindigkeit; keine Warnung der Reisenden vor der Gefährdung durch die Telephonstangen; grobe Fahrlässigkeit (BGE 30 II 31).

— Ungenügende Signalgebung durch den Lokomotivführer (BGE 67 II 188; ZBJV 75, 530); durch den Strassenbahnführer (Sem.jud. 1951, 615; hier auch Verschulden der Bahnverwaltung bejaht, weil sie kein Signal vorgeschrieben hat); namentlich vor einem Schulhaus, dazu ungenügendes Bremsen nach dem Unfall (BGE 58 II 264). Vgl. ferner BGE 33 II 20; 57 II 432; das bei HESS I 414 zit. Kreisschreiben.

— Übersetzte Geschwindigkeit eines Zuges (BGE 8, 804; 30 II 43. Vgl. auch BGE 14, 275; 25 II 568; 30 II 31; 35 II 23), besonders angesichts spielender Kinder (BGE 29 II 17).

— Strassenbahnunternehmung lässt an der Stelle einer unübersichtlichen Einmündung einer Seitenstrasse eine zu hohe Geschwindigkeit zu; verspätetes Bremsen angesichts einer drohenden Gefahr (Sem.jud. 1959, 352ff.).

— Strassenbahnführer hält nicht an, obgleich sich ein scheuendes Pferd auf dem Geleise befindet, das sein Reiter nicht vorwärts bringen kann (Sem.jud. 1903, 235).

— Unterlassen des unter den gegebenen Umständen notwendigen Sandstreuens; mangelhafte Bremsvorkehren; grobe Fahrlässigkeit (BGE 30 II 43. Vgl. auch BGE 14, 276).

— Verwendung eines Strassenbahnführers trotz mangelnder Eignung und Ausbildung (BGE 58 II 264). — Vgl. auch BGE 67 II 188.

— Verwendung eines Kondukteurs ohne Prüfung seiner Sehschärfe; grobe Fahrlässigkeit (BGE 23 II 1041).

— Keine Schutzvorrichtungen gegen Steinschlag; grobe Fahrlässigkeit (BGE 12, 585).

— Bahnräumer (chasse-corps) zu hoch angebracht (Sem.jud. 1909, 185).

— Trittbrett eines Bahnfahrzeugs ragt zu weit in die Fahrbahn einer Strasse hinein (Urteil des BGer. vom 25. Februar 1943, zit. bei THILO in JT 1943, 443).

— Abfertigen eines Zuges, während ihn noch zahlreiche Personen überklettern und obgleich auch sonst auf dem Bahnhof gefährliche Verhältnisse herrschen (BGE 69 II 330/31).

— Abfertigen eines Zuges, welcher derart überfüllt ist, dass Reisende aussen auf der Plattform der Wagen stehen müssen; grobe Fahrlässigkeit (BGE 30 II 489).

— Zu kurzer Halt auf einer Station; der Kondukteur lässt einen Reisenden vom fahrenden Zug steigen; grobe Fahrlässigkeit der Eisenbahnunternehmung (BGE 84 II 385, 388, 392).

— Rangieren auf einem in der Nähe eines Strässchens und von Wohnhäusern gelegenen Verbindungsgeleise, ohne nachzusehen, ob das Geleise frei sei; grobe Fahrlässigkeit (BGE 31 II 35 ff.; vgl. auch BGE 9, 271).

— Bahnkunde wird nicht auf die Gefahren des elektrischen Stromes (Fahrleitung) hingewiesen; leichte Fahrlässigkeit (BGE 89 II 47 f.).

— Mangelnde Überprüfung des Lichtraums; Baugerüst steht zu nahe am Geleise (BGE 96 II 359).

— Entgleisung infolge Umstellens einer Weiche während der Überfahrt des Zuges; grobe Fahrlässigkeit (BGE 34 II 595).

§ 27   Haftpflicht der Eisenbahnen, Transportunternehmungen und der Post

— Zugszusammenstoss infolge falscher Bedienung von Weichen und Signalen; Passierenlassen eines Zugs ohne sich zu vergewissern, ob ein auf dem betreffenden Geleise stattfindendes Manöver beendet sei; grobe Fahrlässigkeit (BGE 32 II 248).

— Zugszusammenstoss infolge Verletzung mehrerer Vorschriften (Maximalgewicht; Mindestabstand zwischen zwei in gleicher Richtung fahrender Züge; Rückwärtige Absicherung eines haltenden Zuges); grobe Fahrlässigkeit (BGE 19, 782 ff.).

— Zugszusammenstoss wegen zu späten Abstellens des Dampfes und verspäteten Bremsens (BGE 28 II 207).

— Explosion der Dampfmaschine eines Schiffs, weil deren Reparatur trotz Kenntnis ihrer Notwendigkeit unterlassen worden war; Überlastung der Sicherheitsventile; grobe Fahrlässigkeit (BGE 22, 761).

— Verschiedene falsche Manöver eines Dampfers bei der Begegnung mit einer Schaluppe; keine Signale gegeben; grobe Fahrlässigkeit (Sem.jud. 1920, 520/21).

— Schiffsführer einer «Schwalbe» fährt zu nah an einem seinen Weg kreuzenden Dampfer vorbei, weshalb die Passagiere der «Schwalbe» von der Bugwelle des Dampfers durchnässt werden (Sem.jud. 1912, 542; bezieht sich auf EHG 11 II); auch auf seiten des Führers des Dampfers liegt Verschulden vor (Sem.jud. 1912, 543; bezieht sich auf EHG 18).

2. Das Vorhandensein eines *Verschuldens* wurde in folgenden Fällen verneint:

— Bestimmte Niveauübergänge werden unabgeschrankt und unbewacht gelassen (BGE 69 II 157; 71 II 123; Sem.jud. 1899, 329; RVJ 1983, 316 ff.; JT 1984 I 422 f.; vorstehend FN 309.

— Unübersichtlicher Niveauübergang; kein Blinklichtsignal (BGE 71 II 122 ff.).

— An einer Stelle, wo der Bahnkörper eingezäunt ist, ist nicht auch noch eine Verbotstafel angebracht; Liegenlassen von Werkzeug, dessen Verwendung für Dritte gefährlich ist, auf dem eingezäunten Bahnkörper (BGE 75 II 71 f.).

— Bahnhof weist keine Unterführung auf; wenig Personal eingesetzt (BGE 69 II 328).

— Der Kondukteur steht auf einer Station neben dem letzten Wagen, von dort aus den Zug beobachtend (BGE 84 II 385); aber Verschulden der Eisenbahnunternehmung wegen des zu kurzen Anhaltens an der Station (vgl. oben).

— Der Kondukteur einer Strassenbahn überwacht nicht sämtliche Reisenden, um sie gegebenenfalls am Abspringen zu hindern (Sem.jud. 1899, 213).

— Der Führer einer Strassenbahn hält beim Überholen von Pferden, die keine Zeichen des Erschreckens geben, nicht an (Sem.jud. 1912, 719).

— Keine Bremsung eingeleitet, da deren Notwendigkeit für den Führer erst *post factum* erkennbar war (BGE 68 II 258 f.).

— Durchführung eines Rangiermanövers auf Niveauübergang trotz eines herannahenden Autos (RVJ 1983, 320).

— Aneinanderreihen verschiedener Wagentypen; Dulden des Betretens geschlossener Plattformen (BGE 68 II 272).

— Die Konstruktion eines Strassenbahnwagens ermöglicht das Auftreten gelegentlicher heftiger Erschütterungen; die Türen sind auf der Einsteigeseite nicht geschlossen (Sem.jud. 1918, 496).

D. Gegenseitige Schädigung und andere Fälle der Kollision von Haftungen unter sich

Das EHG enthält für solche Tatbestände — vor allem, um den häufigsten Fall hervorzuheben, für die Abklärung der Haftpflicht infolge von Zusammenstössen zwischen *Bahnen und Motorfahrzeugen*[340] — keine Vorschrift. Somit sind die allgemeinen Regeln anzuwenden: Bd. I § 9[341]. Die Folgen der Schädigung von *Bahnen unter sich* werden gewöhnlich zum voraus vertraglich geordnet (Bd. I 333).

E. Mehrheit von Ersatzpflichtigen. Regress

Nach allgemeiner Regel haftet eine Mehrheit von Ersatzpflichtigen *solidarisch:* Bd. I 337 ff. Danach haften bei Eisenbahnunfällen solidarisch mit der Bahn ihre Hilfspersonen[342] und die Bauunternehmer, für welche die Bahn vorweg einstehen muss (EHG 1 II, 8), auch *deren* Hilfspersonen, dann Dritte, die im Verhältnis konkurrierender Kausalität an der Verursachung des Schadens beteiligt sind (z. B. Motorfahrzeughalter), ohne dass ihr Verhalten zur Entlastung der Bahn geführt hätte (Bd. I 96 ff.). Solidarisch haften ferner mehrere Inhaber von Bahnunternehmungen, auf deren Betriebe der Schaden insgesamt zurückgeht (vorstehend N 39 ff.).

Wo extern Solidarität besteht, stellt sich intern die Frage des *Regresses*. Im Einklang mit den allgemeinen Prinzipien des Haftpflichtrechts (Bd. I § 10, 334 ff.) ermächtigt EHG 18 die Eisenbahnunternehmung zum Rückgriff gegen Personen, «die durch ihr Verschulden einen Unfall verursacht haben, aus welchem Schadenersatzansprüche geltend gemacht wurden». Somit steht der Rückgriff offen, insbesondere auf die

---

[340] Vgl. dazu SCHAFFHAUSER/ZELLWEGER II N 1350 ff.
[341] Nochmals hinzuweisen ist auf die analoge Anwendung von SVG 61 II im Falle von Sachschaden; vgl. BGE 93 II 125 ff.; 99 II 198; vorn N 64 mit weiteren Belegen.
[342] Näheres vorne N 50.

§ 27 Haftpflicht der Eisenbahnen, Transportunternehmungen und der Post

erwähnten Hilfspersonen[343], Bauunternehmer[344] und Dritten[345]. EHG 18 spricht vom Rückgriff nur mit Bezug auf Unfälle, aus denen *Schadenersatz*ansprüche abgeleitet worden sind; aber auch die Leistung von *Genugtuung* ruft in gleicher Weise dem Regress[346]. Ferner scheint der Rückgriff nach dem Wortlaut der Vorschrift nur gegenüber Personen zulässig zu sein, die im Verschulden sind, so dass die Bahn z. B. auf einen solidarisch mit ihr haftenden, schuldlosen, Motorfahrzeughalter nicht greifen könnte. Eine solche Auslegung würde indessen den Verhältnissen keineswegs gerecht[347]; vielmehr enthält das EHG in dieser Hinsicht eine Lücke, welche durch die in Bd. I 348 ff. entwickelten Grundsätze, aber auf der Basis der sektoriellen Verteilung, auszufüllen ist[348]. Wie dort gezeigt, ist ein Regress auch unter Kausalhaftpflichtigen denkbar, und damit der Rückgriff einer Bahn auf einen andern Kausalhaftpflichtigen. Denn der Regress ist das unerlässliche Korrelat der Solidarität, und dass mehrere Kausalhaftpflichtige, z. B. eine Bahn und ein Motorfahrzeughalter, dem Geschädigten solidarisch haften, steht ausser Zweifel.

195 Wie in Bd. I § 10 dargestellt, richtet sich die *Verjährungsfrist* nach der Vorschrift, welche überhaupt auf die Verjährung derjenigen Anspruchsart Bezug hat, die man gegen den Regresspflichtigen geltend macht[349]. Regressiert demnach eine Eisenbahn z. B. gegen Motorfahrzeughalter, so unterliegt ihr Anspruch der Verjährungsfrist von SVG 83; nimmt

---

[343] BGE 56 II 399. Es scheint indessen nur selten vorzukommen, dass gegen sie Regressansprüche geltend gemacht werden. Der Rückgriff gegen die Funktionäre des *Bundes* (auch diejenigen der Schweizerischen Bundesbahnen, vorstehend FN 97) richtet sich nach dem BG über die Verantwortlichkeit des Bundes..., vom 14. März 1958 (SR 170.32) Art. 3 IV, 7, 11 III. Der Rückgriff setzt Vorsatz oder grobe Fahrlässigkeit voraus.
[344] Vorne N 51, 114; BGE 36 II 478 ff.
[345] BGE 33 II 501/02; 34 II 583; 38 II 226/27; 56 II 399; 57 II 433; 58 II 253; 69 II 155; 93 II 128; Sem.jud. 1912, 543. — Über die aus der Regressforderung abgeleitete *exceptio doli*, die gegenüber der Forderung im externen Verhältnis erhoben werden kann: Bd. I 168; GEISER in SJZ 55, 271/72.
[346] Bd. I 294, 336.
[347] Gleicher Meinung BGE 93 II 128; VAS 4 Nr. 214 S. 386; v. SALIS in ZBJV 33, 451; FAURE, SJK Nr. 1050 S. 5. Offengelassen wird die Frage durch WIMMER in SJZ 7, 3.
[348] Vgl. unter den in Bd. I 357 ff. aufgezählten Tatbeständen namentlich die unter lit. b und folgenden erwähnten.
[349] Bd. I 355 f.

IV. Übrige Fragen § 27

umgekehrt der Halter auf die Bahn Regress, so verjährt sein Anspruch nach EHG 14[350].

Für alle *übrigen Fragen* sei auf § 10 verwiesen. 196

F. Haftpflicht und Versicherung

1. Ist der Geschädigte durch eine *private Personenversicherung*[351] für 197
den Eisenbahnunfall gedeckt, so kann er nach VVG 96 deren Leistungen zusätzlich zur Haftpflichtentschädigung beanspruchen. Dementsprechend hat der Haftpflichtige keinen Regress gegen den Personenversicherer[352]. Hier sind aber zwei Ausnahmen zu beachten:

a) Wenn die haftpflichtige Eisenbahn- (resp. dem EHG unterstellte 198
sonstige) Unternehmung an der Bezahlung der Prämien beteiligt war, so kann die Haftpflichtleistung um die der Prämienzahlung der Bahn entsprechende Schadenersatzsumme gekürzt werden. Diese sich aus EHG 13 I ergebende Rechtslage entspricht derjenigen nach SVG 62 III[353]. Die praktische Bedeutung ist gering, weil solche Unfallversicherungen kaum je bestehen[354].

b) Die sich aus VVG 96 ergebende Anspruchskumulation wird 199
durch die neuere bundesgerichtliche Praxis eingeschränkt: Nach BGE 104 II 47 kann eine Unfallversicherung in bezug auf die Deckung der Heilungskosten und des Taggeldes (Versicherungsleistung bei vorübergehender Arbeitsunfähigkeit) als Schadensversicherung ausgestaltet sein: Dann ist die Anspruchskumulation ausgeschlossen und gilt die Regelung von VVG 72 (unten Ziff. 2). Für die Invaliditäts- und Todesfallzahlungen ist aber nach wie vor VVG 96 massgebend[355].

---

[350] SVG 83 und EHG 14 sehen die gleiche Verjährungsfrist vor; verschieden ist aber ihr Beginn. Der Beginn der Verjährung für den Regress gegen eine Eisenbahnunternehmung richtet sich bei Motorfahrzeug- und Fahrradunfällen nach SVG 83 III und nicht nach EHG 14; vgl. Bd II/2 § 25 FN 1243. Bei andern Unfällen ist, wenn nicht OR 149 I anwendbar ist, die Zahlung des Regressberechtigten massgebend; vgl. Bd II/1 § 16 N 388.
[351] Unfall- oder Lebensversicherung; die Krankenversicherung spielt hier keine Rolle.
[352] Vgl. Bd. II/2 § 25 N 615.
[353] Vgl. Bd. II/2 § 25 N 616 ff.
[354] Vgl. Bd. I 400 ff.
[355] Vgl. SCHAER N 14 ff.; MAURER, Privatversicherungsrecht, 162 f.; BAUR (zit. vorn FN 131) 45, insbesondere FN 62; STARK, Skriptum, N 1045 ff.

§ 27   Haftpflicht der Eisenbahnen, Transportunternehmungen und der Post

200   2. Im Bereich der *Schadensversicherung* (Autokaskoversicherung, Reisegepäckversicherung usw.) gilt nicht VVG 96, sondern VVG 72, wo ein Regress des Versicherers gegen den Haftpflichtigen vorgesehen ist [356].

201   3. Im Bereich der *Sozialversicherung* (UVG, KVG, AHVG, IVG, MVG) sehen die einschlägigen Gesetze heute ein volles Regressrecht des Versicherers auf den Haftpflichtigen vor, also nicht nur für Heilungskosten und vorübergehenden Verdienstausfall [357]. Hier ist aber zu erwähnen, dass UVG 44 (früher KUVG 129) Schadenersatzansprüche der obligatorisch versicherten Arbeitnehmer des Haftpflichtigen gegen diesen (d. h. ihren Arbeitgeber) im Rahmen des Versicherungsschutzes bei Berufsunfällen auf grobe Fahrlässigkeit und Absicht eines Organs beschränkt. Fehlt dieses schwere Verschulden, so besteht auch kein Regressanspruch des Sozialversicherers gegen die haftpflichtige Eisenbahnunternehmung. Die Rechtslage unterscheidet sich auch hier nicht von derjenigen nach SVG, weshalb auf Bd. II/2 § 25 N 749 ff. zu verweisen ist.

202   4. Daneben wird durch *SVG 88* das Regressrecht jedes Versicherers gegen den Haftpflichtigen beschränkt: Der Regress kann nur geltend gemacht werden, soweit der Geschädigte dadurch nicht benachteiligt wird. Diese Bestimmung des SVG ist durch das Bundesgericht auch auf Haftpflichtansprüche aus andern Gesetzen angewendet worden [358]. Es ist daher hier auf Bd. I 393 und Bd. II/2 § 26 N 422 ff. zu verweisen.

203   5. Nicht die Eisenbahnen, jedoch die übrigen dem EHG unterstehenden Transportunternehmungen sind verpflichtet, eine *Haftpflichtversicherung* abzuschliessen [359]; selbstverständlich steht dies auch den Bahnunternehmungen frei [360].

204   6. Da die Bahnunternehmungen heute dem UVG (früher dem KUVG) unterstellt sind [361], ist EHG 13 II gegenstandslos geworden.

---

[356] Vgl. Bd. I 380 ff.
[357] Vgl. Bd. II/2 § 26 N 408 ff.
[358] BGE 96 II 365 (EHG); 104 II 309; 113 II 91; MAURER, Sozialversicherung I 396, 406 ff.; SCHAER N 772.
[359] Vgl. Bd. I 452 f.
[360] Vgl. FAURE, SJK Nr. 1050 S. 4. Die Privatbahnen machen — wohl alle — von dieser Möglichkeit Gebrauch.
[361] Bd. I 426 ff.; MAURER, Unfallversicherungsrecht 54, 108.

G. Schutz des Geschädigten vor Benachteiligung

EHG 16 bestimmt, dass Reglemente, Bekanntmachungen und besondere Übereinkommen, welche die Haftbarkeit der Eisenbahn zum voraus, ganz oder zum Teil, *wegbedingen,* keine rechtliche Wirkung entfalten; und nach EHG 17 kann ein *Vergleich,* kraft dessen eine offenbar unzulängliche Haftpflichtentschädigung zugesichert oder ausgerichtet worden ist, angefochten werden. Beide Vorschriften sind in Bd. I 464f. und 469ff. behandelt (vgl. auch Bd. II/2 § 25 N 756 f.).

205

H. Verdunkelungsunfälle

Ein aus militärischen Gründen befohlener Verdunkelungszustand *erschwert* stark den *Verkehr* der Bahnen, Schiffe, Luftseilbahnen und weiteren Transportmittel. Die Unternehmungen sind verpflichtet, ihre Fahrzeuge, Anlagen und Signale zu verdunkeln. Die Beurteilung der Haftpflicht wird von diesen Vorgängen beeinflusst. Doch erübrigt sich zur Zeit die Behandlung. Statt deren sei auf die Ausführungen in der 1. Auflage, Bd. II S. 727—729, verwiesen [362].

206

J. Verjährung und Verwirkung

Die auf das EHG gestützten Ansprüche auf Schadenersatz und Genugtuung[363] *verjähren* in zwei Jahren (EHG 14 I). Die Frist beginnt am Tage des Unfalls zu laufen und verstreicht, falls sie nicht vorher unterbrochen wird, auch wenn die Unfallfolgen, als sogenannte Spät-

207

---

[362] Neben den dort angeführten Belegen noch BGE 69 II 261, 266; 74 II 60ff.; BOLLER 86 ff.; STAKS in VAE 14, 121 ff.; PITTNER daselbst 11, 63.

[363] EHG 14 spricht von der Genugtuung nicht ausdrücklich, doch ist die Gleichstellung mit dem Schadenersatz selbstverständlich.

schäden, erst nach dem Ablauf der Frist erkennbar werden[364]. Die Verjährung der Rückgriffsklage ist vorstehend N 195 vorweg behandelt worden. Für den Stillstand, die Hinderung und die Unterbrechung[365] der Verjährung sind die Bestimmungen von OR 134 ff. massgebend (EHG 14 II). Eine zweijährige *Verwirkungs*frist gilt für Nachklagen, die gestützt auf einen Rektifikationsvorbehalt im Falle von Körperverletzung erhoben werden: EHG 14 I und 10; vorstehend N 172 und namentlich Bd. I 219 ff.[366]. Diese Frist läuft vom Tage der Eröffnung des zu rektifizierenden, letztinstanzlichen Urteils an.

K. Prozessuale Vorschriften

1. Örtliche Zuständigkeit

208   Die örtliche Zuständigkeit für die Beurteilung von Klagen gegen *Eisenbahnunternehmungen* ist teils durch die unklare Vorschrift EHG 19, teils durch Bestimmungen der Eisenbahngesetzgebung geordnet. Die Tendenz der Regelung geht dahin, dem Kläger das gerichtliche Vorgehen zu erleichtern. Es besteht folgende Ordnung:

---

[364] BGE 84 II 208 ff. Der Geschädigte kann sich gegen diese ungünstige Folge sichern, indem er vor Fristablauf vorsorglich Betreibung auf einen maximalen Betrag erhebt und diese Massnahme der Verjährungsunterbrechung nötigenfalls wiederholt, OR 135 Ziff. 2; BGE 84 II 211. Möglich ist auch eine Fristverlängerung durch Parteiabrede oder durch einseitigen Verzicht auf Erhebung der Verjährungseinrede; vgl. BGE 99 II 185 ff.; dazu auch Bd. II/1 § 16 FN 560.

[365] Was den Unterbrechungsgrund der *Anerkennung* der Forderung betrifft (OR 135 Ziff. 1), so wird in BGE 33 II 225 ff. folgendes festgestellt: Die Leistung von Abschlagszahlungen kann nur dann als eine zur Unterbrechung taugliche Anerkennung gelten, wenn sie im Bewusstsein der Schuld erfolgt; das setzt voraus, dass die Unfallfolgen objektiv feststehen oder mit Wahrscheinlichkeit zu erwarten sind, und dass dies dem Haftpflichtigen bekannt ist oder hätte bekannt sein sollen. Eine ohne Vorhandensein dieser Voraussetzungen erfolgende Zahlung von Lohn oder einer Arztrechnung unterbricht deshalb die Verjährung für den Dauerschaden nicht; vgl. auch FAURE, SJK Nr. 1050 S. 3. Hier ist beizufügen, dass BGE 33 II 225 ff. einen Anspruch aus FHG betraf. Nach FHG 13 verjährten die Forderungen in einem Jahr seit dem Unfall, d.h. der Fristbeginn entsprach EHG 14, in Abweichung vom sonstigen Haftpflichtrecht, wo die relative Frist erst zu laufen beginnt, wenn der Gesamtschaden überblickbar ist; vgl. Bd. II/1 § 16 N 357

[366] Vgl. BGE 95 II 266 ff.; EMIL W. STARK, ZSR 86 II 82; A. KELLER II 231.

IV. Übrige Fragen § 27

1. Jeder Geschädigte kann sich gemäss EHG 19 an «das Gericht des 209
ordentlichen Domizils», d.h. des Sitzes der Unternehmung, wenden[367].
Der Sitz der Schweizerischen Bundesbahnen befindet sich in der Stadt
Bern[368].

2. Der Geschädigte kann in seinem *Wohnortskanton,* sofern dieser 210
von der Bahn berührt wird, an das «für die Klage zuständige Gericht»
gelangen (Art. 4 I rev. EbG vom 20. Dezember 1957)[369]. Der Abklärung bedarf, welches Gericht innerhalb des betreffenden Kantons «für
die Klage zuständig» ist. Man wird auf das kantonale Zivilprozessgesetz
abstellen; danach kann z.B. der Unfallort einen Gerichtsstand begründen[370]. Deutlicher war Art. 8 des EbG von 1872, wonach die Unternehmungen in jedem von der Bahn berührten Kanton ein «Domizil zu
verzeigen» hatten, an dem sie für die «betreffenden Kantonseinwohner»
belangbar waren[371]. Das rev. EbG von 1957 kennt diese Pflicht zur
Domizilverzeigung nicht mehr, sondern nennt an ihrer Stelle das gerade
erwähnte Forum des Art. 4 I. Die Schweizerischen Bundesbahnen sind
innerhalb des Wohnortskantons des Klägers am Hauptorte des Kantons
zu belangen[372]; auch für sie gilt indes der allenfalls vom kantonalen
Prozessrecht vorgesehene Gerichtsstand des Unfallortes[373]. Diese

---

[367] Rev. EbG vom 20. Dezember 1957, Art. 4; diese Vorschrift ersetzt Art. 8 des EbG vom 23. Dezember 1872, auf den EHG 19 verweist. Der Sitz findet sich in der Konzession bestimmt.
[368] BG über die Schweiz. Bundesbahnen, vom 23. Juni 1944 (SR 742.31) Art. 5 I. — Art. 12 des BG betr. die Erwerbung und den Betrieb von Eisenbahnen auf Rechnung des Bundes, vom 15. Oktober 1897, von dem in EHG 19 die Rede ist, wurde durch die Präambel des BG betr. die Organisation und Verwaltung der Schweiz. Bundesbahnen, vom 1. Februar 1923, aufgehoben, und dieses Gesetz ist seinerseits durch das erwähnte BG vom 23. Juni 1944, Art. 22, ersetzt.
[369] Art. 4 lautet: «Ausser an ihrem Sitz kann die Bahnunternehmung vor dem für die Klage zuständigen Gericht jedes von ihr berührten Kantons von dessen Einwohnern belangt werden. Für dingliche Klagen gilt der Gerichtsstand der gelegenen Sache.
Vorbehalten bleiben Gerichtsstand und Zuständigkeit für besondere, in Anwendung von Bundesrecht zu beurteilende Streitigkeiten.»
[370] *Forum delicti commissi,* Begehungsort; über diesen GULDENER, Schweiz. Zivilprozessrecht (3. A. Zürich 1979) 91 f. An den Gerichtsstand des Unfallortes denkt die bundesrätliche Botschaft zum rev. EbG, BBl 1956 I 238; so auch das Bundesgericht in SJZ 46, 31; BGE 97 II 184.
[371] BGE 12, 57; 18, 463; 60 II 382/83; ZBJV 50, 172.
[372] BG über die Schweiz. Bundesbahnen, vom 23. Juni 1944, Art. 5 II.
[373] Bundesgericht in SJZ 46, 31; BGE 97 II 184; sinngemäss auch BGE 60 II 379.

Gerichtsstände stehen den Klägern offen, gleichgültig, ob sich der Unfall in ihrem Wohnortskanton abgespielt habe oder nicht [374].

211   3. Es ist streitig, ob sich aus EHG 19 ein Gerichtsstand am *Unfallort* ableiten lasse. Für beide Meinungen lassen sich Urteile, Autoren und Argumente beibringen [375]. Obwohl feststeht, dass der Wortlaut des Gesetzes den Unfallort nicht eigentlich nennt, so ist nach wie vor an der schon in der 1. Auflage vertretenen Meinung festzuhalten, dass dies die angemessene Lösung ist, und die einzige, die weitere Schwierigkeiten vermeidet. Entstehungsgeschichte und bisherige Praxis zeigen, dass der Text von EHG 19 missraten ist; der Richter besitzt in solchen Fällen die Kompetenz zur sinngemässen Auslegung. Indes ist den Klägern zu raten, einen sicheren Weg zu beschreiten und einen der Gerichtsstände zu wählen, die von den Gesetzen mit Bestimmtheit vorgesehen werden. Lehnt man den Unfallort ab, so ist gemäss EHG 19 innerhalb des *Kantons,* «in welchem sich der *Unfall* ereignet hat», das Gericht zuständig, das allenfalls in der «Konzession», oder aber in einem «Gesetz», bezeichnet wird. Auf welches Gesetz abzustellen ist, ist wiederum unklar. Man wird an kantonale Zuständigkeitsbestimmungen denken müssen, von denen einzelne, wie unter Ziff. 2 erwähnt, das Gericht des Unfallortes als zuständig bezeichnen. Unter der Herrschaft von Art. 8 II des EbG von 1872 war diesfalls innerhalb des Unfallkantons das Gericht des Ortes, an dem die Bahn ein Domizil verzeigt hatte, zuständig, sofern der Kläger in diesem Kanton wohnte. Doch konnte, wie unter Ziff. 2 bemerkt, nicht *nur* im Unfallkanton am Orte

---

374 So ZBJV 50, 171 f., gestützt auf BGE 36 I 659/60; gl. M. SCHÄRER 199.
375 *Für* den Unfallort haben entschieden: ZBJV 50, 172; SJZ 43, 224; 45, 328 f.; RVJ 1983, 314. Gleicher Meinung OETIKER II 508. Der bundesrätliche Entwurf für das EHG, Art. 15, sah den Unfallort ausdrücklich vor. Die Kommission des Ständerates redigierte die heutige Fassung, von der der zuständige Departementsvorsteher erklärte, sie entspreche dem Vorschlag des Bundesrates, Stenbull. 1904, 102. Man hielt fest, dass man «le for de l'accident, au lieu de l'accident» habe schaffen wollen. Andere Äusserungen in der Debatte lauten freilich abweichend. Zum mindesten ist zu sagen, dass die Absicht des Gesetzgebers im Wortlaut des Art. 19 keinen adäquaten Ausdruck gefunden hat. Bemerkenswert ist auch, dass Art. 167 II rev. OG (von 1943) den Art. 55 II PVG dahin festgelegt hat, dass Klagen gegen die Postverwaltung aus dem EHG unter anderem am Unfallort angebracht werden können.
    Gegen den Unfallort haben entschieden: Bundesgericht in SJZ 46, 30 (mit dem Vorbehalt, der Gerichtsstand des Unfallorts könne vom kantonalen Recht begründet werden, soeben im Kontext Ziff. 2); unveröffentlichtes Urteil des Bezirksgerichts Münchwilen vom 26. November 1942; gl. M. HESS II 44/45; FAURE, SJK Nr. 1050 S. 6.
    Offengelassen wurde die Frage in BGE 97 II 182, 185.

IV. Übrige Fragen § 27

der Domizilverzeigung geklagt werden. Die Konzessionen, auf welche EHG 19 ebenfalls verweist, scheinen keine Bestimmungen von Gerichtsständen zu enthalten[376]. Eine sichere Antwort lässt sich auch hier EHG 19 nicht entnehmen.

Wenn an einem Unfall *ein Motorfahrzeug oder ein Fahrrad beteiligt ist*, ist nach SVG 84, abgesehen von den beiden dort vorgesehenen subsidiären Gerichtsständen[377], das Gericht am Unfallort zuständig[378]. Dieser Gerichtsstand gilt generell für Zivilklagen aus Motorfahrzeug- und Fahrradunfällen, also auch gegen eine Bahnunternehmung. Demgegenüber sind die Gerichtsstandsbestimmungen von EHG 19 und der übrigen Eisenbahngesetzgebung nur für Klagen gegen eine Bahnunternehmung massgebend. Daraus ergibt sich die Frage des Verhältnisses zwischen SVG 84 und den eisenbahnrechtlichen Gerichtsständen. 212

Die ratio legis von SVG 84, möglichst alle Ansprüche aus einem bestimmten Verkehrsunfall vom gleichen Gericht behandeln zu lassen, damit nicht verschiedene Wertungen der Umstände und sogar verschiedene Sachverhalte den Urteilen über die mehreren Ansprüche aus dem gleichen Unfall zugrunde gelegt werden, gilt auch bei der Beteiligung einer Bahn an einem Verkehrsunfall. Es drängt sich auf, SVG 84 den Vorrang gegenüber den eisenbahnrechtlichen Bestimmungen einzuräumen. 213

Dagegen ist SVG 84 nach seinem Wortlaut auf diejenigen Bahnunfälle nicht anwendbar, an denen keine Motorfahrzeuge und/oder Fahrräder beteiligt sind, also insbesondere auf Unfälle von Passagieren der Bahn, wenn kein Motorfahrzeug oder Fahrrad dazu Anlass gegeben hat, z.B. durch Verursachung einer Notbremsung[379]. SVG 84 fällt auch nicht in Betracht, wenn ein Fussgänger ohne Beteiligung eines Motorfahrzeuges oder Fahrrades überfahren wird. In allen diesen Fällen kommen die Gerichtsstände der Eisenbahngesetzgebung zum Zuge. 214

4. Die Schweizerischen *Bundesbahnen* können gemäss Art. 5 BG über die Schweizerischen Bundesbahnen, vom 23. Juni 1944 (SR 742.31), einmal an ihrem Sitz in der Stadt Bern, dann am Hauptorte 215

---

[376] So das Ergebnis von Stichproben in den Konzessionsurkunden, die sich in den beiden Publikationen, welche vorne FN 21 erwähnt sind, abgedruckt finden.
[377] Bd. II/2 § 25 N 802 ff.
[378] Bd. II/2 § 25 N 788.
[379] Beispiel: Einem Fussgänger fällt bei normaler Fahrt oder bei abrupter Bremsung wegen einer drohenden Kollision mit einem andern Zug ein Gepäckstück auf den Kopf.

§ 27   Haftpflicht der Eisenbahnen, Transportunternehmungen und der Post

jedes Kantons, von den Kantonseinwohnern, belangt werden. Hievon war bereits die Rede. Es ist festzuhalten, dass diese Gerichtsstände, entgegen der überlieferten Auffassung der Bundesbahnverwaltung selber, nicht abschliessend gelten[380]. Im Einklang hiemit ist in den obigen Darlegungen jeweils bemerkt worden, inwiefern die aufgeführten Gerichtsstände auch die Bundesbahnen erfassen[381].

216   Für die *Schiffahrtsunternehmungen* gilt die gleiche Zuständigkeitsordnung wie für die Bahnen, soweit sie sich auf EHG 19 stützt: Art. 24 Ziff. 1 des gleichen Gesetzes; soeben im Kontext Ziff. 1 und 3[382]. Ferner ist Art. 4 des rev. EbG vom 20. Dezember 1957 anwendbar: Art. 95 I dieses Gesetzes und soeben Ziff. 2. EHG 19 gilt ferner für die nach PVG 3 konzessionierten *übrigen Unternehmungen*[383]. Für die *Post* und die mit *Motorfahrzeugen* arbeitenden *konzessionierten* Transportunternehmungen besteht eine eigene Ordnung, die nachstehend N 273 ff. erörtert wird.

217   5. Bei *internationalen Verhältnissen* gilt bei Tötung und Verletzung von Reisenden ausschliesslich der Gerichtsstand am Unfallort (CIV 52 § 1). Die übrigen Ansprüche sind gemäss CIV 52 § 2 I bei den Gerichten des Staates geltend zu machen, dem die in Anspruch genommene Eisenbahn angehört.

2. Sachliche Zuständigkeit

218   Diese richtet sich nach dem im konkreten Streitfall anwendbaren kantonalen Zivilprozessgesetz, und zwar auch dann, wenn die Schweizerischen Bundesbahnen Beklagte sind. Prozesse gegen diese können, gleichgültig, wie hoch der Streitwert sei, nicht (einseitig) direkt vor das

---

[380] BGE 60 II 379; Bundesgericht in SJZ 46, 31; ferner SJZ 43, 224; 45, 329. Gegenteilig HESS II 44/45.
[381] Wer aus EHG 19 den Gerichtsstand des Unfallortes ableitet, wendet diesen auch auf die Bundesbahnen an, SJZ 43, 224; 45, 238 f. Das Bundesgericht seinerseits wendet den allenfalls im *kantonalen* Recht vorgesehenen Gerichtsstand des Unfallortes auf die Bundesbahnen an, vorstehend FN 373.
[382] Für *Binnenschiffe* gilt das BG über die Binnenschiffahrt vom 3. Oktober 1975 (SR 747.201), Art. 39 I: Zuständig ist der Richter am Unfallort oder dem Wohnsitz des Beklagten.
[383] Dazu VO über die Konzessionierung von Luftseilbahnen, vom 8. November 1978 (SR 743.11).

IV. Übrige Fragen §27

Bundesgericht als einzige Instanz gebracht werden: OG vom 16. Dezember 1943, Art. 41 lit. b[384]. Dagegen können beide Parteien gemäss OG 41 lit. c eine Prorogation auf das Bundesgericht vornehmen, sofern der Streitwert ausreichend ist[385].

3. Aktiv- und Passivlegitimation

Die Klagen sind gegen das jeweilige Subjekt der Haftpflicht zu richten (vorstehend N 39 ff.). Geht der Schaden auf den Betrieb der Schweizerischen Bundesbahnen zurück, so sind *diese* einzuklagen[386] und nicht die Eidgenossenschaft. Obwohl die Bundesbahnen als eine unselbständige Anstalt kein eigenes Rechtssubjekt darstellen[387], besitzen sie doch Partei- und Prozessfähigkeit[388]. Das gilt auch für Schaden- 219

---

[384] Bereinigte Fassung laut BG betr. Änderung des OG, vom 19 Juni 1959. Diese Anordnung wurde schon in EHG 25 I getroffen. Das dort zitierte OG von 1893, Art. 48, ist ersetzt durch das OG von 1943, das BG betr. die Erwerbung und den Betrieb von Eisenbahnen für Rechnung des Bundes ... vom 15. Oktober 1897, dessen Art. 12 in EHG 25 I erwähnt war, durch das BG betr. die Organisation und Verwaltung der Schweiz. Bundesbahnen, vom 1. Februar 1923, dieses wiederum durch das BG über die Schweiz. Bundesbahnen, vom 23. Juni 1944. Von all dem unabhängig ist heute der erwähnte Art. 41 lit. b des OG von 1943 massgebend; dazu BBl 1943, 115 f. Art. 25 EHG ist in der BS (2, 813) nicht mehr aufgeführt und damit ausser Kraft gesetzt (nachstehend FN 386); die zugehörige offiziöse Fussnote ist insofern unvollständig, als sie auch auf OG 41 lit b hätte hinweisen müssen.

[385] BGE 83 II 241 ff.

[386] So die ursprüngliche Bestimmung EHG 25 II: Die Klagen seien «gegen die zuständigen Verwaltungsbehörden der Bundesbahnen» zu richten. Partei waren stets die *Bundesbahnen*, obwohl EHG 25 II von den «zuständigen Verwaltungsbehörden» sprach. Durch Beschluss des Verwaltungsrats der SBB vom 1. September 1986 wurde das «Geschäftsreglement der SBB» (internes Reglement) erlassen. Demgemäss sind «Zuständige Verwaltungsbehörden» die *Kreisdirektionen* der Bundesbahnen. Nach der *internen* Organisation der Bundesbahnen ist zunächst diejenige Kreisdirektion zuständig, in deren Kreis sich der Unfall ereignet hat. Wird jedoch vom Kläger an einem ausserhalb dieses Kreises gelegenen Kantonshauptort geklagt, so überweist die Kreisdirektion des Unfallorts die Angelegenheit in der Regel zur Erledigung an diejenige Kreisdirektion, in deren Kreis das angegangene Gericht liegt. Wie vorstehend N 209, 215 erwähnt, kann die Klage auch am Sitz der Generaldirektion eingereicht werden; das kommt aber in der Praxis äusserst selten vor. Die betreffenden Klagen werden (intern) der zuständigen Kreisdirektion zur Behandlung überwiesen. Nach der internen Zuständigkeitsordnung der Bundesbahnen befasst sich die Generaldirektion (deren Rechtsabteilung) nicht mit Haftpflichtklagen. Die *Parteibezeichnung* lautet in der Regel: «Schweizerische Bundesbahnen, vertreten durch die Kreisdirektion X».

[387] BGE 29 I 194; BBl 1936 III 310.

[388] BGE 31 II 541; rev. OG 41b: «Klagen gegen die Schweiz. Bundesbahnen»; BG über die

§ 27 Haftpflicht der Eisenbahnen, Transportunternehmungen und der Post

ersatzklagen, die nicht auf das EHG gestützt werden. Was für die Passiv-, gilt auch für die Aktivlegitimation[389], sofern eine dem EHG unterstehende Unternehmung in der Klägerrolle auftritt, z. B. für eine Regressklage. Wird ein Prozess während der Liquidation einer Eisenbahn- oder Schiffahrtsunternehmung eingeleitet, so ist er gegen die Liquidationsmasse zu richten und direkt beim Bundesgericht zu erheben[390].

220   Hinsichtlich der Haftpflicht der Post gelten besondere Bestimmungen, nachstehend N 264 ff.

4. Prozessmaximen. Ermessen

221   Das EHG stellt für seinen Bereich den Grundsatz der *freien Beweiswürdigung* auf (EHG 20), der im «Allgemeinen Teil», Bd. I 497 ff., besprochen ist. Zudem gilt in materiellrechtlicher Hinsicht die Maxime des *freien Ermessens* (Bd. I 493 ff.). Wie ebenfalls an anderer Stelle, Bd. I 216 ff., erwähnt, ist der Richter bei der Beurteilung der Frage, ob der Schadenersatz in Form einer Rente oder eines Kapitals zuzusprechen sei, nicht an die Parteianträge gebunden (EHG 9). Folglich gilt hier die *Verhandlungsmaxime* nicht; wohl ist sie aber sonst massgebend[391]. Die Kantone haben dafür zu sorgen, dass die Haftpflichtprozesse mit möglichster *Beschleunigung* erledigt werden können (EHG 22 Ziff. 1)[392]. Ferner muss bedürftigen Parteien die *unentgeltliche Prozessführung* (Armenrecht) gewährt werden, sofern «die Klage nach vorläufiger Prüfung sich nicht zum voraus als unbegründet herausstellt» (EHG 22 Ziff. 2). Diese Bedingung geht einer allfälligen abweichenden Umschreibung der Voraussetzungen der unentgeltlichen Prozessführung

---

Schweiz. Bundesbahnen vom 23. Juni 1944 (SR 742.31) Art. 5.
[389]   Über diejenige der Bundesbahnen BGE 31 II 541.
[390]   BG über Verpfändung und Zwangsliquidation von Eisenbahnen und Schiffahrtsunternehmungen, vom 25. September 1917 (SR 742.211) Art. 44; dazu BGE 21, 140; VOLLENWEIDER, Die Zwangsliquidation der Eisenbahnen (Diss. Zürich 1901) 124.
[391]   Insbesondere darf nicht *mehr* zugesprochen werden, als der Kläger beantragt; ohne Antrag darf deshalb weder auf eine Genugtuung (ZBJV 30, 79), noch auf einen bestimmten Schadensposten erkannt werden (BGE 34 II 8).
[392]   An entsprechenden Ausführungsvorschriften durch die Kantone fehlt es aber; vgl. FAURE, SJK Nr. 1050 S 7.

IV. Übrige Fragen   § 27

in kantonalen Prozessgesetzen vor³⁹³. Gegen die Verweigerung der Rechtswohltat kann die staatsrechtliche Beschwerde an das Bundesgericht ergriffen werden (OG 85 lit. b).

5. Pflicht zur Anzeige von Unfällen

Die Eisenbahn-, Schiffs- und übrigen konzessionierten Unternehmungen haben Unfälle und Betriebsgefährdungen bestimmten Behörden anzuzeigen, die eine Untersuchung durchführen³⁹⁴. 222

L. Verschärfung der Kausalhaftung durch Konzession

Gemäss EHG 21 kann die Konzession einer Eisenbahnunternehmung «eine über die Bestimmungen dieses Gesetzes hinausgehende Haftpflicht begründen». Die Vorschrift ist ohne praktische Bedeutung geblieben³⁹⁵. 223

M. Internationales Privatrecht

In internationalen Verhältnissen sind für die Haftpflicht von Eisenbahnunternehmungen die staatsvertraglichen Vorschriften des CIV, Art. 26 ff., massgebend, für die auf die Literatur verwiesen sei³⁹⁶. 224

---

³⁹³ BGE 40 I 101 ff. Vgl. neben diesem auf verschiedene Einzelfragen bezüglichen Entscheid noch ZBJV 47, 78. Die Tatsache, dass dem Kläger ein Teil der Haftpflichtforderung bereits ausbezahlt worden ist, stellt keinen Grund zur Verweigerung der Rechtswohltat des Armenrechts dar (BGE 40 I 104).
³⁹⁴ VO betr. das bei Gefährdungen und Unfällen im Bahn- und Schiffbetriebe zu beobachtende Verfahren, vom 11. November 1925 (SR 742.161), besonders Art. 10 I; die bei HESS I 414 und II 82 abgedruckten Kreisschreiben vom 14. November 1930 und 16. Juli 1943, Ergänzung bei HESS II 1173; betr. die Automobilunternehmungen nachstehend N 282.
³⁹⁵ OETIKER II 509; STAEBLIN, Die Eisenbahnkonzession (Diss. Zürich 1938) 378; Bd I 31 FN 105; BGE 92 II 356.
³⁹⁶ Vgl. FN 16.

V. Insbesondere: Haftpflicht der Post und der konzessionierten Transportunternehmungen

A. Grundlagen

225 Wie vorn N 9 bemerkt, erstreckt sich die Haftpflicht des EHG nach dessen Wortlaut und einigen ergänzenden Vorschriften neben den Eisenbahnen und den ihnen ähnlichen konzessionierten Betrieben von der Art der Schiffahrtsunternehmungen, Luftseilbahnen, Sesselbahnen usw. auch auf die Post. Im folgenden ist näher auszuführen, inwieweit dies allenfalls noch heute zutrifft oder aber die Haftung für den Postbetrieb vom SVG (früher MFG) erfasst wird. Ferner ist zu prüfen, welche Besonderheiten sich darüber hinaus aus dem Auftreten der Post und der ihr vergleichbaren Transportunternehmungen ergeben.

226 Folgende Erscheinungsformen von Tätigkeiten der PTT sind zu erörtern:

1. Die Tätigkeit der Postverwaltung

227 Gemäss EHG 24 Ziff. 2 soll dieses Gesetz auch auf Schädigungen durch den «*Postbetrieb*» angewendet werden [397]. Der Wortlaut der Bestimmung enthielt ursprünglich den Zusatz: das EHG gelte für den Postbetrieb, «soweit die eidgenössische Postverwaltung nach Massgabe des BG über das Postregal vom 25. April 1894 haftet». Dieses Gesetz wurde abgelöst durch das BG betr. das schweiz. Postwesen, vom 5. April 1910 (Art. 125), das in Art. 95—113 Haftpflichtbestimmungen enthielt und in Art. 95 hinsichtlich der Tötung und Körperverletzung auf das EHG verwies. Auch dieses Gesetz ist bereits zum grössten Teil ersetzt: durch das BG betr. den Postverkehr (Postverkehrsgesetz, PVG, SR 783.0) vom 2. Oktober 1924, ergänzt durch die sogenannte Postordnung, d. h. die Vollziehungsverordnung I zum BG betr. den Postverkehr (PVV I), in der derzeitigen Fassung vom 1. September 1967 datiert. Die Haftpflichtbestimmungen des Postgesetzes vom 5. April

---

[397] Vorne N 9, 22, 119, 126.

1910[398] sind durch PVG 69 Ziff. 1 aufgehoben worden. Ferner hat EHG 24 Ziff. 2 durch PVG 69 Ziff. 2 den heute geltenden Wortlaut erhalten, wonach «das gegenwärtige Gesetz» — das EHG — «entsprechende Anwendung» findet «auf den Postbetrieb». PVG 47, der EHG 24 Ziff. 2 spezifiziert hat, wurde 1967 aufgehoben (AS 1967, 1485), wodurch aber die nachfolgend geschilderte Rechtslage nicht geändert wurde (vgl. BBl 1966 I 1084 f.).

Ergänzende Vorschriften finden sich in PVG 44—46 und 50 ff., ferner in PVV I 209 ff. und in TG 17, 19, 23, 39 ff. Das Verhältnis dieser Gesetze zum EHG ist dahin aufzufassen, dass sie dem EHG vorgehen, soweit sie eine besondere Ordnung vorsehen, ausgenommen, wenn sie ausdrücklich die Regelung des EHG vorbehalten; inwieweit dies im einzelnen der Fall ist, wird zu zeigen sein. 228

Soweit die Post aber ihren Betrieb mit Hilfe von Motorfahrzeugen durchführt, handle es sich um die Reisepost (das ausgedehnte Netz der Postautomobillinien) *oder z. B. um die Verteilung von Paketen in den Städten, ist das EHG durch das Inkrafttreten des Motorfahrzeuggesetzes ausgeschaltet worden:* der Bund wurde als Halter von Motorfahrzeugen generell den Haftpflichtbestimmungen des MFG unterstellt (MFG 47); an dessen Stelle ist das SVG getreten (SVG 73). Welche Haftpflichtvorschriften auf die einzelnen Arten von Schäden anzuwenden sind, ist hinten N 236 ff. zu prüfen. 229

2. Die konzessionierten Transportunternehmungen

Die Postverwaltung betreibt die Reisepost gestützt auf das *Postregal* (BV 36), das ihr das Recht verleiht, «Reisende mit regelmässigen Fahrten zu befördern» (PVG 1 I lit. a). Das Regal ist in PVG 2, in der zugehörigen PVV I 1 ff. sowie in den anschliessend zitierten Erlassen näher umschrieben[399]. Statt das Regal selber auszuüben, kann die Eidgenossenschaft von Fall zu Fall einer öffentlichen, einer gemischtwirtschaftlichen oder einer privaten Unternehmung (auch einer einzelnen natürlichen Person) eine *Konzession* für die «gewerbemässige Reisenden- 230

---

[398] Zu diesem WIMMER in SJZ 7, 2 ff..
[399] BURCKHARDT, Komm. der schweiz. Bundesverfassung (3. A. Bern 1931) 308 ff.; BUSER 27 ff.; TUASON/ROMANENS 19 ff. — Das Postregal wird eingeschränkt durch das Eisenbahnregal (BV 26, EbG von 1957 Art. 5 ff.) und das Luftfahrtregal (BV 37ter, LFG 27 ff.).

§ 27 Haftpflicht der Eisenbahnen, Transportunternehmungen und der Post

förderung mit regelmässigen Fahrten» erteilen (PVG 3 I; PVV I 1 ff.)[400]. Zur Zeit kommen Konzessionen in Betracht für den Betrieb von:

231 1. *Automobilen,* mit denen insbesondere Reisende auf Überlandlinien, auf städtischen Verkehrslinien sowie auf regelmässigen Rundfahrten befördert werden. Die Konzessionspflicht[401] beurteilt sich, neben den angeführten Bestimmungen des PVG und der PVV I, nach der im Jahre 1960 in Kraft getretenen PVV II (Automobilkonzessionsverordnung). Haftpflichtmässig ist das SVG massgebend;

232 2. *Trolleybusfahrzeugen* und *Gyrobusfahrzeugen,* die von Unternehmungen des öffentlichen Verkehrs verwendet werden. Es gelten die Bemerkungen vorstehend N 9 ff.: Diese Transportmittel unterstehen nicht dem EHG, sondern auch dem SVG und in bestimmter Hinsicht dem ElG (vgl. vorn N 24). Was im folgenden über die konzessionierten *Automobil*unternehmungen auszuführen ist, gilt grundsätzlich auch für sie, so dass sie im einzelnen nicht weiter angeführt zu werden brauchen;

233 3. *Schiffahrtsunternehmungen, Luftseilbahnen, Schlittenseilbahnen und Aufzüge,* gemäss den vorne N 9 ff. angeführten Erlassen. Wie dort ausgeführt, besteht Haftung nach EHG (gestützt auf dessen Art. 24 Ziff. 1 und PVG 3 II). Die Verhältnisse dieser Unternehmungen sind jeweils, soweit sich überhaupt Besonderheiten zeigten, zusammen mit denjenigen der Eisenbahnen dargestellt worden. Sie werden im folgenden nicht mehr berührt.

3. Die Postkursunternehmer

234 Statt den Postautomobilbetrieb mit eigenen Fahrzeugen auszuführen (soeben N 227 ff.) oder Konzessionen erteilen zu lassen (N 230 ff.), überträgt die Postverwaltung in erheblicher Anzahl ihre Kurse mittels Verträgen privaten Unternehmern zur Ausführung[402]. Dafür bestehen

---

[400] Dazu neben der FN 399 zit. Literatur STRAUSS 1 ff.; SCHWENDENER 42 ff.
[401] Dazu neben den bisherigen Angaben WINIKER, Die Rechtsverhältnisse der konzessionierten Autounternehmungen (Diss. Zürich 1926); STRAUSS 49 ff.
[402] TUASON/ROMANENS 44, 99; BUSER 59; STRAUSS 41 ff.; FELIX ENDTNER, Haftpflicht und Versicherung des Gemeinwesens beim Betrieb von Motorfahrzeugen (Diss. Bern 1952) 20 f.

zwei Formen: Nach dem Regime der Autohalterposten entschädigt die Verwaltung den Unternehmer für seine Leistungen, wobei sie die Reisenden- und Gepäcktaxen selber vereinnahmt; nach dem System der Autoboten vereinnahmt der Unternehmer die Reisenden- und Gepäcktaxen selber, muss aber einen bestimmten Prozentsatz der Postverwaltung vergüten. Die erste Form wird viel häufiger angewandt. In beiden Fällen führen die Unternehmer die Kurse mit eigenen Fahrzeugen, die sie selber oder die ihre Angestellten lenken. Halter dieser Automobile im Sinne von SVG 58 I ist der betreffende Unternehmer; er haftet dem Geschädigten nach diesem Gesetz.

Gestützt auf PVG 47 I wurde in der Vorauflage 390 die Meinung vertreten, dass neben dem Postkursunternehmer, der nach SVG haftet, gestützt auf EHG 24 Ziff. 2 auch die Postverwaltung nach EHG 1 ff. für solche Automobilunfälle in Anspruch genommen werden könne, da der Betrieb der Postkursunternehmer auf Gefahr der Post erfolge. Diese könne dann auf den Unternehmer Rückgriff nehmen. Nachdem PVG 47 I, der EHG 24 Ziff. 2 in diesem Sinne näher umschrieb, jetzt nicht mehr gilt, drängt es sich auf, das EHG hier nicht mehr anzuwenden. 235

B. Auf die einzelnen Schadensarten anwendbare Haftpflichtvorschriften

1. Personenschaden

a) Betrieb der Post in eigener Regie

1. Bei Betrieb mit *Motorfahrzeugen*, gleichgültig, ob sie der Reisepost oder andern postalischen Zwecken dienen, richtet sich die Haftung für Tötung und Körperverletzung sowohl eines Reisenden wie eines Nichtreisenden nach SVG 58 ff. (so dessen Art. 73 I; dazu Bd. II / 2 § 25 N 68). 236

2. Für den mit *andern Transportmitteln* durchgeführten *Postbetrieb* gilt das EHG (kraft dessen Art. 24 Ziff. 2; vgl. BBl 1966 I 1084 f.). Die Haftung erfasst die Unfälle von Reisenden und Nichtreisenden; diese Feststellung lässt sich aus EHG 24 Ziff. 2 ableiten. Dem EHG unterste- 237

§ 27 Haftpflicht der Eisenbahnen, Transportunternehmungen und der Post

hen hier nur Betriebsunfälle, nicht auch Unfälle, die sich beim Bau oder bei Hilfsarbeiten ereignen[403]. Nach dem Vorbild der Regelung für die Eisenbahnen ist unter Postbetrieb der Betrieb im technischen Sinne zu verstehen[404], der die Beförderung von Personen und Sachen bezweckt und sich durch die hiezu eingesetzten Transportmittel charakterisiert. Derzeit kommen vor allem Unfälle in Betracht, die durch Handwagen und Fahrräder verursacht werden[405]. Die meisten dieser Transportmittel dienen lediglich der Beförderung von Sachen. Ob man die Vorbereitungs- und Abschlusshandlungen zum Betrieb zählt und ob das Moment der (spezifischen) Betriebsgefahr als Haftungsvoraussetzung betrachtet wird, hängt davon ab, wie man diese Fragen bei der Eisenbahnhaftpflicht löst (vorstehend N 93 ff.).

238 Wo es um die Reisepost geht, macht es in den Fällen Ziff. 1 und 2 keinen Unterschied aus, ob eine fahrplanmässige oder eine Extrafahrt mit einem Postfahrzeug durchgeführt wird[406].

239 3. Tritt *ausserhalb* der Tatbestände Ziff. 1 und 2 ein Personenschaden im Zusammenhange mit dem Postbetrieb ein (z.B. bricht sich der Besucher eines Postlokals das Bein), dann beurteilt sich die Haftung je nachdem gemäss OR (insbesondere Art. 58) oder aber gemäss dem BG über die Verantwortlichkeit des Bundes... vom 14. März 1958 (SR 170.32), Art. 3; vgl. BBl 1966 I 1085.

b) Betrieb der konzessionierten Automobilunternehmungen

240 Die Haftung richtet sich nach SVG 58 ff., gleichgültig, ob Reisende oder Nichtreisende betroffen sind (PVV II 43).

---

[403] Vorne N 121 ff.
[404] Sem.jud. 1897, 492.
[405] BBl 1966 I 1084 f.; TUASON/ROMANENS 97. — Nach SVG 73 II ist der Bund von der obligatorischen Versicherung für Fahrräder (SVG 70) befreit, hat aber die Schäden gleich wie ein Versicherer zu decken, sofern nicht nach anderen Gesetzen eine weitergehende Haftung besteht; das letztere trifft zu, indem der Bund für Postfahrräder nach EHG haftet.
Die Gefährdungshaftung der Post für Fahrräder und Handwagen nach EHG lässt sich mit dem Konzept der Gefährdungshaftungen nicht vereinbaren.
[406] BUSER 174; SCHWENDENER 142. Die letztere Schrift behandelt allgemein das Personentransportrecht der Post.

c) Betrieb der Postkursunternehmer

Die Unternehmer haften nach SVG 58 ff. 241

2. Sachschaden

a) Betrieb der Post in eigener Regie [407]

aa) Transport mit Motorfahrzeugen

1. Für *aufgegebenes Reisegepäck* (TG 20 ff.; TV 7 ff.; PVG 9 I lit. a) 242 haftet die Post, wie sich aus SVG 59 IV b[408] ergibt, nicht gemäss diesem letzteren Gesetz, sondern nach Transportrecht (TG 23; PVG 44 I)[409]. Danach besteht die gleiche Haftung wie für Stücksendungen (Paketpost; PVG 50 ff., PVV I 74 ff.), nämlich eine Kausalhaftung, die einerseits durch verschiedene Befreiungsbeweise gemildert ist, sich aber anderseits auch auf die Verursachung der Schäden durch Dritte erstreckt. Der Umfang des Schadenersatzes ist auf bestimmte Maxima beschränkt[410], die je nach der Art der Sendung abgestuft sind.

2. Für *Güter* (PVG 9 I lit. a; TG 24 ff.; TV 18 ff.) haftet die Post 243 ebenfalls nicht nach SVG, sondern gemäss Transportrecht (SVG 59 IV lit. b, TG 39; PVG 44 I).

3. Für *taxfreies Handgepäck* (TG 19; TV 5 f.) gilt das SVG[411]. 244

4. Für *andere Sachen,* die der Reisende unter seiner *eigenen Obhut* 245 mit sich führt[412], wie Kleider, Schmuck u. dgl., gilt nach den selben Bestimmungen des SVG die gleiche Lösung.

5. Die Haftung für die Schädigung von nicht aufgegebenen *Sachen* 246 *Nichtreisender,* z. B. aufgrund eines Zusammenstosses, richtet sich nach SVG (58 ff.).

---

[407] Hiezu neben den im folgenden angeführten Bestimmungen des PVG und der zugehörigen PVV I, wo die Einzelheiten zu entnehmen sind: TUASON/ROMANENS 99 ff.
[408] Über diese Bestimmung im übrigen Näheres Bd. II/2 § 25 N 308 ff.
[409] Über die Abgrenzung zwischen dem TG und dem SVG vgl. Bd. II/2 § 25 N 312 ff.
[410] PVG 51 ff.; TG 39/41; TV 12, 14 f.; dazu TUASON/ROMANENS 101 ff.; BUSER 190 ff.
[411] Vgl. dazu Bd. II/2 § 25 N 314 ff.
[412] Über diesen Begriff vorne N 58 f.

bb) Transport mit anderen Transportmitteln

247 Für den Betrieb mittels Handwagen, Fahrrädern usw. (vorstehend N 237) ist folgende Regelung massgebend:

248 1. Für *aufgegebenes Reisegepäck* und

249 2. für *Güter* gilt die gleiche Haftung, wie sie soeben N 242 f. geschildert worden ist.

250 3. Für das *taxfreie Handgepäck* gilt die Haftung nach TG 19 II Satz 1 (Verschuldenshaftung).

251 4. Für *andere Sachen,* die der Reisende unter seiner *eigenen Obhut* mit sich führt, und

252 5. für die Schädigung von *Sachen Nichtreisender* richtet sich die Haftung nach TG 19 II Satz 2 / EHG 11 / 12 (Art. 24 Ziff. 2 des gleichen Gesetzes).

cc) Sonstige Posthaftpflicht

253 Nach PVG 50—52 haftet die Postverwaltung für die Beschädigung, die Zerstörung und den Verlust von *Briefen* und *Paketen,* gleichgültig, ob der Schaden verursacht worden ist: beim Motorfahrzeugbetrieb der Postverwaltung (soeben N 242 ff.), bei deren Betrieb mit anderen Transportmitteln (N 247 ff.), beim Betrieb einer dritten, privaten oder öffentlichen Transportunternehmung (Bahn-, Schiff-, konzessionierte Automobil-, Trolleybus-, Luftseilbahn-, Aufzug- oder Luftfahrzeugunternehmung usw.)[413] oder schliesslich bei dem sonstigen posteigenen Betrieb (Schädigung der Sendungen im Büro, beim Vertragen durch den Postboten usw.). Das gleiche gilt für die übrigen Sendungen, soweit die Haftung nicht gemäss den bisherigen Ausführungen andern Vorschriften unterstellt ist. Die Bestimmungen PVG 50—52 sind hier nicht zu behandeln, und ebensowenig die Haftung der Post wegen Verspätung

---

[413] Wird also eine Postsendung z. B. beim Betrieb einer konzessionierten Transportunternehmung geschädigt, so haftet dem Geschädigten die Post *direkt;* sie kann auf die Unternehmung Rückgriff nehmen.

der Reisenden (TG 17) oder der Sendungen (PVG 53) sowie die Haftung hinsichtlich der Geld- und Bankpost (PVG 54)[414].

b) Betrieb der konzessionierten Automobilunternehmungen

1. Für *aufgegebenes Reisegepäck* gilt für die Haftung gemäss SVG 59 IV lit. b das TG (Art. 23). 254

2. Für die Beförderung anderer *Güter* gilt die selbe Lösung (TG 39). Diese Transporte machen bei einzelnen konzessionierten Unternehmungen einen beträchtlichen Teil des Geschäfts aus; sie unterstehen keiner Konzessionspflicht (PVG 1 Ib und 3). 255

3. Für *taxfreies Handgepäck* gilt die Kausalhaftung gemäss SVG 58 ff. (PVV II 46; SVG 59 IV lit. b)[415]. 256

4. desgleichen für *andere Sachen*, die der Reisende unter seiner *eigenen Obhut* mit sich führt. 257

5. Für die Schädigung der *nicht aufgegebenen Sachen Nichtreisender* gilt das SVG (58 ff.). 258

c) Betrieb der Postkursunternehmer

1. Für *aufgegebenes Reisegepäck* (Passagiergut) und 259

2. für im Postbetrieb beförderte *Güter* haftet die Postverwaltung nach den vorn N 242 ff. angegebenen Vorschriften, weil der Betrieb auf Gefahr der Post durchgeführt wird. 260

3. Für *taxfreies Handgepäck* und 261

---

[414] TUASON/ROMANENS 99 ff.; BUSER 166 ff.; WIMMER, Die rechtliche Stellung der Post und das einfache Postfrachtgeschäft (Diss. Bern 1905), besonders 44 ff.; OSER/SCHÖNENBERGER, Vorbem. N 2 vor Art. 440 und weitere dort zit. Literatur; VEUVE, Die Betriebshaftung der Geld- und Bankpost (Diss. Zürich 1927).
[415] Vgl. Bd. II/2 § 25 N 314 ff.

262 4. für andere *Sachen,* die der Reisende unter seiner *eigenen Obhut* mit sich führt, haftet der Unternehmer kausal nach SVG 58 ff. (gestützt auf Art. 59 IV lit. b).

263 5. Für die Schädigung von *nicht aufgegebenen Sachen Nichtreisender* ist das SVG massgebend.

C. Subjekt der Haftpflicht

1. Postverwaltung

264 Wenn die Postverwaltung haftet[416], ist die *Eidgenossenschaft* Subjekt der Haftpflicht und Prozesssubjekt[417]. Die Prozessführung wäre zunächst Sache des Eidgenössischen Verkehrs- und Energiewirtschaftsdepartementes, ist aber der Generaldirektion der Post-, Telegraphen- und Telephonverwaltung delegiert worden[418], die sie ihrerseits dem Rechtsdienst ihrer Generaldirektion übertragen hat.

2. Konzessionierte Automobilunternehmungen

265 Man hat die natürliche oder juristische Person, welche die Unternehmung betreibt, einzuklagen. Die Postverwaltung haftet nicht für den von einer solchen Unternehmung bewirkten Schaden (BBl 1966 I 1085).

3. Postkursunternehmer

266 Als Halter des schädigenden Motorfahrzeugs ist der Unternehmer nach SVG 58 I Subjekt der Haftpflicht.

---

[416] Über die Haftung der Post*beamten:* VG 3 III/IV, 7—9, 11 II/III; TUASON/ROMANENS 126 ff.
[417] Dies war in EHG 25 II deutlich ausgesprochen: «Diese Klagen [aus EHG] sind ... bei der Haftpflicht der Post gegen den Bund zu richten.» EHG 25 ist nicht mehr in Kraft. An der materiellen Richtigkeit der dort enthaltenen Aussage ändert dies nichts; vgl. VO zum PTT-Organisationsgesetz, vom 22. Juni 1970 (SR 781.01), Art. 14.
[418] VO zum PTT-Organisationsgesetz (zit. FN 417) Art. 5 IV lit. d; ferner BGE 33 II 378; BURCKHARDT, Schweiz. Bundesrecht (Frauenfeld 1931) Nr. 3258.

D. Verschiedene Vorschriften

1. Geltungsbereich der Haftpflichtvorschriften

a) In persönlicher Hinsicht: Anwendbarkeit des Unfallversicherungsgesetzes

Wie in Bd. I 425 dargetan, untersteht das Personal der Post[419] und dasjenige der nach PVG 3 I konzessionierten Unternehmungen dem UVG.

267

b) In räumlicher Hinsicht

PVG 44 II beschränkt die Haftpflicht der Postverwaltung auf Schäden, die innerhalb des «schweizerischen Postgebietes entstanden» sind; zum schweizerischen Postgebiet gehören neben dem Staatsgebiet der Schweiz das Fürstentum Liechtenstein[420] und die Postbüros in Luino, Domodossola und Pontarlier[421]. Das EHG ist dagegen in Übereinstimmung mit den in Bd. I § 15 dargestellten Regeln, wonach die *lex loci delicti commissi* massgebend sei, nicht anwendbar, wenn ein Schaden durch ein schweizerisches Postfahrzeug zugefügt wird, während es ausländisches Gebiet befährt[422]. Die *lex loci delicti commissi* ist jedoch ausgeschaltet, wenn es ein schweizerisches Postautomobil ist, das im Ausland einen Unfall bewirkt. Alsdann ist die Haftpflichtordnung des SVG anzuwenden, sobald die im Haager Übereinkommen vom 4. Mai 1971 über das auf Strassenverkehrsunfälle anwendbare Recht umschriebenen Voraussetzungen erfüllt sind[423]. Zwar geht an und für sich PVG 44 II als *lex specialis* dem SVG vor. Das Haager Übereinkommen ist aber wiederum *lex specialis* im Verhältnis zu PVG 44 II und infolgedessen auf Auslandfahrten der Postautomobile anwendbar.

268

---

[419] BGE 86 I 251 ff. (noch zum KUVG); TUASON/ROMANENS 121.
[420] *Staatsvertrag* vom 9. Januar 1978 (SR 0.783.595.14); TUASON/ROMANENS 15 ff.
[421] BUSER 167.
[422] BUSER 168.
[423] Dazu Bd. II/2 § 25 N 844 ff.

§ 27   Haftpflicht der Eisenbahnen, Transportunternehmungen und der Post

2. Regress

269   Der Rückgriff auf Dritte, die an der Schädigung beteiligt sind, auf das Personal der Post[424] und auf Postkursunternehmer (oder auf ihr Personal), soweit die Postverwaltung für sie einstehen muss, richtet sich nach dem Gesetz, das den Rückgriff ordnet; gegebenenfalls ist es das Gesetz, gemäss dem die Post selber belangt worden ist. Demnach sind insbesondere OR 51, EHG 18 oder SVG 60 und 88 anwendbar, sowie die allgemeinen Regressregeln, die sich in Bd. I 348 ff. entwickelt finden. Für die konzessionierten Unternehmungen gilt das Entsprechende. Wie bei der Besprechung von EHG 18 erwähnt, ist der Regress nicht auf den Fall des Verschuldens beschränkt (vorstehend N 194)[425].

3. Haftpflicht und Versicherung

270   In Bd. I 452 f. ist festgehalten, dass die konzessionierten Unternehmungen zum Abschluss einer Haftpflichtversicherung verpflichtet sind.

4. Verzugszins

271   Dauert die Erledigung eines gegen die Postverwaltung gerichteten Haftpflichtanspruchs länger als vier Wochen seit Eintritt des Schadens, so hat die Postverwaltung vom Ablauf dieser Frist an bis zur Zahlung der Entschädigungssumme 5% Zins zu zahlen (PVG 46). Diese Vorschrift geht der allgemeinen in Bd. I 174 f. angegebenen Regel vor. Sie gilt nicht für konzessionierte Unternehmungen und für Postkursunternehmer.

5. Verjährung

272   Die Verjährungsfrist richtet sich nach dem jeweils anzuwendenden Haftpflichtgesetz: EHG 14 I oder SVG 83[426].

---

[424] VG 3 IV, 7, 9, 11 III.
[425] Dazu STRAUSS 32, 41/42. Die Ansprüche gegen Postkursunternehmer verjähren in 10 Jahren (gl. M. BUSER 180), weil sie auf Vertrag beruhen: Bd. I 356.
[426] TUASON/ROMANENS 96.

6. Prozessuale Vorschriften

a) Zuständigkeit für Klagen gegen die Postverwaltung gestützt auf das Eisenbahnhaftpflichtgesetz

Soweit die Postverwaltung haftet und das EHG anwendbar ist (allenfalls ergänzt durch das PVG), gilt folgende Ordnung, die durch Verweis von PVG 55 im PTT-Organisationsgesetz vom 6. Oktober 1960 (SR 781.0) Art. 3 II vorgesehen ist [427]. 273

Örtlich zuständig sind alternativ diejenigen Gerichte, deren *sachliche* Zuständigkeit gemäss der kantonalen Zivilprozessordnung gegeben ist 274

1. am Sitz der Zentralverwaltung der Post (Stadt Bern); 275

2. am Unfallort. 276

Die *funktionelle* Zuständigkeit, d. h. die Weiterziehung an das höhere kantonale Gericht oder das Bundesgericht, richtet sich nach dem kantonalen Recht oder dem OG. Die (einseitige) direkte Anrufung des Bundesgerichts als einziger Instanz, die gemäss der früheren Fassung von PVG 55 (und gemäss dem OG von 1893, Art. 48 Ziff. 2) vorgesehen war, sobald der Streitwert wenigstens 4000 Fr. betrug, ist nicht mehr zulässig (OG von 1943, Art. 41 lit. b) [428]. Beide Parteien können aber gemäss OG 41 lit. c eine Prorogation auf das Bundesgericht vornehmen, sofern der Streitwert den dort erwähnten Betrag erreicht [429]. 277

b) Zuständigkeit für Klagen gegen die Postverwaltung gestützt auf das Strassenverkehrsgesetz

Die *örtliche, sachliche* und *funktionelle* Zuständigkeit richtet sich nach PTT-Organisationsgesetz Art. 3 II, so dass auch hier die soeben 278

---

[427] EHG 19 gilt nur für die Eisenbahnen und die ihnen gleichgestellten Transportunternehmungen; diese Vorschrift ist hinsichtlich der Post durch PVG 55 und OG 41 lit. b ersetzt; gl. M. Buser 208. — Über die heutige Ordnung von PVG 55: BBl 1972 I 445.
[428] Birchmeier, Handbuch des BG über die Organisation der Bundesrechtspflege (Zürich 1950) Art. 41 N 8.
[429] BGE 83 II 243/44. — Die in OG 41 lit. b und c vorgesehenen Streitwertgrenzen sind heraufgesetzt laut BG betr. Änderung des OG usw. vom 19. Juni 1959.

N 273 ff. mitgeteilte Ordnung gilt, ebenfalls unter Ausschluss der (einseitigen) direkten Anrufung des Bundesgerichts (OG 41 lit. b). Danach ist alternativ zuständig das Gericht

279 1. am Sitz der Zentralverwaltung der Post (Stadt Bern);

280 2. am Unfallort.

281 Die Vorschrift SVG 84 ist damit ausgeschaltet; wohl aber ist die Prorogation auf das Bundesgericht gemäss OG 41 lit. c zulässig.

c) Zuständigkeit für Klagen gegen konzessionierte Automobilunternehmungen und Trolleybusunternehmungen

282 Die konzessionierten Automobilunternehmungen unterstehen dem SVG; folglich gilt dessen Gerichtsstandsordnung (SVG 84). Für Trolleybusunternehmungen (und Gyrobusunternehmungen) gilt eine eigene Gerichtsstandsbestimmung: Zuständig ist das Gericht am Sitze der Unternehmung oder das Gericht des Unfallortes (BG über die Trolleybusunternehmungen vom 29. März 1950, Art. 15 III; BRB über die Gyrobusunternehmungen, vom 28. August 1953; SR 744.212).

d) Zuständigkeit für Klagen gegen Postkursunternehmer

283 Es gilt SVG 84. Wird die Postverwaltung für den Schaden belangt, so ist das PTT-Organisationsgesetz Art. 3 II anzuwenden.

§ 28 Haftpflicht der Betriebsinhaber elektrischer Anlagen

Literatur

SCHWEIZERISCHE: GREGOR BIENSTOCK, Die zivilrechtliche Verantwortlichkeit nach dem BG über die elektrischen Stark- und Schwachstromanlagen vom 24. Juni 1902 (Diss. Zürich 1912). — BUSER, Die ausservertragliche Entschädigungspflicht der Elektrizitätswerke..., ZSGV 31, 577 ff. — DESCHENAUX/TERCIER § 17 N 9 ff. — FEHR, Die rechtliche Ordnung der Elektrizitätsversorgung, ZSR 46, 25 a ff. — ROCHUS GASSMANN-BURDIN, Energiehaftung (Zürich 1988). — HESS/WEIBEL, Das Enteignungsrecht des Bundes, 2 Bde. (Bern 1986). — A. KELLER I 174 ff. — WALTER THEODOR MOLL, Die Haftpflicht der Betriebsinhaber elektrischer Anlagen (Diss. Bern 1945). — OETIKER, Die Eisenbahngesetzgebung des Bundes, Bd. I (Solothurn 1913) 291 ff. — ERWIN RUCK, Schweiz. Elektrizitätsrecht (Zürich 1964). — MAX SCHÄRER, Recht und Gerichtspraxis über Haftpflicht und Schadenersatz (Bern 1940) 205 ff. — JAKOB SCHWENDENER, Die Haftpflicht der elektrischen Anlagen (Diss. Bern 1912). — CHARLES WÜTHRICH, Fragen aus dem Elektrizitätsrecht (Goldach 1955).

VON HISTORISCHEM INTERESSE SIND: FRIEDRICH MEILI, Die elektrischen Stark- und Schwachstromanlagen und die Gesetzgebung, Schweiz. Zeitfragen, Heft 29 (Zürich 1899). — DERS. Der Gesetzesentwurf über die elektrischen Stark- und Schwachstromanlagen, Schweiz. Zeitfragen, Heft 30 (Zürich 1900).

DEUTSCHE: FILTHAUT, § 2 N 1 ff. — GEIGEL/SCHLEGELMILCH 22. Kap. N 41 ff.

ÖSTERREICHISCHE: KOZIOL II 414 ff.

I. Grundlagen

A. Rechtsquellen

Die Haftpflicht der Betriebsinhaber elektrischer Anlagen — abkürzend, wenn auch nicht ganz korrekt, spricht man von *Elektrizitätshaftpflicht* — ist im Elektrizitätsgesetz geregelt: *BG betreffend die elektrischen Schwach- und Starkstromanlagen, vom 24. Juni 1902 (ElG)*, Art. 27—41. Dieses Gesetz[1] enthält in sieben Abschnitten Allgemeine Bestimmungen, Vorschriften über Schwachstromanlagen, über Starkstromanlagen, über die Kontrolle solcher Anlagen, über die Expropriation; dazu kommen Strafbestimmungen und, in Abschnitt V, Haftpflichtbestimmungen.

1

---

[1] SR 734.0.

§ 28　Haftpflicht der Betriebsinhaber elektrischer Anlagen

2   Das Gesetz enthält somit vorwiegend Verwaltungs-, namentlich Polizeirecht. Die *verwaltungsrechtlichen* Vorschriften besitzen in verschiedener Hinsicht Bedeutung für das Haftpflichtrecht. Sie enthalten zunächst Begriffsumschreibungen, wie diejenigen der Stark- und Schwachstromanlagen und der Hausinstallationen (nachstehend N 10 ff.); die zahlreichen, der Verhütung von Schäden und Störungen dienenden, überaus eingehenden Vorschriften über die Beschaffenheit der elektrischen Anlagen und ihre Kontrolle können relevant werden für die Ermittlung des Verschuldens des Inhabers einer Anlage und des Selbstverschuldens des Geschädigten. Dies gilt teilweise auch für die Strafbestimmungen.

3   Die verwaltungsrechtlichen Vorschriften des ElG werden durch eine Reihe von *Ausführungserlassen*[2], die sich vorab auf ElG 3 stützen, ergänzt, insbesondere: Schwachstromverordnung vom 5. April 1978 (SR 734.1); VO über die Erstellung, den Betrieb und den Unterhalt von elektrischen Starkstromanlagen, vom 7. Juli 1933 (StarkstromVO, SR 734.2); Niederspannungsinstallationsverordnung (NIV), 6. September 1989 (SR 734.27); VO über die Parallelführungen und Kreuzungen elektrischer Anlagen unter sich und mit Eisenbahnen, vom 7. Juli 1933 (SR 734.41); VO über die Erstellung, den Betrieb und den Unterhalt der elektrischen Einrichtungen von Bahnen, vom 7. Juli 1933 (SR 734.42); VO über die Vorlagen für elektrische Starkstromanlagen, vom 26. Mai 1939 (SR 734.25, erlassen gemäss ElG 15). Dazu kommen die vom Schweizerischen Elektrotechnischen Verein[3] herausgegebenen «Vorschriften für die Erstellung, den Betrieb und die Instandhaltung elektrischer Hausinstallationen»[4], ergänzt durch die VO des Eidg. Ver-

---

[2] Sie sind zum Teil, einige von ihnen wiederholt, revidiert worden; Abdruck in bereinigter Fassung, zusammen mit dem ElG, in SR 734.0 ff., sowie in einer von der Bundeskanzlei aufgelegten Textausgabe: «Elektrische Anlagen» (Bern 1988). Eine Liste derjenigen unter den Erlassen, die für die Bahnen von Bedeutung sind, bei HESS (zit. eingangs § 27) 440 ff. Über diese Kodifikation des Elektrizitätsrechts HESS in ZSGV 35, 97 ff.

[3] Der Schweiz. Elektrotechnische Verein (SEV) ist eine private Körperschaft, der indes bestimmte staatliche Kontrollaufgaben übertragen worden sind: ElG 21 Ziff. 3; VO vom 24. Oktober 1967 über das Eidgenössische Starkstrominspektorat (SR 734.24) Art. 1; OETIKER I 415; BURCKHARDT, Schweiz. Bundesrecht V (Frauenfeld 1931) Nr. 3293 IV; G. MÜLLER, Bundesverwaltungsrecht I, Skriptum (Zürich 1989) 95. Der genannte Verein amtet als *Starkstrominspektorat;* dessen Funktionen ergeben sich aus den angeführten Stellen.

[4] Die einlässlichen Vorschriften sind erhältlich beim Schweiz. Elektrotechnischen Verein, Seefeldstrasse 301 in Zürich. Sie enthalten auch Erläuterungen elektrotechnischer Begriffe.

kehrs- und Energiewirtschaftsdepartements vom 9. September 1975 über die Hausinstallationskontrolle (SR 734.221).

Die unter haftpflichtrechtlichem Gesichtspunkt wichtigen Vorschriften der StarkstromVO über die Hausinstallationen (Art. 118 ff.) sind zum Teil revidiert worden[5]. Die Ausführungserlasse zum ElG befinden sich zur Zeit erneut in *Revision:* In Vorbereitung befinden sich unter anderem eine neue Starkstromverordnung sowie eine Leitungsverordnung (LEV). Die bisherige Rechtslage soll dadurch besser strukturiert und den internationalen Verhältnissen (EG-Recht) angepasst werden. 4

B. Haftungsgrundsatz

Die *Kausalhaftung* des ElG ist nach dem gleichen Schema aufgebaut wie diejenige des EHG: Der Betriebsinhaber einer elektrischen Anlage haftet grundsätzlich für den Schaden, welcher durch deren Betrieb verursacht wird[6]. Höhere Gewalt, Dritt- und Selbstverschulden vermögen ihn gegebenenfalls zu befreien. Man hat eine *Betriebshaftung* vor sich[7], und es steht fest, dass ihr das *Gefährdungs*prinzip[8] zugrunde liegt. 5

Die Gefährlichkeit der Elektrizität für Personen und Sachen beruht nicht nur auf der Wahrscheinlichkeit, dass die Berührung mit einer Anlage erheblichen Schaden verursachen kann; auch der Umstand ist wesentlich, dass die elektrische Energie sofort durch den «Leiter» strömt, der mit einem stromführenden Teil in Kontakt gerät. Diese Eigenart bringt es namentlich mit sich, dass an sich harmlose Anlagen Schaden stiften können, wenn gefährliche Ströme in sie gelangen, wie beim unbeabsichtigten Kontakt einer Hochspannungsleitung mit einer Telephonleitung[9]. Ferner hängt damit die Erscheinung zusammen, dass ein Schaden an ganz anderer Stelle zugefügt werden kann, als wo die als Ursache anzusehende technische Störung eingetreten ist[10], und end- 6

---

5 Beachte insbesondere auch die VO über elektrische Niederspannungserzeugnisse (NEV), vom 24. Juni 1987 (SR 734.26).
6 Wird elektrische Energie geplant in eine andere Energieform umgewandelt, z. B. in mechanische Kraft oder in Wärme, und verursacht sie in der neuen Form einen Schaden, so ist dieser Schaden nicht mehr eine Folge des Betriebes einer elektrischen Anlage. Der Fall fällt daher nicht unter das ElG. Vgl. hinten N 39 und FN 65.
7 Bd. I 23/24, 84/85.
8 Bd. I 20 ff., 35/36; Bd. II/2 § 24 N 17 ff.
9 Nachstehend N 11.
10 ElG 28, hinten N 88 ff.

lich, dass das schädigende Zusammenwirken von Anlagen verschiedener Inhaber sowohl Dritten[11] wie den Inhabern selber nachteilig sein kann[12]. Diese tatbeständlichen, auf der Eigenart der Elektrizität beruhenden Feststellungen sind geeignet, verschiedene der nachstehend zu besprechenden rechtlichen Fragen aufzuhellen.

7   Die Elektrizitätshaftpflicht umfasst auch eine Haftung für *Hilfspersonen* (ElG 34).

8   Das schweizerische Recht scheint lange Zeit allein geblieben zu sein mit seiner Gefährdungshaftung für die elektrischen Anlagen. Unter den heute bestehenden *ausländischen* Regelungen sei die deutsche erwähnt, wo in § 2 des Haftpflichtgesetzes vom 4. Januar 1978 allgemein der Inhaber einer gefährlichen Anlage einer Kausalhaftung unterworfen wird[13]. In Österreich befindet sich die Haftungsgrundlage in § 1a des Reichshaftpflichtgesetzes von 1871[14].

9   Die *Darstellung* kann sich an diejenige in § 27 anlehnen. Sie darf kürzer gehalten werden, da die Streitfragen seltener zu sein scheinen[15]. Auch wo nicht eigens auf die Ausführungen über das EHG verwiesen wird, rechtfertigt es die *Verwandtschaft* dieser beiden *Gefährdungshaftungen,* dass die dortigen Lösungen auf ihre Verwendbarkeit geprüft werden.

C. Geltungsbereich des Elektrizitätsgesetzes

1. In sachlicher Hinsicht: Kreis der den Haftpflichtbestimmungen des Gesetzes unterstellten Anlagen

a) Positive Abgrenzung: Schwach- und Starkstromanlagen

10   Der Schaden muss, damit die Kausalhaftung des ElG wirksam wird, durch den Betrieb einer *Schwach- oder Starkstromanlage* entstanden sein (ElG 27 I).

---

[11] ElG 30, hinten N 94.
[12] ElG 31, hinten N 163 ff.
[13] Vgl. im einzelnen FILTHAUT zu § 2 und dort zit. Literatur, sowie GEIGEL/ SCHLEGELMILCH 22. Kap. N 41 ff.
[14] Dazu KOZIOL II 414 ff.
[15] Seit Inkrafttreten des Gesetzes wurden in den BGE, den ZR, der ZBJV, der SJZ, der Sem.jud. und dem JT 21 Urteile publiziert.

I. Grundlagen § 28

Schwachstromanlagen sind allerdings nach der Definition von ElG 2 11
I Vorrichtungen, in denen normalerweise keine Ströme auftreten können, die für Personen oder Sachen gefährlich sind, während Starkstromanlagen solche sind, bei denen dies der Fall ist [16]. Indes besteht die Gefahr, dass durch anormale technische Vorgänge von einem Starkstromnetz elektrische Energie in ein Schwachstromnetz gelangt und dadurch Schaden anrichtet [17]. Es war deshalb angebracht, beide Arten von Anlagen der Kausalhaftung zu unterstellen. Infolgedessen ist die Unterscheidung zwischen Stark- und Schwachstromanlagen vom haftpflichtrechtlichen Standpunkt aus belanglos.

Es macht ebenfalls keinen Unterschied aus, welchen *Zwecken* eine 12
Anlage dient, ob der Erzeugung von Strom (zu eigenem oder fremdem Verbrauch), der Fortleitung und Verteilung [18] oder dem Verbrauch.

---

[16] Über die Entstehungsgeschichte dieser Vorschriften SCHWENDENER 40. Bestehen Zweifel, ob eine Anlage als Stark- oder als Schwachstromanlage anzusehen sei, so entscheidet der Bundesrat (ElG 2 III). Dazu VerwEntsch 2 Nr. 88; HESS/WEIBEL, Das Enteignungsrecht des Bundes, Bd. II (Bern 1986) 207 N 6 (Radio-Sendestationen als Starkstromanlagen); ALBERT LAUBI, Das Kostentragungsprinzip im Elektrizitätsrecht (Diss. Zürich 1942) 15 ff.; MOLL 44 ff.; A. KELLER I 175. — Zur Frage der *Gefährlichkeit* werden von GELPKE bei GELPKE/SCHLATTER, Unfallkunde (2. A. Bern 1930) 91 folgende Angaben gemacht: «Ströme von 100—150 Volt können unter Umständen schon Schaden verursachen; solche über 200 Volt sind gefährlich; Ströme über 500 Volt können den Tod bringen. Nicht nur auf die Spannung (Volt), sondern auch auf die Stromstärke (Ampère) kommt es an, 20 Milliampère gilt nach Boruttan als Maximaldosis, 100 Milliampère als sicher tödlich...» Vgl. auch DUBOIS/ZOLLINGER, Unfallmedizin (Bern 1945) 381 f.; BGE 37 II 230 ff.; über die Unfallursachen Angaben bei GELPKE a.a.O. 97. Die *Judikatur* zum ElG ist, verglichen mit derjenigen zu andern Haftpflichtbestimmungen, auffallend gering (soeben FN 15). Demnach scheinen die *Unfälle nicht häufig* zu sein. Das ist um so erstaunlicher, als die Gefährlichkeit und Anzahl elektrischer Anlagen sehr gross ist. Den Verfassern ist diese Beobachtung vom Starkstrominspektorat wie folgt bestätigt worden: «Wir sind der Ansicht, dass die Zahl der durch Starkstrom verursachten elektrischen Unfälle *im Verhältnis zur Ausdehnung der elektrischen Anwendungen* in der Schweiz, besonders auch im Vergleich zu den Verkehrsunfällen, gering ist. In den letzten 10 Jahren verunfallten jährlich im Durchschnitt 177 Personen durch Elektrizität, wovon je 20 tödlich. Dabei sind allerdings die Unfälle an elektrifizierten Bahnanlagen nicht mitgerechnet. Die Anzahl der Unfälle hat Jahr für Jahr leicht abgenommen, obschon die elektrischen Anwendungen stark zunehmen. Die somit eingetretene *relative Verminderung* der Starkstromunfälle ist wohl auf die erfolgreich durchgeführte Verbesserung der elektrischen Verbrauchsapparate und die sorgfältigere Ausführung und Instandhaltung der elektrischen Installationen zurückzuführen.»
[17] BGE 37 II 101; 45 II 640; 51 I 254; 60 I 61; Sem.jud. 1900, 122; Botschaft zum ElG, BBl 1899 III 812; vgl. auch VO über Parallelführungen und Kreuzungen... vom 7. Juli 1933 (SR 734.41), Art. 19.
[18] Vgl. etwa BGE 35 II 217; 55 I 238; 58 I 293.

13 Das Wort «Anlage» verleitet zur Auffassung, dass nur eine fest montierte elektrische Installation darunterfallen könne. Dafür bestehen aber keine sachlichen Gründe. Aus der ratio legis ergibt sich vielmehr, dass der Frage der *Stabilität* der Anlage keine Bedeutung zukommt: Auch tragbare[19] und in Fahrzeugen installierte Einrichtungen sind, wenn in ihnen Schwach- oder Starkstrom auftritt, elektrische Anlagen im Sinne des Gesetzes. Den Normalfall stellen bewegliche Anlagen aber natürlich nicht dar.

**b) Negative Abgrenzung:
Hausinstallationen und ihnen gleichgestellte Anlagen**

14 *Die Haftpflichtbestimmungen des ElG, und damit die Kausalhaftung, gelten laut Art. 41 nicht für die Hausinstallationen.* Das sind elektrische *Anlagen in Häusern,* Nebengebäuden und andern zugehörigen Räumen, in denen *Niederspannungen* verwendet werden, d. h. Spannungen von nicht mehr als 1000 Volt (ElG 16; StarkstromVO Art. 118 I lit. a in Verbindung mit Art. 3)[20, 21].

15 Nicht nur stabile und dauernde, sondern auch an solche angeschlossene ortsveränderliche und provisorische Anlagen gehören unter den gleichen Voraussetzungen zur Hausinstallation (StarkstromVO Art. 118 I lit. c).

16 Ob eine konkrete elektrische Anlage als Hausinstallation zu betrachten sei, ist im Einzelfall anhand der mitgeteilten Merkmale aufgrund genauer tatsächlicher Erhebungen zu prüfen; allgemeine Angaben können darüber nicht gemacht werden.

---

[19] Elektroschockgeräte sind auch elektrische Anlagen, und wer sie verwendet, wird für die dadurch verursachten Schäden nach ElG verantwortlich. Wer sie zur Verteidigung verwendet, wird sich aber gegebenenfalls auf Notwehr berufen können. Da die Gefährdungshaftungen nach schweiz. Recht nur für rechtswidrige Schädigungen gelten (vgl. Bd. II/2 § 24 N 27 ff.), wird dadurch die Haftpflicht ausgeschlossen.

[20] AGVE 1960, 24f. — Es ist zu beachten, dass die Begriffspaare *Starkstrom/ Schwachstrom* und *Hochspannung/Niederspannung* sich *nicht decken.* Vielmehr teilt Art. 3 der StarkstromVO die *Stark*stromanlagen — also die im Sinne von ElG 2 «gefährlichen» Anlagen (dazu vorstehend FN 16) danach in Anlagen mit Hoch- oder Niederspannung ein, ob sie die im Kontext erwähnten 1000 Volt überschreiten oder nicht. Über die Frage, ob gegebenenfalls auch Schwachstromanlagen zu den Hausinstallationen gehören, MOLL 48 f.

[21] Über den Begriff der Hausinstallation eingehend MOLL 47 ff.; GASSMANN-BURDIN 174; desgleichen, in anderem Zusammenhang, ZURBRÜGG, Die Radiostörungen als Rechtsproblem (Diss. Bern 1939) 59 ff.; bzgl. der österreichischen Regelung KOZIOL II 417 f.

I. Grundlagen § 28

Der Grund für die Befreiung der Hausinstallationen von der Haftpflicht nach ElG wird darin gesehen, dass solche Anlagen hauptsächlich die Bewohner des fraglichen Gebäudes gefährden, die aber verhältnismässig leicht mit der Gefahr vertraut gemacht werden können [22].

Ergänzend kann angeführt werden, dass bei Hausinstallationen vor allem diejenigen Personen der Gefahr einer Schädigung ausgesetzt sind, die sich selbst des elektrischen Stromes für ihre Zwecke bedienen [23].

An sich ist nicht einzusehen, weshalb die Gefährdung durch elektrischen Strom in Häusern (mit Sicherungskasten, Steckdosen, elektrischen Apparaten usw.) geringer sein sollte als im Freien. Die nicht beherrschbare Gefahr ist bei der Verwendung des elektrischen Stromes mindestens so gross wie bei seiner Fortleitung auf hohen Masten und sicher grösser als bei der Fortleitung in unterirdischen Kabeln [24]. Vom Gesichtspunkt der Grundlage der Gefährdungshaftungen aus gesehen [25] kann eine Einschränkung des Anwendungsbereiches dieser Haftung nicht lokal — Hausinstallationen —, sondern höchstens für sehr niedrige Spannungen und sehr niedrige Stromstärken bei statischen Entladungen gerechtfertigt werden.

Hausinstallationen sind nach ElG 16, wie bereits erwähnt, elektrische Einrichtungen in Häusern, Nebengebäuden und andern zugehörigen Räumen mit Spannungen von nicht mehr als 1000 Volt. Die Ausnahme für die Hausinstallationen gilt gestützt auf ElG 13 II aber auch für Einzelanlagen mit maximal 1000 Volt auf eigenem Grund und Boden, die nicht zufolge der Nähe anderer elektrischer Anlagen Betriebsstörungen oder Gefährdungen veranlassen können. Zum Begriff der Einzelanlage gehört, dass der Strom darin selbst erzeugt und nicht von aussen bezogen wird (StarkstromVO 118 I lit. b). Daraus ergibt sich, dass bei eigener Stromerzeugung auch Anlagen im Freien auf eigenem Grund und Boden nicht ElG 27 unterstehen.

---

22 Botschaft zum ElG, BBl 1899 III 817; BGE 37 II 105; 63 II 115/16; 84 II 51 f.; 94 II 99 ff.; MOLL 53; GASSMANN-BURDIN 174. — Eine entsprechende Bestimmung findet sich im deutschen Haftpflichtgesetz § 2 III.
23 Kein berechtigtes Argument für die Aufrechterhaltung von ElG 41 stellt die Überlegung dar, dass der Begriff des Inhabers der Hausinstallation bei deren Einbeziehung in die Gefährdungshaftung genauer festgelegt werden müsste: Ist es der Eigentümer, der Mieter und gegebenenfalls der Untermieter, eventuell auch der Handwerker, der bei Reparaturarbeiten seine Bohrmaschine an eine Steckdose im Haus anschliesst, wobei der Strom sich wegen eines Mangels der Maschine schädigend auswirkt?
24 Vgl. O. BÜCHLER, Unfälle an elektrischen Starkstromanlagen in der Schweiz in den Jahren 1982—1984, in: Bulletin des SEV/VSE 76 (1985) Nr. 23 S. 1382.
25 Vgl. Bd. II/2 § 24 N 6 ff.

21 Der erwähnte Art. 118 geht in Abs. 2 aber noch weiter und unterstellt der Ausnahme von ElG 41 auch an Niederspannungsnetze angeschlossene Stromverbrauchsanlagen im Freien, in landwirtschaftlichen Betrieben, auf Bau- und Werkplätzen, in Bergwerken, Schaubuden und dergl. Hier wird das Requisit des eigenen Grundes und Bodens und der Nähe anderer elektrischer Anlagen gemäss ElG 13 II fallengelassen, was das Bundesgericht zu Recht veranlasst hat, in BGE 63 II 115 und 84 II 52 die Frage der gesetzlichen Grundlage dieser Verordnungsbestimmung zu verneinen[26].

22 Diese differenzierten Abgrenzungen des Anwendungsbereiches von ElG 27 zeigen, dass man bei Erlass des ElG bestrebt war, unter verschiedenen Gesichtspunkten Ausnahmen vorzusehen: Massgebend ist nicht nur, ob eine elektrische Anlage sich in einem Haus befindet; steht sie im Freien und dient sie der Stromerzeugung, so kommt es darauf an, ob sie auf eigenem — des Inhabers der Anlage? — Grund und Boden steht[27]. Wenn man StarkstromVO 118 II als gültig betrachtet, sind auch Stromverbrauchsanlagen im Freien unabhängig vom Eigentum an Grund und Boden von der Gefährdungshaftung ausgenommen, wenn sie nicht mehr als 1000 Volt führen. Dies hat zur Folge, dass Niederspannungsanlagen ElG 27 fast nur noch dann unterstehen, wenn sie ausschliesslich der Zuleitung von Strom dienen. Dies ist nicht sinnvoll.

23 Diese Gesamtsituation im Zusammenhang mit der Ausnahme der Hausinstallationen ist vom haftpflichtrechtlichen Standpunkt aus unbefriedigend. Sie ist nur zu verstehen aus den Verhältnissen zur Zeit des Erlasses des Gesetzes, als man mit den Gefährdungshaftungen Neuland betrat[28] und deshalb die Bedenken von Interessenvertretern mehr Gewicht hatten als heute. Eine systemgerechte Revision des ElG in bezug auf die Hausinstallationen drängt sich daher auf[29].

---

[26] Vgl. dazu GASSMANN-BURDIN 174 f.; Vorauflage 409.
[27] BGE 63 II 114 führt die Problematik dieser gesetzlichen Abgrenzungen deutlich vor Augen: Das Bundesgericht hat ElG 27 angewendet, weil sich in der Nähe eine Telephonleitung befand und die für den Unfall kausale 200-V-Leitung über fremden Boden führte. Beide Umstände waren in bezug auf den konkreten Fall Zufälligkeiten, deren Bedeutung als Abgrenzungskriterien nicht zu befriedigen vermag. Wenn die Leitung nicht über fremden Boden geführt hätte und keine Telephonleitung in der Nähe gewesen wäre, hätte sich der Unfall genau gleich zutragen können.
[28] Das FHG vom 25. Brachmonat 1881 kann nicht als direkter Vorläufer der heutigen Gefährdungshaftungen betrachtet werden, wohl aber das alte EHG (BG betr. die Haftpflicht der Eisenbahn- und Dampfschiffahrts-Unternehmung bei Tötungen und Verletzungen, vom 1. Heumonat 1875).
[29] Gleicher Meinung GASSMANN-BURDIN 174 ff.; A. KELLER I 174/75.

I. Grundlagen § 28

Liegt die unmittelbare Ursache eines Schadens zwar in der Berührung mit der Hausinstallation, die mittelbare Ursache aber darin, dass von einer *Hochspannungsleitung Strom* in die, einer Niederspannungsleitung angeschlossene, *Hausinstallation geraten* ist, dann gilt soviel: Der Betriebsinhaber der Hochspannungsleitung ist nach ElG 27ff. belangbar, ohne sich auf die Vorschrift von ElG 41 berufen zu können[30]. Denn der Betrieb der Hochspannungsleitung stellt eine adäquate, haftungsbegründende Ursache des Schadens dar. Der in der Vorschrift ElG 28 enthaltene Gedanke (nachstehend N 88ff.) wird analog angewendet. Der Inhaber der Hausinstallation *selber* kann sich dagegen, falls man ihn belangt, auf ElG 41 berufen. 24

Den Hausinstallationen werden, auch hinsichtlich der Haftpflicht, gleichgestellt: die mit Niederspannung versehenen elektrischen *Einzelanlagen mit Stromerzeugung auf eigenem Grund und Boden*, sofern sie nicht zufolge der Nähe anderer elektrischer Anlagen Betriebsstörungen oder Gefährdungen veranlassen können (ElG 13 II; StarkstromVO Art. 118 I lit. b). 25

Dieser Tatbestand kann z.B. vorliegen, wenn eine abgelegene Liegenschaft oder ein Berghotel eine eigene Anlage zur Erzeugung von Elektrizität besitzt[31]. Das Regime der Hausinstallationen erstreckt sich auch hier unter den gleichen Voraussetzungen auf ortsveränderliche und provisorische Anlagen (VO 118 I lit. c). 26

Wesentlich ist also in erster Linie, dass die ganze elektrische Anlage auf *eigenem* Grund und Boden ihres Inhabers steht; das ist z.B. nicht der Fall, wenn eine elektrische Leitung, die vom einen Grundstück zum andern Grundstück des gleichen Inhabers führt, eine öffentliche oder fremde private Strasse überquert[32,33]. 27

Das Erfordernis, dass die Anlage auf eigenem Grund und Boden stehen müsse, hat *nicht* den Sinn, dass der Inhaber der Anlage *Eigentümer* von Grund und Boden sein müsse; ein obligatorisches, beschränktes dingliches oder bloss tatsächliches Verhältnis, also z.B. 28

---

[30] Dazu BGE 37 II 99ff.
[31] Stenbull. 1901, 233. Näheres MOLL 56ff.
[32] BGE 63 II 112, 115ff.
[33] Anderseits wird eine an und für sich der Haftpflicht des ElG unterstehende *Freileitung* nicht zur Hausinstallation, wenn sie im Luftraum in das Gebiet des eigenen Grundes und Bodens des Strombezügers hineinragt; sondern sie ist und bleibt eine Freileitung im Sinne von Art. 71 der StarkstromVO: BGE 63 II 117.

§ 28 Haftpflicht der Betriebsinhaber elektrischer Anlagen

Miete und Pacht, muss genügen, sofern es nur die gleiche Person ist, welche sowohl die Anlage wie die Grundstücke in der geschilderten Weise innehat.

29 Art. 119 der StarkstromVO erklärt es für zulässig, in «besonderen Anwendungsfällen, wie Röntgen-, Neon- oder Moorelichtanlagen u. dgl.» in Hausinstallationen ausnahmsweise *Hochspannungen* zu verwenden, sofern bestimmte Sicherungsmassnahmen getroffen werden. Auf solche Anlagen kann jedoch die Vorschrift von ElG 41 ebenfalls nicht ausgedehnt werden, denn Hausinstallationen im Sinne dieser Vorschrift sind nur diejenigen Anlagen, in denen die *normaler*weise für Hausinstallationen zulässigen Spannungen (ElG 16) d.h. Niederspannungen, verwendet werden. Die erwähnten Anlagen unterstehen demnach der Haftpflicht des ElG [34].

30 Dem ElG sind von vornherein entzogen und damit auch von der Kausalhaftung befreit, jene *Schwachstromanlagen*, die weder öffentlichen Grund und Boden noch Eisenbahngebiet benützen und die auch nicht «zufolge der Nähe von Starkstromanlagen zu Betriebsstörungen oder Gefährdungen Veranlassung geben können» (ElG 4 I). Solche Anlagen können kaum Unfälle bewirken; ihre Befreiung von der Kausalhaftung ist deshalb ohne erhebliche praktische Bedeutung [35].

31 Soweit eine Hausinstallation oder eine andere Anlage der besprochenen Art den Haftpflichtbestimmungen des ElG nicht untersteht, sind auf Schadenersatz- und Genugtuungsansprüche die *Vorschriften des OR* über die ausservertragliche und die vertragliche [36] Haftung anzuwenden. Neben OR 41 und 55 fällt v.a. OR 58 in Betracht, weil eine elektrische Anlage meist ein Werk darstellen wird [37].

32 Für die Beurteilung des Verschuldens oder der Mangelhaftigkeit des Werkes wird man stark auf die vorstehend N 3 ff. erwähnten Vorschriften über die Errichtung und Kontrolle der Hausinstallationen abstellen; im übrigen sind u.a. ElG 15 IV, 17 VII, 26 und StarkstromVO 120 ff. zu beachten.

---

[34] Gleicher Meinung MOLL 63.
[35] MOLL 19/20, 45/46.
[36] Dies vor allem aufgrund eines Energielieferungsvertrags, hinten N 59.
[37] Bd. II/1 § 19 N 93 Ziff. 12.

2. In persönlicher Hinsicht:

a) Kreis der haftpflichtigen Betriebsinhaber

Haftpflichtig sind die Inhaber der vorn N 10 ff. umschriebenen Anlagen, soweit diese nicht unter ElG 41 fallen oder gemäss ElG 4 I vorweg ausgenommen sind. 33

Es ist gemäss ElG 27 I unerheblich, ob es sich um eine «private oder öffentliche» Anlage handle, d. h. zunächst, ob der Betriebsinhaber eine *Person des öffentlichen*[38] oder des *Privatrechts* sei. Somit kommt es für die Anwendbarkeit des Gesetzes nicht darauf an, in welcher Weise die Stellung des Betriebsinhabers gegenüber dem Publikum als Produzent, Konsument oder Vermittler von elektrischer Energie gesetzlich oder vertraglich umschrieben sei: nach welchen privat- oder öffentlichrechtlichen Grundsätzen. 34

b) Kreis der Geschädigten

aa) Positive Abgrenzung: Vertragspartner und Dritte

Ob zwischen dem Haftpflichtigen und dem Geschädigten ein Vertragsverhältnis besteht oder nicht, ist für die Anwendbarkeit der Haftpflichtnormen des ElG unerheblich. Auf die vertragliche Haftung ist gegebenenfalls aber dann zurückzugreifen, wenn die Ausnahmevorschriften von ElG 41 (soeben N 14 ff.), ElG 27 II oder ElG 29 (nachstehend N 107 ff.) wirksam werden. 35

bb) Negative Abgrenzung:
Anwendbarkeit des Unfallversicherungsgesetzes

Soweit die Haftpflicht der Arbeitgeber durch die obligatorische Versicherung des UVG abgelöst ist, wird das ElG — wie die andern Spezialgesetze des Haftpflichtrechts — unanwendbar. In Bd. I 423 ff. finden sich die zugehörigen Darlegungen (noch zum KUVG). 36

---

[38] Bezüglich der PTT-Betriebe vgl. TUASON/ROMANENS, Das Recht der Schweizerischen PTT-Betriebe (3. A. Bern 1980) 111.

3. In rechtlicher Hinsicht: Verhältnis zu anderen Haftpflichtvorschriften

a) Zum Eisenbahnhaftpflichtgesetz

37   Die Frage der Konkurrenz zwischen EHG und ElG tritt insbesondere auf, wenn ein Schaden im Zusammenhang mit den Anlagen und dem Betrieb einer *elektrischen Eisenbahn* entstanden ist [39].

38   Die *Abgrenzungsschwierigkeit* wird geprägt durch den Umstand, dass die elektrische Eisenbahn sich einer Energie bedient, deren Gefährlichkeit ihrerseits ganz allgemein und unabhängig von der Art ihrer Verwendung — ob zum Betrieb einer Eisenbahn oder sonstwie — Anlass zu einer besonderen Gefährdungshaftung gegeben hat: Der Inhaber einer elektrischen Eisenbahn ist regelmässig auch Inhaber einer elektrischen Anlage im Sinne des ElG, die seine Haftpflicht auslösen kann.

39   Vorerst sind die Fälle auszuscheiden, bei denen der elektrische Strom nicht als solcher, sondern aufgrund seiner Umwandlung in mechanische Energie einen Schaden verursacht: Eine elektrische Lokomotive kollidiert auf einem Niveauübergang mit einem Radfahrer [40]. Hier fällt das ElG nicht in Betracht. Ganz allgemein kann gesagt werden, dass Unfälle, die durch Elektrizität nach ihrer Umwandlung in eine andere Energieform, insbesondere in mechanische Kraft, verursacht werden, nicht unter das ElG fallen. Auch wenn bei einer elektrischen Waschmaschine jemand in körperlichen Kontakt mit der rotierenden Trommel gerät und dadurch verletzt wird [41], ist das ElG nicht anwendbar.

40   Zur Diskussion stehen daher nur die Fälle, in denen der elektrische Strom als solcher in einen Menschen oder in eine nicht für ihn bestimmte Sache gerät und dort Schaden anrichtet, sei es durch Hitzeentwicklung, sei es durch Störung der normalen Abläufe in einem menschlichen oder tierischen Körper, namentlich durch Herzrhythmus-Störungen [42].

---

[39] Vgl. dazu auch vorn § 27 N 105 f.
[40] Vgl. BGE 40 II 422.
[41] Vgl. den Tatbestand von BGE 90 II 227.
[42] Der elektrische Strom hinterlässt, ausser bei Verursachung eines Brandes, bei dem die Einwirkungsstelle des Stromes verbrennt, in der grossen Mehrzahl der Fälle typische Spuren seiner Einwirkung. Bei Einwirkungen auf einen menschlichen oder tierischen Körper entstehen an den Ein- und Austrittsstellen des Stromes meistens Strommarken

I. Grundlagen §28

Nur in diesen Fällen stellt sich die Frage, ob der Inhaber der Bahn- 41
und gleichzeitig der elektrischen Anlage nach EHG oder nach ElG haften solle, und auch dies nur, wenn die elektrische Anlage gleichzeitig Teil der eigentlichen Bahnanlage ist. Dies trifft nicht zu für Generatoren, Transformatoren, Verteilstationen und Zuleitungen zur eigentlichen Bahnanlage, die den elektrischen Strom produzieren und der Bahn zuführen [43].

Damit bleibt nur zu entscheiden, ob das ElG oder das EHG oder 42
beide (Anspruchskonkurrenz) anwendbar seien, wenn der schädigende elektrische Strom aus einer Fahrleitung oder einer elektrischen Leitung in einer Lokomotive [44] oder in einem Eisenbahnwagen stammt [45].

Es wird immer wieder betont, dass dieser Frage keine grosse prakti- 43
sche Bedeutung zukomme. Dies trifft zu, wenn der elektrische Strom einen Körperschaden verursacht. Bei den Sachschäden, die nicht das Reisegepäck betreffen, setzt die Haftpflicht nach EHG 11 II ein Verschulden voraus, während nach ElG die Haftpflicht auch ohne Verschulden besteht ausser für Störungen im Geschäftsbetrieb (ElG 27 II) und bei Bränden (ElG 29). Nach EHG 6 und 7 führen verbrecherische und unredliche Handlungen sowie die wissentliche Übertretung polizeilicher Vorschriften zum Ausschluss oder zur Reduktion der Haftpflicht, während diese nach ElG 35 entfällt, wenn der Geschädigte sich durch eine widerrechtliche Handlung oder mit wissentlicher Übertretung von bekanntgegebenen Schutzvorschriften, Warnungen und dergleichen mit

---

oder andere typische Verbrennungsbilder (wenn z. B. jemand in einer Badewanne liegt, deren Wasser unter Strom gerät). Das Verletzungsbild ist ein ganz anderes als bei mechanischen Einwirkungen, die vor allem Quetschungen und Knochenbrüche verursachen. Aus der Art der Verletzung lässt sich daher in der grossen Mehrzahl der Fälle ableiten, ob die schädigende Einwirkung elektrischer oder mechanischer Natur war.
Ebenfalls nach ElG 27 zu beurteilen sind weitere Folgen einer Elektrisierung, wenn z. B. jemand vom Strom getroffen wird, von der Leiter fällt und am Boden eine andere Person verletzt; vgl. BGE 35 II 35.

[43] In gleicher Weise haftet der Unternehmer einer mit Dieselöl betriebenen Eisenbahn nicht nach EHG für den Schaden, wenn ein zum Bahnbetrieb gehörender Öltank oder eine Ölleitung undicht wird. In BGE 81 II 562 wurde daher das EHG mit Recht nicht angewendet auf die Tötung eines Mannes, der mit einer Übertragungsleitung der SBB in Kontakt gekommen war.

[44] Ein solcher Fall in NZZ Nr. 110 vom 16. Mai 1989: Ein Schwarzfahrer betrat den unter Spannungen bis zu 15 000 Volt stehenden Maschinenraum einer Lokomotive, wo er mit dem Strom in Berührung kam und getötet wurde.

[45] Bei Verletzung eines Bahnangestellten wird die Haftpflicht mangels grober Fahrlässigkeit eines Organs des Arbeitgebers meistens durch UVG 44 ausgeschlossen sein; es verbleiben allerdings Ansprüche für Sachschaden und Genugtuung; vgl. Bd. I 431 ff.

§ 28 Haftpflicht der Betriebsinhaber elektrischer Anlagen

der elektrischen Anlage in Berührung gebracht hat. Auf der andern Seite findet das EHG auch auf den Bau von Eisenbahnanlagen Anwendung, das ElG aber nicht auf den Bau von elektrischen Anlagen[46]. Daneben enthalten ElG 28, 30 und 31 haftpflichtrechtliche Regeln für Anlagen, die aus mehreren Teilen bestehen, für Schädigungen infolge des Zusammentreffens von verschiedenen elektrischen Leitungen und für die gegenseitige Schädigung elektrischer Anlagen. Namentlich das Zusammentreffen verschiedener elektrischer Leitungen und die gegenseitige Schädigung elektrischer Anlagen können auch im Zusammenhang mit Fahrleitungen einer Eisenbahn aktuell werden; man denke z. B. an eine Telefonleitung, die aus irgendwelchen Gründen auf eine Fahrleitung fällt.

44 Die bundesgerichtliche Praxis[47] betrachtet elektrische Leitungen als integrierende Bestandteile der Eisenbahnanlage und wendet gestützt darauf das EHG an. Die enge Verbindung von Fahrleitungsdrähten und auch — früher — von Kontaktschienen usw. mit der Eisenbahnanlage ist zwar eindeutig, löst aber die Frage nicht, weil das ElG eine besondere Haftpflicht für den von der Eisenbahn — und auch von andern — benützten elektrischen Strom statuiert. Es ist nicht möglich, auf den Vorrang der lex specialis gegenüber der lex generalis abzustellen, weil man sowohl das EHG als auch das ElG im gegenseitigen Verhältnis als lex specialis betrachten kann. Das Abstellen darauf, dass das EHG die lex posterior ist, führt zu einem rein zufälligen Resultat, nachdem die Elektrifizierung der Eisenbahnen erst mehrere Jahre nach dem Inkrafttreten beider Gesetze in Angriff genommen worden ist[48].

45 Die vom Bundesgericht vertretene Exklusivität[49] des EHG vermag nicht zu überzeugen, weil die Besonderheiten des Bahnbetriebes die Probleme, die durch ElG 28, 30 und 31 gelöst werden, nicht ausschal-

---

[46] Dieser Unterschied besteht mehr in der Formulierung der Gesetze als in der Wirklichkeit, denn wenn beim Bau oder Umbau einer elektrischen Anlage stromführende Teile vorhanden sind, gilt für dadurch verursachte Unfälle das ElG.

[47] Vgl. BGE 97 II 182; 89 II 42; 75 II 71; 66 II 200; das nicht publizierte Urteil des Kantonsgerichts Wallis vom 24. November 1987 i. S. Kronig gegen BVZ-Bahn; a. M. BGE 60 II 152, wo ohne weitere Erörterung das ElG angewendet wurde, obschon der schädigende elektrische Strom aus der Fahrleitung eines Verbindungsgeleises stammte. Vgl. im übrigen vorn § 27 N 105.

[48] Die BLS hat zwischen Thun und Spiez die erste Strecke in der Schweiz elektrisch betrieben, und zwar seit 1912. Die SBB sind 1916 zum ersten Mal mit einer elektrischen Lokomotive durch den Gotthard gefahren.

[49] Vgl. zu diesem Begriff Bd. I 477 ff.

ten. Sie sind mit der Anwendung von elektrischem Strom zwangsläufig verbunden und bedürfen einer eigenen Regelung. Allgemein kann gesagt werden, dass die Verhältnisse und Kausalabläufe bei Schädigungen durch elektrischen Strom von denjenigen bei Schädigung durch mechanische Kraft wesentlich abweichen. Demgegenüber sind die Ursachen und Folgen eines ungewollten Kontaktes mit einer elektrischen Leitung nicht davon abhängig, ob die Leitung zu einem Eisenbahnbetrieb gehört oder ob der Kontakt in einer elektrischen Lokomotive oder in einer elektrischen Zentrale erfolgt.

Nach Art. 2 lit. a der StarkstromVO gelten ihre Bestimmungen, soweit nicht besondere Normen Anwendung finden, auch für elektrische Einrichtungen von Bahnen, während Art. 2 lit. b der VO über die Erstellung, den Betrieb und den Unterhalt der elektrischen Einrichtung von Bahnen (SR 734.42) in entsprechender Art auf die StarkstromVO verweist. Für Freileitungen sind in Art. 86 der StarkstromVO zwar etwas grössere Höhen vorgeschrieben als für Fahrdrähte bei elektrischen Einrichtungen und Bahnen in Art. 13 der zitierten VO. Dabei ist aber zu berücksichtigen, dass Fahrleitungen über den Geleisen liegen, die an gefährlichen Stellen abgeschrankt sind, was bei den Übertragungsleitungen an den meisten Orten nicht zutrifft. 46

Einerseits können Schädigungen durch elektrischen Strom in den meisten Fällen als solche erkannt werden[50]. Anderseits stellt die generelle alternative Anwendbarkeit beider Gesetze eine unbefriedigende Notlösung dar. Im konkreten Fall wird das eine Gesetz in diesem Punkt, das andere in einem andern für den Geschädigten günstiger sein. Daher drängt es sich auf, *das ElG auf Schädigungen durch elektrischen Strom im Zusammenhang mit Bahnanlagen exklusiv anzuwenden*[51]. Nur wenn nicht abgeklärt werden kann, ob eine Schädigung durch elektrischen Strom oder durch mechanische Kraft erfolgte oder wenn beide Kräfte zusammengewirkt haben[52], sind das ElG *und* das EHG alternativ als anwendbar zu betrachten[53]. 47

---

[50] Vgl. vorn FN 42.
[51] Diese Regelung gilt für Trolleybusfahrzeuge gemäss TBG 15 II (wiedergegeben hinten N 55). Vgl. Botschaft BBl 1949 II 112; vorn § 27 N 24.
[52] Man denke an den in der Vorauflage 412 erwähnten Fall, dass eine Person durch Gedränge auf einem Bahnhofperron gewaltsam mit der elektrischen Anlage der Bahn in Berührung gebracht und dadurch verletzt wird.
[53] Vgl. A. KELLER I 178, 195.

48 Wird eine Anlage durch mehrere Unternehmungen benützt[54] und kommt eine Person in Kontakt mit der Fahrleitung[55], so haftet diejenige Unternehmung, die die elektrische Anlage «Fahrleitung» betreibt, d.h. sie mit elektrischem Strom speist[56]. Führt ein Triebfahrzeug eine Stromquelle mit sich (sei es, dass es die elektrische Energie mit einem Explosionsmotor oder einer Solaranlage erzeugt[57] oder aber, dass es sie einer Batterie entnimmt) und entsteht ein Unfall durch Berührung mit einem stromführenden Teil der Maschinerie, so haftet der Inhaber des Triebfahrzeuges und seiner elektrischen Anlage nach ElG.

49 Dies gilt auch für ein entsprechend ausgestattetes Schiff, werde es von einer konzessionspflichtigen Unternehmung betrieben[58] oder nicht.

50 Selbstverständlich ist das ElG auch anwendbar, wenn beim Bau oder bei Reparaturen an der unter Strom stehenden Fahrleitung einer elektrischen Bahn ein Schaden entsteht[59].

51 Die Praxis[60] hat auch mit Recht das ElG angewendet, wenn während der Reparatur einer Lokomotive in dieser Strom aus der Fahrleitung benützt wird, z.B. zum Heizen und Beleuchten der Lokomotive.

b) Zum Strassenverkehrsgesetz und zum Trolleybusgesetz

52 Es fragt sich, ob auf den Schaden, der durch den Betrieb eines *Elektromobils* verursacht wird — d.h. eines Motorfahrzeugs, das seine Stromquelle mit sich führt (nach der heutigen Bauweise in einer Batterie mit oder ohne Solaranlage) — das SVG oder das ElG anzuwenden sei. Es gelten sinngemäss die Überlegungen, die soeben hinsichtlich der elektrischen Bahnfahrzeuge angestellt worden sind, und im besonderen hinsichtlich derjenigen, die den Strom einer Batterie entnehmen (vorn N 48).

53 Danach ist auf Schädigungen durch die Fortbewegung grundsätzlich das SVG anzuwenden, auf Schädigungen durch elektrischen Strom das ElG.

---

[54] Man denke an einen Gemeinschaftsbahnhof, eine Strecke, die von mehreren Unternehmungen betrieben wird, oder ein Verbindungsgeleise zu einer privaten Firma.
[55] Vgl. den Tatbestand von BGE 60 II 152.
[56] Vgl. auch vorn § 27 N 39 ff.
[57] Beim sog. Rekuperationssystem wird bei einer Talfahrt elektrischer Strom erzeugt und ins Netz geleitet.
[58] EHG 24 Ziff. 1.
[59] Vgl. BGE 42 II 389; ZBJV 62, 314.
[60] BGE 37 II 228.

I. Grundlagen   § 28

Elektrisch betrieben werden auch Autoscooter, d.h. kleine Fahr- 54
zeuge mit Elektromotor, die den Strom mit einer speziellen Stange aus
einem Drahtnetz beziehen und nur innerhalb der Vergnügungsanlage,
zu der sie gehören, verkehren können. Sie weisen alle Merkmale eines
Motorfahrzeuges[61] auf und unterstehen daher dem SVG, soweit ein
Schaden durch mechanische Kraft verursacht wird, aber wie andere
Elektromobile dem ElG, soweit der elektrische Strom die Schädigung
verursacht.

Trolleybusfahrzeuge unterstehen nach der haftpflichtrechtlichen Seite 55
vorab dem SVG (früher dem MFG): Art. 15 I BG über die Trolleybusunternehmungen (TBG), vom 29. März 1950 (SR 744.21). Abs. 2 der
gleichen Vorschrift bestimmt indes ergänzend: «Ist die Tötung oder
Verletzung oder der Sachschaden durch den Betrieb einer elektrischen
Anlage oder die Einwirkung des elektrischen Stromes auf das Fahrzeug
verursacht, so haftet die Unternehmung nach den Bestimmungen des
Bundesgesetzes über die Schwach- und Starkstromanlagen», also
gemäss ElG 27 ff.[62].

Die gleiche Ordnung gilt für *Gyrobusfahrzeuge:* BRB über die Gyro- 56
busunternehmungen, vom 28. August 1953 (SR 744.212).

c) Zum Obligationenrecht

Das ElG sieht eine Kausalhaftung vor, die von den Grundsätzen von 57
OR 41 ff., und damit von der dort geregelten Verschuldenshaftung,
abweicht. Das ElG geht somit als *Spezialgesetz* dem OR vor (Bd. I 479).

Indessen erklärt sich das ElG hinsichtlich verschiedener Tatbestände 58
selber als unanwendbar, so dass an seine Stelle die Haftung nach OR
tritt, insbesondere nach OR 41, 55 und vor allem OR 58[63]. Dies
betrifft, wie vorstehend N 14 ff. dargetan, einmal die Haftung für Schäden, die auf den Betrieb einer *Hausinstallation* oder einer entsprechenden Anlage zurückgehen (ElG 41), dann die Haftung für *«Störungen im
Geschäftsbetrieb»* (ElG 27 II) und für Sachschaden, der infolge eines
durch den Betrieb einer elektrischen Anlage verursachten *Brandes* ent-

---

[61] Vgl. GREGER, Zivilrechtliche Haftung im Strassenverkehr, Grosskommentar (Berlin/New York 1985) N 10 zu StVG 7.
[62] Botschaft BBl 1949 II 112; vorne § 27 N 24; vgl. auch H. R. HERDENER, Die rechtliche Behandlung von Trolleybus-Unternehmungen (Diss. Zürich 1951).
[63] Vgl. Bd. II/1 § 19 N 93 Ziff. 12; AGVE 1960, 25 ff.

§ 28 Haftpflicht der Betriebsinhaber elektrischer Anlagen

standen ist (ElG 29). Von den letzteren beiden Schadenskategorien soll hinten N 107 ff. die Rede sein.

59 In allen diesen Fällen ist das ElG gänzlich ausgeschaltet: Subjekt der Haftpflicht ist nicht der Betriebsinhaber, sondern der Schuldige, der Geschäftsherr oder der Werkeigentümer; die Verjährung richtet sich nach OR 60 und nicht nach ElG 37, die Wegbedingung der Haftung nach OR 100 und 101, statt nach ElG 39, usw. Wo zwischen dem Geschädigten und dem Haftpflichtigen ein *Energielieferungsvertrag*[64] besteht, kommt, wenn das ElG nicht anwendbar ist, die Haftung nach den vertraglichen Bestimmungen oder nach den Vorschriften von OR 97 ff. in Betracht, und zwar in Konkurrenz mit der ausservertraglichen Haftung, sofern die in Bd. I 486 aufgezählten Voraussetzungen erfüllt sind.

60 Wo die Haftung nach ElG, abgesehen von den soeben besprochenen Tatbeständen, mangels einer der gesetzlichen Voraussetzungen nicht besteht (die elektrische Anlage befindet sich z. B. nicht im Betrieb, hinten N 132 ff. oder die Schädigung erfolgt nicht durch die Einwirkung elektrischer Energie[65]), ist zu prüfen, ob nicht gemäss *OR gehaftet* wird: sei es wegen Verschuldens (OR 41), sei es aufgrund der Werkhaftung

---

[64] Durch den *Energielieferungsvertrag* verpflichtet sich der Lieferant, dem Bezüger elektrische Energie zu liefern; der Energiebezüger verpflichtet sich, einen Preis dafür zu bezahlen. Man hat einen Sukzessivlieferungskauf vor sich: BGE 47 II 451; 48 II 372; 53 II 237; 76 II 107; ZBJV 52, 548; STRICKER, Der Energielieferungsvertrag nach schweiz. Recht (Diss. Bern 1928) 4; BÜHLMANN, Die Energielieferungsverträge in der schweiz. Elektrizitätsindustrie (Diss. Bern 1920) 55; WÜTHRICH 75 ff.; GUHL/MERZ/KUMMER 295; HEINZ REY, Perspektiven beim Fernwärmelieferungsvertrag, FS Walter R. Schluep (Zürich 1988) 136 ff.; HUGO PORTMANN, Rechtliche Probleme der Fernheizungsanlagen (Diss. Zürich 1955). Über diesen Vertrag ferner BGE 38 II 494; 48 II 443; GEORG MALZER, Das Recht der Energielieferungsverträge (Heidelberg 1976). Der Sukzessivlieferungskauf ist verbunden mit einem Kauf auf Abruf. Er untersteht dem Kaufrecht des OR; das gilt jedoch dann nicht uneingeschränkt, wenn der Energielieferant eine juristische Person des öffentlichen Rechts ist; dann ist unter Umständen öffentliches Recht massgebend. Wann und wieweit das der Fall ist, kann nicht allgemein, sondern nur in Anbetracht konkreter Vorschriften gesagt werden; BGE 41 II 249/50; 51 I 51; 58 I 298.

[65] Beispiel: Ein Leitungsmast stürzt um und beschädigt ein in der Nähe parkiertes Automobil.
Wenn in einer Transformatorenstation durch Kurzschluss ein Brand entsteht und durch die Entwicklung giftiger Gase oder durch die Hitze Schäden verursacht werden, ist die schädigende Kausalreihe durch eine elektrische Einwirkung begonnen worden, nicht durch in eine andere Form umgewandelte elektrische Energie. Daher findet in diesem Fall ElG 27 Anwendung; vgl. vorn N 39. Dies gilt auch für Schäden durch magnetische Felder, die auf elektrischem Strom beruhen. Sie können Daten in Computern zerstören; vgl. hinten N 106.

(OR 58, z. B. mangelhafte Anlage eines Leitungsmastes)[66], oder dann nach OR 55, ZGB 55 II (in Verbindung mit OR 41) usw. Besteht zwischen dem Haftpflichtigen und dem Geschädigten ein Vertrag, so ist OR 101 zu beachten[67].

Das ElG enthält ausdrückliche *Verweisungen* auf das OR, nämlich für die Schadensberechnung, die Schadenersatzbemessung (ElG 36 I, hinten N 159 f.) und die Unterbrechung der Verjährung (ElG 37, hinten N 174 ff.). Das OR wird mangels einer eigenen Vorschrift des ElG auch auf die Beurteilung der Genugtuung angewandt (hinten N 161 f.). 61

II. Subjekt der Haftpflicht

A. Grundsatz

Das Gesetz bezeichnet den *Betriebsinhaber* als den Haftpflichtigen (ElG 27 I). 62

Bei der Umschreibung dieses Begriffes wird häufig darauf abgestellt, dass haftpflichtig sein soll, auf wessen *Rechnung und Gefahr*[68] die elektrische Anlage betrieben wird. Dazu drängen sich besondere Erörterungen auf: 63

1. Bei der näheren Prüfung der Passivlegitimation aus ElG 27 ist davon auszugehen, dass wir zwei verschiedene Kriterien zu unterscheiden haben: die Aufsicht über die Anlage und die — rechtliche oder nur faktische — Verfügungsgewalt über den Strom, der in der Anlage fliesst. 64

Die Verhältnisse liegen hier anders als bei den Transportmitteln: Die in Frage stehende Energie führt direkt und nicht erst nach Umwandlung in eine andere Energieform, z. B. mechanische Kraft, zur Schädi- 65

---

[66] Vgl. Bd. II / 1 § 19 N 93 Ziff. 12; AGVE 1960, 25 f.
[67] Bd. II / 1 § 20 N 25.
[68] Unter Gefahr ist hier, wie immer bei der Anwendung der Formulierung «auf Rechnung und Gefahr» (vgl. Bd. II / 2 § 25 N 90 ff.) nicht die Möglichkeit von Unfällen zu verstehen, sondern das wirtschaftliche Risiko.

gung. Die elektrische Energie ist hier als solche Grund für die Gefährdungshaftung, während Auto und Eisenbahn mit verschiedenen Energien betrieben werden, wobei die Art der verwendeten Energie für die Haftpflicht keine Rolle spielt. Die elektrische Energie ist als solche gefährlich; sie wird es nicht erst durch ihre Verwendung zum Antrieb eines Transportmittels. Wer sich in der Badewanne mit einem elektrischen Föhn die Haare trocknet, wird, wenn die Heizdrähte mit dem Wasser in Kontakt kommen, elektrisiert und nicht durch die entstandene Wärme geschädigt. Wenn ein elektrischer Ofen aber einen Brand verursacht, weil man leicht brennbares Material darauf abgelegt hat, findet ElG 27 nicht Anwendung.

66 Daraus ergibt sich, dass bei der ElG-Haftung die Herrschaft über die Anlage und die Herrschaft über den darin fliessenden Strom separat berücksichtigt werden müssen. Sie stehen zwar meistens, aber nicht notwendigerweise der gleichen Person zu. In einer Anlage kann auch fremder Strom fliessen.

67 Anlageinhaber und Strominhaber werden vernünftigerweise gegenüber dem Geschädigten als solidarisch haftpflichtig betrachtet. Das ElG sieht dies in Art. 28 I lit. b für den Fall ausdrücklich vor, dass eine Anlage aus mehreren Teilen mit verschiedenen Betriebsinhabern besteht und der Schaden im einen Teil verursacht und in einem anderen Teil zugefügt wird[69].

68 Solidarität gilt nach ElG 30 auch bei Schädigungen infolge des Zusammentreffens von verschiedenen elektrischen Leitungen.

69 Im internen Verhältnis stellt sich dann aber doch die Frage, ob auf die Herrschaft über die Anlage oder auf das «Eigentum» am Strom abzustellen sei. Diese Frage wird auch aufgeworfen, wenn sich elektrische Anlagen gegenseitig schädigen (ElG 31).

70 Bei Teilanlagen sieht ElG 28 II vor, dass der Inhaber desjenigen Teiles der Anlage, welcher den Schaden verursacht hat, diesen letztlich zu tragen hat. Demgegenüber wird in ElG 30 (Zusammentreffen von verschiedenen Leitungen) und in ElG 31 (gegenseitige Schädigung von elektrischen Anlagen) darauf abgestellt, welche Anlage das «Verschul-

---

[69] Man könnte sagen: Durch irgendeinen Umstand wird veranlasst, dass in einem andern Teil der Gesamtanlage «falscher», z. B. Strom mit zu hoher Spannung fliesst und dort einen Schaden verursacht, z. B. wenn wegen Schneelast zwei Leitungen, die zu verschiedenen Anlagen gehören, aber über die gleichen Masten laufen, einander berühren.

den» trifft. Kann dies nicht festgestellt werden, so haften die beteiligten Unternehmungen nach ElG 30 zu gleichen Teilen, während nach ElG 31 der Schaden in angemessener und billiger Weise zu verteilen ist (vgl. hinten N 165).

Diese drei verschiedenen Lösungen der definitiven Verteilung des Schadens zeigen die Unsicherheit des Gesetzgebers, die der Wissenschaft die Aufgabe der näheren Erörterung stellt. 71

2. Vorerst ist der Begriff der *Anlage und ihres Inhabers* sowie der *Herrschaft über den Strom* zu prüfen. 72

Der Begriff der *Anlage* bedarf keiner weiteren Erörterungen: Es sind die technischen Einrichtungen, die dazu dienen, elektrischen Strom zu produzieren, weiterzuleiten, zu transformieren und als Energie zu nutzen. Schwierigkeiten können sich aus der Bestimmung von Anfang und Ende einer Anlage resp. eines Teils einer Anlage ergeben. 73

Die Antwort auf diese Frage kann der Umschreibung des Begriffes des *Inhabers* einer Anlage entnommen werden. Es ist naheliegend, denjenigen, der sich der Anlage bedient, als Inhaber zu bezeichnen. Dies genügt aber nicht für die hier gesuchte Bestimmung der Grenzen zwischen zwei Anlagen oder Anlageteilen, weil sich der Verbraucher des Stromes auch der Zuleitung, die ihm den Strom «bringt», bedient[70]. 74

Es drängt sich auf, darauf abzustellen, bis zu welchem Punkt der Strom der zuleitenden Unternehmung und von welchem Punkt an er dem Abnehmer «gehört». Massgebend dafür ist der Eingangszähler[71]. 75

3. Als Anlageinhaber wird gewöhnlich derjenige bezeichnet, der die *Verfügungsgewalt* über die Anlage hat und dem das Bedienungspersonal unterstellt ist[72]. 76

---

[70] Diese Frage stellt sich z. B. in bezug auf die Leitung zwischen dem Hauptstrang in der Strasse und dem Hausanschluss.
[71] In Unterwerken installieren die Stromproduzenten gemäss mündlicher Auskunft häufig auch Ausgangszähler. Auf diese sollte im vorliegenden Zusammenhang nicht abgestellt werden. Es handelt sich einfach um Zähler im Netz des Produzenten. Entscheidend für den Beginn des Anlageteils des Abnehmers ist dessen Eingangszähler. Wird Strom illegal zwischen den beiden Zählern abgezweigt, so ist der Produzent als primär geschädigt zu betrachten, wobei Vereinbarungen über eine andere endgültige Tragung des Schadens natürlich vorbehalten bleiben. Verursacht der entwendete Strom einen Schaden, so ist der Entwender neben seinem «Opfer» für Haftpflichtansprüche passivlegitimiert (vgl. hinten FN 78).
[72] Vorauflage 417; wörtlich fast gleich MOLL 33.

§ 28   Haftpflicht der Betriebsinhaber elektrischer Anlagen

77   MOLL[73] begründet das Abstellen auf die Verfügungs- und Befehlsgewalt mit der Überlegung, dass sie die zur Vermeidung von Unfällen notwendigen Schutzmassnahmen ermöglicht und die Erfüllung der dem Betriebsinhaber gemäss ElG 20 obliegenden Überwachungspflichten erlaubt. Diese Darlegung könnte zur Annahme verleiten, dass ein Mangel in der Überwachung der Anlage Haftungsvoraussetzung sei, wie bei OR 58[74]. Dem ist aber nicht so. Die Möglichkeiten von Mängeln elektrischer Anlagen ist keineswegs die ratio legis von ElG 27. Diese Norm begründet vielmehr eine Gefährdungshaftung. Der Strom und nicht die Anlage — sie ist ohne Strom ungefährlich — schafft die unabwendbar mit ihm verbundene Gefahr. Auch die einwandfreieste Anlage kann zu elektrischen Unfällen führen, wenn unglückliche Umstände auftreten[75]. Die Produktion, Weiterleitung und Verwendung von elektrischem Strom würden daher, weil nicht gegen alle damit verbundenen Risiken genügende Schutzmassnahmen möglich sind, nach dem Gefahrensatz ein Verschulden darstellen. Sie werden aber aus allgemeinen wirtschaftlichen oder anderen öffentlichen Interessen ent-schuldigt. Die Gefahren werden in Kauf genommen, aber durch eine Gefährdungshaftung «kompensiert»[76].

---

[73] S. 34, vor allem FN 1.
[74] In OR 58 hat der Gesetzgeber dem Werk*eigentümer* die Passivlegitimation auferlegt. Dies gilt auch bei Vermietung und Verpachtung des Werkes. Vgl. dazu Bd. II / 1 § 19 N 25.
[75] Beispiele:
— Ein kleines Kind stochert mit einem Nagel in einer Steckdose.
— Ein Baum fällt auf eine Freileitung und zerreisst sie, so dass eine sich darunter befindende elektrische Anlage unter Strom aus der Freileitung gerät.
— Eine Freileitung wird durch eine Feuersbrunst beschädigt und fällt auf die Erde, wo ein Traktorfahrer mit ihr in Kontakt gerät (BGE 63 II 111).
— Ein Knabe löst von einer Brücke herunter auf ein Bahngeleise Wasser, wobei er den Fahrdraht trifft und vom Strom durch den Urin-Strahl hindurch elektrisiert wird.
— Der Ausleger eines Krans streift beinahe eine elektrische Hochspannungsleitung, so dass ein Funken überspringt.
— Ein Lastwagen fährt nach dem Entladen mit senkrecht gestellter Ladebrücke 30 m weg. Die Ladebrücke berührt eine elektrische Freileitung (BGE 95 II 412).
— Ein Knabe erklettert einen elektrischen Mast und hält sich an einem Leitungsdraht (BGE 35 II 178).
— In einem Keller hat sich Leuchtgas angesammelt. Ein Thermostat verursacht beim Einschalten des Stromes einen Funken, der das Gas entzündet, was zu einer Explosion führt (wenn man die Ausnahme der Hausinstallationen gemäss ElG 41 aufrechterhält — vgl. vorn N 14 ff. —, besteht aber nur Verschuldenshaftung).
[76] Vgl. Bd. II / 2 § 24 N 22.

Der *wirkliche Haftungsgrund* liegt in diesen *unabwendbaren Gefah-* 78
ren, nicht in der Möglichkeit von Mängeln der Anlage.

4. In der grossen Mehrzahl der Fälle ist der Inhaber einer elektri- 79
schen Anlage auch der «Eigentümer»[77] des darin fliessenden Stromes.
In allen diesen Fällen erscheint es als praktikabel, den Anlageninhaber
als Betriebsinhaber i. S. von ElG 27 und damit als passivlegitimiert zu
betrachten.

Wenn aber *«fremder» Strom durch eine Anlage fliesst*, stimmt diese 80
Überlegung nicht mehr und ist auf das «Eigentum» am Strom abzustellen[78]. Wenn das Gesetz in ElG 28 und 30 Solidarität vorsieht, so soll
dadurch die Beweissituation des Geschädigten erleichtert werden[79], was
haftpflichtrechtlich als geboten erscheint. Im internen Verhältnis ist
aber, wie es das Gesetz bei Teilanlagen vorsieht, auf die Herkunft des
schädigenden Stromes abzustellen. Beim Zusammentreffen von Leitungen wird sie unter Umständen nicht feststellbar sein[80]; dann ist der
Schaden von den beteiligten Unternehmungen zu gleichen Teilen zu
tragen.

---

[77] Da die Sachqualität der elektrischen Energie umstritten ist, ist auch zweifelhaft, ob
daran überhaupt Eigentum bestehen kann. Diese Konsequenz hat auch das StGB gezogen und den «Diebstahl» von Energie in Art. 146 gesondert geregelt; vgl. zur umstrittenen Sachqualität der Energie ARTHUR MEIER-HAYOZ, Berner Komm. (5. A. Bern 1981)
N 223 ff. Syst. Teil mit Nachweisen.

[78] Als «Eigentümer» ist zu betrachten, wer den Strom produziert oder, bei Weiterleitung
an Dritte, wer den Strom als letzter bezogen hat. Das ist derjenige, über dessen Zähler er
zuletzt gelaufen ist und der daher die Möglichkeit hat, über ihn zu verfügen, ihn zu nutzen. Wenn der Strom entwendet wird (StGB 146), erscheint es als geboten, den Entwender und denjenigen, dem er entwendet worden ist, *solidarisch* haften zu lassen.
Einerseits ist dafür anzuführen, dass derjenige, dem er entwendet wurde, durch den
Betrieb seiner elektrischen Anlage die Möglichkeit der Entwendung geschaffen hat (vgl.
die entsprechende Begründung der Haftpflicht bei Strolchenfahrt nach SVG 75 in
Bd. II/2 § 25 N 194). Anderseits kann man ElG 28 I lit. b hier analog anwenden, wenn
man das Anzapfen der Leitung des Bestohlenen als Verursachung des Schadens in dessen Anlage betrachtet.

[79] Vgl. hinten N 92.

[80] Man denke an den Fall, dass jemand mit einer elektrischen Leitung in Berührung
kommt, in welcher wegen des Kontaktes von zwei verschiedenen elektrischen Leitungen
an einer mehr oder weniger weit entfernten Stelle zweierlei Strom fliesst. Führt die eine
der Leitungen Strom mit einer ungefährlichen Spannung (z. B. eine Telephonleitung), so
ist hier im Sinne der Füllung einer Lücke in ElG 30 derjenige allein zur endgültigen Tragung des Schadens zu verpflichten, aus dessen Leitung der gefährliche Strom stammt.

81 Gestützt auf diese Überlegungen haften *Mieter* und *Pächter* für elektrische Unfälle im Zusammenhang mit den ihnen zum Gebrauch überlassenen elektrischen Anlagen [81] von ihrem Zähler an [82].

82 Beim sog. *Betriebsvertrag* [83], bei dem die betriebsführende Unternehmung die Anlage zur Verfügung gestellt erhält, den Strom bezahlt, die Einnahmen aus dem Betrieb einkassiert und über alle diese Positionen abrechnen muss, wird von MOLL 34/35 die Passivlegitimation dieser Unternehmung bejaht. Das eigentliche wirtschaftliche Risiko im Sinne von «Rechnung und Gefahr» trägt aber der Eigentümer, abgesehen von den Schwierigkeiten, die mit der Anstellung von Personal verbunden sein können. Die Sorgfaltspflicht in bezug auf den Zustand der Anlage trifft je nach der Art des Mangels den einen oder den andern Vertragspartner. Der Strom, der über den Zähler der betriebsführenden Unternehmung läuft, wird zwar in vollem Umfang vom Eigentümer der Anlage bezahlt; aber bei rechtlicher Betrachtungsweise — im Gegensatz zur wirtschaftlichen — ist doch der Betreiber der Anlage Schuldner der Stromrechnung; wenn er sie nicht bezahlt, wird *ihm* der Strom abgestellt. Es liegt daher nahe, ihm die Haftpflicht aus ElG 27 aufzuerlegen. Dies rechtfertigt sich um so mehr, als die Betriebsverträge in den Einzelheiten sehr verschieden gestaltet sein können [84].

83 Wer eine *Stromverbrauchsanlage im Freien* betreibt, z. B. in einem landwirtschaftlichen Betrieb, auf einem Bau- oder Werkplatz, in einer

---

[81] Nach MOLL 34 haftet ebenfalls der Mieter oder der Pächter, was von MOLL aus der ihm zustehenden Verfügungs- und Befehlsgewalt über die Anlage und sein Hilfspersonal abgeleitet wird; so auch GASSMANN-BURDIN 205.

[82] Dies gilt nur, wenn der Schaden nicht in einer Hausinstallation passiert ist. Lässt man, wie vorn N 19 vorgeschlagen, die Ausnahme von ElG 41 für die Hausinstallationen de lege ferenda fallen, so kann nach diesem Kriterium auch die Passivlegitimation des Untermieters festgelegt werden: Er ist nur dann Betriebsinhaber im Sinne von ElG 27, wenn für ihn ein besonderer Zähler angebracht ist. Wenn der von ihm bezogene elektrische Strom im Mietpreis enthalten ist, ist der Untervermieter der Inhaber der elektrischen Installationen in den untervermieteten Räumen.

[83] Vgl. MOLL 34/35; GASSMANN-BURDIN 203; vorn § 27 N 45; hinten § 29 N 151.

[84] Wenn der Eigentümer der Anlage mit einem finanziell schwachen Betreiber einen Betriebsvertrag abschliesst, um sich der strengen Haftpflicht zu entziehen, wird dieser nicht-schutzwürdige Zweck aufgrund der im Text angeführten Kriterien für die Bestimmung der Passivlegitimation allerdings nicht vereitelt. Dieser Nachteil kann in Kauf genommen werden, weil die Angst vor der Haftpflicht heute kaum zum Abschluss eines Betriebsvertrages führen wird. Ganz anders liegen die Verhältnisse beim KHG; vgl. hinten § 29 N 151 f.

Schaubude und dergl.⁸⁵, haftet für die dabei auftretenden Schäden nur nach ElG 27, wenn es sich nicht um ortsveränderliche und provisorische Anlagen handelt (StarkstromVO 118 I lit. c), die an eigentliche Hausinstallationen oder an Stromerzeugungsanlagen auf eigenem Grund und Boden angeschlossen werden und den Hausinstallationen gleichgestellt sind.

Ist die ortsveränderliche oder provisorische Anlage aber — wie in BGE 84 II 52 — direkt an das Freileitungsnetz auf der Strasse angeschlossen, fällt sie unter ElG 27. Richtigerweise sollte dann, wenn die ortsveränderliche oder provisorische Anlage den Strom über einen Zähler bezieht, der Eigentümer dieser Anlage und nicht das das Freileitungsnetz speisende Elektrizitätswerk passivlegitimiert sein⁸⁶. Bei definitiven Anlagen, die nicht gestützt auf StarkstromVO 118 I als Hausinstallationen zu behandeln sind, ist derjenige als Betriebsinhaber haftbar, dessen Strom den Schaden verursacht hat, d.h. über dessen Zähler er gelaufen ist⁸⁷. 84

Der Betriebsinhaber haftet, wie jeder Kausalhaftpflichtige, für alle Personen, deren er sich zum Betrieb der elektrischen Anlage bedient (ElG 34 I), d.h. für die *Hilfspersonen.* Ob jemand Hilfsperson ist, hängt auch hier nicht vom Vorhandensein bestimmter rechtlicher Beziehungen zwischem dem Betriebsinhaber und der fraglichen Person ab, wie sie z.B. ein Arbeitsverhältnis aufgrund eines Arbeitsvertrages, eines Auftrags oder einer öffentlichrechtlichen Anstellung darstellt, wenn auch einer dieser Fälle meist gegeben sein wird; sondern massgebend 85

---

⁸⁵ Nach StarkstromVO 118 II sind diese Anlagen den Hausinstallationen gleichgestellt. Das Bundesgericht hat dies in BGE 63 II 115 und 84 II 52 als nicht haltbar bezeichnet und auf solche Anlagen ElG 27 angewendet. Dies gilt nur, wenn der Fall nicht unter StarkstromVO 118 I lit. c fällt.
⁸⁶ Im publizierten Teil von BGE 84 II 52 finden sich keine Erörterungen über die Passivlegitimation.
⁸⁷ A. M. BGE 63 II 115 ohne nähere Begründung. Es ist aber einigermassen eigenartig, wenn für den Strom, der über den Hauszähler läuft, vorerst jedermann haftet, den ein Verschulden trifft. Der Lieferant des Stromes haftet nicht mehr für die von ihm angerichteten Schäden. Wenn nun ein Teil dieses Stromes in die Freileitung zur Scheune geleitet wird, haftet dafür nach Bundesgericht wieder die Elektrizitätsgenossenschaft. Dies gilt aber nur, bis er in die Scheune eintritt und dort wieder in eine Hausinstallation gerät. Im konkreten Fall hätte nach dieser Auffassung eigentlich die Passivlegitimation davon abgehangen, ob die Leitung in der Scheune oder vorher abschmolz.

§ 28   Haftpflicht der Betriebsinhaber elektrischer Anlagen

ist die besondere Beziehung[88], die dem Betriebsinhaber erlaubt, sich einer Person zum Betrieb seiner Anlage zu bedienen[89].

86 Die Bedeutung des Begriffs der Hilfsperson liegt wie stets darin, dass ihr Verhalten kein entlastendes Drittverschulden im Sinn von ElG 27 I darstellt[90] und dass ihr Verschulden dem Betriebsinhaber angerechnet wird[91]. Gemäss allgemeiner Regel haftet die Hilfsperson, wenn sie im Verschulden ist, auch selber (solidarisch) neben dem Betriebsinhaber (Bd. I 344).

B. Einzelfragen

87 Das Gesetz sieht zwei Fälle vor, in denen eine *Mehrheit von Betriebsinhabern* auftritt.

1. Zusammengesetzte Anlage[92]

88 Eine elektrische Anlage besteht häufig aus mehreren Teilen mit verschiedenen Betriebsinhabern, z. B. aus der Stromerzeugungsanlage (im Elektrizitätswerk), der Überlandleitung, der Transformatorenstation, der Stromverbrauchsanlage (Maschinen, Apparate, Lampen u. dgl.). Die

---

[88] Dazu die Ausführungen über OR 55, die in der Hauptsache auch hier anwendbar sind (Bd. II/1 § 20 N 59 ff.). Der zu einer Handreichung *ad hoc* Herbeigerufene ist Hilfsperson; so die auf das FHG bezüglichen Entscheide BGE 33 II 520; 35 II 38; dazu Bd. II/1 § 20 N 62 ff.

[89] BGE 63 II 117 scheint sich im Gegensatz dazu auf das Kriterium des *Anstellungs*verhältnisses stützen zu wollen. Richtigerweise wird es dann aber abgelehnt, ein Mitglied des Elektrokorps einer örtlichen *Feuerwehr* als Hilfsperson eines mit der Gemeinde nicht identischen Inhabers einer elektrischen Anlage zu betrachten. Zwar hat gemäss StarkstromVO 73 II der Betriebsinhaber einer Starkstrom-Freileitung, die das bebaute Gebiet von Ortschaften berührt, im Einvernehmen mit den Ortsbehörden dafür zu sorgen, dass bei der Feuerwehr Leute eingestellt werden, die mit den elektrischen Anlagen umzugehen wissen. Gleichwohl wird der Feuerwehrmann dadurch nicht zur Hilfsperson, weil der Betriebsinhaber sich nicht seiner «bedient»; der Feuerwehrmann ist nicht im Interesse des Betriebsinhabers in *dessen* Betrieb tätig, sondern versieht im Fall eines Brandes Rettungsdienste im Interesse der Allgemeinheit.

[90] BGE 63 II 117; 81 II 564.

[91] BGE 34 II 622; 35 II 41, 222.

[92] Vgl. zum ganzen Problem: GASSMANN-BURDIN 215 ff.

Elektrizität fliesst von einer Anlage zur andern und kann in irgendeiner von ihnen einen Schaden verursachen. Für die Frage, wer hier für die einem Dritten zugefügte Schädigung haftet, werden zwei Tatbestände unterschieden (ElG 28 I):

1. Wenn «der Schaden in dem *gleichen Teile* der Anlage zugefügt und verursacht» worden ist, haftet der Betriebsinhaber *dieses* Anlageteils *allein* (ElG 28 I lit. a), unbeschadet der Tatsache, dass andere Betriebsinhaber am Betrieb der *ganzen* Anlage beteiligt sind. «Zugefügt» weist auf den Anlageteil hin, wo der Unfall eingetreten ist (im französischen Text: «s'est produit»); «verursacht» weist auf den Teil, wo die Ursache einer technischen Anomalie (z. B. Blitzschlag) liegt[93].

Nur der Inhaber *eines* Teiles einer Gesamtanlage haftet also, wenn z. B. die Ursache einer Überspannung in der gleichen Teilanlage liegt, in der der Strom sich schädigend ausgewirkt hat. Man denke z. B. an einen Kurzschluss in einer Teilanlage, der wegen Überbrückung einer Sicherung in der gleichen Anlage zu einem Schaden führt.

2. Wenn umgekehrt der Schaden in einem *andern Teil* der Gesamtanlage zugefügt wird, als die Ursache dafür gesetzt wurde[94], haften die beteiligten Betriebsinhaber *solidarisch* (ElG 28 I lit. b). Die Inhaber der andern Teile der Gesamtanlage haften aber nicht[95].

Diese Solidarität drängt sich auf, weil oft nur aufgrund einer umfassenden Untersuchung aller Umstände entschieden werden kann, in wessen Anlageteil die Ursache für die für den Unfall kausale Anomalie aufgetreten ist. Diese Untersuchung kann dem Geschädigten nicht zugemutet werden[96].

Der Inhaber, in dessen Anlageteil der Unfall sich ereignet hat (d. h. der Schaden zugefügt worden ist), hat nach ElG 28 II den Regress auf

---

[93] BGE 35 II 436; 37 II 104; SCHWENDENER 62/63.
[94] Beispiel: Wegen eines Fehlers in einer Transformatorenanlage gelangt Strom hoher Spannung in eine Teilanlage, die richtigerweise nur mit Strom niedrigerer Spannung versorgt werden sollte.
[95] Z. B. der Inhaber der Kraftwerksanlage, in deren Bereich keinerlei Anomalie aufgetreten ist; in obigem Beispiel: Aus der Kraftwerksanlage ist Strom mit der vorgesehenen Spannung in die Transformatorenstation, die zur gleichen Gesamtanlage gehört, geflossen.
[96] GASSMANN-BURDIN 216/17; MOLL 41.

den Inhaber des Teiles der Gesamtanlage, in dem die Anomalie verursacht wurde. Der Rückgriff richtet sich aber nicht nach den allgemeinen Regeln, die in Bd. I 358 dargelegt sind; es handelt sich nicht um die Konkurrenz von Gefährdungshaftungen (vgl. hinten N 163 ff.).

2. Zusammentreffen von Leitungen

94 Entsteht ein Schaden durch das Zusammentreffen verschiedener elektrischer Leitungen, so haften die beteiligten Betriebsinhaber dem geschädigten Dritten *solidarisch* (ElG 30). Ein Zusammentreffen von Leitungen kann besonders verhängnisvoll sein, wenn aus einer Starkstromleitung Strom in eine Schwachstromleitung gerät [97].

95 Die Frage der internen Verteilung des Schadens auf die Inhaber der beteiligten Anlagen bietet besondere Schwierigkeiten, weil das ElG in Art. 28, 30 und 31 verschiedene Kriterien aufstellt, obschon es sich im Grunde genommen um das gleiche Problem handelt. Es ist daher zu versuchen, gestützt auf die vorn N 62 ff. im Zusammenhang mit der Frage der Passivlegitimation gemachten Ausführungen in vielleicht etwas freier Auslegung des Gesetzes Lösungen vorzuschlagen, die einem einheitlichen Konzept und dem Wesen der Gefährdungshaftungen entsprechen. Dies erscheint um so eher als erlaubt, als sich das Gesetz in Art. 30 und 31 mit dem Abstellen auf das *«Verschulden der Anlage»* einer Ausdrucksweise bedient, die ohnehin nicht wörtlich genommen werden kann und als problematisch erscheint.

96 Wenn man darauf abstellt, dass die für die ElG-Haftung massgebende Gefährdung durch den elektrischen Strom erfolgt und dass daher derjenige haftpflichtig sein muss, der diesen Strom im Prinzip beherrscht, über ihn verfügt und ihn nutzt, derjenige also, der Leitungen für ihn bereitstellt, um ihn dort einzusetzen, wo er einen Vorteil davon hat, dann muss dieser Gedanke auch massgebend sein, wenn dieser Strom aus irgendwelchen Gründen in fremde Anlageteile oder fremde Anlagen gerät und Schaden anrichtet, weil diese Anlageteile oder Anlagen seinen Eigenschaften nicht entsprechen.

97 Diesem Gedanken entspricht — wie vorn N 93 ausgeführt — ElG 28 II: Der Rückgriff belastet den Inhaber desjenigen Teiles der Anlage,

---

[97] Vorne N 6.

II. Subjekt der Haftpflicht § 28

der den Schaden verursacht hat. Verursacht wurde der Schaden dadurch, dass der Strom von einem Anlageteil in einen andern Teil gelangt ist, der seinen Eigenschaften nicht entsprochen hat.

Es stimmt mit der dargelegten Auffassung überein, wenn das Gesetz hier keine Teilung des Schadens vorsieht. 98

Beim Zusammentreffen von Leitungen gemäss ElG 30 handelt es sich ebenfalls darum, dass der Strom der einen Anlage in eine Leitung einer andern Anlage gelangt. Man denke z.B. daran, dass zwei Leitungsdrähte einander berühren, sei es wegen Schneelast, sei es wegen des Sturzes eines Baumes oder einer andern Ursache. Dann ist aber nicht einzusehen, weshalb nach ElG 30 der Schaden von den beteiligten Betriebsinhabern zu gleichen Teilen zu tragen sein soll, wenn kein Anlagemangel im Spiele ist: Der Strom mit höherer Spannung, der in die für niedrigere Spannung gebaute Leitung gelangt, schafft die Gefahr, die sich dann realisiert. Der Strom niedrigerer Spannung wirkt nicht mit, ausser dass seinetwegen eine Leitung erstellt worden ist, durch die der Strom höherer Spannung fliessen konnte. Deswegen den Inhaber der Leitung niedrigerer Spannung mithaften zu lassen, ist ebenso wenig gerechtfertigt, wie eine Mithaftung des Eigentümers eines Krans nach ElG, wenn der Kran durch irgendwelche Umstände vom Strom irgendeiner Leitung als Weg zur Erde benützt wird. 99

Unter dem in ElG 30 erwähnten «Verschulden der Anlage» ist ein für das Zusammentreffen von zwei Leitungen kausaler Mangel der einen Leitung zu sehen. Auf das Verschulden des Anlageninhabers oder seiner Hilfspersonen kann es hier aber nicht ankommen; ein objektiver Mangel genügt. Wenn der Mangel nicht sehr gravierend ist, führt er aber nicht zur ganzen, sondern nur zur teilweisen Befreiung des «Eigentümers» des schädigenden Stromes, der nicht gleichzeitig Inhaber der mangelhaften Anlage ist. 100

Auf die analogen Verhältnisse bei gegenseitiger Schädigung mehrerer Anlagen gemäss ElG 31 ist hinten (N 163 ff.) zurückzukommen. 101

III. Voraussetzungen der Haftpflicht

A. Positive Voraussetzungen: Verursachung eines Schadens durch den Betrieb einer elektrischen Anlage

102 Der Betriebsinhaber einer dem ElG unterstellten *elektrischen Anlage* wird nach den Bestimmungen dieses Gesetzes haftbar, sofern ein *Schaden* entstanden ist, dessen *Ursache* im *Betrieb* der Anlage liegt. Mit den kursiv gedruckten Stichworten sind zugleich die positiven Voraussetzungen der Haftpflicht und das *Beweisthema* des klagenden Geschädigten bezeichnet. Der zum Schaden führende[98] Vorgang muss sich als *Unfall*[99] darstellen; auch dies ist vom Geschädigten zu beweisen.

1. Schaden

a) Personenschaden

103 Die Haftung umfasst den Schaden, der durch *Tötung* und *Körperverletzung* verursacht wird. In Frage kommt dabei nicht nur der Schaden, der durch den Eintritt von elektrischem Strom in den Körper entsteht, was den Normalfall darstellt. Zu denken ist auch an die Schädigung durch einen *Lichtbogen,* der sich zwischen zwei elektrischen Polen bei grossen Spannungen bilden kann. Er führt gegebenenfalls zu Augenschäden, kann aber auch Verbrennungen zur Folge haben.

104 Das Gesetz erwähnt die *Genugtuung* nicht; vgl. dazu hinten N 161 f.

---

[98] Bd. I 174.
[99] Vgl. Bd. I 90 ff. Das Erfordernis eines Unfallereignisses kann aus ElG 27 I abgeleitet werden. Schäden durch langfristige Einwirkungen von elektrostatischen oder magnetischen Feldern auf menschliche Körper, die durch die Haftungsvoraussetzung «Unfallereignis» ausgeschlossen würden, sind nicht bekannt. Dagegen können durch solche Felder Computerdaten zerstört werden. Das erfolgt aber in kurzen Zeiträumen, so dass die Voraussetzungen des Unfallbegriffes erfüllt sind.

b) Sachschaden

Die Gefährdungshaftung von ElG 27 bezieht sich auch auf den Sachschaden[100]. 105

Durch elektrischen Strom können elektrostatische oder magnetische Felder entstehen[101]. Sie verursachen zwar nach heutiger Erkenntnis keine Gesundheitsschäden; sie können aber z. B. in einem Computer oder auf einer Diskette gespeicherte Daten zerstören[102]. Dafür haftet der Inhaber der elektrischen Anlage soweit die Bildung des kausalen Feldes und des bewirkten Erfolges nicht bezweckt wurde[103]. 106

Das ElG findet auf zwei Arten von Sachschäden keine Anwendung: auf Störungen im Geschäftsbetrieb und auf Brandschäden. 107

1. Die Regelung des ElG darf nicht angewendet werden auf Schäden, die durch «*Störungen im Geschäftsbetrieb*» entstanden sind (ElG 27 II). Der Sinn dieser Vorschrift ist nicht ohne weiteres ersichtlich. In der parlamentarischen Beratung des Gesetzes[104] wurde darüber 108

---

[100] Dies gilt auch für die Verursachung von Sachschäden an andern elektrischen Anlagen, im Gegensatz zur Regelung in SVG 61 II, wo der Sachschaden unter Haltern von der Gefährdungshaftung ausgenommen ist; vgl. Bd. II/2 § 25 N 677 ff.
[101] Man könnte versucht sein, die Kräfte solcher Felder als «umgewandelte Energie» (vgl. vorn N 39) zu betrachten und daher Schädigungen durch sie nicht mehr ElG 27 zu unterstellen. Hier drängt sich eine Differenzierung auf: Soweit die Entstehung solcher Felder unbekannt ist oder vom Inhaber einer elektrischen Anlage in Kauf genommen und auf alle Fälle nicht bezweckt wird, ist sie als durch die natürlichen Eigenschaften des elektrischen Stromes bedingt anzusehen. Führen solche Felder zu Schäden, so sind diese als durch den Betrieb der elektrischen Anlage verursacht zu betrachten. Wenn aber die Entstehung solcher Felder bezweckt wird, um die darin enthaltene Energie in dieser Form zu nutzen, so ist die verwendete Energieform und nicht mehr die ihr stehende Elektrizität die Ursache des Schadens. Daher ist das ElG nicht anwendbar. Dies trifft z. B. zu, wenn ein an einem Kran hängender starker Elektromagnet zum Verladen von Schrott verwendet wird: Auf die durch das magnetische Feld direkt oder indirekt entstehenden Schäden ist das ElG nicht anwendbar.
[102] Man kann sich fragen, ob das Auslöschen von Daten eine Sachbeschädigung darstellt. Richtigerweise wird der Datenträger zusammen mit den darauf gespeicherten Daten als eine einheitliche Sache betrachtet. Werden die Daten durch die Einwirkungen eines Magnetfeldes gelöscht, so wird diese Sache verändert. Die Sachbeschädigung im Sinne des Zivilrechts ist daher zu bejahen: Es liegt nicht nur ein Vermögensschaden i. e. S., sondern eine Rechtsgutsverletzung vor. Strafrechtlich wäre StGB 145 anwendbar; vgl. JÖRG REHBERG, Strafrecht III (4. A. Zürich 1987) 72 f.
[103] Diese Abgrenzung erscheint auf den ersten Blick etwas problematisch. Sie entspricht aber dem Gedanken der Kausalhaftung für den elektrischen Strom, der nicht vorgesehene, «eigene» Wege geht.
[104] Stenbull. 1900, 584, 618 ff.; 1901, 355 ff., 529; ferner Botschaft zum ElG BBl 1899 III 813.

bemerkt: dass die Bestimmung unklar sei, sei das einzige, was daran klar sei. Aus dieser Feststellung hat man aber keineswegs die Folge einer genaueren Formulierung der Vorschrift gezogen, sondern man beliess sie, wie sie lautete.

109 Immerhin lässt sich aus dem in den Materialien zutage tretenden Zweck soviel ableiten: Die *Kausalhaftung* im Sinne von ElG 27 I soll den infolge Zerstörung, Beschädigung und Verlust einer Sache entstandenen direkten Schaden erfassen, nicht aber den *indirekten* Schaden, der insbesondere, als entgangener Gewinn, im Verdienstausfall (mit Einschluss der sogenannten Chômage) besteht und als Folge des direkten Schadens eintritt[105]. Wenn z. B. einem Fuhrmann durch den elektrischen Strom das Pferd getötet wird[106], dann haftet der Betriebsinhaber der elektrischen Anlage nach ElG 27 I für den Wert des Pferdes; erwächst dem Fuhrmann dazu noch ein Verdienstausfall, weil er das Pferd nicht gebrauchen kann, so existiert hierfür keine spezialgesetzliche Kausalhaftung. Wird das Pferd nicht getötet, sondern bloss verletzt, so entfällt die spezialgesetzliche Kausalhaftung ebenfalls hinsichtlich der Aufwendungen für ein Ersatzpferd, das bis zur Heilung des verunfallten Tiers eingestellt wird. Ein anderes Beispiel: Wird durch das Eindringen von Strom mit zu hoher Spannung in eine Leitung ein angeschlossener elektrischer Apparat unfallmässig beschädigt und entsteht wegen Nichtbetriebs des Apparates ein Verdienstausfall, so wird für die Beschädigung des Apparates nach ElG 27 I gehaftet, für den Verdienstausfall nicht.

110 Damit ist bloss abgeklärt, dass für die «Störungen im Geschäftsbetrieb» *nicht* nach ElG 27 I gehaftet wird, dagegen ist noch unbestimmt, *auf welche Weise* denn für diesen Schadensposten gehaftet werde.

111 Es sind drei Möglichkeiten denkbar: *Einmal,* dass für diesen Schaden überhaupt keine Haftung bestehe. Das ist deshalb nicht anzunehmen, weil ein derart schroffer Einbruch in die sonst geltende Regel, dass aller Schaden zu berücksichtigen sei[107], im Gesetz ausdrücklich und eindeutig niedergelegt sein müsste; dies aber trifft nicht zu, vielmehr scheint Abs. 2 von ElG 27 sagen zu wollen, dass für «Störungen im Geschäftsbetrieb» wohl gehaftet werde, nur nicht nach Abs. 1. Als *zweite* Möglichkeit ist die Lösung zu erwägen, es sei zwar das ElG anwendbar, aber für «Störungen im Geschäftsbetrieb» werde nur auf-

---

[105] Bd. I 255 ff.
[106] Das mitgeteilte Beispiel wurde im Parlament angeführt, Stenbull. 1900, 618; 1901, 359.
[107] Bd. I 54 ff.

grund zusätzlichen Verschuldens gehaftet. Als *dritte* Lösung drängt sich diejenige auf, die das Gesetz für Schäden durch den Betrieb von Hausinstallationen (ElG 41; vorstehend N 14 ff.) und für Brandschäden (ElG 29; nachstehend N 119 ff.) vorgesehen hat: völlige Ausschaltung des ElG, an dessen Stelle das OR gilt [108]. Gegenüber der zweiten Lösung hat diese den Vorteil, dass auch die Kausalhaftungsvorschrift von OR 55 und namentlich diejenige von OR 58 anwendbar wird, stellt doch eine elektrische nlage in der Regel ein *Werk* dar [109].

Die zweite Lösung hätte zur Folge, dass der Geschädigte sich nicht auf OR 58 berufen könnte. Er könnte also für die Störung im Geschäftsbetrieb keinen Schadenersatz gestützt auf einen Mangel der Anlage (sofern diese ein Werk darstellt) verlangen. Auf der andern Seite könnte er sich aber auf die Hilfspersonenhaftung von ElG 34 berufen. Dies bedeutet, dass der Inhaber der Anlage für die von seinen Hilfspersonen verursachten Schäden einzustehen hätte und dass ihm der Befreiungsbeweis von OR 55 nicht zur Verfügung stünde. 112

Daneben ist zu berücksichtigen, dass die dritte Lösung auch die Anwendung der Bestimmungen von ElG 28 (Anlage aus mehreren Teilen mit verschiedenen Betriebsinhabern), ElG 30 (Zusammentreffen von verschiedenen elektrischen Leitungen) und ElG 31 (gegenseitige Schädigung elektrischer Anlagen) ausschliesst. Das ist aber nicht so schlimm: An die Stelle des Betriebsinhabers nach ElG tritt als Subjekt der Haftpflicht derjenige, der die Verursachung des Schadens zu vertreten hat. Dies gilt auch bei aus mehreren Teilens bestehenden Anlagen, beim Zusammentreffen von Leitungen und bei gegenseitiger Schädigung von Anlagen. Zudem erfordert auch die zweite Lösung, dass der Urheber bekannt sein muss, da nur so eine Verschuldensprüfung möglich ist, und damit die Erleichterung von ElG 28 I / 30 ohnehin nicht spielt. 113

Der dritten Lösung, die das OR allgemein auf die Störungen im Geschäftsbetrieb anwendet, ist daher der Vorzug zu geben. Dies hat auch den Vorteil, dass hier die gleiche Regelung gilt wie bei den beiden weiteren Ausnahmen: Brandschäden und Hausinstallationen. 114

Zusammenfassend ist aber festzuhalten, dass die Ausnahme für Störungen im Geschäftsbetrieb einen Fremdkörper darstellt, der besser gestrichen würde. Die in FN 113 wiedergegebene Meinung des stände- 115

---

[108] Zustimmend MOLL 134 / 35 und A. KELLER I 176.
[109] Bd. II/1 § 19 N 93 Ziff. 12.

§ 28 Haftpflicht der Betriebsinhaber elektrischer Anlagen

rätlichen Berichterstatters GEEL, dass eine Gefährdungshaftung für Störungen im Geschäftsbetrieb den Betriebsinhaber ruinieren könnte, überzeugt nicht. Wenn der Geschädigte dafür keinen Schadenersatz erhält, können die Störungen in seinem Geschäftsbetrieb für ihn ebenso ruinös sein. Ausserdem kann diese Gefahr für den Betriebsinhaber durch eine Betriebshaftpflichtversicherung ohne Schwierigkeiten abgewendet werden, was heute meistens der Fall sein wird.

116 Die Ordnung von ElG 27 II steht im weiteren im Gegensatz zur allgemeinen Regel, dass für direkte und indirekte Schäden in gleicher Weise gehaftet wird [110].

117 Statt oder neben der ausservertraglichen Haftung nach OR 41 ff. kann auch vertragliche Haftung, z.B. gestützt auf einen Werkvertrag (OR 363 ff.) oder einen Energielieferungsvertrag [111], eintreten.

118 Die Haftung für Schaden, der durch die Nichtlieferung von Strom an den Energiebezüger entsteht [112], gehört nicht in diesen Zusammenhang, weil es sich nicht um einen unfallmässigen, ausservertraglichen, Schaden handelt; hierfür ist allein der Energielieferungsvertrag massgebend, zudem die Vorschriften des OR über Nichterfüllung oder verspätete Erfüllung der Verträge (OR 97 ff.) [113].

---

[110] Bd. I 54f., 59f., 255.
[111] Vorstehend FN 64.
[112] Die Gefahr einer solche Nichtlieferung ist heute zudem gering, weil die Elektrizitätswerke unter sich durch Leitungen verbunden sind, damit sie sich bei Störungen in der Stromerzeugung aushelfen können, FEHR 26a; MOLL 133 FN 3.
[113] Unhaltbar ist die Ansicht von SCHWENDENER 72/73 und FEHR 26a, die beide aus den Materialien die Auffassung gewonnen haben, dass mit den «Störungen im Geschäftsbetrieb» nur der Schaden gemeint sei, der bei *vertragswidriger Nichtlieferung* von Strom entsteht. Wäre das richtig, so hätte die fragliche Gesetzesbestimmung überhaupt keinen Sinn; denn dass für die Folgen der vertragswidrigen Nichterfüllung eines Energielieferungsvertrags nicht nach ElG gehaftet wird, ist eine Selbstverständlichkeit. Der hier vertretene Standpunkt deckt sich mit den Ausführungen des ständerätlichen Berichterstatters GEEL (Stenbull. 1901, 355/56): «Wir gehen mit dem Bundesrat und dem Nationalrat ebenfalls darin einig, dass wir die Haftpflicht für Störungen im Geschäftsbetrieb nicht aufnehmen wollen, weil wir dafür halten, dass die Geschäftsstörungen, welche die Folge eines Unfalls sein können, beispielsweise einer Sachbeschädigung, einen sehr grossen Umfang annehmen und eine solche finanzielle Tragweite haben können, dass sie für die betreffenden Anlagen geradezu ruinös werden müssten.» «...selbstverständlich [ist, dass] für diejenigen Störungen im Geschäftsbetrieb, welche beim Bestand eines Vertragsverhältnisses zwischen elektrischem Werk und Abonnent entstehen können, wobei das elektrische Werk den Vertrag nicht erfüllen oder die elektrische Kraft nicht rechtzeitig oder nicht vollständig oder gar nicht liefern kann, natürlich eine Entschädigung geleistet werden muss. Denn das sind keine Geschäftsstörungen, die infolge eines Unfalls eintreten können, sondern infolge Nichterfüllung eines Vertrags. Dafür besteht laut OR ein Schadenersatzanspruch aus Vertrag.»

III. Voraussetzungen der Haftpflicht   § 28

2. Relativ häufig verursacht der elektrische Strom einen *Brand*[114]. 119
Auf die darauf zurückzuführenden *Sachbeschädigungen* ist gemäss ElG
29 nicht das ElG, sondern das OR (Art. 41 ff., ev. i.V.m. ZGB 55 II)
anwendbar. Diese Ausnahme[115] von der Kausalhaftung wurde auf
Betreiben der elektrischen Industrie vorgesehen, die befürchtete, in
untragbarer Weise von Schadenersatzansprüchen heimgesucht zu werden[116].

Vorerst ist festzuhalten, dass, wenn elektrischer Strom ein Haus in 120
Brand setzt, dies häufig von einer Hausinstallation aus geschieht und
daher schon nach ElG 41 das Obligationenrecht Anwendung findet.
Abgesehen davon wird aber der Brand meistens in demjenigen Haus
ausbrechen, dessen Eigentümer aus ElG 27 passivlegitimiert ist[117]. In
diesen Fällen stellt sich kein Haftpflichtproblem. Das gilt aber nicht
immer. Wenn ein Mieter oder Pächter oder ein Betreiber einer Anlage
aufgrund eines Betriebsvertrages nach ElG 27 als Subjekt der Haftpflicht zu betrachten ist, wird häufig der Brand eine andere Person, den
Eigentümer des Hauses, schädigen. Haftpflichtiger und Geschädigter
sind auch verschiedene Personen, wenn das Feuer auf ein Nachbarhaus
übergreift. In solchen Fällen kommt ElG 29 praktische Bedeutung zu.
Dabei ist zu berücksichtigen, dass Immobilien und Mobiliar meistens
gegen Feuerschäden versichert sind, in vielen Kantonen sogar obligatorisch[118].

ElG 29 kann heute keine innere Begründung mehr zugesprochen 121
werden[119].

Für *Personenschäden* durch einen durch elektrischen Strom verur- 122
sachten Brand wird nach ElG 27 gehaftet[120]. Liegt die Ursache des

---

[114] Bei der Suche nach der Ursache eines Brandes spielt die Frage, ob er auf elektrischen Strom zurückzuführen sei, immer eine wichtige Rolle, wenn keine andere Ursache offen zutage liegt.

[115] Sie darf nicht *analog* auf andere Tatbestände ausgedehnt werden; gl. M. MOLL 138 FN 2; zweifelnd SJZ 1, 64.

[116] Stenbull. 1900, 584, 589; 1901, 356 ff., 365 ff. — Über die tatbeständliche Seite Näheres bei MOLL 136 ff.

[117] Dementsprechend ist in der amtlichen Sammlung der Bundesgerichtsentscheide kein Urteil zu ElG 29 publiziert. In den Sammlungen kantonaler Entscheidungen liess sich ebenfalls keines finden.

[118] Der Sachversicherer kann nach VVG 72 nur bei Verschulden auf den Haftpflichtigen Regress nehmen.

[119] Immerhin muss anerkannt werden, dass dank ElG 29 auf Störungen im Geschäftsbetrieb durch Brandschäden die gleiche Haftpflichtnorm Anwendung findet, wie für die Kosten der Reparatur resp. des Ersatzes der Sache.

[120] Dazu BGE 63 II 112.

§ 28   Haftpflicht der Betriebsinhaber elektrischer Anlagen

Brandes jedoch im Betrieb einer Hausinstallation oder einer entsprechenden Anlage, so findet auch auf Tötungen und Körperverletzungen im Zusammenhang mit einer Feuersbrunst gestützt auf ElG 41 das OR Anwendung; vgl. vorn N 14 ff.

c) Weiterer Schaden

123   In Bd. II/2 § 25 N 297 ff. wird die Frage diskutiert, ob das SVG auch auf Vermögensschäden i.e.S. anzuwenden sei. Solche Schäden dürften hier kaum auftreten.

d) Anhang: Überblick über die Haftung nach Expropriations- und Nachbarrecht. Radiorecht

124   Der Elektrizitätswirtschaft dienende Anlagen, namentlich Elektrizitätswerke mit Stauanlagen, können durch Feuchtigkeit, durch Veränderung der Bodenbeschaffenheit oder des Grundwasserspiegels u. dgl., durch Immissionen wie Lärm oder Erschütterungen (namentlich während der Bauarbeiten), auch durch Gerüche (Säuregerüche) die Nachbarschaft schädigen und belästigen. Nach den gleichen Vorschriften und Überlegungen, die hinsichtlich der Eisenbahnanlagen und Strassen gelten, müssen Schadenersatz und Abhilfe aufgrund des *Expropriationsrechts* gefordert werden: EntG 5, 7, 19 lit. c, 41 I lit. b, 66 lit. b; vorne Bd. II/2 § 25 N 322 ff.; § 27 N 80 ff.[121].

125   Nur insoweit nicht in der dort geschilderten Weise das Expropriationsrecht gilt, können die Vorschriften des *Nachbarrechts,* insbesondere die Bestimmungen von ZGB 684/679, angewandt werden; dann nämlich, wenn die übermässigen Immissionen und anderen Eingriffe vermeidbar sind[122]. Diesfalls werden sie durch die Konzessionierung

---

[121] Dazu BG über die Nutzbarmachung der Wasserkräfte, vom 22. Dezember 1916 (SR 721.80), Art. 46, 47; EntG 1 ff.; BGE 64 I 232; Hess/Weibel, Das Enteignungsrecht des Bundes, insbes. Bd. II (Bern 1986) 208 ff.; Zimmerlin in SJZ 36, 119 ff.; Oftinger, Lärmbekämpfung als Aufgabe des Rechts (Zürich 1956) 63; Wettstein in «Bulletin» des Schweiz. Elektrotechnischen Vereins, 37 (1946) 334 f. Jean Pierre Blanc, Das öffentliche Interesse als Voraussetzung der Enteignung (Diss. Zürich 1967) 57 ff.; Rolf Tinner in ZBl 58, 1 ff. — Hinsichtlich der Durchleitungs- und ähnlichen Rechte gelten ElG 42 ff.; Wüthrich 84 ff.

[122] Der Anwendungsbereich des zivilrechtlichen Nachbarrechts wird auch durch die Bestimmungen des BG über den Umweltschutz vom 7. Oktober 1983 (SR 814.01) eingeschränkt, die einen gewissen, auch präventiven Schutz gewährleisten; vgl. dazu Bd. II/2 § 25 N 324 ff. und dort zit. Lit.

des Elektrizitätswerkes[123] nicht legitimiert und sind widerrechtlich. Das ElG ist auf keinen dieser Tatbestände anwendbar.

Das gleiche gilt für *Radiostörungen,* die durch den Betrieb elektrischer Anlagen bewirkt werden[124].

Eine Schädigung eigener Art entsteht durch die «vagabundierenden» Rückströme der Bahnen, die vermöge ihrer *elektrolytischen Wirkung* erhebliche Schäden an metallischen, im Boden verlegten Leitungen, vor allem an Gas- und Wasserleitungen, verursachen können. Es ist zunächst das Verwaltungsrecht, das sich präventiv mit diesen Vorgängen befasst[125]. Wenn gleichwohl Schäden entstehen, so ist, falls sie im Rahmen des Unvermeidlichen bleiben, anzunehmen, dass die der Bahn erteilte Konzession die Widerrechtlichkeit der Immission beseitigt, so dass eine nachbarrechtliche Klage ausgeschlossen ist. Statt dessen kann gegebenenfalls eine Entschädigungsforderung nach EntG 41 I lit. c in Betracht kommen. Wo es sich um vermeidbare Schädigungen handelt, sind dagegen die nachbarrechtlichen Klagen anzustrengen (ZGB 679, 684)[126].

2. Begriff der elektrischen Anlage

Nach dem Wortlaut von ElG 27 I findet diese Bestimmung Anwendung, wenn durch den Betrieb einer Stark- oder Schwachstromanlage ein Schaden verursacht wird. In dieser Umschreibung kommt den Begriffen des Betriebes und der Anlage massgebende Bedeutung zu.

Die nähere Erörterung des Subjektes der Haftpflicht (vorn N 62 ff.) hat gezeigt, dass die Anlage nur eine Hilfsrolle spielt (zur Frage des Betriebes hinten N 132 ff.). Es ist zwar immer eine Anlage mit im Spiel, weil elektrischer Strom — abgesehen vom Blitz — in einer Anlage erzeugt und durch eine Anlage weitergeleitet wird. Haftpflichtrechtlich

---

[123] BG über die Nutzbarmachung der Wasserkräfte (SR 721.80), Art. 38.
[124] Hiefür sei auf die Literatur verwiesen, vorab auf ZURBRÜGG (zit. vorstehend FN 21) mit weiteren Angaben; LAUBI (zit. vorstehend FN 16) 107 ff.; dazu VO des Eidg. Verkehrs- und Energiewirtschaftsdep. vom 1. Mai 1979 über den Schutz gegen elektromagnetische Störungen (StörschutzVO, SR 734.35).
[125] So bspw. VO über die Parallelführungen und Kreuzungen usw., vom 7. Juli 1933, Art. 33; VO über die ... elektrischen Einrichtungen von Bahnen, vom 7. Juli 1933, Art. 30 (beide VO zit. vorn N 3).
[126] Vorne § 27 N 81. In SJZ 1, 67 wurde ein solcher Fall (vor Inkrafttreten des ZGB) nach alt OR 67 = OR 58 beurteilt.

kommt es aber nicht auf die Anlage, ihre Gestaltung und ihren Zustand an, sondern auf den Strom, der in ihr fliesst, und auf die Möglichkeiten, die ihm geboten werden, aus der Anlage auszutreten und dadurch Schaden zu verursachen [127].

130   Dem Begriff der elektrischen Anlage kommt daher nur insofern Bedeutung zu, als ElG 41 die Hausinstallationen von der Gefährdungshaftung ausnimmt. Die erforderlichen Abgrenzungen des Begriffes der Hausinstallationen finden sich vorn N 14 ff.

3. Verursachung

a) Kausalzusammenhang

131   Die Anwendbarkeit des ElG setzt einen *Unfall* voraus, der *durch* den *Betrieb* einer elektrischen Anlage *verursacht* worden ist.

b) Betrieb

132   Die Anlage ist im Betrieb und somit der Haftpflichtordnung des ElG unterstellt, wenn sie *Strom führt;* dies allein ist der sie kennzeichnende [128], rechtspolitisch die Sonderhaftung rechtfertigende Umstand. Ob der Strom absichtlich zugeführt worden ist, oder aber versehentlich [129], ob durch eine technische Anomalie oder einen unglücklichen Zufall, ist gleichgültig. Das ElG ist folglich auch anwendbar, wenn die Anlage sich noch in der Bauperiode befindet und erst probeweise unter Strom gesetzt worden ist, oder wenn unbeabsichtigtermassen Strom hineingerät [130].

---

[127] Keine elektrischen Anlagen und auch nicht Teile davon sind Sachen — selbstverständlich auch Menschen —, durch die funktionswidrig Strom fliesst, die also nicht dazu *bestimmt* sind, elektrischen Strom zu erzeugen, weiterzuleiten und zu gebrauchen.

[128] Stenbull. 1902, 73; auch BGE 66 II 200; GASSMANN-BURDIN 162 f.; A. KELLER I 176; DESCHENAUX/TERCIER § 17 N 25.

[129] BGE 34 II 616; 57 II 475/6.

[130] Unzutreffend BGE 60 II 61: Beim Bau einer Telephonleitung kam der Draht mit einer Hochspannungsleitung in Kontakt; der daran arbeitende Monteur wurde getötet. Unter Berufung darauf, dass Bauunfälle dem ElG nicht unterstellt seien, weil «der Bau einer elektrischen Anlage nicht mehr Gefahren in sich schliesse als die Errichtung irgendwelcher anderer Bauten», erklärte das Bundesgericht das ElG als unanwendbar; «die besondere Gefahr beginne erst mit dem Eintritt des Stromes in die Leitung, also mit

III. Voraussetzungen der Haftpflicht   § 28

Im Gegensatz zum EHG sieht das ElG keine spezialgesetzliche Haftung für *Bauunfälle* vor; darunter sind aber nur solche zu verstehen, die *nicht* durch den *Strom* bewirkt werden, sondern z. B. auf den Bruch eines Mastes zurückgehen. Für die Unterstellung solcher Unfälle würde jegliche rechtspolitische Begründung fehlen; denn die Gefahren des Baus einer elektrischen Anlage sind, solange sie nicht unter Strom steht, nicht grösser als diejenigen irgend einer andern ähnlichen Arbeit[131]. Aus denselben Erwägungen unterstehen Unfälle bei der Reparatur einer ausser Betrieb befindlichen elektrischen Anlage (in der Terminologie des EHG wären dies «Hilfsarbeiten», § 27 N 121 ff.) nicht dem ElG[132].   133

Die soeben vorgenommene Umschreibung des Betriebsbegriffs zeigt, dass das Moment der (spezifischen) *Betriebsgefahr* (darüber Bd. I 20 f.) stillschweigend zur Haftungsvoraussetzung gemacht worden ist; die Eigenarten des elektrischen *Starkstromes* sind es, welche die Gefährlichkeit der Anlagen ausmachen. Folglich besteht Haftbarkeit auch nur dort, wo es der Strom ist, der den Unfall herbeiführt. Wenn z. B. ein Skifahrer ein Bein bricht, weil er in den Bergen in eine Telephonleitung fährt, die infolge der Höhe des Schnees nicht mehr genügend hoch über der Schneeoberfläche hängt, so ist dies kein Betriebsunfall, auch wenn die Leitung Strom führt[133]; denn die Tatsache der Stromführung ist für den Unfall bedeutungslos. Ebensowenig ist das ElG anwendbar, wenn allein durch das Umstürzen von Leitungsmasten Schaden entsteht; anders, wenn dadurch Personen oder Sachen in Berührung mit   134

---

dem Betrieb». Diese Beweisführung hebt sich selber auf: Der Monteur ist ja deshalb verunglückt, *weil* Strom in die Telephonleitung geriet, und für solche Vorkommnisse hat man doch die Spezialhaftung eingeführt. Die vom Bundesgericht dem Materialien entnommene Stelle (nachstehend FN 131) zeigt deutlich, dass die *elektrische Anlage immer dann als im Betrieb* stehend gilt, wenn sie *Strom führt*, gleichgültig, wie dieser hineingeraten ist. Nur *diese* Auslegung wird dem Sinn und Ziel des ElG gerecht.

[131] Stenbull. 1902, 71 ff., 159.
[132] Dies gilt nicht, wenn versehentlich und ungeplant Strom durch die Anlage fliesst: Sie ist dann doch im Betrieb; vgl. BGE 35 II 35.
[133] Hier kommt vielmehr *Werkhaftung* in Betracht, OR 58. Die Haftbarkeit dürfte grundsätzlich zu bejahen sein (abgesehen von Unterbrechungen des Kausalzusammenhangs durch höhere Gewalt, Dritt- und Selbstverschulden), weil Mangelhaftigkeit der Anlage oder des Unterhalts vorliegen wird. Bei der heutigen starken Frequenz auf beliebten Skipisten dürften Schutzmassnahmen (z. B. Aufhängen von Fähnchen, Einstecken von Stangen in den Schnee, beides als Warnsignale, gegebenenfalls sogar das Verlegen der Leitung oder Erhöhen der Telephonstangen) angebracht und zumutbar sein, da die gefährlichen Stellen selten sein werden. Dies würde weniger Kosten verursachen, als die jeweils zu Beginn des Winters durchgeführte Beseitigung der Zäune.

dem Strom geraten. Das gleiche gilt, wenn das Zerreissen von Drähten Schaden stiftet [134].

4. Rechtswidrigkeit

134a Schädigungen durch elektrischen Strom werden immer rechtswidrig sein. Weitere Ausführungen über diese Haftungsvoraussetzung erübrigen sich.

B. Negative Voraussetzung: Keine Befreiung gestützt auf Entlastungsgründe und besondere Befreiungsgründe

135 Das Vorliegen der *positiven* Haftungsvoraussetzungen (vorstehend N 102 ff.) führt nur dann zur endgültigen Bejahung der Haftpflicht, wenn der beklagte Betriebsinhaber sich nicht mittels des Nachweises eines der verschiedenen, im Gesetz vorgesehenen Befreiungsgründe der Verantwortlichkeit entschlagen kann. Hierin liegt die *negative* Voraussetzung der Haftpflicht. Neben den eigentlichen *Entlastungsgründen* (N 136 ff.) kennt das ElG, gleich wie das EHG [135], einen *besonderen Befreiungsgrund,* der an ein «widerrechtliches» oder «vorschriftswidriges» Verhalten des Geschädigten anknüpft (N 147 ff.). Diese Befreiungsgründe stellen Einreden des Beklagten dar.

1. Entlastungsgründe

136 Nach dem Vorbild des EHG sind in ElG 27 I die drei Entlastungsgründe der *höheren Gewalt,* des *Drittverschuldens* und des *Selbstverschuldens* aufgezählt, die in Bd. I 108 ff. auf allgemeinem Plane behandelt sind.

---

[134] Es ist dabei gleichgültig, ob dieses Zerreissen durch die gewöhnliche Abnützung oder durch aussergewöhnliche Ursachen wie Blitz, Sturmwind, Abschmelzen infolge eines Feuers u. dgl. entstanden ist; hiezu neben den anschliessenden Ausführungen über die höhere Gewalt: BGE 63 II 114; ferner BGE 34 II 98 / 99 und StarkstromVO 73 I lit. c.
[135] Vorne § 27 N 129, 149 ff.

a) Höhere Gewalt

Wie aus der in Bd. I 118 ff. vorgenommenen Umschreibung der höheren Gewalt hervorgeht, wird der Richter selten dazu kommen, diese Einrede gutzuheissen; denn es wird nicht oft zutreffen, dass ein von aussen hereinbrechendes, zufälliges Ereignis geeignet ist, den Kausalzusammenhang zwischen dem Schaden und dem Betrieb der elektrischen Anlage (oder m. a. W.: der ihr eigenen Betriebsgefahr, die sich bei dem Unfall manifestiert hat) abzubrechen. In den weitaus meisten Fällen führt vielmehr das zufällige Ereignis erst *wegen* des Vorhandenseins der Anlage zu einem Schaden[136]. So sind in der Regel Vorgänge wie Überschwemmung, Steinschlag, Erdrutsche, Schneefall, Sturm, Feuersbrunst und namentlich Blitzschlag nicht als Ereignisse höherer Gewalt zu betrachten. 137

Die Frage einer Haftpflicht nach ElG 27 bei *Blitzschlag*[137] stellt sich überhaupt nur, wenn der Blitz in eine elektrische Anlage schlägt und sich darin als Stromstoss fortpflanzt[138]. Bei der schwächsten Stelle gegen Erde, z. B. einem Mast einer Leitung, springt er als Funken oder Lichtbogen auf die auf der Erde stehende Sache, z. B. den Mast, über und benützt ihn als Weg zur Erde. Isolatoren, die ihm im Wege stehen, werden eventuell zerschlagen. Bei Blitzschlag in eine unter Strom stehende Leitung kann nachher der normale Strom auf dem gleichen Weg seinerseits zur Erde fliessen, wenn er genügend Spannung besitzt. Eventuell führt die vom Blitz getroffene Leitung in ein Haus und kann er dort Schaden anrichten. In der Folge eines Blitzschlages kann der 138

---

[136] Vgl. BGE 37 II 106; Botschaft zum ElG, BBl 1899 III 815 und KADEN, Zufall und höhere Gewalt im deutschen, schweizerischen und französischen Recht, RabelsZ 1967, 606.
[137] Dazu auch A. KELLER I 179 f., der höhere Gewalt verneint, wenn entsprechende Schutzvorkehrungen technisch möglich und wirtschaftlich tragbar sind; gegen höhere Gewalt bei Blitzschlag auch MOLL 88 f.; BGE 34 II 100; 63 II 114.
[138] Daneben verursacht der Erdblitz auf unzählige andere Arten Schäden auf der Erde: Er schlägt direkt in die Erde, aber auch in Bäume, Menschen, Tiere, Häuser usw. Wen er als Weg zur Erde benützt, der erleidet je nach den Umständen dadurch einen Schaden; sich in der Nähe befindende Personen können weggeschleudert und dabei verletzt werden. Schlägt er in einen Blitzableiter — das ist keine elektrische Anlage —, so entsteht normalerweise kein Schaden. Berührt jemand, der auf der Erde steht, im gleichen Zeitpunkt zufällig den Draht zwischen Blitzableiter und Erde, so teilt sich der Blitz und ein Teil geht durch diesen Menschen in die Erde. — Durch den Strom des Blitzes entsteht ein magnetisches Feld um den Ableiter herum, das bei in der Nähe liegenden Telephon- und anderen Leitungen zu Influenz-Wirkungen, d. h. zu Überspannungen führen kann. Deshalb sind minimale Distanzen vorgeschrieben.

normale Kraftwerkstrom eine elektrische Leitung zum Schmelzen bringen, so dass sie zu Boden fällt, wobei sie unter Strom bleibt, der für Passanten gefährlich werden kann [139].

139 Wenn der Blitz dem normalerweise in einer elektrischen Anlage fliessenden Strom die Möglichkeit gibt, dass *dieser* Strom Schaden anrichtet, steht die grundsätzliche Haftpflicht von dessen «Eigentümer» nach ElG 27 ausser Frage; denn es ist ja der vom «Eigentümer» genutzte Strom, der den Schaden verursacht hat. Der Kausalzusammenhang zwischen der Existenz dieses Stromes und dem Schaden wird nicht dadurch unterbrochen, dass der Blitz dem normalen Strom die Möglichkeit zur Verursachung von Schaden eröffnet hat. Der Blitz ist zwar eine plötzliche, gewaltsame und äussere Einwirkung auf die Anlage, ein sehr intensives Naturereignis. Trotzdem kann er kaum je als höhere Gewalt anerkannt werden, weil eine elektrischen Strom führende Anlage eine so grosse Gefahr darstellt, dass selbst ein Blitz nicht die für die Unterbrechung des Kausalzusammenhanges nötige Intensität aufweist. Es fehlt ihm die dafür erforderliche Ausserordentlichkeit [140].

140 Schwieriger ist die Frage zu beantworten, ob eine Haftung des Betriebsinhabers nach ElG 27 auch anzunehmen sei, wenn der Schaden nicht von «seinem» normalen Strom, sondern von der Elektrizität des Blitzes verursacht wird. Die elektrische Anlage gibt dem Strom des Blitzes die Möglichkeit, sich in ihr zu einer Stelle fortzubewegen, wo er Schaden anrichten kann; die Benützung der schwächsten Stelle der Anlage gegen Erde kann zu einem Schaden führen, der ohne die Anlage nicht eingetreten wäre [141]. Dies kann aber auch passieren, wenn die Anlage nicht unter Strom steht, bei Leitungen im Bau und überhaupt bei allen Installationen, die geeignet sind, den hoch gespannten Strom des Blitzes weiterzuleiten. Man denke z. B. an Fernsehantennen, Wäscheseile, Eisenbrücken und Dachtraufen. Der Umstand, dass wohl die meisten Anlagen, die sich zur Weiterleitung des Blitzes eignen, elek-

---

[139] Vgl. BGE 34 II 100. Wo die heruntergefallene Leitung den Boden berührt, entsteht ein sog. Spannungstrichter, der für Fussgänger, die ihn betreten, gefährlich ist, weil der Spannungsausgleich durch ihren Körper stattfindet.

[140] Das gilt auch bei *Erdbeben*. Auch hier wird die Adäquanz der haftungsbegründenden Ursache nicht ganz ausgeschaltet, wenn das Erdbeben eine elektrische Anlage zerstört und deshalb der elektrische Strom aus ihr austreten und Schaden anrichten kann; vgl. EMIL W. STARK, Entlastungsgründe im Haftpflichtrecht (Diss. Zürich 1946) 148/49.

[141] Der Blitz hätte direkt in die Erde geschlagen. Schlägt er aber in eine Freileitung — das kann auch eine Telephonleitung sein —, so kann er in ihr in ein Haus gelangen, dort die Sicherungen durchschlagen und Schaden anrichten.

trische Anlagen sind, rechtfertigt deren Sonderbehandlung in dieser Hinsicht nicht[142]. Nur diese Auffassung entspricht — last but not least — der ratio legis einer Haftpflicht für die Gefahren der Benützung von elektrischem Strom. Das schliesst aber eine Haftung nach anderen Bestimmungen, namentlich nach OR 58 nicht aus, denn der Blitzschlag ist für solch exponierte Anlagen vorhersehbar; u. U. ist durch Schutzvorkehrungen ein Schaden vermeidbar.

Von höherer Gewalt darf im übrigen keineswegs gesprochen werden, wenn die Schädigung durch zumutbare technische Vorkehren sich hätte *vermeiden* lassen[143], besonders, wenn diese von der Elektrizitätsgesetzgebung ausdrücklich vorgeschrieben sind (so, eigentlich überflüssigerweise, ElG 33). In solchen Fällen liegt meist nicht nur keine höhere Gewalt vor, sondern sogar Verschulden des Betriebsinhabers[144]. Soweit solche Vorkehren im Rahmen des Zumutbaren liegen[145], ist es indes unerheblich, ob sie durch die Elektrizitätsgesetzgebung ausdrücklich vorgesehen sind oder einfach gemäss dem Stand der Technik angezeigt gewesen wären[146]. Diese Probleme sind im «Allgemeinen Teil», sowohl bei der Behandlung der höheren Gewalt, als auch des Verschuldens, erörtert worden[147]. Wenn alle notwendigen und zumutbaren Vorkehren getroffen worden sind, ist nur gewiss, dass die Einrede der höheren Gewalt nicht zum vornherein ausgeschlossen ist. Abgesehen davon wird sie kaum je begründet sein[148].

141

---

[142] Die Einschlagspunkte von Blitzen sind willkürlich. Der Blitz bevorzugt nicht etwa von Kraftwerkstrom betroffene Anlageteile; sein Weg wird erst 30—50 m vor der Einschlagstelle von deren Eignung als Weg zur Erde beeinflusst. Elektrische Anlagen und ihre Masten und Leitungen wirken in diesem Bereich als künstliche Antennen. Im Boden liegende Leitungen ziehen den Blitz nicht an. Es ist daher möglich, Hochspannungs-Freileitungen durch ein Erd-Seil, das wie ein Blitzableiter wirkt, gegen Blitzschlag zu sichern.
Der Blitz ist für freistehende Gehöfte gefährlicher als für Häuser in stark überbautem Gebiet, wo er sich gewissermassen verteilt.
[143] Bd. I 118 f.
[144] BGE 35 II 200; Bd. I 149 ff.
[145] Dazu BGE 39 II 107; 45 II 648.
[146] Dazu BGE 37 II 107, 111; 39 II 107; 45 II 647. Der Stand der Technik wird weitgehend aus allfälligen Vorschriften und Regeln des Schweiz. Elektrotechnischen Vereins abgelesen werden können. Ein Verzeichnis ist den bei FN 4 zit. Hausinstallationsvorschriften beigegeben.
[147] Bd. I 118 f., 149 ff. Wie dort bemerkt, präjudiziert die behördliche Genehmigung von Planvorlagen (ElG 15; VO vom 26. Mai 1939) oder Anlagen (ElG 19 ff.) die Frage der Mangelhaftigkeit einer Anlage nicht; sie stellt lediglich ein Indiz dar; SJZ 2, 308; Bd. II / 1 § 19 N 76.
[148] BGE 37 II 106/07.

b) Drittverschulden

142 Für die Fragen, wer als *Dritter* in Betracht kommt[149] und wie es sich mit der für die Unterbrechung des Kausalzusammenhangs[150] erforderlichen *Intensität* des Drittverschuldens verhält, kann auf die Ausführungen im «Allgemeinen Teil» (Bd. I 108 ff.) und hinsichtlich der Eisenbahnhaftpflicht (vorn § 27 N 133 ff.) verwiesen werden.

143 ElG 27 I spricht neben dem Verschulden vom «Versehen» Dritter[151]; ein Unterschied zwischen diesen beiden Ausdrücken ist nicht zu machen. Auch hier zeigt sich, dass ein zur Entlastung geeignetes Drittverschulden selten ist.

144 **Kasuistik**[152]

1. *Entlastung* wurde *gewährt*, weil:

— ein Angestellter einer Fabrik (die nicht Betriebsinhaberin war) es unterliess, den Starkstrom abzustellen, während auf seine Anordnung hin ein Raum, worin sich eine Starkstromleitung und zwei Transformatoren befanden, geweisselt wurde (BGE 35 II 436).

— ein Bauherr es unterlassen hatte, das Elektrizitätswerk zu benachrichtigen und den Strom abstellen zu lassen, bevor ein Gerüst in gefährlicher Nähe der elektrischen Leitung erstellt wurde (ZBJV 53, 439).

2. *Entlastung* wurde *abgelehnt* wegen ungenügender Intensität oder wegen Fehlens jeden Drittverschuldens hinsichtlich des Verhaltens:

— von Eltern, denen nicht zuzumuten ist, Kinder von acht Jahren zur Schule zu begleiten und denen es unter den gegebenen Umständen nicht zum Verschulden anzurechnen ist, dass sie die Kinder nicht vor dem Erklettern der Masten einer Starkstromleitung und dem Berühren der Drähte gewarnt haben (BGE 35 II 187/88).

— eines Bauunternehmers, der alles von ihm zu Erwartende getan hat, um eine Starkstromleitung aus der gefährlichen Nähe einer Baustelle zu entfernen und die Arbeiter zu schützen und zu warnen (BGE 35 II 198 ff.).

— eines Arbeiters, der ein zur Befestigung eines Leitungsmastes dienendes Drahtseil durchhieb und das eine Ende durch einen Arbeitskameraden um den Mast wickeln liess, wobei es mit einer Leitung von 350 Volt Spannung in Berührung geriet, was den Tod des zweiten Arbeiters bewirkte (BGE 38 II 254).

---

[149] BGE 63 II 117.
[150] Dazu BGE 35 II 437; 38 II 254; 60 II 154; 63 II 119.
[151] Dies beruht wohl auf einem Versehen des Gesetzgebers. Der sich sprachlich aufdrängende Schluss, dass auch sehr leichtes Verschulden genüge, ist abzulehnen; vgl. EMIL W. STARK, ZSR 86 (1967) II 23/24; A. KELLER I 180.
[152] Vgl. auch A. Keller I 180 f.

III. Voraussetzungen der Haftpflicht § 28

— eines Malermeisters, dessen Arbeiter beim Streichen eines Leitungsmastes verunfallte; er hatte dem Arbeiter mitgeteilt, dass die Leitung unter Strom stehe und ihm verboten, sich den Drähten auf weniger als einen Meter zu nähern (BGE 42 II 398).

— des Auftraggebers eines Malers, der beim Streichen eines Mastes verunfallte: eine besondere Warnung war angesichts der Sachlage nicht erforderlich (BGE 81 II 565).

— eines Feuerwehrmannes, der nicht die erforderlichen Massnahmen zur Rettung einer in einen elektrischen Draht verwickelten Person ergriffen hat (BGE 63 II 119; über diesen Entscheid auch Bd. I 122 FN 194).

c) Selbstverschulden

Das ElG (27 I) anerkennt nur *grobes* Selbstverschulden als Entlastungsgrund. Im übrigen kann auf die Darstellung im «Allgemeinen Teil» (Bd. 108 ff. und vorn § 27 N 137 ff.) verwiesen werden[153]. Auch hier dürften die Anforderungen an die Sorgfalt der Verunfallten gelegentlich höher gespannt werden.

145

Kasuistik[154]

146

Das Bundesgericht hat in keinem der Urteile, die in den üblichen Periodika veröffentlicht sind, Entlastung wegen Selbstverschuldens gewährt. *Abgelehnt* wurde die Entlastung in folgenden Fällen, und zwar wegen ungenügender Intensität des Selbstverschuldens:

— Der Verunfallte betritt einen Weg trotz Kenntnis von einer dort aufgetretenen Blitzerscheinung; er wird von einem Draht, der infolge der Blitzerscheinung abgeschmolzen ist, erfasst, zwanzig Meter von einem Leitungsmast entfernt (BGE 34 II 100).

— Der Verunfallte berührt beim Anzünden einer Lampe die an ein Sekundärnetz angeschlossene Lampenschnur, unwissend, dass in diese infolge Blitzschlags Starkstrom geraten war (BGE 37 II 105/06).

— Achtjähriger Knabe erklettert, die Gefahr nicht erkennend, einen Leitungsmast (BGE 35 II 186).

— Arbeiten auf einem Dach, zu nahe an einer Starkstromleitung, ungeachtet wiederholter Warnungen (BGE 35 II 197).

— Streichen eines Leitungsmastes im begründeten Glauben, die Leitung würde zu dieser Zeit nicht unter Strom gesetzt (BGE 34 II 619).

— Im Übereifer erfolgte Übertretung des Verbots des Vorgesetzten, sich beim Streichen eines Leitungsmastes den Drähten auf weniger als einen Meter Abstand zu nähern (BGE 42 II 393).

— Unglückliches Manöver mit einer fahrbaren Leiter, die zum Streichen von Masten dient, dann aber durch Zufall ins Rollen gerät und eine Hochspannungsleitung berührt (BGE 81 II 566/67).

---

[153] Dazu BGE 42 II 395.
[154] Vgl. auch A. KELLER I 181 f.

— Bauhandlanger berührt eine elektrische Leitung mit einem mit Draht umwickelten Wasserschlauch und wird vom Strom getroffen; der Unfall hätte sich vermeiden lassen, wenn der Handlanger eine zu diesem Zwecke erstellte sogenannte Brosche benützt hätte, die er aber nicht beachtete (BGE 60 II 153).

— Arbeiter berührt (was nicht ohne weiteres voraussehbar ist) mit dem abgehauenen, vorher zur Befestigung des Leitungsmastes benützten Drahtseil die Leitung, im Glauben, sie stehe nicht unter Strom (BGE 38 II 257).

— Monteur unterlässt beim Setzen eines neuen Leitungsmastes das provisorische Anbinden der unter Strom stehenden Drähte (BGE 35 II 221).

2. Besonderer Befreiungsgrund des «widerrechtlichen» oder des «vorschriftswidrigen» Verhaltens des Geschädigten

147 Das EHG (Art. 6 und 7; vorn § 27 N 149 ff.) kennt einen Befreiungsgrund des deliktischen Verhaltens des Geschädigten, also eines besonders gearteten Selbstverschuldens, das nicht den Grundsätzen von der adäquaten Verursachung oder von deren Unterbrechung folgt. Funktionell gleichbedeutend sieht das ElG einen Befreiungsgrund des widerrechtlichen oder des vorschriftswidrigen Verhaltens vor: Ein Haftpflichtanspruch ist ausgeschlossen, sagt das Gesetz in ElG 35, wenn der Geschädigte sich durch eine «widerrechtliche Handlung oder mit wissentlicher Übertretung von bekannt gegebenen Schutzvorschriften, Warnungen u. dgl. mit der elektrischen Anlage in Berührung gebracht hat». Es sind also zwei *Fälle* zu unterscheiden:

148 1. Im Gegensatz zu EHG 6 wird zunächst nicht eine verbrecherische oder unredliche Handlung vorausgesetzt[155], sondern es genügt, dass der Geschädigte sich *widerrechtlich* mit der Anlage in Berührung gebracht hat. Als widerrechtlich im Sinne dieser Vorschrift ist das Verhalten des Geschädigten dann aufzufassen, wenn er keine Befugnis besass, mit der Anlage in Berührung zu kommen[156]. Die Handlung muss schuldhaft erfolgen[157], und zwar vorsätzlich[158].

---

[155] BGE 35 II 189. Als deliktische Handlungen kämen namentlich die in StGB 146, 228, 230 und 239 umschriebenen in Frage.
[156] Es liegt gewissermassen eine «subjektive» Widerrechtlichkeit vor (Bd. I 128 FN 4); würde man den Ausdruck «Widerrechtlichkeit» hier objektiv auffassen, so hätte die von ElG 35 weiters vorgesehene sonstige Vorschriftswidrigkeit keinen Sinn. Anders MOLL 110 ff.
[157] BGE 35 II 189; A. KELLER I 182 f.
[158] Vorne § 27 N 153; MOLL 112.

III. Voraussetzungen der Haftpflicht § 28

2. Die Übertretung von *Schutzvorschriften, Warnungen* u. dgl. braucht im Gegensatz zu EHG 7 nicht eine deliktische (polizeivorschriftswidrige) Handlung darzustellen, sondern es genügt die Verletzung irgend einer Vorschrift, welche die Fernhaltung des Publikums von der elektrischen Anlage bezweckt. Die Übertretung muss, wie das Gesetz erklärt, «wissentlich», d. h. im *Bewusstsein* vom Bestehen der Schutzvorschriften oder Warnungen und der Tatsache, dass ihnen zuwider gehandelt wird, ausgeführt worden sein; es muss also das Bewusstsein der Rechtswidrigkeit vorliegen[159]. Ist eine Übertretung stets — nicht nur in Ausnahmefällen — geduldet worden, so kann von einem Unrechtsbewusstsein nicht gesprochen werden. 149

Mit diesem Erfordernis der Bewusstheit hängt es zusammen, dass die Schutzvorschriften und Warnungen nachweisbar *bekannt* gegeben sein müssen, z. B. durch Warnungstafeln, durch die von der Elektrizitätsgesetzgebung vorgeschriebenen roten Marken an den Masten mit Hochspannungsleitungen (sofern deren Bedeutung als bekannt vorausgesetzt werden kann, was beim breiteren Publikum wohl nicht durchwegs zutrifft), durch Ermahnungen in der Schule oder zu Hause, u. dgl.[160]. 150

Wo die eine oder andere der aufgezählten Voraussetzungen fehlt, bleibt immer noch zu prüfen, ob im Verhalten des Geschädigten nicht ein eigentliches *Selbstverschulden* (vorstehend N 145 f.; ElG 27 I, OR 44 I) zu sehen ist. 151

Beide Befreiungsgründe gelten, wie ElG 35 ausdrücklich erwähnt, sowohl für *Personen-* wie für *Sachschaden.* Die Vorschrift bezieht sich auf Handlungen, durch die sich der Geschädigte mit der elektrischen Anlage «in Berührung gebracht hat», so dass er in die gefährliche «Wirkungssphäre»[161] dieser Einrichtungen gelangt ist. Dadurch werden die *Vorbedingungen des Unfalls* geschaffen; es ist deshalb nicht erforderlich, dass der Unfall *selber* noch auf ein widerrechtliches oder vorschriftswidriges Verhalten oder auf ein weiteres, die unmittelbare Ursache darstellendes, *eigentliches* Selbstverschulden zurückgeht. Das letztere wird vom Gesetz ausdrücklich hervorgehoben[162]. Wer z. B. unbefugterweise 152

---

[159] BGE 34 II 102; 35 II 188, 198; 38 II 257; A. KELLER I 183.
[160] BGE 35 II 181, 188; StarkstromVO 73 I, 109, 112; VO über Parallelführungen und Kreuzungen (SR 734.41) 44 II; VO über ... elektr. Einrichtungen von Bahnen (SR 734.42) 6 III.
[161] BGE 35 II 188.
[162] Vgl. auch Stenbull. 1902, 75.

in eine elektrische Zentrale eindringt, um sie zu Sabotagezwecken ausser Betrieb zu setzen und dabei durch den Strom verletzt wird, hat keinen Schadenersatz zu fordern, auch wenn in der Handlung selber, bei der er durch den Strom getroffen wird, keine schuldhafte Unvorsichtigkeit oder Ungeschicklichkeit liegt.

153   Die geschilderten Bedeutung von ElG 35 bringt es mit sich, dass die Vorschrift nicht anwendbar ist auf Personen, die *beruflich* mit der fraglichen elektrischen Anlage zu tun haben [163]; für sie kommt nur das eigentliche Selbstverschulden in Betracht.

154   Zum Unterschied von der Regelung nach EHG 7, gemäss welcher bei polizeivorschriftswidrigem Verhalten des Geschädigten statt einer vollen Befreiung unter Umständen lediglich die Herabsetzung der Ersatzpflicht eintreten kann, muss nach ElG 35 *stets* die *Befreiung* des Haftpflichtigen erfolgen. Diese Lösung kann zu Härten führen. Der Knabe, der den Mast einer Starkstromleitung erklettert, um eine in halber Höhe hilflos miauende Katze zu holen, erhält gar keinen Schadenersatz, selbst wenn er bloss deshalb verunglückt, weil der Mast, der schuldhafterweise nicht unterhalten wird, bricht und der Knabe infolgedessen mit herabfallenden Drähten in Berührung gerät. Solche Strenge des Gesetzes ist um so verwunderlicher, als es sonst grobes Selbstverschulden verlangt (ElG 27 I) und die Praxis, wie gezeigt, mit der Entlastung äusserst zurückhaltend ist. Der Ausweg, den die Gerichte gelegentlich einzuschlagen scheinen, das Vorhandensein des Bewusstseins der Rechtswidrigkeit in solchen Fällen zu verneinen [164], macht einen gekünstelten Eindruck.

155   Die Anerkennung von widerrechtlichen Handlungen und von wissentlichen Übertretungen von Schutzvorschriften selbst dann, wenn sie kein für den Unfall kausales Selbstverschulden darstellen, erscheint als problematisch und widerspricht den Grundlinien unseres Haftpflichtrechts [165]. Praktische Bedeutung hat sie vor allem, wenn der Geschädigte, insbesondere wegen Urteilsunfähigkeit, kein Verschulden am Zustandekommen des Unfalles zu vertreten hat. Die Billigkeit, auf die sich solche Bestimmungen zu ihrer Begründung allein berufen können, steht in solchen Fällen im Widerspruch zur Befreiung [166].

---

[163] BGE 35 II 198; 42 II 393.
[164] So etwa BGE 34 II 102 Erw. 4; vgl. auch 38 II 256 Erw. 4.
[165] Vgl. Bd. II/2 § 25 N 469ff.; A. KELLER I 182f.
[166] Vgl. auch vorn § 27 N 158.

IV. Übrige Fragen

Soweit nicht das ElG abweichende Sondervorschriften enthält, sind die *allgemeinen Grundsätze des Haftpflichtrechts* massgebend: Bd. I dieses Buches. Einige Fragen sind nachstehend hervorzuheben. 156

A. Verschulden

Es sei auf die Ausführungen verwiesen, die zum gleichen Gegenstand hinsichtlich der Eisenbahnhaftpflicht gemacht worden sind (vorn § 27 N 169 ff.). Die Prüfung eines allfälligen Verschuldens wird sich namentlich damit befassen müssen, ob die zahlreichen verwaltungsrechtlichen und technischen Vorschriften, die sich auf die elektrischen Anlagen beziehen, beachtet, und ob auch sonst die nach dem Stand der Technik notwendigen, und im Rahmen des Zumutbaren liegenden, Vorkehren getroffen worden sind [167]. 157

Der Betriebsinhaber muss auch für das Verschulden seiner Hilfspersonen einstehen (ElG 34 II). 158

B. Schadensberechnung und Schadenersatzbemessung

Das ElG enthält im Gebiet der *Schadensberechnung* nur einen Hinweis auf die Zulässigkeit eines Rektifikationsvorbehalts (ElG 36 III); ferner erwähnt es, dass der Schadenersatz sowohl als Kapitalsumme wie als Rente zugesprochen werden kann (ElG 36 II). Von diesen Fragen ist in Bd. I 213—223 und 248 f. die Rede. Für alles Übrige verweist ElG 36 I auf das OR, so dass die in Bd. I § 6 dargestellten Regeln anzuwenden sind [168]. 159

---

[167] BGE 35 II 189, 200; 37 II 107; 39 II 107; 45 II 647; Botschaft zum ElG, BBl 1899 III 814; Bd. I 149 ff.; vorn N 141; § 27 N 170.

[168] Die Praxis zum ElG hat z. B., in Übereinstimmung mit der Darstellung im «Allgemeinen Teil», betont, dass auch die Klagelegitimation der Versorgten (d. h. der Angehörigen eines Getöteten) sich nach OR richtet (BGE 34 II 102, 620; 38 II 257; 95 II 411; ZBJV 44, 326) und dass die Sicherstellung einer Rente gemäss OR 43 II angeordnet werden kann (BGE 42 II 399).

160   Für die *Schadenersatzbemessung*, die in Bd. I § 7 behandelt ist[169], gilt die gleiche Verweisung auf das OR (ElG 36 I).

C. Genugtuung

161   Das ElG enthält darüber keine eigene Vorschrift, noch verweist es auf das OR. Es ist angezeigt, diese *Lücke* durch Anwendung der Vorschrift von OR 47 auszufüllen[170]. Es kann somit auf die Ausführungen in Bd. I § 8 verwiesen werden.

162   Besonders betont sei, dass aufgrund der Änderung der bundesgerichtlichen Rechtsprechung in BGE 74 II 205 das Verschulden nicht Voraussetzung einer Genugtuungsforderung ist[171].

D. Gegenseitige Schädigung elektrischer Anlagen und andere Fälle der Kollision von Haftungen unter sich

163   ElG 31 bestimmt: «Wenn elektrische Anlagen sich gegenseitig schädigen, so ist der Schaden, sofern nicht das Verschulden der einen Anlage[172] nachgewiesen werden kann, unter Würdigung der sämtlichen Verhältnisse in angemessener und billiger Weise unter denselben zu verteilen».

164   An sich könnte man meinen, dass eine Anlage mit höherer Spannung zwar eine Anlage mit niedrigerer Spannung schädigen könne,

---

[169] Über die Schadenersatzreduktion wegen *Selbstverschuldens:* BGE 34 II 101; 35 II 189, 200; 42 II 397; 60 II 153; A. KELLER I 184 f. Die Praxis ist zurückhaltend mit dem Vorwurf des Selbstverschuldens, BGE 81 II 568. Über die *Konkurrenz* von Selbstverschulden mit *Verschulden* auf seiten des Betriebsinhabers sprechen sich aus: BGE 34 II 619/21; 35 II 220/21; über die Konkurrenz von Selbstverschulden mit sonstiger *Erhöhung der Betriebsgefahr* (darüber vorne § 27 N 138): BGE 34 II 100; 37 II 105/06; 81 II 568. Dass das Drittverschulden keinen Grund zur Schadenersatzreduktion darstellt (BGE 60 II 155), entspricht der allgemeinen Regel, Bd. I 281.

[170] BGE 34 II 621; 63 II 120.

[171] Vgl. STARK, Skriptum N 189 und dort zit. Entscheide; A. KELLER II 118.

[172] Gemeint ist: das Verschulden des *Betriebsinhabers* der einen Anlage oder seiner Hilfsperson.

IV. Übrige Fragen § 28

aber nicht umgekehrt[173], dass es also *gegenseitige* Schädigungen von Anlagen gar nicht gebe. Das wäre aber unrichtig. Auch die Anlage mit niedrigerer Spannung kann bei Kontakt mit einer Anlage mit höherer Spannung diese schädigen; es müssen z. B. Kabel, die einander berührt haben, ersetzt werden. Ausserdem verfügen verschiedenartige Anlagen nicht über die gleichen Sicherungsvorrichtungen, was zu Schäden führen kann[174].

Es handelt sich um einen Fall gegenseitiger Schädigung von Gefährdungshaftpflichtigen, wie er in Bd. I § 9 319 ff. besprochen ist[175]. Dabei dürfte es angemessen sein, die gegenseitigen Quoten unter Berücksichtigung der Spannungen der beiden Anlagen festzulegen. Darin liegt dann die «Würdigung der sämtlichen Verhältnisse in angemessener und billiger Weise» im Sinne von ElG 31, wobei ein eventuelles Verschulden entsprechend zu berücksichtigen ist. 165

Der Wortlaut von ElG 31 erfasst nur Sachschäden an den Anlagen. Es können aber auch andere Sachschäden und Personenschäden entstehen. Sind davon Hilfspersonen eines Betriebsinhabers betroffen, so richtet sich die Erledigung nach ElG 30. Personen- und Sachschäden eines Betriebsinhabers sind demgegenüber nach ElG 31 zu behandeln, d. h. der geschädigte Betriebsinhaber hat sich die Mitwirkung «seines» Stromes anrechnen zu lassen. Häufig wird dabei der «Eigentümer» des Stromes mit niedrigerer Spannung vollen Schadenersatz erhalten. 166

Neben dem Tatbestand von ElG 31 sind *andere Fälle* einer *Haftungskollision* im hier gedachten Sinne denkbar: Zusammentreffen von Motorfahrzeug und elektrischer Anlage, von elektrischer Anlage und Eisenbahn u. a. m. Auch hierfür sei auf die Darlegungen in Bd. I § 9 verwiesen[176]. 167

---

[173] Der sich daraus ergebende Schluss, dass es keine *gegenseitigen* Schädigungen gebe und dass daher ElG 31 unnötig sei, könnte durch den Hinweis untermauert werden, dass in der amtlichen Sammlung kein einziges Urteil des Bundesgerichtes zu ElG 31 publiziert ist. Trotzdem ist dieser Schluss falsch.

[174] Demgegenüber scheinen gegenseitige Schädigungen zwischen Anlagen mit verschiedener Stromart (Wechsel- resp. Gleichstrom) und mit verschiedenen Frequenzen bei Wechselstrom kaum eine Rolle zu spielen.

[175] Vgl. insbes. auch Bd. II/2 § 25 N 626 ff.; ferner MOLL 140 ff.; ERNST THEOPHIL MEIER, Schadenstragung bei Kollision von Gefährdungshaftungen (Aarau 1945) 71 ff., insbes. 78 f.

[176] Die Vorschrift ElG 31 hat geringe praktische Bedeutung, MOLL 148 f.; MEIER (zit. FN 175) 78 FN 54.

E. Mehrheit von Ersatzpflichtigen. Regress

168 Das Gesetz sieht zwei Sondertatbestände mit *mehreren haftbaren Betriebsinhabern* vor: ElG 28 I lit. b und ElG 30. Diese Vorschriften finden sich vorne N 87 ff. behandelt; sie sehen die *Solidarität* der ersatzpflichtigen Betriebsinhaber vor. Hieraus fliesst allenfalls ein *Regress* des einen auf den andern[177].

169 In ElG 34 II erwähnt das Gesetz eigens den Rückgriff des Betriebsinhabers gegen seine Hilfspersonen. Daneben kann jener gegen alle Personen regressieren, für die, neben denen, oder an deren Stelle, er gemäss den Regeln der Solidarität belangt worden ist; so gegen Dritte, deren Verhalten nicht zur Entlastung des Betriebsinhabers geführt hat.

170 Auf alle diese Tatbestände, auch denjenigen von ElG 34 II, sind die allgemeinen Regeln anwendbar, die, sowohl hinsichtlich der Solidarität, als auch des Regresses, in Bd. I § 10 entwickelt sind; auch auf § 27 (in diesem Bd.) N 193 ff. sei verwiesen[178].

F. Haftpflicht und Versicherung

171 Das ElG enthält hierüber keine besonderen Vorschriften. Es gelten die in Bd. I § 11 dargelegten Grundsätze. Auf die Anwendbarkeit des UVG ist vorne N 36 hingewiesen.

G. Schutz des Geschädigten vor Benachteiligung

172 «Reglemente, Publikationen oder spezielle Vereinbarungen» zum Zweck der völligen oder teilweisen *Wegbedingung* der Kausalhaftung im Sinne des ElG entfalten gemäss der Vorschrift ElG 39 keine rechtliche Wirkung. Diese Bestimmung ist in Bd. I 464 f. behandelt.

173 Eine SVG 87 II und EHG 17 entsprechende Vorschrift, wonach ein offenbar unzulänglicher *Vergleich* über die Haftpflichtforderung, ohne dass weitere Voraussetzungen erfüllt sein müssten, angefochten werden

---

[177] Vgl. A. KELLER II 175.
[178] Vgl. ferner MOLL 151 ff.

kann, fehlt dem ElG. Es gelten die Überlegungen, die sich in Bd. I 474 ff. niedergelegt finden.

H. Verjährung und Verwirkung

Die auf das ElG gestützten Ansprüche *verjähren* binnen zwei Jahren, vom Tage an gerechnet, da die «Schädigung stattgefunden hat» (ElG 37); die Frist beginnt somit am Tage des Unfalls zu laufen[179]. Sie ist auch dann verstrichen, wenn die Unfallfolgen, als sogenannte Spätschäden, erst nach dem Ablaufe der Frist erkennbar werden[180]. 174

Für die Unterbrechung der Verjährung verweist das Gesetz auf das OR; dessen Vorschriften müssen auch, wie zu ergänzen ist, für den Stillstand und die Hinderung der Verjährung gelten (OR 134 ff.). 175

Einer *Verwirkungs*frist von einem Jahr unterliegt die aufgrund eines Rektifikationsvorbehalts angehobene Nachklage (ElG 36 III); die Frist beginnt am Tage der Eröffnung des letztinstanzlichen Urteils im Vorprozess zu laufen (Bd. I 219 ff.)[181]. 176

J. Prozessuale Vorschriften

1. Örtliche Zuständigkeit

Das ElG nennt, im Gegensatz zum EHG[182] und SVG[183], keinen eigenen Gerichtsstand. Somit sind die kantonalen Prozessgesetze anzuwenden. Dagegen sieht TBG 15 III vor, dass Klage eingeleitet werden kann «beim Gericht am Sitze der Unternehmung oder des Ortes, wo sich der Unfall ereignet hat», und zwar auch dann, wenn der Anspruch gemäss ElG beurteilt wird (TBG 15 II)[184]. 177

---

[179] Gleicher Meinung SCHÄRER 217; SCHWENDENER 134; MOLL 126; A. KELLER II 230; und zu FHG 12, wo sich eine ähnliche ungeschickte Formel fand: BGE 31 II 42; 46 II 187. Anderer Meinung BIENENSTOCK 103; MARTI, Der Versorgerschaden (Aarau 1942) 14.
[180] BGE 84 II 209; MOLL 126/27.
[181] Vgl. BGE 95 II 266 ff.; EMIL W. STARK, ZSR 86 II 82.
[182] Vgl. dazu vorn § 27 N 208 ff.
[183] Vgl. dazu Bd. II/2 § 25 N 784 ff.
[184] BBl 1949 II 112.

2. Prozessmaximen. Ermessen

178 ElG 38 stellt den Grundsatz der *freien Beweiswürdigung* auf, der sich in Bd. I 497 ff. erörtert findet. Dort ist auf S. 495 auch festgehalten, dass darin zugleich eine Verweisung auf das *richterliche Ermessen* liegt. Das ElG selber erwähnt das letztere in Art. 36 II bezüglich des Entscheids, ob der Ersatz für Personenschaden als Kapital oder Rente zuzusprechen sei.

3. Pflicht zur Anzeige von Unfällen

179 Gemäss ElG 32 ist[185] von jeder erheblichen Personen- oder Sachschädigung einer vom kantonalen Recht bestimmten Lokalbehörde[186] *Anzeige* zu erstatten; sie hat eine Untersuchung durchzuführen und der kantonalen Regierung zuhanden des Eidgenössischen Verkehrs- und Energiewirtschaftsdepartements vom Ergebnis Kenntnis zu geben und auch dem Starkstrominspektorat des Schweizerischen Elektrotechnischen Vereins in Zürich Mitteilung zu machen[187].

K. Verschärfung der Kausalhaftung durch Konzession

180 In Bd. I 30 wird — wenn auch mit Bedenken — dargetan, dass in den Konzessionen für den Bau von *Elektrizitätswerken* vom ElG abweichende Haftpflichtvorschriften aufgestellt werden dürfen.

---

[185] Nach dem Vorbild von Art. 4 des Fabrikgesetzes vom 23. März 1877.
[186] Nach ElG 32 I ist den *gleichen* Lokalbehörden Meldung zu erstatten, die nach dem Fabrikgesetz von 1877 zur Entgegennahme solcher Meldungen für zuständig erklärt worden waren. Dieses Gesetz ist durch das Fabrikgesetz von 1914 ersetzt worden, das keine solche Anzeigepflicht mehr kennt. Die Praxis steht jedoch mit Recht auf dem Standpunkt, die Anzeigepflicht bestehe weiter, desgleichen die in ElG 32 II vorgesehene Pflicht zur Untersuchung durch eine Behörde: SR 734.0 und die vorn FN 2 zit. Textausgabe «Elektrische Anlagen», je FN 1 zu Art. 32. Eine Liste der Lokalbehörden besteht laut Mitteilung des Starkstrominspektorates nicht.
[187] Kreisschreiben des Eidg. Post- und Eisenbahndepartementes (heute Eidg. Verkehrs- und Energiewirtschaftsdepartement) vom 20. März 1908 und 20. März 1928, wiedergegeben bei OETIKER I 419/20; SCHWENDENER 141; in der FN 2 angeführten Textausgabe.

§ 29 Kernenergiehaftpflicht

Literatur

SCHWEIZERISCHE: W. BÜHLMANN, Deux éléments nouveaux de la législation suisse sur la responsabilité civile en matière nucléaire, in: Nuclear third party liability and insurance. Proceedings of the Munich Symposium, 10th—14th September 1984 (Paris 1985) 385 ff. — CLAUDE DEBIEUX, La responsabilité civile des exploitants d'installations nucléaires et sa couverture (Diss. Freiburg 1987). — DESCHENAUX/ TERCIER § 17 N 56 ff. — JEAN-NICOLAS DEVRIENT, La responsabilité civile et l'assurance à raison du risque nucléaire (Diss. Lausanne 1964). — ULRICH FISCHER, Die Bewilligung von Atomanlagen nach schweizerischem Recht (Bern 1980). — P. GEIGY, Die Haftung für Schäden aus Atomenergie (Diss. Maschr. Basel 1959). — ROLF HEUSSER, Das direkte Forderungsrecht des Geschädigten gegen den Haftpflichtversicherer (Diss. Zürich 1979). — HANS HEMMELER, Der Vorentwurf für neues Kernenergierecht (Aarau 1981). — HANS-JÜRG HUG, Haftpflicht für Schäden aus der friedlichen Verwendung von Atomenergie (Diss. Zürich 1970). — DERS., Der Schutz vor ionisierender Strahlung in: Schweizerisches Umweltschutzrecht, hrsg. von Hans-Ulrich Müller-Stahel (Zürich 1973) 380 ff. — O. K. KAUFMANN, Rechtsfragen der Atomenergie-Gesetzgebung, SJZ 53, 297 ff. — ALFRED KELLER I 260 ff. — KUNZ/ JÄGGI, Die Entwicklung der Kernenergiehaftpflicht in der Schweiz, SJZ 82, 277 ff. — PETER LIVER, Privatrechtliche Unterlassungsansprüche gegen Kernkraftwerke, ZBJV 111, 337 ff. — LOTHAR MEIER, Die Atomversicherung. Grundzüge und technische Rückstellungen (Diss. St. Gallen 1965). — HANSJÖRG PETER, Umweltschutz am Hochrhein, Rechtsfragen grenzüberschreitender Umweltbelastungen zwischen Deutschland und der Schweiz (Zürich 1987). — HERIBERT RAUSCH, Schweizerisches Atomenergierecht (Zürich 1980) 217 ff. — DERS., Rechtliche Probleme der Lagerung radioaktiver Abfälle, SJZ 73, 33 ff. — OTTO SAXER, Kernenergie und Versicherung. Risikoanalyse und Risikobewältigung, SVZ 1990, 175 ff. — GERHARD SCHMID, Rechtsfragen bei Grossrisiken, ZSR 109 II 1 ff. — WERNER SCHWANDER, Probleme der Haftung und Deckung nach dem Entwurf zu einem Kernenergiehaftpflichtgesetz vom 10. Dezember 1979, SVZ 48/1980, 329 ff. — HANSJÖRG SEILER, Das Recht der nuklearen Entsorgung in der Schweiz (Bern 1986). — EMIL W. STARK, Privatrechtliche Unterlassungsansprüche gegen Kernkraftwerke, SJZ 71, 217 ff. — PIERRE TERCIER, L'indemnisation des préjudices causés par des catastrophes en droit suisse, ZSR 109 II 73 ff.

DEUTSCHE: WOLF RAINER BENTZIEN, Die Haftung für genetische Strahlenschäden (Göttingen 1971). — WOLFGANG DÄUBLER, Haftpflicht für gefährliche Technologien. Das Beispiel Atomrecht (Heidelberg 1988). — HANS FISCHERHOF, Deutsches Atomgesetz und Strahlenschutzrecht, Bd. I (2. A. Baden-Baden 1982). — DERS., Das Problem einer dogmatischen Begründung der rechtlichen Kanalisierung der Haftung auf den Betreiber einer Kernanlage, VersR 1966, 601. — GEIGEL/SCHLEGELMILCH Kap. 23. — HEINZ HAEDRICH, Atomgesetz mit Pariser Atomhaftungs-Übereinkommen (Baden-Baden 1982). — GUNTHER KÜHNE, Haftung bei grenzüberschreitenden Schäden aus Kernreaktorunfällen, NJW 1986, 2139 ff. — PETER CONRAD MOHR, Die Kanalisierung der Haftung unter besonderer Berücksichtigung des Atomrechtes (Berlin 1970). — NORBERT PELZER, Begrenzte und unbegrenzte Haftung im deutschen Atomrecht (Baden-Baden 1982). — WERNER SCHÜLLI, Rechtsprobleme beim Kausalitätsnachweis von Strahlenschäden (Diss. Münster 1963).

ÖSTERREICHISCHE: BERTHOLD MOSER, Das Atomhaftpflichtgesetz (Wien 1964). — DERS., Der Nachweis von Schädigungen durch ionisierende Strahlen, ÖJZ 1986, 65 ff. — HELMUT KOZIOL, Österreichisches Haftpflichtrecht, Bd. II, Besonderer Teil (2. A. Wien 1984).

RECHTSVERGLEICHENDE: JEAN-PAUL PIÉRARD, Responsabilité civile, Energie atomique et droit comparé (Brüssel 1963).

MATERIALIEN: Botschaft über ein Kernenergiehaftpflichtgesetz vom 10. Dezember 1979, BBl 1980 I 164 ff. (Botsch. KHG). — Botschaft eines BG über die friedliche Verwendung der Atomenergie und den Strahlenschutz vom 8. Dezember 1958, BBl 1958 II 1521 ff. (Botsch. AtG). — Botschaft zu einem Strahlenschutzgesetz vom 17. Februar 1988, BBl 1988 II 181 ff. (Botsch. StSG). — Zum KHG ferner: Amtl.Bull. SR 1980, 714 ff.; NR 1982, 1306 ff.

(Weitere Literaturhinweise bei DEBIEUX XVII—XXV.)

I. Grundlagen

A. Rechtsquellen

1   Die Möglichkeiten der Kernspaltung und die enormen Energien, die dabei frei werden, wurden 1945 durch die Explosionen der Atombomben über Hiroshima und Nagasaki jedermann schlagartig vor Augen geführt. Es handelt sich um die Gefahr aus enormer Wärmeentwicklung, aus explosivem Druck und namentlich auch aus radioaktiver Strahlung[1].

2   Es war daher selbstverständlich, dass in den industrialisierten Staaten parallel mit der Entwicklung von Atomreaktoren Haftpflichtnormen auf der Basis der Gefährdungshaftungen entstanden. Die Voraussetzungen einer Gefährdungshaftung[2] — die Tendenz zur letztlich unvermeidbaren Verursachung ganz ausserordentlich schwerer Schäden, die den Betrieb von Atomkraftwerken als Schaffung einer Gefahr ohne mögliche genügende Schutzmassnahmen erscheinen liess — wurden all-

---

[1]   Die schlimmen Befürchtungen wurden leider bestätigt durch verschiedene z. T. glimpflich abgelaufene Zwischenfälle, hauptsächlich aber durch den schweren Unfall von Tschernobyl vom 26. April 1986. Vgl. dazu u. a. NZZ Nr. 239 vom 14./15. Oktober 1989 S. 5; Nr. 41 vom 19. Februar 1990 S. 7; Nr. 96 vom 26. April 1990 S. 4; Nr. 83 vom 9. April 1990 S. 18; Nr. 129 vom 7. Juni 1990 S. 23; Schweizer Illustrierte Nr. 23 vom 5. Juni 1990 S. 12 ff.; Spiegel Nr. 17 vom 23. April 1990 S. 180 ff. und viele andere Publikationen; im weiteren DEBIEUX 17 ff.; zum Unfall von Sellafield vgl. Greenpeace Magazin Nr. II/1980 S. 26.

[2]   Vgl. vorn Bd. II/2 § 24 N 6 ff., 27 ff.

gemein bejaht. Dass ein Verbot aus volkswirtschaftlichen Gründen nicht erlassen werden konnte, erschien ebenso klar. Man wollte sogar darauf Rücksicht nehmen, dass die Entwicklung der Atomenergie in der Schweiz durch allzu strenge Haftpflichtbestimmungen gehemmt würde[3].

Die Schweiz erliess am 23. Dezember 1959 ein *Bundesgesetz über die friedliche Verwendung der Atomenergie und den Strahlenschutz* (AtG, SR 732.0, in Kraft seit 1. Juli 1960), das sowohl die administrativen Vorschriften, namentlich über die Bewilligung und den Bau von Kernkraftwerken, als auch in Art. 12—28 die Bestimmungen über Haftpflicht und Versicherung solcher Kraftwerke enthielt[4]. Damit wurde dieser Bereich aus dem OR ausgeklammert. AtG 12 legte eine strenge Kausalhaftung des Inhabers einer Atomanlage fest. Durch das Obligatorium einer Haftpflichtversicherung mit einer der Haftungslimite entsprechenden Garantiesumme von 40 Mio. Franken (AtG 21)[5], die Eintretenspflicht des Bundes bei Grossschäden (AtG 27/28) sowie die Schaffung eines Fonds für Atomspätschäden (AtG 19) wurden allfällige Schadenersatzansprüche Dritter im Rahmen der damaligen Möglichkeiten sichergestellt.

Die getroffene Regelung entsprach in den grossen Linien der internationalen *Convention sur la responsabilité civile dans le domaine de l'énergie nucléaire vom 29. Juli 1960 (sog. Pariser Konvention)*[6], die von der Schweiz zwar unterzeichnet, aber nicht ratifiziert wurde. Die Übereinstimmung zwischen der Pariser Konvention (PUe) und dem AtG betrifft insbesondere die Einführung einer Kausalhaftung des Inhabers einer Atomanlage, die Kanalisierung der Haftung[7] und deren summenmässige Beschränkung[8].

---

[3] Vgl. statt vieler die Botschaft des Bundesrates über ein Kernenergiehaftpflichtgesetz vom 10. Dezember 1979, BBl 1980 I 165, 167 (zit. Botsch. KHG).

[4] Entstehungsgeschichtliche Hinweise bei RAUSCH 1 ff.; DEBIEUX 24 ff.; Botsch. KHG 167 ff.

[5] Der Höchstbetrag der Haftung nach AtG und gleichzeitig die minimale Garantiesumme der obligatorischen Haftpflichtversicherung wurde 1977 auf 200 Mio. Franken erhöht.

[6] Der Text ist abgedruckt bei ROELLI/KELLER, Kommentar zum BG über den Versicherungsvertrag (2. A. Bern 1962) 348 ff. und, ergänzt durch das Brüsseler Zusatzprotokoll vom 28. Januar 1964, in BBl 1980 I 220 ff. Keine praktische Bedeutung für das schweizerische Recht hat die Vienna Convention on Civil Liability for Nuclear Damages vom 21. Mai 1963, der von den europäischen Staaten einzig Jugoslawien beigetreten ist; vgl. BBl 1986 III 913; DEBIEUX 63 sowie hinten N 36 ff.

[7] Vgl. hinten N 113 ff.

[8] Das Pariser Übereinkommen sah einen Höchstbetrag der Haftung von sFr. 60 Mio. vor, der durch das sog. Brüsseler Zusatzabkommen vom 31. Januar 1963 auf sFr. 520 Mio. (umgerechnet zum Kurs von 1960/61; vgl. BBl 1980 II 184) erhöht wurde.

§ 29   Kernenergiehaftpflicht

5   Gestützt auf parlamentarische Vorstösse[9] von 1976 und 1978 wurde der vierte Abschnitt des AtG über Haftpflicht und Versicherung aus diesem Gesetz herausgelöst und durch das Kernenergiehaftpflichtgesetz vom 18. März 1983 (KHG, SR 732.44, in Kraft seit 1. Januar 1984) ersetzt. Das KHG brachte z. T. wesentliche Neuerungen. So wurde die Haftungslimite abgeschafft, so dass der Inhaber einer Kernanlage heute betraglich unbegrenzt haftet, d. h. mit seinen eigenen Mitteln über die Versicherungssumme hinaus für einen Schaden einstehen muss. Die Garantiesumme der obligatorischen Haftpflichtversicherung wurde je Kernanlage auf 300 Mio. Franken, zusätzlich 30 Mio. Franken für Zinsen und Verfahrenskosten, festgesetzt und inzwischen auf 500 Mio. Franken, zuzüglich 50 Mio. Franken für Zinsen und Verfahrenskosten, erhöht[10]. Ausserdem sehen die Art. 12 ff. des KHG die ergänzende Versicherung der Haftpflicht des Inhabers einer Kernanlage durch den Bund bis zu 1 Mrd. Franken[11], zuzüglich 100 Mio. Franken für Zinsen und Verfahrenskosten, vor, durch die auch Spätschäden gedeckt werden und für die der Bund Prämien einzieht.

6   Die Atomverordnung (VO über Begriffsbestimmungen und Bewilligungen auf dem Gebiet der Atomenergie; SR 732.11) vom 18. Januar 1984 enthält in Ergänzung zu KHG 2 genauere Umschreibungen der massgebenden Begriffe. Schliesslich bestehen neben weiteren Erlassen eine VO über die Alarmorganisation für den Fall erhöhter Radioaktivität vom 9. September 1966 (SR 732.32), eine VO über den Notfallschutz in der Umgebung einer Kernanlage (Notfallschutzverordnung, SR 732.33) vom 28. November 1983 und eine Kernenergiehaftpflichtverordnung (KHV, SR 732.441) vom 5. Dezember 1983.

7   In einem separaten Erlass soll auch der heute in AtG 10/11[12] geregelte Umgang mit ionisierenden Strahlen geregelt werden. Das im Entwurf vorliegende und mit geringfügigen Änderungen vom Parlament

---

[9] Vgl. Botsch. KHG 169/70; DEBIEUX 33 ff.
[10] KHV 3. Bis zum 31. Dezember 1990 galt eine Garantiesumme von 400/40 Mio. Fr.
[11] Die Festsetzung dieses Betrages hängt mit der deutschen Deckungssumme von 1 Mrd. DM und mit dem Bestreben zusammen, dass Geschädigte «in der Schweiz gegenüber einem Haftpflichtigen in der Bundesrepublik Deutschland den gleichen finanziellen Schutz erhalten wie die Geschädigten in der Bundesrepublik»; vgl. Botsch. KHG 185.
[12] Von AtG 10 werden v. a. die Röntgenanlagen und die Nuklearmedizin erfasst. Überdies ermächtigt AtG 11 den Bundesrat, die erforderlichen Vorschriften zum Schutze gegen ionisierende Strahlen zu erlassen. Gestützt darauf entstand 1976 die VO über den Strahlenschutz (SR 814.50); vgl. dazu HUG in: Schweizerisches Umweltschutzrecht 380 ff.

verabschiedete *Strahlenschutzgesetz* (StSG)[13] befasst sich mit dem Schutz strahlenexponierter Personen sowie der Bevölkerung bei erhöhter Radioaktivität. Im Bereich der radioaktiven Abfälle enthält es einige Grundsatzbestimmungen, die insbesondere auch für radioaktive Abfälle aus der Kernenergienutzung gelten. Das Strahlenschutzgesetz sieht keine speziellen Haftungsbestimmungen vor[14]. Die Haftung richtet sich damit weiterhin nach den allgemeinen Bestimmungen, insbesondere OR 41, 58 und 55, doch sollen die relative und die absolute Verjährungsfrist dem KHG angeglichen werden[15]. Der Bundesrat soll zudem ermächtigt werden, für bestimmte Bewilligungsinhaber ein Versicherungsobligatorium einzuführen[16].

B. Haftungsgrundsatz und Eigenarten des Gesetzes

1. Ausgestaltung der Kausalhaftung

Wie bereits AtG 12 begründet KHG 3 eine strenge Kausalhaftung, die als *Gefährdungshaftung* zu qualifizieren ist[17]: Der Kausalzusammenhang zwischen dem Betrieb einer Kernanlage oder sich ausserhalb des Betriebes befindenden Kernmaterialien[18] und dem Schaden begründet die Haftpflicht für Nuklearschäden[19], der sich der Verantwortliche nur entziehen kann, wenn ein Entlastungsgrund im Sinne von KHG 5 vorliegt[20]. Ein Verschulden des Inhabers oder einer Hilfsperson, die Ver-

8

---

13 Vgl. BBl 1988 II 181 ff.
14 Der Verzicht wird in Botsch. StSG 219 mit der geplanten Gesamtrevision des Haftpflichtrechts begründet.
15 Entwurf Art. 37, vgl. Botsch. StSG 218 ff. Die absolute Frist von 30 Jahren ist aber als Verjährungsfrist und nicht wie im KHG als Verwirkungsfrist konzipiert (Botsch. StSG 222 f.).
16 Botsch. StSG 223.
17 DEBIEUX 66 f.
18 Kernmaterialien sind nach KHG 2 II/III spaltbare Materialien in Form von Uran oder Plutonium als Metall, Legierung oder chemische Verbindung sowie andere vom Bundesrat bezeichnete spaltbare Materialien (Kernbrennstoffe), aber auch radioaktive Erzeugnisse und Abfälle. Nähere Umschreibungen der Kernbrennstoffe und radioaktiven Abfälle finden sich in der Atomverordnung vom 18. Januar 1984 (SR 732.11) Art. 1—3. Dort sind auch die Rückstände definiert, die in AtG 1, nicht aber im KHG erwähnt, jedoch trotzdem den Kernmaterialien gleichzustellen sind.
19 Vgl. KHG 2 I; hinten N 189 ff.
20 Vgl. hinten N 321 ff.

letzung einer objektivierten Sorgfaltspflicht oder ein Mangel der Anlage oder des Transportes wird nicht vorausgesetzt. Zur Frage, ob ein vom Verantwortlichen zu vertretendes Verschulden — wie gemäss AtG 14 und SVG 59 I — die Entlastung ausschliesse, vgl. hinten N 336 f.

9 Es handelt sich um eine *Betriebshaftung*[21]: Wenn ein Nuklearschaden durch den Betrieb einer Kernanlage oder beim Transport von Kernmaterialien verursacht wird, haftet der Verantwortliche dafür, unabhängig davon, ob das Verhalten irgendwelcher dritter Personen, z. B. von Hilfspersonen, bei der Entstehung des Schadens mitgewirkt hat. Der Begriff der *Hilfsperson* spielt für die Haftungsbegründung keine Rolle[22]; der Inhaber haftet auch, wenn Dritte, deren er sich keineswegs für den Betrieb seiner Anlage oder die Durchführung des Transportes bedient hat, die Entstehung des Nuklearschadens schuldhaft oder zufällig ausgelöst haben. Man hat eine Haftung für das Verhalten aller möglichen, an der Verursachung des Unfalles beteiligten Personen vor sich. Sie kann nicht mehr als Haftung für fremdes Verhalten qualifiziert werden, weil dieses Verhalten als Unfallursache irrelevant ist: Relevant ist nur noch die Tatsache der Entstehung des Nuklearschadens in einer bestimmten Kernanlage oder bei einem bestimmten Transport.

10 Wenn aber ein Nicht-Nuklearschaden entsteht, greift das KHG nicht ein: Der Begriff des *Nuklearschadens* wird damit zum *zentralen Kriterium*.

11 Insofern liegt eine gewisse Parallele zur Gewässerverschmutzung nach GSG 36 vor[23], wo ebenfalls die Natur des Schadens — dort Gewässerverschmutzung, hier Nuklearschaden — eine entscheidende Rolle für die Anwendbarkeit der speziellen Haftungsnorm spielt. Diese gilt dort aber unabhängig von der Art des Betriebes oder der Anlage oder überhaupt der Verursachung, während hier als schädigende Anlage resp. Betrieb nur eine Kernanlage oder ein Transport von Kernmaterialien in Frage kommt. Gewässerverschmutzungen können in mehr oder weniger jedem Betrieb verursacht werden, Nuklearschäden im Sinne des KHG aber nur in Kernanlagen und bei Transporten von Kernmaterialien. Die Haftpflicht wird hier also im Gegensatz zur

---

[21] Kritisch zur Einordnung als Betriebshaftung aber HUG 47: Das «Hervorstechende» sind die «Gefahren eines physikalischen Vorganges».
[22] Hinten N 156 ff.; vgl. auch Bd. II / 1 § 23 N 65 ff.
[23] Vgl. Bd. II / 1 § 23 N 3 ff. sowie hinten N 81 f.

I. Grundlagen § 29

Gewässerschutzhaftung an eine bestimmt umschriebene Aktivität geknüpft[24].

Die entsprechende Haftpflicht für den Transport von Kernmaterialien im Transit durch die Schweiz trifft den Inhaber der Transportbewilligung[25]. 12

Selbstverständlich handelt es sich bei KHG 3 — wie bei jeder Kausalhaftung[26] — auch um eine *Haftung für Zufall:* Auch wenn durch Zufall ein Nuklearschaden verursacht wird, muss der Inhaber der Anlage oder der transportierten Kernmaterialien, die an der Verursachung des Schadens beteiligt waren, für den Schaden aufkommen. 13

2. Sicherstellung der Haftpflichtansprüche gegen Zahlungsunfähigkeit und Zeitablauf

Die Haftpflichtansprüche für Nuklearschäden können, was nicht näher dargelegt zu werden braucht, exorbitante Höhen[27] erreichen. Die Gefahr der ungenügenden finanziellen Leistungsfähigkeit der Haftpflichtigen hat daher hier noch wesentlich mehr Bedeutung als bei den andern Gefährdungshaftungen. 14

Daneben kommt der Möglichkeit von Spätschäden, die sich erst lange Zeit nach der Einwirkung zum ersten Mal bemerkbar machen, hier mehr Bedeutung zu als bei andern Haftpflichtarten. Die Realisierung des Haftpflichtanspruches sollte aber möglichst nicht am Zeitablauf scheitern. 15

Diesen beiden Gesichtspunkten hat das KHG durch geeignete Massnahmen Rechnung getragen. 16

a) Sicherstellung gegen Zahlungsunfähigkeit des Haftpflichtigen

Der Sicherstellung der Haftpflichtansprüche kommt heute im Gebiete der Gefährdungshaftungen für die Erreichung von deren sozia- 17

---

[24] Darum gehört die Haftpflicht aus KHG trotz der zentralen Bedeutung des Begriffes des Nuklearschadens zu den Gefährdungshaftungen: Sie ist Ausgleich dafür, dass der Staat den an und für sich für eine Duldung viel zu gefährlichen Betrieb von Kernanlagen resp. die Durchführung von Transporten von Kernmaterialien nicht als Verschulden betrachtet und dementsprechend verbietet.
[25] KHG 3 V.
[26] Bd. I 84 f.
[27] Vgl. hinten FN 37, N 654 ff.

len Zielen praktisch mindestens so viel Bedeutung zu wie der Strenge der Haftpflichtnormen. Sie wird im SVG und im RLG durch das *Obligatorium einer Haftpflichtversicherung* mit direktem Forderungsrecht und Einredenausschluss gewährleistet, wobei nach RLG 35 IV die Zahlung auch in anderer Weise als durch Versicherung sichergestellt werden kann [28].

18 Diesen bewährten Weg hat auch das AtG eingeschlagen [29]. Er ist vom KHG in Art. 11/12 und 17 ff. übernommen und näher ausgestaltet worden.

19 Für die obligatorische Haftpflichtversicherung hat der Bundesrat gestützt auf KHG 11 II die Minimalgarantiesumme je Kernanlage auf 500 Mio. Franken, zuzüglich 50 Mio. Franken für die anteilsmässig auf die Versicherungsleistung entfallenden Zinsen und Verfahrenskosten, festgelegt [30]. Der Inhaber einer Transportbewilligung für die Beförderung von Kernmaterialien im Transit durch die Schweiz muss sich je Transport mindestens bis zum Betrage von 50 Mio. Franken, zuzüglich 5 Mio. Franken für die anteilsmässigen Zinsen und Verfahrenskosten, versichern [31].

20 Nach KHG 11 III bestimmt der Bundesrat, welche Risiken gegenüber dem Geschädigten ausgeschlossen werden dürfen [32]. Der Bundesrat hat in KHV 4 von dieser Ermächtigung Gebrauch gemacht.

21 Darüber hinaus versichert der *Bund* nach KHG 12 den Haftpflichtigen bis zu 1 Mrd. Franken, zuzüglich 100 Mio. Franken für die anteilsmässigen Zinsen und Verfahrenskosten. Die Deckung des Bundes beläuft sich also bei der obligatorischen privaten Garantiesumme für Kernanlagen auf 500 Mio. Franken, zuzüglich 50 Mio. Franken für Zinsen und Kosten, und für Transporte von Kernmaterialien im Transit durch die Schweiz auf 950 Mio. Franken, zuzüglich 95 Mio. Franken

---

[28] LFG 70/71 sehen auch eine obligatorische Haftpflichtversicherung vor, aber ohne direktes Forderungsrecht und Einredenausschluss, und lassen auch Sicherstellung durch Hinterlegung von Realsicherheiten oder durch Solidarbürgschaft einer Bank oder einer Versicherungsunternehmung zu.
Nach JSG 16 gilt auch für Jagdberechtigte das Obligatorium einer Haftpflichtversicherung mit direktem Forderungsrecht und Einredenausschluss. Dagegen bestand nach dem durch das JSG abgelösten JVG lediglich eine durch die Kantone näher zu regelnde Sicherstellungspflicht (JVG 14).
[29] Vgl. AtG 21−25; dazu Hug 110 ff.
[30] Vgl. KHV 3 I (SR 732.441), Fassung vom 24. Oktober 1990.
[31] Die letzteren im ursprünglichen KHG festgelegten Garantiesummen sind durch die KHV vom 5. Dezember 1983 nicht erhöht worden.
[32] Kritisch zur Regelung des Deckungsausschlusses auf Verordnungsstufe Rausch 229.

I. Grundlagen　　　　　　　　　　　　　　　　　　　　§ 29

für Zinsen und Kosten. Wenn ein Schaden unter einen Deckungsausschluss fällt, der dem Geschädigten nach KHG 11 III entgegengehalten werden kann, hat der Bund 1 Mrd. Franken, zuzüglich 100 Mio. Franken für Zinsen und Kosten, zu decken.

Diese Leistungen des Bundes erfolgen nicht aus seinen allgemeinen Mitteln, sondern aus einem in KHG 15 vorgesehenen *Nuklearschadenfonds,* der von den präsumtiven Haftpflichtigen dafür Prämien (Beiträge) bezieht (KHG 14; vgl. auch KHV 5 ff.). 22

Wenn die Mittel des Fonds nicht ausreichen, kann ihm der Bund Vorschüsse gewähren, die zu verzinsen und zurückzuzahlen sind. 23

Der Fonds ist eine rechtlich unselbständige Institution, die eine öffentlich-rechtliche Versicherung betreibt. 24

Diese etwas komplizierte Regelung will einerseits die privaten Versicherer nicht über ihre Leistungsfähigkeit — inkl. die Möglichkeiten der weltweiten Rückversicherung — hinaus in Anspruch nehmen, andererseits nicht die ganze Versicherung und die Erledigung auch kleinerer Schäden dem Bund übertragen[33], was sicher vernünftig ist. Die privaten schweizerischen Versicherer haben sich zur Abdeckung dieser Risiken im Schweizerischen Pool für die Versicherung von Nuklearrisiken zusammengeschlossen. 25

Zum Ersatz eines Schadens stehen neben der Deckungssumme von 1 Mrd. Franken die eigenen Mittel des Haftpflichtigen zur Verfügung. Dazu gehören bei Kernanlagen — im Gegensatz zu den Kerntransporten — an sich auch die Leistungen des Sachversicherers, die in seine Tasche fliessen[34]. 26

---

[33] Im Rahmen der zugelassenen Deckungsausschlüsse muss der Bund vom ersten Franken an einstehen und wird dieses Ziel daher nicht erreicht, sofern er die Schadenerledigung nicht einer anderen Organisation überträgt.

[34] Theoretisch steht die Sachversicherungsleistung für den Bau eines neuen Kernkraftwerkes zur Verfügung. Wenn die Kernkraftwerk AG aber auf Grund der unlimitierten Haftung über die Garantiesumme der Haftpflichtversicherung hinaus in Anspruch genommen wird, kann bei ihr für die Deckung dieser Forderungen auf die Leistung des Sachversicherers gegriffen werden. Dies gilt auch, wenn vor der Geltendmachung dieser Forderungen grosse Teile der Versicherungsleistung für die Erstellung eines Ersatzkraftwerkes investiert worden sind; denn das Ersatzkraftwerk stellt ja auch ein Aktivum dar. Diese einfache Rechnung stimmt aber nur für denjenigen Teil der Sachversicherungsleistung, der nicht für die Aufräumungs- und Entsorgungskosten benötigt wird. Diese können, wie die Unfälle von Harrisburgh und Tschernobyl gezeigt haben, sehr gross sein. Die Mittel des Stillegungsfonds gemäss Art. 11 des BB zum Atomgesetz vom 6. Oktober 1978 (SR 732.01) dienen nur zur Sicherstellung der Kosten für die Stillegung und einen allfälligen Abbruch *ausgedienter* Anlagen (vgl. auch die VO über den Stillegungsfonds für Kernanlagen vom 5. Dezember 1983 [SR 732.013] und das Reglement des

177

27 Darüber hinaus ist der Grundsatz «nemo subrogat contra se», der in SVG 88, UVG 42 III, AHVG 48^{quater} III (gilt gemäss IVG 52 auch für die Invalidenversicherung) Gesetz geworden ist, aber generell zur Anwendung kommt, zu berücksichtigen. Danach können die beteiligten Versicherer der Geschädigten (Unfallversicherer usw.) ihre Regressansprüche gegen den Haftpflichtigen, seinen privaten Haftpflichtversicherer und den Bund nur durchsetzen, soweit der Geschädigte dadurch nicht benachteiligt wird. Für den sog. Direktschaden der Geschädigten [35] stehen also vorerst einmal 1 Mrd. Franken und die eigenen Mittel [36] der Haftpflichtigen zur Verfügung. Nur wenn diese Beträge durch die Direktansprüche nicht ausgeschöpft werden, können die Versicherer der Geschädigten ihre Regressansprüche gegen den Haftpflichtigen und seinen Versicherer geltend machen. Das betrifft vor allem den Regress der AHV, der IV und der obligatorischen Versicherer nach UVG [37]. In manchen Fällen liegt allerdings heute neben den Leistungen dieser Versicherer überhaupt kein direkter Personenschaden mehr vor.

28 Trotzdem diese Mittel erheblich sind, ist mit der Möglichkeit zu rechnen, dass sie nicht ausreichen. Für diesen Fall legen KHG 29 und 30 Grundsätze fest, wie solche *Grossschäden* zu behandeln sind. Dadurch soll namentlich sichergestellt werden, dass nicht die einen Geschädigten vollen Schadenersatz erhalten, während die späteren leer ausgehen. Zu diesem Zweck soll in einem allgemeinverbindlichen Bundesbeschluss eine Entschädigungsordnung erlassen werden, die das

---

EVED für den Stillegungsfonds für Kernanlagen vom 21. Februar 1985 [SR 732.013.3]). Ausgebrannte Anlagen können nicht als ausgedient betrachtet werden. Dafür spricht auch, dass die Berechnungskriterien für die Beiträge der Inhaber von Kernanlagen an den Stillegungsfonds gemäss dem zit. Reglement des EVED vom 21. Februar 1985 der Möglichkeit einer vorzeitigen Stillegung wegen einer Katastrophe nicht Rechnung tragen.

[35] Darunter ist der nicht durch einen regressberechtigten Versicherer gedeckte Teil des Schadens zu verstehen; vgl. A. KELLER II 191.

[36] Da die Kernkraftwerke durch besondere Aktiengesellschaften betrieben werden, ist es nicht möglich, ihre wirtschaftlichen Eigentümer, d. h. die hinter ihnen stehende Elektrizitätswirtschaft, zur Zahlung von Schäden heranzuziehen.

[37] Da 1 Mrd. Fr. für einen grossen Schaden nicht ausreichen — nach einem Bericht des Tages Anzeigers vom 20. September 1986 hat die UdSSR für die Folgen von Tschernobyl bis zu diesem Datum nach ihren eigenen Angaben 5 Mrd. Fr. ausgelegt —, wird praktisch ein sehr grosser Teil des Schadens an den regressberechtigten Versicherern hängen bleiben. Es erscheint als unbefriedigend, dass eine Atomkatastrophe in der Schweiz letztlich zu einem grossen Teil nicht vom Inhaber der Kernanlage, sondern von den Sozialversicherern zu bezahlen wäre, die *dafür* keine Prämien erhalten. — Über die Regelung bei Grossschäden vgl. KHG 29 I und hinten N 654 ff.

Rückgriffsrecht aller öffentlichen und privaten Versicherer aufheben kann[38]. Sie soll insbesondere die gerechte Verteilung aller zur Verfügung stehenden Mittel gewährleisten[39] und kann zu diesem Zweck Regeln aufstellen, die von den Bestimmungen des KHG abweichen. Zur Durchführung einer solchen Ordnung kann eine unabhängige Instanz eingesetzt werden, deren Entscheide an das Bundesgericht weiterziehbar sind.

Da die Beschneidung der Regressrechte der Versicherer diese stark belasten kann, wird der Bundesrat darüber hinaus durch KHG 30 ermächtigt, die Leistungspflicht der Versicherer abzuändern und Umlagebeiträge der Versicherungsnehmer erheben zu lassen. Daneben kann der Bund aus eigenen Mitteln Beiträge an den nicht gedeckten Schaden leisten. 29

b) Sicherstellung gegen Zeitablauf

Die Privatrechtsordnung will vermeiden, dass Forderungen — sei es aus Haftpflicht, sei es aus andern Rechtsgründen — nach langer Zeit noch geltend gemacht werden können[40], weil darunter die Rechtssicherheit leiden würde. Diesem Zweck dienen die Institute der Verjährung, die die Forderungen der Durchsetzbarkeit beraubt, der Verwirkung, die die Forderungen untergehen lässt, und auch der Ersitzung, die den Besitz unangreifbar macht. 30

Diese Regelungen bedeuten praktisch eine weitgehende Änderung der Rechtslage durch Zeitablauf. Das ist bei Haftpflichtforderungen aus Nuklearschäden problematischer als bei andern Ansprüchen, weil Nuklearschäden unter Umständen erst sehr lange nach ihrer Verursachung zutage treten. Die im Deliktsrecht allgemein geltende absolute Verjährungsfrist von 10 Jahren kann hier unter Umständen einen erheblichen Teil der Ansprüche in Naturalobligationen umwandeln, bevor die Schäden zutage treten. Der Gläubiger kann sie nicht mehr 31

---

[38] An sich stehen diese Regressrechte gestützt auf den Grundsatz «nemo subrogat contra se» (vgl. vorn N 27) ohnehin hinten nach. Eine solche Regelung kann aber wegen der zeitlichen Verschiebung des Bekanntwerdens eines Teils der Nuklearschäden trotzdem geboten sein.
[39] Vgl. zur ganzen Problematik auch STARK/KNECHT, Einführung einer Zwangsgemeinschaft für Geschädigte bei Massenschäden? ZSR 97 I 51 ff. insbes. 61 ff.; TERCIER, ZSR 109 II 73 ff.
[40] Vgl. Bd. II/1 § 16 N 341.

mit staatlicher Hilfe durchsetzen. Das würde die strenge Kausalhaftung bei solchen Spätschäden um ihre soziale Funktion bringen.

32 Auf der andern Seite sollten der Haftpflichtige und sein Versicherer nicht auf unbestimmte Zeit im Ungewissen über ihre Verpflichtungen aus einem Unfall mit Kernmaterialien gelassen werden.

33 Das KHG löst dieses Dilemma, indem es zwar die Wirkungen des Zeitablaufes nicht ausschaltet, aber die Fristen verlängert. Wenn trotzdem Spätschäden wegen Überschreitung der maximalen Fristen ohne Ersatz bleiben, tritt der Bund in die Lücke.

34 Die relative Verjährungsfrist, die in unserem Haftpflichtrecht sonst — abgesehen von der strafrechtlichen Verjährungsfrist — 1 oder 2 Jahre beträgt[41], wird in KHG 10 I auf 3 Jahre festgesetzt[42]. Statt einer absoluten Verjährungsfrist enthält KHG 10 I eine Verwirkungsfrist[43] von 30 Jahren[44] seit dem Schadenereignis.

35 Wenn auch die 30jährige Frist nicht ausreicht, wenn namentlich der Geschädigte erst nach ihrem Ablauf von seinem Schaden Kenntnis erhält und damit sein Recht geltend machen kann, übernimmt der Nuklearschadenfonds nach KHG 13 die Leistungspflicht.

3. Internationale Übereinkommen[45]

36 Im Rahmen der OECD wurden Übereinkommen ausgearbeitet, die die Haftpflicht für durch Kernenergie entstandene Schäden regeln: Pariser Übereinkommen vom 29. Juli 1960 über die Haftung gegenüber

---

[41] Vgl. die Zusammenstellung von EMIL W. STARK, Probleme der Vereinheitlichung des Haftpflichtrechts, ZSR 86 II 93 ff.; ferner A. KELLER II 228 ff. Die einjährige Frist gilt nach GSG 36 III, SSG 27 I und JSG 15 II auch im Rahmen dieser Gesetze, da dort jeweils auf OR 60 verwiesen wird.
[42] Sie entspricht damit der relativen deliktsrechtlichen Verjährungsfrist von BGB 852.
[43] Damit wird die Unterbrechung und der Verzicht auf die Wirkung dieser Frist ausgeschlossen.
[44] Die Länge dieser Frist entspricht der absoluten Verjährungsfrist von BGB 852.
[45] Vgl. zum Ganzen DEBIEUX 53 ff.; HUG 30 ff.; Botsch. KHG; ferner KUNZ/JÄGGI, SJZ 82, 280 f.
Weitere, für die Schweiz jedoch weniger bedeutende Übereinkommen:
— Wiener Übereinkommen über die Haftpflicht für Nuklearschäden vom 21. Mai 1965;
— Brüsseler Kernmaterial-Seetransport-Überkommen vom 17. Dezember 1971;
— Brüsseler Reaktorschiff-Übereinkommen vom 25. Mai 1962; vgl. hinten FN 77.

I. Grundlagen § 29

Dritten auf dem Gebiet der Kernenergie (PUe)[46] sowie Brüsseler Zusatzübereinkommen vom 31. Januar 1963, beide mit zwischenzeitlichen Änderungen. Das PUe kann den Vertragsstaaten als Grundlage für ihre nationale Gesetzgebung dienen oder aber als unmittelbar anwendbare Regelung (self-executing) übernommen werden.

Das PUe statuiert eine auf den Inhaber der Kernanlage kanalisierte[47] Gefährdungshaftung. Er haftet für einen durch ein nukleares Ereignis verursachten Schaden, also nicht nur für unfallmässig, sondern auch für durch allmähliche Strahleneinwirkung entstandenen Schaden[48], sofern dieses Ereignis in der Kernanlage eingetreten oder auf aus der Kernanlage stammende Kernmaterialien zurückzuführen ist[49]. Unter den Begriff des Schadens fallen Personenschaden und Schaden an Vermögenswerten[50]. 37

Das Brüsseler Zusatzübereinkommen dient als Ergänzung zum PUe, indem es dessen Haftungshöchstsummen erhöht. Weiter sieht es eine stufenförmige Haftung vor: Bis zur Höhe von 15 Mio. SZR[51] haftet der Anlageninhaber[52], dann bis zu 120 Mio. SZR der Standortstaat, und schliesslich darüber hinaus bis zur Höhe von 300 Mio. SZR alle Vertragsstaaten kollektiv. Der neuformulierte[53] Art. 7 (b) (i) PUe legt jedoch nurmehr einen Minimalbetrag fest, so dass jede Vertragspartei in ihrer Gesetzgebung auch eine unbegrenzte Haftung vorsehen kann. 38

Die Schweiz hat das PUe sowie das Brüsseler Zusatzübereinkommen zwar unterschrieben, aber beide nicht ratifiziert, v. a. wegen der Haftungsbegrenzung und wegen kürzerer Verjährungs- und Verwirkungsfristen. Nachdem diese Normen jedoch nurmehr Mindestvor- 39

---

[46] Heute in der Fassung des Zusatzprotokolls vom 28. Januar 1964 und des Protokolls vom 16. November 1982.
[47] PUe 6. Stattdessen haftet aber auch eine natürliche Person, die vorsätzlich einen durch ein nukleares Ereignis entstandenen Schaden verursacht hat (Botsch. KHG 177), für den der Inhaber einer Kernanlage nicht haftet.
[48] HAEDRICH N 2 zu PUe 1.
[49] PUe 3. Beachte aber für den Fall der Beförderung PUe 4.
[50] Zum Begriff der «Vermögenswerte» KÜHNE, NJW 1986, 2143 f.
[51] SZR = Sonderziehungsrecht des Internationalen Währungsfonds. Dessen Kurs wird täglich neu berechnet auf Grund der fünf wichtigsten Handelswährungen ($, DM, FFr, Yen, £) und betrug 1990 im Durchschnitt 1.88 Fr. und Anfang Januar 1991 ca. 1.81 Fr.
[52] Die Standortstaaten müssen dafür sorgen, dass die Anlageninhaber diese Summe finanziell sicherstellen (Versicherung, Bankgarantie usw.).
[53] Protokoll vom 16. November 1982.

schriften aufstellen, dürfte einer Ratifizierung durch die Schweiz nichts mehr im Wege stehen [54].

4. Ausländische Regelungen [55]

40   Die *BRD* hat am 30. September 1975 das PUe ratifiziert und dessen Regelungen als unmittelbar anwendbar (self-executing) in das nationale Recht überführt. Auch das Änderungsprotokoll zum PUe vom 16. November 1982 ist schon ratifiziert und innerstaatlich in Kraft gesetzt worden. Auf die Beibehaltung der Haftungsbegrenzung wurde dabei verzichtet; weiterhin begrenzt ist hingegen die vorgeschriebene Versicherungsdeckung [56].

41   Die Haftungsvoraussetzungen sind die gleichen wie beim PUe (dAtG 25 I). Der Inhaber einer Kernanlage (Kanalisierung) haftet für Schäden, die durch ein nukleares Ereignis verursacht worden sind, das in der Kernanlage eingetreten oder auf aus der Kernanlage stammende Kernmaterialien zurückzuführen ist [57]. Nach dAtG 25 III ist der in PUe 9 vorgesehene Haftungsausschluss im Falle eines bewaffneten Konfliktes, von Feindseligkeiten, eines Bürgerkrieges, eines Aufstandes oder einer aussergewöhnlich schweren Naturkatastrophe nicht anwendbar.

42   Neben den Bestimmungen über die Haftung für Kernanlagen (dAtG 25) und über die Haftung für Reaktorschiffe (dAtG 25a) besteht in dAtG 26 eine Auffangvorschrift für alle anderen nuklearen Schäden. Diese Vorschrift «kommt in erster Linie für Schäden durch Radioisotope in Betrieben oder Einrichtungen ausserhalb von Kernanlagen sowie während des Transportes in Betracht» [58]. Haftpflichtsubjekt ist der Besitzer des radioaktiven Stoffes oder des Beschleunigers. Er haftet

---

[54] Der Bundesrat lehnte eine Ratifizierung 1989 vorläufig ab, da es für eine Revision des noch jungen KHG noch zu früh sei; vgl. NZZ Nr. 196 vom 25. August 1989 S. 25.
Das PUe wurde von folgenden Staaten ratifiziert: Belgien, BRD, Dänemark, Finnland, Frankreich, Griechenland, Grossbritannien, Holland, Italien, Norwegen, Portugal, Schweden, Spanien, Türkei. Unterzeichnet, aber nicht ratifiziert haben neben der Schweiz Luxemburg und Österreich.
[55] Vgl. auch die allerdings nicht mehr ganz aktuelle Übersicht bei PIÉRARD, insbes. 52 ff.
[56] Die Anlageninhaber müssen sich für 500 Mio. DM versichern. Darüber hinaus besteht eine staatliche Freistellungsverpflichtung des Bundes und des Standortlandes der Anlage bis zur Höhe von 1 Mrd. DM; vgl. GEIGEL/SCHLEGELMILCH Kap. 23 N 46 f.
[57] Vgl. vorn N 37. Zur Definition der Begriffe vgl. PUe 1.
[58] HAEDRICH N 2 zu AtG 26.

kausal, kann sich aber durch Führung eines Sorgfaltsbeweises entlasten (dAtG 26 I Satz 2).

Die relative Verjährungfrist beträgt 3, die absolute 30 Jahre (dAtG 32). 43

Österreich hat das PUe zwar unterschrieben, aber nicht ratifiziert. Stattdessen hat es 1964 ein Atomhaftpflichtgesetz (AtomHG) erlassen[59]. 44

Gemäss § 3 AtomHG haftet der Betriebsunternehmer der Kernanlage für Sach- und Personenschaden, der durch ein nukleares Ereignis, das von einer Kernanlage oder von Kernmaterialien in Österreich ausgeht, verursacht wurde (Gefährdungshaftung). Für Radionuklide besteht hingegen eine Verschuldungshaftung mit Beweislastumkehr bezüglich des Verschuldens (§ 24 AtomHG). 45

In § 15 AtomHG werden verschiedene Haftungshöchstbeträge festgelegt, abgestuft je nach Gefährlichkeit der den Schaden verursachenden Anlagen oder Materialien. Die Betriebsunternehmer sind verpflichtet, eine Sicherstellung (Haftpflichtversicherung) bis zu einer gewissen Höhe zu leisten (§ 17 AtomHG). Treten höhere Schäden auf, so leistet der Bund Ersatz bis zum Betrag der Haftungsbegrenzung (§§ 21–23 AtomHG). 46

Die relative Verjährungsfrist beträgt 3, die absolute 30 Jahre (§ 34 AtomHG). 47

Frankreich und *Italien* haben beide das PUe und das Brüsseler Zusatzübereinkommen ratifiziert und dessen Regelungen als unmittelbar anwendbar ins nationale Recht[60] überführt. Die Haftungssummen sind in Frankreich wie folgt festgesetzt: Anlageninhaber bis 600 Mio. FFr., dann der Staat bis 175 Mio. SZR und schliesslich die Vertragsstaaten des PUe bis 300 Mio. SZR. In Italien haften die Anlageninhaber bis 7500 Mio. L, dann der Staat bis 43 750 Mio. L und schliesslich die Vertragsstaaten bis 75 000 Mio. L. 48

---

[59] Die Begriffsbestimmungen des AtomHG sind meist verschieden von denen des PUe; vgl. zum Ganzen KOZIOL II, 444 ff. — Die Bedeutung des österr. AtomHG ist allerdings gering, da Österreich über keine in Betrieb stehenden Kernkraftwerke verfügt.

[60] Frankreich: Loi N° 68—943 du 30 octobre 1968 relative à la responsabilité civile dans le domaine de l'énergie nucléaire; z. Zt. in Revision.
Italien: Legge 31 dicembre 1962, n. 1860, Impiego pacifico dell'energia nucleare.

5. Zur Charakteristik des Gesetzes

49 Die Gewinnung von Kernenergie und damit natürlich auch die Kernenergiehaftpflicht steht unter dem Einfluss starker Gruppierungen: Einerseits sieht die Elektrizitätswirtschaft in der Atomenergie *die* Lösung für die Deckung des nach ihrer Meinung ständig steigenden Energiebedarfs unseres Landes[61]; andererseits haben erhebliche Teile der Bevölkerung — nach dem Reaktorunfall von Tschernobyl vom April 1986 mehr denn je — Angst vor den Gefahren der Gewinnung von Energie durch Kernumwandlung. Auch die Lagerung von radioaktiven Abfällen stösst auf erhebliche Widerstände. In der Volksabstimmung vom 23. September 1990 haben sich die Stimmbürger für ein 10jähriges Moratorium beim Atomkraftwerkbau ausgesprochen. Ein Ausstieg aus der Kernenergie wurde knapp abgelehnt.

50 Über die Grösse der Gefahren, die mit dem Betrieb von Kernkraftwerken und der Lagerung radioaktiver Erzeugnisse und Abfälle sowie mit dem Transport von Kernmaterialien verbunden sind (technische Mängel, menschliches Versagen, Unvorhergesehenes und nicht Abschätzbares)[62], gehen die Meinungen weit auseinander. Wären die Gefahren wirklich so klein, wie viele Fachleute behaupten, so hätten eigentlich die Anhänger der Kernenergie keine Opposition gegen die unbeschränkte Kausalhaftung machen dürfen[63]. Beim Erlass des KHG wurde nicht aus den Augen verloren, dass der Zweck des Gesetzes im — finanziellen — Schutz der Bevölkerung besteht; trotzdem ist die im Vernehmlassungsverfahren zum Teil befürwortete unbeschränkte Versicherungspflicht — wohl durch den Bund — nicht Gesetz geworden.

51 Das KHG enthält viele einlässliche Regelungen der sich stellenden, zum Teil neuen Probleme und betritt daher, verglichen mit den Grundsätzen des hergebrachten Haftpflichtrechts, vielerorts Neuland. Bei der Anwendung ist — und bei der nachfolgenden Besprechung wird dieser Grundsatz befolgt — vor allem dem Schutzzweck, daneben aber auch dem Gedanken der inneren Geschlossenheit des Haftpflichtrechts Rechnung zu tragen.

---

61 Dabei könnten allerdings die Uranvorkommen der ganzen Welt offenbar schon in einigen Jahrzehnten aufgebraucht sein; vgl. HEINZ BAUMBERGER, Engpässe in der globalen Energieversorgung? NZZ Nr. 300 vom 27./28. Dezember 1986, S. 28.
62 Vgl. dazu insbesondere DEBIEUX 14 ff. mit Nachw.; ferner HUG 11 ff.; zur Risikobeurteilung von Atomanlagen die Beiträge in: Gefahren und Gefahrbeurteilung im Recht, 3 Bde., hrsg. von RUDOLF LUKES (Köln/Berlin/Bonn/München 1980).
63 Vgl. Botsch. KHG 189; Amtl. Bull SR 1980, 717 ff.; Amtl. Bull NR 1982, 1309 ff.

6. Aufgabe der Darstellung

KARL OFTINGER hat es als Ziel und Aufgabe seines Werkes bezeichnet, eine systematische Schau des Haftpflichtrechts zu geben[64]. Das gilt auch für die Haftungsarten, die hier neu behandelt werden, weil sie erst nach Erscheinen der Vorauflage eingeführt wurden. Die zusammenfassende Schau des Haftpflichtrechts muss auch hier wesentlicher Richtpunkt sein. Nur sie ermöglicht eine Lösung der Einzelprobleme, die sich im Zusammenhang bewähren kann und Ungereimtheiten weitgehend vermeidet.

C. Geltungsbereich der Haftpflichtbestimmungen des KHG

1. In sachlicher Hinsicht

a) Unterstellte Kernanlagen[65]

Nach KHG 3 I sind der speziellen Haftpflicht die Inhaber und Eigentümer von Kernanlagen[66] unterworfen. Kernanlagen sind nach KHG 2 V «Einrichtungen zur Erzeugung von Kernenergie oder zur Herstellung, Verwendung, Lagerung oder Wiederaufbereitung von Kernmaterialien». Kernenergie ist nach KHG 2 VI Energie aus Kernumwandlungsvorgängen; Kernmaterialien sind nach KHG 2 II Kernbrennstoffe, radioaktive Erzeugnisse und Abfälle[67]. Unter das KHG fallen daher alle Anlagen, in denen durch Kernumwandlungsvorgänge

---

[64] Bd. II/2, 2./3. A., 462.
[65] Vgl. dazu auch DEBIEUX 48 ff.
[66] AtG 12 verwendete statt dessen den Begriff der Atomanlagen (dazu HUG 50 ff.), der in Art. 4 der Atomverordnung vom 18. Januar 1984 (SR 732.11) negativ umschrieben wird: Es werden Anlagen davon ausgenommen, bei denen das sich in ihnen befindende spaltbare Material unter einer festgelegten quantitativen Grenze liegt oder bei denen bei diesem Material eine sich selbst erhaltende Kettenreaktion unmöglich ist (Kritikalitätsrisiko; vgl. dazu HUG 14; FISCHERHOF N 6 zu AtG 6). Das KHG verwendet den Begriff der Atomanlage nicht. Er spielt heute nur noch bei der Anwendung der nicht durch das KHG ersetzten Teile des AtG eine Rolle, z. B. für die Bewilligung nach AtG 4 ff. und für die Strafbestimmungen nach AtG 29 ff. Die Kritikalitätsgrenze ist für die Anwendung des KHG gemäss KHV 1 aber ebenfalls relevant; vgl. hinten N 54.
[67] Vgl. vorn FN 18.

§ 29　　　　　　Kernenergiehaftpflicht

(Kernspaltung oder Kernfusion) Energie erzeugt wird, sowie die Einrichtungen zur Herstellung, Verwendung, Lagerung oder Wiederaufbereitung von Kernmaterialien, also namentlich auch Anlagen zur Lagerung radioaktiver Abfälle.

54　Diese generelle Umschreibung wird gestützt auf KHG 1 III eingeschränkt durch KHV 1, wo vom Geltungsbereich des KHG bestimmte Quanten von genau umschriebenem spaltbarem Material, aber auch grössere Quanten, bei denen insbesondere eine sich selbst erhaltende Kettenreaktion ausgeschlossen ist, ausgenommen werden [68, 69].

55　Da sowohl die Kernspaltung als auch die Kernfusion Vorgänge ganz besonderer Art sind, verursacht die Abgrenzung von Kernanlagen gegenüber andersartigen Anlagen keine Schwierigkeiten.

56　Finden (irgendwo) Kernumwandlungsvorgänge statt, die nicht die *Erzeugung von Energie* bezwecken [70], so fallen sie nicht unter das KHG. Es genügt aber, wenn eine Kernumwandlungsanlage nur indirekt der Energiegewinnung dient. In diesem Sinne stellt das Gesetz Einrichtungen zur Herstellung, Verwendung, Lagerung oder Wiederaufbereitung von Kernmaterialien den eigentlichen Kernkraftwerken gleich. Diese Ausdehnung ist nur von Bedeutung, wenn die fraglichen Einrichtungen nicht mit dem Betrieb eines Kernkraftwerkes eng zusammenhängen.

57　*Anlagen zu Forschungszwecken* [71] können der Herstellung, Verwendung und eventuell der Wiederaufbereitung von Kernmaterialien dienen, wenn auch vielleicht in einem etwas weiteren Sinne. Sie unterliegen dann ebenfalls der Haftpflicht nach dem KHG wie Kernkraftwerke [72].

---

[68] Vgl. hinten N 73 ff.
[69] Trotzdem sind Nuklearschäden nicht ausgeschlossen, die auch durch giftige oder sonstige gefährliche Eigenschaften von Kernmaterialien verursacht werden können.
[70] HUG 50 erwähnt als Beispiel Bergwerke.
[71] Vgl. Botsch. KHG 198; DEBIEUX 49.
[72] Wenn die Forschung auch nicht indirekt im Dienste der Energiegewinnung steht, entfällt die Haftung nach KHG. Diese Grenze ist zwangsläufig fliessend. Forschungsreaktoren, die keine nutzbaren Energiequanten abgeben, aber die Erforschung der Energiegewinnung bezwecken, fallen unter das KHG. KHV 5 lit. b setzt für andere Kernanlagen als Kernkraftwerke besondere Versicherungsprämien fest, was nur sinnvoll ist, wenn diese anderen Kernanlagen dem KHG unterstehen.
Teilchenbeschleuniger fallen unter die Definition von Kernanlagen nach KHG 2 V. Kernbrennstoffe werden darin nur in minimalsten Mengen oder überhaupt nicht verwendet; es entsteht aber eine respektable Radioaktivität. Es findet eine Erzeugung von Kernenergie im Sinne von KHG 2 V statt, wenn auch momentan noch mehr Energie aufgewendet werden muss, als dabei entsteht. Das Verhältnis zwischen aufgewendeter und erzeugter Energie ist jedoch kein Kriterium für die Anwendung des KHG. Teil-

I. Grundlagen § 29

Das gilt auch für Kernanlagen im Bau oder im Versuchsstadium (Probelauf), auch wenn die Energiegewinnung dabei noch im Hintergrund steht. Werden mit einer bereits in den Produktionsprozess eingeschalteten Anlage Versuche durchgeführt — was offenbar in Tschernobyl der Fall war —, findet das KHG ebenfalls Anwendung.

Die Kernanlage umfasst nicht nur den Reaktor im engeren Sinne, in dem die Kernumwandlungsvorgänge stattfinden. Zu ihr gehören auch alle Installationen, die zu ihrem Betrieb notwendig oder auch nur sonstwie betrieblich bedingt sind. Die Botschaft des Bundesrates zum KHG vom 10. Dezember 1979[73] erwähnt als Beispiele Brennelement-Abklingbecken und Lager für radioaktive Erzeugnisse und Abfälle. Der Begriff der Kernanlage ist in diesem Sinne weit zu fassen. 58

Da die Haftung nach KHG nur die Nuklearschäden umfasst, fallen Schäden, die mit der spezifischen Betriebsgefahr nichts zu tun haben, als Nicht-Nuklearschäden von vornherein ausser Betracht[74]. Der Inhaber und der Eigentümer einer Kernanlage haften, kurz gesagt, für *alle Nuklearschäden, die auf Kernumwandlungsvorgänge im Zusammenhang mit dem Betrieb ihrer Anlage oder auf die sonstigen gefährlichen Eigenschaften ihrer Kernmaterialien zurückzuführen* sind. 59

Die Frage, was zusammen zur gleichen betrieblichen Einheit gehört, ist von grosser praktischer Bedeutung, weil nach KHG 11 «je Kernanlage» eine Garantiesumme von zur Zeit 500 Mio. Franken zur Verfügung stehen muss und weil auch die Versicherung durch den Bund nach KHG 12 «je Kernanlage» den Rest bis auf 1 Mrd. Franken deckt. 60

---

chenbeschleuniger fallen dementsprechend unter dieses Gesetz und die damit verbundene Versicherungspflicht. Das entspricht aber nicht der ratio legis. Es wäre daher vernünftig, die Teilchenbeschleuniger — z. B. in KHV 1 — vom KHG auszunehmen.
Nach § 2 I des österreichischen Atomhaftpflichtgesetzes gehören Anlagen zur Teilchenbeschleunigung ausdrücklich zu den dem Gesetz unterstellten Anlagen, dagegen fallen sie nicht in den Anwendungsbereich des Pariser Übereinkommens; vgl. Art. 1 (a) (ii). In Deutschland werden Beschleunigeranlagen vom Auffangtatbestand in dAtG 26 erfasst, der eine «modifizierte Gefährdungshaftung» (vgl. HAEDRICH N 3 zu AtG 26) — aus schweizerischer Sicht wohl eher eine gewöhnliche Kausalhaftung mit entsprechenden Befreiungsmöglichkeiten — vorsieht (gebotene Sorgfalt, keine fehlerhafte Beschaffenheit oder Versagen der Schutzeinrichtungen); vgl. dazu auch GEIGEL/SCHEGELMILCH Kap. 23, N 26 ff.; vorn N 42.

73 BBl 1980 I 198/99; vgl. auch DEBIEUX 50.
74 Wenn jemand in einer Reaktoranlage eine Treppe hinunterstürzt und sich ein Bein bricht, liegt kein Nuklearschaden vor, ebenso, wenn sich ein Arbeiter bei Montagearbeiten eine Verletzung zuzieht, die nicht auf eine nukleare Einwirkung zurückgeht.

Je nachdem, ob ein Lager für radioaktive Abfälle eine eigene Kernanlage oder einen Teil einer Reaktoranlage darstellt, muss die Garantiesumme zweimal oder einmal zur Verfügung stehen.

61 Es liegt nahe, alle Herstellungs-, Verwendungs-, Lagerungs- und Wiederaufbereitungsstätten von Kernmaterialien, die dem gleichen Betrieb dienen und *örtlich* so nahe beieinander liegen, dass ein Unfall in einem andern Teil des Betriebes sich auf sie auswirken und sie in den Unfallablauf einbeziehen kann, als *eine Einheit* zu betrachten. Einrichtungen zur Lagerung der für den Betrieb eines Reaktors benötigten Kernbrennstoffe sowie der sich daraus ergebenden radioaktiven Abfälle bilden also dann eine Einheit mit dem Reaktor, dem sie dienen, wenn sie örtlich so nahe bei ihm liegen, dass eine Katastrophe im Reaktor selbst sich durch Hitzeeinwirkung, Luftstösse oder direkte[75] radioaktive Strahlung auf sie auswirken kann oder umgekehrt. Ist dies nicht der Fall, so bilden sie eigene Kernanlagen, unabhängig davon, ob sie dem gleichen Betrieb dienen resp. der gleichen Person gehören[76].

62 In PUe 1 (a) (ii) wird ausdrücklich festgelegt, dass Reaktoren, die Teil eines Beförderungsmittels sind, nicht unter den Begriff der Kernanlage im Sinne des Übereinkommens fallen. Die Definition von KHG 2 V enthält keine solche Einschränkung; sprachlich können auch *mobile Anlagen* als Einrichtungen bezeichnet werden. Aber einerseits spricht das Wort «Anlage» gegen mobile Einrichtungen. Andererseits bedarf der Betrieb einer Atomanlage gemäss AtG 4 einer Bewilligung des Bundes, die gemäss BB zum Atomgesetz vom 6. Oktober 1978 (SR 732.01) Art. 1 eine Rahmenbewilligung voraussetzt, die den Standort festlegt. Daraus ergibt sich, dass mobile Reaktoren ebenso wenig unter das KHG wie unter das PUe fallen, sollte die Frage je aktuell werden[77].

---

[75] Lagerstätten, die nur dadurch von einer Katastrophe in «ihrem» Reaktor betroffen werden können, dass radioaktiver Staub auf sie fällt, gehören deswegen nicht zur gleichen Betriebseinheit.

[76] Nach Botsch. KHG 199 müssen die Anlagen «örtlich und betrieblich eine Einheit bilden». Als Beispiele werden neben Lagerstätten für radioaktive Erzeugnisse betrieblich bedingte Brennelement-Abklingbecken angeführt; vgl. auch DEBIEUX 50.

[77] Mobile Kernanlagen befinden sich derzeit namentlich auf Reaktorschiffen, deren Haftung im weltweit angelegten Brüsseler Reaktorschiff-Übereinkommen vom 25. Mai 1962 geregelt ist. Das Abkommen ist allerdings völkerrechtlich noch nicht in Kraft getreten (vgl. HAEDRICH N 13 Vorbem. vor AtG 25), ist aber z. B. von dAtG 25a als innerstaatliches Recht übernommen worden (vgl. die Komm. zu dAtG 25a von FISCHERHOF und HAEDRICH).

b) Transporte von Kernmaterialien [78]

Kernumwandlungsvorgänge in Kernmaterialien können nicht nur in 63
einem Reaktor, in einer Lagerstätte usw. stattfinden, sondern auch beim
Transport von Kernmaterialien; diese können auch unterwegs durch
ihre radioaktiven, explosiven, giftigen und sonstigen gefährlichen Eigenschaften Nuklearschäden verursachen [79]. Die Transporte von Kernmaterialien werden vom Geltungsbereich des KHG in sachlicher Hinsicht
mitumfasst.

Im Vordergrund stehen Lieferungen von Kernbrennstoffen an 64
schweizerische Kernkraftwerke, wobei der Verkäufer seine Betriebsstätte im Ausland oder in der Schweiz haben kann. Daneben sind die
Abfälle eines Kernkraftwerkes in in- oder ausländische Kernanlagen
(Lager für Kernmaterialien, Wiederaufbereitungsanlagen) zu transportieren. Schliesslich kommen Transporte von Kernmaterialien im Transit
durch die Schweiz vor, an denen kein Inhaber einer schweizerischen
Kernanlage beteiligt ist.

aa) Transporte von Kernmaterialien aus dem Ausland an den Inhaber einer schweizerischen Kernanlage (KHG 3 III) [80]

Es erscheint als selbstverständlich, dass bei solchen Transporten für 65
Nuklearschäden, die in der Schweiz verursacht werden, das KHG
anwendbar ist. Diese Haftpflicht wird denn auch in KHG 3 III geregelt.
Nach dem Wortlaut dieser Bestimmung gilt das KHG aber nur für
«Nuklearschäden in der Schweiz». Das kann zur Meinung verleiten,
dass die Schäden in der Schweiz eintreten müssen. Wenn sie in der
Schweiz verursacht werden, z.B. nahe der Schweizer Grenze, und im
Ausland eintreten, würde bei grammatikalischer Interpretation nicht
das KHG gelten, sondern OR 41/55; denn eine Schadensverursachung
in der Schweiz muss — vielleicht unter anderem — unter ein schweizerisches Gesetz fallen. Das führt zum Schluss, dass unter «Nuklearschä-

---

[78] Vgl. dazu DEBIEUX 50f.; über den Begriff von Kernmaterialien hinten N 311f. Zu den Gefahren beim Transport von radioaktiven Stoffen KARL F. MEYER, Unfälle in Verbindung mit radioaktiven Substanzen, Schriftenreihe des Bundeskriminalamtes (Wiesbaden 1962/63) 42ff.
[79] Das sog. Kritikalitätsrisiko besteht nicht nur in Kernanlagen, sondern auch sonst bei hoch radioaktiven Stoffen, wenn sie die kritische Masse und die notwendige Form haben und von einem Material umgeben sind, das als Neutronenverlangsamer wirkt; vgl. HUG 14.
[80] Vgl. hinten N 172ff.

den in der Schweiz» im Sinne von KHG 3 III in der Schweiz *verursachte* Schäden zu verstehen sind [81].

66 Daraus folgt, dass bei Transporten aus dem Ausland in die Schweiz der schweizerische Destinatär der Kernmaterialien für Schäden in der Schweiz und im Ausland nach KHG aufzukommen hat, wenn die Kernmaterialien sich im Zeitpunkt des Schadenereignisses bereits in der Schweiz befanden.

bb) Transporte von Kernmaterialien aus der Schweiz an einen ausländischen Empfänger (KHG 3 II) [82]

67 Bei solchen Transporten haftet der schweizerische Versender nach KHG 3 II für Unfälle auf dem Transportweg über die Landesgrenze hinaus, bis die Kernmaterialien in das Areal der Kernanlage des Adressaten (im Ausland) oder an eine vertraglich vereinbarte Stelle ausserhalb der Schweiz gebracht worden sind [83]. Massgebend ist der Ort, wo sich die Kernmaterialien im Zeitpunkt der Schadensverursachung befinden.

68 Die Haftpflicht umfasst alle ersatzberechtigten Schäden, unabhängig davon, ob sie im In- oder Ausland eingetreten sind.

cc) Transport von Kernmaterialien innerhalb der Schweiz (KHG 3 II) [84]

69 Werden aus einer schweizerischen Kernanlage Kernmaterialien an einen schweizerischen Adressaten gesandt, so findet natürlich das KHG Anwendung. Der versendende Inhaber einer Kernanlage haftet für die Unfälle auf dem Transportweg, bis die Kernmaterialien vom Inhaber einer andern Kernanlage übernommen worden sind [85]. Massgebend ist der Zeitpunkt der Schadensverursachung.

---

[81] In Botsch. KHG 199 wird ohne weitere Ausführungen davon gesprochen, dass der Adressat ab Schweizer Grenze haftpflichtig werde, was sich nur auf die Verursachung beziehen kann.
Über die Haftung nach PUe 4 vgl. hinten N 174. Grundsätzlich sieht PUe 2 — vorbehältlich abweichender Regelungen — vor, dass das Abkommen weder auf nukleare Ereignisse, die im Hoheitsgebiet von Nichtvertragsstaaten eintreten, noch auf dort erlittenen Schaden anzuwenden ist.

[82] Vgl. hinten N 167 ff.

[83] Über die Überschneidungen der Haftungen des schweizerischen Inhabers einer Kernanlage und seines ausländischen Partners gemäss PUe 4 (b) (iv) und die sich daraus ergebende Möglichkeit einer Mehrheit von Haftpflichtigen vgl. hinten N 169 ff., 386 ff.

[84] Vgl. hinten N 164 ff.

[85] Vgl. PUe 4 (a) (ii) und dazu hinten N 164.

I. Grundlagen § 29

KHG 3 II regelt den Zeitpunkt der Übernahme durch den Adressa- 70
ten ausdrücklich durch eine unwiderlegbare Vermutung: Die Kernmaterialien gelten als durch den Adressaten übernommen, sobald sie über die Grenze des Areals von dessen Kernanlage transportiert worden sind.

dd) Transporte von Kernmaterialien im Transit durch die Schweiz (KHG 3 V)[86]

Wenn Kernmaterialien im Transit durch die Schweiz transportiert 71
werden, fungiert weder als Versender noch als Empfänger eine schweizerische Kernanlage, die das Bewilligungsverfahren nach schweizerischem Recht durchlaufen hat, der Aufsicht der schweizerischen Behörden untersteht und deren Haftpflicht durch obligatorische schweizerische Haftpflichtversicherungen gedeckt ist. Trotzdem muss das schweizerische Recht solche Fälle regeln.

Für die Durchfuhr von radioaktiven Kernbrennstoffen und Rück- 72
ständen durch die Schweiz bedarf es einer Bewilligung des Bundes (AtG 4 I lit. c). Der Inhaber dieser Transportbewilligung haftet nach KHG, muss sich obligatorisch versichern und muss, sofern er in der Schweiz keinen Wohnsitz hat, sich der schweizerischen Gerichtsbarkeit unterstellen und ein Domizil in der Schweiz bezeichnen (KHG 3 V).

c) Ausnahme von Radioisotopen und Kernmaterialien mit geringer Strahlenwirkung

KHG 1 II schliesst die Schäden, die durch Radioisotope verursacht 73
werden, vom Geltungsbereich des Gesetzes aus, sofern die Radioisotope für industrielle, gewerbliche, landwirtschaftliche, medizinische oder wissenschaftliche[87] Zwecke ausserhalb einer Kernanlage verwendet werden oder verwendet werden sollen.

Ausserdem kann der Bundesrat nach KHG 1 III Kernmaterialien 74
mit geringer Strahlenwirkung vom KHG ausnehmen.

---

[86] Vgl. hinten N 147 ff.
[87] Da die Medizin zu den Wissenschaften gehört, ist unter den medizinischen Zwecken die Verwendung von Radioisotopen zur medizinisches Diagnose oder Therapie und unter wissenschaftlichen Zwecken die Forschung zu verstehen.

aa) Radioisotope

75 Ein juristisches Lehrbuch ist nicht der Ort, um physikalische Begriffe zu erklären. Gewisse Hinweise sind aber doch unerlässlich: Radioisotope (oder unstabile Isotope) stossen Elektronen mit grosser Energie aus. Durch diesen Zerfall werden sie stabil; vorher sind sie radioaktiv, d. h. sie senden Teile (α- und β-Strahlung) oder elektromagnetische Wellen aus (γ-Strahlung). Das heisst nicht, dass sie spaltbar seien; sie sind daher im allgemeinen keine Kernbrennstoffe. Zu den Radioisotopen gehören z. B. Kobalt 60 und Radium.

76 Radioisotope können durch ihre Radioaktivität Schäden verursachen. Die Haftpflicht für solche Schäden untersteht nicht dem KHG, sondern dem OR[88], wenn die Radioisotope für industrielle, gewerbliche, landwirtschaftliche, medizinische oder wissenschaftliche Zwecke ausserhalb einer Kernanlage[89] verwendet werden oder verwendet werden sollen. Dieser Ausschluss beschränkt die Schäden durch Radioaktivität auf die Kernanlagen und die mit ihrem Betrieb im Zusammenhang stehenden Tätigkeiten und Materialien. Er entspricht dem Zweck des KHG und der nicht anomalen Gefährlichkeit von Radioisotopen ausserhalb der Gewinnung von Kernenergie.

77 Ob auch andere als industrielle, gewerbliche, landwirtschaftliche, medizinische oder wissenschaftliche Verwendungen von Radioisotopen ohne Zusammenhang mit einer Kernanlage vorkommen, erscheint als fraglich.

bb) Kernmaterialien mit geringer Strahlenwirkung

78 Hier räumt KHG 1 III dem Bundesrat die Kompetenz ein, sie vom Geltungsbereich des KHG auszunehmen. Der Bundesrat hat in KHV 1 davon Gebrauch gemacht. Auch durch diese Ausnahme wird der Geltungsbereich des KHG dort eingeschränkt, wo die besondere Gefährlichkeit von Kernmaterialien fehlt[90]. Die Aufzählung in KHV 1 ist

---

[88] Die geltenden Strahlenschutzbestimmungen, nämlich AtG 10 und 11 sowie die darauf basierende StrahlenschutzVO, enthalten keine Haftungsbestimmungen und auch der Entwurf eines Strahlenschutzgesetzes sieht mit Ausnahme der besonderen Verjährungsfristen keine Spezialregelung vor (vgl. vorn N 7).

[89] Die Beschränkung des Ausschlusses auf Radioisotope, die nicht in Kernanlagen verwendet werden oder dazu bestimmt sind, ergibt sich auch aus KHG 3 I.

[90] Nuklearschäden, die durch dort genannte Stoffe verursacht werden, unterstehen auch dann nicht dem KHG, wenn sich der Vorgang in einer Kernanlage abspielt.

I. Grundlagen § 29

detailliert und präzis, so dass sich kaum Auslegungsschwierigkeiten ergeben werden[91].

Nicht ausgenommen wurden die Teilchenbeschleuniger. Diese fallen unter die gesetzliche Definition der Kernanlage. Vgl. vorn FN 72. 79

d) Negative Umschreibung des Geltungsbereiches

Das KHG regelt die Schadenersatzpflicht nur für *Nuklearschäden*[92]. Wo durch den Betrieb einer Kernanlage oder beim Transport von Kernmaterialien andere Schäden verursacht werden, fällt die Haftpflicht nicht unter das KHG. 80

Die Beschränkung des Anwendungsbereiches des KHG auf Nuklearschäden weist eine gewisse Parallele auf in der Haftpflicht nach GSG 36. Der Geltungsbereich dieser Norm ist auch auf bestimmt geartete Schäden beschränkt: Die Qualifikation des Schadens bestimmt die Anwendbarkeit der Haftpflichtnorm[93]. 81

Daraus ergibt sich eine Einschränkung des Geltungsbereiches, die den andern Kausalhaftungen, ausser GSG 36, fremd ist. Das hat zur Folge, dass sich der Ersatz für Schäden, die zwar auf eine der in KHG 3 erwähnten Ursachen, insbesondere den Betrieb einer Kernanlage, zurückzuführen sind, die aber keine Nuklearschäden darstellen, nach dem übrigen Haftpflichtrecht richtet. Wenn ein Fussboden in einer Kernanlage zu stark gewichst ist und deshalb ein Besucher zu Fall kommt, wenn der Wachthund des Kernkraftwerkes den Postboten beisst, wenn der Chauffeur der Kernanlage mit dem Geschäftsauto auf dem Areal der Anlage mit einem fremden Lastauto kollidiert, wenn der Direktor des Unternehmens in einem geschäftlichen Telefongespräch jemanden verleumdet oder beschimpft: In allen diesen und vielen andern Fällen[94] richtet sich die Schadenersatzpflicht nicht nach dem KHG. 82

---

[91] Zu diesbezüglichen Unklarheiten im österr. AtomHG KOZIOL II 448 ff.
[92] Vgl. hinten N 189 ff.
[93] Vgl. hinten FN 164; Bd. II / 1 § 23 N 8, 83 ff.
[94] Vgl. hinten N 190.

2. In persönlicher Hinsicht

a) Kreis der haftpflichtigen Personen

83   Der Haftpflicht nach KHG unterstehen auch die juristischen Personen des öffentlichen Rechts, also neben den Kantonen und Gemeinden namentlich auch der Bund. Er ist zwar als Inhaber von Kernanlagen nicht versicherungspflichtig (KHG 17 II), wohl aber haftpflichtig.

b) Kreis der potentiellen Geschädigten

aa) Grundsatz

84   Grundsätzlich kann jedermann einen Nuklearschaden erleiden und dementsprechend auch Schadenersatzansprüche nach KHG stellen, natürliche wie juristische Personen, und zwar solche des öffentlichen und privaten Rechts. Das ist eine Selbstverständlichkeit und ergibt sich aus dem deliktischen Charakter des Haftpflichtrechts. Besonderer Erwähnung bedarf nur der Fall, dass der *Inhaber* oder der *Eigentümer* geschädigt ist, die beide Dritten gegenüber aus KHG 3 solidarisch haften, wenn sie nicht die gleiche Person sind. Dies schliesst ihre Aktivlegitimation aus; sie sind nicht Dritte im Sinne des Haftpflichtrechts und können sich daher nicht auf KHG 3 berufen[95].

85   Inhaber und Eigentümer können vertraglich die Haftung des einen gegenüber dem andern vorsehen; sie könnten auch versucht sein, sich für solche Schadenersatzansprüche auf das Deliktsrecht des OR zu stützen[96]. Durch die Kanalisierung der Haftpflicht in KHG 3 VI werden aber auch solche, sich nicht aus dem KHG ergebenden Ansprüche ausgeschlossen.

86   Nur durch diese Lösung kann verhindert werden, dass bei Ungenügen der zur Verfügung stehenden Mittel ein Mithaftpflichtiger zu Lasten der Drittgeschädigten seinen Schaden teilweise ersetzt erhält[97].

---

[95] Dies ergibt sich nicht aus dem Wortlaut des Gesetzes, das den Geschädigten nicht als Dritten bezeichnet. Trotzdem ist das Gesetz in diesem Sinne zu interpretieren, weil es nicht angeht, dass einer der beiden Haftpflichtigen aus den insgesamt zur Verfügung stehenden Mitteln zu Lasten der übrigen Geschädigten Leistungen erhält, wenn diese Mittel nicht ausreichen, um alle berechtigten Ansprüche zu befriedigen.

[96] Vgl. über die Regelung unter Mithaltern eines Motorfahrzeuges BGE 99 II 320 und Bd. II / 2 § 25 N 117.

[97] Dies betrifft vor allem den Schaden an der Kernanlage, da Inhaber und Eigentümer meistens juristische Personen sein werden.

I. Grundlagen § 29

Nicht von dieser Lösung betroffen ist das Innenverhältnis unter 87
mehreren Mithaftpflichtigen bei Erfüllung von Solidarverpflichtungen,
d. h. der Regress gegen einen Mithaftpflichtigen [98].

Der Inhaber und der Eigentümer können aber auch Geschädigte 88
gegenüber andern Personen als den nach KHG 3 Verantwortlichen
sein, z. B. gegenüber den Zulieferern. Sie sind hier wie beliebige Dritte
aus einem Nuklearereignis geschädigt. Infolgedessen muss die Kanalisierung der Haftpflicht nach KHG 3 VI ebenfalls angewendet werden:
Es stehen ihnen keine Ansprüche gegen diese andern Personen zu. Sie
allein sind für Nuklearschäden verantwortlich. Haftpflichtansprüche
gegen sich selbst sind aber logisch ein Unding.

Dagegen ist dem Inhaber und dem Eigentümer unter den Bedingun- 89
gen von KHG 6 ein Schadenersatzanspruch gegen Dritte einzuräumen.
Es ist nicht einzusehen, weshalb sie ihren eigenen Schaden unter diesen
Bedingungen nicht sollten geltend machen können, nachdem es ihnen
möglich ist, unter den genannten Verhältnissen für ihre Schadenersatzleistungen Regress zu nehmen [99].

bb) Rechtsstellung der obligatorisch gegen Unfall versicherten
   Arbeitnehmer (KHG 9 I)

Die Rechtsstellung der obligatorisch gegen Unfall versicherten 90
Arbeitnehmer ist durch KHG 9 I grundsätzlich gleich geregelt wie in
SVG 80 [100]. Beide Bestimmungen entsprechen dem Inhalt von UVG
41—44. Sie haben, soweit sie die Subrogation begründen, die Funktion,
die Anwendung des Grundsatzes der lex posterior auszuschliessen, der
hier überhaupt nicht in Betracht fällt. Die Frage des Überganges von
Haftpflichtansprüchen auf einen Sozialversicherer ist unabhängig von
der Frage der Entstehung solcher Ansprüche.

Die Beschränkung der Haftpflichtansprüche nach KHG 3 durch 91
UVG 44 I [101] auf Absicht und grobe Fahrlässigkeit wird, soweit sie sich
gegen den Ehegatten, einen Verwandten in auf- und absteigender Linie
oder eine mit ihm in häuslicher Gemeinschaft lebende Person richten,
kaum praktische Bedeutung erhalten, da die Inhaber und Eigentümer
von Kernanlagen und die Inhaber von Transportbewilligungen regelmässig juristische Personen sein dürften.

---

[98] Vgl. hinten N 378 ff.
[99] Vgl. hinten N 188.
[100] Vgl. Bd. II/2 § 26 N 409 ff.
[101] AHVG 48ter behält KUVG 129 vor, der durch UVG 44 ersetzt worden ist. IVG 52 verweist auf AHVG 48ter.

92 Dagegen findet die Beschränkung der Haftpflichtansprüche gegen den Arbeitgeber des Versicherten aus Verursachung von Berufsunfällen durch Absicht und grobe Fahrlässigkeit nach UVG 44 I hier einen möglichen Anwendungsbereich.

3. In rechtlicher Hinsicht: Verhältnis zu andern Haftpflichtvorschriften

93 Soweit der nach KHG Haftpflichtige für einen Nuklearschaden auch nach dem Wortlaut eines andern Gesetzes einstehen muss, gilt folgendes:

a) Im Verhältnis zu Haftpflichtbestimmungen des OR und des ZGB

94 Dass zwischen dem KHG als Spezialgesetz und der Verschuldenshaftung nach OR 41 sowie den einfachen Kausalhaftungen des OR und des ZGB der Grundsatz der *Exklusivität* gilt, ergibt sich schon aus den allgemeinen Prinzipien des Haftpflichtrechts[102]. Das kann in bezug auf ZGB 679 aber nur massgebend sein für die darauf gestützten Haftpflichtansprüche, nicht aber für die Unterlassungs- und Beseitigungsansprüche, die in ZGB 679 auch festgelegt sind. Darauf ist hier nicht näher einzutreten[103]; denn das KHG regelt die Frage von Unterlassungs- und Beseitigungsansprüchen nicht.

b) Im Verhältnis zu andern Gefährdungshaftungen

95 Diese Frage wird aktuell, wenn der Inhaber oder Eigentümer einer Kernanlage oder der Inhaber einer Transportbewilligung (für Transit durch die Schweiz) für den eingetretenen Schaden nicht nur nach KHG, sondern auch nach dem Wortlaut eines andern Spezialgesetzes haftpflichtig ist.

96 Sie wird ausdrücklich geregelt in GSG 36 für Gewässerverschmutzungen: Das KHG gilt exklusiv[104].

---

[102] Bd. I 479 ff.
[103] Vgl. EMIL W. STARK, Privatrechtliche Unterlassungsansprüche gegen Kernkraftwerke, SJZ 71, 217 ff.; PETER LIVER, Privatrechtliche Unterlassungsansprüche gegen Kernkraftwerke, ZBJV 1975, 337 ff.; ZÄCH, Präventivklagen nach Art. 679 ZGB insbesondere gegen Kernkraftwerke? Wirtschaft und Recht 28/1976, 386 ff.
[104] Vgl. Bd. II/1 § 23 N 21 ff.

I. Grundlagen § 29

Entsprechende Kollisionen sind aber auch mit andern Spezialgeset- 97
zen möglich: Ein dem Inhaber der Kernanlage gehörendes Lastauto
kann in einen Unfall verwickelt werden, wenn es mit radioaktiven
Abfällen beladen ist. Dabei können Nuklearschäden entstehen. Auch
ein Helikopter, dessen Halter Inhaber einer Kernanlage ist, kann mit
Kernmaterialien beladen abstürzen. Dabei können Nuklearschäden verursacht
werden. Beim Betrieb der zu einem Kernkraftwerk gehörenden
Stromerzeugungsanlage kann ein Brand entstehen, der auf den Reaktor
übergreift und zu Nuklearschäden führt.

Das KHG regelt diese Kollisionsfragen nicht — im Gegensatz zum 98
GSG in bezug auf vier Spezialgesetze. Auch die andern Spezialgesetze
lassen sie offen, mit Ausnahme der MO (Art. 22 II) und des ZSG
(Art. 77 II).

Das Bundesgericht hat zwischen dem EHG und dem ElG Exklusivi- 99
tät des EHG angenommen, wenn überhaupt ein Eisenbahn-Betriebsunfall
vorliegt[105], wobei aber die Begründung nicht in jeder Beziehung
überzeugt.

Generell wird zwischen verschiedenen Gefährdungshaftungen bei 100
Fehlen einer gesetzlichen Regelung Alternativität[106] angenommen. Dem
Geschädigten wird dann Schadenersatz zugesprochen, auch wenn er
nur nach *einem* der in Frage kommenden Gesetze ersatzberechtigt ist.
Das kann bei Beteiligung des KHG nicht gelten, weil sonst die *Kanalisierung*
der Haftpflicht «durchlöchert» würde. Infolgedessen muss bei
Anwendbarkeit des KHG und eines anderen Spezialgesetzes der
Gefährdungshaftpflicht *exklusiv* das KHG Anwendung finden.

4. In örtlicher Hinsicht: Schädigende Wirkungen über die Landesgrenzen hinweg

Es gehört zu den Besonderheiten der Kernenergiehaftung, dass das 101
ursächliche (nukleare) Ereignis und die Rechtsgutsverletzung, aus der
sich ein finanzieller Schaden ergibt, viel häufiger als in andern Rechtsgebieten
in verschiedenen Staaten eintreten können. Dies wurde bei der
Katastrophe von Tschernobyl jedermann vor Augen geführt.

---

[105] BGE 37 II 228; 66 II 200; 75 II 71; 81 II 560; 89 II 42; 97 II 182. Vgl. auch Vorauflage Bd. II/1 331 f., 412 f.; Bd. II/3 § 28 N 37 ff.
[106] Vgl. Bd. II/1 § 23 N 27.

102 Nach der Prüfung der Frage des *internationalen Privatrechts*, welche Rechtsordnung auf einen konkreten Schaden anzuwenden sei (vgl. hinten N 525 ff.), ist abzuklären, ob das anwendbare Gesetz, sei es das KHG oder ein ausländisches Atomgesetz, nach seinem örtlichen Geltungsbereich die Frage der Haftpflicht unter den gegebenen Umständen überhaupt regle oder ob in Ermangelung örtlicher Geltung des Spezialgesetzes das gemeine Recht des betreffenden Staates Anwendung finde.

103 Bei grenzüberschreitenden Folgen eines haftungsbegründenden Tatbestandes erscheint es an sich als eine Selbstverständlichkeit, dass Personen, die jenseits dieser Grenze — also vom Haftpflichtigen aus gesehen im Ausland — geschädigt werden, sich auf die spezielle Haftpflichtnorm des Ereignisstaates berufen können. Das muss aber nicht so sein. Wenn durch einen Kernunfall in der Schweiz Schaden im Ausland entsteht, kann der ausländische Geschädigte sich nur auf das KHG berufen, wenn dessen örtlicher Geltungsbereich das Ausland in diesem Sinne mitumfasst.

104 Bei Anwendung der gleichen Überlegung können in der Schweiz durch eine ausländische Atomkatastrophe Geschädigte Schadenersatz vom Urheber nach dem am Ort der ursächlichen Atomanlage geltenden Gesetz verlangen, wenn dieses Gesetz auf Schäden in der Schweiz anwendbar ist.

105 Da der zivilrechtliche Schutz gegen Nuklearschäden nicht in allen Staaten gleich gut ausgebaut ist — man denke z. B. an die betragliche Limitierung der Haftpflicht und die minimalen Garantiesummen der Haftpflichtversicherungen — und jeder Staat die löbliche Tendenz hat, seiner Bevölkerung in solchen Fällen eine möglichst günstige Rechtslage zu verschaffen, wird die in andern Haftpflichtbereichen geltende Regelung der Irrelevanz des Ortes des Schadens*eintrittes* (unter Vorbehalt des IPR) in den Atomgesetzen durchbrochen: Nach *KHG 34* ist an und für sich das KHG auf Nuklearschäden im Ausland, die Personen mit Wohnsitz im Ausland[107] erleiden und die durch ein nukleares Ereignis in der Schweiz verursacht wurden, nicht anwendbar.

106 Diese Beschränkung des örtlichen Geltungsbereiches gilt dann nicht, wenn der ausländische Staat der Schweiz gegenüber eine mindestens gleichwertige Regelung vorsieht. Dies ist der Fall, wenn durch einen

---

[107] Wenn Personen mit Wohnsitz in der Schweiz im Ausland einen Nuklearschaden erleiden, dessen Quelle in der Schweiz liegt, können sie sich auf das KHG berufen. Auf diesen Fall bezieht sich der Vorbehalt des Gegenrechts in KHG 34 nicht, wohl aber auf Schweizer Bürger mit Wohnsitz im Ausland.

Kernunfall im betreffenden Staat in der Schweiz geschädigte Personen nach der Haftpflichtordnung dieses Staates gleichgestellt werden, wie wenn sich der Kernunfall in der Schweiz zugetragen hätte resp. wie wenn diese Personen im Ereignisstaat geschädigt worden wären.

Eine betraglich limitierte ausländische Regelung wird als gleichwertig anerkannt, wobei die Schweiz aber gegenüber den im Ausland wohnenden Geschädigten aus einer schweizerischen Atomkatastrophe die in ihrem Wohnsitzstaat geltende Limitierung anwendet, aber nie unter 50 Mio. Franken geht [108]. 107

Wenn ein im Ausland wohnender Geschädigter sich mangels Gegenrechts seines Wohnsitzstaates gegenüber dem Inhaber einer schweizerischen Kernanlage nicht auf das KHG berufen kann, muss ihm die Haftpflicht nach OR 41/55 zur Verfügung stehen. Die Kanalisierung der Haftpflicht gilt aber *trotzdem,* da KHG 34 nur von den nach KHG geschuldeten Entschädigungen spricht. Eine andere Interpretation, die Ansprüche gegen die (schweizerischen) Zulieferer usw. einer schweizerischen Kernanlage nach OR zulassen würde, soweit nach IPR schweizerisches Recht anwendbar ist, wäre höchst unbefriedigend. 108

Falls durch eine ausländische Atomkatastrophe Nuklearschäden in der Schweiz verursacht werden und der betreffende fremde Staat den in der Schweiz wohnenden Geschädigten keinen Rechtsschutz gewährt, tritt nach *KHG 16 lit. d* der Bund in die Lücke [109]. 109

PUe 2 beruht ebenfalls auf dem Grundsatz der territorial beschränkten Geltung und bestimmt, dass das Übereinkommen weder auf nukleare Ereignisse im Hoheitsgebiet eines Nichtvertragsstaates noch auf dort erlittenen Schaden anwendbar ist, es sei denn, die Gesetzgebung, in deren Hoheitsgebiet sich die Kernanlage befindet, bestimme etwas anderes. 110

Eine solche andere Regelung ergibt sich aus dem *Abkommen zwischen der Schweiz und Deutschland über die Haftung gegenüber Dritten auf dem Gebiet der Kernenergie vom 22. Oktober 1986* [110]. Nach Art. 2 dieses Abkommens werden Angehörige des Nachbarstaates sowie Personen, die dort ihren Sitz, Wohnsitz oder Aufenthaltsort haben, materiell- und verfahrensrechtlich denjenigen des Ereignisstaates gleichgestellt. 111

---

[108] Daraus können sich Komplikationen ergeben, wenn Schäden im In- und Ausland dessen Garantiesumme übersteigen.
[109] Vgl. hinten N 540 f.
[110] SR 0.732.441. 36; vgl. BBl 1986 III 909 ff.; TERCIER, ZSR 109 II 169 f.

112 Die Frage, ob nötigenfalls Ansprüche nach Völkerrecht in die Lücke treten, kann hier nicht näher erläutert werden [111].

D. Kanalisierung der Haftpflicht

113 Nach KHG 3 VI haften dem Geschädigten für Nuklearschäden nur die in Abs. 1—5 von KHG 3 genannten Personen, also der Inhaber und der Eigentümer einer Kernanlage sowie der Inhaber einer Transportbewilligung bei Transittransporten von Kernmaterialien durch die Schweiz. Diese Regelung, die als Kanalisierung der Haftpflicht bezeichnet wird, war auch in AtG 12 V enthalten und entspricht PUe 6 (b) [112]. Dadurch wird die Haftung (aus irgendwelchen Rechtsgründen) von andern Personen, die zur Verursachung des Nuklearschadens beigetragen haben, ausgeschlossen: Sie haften dem Geschädigten nicht nur nicht nach KHG, sondern auch nicht nach andern Gesetzen, z. B. dem OR oder dem GSG. Sie haften unter Vorbehalt von Regressansprüchen (vgl. hinten N 345 ff.) überhaupt nicht [113, 114].

---

[111] Vgl. EMIL W. STARK, Völkerrecht und Haftpflichtrecht, SJZ 83 (1987) 212 ff. und die dort zit. Lit.

[112] BBl 1980 I 224/25; HAEDRICH N 1 ff. zu PUe 6, S. 625 ff.; GEIGEL/SCHLEGELMILCH Kap. 23 N 3.

[113] Diese rechtliche Kanalisierung ist ein Novum in unserer Haftpflichtordnung; vgl. HUG 40. Sie kommt — allerdings in einem wesentlich anderen Sinne — in der Haftung nach MO und ZSG (vgl. § 32 N 72 ff.) sowie in den Verantwortlichkeitsgesetzen derjenigen Gemeinwesen vor, die die direkte Haftpflicht ihrer Behördenmitglieder und Beamten ausschliessen, dafür aber für sie einstehen (primäre Staatshaftung) und sich den Regress vorbehalten. Vgl. z. B. VG 3, 7; Haftungsgesetz des Kantons Zürich vom 14. September 1969, § 6 IV. Ähnlich wirkt sich die Beschränkung der Haftpflicht nach UVG 44 aus, wobei aber in beiden Fällen nur bestimmt umschriebene, begrenzte Personenkreise von der direkten Belangbarkeit entbunden werden. SCHAER Rz 763 spricht auch in solchen Fällen von einer Kanalisierung der Haftpflicht; sie ist aber nur teilweise. Solche Regelungen, in denen trotz Verschuldens keine Haftpflicht gilt, können unter dem Gesichtspunkt der Gefahrenprävention unerwünscht sein (vgl. HUG 42). In der Praxis sind solche Nebenwirkungen bisher nicht bekannt geworden. Sicher ergibt sich daraus kein Argument gegen die Kanalisierung der Atomhaftpflicht. — Zum ganzen Problemkreis auch PETER CONRAD MOHR, Die Kanalisierung der Haftung unter besonderer Berücksichtigung des Atomrechts; FISCHERHOF, Das Problem einer dogmatischen Begründung der rechtlichen Kanalisierung der Haftung (...), VersR 1966, 601 ff.; PELZER, Die rechtliche Kanalisierung der Haftung auf den Inhaber einer Atomanlage — ein juristischer und wirtschaftlicher Fehlgriff? VersR 1966, 1010 ff.

[114] Wenn eine Sprengstoffexplosion ein nukleares Ereignis verursacht, haftet der Inhaber des Sprengstoffes nicht für den Nuklearschaden. Das gilt auch, wenn ein nukleares Ereignis ein Sprengstofflager zur Explosion bringt.

Als Mitverursacher eines Nuklearschadens kommen neben dem 114
Inhaber (resp. dem Eigentümer) der Kernanlage oder der Transportbewilligung vor allem Angestellte des Kernkraftwerkes in Frage, die sich z. B. das Unterlassen einer vorgeschriebenen Kontrolle, die mangelnde Sorgfalt bei einer Kontrolle oder eine Fehlmanipulation zuschulden kommen lassen.

Daneben ist an Ingenieure und Handwerker zu denken, die beim 115
Bau, bei einer Reparatur oder bei einer Revision eines Kernkraftwerkes mitwirken und dabei die gebotene Sorgfalt — z. b. auch bei der Auswahl, Instruktion und Überwachung ihrer Hilfspersonen im Sinne von OR 55 — vermissen lassen. In Frage steht auch die Unternehmung, die den Reaktor oder Teile davon geliefert hat, d. h. die ganze Zulieferindustrie. Erwähnt sei schliesslich der Halter eines Lastautos, das mit einem mit Kernmaterialien beladenen Transportmittel kollidiert, oder eines Flugzeuges, das auf einen solchen Transport abstürzt. Sie alle haften dem Geschädigten nicht für die dabei verursachten Nuklearschäden. Im Rahmen der Kanalisierung ist eine Mehrheit von Ersatzpflichtigen — abgesehen von Ausnahmen [115] — ausgeschlossen und entfällt damit auch die Möglichkeit solidarischer Haftung.

Der primäre Zweck der Kanalisierung besteht in der *Entlastung der* 116
Zulieferindustrie, die ohne diese Institution die Herstellung von Reaktoren und überhaupt die Belieferung von Kernkraftwerken mit der damit verbundenen Gefahr ungeheuer grosser Schäden kaum verantworten könnte [116]. Wenn sie weiss, dass ihre Produkte zur Herstellung eines Kernkraftwerkes benützt werden, könnte sie sich versichern, soweit Versicherungsschutz erhältlich ist. Es ist aber auch denkbar, dass Produkte eines Fabrikanten, die nicht spezifisch für die Herstellung von Atomkraftwerken bestimmt sind, z. B. Armierungseisen, Röhren und Thermometer, ohne sein Wissen in ein Kernkraftwerk eingebaut werden. Wenn die Atomhaftpflicht nicht kanalisiert wäre, könnte er dann

---

[115] Vgl. hinten N 167 ff., 386 ff.
[116] HUG 24 f., 41; RAUSCH 221 f. Zur Zeit des AtG mit seiner schliesslich auf 200 Mio. Fr. erhöhten Haftungslimite hätte sich ohne Kanalisierung noch das Problem gestellt, dass der Zulieferer nach OR unbeschränkt, der Inhaber der Atomanlage aber nur bis zur Haftungslimite hätte in Anspruch genommen werden können; ein unhaltbarer Zustand. Dieses Problem ist durch die unbeschränkte Haftpflicht nach KHG 3 I wenigstens insoweit aus der Welt geschafft worden, als Inhaber und Eigentümer zahlungsfähig sind.

§ 29　　　　Kernenergiehaftpflicht

im Schadenfall einer untragbaren finanziellen Belastung gegenüberstehen, gegen die sich zu versichern er keine Veranlassung gehabt hätte.

117　KHG 3 VI schliesst nur Haftpflichtansprüche *des Geschädigten* gegen Dritte aus. Der Zweck der Kanalisierung wird aber nur erreicht, wenn auch Regressansprüche (unter Vorbehalt von KHG 6) des Inhabers und Eigentümers gegen Dritte darunter fallen. Das gilt nicht für Regressansprüche zwischen nach KHG 3 Verantwortlichen (vgl. hinten N 378 ff.).

118　Ausservertraglich ergibt sich der Ausschluss von Regressansprüchen bereits aus der Nicht-Haftung der Dritten. Er muss aber auch vertragliche Regressansprüche, z. B. gegen Zulieferer wegen Sachmängeln der Lieferung, erfassen, da sonst die Kanalisierung in diesem Bereich ihren Zweck verfehlen würde.

II. Subjekt der Haftpflicht

119　Das KHG statuiert eine Gefährdungshaftung aus dem Betrieb von Kernanlagen. Das ist der Normalfall. Zum Betrieb gehört auch der Transport von Kernmaterialien, die aus einer Anlage stammen und zur Zeit des Unfalles noch nicht vom Inhaber einer andern Kernanlage übernommen worden waren. Bezieht der Inhaber einer Kernanlage Kernmaterialien aus dem Ausland, so wird auch der Transport zu seiner Kernanlage für Nuklearschäden in der Schweiz zum Betrieb dieser Kernanlage gerechnet.

120　An Transporten von Kernmaterialien im Transit durch die Schweiz ist kein Inhaber einer schweizerischen Kernanlage beteiligt. Deshalb legt KHG' 3 V für solche Transporte ein besonderes Haftungssubjekt fest.

121　Ausserdem haftet der Bund nach KHG 16 I in den dort festgelegten Fällen als Ersatz-Subjekt; vgl. dazu hinten N 531 ff.

122　Obschon Transporte von Kernmaterialien zu und aus Kernanlagen haftpflichtrechtlich zur Führung von deren Betrieb gehören, wird in der folgenden Darstellung zwischen dem Betrieb einer Kernanlage im engeren Sinne und diesen Transporten unterschieden.

A. Schäden aus dem Betrieb einer Kernanlage

1. Grundsatz

Für Schäden, die durch den Betrieb einer Kernanlage verursacht werden, ist deren *Inhaber* verantwortlich. Solidarisch mit ihm haftet der *Eigentümer* der Anlage, wenn er nicht selbst deren Inhaber ist, was den Normalfall darstellen wird[117]. Nach AtG 12 I konnte nur der Inhaber belangt werden.

Durch den Einbezug des vom Inhaber verschiedenen Eigentümers sollte vermieden werden, dass Reaktoren von natürlichen oder juristischen Personen ohne grösseres Vermögen betrieben werden, um die Konsequenzen der unbeschränkten Haftung praktisch aus den Angeln zu heben[118]; denn dann würden über die Garantiesummen der Haftpflichtversicherungen hinaus keine Mittel zur Deckung von Schäden zur Verfügung stehen. Bei einer solchen Organisation könnten die Geschädigten auch nicht auf die Leistungen der Sachversicherer greifen, die dem Eigentümer ausbezahlt würden[119].

Die Mithaftung des Eigentümers der Anlage neben dem Inhaber hebt in diesem Bereich die Kanalisierung der Haftpflicht[120] auf ein einziges Haftungssubjekt auf. Sie widerspricht jedoch der ratio legis der Kanalisierung in keiner Weise. Sie bedeutet in Anbetracht der fehlenden betraglichen Begrenzung der Haftpflicht, dass die eigenen Mittel des Eigentümers zusätzlich zur Versicherungssumme und den Mitteln des Inhabers zur Deckung der Schäden zur Verfügung stehen, wenn Inhaber und Eigentümer nicht identisch sind.

2. Begriff des Inhabers einer Kernanlage

a) Allgemeine Überlegungen

Wie sich schon aus der Mithaftung des mit dem Inhaber nicht identischen Eigentümers ergibt, kann bei der Bestimmung des Inhabers nicht auf das Eigentumsrecht an der Anlage abgestellt werden.

---

[117] Die Möglichkeit von zwei verschiedenen solidarisch verantwortlichen Haftungssubjekten wirft die Frage von deren Versicherungspflicht auf: Hat sich jeder für die gesetzliche minimale Garantiesumme zu versichern? Vgl. dazu hinten N 559.
[118] Vgl. Botsch. KHG 200; DEBIEUX 80; RAUSCH 222.
[119] Vgl. vorn N 26.
[120] Vgl. vorn N 113 ff.

127 Das Wort «Inhaber» wird auch in ElG 27, EHG 1, RLG 33 und SSG 27 zur Bezeichnung des Subjektes der Haftpflicht verwendet. Es handelt sich dabei, gleich wie beim Halterbegriff des SVG[121], immer um ein materielles Kriterium[122].

128 Bei der Bestimmung des Subjektes einer Kausalhaftung stehen dem Gesetzgeber grundsätzlich zwei Kriterien zur Verfügung, wenn er nicht — wie in OR 58 — auf eine formelle Beziehung abstellen will: Die faktische Herrschaft oder m.a.W. die Möglichkeit der *tatsächlichen Verfügung* über die Schadensursache, d.h. bei den Betriebshaftungen über den schädigenden Betrieb, seine Einrichtungen und sein Personal, oder das finanzielle Interesse an diesem Betrieb.

129 Das Gewaltverhältnis steht naturgemäss dort im Vordergrund, wo eine Kausalhaftung (trotz des Verzichtes auf das Verschulden als Haftungsvoraussetzung) an die objektive Verletzung einer Sorgfaltspflicht anknüpft, wie bei OR 55, 56 und ZGB 333. Sie setzt die Möglichkeit der Einflussnahme auf den Ablauf des Geschehens voraus.

130 Bei den Gefährdungshaftungen, bei denen die mangelhafte Sorgfalt als Haftungsvoraussetzung vollständig eliminiert ist und die Haftung auch besteht, wenn die Leitung und Gestaltung des Betriebes (im weitesten Sinne des Wortes) in keiner Weise zu beanstanden ist, ist dieser Leitung und der rechtlichen oder faktischen Möglichkeit dazu *an sich* weniger Bedeutung zuzumessen. Die Haftpflicht stellt keine Sanktion der Rechtsordnung für die Art der Ausübung der faktischen Herrschaft über den Betrieb dar.

131 Auch dem finanziellen Interesse am Betrieb und damit dem Kriterium von *Rechnung und Gefahr* kommt bei den Gefährdungshaftungen keineswegs das überwiegende Gewicht zu[123]. Die Gefährdungshaftung ist nicht als Reaktion der Rechtsordnung auf das Wahrnehmen von finanziellen Interessen durch eine gefährliche Tätigkeit zu betrachten[124]. Eine gefährliche Tätigkeit wird von der Rechtsordnung nicht deswegen ent-schuldigt, weil ihr Träger die finanziellen Folgen übernimmt, sondern nur, wenn daran ein *öffentliches* Interesse besteht[125].

---

[121] Bd. II/2 § 25 N 89.
[122] GASSMANN-BURDIN 183 f.; TERCIER, SJZ 76, 344 f.
[123] Vgl. vorn § 27 N 39; § 28 N 63; hinten § 30 N 66 f.; § 31 N 73; kritisch zum Begriffspaar «Rechnung und Gefahr» auch GASSMANN-BURDIN 192 ff.
[124] Im Gegensatz zur ökonomischen Betrachtungsweise; vgl. dazu SCHÄFER/OTT, Lehrbuch der ökonomischen Analyse des Zivilrechts (Berlin u.a. 1986); KÖTZ, Deliktsrecht N 41 sowie die (noch nicht erschienene) Neuauflage von Bd. I § 1.
[125] Vgl. Bd. II/2 § 24 N 24.

Mehr Bedeutung als dem finanziellen Interesse am Betrieb kommt 132
bei der Bestimmung des Inhabers der Verfügungs*macht* über den
Betrieb, seine Einrichtungen und sein Personal zu. Wer diese Verfügungsmacht hat, kann und soll dabei präventive Massnahmen auch
ergreifen, wenn sie mehr kosten als die bei deren Unterlassung zu
erwartenden Schäden. *Er* verursacht die Schäden, zwar nicht direkt,
sondern durch seinen verlängerten Arm, die betrieblichen Einrichtungen und das Personal.

Die Rechtsordnung nimmt diesen Umstand generell zum Anlass der 133
Haftung, ohne dass im konkreten Schadenfall noch danach zu fragen
wäre, ob richtig gehandelt worden ist. Die Gefährdungshaftung ist
rechtspolitisch die Abgeltung für die Ent-schuldigung der betreffenden
Tätigkeit durch die Rechtsordnung[126].

b) Der Inhaberbegriff von EHG und ElG

Während zum RLG und zum SSG keine Rechtsprechung über den 134
Begriff des Inhabers vorliegt, kann bei EHG und ElG von einer herrschenden, auf Gerichtsurteile abgestützten Lehre gesprochen werden[127].
Danach ist massgebend, auf wessen Rechnung und Gefahr die Aktivität
erfolgt, an die die Haftung geknüpft wird. Es ist daher nicht darauf
abzustellen, wem diese Aktivität am meisten nützt, sondern wem die
Betriebseinnahmen zufliessen und wer die Betriebsunkosten trägt.

c) Der Inhaberbegriff des KHG im besonderen

KHG 2 VII bezeichnet denjenigen als Inhaber einer Kernanlage, der 135
eine solche Anlage baut oder besitzt oder den Besitz daran ohne
Zustimmung der zuständigen Behörde aufgegeben hat.

Das Wort «baut» kann auf sehr viele Leute zutreffen; vernünftiger- 136
weise fällt darunter nur der Bau*herr,* nicht aber ein eventueller Generalunternehmer für die ganze Anlage oder bestimmte Teile davon, z. B.
den eigentlichen Reaktor, aber auch nicht der Baumeister, der Tiefbauunternehmer oder der Sanitärinstallateur.

---

[126] Vgl. Bd. II/2 § 24 N 22 ff.
[127] Vgl. vorn § 27 N 39 ff.; § 28 N 62 ff.; Hug 54; Vorauflage Bd. II/1 306 ff. und 416 ff.;
GASSMANN-BURDIN 184 ff.; BGE 9, 282; 26 II 18; 31 II 223; 37 II 224; 71 II 236; 82 II
69, 71; 102 II 25.

137 Positiv an dieser Formulierung ist, dass sie klarstellt, dass die Haftpflicht auch für Nuklearschäden gilt, die im Baustadium der Kernanlage verursacht werden.

138 Das Wort «besitzt» ist wohl nicht im juristisch-technischen Sinne mit allen Komplikationen des Besitzrechts zu verstehen. Vielmehr weist es einfach auf die tatsächliche Verfügungsgewalt über die Kernanlage hin, entsprechend dem Wortlaut von ZGB 919 I.

139 Daneben schliesst KHG 2 VII die Möglichkeit aus, sich als Inhaber einer Kernanlage der Haftpflichtrisiken durch Dereliktion ohne Zustimmung der zuständigen Behörde zu entledigen, was als selbstverständlich erscheint.

140 Damit wird der *«Betreiber»* als Inhaber qualifiziert, wie die Botschaft ausdrücklich sagt[128]. Das ist sicher richtig.

141 In Art. 1 VI des bundesrätlichen Entwurfs zum KHG[129] wurde als Inhaber bezeichnet, «wer eine Kernanlage auf eigene Rechnung baut, betreibt oder sonstwie inne hat». Diese Formulierung entspricht der hier vertretenen Auffassung, wenn die Worte «auf eigene Rechnung» sich nur auf das Bauen beziehen und damit die beteiligten Unternehmer ausschliessen, nicht aber auf das Betreiben und auf das Innehaben. Dieses kann ohnehin nicht gut auf eigene oder fremde Rechnung erfolgen[130].

142 Gestützt auf diese Überlegungen und Feststellungen ist als Besitzer im Sinne der gesetzlichen Definition und damit als Inhaber während des eigentlichen Betriebes derjenige zu betrachten, dem die Verfügung über die Kernanlage, d.h. über die Einrichtungen und das Personal, zusteht[131,132].

---

[128] Botsch. KHG 199.
[129] BBl. 1980 I 209.
[130] In der vorberatenden Kommission des Ständerates einigte man sich darauf, die Konkretisierung des Inhaberbegriffs der Rechtsprechung zu überlassen, «ähnlich wie dies im Strassenverkehrsgesetz für den Begriff des Halters eines Motorfahrzeuges geschehen ist»; Amtl. Bull. SR 1980, 721.
[131] Für § 3 des österreichischen AtG stellen MOSER 23 und KOZIOL II 452 demgegenüber auf Rechnung und Gefahr ab.
[132] Vgl. dazu HUG 54; DEBIEUX 79, der auf die Umschreibung des Halterbegriffs in VZV 78 I verweist.

3. Haftpflicht des Eigentümers der Kernanlage

Wenn der Eigentümer der Kernanlage nicht auch deren Inhaber im besprochenen Sinne ist, haftet er, wie bereits erwähnt[133], nach KHG 3 IV solidarisch mit dem Inhaber. Das Gesetz ergänzt hier die materielle Bestimmung des Haftpflichtigen durch eine formelle[134]. 143

Normalerweise werden Kernanlagen fest mit dem Grund und Boden verbunden sein, auf dem sie stehen. Sie gehören dann als Bestandteile dem leicht zu eruierenden Grundeigentümer, es sei denn, es bestehe für sie ein Baurecht im Sinne von ZGB 779. 144

Kernreaktoren können an sich auch als Motoren für Fahrzeuge, Schiffe und Flugzeuge verwendet werden[135]. Solche mobilen Anlagen zur Gewinnung von Kernenergie fallen aber nicht unter das KHG[136]. 145

Die Bestimmung des Eigentümers einer Kernanlage begegnet daher keinerlei Schwierigkeiten. 146

B. Schäden bei Transporten von Kernmaterialien

Wie bereits erwähnt, bedarf es nicht allgemein eines besonderen Subjektes der Haftpflicht für Transporte von Kernmaterialien, sondern nur, wenn diese *im Transit durch die Schweiz* erfolgen. Wenn dagegen eine schweizerische Kernanlage als Versender oder Empfänger der Kernmaterialien beteiligt ist, obliegt ihr die Haftpflicht nach KHG 3 II/III. 147

Subjekt der Haftpflicht ist bei Transittransporten nach KHG 3 V der *Inhaber der Transportbewilligung,* die nach AtG 4 I für den Transport von radioaktiven Kernbrennstoffen und Rückständen[137] notwendig ist. Damit hat der Gesetzgeber in diesem Bereich ein formelles Krite- 148

---

[133] Vgl. vorn N 123 ff.
[134] Eine entsprechende Bestimmung findet sich in RLG 33 I.
[135] Vgl. Bd. II/2 § 25 N 50.
[136] Vgl. vorn N 62.
[137] Die Bewilligungspflicht bezieht sich nach AtG 4 I auf radioaktive Kernbrennstoffe und Rückstände. Zu den Kernmaterialien, für deren Transport im Transit durch die Schweiz der Inhaber der Transportbewilligung haftet, gehören nach KHG 2 II neben den Kernbrennstoffen (wobei das Gesetz die Eigenschaft der Radioaktivität nicht erwähnt) radioaktive Erzeugnisse und Abfälle. Diese verschiedene Ausdrucksweise von AtG und KHG hat — mindestens hier — keine Bedeutung.

rium festgelegt. Dies war notwendig, weil die Unsicherheit, wer die Verfügungsmacht über einen Transport hat und auf wessen Rechnung und Gefahr ein Transittransport erfolgt und damit die Unsicherheit der Passivlegitimation im Schadenersatzprozess dem Geschädigten nicht zuzumuten ist [138].

149 Ausserdem hat hat der Gesetzgeber in KHG 3 V bestimmt, dass der Inhaber einer Transportbewilligung, der in der Schweiz keinen Wohnsitz hat, sich der schweizerischen Gerichtsbarkeit unterstellen und ein Domizil in der Schweiz bezeichnen muss [139].

C. Einzelfragen. Wechsel des Verantwortlichen

150 1. Wird eine Kernanlage *verpachtet,* so wird dem Pächter die Verfügung über die Betriebsmittel zustehen und wird er auch das finanzielle Risiko des Betriebes tragen. Er ist deshalb auch als Inhaber gemäss KHG 3 zu betrachten [140].

151 2. Falls Einnahmen und Ausgaben — mit Ausnahme der Löhne — in die Tasche des Eigentümers der Kernanlage fliessen resp. aus ihr erbracht werden und ein Dritter, der vom Eigentümer entschädigt wird [141], den Betrieb besorgt, d.h. beim sog. *Betriebsvertrag* [142], ist der tatsächliche Betreiber, der über die Anlage und das Personal verfügt, als Inhaber zu betrachten. Der Eigentümer haftet neben ihm gestützt auf KHG 3 IV.

152 3. Näher liegt es wohl, dass der wirtschaftliche Eigentümer für den Betrieb eine *Tochtergesellschaft* gründet. Die Mittel für die Erstellung

---

[138] Hier ist allerdings zu erwähnen, dass das KHG die Passivlegitimation für Schadenersatzansprüche aus Unfällen bei einem unbewilligten Transport nicht festlegt. Die wörtliche Auslegung von KHG 3 VI führt zum Schluss, dass dann niemand haftet, es sei denn, es bestehe eine Haftpflicht nach einem internationalen Abkommen. Solche Fälle dürften allerdings praktisch nicht vorkommen. Immerhin enthält AtG 35 II für solche Fälle eine Strafbestimmung.
[139] Diese Regelung der Frage des Gerichtsstandes für Schadenersatzklagen gehört sachlich zu den Voraussetzungen der Transportbewilligung und nicht in das KHG.
[140] Botsch. KHG 199.
[141] Die Entschädigung kann dabei entweder ein vereinbartes Fixum sein oder auf Grund von verschiedenen Faktoren, z. B. der erzielten Leistung, berechnet werden.
[142] Vgl. § 27 N 45; § 28 N 82; § 30 N 76 f.; § 31 N 75.

oder den Kauf der Anlage können dabei der Tochtergesellschaft in Form von Aktienkapital oder in Form von Darlehen, für die die Muttergesellschaft Bürgschaft leistet, zur Verfügung gestellt werden. Dabei trägt die Muttergesellschaft in der Form der Dividenden und der Schwankungen des inneren Wertes der Aktien in gewissem Sinne das wirtschaftliche Risiko. Trotzdem wird die Kernanlage auf Rechnung und Gefahr der Tochtergesellschaft betrieben; denn primär trägt sie als selbständige juristische Person das finanzielle Risiko. In ihre Kasse fliessen die Einnahmen aus dem Verkauf der produzierten Elektrizität[143] und/oder Wärme; ihrer Betriebsrechnung werden die Unkosten belastet. Ihr steht auch die Verfügung über die Betriebsmittel und das Personal zu. Die Tochtergesellschaft ist daher als Inhaberin der Kernanlage zu betrachten.

In dieser Form können sich mehrere Unternehmungen — meistens werden es Elektrizitätsgesellschaften sein — an der Tochtergesellschaft, die die Kernanlage betreibt, beteiligen. 153

4. Bei Strahlenschäden ist es irrelevant, *wem die Kernmaterialien gehören*, von denen die schädigenden Strahlen ausgehen. Wenn in einem Lager für Kernmaterialien Kernbrennstoffe, radioaktive Erzeugnisse oder Abfälle untergebracht sind, die verschiedenen Personen gehören, haftet nach KHG einzig der Inhaber der betreffenden Kernanlage[144]. 154

Bei Transporten innerhalb der Schweiz und aus der Schweiz ins Ausland haftet der Versender bis zu einem eventuellen Zwischenlager, dessen Inhaber für Schäden auf dem Weitertransport aufzukommen hat. Werden Sendungen aus dem Ausland in der Schweiz zwischengela- 155

---

[143] Z.B. Verkauf an die Muttergesellschaft.
[144] PUe 5 sieht für den Fall der Zwischenlagerung von Kernmaterialien (die sich auf dem Transport befinden) in einer Kernanlage vor, dass der Inhaber dieser Anlage nicht haftet, sofern nur die zwischengelagerten Kernmaterialien den Schaden verursacht haben und ein anderer Inhaber oder ein Dritter dafür verantwortlich ist. Damit wird für solche Fälle die Haftung mehrerer Inhaber von Kernanlagen häufig ausgeschlossen. Nach schweizerischem Recht (KHG 3 II) haftet der Versender bis zur Übernahme durch den Inhaber einer anderen Kernanlage, also auch der Lagerstätte. Bei Bezug von Kernmaterialien aus dem Ausland (KHG 3 III) haftet der Adressat nur für Schäden, die «auf dem Transport» verursacht werden. Er haftet daher nicht, während sie in einer andern Kernanlage zwischengelagert sind. Durch diese Regelung wird die Haftung von mehreren Inhabern für das gleiche Ergebnis ebenfalls ausgeschlossen. Vgl. hinten N 173.

gert, ist demgegenüber für Schäden auf dem Transport vom Zwischenlager zum schweizerischen Besteller dieser verantwortlich[145].

156 5. Der Inhaber der Kernanlage haftet für alle dadurch verursachten Nuklearschäden, unabhängig davon, ob sie auf das Verhalten von Organen oder *Hilfspersonen* oder auf sonstige Umstände zurückzuführen sind. Auch Dritte, die nicht in seinem Dienst stehen und denen gegenüber er keine Befehlsgewalt hat, können absichtlich, fahrlässig oder ungewollt einen Schaden verursachen.

157 Der Begriff der Hilfsperson hat hier keine rechtliche Bedeutung, weil der Inhaber für alle Personen einzustehen hat, die ein nukleares Ereignis in seiner Anlage oder bei seinem Transport von Kernmaterialien veranlassen. Es kommt nicht darauf an, ob sie ihm subordiniert sind oder nicht und ob sie seinen Zwecken und Interessen dienen. Der Begriff des Dritten, der bei andern ähnlichen Haftungsarten[146] im Zusammenhang mit dem den Kausalzusammenhang unterbrechenden Drittverschulden eine Rolle spielt — das Verschulden eines Nicht-Haftpflichtigen entlastet nur, wenn es sich dabei um einen Dritten handelt[147] —, ist hier irrelevant, weil das Drittverschulden gemäss KHG 5 nicht zur Entlastung führt[148].

158 Damit ist auch ohne Bedeutung, ob eine Person im Rahmen ihrer *geschäftlichen Verrichtungen* oder ausserhalb derselben einen Nuklearschaden verursacht hat.

159 Der Vollständigkeit halber sei noch erwähnt, dass der Inhaber auch für seine Zulieferer haftet; ohne diese Regelung wäre die Kanalisierung[149] der Haftung nicht denkbar.

160 6. Bei *Wechsel des Inhabers* kommt es darauf an, ob der Schaden vor oder nach dem Wechsel *verursacht* worden ist. Dabei kann nicht darauf abgestellt werden, welche Ursache als adäquat zu betrachten sei, weil die Adäquanz eines Kausalablaufes die generelle Eignung zur Herbeiführung eines bestimmten Schadens bei jedem seiner Glieder voraussetzt[150]. Massgebender Faktor für die Bestimmung des Zeitpunktes

---

[145] Vgl. hinten N 173.
[146] Vgl. Bd. II/1 § 23 N 107 ff.; Bd. II/2 § 25 N 456.
[147] Vgl. Bd. I 123.
[148] Vgl. hinten N 322 ff.
[149] Vgl. vorn N 116.
[150] Vgl. EMIL W. STARK, Beitrag zur Theorie der Entlastungsgründe im Haftpflichtrecht (Diss. Zürich 1946) 21 f.; DERS. Skriptum N 212.

der Verursachung ist vielmehr die unkontrollierte und planwidrige radioaktive, giftige, explosive oder sonstige gefährliche Einwirkung von Kernmaterialien auf ihre Umgebung.

Hier liegt das eigentliche Schadenereignis. Wenn Kühlwasser in einem geschlossenen System durch Kernumwandlungen radioaktiv wird, liegt darin noch kein Schadenereignis. Wenn aber das radioaktive Kühlwasser durch ein Leck oder ein defektes Ventil austreten kann und Personen bestrahlt werden, ist der Zeitpunkt des Austretens des Wassers aus dem Kühlwassersystem massgebend dafür, ob der alte oder der neue Inhaber verantwortlich sei. Befindet sich demgegenüber das kontaminierte Kühlwasser nicht in einem geschlossenen System und wird es in ein Gewässer geleitet, so stellt schon die Einwirkung auf dieses Kühlwasser das entscheidende Ereignis dar. Wenn radioaktive Teile ins Freie gelangen und früher oder später Personen und Sachen bestrahlen, kommt es darauf an, wer Inhaber gewesen ist, als die Teile aus der für sie bestimmten Installation austraten. 161

Der massgebende Zeitpunkt ist im Einzelfall nach den konkreten Umständen festzulegen. 162

7. Der häufigste Wechsel des verantwortlichen Inhabers erfolgt beim *Transport von Kernmaterialien* in eine andere Kernanlage[151], z.B. in ein Depot für Rückstände oder in eine Wiederaufbereitungsanlage. Hier kann zusätzlich zum Zeitpunkt des Schadenereignisses (vorn Ziff. 6) der Zeitpunkt des Überganges der Kernmaterialien zu Schwierigkeiten Anlass geben. Dieser Zeitpunkt wird daher vom Gesetz verbindlich festgelegt: 163

a) Bei *Transporten von einer schweizerischen Kernanlage in eine andere* haftet der Versender. Diese Haftung ändert, wenn das Kernmaterial die Grenze des Areals der übernehmenden Anlage überschreitet (KHG 3 II). Dies gilt auch, wenn der Inhaber der übernehmenden Kernanlage die Kernmaterialien in der sie liefernden Anlage mit eigenen Transportmitteln abholt. Das Gesetz arbeitet hier aus Gründen der Rechtssicherheit mit einer unwiderlegbaren Vermutung[152]. Dadurch 164

---

[151] Vgl. dazu vorn N 63 ff.
[152] Das PUe verzichtet auf eine solche Vermutung und stellt in Art. 4 (a) statt dessen darauf ab, wann der Übernehmer nach einer vertraglichen Bestimmung die Haftung übernommen hat. Fehlt eine Vereinbarung, so kommt es auf die faktische Übernahme der Kernmaterialien an, wobei dieser Zeitpunkt nicht näher bestimmt wird; vgl. dazu FISCHERHOF N 4 zu PUe 4; HAEDRICH N 5 zu PUe 4.

werden die Unsicherheiten ausgeschlossen, die sonst entstehen können, wenn ein Dritter (Transportunternehmer) den Transport besorgt.

165 Mit dieser unwiderlegbaren Vermutung wird den tatsächlichen Verhältnissen unter Umständen Gewalt angetan. Dagegen bestehen keine Bedenken, nachdem die Atomhaftpflicht nicht auf einer irgendwie gearteten Unsorgfalt beruht.

166 Werden die Kernmaterialien auf dem Transportweg in einer Kernanlage *zwischengelagert,* so haftet deren Inhaber für den Schaden, den sie verursachen, während sie sich dort befinden (KHG 3 II; vgl. vorn N 155). Bei ihrem Weitertransport (z. B. an das Endziel der Beförderung) stammen sie sowohl aus der Anlage des eigentlichen Versenders als auch aus dem Zwischenlager. Dann erscheint es nicht als gerechtfertigt, den ursprünglichen Versender für Schäden auf dem weiteren Transport verantwortlich zu machen. Dafür haftet der Inhaber des Zwischenlagers, der die Kernmaterialien vielleicht behandelt hat oder Kernmaterialien verschiedener Eigentümer gemeinsam verfrachtet.

167 b) Bei *Transporten aus einer schweizerischen Kernanlage in das Ausland*[153] kann eine Übernahmestelle ausserhalb der Schweiz vertraglich vereinbart werden; es gilt dann das Eintreffen an dieser Stelle als massgebender Zeitpunkt für das Aufhören der Haftpflicht des Versenders nach schweizerischem Recht. Fehlt eine solche Vereinbarung, so kommt es auch hier auf das Überschreiten der Grenze der übernehmenden Anlage an. Der Versender haftet dann bis zu diesem Zeitpunkt nach KHG (KHG 3 II Satz 2).

168 Bei Zwischenlagerung der Kernmaterialien haftet für Schäden auf dem weiteren Transportweg gleich wie bei Transporten innerhalb der Schweiz der Inhaber des Zwischenlagers. Werden durch Kernmaterialien Schäden verursacht, während sie sich im Zwischenlager befinden, haftet ebenfalls deren Inhaber.

169 Wird das Kernmaterial aus der Schweiz (als Nichtvertragsstaat) in einen Vertragsstaat des Pariser Übereinkommens geliefert, so haftet der Empfänger, wenn er der Lieferung schriftlich zugestimmt hat, von dem Moment an, da die Kernmaterialien auf das Beförderungsmittel ver-

---

[153] Wenn Kernmaterialien zwischen ausländischen und schweizerischen Inhabern von Kernanlagen die Hand wechseln, fällt die Frage nach dem Wechsel des Haftpflichtsubjektes weitgehend zusammen mit derjenigen, ob das KHG auf einen Fall Anwendung findet oder nicht (örtlicher Geltungsbereich)

II. Subjekt der Haftpflicht § 29

laden worden sind, mit dem sie aus der Schweiz ins Ausland befördert werden sollen[154].

Diese Regelung führt dazu, dass bei Transporten von Kernmaterialien aus der Schweiz in einen Vertragsstaat des Pariser Übereinkommens vom Moment des Verladens in das Beförderungsmittel, mit dem die Schweizer Grenze überschritten werden soll, bis zum Eintreffen an der vertraglich vereinbarten Übernahmestelle resp. an der Grenze des Areals des Empfängers Versender *und* Empfänger haftpflichtig sind. Für solche Fälle der Schadenersatzpflicht mehrerer Inhaber von Kernanlagen sieht PUe 5 (d) solidarische Haftpflicht vor, was entsprechend den Grundsätzen des schweizerischen Haftpflichtrechts auch bei Mithaftung eines schweizerischen Inhabers gelten muss.   170

Für die Anwendung des Grundsatzes der Kanalisierung[155] der Haftpflicht besteht in diesen Fällen kein Anlass. Der ausländische Inhaber und sein Versicherer haften bis zur Haftungslimite des PUe resp. ihres nationalen Rechts; der schweizerische Inhaber haftet unbeschränkt und geniesst Versicherungsschutz gemäss KHG 11 ff. Für den (internen) Regress sind die Grundsätze des anwendbaren Rechts über die Gesamtschuldverhältnisse massgebend. Die Tatsache, dass dieser Rückgriff im KHG nicht erwähnt ist, steht dessen Geltendmachung nicht entgegen[156].   171

c) Bei *Transporten von Kernmaterialien aus dem Ausland in eine schweizerische Kernanlage* haftet deren Inhaber[157] nach KHG 3 III für Nuklearschäden in der Schweiz. Es ist bereits darauf hingewiesen worden[158], dass darunter in der Schweiz *verursachte* Nuklearschäden zu verstehen sind. Die Haftung des Destinatärs beginnt also, wenn das Beförderungsmittel die Schweizer Grenze überschreitet und bezieht sich auf alle nachher eintretenden Schadenereignisse.   172

---

[154] PUe 4 (b) (iv).
Nach PUe 4 Satz 1 gilt die in diesem Artikel aufgestellte Regelung für den Fall der Beförderung von Kernmaterialien «unbeschadet des Artikels 2». Art. 2 bestimmt, dass das PUe nicht anwendbar ist auf Ereignisse, die im Hoheitsgebiet von Nichtvertragsstaaten eintreten und auf Schäden, die dort erlitten werden. Das Wort «unbeschadet» ist in dem Sinne zu interpretieren, dass Art. 2 dem Art. 4 nicht vorgeht; vgl. z. B. die Verwendung dieses Wortes in Art. 7 III des Grundgesetzes der BRD.
[155] Vgl. vorn N 113 ff.
[156] Vgl. hinten N 386 ff.
[157] Die gleiche Regelung galt nach AtG 12 III. Statt dessen haftet bei Transporten innerhalb der Schweiz und aus der Schweiz ins Ausland, wie bereits erwähnt, nach KHG der Versender.
[158] Vgl. vorn N 160.

§ 29 Kernenergiehaftpflicht

173   Bei Zwischenlagerung aus dem Ausland bezogener Kernmaterialien in der Schweiz haftet bei während der Lagerung verursachten Schäden der Inhaber der Lagerstätte. Für Schäden auf dem Weitertransport zum definitiven Empfänger haftet dieser nach KHG 3 III, da sich die Kernmaterialien aus dem Ausland auf dem Transport zu seiner Anlage befinden. Diese Regelung weicht von derjenigen bei Transporten innerhalb der Schweiz und von der Schweiz ins Ausland[159] ab. Dies lässt sich damit begründen, dass die Kernmaterialien bei Transporten aus dem Ausland in einem Zwischenlager kaum behandelt werden (z. B. im Sinne einer Reduktion der Radioaktivität) und dass der Inhaber der Lagerstätte dem Käufer der Kernmaterialien nur die für ihn bestimmten Materialien zustellen wird.

174   Nach PUe 4 haftet der Versender von Kernmaterialien aus einem Vertragsstaat bei einem Transport in einen Nichtvertragsstaat, z. B. die Schweiz, wenn das schädigende Ereignis eintritt, bevor die Kernmaterialien aus dem Beförderungsmittel ausgeladen worden sind, mit dem sie im Hoheitsgebiet des Nichtvertragsstaates angekommen sind. Von der Schweizer Grenze bis zu diesem (ersten) Ausladen haften also der Versender *und* der Empfänger. Es besteht Solidarität wie bei Transporten ins Ausland (vgl. vorn N 170). Auf die Kanalisierung kann sich weder der Versender noch der Empfänger dem andern gegenüber berufen; der Geschädigte bleibt im Genuss der unlimitierten Haftpflicht nach KHG.

175   KHG 3 III erwähnt ausdrücklich den Regress des Inhabers auf den ausländischen Absender. Dazu ist hinten (N 386 ff.) Stellung zu nehmen.

176   d) Bei *Transporten von Kernmaterialien im Transit durch die Schweiz* haftet, wie bereits erwähnt, der Inhaber der Transportbewilligung. Das Gesetz sagt nicht ausdrücklich, ab und bis zu welchem Zeitpunkt diese Haftung gilt. Es liegt nahe, die Regelung von KHG 3 III hier ebenfalls anzuwenden; d. h. diese Haftung gilt für Nuklearschäden, die in der Schweiz verursacht werden, unabhängig davon, wo sie eintreten.

177   Während der Inhaber einer Kernanlage nach KHG 3 II für die Nuklearschäden haftet, die von aus seiner Anlage stammenden Kernmaterialien verursacht werden, sagt KHG 3 V nicht eindeutig, wie es sich diesbezüglich bei Transittransporten durch die Schweiz verhält.

---

[159] Vgl. vorn N 164 ff., 167 ff.

II. Subjekt der Haftpflicht   § 29

Wenn dabei Kernmaterialien in unbefugte Hände geraten, könnte man den Standpunkt vertreten, dass sie sich bei der Verursachung des Nuklearschadens nicht mehr «im Transit» befunden hätten. Diese Auslegung würde dem System widersprechen, nach dem nur Personen mit Bewilligung Kernmaterialien innehaben dürfen. Es drängt sich daher auf, den Inhaber der Transportbewilligung auch für Nuklearschäden haften zu lassen, die von Kernmaterialien verursacht werden, die ihm abhanden gekommen sind[160].

Nach PUe 4 muss unterschieden werden, ob die Kernmaterialien, die im Transit durch die Schweiz transportiert werden, aus einem Vertragsstaat in einen andern Vertragsstaat, aus einem Vertragsstaat in einen Nichtvertragsstaat oder aus einem Nichtvertragsstaat in einen Vertragsstaat befördert werden. Die Tatsache des Transites durch einen Nichtvertragsstaat ist nach dem Text des Pariser Übereinkommens nicht von Bedeutung. Wenn der Transport von einem Vertragsstaat in einen andern Vertragsstaat erfolgt, haftet der Versender auch für Schäden in einem dem Pariser Übereinkommen nicht angeschlossenen Transitland, es sei denn, der Inhaber einer andern Kernanlage habe die Haftung schriftlich akzeptiert resp. die Kernmaterialien seien vom Inhaber einer andern Kernanlage übernommen worden. 178

Erfolgt der Transport in einen Nichtvertragsstaat, so gilt diese Haftung des Versenders, bis die Fracht aus dem Beförderungsmittel ausgeladen worden ist, mit dem sie über die Grenze des Empfängerstaates gebracht wurde. Sie umfasst also auch Schadenereignisse im Transitland. Bei Transporten aus einem Nichtvertragsstaat in einen Vertragsstaat haftet der Destinatär vom Moment an, da die Kernmaterialien auf das Beförderungsmittel verladen worden sind, mit dem sie aus dem Hoheitsgebiet des Nichtvertragsstaates transportiert werden sollen. 179

Daraus ergibt sich auch hier eine Haftpflicht nach Pariser Übereinkommen im Transitland. Das bedeutet, dass bei Transporten durch die Schweiz *mehrere Haftpflichtige* in Frage kommen, es sei denn, der Inhaber der schweizerischen Transportbewilligung sei mit dem nach PUe 4 Verantwortlichen identisch. Im letzteren Fall haftet er nach dem PUe und in Konkurrenz dazu nach dem KHG. 180

---

[160] Vgl. hinten N 361. Diese Folgerung ergibt sich auch aus der Rückgriffsregel in KHG 6 lit. b, die voraussetzt, dass eine Haftung selbst dann besteht, wenn «die Kernmaterialien, von denen der Schaden ausgegangen ist, entwendet oder verhehlt» worden sind.

D. Haftpflicht für Schäden an der Kernanlage

1. Grundsatz

181   Erleidet der Inhaber oder der Eigentümer einer Kernanlage selber einen Nuklearschaden, indem insbesondere sein Reaktorgebäude verseucht oder zerstört wird, so stellt sich die Frage, ob und gegebenenfalls unter welchen Voraussetzungen er Haftpflichtansprüche gegenüber Dritten[161] geltend machen kann, die das Schadenereignis verursacht haben.

182   Diese Schadenersatzansprüche des Inhabers gegen Dritte für Nuklearschäden werden durch das KHG ausgeschlossen. Nach dem Wortlaut von KHG 3 VI gilt die Kanalisierung für die Ansprüche der Geschädigten. Geschädigt ist hier (auch) der Inhaber resp. der Eigentümer. Die Kanalisierung, d.h. der Ausschluss der Möglichkeit, Dritte in Anspruch zu nehmen, muss hier auch gelten. Das entspricht ihrem Sinn.

183   Der Ausschluss von Haftpflichtansprüchen des Eigentümers der Kernanlage gegen Dritte bedarf aber — abgesehen von seiner Möglichkeit, sich durch eine Sachversicherung abzudecken — näherer Abgrenzung.

2. Schadenersatzansprüche des Eigentümers gegen nach aussen solidarisch Mithaftpflichtige

184   Wenn der Eigentümer nicht zugleich Inhaber der Kernanlage ist und deshalb solidarisch mit diesem haftet (KHG 3 IV), stellt sich die Frage, ob er für seinen eigenen Schaden, insbesondere an der Kernanlage, den Inhaber nach KHG belangen kann. Daneben ist der Fall zu erwähnen, dass bei Transporten von Kernmaterialien aus dem Ausland oder ins Ausland auch ein ausländischer Inhaber haftpflichtig sein kann[162].

185   Es ist bereits dargelegt worden (vgl. vorn N 85), dass dem Eigentümer für seinen eigenen Schaden kein Anspruch gegen den Inhaber der gleichen Kernanlage zusteht.

---

[161] Über die Schadenersatzansprüche des Eigentümers gegen den Inhaber vgl. vorn N 84 ff.
[162] Für die Leistungen an dritte Geschädigte, für die der Eigentümer solidarisch mit dem Inhaber und eventuell einem ausländischen Verantwortlichen haftet, stellt sich die Regressfrage, auf die hinten N 378 ff. eingetreten wird.

Wie verhält es sich aber mit Ansprüchen gegen aus anderen Bestimmungen Haftpflichtige für Nuklearschäden, insbesondere gegen Inhaber von ausländischen Kernanlagen bei von diesen veranlassten Transporten von Kernmaterialien? 186

Die Frage, ob ein Eigentümer einer schweizerischen Kernanlage Schadenersatzansprüche auf Grund ausländischer Atomhaftpflichtbestimmungen erheben könne, ist nach diesen Bestimmungen zu beurteilen. 187

3. Schadenersatzansprüche gegen die in KHG 6 erwähnten Regressaten

Nach KHG 6 steht dem nach KHG 3 Verantwortlichen unter bestimmten Bedingungen ein Regressanspruch gegen dritte Mitverursacher des Schadens zu. Hier muss konsequenterweise ein entsprechender Schadenersatzanspruch des nach KHG 3 Haftpflichtigen für seinen eigenen Nuklearschaden angenommen werden. Dafür gelten in diesem Fall die gleichen Voraussetzungen wie für den Regress nach KHG 6 (vgl. hinten N 347 ff.). 188

III. Voraussetzungen der Haftpflicht

A. Positive Voraussetzungen. Verursachung eines Nuklearschadens

1. Begriff des Nuklearschadens

Das KHG ist nur auf Nuklearschäden anwendbar, wie KHG 3 ausdrücklich sagt[163]. Dieser Begriff ist daher für die Anwendung des KHG von zentraler Bedeutung. 189

---

[163] In AtG 12 wurde statt von Nuklearschäden von Wirkungen von Kernumwandlungsvorgängen gesprochen. Damit wurde der Bereich des AtG auf diese Wirkungen eingeschränkt. Das AtG setzte also einen Kernumwandlungsvorgang voraus, während der Wortlaut des KHG auf diese Bedingung verzichtet; vgl. HUG 69 ff.
Der Begriff des Nuklearschadens spielt in der Physik keine Rolle.

190 1. Andere widerrechtliche Schädigungen im Zusammenhang mit einer Kernanlage oder dem Transport von Kernbrennstoffen (durch deren Inhaber oder durch deren Hilfspersonen oder Anlagen) fallen nicht unter das KHG, sondern sind nach den Normen des übrigen Haftpflichtrechts zu beurteilen. Wenn also in einer Kernanlage der Zugang vereist ist und deswegen ein Unfall passiert, wenn ein Wachhund der Kernanlage jemanden beisst, wenn ein Angestellter einer Kernanlage in deren Areal einen Wurzelstock sprengt und dabei Holzstücke und Steine auf ein Nachbargrundstück fallen und dort Schaden anrichten, haftet nicht der Inhaber der Kernanlage nach KHG, sondern kommt die einschlägige Haftungsart zur Anwendung. Wenn ein Lastauto, auf das Kernmaterialien verladen sind, ein Kind überfährt, richtet sich der Schadenersatzanspruch nicht nach dem KHG, sondern nach dem SVG[164].

191 KHG 2 I bestimmt, was als Nuklearschaden «gilt». Damit wird zum Ausdruck gebracht, dass der Begriff des Nuklearschadens in der Sprache von Fachleuten oder in der Umgangssprache ein anderer sein kann, dass aber im Rahmen des KHG auf die von ihm festgelegte Definition abzustellen ist.

192 2. Nach lit. a von KHG 2 I kommt es darauf an, ob ein Schaden durch die *radioaktiven, giftigen, explosiven oder sonstigen gefährlichen Eigenschaften von Kernmaterialien* verursacht worden ist. Die Einwirkung der genannten Eigenschaften von Kernmaterialien auf einen Körper oder eine Sache lässt die dadurch entstandene Körperverletzung

---

[164] Während das OR und das ZGB sowie das JSG, das LFG, das SSG und MO 22 I nach ihrem Wortlaut einen Ersatzanspruch für jeden (widerrechtlichen) Schaden statuieren, unabhängig von seiner Art, sprechen das ElG, das EHG, das SVG und das RLG (vgl. auch den ersetzten Art. 12 I AtG) nur von Personen- und Sachschaden. Sie beschränken also ihren Geltungsbereich in ihrem Wortlaut auf bestimmte Rechtsgüter. Von GSG 36 wird zwar jede Art von Schaden erfasst, aber nur, wenn sie auf einer Gewässerverschmutzung beruht. Unter die Haftung fallen also nur die Folgen von Gewässerverschmutzungen, unabhängig von deren Art. Das entspricht in der Methode der Beschränkung auf Personen- und Sachschaden; auch dort werden alle Schadensfolgen dieser Rechtsgutsverletzungen von der Haftpflicht erfasst.
Das KHG ist in entsprechender Art nur auf Nuklearschäden (und ihre finanziellen Folgen) anwendbar. Dabei wird aber, wie zu zeigen sein wird, der Begriff des Nuklearschadens durch die *Art der Verursachung* bestimmt (durch die radioaktiven usw. Eigenschaften von Kernmaterialien) und nicht durch die Art des eingetretenen Erfolges (Personen- oder Sachschaden, Gewässerverschmutzung).

III. Voraussetzungen der Haftpflicht　　　　　§ 29

oder Sachbeschädigung[165] als Nuklearschaden erscheinen, dessen finanzielle Folgen den Schaden, der nach KHG zu ersetzen ist, im Rechtssinne darstellen.

In AtG 12 I wurden — wie in SVG 58 I, ElG 27, EHG 1/11 und RLG 33, aber im Gegensatz zum KHG[166] und zu SSG 27 — die Tötung eines Menschen, die Schädigung seiner Gesundheit und der Sachschaden ausdrücklich erwähnt. Aber auch das KHG gilt vorwiegend für Rechtsgutsverletzungen, wobei vor allem *Körperschäden und Sachschäden* in Frage kommen. *Weitere Schäden* können unter das KHG fallen, wenn sie auf einem Verstoss gegen Verhaltensnormen beruhen, die den Schutz gegen entsprechende Schäden bezwecken[167]. 193

Wenn Kernmaterialien durch *andere Umstände*, also nicht durch ihre Radioaktivität, Giftigkeit, Explosionsgeneigtheit oder sonstige spezifische Gefährlichkeit eine Körperschädigung oder einen Sachschaden verursachen[168], ist das KHG ebenso wenig anwendbar, wie wenn bei der Verursachung des Schadens keine Kernmaterialien eine Rolle gespielt haben. 194

3. Die radioaktiven, giftigen, explosiven oder sonstigen gefährlichen Eigenschaften von Kernmaterialien bedürfen daher besonderer Erörterung. In der Botschaft (BBl 1980 I 199) wird nicht davon gesprochen, obschon sie im Entwurf in Art. 1 VII als Voraussetzung eines Nuklearschadens aufgeführt sind. 195

a) Die Natur der *radioaktiven* Eigenschaften von Kernmaterialien liegt auf der Hand. Zu den *Kernmaterialien* gehören die *Kernbrennstoffe*[169], die als spaltbares Material in Form von Uran oder Plutonium 196

---

[165] Es lassen sich auch andere Schädigungen durch die erwähnten Einwirkungen denken, die dann, wenn sie widerrechtlich sind, auch unter das KHG fallen; vgl. hinten N 253 ff., 261.
[166] Im E zum KHG wurden die Personenschäden und die Sachschäden noch ausdrücklich erwähnt (Art. 1 VII, Botsch. KHG 209).
[167] Vgl. hinten N 261.
[168] Ein Fass mit schwach radioaktiven Rückständen fällt aus irgendwelchen Gründen um und verletzt den Fuss eines Besuchers des Kernkraftwerkes.
[169] Der Ausdruck «Kern-Brennstoffe» ist vom Standpunkt der Kernphysik aus unbefriedigend, weil ihre Verwendung in einem Reaktor keine Verbrennung darstellt. Die Verbrennung ist ein chemischer Vorgang, während die Kernumwandlung (im Reaktor) in den Bereich der Physik gehört. Kernbrennstoffe sind nur in dem Sinne Brennstoffe, als sie wie Öl und Kohle in entsprechenden Kraftwerken durch Umwandlung — dort Verbrennung, hier Kernumwandlung — zur Gewinnung von Energie dienen. Im PUe (vgl.

§ 29 Kernenergiehaftpflicht

als Metall, Legierung oder chemische Verbindung bezeichnet werden, aber auch radioaktive Erzeugnisse und Abfälle. Ihre Radioaktivität besteht darin, dass sie Strahlen aussenden, die entweder korpuskulären Charakter haben wie α- und β-Strahlen oder nur elektromagnetische Wellen darstellen wie die γ-Strahlen. Diese Strahlen haben schädliche Wirkungen.

197   Die radioaktive Strahlung, die von bestimmtem Material ausgeht, bedeutet nicht, dass dieses spaltbar ist. Die hier zur Diskussion stehenden Kernbrennstoffe sind aber spaltbar, ansonst sie nicht als «Brennstoffe» in einem Reaktor verwendet werden könnten.

198   Zu den Kernmaterialien gehören neben den Kernbrennstoffen auch *radioaktive Erzeugnisse und Abfälle*, d. h. Materialien, die durch Kernumwandlungen entstanden sind[170] und die erwähnten Strahlen aussenden.

199   Wenn radioaktive Stoffe, die weder Kernbrennstoffe noch radioaktive Erzeugnisse und Abfälle darstellen, durch ihre Strahlung Schäden verursachen, stellen die entstehenden Schäden nicht Nuklearschäden im Sinne des KHG dar. Dies gilt auch, wenn die radioaktiven Stoffe mit einer Kernanlage im Zusammenhang stehen.

200   b) Wenn Kernmaterialien durch ihre *Giftigkeit* Schäden verursachen, liegen Nuklearschäden im Sinne des KHG vor. Alle Schwermetalle, z. B. auch Kupfer, haben toxische Wirkungen. Nach dem Wortlaut des KHG führt die Toxizität von Kernmaterialien im Gegensatz zu derjenigen von andern Schwermetallen zur Anwendung des KHG. Das befriedigt logisch nicht.

201   PUe 1 (a) (i) erwähnt die giftigen, explosiven und sonstigen gefährlichen Eigenschaften bei der Definition des nuklearen Ereignisses[171] — diesem kommt dort die gleiche Funktion zu wie im KHG dem Nuklear-

---

namentlich Art. 1 [a]) wird aber ebenfalls von Kernbrennstoffen gesprochen und dieser Ausdruck fast wörtlich gleich definiert wie in KHG 2 III; vgl. FISCHERHOF N 1 ff. zu AtG 2, N 2 ff. zu PUe 1; GEIGEL/SCHLEGELMILCH 23 Kap. N 12 f.

[170] KHG 2 IV umschreibt die radioaktiven Erzeugnisse und Abfälle als hergestellte — d. h. nicht von Natur aus — radioaktive Materialien oder Materialien, die durch Bestrahlung bei der Herstellung, Verwendung, Lagerung, Wiederaufbereitung oder dem Transport von Kernbrennstoffen radioaktiv geworden sind. Es genügt also nicht irgendeine Bestrahlung und radioaktive Erzeugnisse und Abfälle können nur bei der geschilderten Behandlung von Kernbrennstoffen, nicht aber von irgendwelchem Material entstehen. Vgl. auch PUe 1 (a) (iv).

[171] Zu diesem Begriff auch hinten N 210 f.

schaden — nur für den Fall, dass sie in Verbindung mit radioaktiven Eigenschaften zu einem Schaden führen [172]. In diesem Sinne sollte auch die Giftigkeit von Kernmaterialien behandelt werden. Sonst entsteht eine nicht leicht zu begründende Differenz gegenüber der Behandlung anderer Gifte, für die nach dem Giftgesetz vom 21. März 1969 (SR 814.80) keine Kausalhaftung gilt.

Die Anwendung des KHG auf Schäden, die durch giftige Eigenschaften von Kernmaterialien in Verbindung mit ihren radioaktiven Eigenschaften verursacht werden, erscheint als sinnvoll: Sie schliesst im konkreten Fall Diskussionen darüber aus, ob ein Schaden auf die Toxizität oder die Radioaktivität von Kernmaterialien zurückzuführen ist. Wenn sich z. B. Plutonium in den Knochen eines Menschen ablagert, ist dies ein chemischer Vorgang. Die von ihm ausgehende Strahlung wirkt aber im radioaktiven Sinne. 202

Die Giftigkeit von Kernmaterialien führt nur zur Anwendung des KHG, wenn sie sich im *Zusammenhang mit einer Kernanlage oder dem Transport von Kernmaterialien* auswirkt. 203

c) Das KHG zählt auch die durch *explosive* Eigenschaften von Kernmaterialien entstandenen Schäden zu den Nuklearschäden. Zu Explosionen im chemischen Sinne sind Kernmaterialien nicht geeignet. In der Umgangssprache werden aber auch Ereignisse, bei denen als Folge von (unkontrollierten) Kernumwandlungsvorgängen innert kürzester Zeit sehr grosse Energien frei werden, verständlicherweise als Explosionen bezeichnet. Dass auch auf sie das KHG Anwendung finden soll, versteht sich von selbst. 204

Neben eigentlichen Atomkatastrophen können Kernmaterialien auch blosse *Verpuffungen* herbeiführen, bei denen explosionsähnliche Eigenschaften auftreten. Dies ist möglich und in Kernanlagen auch schon passiert, wenn so viel spaltbares Material zufällig zusammenkommt, dass die kritische Masse erreicht wird. Durch die Verpuffung fällt sie dann sofort wieder auseinander; das explosionsähnliche Ereignis hört von selbst auf und weitet sich nicht zu einer Katastrophe aus. 205

---

[172] Vgl. HAEDRICH N 2 zu PUe 1: «Wenigstens *eines* der Glieder der Kausalkette muss also von den radioaktiven Eigenschaften oder von der Verbindung dieser Eigenschaften mit den sonstigen gefährlichen Eigenschaften der Kernstoffe herrühren: Wenn nicht das nukleare Ereignis *und* der Schaden nuklearen Ursprungs sind, muss wenigstens das nukleare Ereignis *oder* der Schaden nuklearen Ursprungs sein» (Hervorhebungen im Originaltext); vgl. auch GEIGEL/SCHLEGELMILCH Kap. 23 N 7 ff.

206 Schäden, die bei blossen Verpuffungen entstehen, fallen zu Recht unter das KHG, wenn sie mit einer Kernanlage oder einem Transport von Kernmaterialien im Zusammenhang stehen.

207 d) Die Naturwissenschaften scheinen kaum *sonstige gefährliche Eigenschaften* von Kernmaterialien zu kennen. Wenn das KHG wie das PUe[173] sie ausdrücklich erwähnt, handelt es sich auf der Basis des heutigen Wissensstandes um eine Generalnorm, die eventuelle Lücken der vorangestellten Aufzählung von gefährlichen Eigenschaften ausfüllen soll und der höchstens in der Zukunft praktische Bedeutung zukommen kann. Immerhin ist zu erwähnen, dass Späne, die bei der Bearbeitung von Uran entstehen, durch die Reibungswärme der Bearbeitung leicht in Brand geraten.

208 Selbstverständlich können sich gefährliche Situationen ergeben, wenn Kernmaterialien in unbefugte Hände gelangen. Wenn dabei Schäden entstehen, wirken sich aber nicht «sonstige gefährliche Eigenschaften» aus, sondern die Radioaktivität, die Giftigkeit oder die Explosionsgeneigtheit. Deshalb ist der eventuell eintretende Schaden als Nuklearschaden zu qualifizieren. Das KHG findet aber nur Anwendung, wenn der Schaden als durch eine Kernanlage oder durch den Transport von Kernmaterialien verursacht bezeichnet werden kann. Dies wird regelmässig der Fall sein, da Kernmaterialien Dritten nicht zugänglich sind[174], es sei denn, sie seien gestohlen worden. Aber auch dann ist die genügende Verbindung mit der Kernanlage zu bejahen, der sie gestohlen wurden.

209 4. Zusammenfassend ist festzuhalten, dass das AtG die besondere Natur der hier zur Diskussion stehenden Schädigungen dadurch klarlegte, dass sie Wirkungen von Kernumwandlungsvorgängen sein mussten. An die Stelle dieser Umschreibung der Ursache ist im KHG der Begriff des Nuklearschadens getreten, in dessen Definition die Kernumwandlung nicht mehr erscheint. Es wird aber nur scheinbar an die Art des Schadens angeknüpft, statt an seine Ursache; denn der Nuklear-

---

[173] PUe 1 (a) (i).
[174] Nach AtG 4 I lit. b und c bedürfen Transport, Abgabe und Bezug und jede andere Form des Innehabens von radioaktiven Kernbrennstoffen und Rückständen, sowie deren Einfuhr, Durchfuhr und Ausfuhr einer Bewilligung des Bundes.

III. Voraussetzungen der Haftpflicht　　　　　　　　　　　　　§ 29

schaden wird seinerseits dadurch definiert, dass er durch bestimmte Eigenschaften von Kernmaterialien *verursacht* sein muss[175].

Das PUe vermeidet dieses scheinbare Abstellen auf die Art des Schadens, indem es das *«nukleare Ereignis»*[176] zum entscheidenden Kriterium erhebt, das als verursachendes Ereignis umschrieben wird. Das nukleare Ereignis ist wie der Nuklearschaden dadurch gekennzeichnet, dass es von den radioaktiven, giftigen, explosiven oder sonstigen gefährlichen Eigenschaften von Kernbrennstoffen oder radioaktiven Erzeugnissen oder Abfällen herrührt. 210

Sowohl der Nuklearschaden nach KHG als auch das nukleare Ereignis nach PUe führen nur zur Anwendung der speziellen Haftung, wenn sie mit einer Kernanlage und/oder ihren Kernmaterialien zusammenhängen. 211

2. Die Erscheinungsformen des Nuklearschadens

Der Nuklearschaden manifestiert sich in einer finanziellen Einbusse des Geschädigten, die beruhen kann auf 212

a) Personenschaden

Der Personenschaden ist, wie vorn N 193 erwähnt, im KHG nicht ausdrücklich angeführt, hat aber hier natürlich grosse Bedeutung: Durch radioaktive, giftige, explosive oder sonstige gefährliche Eigenschaften können Personen in ihrer Gesundheit geschädigt oder getötet werden. 213

Über die Art der Schädigung der Gesundheit bei explosionsähnlichen Ereignissen und bei Bränden erübrigen sich weitere Ausführungen; hier liegen keine Besonderheiten vor[177]. Auch abgesehen davon 214

---

[175] In der Botschaft zum KHG (BBl 1980 I 199) wird diese Situation dadurch verwischt, dass als unwesentlich bezeichnet wird, «unter welchen Umständen die Schädigung hervogerufen wurde». Es wird dann auf ausserordentliche Naturvorgänge, kriegerische Ereignisse und absichtliche oder fahrlässige Verursachung hingewiesen. Diese Faktoren gehören aber nicht zum Begriff des Nuklearschadens, sondern bedeuten nur, dass die Fremdbestimmung der haftungsbegründenden Ursache (vgl. hinten N 343; Bd. II/1 § 19 N 68a) nicht zur Entlastung führt. Das ist eine andere Frage.
[176] Vgl. PUe 1 (a) (i) und 3 (a).
[177] Vgl. Bd. I 102 f., 280.

gelten vorerst die Regeln des Allgemeinen Teils über die Berücksichtigung des Personenschadens[178].

215 Bei *radioaktiver Strahlung* können sich aber Beeinträchtigungen der Gesundheit ergeben, deren Art der Haftpflichtpraxis bisher weitgehend fremd war[179].

216 Vorauszuschicken ist, dass ein Körper entweder direkt der Strahlung ausgesetzt sein kann oder radioaktive Partikel mit der Nahrung oder der Atemluft in den Körper gelangen und dort einzelne Körperteile bestrahlen können. Im letzteren Fall dauert die Strahlung nach dem nuklearen Ereignis noch lange an. Immerhin gibt es neben der physikalischen *Halbwertszeit*[180], die jahrzehntelang sein kann, auch eine durch den stoffwechselmässigen Abbau der in den Körper gelangten Strahlen bedingte *biologische* Halbwertszeit. Diese ist sehr viel kürzer als die physikalische.

217 1. Die Strahlenschäden akkumulieren sich bei *mehrmaliger* Bestrahlung, so dass theoretisch ein bereits einmal bestrahlter Mensch durch eine kleinere Dosis in einer bestimmten Art geschädigt wird als ein noch nie bestrahlter.

218 Nach den Grundsätzen der sog. *konstitutionellen Prädisposition*[181] führt dieser Umstand zur Reduktion des Schadenersatzes. Hier ist aber zu berücksichtigen, dass die Prädisposition darauf beruht, dass der Geschädigte in einem früheren Zeitpunkt bereits einmal einer radioaktiven Bestrahlung von erheblicher Intensität ausgesetzt war. Sofern es sich um eine therapeutische Strahlendosis handelte, kann sich die Schadenersatzreduktion rechtfertigen. Wenn aber keine ärztliche Behandlung mit radioaktiven Strahlen stattgefunden hat, besteht eine erhebliche Wahrscheinlichkeit, dass der Geschädigte — auch wenn er das vielleicht nicht weiss oder wenn es mindestens nicht bewiesen werden kann — unfallmässig einer Bestrahlung ausgesetzt war. Dann ist auf eine Schadenersatzreduktion wegen des Vorzustandes zu verzichten, weil dafür wahrscheinlich ein Dritter haftpflichtig ist. Dabei besteht zwi-

---

[178] Bd. I 170 ff., insbes. 185 ff. und 226 ff.; vgl. BGE 106 II 134 ff.
[179] Zum folgenden auch DEBIEUX 86 ff.; HUG 14 ff.; MOSER OeJZ 1986, 65 ff.; FISCHERHOF N 12 vor AtG 25; SCHÜLLI 26 ff.; BENTZIEN 7 ff., DERS. VersR 1972, 1095; HAEDRICH 514, 619. Bekannt sind vor allem Schäden durch radiumhaltige Stoffe, mit denen Arbeiter jahrelang z.B. Zifferblätter von Uhren bemalten.
[180] Die Zeit, während der die aktive Strahlung sich auf die Hälfte reduziert.
[181] Bd. I 102 f., 280; BGE 113 II 89 ff.; vgl. dazu auch STEPHAN WEBER, Zurechnungs- und Berechnungsprobleme bei der konstitutionellen Prädisposition, SJZ 85, 73 ff.

III. Voraussetzungen der Haftpflicht § 29

schen diesem (vielfach unbekannten) Dritten und dem für die neue Strahlenexposition Verantwortlichen Solidarität.

2. Zu den gefürchteten Bestrahlungsfolgen gehört die *Erhöhung des Krebsrisikos*. Die Verursachung von Krebs durch radioaktive Strahlen lässt sich bei einer konkreten Erkrankung medizinisch nicht feststellen. Die Untersuchung des Krebsgeschwürs zeigt dessen Ursache nicht auf. Man kann beim Austreten von radioaktiven Strahlen aus einer Kernanlage usw. nur die Erhöhung der Krebsgefahr mit epidemologischen Statistiken eruieren, die eine grosse Anzahl von Personen erfassen müssen — z.B. eine Million —, um aussagekräftig zu sein. Wenn nach einem Strahlenunfall eine solche Untersuchung durchgeführt wird, kann für die Betroffenen, die an Krebs erkranken, angegeben werden, um wieviele Prozente sich die Wahrscheinlichkeit der Erkrankung durch die Strahlenexposition erhöht hat, mehr nicht (*unspezifische Strahlenschäden*[182]). 219

Dabei kann schon die Tatsache der Bestrahlung einer bestimmten Person unsicher sein. Aber auch wenn sie ausser Zweifel steht oder mindestens gewichtige Gründe dafür sprechen, kann nicht festgestellt werden, ob die Krebserkrankung *dieser* bestimmten Person damit zusammenhängt; es ist auch möglich, dass sie ohne Bestrahlung ebenfalls eingetreten wäre. Obwohl ein bestimmtes Ereignis, das nach der wissenschaftlichen Erfahrung generell geeignet ist, die Krebserkrankung hervorzurufen, besteht, lässt sich nicht sagen, ob es im konkreten Fall conditio sine qua non der Erkrankung war. Dies kann zwar behauptet, aber nicht bewiesen werden. Zu dieser Beweisfrage wird hinten N 299 ff. Stellung genommen. 220

3. Neben den unspezifischen — für die der Krebs als Beispiel angeführt worden ist — gibt es die *spezifischen Strahlenschäden*, die nur durch Einwirkung radioaktiver Strahlen entstanden sein können; das aufgetretene Krankheitsbild kann m.a.W. ausschliesslich durch Strah- 221

---

[182] Die unspezifischen Strahlenschäden können auch ohne Einwirkung von radioaktiven Strahlen entstehen. Demgegenüber können spezifische Strahlenschäden ausschliesslich durch Strahleneinwirkungen verursacht werden; vgl. HUG 76 ff.; SCHÜLLI 99 ff.; vgl. auch MOSER, OeJZ 1986, 65 f., der stochastische (probabilistische) und nichtstochastische (deterministische) Strahlenwirkungen unterscheidet; DÄUBLER 31 ff.; GUY/MORIN, Kritische Betrachtung des Strahlenrisikos im Bereich niedriger Strahlendosen, Schweizerische Ärztezeitung 1990, 1385 ff.

lenabsorption hervorgerufen werden. Der natürliche Kausalzusammenhang zwischen der Einwirkung der Strahlen auf den Körper und der in Erscheinung getretenen Krankheit kann auf Grund des Krankheitsbildes mit Sicherheit oder doch mit hoher Wahrscheinlichkeit festgestellt werden.

222 Hier erhebt sich nur die Frage, ob die Strahlen aus derjenigen Quelle stammten, für die der in Anspruch genommene Inhaber einer Kernanlage oder einer Transportbewilligung einzustehen hat. Wird die Frage bejaht, so ist voller Schadenersatz zuzusprechen. Von Bedeutung ist, ob Anhaltspunkte dafür bestehen, dass der Geschädigte auch Strahleneinwirkungen aus anderen Quellen ausgesetzt war, die den entstandenen Schaden verursachen konnten.

223 4. Es lässt sich aber nicht einfach ein Katalog von spezifischen und unspezifischen Schäden aufstellen: Verschiedene Krankheitsbilder sind bei *Vorliegen bestimmter Umstände* als spezifische Strahlenschädigungen zu betrachten, bei deren Fehlen aber nicht, ohne dass deswegen die Möglichkeit einer Strahlenschädigung auszuschliessen wäre. Zu diesen Umständen gehören vor allem die Strahlendosis sowie bei der Schädigung eines nasciturus der Zeitpunkt der Einwirkung unter Berücksichtigung des Entwicklungsgrades des Embryos. Je nachdem ist dann die prozentuale Methode für unspezifische Schädigungen (vgl. hinten N 304) anzuwenden oder nicht.

224 Ob es sich im konkreten Fall um eine spezifische oder eine unspezifische Schädigung handelt, muss durch Gutachten von Spezialisten abgeklärt werden.

225 Die Unterscheidung zwischen spezifischer und unspezifischer Strahlenschädigung, der rechtlich wegen der verschiedenen Methoden der Schadensermittlung grosse praktische Bedeutung zukommt, sei anhand einiger Beispiele veranschaulicht:

226 a) Vorerst sei der sog. *Strahlentod*[183] (der bestrahlten Person, nicht der Leibesfrucht) angeführt: Bei hohen Dosen tritt das Zentralnervensystem-Syndrom auf; das Hirn ist geschädigt und nach maximal einem Tag kommt es zum Tod.

---

[183] Dieser gehört zu den sog. somatischen Schäden (Organschäden durch chromosomatische Veränderungen), zu den genetischen Strahlenschäden hinten N 240 ff.; vgl. zu dieser Unterscheidung auch HUG 15 f.; zu den biologischen Strahlenschäden auch FISCHERHOF N 12 vor AtG 25; MOSER, OeJZ 1986, 66 ff.

III. Voraussetzungen der Haftpflicht §29

Bei geringerer Dosis führt das Knochenmark-Syndrom, eine Schädigung des Blutbildes, zur Ausschaltung des Immunsystems und zur Schwächung des ganzen Körpers, was innert wenigen Tagen den Tod zur Folge hat. War die Dosis noch geringer, so wird der Verdauungstrakt betroffen: Es entstehen Durchfall und innere Blutungen, denen der Patient innert einiger Tage erliegt[184]. 227

Wenn die Dosis, der eine Person ausgesetzt war, grössenordnungsmässig bekannt ist und mit dem aufgetretenen Krankheitsbild übereinstimmt, ist der Strahlenschaden als spezifisch zu qualifizieren. 228

b) Wird eine schwangere Frau radioaktiven Strahlen ausgesetzt, so kann nicht nur sie selbst, sondern auch ihre Leibesfrucht, der sog. *nasciturus,* geschädigt werden. 229

Wenn ein Kind nach Bestrahlung der Mutter lebend, aber mit einer Missbildung (Schwachsinn und andere Hirnschäden, Augenschäden, Leukämie usw.) auf die Welt kommt, kann es eigene Schadenersatzansprüche stellen[185]. Das noch nicht geborene Kind ist zwar nach ZGB 31 noch nicht rechtsfähig, es sei denn, es werde lebend geboren. Soweit es sich um Ansprüche eines lebend geborenen Kindes handelt, war es also im Zeitpunkt der Schädigung rechtsfähig und stellt sich diesbezüglich kein ernsthaftes Problem[186]. 230

Wenn das Kind aber wegen der Straheneinwirkung tot zur Welt kommt, war es im Zeitpunkt der Schädigung nicht rechtsfähig. OFTINGER[187] verweigert ihm daher den Anspruch auf Ersatz der Bestattungskosten. Es fragt sich aber, ob die Verpflichtung der Mutter zur Bezahlung der Bestattungskosten nicht als Folge ihrer eigenen Körperverletzung (das Kind war im Zeitpunkt der Straheneinwirkung noch ein Teil der Mutter) durch Strahlen zu betrachten sei[188]. Die identische 231

---

[184] Zu den einzelnen, von der Strahlungsintensität abhängigen Krankheitsbildern SCHÜLLI 33 ff.; MOSER, OeJZ 1986, 66 ff.
[185] Bd. I 191; AUGUST EGGER, Zürcher Kommentar (2. A. Zürich 1930) N 13 zu ZGB 31; HANS MERZ, Anfang und Ende der Persönlichkeit, ZSR 76 (1957) 335; HUG 64 ff.; DEBIEUX 87; ferner HAEDRICH N 12 zu PUe 3 mit Hinweisen zum deutschen Meinungsstand.
[186] Vgl. auch Botsch. KHG 199: «Nicht ausdrücklich im Gesetz erwähnt werden muss der Umstand, dass auch die Gesundheitsschädigung eines Kindes vor der Geburt durch den Begriff des Nuklearschadens erfasst wird; die Haftpflicht für vorgeburtliche Schädigungen ist allgemein anerkannt».
[187] Bd. I 227.
[188] So SCHÜLLI 44.

Verpflichtung des Vaters stellt einen Reflexschaden dar, der aber in Analogie zu den Ansprüchen auf Versorgerschaden zu ersetzen ist[189].

232 Die Natur der Schäden eines Kindes, die bei Bestrahlung im Mutterleib auftreten, hängt davon ab, in welcher Entwicklungsphase sich das Kind im Zeitpunkt der Bestrahlung befindet. Bei Bestrahlung in der ersten Zeit der Schwangerschaft ist die Wahrscheinlichkeit gross, dass der Embryo abstirbt. Spätere Bestrahlung führt zur Schädigung derjenigen Organe, die sich im betreffenden Zeitpunkt in Bildung befinden. In der achten bis fünfzehnten Woche trifft dies für das Hirn zu und führt schon eine relativ kleine Dosis zu Schwachsinn.

233 Bei Bestrahlung im Zeitpunkt des Verschlusses des Hirns durch die Schädeldecke entsteht der sog. Hirnbruch, d. h. das Hirn liegt offen an der Oberfläche ohne Schutz durch den Schädel. Das führt immer zum Tode. Ist der Schädel im Zeitpunkt der Bestrahlung schon geschlossen, so hat sie keinen Hirnbruch mehr zur Folge.

234 Dieser Einfluss des Zeitfaktors gilt auch für Herzschäden.

235 Wenn der aufgetretene Schaden und der Zeitpunkt der Strahlenexposition der Mutter einander entsprechen, liegt die Annahme eines Strahlenschadens sehr nahe. Man muss aber auch das Gesamtbild des Falles im Auge behalten, meistens namentlich die Strahlendosis. Wenn alles übereinstimmt, können andere Ursachen des Schadens, z. B. falsche Ernährung oder ein Schock, praktisch ausgeschlossen werden.

236 Schäden, namentlich Hirnschäden, des nasciturus sind an sich unspezifisch. Wenn aber die für eine bestimmte Schädigung nötige Dosis in dem für sie entscheidenden Zeitpunkt auf den Mutterleib eingewirkt hat, sind sie als spezifisch zu betrachten.

237 c) Radioaktive Bestrahlung kann bei Frauen und bei Männern zu *Sterilität* führen, wobei es bei Frauen eine grössere Dosis braucht als bei Männern. Im reifen Stadium sind sowohl Eier als auch Spermien gegen Strahlen sehr resistent; im Entwicklungsstadium sind sie aber sehr empfindlich. Je nach der Dosis ist die Sterilität mit Sicherheit auf die Bestrahlung zurückzuführen, wenn sie vorher nicht bestand und keine andern Gründe dafür bekannt sind. Wenn solche andere Gründe vorliegen oder die Dosis eigentlich zur Verursachung von Sterilität

---

[189] HANS MERZ (zit. vorn FN 185) begründet die Schadenersatzpflicht für Versorgerschaden bei Tötung der Leibesfrucht mit der Überlegung, dass ohne Dazwischentreten des Täters die Lebendgeburt erfolgt und damit die Rechtspersönlichkeit erlangt worden wäre.

III. Voraussetzungen der Haftpflicht   § 29

kaum genügte, liegt eine unspezifische Schädigung vor, sonst eine spezifische.

Hier ist noch anzumerken, dass eine zur Sterilität führende Strahlendosis auch weitere Schäden verursacht, z. B. im Blut oder im Magen-Darm-Trakt, wenn die Bestrahlung nicht im Rahmen einer medizinischen Therapie lokal genau festgelegt ist. 238

Eine Sterilität kann auch nur vorübergehend sein und rechtfertigt dann — abgesehen von besonderen Verhältnissen — keine Entschädigung für die immaterielle Unbill. 239

d) *Genetische Schäden*[190] sind Schäden an den Keimzellen, die weitervererbt werden und z. T. erst in späteren Generationen (in der 2., 3. oder einer noch späteren) in Erscheinung treten. Die Erbsubstanz kann aber nicht nur durch Strahlen, sondern auch durch Chemikalien, «natürliche» Mutationen oder andere Faktoren verändert werden. 240

Genetische Schäden sind grundsätzlich zu unterscheiden von den Schäden der bestrahlten Person, die man im Gegensatz dazu als Körper- oder somatische Schäden bezeichnen kann. Es handelt sich um Schäden des *nondum conceptus*[191]. 241

Nach üblicher Betrachtungsweise kann nur diejenige Person Ersatz für einen Körperschaden verlangen, die diesen erlitten hat. Diese These führt aber im Zusammenhang mit dem Anfang und dem Ende der Person zu Schwierigkeiten. 242

Wenn die verunfallte Person gestorben ist, stellt die Anerkennung der Ansprüche der Hinterlassenen auf Versorgerschaden heute eine Selbstverständlichkeit dar. Sie haben in OR 45 III ihre Regelung erfahren[192]. 243

Die Rechtslage ist schwieriger bei der Schädigung einer Person vor der Konzeption, weil hier nicht ein Reflexschaden zur Diskussion steht. Trotzdem ist auch hier die Aktivlegitimation zu bejahen: Die Strahlen 244

---

[190] Vgl. dazu insbesondere die Arbeit von BENTZIEN; ferner HUG 16, 64 ff.; DEBIEUX 87 ff.; FISCHERHOF N 7 zu AtG 1, N 12, 16 vor AtG 25.

[191] Einen Anspruch des nondum conceptus bejahen OFTINGER I 191; DEBIEUX 88; ablehnend dagegen HUG 88 mit der Begründung, dass sich «Verletzungsvorgang und der infolgedessen entstandene Schaden (...) in der gleichen Person verwirklicht haben» müssen; unklar Botsch. KHG 199; bejahend auch FISCHERHOF N 7 zu AtG 1; HAEDRICH N 12 zu PUe 3; eingehend dazu BENTZIEN 32 ff.; vgl. auch den vergleichbaren Luesfall in BGHZ 8, 243 ff., wo es um Schadenersatzansprüche eines infolge einer luetischen Infizierung der Mutter durch Syphilis geschädigten Kindes ging; ferner BGH in NJW 1972, 1126.

[192] Vgl. Bd. I 230 ff.

schädigen die Erbanlagen im Ei oder im Samen und damit bereits einen Teil des später missgebildet zur Welt kommenden Menschen[193].

245 Veränderungen der Keimzelle können z. T. durch medizinische Untersuchungen festgestellt werden, z. T. aber auch nicht. Sie können zu Missgeburten führen, wobei im Einzelfall kaum feststellbar ist, ob die Missgestaltung eines Neugeborenen auf die Bestrahlung eines seiner Vorfahren zurückzuführen ist oder nicht. Dabei kann die Strahlendosis als Indiz gelten.

246 Trotz dieser Schwierigkeiten sind genetische Schäden nicht immer unspezifisch. Es ist im Einzelfall Sache des medizinischen Gutachtens, diesen Punkt so gut als möglich zu klären.

b) Immaterielle Unbill

247 Dass bei Personenschäden durch nukleare Ereignisse auch Genugtuung in Frage kommt, bedarf keiner weiteren Erörterung. Die Verwendung des Begriffes «Nuklear*schaden*» durch das Gesetz ist nicht als Ausschluss der Entschädigung für immaterielle Unbill zu verstehen.

248 Schwierigkeiten könnten hier auftreten, wenn ein Kind wegen einer Strahleneinwirkung auf die Mutter tot zur Welt kommt. OR 47 («Tötung eines Menschen») darf aber nicht in dem Sinne eng ausgelegt werden, dass das Kind mangels Lebendgeburt nie rechtsfähig geworden sei und der Vater auf Grund der Bestrahlung der Mutter keine Ansprüche auf Genugtuung stellen könne. Vielmehr ist hier mit HANS MERZ[194] davon auszugehen, dass die rechtswidrige Einwirkung auf den Körper der Mutter und des ungeborenen Kindes zur Totgeburt führte und daher nicht nur der Mutter, sondern auch den andern Angehörigen ein Genugtuungsanspruch zustehe. Dieser wird allerdings nicht so hoch

---

[193] Im Gegensatz zu vielen anderen Betrachtungsweisen ist hier der Zeitpunkt der Konzeption nicht die massgebende Grenze, von wann an radioaktive Ursachen späterer Missbildungen rechtlich berücksichtigt werden. Die Konzeption ist zwar die entscheidende Bedingung für die Entstehung eines menschlichen Wesens. Wenn an ihr aber eine Ei- oder eine Samenzelle beteiligt ist, die vorher geschädigt wurde, und wenn sich aus dieser Schädigung ein Personenschaden des sich später bildenden Menschen ergibt, ist der Kausalzusammenhang zwischen der vorkonzeptionellen Schädigung einer an ihr beteiligten Zelle und dem Schaden zu bejahen.
Diese Überlegungen gelten auch, wenn zwischen der Schädigung einer Ei- oder Samenzelle und der Geburt eines missgebildeten Menschen mehrere Generationen liegen, sofern der Beweis dieser Vorgänge geleistet werden kann.

[194] Vgl. vorn FN 185.

sein wie bei Tötung eines lebenden Kindes, weil der Vater und die andern Familienangehörigen ausser der Mutter zum ungeborenen Kind nur eine verhältnismässig lose seelische Beziehung gehabt haben[195].

c) Sachschaden

KHG 2 I spricht bei der Definition des Nuklearschadens nur von Schaden, ohne bestimmte Schadenskategorien zu nennen, mit Ausnahme des hinten (N 263 ff.) zu besprechenden Evakuationsschadens. Daraus ergibt sich, dass auch in bezug auf die Sachschäden wie für die Personenschäden die allgemeinen Regeln der Schadensberechnung gelten[196]. Immerhin sind drei Besonderheiten zu erwähnen: 249

1. Wenn eine Sache *radioaktiv verseucht* ist, ist sie weder in ihrer äusseren Form noch in ihrer stofflichen Zusammensetzung verändert[197]. Die Verseuchung bedeutet aber, dass die Sache entweder selbst radioaktiv geworden ist oder mit radioaktivem Staub verschmutzt wurde. Beides schliesst ihre Benützung unter normalen Bedingungen mindestens für eine bestimmte Zeit aus. Daraus ergibt sich ein Schaden ihres Eigentümers oder Besitzers, der zu ersetzen ist. Das gilt bei einer radioaktiven Einwirkung auch ohne tatsächliche Verseuchung bis zur Feststellung, dass die Sache ungefährlich ist[198]. 250

Bei *Tieren* liegen ähnliche Verhältnisse vor wie beim Personenschaden: Die Funktion der Bestrahlung als conditio sine qua non der eingetretenen Gesundheitsschädigungen, Missgeburten und Schädigungen 251

---

[195] Vgl. Bd. II / 1 § 16 N 138; HÜTTE, Ziff. 2.1.4; JT 1975 I 454.
[196] Bd. I 250 ff.
[197] Die übliche Umschreibung des Sachschadens als Zerstörung, Beschädigung oder Verlust der Sache ist hier zu eng; vgl. auch HUG 67 ff.; DEBIEUX 89 f.; FISCHERHOF N 13 vor AtG 25; SCHÜLLI 53 ff. Es drängt sich auf, mit TERCIER (De la distinction entre dommage corporel, dommage matériel et autre dommages, FS Assista 1968—1978, 253) als Sachschaden «toute diminution du patrimoine résultant d'une atteinte portée aux choses» zu betrachten. Als Beschädigung eines Autos gilt auch ein Kratzer im Lack, obschon der Gebrauchswert dadurch in keiner Weise beeinträchtigt wird, wohl aber der Verkaufswert. Im noch nicht publ. BGE i. S. Schweiz. Eidgenossenschaft c. R & L vom 21.Juni 1990 hat das Gericht die Frage offengelassen, ob bei Fehlen von Zerstörung, Beschädigung oder Verlust ein Sachschaden vorliege, das KHG aber angewendet, weil es sich nicht nur mit Personen- und Sachschäden befasst.
[198] Wenn bei einem Autounfall der vordere Teil eines Autos beschädigt wurde, gehören auch die Kosten der Prüfung der Lenkgeometrie zum Schaden und stellt die normale Benützung des Autos vor dieser Prüfung ein Verschulden dar.

der Erbmasse ist wie dort unter dem Gesichtspunkt der spezifischen resp. unspezifischen Strahlenschädigung zu prüfen. Dabei hat man bei sicherer oder auch nur möglicher schwerer Schädigung zusätzliche Möglichkeiten, den Kausalzusammenhang nach der Tötung des Tieres zu untersuchen.

252 2. Bei *Grundstücken* gelten die gleichen Überlegungen. Bei ihnen kommt dazu, dass sie im Gegensatz zu Fahrnis nicht aus dem Bereich einer Strahlenquelle entfernt werden können und daher, solange die Strahlung andauert, unbenützbar bleiben. Der sich daraus ergebende Sachschaden liegt auf der Hand.

253 Mehr Schwierigkeiten bereitet die Frage, ob die Grundstücke in der Nähe einer möglichen Strahlenquelle, namentlich einer Kernanlage, wegen der Gefahr einer Strahleneinwirkung eine Entwertung erfahren, die ihre Eigentümer zu Schadenersatzansprüchen[199] berechtigt. Auch wenn man eine erhöhte Strahlung in der Umgebung von Kernanlagen bei normalem Betrieb verneint, kann doch ein Unfall, der keineswegs eine Katastrophe zu sein braucht, zu einer nicht unbedeutenden Zunahme der Strahlung führen.

254 In KHG 2 I lit. b (Evakuationsschaden)[200] wird die unmittelbar drohende nukleare Gefährdung als Ursache eines Schadens anerkannt und damit auf den grundsätzlichen Standpunkt verzichtet, es müsse eine radioaktive Einwirkung stattgefunden haben. Von einer unmittelbar drohenden Gefährdung kann beim Betrieb einer Kernanlage in der Nachbarschaft eines Grundstückes (ohne Unfall) aber wohl nicht gesprochen werden.

255 Es könnte naheliegen, auf die Reaktion des Marktes abzustellen: Wenn für Grundstücke in der Nähe von Kernanlagen wegen der Gefahr von Strahleneinwirkungen weniger bezahlt wird, entsteht ein Schaden des Grundeigentümers. Das Nachbarrecht statuiert jedoch eine Duldungspflicht für nicht übermässige Einwirkungen auf Nachbargrundstücke[201]. Diese sind also nicht rechtswidrig. Wenn nur die Gefahr

---

[199] Denkbar ist auch ein Anspruch aus materieller Enteignung; vgl. dazu Bd. II/2 § 25 N 321 ff.
[200] Vgl. dazu hinten N 277 ff.
[201] Vgl. ARTHUR MEIER-HAYOZ, Berner Kommentar N 3 zu ZGB 684; EMIL W. STARK, Haftpflicht des Grundeigentümers nach Art. 679 ZGB (Zürich 1957) 190; vgl. im weiteren BGE 91 II 103 und dazu Bd. II/1 § 16 N 183.

rechtmässiger Einwirkungen besteht, kann sich aus der Reaktion des Marktes, dass weniger für das Grundstück bezahlt wird, keine Schadenersatzpflicht ergeben[202].

Wenn die zu erwartende oder auch nur mögliche Erhöhung der Radioaktivität im Rahmen der nachbarrechtlichen Duldungspflicht liegt, kann auch eine tatsächliche Entwertung der Nachbargrundstücke daher nicht zu Schadenersatzansprüchen Anlass geben. Ob die nachbarrechtliche Duldungspflicht eine bestimmte mögliche Erhöhung der Radioaktivität auf Nachbarliegenschaften umfasst, ist im Einzelfall vom Richter zu entscheiden. Wenn die Duldungspflicht verneint wird, entsteht gegenüber der Kernanlage ein Unterlassungs- und Beseitigungsanspruch[203]. 256

3. Wenn ein *Grundstück* wegen der von Nachbargrundstücken ausgehenden radioaktiven Strahlung — z. B. wegen eines Unfalles in einer benachbarten Kernanlage — *nicht mehr benützt werden kann*, ist die nachbarliche Duldungspflicht eindeutig überschritten und entsteht ein Schadenersatzanspruch für den Nutzungsausfall resp. bei längerer Dauer für die (hier meistens wohl totale) Entwertung. 257

Das gilt auch, wenn nicht das Grundstück selbst der radioaktiven Strahlung ausgesetzt ist, sondern nur der Zugang zu ihm. 258

Ein Grundstück kann nicht nur durch radioaktive Strahlung von Nachbargrundstücken aus, sondern auch dadurch in seiner Benutzbarkeit wesentlich beeinträchtigt werden, dass *radioaktiver Staub* sich auf ihm ablagert. Dies kann noch in sehr grosser Entfernung vom Ort einer nuklearen Katastrophe der Fall sein. 259

Der Schaden ergibt sich hier einerseits aus der kürzere oder längere Zeit dauernden Unbenützbarkeit des Grundstückes, andererseits aus der Verseuchung der darauf gewachsenen Pflanzen. Gemüse kann u. U. nicht mehr verkauft werden; das Fleisch von Tieren, die solche Pflanzen gefressen haben, wird gesundheitsgefährlich. Beides stellt eindeutig 260

---

[202] Bei der Anerkennung des sog. kaufmännischen Minderwertes von Unfallmotorfahrzeugen durch die Rechtsordnung liegen die Verhältnisse anders: Der Minderwert beruht zwar auch nur auf einer möglichen Gefahr eines (weiteren) Unfalles; aber er ist die Folge eines eindeutig rechtswidrigen Sachschadens; vgl. Bd. I 254; STARK, Skriptum N 149.
[203] Vgl. STARK, SJZ 71, 217 ff.; R. ZÄCH, Präventivklagen nach Art. 679 ZGB insbesondere gegen Kernkraftwerke? Wirtschaft und Recht 1976, 386 ff.

ersatzberechtigten Sachschaden dar[204]. Werden die Pflanzen und das Fleisch solcher Tiere trotzdem von Menschen, in Unkenntnis der Gefährdung, gegessen und erleiden diese dadurch einen Gesundheitsschaden, so haftet dafür der Inhaber der Kernanlage nach KHG.

d) Sonstiger Schaden

261 Es besteht kein Grund, anderen Schaden ausser Personen- und Sachschaden von der Entschädigung nach KHG auszunehmen, wenn die Voraussetzungen der Schadenersatzpflicht, insbesondere die Widerrechtlichkeit, gegeben sind. Einerseits gibt das KHG — im Gegensatz zur früheren Regelung in AtG 12 I — dafür keinen Anhaltspunkt. Andererseits stellt sich sonst die schwierige Frage, ob solcher Schaden auch bei Rechtswidrigkeit unter keinen Umständen zu ersetzen sei oder ob dafür das OR gelte. Im Zusammenhang mit der Kanalisierung könnten sich hier Probleme ergeben, für die kaum eine vernünftige Lösung gefunden würde. Es besteht auch kein sachlicher Grund, namentlich den Vermögensschaden i. e. S. vom KHG auszunehmen. Ob dabei eine Verhaltensnorm verletzt worden und daher die Haftungsvoraussetzung der Rechtswidrigkeit gegeben ist, muss im konkreten Fall untersucht werden[205].

262 Einen besonderen Fall des Vermögensschadens i. e. S. behandelt KHG 2 I lit. b, worauf im folgenden einzutreten ist.

e) Schaden aus Abwehr einer Gefährdung

263 Das KHG findet gemäss seinem Art. 2 I lit. b auch Anwendung auf die finanziellen Folgen von Massnahmen, die zur Abwehr oder Vermin-

---

[204] Geschädigt im Sinne des Haftpflichtrechts ist aber nur der Eigentümer des Gemüses im Zeitpunkt des radioaktiven Befalls und der Tiere, die verseuchte Nahrung gefressen haben. Der Gemüsehändler, der — wohl gutgläubig — solches Gemüse zum Weiterverkauf erwirbt, und der Metzger, der Schafe, Ziegen und Rinder, die befallenes Gras gefressen haben, kauft, können keine Ansprüche an den Inhaber der Kernanlage stellen. Sie müssen sich nach der Sachmängelregelung des Kaufrechts (OR 197 ff.) an ihren Verkäufer halten.

[205] Vgl. den noch nicht publ. BGE vom 21. Juni 1990 i. S. Schweiz. Eidgenossenschaft c. Kollektivgesellschaft R & L und zum ganzen Problemkreis FISCHERHOF N 8 zu PUe 3; KÜHNE in NJW 1986, 2143; KUNZ/JÄGGI, SJZ 82 (1986) 278; A. KELLER II 98. Gegen die Anwendung des KHG auf den weiteren Schaden, über den Personen- und den Sachschaden hinaus, DEBIEUX 90.

derung einer erst drohenden nuklearen Schädigung auf Grund behördlicher Anweisung getroffen werden.

Es handelt sich hier um eine Bestimmung, zu der wir in anderen Gesetzen mit Gefährdungshaftungen keine Parallele finden. Sie ist in ihrem Wortlaut klar, bedarf aber dogmatischer Einreihung. Subjekt der Haftpflicht ist auch hier der Inhaber einer Kernanlage oder einer Transportbewilligung. 264

aa) Unterscheidung von zwei Anwendungsgebieten

1. Im Vordergrund — und wohl auch an der Wiege — dieser Norm stehen die *Evakuationskosten*[206]: Kosten, die dem Staat und den Betroffenen durch die Umsiedlung der Bevölkerung aus der Nähe einer gefährlich gewordenen Strahlenquelle in ein ungefährdetes Gebiet erwachsen. Sie betreffen den Staat, der die Evakuation durchführt (Transportkosten, eventuell auch Kosten für die Bereitstellung von Wohnraum für die Evakuierten), aber auch die Umgesiedelten selbst (Lohn- und Geschäftsausfall sowie Spesen aller Art). Dabei spielt die Dauer der Umsiedlung eine entscheidende Rolle. 265

2. Unter den gesetzlichen Wortlaut fallen aber auch die *Geschäftsausfall-Schäden Dritter,* d. h. durch die Strahlen nicht bedrohter Personen. Zu denken ist hier an das Verbot des Verkaufs und des Exportes möglicherweise radioaktiv verseuchter Waren (Gemüse, Schaffleisch usw.), deren Genuss gefährlich sein kann. Zum gleichen Resultat führt auch eine blosse Empfehlung einer Behörde oder von Fachleuten, z. B. Kleinkindern keine frische Milch zu verabreichen[207]. 266

bb) Die allgemeinen Grundsätze des Haftpflichtrechts in bezug auf Schäden aus Abwehr einer Gefährdung

1. Ausserhalb des nuklearen Bereiches werden Massnahmen gegen unmittelbar drohende Gefahren hauptsächlich bei befürchteten Naturkatastrophen wie Erdrutschen, Steinschlägen, Lawinenniedergängen, Überschwemmungen usw. *auf Grund behördlicher Anordnungen oder Empfehlungen* getroffen. Zu denken ist auch an die Warnung vor 267

---

[206] Vgl. Amtl. Bull. SR 1980, 715; NR 1982, 1324.
[207] Vgl. dazu das noch nicht publizierte Urteil des Bundesgerichts vom 21. Juni 1990 i. S. Schweiz. Eidgenossenschaft c. Kollektivgesellschaft R & L.

§ 29 Kernenergiehaftpflicht

bestimmten Nahrungsmitteln, z. B. wegen Salmonellen. Erwähnt seien im weiteren gesundheitsgefährdende Luftverschmutzungen oder Evakuationen von Häusern wegen einer Feuersbrunst in ihrer Nähe.

268   Das ZSG (SR 520.1) erwähnt in Art. 2 Ziff. 2 lit. e, f und g Massnahmen gegen atomare und chemische Einwirkungen sowie gegen Überflutungen und dabei insbesondere die Verlegung von Bevölkerungsteilen, sagt aber nichts über die Tragung der dabei entstehenden Schäden[208]. Einzelne Kantone haben in ihrem Polizeirecht unter bestimmten Kautelen eine Haftung des Staates für rechtmässige Polizeimassnahmen vorgesehen[209]; wo sie fehlt, kommt eventuell eine Haftung gestützt auf BV 4 in Frage, worauf hier nicht näher eingetreten werden kann.

269   2. Abgesehen von behördlichen Anordnungen und Empfehlungen ist eine Gefährdung als solche nach den herkömmlichen Grundsätzen des privaten Haftpflichtrechts — abgesehen von der Motivation der Gefährdungshaftungen (vgl. Bd. II/2 § 24 N 6 ff., 17 ff.) — vorerst irrelevant, weil sie noch nicht zu einem Schaden geführt hat. Sie kann aber den Gefährdeten zu einem bestimmten Verhalten veranlassen, um die Gefahr oder deren Auswirkungen von sich abzuwenden.

270   Wenn der Gefährdete Massnahmen zu seinem eigenen Schutz, d. h. zur Abwehr der Gefährdung, ergreift, aber dann trotzdem widerrechtlich geschädigt wird, kann er die Kosten dieser Massnahmen in seine Schadensberechnung aufnehmen, soweit sie wirklich geboten waren[210].

271   Wenn dem Gefährdeten aber — dank seiner Schutzmassnahmen oder aus anderen Gründen — ausser den aufgewendeten Kosten kein Schaden erwächst, liegt keine Rechtsgutsverletzung, sondern nur eine Rechtsgutsgefährdung vor. Diese muss aber auch als widerrechtlich

---

[208] ZSG 77 regelt die Schadenersatzpflicht für alle Schäden, die infolge der durchgeführten Kurse und Übungen oder der sonstigen dienstlichen Verrichtungen der Instruktoren oder der Schutzorganisationen des Zivilschutzes Drittpersonen zugefügt werden. Darunter sind aber vernünftigerweise die Kosten, die den Drittpersonen aus Massnahmen des Zivilschutzes in ihrem Interesse entstehen, nicht zu subsumieren.

[209] Vgl. dazu BEATRICE WEBER-DÜRLER, Der Grundsatz des entschädigungslosen Polizeieingriffes, ZBl 85, 289 ff.

[210] Man denke an einen vortrittsberechtigten Automobilisten, der eine Kollision mit einem vortrittsbelasteten Auto nur durch einen massiven Stopp verhüten kann, der zur Folge hat, dass ein hinter dem Stoppenden fahrendes drittes Auto von hinten mit ihm kollidiert. Hier ist der Vortrittsbelastete für den Schaden des Stoppenden solidarisch mit dem Dritten verantwortlich.

betrachtet werden²¹¹, obschon die Kosten der Schutzmassnahmen sog. weiteren Schaden²¹² — ohne Rechtsgutsverletzung — darstellen und u.U. auch keine Verhaltensnorm verletzt wurde.

Es kommt darauf an, ob die Schutzmassnahmen objektiv geboten waren. Trifft dies zu, ist die Ersatzpflicht zu bejahen²¹³. Dies gilt auch, wenn ohne die Schutzmassnahmen — auf Grund irgendwelcher, dem Gefährdeten nicht bekannter Umstände — kein Schaden eingetreten wäre²¹⁴ oder wenn die an sich gebotenen Massnahmen erfolglos blieben²¹⁵. 272

Die Begründung dieser Auffassung²¹⁶ ergibt sich aus dem Umstand, dass eine Unterlassung gebotener Schutzmassnahmen dem Geschädigten als Selbstverschulden angerechnet wird; ein Selbstverschulden kann auch *vor* Eintritt des Schadens liegen²¹⁷. Dies führt dazu, dass die Kosten geeigneter Schutzmassnahmen dem potentiellen Schädiger, der einen Haftungsgrund zu vertreten hat, auch dann aufgebürdet werden können, wenn kein Schaden eintritt. An die Voraussetzung, dass die Schutzmassnahmen geboten sein müssen, sind dabei strenge Anforderungen zu stellen, um Missbräuche zu vermeiden. Im weiteren gelten diese Überlegungen nur, wenn ein Rechtsgut gefährdet ist. Das ist bei der Gefahr radioaktiver Einwirkungen immer der Fall²¹⁸. 273

---

[211] Vgl. Bd. II/1 § 16 N 45.
[212] Auch «reiner Vermögensschaden» genannt.
[213] Gleicher Meinung v. TUHR/PETER 113f., 443; WERNER ROTHER, Haftungsbeschränkung im Schadensrecht (München und Berlin 1965) 154ff.; a. M. A. KELLER II 25.
[214] Man denke an die Aufwendungen der Hotelgäste in Basel, die nach der Brandkatastrophe von Schweizerhalle vom 1. November 1986 wegen der stinkenden Luft ohne genaue Kenntnis der chemischen Bedrohung Basel fluchtartig verlassen haben.
[215] v. TUHR/PETER 113f. Es gelten die gleichen Grundsätze wie hinsichtlich der Schadenminderungskosten; die Massnahmen dürfen nicht offensichtlich unzweckmässig sein (vgl. auch VVG 70). Dagegen besteht kein Ersatzanspruch für sog. Vorsorgemassnahmen, d.h. Schutzvorkehrungen, die vor der konkreten Gefährdung getroffen wurden; vgl. dazu LANGE 192 und die dort FN 132 zit. Lit.
[216] Vgl. auch DEBIEUX 103.
[217] Ein Selbstverschulden liegt namentlich auch vor, wenn sich jemand freiwillig einer Gefahr aussetzt; vgl. Bd. I 160. Es kann daher auch *vor* dem haftungsbegründenden Ereignis liegen; vgl. v. TUHR/PETER 112; STARK, Skriptum N 319.
[218] Man könnte versucht sein, die Verpflichtung des Gefährdenden, Schutzmassnahmen des Gefährdeten zu bezahlen, mit der Annahme einer *Geschäftsführung ohne Auftrag* zu begründen. Das scheitert daran, dass Massnahmen, die vor allem im eigenen Interesse liegen, nicht als echte Geschäftsführung ohne Auftrag zu qualifizieren sind; vgl. JOSEF HOFSTETTER, SPR VII/2 199ff.; PIERRE TERCIER, La partie spéciale du Code des obligations (Zurich 1988) N 3309ff. Unechte Geschäftsführung ohne Auftrag fällt ausser Betracht, weil sie einen Eingriff in fremde subjektive Rechte voraussetzt (JOSEF HOFSTETTER, SPR VII/2 209). Für eine Überwälzung der Schadenverhütungskosten nach

274   3. Die *behördliche Anordnung einer Evakuation* — z.B. bei einem Chemie-Unfall — lässt diese als geboten erscheinen, so dass die Kostentragungspflicht gegeben ist. Dies gilt auch, wenn die Behörden die Situation fehl eingeschätzt haben und ihre Anordnung daher objektiv nicht gerechtfertigt war. Dann kann eventuell der Gefährdende die Behörde für die von ihm ersetzten Kosten nach dem anwendbaren Recht der Verantwortlichkeit öffentlicher Behörden und Beamten in Anspruch nehmen.

275   Der Behörde ist ein breiter Ermessensspielraum zuzugestehen[219]. Sie darf keine ins Gewicht fallenden Risiken eingehen und muss im Zweifelsfall der Sicherheit der Bevölkerung mehr Gewicht zumessen als der Vermeidung von Schäden, die durch Massnahmen entstehen können. Wenn sie vernünftige Anhaltspunkte für ihren Entscheid hat, muss derjenige, der diese Anhaltspunkte veranlasst hat, auch dann für den durch Abwehrmassnahmen verursachten Schaden aufkommen, wenn die veranlasste Abwehr sich nachträglich als unnötig herausstellt.

276   In diesem Rahmen sind die «Fluchtkosten» desjenigen, der wegen nuklearer Gefährdung seinen Aufenthaltsort verlegt, vom Inhaber einer Kernanlage oder einer Transportbewilligung auch ohne die Sondernorm von KHG 2 I lit. b zu tragen. Deren Anwendung hat aber zur Folge, dass die Kosten unter den Versicherungsschutz von KHG 11 ff. fallen.

cc) Die Sondernorm von KHG 2 I lit. b im besonderen

277   KHG 2 I lit. b gilt nur bei behördlich angeordneten oder empfohlenen Massnahmen und nur bei unmittelbar drohender Gefährdung. Entgangener Gewinn fällt nicht darunter.

278   Indem das KHG die Entschädigungspflicht für den durch Schutzmassnahmen des Geschädigten verursachten Schaden ausdrücklich festlegt, schafft es eine eindeutige Rechtslage. Im einzelnen ist aber doch folgendes festzuhalten:

---

den Grundsätzen der Geschäftsführung ohne Auftrag aber GERT H. STEINER, Schadensverhütung als Alternative zum Schadenersatz (Köln/Berlin/Bonn/München 1983) 191 ff.

[219] Das Vorgehen der Behörden ist z.T. gesetzlich vorgeschrieben, so in der VO vom 28. November 1983 über den Notfallschutz in der Umgebung von Kernanlagen (NotfallschutzVO; SR 732.33) und eine umfassende Regelung ist — als Folge aus dem Reaktorunfall in Tschernobyl — im StSG vorgesehen; vgl. Botsch. StSG 200 ff.; vgl. dazu auch DEBIEUX 101; SCHMID, ZSR 109 II 21.

1. Nach dem Wortlaut von KHG 2 I lit. b kann der Gefährdete die 279
Kosten der Abwehr oder Verminderung einer unmittelbar drohenden
nuklearen Gefährdung vom Inhaber der Kernanlage oder der Transportbewilligung nur ersetzt verlangen, wenn die getroffenen Massnahmen *behördlich angeordnet oder empfohlen* waren. Trifft dies zu, so ist im allgemeinen von vornherein anzunehmen, dass die Gefährdung diese Massnahmen sachlich rechtfertigte und sie als zur Abwehr geeignet erscheinen liess[220].

Fehlte die behördliche Anordnung oder Empfehlung, so darf aus 280
dem Wortlaut von KHG 2 I lit. b nicht geschlossen werden, dass deswegen — in Abweichung von den allgemeinen Grundsätzen des Haftpflichtrechts — eine Ersatzpflicht für die entsprechenden Kosten und Ausfälle nicht in Betracht komme. Für diese Schlussfolgerung fehlen überzeugende Argumente. Praktisch werden allerdings die behördlichen Anordnungen und Empfehlungen immer erfolgen, wenn eine nukleare Gefährdung die betreffenden Massnahmen nahelegt. Sie entbinden dann denjenigen, der die Massnahmen getroffen hat, davon, zu prüfen, ob sie geboten und geeignet sind. Dafür werden ihm meistens sowohl die Zeit als auch die Sachkunde und die Detailinformation fehlen. Er ist durch die behördliche Äusserung gedeckt.

Wenn die Behörden die vom Gefährdeten getroffenen Massnahmen 281
nicht angeordnet oder empfohlen haben, hat der Zivilrichter zu prüfen, ob sie zu Recht ergriffen wurden.

2. KHG 2 I lit. b setzt eine *unmittelbar drohende nukleare Gefähr-* 282
dung voraus.

Unter nuklearer Gefährdung ist die Gefährdung durch ein Nuklear- 283
ereignis zu verstehen.

Wenn dieser nur mittelbar droht, d. h. wenn das nukleare Ereignis 284
nicht innert kurzer Zeit zu erwarten ist, werden Schutzmassnahmen des Inhabers der Kernanlage resp. der Transportbewilligung zur Verhütung des nuklearen Ereignisses im Vordergrund stehen. Unmittelbar drohend ist die Gefährdung, wenn unsicher ist, ob das nukleare Ereignis durch *solche* Schutzmassnahmen abgewendet werden kann. Hier zeigt sich kein Unterschied zu den allgemeinen Grundlagen des Haftpflichtrechts.

---

[220] Der Schaden ist aber auch zu ersetzen, wenn die Schutzmassnahme nicht notwendig gewesen wäre. Die Tatsache, dass die Evakuierung angeordnet wurde, genügt; Amtl. Bull. NR 1982, 1324.

285   3. Während KHG 2 I lit. a sich nur auf den Schaden bezieht, der durch die dort beschriebenen Eigenschaften von Kernmaterialien verursacht wird, regelt lit. b den Schaden, der als Folge von Schutzmassnahmen eintritt. Dieser Schaden ist (vgl. vorn N 270 ff.) schon nach den allgemeinen Regeln des Haftpflichtrechts vom Gefährdenden zu übernehmen, wenn die Schutzmassnahmen geboten waren. KHG 2 I lit. b legt dies unter der Voraussetzung klar, dass die getroffenen Massnahmen von den Behörden angeordnet oder empfohlen wurden.

286   Dabei besteht aber insofern eine Abweichung von den allgemeinen Regeln des Haftpflichtrechts, als der entgangene Gewinn ausgeschlossen wird. Es drängt sich auf, diesen Ausschluss des lucrum cessans analog anzuwenden, wenn behördliche Anordnungen oder Empfehlungen fehlen und der durch die Schutzmassnahmen verursachte Schaden nach den allgemeinen Grundsätzen zu übernehmen ist (vgl. dazu unten N 292).

287   Der *Unterschied zwischen lit. a und lit. b von KHG 2 I* besteht darin, dass lit. a sich auf Schäden bezieht, die durch die dort umschriebenen Eigenschaften von Kernmaterialien verursacht wurden, und nicht nur eine Gefährdung voraussetzt. Lit. a ist also anzuwenden in bezug auf Schäden an Sachen oder Personen, die verstrahlt oder sonstwie geschädigt wurden, lit. b dort, wo dies nicht zutrifft, und der Schaden nur wegen der als Folge der drohenden Gefahr ergriffenen Schutzmassnahmen eingetreten ist.

288   4. *Entgangener Gewinn* desjenigen, der die Massnahmen zur Abwehr oder Verminderung der Gefährdung freiwillig oder unter polizeilichem Zwang getroffen hat, ist vom Haftpflichtigen nach KHG 2 I lit. b, wie erwähnt, nicht zu ersetzen; der Geschädigte muss diesen Gewinnausfall selber tragen.

289   Der Begriff des entgangenen Gewinns (lucrum cessans) ist in der Lehre nicht sehr klar. Eindeutig ist allerdings, dass davon nur gesprochen werden kann, wenn der Gewinn ohne die schädigende Einwirkung mit genügender Wahrscheinlichkeit eingetreten wäre.

290   Im schweizerischen Recht [221] ist neben dem damnum emergens im allgemeinen auch das lucrum cessans zu ersetzen. Die Unterscheidung

---

[221] Vgl. Bd. I 55; v. TUHR/PETER 100 f. Anders ist die Situation in Österreich, wo nach ABGB 1323/24 der entgangene Gewinn nur bei grober Fahrlässigkeit oder Vorsatz

III. Voraussetzungen der Haftpflicht   § 29

hat daher kaum generelle praktische Bedeutung, es sei denn als Hinweis darauf, dass das Zeitmoment des Schadenseintrittes, das die beiden Begriffe scheidet, irrelevant ist: Auch mögliche künftige Vermögensvergrösserungen, die durch das schädigende Ereignis verhindert oder reduziert werden, sind zu ersetzen [222, 223].

Wenn man (vgl. Bd. II/1 § 16 N 45, vorn N 271) nicht nur die Verletzung, sondern auch die Gefährdung eines Rechtsgutes als rechtswidrig betrachtet, sind die Evakuationskosten — wie dargelegt — auch ohne KHG 2 I lit. b vom Haftpflichtigen zu übernehmen (vgl. vorn N 272 f.). Dann stellt der Ausschluss des entgangenen Gewinns eine Schlechterstellung des Geschädigten gegenüber der Lösung bei Anwendung der allgemeinen Grundsätze dar. Ob dies vom Gesetzgeber beabsichtigt war, ist mindestens sehr fraglich [224]. Der Ausschluss des entgangenen Gewinns erscheint höchstens dann als geboten, wenn die zur Verfügung stehenden Mittel nicht ausreichen, um alle Schäden zu decken. Er sollte dann aber richtigerweise in KHG 29 I erwähnt werden. 291

Es drängt sich unter diesen Umständen auf, den Ausschluss des entgangenen Gewinns durch das KHG eng zu interpretieren. 292

Ein Gewinn entgeht, wenn eine Sache *nicht* über den gesamten Gestehungskosten *verkauft werden kann*. Als Folge einer Evakuation ist hier insbesondere an das damit verbundene Chaos zu denken. Geschäftliche Beziehungen werden — mindestens für einige Tage oder Wochen — unterbrochen. 293

Wurde eine Sache durch ein nukleares Ereignis wirklich verseucht, wenn auch vielleicht nicht gesundheitsgefährdend, richtet sich der Schadenersatzanspruch nach KHG 2 I lit. a, wonach der entgangene Gewinn zu ersetzen ist. Liegt aber eindeutig keine Verseuchung der Sache, mit der ein erwarteter Gewinn hätte erzielt werden sollen, vor — die Sache befand sich in der kritischen Zeit in einem abgeschirmten Keller oder sogar ausserhalb der vom nuklearen Ereignis getroffenen Region —, so 294

---

ersetzt wird. Vgl. FRANZ BYDLINSKI, Probleme der Schadensverursachung, Stuttgart 1964, 48, 105; KOZIOL I 14 ff., 28. In Deutschland hat, wie LANGE 39 schreibt, die Unterscheidung ebenfalls nur geringe praktische Bedeutung; vgl. auch LARENZ I 492 f.
[222] Vgl. Bd. I 55 ff.
[223] Vgl. dazu die «Störungen im Geschäftsbetrieb», die durch ElG 27 II von der Kausalhaftung ausgenommen werden (vgl. vorn § 28 N 108 ff.) und die Beschränkung des Schadenersatzes auf den «wirklichen Wert» in EHG 12 (vgl. vorn § 27 N 184).
[224] Vgl. Amtl. Bull. SR 1980, 715; NR 1982, 1324.

können die Umstände einer Evakuation einen günstigen Verkauf trotzdem verhindern. Das kommt namentlich in Frage bei verderblichen Sachen, die nicht mehr verkauft werden können, nachdem der Eigentümer seinen Geschäftsbetrieb an seinem neuen Wohnort wieder organisiert hat oder an den alten Wohnort zurückkehren konnte.

295   Können Sachen wegen behördlicher Verbote und Warnungen nicht verkauft werden (vgl. vorn N 266), so liegt ein Schaden im Sinne von KHG 2 I lit. a vor, wenn die Sache tatsächlich verseucht ist. Dies muss auch gelten, wenn die Verseuchung die Grenze der Gesundheitsgefährdung nicht überschritten hat; denn diese Grenze lässt sich im konkreten Fall nicht genau festlegen, und es liegt auch ohne Gesundheitsgefährdung ein Sachschaden vor[225].

296   Gestützt auf KHG 2 I lit. a sind die *Gestehungskosten und* der wegen der Unverkäuflichkeit der Waren *entgangene Gewinn* zu ersetzen. Liegt überhaupt keine Verseuchung vor, so fällt der Sachverhalt unter lit. b: Der entgangene Gewinn ist nicht ersatzpflichtig, wohl aber die Gestehungskosten, sofern die Unverkäuflichkeit mit Schutzmassnahmen, wie z. B. einer Evakuation, zusammenhängt.

297   Wenn der Eigentümer einer Liegenschaft wegen einer Evakuation *keine Miet- oder Pachtzinse* mehr einziehen kann, die Liegenschaft aber in Tat und Wahrheit gar nicht verseucht ist, muss dementsprechend der entgangene Gewinn aus der Schadensrechnung gestrichen werden. Liegt eine Verseuchung vor, so fällt der Schaden unter lit. a von KHG 2 I[226].

298   Durch eine Evakuation werden *geschäftliche Betriebe stillgelegt,* wodurch der Geschäftsbetrieb, auch wenn er an einem andern Ort wieder aufgenommen werden kann, massiv gestört wird. Auch hier hängt die Ersatzberechtigung für den entgangenen Gewinn davon ab, ob das Ereignis unter lit. a oder lit. b von KHG 2 I einzuordnen ist.

---

[225] Auch eine minimale Verseuchung ohne Gesundheitsgefährdung stellt einen Sachschaden dar, denn die Sache ist beeinträchtigt; vgl. vorn N 250.
Kurz zusammengefasst ergeben sich folgende Unterscheidungen:
1. Sache nicht verseucht: Kein Sachschaden, keine Entschädigung des entgangenen Gewinns.
2. Sache zwar verseucht, aber nicht gesundheitsgefährdend: Sachschaden, Anwendung von KHG 2 I lit. a, Berücksichtigung des entgangenen Gewinns.
3. Sache gesundheitsgefährdend verseucht: wie Ziff. 2.

[226] Vgl. v. TUHR/PETER 100, die den Mietzinsausfall bei einem abgebrannten Haus als entgangenen Gewinn betrachten, was aber, weil das Haus zerstört ist, nicht überzeugt: Für wie lange soll das gelten? Vgl. FRANZ BYDLINSKI (zit. vorn FN 221) 48.

f) Beweis des Schadens und des Kausalzusammenhanges zwischen einem konkreten, unspezifischen Bestrahlungsschaden und dem nuklearen Ereignis

Es ist vorn (N 219 ff.) dargelegt worden, dass bei den Strahlenschäden zwischen den spezifischen und den unspezifischen zu unterscheiden ist. Bei den unspezifischen ist es jeweils unsicher, ob eine konkrete Bestrahlung eine conditio sine qua non der aufgetretenen Gesundheitsschädigung darstellt. Der natürliche Kausalzusammenhang kann nicht bewiesen werden, selbstverständlich aber vorliegen. Diese Situation ist haftpflichtrechtlich sehr unbefriedigend. 299

Dieser Problematik kann mit beweisrechtlichen Mitteln[227] (Beweislast, Beweismass, Prima-facie-Beweis) begegnet werden. Diese stellen jedoch eine Schwarz-weiss-Lösung dar und verlagern nur das Unaufklärbarkeitsrisiko auf die Seite des Schädigers. 300

Eine allerdings nur ähnliche Unsicherheit in bezug auf die Verursachung von Schäden besteht bei genau umschriebenen schädlichen Substanzen, die in den pharmazeutischen (oder andern chemischen) Produkten verschiedener Firmen, die alle in den gleichen Staaten verkauft werden, enthalten sind. Dann weiss man zwar, dass einer der Produzenten den für die betreffende Substanz typischen Schaden verursacht hat. Man weiss aber nicht, welcher von ihnen. Der natürliche Kausalzusammenhang zwischen dem Schaden und einem der in Frage kommenden Produkte lässt sich nicht feststellen, sofern unbekannt ist, welches der verschiedenen in Frage kommenden Medikamente der Patient angewendet hat. 301

Die *amerikanische Praxis*[228] hat sich damit beholfen, in jedem Einzelfall alle in Frage stehenden Produzenten zu Schadenersatz entspre- 302

---

[227] Vgl. dazu FISCHERHOF, N 10, 32; Vorbem. vor dAtG 25; SCHÜLLI 107 ff.; DÄUBER 32 f.; HAEDRICH N 3 zu dAtG 29/30, N 5 ff. zu PUe 3; HUG 76 ff.; MOSER, OeJZ 1986, 70 ff.

[228] Vgl. Sindell v. Abbott Laboratories, 607 P. 2^d 924; dazu RICHARD DELGADO, Beyond Sindell: Relaxation of cause-in-fact rules for indeterminate plaintiffs, Cal. L. Rev. 70 (1982) 881 ff.; DONALD E. ELLIOTT, Torts with multiple causes under U. S. law, in: FENYVES/WEYERS (Hrsg.), Multikausale Schäden in modernen Haftungsrechten (Frankfurt a. M. 1988) 9 ff.; DAVID A. FISCHER, Products Liability — An analysis of market share liability, Vanderbilt L. Rev. 1981, 1623 ff.; PETER GOTTWALD, Kausalität und Zurechnung, Beiheft zum VersR 1986, 25 f.; THEO BODEWIG, Probleme alternativer Kausalität bei Massenschäden, AcP 185 (1985) 505 ff.; JONATHAN B. NEWCOMB, Market share liability for defective products: An ill-advised remedy for the problem of identification, 76 Northwestern Univ. L. Rev. (1981) 300 ff.; KARSTEN OTTE, Marktanteilshaftung (Berlin 1990).
Andere Gerichte entwickelten andere Lösungen, vgl. GOTTWALD (a.a.O.) 25 f.

chend ihrem Marktanteil zu verurteilen. Jeder Geschädigte bekommt vollen Schadenersatz. Jeder Produzent muss andererseits insgesamt nur so viel bezahlen, wie er vermutlich leisten müsste, wenn die Kausalzusammenhänge offen zutage lägen.

303 Zu erwähnen ist hier auch die französische Rechtsprechung zur sog. *perte d'une chance:* Eine fehlerhafte ärztliche Behandlung erzielt nicht das erhoffte Resultat. Es lässt sich aber nicht feststellen, ob der medizinische Kunstfehler dafür kausal, d. h. eine conditio sine qua non, gewesen ist oder ob das schlechte Endresultat auch ohne ihn eingetreten wäre. Die französische Cour de cassation hat vor einigen Jahrzehnten dieses Problem dadurch gemeistert, dass der Richter die Wahrscheinlichkeit eines guten Heilungsergebnisses ohne den Kunstfehler schätzt und dann die entsprechende Quote des eingetretenen Schadens zuspricht[229]. Diese Rechtsprechung wird in Frankreich auch ausserhalb der Ärztehaftpflicht angewendet.

304 Eine entsprechende Regelung drängt sich auch hier auf, wo zwar feststeht, dass ein Teil der aufgetretenen Schäden Strahlenschäden sind, aber nicht eruiert werden kann, welche von ihnen. Wenn durch statistische Untersuchungen festgelegt ist, um wieviel sich der Prozentsatz der Wahrscheinlichkeit von Krebserkrankungen erhöht hat[230], könnte man jedem Geschädigten wenigstens Schadenersatz im Ausmass dieser Erhöhung[231] zusprechen. Wenn z. B. bei 10%iger Erhöhung des Risi-

---

[229] Vgl. B. STARCK, Droit civil, Obligations (Paris 1972) 51 ff. N 104 ff.; MAZEAUD/ MAZEAUD/TUNC, Traité théorique et pratique de la responsabilité civile délictuelle et contractuelle I (Paris 1965) 273 N 219; Y. CHARBER, La réparation du préjudice dans la responsabilité civile (Paris 1983) 39 ff.; PH. MALAURIE/L. AYNES, Cour de droit civil: Les obligations (Paris 1985) Ziff. 124; CHAMMARD/MONZEIN, La responsabilité médicale (Paris 1974) 93 ff.; TONY WEIR, Loss of a chance — compensation in tort, im zur Zeit noch nicht erschienenen Sammelband über das in Genf durchgeführte Kolloquium über neuere Entwicklungen im Haftpflichtrecht vom 2./3. Mai 1990; daselbst FRANÇOISE CHABAS, La perte d'une chance en droit français, und EMIL W. Stark, Die perte d'une chance im schweizerischen Recht; vgl. auch die Ansätze zur perte d'une chance in ZR 88 Nr. 66.

[230] Zur Feststellung dieser Zahl kann auf Statistiken zurückgegriffen werden, wo die natürliche Erkrankungswahrscheinlichkeit in einer Bevölkerung mit derjenigen nach der Bestrahlung verglichen wird. Wenn z. B. in der Vergangenheit von 1000 Menschen 200 an Krebs starben und diese Zahl sich nach einem nuklearen Ereignis auf 300 erhöhte, liegt eine Erhöhung des Krebsrisikos um 50% vor.

[231] Dies ist keine Risikoerhöhungshaftung, denn Schadenersatz wird nicht wegen der Erhöhung der Eintrittswahrscheinlichkeit eines Schadens geschuldet, sondern wegen des tatsächlich eingetretenen Schadens.

III. Voraussetzungen der Haftpflicht § 29

kos jeder Krebskranke 10% Schadenersatz erhält, muss der Haftpflichtige grosso modo insgesamt nicht mehr leisten, als wenn die Kausalzusammenhänge feststellbar wären. Er kann sich aber schlechter hinter den Schwierigkeiten der Tatbestandsfeststellung verschanzen. Der gesamte Schadenersatzbetrag wird zwar nicht entsprechend der Verursachung verteilt; der eine Krebskranke — dessen Krankheit nicht auf die Bestrahlung zurückgeht — erhält zu viel, der andere — der wegen der Bestrahlung krank geworden ist — zu wenig. Immerhin erhält jeder etwas und ohne diese Lösung erhält jeder nichts. Diese Ordnung ist gerechter, als wenn alle wegen der Unsicherheit der Verursachung nichts bekommen[232].

---

[232] Man kann diesem Vorschlag entgegenhalten, dass er dem Grundsatz des Haftpflichtrechts widerspreche, dass jeder Geschädigte den Kausalzusammenhang zwischen der haftungsbegründenden Ursache und *seinem* Schaden beweisen muss. Man begnügt sich mit dem Beweis des Kausalzusammenhanges zwischen der Ursache und einem personell nicht konkretisierten Teil der Schäden gleicher Art.
Dogmatisch betrachtet handelt es sich um einen Sonderfall der sog. alternativen Kausalität (vgl. HUG 82 ff.; THEO BODEWIG, Probleme alternativer Kausalität bei Massenschäden, AcP 185 (1985) 505 ff.; HEINZ-DIETER ASSMANN, Multikausale Schäden im deutschen Haftungsrecht, in: FENYVES/WEYERS (Hrsg.), Multikausale Schäden in modernen Haftungrechten (Frankkfurt a. M. 1988) 122 ff.): Die Bestrahlung oder eine Krankheitsursache (z. B. Kettenrauchen) konnte den in concreto entstandenen Krebs verursacht haben; es ist aber nicht feststellbar, welche der beiden möglichen Ursachen tatsächlich am Werk gewesen ist. Von einem Sonderfall ist zu sprechen, weil die weiteren, umschreibbaren Ursachen ausser der Bestrahlung nicht feststehen. Es kommen verschiedene in Frage.
Bei normaler alternativer Kausalität entfällt die Haftpflicht nach schweizerischem Recht, wenn nicht eine gemeinsame Verursachung im Sinne psychischer Mitwirkung besteht (vgl. Bd. II/1 § 16 N 320/21). Nach LUDWIG TRAEGER, Der Kausalbegriff im Straf- und Zivilrecht (Marburg 1904) 293, kann die Gefährdungseigenschaft einer Handlung den Nachweis des Kausalzusammenhanges nicht ersetzen. Von diesem Standpunkt aus ist die vorgeschlagene prozentuale Entschädigung unzulässig.
Die für die Erhöhung des Krebsrisikos vorgeschlagene Prozentlösung verstösst zwar gegen einen dogmatischen Grundsatz. Das erscheint aber in Anbetracht der besonderen Verhältnisse als vertretbar, nachdem die Verneinung der Haftpflicht bei alternativer Kausalität den tatsächlich Haftpflichtigen vom Zufall profitieren lässt, dass der natürlich Kausalzusammenhang zwischen dem von ihm gesetzten Umstand und dem Schaden nicht feststellbar ist. Wenn unter diesen Bedingungen eine Mehrzahl von Personen der schädlichen Ursache ausgesetzt war und nur offen ist, ob ein konkreter Schaden dadurch verursacht wurde, kommt die prozentuale Lösung der Verwirklichung der Idee des Rechts am nächsten. Sie stellt den Versuch dar, durch eine gewisse Modifikation der Haftungsvoraussetzungen bei diesen Sonderfällen zu einer vertretbaren Lösung zu kommen. Einen ähnlichen Versuch in bezug auf eine andere Haftungsvoraussetzung enthält OR 42 II, wonach der nicht ziffernmässig nachweisbare Schaden nach Ermessen des Richters abzuschätzen ist.
Inwieweit die hier vertretene Lösung generalisiert werden kann, wird in der Neuauflage von Bd. I zu untersuchen sein.

305 Diese Regelung führt aus prozessökonomischen Gründen nur zu vernünftigen Resultaten, wenn sie auf diejenigen Umkreise um den Strahlungsort beschränkt wird, in denen die Erhöhung des Risikos bedeutend ist, z. B. 10 % oder mehr.

306 Da nach KHG 22 I der Bundesrat nach Eintritt eines grösseren Schadenereignisses eine Erhebung über den Sachverhalt anzuordnen hat, zu der auch die statistische Erfassung der Erhöhung des Krebsrisikos gehören kann, dürfte die Grundlage für diese prozentuale Erledigung meistens vorliegen.

307 Die Krebserkrankungen treten aber erst ungefähr 5—30 Jahre nach der Bestrahlung auf. Daraus ergeben sich neue Schwierigkeiten. Es ist aber möglich, die Strahlendosis, welcher Personen in einer bestimmten Entfernung von der Strahlenquelle ausgesetzt waren, durch medizinische Untersuchungen approximativ festzustellen und auf Grund früherer Ereignisse die damit verbundene Erhöhung des Krebsrisikos, nach Altersklassen und Geschlechtern getrennt, abzuschätzen.

308 Eine Schadenersatzquote von z. B. 10 % mag auf den ersten Blick als gering erscheinen. Meistens bekommen der Geschädigte und seine Hinterlassenen aber zusätzlich die Leistungen der Sozialversicherer. Nach dem Quotenvorrecht des Geschädigten [233] können letztere nur insoweit auf den Haftpflichtigen zurückgreifen und damit den direkten Anspruch des Geschädigten reduzieren, als ihre Leistungen zusammen mit dem wegen der Erhöhung des Krebsrisikos vom Haftpflichtigen geschuldeten Ersatz den Schaden übersteigen. Wegen des starken Ausbaues der ursachenunabhängigen Sozialversicherung werden diese Organisationen meistens nicht leer ausgehen und einen Teil derjenigen Aufwendungen ersetzt erhalten, für die ihnen eigentlich ein volles Regressrecht zusteht.

3. Kernanlage

309 Auf den Begriff der Kernanlage ist vorn bei der Erörterung des sachlichen Geltungsbereiches des KHG (N 53 ff.) hingewiesen worden.

---

[233] Vgl. AHVG 48 quater I, IVG 52 I, UVG 42; dazu Bd. II/2 § 26 N 427 ff. und dort zit. Lit. Ob das Quotenvorrecht spielt, hängt allerdings von der dogmatischen Konstruktion der proportionalen Schadensaufteilung ab, worauf in der Neuauflage von Bd. I zurückzukommen ist.

III. Voraussetzungen der Haftpflicht § 29

4. Transportierte Kernmaterialien

Es ist bereits dargelegt worden (vgl. vorn N 63 ff.), dass das KHG 310
auch Anwendung findet, wenn ein Nuklearschaden beim Transport von
Kernmaterialien verursacht wird.

Der Begriff der Kernmaterialien ergibt sich aus der Legaldefinition 311
von KHG 2 II: Es sind Kernbrennstoffe, radioaktive Erzeugnisse und
Abfälle. Die Kernbrennstoffe sind das spaltbare Material, mit dem die
Reaktoren betrieben werden. Wenn sie «ausgebrannt» sind, sind sie
hoch radioaktiv und gehören zu den radioaktiven Abfällen [234]. Sie bleiben also Kernmaterialien, was sie schon vor der Verwendung im Reaktor gewesen sind.

Radioaktive Erzeugnisse sind ursprünglich radioaktive Materialien 312
oder Materialien, die nachträglich durch Bestrahlung radioaktiv geworden sind. KHG 2 IV erwähnt ausdrücklich die Bestrahlung bei der
Herstellung, Verwendung, Lagerung, Wiederaufbereitung oder beim
Transport von Kernbrennstoffen [235].

5. Verursachung

Dass zwischen dem Betrieb einer Kernanlage resp. dem Transport 313
von Kernmaterialien und den geltend gemachten Nuklearschäden ein
adäquater Kausalzusammenhang bestehen muss, versteht sich von
selbst [236]. Die Beweislast dafür trägt der Geschädigte.

In vielen Fällen wird es kaum Schwierigkeiten bereiten, die Tatsache 314
der Strahlenexposition zu beweisen, namentlich bei erheblichen Unfällen in Kernanlagen oder im Zusammenhang mit Transporten von Kernmaterialien. Das gleiche gilt für Strahlendosen, denen Mitarbeiter einer

---

[234] E StSG definiert die radioaktiven Abfälle in Art. 24 I als «radioaktive Stoffe oder radioaktiv kontaminierte Materialien, die nicht weiter verwendet werden»; vgl. dazu auch Botsch. StSG (BBl 1988 II) 207 f.

[235] Die Definition in E KHG 1 III (BBl 1980 I 209) war leichter verständlich, hatte aber den gleichen Inhalt: «Radioaktive Erzeugnisse und Abfälle sind radioaktive Materialien, die dadurch entstanden oder radioaktiv wurden, dass sie einer mit der Herstellung, Verwendung, Lagerung oder Wiederaufarbeitung von Kernbrennstoffen verbundenen Bestrahlung ausgesetzt wurden, ausgenommen Radioisotopen...».

[236] Über die Frage des Kausalzusammenhanges bei unspezifischen Strahlenschäden vgl. vorn N 219 ff.; zur Problematik des Kausalzusammenhanges bei «potentiellen» Strahlenschäden ferner HUG 75 ff.; FISCHERHOF 545 ff.; eingehend SCHÜLLI 95 ff.; MOSER, OeJZ 1986, 65 ff.

Kernanlage oder eines Transportes ausgesetzt sind; es ist wohl eine Selbstverständlichkeit, dass sie sich nur mit Messgeräten ausgerüstet im möglichen Gefahrenbereich aufhalten.

315 Wenn andere Personen radioaktiver Bestrahlung durch Kernmaterialien ausgesetzt waren, empfiehlt es sich, die Frage nach dem Kausalzusammenhang raschmöglichst durch medizinische Untersuchungen abklären zu lassen. Nach KHG 22 I fordert der Bundesrat nach einem grösseren Schadenereignis alle Personen, die möglicherweise einen Nuklearschaden erlitten haben, öffentlich auf, sich zwecks näherer Abklärung innert 3 Monaten zu melden.

316 Wenn medizinische Unterlagen fehlen, kann der Beweis der erfolgten Bestrahlung nach Auftreten eines Nuklearschaden, d. h. Jahre nach dem nuklearen Ereignis, Schwierigkeiten bereiten. Auch wenn sich aus der Art der eingetretenen Schädigung ergibt, dass eine Person radioaktiven Strahlen ausgesetzt gewesen sein muss (spezifischer Strahlenschaden), kann unbekannt sein, aus welcher Strahlenquelle die Einwirkung stammt.

317 Selbstverständlich hat der Richter bei seiner freien Beweiswürdigung und der Feststellung der erheblichen Tatsachen nach KHG 26 (vgl. hinten N 514) allen Umständen und Verhältnissen Rechnung zu tragen. Wenn trotzdem der Haftpflichtige nicht ermittelt werden kann, tritt der Bund gestützt auf KHG 16 I lit. a mit allgemeinen Mitteln, d. h. nicht mit dem Nuklearschadenfonds, in die Lücke (vgl. hinten N 531 ff. und KHG 22 II).

318 Nach dem Wortlaut von KHG 3 I haftet der Inhaber einer Kernanlage für Nuklearschäden, die durch Kernmaterialien «in seiner Anlage» verursacht werden. Diese Formulierung kann zu Missverständnissen führen: Die Haftung ist nicht beschränkt auf die *in* der Anlage verursachten Schäden, z. B. Strahleneinwirkungen auf Personen, die sich in der Anlage befinden. Sie bezieht sich auf alle Bestrahlungen, die von den Kernmaterialien in der Anlage ausgehen. Der Inhaber haftet selbst dann, wenn sich die Kernmaterialien bei der Verursachung der Schäden nicht in der Anlage befinden, weil sie z. B. durch ein Unfallereignis in die Luft geschleudert wurden und Schäden verursachen, nachdem sie wieder auf den Erdboden gesunken sind [237].

---

[237] Die Formulierung von AtG 12 war viel klarer. Dort wurde darauf abgestellt, ob die Schäden «beim Betrieb einer Atomanlage» verursacht wurden. In E KHG 3 I wurde darauf abgestellt, ob die Nuklearschäden durch Kernmaterialien verursacht werden, die

6. Widerrechtlichkeit

Die Widerrechtlichkeit ist wie bei den andern Spezialgesetzen, im Gegensatz zu OR 41, nicht im Gesetz erwähnt[238], ist aber trotzdem auch hier Haftungsvoraussetzung[239].

Wenn sich jemand bewusst atomarer Strahlung aussetzt[240], z.B. indem er nach einem Unfall in einem Atomkraftwerk freiwillig Rettungsmassnahmen ergreift, könnte man argumentieren, dass durch Einwilligung des Geschädigten die Widerrechtlichkeit und damit die Haftpflicht aufgehoben sei. In einem solchen Fall kommt aber eine Schadenersatzpflicht auf Grund besonderer rechtlicher Grundlagen in Frage (vgl. hinten N 341).

B. Negative Voraussetzungen

1. Entlastungsgründe

Von den drei üblichen Entlastungsgründen höhere Gewalt, grobes Selbstverschulden und grobes Drittverschulden erwähnt KHG 5 I nur das *Selbstverschulden* des Geschädigten und erkennt ihm die entlastende Funktion nur dann zwingend zu, wenn Absicht vorliegt.

a) Bedeutung der Nichterwähnung von höherer Gewalt und grobem Drittverschulden

Nach der Lehre von der Unterbrechung des Kausalzusammenhanges[241] führen höhere Gewalt, grobes Selbst- und Drittverschulden zur

---

sich in der Anlage befinden. Dieser Wortlaut weist einen Teil der Mängel der Formulierung von KHG 3 I auf. In PUe 3 (a) wird genauer darauf abgestellt, ob sich die verursachenden Kernmaterialien in der Kernanlage befinden oder aus der Kernanlage stammen.

[238] Ausser man betrachte die Beschränkung der Haftpflicht auf Personen- und Sachschaden bei andern Gefährdungshaftungen als eine indirekte Erwähnung.
[239] Vgl. Bd. II/2 § 24 N 27 ff.
[240] Die Einwilligung ist bei Tötung ungültig; vgl. Bd. II/1 § 16 N 238 ff.
[241] Vgl. Bd. I 108 ff.; EMIL W. STARK, Entlastungsgründe im Haftpflichtrecht (Aarau 1946) 69 ff.; BREHM, Berner Komm. N 130 ff. zu OR 41; KELLER/GABI 30 ff.

Entlastung des Haftpflichtigen, weil zwischen der von ihm zu vertretenden Ursache und dem Schaden kein rechtlich relevanter Kausalzusammenhang mehr besteht. Ein natürlicher Kausalzusammenhang liegt zwar vor, und er ist an und für sich auch adäquat; aber die Intensität des Entlastungsgrundes ist so gross, dass die haftungsbegründende Ursache daneben nicht mehr ins Gewicht fällt.

323 Diese dogmatische Konstruktion gilt notwendigerweise bei allen Haftungen, die auf die Verursachung abstellen, ob sie im Gesetz erwähnt sei oder nicht; denn die Unterbrechung des Kausalzusammenhanges schaltet durch eine wertende Betrachtung eine Haftungsvoraussetzung, die rechtliche Relevanz der Kausalität, aus [242].

324 Wenn ein Gesetz — wie das KHG — einen oder zwei Entlastungsgründe nicht erwähnt, wohl aber den oder die übrigen, ist darin ein Werturteil des Gesetzgebers zu sehen, dass bei den nicht erwähnten Entlastungsgründen die Intensität nie genügt, um den Kausalzusammenhang zu unterbrechen [243].

325 Nachdem im KHG die höhere Gewalt und das Drittverschulden nicht erwähnt sind [244], bedeutet dies, dass der Kausalzusammenhang zwischen der Aktivität von Kernmaterialien und dem Schaden durch höhere Gewalt, ausserordentliche Natur- oder kriegerische Ereignisse und Verschulden von Dritten nicht unterbrochen werden kann, weil die haftungsbegründende Ursache als dafür zu intensiv beurteilt wird.

326 Diese Regelung überzeugt. Eine Kernanlage enthält ein so grosses Energiepotential, das durch Naturereignisse oder Dritte in schädigende Bahnen geleitet werden kann, dass es als gerechtfertigt erscheint, dem-

---

[242] JVG 13, JSG 15 und LFG 64 ff. erwähnen die Entlastungsgründe nicht oder nur durch einen Hinweis auf das OR, dessen Art. 44 die Frage nicht sehr eindeutig regelt. Alle drei Entlastungsgründe finden sich, wenn auch teilweise ohne Qualifikation des Verschuldens, in EHG 1, SVG 59 I, GSG 36 II und SSG 27 II. In RLG 33 II wird statt von höherer Gewalt von ausserordentlichen Naturvorgängen und statt von Drittverschulden von kriegerischen Ereignissen gesprochen. MO 23 und ZSG 77 erwähnen das Drittverschulden nicht. ElG 27 I begnügt sich für die Entlastung sogar mit einem Versehen Dritter, was aber ein Versehen des Gesetzgebers darstellen dürfte (vgl. EMIL W. STARK, Probleme der Vereinheitlichung des Haftpflichtrechts, ZSR 86 II 24).

[243] Vgl. STARK (zit. FN 242) 24 ff.; Bd. I 112; KELLER/GABI 32; A. KELLER I 62.

[244] AtG 14 sah Entlastung vor bei ausserordentlichen Naturvorgängen, kriegerischen Ereignissen und grobem Selbstverschulden des Geschädigten; vgl. HUG 91 ff.; A. KELLER 265; DEVRIENT 55 ff.; ähnlich auch PUe 9; vgl. auch Amtl. Bull. SR 1980, 722 ff.; NR 1982, 1327 ff.

Heute erlaubt KHV 4 I lit. a dem privaten Haftpflichtversicherer, ausserordentliche Naturvorgänge und kriegerische Ereignisse von seiner Deckung auch extern auszuschliessen; vgl. hinten N 608 ff.

jenigen, der dieses Potential aufgebaut hat, die Entlastung nicht zu gewähren²⁴⁵.

Naturereignisse können zwar vielleicht für sich allein Schäden der gleichen Grössenordnung verursachen wie ein schwerer Reaktorunfall; man denke an schwere Erdbeben und grosse Vulkanausbrüche. Im Zusammenhang mit einer Kernanlage haben aber viel kleinere Naturereignisse die Möglichkeit, sehr schwere Schäden zu verursachen, die ohne Kernanlage durch sie nie herbeigeführt worden wären. 327

Dritte, z. B. Saboteure, haben auf Grund der Existenz von Kernanlagen — mindestens theoretisch — die Möglichkeit, eigentliche Katastrophen herbeizuführen, die sie sonst nie verursachen könnten. Dies gilt auch für Dritte, die einer fremden Armee angehören; man könnte in einem zukünftigen Krieg ebenso gut Reaktoren bombardieren wie in der Vergangenheit Staudämme. Nicht abgeschaltete Reaktoren usw. können im Kriegsfall eine Achillesferse der Landesverteidigung darstellen, für die der Inhaber einzustehen hat — wenn das dann überhaupt noch aktuell ist. Nur wenn eine Atombombe auf eine Kernanlage abgeworfen wird, gilt diese Argumentation nicht; sie verliert dann aber auch ihre praktische Bedeutung! 328

b) Absichtliches Selbstverschulden des Geschädigten

Das KHG befreit den Inhaber einer Kernanlage oder einer Transportbewilligung gegenüber demjenigen Geschädigten, der seinen Schaden absichtlich herbeigeführt hat. Das gleiche Ereignis wird häufig auch 329

---

²⁴⁵ Diese Argumentation gilt vor allem, wenn ein ausserordentliches Natur- oder ein kriegerisches Ereignis oder das Verhalten eines Dritten, eines Saboteurs, ein nukleares Ereignis *auslöst.* Dann liegt strenggenommen eine *Fremdbestimmung der haftungsbegründenden Ursache* vor (vgl. Bd. II/1 § 19 N 68 ff.; § 21 N 81; § 22 N 76, FN 301; § 23 N 107 ff.; 138), nicht eine Unterbrechung des Kausalzusammenhanges. Es treffen nicht zwei Kausalzusammenhänge zusammen, wobei der eine durch seine Intensität den andern ausschaltet, sondern ein einziger relevanter Kausalzusammenhang führt vom Natur- oder kriegerischen Ereignis oder dem Verhalten eines Dritten über das dadurch ausgelöste nukleare Ereignis zum Schaden; vgl. den noch nicht publ. BGE i. S. Schweiz. Eidgenossenschaft c. Kollektivgesellschaft L & R vom 21. Juni 1990, E. 3 d.
Der Gesetzgeber hat durch die Nichterwähnung der höheren Gewalt und des groben Drittverschuldens als Entlastungsgründe die Entlastung auch durch solche Fremdbestimmungen der haftungsbegründenden Ursache in Anbetracht der grossen Gefahren eines Kernkraftwerkes ausgeschlossen, weil ohne Kernanlagen diese Faktoren nur zu sehr viel unbedeutenderen Schäden führen könnten.

andere Personen schädigen. Ihnen gegenüber liegt Drittverschulden vor; dadurch werden *ihre* Schadenersatzansprüche nicht ausgeschlossen.

aa) Absicht oder Vorsatz?

330   KHG 5 I gewährt nach seinem Wortlaut die Entlastung nur, wenn der Geschädigte seinen Schaden absichtlich herbeigeführt hat, wenn es sich bei Tötung also um Selbstmord handelt.

331   Das Wort «Absicht» wird in VVG 14 I im technischen Sinne verstanden und setzt voraus, dass der schädigende Erfolg gewollt ist[246]. Demgegenüber ist das gleiche Wort in OR 41 II weiter zu fassen; auch direkter Vorsatz und Eventualvorsatz fallen darunter[247]; sonst bestünde für diese beiden Vorsatzformen keine Regelung.

332   Das muss auch hier gelten: Wenn eine Person in einer Kernanlage oder bei einem Transport von Kernmaterialien ein nukleares Ereignis herbeiführt, um z.B. Angst zu verbreiten oder die politische Lage zu destabilisieren und dabei — was sie in Kauf genommen oder sogar als sicher vorausgesehen hat — selbst einen Nuklearschaden erleidet, erscheint es nicht als gerechtfertigt, ihr oder ihren Hinterlassenen einen Schadenersatzanspruch gegen den Inhaber der Kernanlage oder der Transportbewilligung einzuräumen. Die Haftpflicht soll nicht nur dann ausgeschlossen sein, wenn der Geschädigte seinen eigenen Schaden bezweckt, sondern auch dann, wenn er andere Zwecke verfolgt hat und die Absicht, sich nicht auf seinen Schaden, sondern auf das nukleare Ereignis bezogen hat.

333   Dass ein Dritter das nukleare Ereignis nicht bezweckt, aber als Konsequenz der Verfolgung anderer Zwecke voraussieht und in Kauf nimmt, wird kaum vorkommen. Man könnte an den — absurden — Fall denken, dass ein fanatischer AKW-Gegner prüfen will, ob die Stahlglocke über dem Reaktor, das sog. Containment, einer neben dem Reaktor explodierenden (gewöhnlichen) Bombe standhält. Wenn dies nicht der Fall ist und er durch das dann als Folge der Explosion der Bombe eintretende nukleare Ereignis einen Schaden erleidet, kommt ein Anspruch auf dessen Ersatz nicht in Frage.

334   Nach KHG 16 I deckt der Bund aus eigenen Mitteln unter vier alternativen Bedingungen Nuklearschäden, wobei hier das absichtliche

---

[246] Vgl. MAURER, Privatversicherungsrecht 329f.; ROELLI/KELLER 250.
[247] Bd. II/1 § 16 N 217 ff.; a. M. aber BREHM N 243 f. zu OR 41 in Anlehnung an den Wortlaut von OR 41 II.

III. Voraussetzungen der Haftpflicht § 29

Selbstverschulden des Geschädigten als Entlastungsgrund wieder erwähnt wird. Dafür gelten die gleichen Überlegungen wie für die Haftpflicht des Inhabers einer Kernanlage resp. einer Transportbewilligung.

bb) Urteilsunfähigkeit des Geschädigten

Die allgemeine Regelung, dass durch Selbstverschulden eines urteilsunfähigen Geschädigten der Kausalzusammenhang nicht unterbrochen wird, gilt auch hier. 335

cc) Zusätzliches, vom Haftpflichtigen zu vertretendes Verschulden

Den Haftpflichtigen oder eine seiner Hilfspersonen[248] kann ein Verschulden treffen, das neben dem vorsätzlichen Selbstverschulden des Geschädigten und anderen Faktoren zum Unfallereignis geführt hat. 336

Nach SVG 59 I führt auch das gröbste Selbstverschulden des Geschädigten nicht zur Entlastung, wenn den Haftpflichtigen oder eine seiner Hilfspersonen ein Verschulden trifft oder das Fahrzeug sich in einem mangelhaften Zustand befand[249]. Das KHG nennt keine entsprechenden Gründe, die von Gesetzes wegen zum Ausschluss der Entlastung führen. Der Richter ist daher im Einzelfall frei, diese Frage unter Würdigung der konkreten Umstände zu entscheiden. 337

c) Grobe Fahrlässigkeit des Geschädigten

Nach KHG 5 II führt grobe Fahrlässigkeit des Geschädigten zur ganzen oder teilweisen Entlastung des Inhabers der Kernanlage oder der Transportbewilligung ihm gegenüber. Grobe Fahrlässigkeit *kann* also den Haftpflichtigen entlasten oder einen Schadenersatzreduktionsgrund darstellen[250]. Sprachlich bezieht sich das Wort «kann» auch auf die *teilweise Befreiung*[251]. Diese muss hier aber, sofern nicht Entlastung eintritt, die Norm darstellen. 338

---

[248] Dieser Begriff ist wegen der Kanalisierung der Haftung sehr weit auszulegen; vgl. hinten N 411.
[249] Vgl. Bd. II / 2 § 25 N 427 ff.
[250] Demgegenüber sah der Entwurf (Art. 4) eine Entlastung für Absicht *und* Grobfahrlässigkeit vor; vgl. zur Änderung des bundesrätlichen Vorschlages Amtl. Bull. SR 1980, 725; NR 1982, 1328 ff.
[251] Das «Ob» und «Wieviel» der Entlastung ist ins Ermessen des Richters gestellt.

253

339 Die teilweise Befreiung — und nicht die Entlastung — wird regelmässig in Frage kommen, wenn ein beim Betrieb einer Kernanlage oder beim Transport von Kernmaterialien Mitwirkender in einer bestimmten Situation überfordert ist und objektiv grobfahrlässig handelt und dadurch ein Nuklearereignis verursacht, das ihn selbst schädigt.

340 Die gleiche Regelung gilt für Leistungen nach KHG 16; vgl. dessen Abs. 2.

d) Hilfeleistung durch den Geschädigten

341 Es kann vorkommen, dass eine Person bei einem nuklearen Ereignis sich grobfahrlässig oder sogar eventualvorsätzlich dessen Gefahren aussetzt, um Dritten Hilfe zu leisten oder die Auswirkungen des Unfalles zu begrenzen. Nach den Grundsätzen der *Geschäftsführung ohne Auftrag* (OR 422) steht ihm ein Schadenersatzanspruch auch ohne Verschulden gegen den Geschäftsherrn nach Ermessen des Richters zu[252]. Es drängt sich daher auf, sein grobes objektives Selbstverschulden weder als Entlastungs- noch als Reduktionsgrund zu betrachten. Die Motivation der Begrenzung des Schadens schliesst eine andere Beurteilung aus. Vgl. vorn N 322 ff.

e) Verschulden einer Hilfsperson des Geschädigten

342 Zu denken ist an das Verschulden eines Angestellten eines Handwerkers, der in einer Kernanlage eine Reparaturarbeit vornimmt und dabei geschädigt wird: Es ist ihm nach den allgemeinen Grundsätzen wie eigenes Verschulden anzurechnen[253].

2. Fremdbestimmung der haftungsbegründenden Ursache[254]

343 Wer sich einer fremden Kernanlage oder eines Transportes von Kernmaterialien bedient, um durch ein von ihm herbeigeführtes nuklea-

---

[252] Vgl. Bd. I 43/44, 162; Bd. II/2 § 25 N 401.
[253] Vgl. Bd. I 163/64; BREHM N 42 zu OR 44 mit Nachw.
[254] Vgl. vorn FN 245; Bd. II/1 § 19 N 68a.

res Ereignis seine eigenen Zwecke zu verfolgen und in diesem Sinne die Kernanlage oder den Transport von Kernmaterialien als sein «Werkzeug» benützt, begeht ein Drittverschulden. Dieses ist, wie soeben dargelegt, für die Haftpflicht nach KHG irrelevant. Dagegen sieht KHG 6 lit. a den Rückgriff auf diesen Dritten vor.

3. Besondere Befreiungsgründe

Besondere Befreiungsgründe haben im System der Kernenergiehaftpflicht keinen Platz und sind denn auch im KHG nicht vorgesehen. 344

IV. Rückgriffsrechte

Behandelt wird hier der Rückgriff des Inhabers einer Kernanlage oder einer Transportbewilligung nach KHG 6, des Eigentümers einer Kernanlage sowie der Rückgriff auf Grund der Solidarität mehrerer Inhaber bei internationalen Transporten und des Sachversicherers nach VVG 72. Der Rückgriff des Bundes als Ersatz-Subjekt nach KHG 16 III[255] und des Haftpflichtversicherers nach KHG 20[256] werden später behandelt. 345

Zum Teil ergeben sich die hier behandelten Regressrechte aus dem Sachverhalt der Mehrheit von Ersatzpflichtigen[257]. 346

A. Rückgriffsrechte nach KHG 6

KHG 6 erwähnt drei Rückgriffsmöglichkeiten der nach KHG 3 Haftpflichtigen auf andere Personen und gibt ihnen den Charakter der Ausschliesslichkeit, obschon in KHG 3 III und VI weitere Rück- 347

---

[255] Vgl. hinten N 532.
[256] Vgl. hinten N 598 ff.
[257] Vgl. hinten N 447 ff.

griffsmöglichkeiten vorbehalten werden, die hier ebenfalls zu besprechen sind[258].

348 Die Regressrechte nach lit. a und b sind ausservertraglicher und originärer Natur. Sie beruhen nicht auf Subrogation, weil dem Geschädigten überhaupt keine Ansprüche gegen die Personen zustehen, gegen die der Haftpflichtige Rückgriff nehmen kann (KHG 3 VI).

349 KHG 6 gilt auch für den Rückgriff auf Zulieferer, Ingenieure, Handwerker usw.

1. Absichtliche Verursachung des Schadens durch einen Dritten (KHG 6 lit. a)

a) Verursachung des Schadens durch einen Dritten

350 Es handelt sich um den Fall der Fremdbestimmung der haftungsbegründenden Ursache, also eines Drittverschuldens. Wie dargelegt[259], führt dieses hier auch bei schwerstem Verschulden nicht zur Befreiung des Haftpflichtigen[260]. Gestützt auf die Kanalisierung der Haftpflicht haftet dem Geschädigten ausschliesslich der Inhaber der Kernanlage resp. der Transportbewilligung. Der Ausgleich kann daher nur auf dem Regressweg erfolgen[261]. Die Resultate werden allerdings fast immer betragsmässig sehr mager sein und nicht ins Gewicht fallen.

351 Im Vordergrund steht der Saboteur, d.h. der Dritte, der durch Einwirkung von aussen das nukleare Ereignis absichtlich herbeiführt. Bei Zulieferern oder sonstigen beigezogenen Unternehmern oder Handwerkern und deren Hilfspersonen wird es wohl am Vorsatz fehlen. Das gleiche gilt für die eigenen Mitarbeiter des Inhabers, es sei denn, sie haben sich zum Zwecke der Sabotage vom Inhaber der Anlage oder des Transportes anstellen lassen.

352 Anstifter und Gehilfen können auch vorsätzliche Verursacher des nuklearen Ereignisses sein.

---

[258] Die Rückgriffsbestimmung von AtG 13 lautete ähnlich, erwähnte aber zusätzlich in Abs. 2 den Rückgriff gegen den ausländischen Lieferanten von Kernbrennstoffen.
[259] Vgl. vorn N 322 ff., 343.
[260] Natürlich wie jedes Drittverschulden auch nicht zur Schadenersatzreduktion.
[261] Er stellt nicht einen internen Regress aus Solidarität im Sinne von OR 51 dar, weil der Dritte nach aussen gestützt auf die Kanalisierung nicht haftet. Darum setzt der Regress eine besondere gesetzliche Bestimmung voraus.

IV. Rückgriffsrechte   § 29

Es ist denkbar, dass neben der Einwirkung eines Dritten das Versa- 353
gen einer Sicherheitseinrichtung der Kernanlage[262] oder des Transportes[263] mit im Spiele war. Dann ist der Mangel der Sicherheitseinrichtung eine Mitursache des Schadens; er hat entweder das nukleare Ereignis überhaupt ermöglicht oder dessen Tragweite vergrössert.

Diesen Umstand muss sich der Inhaber der Kernanlage resp. der 354
Transportbewilligung entgegenhalten lassen, wenn er an den Dritten Schadenersatz- oder Regressansprüche stellt. Meistens wird das Versagen der Sicherheitsvorrichtung auf einem Verschulden des Inhabers, seines Personals oder seiner Zulieferer beruhen. Aber auch wenn dies nicht zutrifft, führt es zu einer Reduktion der Ansprüche gegen den Dritten.

Wenn der Dritte im Vertrauen auf die — dann nicht funktionierende 355
— Sicherheitsvorrichtung einen absichtlichen Eingriff vorgenommen hat, der deswegen zu einem nuklearen Ereignis führte, liegt in bezug auf dieses Ereignis keine «Absicht» im Sinne des Gesetzes vor und kann daher der Inhaber nicht auf den Dritten zurückgreifen.

Auch dies gilt generell, nicht nur wenn den Inhaber und/oder sein 356
Personal resp. seine Zulieferer ein Verschulden trifft.

Da die Kanalisierung der Haftpflicht auch für die eigenen Schäden 357
des Inhabers und des Eigentümers gilt[264], ist auch dafür ein Schadenersatzanspruch gegen Dritte nur unter der Voraussetzung von KHG 6 möglich. Das praktische Schwergewicht dieser Bestimmung liegt aber beim Regress für die vom Haftpflichtigen geleisteten Schadenersatzzahlungen an andere Personen.

b) Absicht oder Vorsatz des Dritten?

Das Gesetz setzt Absicht voraus. Wie vorn ausgeführt (vgl. N 330 ff.) 358
umfasst der Ausdruck «Absicht» in KHG 5 I auch den direkten und den Eventualvorsatz. Die gleichen Überlegungen gelten auch hier.

In E KHG 5 wurde die grobe Fahrlässigkeit als zur Begründung des 359
Rückgriffes genügend erachtet, während PUe 6 (f) wie der Gesetz gewordene Wortlaut von KHG 5 von Schädigungsabsicht spricht[265].

---

[262] Beispiel: Das Sicherheitsdispositiv des Reaktors gegen Überhitzung funktioniert nicht.
[263] Beispiel: Ungenügende Verpackung der Kernmaterialien.
[264] Vgl. vorn N 85 ff.; a. M. HUG 128.
[265] Vgl. die Hinweise in Botsch. KHG 178 f., wo erwähnt wird, dass bei der Formulierung des PUe die Überlegung eine Rolle spielte, dass Regressmöglichkeiten bei grober Fahr-

2. Entwendung oder Verhehlung der Kernmaterialien, von denen der Schaden ausgegangen ist, durch einen Dritten[266] (KHG 6 lit. b)

360 Das KHG und das AtG wollen den Gewahrsam an Kernmaterialien auf die Inhaber von Kernanlagen oder Transportbewilligungen beschränken. Kernmaterialien sollen sich nur in ihrer Gewalt befinden können; Dritte können sie nicht erwerben, wobei allerdings für den Bund in AtG 3 eine — hier irrelevante — Ausnahme gemacht wird[267].

a) Entwendung von Kernmaterialien

361 Durch die Entwendung von Kernmaterialien kann dieser Sicherheitskreis aufgebrochen werden. Um eine dadurch entstehende Lücke im Haftpflicht- und Sicherungssystem des KHG auszuschliessen, haftet der Inhaber der Kernanlage, aus der die Kernmaterialien stammen — und konsequenterweise auch der Inhaber einer Transportbewilligung bei Transporten im Transit durch die Schweiz[268] — für Nuklearschäden, die durch diese Kernmaterialien verursacht werden. Dem Inhaber der Kernanlage resp. der Transportbewilligung wird daher in

---

lässigkeit die möglichen Regressaten, namentlich die Zulieferer, veranlassen würden, sich gegen solche Regresse zu versichern. Das wollte man im Interesse der Atomindustrie vermeiden, weil man davon ausging, dass dann zwei Versicherungsnehmer für das gleiche Risiko Prämien bezahlen würden, wobei natürlich die Zulieferer ihre diesbezüglichen Sonderprämien den Atomkraftwerken belasten würden; vgl. auch Amtl. Bull. SR 1980, 726; NR 1982, 1330, 1333 ff.

266 Diese Rückgriffsmöglichkeit fehlt in PUe 6 (f).
267 Nach AtG 4 I bedürfen der Transport, die Abgabe und der Bezug und jede andere Form des Innehabens von radioaktiven Kernbrennstoffen und Rückständen sowie deren Einfuhr, Durchfuhr und Ausfuhr einer Bewilligung des Bundes. Diese Polizeibewilligung ist nach AtG 5 zu verweigern, wenn dies nötig ist zum Schutz von Menschen, fremden Sachen oder wichtigen Rechtsgütern und wenn der Gesuchsteller weder den vorgeschriebenen Versicherungs- oder Sicherstellungsschutz nachweist noch die nötige Fachkenntnis seiner leitenden Funktionäre vorhanden ist oder wenn sonst keine volle Gewähr für die Einhaltung der gesetzlichen Bestimmungen, der Bedingungen oder Auflagen besteht. Nach AtG 8 steht jedes Innehaben von radioaktiven Kernbrennstoffen und Rückständen unter der Aufsicht des Bundes, und nach AtG 9 sind die Bewilligungen nicht übertragbar.
Schliesslich kann der Bundesrat die erwähnte Bewilligungspflicht nach AtG 11 II auf radioaktive Stoffe ausdehnen, die nicht unter AtG 4 fallen. Im weiteren ist auf die Strafbestimmungen von AtG 31 ff. zu verweisen.
268 Vgl. vorn N 176 ff.

KHG 6 lit. b ein Regressrecht gegen den Entwender eingeräumt, auch wenn dieser den Schaden nicht vorsätzlich herbeigeführt hat. Die Vorsätzlichkeit der Entwendung, d. h. des Bruches des Sicherheitskreises, genügt. Bei Fahrlässigkeit liegt keine Entwendung vor [269].

Für den Begriff der Entwendung ist nicht auf StGB 138 abzustellen: 362 Der Wert der Sache und das Motiv der Tat (Not, Leichtsinn oder Befriedigung eines Gelüstes) sind hier naturgemäss nicht von Bedeutung. Es handelt sich um ein Wegnehmen im Sinne von StGB 137 [270], d. h. um den Bruch fremden Gewahrsams [271].

b) Verhehlung von Kernmaterialien

Der Begriff der «Verhehlung» knüpft rein sprachlich an den Begriff 363 der Hehlerei nach StGB 144 an, ist aber im Strafrecht nicht gebräuchlich. Nach DUDEN bedeutet verhehlen verheimlichen.

Die Heimlichkeit kann hier sinngemäss nicht von entscheidender 364 Bedeutung sein. Nach der ratio legis soll nicht nur derjenige, der die Kernmaterialien entwendet hat, dem Regress unterliegen, sondern auch derjenige, der die entwendeten Kernmaterialien übernommen und damit deren Rückführung in den Gewahrsam des Berechtigten erschwert oder verzögert hat. Nachdem die Haftpflicht des Inhabers der Kernanlage resp. der Transportbewilligung auch bei unzähligen Handänderungen nicht aufhört — die Kernmaterialien stammen immer noch von ihm —, rechtfertigt es sich, ihm auch den Regress gegen spätere «Innehaber» einzuräumen.

Die Aufzählung der Handänderungen in StGB 144 (erwirbt, sich 365 schenken lässt, zum Pfande nimmt, verheimlicht oder absetzen hilft) stellt dabei eine Veranschaulichung dar, kann aber in *diesem* Zusammenhang nicht als abschliessend betrachtet werden.

Dagegen ist es gerechtfertigt, entsprechend StGB 144 nur dann von 366 Verhehlung zu sprechen, wenn der Betreffende «weiss oder annehmen

---

[269] Beispiel: Der mit Kernmaterialien beladene Lastwagenanhänger wird irrtümlich an ein falsches Zugfahrzeug angehängt.
[270] DEBIEUX 121.
[271] Vgl. BGE 97 IV 196; 100 IV 158; 101 IV 35; 104 IV 73. Vorübergehende Verhinderung der Ausübung des Gewahrsams kann in der Zwischenzeit ebenfalls zur Verursachung von Nuklearschäden führen und fällt daher unter den Begriff der Entwendung nach KHG 6.

§ 29 Kernenergiehaftpflicht

muss», dass die Kernmaterialien von einem seiner Gewahrsams-Vorgänger durch eine strafbare Handlung erlangt worden sind. Darin besteht das Moment des Verschuldens, das diesen Regress allein rechtfertigen kann.

367 Es kommt dabei nicht darauf an, ob der Belangte im Zeitpunkt der Verursachung des Nuklearschadens die Kernmaterialien noch innegehabt hat. Massgebend ist sein Mitverschulden am Bruch des Sicherheitskreises, nicht an der Verursachung des Schadens im engeren Sinne.

3. Vertragliche Regressrechte (KHG 6 lit. c)

368 Es bleibt dem Inhaber einer Kernanlage oder einer Transportbewilligung unbenommen, sich in vertraglichen Vereinbarungen Regressrechte zu sichern. Dies verstösst zwar, äusserlich betrachtet, gegen die Kanalisierung der Haftpflicht, nicht aber gegen deren ratio legis, weil der durch die Kanalisierung geschützte Dritte, der ohne Kanalisierung nach dem OR mithaftpflichtig wäre, der Regelung zustimmt. Es ist daher folgerichtig, dass KHG 6 lit. c vertraglich vereinbarte Regressrechte zulässt.

369 1. Im Vordergrund stehen *Verträge mit Ingenieuren, Zulieferern und Handwerkern,* die am Bau, an Reparaturen und Revisionen der Kernanlage beteiligt sind. Ihnen kann in den Aufträgen, Kauf- und Werkverträgen eine, möglicherweise finanziell limitierte, Regresspflicht auferlegt werden. Damit kann die grundsätzlich unerwünschte, mit der Kanalisierung[272] verbundene Zone der fehlenden zivilrechtlichen Verantwortung in der Haftpflichtlandschaft vermieden werden.

370 Das gleiche gilt für Verträge mit Transportunternehmungen, die im Auftrag des Inhabers der Kernanlage Kernmaterialien transportieren.

371 2. *Abnehmer von Kernmaterialien,* die diese mit eigenen Transportmitteln oder durch ein von ihnen beauftragtes Transportunternehmen beim Veräusserer abholen, können durch Nachlässigkeit beim Transport einen Nuklearschaden verursachen, für den der Veräusserer nach

---

[272] Vgl. vorn FN 113.

IV. Rückgriffsrechte § 29

KHG 3 II gegenüber Dritten geradestehen muss. Auch hier kann vernünftigerweise vertraglich ein Regressrecht vereinbart werden.

Das gleiche gilt für Transporte von Kernmaterialien, die der Inhaber der Kernanlage *im Ausland gekauft* hat, wobei er nach KHG 3 III für in der Schweiz verursachte Nuklearschäden einzustehen hat, auch wenn der Verkäufer die Kernmaterialien in die Kernanlage des schweizerischen Käufers liefert. 372

Die vertragliche Vereinbarung kann hier die Schwierigkeiten lösen, die sich sonst aus der Überschneidung des Geltungsbereiches der Haftpflichtordnungen verschiedener Staaten[273] ergeben können. 373

3. Es ist auch denkbar, dass vom Inhaber einer Kernanlage *gekaufte Kernmaterialien einen Mangel aufweisen,* der zu einem Nuklearschaden führt. Erwähnt seien Eigenschaften, die nicht der Spezifikation des Kaufvertrages entsprechen. Es liegt nahe, dass der Käufer sich hier ein Regressrecht und einen Schadenersatzanspruch für seinen eigenen Nuklearschaden vertraglich ausbedingt. 374

4. Nuklearschäden von Dritten sowie an der Kernanlage können auch von den eigenen *Angestellten des Inhabers der Kernanlage* durch mangelnde Sorgfalt bei der Ausübung ihrer dienstlichen Verrichtungen herbeigeführt werden. Dafür könnte der Angestellte, wenn die Kanalisierung nicht bestände, auf Grund des Arbeitsvertrages nach OR 321e vom Arbeitgeber verantwortlich gemacht werden. Die Kanalisierung schliesst die Anwendung dieser Norm aber aus. 375

Auch hier kommt die vertragliche Vereinbarung eines Regressrechts an sich in Frage. Der Inhaber kann sich auf ein solches, vom Angestellten eingeräumtes Rückgriffsrecht jedoch nur berufen, wenn der Arbeitnehmer den Schaden absichtlich herbeigeführt hat (KHG 6 lit. c). Dies bedeutet, dass der Angestellte ein Regressrecht nur für die absichtlichen Schädigungen rechtsgültig einräumen kann. 376

Gegenüber Arbeitnehmern gilt also KHG 6 lit. a mit oder ohne abweichende vertragliche Vereinbarung. Der Ausdruck «absichtlich» in KHG 6 lit. c umfasst wie in KHG 6 lit. a auch den direkten und den Eventualvorsatz[274]. 377

---

[273] Vgl. hinten N 386 ff.
[274] Vgl. vorn N 358.

B. Interner Ausgleich zwischen dem Inhaber und dem Eigentümer einer Kernanlage

378 Nach KHG 3 IV haften Inhaber und Eigentümer einer Kernanlage (wenn es sich nicht um die gleiche Person handelt) solidarisch für den Schaden. Es liegt echte Solidarität vor.

379 Jede Solidarhaftung wirft die Frage der internen Verteilung des Schadens auf.

380 Vorn N 85 wurde dargelegt, dass der vom Inhaber verschiedene Eigentümer der Kernanlage für seinen eigenen Schaden nicht auf den Inhaber zurückgreifen kann. Der Eigentümer ist gegenüber dem Inhaber nicht Dritter im Sinne des Haftpflichtrechts; sie sitzen vielmehr im gleichen Boot.

381 Diese Argumentation schliesst den Regress für Schadenzahlungen des Eigentümers an Dritte nicht aus. Nach den in diesem Buch vertretenen allgemeinen Regeln des Haftpflichtrechts kann allerdings ein solidarisch Haftpflichtiger diejenige Quote seiner Leistungen vom andern solidarisch Haftpflichtigen zurückverlangen, für die ihm auch ein Schadenersatzanspruch für seinen eigenen Schaden zusteht. Beide Fragen sind nach der Methode der sektoriellen Verteilung zu beantworten[275]. Diese Lösung setzt voraus, dass zwei Haftpflichtige, die für zwei *verschiedene* Schadenursachen einstehen müssen, also nicht im gleichen Boot sitzen, einerseits sich gegenseitig und andererseits einen Dritten geschädigt haben. Hier sind Inhaber und Eigentümer dagegen beide für die gleiche Ursache verantwortlich. Deswegen stehen ihnen keine gegenseitigen Haftpflichtansprüche aus KHG zu.

382 Diese Argumentation gilt aber nicht für den Regress zwischen den beiden für ihre Zahlungen an Dritte. Die Frage der internen Verteilung solcher Zahlungen kann nicht einfach durch Streichung des Regresses beantwortet werden, weil sonst die Belangung des einen oder des andern für die definitive Tragung des Schadens, soweit er über die Deckungssumme der Versicherungen hinausgeht, massgebend wäre. Daher müssen Ansprüche aus dem internen Verhältnis zugelassen werden.

383 Diese Regressansprüche regelt das KHG nicht. Sie können auch nicht einfach aus OR 51 II abgeleitet werden — ganz abgesehen von der Problematik dieser Norm —; denn OR 51 bezieht sich auf den

---

[275] Vgl. Bd. II/2 § 25 N 652 ff., 711; hinten § 32 N 353 ff.

Rückgriff unter Personen, die aus *verschiedenen* Rechtsgründen für *denselben* Schaden einstehen müssen.

Es liegt nahe, die interne Tragung des Schadens Dritter dem Inhaber aufzuerlegen, solange die zur Verfügung stehenden Mittel — die Garantiesummen der Haftpflichtversicherungen und das Vermögen des Inhabers — zur Deckung aller gerechtfertigten Ansprüche ausreichen. Der Inhaber ist der eigentliche Haftpflichtige, demgegenüber der Eigentümer nur als Ersatzhaftpflichtiger erscheint, der nach der ratio legis[276] in die Lücke springen muss, wenn der Inhaber zu wenig zahlungskräftig ist. 384

Gestützt darauf ist dem Eigentümer der volle Regress gegen den Inhaber zuzubilligen[277], es sei denn, er habe einen für den Unfall kausalen Umstand (Verschulden oder Mangelhaftigkeit der Anlage) zu vertreten. 385

C. Regress bei Überschneidungen der Haftpflichtordnungen verschiedener Staaten

Die örtlichen Geltungsbereiche des KHG und der Haftpflichtregelungen ausländischer Staaten überschneiden sich[278]. Das ist z.T. dem Zufall zuzuschreiben; gelegentlich ist es wohl den Gesetzesverfassern nicht unerwünscht: Es schliesst Haftpflichtlücken aus. 386

Überschneidungsprobleme ergeben sich, wenn für einen bestimmten Schaden nach den Rechtsordnungen verschiedener Staaten verschiedene Personen haftpflichtig sind. Dies kommt vor bei Wechsel des Haftungssubjektes, wobei das bisherige und das neue Subjekt nicht der gleichen Rechtsordnung unterstehen[279] und die beiden Rechtsordnun- 387

---

[276] Vgl. vorn N 124.
[277] Der Vorschlag von DEBIEUX 81, 124, der gestützt auf OR 148 eine paritätische Aufteilung befürwortet, befriedigt nicht, weil sie den Inhaber zu Lasten des Eigentümers auch entlastet, wenn der Inhaber in der Lage ist, den von den Versicherungen nicht übernommenen Schaden zu tragen. Das widerspricht der ratio legis der Mithaftung des Eigentümers.
[278] Hingewiesen wurde vorn auf die Überschneidungen mit dem PUe. Zu ergänzen ist, dass z. T. durch Beschränkungen der territorialen Anwendungsgebiete von Normen solche Überschneidungen aufgehoben werden; vgl. PUe 2.
[279] Bei Wechsel des Haftungssubjektes *innerhalb* des Geltungsbereiches *einer* Rechtsordnung ist es deren Aufgabe, die Grenze zu ziehen.

§ 29   Kernenergiehaftpflicht

gen verschiedene Kriterien für das Aufhören resp. das Anfangen ihrer Geltung festsetzen.

388   Solche Fälle treten beim Transport von Kernmaterialien über die Landesgrenzen auf; vgl. vorn N 167 ff.

389   Wenn in einer solchen Situation ein schweizerisches und ein ausländisches Haftungssubjekt für den gleichen Nuklearschaden aufzukommen haben, drängt es sich auf, beide als *solidarisch* haftpflichtig zu bezeichnen, auch wenn dies in keiner der betreffenden Rechtsordnungen ausdrücklich vorgesehen ist. Dann stellt sich im internen Verhältnis die Regressfrage.

390   Solidarische Haftung mehrerer steht im Widerspruch zum Prinzip der Kanalisierung. Dieses verliert aber seinen Sinn, wenn — was hier normalerweise zutrifft — beide Haftpflichtigen obligatorisch versichert sind. Das Bedürfnis des Schutzes des Mitverursachers des Schadens gegen die Inanspruchnahme für Nuklearschäden erscheint hier nicht als berechtigt. Das KHG führt die Kanalisierung aber auch in diesem Bereich konsequent durch, indem es in Art. 3 VI dem Dritten, der auf Grund von internationalen Abkommen haftet, den Regress gegen den nach KHG Verantwortlichen einräumt.

391   Dabei ist allerdings nicht recht einzusehen, warum diese Regressmöglichkeit nur demjenigen zugestanden wird, der aus internationalen Abkommen haftet. Wer auf Grund einer ausländischen Rechtsordnung für den gleichen Schaden einzustehen hat wie der Inhaber einer schweizerischen Kernanlage oder Transportbewilligung, befindet sich in der gleichen Situation. Das Regressrecht von KHG 3 VI Satz 2 muss auch für ihn gelten.

392   Während also der schweizerische Inhaber gegenüber dem für den gleichen Schaden nach ausländischem Recht Verantwortlichen generell regresspflichtig ist, sieht KHG 3 III für den Fall des Bezuges von Kernmaterialien aus dem Ausland ein Regressrecht des schweizerischen Inhabers für durch diese Materialien auf dem Transport zu seiner Anlage verursachte Schäden[280] vor. Dieses Regressrecht fehlte in AtG 12 III.

393   Es würde den Rahmen dieses Buches sprengen, diese Probleme einzeln zu behandeln[281]. Hier sei nur betont, dass eine gleichmässige Ver-

---

[280] Es handelt sich also nicht um Schäden als Folgen von Mängeln der Kernmaterialien; vgl. vorn N 374.
[281] Vgl. dazu auch DEBIEUX 123 ff.

teilung des Schadens auf mehrere, die nach den Rechtsordnungen verschiedener Staaten dafür verantwortlich sind, sich aufdrängt. Das gilt dann nicht, wenn ein Verschulden auf dieser oder jener Seite eine andere Erledigung nahelegt.

D. Zusammenwirken von Kernmaterialien aus verschiedenen Kernanlagen

Immer wenn Kernmaterialien, die aus verschiedenen Kernanlagen stammen oder für verschiedene Kernanlagen bestimmt sind, sich örtlich nahe beieinander befinden, erscheint es als möglich, dass sie «gemeinsam» einen Nuklearschaden verursachen. Es ist z.B. an die Aussendung von radioaktiven Strahlen, aber auch an ein nukleares Ereignis zu denken, das einen radioaktiven «fall-out» zur Folge hat usw. 394

Ein Regressproblem entsteht nur, wenn für die verschiedenen beteiligten Kernmaterialien verschiedene Personen nach KHG verantwortlich sind. Das ist nicht der Fall, wenn sich die verschiedenen Kernmaterialien in *einer* Kernanlage befinden, z.B. in einem Zwischenlager. Dann haftet der Inhaber dieser Kernanlage nach aussen *allein* für das nukleare Ereignis in *seiner* Kernanlage und kann höchstens ein vertragliches Regressrecht geltend machen, z.B. gegen diejenigen Personen, die die Kernmaterialien bei ihm eingelagert haben. 395

Die Kernmaterialien verschiedener Inhaber von Kernanlagen können auch «gemeinsam» Nuklearschäden verursachen, wenn sie sich nicht in *einer* Kernanlage befinden, sondern transportiert werden. Man denke z.B. an die Zusammenfassung von Transporten aus verschiedenen Kernanlagen — das gleiche Lastauto holt sie dort ab, um sie ans gleiche Ziel zu bringen — oder an die Kollision von zwei mit Kernmaterialien beladenen Lastautos. Für die Schädigungen Dritter haften dann die durch KHG 3 II und III bestimmten Inhaber von Kernanlagen, eventuell auch der Inhaber einer Transportbewilligung. 396

Die hier auf Grund des OR entstehende Solidarschuldnerschaft wird weder durch den Wortlaut von KHG 3 VI noch durch den Sinn der Kanalisierung ausgeschlossen: Die beteiligten Inhaber von Kernanlagen oder von Transportbewilligungen haften solidarisch. Für die interne Verteilung und damit für den Regress lässt sich auch hier OR 51 II keine Regelung entnehmen. Es rechtfertigt sich, dass alle Haftpflichti- 397 gen gleiche Quoten des Schadens übernehmen, es sei denn, die Kernmaterialien eines Beteiligten stehen punkto Quantität oder punkto Gefährlichkeit im Vordergrund: Die Verteilung nach der Betriebsgefahr, wie sie SVG 60 II bei fehlendem Verschulden vorsieht, drängt sich auch hier unter dieser Voraussetzung auf. Daneben kann ein Verschulden auf dieser oder jener Seite ein Abgehen von der gleichmässigen Verteilung nahelegen.

E. Regress des Sachversicherers nach VVG 72 resp. den einschlägigen Bestimmungen des kantonalen Brandassekuranzrechtes

398   Der Kürze halber wird hier jeweils als Regressnorm VVG 72 angeführt. Die gleichen Überlegungen gelten aber auch bei Ereignissen, für die von öffentlichen Feuerversicherungen Entschädigungen bezahlt werden, wobei dann die entsprechende Bestimmung des kantonalen Rechts Anwendung findet.

399   Vorauszuschicken ist, dass der Regress des Schadensversicherers für den von ihm übernommenen Schaden gegen einen an sich ausservertraglich Haftpflichtigen nach VVG 72 ein Verschulden voraussetzt[282]. Dies ergibt sich auch aus OR 51 II. Da die aus KHG 3 Haftpflichtigen normalerweise juristische Personen sind, kommt daher ein Regress nur bei Organverschulden (ZGB 55) in Frage. Das Verschulden von Hilfspersonen genügt nicht.

400   Nach VVG 14 kann der Versicherer seine Leistung bei Absicht verweigern und bei grober Fahrlässigkeit kürzen. Diese Fragen berühren die Kernenergiehaftpflicht nicht und sind daher hier nicht zu behandeln.

1. Regress des Sachversicherers des Eigentümers gegen den Inhaber der Kernanlage

401   Wenn der Inhaber nicht gleichzeitig Eigentümer der Kernanlage ist, wird der Eigentümer seine Anlage gegen Sachschäden (namentlich

---

[282] Vgl. statt vieler Bd. I 383 ff.; MAURER, Privatversicherungsrecht 397 ff.

durch Feuer) versichern. Da, wie bereits dargelegt (N 84 ff.), dem Eigentümer kein Schadenersatzanspruch gegen den Inhaber zusteht, kann der Versicherer des Eigentümers auf Grund der Subrogation von VVG 72 vom Inhaber seine Leistungen nicht zurückverlangen, auch wenn dessen Organe (oder bei natürlichen Personen ihn selbst) ein Verschulden trifft.

2. Rückgriff des Sachversicherers gegen Dritte

Dem Sachversicherer stehen nicht mehr Rechte zu als seinem Versicherungsnehmer. Dieser Regress unterliegt daher den Beschränkungen von KHG 6[283]. 402

F. Verjährung und Verwirkung der Rückgriffsrechte

Auf diese Frage ist hinten im Zusammenhang mit der Verjährung und Verwirkung der Ansprüche des Geschädigten aus KHG einzutreten (vgl. hinten N 495 ff.). 403

G. Übergang der Rückgriffsrechte auf den Haftpflichtversicherer (KHG 20 II)

Wenn dem Haftpflichtigen ein auf dem Haftpflichtrecht beruhendes Regressrecht (vgl. KHG 6) zusteht, geht es nach KHG 20 II insoweit bei der Zahlung von Gesetzes wegen auf den privaten Versicherer resp. den Bund als Versicherer über, als der Geschädigte dadurch nicht benachteiligt wird. 404

Dieser Eintritt des Versicherers in die Rückgriffssituation des versicherten Haftpflichtigen entspricht einem allgemeinen Grundsatz des Haftpflichtrechts[284]. KHG 20 II sieht ihn aber noch ausdrücklich vor. 405

Der Geschädigte darf durch die Ausübung dieses Rückgriffsrechtes nach dem zweiten Halbsatz von KHG 20 II nicht benachteiligt werden. 406

---

[283] Vgl. vorn N 347 ff.
[284] Bd. I 459 ff.; KELLER/ GABI 157 f.; BREHM N 65 zu OR 51; BREHM, contrat N 682 ff.

Diese Bestimmung beruht auf der Überlegung, dass die durch das Regressrecht entstehende Verkleinerung des vom Haftpflichtigen resp. seinem Versicherer zu übernehmenden totalen Schadensbetrages ohne diese Einschränkung dem Versicherer zugute kommen würde[285]. Das soll verhindert werden, wenn dadurch der Geschädigte benachteiligt wird, d. h. wenn der Gesamtschaden 1 Mrd. Fr. zuzüglich 100 Mio. Fr. und zudem die eigenen Mittel des Haftpflichtigen übersteigt.

407   Eine Benachteiligung ist aber deswegen regelmässig ausgeschlossen, weil der Versicherer seine haftpflichtrechtlichen Regresseinnahmen der Garantiesumme gutschreiben muss: Seine Deckungssumme ist erst erschöpft, wenn seine Auslagen abzüglich seine Einnahmen aus dem Schadenfall grösser sind als sie.

408   Der zweite Halbsatz von KHG 20 II hat daher im Rahmen der haftpflichtrechtlichen Regresse keine Berechtigung und auch keine Bedeutung.

V. Übrige Haftpflichtfragen

A. Verschulden und Selbstverschulden

1. Verschulden auf der Seite des Haftpflichtigen

409   Ein Verschulden auf der Seite des Haftpflichtigen kann nur eine Rolle spielen, wenn ein Entlastungs-[286] oder Schadenersatzreduktionsgrund[287] vorliegt oder wenn der Haftpflichtige resp. sein Haftpflichtversicherer für von ihm erbrachte Zahlungen Regress nimmt[288].

410   Über die Erscheinungsformen eines für den Eintritt eines Atomunfalles ursächlichen Verschuldens des Haftpflichtigen können hier in Anbetracht der Komplexität des Sachverhaltes keine Ausführungen

---

[285] Botsch. KHG 204.
[286] Vgl. vorn N 321 ff.
[287] Vgl. hinten N 424 ff.
[288] Vgl. vorn N 353 f.

gemacht werden. Es wird im konkreten Fall Sache der Gutachter sein, diese Frage zu beurteilen. Dies gilt auch für das Verschulden der Hilfspersonen.

Der Haftpflichtige muss sich ein Verschulden seiner Hilfspersonen im weitesten Sinn des Wortes — dazu gehören auch die Ingenieure, die die Anlage entworfen haben, die Zulieferer und die Baufirmen, der Chauffeur eines Lastautos, eines Transportunternehmers, der die Kernmaterialien transportiert hat, insbesondere aber sein eigenes Personal — anrechnen lassen[289]. Das drängt sich auf, weil der Geschädigte oder auch der Regressat auf alle diese Hilfspersonen — nicht nur das Personal des Haftpflichtigen — wegen der Kanalisierung der Haftpflicht nicht zurückgreifen kann. 411

Ein Verschulden des Haftpflichtigen oder einer seiner Hilfspersonen kann auch darin bestehen, dass er entweder nicht genug vorsorgliche Massnahmen für den Fall eines Kernereignisses getroffen oder nach dem Ereignis nicht die richtigen Massnahmen zum Schutze des Personals, der Bevölkerung und der benachbarten Liegenschaften ergriffen hat. Der Haftpflichtige darf nicht davon ausgehen, die Sicherheit sei so gross, dass keine besonderen Schutzmassnahmen vorzusehen seien[290]. Er hat unabhängig von den behördlichen Anordnungen selbständig zu prüfen, durch welche Massnahmen das Risiko vermindert werden könnte. Der Hinweis darauf, dass er die behördlichen Vorschriften eingehalten habe, genügt auch hier[291] nicht zur Exkulpation, die aber misslingen wird, wenn diese Vorschriften verletzt wurden. 412

Zu den Schutzmassnahmen, die vor dem Schadenereignis zu treffen sind, gehört die Organisation der unverzüglichen Information der Bevölkerung, zu den nachträglichen die *sofortige* Meldung an die Behörden. 413

---

[289] Wenn der Eigentümer und der Inhaber solidarisch haftpflichtig sind, muss jeder von beiden gegenüber dem Geschädigten nur für sein eigenes Verschulden und dasjenige *seiner* Hilfspersonen einstehen, nicht aber für das Verschulden des Mit-Haftpflichtigen und von dessen Hilfspersonen. Ein Geschädigter, der mit einer Schadenersatzreduktion nach KHG 5 II wegen grober Fahrlässigkeit rechnen muss, wird sich daher gegebenenfalls mit Vorteil an denjenigen der beiden Haftpflichtigen halten, der seinerseits ein Verschulden zu vertreten hat: Das Selbstverschulden hat ihm gegenüber bei der sektoriellen Verteilung weniger Gewicht.
[290] Sonst hätte sich der Erlass des KHG erübrigt.
[291] Vgl. Bd. I 151 f. sowie hinsichtlich OR 58 Bd. II/1 § 19 N 76. Das gleiche gilt auch für technische Vorschriften, Bd. I 149.

2. Selbstverschulden des Geschädigten

414 Auch in bezug auf das Selbstverschulden des Geschädigten, das zu einem Kernunfall führt, können nicht zum voraus konkrete Angaben gemacht werden; die Würdigung des Verhaltens des Geschädigten ist im Einzelfall Sache des Experten.

415 Auch das Selbstverschulden des Geschädigten kann bei der Verursachung des Unfalles beteiligt sein oder kausal unabhängig von ihr beim Eintritt des Schadens — d.h. nach dem schädigenden Ereignis — mitwirken. In diesem Zusammenhang ist vor allem an die Unterlassung der gebotenen Massnahmen zur Schadensverminderung zu denken[292], die nach dem nuklearen Ereignis zu ergreifen sind: Verbleiben am alten Wohnort, obwohl die Behörden dies untersagt und Evakuationstransporte organisiert haben, Rückkehr an den verseuchten Wohnort, um etwas zu holen usw. Daneben kommen die auch ausserhalb des KHG verlangten medizinischen Massnahmen in Frage.

416 Jedes Selbstverschulden kann auch Dritte schädigen. In bezug auf sie stellt es Drittverschulden dar, das im KHG gestützt auf den Gedanken der Kanalisierung nicht berücksichtigt wird und höchstens zu einem Regress nach KHG 6 führt.

a) Selbstverschulden eines aussenstehenden Dritten

417 Hier kommt bei Unfällen in Kernanlagen fast nur der Saboteur in Frage, bei Unfällen im Zusammenhang mit Transporten von Kernmaterialien aber auch jeder Verkehrsteilnehmer; jeder kann z.B. mit einem Kernmaterialien transportierenden Lastwagen kollidieren und Opfer der Strahlung werden, wenn solche austritt.

418 Dabei stellt sich die Frage, ob die grobfahrlässige Verursachung eines Verkehrsunfalles[293] auch als grobe Fahrlässigkeit in bezug auf den Strahlenschaden zu betrachten ist. Dies wird meistens zu verneinen sein, da ein Strahlenschaden bei einem Verkehrsunfall so ausserordentlich selten eintritt, dass die entsprechende Gefahr von den verschiede-

---

[292] Vgl. STEPHAN WEBER, Die sogenannte Schadenminderungspflicht des Geschädigten (Diss. Zürich, noch nicht erschienen).

[293] Ein Lastwagen fährt z.B. auf der linken Strassenseite und stösst mit einem entgegenkommenden Kernmaterialien-Transport zusammen.

nen Verkehrsteilnehmern nicht vorausgesehen wird. Diese können sich daher auch nicht freiwillig dieser Gefahr aussetzen[294].

b) Selbstverschulden einer Hilfsperson des Haftpflichtigen

Der Begriff der Hilfsperson des Haftpflichtigen ist auch hier sehr weit zu fassen. Eine Fehlmanipulation eines Arbeitnehmers des Haftpflichtigen — falsche Steuerung der Anlage, Unterlassen einer vorgeschriebenen Kontrolle, aber auch Montage eines für die Kernanlage nicht geeigneten Teilstückes durch einen Handwerker — ist selbstverständlich nur dann als Selbstverschulden zu berücksichtigen, wenn es für die Schädigung der Hilfsperson kausal ist. 419

Selbstverschulden einer Hilfsperson des Haftpflichtigen kommt auch in Frage bei Transporten von Kernmaterialien. Man denke an den Chauffeur eines Lastautos mit Kernmaterialien, der in alkoholisiertem Zustand eine Stopstrasse überfährt und mit einem andern Lastauto kollidiert. Seine grobe Fahrlässigkeit in bezug auf den Verkehrsunfall stellt — im Gegensatz zur groben Fahrlässigkeit eines dritten Verkehrsteilnehmers[295] — auch grobe Fahrlässigkeit in bezug auf das dadurch ausgelöste nukleare Ereignis dar; denn er weiss ja, dass er Kernmaterialien geladen hat. 420

B. Schadensberechnung

KHG 7 I verweist richtigerweise in bezug auf die Schadensberechnung auf das OR. Anwendbar sind daher die allgemeinen Regeln, die in Bd. I §6 dargelegt sind. Hier ist auch den in OR 43 erwähnten Umständen Rechnung zu tragen, während die dort speziell aufgeführte Grösse des Verschuldens keine Rolle spielt. 421

Besondere Bestimmungen enthält KHG 2 I lit. b[296] für die *Evakuationsschäden*. Im Vordergrund stehen hier die Transportkosten, die 422

---

[294] Vgl. Bd. I 160/61.
   Das gleiche Problem stellt sich bei der Kollision mit einem Transport von sehr gefährlichen Giftstoffen und wird entsprechend zu lösen sein. Dabei stellt die Ausserordentlichkeit des betreffenden Transportes einen entscheidenden Faktor dar.
[295] Vgl. vorn N 418.
[296] Vgl. vorn N 277 ff.

Unterbringungskosten am neuen Wohnort und der Verdienstausfall. Der wegen einer Evakuation entgangene Gewinn ist entgegen den allgemeinen Regeln der Schadensberechnung auch dann nicht zu berücksichtigen, wenn er ohne das schädigende Ereignis mit einiger Wahrscheinlichkeit erzielt worden wäre. Als Gewinn ist eine in Aussicht stehende Vergrösserung des Vermögens zu betrachten, die wegen des nuklearen Ereignisses nicht eingetreten ist [297].

423 Unter KHG 2 I lit. a und nicht unter lit. b fällt der Schaden infolge Unverkäuflichkeit einer Sache, von der man nicht weiss, ob sie gesundheitsgefährdend verseucht sei, sofern die zuständigen Behörden den Verkauf untersagt oder davor gewarnt haben. Dann ist der entgangene Gewinn zu ersetzen [298].

C. Schadenersatzbemessung

1. Allgemeine Bemerkungen

424 Die Verweisung auf die Grundsätze des OR in KHG 7 I bezieht sich auch auf die Schadenersatzbemessung. Die in Bd. I § 7 dargelegten Regeln finden daher auch auf die Atomschäden Anwendung, soweit sich aus den Besonderheiten des KHG nicht Abweichungen ergeben.

---

[297] Vgl. v. TUHR/PETER 85; Amtl. Bull. NR 1982,1324; vorn N 288 ff.
[298] Vgl. vorn N 294. Wenn die Behörden nicht eingeschritten sind, aber eine allgemeine Angst vor der Gefahr einer Verseuchung den Verkauf verunmöglicht, liegt kein Anwendungsfall von KHG 2 I lit. b vor. Dann stellt sich die Frage, ob die Unverkäuflichkeit einen Sachschaden im Sinne von KHG 2 I lit. a darstelle. Dies ist bei fehlender Verseuchung nicht der Fall. Durch das nukleare Ereignis wurde zwar ein Rechtsgut des potentiellen Verkäufers gefährdet; ihm gegenüber liegt also Rechtswidrigkeit vor. Der Schaden entsteht aber nicht durch *seine* Abwehrmassnahmen gegen diese Gefährdung. Die potentiellen Käufer, die wegen ihrer Befürchtungen nicht kaufen, ergreifen zwar eine Schutzmassnahme gegen die Gefährdung ihrer eigenen Gesundheit, erleiden dadurch aber keinen Schaden.
Ein Nuklearschaden liegt aber vor, wenn die Ware in einem nicht gesundheitsgefährdenden Mass radioaktiv kontaminiert worden ist und aus diesem Grunde nicht mehr abgesetzt werden kann. Alsdann ist, unabhängig von allfälligen behördlichen Empfehlungen, ein Anwendungsfall von KHG 2 I lit. a gegeben, vgl. den noch nicht publ. BGE vom 21. Juni 1990 sowie den vorinstanzlichen Entscheid des Appellationshofes Bern vom 31. Mai 1989 i. S. Kollektivgesellschaft R & L c. Schweiz. Eidgenossenschaft.

2. Faktoren der Schadenersatzbemessung

a) Selbstverschulden

Das vorsätzliche Selbstverschulden führt nach KHG 5 I zur Entlastung. Ist das Selbstverschulden nur grobfahrlässig, so kann entweder der an und für sich Haftpflichtige nach KHG 5 II befreit werden, oder es führt zur Schadenersatzreduktion (vgl. vorn N 338/39).   425

KHG 5 II ist als Kann-Vorschrift formuliert. Daraus darf nicht geschlossen werden, dass grobes Selbstverschulden unter Umständen ohne Auswirkung auf die Haftpflichtfrage bleibe. Wenn es nicht zur Entlastung führt, hat der Richter den Schadenersatz herabzusetzen[299], selbstverständlich unter Berücksichtigung zusätzlicher, vom Haftpflichtigen zu vertretender Momente.   426

Massgebend dafür sind auch hier die Grundsätze der *sektoriellen Verteilung*[300]. Dabei ergibt sich aus dem Werturteil des Gesetzgebers, der mittleres und leichtes Selbstverschulden hier im Gegensatz zu den andern Gefährdungshaftungen nicht als Herabsetzungsgrund gelten lässt[301], dass der Sektor der nuklearen Gefahr von vornherein einen grossen Teil des Kreises einzunehmen hat. Auf der andern Seite ist allerdings zu berücksichtigen, dass die grobe Fahrlässigkeit des Geschädigten je nach den Umständen auch in diesem Bereich zur Entlastung des Haftpflichtigen führen kann, was der Regelung in andern Gefährdungshaftungen entspricht und eine ähnliche Bewertung des Sektors des Selbstverschuldens nahelegt. Die gesetzliche Regelung erscheint als etwas unausgewogen.   427

Dass Selbstverschulden Urteilsfähigkeit voraussetzt, sei nur der Vollständigkeit halber erwähnt.   428

Als reduzierendes Selbstverschulden dürften Fehlmanipulationen des Personals in der Anlage, aber z.B. auch mangelhaftes Befestigen von Behältern mit Kernmaterialien auf der Ladebrücke eines Lastwagens in Frage kommen.   429

---

[299] Das Wort «kann» erlaubt ihm, zwischen den beiden genannten Möglichkeiten zu wählen.
[300] Vgl. STARK, Skriptum 331; Bd. II/2 § 25 N 558.
[301] Vgl. Amtl. Bull. NR 1982, 1328.

b) Keine Berücksichtigung der Notlage des Haftpflichtigen

430   KHG 7 I Satz 2 schliesst die Anwendung von OR 44 II aus: Die Notlage des Haftpflichtigen stellt im KHG keinen Schadenersatzreduktionsgrund dar. Diese Vorschrift leuchtet in Anbetracht der hohen Versicherungsdeckung ohne weiteres ein: Eine Notlage des Haftpflichtigen kann nur bei ausserordentlichen nuklearen Ereignissen entstehen. Bei Grossschäden wird der Haftpflichtige ohnehin alle seine Mittel zur Schadensdeckung aufwenden müssen.

c) Ungewöhnlich hohes Einkommen des Geschädigten

431   Nach KHG 7 II kann der Richter bei ungewöhnlich hohem Einkommen des Verletzten oder Getöteten die Entschädigung angemessen herabsetzen[302]. Diese Bestimmung beruht auf dem gleichen Billigkeitsgedanken wie OR 44 II über die Berücksichtigung der Notlage des Haftpflichtigen; sie bringt ihn aber weniger einleuchtend zum Ausdruck.

432   Wo das ungewöhnlich hohe Einkommen beginnt, lässt sich nicht generell festlegen und ist dem richterlichen Ermessen zu überlassen[303].

433   Der Einwand aus KHG 7 II muss auch dem Haftpflichtversicherer und dem Bund zur Verfügung stehen; denn der einleuchtendste Grund für diese Bestimmung besteht darin, dass sie ermöglicht, dass die Garantiesummen eher ausreichen. Da nach KHG 18 nach einer Inanspruchnahme der Haftpflichtdeckung des privaten Versicherers oder des Bundes die volle Versicherungsdeckung wieder herzustellen ist, hat die Berücksichtigung des ungewöhnlich hohen Einkommens des Getöteten oder Verletzten auch dann finanzielle Konsequenzen für den Haftpflichtigen, wenn die Garantiesumme zur Deckung aller Haftpflichtansprüche genügt.

d) Anrechnung von Leistungen einer Unfallversicherung (KHG 9 II)

434   KHG 9 II enthält eine Bestimmung über die Anrechnung von Unfallversicherungsleistungen, die sich fast wörtlich[304] deckt mit SVG

---

[302] Diese Bestimmung findet sich auch in EHG 4 und SVG 62 II; sie fehlt aber ausser im OR im ElG, im RLG, im GSG, in der MO, im ZSG, im LFG, im SSG und im JSG.
[303] Vgl. die Ausführungen zu SVG 62 II in Bd. II/2 § 25 N 611 ff.
[304] Das SVG spricht von den Leistungen «aus einer privaten Versicherung», das KHG «aus einer nicht obligatorischen Unfallversicherung». Dass es sich nur um Unfallversiche-

62 III[305]. Es handelt sich in beiden Fällen darum, dass die Leistungen des Haftpflichtigen an eine Unfallversicherung des späteren Geschädigten ihm im Haftpflichtfall zugute kommen sollen: Die vom späteren Haftpflichtigen finanzierten Leistungen der Unfallversicherung werden von seiner Haftpflichtschuld abgezogen. Insofern gilt Anspruchskonkurrenz und nicht Anspruchskumulation.

KHG 9 II erwähnt als Haftpflichtigen nur den Inhaber der Kernanlage oder der Transportbewilligung. Der ebenfalls passivlegitimierte Eigentümer der Anlage, der sie nicht selbst betreibt, wird kaum je für eine Unfallversicherung eines späteren Geschädigten Prämien bezahlen; ist dies ausnahmsweise der Fall, so ist KHG 9 II auch anzuwenden. 435

Wenn für Leistungen aus einer privaten Unfallversicherung die Anspruchskonkurrenz gilt[306], entfällt die Anwendung von KHG 9 II[307]. 436

Praktische Bedeutung hat die Bestimmung, wenn ein Arbeitnehmer des Haftpflichtigen geschädigt ist und der Arbeitgeber für eine Zusatzversicherung zum UVG Prämien bezahlt hat. 437

Für obligatorische Unfallversicherungen gilt nicht Abs. 2, sondern Abs. 1 von KHG 9; darauf wird hinten zurückzukommen sein. Auch die Sachversicherung fällt nicht unter KHG 9 II, weil bei ihr VVG 72 die Anspruchskumulation ausschliesst. 438

e) Weitere, im Rahmen des richterlichen Ermessens zu berücksichtigende Faktoren

KHG 7 I verweist für die Festsetzung von Art und Umfang des Schadenersatzes auf die Grundsätze des OR über unerlaubte Handlungen. Damit sind OR 43 und 44 anwendbar, soweit das KHG nicht Sonderregelungen enthält. Das gilt für den Ausschluss der Notlage des 439

---

rung handeln soll, ist bei beiden Gesetzen unbestritten, weil nur für die Personenversicherung VVG 96 die Anspruchskumulation vorsieht und die auch zur Personenversicherung gehörende Lebensversicherung hier von vornherein nicht anvisiert ist. Vorzubehalten sind dabei die Leistungen von Pensionskassen, für die das BVG und die einschlägigen Statuten massgebend sind.
Dass das KHG statt von einer privaten von einer nicht obligatorischen Versicherung spricht, dürfte damit zusammenhängen, dass die obligatorische Versicherung gemäss UVG auch von privaten Gesellschaften betrieben wird.
Ein materieller Unterschied zwischen SVG 62 III und KHG 9 II besteht daher nicht.
[305] Vgl. Bd. II/2 § 25 N 615 ff.
[306] Vgl. BGE 104 II 47.
[307] Vgl. Bd. II/2 § 25 N 620 mit weiteren Nachw.

Haftpflichtigen und die Anerkennung des ungewöhnlich hohen Einkommens des Geschädigten als Reduktionsgründe (vgl. vorn N 430 ff.). Daneben enthält KHG 5 eine von OR 44 I abweichende Berücksichtigung des Selbstverschuldens des Geschädigten (vgl. vorn N 425 ff.).

440 OR 44 I gibt dem Richter die Möglichkeit, auch andere Umstände als das Selbstverschulden, für die der Geschädigte einstehen muss, bei der Schadenersatzbemessung zu berücksichtigen. Die meisten in diesem Zusammenhang in Bd. I 274 ff. erwähnten Faktoren fallen hier aber von vornherein nicht in Betracht. Das gilt insbesondere für die Gefälligkeit, die schadensverhütenden oder -mildernden Massnahmen des Haftpflichtigen und die Berücksichtigung seiner sozialen und wirtschaftlichen Verhältnisse sowie des mitwirkenden Zufalls.

D. Genugtuung

441 Das KHG verweist in Art. 7 I auch in bezug auf die Zusprechung einer Genugtuung auf das OR, insbesondere Art. 47. Näheres darüber findet sich in Bd. I § 8 (vgl. auch vorn N 247 ff.) Die Zusprechung einer Genugtuung setzt *kein Verschulden des Haftpflichtigen* mehr voraus; dieses kann aber bei der Bemessung der Genugtuung eine Rolle spielen. Dabei ist es gemäss ZGB 8 vom Geschädigten zu beweisen.

E. Kollision von Haftpflichtigen unter sich

442 Wenn ein aus KHG Haftpflichtiger einen andern Inhaber (oder Eigentümer) einer Kernanlage oder einer Transportbewilligung schädigt, stellt sich die Frage der Anrechnung der vom Geschädigten zu vertretenden Betriebsgefahr als Reduktionsgrund. Dies gilt nur, wenn nicht nur das Nuklearrisiko des Schädigers, sondern auch dasjenige des Geschädigten sich im schädigenden Ereignis ausgewirkt hat. Wenn z. B. radioaktiver Staub aus der Kernanlage A das Umfeld der Kernanlage B so stark verseucht, dass diese nicht mehr betreten und damit auch nicht mehr benützt werden kann, liegt kein Kollisionsfall vor.

443 Die Haftungskollisionen dürften daher vor allem bei Transporten von Kernmaterialien vorkommen. Wenn Kernmaterialien, die verschiedenen Personen gehören, gemeinsam gelagert werden, haften aber für

die dabei eintretenden nuklearen Ereignisse nicht die jeweiligen Eigentümer, sondern der Inhaber der Lagerstätte[308].

Bei Transporten von Kernmaterialien über die Landesgrenze können nach verschiedenen Rechtsordnungen und internationalen Abkommen für ein und dasselbe Ereignis verschiedene Inhaber verantwortlich sein[309]. Wenn dadurch Dritte geschädigt werden, stellt sich das Problem des Rückgriffes[310], der in KHG 3 III und 3 VI geregelt ist[311]. Grundsätzlich ist die Frage der Kollision *hier* gleich zu beantworten wie die Frage des Rückgriffes; die verschiedenen Inhaber sitzen nicht «im gleichen Boot». 444

Daraus ergibt sich, dass bei einem Transport von Kernmaterialien aus dem Ausland zu einer schweizerischen Kernanlage der ausländische Absender — wenn er selber geschädigt wird — sich eine Reduktion seines Ersatzanspruches gegen den schweizerischen Inhaber nach der für ihn geltenden Rechtsordnung gefallen lassen muss. Wird der schweizerische Besteller der Kernmaterialien geschädigt, so ist ihm ein reduzierter Anspruch gegen den Versender nach dessen Rechtsordnung zuzugestehen. 445

In den andern Fällen, die durch KHG 3 VI anvisiert werden, hat der schweizerische Eigentümer der Kernmaterialien seinen eigenen Schaden allein zu tragen und hat keinen Herabsetzungsgrund gegenüber einem Inhaber, der nach einem internationalen Abkommen haftet[312]. 446

F. Mehrheit von Ersatzpflichtigen

Hier gilt, wenn eine Mehrheit von Ersatzpflichtigen überhaupt trotz der Kanalisierung in Frage kommt, also vor allem bei Kernmaterial-Transporten, Solidarität, die im internen Verhältnis nach den vorn (N 389 ff.) dargelegten Grundsätzen abzuwickeln ist. 447

Eine Mehrheit von Ersatzpflichtigen kann sich auch daraus ergeben, dass die gleiche Person nacheinander durch zwei — oder mehr — 448

---

[308] Vgl. vorn N 154, 166.
[309] Vgl. vorn N 167 ff.
[310] Vgl. vorn N 386 ff.
[311] Vgl. dazu auch DEBIEUX 123 ff.
[312] Nach IPRG 133 II dürfte meistens schweizerisches Recht anwendbar sein.

Nuklearereignisse geschädigt wird. Da Strahlenbelastungen im Körper nicht abgebaut werden, sondern sich kumulieren, ist das Endresultat durch beide Ereignisse verursacht.

449 Hier könnte der erste Verantwortliche sich u. U. auf den Standpunkt stellen, durch «sein» Nuklearereignis sei noch kein Schaden entstanden, sondern höchstens eine besondere Empfindlichkeit gegenüber späteren Einwirkungen von radioaktiven Strahlen. Der zweite Verantwortliche könnte mit gleichem Recht versucht sein, eine konstitutionelle Prädisposition als Kürzungsgrund anzurufen.

450 Es rechtfertigt sich, hier die «Lehre» über die Beeinträchtigung paariger Organe beizuziehen[313]. Wer ein Auge verliert, ohne deswegen in seiner Erwerbsfähigkeit gemindert zu sein, hat wegen der Gefahr, dass er durch eine Schädigung des andern Auges einen sehr grossen Schaden erleidet, einen Anspruch auf eine über die momentane Beeinträchtigung hinausgehende Invaliditätsentschädigung. Dementsprechend ist der durch das zweite Nuklearereignis herbeigeführte Schaden hier auf die beiden Verursacher aufzuteilen, wobei die Quoten womöglich nach den Strahlendosen festzulegen sind.

G. Vereinbarungen über Haftpflichtansprüche (KHG 8)

451 Nach KHG 8 kann die auf diesem Gesetz beruhende Haftpflicht weder wegbedungen noch beschränkt werden und sind Vereinbarungen, die offensichtlich unzulängliche Entschädigungen festsetzen, innert drei Jahren nach ihrem Abschluss anfechtbar.

452 Ähnliche Bestimmungen finden sich in ElG 39, EHG 16/17 und SVG 87[314].

453 KHG 8 bezieht sich auf Haftpflichtansprüche «nach diesem Gesetz», also gegen den Inhaber oder den Eigentümer einer Kernanlage sowie gegen den Inhaber einer Transportbewilligung. Rückgriffsansprüche nach KHG 6 fallen nicht darunter.

---

[313] Vgl. SCHAER N 158; BREHM N 101 ff. zu OR 46; zur Behandlung dieses Problems in der obligatorischen Unfallversicherung: UVV 29; vgl. MAURER, Unfallversicherungsrecht 363 ff.

[314] Vgl. Bd. II/2 § 25 N 756 f.; § 27 N 205; § 28 N 172 f. sowie die Ausführungen in Bd. I 464 ff.

1. Wegbedingung oder Beschränkung der Haftpflicht

Es kann hier auf die Ausführungen in Bd. I 464 verwiesen werden. 454

Eine Wegbedingung oder Beschränkung der Haftpflicht muss sinn- 455
gemäss *vor* dem nuklearen Ereignis erfolgen; nachher handelt es sich um einen ganzen oder teilweise Verzicht auf Haftpflichtansprüche. Wegbedingung und Beschränkung setzen daher Beziehungen zwischen den Parteien des Haftpflichtanspruches schon vor dessen Entstehung voraus; im Vordergrund stehen Schäden von Personal, Handwerkern und Besuchern.

2. Anfechtbarkeit von Vereinbarungen mit offensichtlich unzulänglichen Entschädigungen

Die auf dem OR basierenden Möglichkeiten, einen Vergleichsvertrag 456
nachträglich anzufechten[315], sind in Bd. I 474 ff. dargestellt.

KHG 8 II unterscheidet sich von ihnen — wie EHG 17 und SVG 87 457
II — dadurch, dass von «*offensichtlich* unzulänglichen Entschädigungen» gesprochen wird. Damit wird einerseits ein Mass für die entscheidende Abweichung vom Gebotenen gegeben, das in gewissem Sinne dem «offenbaren Missverhältnis» von OR 21 entspricht. Andererseits wird die Anfechtung praktisch dem Geschädigten vorbehalten, denn der Haftpflichtige würde sich nur auf eine übersetzte Entschädigung berufen.

Während EHG 17 keine Anfechtungsfrist nennt, beträgt diese nach 458
SVG 87 II ein Jahr und nach KHG 8 II drei Jahre[316] seit dem Abschluss der Vereinbarung. Ob diese besonderen Normen neben denjenigen des OR zur Verfügung stehen oder diese ausschliessen, wird in der 4. A. von Bd. I (Zürich 1975) nicht eindeutig beantwortet (vgl. S. 473 und 474).

Die praktische Bedeutung dieser Bestimmungen ist sehr gering. 459

---

[315] Nach Botsch. KHG 201 ergibt sich aus KHG 8, dass die Kanalisierung zwingend ist, was aber nicht recht verständlich ist und woran schon KHG 3 VI keinen Zweifel lässt.

[316] Ob diese Frist als Verjährungs- oder Verwirkungsfrist zu betrachten ist, ist unsicher. Es erscheint als praktikabler, eine Verjährungsfrist anzunehmen. Dagegen spricht das Fehlen der absoluten Frist von 30 Jahren und der Umstand, dass auch die Frist von OR 31 als Verwirkungsfrist angesehen wird.

460 Bei jedem Vergleich werden von den Parteien Konzessionen gemacht. Diese sollen nicht auf Grund von KHG 8 II widerrufen werden können; das wäre nicht sinnvoll. Darum verlangt das KHG eine *offensichtlich* unzulängliche Entschädigung, d. h. eine Entschädigung, die eindeutig ausserhalb der vernünftigen Konzessionen liegt. Dies betrifft vor allem die Erwartung der zukünftigen Entwicklung, aber auch die Unsicherheiten in bezug auf den Unfallhergang im Zeitpunkt des Vergleichsabschlusses.

461 Ergänzend ist hier beizufügen, dass nach KHG 10 III (vgl. nachfolgend N 462 ff.) bei Verschlimmerung des Gesundheitszustandes des Geschädigten oder wenn neue Tatsachen oder Beweismittel bekannt werden, innert drei Jahren seit Kenntnis der Änderung der Verhältnisse, maximal innert 30 Jahren seit dem Schadenereignis, eine Änderung der Vereinbarung verlangt werden kann. Daraus ergibt sich, dass die offensichtliche Unzulänglichkeit der Entschädigung im Sinne von KHG 8 II im Zeitpunkt der Vereinbarung auf Grund der dann bekannten resp. vernünftigerweise als wahrscheinlich angenommenen Umstände vorgelegen haben muss; sonst kann der Vergleich nicht nach dieser Bestimmung angefochten werden. Wenn er später im Lichte neuer Sachverhalte, mit denen bei Vergleichsabschluss nicht gerechnet wurde, unzulänglich wird, ist KHG 10 III massgebend; hier beginnt die Frist von drei Jahren mit der Kenntnis der neuen Sachverhalte zu laufen.

H. Änderung der Verhältnisse (KHG 10 III)

462 Neben der Anfechtbarkeit von Vergleichen wegen offensichtlicher Unzulänglichkeit der Entschädigung sieht das KHG wie erwähnt — eigenartigerweise in Art. 10 über Verjährung und Verwirkung — auch die Möglichkeit vor, eine definitive Regelung des Schadens oder eines bestimmt umschriebenen Teils davon abzuändern, wenn die Verhältnisse sich seit der Erledigung des Falles anders entwickelt haben, als damals angenommen wurde[317].

---

[317] Nach A. KELLER II 232 drückt KHG 10 III etwas aus, «das sich in ähnlicher Form auf Grund der Regeln über Kenntnis des Schadens und den Irrtum ergäbe».

1. Voraussetzungen

KHG 10 III nennt die folgenden alternativen Voraussetzungen für die Änderung eines Urteils oder eines Vergleiches: 463

a) Verschlimmerung des Gesundheitszustandes des Geschädigten

Der Begriff der Verschlimmerung setzt einen Vergleich voraus. Hier ist der spätere Zustand nicht einfach mit dem Zustand zur Zeit des Vergleichsabschlusses oder des Urteils zu vergleichen. Eine Änderung des Urteils oder der Vereinbarung nach KHG 10 III ist vielmehr nur gerechtfertigt, wenn der Gesundheitszustand sich gegenüber den Annahmen, die der Erledigung zugrunde lagen, geändert hat.   464

Dabei wird nur eine Änderung zum Schlechten, nicht aber auch zum Guten berücksichtigt. Wenn die Prognose des medizinischen Gutachters zu pessimistisch war, kann der Haftpflichtige nicht gestützt auf KHG 10 III eine Korrektur verlangen. Dies leuchtet nicht ohne weiteres ein und legt es nahe, der Erledigung des Falles eine relativ optimistische Prognose zugrunde zu legen.   465

Das Gesetz enthält keinen Hinweis auf den nötigen Grad der Verschlimmerung, während in KHG 8 II für die Anfechtung einer Vereinbarung auf Grund unrichtiger Berücksichtigung der bei ihrem Abschluss bekannten Tatsachen eine «offensichtlich unzulängliche Entschädigung» verlangt wird. So weit kann bei der Verschlimmerung des Gesundheitszustandes nicht gegangen werden. Es muss aber doch eine Verschlimmerung vorausgesetzt werden, die eindeutig ausserhalb des Streubereiches jeder ärztlichen Prognose liegt.   466

Wenn die Abfindungssumme in einem Invaliditätsfall auf Grund einer normalen Aktivitätserwartung berechnet worden ist und der Geschädigte an den Unfallfolgen oder aus einem anderen ausserordentlichen Grund[318] sehr früh stirbt, stellt sich die Frage, ob die Hinterlassenen gestützt auf KHG 10 III Ansprüche stellen können.   467

Das fällt ausser Betracht, wenn die Todesursache mit dem nuklearen Ereignis in keinem Zusammenhang steht. Die Berechnung der Invaliditätsentschädigung beruhte dann auf einer zu hohen Aktivitätserwartung; darum wäre der Haftpflichtige an einer Anfechtung interessiert, der sich generell nicht auf KHG 10 III berufen kann.   468

---

[318] Z.B. an den Folgen eines Autounfalles.

469 Wenn der Tod auf das nukleare Ereignis zurückzuführen ist, liegt eine Verschlimmerung des Gesundheitszustandes vor, die an sich unter KHG 10 III fällt. Die Hinterlassenen, die in diesem Fall einen Versorgerschaden erleiden, waren nicht Parteien des Urteils oder des Vergleichs. Sie sind durch die Rechtskraft des Urteils oder die Saldoklausel der Vereinbarung nicht gebunden. Sie können also ihren selbständigen Versorgerschadenanspruch unabhängig davon und ohne Berufung auf KHG 10 III innerhalb der Verjährungsfrist von KHG 10 I, d. h. innert drei Jahren seit dem Tod («Kenntnis vom Schaden»), geltend machen [319].

470 Dabei erscheint es als unbefriedigend, wenn die Versorgten als Erben den noch nicht konsumierten Teil des vom Haftpflichtigen unter dem Titel der Invalidität bezahlten Schadenersatzes erhalten und daneben ihr voller Versorgerschaden ersetzt wird. Es drängt sich auf, solche Erbbezüge auf den Versorgerschaden anzurechnen [320, 321].

---

[319] Die Hinterlassenen, die Erben sind, können als solche den Vergleich anfechten (Bd. I 472 FN 44). Dies hat praktische Bedeutung für die Bestattungskosten, die der Erbschaft erwachsen (ZGB 474 II) sowie den Verdienstausfall und die Heilungskosten bis zum Tod. Versorgerschaden und Genugtuung sind demgegenüber selbständige Ansprüche der Hinterlassenen, die vom Vergleich nicht erfasst werden (Bd. I 472) und nicht durch den Erbgang auf die Erben übergehen.

[320] Der *Ertrag* des wegen des Todes des Erblassers vorzeitig geerbten Vermögens wird von der Rechtsprechung jeweils in Abzug gebracht; vgl. BGE 53 II 53; 64 II 424; 74 II 210; 95 II 414; 99 II 212; Casetex Dok. Nr. 729; BREHM N 55 zu OR 45; SCHAER N 188 ff.; A. KELLER II 85; STARK, Skriptum N 119. Hier handelt es sich aber darum, dass nicht nur ein vorhandenes Vermögen vorzeitig geerbt wird, sondern dass der vom Unfall betroffene Geschädigte ein über seinen Schaden — ex post betrachtet — hinausgehendes Vermögen erhalten hat. Daher sind die geerbten Schadenersatzleistungen vom Versorgerschaden vollumfänglich abzuziehen.

[321] Nach der Lehre von der *Clausula rebus sic stantibus* kann in solchen Fällen der Haftpflichtige eine Anpassung des Vergleiches an die geänderten Verhältnisse verlangen, wenn deren Voraussetzungen gegeben sind. Das dürfte kaum je der Fall sein: Der Berechnung der Invaliditätsentschädigung wurde eine bestimmte statistische Lebens- und Aktivitätserwartung — eventuell unter Berücksichtigung der konkreten medizinischen Verhältnisse — zugrunde gelegt, von der beide Parteien wussten, dass sie zwangsläufig unpräzis war (vgl. JÄGGI/GAUCH, Zürcher Kommentar, N 670 zu OR 18). Noch mehr Gewicht hat das Argument, dass Änderungen der Verhältnisse *nach Erfüllung des Vertrages* nur ganz ausnahmsweise oder gar nicht angerufen werden können (vgl. JÄGGI/GAUCH a.a.O. N 676; MERZ, Berner Kommentar, N 225 zu ZGB 2; HENRI DESCHENAUX, SPR II 202). v. TUHR/ESCHER 172 erwähnen deshalb die Vereinbarung von Schadenersatz für eine Körperverletzung als ein Beispiel, bei dem die Clausula-Theorie nicht angerufen werden kann. Dies entspricht auch der Verkehrsübung. Anders wäre wohl nur zu urteilen bei Tod des Geschädigten — als Unfallfolge oder nicht — zwischen dem Vergleichsabschluss und der Zahlung der Vergleichssumme.

b) Neue Tatsachen oder Beweismittel

Die Verschlimmerung des Gesundheitszustandes ist auch eine neue Tatsache. Da sie im Gesetz besonders erwähnt ist, sind unter den neuen Tatsachen oder Beweismitteln Faktoren zu verstehen, die sich nicht auf die Verschlimmerung des Gesundheitszustandes des Geschädigten beziehen. 471

Man kann hier an neue medizinische Erkenntnisse denken, die den nicht veränderten Gesundheitszustand in einem wesentlich anderen Licht erscheinen lassen[322]. An sich könnte sich gestützt darauf auch der Haftpflichtige auf solche neue Tatsachen berufen, z.B. auf neue therapeutische Methoden mit viel besserer Wirkungsweise. Das ist aber auch hier — wie bei der Änderung des Gesundheitszustandes — nicht die Meinung des Gesetzgebers, nachdem die Verjährungsfrist mit der Kenntnis des Geschädigten von der Änderung zu laufen beginnt und eine entsprechende Verjährungsfrist für den Haftpflichtigen nicht erwähnt wird. 472

Der wichtigere Anwendungsfall der neuen Tatsachen und Beweismittel bezieht sich auf den Unfallhergang, soweit sie auf die richtige Höhe der Entschädigung Einfluss haben. Im Vordergrund stehen vor allem die Würdigung des Selbstverschuldens, aber auch des vom Haftpflichtigen zu vertretenden Verschuldens. Meistens wird es sich hier um bereits im Zeitpunkt des Urteils oder des Vergleiches bestehende Umstände handeln, die nur noch nicht bekannt waren. Wenn sie in den Bereich der Konzessionen beim Vergleichsabschluss fallen und wenn daher die Berufung auf KHG 8 II nicht möglich ist (vgl. vorn N 460), kann dieser Umstand nicht durch Berufung auf KHG 10 III ausgeschaltet werden. 473

2. Rechtsfolgen gemäss KHG 10 III

Der Geschädigte kann eine Revision des Urteils oder eine Änderung der Vereinbarung verlangen. 474

---

[322] Wie z. B. die im sog. «Sellafield-Bericht» geäusserte Vermutung über einen Zusammenhang beim Auftreten von Leukämie bei Kindern, deren Väter in der Wiederaufbereitungsanlage Sellafield beschäftigt und dort einer erhöhten Strahlung ausgesetzt waren; vgl. NZZ Nr. 41 vom 19. Februar 1990, S. 7; MORIN (zit. FN 182) 1387.

a) «Revision» des Urteils

475 Die Revision von Urteilen gehört in den Bereich des Prozessrechts[323]. Sie setzt u. a. voraus, dass nach Ausfällung des angefochtenen Entscheides entdeckte[324] Tatsachen- und Beweismittel namhaft gemacht werden können. Als Revisionsgründe im Sinne des Zivilprozessrechts fallen aber nur *vor* Abschluss des Prozesses eingetretene Tatsachen in Betracht[325]. Dafür sind auch bei Klagen aus dem KHG die zivilprozessualen Regeln massgebend.

476 Hier handelt es sich dagegen um eine *spätere Änderung des Sachverhalts,* die Anlass zur Anfechtung eines rechtskräftigen Urteils bietet[326]. Dem entspricht, dass der Geschädigte seine Anfechtung innert drei Jahren anheben muss, seit er von der Verschlimmerung oder den neuen Tatsachen und Beweismitteln Kenntnis erhalten hat, längstens jedoch innert 30 Jahren seit dem Schadenereignis[327]. Wenn die Verschlimmerung nach mehr als 30 Jahren eingetreten ist — dass Tatsachen und Beweismittel erst dann bekannt werden, ist weniger wahrscheinlich —, steht dem Geschädigten ein Anspruch gegen den Bund nach KHG 13 zu[328].

b) Änderung einer Vereinbarung

477 Auf Grund des OR können Verträge bei nachträglicher Änderung der Verhältnisse entweder wegen Grundlagenirrtums[329] oder mit der

---

[323] Vgl. dazu MAX GULDENER, Schweizerisches Zivilprozessrecht (3. A. Zürich 1979) 529 ff.; HANS ULRICH WALDER, Zivilprozessrecht (3. A. Zürich 1983) § 39 N 70 ff.; OSCAR VOGEL, Grundriss des Zivilprozessrechts (2. A. Bern 1988) 13. Kap. N 97 ff.; WALTHER J. HABSCHEID, Schweiz. Zivilprozess- und Gerichtsorganisationsrecht (Basel und Frankfurt a. M. 1986) N 984 ff., 1066 ff.
[324] Vgl. WALDER (zit. FN 323) § 39 N 72.
[325] Vgl. VOGEL (zit. FN 323) 13. Kap. N 98; HABSCHEID (zit. FN 323) N 1069, 1126; BGE 86 II 386; 105 II 271.
[326] Der Ausdruck «Revision» in KHG 10 erscheint daher nicht als glücklich.
[327] Die Fristen für die zivilprozessuale Revision sind durchwegs viel kürzer, meistens drei Monate; vgl. HABSCHEID (zit. FN 323) N 1071; GULDENER (zit. FN 323) 533 FN 19.
[328] In OR 46 II, EHG 10, ElG 36 III und VG 5 II wird dem Richter die Möglichkeit eingeräumt, einen auf ein bis zwei Jahre (EHG 10 enthält keine Frist) befristeten *Nachklagevorbehalt* in das Urteil aufzunehmen, auf den sich dann beide Parteien berufen können. Das KHG enthält keine entsprechende Bestimmung.
[329] A. M. GAUCH/SCHLUEP N 601 ff.

clausula rebus sic stantibus³³⁰ angefochten werden. Diese Rechtsbehelfe werden für Nuklearschäden durch KHG 10 III ersetzt.

Im Gegensatz zur Anfechtung wegen Grundlagenirrtums fällt bei der Anwendung von KHG 10 III die seinerzeitige Vereinbarung nicht dahin; sie wird vielmehr abgeändert. Das entspricht den Verhältnissen. 478

J. Verjährung und Verwirkung (KHG 10 I)

1. Die relative Verjährungsfrist

Nach KHG 10 I verjähren Haftpflichtansprüche in drei (statt wie nach OR 60 in einem) Jahren seit Kenntnis vom Schaden und der Person des Haftpflichtigen³³¹. 479

Das Gesetz erwähnt neben diesem auch den Deckungspflichtigen, womit die Spätschadendeckung des Bundes nach KHG 13 anvisiert wird: Die Ansprüche für Spätschäden verjähren in drei Jahren seit Kenntnis des Schadens und der Tatsache, dass der Bund Deckung zu gewähren hat. Nach KHG 10 IV wirkt allerdings die Unterbrechung gegen den Haftpflichtigen oder einen Versicherer auch gegen den Bund. 480

Wenn die Verwirkungsfrist von 30 Jahren abgelaufen ist, sind die Ansprüche gegen den Inhaber der Kernanlage resp. der Transportbewilligung aber erloschen, weshalb gegen sie die Verjährung nicht mehr unterbrochen werden kann. Nach 30 Jahren seit dem schädigenden Ereignis hat daher KHG 10 IV keine Bedeutung mehr. Die dreijährige Frist für Ansprüche gegen den Bund gestützt auf KHG 13 darf deshalb erst mit Kenntnis dieser Eintretenspflicht des Bundes zu laufen beginnen. 481

AtG 17 sah in Anlehnung an SVG 83 eine relative Verjährungsfrist von zwei Jahren vor. Die Verlängerung von zwei auf drei Jahre in KHG 10 wird in der Botschaft³³² damit begründet, dass die obere Frist auf 30 Jahre erstreckt wurde. Dies überzeugt nicht; denn die obere und die untere Frist haben verschiedene Funktionen: Die kurze Frist soll dazu führen, dass der Geschädigte sich nach Kenntnis des Schadens und des 482

---

³³⁰ Vgl. vorn FN 321.
³³¹ Die gleiche Regelung ist im StSG vorgesehen; vgl. vorn N 7.
³³² Botsch. KHG 183.

Haftpflichtigen innert vernünftiger Frist bei diesem meldet. Die Besonderheiten des Kernrisikos, die eine lange obere Frist verlangen, spielen hier keine Rolle, weshalb die Frist von zwei Jahren von AtG 17 bei der Einführung des KHG besser beibehalten worden wäre [333].

483   In bezug auf die Kenntnis des Schadens und des Ersatzpflichtigen kann auf die Ausführungen zu OR 60 I in Bd. II/1 § 16 N 347 ff. verwiesen werden [334].

2. Die absolute Frist

484   Die absolute Frist von 30 Jahren seit dem Schadenereignis ist hier — im Gegensatz zu OR 60 I, SVG 83 I, RLG 39, GSG 36 III und SSG 27 — nicht eine Verjährungs-, sondern eine *Verwirkungsfrist*. Damit entfällt vor allem die Möglichkeit der Unterbrechung, die bei der 10jährigen Frist des OR und der andern angeführten Gesetze zu Diskussionen Anlass gegeben hat [335].

485   Die Frist wird gewahrt mit der Klageanhebung; dieser Begriff des Bundesrechts ist massgebend für die Feststellung, ob eine bundesrechtliche Verwirkungsfrist abgelaufen ist. Nach BGE 74 II 15 (vgl. auch 98 II 181) kommt es darauf an, ob innert der Frist «diejenige prozesseinleitende oder vorbereitende Handlung des Klägers, mit der er zum erstenmal in bestimmter Form für den von ihm erhobenen Anspruch den Schutz des Richters anruft», getroffen wird. Die Frage der Streithängigkeit nach kantonalem Recht ist unerheblich. Wo aber das kantonale Recht vorschreibt, dass vor dem Sühnverfahren eine Betreibung einzuleiten sei oder ein Rechtbot zugestellt werden müsse, können schon diese vorbereitenden Handlungen als Klageanhebung in Betracht kommen. Im weiteren stellt die Anrufung des Friedensrichters nur dann eine Klageanhebung dar, wenn dieser nach dem kantonalen Recht die Streitsache mangels Aussöhnung von Amtes wegen an das Gericht weiterzuleiten hat oder wenn der Kläger innert bestimmter Frist nach Abschluss des Sühnverfahrens den Streit vor den urteilenden Richter bringen muss, wenn er sich Rechtsnachteile ersparen will [336].

---

[333] An sich sind allerdings die einjährige Frist von OR 60 I und die zweijährige von SVG 83 verglichen mit andern Rechtsordnungen eher kurz; vgl. Bd. II/1 § 16 FN 511.
[334] Dazu auch DEBIEUX 113 f.
[335] Vgl. Bd. II/1 § 16 N 369 ff.
[336] Vgl. VOGEL (zit. vorn FN 323) 8. Kap. N 30, 12. Kap. N 23 ff.; GULDENER (zit. vorn FN 323) 233.

V. Haftpflichtfragen § 29

Die Verwirkung anstelle einer absoluten Verjährungsfrist drängt sich 486
hier auf, weil nach dem Ablauf der 30 Jahre die Spätschädenregelung
von KHG 13 Platz greift. Dies darf nicht davon abhängen, ob die absolute Frist vorher unterbrochen worden ist oder nicht. Die Spätschädenregelung hat aber auch zur Folge, dass der für den Geschädigten im Vordergrund stehende Nachteil der Verwirkung gegenüber der Verjährung, der definitive Untergang der Ansprüche, hier praktisch keine Rolle spielt [337].

Die Frist beginnt mit dem Schadenereignis zu laufen, nicht mit der 487
Einwirkung von Folgen des Schadenereignisses auf Menschen und Sachen. Diese Regelung könnte bei andauernden Einwirkungen zu Unsicherheiten führen, weshalb das Gesetz für diese Fälle den Lauf der Frist ausdrücklich erst beim Aufhören der Einwirkung einsetzen lässt [338].

3. Keine strafrechtliche Frist

Im Gegensatz zu OR 60, SVG 83 I und RLG 39 [339] enthält KHG 488
10 I keinen Vorbehalt für eine längere strafrechtliche Verjährungsfrist [340]. Das kann nicht damit begründet werden, dass die Fristen von StGB 70/71 mit der strafbaren Handlung zu laufen beginnen und damit die bei nuklearen Ereignissen besonders wichtige Kenntnis vom Schaden ausser Betracht lassen und dass das Abstellen auf die strafrechtliche Frist für den Geschädigten häufig nachteilig wäre; denn wenn die zivilrechtliche Verjährung später eintritt als die strafrechtliche, gelten die zivilrechtlichen Fristen [341]. Die Regelung von KHG 10 I erscheint trotzdem als vernünftig und angemessen.

---

[337] Amtl. Bull. NR 1982, 1338.
[338] Vgl. auch DEBIEUX 117 f.
[339] Auch EIG 37 und EHG 14 erwähnen die strafrechtliche Verjährung nicht; beide enthalten aber nur eine absolute Verjährungsfrist.
[340] Das kann nicht damit begründet werden, dass die Haftpflichtigen nach KHG regelmässig juristische Personen sein werden; denn OR 60 II ist nach der herrschenden Meinung auch anwendbar bei strafrechtlichen Handlungen von Organen (vgl. BGE 107 II 154; 111 II 429; 112 II 190; SJZ 83, 29; A. KELLER II 237; A. VOLKEN, Anwendung der längeren strafrechtlichen Verjährungsfristen auf die zivilrechtliche Haftung juristischer Personen, SJZ 80, 281 ff.; KARL SPIRO, Die Begrenzung privater Rechte durch Verjährungs-, Verwirkungs- und Fatalfristen (Bern 1975), Bd. I 209; THOMAS BÄR, Gedanken zur praktischen Anwendung der strafrechtlichen Verjährungsfristen im Zivilprozess, SJZ 61, 75). A. M. KURT JOSEPH STEINER, Verjährung haftpflichtrechtlicher Ansprüche aus Straftat (Diss. Freiburg 1986) 96 f.
[341] Vgl. Bd. II/1 § 16 N 379.

4. Die Spätschäden (KHG 13)

489 Wie bereits mehrfach erwähnt, entfallen nach Ablauf von 30 Jahren nach dem schädigenden Ereignis die Ansprüche gegen den oder die Haftpflichtigen und ihren Versicherer. Diese Frist kann bei Strahlenschäden zu kurz sein und dazu führen, dass viele Ansprüche durch Zeitablauf untergehen, bevor sie bekanntgeworden sind. Wenn dies auch von der Rechtsprechung im allgemeinen akzeptiert wird [342], ist es doch hier unangemessen.

490 Das Dilemma zwischen dem berechtigten offensichtlichen Interesse des Geschädigten an der Erhaltung seiner Ansprüche und ihrer Klagbarkeit, bis sein Schaden sich manifestiert hat, und dem Interesse des Haftpflichtigen an einer Klärung der Situation, bevor die Zeitgenossen des nuklearen Ereignisses und eventuell noch eine oder mehrere [343] weitere Generationen gestorben sind, konnte nur durch die Einbeziehung des Staates gelöst werden. Er äufnet mit Beiträgen der potentiellen Haftpflichtigen einen Fonds zur Bezahlung solcher Schäden. Wenn die Mittel des Fonds dafür genügen, könnte diese Funktion auch von einem Privaten übernommen werden. Die Ansprüche richten sich aber nicht gegen den Fonds, sondern gegen den Bund. Wenn die Mittel des Fonds nicht ausreichen, springt der Bund in die Lücke [344].

491 Die Leistungspflicht des Bundes bei Verwirkung der Ansprüche gegen den Haftpflichtigen und seinen Versicherer ist nach oben begrenzt auf den in KHG 12 genannten Betrag, d. h. (zur Zeit) auf 1 Mrd. Fr. je Kernanlage oder Transport zuzüglich 100 Mio. Fr. für Zinsen und Verfahrenskosten. Eine untere Grenze besteht nicht: Der Bund hat bis zu 1 Mrd. Fr. alle Schäden zu decken, die wegen Ablaufs der 30jährigen Frist gegen den Haftpflichtigen und seinen Versicherer nicht geltend gemacht werden können [345].

---

[342] Vgl. z. B. BGE 87 II 155 ff.; 106 II 134 ff.: Schädigung durch Arbeiten mit radioaktiver Leuchtfarbe!
[343] Vgl. vorn N 240.
[344] Nach KHV 9/10 sind Einnahmen und Ausgaben des Fonds nicht Bestandteil der Finanzrechnung des Bundes; der Bund kann aber dem Fonds Vorschüsse gewähren, die zu verzinsen und zurückzuzahlen sind; vgl. auch DEBIEUX 165; RAUSCH, Atomenergierecht 234.
[345] Über das Verhältnis zur Deckungssumme, die gemäss KHG 12 zur Verfügung steht, vgl. hinten N 644 ff.

Aus der Formulierung von KHG 13 ergibt sich eindeutig, dass der 492
Bund nach dieser Bestimmung nur diejenigen Schäden zu decken hat,
die «wegen Ablaufs der 30jährigen Frist» gegen die normalen Schuldner nicht mehr geltend gemacht werden können. Ansprüche, die wegen Eintritts der relativen Verjährung nicht mehr gegen den Haftpflichtigen und seinen Versicherer eingeklagt werden konnten, bevor die 30jährige Frist ablief, sind nicht nach KHG 13 zu befriedigen[346].

Auf den ersten Blick enthält das Gesetz keine Frist für die Geltend- 493
machung der Ansprüche gegen den Bund. Richtigerweise wird hier die relative Verjährung von KHG 10 I Satz 1 angewendet; d.h. nach Ablauf von 30 Jahren seit dem schädigenden Ereignis können Ansprüche gegen den Bund eingeklagt werden, wenn sie nicht wegen Ablaufs von drei Jahren seit Kenntnis des Schadens und der Deckungspflicht des Bundes verjährt sind[347, 348].

Rückgriffsansprüche (vgl. vorn N 345 ff.) können nach 30 Jahren seit 494
dem Schadenereignis ebenfalls gegen den Bund geltend gemacht werden, wenn sie nicht vorher verjährt sind.

5. Verjährung und Verwirkung von Rückgriffsrechten (KHG 10 II)

KHG 10 II lässt die dreijährige relative Frist in bezug auf Rück- 495
griffsrechte an dem Tag beginnen, an dem der Rückgriffsberechtigte Kenntnis von der Höhe seiner Leistungspflicht erlangt hat.

1. Da die dreijährige Frist für «Ansprüche aus diesem Gesetz» gilt, 496
fallen nur sie unter KHG 10 II.

---

[346] Nach Ablauf der dreijährigen Frist können die Ansprüche zwar noch geltend gemacht, aber nicht mehr eingeklagt werden. Die Forderung ist zu einer Naturalobligation geworden. Wenn der Geschädigte 25 Jahre nach dem schädigenden Ereignis Kenntnis von seinem Schaden und von der Person des Haftpflichtigen erhalten hat und die relative Verjährung drei Jahre später eintritt, ist die Forderung erst nach zwei weiteren Jahren erloschen. Dann kann sie — wegen Ablaufs der 30 Jahre — nicht mehr gegen den Haftpflichtigen und seinen Versicherer geltend gemacht werden und fällt daher bei strenger wörtlicher Auslegung unter KHG 13. Vernünftigerweise ist diese Bestimmung aber so zu verstehen, dass der Bund nur Ansprüche decken muss, die vor Ablauf der 30 Jahre noch nicht verjährt waren. Der Text sollte daher heissen: «..., nicht mehr *gerichtlich* geltend gemacht werden können».
[347] Weiter gilt die vorher erwähnte Voraussetzung, dass die relative Verjährung gegen den Haftpflichtigen und seinen Versicherer nicht eingetreten ist.
[348] Vgl. Botsch. KHG 202; Amtl. Bull. NR 1982, 1337.

§ 29 Kernenergiehaftpflicht

497 Im Vordergrund stehen die Rückgriffsrechte nach KHG 6 lit. a und b, d. h. gegen Personen, die entweder den Schaden absichtlich herbeigeführt oder die Kernmaterialien entwendet oder verhehlt haben (vgl. vorn N 350 ff.).

498 Auch der vertraglich vereinbarte Rückgriff nach KHG 6 lit. c figuriert in «diesem Gesetz». Er beruht aber nicht auf dem KHG, sondern auf der vertraglichen Vereinbarung und unterliegt daher der Verjährung von normalerweise 10 Jahren seit der Fälligkeit der Forderung (OR 127 ff.).

499 Weitere Rückgriffsrechte bestehen zwischen Eigentümer und Inhaber der Kernanlage. Sie ergeben sich aus der auf KHG 3 IV basierenden Solidarität, und es liegt nahe, darauf KHG 10 II anzuwenden. Das gilt auch für das Rückgriffsrecht gemäss KHG 16 III.

500 Auf Regresse, die sich aus Überschneidungen der Haftpflichtordnungen verschiedener Staaten (vgl. vorn N 386 ff.) ergeben, ist KHG 10 II anwendbar, wenn sich das Regressrecht gegen den Belangten auf das KHG stützt.

501 Wenn Kernmaterialien aus verschiedenen Anlagen bei einem Transport gemeinsam ein nukleares Ereignis verursachen, für das die mehreren Inhaber solidarisch nach KHG verantwortlich sind (vgl. vorn N 447 ff.), verjährt das Regressrecht ebenfalls nach KHG 10 II. Das muss auch gelten für den Rückgriff des Sachversicherers.

502 2. KHG 10 II erwähnt nur die dreijährige relative Frist von Abs. 1, nicht aber die 30jährige Verwirkungsfrist. In bezug auf sie stellt sich die Frage des Fristbeginns nicht: Hier ist auch bei Rückgriffsansprüchen das Schadenereignis massgebend.

503 3. Nach KHG 10 II läuft die Frist von dem Zeitpunkt an, da der Berechtigte von der Höhe seiner Leistungspflicht Kenntnis erhält. Die Kenntnis der Person des Haft- oder Deckungspflichtigen wird nicht erwähnt[349]. Das kann vernünftigerweise nicht bedeuten, dass sein Regressrecht verjährt ist, wenn er erst mehr als drei Jahre nach seiner Zahlung erfährt, wer regresspflichtig ist, weil dieser z. B. als Saboteur den Schaden absichtlich herbeigeführt oder zur Schädigung angestiftet hat. KHG 10 II ist daher in dem Sinne auszulegen, dass diese Bestim-

---

[349] Anders lautet SVG 83 III, wo für den Fristbeginn die Kenntnis des Regressverpflichteten ebenfalls verlangt wird; vgl. Bd. II/2 § 25 N 770 ff.

mung in bezug auf den Beginn der Frist die Worte von Abs. 1 «Kenntnis vom Schaden» durch die Worte «Kenntnis von der Höhe seiner Leistungspflicht» ersetzt. Die Kenntnis von der Person des Schuldners wird dadurch nicht berührt, d. h. aus Abs. 1 übernommen und ist gestützt darauf ebenfalls massgebend. Wer dieser Interpretation nicht zustimmt, muss eine Lücke im Gesetz annehmen, was bei formellen Bestimmungen wie denjenigen über die Verjährung problematisch ist [350].

4. Wann erlangt der Regressberechtigte Kenntnis von der Höhe seiner Leistungspflicht? Wenn an ihn Forderungen gestellt werden, wenn die Beweise für das Quantitativ vorgelegt werden, wenn er rechtskräftig verurteilt wird resp. einen Vergleich unterzeichnet oder erst mit der Zahlung? Gestützt auf OR 130 wäre auf die Zahlung des Regressberechtigten an den Geschädigten abzustellen [351]. Die Kenntnis von der Höhe seiner Leistungspflicht besteht eindeutig vorher. Mit Blick auf OR 130 liegt es aber nahe, den nach dem Wortlaut des KHG spätest möglichen Zeitpunkt anzunehmen, d. h. denjenigen der Eröffnung des letzten Urteils resp. des Vergleichsabschlusses [352]. Für vorher erbrachte und als solche bezeichnete Teilleistungen ist kein besonderer Fristenlauf anzunehmen.

6. Unterbrechung der Verjährung. Wirkung auf Mitbeteiligte (KHG 10 IV)

Nach KHG 10 IV wirkt die Unterbrechung gegenüber dem Haftpflichtigen, einem Versicherer oder dem Bund auch gegenüber den beiden anderen Parteien.

Das ist nur teilweise eine Anwendung von OR 136, weil nur der Haftpflichtige und sein Versicherer einerseits und der Haftpflichtige und der Bund andererseits Solidarschuldner sind, nicht aber der Bund und der private Haftpflichtversicherer. Die Solidarität fehlt auch zwischen dem Bund als Schuldner für Spätschäden nach KHG 13 und dem Haftpflichtigen.

---

[350] Vgl. immerhin die Literatur zu OR 141 in Verbindung mit OR 129: Bd. II/1 § 16 N 398 ff.
[351] Vgl. Bd. II/1 § 16 N 388. Dementsprechend stellt SVG 83 III auf den Tag ab, an dem die zugrunde liegende Leistung vollständig erbracht wurde.
[352] In diesem Sinne wohl auch A. KELLER II 232.

507 Trotzdem ist die Norm wörtlich auszulegen: Eine Unterbrechung gegenüber dem Haftpflichtigen gilt auch gegenüber dem Bund, und zwar sowohl als Versicherer nach KHG 12 als auch als Spätschäden-Schuldner nach KHG 13[353]. Eine Unterbrechung gegenüber dem privaten Versicherer wirkt auch gegenüber dem Haftpflichtigen und dem Bund in seinen beiden Funktionen, also über die Garantiesumme des privaten Versicherers von zur Zeit 500 Mio. Fr. hinaus; denn der Geschädigte kann nicht wissen, ob seine Ansprüche aus dieser Garantiesumme befriedigt werden können oder nicht.

K. Das Prozessverfahren

1. Beweissicherung (KHG 22)

508 Die langen Verjährungs- und Verwirkungsfristen können zur Folge haben, dass im Zeitpunkt der Geltendmachung eines Anspruches der Beweis des Kausalzusammenhanges erhebliche Schwierigkeiten bietet. KHG 22 beauftragt daher den Bundesrat, nach Eintritt eines grösseren Schadenereignisses die im Gesetz erwähnten Massnahmen zur Beweissicherung zu ergreifen. Damit wird insbesondere frühzeitig festgestellt, wer sich im Zeitpunkt des Ereignisses in einer gefährlichen Zone befunden hat, insbesondere rund um die Kernanlage oder den Unfallort bei Transporten von Kernmaterialien, aber eventuell auch weit davon entfernt, wenn dort eine erhebliche radioaktive Verseuchung stattgefunden hat.

509 Das Gesetz lässt die Frage offen, ob die Angaben über Datum und Ort der Schädigung behördlich zu überprüfen sind. Durch polizeiliche Abklärungen kann der Wert des zu erstellenden Verzeichnisses erheblich erhöht werden. Obschon es sich um privatrechtliche Ansprüche handelt und die Beweislast für den Kausalzusammenhang den Geschädigten trifft, rechtfertigt sich dies, weil die langen Karenzfristen hier

---

[353] Sie gilt m. a. W. für sämtliche Ansprüche; A. KELLER II 252. Wenn also ein Schaden 28 Jahre nach dem nuklearen Ereignis bekannt wird und der Geschädigte gegenüber dem Haftpflichtigen dann die relative Verjährung unterbricht, ist sie auch gegenüber dem Bund unterbrochen, und zwar sowohl im Rahmen von KHG 12 als auch im Rahmen von KHG 13. Wenn 31 Jahre nach dem Schadenereignis der Fall noch nicht erledigt ist, muss die relative Frist erneut gegen den Bund unterbrochen werden (vgl. vorn N 493).

besondere Verhältnisse schaffen. Es drängt sich daher auf, dass solche ergänzenden Erhebungen durchgeführt werden, wo sie möglich sind.

Das Gesetz sagt nichts darüber, wer die Kosten dieser Beweissicherung zu tragen hat. Es liegt nahe, sie entsprechend KHG 4 dem Haftpflichtigen aufzuerlegen, ausser bei Grossschäden (vgl. hinten N 696). 510

2. Sachliche, örtliche und funktionelle Zuständigkeit (KHG 23—25)

Die Kantone haben eine einzige kantonale Instanz für das ganze Kantonsgebiet zu bezeichnen (KHG 23). *Örtlich zuständig* ist das Gericht desjenigen Kantons, in dem die Kernanlage gelegen ist. Bei Transporten von Kernmaterialien ist das Gericht des Kantons des Schadenereignisses[354] zuständig. KHG 24 enthält zusätzliche Gerichtsstände für besondere Fälle[355]. 511

Für den *Weiterzug der Entscheidung* der einzigen kantonalen Instanz an das Bundesgericht ist das OG massgebend (KHG 25), also insbesondere für die Frage des Mindest-Streitwertes. 512

Diese Gerichtsstände gelten — in Ermangelung einer ausdrücklichen Abweichung und nach dem Wortlaut von KHG 24 — auch für Klagen gegen den Versicherer auf Grund des direkten Forderungsrechts. 513

3. Weitere prozessrechtliche Vorschriften (KHG 26—28)

Das KHG ordnet nicht nur die vom Bundesrat nach Eintritt eines grösseren Schadenereignisses generell zu treffenden Massnahmen (vgl. vorn N 508 ff.), sondern greift darüber hinaus in die kantonalen Prozessgesetze und auch in verschiedene den Zivilprozess allgemein beherrschende Grundsätze ein. Wenn es die freie Beweiswürdigung vorschreibt, geht es damit nicht über ElG 38, EHG 20 und SVG 86 hin- 514

---

[354] Das Schadenereignis tritt nicht dort ein, wo z. B. radioaktiver Staub niederfällt und wirkt, sondern wo er in die Atmosphäre geschleudert wird.

[355] Auf den ersten Blick erscheint es als eigenartig, dass in KHG 24 II lit. a für den Fall, dass der Inhaber einer Kernanlage haftet, dieser Ort ausdrücklich als massgebend bezeichnet wird. KHG 24 II bezieht sich auf die Transporte von Kernmaterialien, für die der Inhaber einer Kernanlage nach KHG 3 II / III einzustehen hat. — E KHG 22 IV sah für den Fall einer grossen Zahl von Klagen ein duch das kantonale Parlament einzusetzendes Sondergericht vor; zur Streichung dieser Bestimmung Amtl. Bull. SR 1980, 733.

aus. Es begnügt sich aber nicht damit, sondern schreibt in *KHG 26* den kantonalen Gerichten vor, von Amtes wegen die rechtserheblichen Tatsachen festzustellen. Ein Zivilgericht hat aber keine Untersuchungsbeamten zu seiner Verfügung; es kann Zeugen zwar einvernehmen, nicht aber ausfindig machen. Mit der Tatsachenfeststellung von Amtes wegen kann daher nur gemeint sein, dass das Gericht von Amtes wegen die Polzei- und übrigen offiziellen Akten beizieht und gestützt darauf auch Zeugen einvernehmen kann, die von keiner Partei angerufen worden sind. Es gilt die *Untersuchungsmaxime*[356].

515   Im weiteren ist das Gericht an die Parteibegehren nicht gebunden und kann grössere Beträge zusprechen, als die Parteien verlangt haben (*Offizialmaxime*).

516   Die damit den Kantonen vorgeschriebenen Einschränkungen der Maximen des (normalen) Zivilprozesses haben in diesem oder jenem Sinn ihre Vorläufer in früheren Gesetzen[357].

517   Neue Wege beschreitet dagegen *KHG 28,* wonach das Gericht bei voraussichtlich längerem Verfahren ohne Präjudiz für den endgültigen Entscheid *Abschlagszahlungen* zusprechen kann. Die Botschaft[358] verweist auf das Beispiel von ZGB 283, wo die vorläufige Zahlung für den Fall vorgesehen wird, dass die Vaterschaft zu vermuten ist und diese Vermutung durch die ohne Verzug verfügbaren Beweismittel nicht zerstört wird. Demgegenüber setzt KHG 28 keine Wahrscheinlichkeit des Obsiegens des Klägers voraus, sondern nur, dass das Gerichtsverfahren vermutlich längere Zeit in Anspruch nehmen wird[359]. Über die Rückerstattung von Abschlagszahlungen, die nach dem Urteil am Schluss des Prozesses nicht geschuldet waren, hat nach HEGNAUER[360] bei Anwendung von ZGB 283 der Richter auf Begehren des Beklagten zu entscheiden. Dieser Weg drängt sich auch hier auf; das Gesetz schweigt sich darüber aus[361].

---

[356] Vgl. VOGEL (zit. vorn FN 323) 6. Kap. N 54 ff.
[357] Vgl. VOGEL (zit. vorn FN 323) 6. Kap.
[358] Botsch. KHG 205.
[359] Die vorberatende Kommission des Ständerates ging allerdings davon aus, dass das Gericht zumindest «Adäquanz und Kausalzusammenhang» bejaht; vgl. Amtl. Bull. SR 1980, 734.
[360] CYRIL HEGNAUER, Grundriss des Kindesrechts (3. A. Bern 1989) N 21.12 f.
[361] Die Frage der Zahlung von Kosten und Verdienstausfall vor dem Haftpflichturteil spielte eine Rolle bei der Einführung des no-fault-systems in verschiedenen Einzelstaaten der USA.

Neu ist auch, dass bei der Festsetzung der *Gerichts- und Parteikosten* auf die finanziellen Verhältnisse des Pflichtigen Rücksicht genommen werden kann (KHG 27). Diese Bestimmung fehlte im Entwurf des Bundesrates[362]. Sie steht in einer gewissen Konkurrenz zu den Vorschriften über die unentgeltliche Prozessführung und wirft verschiedene Fragen auf, auf die hier nicht eingetreten werden kann.

518

L. Internationales Privatrecht und Zivilprozessrecht

1. Örtliche Zuständigkeit

Nach *IPRG 130* ist das schweizerische Gericht des Ortes zuständig, an dem das schädigende Ereignis eingetreten ist[363, 364]. Dies ruft der bekannten Kontroverse, ob damit der Erfolgsort oder der Begehungsort gemeint sei[365]. Nachdem bei einem nuklearen Ereignis Schäden in sehr weitem Umkreis auftreten können und nachdem KHG 24 I bei den durch eine *Kernanlage verursachten Schäden* auf den Kanton der Kernanlage abstellt, liegt es nahe, davon auszugehen, dass als Ort des schädigenden Ereignisses, wenn die Ursache in einer Kernanlage liegt, deren Standort zu betrachten ist.

519

Das IPRG stellt auch beim *Transport von Kernmaterialien* auf den Ort des schädigenden Ereignisses ab, während nach KHG 24 II massgebend ist, wo das Schadenereignis eingetreten ist[366]. Auch dies legt es nahe, den «Begehungsort» und nicht den «Erfolgsort» als massgebend zu betrachten.

520

---

[362] Vgl. Amtl. Bull. NR 1982, 1348.
[363] Im E des Bundesrates zum IPRG (BBl 1983 I 502) wurde demgegenüber auf die Gerichtsstandsbestimmung des AtG verwiesen.
[364] Der Ausdruck «Ort als schädigenden Ereignisses» ist nicht eindeutig genug, weil bei Bestrahlungen durch radioaktiven Staub auch die Bestrahlung als schädigendes Ereignis erscheint.
[365] Vgl. StGB 7, wonach ein Verbrechen oder Vergehen da als verübt gilt, wo der Täter es ausführt, und auch da, wo der Erfolg eingetreten ist.
In IPRG 129 II wird in entsprechendem Zusammenhang vom Handlungs- und vom Erfolgsort gesprochen.
Auch PUe 2 macht diese Unterscheidung bei der Festlegung seines Geltungsbereiches. In PUe 13 (a) werden aber die Gerichte derjenigen Vertragspartei als zuständig erklärt, in deren Hoheitsgebiet das nukleare Ereignis *eingetreten* ist.
[366] Das Schadenereignis tritt nicht dort ein, wo radioaktiver Staub niedergeht und wirkt, sondern dort, wo er in die Atmosphäre gelangt.

521	IPRG 130 II ist nach seinem Wortlaut auch auf Ereignisse anwendbar, die durch eine Kern*anlage* verursacht werden, während diese Fälle im KHG von den Transportschäden ausdrücklich getrennt werden. Unter IPRG 130 II lit. a sind entsprechend der Regelung im KHG nur Schäden zu subsumieren, die zwar auf einem Transport passieren, für die aber der Inhaber einer Kernanlage nach KHG 3 II/III verantwortlich ist.
522	Aus dieser Regelung ergibt sich auch die Zuständigkeit für Schäden bei grenzüberschreitenden Transporten: Massgebend ist, ob der Inhaber einer schweizerischen Kernanlage für solche Schäden einzustehen hat. Das trifft nach KHG 3 II zu für Sendungen von Kernmaterialien ins Ausland, bis der Transport die Grenze des Areals der Kernanlage des Adressaten oder eine vertraglich vereinbarte Stelle ausserhalb der Schweiz überschreitet. Bei Bezug von Kernmaterialien aus dem Ausland haftet der Bezüger für Nuklearschäden, die in der Schweiz eintreten (vgl. vorn N 66, 172).
523	Für das *direkte Forderungsrecht* gegen den Haftpflichtversicherer bezeichnet *IPRG 131* die schweizerischen Gerichte am Ort der Niederlassung des Versicherers, aber auch diejenigen am Handlungs- oder am Erfolgsort als zuständig. Wenn IPRG 131 auch auf Atomunfälle anwendbar ist, werden damit die von IPRG 130 speziell für solche Unfälle festgelegten Gerichtsstände für Klagen gegen den Versicherer um den Ort seiner Niederlassung und um den Erfolgsort erweitert.
524	Es ist nicht sinnvoll, die Prozesse gegen den Versicherer, die auf dem direkten Forderungsrecht beruhen, z.T. an einem andern Ort durchzuführen als die Prozesse gegen den Haftpflichtigen[367].
524a	Nachdem das IPRG für Atomunfälle in Art. 130 eine besondere Gerichtsstandsnorm enthält, die fast wörtlich mit KHG 24 identisch ist, und nachdem KHG 24 bei inländischen Verhältnissen auf einen speziellen Gerichtsstand für das direkte Forderungsrecht verzichtet, ist

---

[367] Wer den Haftpflichtigen und seinen Versicherer gleichzeitig einklagt, wird sich für beide Klagen an das gleiche Gericht wenden. Wenn aber der eine Geschädigte den Haftpflichtigen einklagt, der andere den Versicherer, können bei Anwendung von IPRG 131 auf Atomunfälle verschiedene Gerichte für Klagen aus dem gleichen Ereignis angerufen werden. Wird IPRG 129 III hier als anwendbar betrachtet, müssen nach dessen letztem Halbsatz trotzdem alle Klagen beim gleichen Gericht anhängig gemacht werden. Dabei kann derjenige, der zuerst klagt, für alle andern den Gerichtsstand bestimmen. Wenn der Versicherer seine Niederlassung in Genf hat und zuerst ein Genfer dort klagt, müssen alle Geschädigten, die z.B. in der Nähe der ursächlichen Kernanlage im Kanton Aargau wohnen, dort den Richter anrufen.

man versucht, IPRG 131 nicht auf Atomunfälle anzuwenden. Es ist dann insofern eine Lücke im Gesetz anzunehmen, als diese Ausnahme nicht dort steht.

2. Das anwendbare Recht

Wenn internationale Verhältnisse vorliegen, ist das IPRG für die Frage des anwendbaren Rechts massgebend. Nach IPRG 133 I ist auf das KHG abzustellen, wenn nicht nur der Schädiger, sondern auch der Geschädigte seinen gewöhnlichen Aufenthalt in der Schweiz hat. 525

Haben Schädiger oder Geschädigter ihren gewöhnlichen Aufenthalt nicht in der Schweiz, so ist nach IPRG 133 II das Recht des Ortes des nuklearen Ereignisses massgebend; auf das schweizerische Recht ist also abzustellen, wenn das nukleare Ereignis sich in der Schweiz zugetragen hat, auch wenn der Geschädigte seinen gewöhnlichen Aufenthalt nicht in der Schweiz hat. 526

Hier ist noch auf KHG 34 zu verweisen, der sich auf Nuklearschäden bezieht, die eine Person mit Wohnsitz im Ausland dort erleidet und für die der Inhaber einer schweizerischen Kernanlage oder der Inhaber einer in der Schweiz erteilten Transportbewilligung bei Anwendung des schweizerischen Rechtes verantwortlich ist. Hier sind Entschädigungen nach KHG nur insoweit geschuldet, als «der betreffende ausländische Staat der Schweiz gegenüber eine mindestens gleichwertige Regelung vorsieht». Sieht er keine Haftung vor, so haftet gestützt auf KHG 34 auch der schweizerische Inhaber der ursächlichen Kernanlage nicht. Beläuft sich die Haftungslimite des ausländischen Rechts für solche Fälle auf mindestens 50 Mio. Fr., so gilt die ausländische Haftungsgrenze auch für den schweizerischen Haftpflichtigen. Liegt die ausländische Limite unter 50 Mio. Fr., so gilt für den schweizerischen Haftpflichtigen eine Limite von 50 Mio. Fr. 527

Unter dem «betreffenden ausländischen Staat» ist der Staat zu verstehen, in dem der Nuklearschaden eintritt und nicht der Wohnsitzstaat des Geschädigten, der nicht immer mit dem Staat des Erfolgsortes identisch sein wird. Treten Schäden in mehreren ausländischen Staaten ein, ist die Limite für die Geschädigten in jedem der fraglichen Staaten separat zu berechnen. 528

Nach IPRG 133 II bestimmt aber der Ort des Erfolgseintrittes das anwendbare Recht, wenn der Geschädigte mit dem Eintritt des Erfol- 529 ges in diesem Staat rechnen musste. Wenn diese Bedingung erfüllt ist und im Ausland eine Person mit Wohnsitz im Ausland durch ein nukleares Ereignis in der Schweiz geschädigt wird und wenn der ausländische Staat nur eine Haftungslimite von weniger als 50 Mio. Fr. kennt, geht KHG 34 mit der minimalen Grenze von 50 Mio. Fr. als lex specialis vor.

530 Die vielen möglichen Varianten, die sich ergeben, können hier nicht im Detail dargelegt werden.

M. Subsidiäre Haftung des Bundes in besonderen Fällen (KHG 16)

531 KHG 16 erwähnt 4 Fälle, in denen der Bund aus allgemeinen Mitteln, d. h. nicht aus dem Nuklearschadenfonds, für Nuklearschäden bis zum Maximalbetrag von KHG 12 (1 Mrd. Fr. zuzüglich 100 Mio. Fr. für die anteilsmässigen Zinsen und Verfahrenskosten je Kernanlage oder je Transport[368]) aufzukommen hat. Es handelt sich um eine soziale Bestimmung, die eventuelle Löcher im Haftpflicht- und Versicherungssystem des KHG stopfen soll. Sie findet keine Anwendung, wenn der Geschädigte den Schaden absichtlich verursacht hat, was KHG 5 I entspricht.

532 In Übereinstimmung mit KHG 5 II kann der Bund seine Leistungen bei grobem Selbstverschulden des Geschädigten herabsetzen oder verweigern[369]. Im weiteren kann der Bund gegen den Haftpflichtigen Regress nehmen und tritt in seine Rückgriffsrechte ein.

533 a) Dass der *Haftpflichtige nicht ermittelt* werden kann, dürfte hauptsächlich im Zusammenhang mit dem Niederschlag radioaktiven Staubes vorkommen, wenn verschiedene nukleare Ereignisse als Ursache in Betracht zu ziehen sind.

---

[368] Wenn der Bund zulasten des Nuklearschadenfonds einen Schaden soweit bezahlt hat, als er die vom privaten Haftpflichtversicherer zu tragenden 500 Mio. Fr. übersteigt, muss er für den gleichen Schadenfall vernünftigerweise nicht noch einmal gestützt auf KHG 16 aus eigenen Mitteln aufkommen. Dies betrifft insbesondere lit. b und c von KHG 16 I (eventuell auch lit. a): Wenn alle in Frage kommenden Nuklearereignisse in der Schweiz passiert sind, wird die Deckungspflicht des Bundes aus KHG 12 nicht bestritten werden können; vgl. hinten N 644 ff.

[369] Das Wort «verweigern» deutet auf eine freie, der richterlichen Überprüfung nicht unterliegende Entscheidungskompetenz des Bundes. Das wäre aber ganz ausserordentlich, und das genannte Wort ist daher nicht in diesem Sinne auszulegen.

V. Haftpflichtfragen § 29

b) Dass eine Kernanlage oder ein Transport von Kernmaterialien *nicht versichert ist,* kann darauf beruhen, dass die Anlage oder der Transport nicht behördlich bewilligt ist oder dass die Bewilligung in Verletzung des AtG ohne Versicherung erteilt wurde. Im letzten Fall kommt eine Leistungspflicht des Bundes nach KHG 16 I lit. b in Frage, daneben aber auch seine Schadenersatzpflicht wegen widerrechtlichen Verhaltens von Bundesbeamten nach VG 3 [370]. 534

Bei Anwendung des KHG hat der Bund nach KHG 16 III den vollen Regress auf den Haftpflichtigen [371], der bei Anwendung des VG je nach den Umständen nur teilweise gegeben ist. Anderseits gewährt VG 7 dem Bund einen Rückgriffsanspruch gegen den Beamten, der grobfahrlässig oder absichtlich gehandelt hat. Nach KHG 3 VI ist ein solcher Rückgriff ausgeschlossen [372]. KHG 16 I lit. b ist daher als lex specialis gegenüber VG 3 zu betrachten [373]. 535

Als nicht versichert ist auch eine Kernanlage zu betrachten, die trotz Stillegung nach Ablauf der 6monatigen Frist von KHG 21 noch ein nukleares Ereignis verursacht (vgl. hinten N 641). 536

c) Die *Zahlungsunfähigkeit des Versicherers und des Haftpflichtigen* vereiteln den Zweck des Schutzes des Geschädigten bei jeder — sei sie obligatorisch oder nicht — Haftpflichtversicherung, so z. B. auch im Bereich des SVG. Dort stehen aber weder der Bund noch die Gemeinschaft aller Haftpflichtversicherer dafür ein [374]. Mindestens hätte diese 537

---

[370] Hier besteht eine Parallele zur Haftpflicht der Kantone nach SVG 77; vgl. Bd. II / 2 § 26 N 396 ff.
[371] Inhaber der Kernanlage oder der Transportbewilligung, daneben Eigentümer der Kernanlage.
[372] KHG 3 VI spricht zwar nur von den Ansprüchen des Geschädigten, nicht aber von Regressansprüchen, die ausgeschlossen werden. Trotzdem müssen auch Regressansprüche gegen Personen, die nicht nach KHG 3 I verantwortlich sind, als ausgeschlossen betrachtet werden; vgl. vorn N 117.
[373] Vgl. hinten FN 438.
[374] Das VAG (SR 961.01) dient nach seinem Art. 1 zwar dem Schutz des Versicherten und sinngemäss bei der obligatorischen Haftpflichtversicherung auch dem Schutz des Geschädigten. Es sieht aber ebenso wenig wie das VVG ein Einstehen des Staates bei Zahlungsunfähigkeit des Versicherers vor. (VVG 71 II bestimmt für den Fall der Doppelversicherung, dass bei Zahlungsunfähigkeit eines Versicherers die übrigen beteiligten Versicherer für den Ausfall aufkommen müssen; dies kann aber nicht generalisiert werden).
Richtig betrachtet ist die Zusatzdeckung des Bundes durch KHG 16 lit. c im Bereich des KHG weniger indiziert als auf anderen Gebieten, solange die Versicherer hier in einem Pool zusammengeschlossen sind und daher normalerweise gegenseitig die Delkredere-Haftung tragen.

Deckung wie in lit. d auf den Ausfall beschränkt werden sollen, es sei denn, sie solle nur spielen, wenn der Geschädigte überhaupt keine Konkursdividende erhält. Dies könnte zu willkürlichen Ergebnissen führen und ist wohl durch die Formulierung «nicht decken kann» ausgeschlossen.

538 Das Gesetz erwähnt die Zahlungsunfähigkeit des Versicherers und des Haftpflichtigen als kumulative Voraussetzungen des Anspruches gegen den Bund. Es drängt sich aber auf, KHG 16 I lit. c auch anzuwenden, wenn zwar der Haftpflichtige zahlungsunfähig ist, der Versicherer aber aus einem andern Grund, der nichts mit der Höhe der Garantiesumme für die Grunddeckung zu tun hat, nicht leistet.

539 Ein solcher anderer Grund kann bei Zinsen und Verfahrenskosten in der Beschränkung der dafür zur Verfügung stehenden Garantiesummen liegen, nachdem der Bund nur dann für Zinsen und Verfahrenskosten aufzukommen hat, wenn er auch die Schadenersatzleistung erbringt (vgl. hinten N 576).

540 d) Für Nuklearschäden in der Schweiz, die durch ein *nukleares Ereignis im Ausland* verursacht werden, tritt der Bund ein, soweit im Ereignis-Staat keine dem KHG entsprechende Entschädigung erlangt werden kann. Diese Bestimmung ist von grosser praktischer Bedeutung, wie die Katastrophe von Tschernobyl gezeigt hat [375, 376].

541 Es handelt sich auch hier um eine Schutzbestimmung, die in unserer Haftpflichtlandschaft allein auf weiter Flur steht. Ihre Anwendung kommt nur in Frage, wenn auch nach Völkerrecht keine Entschädigung erlangt werden kann [377]. Im übrigen ist die Haftung des Bundes hier

---

[375] Vgl. das noch nicht publizierte Urteil des Bundesgerichtes vom 21. Juni 1990 i.S. Schweiz. Eidgenossenschaft c. Kollektivgesellschaft R & L.

[376] Die Frage, ob eine abgewiesene Klage im Ereignis-Staat Voraussetzung der Anrufung von KHG 16 I lit. d ist, war im soeben zitierten BGE nicht zu entscheiden, da die Beklagte nicht bestritten hat, dass in der Sowjetunion keine Entschädigung erlangt werden konnte. Dieses Poblem ist je nach den Umständen des konkreten Falles zu behandeln. Vgl. dazu FRANÇOIS KNÖPFLER/PHILIPPE SCHWEIZER, Tchernobyl, action ouverte en Suisse, for et droit applicable, Heft 9 der Beihefte zur ZSR 1989, 50/51.

[377] Auch diese Frage ist nach den Umständen zu beurteilen. Es kann nicht formell vorausgesetzt werden, dass die Schweiz versuchte, vom Ereignis-Staat eine Entschädigung nach Völkerrecht zu erlangen. Vgl. dazu EMIL W. STARK, SJZ 83, 213 und die dort FN 7—10 zit. Lit.; KÜHNE, NJW 1986, 2145 f.; ALFRED REST, Tschernobyl und die internationale Haftung — Völkerrechtliche Aspekte, VersR 1986, 609 ff.; PETER 185 ff.

nicht enger auszulegen als die Haftung des Inhabers, wenn die ursächliche Kernanlage sich in der Schweiz befindet.

VI. Sicherstellung des Geschädigten durch Haftpflichtversicherung eines privaten Versicherers und durch den Bund

A. Grundzüge [378]

Die Grundlinien des Systems der Sicherstellung der Haftpflichtansprüche der Geschädigten sind vorn (N 14 ff.) zusammenfassend dargelegt. Ergänzend und spezifizierend ist hier folgendes festzuhalten: 542

Der summenmässig unbegrenzt Haftpflichtige [379] muss sich nach KHG 12 bis zum Betrage von 1 Mrd. Fr. zuzüglich 100 Mio. Fr. für Zinsen und Verfahrenskosten gegen seine Haftpflicht versichern. Dieses Versicherungsobligatorium wird vom KHG auf zwei Versicherer aufgeteilt: Einerseits muss sich der aus dem Betrieb einer *Kernanlage* Haftpflichtige bei einer privaten Versicherungs-Gesellschaft [380] bis zum Betrag von 500 Mio. Fr. zuzüglich 50 Mio. Fr. für die anteilsmässig auf die Versicherungsleistung entfallenden Zinsen und Verfahrenskosten [381] versichern [382]. Andererseits versichert ihn der Bund von Gesetzes 543

---

[378] Vgl. dazu DEBIEUX 140 ff.; TERCIER, ZSR 109 II 164 ff.
[379] KHG 3 I; vgl. vorn N 5; TERCIER, ZSR 109 II 161.
[380] Der Haftpflichtige kann nach KHG 17 mit Zustimmung des Bundesrates die nötige Sicherheit auch auf andere Weise als durch eine private Versicherung leisten. Ausserdem ist der Bund als Inhaber einer Kernanlage — und wohl auch, wenn er einen Transit-Transport durchführt — nicht versicherungspflichtig. Ähnliche Bestimmungen finden sich in LFG 71 und RLG 35 IV, wobei LFG 71 die zulässige Art der Sicherstellung näher umschreibt. Prakische Bedeutung dürfte KHG 17 I kaum je erlangen.
[381] Vgl. KHV 3.
[382] Nach KHG 11 gilt das Versicherungsobligatorium für die «versicherbaren Risiken» (vgl. den gleichen Ausdruck in RLG 35 I und dazu hinten § 30 N 182, 197 ff.). KHG 11 III überträgt es dem Bundesrat, die zulässigen Ausschlüsse zu bestimmen. Das hat er in KHV 4 getan. Weitere, dort nicht erwähnte Teile des Haftpflichtrisikos einer Kernanlage oder eines Transit-Transportes als nicht versicherbar zu bezeichnen, ginge nicht an. Das Wort «versicherbar» ist daher ohne Bedeutung.

wegen für die Differenz bis zu 1 Mrd. Fr. zuzüglich 100 Mio. Fr. für anteilsmässige Zinsen und Verfahrenskosten. Die Versicherungsdeckung des Bundes beläuft sich daher bei Kernanlagen auf 500 Mio. Fr. für Schadenzahlungen und 50 Mio. Fr. für Zinsen und Verfahrenskosten.

544 Der Inhaber einer Transportbewilligung für die *Beförderung von Kernmaterialien im Transit* durch die Schweiz (vgl. vorn N 147 ff.) bedarf einer privaten Versicherung mit einer Garantiesumme von 50 Mio. Fr. zuzüglich 5 Mio. Fr. für Zinsen und Verfahrenskosten. Da die obere Grenze der Bundesdeckung gleich hoch liegt wie bei den Schädigungen durch Kernanlagen, ergibt sich hier ein Engagement des Bundes von 950 Mio. Fr. zuzüglich 95 Mio. Fr. für Zinsen und Verfahrenskosten.

545 Die Leistungspflicht des Bundes geht sowohl bei Kernanlagen als auch bei Transit-Transporten über die genannten Beträge hinaus, soweit es sich um Schäden handelt, die die privaten Versicherer gestützt auf KHG 11 III von ihrer Deckung ausnehmen können[383]. Das gilt auch, wenn sich ein zweites Schadenereignis vor Wiederherstellung der vollen Deckung im Sinne von KHG 18 ereignet (vgl. hinten N 625 ff.).

546 Übersteigt der Gesamtschaden 1 Mrd. Fr. zuzüglich 100 Mio. Fr. für Zinsen und Verfahrenskosten, so ist der Rest — wie bei jeder betraglich limitierten Haftpflichtversicherung für eine nichtlimitierte Haftpflicht — vom Haftpflichtigen zu übernehmen. Ist er dazu nicht voll in der Lage, so ist das in KHG 29/30 für Grossschäden in Aussicht genommene Prozedere einzuleiten (vgl. hinten N 654 ff.).

547 Das Auftreten des Bundes als Versicherer erweist sich als notwendig, weil die Versicherungs-Gesellschaften, die sich zum «Schweizer Pool für die Versicherung von Nuklearrisiken» zusammengeschlossen haben, trotz Ausschöpfung der Möglichkeiten des internationalen Rückversicherungsmarktes nicht höhere Summen zeichnen können, ohne die Erfüllung ihrer Verpflichtungen aus andern Verträgen zu gefährden[384]. Da ein Schaden den Gesamtbetrag von 500 Mio. Fr., den die Privatassekuranz heute maximal zu übernehmen vermag, leicht übersteigen kann, musste zu dieser Lösung gegriffen werden.

---

[383] Vgl. hinten N 615.
[384] Vgl. Botsch. KHG 194; ferner die kritischen Voten anlässlich der parlamentarischen Beratung, Amtl. Bull. SR 1980, 727 ff.; NR 1982, 1339 f.

B. Gemeinsame Bestimmungen für beide Versicherungsträger

1. Die für die Deckungssumme massgebende örtliche Einheit des versicherten Risikos

Bei jeder betraglichen Limitierung der Deckungspflicht — aber auch bei betraglichen Limitierungen der Haftpflicht — ist die Frage zu regeln, welche Schäden zum gleichen Risiko gehören und daher aus dem gleichen Maximalbetrag zu bezahlen sind.

Die Frage, was als Risikoeinheit zu betrachten ist, stellt sich sowohl für den privaten Versicherer als auch für den Bund.

Bei der privaten Versicherung muss pro Einheit, sei es in einem selbständigen Versicherungsvertrag, sei es in einem einzigen Vertrag für mehrere Einheiten, die gesetzliche Garantiesumme zur Verfügung stehen[385]. Die Frage stellt sich hier schon bei der Bewilligung einer Anlage gestützt auf AtG 5 II.

Bei der Bundesversicherung ist das gleiche Problem erst im Schadenfall zu lösen, da alle Anlagen (seien sie selbständig oder nicht) und Transporte von Gesetzes wegen versichert sind. Die Garantiesumme von 1 Mrd. Fr. abzüglich 500 Mio. Fr. bei Anlagen resp. 50 Mio. Fr. bei Transporten ist vom Bund als Versicherer aber nur soviel Mal zur Verfügung zu stellen, als Risikoeinheiten zum Schaden beigetragen haben.

Massgebend ist sowohl im Bereich der privaten Haftpflichtversicherung nach KHG 11 als auch im Bereich der Bundesversicherung nach KHG 12 die Kernanlage resp. der Transport von Kernmaterialien im Transit durch die Schweiz. Pro Kernanlage resp. pro Transit-Transport muss die vorgeschriebene Garantiesumme zur Verfügung stehen. Treten in einer Kernanlage resp. bei einem Transit-Transport nacheinander mehrere voneinander unabhängige Schäden auf, so wird die tatsächliche Deckungssumme für das spätere Ereignis durch das System der Wiederherstellung der vollen Deckung nach KHG 18 bestimmt, auf das nachstehend N 616 ff. hingewiesen wird. Diese Norm ist für das zeitliche Moment bei mehreren Ereignissen massgebend; hier wird von der Annahme eines einzigen nunklearen Ereignisses ausgegangen.

---

[385] Man denke z. B. an mehrere Reaktoren, die nebeneinander im gleichen Gelände stehen.

553   Bei der Haftpflicht für eine *Kernanlage* ist zu entscheiden, was noch zu *einer* Kernanlage gehört und was als eine separate Kernanlage zu betrachten ist, für die die Garantiesummen zusätzlich zur Verfügung stehen müssen. Wie vorn N 60/61 ausgeführt, gehören die Herstellungs-, Verwendungs-, Lagerungs- und Wiederaufbereitungsstätten, die dem gleichen Betrieb dienen und örtlich so nahe beieinanderliegen, dass ein Unfall im einen Teil des Betriebes sich auf einen anderen Teil des Betriebes schadenmässig auswirkt und namentlich auch nukleare Ereignisse in diesem andern Teil auslösen kann, zur gleichen Einheit. Sie werden normalerweise vom gleichen Inhaber betrieben.

554   Auf dieses Argument kann namentlich dann nicht abgestellt werden, wenn *mehrere Reaktoren* so nahe beieinanderstehen, dass ein nukleares Ereignis beim einen weitere nukleare Ereignisse bei einem andern in Gang setzen kann. Es ist davon auszugehen, dass das Schädigungspotential mehrerer Reaktoren grösser ist als dasjenige eines einzigen. Darum müssen bei mehreren nebeneinander stehenden *Reaktoren* die Garantiesummen des privaten Versicherers und des Bundes soviel Mal zur Verfügung stehen, als Reaktoren vorhanden sind.

555   Der Inhaber des Reaktors haftet nicht nur für nukleare Ereignisse, die im Reaktor oder in einer ihm dienenden Nebenanlage ablaufen, sondern auch für Nuklearschäden, die bei Transporten von Kernmaterialien verursacht werden (KHG 3 II/III), die seiner Kernanlage dienen. Solche Transporte, die eng mit dem Betrieb der Anlage zusammenhängen, sind zusammen mit ihr als eine Einheit zu betrachten. Wenn aber in einer Kernanlage ein Schaden verursacht wird und ungefähr gleichzeitig unabhängig davon ein dieser Anlage dienender Transport einen Nuklearschaden verursacht, ist zwar ein und dieselbe Risiko-Einheit von beiden Schäden betroffen; es stellt sich aber das Problem der Wiederherstellung der Deckung nach KHG 18 (vgl. vorn N 552, hinten N 616 ff.).

556   Eine Lagerstätte, die mehreren Kernanlagen dienen kann[386], stellt eine eigene Kernanlage dar, auch wenn sie sich so nahe bei einem Reaktor befindet, dass ein nukleares Ereignis im Reaktor sich auf sie auswirken kann und umgekehrt. Nur wenn eine solche Lagerstätte ausschliesslich dem Betrieb des Reaktors dient, in dessen Nähe sie sich befindet, ist sie in bezug auf die Versicherungsdeckung als Teil dieses Reaktors zu betrachten.

---

[386] Man denke an eine Lagerstätte für radioaktive Abfälle aus verschiedenen Kernanlagen.

VI. Sicherstellung des Geschädigten durch Haftpflichtversicherung § 29

Wenn Kernmaterialien in einer Lagerstätte gelagert werden, die 557
nicht zu einem bestimmten Reaktor gehört, und nachher von dort weitertransportiert werden, sind sie vom Inhaber dieser Lagerstätte übernommen worden und haftet dieser daher nach KHG 3 II für Schäden, die bei diesem Weitertransport eintreten. Daher kommt die Versicherung dieser Lagerstätte zum Zuge und ist deren Garantiesumme massgebend. Auf das Eigentum an den Kernmaterialien und auf deren Herkunft kommt es nicht an.

Bei *Transit-Transporten* durch die Schweiz bildet der Transport die 558
massgebende Einheit. Es kommt auf die Transportbewilligung an, die nicht pro Fahrzeug erteilt wird. Ein einheitlicher Transit-Transport durch mehrere Fahrzeuge liegt aber nur vor, wenn die beteiligten Lastautos gleichzeitig die gleiche Route befahren.

2. Mehrere Haftpflichtige für die gleiche Anlage

Nach KHG 3 IV haften der Inhaber und der Eigentümer einer 559
Anlage solidarisch, wenn der Inhaber nicht gleichzeitig Eigentümer ist. Nach KHG 11 I hat eine private Versicherung abzuschliessen, «wer nach den Bestimmungen dieses Gesetzes haftet». Bei wörtlicher Interpretation dieser Bestimmung müssten, wo Inhaber und Eigentümer nicht identisch sind, für die Deckung der Risiken einer Kernanlage zweimal die 500 Mio. Fr. zuzüglich 50 Mio. Fr. für Zinsen und Verfahrenskosten durch Versicherungen gedeckt sein. Dies wäre nicht sinnvoll. Die Deckungssumme muss pro Kernanlage zur Verfügung stehen. Wenn Inhaber und Eigentümer verschiedene Versicherungsverträge abschliessen, müssen diese insgesamt den gesetzlichen Minimalbetrag decken[387].

Die Frage stellt sich gleich bei der Bundesdeckung: Wenn Eigentü- 560
mer und Inhaber einer Anlage zusammen über die Deckungssumme der privaten Versicherung hinaus Leistungen erbracht haben, hat der Bund als Versicherer für ihre Deckungsansprüche insgesamt 500 Mio. Fr. zuzüglich 50 Mio. Fr. für Zinsen und Kosten zu erbringen und nicht mehr.

---

[387] Gl.M. Debieux 150.

3. Zinsen und Verfahrenskosten

561   Durch die Haftpflichtversicherung soll das Vermögen des Haftpflichtigen gegen Reduktionen durch Haftpflichtzahlungen geschützt werden[388].

562   Zu den Belastungen des Vermögens in einem Haftpflichtfall gehören nicht nur die zu leistenden Schadenersatzbeträge, sondern auch Nebenkosten, vor allem Zinsen und Verfahrenskosten. Für diese sieht das KHG in den Art. 11 und 12 separate Garantiesummen vor. Dementsprechend sind — einen anderen Sinn kann der Aussonderung separater Garantiesummen für Zinsen und Nebenkosten nicht zukommen — Schadenersatz- und Genugtuungsbeträge nur aus den Haupt-Garantiesummen zu bezahlen und Zinsen und Nebenkosten nur aus den spezifisch dafür vorgesehenen Garantiesummen.

a) Zinsen

563   Es fallen einerseits Schadenszinsen, anderseits Verzugszinsen in Betracht.

564   Der *Schadenszins*[389] gehört nach herrschender Auffassung zum Schaden und ist daher bei der Haftpflichtversicherung im allgemeinen, d. h. ausserhalb des KHG, aus der normalen Garantiesumme zu bezahlen[390]. Man könnte aber auch den gegenteiligen Standpunkt vertreten: Die Deckungsverpflichtung des Versicherers entsteht mit dem Schaden. Wenn die Festsetzung des Schadenersatzanspruches erst später erfolgt, muss der Versicherer erst später leisten und kann er in der Zwischenzeit für den betreffenden Betrag noch einen Zins einziehen[391]. Das KHG geht diesem Dilemma aus dem Wege, indem es sowohl bei der privaten als auch bei der Bundesdeckung für den auf die Versicherungsleistung entfallenden Zins eine separate Garantiesumme festlegt, die sich auf den Schadenszins bezieht.

---

[388] Vgl. MAURER, Privatversicherungsrecht, 519; KOENIG 502.
[389] Vgl. Bd. I 174/75; BREHM N 97 ff. zu OR 41; DESCHENAUX/TERCIER § 24 N 38 ff.; STARK, Skriptum N 126, 196; KELLER/GABI 68; A. KELLER II 39 f., 77.
[390] Wenn die Schadenersatzleistungen ohne Schadenszins die Garantiesumme erreichen, ist daher — ausserhalb des KHG — der Schadenszins nicht darüber hinaus vom Haftpflichtversicherer zu tragen; vgl. Bd. I 174; Bd. II/2 § 26 N 63.
[391] Häufig wird in den allgemeinen Versicherungsbedingungen ausdrücklich bestimmt, dass der Schadenszins in die Garantiesumme fällt.

VI. Sicherstellung des Geschädigten durch Haftpflichtversicherung § 29

Der *Verzugszins* stellt eine Entschädigung dafür dar, dass der Zahlungspflichtige nach Geltendmachung des geschuldeten Schadenersatzbetrages durch den Geschädigten nicht sofort bezahlt. Er gehört daher nicht in den Bereich der Haftpflichtversicherung; er beruht auf dem Verzug des Versicherers selbst und ist von diesem über die Garantiesumme hinaus zu bezahlen [392]. 565

Auf der Basis dieser Rechtsauffassung muss der Verzugszins auch im KHG über die Garantiesumme hinaus bezahlt werden und fällt vernünftigerweise nicht in den Bereich der zusätzlichen Garantiesumme für Zinsen gemäss KHG 11 und 12. 566

b) Verfahrenskosten

Der Begriff der Verfahrenskosten ist nicht eindeutig. KHV 3 enthält nähere Angaben über ihre Zusammensetzung und ihre Verteilung auf die Haupt- und die Nebengarantiesumme. Dabei ist zur Klärung des Verordnungstextes von vornherein festzuhalten, dass KHV 3 nur für diejenigen Kosten gilt, die vom Haftpflichtigen resp. seinem Versicherer nach den haftpflicht- und prozessrechtlichen Grundsätzen zu übernehmen sind. 567

Nach dieser Norm belasten die Kosten für aussergerichtliche Expertisen, die Vertretungskosten des Geschädigten und die Rettungskosten nach VVG 70 die *Hauptgarantiesumme.* 568

Aussergerichtliche Expertisen können vom Geschädigten oder vom Haftpflichtigen (resp. seinem Versicherer) in Auftrag gegeben werden. Der Haftpflichtige hat die von ihm selbst veranlassten aussergerichtlichen Gutachten selbst zu bezahlen, kann sie aber von seinem Versicherer ersetzt verlangen, wenn sie die Voraussetzungen von VVG 70 für Rettungskosten erfüllen. 569

Das wird regelmässig der Fall sein, wenn das Gutachten sich nicht als ungeeignete Massnahme zur Wahrung der Interessen des Haftpflichtigen und seines Versicherers erweist. Nach VVG 70 sind die Rettungskosten vom Versicherer über die Versicherungssumme hinaus zu übernehmen, weil sie sich aus der Erfüllung der Schadenminderungspflicht des Versicherten gemäss VVG 61 ergeben. KHV 3 II steht hier im Widerspruch zu VVG 70. 570

---

[392] Vgl. BGE 88 II 115; dazu auch BREHM, contrat N 489 ff.; Bd. II/2 § 26 N 63.

571 Die *Vertretungskosten des Geschädigten* gehören nach herrschender Auffasssung zum Schaden[393]. Ihre Deckung aus der Hauptgarantiesumme ist daher gerechtfertigt und bezieht sich sowohl auf ausser- und vorprozessuale als auch auf prozessuale Vertretungskosten.

572 KHV 3 II erwähnt neben den aussergerichtlichen Expertisekosten *weitere Rettungskosten* im Sinne von VVG 70. Im Vordergrund stehen Sofortmassnahmen nach dem Eintritt des nuklearen Ereignisses. VVG 70 schreibt aber, wie bereits erwähnt, vor, dass diese Kosten vom Versicherer nötigenfalls über die Versicherungssumme hinaus zu tragen sind.

573 Soweit Abs. 2 von KHV 3 VVG 70 widerspricht, ist er als ungültig zu betrachten, denn hinsichtlich der Zusammensetzung der Versicherungssumme besteht keine Delegationsnorm; der Bundesrat ist nur befugt, die Ausschlüsse näher zu bezeichnen. Aussergerichtliche Expertisekosten des Haftpflichtigen und weitere Rettungskosten sind daher vom Versicherer zu übernehmen, und zwar nicht zu Lasten einer der beiden Garantiesummen, sondern aus eigenen Mitteln.

574 Unter die *Garantiesumme für Verfahrenskosten* fallen nach KHV 3 III insbesondere die Anwaltskosten des Haftpflichtigen, die Kosten für gerichtliche Gutachten sowie die Gerichts-, Schiedsgerichts- und Vermittlungskosten.

575 Daneben erwähnt KHV 3 III auch die Kosten der Beweissicherung gemäss KHG 22, wo aber die Kostentragung durch den Haftpflichtigen nicht erwähnt wird. Im Gegensatz dazu regelt KHG 4 ausdrücklich die Tragung der Kosten bei Massnahmen der Behörden zur Abwehr einer drohenden Gefährdung. Es liegt nahe, die durch die Beweissicherung gemäss KHG 22 entstehenden Kosten dem Haftpflichtigen aufzuerlegen und sie gemäss KHV 3 aus der Garantiesumme für Verfahrenskosten zu bezahlen.

c) Die praktische Abwicklung

576 KHG 11 I schreibt vor, dass jeder der beiden Versicherer die «anteilsmässigen» Zinsen und Verfahrenskosten aus der bei ihm bestehenden Zusatzdeckung zu bezahlen hat. Das führt dazu, dass die Zusatz-Garantiesumme des Bundes nicht in Anspruch genommen wer-

---

[393] Vgl. Bd. II/2 § 25 N 301 ff. und dort FN 452 zit. Lit.

VI. Sicherstellung des Geschädigten durch Haftpflichtversicherung § 29

den kann, wenn der Schadenersatzbetrag durch den Privatversicherer bezahlt wird, dessen Zusatzdeckung aber erschöpft ist. Dann besteht für Zinsen und Verfahrenskosten auch dann keine Versicherungsdeckung und muss der Haftpflichtige diese Einbussen und Auslagen des Geschädigten selber übernehmen, wenn der Bund überhaupt nicht zur Kasse gebeten werden muss.

Das kommt praktisch in Frage, wenn die Grunddeckung des privaten Versicherers durch alle Geschädigten zusammen fast oder ganz beansprucht wird und die Zinsen und Verfahrenskosten der von ihm entschädigten Anspruchsteller im Durchschnitt mehr als 10% des eigentlichen Schadenersatzbetrages ausmachen. Wenn z.B. 10 000 Geschädigte Ansprüche von je ungefähr Fr. 50 000.– stellen können, ist es leicht denkbar, dass pro Geschädigten mehr als Fr. 5000.– als Zinsen und Verfahrenskosten anfallen [394].   577

Aber auch abgesehen von diesem Sonderfall stellt die besondere Garantiesumme für Zinsen und Kosten, verglichen mit einer einheitlichen Garantiesumme von 550 resp. 55 Mio. Fr. eine Einschränkung und nicht — wie es auf den ersten Blick scheinen könnte — eine Ausweitung des Versicherungsschutzes dar: Wenn die Zinsen und Verfahrenskosten die für sie vorgesehenen Garantielimiten nicht erreichen, wohl aber die eigentlichen Schadenersatzbeträge [395], steht nicht der ganze versicherte Betrag zur Verfügung. Das gleiche Resultat tritt auch im umgekehrten Fall ein, d.h. wenn die Nebenkosten die für sie vorgesehene Garantiesumme übersteigen, die Schadenersatzbeträge aber aus der Haupt-Garantiesumme voll gedeckt werden können [396].   578

---

[394] Der Schadenszins allein macht, wenn er für zwei Jahre bezahlt werden muss, schon 10% aus. Die Quote von 10% des Schadenersatzbetrages steht aber nicht im Gesetz, so dass die Zinsen und Verfahrenskosten der ersten Geschädigten voll zulasten der Zusatzdeckung zu übernehmen sind und erst bei den später erledigten Fällen gekürzt oder gestrichen werden. Den letzten beissen die Hunde. Solange der Haftpflichtige zahlungsfähig ist, bedeutet dies nur, dass der Geschädigte einen neuen Partner bekommt; ist er zahlungsunfähig, so verliert der Geschädigte seinen Anspruch praktisch.

[395] Man denke z.B. an den Fall, dass die Schadenersatzbeträge 1 Mrd. und 50 Mio. Fr. erreichen, die Zinsen und Kosten aber insgesamt nur 40 Mio. Fr. ausmachen. Dann stehen aus der Zinsen- und Kostengarantie des privaten Versicherers und des Bundes zusammen noch 60 Mio. Fr. zur Verfügung, mit denen die die Milliardengrenze überschiessenden 50 Mio. Fr. gedeckt werden könnten, ohne dass zu den für Grossschäden vorgesehenen Massnahmen gegriffen werden müsste.

[396] PUe 7 (g) schreibt vor, dass Zinsen und Kosten nicht als Schadenersatz gelten und vom Inhaber einer Kernanlage zusätzlich zu bezahlen sind. Eine Limite können die Vertragsstaaten dafür nicht festsetzen.

579. Im weiteren ist anzuführen, dass man sich bei der ausserprozessualen Erledigung von Schadenfällen häufig auf einen Pauschalbetrag einigt und offen lässt, wie er sich auf Schadenersatz, Zinsen und Kosten aufteilt.

580 Dieses Resultat ist unbefriedigend. Es war sicher vom Gesetzgeber gut gemeint, festzulegen, dass die Grund-Garantiesummen nicht z. T. für Zinsen und Verfahrenskosten aufzuwenden seien. Diese Kosten belasten indessen den Geschädigten ebenso wie seine Heilungskosten und der Verdienstausfall, und für den Versicherer kommt es nicht darauf an, ob er seine Entschädigung für den eigentlichen Schaden oder für Nebenposten entrichtet. Es wäre daher richtiger gewesen, wie im SVG und im RLG eine einzige Garantiesumme für Schadenersatz inkl. Zinsen und Verfahrenskosten festzulegen.

4. Direktes Forderungsrecht und Einredenausschluss (KHG 19)

581 Nach KHG 19 kann der Geschädigte sich im Rahmen der jeweiligen Versicherungsdeckung unmittelbar an den privaten Haftpflichtversicherer des Haftpflichtigen und an den Bund als Versicherer halten. Er muss zwar nicht, kann aber gegen den Haftpflichtigen vorgehen, was wegen dessen unbeschränkter Haftpflicht für ihn mit Vorteilen verbunden sein kann. Wenn er statt dessen das direkte Forderungsrecht anruft, kann ihm die Versicherungs-Gesellschaft fast alle Einreden aus dem Versicherungsvertrag oder aus dem VVG nicht entgegenhalten; beim Bund sind nur Einreden aus dem VVG denkbar und dementsprechend ausgeschlossen[397].

582 Das direkte Forderungsrecht des Geschädigten ist, kombiniert mit dem Einredenausschluss, heute zu einem festen Bestandteil der obligatorischen Haftpflichtversicherung geworden. Es gilt auch im Bereiche des SVG (Art. 65) und des RLG (Art. 37)[398].

---

[397] Vgl. hinten N 592 ff.
[398] EHG, ElG und SSG enthalten kein Obligatorium der Haftpflichtversicherung. GSG 36 V beschränkt sich darauf, dem Bundesrat die Kompetenz zu erteilen, ein solches Obligatorium für bestimmte Tätigkeiten einzuführen. In LFG 70/71 wird zwar eine obligatorische Versicherung vorgesehen, aber auch Sicherstellung durch Hinterlegung und Bürgschaft zugelassen. Nähere Detailbestimmungen darüber fehlen.
PUe 10 sieht zwar ein Versicherungsobligatorium vor, überlässt aber die Regelung seiner Art und seiner Bedingungen der zuständigen Behörde des betreffenden Vertragsstaates.

VI. Sicherstellung des Geschädigten durch Haftpflichtversicherung § 29

Für die allgemein geltenden Überlegungen zum direkten Forderungsrecht und zum Einredenausschluss ist auf die Ausführungen in Bd. I 458/59 und insbesondere in Bd. II/2 § 26 N 150 ff. zu verweisen. Es drängte sich auf, im Zusammenhang mit dem SVG auf diese Frage einlässlich einzugehen, da ihnen dort die grösste praktische Bedeutung zukommt[399]. 583

Hier sollen diejenigen Probleme geprüft werden, die sich insbesondere beim KHG stellen. 584

1. Beim *direkten Forderungsrecht* können sich besondere Schwierigkeiten ergeben, wenn viele oder sogar sehr viele Geschädigte vorhanden sind, viel mehr, als bei einem Strassenverkehrsunfall je in Frage kommen. Da die Garantiesummen nicht pro Geschädigten festgesetzt sind, sondern pro Ereignis, kann der Geschädigte nicht wissen, ob er den privaten Versicherer oder den Bund einklagen soll. Wendet er sich gegen den privaten Versicherer, riskiert er die Einrede[400], dass die Garantiesumme von 500 zuzüglich 50 Mio. Fr. resp. 50 zuzüglich 5 Mio. Fr. durch die bisher geltend gemachten Forderungen voll in Anspruch genommen werde. Klagt er dann den Bund ein, kann ihm entgegengehalten werden, die bisher geltend gemachten Ansprüche seien übersetzt; die Garantiesumme des privaten Haftpflichtversicherers sei nicht erschöpft[401]. 585

Die vom KHG getroffene Lösung, die den in der Assekuranz üblichen Formen der Beteiligung mehrerer Versicherer an der Deckung des gleichen Risikos nicht entspricht[402], gestaltet das direkte Forderungsrecht so unpraktikabel, mindestens im Bereich der Grenze zwischen privater Versicherungsdeckung und Bundesdeckung, dass dem Geschä- 586

---

[399] Zum direkten Forderungsrecht in KHG resp. AtG auch DEBIEUX 166 ff.; ROLF HEUSSER, Das direkte Forderungsrecht des Geschädigten gegen den Haftpflichtversicherer (Diss. Zürich 1979) 96 ff.

[400] Diese Einrede ist zulässig, da das direkte Forderungsrecht nach KHG 19 nur «im Rahmen der Versicherungsdeckung» besteht.

[401] Diese Schwierigkeiten führen dazu, dass der Geschädigte im Zweifelsfall mit Vorteil sowohl den privaten Haftpflichtversicherer als auch den Bund einklagt, wenn er sich nicht direkt gegen den Haftpflichtigen wenden will (da KHG 24 III für Klagen gegen den Bund aus KHG 12 den Bundesgerichtsstand Bern nicht erwähnt, ist für diese das gleiche Gericht örtlich zuständig wie für Klagen gegen den privaten Versicherer und auch gegen den Haftpflichtigen).

[402] Üblich sind die Rückversicherung und die Mitversicherung, wobei jeder Versicherer eine Quote des Risikos trägt.

digten empfohlen werden muss, sich an den Haftpflichtigen zu halten. Dies liegt um so mehr nahe, als vom Inhaber einer Kernanlage resp. einer Transportbewillilgung erwartet werden darf, dass sie bereit sind, ihre Verpflichtungen ohne zu trölen zu erfüllen. Solange sie durch einen der beiden Haftpflichtversicherer gedeckt sind, werden sie auch nicht dadurch behindert, dass ihre finanziellen Mittel zur Neige gehen. Gegen die Konkurrenz anderer Gläubiger steht dem Geschädigten der Schutz durch das gesetzliche Pfandrecht gemäss VVG 60[403] zur Verfügung.

587 Eine andere Lösung dieses Problems könnte dadurch gefunden werden, dass der Bund den privaten Versicherer beauftragt, für ihn die Schäden im Rahmen von KHG 12 zu erledigen[404]. Damit würde die Grenze von 500 Mio. zuzüglich Nebenkosten resp. 50 Mio. zuzüglich Nebenkosten gegenüber dem Geschädigten ihre Bedeutung verlieren. Die Schwierigkeiten im Zusammenhang mit der Garantiesumme für anteilsmässige Zinsen und Verfahrenskosten (vgl. vorn N 576 ff.) würden damit allerdings nicht aus der Welt geschafft. Die die Grenze von 50 resp. 5 Mio. Fr. überschiessenden Nebenkosten, die im Zusammenhang mit Schadenersatzleistungen stehen, welche ihrerseits in der Garantiesumme von 500 Mio. resp. 50 Mio Fr. Platz haben, fallen nicht unter das direkte Forderungsrecht und können nur gegen den Haftpflichtigen geltend gemacht werden.

588 2. Durch den *Einredenausschluss* gemäss KHG 19 II ist es dem privaten Versicherer und dem Bund verwehrt, dem Geschädigten irgendwelche Beschränkungen ihrer internen Deckungspflicht entgegenzuhalten, soweit es sich nicht um die Höhe der Garantiesumme oder — beim privaten Versicherer — um die vom Bundesrat gestützt auf KHG 11 III zugelassenen Ausschlüsse handelt. Wenn sie wegen des Einredenausschlusses dem Geschädigten mehr bezahlen, als der Haftpflichtige von ihnen verlangen könnte, haben sie nach KHG 20 I ein *Rückgriffsrecht*

---

[403] Vgl. MAURER, Privatversicherungsrecht 523 f.; KOENIG 514 ff. VVG 60 bietet allerdings keinen ausreichenden Schutz bei Einreden des Versicherers aus dem VVG oder dem Versicherungsvertrag.

[404] Vgl. KHV 7 II. Eine solche Vereinbarung drängt sich auch auf, weil der Bund gar nicht in der Lage ist, eine grosse Zahl von Schäden selber zu behandeln. Dazu fehlt ihm das nötige ausgebildete Personal. Auch die grössten Versicherungs-Gesellschaften dürften bei Tausenden von Geschädigten in grosse Schwierigkeiten geraten, wenn die Ansprüche nicht zeitlich weit gestaffelt geltend gemacht werden.

VI. Sicherstellung des Geschädigten durch Haftpflichtversicherung § 29

gegen den Versicherungsnehmer und den Versicherten [405, 406]. Dieses kann aber nur insoweit geltend gemacht werden, als dadurch keine Geschädigten benachteiligt werden.

Dem *privaten Versicherer* stehen die Regressrechte zu, wenn er Einreden aus dem Versicherungsvertrag oder aus dem VVG dem Geschädigten nicht entgegenhalten konnte. In bezug auf die *vertraglichen Ansprüche* überträgt KHG 11 III dem Bundesrat die Kompetenz, die Risiken zu bezeichnen, für die der Einredenausschluss nicht gilt (vgl. hinten N 608 ff.). Andere Ausschlussbestimmungen können dem Geschädigten nicht entgegengehalten werden; der Versicherer kann nur auf dem Regressweg den Betrag seiner gesamten Leistungen mit seinen Verpflichtungen aus dem Versicherungsvertrag in Übereinstimmung bringen. Das gilt z. B. für einen Selbstbehalt oder eine Franchise. 589

Als Einrede *aus dem Versicherungsvertragsgesetz* stehen grobe Fahrlässigkeit und Absicht im Sinne von VVG 14 im Vordergrund. Ist der Versicherungsnehmer wegen Nichtbezahlung der Prämie in Verzug geraten und die Deckung im internen Verhältnis daher sistiert (VVG 20 III), so gilt die Versicherungsdeckung gegenüber dem Geschädigten gestützt auf KHG 21 noch während 6 Monaten seit Eingang der Meldung über die Sistierung bei der zuständigen Behörde. Muss der Versicherer gestützt darauf Leistungen erbringen, so steht ihm der Regress zu. 590

Die gleiche Regelung ist massgebend für den Rücktritt des Versicherers wegen Verletzung der Anzeigepflicht (VVG 6, 38, 39), für die Gefahrserhöhung (VVG 28 ff.) und für die betrügerische Begründung des Versicherungsanspruches (VVG 40), aber auch für alle andern Fälle der Beendigung des Versicherungsschutzes. 591

---

[405] Wegen der Kanalisierung der Haftpflicht wird der Versicherte regelmässig der Versicherungsnehmer sein, ausser wenn die Haftpflicht des Eigentümers in den Versicherungsvertrag des Inhabers einer Kernanlage eingeschlossen ist.

[406] Die Frage der Identität des Versicherten mit dem Haftpflichtigen ist in SVG 63 dadurch ausgeschaltet worden, dass für jedes Motorfahrzeug eine Versicherung abgeschlossen werden muss, die einfach die Haftpflicht des jeweiligen Halters deckt. Nach AtG 5 II setzt die Erteilung einer Betriebsbewilligung den Nachweis über den vorgeschriebenen Versicherungs- oder Sicherstellungsschutz voraus. Die Bewilligung ist nicht übertragbar (AtG 9 I). KHG 11 I unterwirft dem Versicherungsobligatorium jeden nach KHG Haftpflichtigen. Diese Regelung schliesst nicht aus, dass der Empfänger der Bewilligung zwar versichert ist, nicht aber der tatsächlich Haftpflichtige, d. h. der effektive Inhaber (vgl. vorn N 135 ff.) und gegebenenfalls der Eigentümer, wenn man sich auch eine solche Konstellation nur schwer vorstellen kann. In den üblichen allgemeinen Versicherungs-Bedingungen wird aber der Inhaber einer bestimmten Kernanlage als versichert bezeichnet, womit hier Schwierigkeiten ausgeschlossen sind.

592 Gegen den *Bund* besteht wie gegen den privaten Versicherer ein direktes Forderungsrecht mit Einredenausschluss[407].

593 Einreden des Bundes aus dem Versicherungsvertrag sind allerdings nicht denkbar, da sein Versicherungsschutz auf dem Gesetz und nicht auf einem Vertrag beruht. Vertragliche Ausschlussbestimmungen und Unklarheiten über die Person des Versicherten können daher nicht vorkommen.

594 Auch auf das VVG kann sich der Bund nicht direkt berufen, da der von ihm gebotene Versicherungsschutz nicht auf diesem Gesetz beruht. Es drängt sich aber auf, ihm die — internen — Einreden aus dem VVG auf Grund einer analogen Anwendung dieses Gesetzes in vernünftigem Rahmen zur Verfügung zu stellen. Das in KHG 20 erwähnte Regressrecht des Bundes hätte keinen Anwendungsbereich, wenn der Bund nicht nur nach dem Versicherungsvertrag, sondern auch nach dem VVG seine Leistungspflicht gegenüber dem Versicherungsnehmer oder Versicherten nicht verneinen resp. reduzieren könnte.

595 Das gilt insbesondere für die Ablehnung oder Kürzung der Leistungen wegen Absicht oder grober Fahrlässigkeit im Sinne von VVG 14.

596 Dagegen können die im VVG vorgesehenen Sanktionen der Reduktion oder Aufhebung des Versicherungsschutzes bei Verletzung der Anzeigepflicht, bei Gefahrserhöhung und bei betrügerischer Begründung des Versicherungsanspruches nicht analog auf die öffentlich-rechtliche Bundesversicherung übertragen werden; das würde ihrer juristischen Natur widersprechen.

597 Dies gilt nicht für die besonders strengen Verzugsfolgen des VVG bei Nichtbezahlung der Prämie: Jeder Versicherer kann seine Prämien wie hier der Bund die Beiträge an den Nuklearschadenfonds auf dem Betreibungswege durchsetzen, was aber mit einem erheblichen Zeitverlust verbunden ist. Das wirkt sich im Versicherungswesen besonders negativ aus. Ist der Versicherungsnehmer zahlungsunfähig, nicht aber der ebenfalls versicherte Eigentümer der Kernanlage, so kann diesem Regress eine erhebliche praktische Bedeutung zukommen. Die Anwendung der Verzugsfolgen des VVG auf die Bundesversicherung erscheint daher als gerechtfertigt.

---

[407] KHG 19 II erwähnt zwar den Bund nicht ausdrücklich, KHG 20 gibt ihm aber das Rückgriffsrecht, das das Gegenstück zum Einredenausschluss darstellt.

5. Benachteiligung des Geschädigten durch Ausübung der versicherungsrechtlichen Rückgriffsrechte (KHG 20 I)

In der allgemeinen Haftpflichtversicherung (d. h. ausserhalb des KHG und auch des SVG und des RLG) hat der Geschädigte nur einen Anspruch gegen den Haftpflichtigen und nicht direkt gegen den Versicherer. Hat der Haftpflichtige bezahlt, erhebt er gegen seinen Haftpflichtversicherer den Deckungsanspruch. Der Versicherer kann ihm die Einreden aus dem Versicherungsvertrag und dem VVG entgegenhalten und gestützt darauf seine Leistung verweigern oder kürzen. Ein Regressrecht des Versicherers besteht nicht — und hat im System auch keinen Platz — und die Frage einer Benachteiligung des Geschädigten durch ein solches Regressrecht stellt sich daher nicht. 598

Als Folge der direkten Kürzungsmöglichkeit des Versicherers ausserhalb der obligatorischen Haftpflichtversicherung reduziert sich seine Gesamtleistung um die seinen Einreden entsprechende Quote des Schadens. Dies wirkt sich auch auf die totale Höhe des Versicherungsschutzes, d. h. auf die Garantiesumme, aus. Diese Reduktion der Garantiesumme entspricht den Verhältnissen, weil der Versicherer seine Prämie auf der Basis eines vertrags- und gesetzmässigen Verhaltens des Versicherungsnehmers und des Versicherten berechnet hat. 599

Wo demgegenüber das direkte Forderungsrecht mit Einredenausschluss besteht, d. h. im Rahmen des KHG, des SVG und des RLG, kann der Versicherer von seinem Versicherungsnehmer oder dem Versicherten zurückverlangen, was er im internen Verhältnis zu viel bezahlt hat, soweit seine Einreden dem Geschädigten nicht entgegengehalten werden können. Im Rahmen des SVG wird dieser Regress durch Art. 88 herabgesetzt oder ausgeschlossen für den Fall, dass der Schaden des Geschädigten durch Versicherungsleistungen nicht voll gedeckt wird. Das trifft insbesondere bei ungenügender Garantiesumme zu. 600

Diese Streichung oder Reduktion des Regresses des Versicherers gilt aber nur insoweit, als der Geschädigte durch den Regress benachteiligt würde. Das kann sich daraus ergeben, dass der Geschädigte mit seinem die Garantiesumme des Versicherers übersteigenden Anspruch gegen den Haftpflichtigen mit dem Regressanspruch des Versicherers in Konkurrenz steht. Die Benachteiligung hat praktische Bedeutung, wenn die Mittel des Haftpflichtigen nicht ausreichen, um sowohl den nicht gedeckten Schaden des Geschädigten als auch den Regressanspruch des 601

Versicherers zu bezahlen[408]. Der Fehlbetrag bzw. das Insolvenzrisiko ist dann im Rahmen der Versicherungssumme vom Versicherer zu tragen.

602 Diese Regelung von SVG 88 ist vom Bundesgericht zu Recht auf das gesamte Haftpflichtrecht angewendet worden[409]. Sie gilt im KHG auf Grund der ausdrücklichen Bestimmung von *Art. 20 I* letzter Satz.

6. Das Nebeneinander von Bundes- und privater Versicherung

603 Wie bereits erwähnt (vorn N 586), entspricht das Nebeneinander von zwei direkten Haftpflichtversicherern, wobei der zweite einzutreten hat, wenn die Garantiesumme des ersten erschöpft ist, nicht den in der privaten Versicherungspraxis üblichen Formen. Wenn dort mehr als eine Gesellschaft als Direktversicherer auftritt, übernimmt bei *Mitversicherung* eine davon die Führungsrolle, erledigt die Schadenfälle bis zur gemeinsamen totalen Garantiesumme und belastet den anderen beteiligten Versicherern deren Quoten.

604 Eine besondere Form der Mitversicherung stellen die *Pools* dar; ein solcher Pool der privaten Gesellschaften besteht in der Schweiz für die Nuklearrisiken[410]. Auch bei dieser Lösung tritt nur die «einbringende» Gesellschaft gegen aussen auf.

605 Eine andere weit verbreitete Möglichkeit der Beteiligung anderer Versicherer an einem Risiko — vor allem zwecks Erhöhung der Kapazität, die dem Versicherungsnehmer zur Verfügung gestellt werden kann —, stellt die *Rückversicherung* dar, bei der der Direktversicherer gegenüber dem Versicherungsnehmer und dem Anspruchsberechtigten immer ausschliesslich haftet, auch wenn der Rückversicherer ausfällt. Der Direktversicherer verlangt den seinem Rückversicherungsvertrag entsprechenden Anteil seiner Zahlungen vom Rückversicherer zurück[411].

606 Gemeinsam ist allen diesen Formen, dass die Schadenfälle gegen aussen bis zur Erschöpfung der totalen Garantiesumme von einem ein-

---

[408] Vgl. Bd. II / 2 § 26 N 425.
[409] Vgl. BGE 96 II 363 f.; 104 II 309 f.; dazu BREHM N 136 ff. zu OR 51; SCHAER N 715 ff.
[410] Vgl. MAURER, Privatversicherungsrecht 185/86; DEBIEUX 144 ff.; vgl. auch MEIER 105 ff.; SAXER, SVZ 1990, 177 ff.
[411] Vgl. MAURER, Privatversicherungsrecht 539 ff.

VI. Sicherstellung des Geschädigten durch Haftpflichtversicherung § 29

zigen Versicherer behandelt werden und dass daher nicht bestimmt werden muss, wann die erste Garantiesumme erschöpft ist und der zweite Versicherer sich einschalten muss. Die Privatassekuranz ist diesem Problem wohlweislich aus dem Wege gegangen.

Im Rahmen des KHG, das zwei nacheinander als Direktversicherer 607 auftretende Versicherer vorsieht, sind hier Schwierigkeiten zu erwarten. Die definitive Eintretenspflicht des Bundes steht erst fest, wenn die Garantiesumme des privaten Versicherers ausgeschöpft ist[412], und zwar nicht nur durch Schadenreserven, sondern durch Zahlungen[413]. Durch eine Vollmacht des Bundes an den privaten Versicherer kann dieses Problem zwar ausgeschaltet werden. Gesetzgeberisch richtiger wäre es aber gewesen, den Bund als Schadenexzendenten-Rückversicherer[414] einzusetzen[415].

C. Besondere Bestimmungen für die private Versicherung

1. Ausschluss von Risiken durch die privaten Versicherer (KHG 11 III)

Nach KHG 11 III kann der Bundesrat bei der Versicherung von 608 Kernenergierisiken dem Versicherer gestatten, bestimmte Risiken von

---

[412] Auf die besonderen Schwierigkeiten in bezug auf die Zinsen und Verfahrenskosten ist vorn N 576 ff. hingewiesen worden.
[413] Bei vergleichsweiser Erledigung der Schadenfälle kann der Geschädigte erst nach Erschöpfung der Garantiesumme des privaten Versicherers durch Zahlungen und Schadenreserven an den Bund gelangen. Bei prozessualer Behandlung kann der Geschädigte beide einklagen. Wenn er aus der Garantiesumme des privaten Versicherers entschädigt wird, muss aber die Klage gegen den Bund abgewiesen werden, was für ihn mit Kosten verbunden ist. Auch abgesehen davon kann der Richter den Bund nicht verurteilen, solange die Erschöpfung der Garantiesumme des privaten Versicherers unsicher ist und deswegen die Eintretenspflicht des Bundes nicht feststeht.
[414] Vgl. MAURER, Privatversicherungsrecht 539.
[415] Eine angemessene Führungsprovision des Bundes an den privaten Versicherer hätte im Gesetz festgelegt werden können, ebenso eine strenge Verzugsregelung, um Verzögerungen der Bundeszahlungen auszuschalten resp. für den Direktversicherer keine wirtschaftlichen Nachteile daraus entstehen zu lassen (5% Verzugszins auf 500 Mio. Fr. machen pro Tag über Fr. 68 000.– aus).

§ 29   Kernenergiehaftpflicht

der Deckung auszuschliessen[416]. Er hat davon in KHV 4 Gebrauch gemacht.

609   Nach dieser Bestimmung kann der private Versicherer Nuklearschäden ausschliessen, die durch *ausserordentliche Naturvorgänge* oder *kriegerische Ereignisse* verursacht werden, sowie Ansprüche, die innert 10 Jahren nach dem schädigenden Ereignis oder dem Aufhören einer andauernden Einwirkung resp. innert 20 Jahren nach dem Verlust, dem Diebstahl, dem Überbordwerfen oder nach der Besitzaufgabe von Kernmaterialien nicht eingeklagt werden.

610   Der erste Ausschluss (KHV 4 I lit. a) führt für den privaten Versicherer den Entlastungsgrund der höheren Gewalt in der auch in RLG 33 II verwendeten Formulierung ein, die auch AtG 14 entspricht[417].

611   Bei den kriegerischen Ereignissen dürften kaum Schwierigkeiten entstehen. Sie stellen zwar an sich ein Drittverschulden dar, unterscheiden sich aber vom normalen Drittverschulden dadurch, dass der Täter nicht von sich aus oder im Auftrag einer kriminellen Organisation handelt, sondern im Auftrag eines fremden Staates, der seinen Soldaten auch andere ähnliche Aktionen im schweizerischen Hoheitsgebiet befiehlt. Terroristische Handlungen, insbesondere Racheakte und Erpressungsversuche, fallen nicht darunter. Sie sind Einzelakte, denen die von den Versicherern gefürchtete Vielheit abgeht. Eine formelle Kriegserklärung ist aber nicht Voraussetzung der Anwendbarkeit des Ausschlussgrundes «kriegerisches Ereignis».

612   Grössere Schwierigkeiten bietet die Ausserordentlichkeit von Naturvorgängen. Sie ist nur zu bejahen, wenn ähnliche Ereignisse in der

---

[416] Der Bundesrat hat nur die Ausschlüsse zu bezeichnen, auf die sich der Versicherer gegenüber dem *Geschädigten* berufen kann. Im internen Verhältnis zum Versicherungsnehmer und zum Versicherten sind weitere Ausschlüsse zulässig, für die KHG 20 I (vgl. auch KHG 19 II) beim direkten Forderungsrecht ein Regressrecht vorsieht. Diese Regelung entspricht derjenigen von SVG 63/65; vgl. Bd. II/2 § 26 N 80.

[417] Vgl. Bd. I 115; hinten § 30 N 133 ff. An sich ist der Kausalzusammenhang trotz der ausserordentlichen Naturvorgänge und kriegerischen Ereignisse haftpflichtrechtlich nicht als unterbrochen zu betrachten (vgl. vorn N 326 ff.). Trotzdem bilden diese Naturvorgänge und kriegerischen Ereignisse einen Ausschlussgrund im Sinne von VVG 33. Als solcher kann er nicht auf die Unterbrechung des Kausalzusammenhanges beruhen. Das Urteil, ob der Ausschlussgrund vorliegt, muss daher unabhängig von der Lehre über die Unterbrechung des Kausalzusammenhanges gefunden werden: Die besondere Intensität des Haftungsgrundes kann nicht berücksichtigt werden. Es liegt aber doch nahe, die Fälle, die nach RLG zu beurteilen sind, als Massstab beizuziehen.

VI. Sicherstellung des Geschädigten durch Haftpflichtversicherung § 29

Schweiz sehr selten sind. So wird ein Erdbeben, wie es alle paar Jahre da oder dort in der Schweiz registriert wird, nicht darunterfallen. Wenn es aber eine Stärke erreicht, die in der Schweiz kaum je vorkommt und die den Naturvorgang als eine eigentliche Katastrophe erscheinen lässt, die weit herum grosse Schäden verursacht, ist die Ausserordentlichkeit zu bejahen[418].

Die Ausschlüsse unter lit. b und c von KHV 4 I verkürzen die Verwirkungsfrist von KHG 10 I auf 10 Jahre bei Nuklearereignissen in einer Kernanlage oder bei einem Transport von Kernmaterialien resp. auf 20 Jahre bei Verlust, Diebstahl, Überbordwerfen[419] oder Besitzaufgabe von Kernmaterialien. Gegenüber Geschädigten, die nicht innert diesen Fristen die Klage gegen den Haftpflichtigen oder den Versicherer einleiten, kann sich dieser, wenn er später belangt wird, auf die Verwirkung berufen. 613

Die Ausschlussbestimmung bedeutet eine separate Verwirkung des unmittelbaren Anspruches des Geschädigten gegen den Versicherer nach KHG 19. 614

Wo die zulässigen Ausschlüsse sich auswirken, springt der Bund gemäss KHG 12 in die Lücke. Wenn der Versicherer sich gegenüber dem ihm gegenüber geltend gemachten direkten Forderungsrecht auf eine dieser Ausschlussbestimmungen beruft, kann der Geschädigte vom Bund Deckung verlangen, wobei es diesem unbenommen bleibt, die Anwendbarkeit der Ausschlussbestimmung zu bestreiten. Dann muss der Geschädigte entweder gegen den privaten Versicherer klagen mit Streitverkündung an den Bund oder gegen den Bund. Er ist also Kläger in einem Rechtsverfahren, das ihn eigentlich gar nichts angeht[420]. 615

---

[418] Vgl. dazu HUG 92f.
[419] Warum das Überbordwerfen neben der Besitzaufgabe erwähnt wird, ist nicht ohne weiteres verständlich, entspricht aber der Formulierung von PUe 8 (b).
[420] Diese Konstellation ist nicht sehr einfach und glücklich. Wenn der Bund nicht Direktversicherer des Haftpflichtigen, sondern Rückversicherer des privaten Versicherers wäre, könnte für die Ausschlussbestimmungen eine 100%ige Rückversicherung vorgesehen werden. Dann wäre der Geschädigte unbehelligt und der Streit zwischen den beiden Versicherern auszutragen. Beim heutigen Wortlaut des Gesetzes kann wohl nur durch ein Schadenerledigungs-Abkommen zwischen dem Bund und dem privaten Versicherer ein praktikables Resultat erreicht werden; vgl. KHV 7 II.

2. Die Wiederherstellung der vollen Deckung (KHG 18)[421]

a) Überblick

616 Die Haftpflichtversicherung hat keinen konkreten versicherten Gegenstand[422] wie die Sachversicherung und kann daher auch nicht den Begriff des Versicherungswertes als Ausgangspunkt für die Berechnung der Versicherungsleistungen nach Eintritt eines versicherten Ereignisses benützen. Sie schützt das Vermögen des Versicherungsnehmers resp. des Versicherten, dessen Wert irrelevant ist, gegen Verminderungen aus genau umschriebener Ursache: gegen Haftpflichtansprüche (und nur gegen sie). Da sie nicht auf einen Versicherungswert abstellt und einen solchen Wert auch nicht der Prämienberechnung zugrunde legen kann, sind die Leistungen des Versicherers nach oben durch einen Geldbetrag, die Garantiesumme, begrenzt, der von den Parteien — wenn es sich nicht um eine obligatorische Versicherung handelt — frei festgesetzt werden kann. Übersteigt die Haftpflichtschuld des Versicherungsnehmers resp. Versicherten diese Summe, so ist sein Vermögen für den Restbetrag nicht geschützt.

617 Grundsätzlich können die Parteien vereinbaren, dass die ganze Garantiesumme für jeden Schadenfall zur Verfügung steht, der während der Versicherungsdauer eintritt, d.h. soviel mal wie Schadenfälle angemeldet werden. Die Parteien können aber auch festlegen, dass die Gesamtleistungen des Versicherers für alle Schäden während der Versicherungsdauer insgesamt nur einmal (für alle Schäden gemeinsam) auszurichten sind. Die erste Lösung entspricht den Verhältnissen bei der Haftpflichtversicherung, da die Möglichkeit einer Verminderung des geschützten Vermögens durch einen erledigten Versicherungsfall nicht reduziert wird. Diese erste Lösung ist daher in der Haftpflichtversicherung üblich und gilt auch bei der obligatorischen Versicherung nach SVG 64[423] und RLG 35 II.

618 Die zweite Lösung entspricht der Sachversicherung, da der Wert der versicherten Sache durch das erste sie treffende Schadenereignis herabgesetzt wird und nur noch dieser reduzierte Wert durch ein anderes

---

[421] Vgl. dazu DEBIEUX 158f.; HUG 114ff.
[422] Die Haftpflichtversicherung kann zwar wie im RLG und im SVG an einen bestimmten Gegenstand anknüpfen, die Sache ist aber nicht selbst versichert; vgl. MAURER, Privatversicherungsrecht 254f.
[423] Vgl. auch SVG 66 und VVV 3 I sowie Bd. II/2 § 26 N 67.

Ereignis vernichtet werden kann, da keine andere Sache versichert ist. Daher haftet der Versicherer, wenn nichts anderes vereinbart ist, nach VVG 42 IV für die Folgezeit nur mit dem Restbetrag der Versicherungssumme[424], der ungefähr dem Wert der noch vorhandenen Sache nach dem ersten Schadenfall entspricht.

Es liegt auf der Hand, dass die Kapazität des Versicherungsmarktes erheblich grösser ist, wenn die Versicherungssumme nur einmal zur Verfügung gestellt werden muss[425]. Auf der andern Seite ist zu berücksichtigen, dass die Schadenfälle im Sektor des Atomrisikos viel seltener sind als bei der Haftpflichtversicherung in anderen Gebieten. Schon AtG 22[426] und ihm folgend KHG 18 basieren daher auf dem System der Reduktion der Versicherungssumme durch die geleisteten Zahlungen. Wenn der Betrieb der Anlage nach einem Schadenfall weitergeführt wird, stellt sich dabei die sonst in der obligatorischen Haftpflichtversicherung unbekannte Frage, ob, wann und wie die Deckung wieder auf die gesetzliche Summe gebracht werden muss. 619

b) Die Lösung des KHG

Die Bewilligung zum Betrieb einer Kernanlage ist nach AtG 9 II zu widerrufen, wenn die Voraussetzungen dafür[427] nicht mehr erfüllt sind. Das führt dazu, dass der Inhaber einer Kernanlage, deren privater Versicherer nach einem Schadenfall für die Zukunft nicht mehr die gesetzliche Garantiesumme von 500 Mio. Fr. zuzüglich 50 Mio. Fr. für Zinsen und Kosten zur Verfügung hält, den nach Abzug der Leistungen für den erwähnten Schadenfall verbleibenden Restbetrag wieder auf die gesetzliche Höhe aufstocken muss[428] (vgl. KHG 18 II). 620

aa) Meldepflicht des privaten Versicherers

Um diese Ergänzung des Versicherungsschutzes sicherzustellen, auferlegt KHG 18 I Satz 2 dem privaten Versicherer die Verpflichtung, 621

---

[424] Vgl. MAURER, Privatversicherungsrecht 318; KOENIG 266/67; ROELLI 517. Man kann von einer Abschreibepolice sprechen; vgl. KOENIG 377.
[425] Vgl. BBl 1980 I 204.
[426] Vgl. HUG 114.
[427] Vgl. AtG 5 II.
[428] Die gegenteilige Auffassung würde dazu führen, dass der Bund nach KHG 12 gegebenenfalls für die Differenz aufkommen müsste.

§ 29 Kernenergiehaftpflicht

den Versicherungsnehmer und die zuständige Bundesbehörde über die Reduktion der Deckungssumme zu orientieren. Wenn er diese Pflicht schuldhaft verletzt, schuldet er dem Versicherungsnehmer Schadenersatz, d. h. er muss in einem späteren Schadenfall die volle gesetzliche Garantiesumme zur Verfügung stellen [429].

622 Aus Gründen der Praktikabilität kann diese Meldepflicht nicht vom ersten ausgegebenen Franken an spielen. Das Gesetz bestimmt daher, dass sie besteht, sobald die Zahlungen und die Rückstellungen zusammen 10% der Deckungssumme erreichen, also 50 Mio. Fr. und/oder 5 Mio. Fr. für Nebenkosten [430].

623 Gestützt auf die Meldung des Versicherers wird die zuständige Bundesbehörde den Inhaber der Kernanlage verpflichten, innert angemessener Frist seine Deckung durch eine Ergänzung seines Versicherungsvertrages auffüllen zu lassen, unter Androhung des Bewilligungsentzuges [431].

---

[429] Der Bund muss daher die Differenz zwischen der an sich noch zur Verfügung stehenden Rest-Deckungssumme und dem Betrag von 500 Mio. Fr. zuzüglich 50 Mio. Fr. für Zinsen und Verfahrenskosten nicht gestützt auf KHG 12 letzter Halbsatz übernehmen, wenn der Versicherer die Meldepflicht nicht erfüllt hat.

[430] Fraglich ist, wie die dabei massgebenden Schadenreserven zu bemessen sind. Auszugehen ist von den tatsächlich zu erwartenden Zahlungen ohne Sicherheitsmarge (Bedarfsrückstellungen). Bereits erzielte Kapitalzinsen auf den Bedarfsrückstellungen sind in Abzug zu bringen. Festgesetzte Renten sind nicht zu multiplizieren, sondern auf die vorgesehene Laufzeit zu kapitalisieren. In Zweifelsfällen muss sich die zuständige Behörde ein Bild über die Angemessenheit der Rückstellungen machen und gestützt darauf über die Wiederherstellung der Deckung entscheiden.
Rückstellungen sind für die bereits bekannten schädigenden Auswirkungen eines nuklearen Ereignisses vorzusehen. Es können sich aber noch jahrelang zusätzliche Geschädigte melden, die Ansprüche aus dem gleichen Ereignis erheben. Für solche Ansprüche geben die Meldungen im Rahmen der Beweissicherung nach KHG 22 wertvolle Anhaltspunkte. Gestützt darauf und gegebenenfalls weitere Indizien sind die zu erwartenden Schadenmeldungen und ihre finanzielle Tragweite zu schätzen und in den Rückstellungen zu berücksichtigen. Es liegt auf der Hand, dass die sich dabei ergebenden Zahlen nur sehr approximativ sein können.

[431] Vgl. KHG 18 II, AtG 9 III/IV: Die Anlage wird stillgelegt, alle Gefahrenquellen der stillgelegten Anlage sind zu beseitigen. Die radioaktiven Kernbrennstoffe und Rückstände sind auf einen anderen Bewilligungsinhaber oder den Bund zu übertragen. Es leuchtet ein, dass dies nicht von einem Tag auf den andern möglich ist. Die noch bestehende Versicherungsdeckung muss daher aufrechterhalten werden, bis diese Arbeiten abgeschlossen sind.

bb) Die zusätzliche Versicherung

Über den Betrag, um den die Versicherungsdeckung zu erhöhen ist, enthält das Gesetz keine genauen Angaben. Es liegt nahe, sie um die bisherigen Schadenzahlungen und die Rückstellungen[432] zu erhöhen. Diese Auffassung überzeugt, wenn gemäss der in FN 430 vertretenen Meinung nicht nur für die angemeldeten Forderungen, sondern auch für die von weiteren, vorläufig noch unbekannten Geschädigten zu erwartenden Ansprüche aus dem gleichen nuklearen Ereignis Rückstellungen im Sinne von KHG 18 I gemacht werden. Trotzdem ist mit erheblichen Fehlerquellen zu rechnen.

624

cc) Die für das erste und ein eventuelles zweites nukleares Ereignis zur Verfügung stehenden Deckungssummen

Nach KHG 18 II steht der Auffüllungsbetrag der neuen Garantiesumme im Falle eines zweiten nuklearen Ereignisses ausschliesslich für dessen Erledigung zur Verfügung. Dadurch wird sichergestellt, dass für das zweite Ereignis nicht weniger als die gesetzliche Garantiesumme von 500 Mio. Fr. zuzüglich 50 Mio. Fr. zur Verfügung steht. Daraus ist zu schliessen, dass der Rest der ursprünglichen Summe für das zweite Ereignis eingesetzt werden muss und stellt sich die Frage, ob er auch für das erste Ereignis haftet, wenn die Rückstellungen dafür sich nachträglich als zu niedrig erweisen.

625

Es entstehen nach dem Wortlaut von KHG 18 verschiedene Teil-Deckungssummen:

626

— Der *Auffüllungsbetrag*. Er steht ausschliesslich für das zweite Ereignis zur Verfügung.

627

— Der *Differenzbetrag* zwischen dem Auffüllungsbetrag und der ursprünglichen gesetzlichen Deckungssumme von 500 Mio. Fr. zuzüglich 50 Mio. Fr. Das Gesetz geht offenbar davon aus — ohne dies ausdrücklich zu sagen —, dass er ausschliesslich für das zweite Ereignis einzusetzen ist.

628

— Die *neue Deckungssumme*, bestehend aus dem Auffüllungsbetrag und dem Differenzbetrag.

629

Wenn der Auffüllungsbetrag 100 Mio. Fr. zuzüglich 10 Mio. Fr. für Nebenkosten ausmacht, beläuft sich der Differenzbetrag auf 400 Mio. Fr. zuzüglich 40 Mio. Fr. Ist der Auffüllungsbetrag zu niedrig und sind

630

---

[432] Zur Bemessung der Rückstellungen MEIER 112 ff.

im Laufe der Jahre für das erste Ereignis 150 Mio. Fr. zuzüglich 15 Mio. Fr. zu bezahlen, muss eine zweite Wiederauffüllung erfolgen, weil der Differenzbetrag vernünftigerweise nicht zur Deckung des ersten Ereignisses eingesetzt werden darf. (Eine andere Lösung bestünde darin, den Fehlbetrag der Bundesversicherung auf Grund ihrer Ergänzungsfunktion zur privaten Versicherung nach KHG 12 zu belasten).

631 Durch die Wiederherstellung der vollen Deckung wird m. a. W. der Differenzbetrag auf die Deckung für zukünftige Ereignisse übertragen. Er haftet dann nicht mehr für das erste Ereignis, weshalb für dessen Geschädigte ein Manko entstehen kann, das durch Wiederauffüllung des Differenzbetrages zu beheben ist[433].

632 Es ist auch denkbar, dass der primäre Auffüllungsbetrag[434] zu gross ist und dass dementsprechend für das zweite Ereignis mehr als die gesetzliche Garantiesumme zur Verfügung steht: Muss dann der Überschuss den Geschädigten des zweiten Ereignisses ausbezahlt werden, wenn ihre Schäden 500 Mio. Fr. zuzüglich 50 Mio. Fr. übersteigen oder verbleibt er dem Versicherer?

633 Die geschilderten Schwierigkeiten haben besonderes Gewicht, weil die Erledigung nuklearer Schadenfälle sehr viel Zeit in Anspruch nimmt. Bis das erste Ereignis abgewickelt ist, weiss man je nach dem gewählten Weg nicht, welche Deckungssumme für das zweite Ereignis zur Verfügung steht.

634 Die praktikabelste Lösung besteht wohl darin, dass der Bund davon profitiert, wenn die auf die Zukunft übertragene Deckungssumme zu wenig hoch und der Auffüllungsbetrag deshalb zu hoch war; der private Versicherer hat vom Haftpflichtigen die Prämien dafür erhalten. Es entsteht dann für das zweite Ereignis eine private Deckung, die die gesetzliche Summe übersteigt, was zu einer Reduktion der Bundesdeckung führt. Als Korrelat dazu sollte der Bund ein eventuelles Manko des Auffüllungsbetrages übernehmen, was erlauben würde, auf die zweite Wiederherstellung der Deckung zu verzichten. Die Formulierung von

---

[433] Die Sanktion für die Nicht-Wiederauffüllung der Deckung besteht im Entzug der Betriebsbewilligung für die Zukunft. Dies ist nur sinnvoll, wenn für die Zukunft die nötige Deckung fehlt. Die Sanktion kann also ihre Funktion nur erfüllen, wenn der für das erste Ereignis zusätzlich benötigte Teil des Differenzbetrages auf dieses Ereignis zurückübertragen und die Deckung für die Zukunft erhöht wird. Das bedeutet praktisch, dass der Differenzbetrag nach wie vor auch für das erste Ereignis haftet, aber in bezug auf ein zweites Ereignis wieder aufgefüllt werden muss, wenn die finanziellen Aufwendungen für das erste Ereignis den Auffüllungsbetrag übersteigen.

[434] In unserem Beispiel 100 Mio. Fr. zuzüglich 10 Mio. Fr.

VI. Sicherstellung des Geschädigten durch Haftpflichtversicherung § 29

KHG 12 steht dieser Lösung nicht im Wege und KHG 18 sieht keine Wiederauffüllung des Differenzbetrages vor.

Eine einigermassen praktikable Abwicklung lässt sich auch unter 635 dem Gesichtspunkt der Wiederherstellung der Deckung nur durchführen, wenn ein Schadenerledigungsabkommen zwischen dem Bund und dem privaten Versicherer abgeschlossen wird[435].

3. Aussetzen und Ende der Versicherung (KHG 21)

Jede obligatorische Haftpflichtversicherung kann ihre Schutzfunktion 636 für den Geschädigten nur voll erfüllen, wenn ihr rechtsgültiges Bestehen bei Anfang der versicherten Tätigkeit behördlich kontrolliert wird und wenn der Staat diese Tätigkeit unterbindet, wenn der Versicherungsschutz nicht mehr besteht.

Die behördliche Kontrolle bei Aufnahme des Betriebes einer Kern- 637 anlage resp. bei Beginn eines Transit-Transportes von Kernmaterialien wird durch AtG 5 II gewährleistet. Aus AtG 9 II ergibt sich, dass die Betriebsbewilligung zu entziehen ist, wenn die Versicherung dahinfällt.

Hier interessieren nicht diese Fragen und auch nicht die praktischen 638 Massnahmen, die vom Bund beim Entzug der Bewilligung für eine laufende Anlage[436] zu ergreifen sind, sondern die externe (d.h. gegenüber dem Geschädigten) weitere Geltung der Versicherung, weil der Reaktor auch nach der Stillegung noch Schäden verursachen kann. In Anlehnung an SVG 68 II[437] bestimmt KHG 21, dass Aussetzen oder Ende der Versicherung der zuständigen Behörde zu melden sind.

Das Aussetzen kommt bei Prämienverzug in Frage, das Ende bei 639 vertraglichem Ablauf und bei Rücktritt des Versicherers.

KHG 21 bestimmt, dass die Versicherung noch während 6 Monaten 640 nach Eingang der Meldung bei der zuständigen Behörde extern weiter gilt[438], wenn die Versicherung nicht durch eine andere ersetzt wurde,

---

[435] Vgl. KHV 7 II.
[436] Vgl. dazu AtG 9 III/IV.
[437] Vgl. Bd. II/2 § 26 N 134 ff.
[438] Wenn die zuständige Behörde nach Eingang der Meldung die Stillegung des Reaktors nicht sofort verfügt und korrekt durchsetzt — sofern der Inhaber nicht rechtzeitig für eine andere Versicherung sorgt —, wird der Bund nach VG 3 für den Schaden verantwortlich. Geschädigt ist die Versicherungs-Gesellschaft, wenn während der 6 Monate noch nukleare Ereignisse eintreten, die bei sofortiger Stillegung verhütet worden

die an ihre Stelle tritt. Nukleare Ereignisse während dieser 6 Monate fallen unter KHG 21. Verursacht ein vor der Meldung eingetretenes nukleares Ereignis während dieser Frist noch eine Körperverletzung oder eine Sachbeschädigung, so fällt diese unter die vorher normal bestehende Deckung.

641 Sollte — was wohl kaum denkbar ist — nach Ablauf der Frist trotz korrekter Stillegung des Reaktors ein nukleares Ereignis eintreten, so besteht dafür kein Schutz durch den privaten Versicherer. Dann stellt sich die Frage, ob der Bund auf Grund seiner subsidiären Deckung nach KHG 12 für 1 Mrd. Fr. zuzüglich 100 Mio. Fr. für Zinsen und Verfahrenskosten allein aufkommen muss oder ob der Fall unter KHG 16 I lit. b fällt, was der Sachlage besser entspricht.

642 Für Schäden, die während der 6 Monate verursacht werden, hat der Versicherer keine Einrede gegenüber dem direkten Forderungsrecht, wohl aber den Rückgriff nach KHG 20.

643 KHG 21 kann für die Bundesdeckung nicht gelten, da sie nicht vom Bestehen eines Vertrages abhängt: Sie gilt von Gesetzes wegen, solange eine Kernanlage oder transportierte Kernmaterialien Schäden verursachen.

D. Die Bundesdeckung nach KHG 12

644 Der Bund tritt hier als Versicherer von Gesetzes wegen auf: Er erhebt Beiträge, deren Höhe der Bundesrat festsetzt. Gegen die bundesrätliche Verfügung kann die *Verwaltungsgerichtsbeschwerde* an das Bundesgericht ergriffen werden.

645 Das Versicherungsverhältnis zwischen dem nach KHG Haftpflichtigen und dem Bund entsteht von Gesetzes wegen, ohne irgendeine Vereinbarung oder auch nur eine Anmeldung[439]. Sein Inhalt wird durch das Gesetz bestimmt. Wenn ein Schaden durch eine nicht versicherte

---

wären. Passieren nach Ablauf der 6 Monate noch nukleare Ereignisse, die bei sofortiger Stillegung nicht eingetreten wären, so sind die davon betroffenen Geschädigten gegenüber dem Bund aktivlegitimiert.
Im SVG statuiert Art. 77 I eine Schadenersatzpflicht des Kantons für den Fall, dass er den Fahrzeugausweis und die Kontrollschilder nicht rechtzeitig einzieht; vgl. Bd. II/2 § 26 N 397.

[439] Vgl. zur Entstehung des Versicherungsverhältnisses in der Sozialversicherung MAURER, Unfallversicherungsrecht 132; DERS., Sozialversicherungsrecht I 258 ff.

VI. Sicherstellung des Geschädigten durch Haftpflichtversicherung § 29

Kernanlage oder einen nicht versicherten Transport verursacht worden ist, deckt der Bund die Nuklearschäden bis zur Limite von KHG 12 aus allgemeinen Mitteln (KHG 16; vgl. vorn N 534). Daraus ergibt sich, dass in diesem Fall KHG 12 nicht angerufen werden kann, obschon das Versicherungsverhältnis nach dieser Bestimmung von Gesetzes wegen entsteht[440].

Versicherer ist der Bund, nicht der Nuklearschadenfonds, der vom Bund nach KHG 15 errichtet worden ist. Die Ansprüche richten sich dementsprechend gegen den Bund und nicht gegen den Nuklearschadenfonds, der gemäss KHV 8 I keine eigene Rechtspersönlichkeit[441] besitzt[442, 443]. 646

Da es sich um eine Versicherung handelt, stehen gegebenenfalls Ansprüche nicht nur dem Geschädigten, sondern auch den Haftpflichtigen zu, die dem Geschädigten Leistungen erbracht haben. 647

Die Garantiesumme des Bundes ist, wie bereits mehrfach erwähnt, nach unten begrenzt durch die Leistungspflicht des privaten Versicherers[444] und nach oben durch die im Gesetz genannte Summe von 1 Mrd. Fr. zuzüglich 100 Mio. Fr. für Zinsen und Verfahrenskosten. 648

Bis zum gleichen Betrag muss der Bund für Spätschäden nach KHG 13 aufkommen, wobei hier die untere Grenze fehlt. Wenn der Bund für ein bestimmtes Ereignis bereits auf Grund von KHG 12 Leistungen 649

---

[440] Diese Regelung hat zur Folge, dass die andern Inhaber von Kernanlagen und Transportbewilligungen mit ihren Beiträgen nicht faktisch für den Inhaber, der keine Beiträge bezahlt hat, nachträglich aufkommen müssen.

[441] Die SBB und die PTT sind auch unselbständige Anstalten des Bundes. Trotzdem sind sie passivlegitimiert, aber beide auf Grund ausdrücklicher gesetzlicher Anordnung; vgl. BG über die Schweiz. Bundesbahnen vom 23. Juni 1944 (SR 742.31) Art. 5 und PTT-Organisationsgesetz vom 6. Oktober 1960 (PTT-OG, SR 781.0) Art. 3; vorn § 27 N 219: SBB und PTT sind prozess- und parteifähig.

[442] Nach AtG 18 richtete sich demgegenüber der Anspruch gegen den Fonds für Atomspätschäden, der nach AtG 19 I das Recht der Persönlichkeit besass.

[443] Nach KHV 10 II beruht die Vorschussgewährung des Bundes gegenüber dem Nuklearschadenfonds nur auf einer Kann-Vorschrift, was mit dessen unselbständiger Stellung im Widerspruch steht: Wenn die Mittel des Fonds nicht ausreichen, *muss* der Bund ihm Vorschüsse gewähren, die dann auf Grund der von den potentiellen Haftpflichtigen zu leistenden Beiträge zurückzubezahlen sind; vgl. vorn N 22 f.
Nach AtG 19 IV war der Bund auch nur befugt, dem Atomspätschädenfonds Vorschüsse zu gewähren, was aber wegen der rechtlichen Selbständigkeit des Fonds eine ganz andere Bedeutung hatte als die heutige Kann-Vorschrift.

[444] Diese kann durch Ausschlüsse gemäss KHG 11 III reduziert oder aufgehoben sein. Dadurch verändert sich die untere Grenze; wenn sie aufgehoben ist, besteht Bundesdeckung vom ersten Franken an.

erbracht hat, kann er diese nicht auf Ansprüche für Spätschäden aus dem gleichen Ereignis anrechnen [445].

VII. Versicherungen des Geschädigten

A. Obligatorische Versicherungen (KHG 9 I)

650   KHG 9 I sieht wie SVG 80 [446] vor, dass die Ansprüche des obligatorisch gegen Unfall versicherten Geschädigten unter Vorbehalt von UVG 44 gewahrt bleiben und dass dem Unfallversicherer seine Regressrechte erhalten bleiben. Diese Regelung muss nicht nur für die obligatorische Unfallversicherung gelten, sondern für alle obligatorischen Versicherungen mit Subrogation in die Ansprüche des Versicherten und Regressrecht, also neben der Unfallversicherung nach UVG auch für die AHV und die IV. Diese Ordnung gilt im Haftpflichtrecht allgemein, weshalb dafür auf Bd. I zu verweisen ist [447].

651   Das Regressrecht des Sozialversicherers (gemäss UVG 41, AHVG 48ter, IVG 52) belastet die insgesamt zur Deckung eines Schadens zur Verfügung stehenden Mittel. Wenn die Stellung des Geschädigten

---

[445] Die Formulierung von KHG 13: «... bis zu dem in Art. 12 genannten Betrag...» könnte zur Meinung verleiten, die Milliarde Franken von KHG 12 stehe für beide Arten von Ansprüchen insgesamt zur Verfügung. Dagegen spricht, dass es sich bei der Deckung von Spätschäden nicht um eine Haftpflichtversicherung handeln kann — obschon der Bund dafür Beiträge erhebt —, nachdem die Ersatzansprüche gegen den Haftpflichtigen verwirkt sind. Mehr Gewicht hat das Argument, dass KHG 12 die Subsidiarität der Leistungspflicht des Bundes im letzten Halbsatz ausdrücklich regelt, während in KHG 13 kein Wort davon steht. Dazu kommt, dass die Spätschädenregelung von AtG 18 betraglich unlimitiert war (vgl. Hug 121) und es naheliegt, anzunehmen, dass der Gesetzgeber die Verschlechterung der Stellung des Geschädigten durch das KHG gegenüber dem AtG geringhalten wollte, nachdem das KHG sonst für den Geschädigten wesentlich günstiger ist. Schliesslich ist auf KHG 16 zu verweisen, wo der in KHG 12 genannte Betrag auch als Limite erwähnt wird, wobei dort eine Anrechnung von Leistungen, die gestützt auf KHG 12 erfolgen, ausser Betracht fällt.

[446] Vgl. Bd. II/2 § 26 N 408 ff.

[447] Die Rechtslage hat sich seit dem Erscheinen von Bd. I in der 4. A. in verschiedener Hinsicht geändert. Trotzdem erscheint es nicht als geboten, darauf hier in Vorwegnahme einer neuen Auflage von Bd. I im einzelnen einzutreten. Statt dessen sei auf SCHAER § 6 ff.; A. KELLER II 185 ff.; MAURER, Sozialversicherungsrecht I 380 ff. verwiesen.

dadurch beeinträchtigt wird, weil diese Mittel nicht ausreichen, ist der Regressanspruch des Versicherers entsprechend zu kürzen.

Diese sich aus SVG 88 ergebende Regelung wird vom Bundesgericht mit Recht auf das ganze Haftpflichtrecht angewendet; sie gilt entsprechend auch für die Sachversicherung. Daneben ergibt sich aus SVG 88 auch das Quotenvorrecht des Geschädigten, das im KHG ebenfalls anzuwenden ist (vgl. Bd. I 419 ff). 652

B. Prämienzahlung durch den Haftpflichtigen (KHG 9 II)

Wie vorn (N 434 ff.) erwähnt, sind Versicherungsleistungen insoweit auf die Haftpflichtzahlungen anzurechnen, als der Haftpflichtige die betreffenden Versicherungsprämien bezahlt hat (KHG 9 II). 653

VIII. Grossschäden (KHG 29/30) [448]

Es ist offensichtlich, dass nukleare Ereignisse Schäden von mehr als 1 Mrd. Fr. verursachen können und dass unter Umständen der diese Limite übersteigende Betrag viel grösser ist als die Mittel des oder der Haftpflichtigen. In solchen Fällen muss so gut als möglich sichergestellt werden, dass nicht die sich zuerst meldenden Geschädigten nach dem KHG voll entschädigt werden und die später kommenden, deren Ansprüche zwar noch nicht verjährt oder verwirkt sind, das Nachsehen haben. Da die verschiedenen Schädigungen zu sehr weit auseinanderliegenden Zeitpunkten bekannt werden können, schützt das Konkursverfahren diejenigen Geschädigten nicht, deren Gesundheitsschäden erst erheblich später als diejenigen vieler anderer auftreten [449]. 654

---

[448] Dazu DEBIEUX 180 ff.; HUG 122 ff.; DEVRIENT 86 ff.; DÄUBER 69 ff.; FISCHERHOF, VersR 1966, 702 ff.

[449] Nach SchKG 267 würden die Gläubiger, die am Konkurs nicht teilgenommen haben, den Wirkungen des Verlustscheins (Befreiung des Schuldners von der Zinspflicht, Einrede des mangelnden neuen Vermögens) unterliegen wie diejenigen, die Verlustscheine erhalten haben. Die Vorteile (Dividendenzahlung, Unverjährbarkeit, Arrestgrund) würden aber für sie nicht gelten; vgl. HANS FRITZSCHE, Schuldbetreibung, Konkurs und

655 Die Grossschadenregelung von KHG 29/30 will eine möglichst gerechte Lösung dieser Schwierigkeiten erreichen. Wenn sich bei einem Schadenfall abzeichnet, dass die zur Verfügung stehenden Mittel nicht ausreichen, soll eine besondere Entschädigungsordnung erlassen werden, die eine möglichst gerechte Verteilung dieser Mittel auf die vielen Geschädigten sicherstellt und ausserdem zusätzliche Finanzquellen erschliesst. KHG 29 stellt Grundsätze für alle Grossschäden auf, KHG 30 gilt nur für diejenigen Grossschäden, die zu einem Notstand führen.

A. Voraussetzungen der Grossschadenordnung

656 Nach KHG 29 ist die besondere Regelung nicht erst dann in Kraft zu setzen, wenn die eine Milliarde Franken von KHG 12 — und gegebenenfalls die zusätzliche Milliarde Franken von KHG 13 — durch Zahlungen und Rückstellungen erschöpft sind. Ihr Zweck einer gleichmässigen Behandlung aller Geschädigten wird nur erreicht, wenn die Sonderordnung frühzeitig in Kraft tritt, möglichst *vor* der Erledigung der ersten Ansprüche. Daher sind die im Gesetz vorgesehenen Massnahmen zu ergreifen, sobald «damit zu rechnen» ist, dass die zur Verfügung stehenden Mittel nicht ausreichen, um *alle* berechtigten Ansprüche zu befriedigen. Dabei kann der Bundesrat durch vorsorgliche Massnahmen gestützt auf KHG 29 IV den zeitlichen Aufschub aller Klage- und Vollstreckungsrechte bis zum Erlass einer Entschädigungsordnung verfügen.

657 Wenn man sich in der Beurteilung des Ausmasses der Schädigungen täuscht und die Sonderregelung entweder zu spät in Kraft setzt oder zu ihr greift, obschon es nicht nötig gewesen wäre, ergeben sich daraus besondere Schwierigkeiten.

658 Erlässt man den in KHG 29 I vorgesehenen allgemein verbindlichen Bundesbeschluss zu spät, d.h. nachdem bereits eine Anzahl Fälle nach der normalen Ordnung des KHG erledigt ist, stellt sich die Frage, ob diese Erledigungen korrigiert und der Behandlung der späteren Fälle angepasst werden können[450]. Das wäre aus verschiedenen Gründen

---

Sanierung II (Zürich 1955) 180f.; KURT AMONN, Grundriss des Schuldbetreibungs- und Konkursrechts (4. A. Bern 1988) § 48 N 22.

[450] Durch die vorsorglichen Massnahmen des Bundesrates gemäss KHG 29 IV sollen diese Probleme verhütet werden.

VIII. Grossschäden § 29

kaum vertretbar⁴⁵¹. Daraus ergibt sich die Notwendigkeit, die Sonderordnung im Zweifel sofort nach Eintritt des Schadenfalles einzuführen⁴⁵².

Im umgekehrten Fall, dass sich nach Erlass der Sonderordnung herausstellt, dass die Mittel für eine normale Erledigung ausgereicht hätten, stellt sich die Frage, ob die erledigten Fälle noch einmal aufgerollt und die zu erbringenden Beträge nach den normalen Grundsätzen ergänzt werden sollen. Diese Frage ist zu bejahen. Es ginge nicht an, dass die Geschädigten definitiv weniger erhielten, als ihnen nach den allgemeinen Grundsätzen des KHG zustünde und dass die Versicherungseinrichtungen auf ihre Regresse auch unter diesen Umständen endgültig verzichten müssten — beides zugunsten der Bundesversicherung nach KHG 12. 659

Es ist allerdings nicht zu übersehen, dass eine solche Revision der gefällten Urteile und der abgeschlossenen Vergleiche mit sehr viel Arbeit verbunden wäre. 660

Es erscheint als notwendig, dass im Bundesbeschluss die nachträgliche Änderung von Vereinbarungen und gefällten rechtskräftigen Urteilen vorgesehen wird⁴⁵³. 661

Für den Fall, dass die den Geschädigten zustehenden Forderungen die vertragliche Versicherungsdeckung übersteigen, sieht SVG 66 eine proportionale Kürzung aller Forderungen vor⁴⁵⁴. Das KHG enthält keine entsprechende Norm, weshalb dieses Verfahren hier nicht angängig ist⁴⁵⁵. Es dürfte auch im Bereich von Atomschäden mit ihrer grossen zeitlichen Staffelung kaum anwendbar sein. 662

---

⁴⁵¹ Die Botschaft des Bundesrates zum AtG (BBl 1958 II 1562) bezeichnet es als fraglich, ob nachträglich noch in rechtskräftig erledigte Ansprüche eingegriffen werden kann, lässt diese Frage dann aber offen.
⁴⁵² Diese Argumentation gilt nicht, wenn die von Gesetzes wegen versicherte 1 Mrd. Fr. unter Einbezug der eigenen Mittel des Haftpflichtigen voraussichtlich nicht und wenn doch, dann so wenig überschritten wird, dass es sich aufdrängt, die Entschädigungsordnung nicht abzuändern, sondern nur das eventuelle Manko durch Bundesmittel voll abzudecken.
⁴⁵³ Eine solche Korrektur zugunsten des Geschädigten unter Ausschaltung der vom allgemeinen Haftpflichtrecht abweichenden Sonderordnung bei Grossschäden ruft keinen rechtsstaatlichen Bedenken; vgl. ZACCARIA GIACOMETTI, Allgemeine Lehren des rechtsstaatlichen Verwaltungsrechts I (Zürich 1960) 189; ferner IMBODEN/RHINOW, Schweizerische Verwaltungsrechtsprechung, Bd. I (Basel/Stuttgart 1976) 104 ff.
⁴⁵⁴ Vgl. Bd. II/2 § 26 N 182 ff.
⁴⁵⁵ A. M in bezug auf AtG 27 HUG 104 f., 122 ff.

B. Allgemein verbindlicher Bundesbeschluss (KHG 29 I Satz 1)

663 Die zu ergreifenden Massnahmen stellen eine Änderung der Rechtslage für die Beteiligten dar; sie bedürfen daher der dafür notwendigen staatsrechtlichen Form. Da ein Gesetz aus zeitlichen Gründen nicht in Frage kommt, drängt sich ein allgemein verbindlicher Bundesbeschluss auf, der dem Referendum entgegen BV 89 II nicht untersteht[456]. Die Ermächtigung zu seinem Erlass ergibt sich aus KHG 29; daher muss sich der Bundesbeschluss — unter Beachtung der Verhältnisse des konkreten Falles — an den in KHG 29 skizzierten Rahmen halten.

C. Der mögliche Inhalt der Entschädigungsordnung

664 Die Entschädigungsordnung ändert die Haftpflichtordnung ab, die auf Grund des Gesetzes zur Zeit des nuklearen Ereignisses und damit der Entstehung der einzelnen Haftpflichtansprüche bestanden hat.

665 Daraus könnten sich rechtsstaatliche Bedenken wegen einer rückwirkenden Änderung der Rechtslage und eines Eingriffes in das Eigentumsrecht ergeben. Praktisch sind diese Bedenken aber nicht begründet, weil der Haftpflichtanspruch des Geschädigten nach KHG von Anfang an durch die zur Verfügung stehenden finanziellen Mittel begrenzt war. Ausserdem ist die Möglichkeit des Erlasses einer Entschädigungsordnung bereits im KHG vorgesehen: Die Schadenersatzansprüche nach KHG sind also bedingt; sie gelten nur für den Fall, dass nicht ein Grossschaden vorliegt. Wenn vor Erlass der Entschädigungsordnung bereits auf Grund der Normen des KHG über die Schadensberechnung und die Schadenersatzbemessung ein Vergleich abgeschlossen oder ein Urteil gefällt wurde, beruhen sie auf teilweise ungültigen Rechtsnormen, weil sie der negativen Bedingung eines Grossschadens nicht Rechnung tragen.

---

[456] Vgl. HÄFELIN/HALLER, Schweizerisches Bundesstaatsrecht (2. A. Zürich 1988) N 1023 ff.; DEBIEUX 181 f.

1. Aufhebung von Rückgriffsrechten von Versicherungseinrichtungen gegen den Haftpflichtigen (KHG 29 I Satz 2) [457]

a) Die rechtliche Natur der aufhebbaren Rückgriffsrechte

Das Gesetz sagt, dass es sich um Rückgriffsrechte von Versicherungseinrichtungen gegen den Haftpflichtigen handelt. 666

1. Unter diese Formulierung fallen *haftpflichtrechtliche Rückgriffsrechte des Haftpflichtversicherers* eines andern Haftpflichtigen aus Solidarität, z. B. des Haftpflichtversicherers des Eigentümers gegen den Inhaber, vor allem aber auch des Versicherers des Inhabers einer ausländischen Kernanlage gegen den Inhaber einer schweizerischen Kernanlage (vgl. vorn N 386 ff.). Diese Rückgriffsrechte können aber nicht gemeint sein, weil sonst der betreffende andere Haftpflichtige den Schaden selbst erledigen, seine haftpflichtrechtlichen Rückgriffsrechte voll geltend machen und sich erst nachher (für den Rest) gegen seinen Haftpflichtversicherer wenden könnte. 667

2. Anders verhält es sich mit den *Rückgriffsrechten nach VVG 72*, die seit dem BGE 104 II 45 nicht nur den Sachversicherern zustehen, weil auch die private Unfall- und Krankenversicherung in bezug auf Heilungskosten und Taggeld als Schadensversicherung ausgestaltet werden kann. Diese Rückgriffsrechte können durch eine Entschädigungsordnung aufgehoben werden. 668

3. Daneben kommen die *versicherungsrechtlichen Rückgriffsrechte* in Frage, die dem Haftpflichtversicherer des Haftpflichtigen *zum Ausgleich des Einredenausschlusses* von KHG 19 II nach KHG 20 I zustehen. Sie führen zu einer summenmässigen Reduktion des Versicherungsschutzes. Das erscheint als angemessen, soweit dadurch nur der Haftpflichtige, nicht aber der Geschädigte materiell betroffen wird. Das ist durch den letzten Satz von KHG 20 I sichergestellt. Der Vorbehalt von KHG 20 669

---

[457] In AtG 27 war die Aufhebung der Regressrechte der Versicherer nicht ausdrücklich vorgesehen; sie konnte aber unter der dort erwähnten «gerechten Verteilung aller zur Verfügung stehenden Mittel» verstanden werden; vgl. HUG 123; BBl 1958 II 1561.

in KHG 29 bezieht sich daher auf dessen Abs. 1 und ist hier gerechtfertigt[458]; denn es ist nicht einzusehen, weshalb der Haftpflichtige die rechtlichen Folgen z. B. einer groben Fahrlässigkeit oder eines Prämienverzuges bei einem Grossschaden nicht tragen sollte, soweit er dazu wirtschaftlich in der Lage ist.

670   4. Der Versicherer eines Haftpflichtigen, der die Schäden selbst erledigt und nachher gegen die Haftpflichtversicherer den Deckungsanspruch geltend macht, muss bei Vorliegen interner Deckungseinreden, z. B. grober Fahrlässigkeit, nicht die ganze vertragliche Leistung erbringen, obschon die bei Berücksichtigung der vollen Garantiesumme zur Verfügung stehenden Mittel nicht ausreichen. Dieses Resultat ist unbefriedigend. Es drängt sich auf, die versicherungsrechtlichen Einreden des Schadensversicherers (Sachversicherer, Unfallversicherer für Heilungskosten und Taggeld, Haftpflichtversicherer) gegenüber seinem Versicherungsnehmer oder Versicherten ebenfalls der Beschränkung der Rechte der Versicherer im Regressfall zu unterstellen.

671   5. Schliesslich sind die *Regressansprüche der Sozialversicherer* auf Grund ihrer Subrogation in die Ansprüche des Geschädigten anzuführen[459]. Ihnen dürfte das grösste finanzielle Gewicht zukommen.

b) Träger der aufhebbaren Rückgriffsrechte

672   1. Das Gesetz erwähnt die Rückgriffsrechte «aller öffentlichen und privaten Versicherungseinrichtungen sowie der Krankenkassen auf den Haftpflichtigen».

673   Mit dem Wort «aller» stellt das KHG alle öffentlichen und privaten Versicherungseinrichtungen und die Krankenkassen einander gleich.

---

[458] Ein Vorbehalt von KHG 20 II wäre nicht sinnvoll, da es sich dort um Rückgriffsrechte des Haftpflichtigen handelt, die auf seine Versicherer übergegangen sind, sich aber nicht gegen den Haftpflichtigen richten können; vgl. auch Amtl. Bull. SR 1980, 734.

[459] Regresse ausländischer Sozialversicherer unterstehen nach der bundesgerichtlichen Praxis dem sog. Kumulationsprinzip: Nach BGE 107 II 492 und 109 II 70 können sie generell nur erhoben werden, wenn sie im konkreten Einzelfall sowohl dem anwendbaren Haftpflichtrecht als auch dem Versicherungsverhältnis zwischen dem Geschädigten und dem Subrogation beanspruchenden Versicherer entsprechen. Wird eine Entschädigungsordnung erlassen, so tritt sie an die Stelle des KHG, soweit es sich um die Befriedigung der Geschädigten handelt. Sie bildet dann das anwendbare Recht, weshalb die in ihr enthaltene Streichung der Regresse nach KHG 29 I auch die Ansprüche ausländischer Sozialversicherer betrifft.

Die Entschädigungsordnung kann nicht nur einzelne Gruppen diesem Verlust der Rückgriffsrechte auf den Haftpflichtigen unterwerfen.

2. Im Vordergrund stehen die *Sozialversicherungen,* die von der Subrogation der Schadenersatzansprüche des versicherten Geschädigten gegen den Haftpflichtigen profitieren, also insbesondere die obligatorische Unfallversicherung nach UVG, die AHV, die IV und die MV. 674

Das Gesetz erwähnt daneben ausdrücklich die Krankenkassen[460]. Aber auch die öffentlich-rechtlichen Brandassekuranzanstalten gehören hieher. Es ist nicht einzusehen, weshalb sie nicht neben den Krankenkassen erwähnt wurden[461]; sie fallen offensichtlich ebenso unter die Generalklausel «aller öffentlichen und privaten Versicherungseinrichtungen». 675

Die Streichung der Regressrechte der Sozialversicherer kann bei der starken Verbreitung dieser Versicherungsart in der Schweiz — nur in der Unfallversicherung nach UVG ist nicht die ganze Wohnbevölkerung gedeckt — und in Anbetracht der Höhe ihrer Leistungen sehr grosse Beträge ausmachen, so dass es als möglich erscheint, dass sie allein die volle Befriedigung aller Geschädigten erlaubt. 676

3. Neben den Sozialversicherern kommen namentlich die *privaten Unfall- und Krankenversicherer* und die *Schadensversicherer* in Frage. 677

c) Die Benachteiligung des Geschädigten und der Vorbehalt von KHG 20

In SVG 88 und den diesem Artikel entsprechenden Bestimmungen der Sozialversicherungsgesetze[462], wird der Rückgriff der betreffenden Versicherer regelmässig an die Voraussetzung geknüpft, dass der Geschädigte dadurch nicht benachteiligt werde. Benachteiligt wird er, wenn die Garantiesumme nicht genügt, um sowohl den durch keinen Versicherer gedeckten Schaden als auch den Regressanspruch des Versicherers zu befriedigen. 678

---

[460] Vgl. über das Regressrecht der Krankenkassen Bd. I 402ff.; SCHAER Rz 888ff.; BREHM N 67f. zu OR 51; BGE 104 II 189; 107 II 495.
[461] Im E des Bundesrates wurde nur das Rückgriffsrecht der Suva und der privaten Unfallversicherer erwähnt. Die Ergänzung dieser kurzen Aufzählung durch das Parlament war sicher geboten.
[462] AHVG 48 ^{quater}, UVG 42 I (IVG 52 verweist auf das AHVG).

679 Die negative Voraussetzung der fehlenden Benachteiligung des Geschädigten wird in KHG 29 nicht erwähnt. Insgesamt für alle Geschädigten aus dem gleichen nuklearen Ereignis zusammengenommen, ist sie immer erfüllt, sonst läge kein Grossschaden vor. Für die einzelnen Geschädigten lässt sich die Frage nicht beantworten, da die totale Versicherungssumme von 1 Mrd. Fr. zuzüglich 100 Mio. Fr. für Zinsen und Verfahrenskosten sich auf das Ereignis und nicht auf den einzelnen Geschädigten bezieht.

d) Kürzung der Rückgriffsrechte

680 Nach dem Wortlaut von KHG 29 I *können* die Rückgriffsrechte *aufgehoben* werden. In Anbetracht der grossen Bedeutung der Sozialversicherung ist es denkbar, dass eine blosse Kürzung der Regressrechte der Versicherer ganz oder weitgehend genügt, um alle Geschädigten voll zu befriedigen. Dann ginge eine Streichung der Regressrechte zu weit. In der Wirklichkeit wird sich dies im Zeitpunkt des Erlasses der Entschädigungsordnung kaum abschätzen lassen.

681 Praktisch ist das Problem wohl dadurch zu lösen, dass die in KHG 29 III vorgesehene unabhängige Instanz zur Durchführung der Entschädigungsordnung alle nicht beglichenen Regressansprüche von Versicherern auflistet und die betreffenden Versicherer nach Erledigung des Falles quotenmässig befriedigt, soweit die Garantiesumme und die eigenen Mittel des Haftpflichtigen dies erlauben. Ein solches Vorgehen sollte in der Entschädigungsordnung vorgesehen werden.

e) Wirtschaftliche Bedeutung der Aufhebung der Rückgriffsrechte der Versicherer

682 Wirtschaftlich gesehen werden durch die Aufhebung der Rückgriffsrechte die in Frage stehenden Versicherer herangezogen, um den Fehlbetrag zwischen dem Schaden einerseits und den zur Verfügung stehenden Mitteln (Haftpflichtgarantiesummen und eigene Mittel des Haftpflichtigen) andererseits zu decken. Das bedeutet, dass die andern Versicherten der betroffenen Versicherungseinrichtungen in der Form von Prämienerhöhungen weitgehend für die ungenügende Haftpflichtdeckung für das nukleare Ereignis aufkommen müssen. Die ergänzende Übernahme eines Teils des Schadens durch den Bund, der ihn auf die Steuerpflichtigen abwälzt, liegt nahe.

2. Allgemeine Grundsätze über die Befriedigung des Geschädigten

Nach KHG 29 II kann die Entschädigungsordnung vom Gesetz abweichende Bestimmungen zwecks gerechter Verteilung aller zur Verfügung stehender Mittel erlassen. Es kann sich dabei (höchstens neben anderen Massnahmen, aber nicht ausschliesslich) um eine gleichmässige prozentuale Kürzung der Haftpflichtleistungen handeln. Das wäre kaum gerecht[463]. Man hat vielmehr zu prüfen, wie die Entschädigungsgrundsätze in einer Rechtsordnung gestaltet sein müssen, wenn die für die Befriedigung aller nach geltendem Recht anerkannten Ansprüche nicht ausreichen. Folgende Fragen stellen sich in erster Linie:

a) Genugtuungsansprüche

Nachdem der Ausgleich immaterieller Unbill durch Geld ohnehin etwas problematisch ist[464], liegt es nahe, vor allem die Genugtuungsansprüche zu kürzen oder zu streichen. Dadurch entsteht keine finanzielle Notlage.

Im Vordergrund stehen dabei die Genugtuungsansprüche der Hinterlassenen bei Todesfällen[465], die allerdings kaum viele Prozent der Versorgerschadenansprüche ausmachen. Grössere prozentuale finanzielle Bedeutung hat die Genugtuung bei den Invaliditätsfällen, insbesondere bei älteren Personen; denn die Invaliditätsentschädigung sinkt bei zunehmendem Alter, die Genugtuung aber nur unwesentlich[466]. Ausserdem hat die wesentliche Erhöhung der Genugtuungsansprüche

---

[463] In der Botschaft des Bundesrates zum AtG (BBl 1958 II 1561/62) wird die Möglichkeit erwähnt, die Gerichte anzuweisen, die Ansprüche ohne Berücksichtigung der Entschädigungsordnung, d. h. nach den ausserhalb der Grossschäden geltenden Grundsätzen, zuzusprechen, dabei jedoch die Vollstreckbarkeit nach der Entschädigungsordnung vorzubehalten (wobei im AtG die Haftpflicht allerdings limitiert war). Dann müssten nach der Botschaft in die Entschädigungsordnung auch Vollstreckungsprivilegien aufgenommen werden, «die den unterschiedlich dringlichen Bedürfnissen der verschiedenen Gruppen von Geschädigten Rechnung tragen». Ein solches Verfahren wäre nur erfolgversprechend, wenn die Vollstreckung erst nach der zivilrechtlichen Fixierung aller Ansprüche durchzuführen wäre, woran aber nicht zu denken ist.
[464] Vgl. Bd. I 290 f.
[465] Hier sei daran erinnert, dass das deutsche Recht bei Todesfällen keinen Genugtuungsanspruch kennt.
[466] Vgl. KLAUS HÜTTE I/52 (Ziff. 2.3.2.1).

durch das Bundesgericht[467] in den letzten Jahren sich vorwiegend auf die Invaliditätsfälle bezogen.

686 Die Kürzung oder Streichung der Genugtuungszahlungen drängt sich um so mehr auf, als verschiedene Indizien darauf hinweisen, dass die zugesprochenen Genugtuungsbeträge sich nur wegen der starken Verbreitung der Haftpflichtversicherung, d. h. praktisch wegen der grossen finanziellen Leistungsfähigkeit des Haftpflichtigen, so stark erhöht haben: Bei Verbrechen, wo wegen der Schwere des Verschuldens des Verantwortlichen wesentlich grössere Summen zuzusprechen wären, sind diese relativ bescheiden geblieben[468].

b) Grobes Selbstverschulden

687 Nach KHG 5 II kann der Inhaber von der Haftung ganz oder teilweise befreit werden, wenn der Geschädigte den Schaden grobfahrlässig verursacht hat.

688 Es liegt nahe, bei Grossschäden das grobe Selbstverschulden des Geschädigten als Entlastungsgrund einzustufen.

c) Notlage des Ersatzpflichtigen

689 Nach KHG 7 I Satz 2 ist OR 44 II, wo die Notlage des Haftpflichtigen als Reduktionsgrund anerkannt wird, auf Atomunfälle nicht anwendbar. Es ist nicht sinnvoll, diese Bestimmung in einer Entschädigungsordnung zu streichen, da die Notlage des Haftpflichtigen als Folge des nuklearen Ereignisses bei einem Grosschaden ohnehin gegeben ist.

d) Ungewöhnlich hohes Einkommen des Geschädigten

690 KHG 7 II gibt dem Richter in Form einer Kann-Vorschrift die Möglichkeit, die Entschädigung bei ungewöhnlich hohem Einkommen des Geschädigten herabzusetzen.

691 Diese Bestimmung könnte in einer Entschädigungsordnung in eine Muss-Vorschrift umgewandelt werden. Im Sinne der Solidarität zwi-

---

[467] Vgl. KLAUS HÜTTE I/17 (Ziff. 1.10).
[468] Dies, obwohl das Verschulden z. T. als wichtigster Bemessungsfaktor gesehen wird; vgl. BREHM N 33 zu OR 47.

VIII. Grossschäden § 29

schen allen Geschädigten eines Grossschadens drängt es sich sogar auf, eine obere Grenze des Einkommens festzulegen, das bei der Schadensberechnung zu berücksichtigen ist. Dies entspräche einem Grundgedanken der AHV, der IV und der MV, die auch aus Gründen der Solidarität zwischen den verschiedenen sozialen Schichten ein Maximaleinkommen kennt, das der Rentenberechnung zugrunde zu legen ist.

e) Notlage des Geschädigten

Wiederum in Anlehnung an das AHV-Recht könnte die Entschädigungsordnung festlegen, dass Geschädigte, die durch den von ihnen erlittenen Schaden auf Grund ihrer persönlichen Situation in eine *besondere* Notlage geraten, bis zur Höhe ihres effektiven Schadens eine Ergänzungsleistung erhalten. Dies käme namentlich in Frage, wenn die normal berechneten Schadenersatzansprüche generell um einen bestimmten Prozentsatz gekürzt würden. 692

f) Prozentuale Kürzung aller Schadenersatzansprüche

Wenn die Abweichungen von den normalerweise geltenden Grundsätzen der Schadenersatzberechnung und -bemessung nicht ausreichen, um unter Berücksichtigung einer angemessenen Bundesleistung (vgl. hinten N 697 ff.) die Folgen eines nuklearen Ereignisses abzudecken, kann in der Entschädigungsordnung auch eine generelle Kürzung aller Schadenersatzforderungen um einen bestimmten Prozentsatz vorgesehen werden. 693

Dieser Weg erscheint als etwas problematisch; er trägt den besonderen Verhältnissen des konkreten Falles zu wenig Rechnung. Er kann aber insbesondere dann verantwortet werden, wenn einem Geschädigten, der in eine besondere Notlage gerät, eine Zusatzleistung zuerkannt wird (vgl. vorn N 692). 694

g) Verschiedene Behandlung von Personen- und Sachschaden

Die mögliche Notlage des Geschädigten, die es durch die Grossschadenregelung auszuschliessen oder einzuschränken gilt, entsteht in höherem Masse durch seinen Personen- als durch seinen Sachschaden. Dies führt zum Gedanken, diese beiden Schadenarten in der Entschädi- 695

339

gungsordnung verschieden zu behandeln und z. B. für Sachschäden, soweit sie keine existentielle Bedeutung haben, höhere Kürzungssätze im Sinne von lit. f (vgl. vorn N 693 f.) vorzusehen als für Personenschäden[469].

h) Massnahmen der öffentlichen Hand zur Abwehr oder Verminderung der Schädigung

696   Bund, Kantone und Gemeinden werden bei einem Grossschaden sofort weitreichende Massnahmen ergreifen müssen, um die Auswirkungen des nuklearen Ereignisses möglichst zu reduzieren. Zu denken ist hier an die Evakuation der Bevölkerung, an die Bereitstellung von Notunterkünften, an die Versorgung mit Lebensmitteln, Kleidern usw., an die ärztliche Betreuung der Geschädigten in der ersten Zeit nach dem nuklearen Ereignis usw., aber auch an die Beweissicherung nach KHG 22 und weitere Massnahmen, wie sie nun im Strahlenschutzgesetz[470] vorgesehen sind. All dies kostet Geld. Es erscheint als selbstverständlich, dass dafür nicht zulasten der für die Erledigung des Grossschadens zur Verfügung stehenden Mittel Rechnung gestellt werden sollte. Dies gilt für die Massnahmen, die durchgeführt werden, solange die betroffenen Personen nicht wieder ihr normales Leben aufnehmen und ihrer beruflichen Arbeit nachgehen können[471].

D. Beiträge des Bundes

697   Nach KHG 29 I letzter Satz kann der Bund an den nicht gedeckten Schaden Beiträge leisten. Das Gesetz lässt alle weiteren Fragen offen.

698   Dies betrifft insbesondere das Problem, in welchem Verhältnis die drei Massnahmengruppen (Streichung der Regressrechte der Versiche-

---

[469] Gleich für das deutsche Recht DÄUBLER 76; WEITNAUER, Das Atomhaftungsrecht in nationaler und internationaler Sicht (Göttingen 1964) 128.
[470] BBl 1988 II 200 ff.; vgl. vorn FN 219.
[471] Die Kosten für Massnahmen zur Abwehr oder Verminderung einer *drohenden* Gefährdung können nach KHG 4 dem Inhaber der Kernanlage oder der Transportbewilligung auferlegt werden, was KHV 11 näher regelt. Sofern solche Kosten im Zusammenhang mit einem Grossschaden auftreten, kann in der Entschädigungsordnung von diesen Bestimmungen abgewichen werden.

VIII. Grossschäden § 29

rer, Änderung der Grundsätze über die Befriedigung der Geschädigten und Bundesbeiträge) zueinander stehen. Aus dem Wort «nötigenfalls» am Anfang des Satzes[472] über die Bundesdeckung kann abgeleitet werden, dass Bundesbeiträge nur in Frage kommen, wenn nach Durchführung anderer Massnahmen ein ungedeckter Schaden verbleibt.

Es ginge also nicht an, den ganzen Fehlbetrag nach Auszahlung der Versicherungssumme von 1 Mrd. Fr. zuzüglich 100 Mio. Fr. und Erschöpfung der eigenen Mittel des Haftpflichtigen durch die Bundeskasse übernehmen zu lassen. Da die Massnahmen der Entschädigungsordnung aber nicht aufgelistet sind, weil sie den Verhältnissen des konkreten Falles entsprechen müssen, kann das Gesetz die Bundesmittel nicht erst zur Verfügung stellen, wenn alle anderen Möglichkeiten erschöpft sind. Das wäre auch sinnwidrig. 699

Die Bundesbeiträge haben, abgesehen von ihrer finanziellen Bedeutung für die Geschädigten, die Funktion — ob vom Gesetzgeber gewollt oder nicht, mag offen bleiben —, die Gesamterledigung wesentlich zu erleichtern: Die Auswirkung der Massnahmen der Entschädigungsordnung kann nur sehr ungenau vorausberechnet werden. Bis zum Ablauf der Verwirkungsfrist von 30 Jahren seit dem Schadenereignis (KHG 10 I) kann die Situation sich darüber hinaus immer wieder ändern. Die Bundesdeckung erlaubt der in KHG 29 III vorgesehenen Erledigungsinstanz, definitive Einzelregelungen zu treffen und dabei die Bundesbeiträge ganz oder teilweise in Anspruch zu nehmen oder dem Bundesrat nötigenfalls die Leistung zusätzlicher Summen zu beantragen. 700

Soweit der Bund Beiträge geleistet hat, können sie ihm viel leichter als den Geschädigten (zurück-) erstattet werden. Diese Pufferfunktion wird in einem praktischen Grossschadenfall von erheblicher Bedeutung sein. Insbesondere die Zahlungen an die Geschädigten können nicht nach Jahr und Tag wieder korrigiert werden. Die Massnahmen zur Befriedigung der Geschädigten müssen bei allen Geschädigten die gleichen sein und können nicht je nach der Entwicklung der Verhältnisse korrigiert werden. 701

Es dürfte sich daher rechtfertigen, im Bundesbeschluss über die Bewilligung der Beiträge nicht eine feste Summe, sondern einen Maximalbetrag zu nennen. 702

---

[472] AtG 27 I enthält dieses Wort nicht und ist auch nicht als Kann-Vorschrift formuliert.

E. Eidgenössische Erledigungsinstanz (KHG 29 III)

703 Die Bundesversammlung kann im Grossschadenfall gestützt auf KHG 29 III eine besondere verwaltungsunabhängige Instanz zur Durchführung der Entschädigungsordnung, d. h. zur Erledigung der unzähligen Einzelfälle durch Vergleiche oder Prozesse, einsetzen.

704 Die Erledigung eines Grossschadenfalles wird sehr viel Arbeitszeit von qualifizierten Fachleuten in Anspruch nehmen. Der vorn[473] befürwortete Weg einer Bevollmächtigung des privaten Haftpflichtversicherers durch den Bund ist hier nicht gangbar, weil nicht mehr nur normales Haftpflichtrecht anzuwenden, sondern auch über die Regresse der Versicherer und die Anwendung der im Bundesbeschluss vorgesehenen Änderung der Grundsätze über die Befriedigung der Geschädigten zu befinden ist. Es muss auch dafür gesorgt werden, dass die eigenen Mittel des oder der Haftpflichtigen[474] eingezogen und verteilt werden[475].

705 Das setzt eine umfassende Vollmacht nicht nur der Versicherer, sondern auch der Geschädigten voraus, die nur durch den Bund kraft öffentlichen Rechts erteilt werden kann. Es drängt sich auch auf, dass die Erledigungsinstanz prozessfähig ist und ausschliesslich eingeklagt werden kann.

706 Damit ist sichergestellt, dass die Erledigungsinstanz im Einzelfall nicht zu wenig bezahlt. Es muss aber auch Gewähr dafür bestehen, dass sie mit ihren Mitteln haushälterisch umgeht und im Einzelfall nicht zu viel bezahlt. Entweder muss sie einer Verwaltungskontrolle durch den Bundesrat unterstellt werden oder dieser muss das Recht haben, ihre vergleichsweisen Erledigungen gerichtlich anzufechten.

707 KHG 29 III bestimmt, dass die Entscheide der Erledigungsinstanz an das Bundesgericht weitergezogen werden können. Das ist ohnehin der Fall, wenn ihr die Prozessfähigkeit zuerkannt wird und der Streitwert ausreicht[476]. Es fragt sich aber, ob damit die kantonalen Gerichts-

---

[473] Vgl. N 607.
[474] Da Eigentümer und Inhaber der Kernanlage, wenn sie nicht identisch sind, solidarisch haften, müssen die Vermögen beider einbezogen werden. Das gilt auch für den Fall der Mithaftung ausländischer Inhaber von Kernanlage (vgl. vorn N 386 ff.).
[475] Dies setzt wahrscheinlich die Eröffnung des Konkurses gegen den oder die Haftpflichtigen voraus, weil auch die Forderungen ihrer anderen Gläubiger geprüft werden müssen.
[476] Die gesetzgeberische Absicht wollte offenbar schon beim AtG den Weg an das Bundesgericht ohne Berücksichtigung des Streitwertes offen halten; vgl. BBl 1958 II 1562. Das

stände gemäss KHG 24 ausgeschaltet werden sollen. Das wäre nicht zweckmässig, weil zwei gerichtliche Instanzen auch hier geboten sind und weil es nicht sinnvoll wäre, das Bundesgericht mit den Beweisverfahren zu belasten.

Die Kosten der Erledigungsinstanz sind vernünftigerweise aus den gesamten zur Verfügung stehenden Mitteln zu bezahlen, soweit es sich nicht um prozessuale Kosten handelt, für deren Verteilung das Prozessrecht massgebend ist (vgl. auch KHG 27). KHG 29 IV sieht *vorsorgliche Massnahmen* des Bundesrates vor. Damit sollen die Schwierigkeiten ausgeschaltet werden, mit denen sonst zu rechnen wäre, wenn die Grossschadenordnung erst einige Zeit nach dem nuklearen Ereignis in Kraft gesetzt wird und vorher einzelne Vergleiche abgeschlossen oder Forderungen gerichtlich zugesprochen wurden. Der Bundesrat soll daher die Klage- und Vollstreckungsrechte bis zum Erlass der Entschädigungsordnung zeitlich aufschieben und Auszahlungen verhindern[477], wogegen keine Bedenken anzumelden sind[478]. 708

Alle diese Fragen sollten im Bundesbeschluss geregelt werden. 709

F. Durch einen Grossschaden hervorgerufener Notstand (KHG 30)

Für den Fall eines eigentlichen Notstandes ermächtigt KHG 30 I den Bundesrat, zusätzliche Vorschriften zu erlassen über die Änderung der Leistungspflicht der Versicherer, die Erhebung von Umlagebeiträgen bei den Versicherungsnehmern und den Abzug solcher Umlagebeiträge von den Versicherungsleistungen[479]. 710

Diese Bestimmungen betreffen nicht die Haftpflichtansprüche der einzelnen Geschädigten[480] und sind daher hier nicht näher zu erörtern. 711

---

erscheint nicht als sinnvoll. Es ist nicht einzusehen, weshalb das Bundesgericht sich mit Klagen von geringem Streitwert sollte befassen müssen, einfach weil sie im Rahmen eines Grossschadens angestrengt werden.

[477] Vgl. vorn N 656 und HUG 123.
[478] Vgl. vorn N 665.
[479] Vgl. dazu die Botschaft des Bundesrates zum AtG, BBl 1958 II 1563/64; DEBIEUX 183 ff.
[480] Vgl. HUG 123.

G. Gross-Spät-Schäden

712 Das Gesetz nimmt nicht zur Frage Stellung, ob Spätschäden im Sinne von KHG 13 auch in die Grossschadenregelung von KHG 29 einzubeziehen sind. Ihre finanzielle Tragweite wird sich bei der Aufstellung der Entschädigungsordnung noch viel schlechter abschätzen lassen als bei den «normalen» Schäden. Die Leistungspflicht des Bundes aus dem Nuklearschadenfonds ist aber auch auf 1 Mrd. Fr. zuzüglich 100 Mio. Fr. beschränkt. (Diese Summe darf natürlich nicht in die Erledigung der «normalen» Schäden einbezogen werden, sondern muss für die Spätschäden reserviert bleiben). Hier ist zu berücksichtigen, dass es nicht angängig wäre, die Grundsätze der Entschädigungsordnung für Normalschäden nicht auf die Spätschäden aus dem gleichen nuklearen Ereignis anzuwenden.

713 Es drängt sich daher auf, beim Erlass der Entschädigungsordnung für die nicht verwirkten Schäden die Spätschäden ausser Betracht zu lassen und die für sie reservierten 1 Mrd. Fr. zuzüglich 100 Mio. Fr. für Zinsen und Verfahrenskosten nicht zu den zur Verfügung stehenden Mitteln zu zählen. Wenn die Normalschäden nach KHG 29 erledigt sind, sollten die Spätschäden nach den gleichen Richtlinien für die Befriedigung der Geschädigten behandelt werden, auch wenn die Deckungssumme des Bundes nach KHG 13 für eine Erledigung nach den Grundsätzen des KHG statt nach der Entschädigungsordnung ausreichen würde. Immerhin kann dann, je nach den Umständen, die Kürzung oder Streichung der Versicherungsregresse fallengelassen werden. Anderseits drängt es sich auf, einen neuen Bundesbeitrag nach KHG 29 letzter Satz vorzusehen. Es erweist sich daher als geboten, einen separaten Bundesbeschluss für die Spätschäden zu erlassen.

§ 30 Haftpflicht für Rohrleitungsanlagen

Literatur

SCHWEIZERISCHE: DESCHENAUX/TERCIER § 17 — MICHELLE DETALLE, La législation suisse sur les oléoducs et gazoducs (Diss. Genf 1969) — PETER HESS, Die rechtliche Behandlung der Rohrleitungen zur Beförderung von flüssigen und gasförmigen Brenn- und Treibstoffen (Diss. Zürich 1969) — DERSELBE, Rohrleitungsanlagen, in: Schweizerisches Umweltschutzrecht, hrsg. von Hans-Ulrich Müller-Stahel (Zürich 1973) 365 ff. — HESS/WEIBEL, Das Enteignungsrecht des Bundes, Bd. II. (Bern 1986) — ROLF HEUSSER, Das direkte Forderungsrecht des Geschädigten gegen den Haftpflichtversicherer (Diss. Zürich 1979), insbes. 108 ff. — A. KELLER I 266 ff. — REMIGIUS KÜCHLER, Die Haftung für Rohrleitungsanlagen und ihrer Versicherung (Diss. Zürich 1968) — MARTIN LENDI, Verkehrsrecht (Zürich 1983) 105 ff. — HERIBERT RAUSCH, Die Umweltschutzgesetzgebung (Zürich 1977) 97 ff.

DEUTSCHE: WERNER FILTHAUT, Haftpflichtgesetz, Kommentar (2. A. München 1988) insbes. § 2 — DERSELBE, Zur Wirkungshaftung nach § 2 I 1 HPflG, NJW 1983, 2687 — GEIGEL/SCHLEGELMILCH, Der Haftpflichtprozess (20. A. München 1990) 22. Kap. N 33 ff.

FRANZÖSISCHE: FERID/SONNENBERGER, Das französische Zivilrecht, Bd. II: Schuldrecht, Die einzelnen Vertragsverhältnisse; Sachenrecht (2. A. Heidelberg 1986) — HENRI et LEON MAZEAUD/JEAN MAZEAUD, La Responsabilité civile, Bd. II (6. A. Paris 1970) — RENÉ SAVATIER, Traité de la responsabilité civile en droit français, Bd. I (2. A. Paris 1936) — BORIS STARCK, Droit civil, obligations (Paris 1972).

ÖSTERREICHISCHE: HELMUT KOZIOL, Österreichisches Haftpflichtrecht Bd. II (2. A. Wien 1984) 426 ff. — DERSELBE, Entschuldbare Fehlleistungen des Gesetzgebers? JBl 1976, 176 f.

RECHTSVERGLEICHENDE: KONRAD ZWEIGERT/HEIN KÖTZ, Einführung in die Rechtsvergleichung auf dem Gebiete des Privatrechts, Bd. II: Institutionen (2. A. Tübingen 1984).

MATERIALIEN: Botschaft zum RLG (BBl 1962 II 791 ff.); Sten. Bull. NR 1962, 711 ff.; Amtl. Bull. NR 1963, 401 ff.; Amtl. Bull. SR 1963, 139 ff.

I. Grundlagen

A. Rechtsquellen

Gestützt auf BV 26bis ist der Bund kompetent zur Gesetzgebung   1
über Rohrleitungsanlagen[1]. Er hat am 4. Oktober 1963 das BG über Rohrleitungsanlagen zur Beförderung flüssiger oder gasförmiger Brenn-

---

[1] Vgl. HESS/WEIBEL 423 ff.

§ 30   Haftpflicht für Rohrleitungsanlagen

oder Treibstoffe (RLG, SR 746.1) erlassen[2]. Es ist am 1. März 1964[3] in Kraft getreten[4].

2   Gestützt auf RLG 52 hat der Bundesrat die Rohrleitungsverordnung vom 11. September 1968 erlassen (RLV, SR 746.11) sowie die Verordnung über Sicherheitsvorschriften für Rohrleitungsanlagen vom 20. April 1983 (SicherheitsVO, SR 746.2) und gestützt auf RLG 17 I den BRB betreffend die technische Aufsicht über die Rohrleitungsanlagen vom 11. September 1968 (SR 746.5). Ausserdem besteht eine Verordnung des Eidg. Volkswirtschafts- und Energiedepartementes (EVED) über die Anerkennung von Richtlinien für Rohrleitungsanlagen vom 15. Juli 1976 (SR 746.21).

3   In RLG 1 und RLV 4 ff. wird der Geltungsbereich des RLG festgelegt. Für die Haftpflicht und die Versicherung sind RLG 33—40 massgebend. Daneben enthalten RLG 2 ff. und RLV 13 ff. Vorschriften über die Konzession und RLG 21 ff. und RLV 24 ff. sowie die SicherheitsVO Bestimmungen über Bau und Betrieb von Rohrleitungsanlagen. Strafbestimmungen und Verwaltungsmassnahmen sind in RLG 44 ff., RLV 81 und SicherheitsVO 68, Aufsicht und Behörden in RLG 16 ff., 43, RLV 1 ff., 42 ff., 48 ff. und 71 ff. enthalten.

4   Nach RLG 41 finden auf Rohrleitungsanlagen unter der Aufsicht der Kantone die Haftpflicht- und Versicherungsbestimmungen des RLG Anwendung.

B. Haftungsgrundsatz und Eigenarten des Gesetzes. Aufgabe der Darstellung

1. Natur und Ausgestaltung der Kausalhaftung

5   Flüssige und gasförmige Brenn- und Treibstoffe sind ihrer Natur nach brennbar und/oder explosibel. Daraus entstehen Gefahren, wenn

[2]   Vgl. Botschaft zum RLG (BBl 1962 II 791 ff.), Sten.Bull. NR 1962 711 ff., Amtl.Bull NR 1963, 401 ff., SR 1963, 139 ff.

[3]   Die kurze Dauer von der Annahme von BV 26bis in der Volksabstimmung vom 5. März 1961 bis zum Inkrafttreten des Gesetzes von nur drei Jahren erklärt sich daraus, dass damals bereits Rohrleitungsanlagen im Bau waren, einerseits die Leitung der Oléoduc du Rhône SA vom grossen St. Bernhard nach Collombey und anderseits die Transportleitung Norditalien—Schweiz—Süddeutschland; vgl. HESS/WEIBEL 425; HESS 73 ff., 169 ff.; KÜCHLER 19 f., 32 ff.

[4]   BRB vom 25. Februar 1964 (AS 1964, 114).

ein Brand oder eine Explosion ungewollt verursacht wird oder unkontrollierbar abläuft.

Neben den Brand- und Explosionsgefahren neigen die flüssigen oder gasförmigen Brenn- und Treibstoffe dazu, die Umwelt zu verschmutzen, wenn sie in direkten Kontakt mit ihr geraten; man denke an Gewässerverschmutzungen, die Trinkwasserversorgungen unbrauchbar machen können, an Verschmutzungen des Erdreichs, der Luft usw.[5].

Diese Gefahren sind mit den flüssigen oder gasförmigen Brenn- und Treibstoffen ihrer Natur nach regelmässig verbunden. Das RLG erfasst diese Stoffe aber nicht voll, wie dies z.B. bei einem Gesetz über die Haftpflicht für flüssige oder gasförmige Brenn- und Treibstoffe der Fall wäre, sondern nur im Zusammenhang mit Rohrleitungsanlagen. Das Schwergewicht des RLG liegt nicht auf den Haftpflichtbestimmungen, sondern auf der Regelung der Konzession für Rohrleitungsanlagen für solche Stoffe, auf Bau, Betrieb und Kontrolle der Anlagen[6]. Die Haftpflichtbestimmungen stellen nur, wie beim SSG, in gewissem Sinne eine Ergänzung dieser verwaltungsrechtlichen Vorschriften dar.

Diese namentlich beim *Transport* von flüssigen und gasförmigen Brenn- und Treibstoffen durch Rohrleitungen nicht beherrschbaren Gefahren lassen nach dem *Gefahrensatz* schon den Betrieb einer solchen Rohrleitung als Verschulden erscheinen. Durch das RLG wird dieser Betrieb im öffentlichen Interesse ent-schuldigt; der Staat anerkennt und bewilligt ihn, erklärt den Inhaber der Anlage aber als «Kompensation» für den Geschädigten auch ohne Verschulden als haftpflichtig[7].

---

5 Vgl. die Aufzählung der besonderen Gefahren in der Botsch. zum RLG 808; KÜCHLER 39 ff., der mit Recht auf die grossen Mengen von flüssigen oder gasförmigen Brenn- oder Treibstoffen hinweist, die sich in einer viele hundert Kilometer langen Leitung befinden und bei einem Leck austreten resp. durch die Pumpen hinausgepumpt werden können. Dieser Umstand wird durch die Unterteilung einer Leitung durch Schieber nur reduziert, nicht behoben.

6 In diesem Sinne besteht eine deutliche Parallele zum SSG (vgl. hinten § 31 N 1), das sich aber mit den Sprengstoffen generell befasst, nicht nur mit deren Transport oder sogar nur, wie hier, mit einer bestimmten Art des Transportes.
Auch das KHG regelt die Haftpflicht aus dem «Verhalten» gefährlicher Stoffe, der Kernbrennstoffe und Rückstände, aber unabhängig davon, ob sie transportiert, gelagert oder verwendet werden. Die Haftung für Transportschäden macht nur einen engen Sektor der Haftpflicht aus, umfasst aber alle Transporte, nicht nur eine bestimmte Art davon.

7 Man kann sich allerdings fragen, ob diese Betrachtungsweise begründet ist. Mindestens erscheint es als wenig gerechtfertigt, die Rohrleitungsanlagen einer Gefährdungshaftung

9 Dieser Haftung ist der Inhaber einer Rohrleitungsanlage nicht nur unterworfen, wenn sie in Betrieb ist. Ist sie stillgelegt, so haftet der Inhaber auch, aber unter der weiteren Voraussetzung, dass der Schaden durch einen *Mangel oder die fehlerhafte Behandlung der Anlage* verursacht wurde. Auf die Rechtsnatur dieses zusätzlichen Haftungstatbestandes wird hinten N 104 ff. zurückzukommen sein.

10 Wie die andern Haftungsarten entfällt auch diejenige nach RLG, wenn ein den Kausalzusammenhang unterbrechender *Entlastungsgrund* vorliegt. RLG 33 II nennt anstelle der höheren Gewalt ausserordentliche Naturvorgänge und kriegerische Ereignisse und erwähnt daneben das grobe Selbstverschulden des Geschädigten. Das Drittverschulden ist nicht angeführt.

11 Die Entlastung tritt, wie nach SVG 59, nicht ein, wenn der Haftpflichtige oder eine Person, für die er verantwortlich ist[8], ein *Verschulden* trifft. Eine Exkulpation befreit den Inhaber nicht, wenn kein Entlastungsgrund im Spiel ist, sofern die Anlage in Betrieb war, als der Schaden verursacht wurde.

12 Abgesehen von den eher seltenen Fällen, in denen eine Entlastung zur Diskussion steht, spielt das Verschulden auf der Seite des Haftungssubjektes — wie bei allen Kausalhaftungen — eine Rolle, wenn eine Schadenersatzreduktion zu prüfen ist oder eine Mehrheit von Haftpflichtigen in Frage kommt und deswegen eine sektorielle Verteilung

---

zu unterstellen, solange alle andern Formen der Lagerung und des Transportes von flüssigen oder gasförmigen Brenn- und Treibstoffen nicht darunter fallen (vgl. hinten N 43 ff.).

Die Entscheidung des Gesetzgebers erscheint als verständlicher, wenn man berücksichtigt, dass vor Erlass des RLG in den USA, in Deutschland und in Frankreich namhafte Schadenfälle durch Rohrleitungsanlagen verursacht wurden (neuerdings wurde durch einen Erdrutsch in den USA eine Rohrleitung beschädigt und trat so viel Öl aus, dass die Trinkwasserversorgung für mehr als 400 000 Menschen gefährdet wurde; vgl. NZZ Nr. 79 vom 4. April 1990, S. 9), während in der Schweiz seit dem Inkrafttreten des RLG im Jahre 1964 noch kein Haftpflichtfall bekannt wurde (es kam zwar vor, dass transportierter Stoff aus einer Leitung austrat, aber ohne einen Drittschaden zu verursachen). Dies dürfte damit zusammenhängen, dass man in den sechziger Jahren begann, die Leitungen kathodisch gegen Korrosion zu schützen. Damit wurde der eine Hauptfeind der Rohrleitungen, der Rost, sehr weitgehend ausgeschaltet. Der andere Hauptfeind sind die Bauarbeiten in der Nähe von Leitungen, deren Schädigungstendenz man mit einer sehr sorgfältigen Überwachung und mit weiteren Massnahmen zu Leibe rückt (vgl. hinten FN 88). Der Gedanke drängt sich auf, dass hier vielleicht die scharfe Kausalhaftung, kombiniert mit den polizeilichen Massnahmen des RLG, eine entscheidende *unfallverhütende* Wirkung hat.

[8] Diese Formulierung von RLG 33 II findet sich auch in SVG 59 I und 63 II. Sie wird aber dort spezifiziert durch SVG 58 IV.

I. Grundlagen § 30

vorzunehmen ist. Ausserdem hat die Grösse des vom Inhaber zu vertretenden Verschuldens Einfluss auf die Höhe der Genugtuung.

Die Haftung ist *nicht betraglich limitiert*, z.B. auf die minimale Garantiesumme der obligatorischen Haftpflichtversicherung. Dies entspricht der im schweizerischen Haftpflichtrecht allgemein geltenden Regelung (vgl. Bd. I 283 ff.). 13

Die Haftung nach RLG umfasst, wie die Kausalhaftungen allgemein, eine *Haftung für fremdes Verhalten*, nämlich der Personen, für die der Inhaber verantwortlich ist. Das Verschulden von Hilfspersonen spielt eine Rolle, wenn ein Entlastungsgrund vorliegt, und ist daher im Gesetz in diesem Zusammenhang erwähnt [9]. 14

2. Rolle der Haftpflichtversicherung

RLG 35 statuiert ein *Obligatorium* einer Haftpflichtversicherung für die versicherbaren Risiken [10] mit vom Gesetz [11] festgelegten Deckungssummen [12]. Die Funktion dieser Haftpflichtversicherung besteht im Schutz des Vermögens des Haftpflichtigen, aber mindestens ebenso sehr im Schutz des Geschädigten vor der fehlenden Zahlungsfähigkeit und Zahlungswilligkeit des Haftpflichtigen [13]. Das Obligatorium wird auch hier ergänzt durch das *direkte Forderungsrecht* und den *Einredenausschluss* gegenüber dem Geschädigten (RLG 37). 15

Eine obligatorische Haftpflichtversicherung kann diesen Schutz nur leisten, wenn sichergestellt wird, dass die Versicherungspflicht in jedem Fall erfüllt wird. Diesem Zweck dienen auch hier die Koppelung des Obligatoriums mit der Betriebsbewilligung (RLG 30 II lit. c, 31; RLV 16

---

[9] Es ist aber, wie soeben erwähnt, darüber hinaus von Bedeutung bei der sektoriellen Verteilung, insbesondere bei Kollisionen von Haftungen, und bei einer Mehrheit von Ersatzpflichtigen.

[10] Vgl. dazu hinten N 176 ff.; Botsch. RLG 821.

[11] In SVG 64 wird die Kompetenz zur Festlegung der minimalen Garantiesumme dem Bundesrat delegiert, was wohl die bessere Lösung darstellt. Diese wurde aber erst durch die Revision des SVG von 1975 eingeführt, also 12 Jahre nach Erlass des RLG. Die gleiche Regelung der Kompetenz zur Festsetzung der Garantiesummen wie in SVG 64 findet sich in JSG 16 I.

[12] Die Garantiesummen können durch die Konzession herabgesetzt oder erhöht werden (RLG 35 III), wenn das öffentliche Interesse es zulässt oder erheischt.

[13] Vgl. Bd. II/2 § 25 N 21 ff.

45 II Ziff 1), die Meldepflicht des Versicherers beim Aussetzen und Aufhören der Versicherung (RLG 36) und die Strafbestimmung von RLG 45.

17 Die Aufsichtsbehörde kann eine andere Art der Sicherstellung der Ansprüche des Geschädigten als durch eine Haftpflichtversicherung akzeptieren und damit den Inhaber der Rohrleitungsanlage von der Versicherungspflicht ganz oder teilweise entbinden (RLG 35 IV)[14].

18 *Bund und Kantone* sind ebenso wenig versicherungspflichtig wie nach SVG[15] (RLG 35 V).

19 Eine Besonderheit besteht darin, dass RLG 33 die Haftpflicht nicht nur dem *Inhaber,* sondern auch dem *Eigentümer* der Rohrleitungsanlage, sofern er nicht mit dem Inhaber identisch ist, auferlegt, nach RLG 35 I aber nur der Inhaber verpflichtet ist, sich gegen *seine* Haftpflicht zu versichern[16]. Das Gesetz verlangt auch nicht, im Gegensatz zu SVG 63 II, dass die persönliche Haftpflicht der Hilfspersonen in die Versicherung eingeschlossen werde[17].

3. Ausländische Regelungen

a) Deutschland

20 Nach § 2 I des Haftpflichtgesetzes (HPflG) vom 4. Januar 1978 unterstehen Rohrleitungsanlagen einer Kausalhaftung, die nur bei

---

[14] Eine ähnliche Regelung findet sich in LFG 71, wo im Gegensatz zum RLG die Arten anderer Sicherstellung näher umschrieben werden: Hinterlegung von leicht verwertbaren Realsicherheiten bei einer öffentlichen Kasse oder einer dem Eidg. Luftamt genehmen Bank oder Bürgschaft einer solchen Bank oder einer Versicherungsgesellschaft. In den andern Spezialgesetzen, die ein Versicherungsobligatorium enthalten (SVG, JSG, GSG [wobei hier aber das Obligatorium nicht im Gesetz steht, sondern vom Bundesrat vorgeschrieben werden kann; vgl. Bd. II/1 § 23 N 147 ff.]), fehlt diese Möglichkeit, die dem Geschädigten keinen Schutz gegen fehlende Zahlungswilligkeit des Haftpflichtigen bietet.
[15] Vgl. SVG 73 I und dazu Bd. II/2 § 26 N 77.
[16] Im Gegensatz dazu muss nach KHG 11 jeder Haftpflichtige, also namentlich auch der mit dem Inhaber nicht identische Eigentümer (KHG 3 IV), für die vorgeschriebene Versicherungsdeckung sorgen.
[17] Vgl. dazu hinten N 201.

höherer Gewalt entfällt[18]. Diese Gefährdungshaftung trifft den Inhaber der Anlage[19].

HPflG 2 I enthält zwei Haftungstatbestände: Nach dem einen wird für die Schädigungen durch gewisse Stoffe wie Gase, Dämpfe oder Flüssigkeiten gehaftet; nach dem andern hat der Inhaber der Anlage für diese einzustehen, soweit sie sich nicht in ordnungsgemässem Zustand befindet. Dementsprechend wird zwischen einer *Wirkungs-* und einer *Zustandshaftung* unterschieden. Da die beförderten Stoffe sehr weit umschrieben und nur nach dem Aggregatszustand unterschieden werden, fallen auch Schäden durch Wasser- und Abwasserleitungen in den Anwendungsbereich des Haftungsgesetzes[20]. Der häusliche Bereich und «Einrichtungen zum Verbrauch oder zur Abnahme» der beförderten Stoffe sind ausgeschlossen. Erfasst werden auch Schäden, die «durch eine längere Zeit dauernde Summierung von Einzelursachen» entstehen[21]. Die Haftung ist summenmässig beschränkt (HPflG 9 / 10).

b) Österreich

Die Haftung für Rohrleitungsanlagen ist im Bundesgesetz vom 3. Juli 1975 über die gewerbsmässige Beförderung von Gütern in Rohrleitungen[22] geregelt. Ausgenommen vom Anwendungsbereich sind u.a. brennbare Gase mit einem bestimmten Betriebsdruck und Wasser. Subjekt der Haftpflicht ist der Inhaber der Anlage. Keine Haftung besteht gegenüber Geschädigten, die im Betrieb der Anlage tätig gewesen sind, für beförderte Sachen sowie bei kriegerischen und kriegsähnlichen Ereignissen und Terroranschlägen. Die Haftung ist wie in Deutschland summenmässig beschränkt und erstreckt sich nicht auf Vermögensschäden i.e.S. Ob Schäden, die während längerer Zeit durch viele Einzelursachen entstehen, dem Gesetz unterliegen, ist umstritten[23].

---

[18] HPflG 2 III Ziff. 3. Nach herrschender deutscher Auffassung gehört das Drittverschulden zur höheren Gewalt; vgl. FILTHAUT § 2 N 55 ff.
[19] Vgl. zum Inhaberbegriff FILTHAUT § 2 N 28 ff.; KÖTZ N 357 f.
[20] Vgl. FILTHAUT § 2 N 11.
[21] Vgl. FILTHAUT § 2 N 33.
[22] BGBl 1975, 411.
[23] Vgl. KOZIOL II 428.

23   Das Gesetz sieht eine obligatorische Haftpflichtversicherung im Rahmen der Haftungslimite vor[24].

c) Frankreich

24   Die *Sachhalterhaftung* gemäss CCfr. 1384[25] bezieht sich auch auf Rohrleitungsanlagen; denn sie erfasst nicht nur bewegliche Sachen, sondern auch Immobilien und ortsfeste Anlagen. Dabei wird nicht nach dem Zweck der Anlagen differenziert[26]. Der Aggregatszustand des einwirkenden Stoffes ist ohne Bedeutung[27]. Subjekt der Haftpflicht ist der «gardien», d.h. derjenige, der die rechtliche oder tatsächliche Verfügungsgewalt über die Anlage besitzt[28]. Entlastung ist möglich bei höherer Gewalt, Verhalten eines Dritten oder des Geschädigten. Fehlendes Verschulden des «gardien» befreit nicht von der Haftung[29].

4. Aufgabe der Darstellung

25   Die offenkundige Aufgabe der Darstellung besteht darin, unter Berücksichtigung der Grundlinien des RLG die Beantwortung der vielen Einzelfragen, die sich bei der Anwendung stellen, zu bearbeiten und damit dem Praktiker zu dienen. Dabei sollen die Zusammenhänge mit dem übrigen Haftpflichtrecht deutlich gemacht werden; denn nur wenn das Haftpflichtrecht die gleichen Fragen bei den verschiedenen Haftungsarten nicht ohne plausible, man könnte sogar sagen zwingende Gründe verschieden beantwortet, sind seine Regelungen einleuchtend und entspricht es den Anforderungen der Gerechtigkeit. Nur dann ist das Haftpflichtrecht nicht widersprüchlich.

---

[24] Zu Unklarheiten und Widersprüchen der gesetzlichen Regelung vgl. KOZIOL, JBl 1976, 176f.
[25] Vgl. Bd. II/1 § 19 N 6, Bd. II/2 § 25 N 35.
[26] Vgl. zum Anwendungsbereich der Sachhalterhaftung FERID/SONNENBERGER 2 O 310f.; ZWEIGERT/KÖTZ II 409; SAVATIER I N 340f.; MAZEAUD/MAZEAUD N 1152, 1264ff.; STARCK N 380.
[27] Vgl. FERID/SONNENBERGER 2 O 311; ZWEIGERT/KÖTZ II 410.
[28] Vgl. FERID/SONNENBERGER 2 O 322.
[29] Vgl. FERID/SONNENBERGER 2 O 306; ZWEIGERT/KÖTZ II 386, 409.

C. Geltungsbereich der Regelung des RLG über die Haftpflicht und Versicherung

1. In sachlicher Hinsicht: Kreis der dem RLG unterstellten Anlagen

a) Positive Abgrenzung: Begriff und Arten der Rohrleitungen

Vorauszuschicken ist, dass *Leitungsrohre* den Grundstock jeder 26
Rohrleitungsanlage bilden[30].

Im weiteren ist darauf hinzuweisen, dass hier die dem RLG generell 27
unterstellten Anlagen umschrieben werden. Inwieweit die Haftpflichtbestimmungen dieses Gesetzes auch auf andere Anlagen anzuwenden sind, die teilweise den Rohrleitungsanlagen des RLG entsprechen, wird hinten (N 31 ff.) geprüft.

aa) Die beförderten Brenn- und Treibstoffe

Ob das Gesetz auf eine Rohrleitung Anwendung findet, hängt in 28
erster Linie von ihrem Fördergut ab: Es muss sich um eine Rohrleitung zur Beförderung von Erdöl, Erdgas oder andere vom Bundesrat bezeichnete flüssige oder gasförmige Brenn- oder Treibstoffe handeln (RLG 1 I). In RLV 4 wird näher umschrieben, dass unter den Brenn- und Treibstoffen im Sinne von RLG 1 I flüssige oder gasförmige Kohlenwasserstoffe oder Kohlenwasserstoffgemische, Stadtgas und Industrieheizgase zu verstehen sind. Dabei wird exemplifiziert, dass unter Kohlenwasserstoffen und Kohlenwasserstoffgemischen Roherdöl, Erdgas, Raffineriegase, Erdöldestillate und flüssige Rückstände der Erdöl-

---

[30] Damit werden offene Gräben und Kanäle ausgeschlossen, was sich schon aus dem Wort «Rohrleitungen» ergibt, aber ausserdem eine Selbstverständlichkeit ist, weil Brenn- und Treibstoffe nicht in Gräben und Kanälen transportiert werden.
HESS 10 definiert einerseits die Rohrleitung als dasjenige Verkehrsmittel, das aus Rohren zusammengesetzt bei Identität von Fahrbahn und Transportgefäss zwischen zwei oder mehreren Stationen der Beförderung von Gütern dient und anderseits die Rohrleitungsanlage als die Summe der technischen Einrichtungen, mit welcher der Transport von Gütern durch Rohrleitungen vorgenommen wird.
Das österreichische BG vom 3. Juli 1975 über die gewerbsmässige Beförderung von Gütern in Rohrleitungen umschreibt diese in § 2 als Einrichtungen, «welche das zu befördernde Gut allseits umschliessen und als Transportweg für dieses Gut dienen».

raffination zu verstehen sind. Diese Umschreibung wird ergänzt durch die Bedingung, dass die fraglichen Stoffe unmittelbar oder mittelbar zur Erzeugung von Wärme oder mechanischer Arbeit bestimmt sein müssen.

29   Wenn in einer Rohrleitungsanlage, deren Zweck in der Beförderung der soeben umschriebenen Stoffe liegt — für Anlagen zur Beförderung anderer Stoffe ergibt sich aus BV 26bis keine Bundeskompetenz —, andere Stoffe transportiert werden, ist das RLG nach dem Wortlaut seines Art. 33 an sich anwendbar; denn BV 26bis und RLG 1 I stellen auf den Zweck der Anlage und nicht auf die tatsächlich transportierten Güter ab. Dies entspricht den vom Gesetz neben der Haftpflicht hauptsächlich geregelten Fragen (Konzession, Aufsicht, Bau und Betrieb).

30   1. Handelt es sich um eine *Rohrleitungsanlage im Sinne des RLG*, die nach BV 26bis und RLG 1 I «zur Beförderung von Erdöl, Erdgas oder anderen vom Bundesrat bezeichneten flüssigen oder gasförmigen Brenn- oder Treibstoffen» bestimmt ist, so ist zu unterscheiden, ob im Zeitpunkt des Schadenfalles *solche Brenn- oder Treibstoffe oder andere Stoffe transportiert* wurden. Im Normalfall werden es die erwähnten Brenn- oder Treibstoffe sein. Dann war die Gefahr des betreffenden Betriebes im Spiel und gilt für Betriebsunfälle die strenge Gefährdungshaftung. War die Anlage aber nicht in Betrieb, so kommt die Mängel- oder Behandlungshaftung in Frage.

31   2. Wurde die Anlage im Sinne des RLG *für den Transport von Stoffen verwendet, die nicht zu den im RLG erwähnten Brenn- oder Treibstoffen gehören* — man denke an Wasser oder feste, staubförmige Stoffe, daneben an künstlich hergestellte Flüssigkeiten oder Gase —, so wurde die Anlage nicht entsprechend ihrem Zweck verwendet. Man kann dann die Anwendung von RLG 33 einfach ablehnen, weil die Anlage gemäss RLG für den Transport von Brenn- und Treibstoffen konzessioniert ist, aber anderweitig gebraucht wurde.

32   Da RLG 33 die beförderten Stoffe nicht umschreibt und RLG 1 I nur auf den *Zweck* einer Anlage abstellt und nicht auf ihre *tatsächliche Verwendung*[31], widerspricht es dem Gesetzestext nicht, die Haftpflicht nach RLG 33 auch anzuwenden, wenn im konkreten Fall nicht Brenn-

---

[31] Dies entspricht dem Hauptzweck des Gesetzes, nämlich der Regelung von Konzession, Aufsicht, Bau und Betrieb von Rohrleitungsanlagen.

oder Treibstoffe, sondern andere Güter mit oder ohne ähnlich gefährliche Eigenschaften transportiert wurden [32].

Gegen diese Lösung spricht aber, dass Rohrleitungsanlagen, die für den Transport anderer gefährlicher Stoffe bestimmt sind, keiner Gefährdungshaftung unterstehen. Für solche in Rohrleitungen transportierten Stoffe gälte dann eine Gefährdungshaftung, wenn sie in einer Anlage nach RLG transportiert werden, nicht aber bei Verwendung einer für sie konzipierten Anlage. Das erscheint nicht als sinnvoll.

Gestützt darauf ist die Anwendung von RLG 33 auf Transporte anderer gefährlicher Stoffe als flüssige und gasförmige Brenn- und Treibstoffe in einer dem RLG unterstellten Anlage abzulehnen.

Werden in einer solchen Anlage Stoffe *ohne* die gefährlichen Eigenschaften der Brenn- oder Treibstoffe transportiert, so ist dementsprechend RLG 33 auch nicht anzuwenden. Eine Ausnahme gilt, wenn der Transport solcher Stoffe dem Betrieb mit flüssigen oder gasförmigen Brenn- oder Treibstoffen dient, insbesondere für die Reinigung oder Dichtigkeitsprüfungen (vgl. hinten N 101).

3. Bei *Rohrleitungsanlagen für den Transport anderer Güter als Brenn- und Treibstoffen* kann sich das Problem des Auseinanderfallens von Zweck und Verwendung der Anlage ebenfalls stellen, wenn damit flüssige oder gasförmige Brenn- oder Treibstoffe im Sinne von RLG 1 I und RLV 4 transportiert werden. Dazu wäre eine Konzession nach RLG nötig. Es handelt sich also um eine konzessionspflichtige Rohrleitungsanlage, die ohne Konzession — sonst stellt sich das Problem nicht — betrieben wird; RLG 33 ist anwendbar.

Wie hinten (N 72) dargelegt wird, stellt die Konzession keine Voraussetzung der Haftpflicht nach RLG 33 dar. Diese Norm findet daher auf den zur Diskussion gestellten Fall Anwendung.

bb) Technisches Kriterium

Die Umschreibung der in Frage stehenden Rohrleitungen nach der Art des beförderten Gutes wird in RLG 1 II durch zwei zusätzliche alternative Voraussetzungen ergänzt:

---

[32] Die Frage, ob in die Konzession die Auflage aufgenommen werden kann, keine anderen als die im RLG oder in der RLV erwähnten Stoffe zu transportieren, ist haftpflichtrechtlich irrelevant und kann hier offengelassen werden. Immerhin sei erwähnt, dass RLG 3 II andere als dem Abs. 1 entsprechende Auflagen ausschliesst und dass dort auf den Transport anderer Güter nicht Bezug genommen wird (vgl. auch RLG 45 I).

39 Entweder müssen Durchmesser und Betriebsdruck der Leitung eine vom Bundesrat festzusetzende Grösse überschreiten. Die näheren Angaben dazu finden sich in RLV 5 [33, 34].

40 Oder die Rohrleitung muss die Landesgrenze überschreiten. Dann sind Durchmesser und Betriebsdruck ohne Bedeutung für die Unterstellung unter das RLG, ausser bei Verteilleitungen von Stadtgas im engeren Wirtschaftsgebiet eines Gasversorgungsunternehmens. Wenn eine solche Leitungsanlage, die die Landesgrenze überschreitet, die Kriterien von Durchmesser und Betriebsdruck für innerschweizerische Netze erreicht, untersteht sie, soweit sie sich in der Schweiz befindet, dem RLG.

41 Erfüllt eine Rohrleitungsanlage die technischen Kriterien nicht, so fällt sie unter die Regelung von RLG 41–43: «Rohrleitungen unter Aufsicht der Kantone». Haftpflicht- und versicherungsmässig ist dies irrelevant: RLG 33–40 finden auch auf Rohrleitungen Anwendung, die unter der Aufsicht der Kantone stehen.

42 Die Länge einer Rohrleitung gehört nicht zu den technischen Kriterien. Der Bundesrat kann aber Rohrleitungen von geringer Länge vom Gesetz ausnehmen (RLG 1 IV) und ist selbst kompetent, bei diesbezüglichen oder anderen Meinungsverschiedenheiten betreffend den Geltungsbereich des Gesetzes zu entscheiden [35].

cc) Die dem Betrieb dienenden Einrichtungen

43 Das Gesetz gilt nicht nur für die eigentlichen Rohrleitungen, sondern ist auch auf die dem Betrieb dienenden Einrichtungen wie Pumpen und Speicher (RLG 1 I) anzuwenden. Eine Rohrleitung kann nur betrieben werden, wenn neben dem eigentlichen Rohrleitungsstrang Pump- und Tankanlagen zur Verfügung stehen [36]. Namentlich die *Tank-*

---

[33] Bei der blossen Ausnützung des Gefälles zum Transport entsteht in der Leitung auch ein Druck, so dass das RLG gegebenenfalls auf solche Leitungen auch anwendbar ist.

[34] Die Voraussetzungen der Unterstellung einer Leitung unter das Gesetz können nach dessen Buchstaben dadurch umgangen werden, dass zwei Leitungen mit geringerem Durchmesser nebeneinander verlegt werden. Haftpflichtrechtlich hat dies keine Konsequenzen, weil nach RLG 41 die Haftpflichtregelung von RLG 33 auch auf solche Leitungen Anwendung findet (vgl. hinten N 41).

[35] Die Meinungsverschiedenheiten in bezug auf die Anwendung von RLV 4–6 entscheidet nach RLV 7 die Aufsichtsbehörde.

[36] Vgl. KÜCHLER 35; vgl. auch Sicherheits-VO 1 II.

I. Grundlagen § 30

anlagen fallen aber nur unter das Gesetz, wenn sie für den Betrieb der Rohrleitung notwendig sind, d. h. wenn sie deren Betrieb dienen und nicht umgekehrt. Ist der Tank die Hauptsache, die Rohrleitung nur die ihm dienende Nebensache, so fehlt die Bundeskompetenz; denn BV 26bis spricht nur von Rohrleitungsanlagen [37].

b) Negative Abgrenzung: Vom Gesetz ausgenommene Rohrleitungen

RLG 1 IV sieht, wie bereits erwähnt, vor, dass der Bundesrat Rohrleitungen von *geringer Länge* vom Gesetz ausnehmen kann. Aufgeführt werden Rohrleitungen, die Bestandteil einer Einrichtung zur Lagerung, zum Umschlag, zur Aufbereitung oder zur Verwertung von Brenn- und Treibstoffen bilden. RLV 6 legt die Details fest und nimmt insbesondere, wie im ElG dessen Art. 41, die Hausinstallationen vom RLG aus. 44

Umstritten ist die Unterstellung von *Öltanks,* die der Verwendung von Öl in einzelnen Häusern oder Hauskomplexen dienen [38]. Der Öltank und die Leitung zwischen ihm und dem Ölbrenner dienen hier direkt der Verwertungsanlage, meistens einer Raumheizung, und nicht umgekehrt, die Heizungsanlage und der Tank der Rohrleitung [39]. Daher unterstehen Haustanks und die Leitungen zwischen ihnen und dem Brenner nicht dem RLG. Sie sind nicht an grosse Leitungsanlagen angeschlossen und unterscheiden sich dadurch von den Installationen für gasförmige Brennstoffe, bei denen die Hausinstallationen, wie erwähnt, ausdrücklich ausgenommen sind. 45

---

[37] Vgl. Botsch. RLG 811 f. Ein Grund für die Unterstellung von Rohrleitungsanlagen unter die Kompetenz des Bundes war der Umstand, dass Rohrleitungen meistens Kantonsgrenzen kreuzen und Anfang und Ende sich kaum je im gleichen Kanton befinden. Dies trifft für Tankanlagen, Raffinerien usw. nicht zu.

[38] Für die Unterstellung GASSMANN-BURDIN 177 f.; dagegen Botsch. RLG 812 und KÜCHLER 37.

[39] Nach RLG 1 I dienen Rohrleitungen zur Beförderung von Erdöl, Erdgas usw. und unterstehen dem Gesetz auch die diesem Transportbetrieb dienenden Einrichtungen. Aus RLG 1 und RLV 6 I geht deutlich hervor, dass (Zusatz-)Einrichtungen nur dem RLG unterstehen, wenn sie mit einer Rohrleitung verbunden sind, die das Betriebsareal um mehr als 100 m überschreitet, was bei «privaten» Öltanks kaum je zutreffen wird. Rohrleitungen, die in einem Flughafen zwischen einem Tank und einer Anzapfstelle verlegt sind, bilden Bestandteil einer Einrichtung zur Verwertung von Flugbenzin und fallen daher unter RLV 6 I, sofern sie das Areal des Flughafens nicht um mehr als 100 m überschreiten.

§ 30   Haftpflicht für Rohrleitungsanlagen

c) Bedeutung des Plangenehmigungsverfahrens

46   Nach RLV 6 III legt die Aufsichtsbehörde[40] bei der Plangenehmigung Anfang und Ende der dem Gesetz unterstehenden Anlage fest. Diese Punkte sollen sich bei Schiebern oder andern geeigneten Installationen befinden. Mangels anderer brauchbarer Kriterien drängt sich auf, die dabei getroffene Abgrenzung auch haftpflichtrechtlich als massgebend und für den Zivilrichter als verbindlich zu betrachten.

d) Haftpflichtrechtliche Würdigung des Geltungsbereiches (in sachlicher Hinsicht)

47   Der Geltungsbereich des gesamten RLG und damit auch seiner Haftpflichtnormen ist wesentlich bestimmt durch den Hauptzweck des Gesetzes: die Regelung von Konzession, Bau, Betrieb und Aufsicht bei Rohrleitungsanlagen, daneben aber auch durch den Wortlaut von BV 26bis.

48   Dieses letztere Element ist für den haftpflichtrechtlichen Bereich nicht von Bedeutung, da der Bund gestützt auf BV 64 II für die Gesetzgebung auf allen Gebieten des Zivilrechts zuständig ist.

49   Materiell betrachtet, drängt sich die Beschränkung der strengen Haftpflicht für Brenn- und Treibstoffe auf *Rohrleitungsanlagen* im Sinne des RLG und der RLV nicht ohne weiteres auf. Die Gefahren der flüssigen und gasförmigen Brenn- und Treibstoffe dürften zwar grösser sein, wenn sie sich in Rohrleitungen befinden als z. B. in Tanks zum Umschlag und zur Lagerung, zur Aufbereitung oder zur Verwertung, wenn die damit verbundenen Rohrleitungen das der Einrichtung dienende Areal um nicht mehr als 100 m überschreiten (RLV 6 I). Undichtigkeiten sind namentlich in erdverlegten Rohrleitungen schwerer kontrollierbar als in Tanks. Das Transportgut wird in den Leitungen durch Pumpen vorwärts getrieben, und ein Leck kann daher unbemerkt zum Austritt von relativ grossen Mengen von Brenn- und Treibstoffen führen. Man kann sich aber fragen, ob diese und andere Unterschiede zwischen der Sicherheit bei Rohrleitungen einerseits und bei Lagerung oder Verwendung und Aufbewahrung von solchen Brenn- und Treib-

---

[40] Die Aufsicht obliegt nach RLG 17 dem Bundesrat. Über die Genehmigung eines Planes entscheidet aber nach RLG 23 das Eidg. Verkehrs- und Energiewirtschaftsdepartement, so dass dieses als die in RLV 6 III erwähnte Aufsichtsbehörde zu betrachten ist.

stoffen anderseits die wesentlich schärfere Haftung bei Rohrleitungen zu begründen vermögen. Der grosse Unterschied in der Gefährdung dürfte zwischen flüssigen oder gasförmigen Brenn- und Treibstoffen und anderen Stoffen bestehen und nicht zwischen Brenn- und Treibstoffen in Rohrleitungen und solchen in Tanks, Verarbeitungs- und Verwertungsanlagen. Es wäre wohl besser, wenn der Gesetzgeber davon abkäme, Gefährdungshaftungen als Anhängsel an Administrativgesetze einzuführen.

2. In persönlicher Hinsicht

a) Kreis der Haftpflichtigen

Jedermann kann Haftungssubjekt sein. Allein für Bund und Kantone könnte dies in Frage gestellt werden; denn der Staat haftet nach dem Legalitätsprinzip nur, wenn ein Gesetz dies ausdrücklich vorsieht[41]. Dies trifft zu für SVG 73 I, SSG 27 III, GSG 36 IV und ElG 27 I. Trotzdem ist auch hier davon auszugehen, dass auch Bund und Kantone, wenn sie die Voraussetzungen eines Haftungssubjektes nach RLG 33 erfüllen, dieser Haftpflichtnorm unterstehen, genau gleich, wie KHG 3 für sie gilt, wenn sie Inhaber einer Kernanlage sind[42], oder EHG 1, wenn sie Inhaber eines dem Gesetz unterstellten Transportmittels sind[43]. Die Unterstellung von Bund und Kantonen unter das RLG ergibt sich im übrigen indirekt aus RLG 35 V, wonach sie nicht versicherungspflichtig sind[44]. 50

b) Kreis der Geschädigten

Wie im schweizerischen Recht allgemein[45] können sich auch Personen auf RLG 33 ff. berufen, die mit dem haftpflichtigen Inhaber der schädigenden Rohrleitungsanlage in einem Vertragsverhältnis stehen, 51

---

[41] Vgl. THOMAS FLEINER-GERSTER, Grundzüge des allgemeinen und schweizerischen Verwaltungsrechts (2. A. Zürich 1980) § 34 N 21 ff.; IMBODEN/RHINOW, Verwaltungsrechtsprechung, Besonderer Teil (5. A. Basel und Stuttgart 1979) Bd. II Nr. 105 B II.
[42] Vgl. § 29 N 83.
[43] Vgl. § 27 N 9.
[44] Vgl. KÜCHLER 58, 93.
[45] Im Gegensatz z. B. zum österreichischen Recht; vgl. vorn N 22.

§ 30   Haftpflicht für Rohrleitungsanlagen

also insbesondere seine Arbeitnehmer[46], aber auch Bauhandwerker, die eine Reparatur an der Rohrleitungsanlage durchführen, sowie die Eigentümer der Liegenschaften, in die die Rohrleitung auf Grund eines Dienstbarkeitsvertrages verlegt ist.

52 Eine Ausnahme von diesem Grundsatz gilt für *Schäden am Transportgut*, die nach OR zu behandeln sind (RLG 33 III)[47].

53 Über die Frage, ob auch der neben dem Inhaber nach RLG solidarisch haftende, von ihm verschiedene *Eigentümer* (RLG 33 I) sich gegenüber dem Inhaber auf RLG 33 berufen kann, wenn er selber einen Schaden erlitten hat, sagt das Gesetz nichts. Daraus könnte abgeleitet werden, dass das RLG anwendbar sei, weil es dem Eigentümer die Aktivlegitimation nicht ausdrücklich abspricht. Der solidarisch mit dem Inhaber für den gleichen Haftungsgrund haftende Eigentümer ist aber nicht Dritter im Sinne des Haftpflichtrechts. In BGE 99 II 320 (vgl. Bd. II/2 § 25 N 117) hat das Bundesgericht aus dem Umstand, dass sich das SVG über die Ansprüche unter Mithaltern eines Motorfahrzeuges ausschweigt, den Schluss gezogen, dass sie dem OR unterstehen. Diese Regelung drängt sich auch hier auf, dies um so mehr, als sonst der Eigentümer für den Schaden an seiner Rohrleitungsanlage zu Lasten der Haftpflichtversicherung vom Inhaber Ersatz verlangen könnte. Das wäre nicht sinnvoll und ergäbe unverständliche Vorteile bei der Trennung von Inhaber- und Eigentümerqualität. Die Rechtslage ist die gleiche wie nach KHG 3 IV[48].

54 Dementsprechend richtet sich auch die Haftpflicht unter mehreren Mitinhabern der gleichen Rohrleitungsanlage nicht nach RLG, sondern nach dem zwischen ihnen bestehenden Vertrag[49].

55 Dass auch der Staat sich auf RLG 33 berufen kann, wenn er geschädigt wird, ist wohl eine Selbstverständlichkeit[50].

---

[46] Regelmässig werden die Arbeitnehmer nach UVG versichert sein, so dass der Inhaber vom Haftungsprivileg nach UVG 44 profitiert: Er haftet für Betriebsunfälle nur bei Vorsatz und grober Fahrlässigkeit.
[47] Auch die Lieferung von falschem Fördergut (wenn z. B. mehrere Rohrleitungen am gleichen Ort beginnen) oder die Verspätung einer Lieferung (z. B. wegen längeren Ausfalls einer Pumpe) fallen nicht unter das RLG; es fehlt die deliktische Rechtswidrigkeit.
[48] Vgl. vorn § 29 N 84 ff.; gl. M. ohne nähere Begründung KÜCHLER 67.
[49] Vgl. die Haftung unter Mithaltern eines Motorfahrzeuges, Bd. II/2 § 25 N 117.
[50] Nach GSG 8 (vgl. auch USG 59) können die Kosten von Massnahmen der zuständigen Behörden zur Behebung einer Verunreinigung (vgl. Bd. II/1 § 23 N 30 ff.) dem Verursacher auferlegt werden. Nach GSG 36 VI sind Tatbestände, die unter das RLG fallen, von der Haftpflicht nach GSG ausgenommen; das RLG geht GSG 36 vor. Da GSG 8 aber

3. In rechtlicher Hinsicht: Verhältnis zu anderen Haftpflichtvorschriften

Es handelt sich um die Frage der Exklusivität oder Alternativität des RLG gegenüber anderen Haftpflichtnormen resp. anderer Haftpflichtnormen gegenüber dem RLG[51] oder m.a.W., gegenüber welchen Haftpflichtnormen das RLG als lex specialis zu betrachten ist oder umgekehrt. Je nachdem kann der nach RLG Haftpflichtige nur nach diesem Gesetz oder trotz des RLG nur nach einem andern Gesetz oder nach dem RLG oder auch nach einem andern Gesetz in Anspruch genommen werden. Diese Frage bekommt dadurch besonderes Gewicht, dass bei der RLG-Haftung eine obligatorische Haftpflichtversicherung besteht. 56

a) Ausdrückliche gesetzliche Regelungen

GSG 36 VI und MO 22 II legen den Vorrang anderer Gesetze ausdrücklich fest: Im GSG wird der Vorrang des RLG erwähnt, bei der MO aller Haftpflichtbestimmungen, also auch des RLG[52]. 57

In entsprechendem Sinne schliesst TG 1 I die Transporte durch Rohrleitungen aus. 58

b) Die anderen Haftpflichtnormen

Es ist mit der Möglichkeit zu rechnen, dass unter das RLG fallende Schadenfälle auch nach folgenden Bestimmungen die Haftpflicht des Inhabers oder des Eigentümers begründen: OR 41, 55, 58 und ZGB 679 sowie ElG 27[53]. 59

---

nicht eine Haftpflichtnorm darstellt, sondern verwaltungsrechtlicher Natur ist, gilt die Exklusivitätsbestimmung von GSG 36 VI nicht und ist GSG 8 neben dem RLG gegebenenfalls anwendbar. Das ist schon deswegen unerlässlich, weil GSG 8 sich auch auf die Abwehr unmittelbar drohender Gewässerverunreinigungen bezieht, bei denen noch kein Haftpflichttatbestand im Sinne von RLG 33 eingetreten ist.

51 Vgl. Bd. I 477 ff.; KELLER/GABI 159; STARK, Skriptum N 1019 ff.; DESCHENAUX/ TERCIER §§ 32/33 mit weiteren Hinweisen; KÜCHLER 108 ff.
52 Vgl. dazu § 32 N 144.
53 Das SVG gehört nicht hierher: Wenn ein Lastauto des Inhabers oder Eigentümers einer Rohrleitungsanlage z.B. mit einer Pumpenstation kollidiert und deshalb ein Leck in der Anlage entsteht, durch das Fördergut austritt — ein wohl eher theoretischer Fall —, haf-

aa) OR 41 und 55

60 Das RLG ist hier lex specialis und geht, wie alle Kausalhaftungen[54], OR 41 und 55 vor[55].

bb) OR 58

61 Es lassen sich kaum Schädigungen durch Rohrleitungsanlagen vorstellen, die nicht von OR 58 erfasst werden. Anderseits sind Schädigungen im Sinne von OR 58 denkbar, auf die das RLG nicht anwendbar ist. Dies trifft vor allem zu, wenn die besonderen Eigenschaften der Brenn- und Treibstoffe nicht mitgewirkt haben. Es liegt nahe, RLG 33 als lex specialis gegenüber OR 58 zu betrachten und hier die Anwendung von OR 58 auszuschliessen[56], wenn das RLG anwendbar ist.

cc) ZGB 679

62 Eigentumsüberschreitungen gemäss ZGB 679, die von einer Rohrleitungsanlage in Betrieb oder ausser Betrieb — dann aber wegen eines Mangels der Anlage oder wegen ihrer fehlerhaften Behandlung — ausgehen und mit den schädigenden Eigenschaften der transportierten Stoffe im Zusammenhang stehen, werden vom RLG erfasst. Es rechtfertigt sich daher, dessen Exklusivität anzunehmen[57]. (Das gilt aber nur, wenn das RLG grundsätzlich anwendbar ist und z.B. nicht, wenn in einer Rohrleitungsanlage giftiges Abwasser transportiert wird).

dd) ElG 27

63 Ein Schaden durch elektrischen Strom ist spezifischer Art[58] und unterscheidet sich dadurch von einem Schaden nach RLG. Die beiden Gesetze sind alternativ anwendbar[59].

---

tet die gleiche Person für den Schaden, aber *aus zwei verschiedenen Ursachen;* der Betrieb des Autos, für das der Inhaber der Rohrleitungsanlage als Halter haftet, verursacht das Leck, für das er auch als Inhaber der Rohrleitungsanlage verantwortlich ist. Es handelt sich daher nicht um das Problem des Geltungsbereiches der Haftpflichtnormen des RLG.

[54] Vgl. vorn FN 51.
[55] Vgl. KÜCHLER 108.
[56] Vgl. KÜCHLER 108 f.
[57] A. M. KÜCHLER 109.
[58] Vgl. § 28 N 102 ff.
[59] Vgl. KÜCHLER 109.

II. Subjekt der Haftpflicht[60]

A. Grundsatz

Nach RLG 33 I ist primär der Inhaber der Rohrleitungsanlage verantwortlich und neben ihm der Eigentümer, wenn sie nicht identisch sind.

64

1. Begriff des Inhabers der Anlage

Auch das EHG, das ElG, das KHG und das SSG[61] bezeichnen den Inhaber als Subjekt der Haftpflicht. Beim EHG handelt es sich um den Inhaber einer Eisenbahnunternehmung, beim ElG um den Betriebsinhaber, beim KHG um den Inhaber der Kernanlage und beim SSG den Inhaber des Betriebes oder der Anlage.

65

Während als Betriebsinhaber meistens derjenige betrachtet wird, auf dessen *Rechnung und Gefahr* ein Betrieb geführt wird und der über die dazugehörende Einrichtung und das Personal die tatsächliche *unmittelbare Verfügung* besitzt[62], steht beim Inhaber einer Anlage das tatsächliche Verhältnis zu dieser im Vordergrund: Anlageinhaber ist, wer selbständig über den Gebrauch der Anlage[63] entsprechend ihrem Zweck verfügt, wer im Detail bestimmt, was damit gemacht werden soll, welche und wessen Stoffe damit transportiert werden sollen, welche Revisionen und Reparaturen daran vorzunehmen sind. Rechnung und Gefahr treten hier, verglichen mit dem Betriebsinhaber, in den Hintergrund; die tatsächliche selbständige Verfügungsmöglichkeit über die Anlage, aber damit auch über das für ihre Bedienung angestellte Personal, erhält das entscheidende Gewicht[64].

66

---

[60] Vgl. dazu KÜCHLER 59ff.; FILTHAUT § 2 N 29ff.; KOZIOL II 416, 427f.
[61] Vgl. § 27 N 39ff.; § 28 N 62ff.; § 29 N 126ff.; § 31 N 70ff.
[62] Vgl. GASSMANN-BURDIN 184ff. mit Nachweisen.
[63] Das heisst über die baulichen Einrichtungen im weitesten Sinne des Wortes; vgl. § 29 N 132.
[64] Der Inhaber kann rein faktisch über die Sache tatsächlich (im Gegensatz zu rechtlich) verfügen. Der Begriff ist daher enger als derjenige des Besitzers, lässt sich aber mit demjenigen des unmittelbaren Besitzers vergleichen; vgl. EMIL W. STARK, Berner Kommentar Bd. IV, 3. Abt. (2. A. Bern 1984) N 3 zu ZGB 919.

67 Der Umstand, dass RLG 33 den Anlage- und nicht den Betriebsinhaber als haftpflichtig erklärt, hat nur in Zusammenhang mit dem Betriebsvertrag (vgl. hinten N 76 f.) eine gewisse Bedeutung. Abgesehen davon wird derjenige, der die tatsächliche Verfügungsmacht besitzt, den Betrieb auch auf seine Rechnung und Gefahr führen. Die Beschränkung auf den Anlageinhaber hat den Vorteil, dass ein einziger Begriff für Anlagen in Betrieb und für stillgelegte Anlagen verwendet werden kann.

68 Trifft das Kriterium der selbständigen Verfügungsmacht auf mehrere Personen zu, so sind sie Mitinhaber (vgl. dazu hinten N 87).

2. Die Haftpflicht des Eigentümers

69 Wie nach KHG 3 IV haftet auch hier der Eigentümer solidarisch mit dem Inhaber, wenn sie nicht identisch sind (vgl. dazu hinten N 84 ff.). In § 29 N 124 wurde dargelegt, dass durch die Mithaftung des Eigentümers vermieden werden soll, dass Kernanlagen von Personen ohne grosses Vermögen betrieben werden, um den Konsequenzen der betraglichen Unbeschränktheit der Haftpflicht aus dem Wege zu gehen. Diese Überlegung gilt auch hier[65].

70 RLG 14 bestimmt, dass Rohrleitungsanlagen im Eigentum des Konzessionärs stehen, sofern es nicht anders geordnet ist. Diese Regelung wird in der Botsch. zum RLG 817/18 damit erklärt, dass Leitungen nach ZGB 676 I im Zweifelsfall dem Eigentümer des Werkes gehören, von dem sie ausgehen. Wenn dieses Werk im Ausland liegt, könnten sich daraus Schwierigkeiten ergeben[66].

71 Der Eigentümer ist nicht Inhaber der Anlage und deshalb neben diesem separat verantwortlich, wenn er sie einem Dritten zum Betrieb

---

[65] Vgl. Botsch. RLG 820.

[66] Haftpflichtrechtlich bestehen keine Bedenken gegen RLG 14, da der Konzessionär ebenso leicht festgestellt werden kann wie der Eigentümer. Sachenrechtlich wird dadurch das Akzessionsprinzip aufgehoben.
RLG 14 gilt aber nur, sofern die Frage nicht anders geregelt ist. ZGB 676 III spricht davon, dass bei äusserlich nicht wahrnehmbaren Leitungen eine Leitungsdienstbarkeit durch Eintrag im Grundbuch entsteht. Wo ein solcher Eintrag vorliegt, ist er als andere Regelung des Eigentumsrechts zu betrachten und geht er RLG 14 vor. Vgl. dazu KÜCHLER 62 ff. und die dort zit. Lit. sowie über die Möglichkeit von Dienstbarkeiten auf herrenlosem Grund PETER LIVER, Dienstbarkeiten und Grundlasten, Zürcher Kommentar IV 1 (Zürich 1968) Einleitung N 22 ff.

überlassen hat, vor allem im Rahmen eines Pacht- oder Betriebsvertrages.

B. Einzelfragen

1. Die Bedeutung der Konzessionserteilung

Die Konzession ist nicht Voraussetzung der Anwendung von RLG 33. Diese Bestimmung stellt nur darauf ab, ob der Schaden durch eine Rohrleitungsanlage verursacht wurde. Die verwaltungsrechtliche Rechtmässigkeit von deren Betrieb oder auch nur Existenz ist haftpflichtrechtlich nicht von Bedeutung[67].

72

2. Wechsel des Inhabers oder des Eigentümers

Der Bundesrat kann nach RLG 8 die Konzession ganz oder teilweise auf einen Dritten übertragen. Stimmt der tatsächliche Übergang von «Rechnung und Gefahr» und insbesondere der Verfügungsgewalt zeitlich nicht genau mit dem Übergang der Konzession überein, so ist derjenige Haftungssubjekt, der im Zeitpunkt des Schadenfalles Inhaber resp. Eigentümer der Rohrleitungsanlage war[68].

73

Es ist denkbar, dass aus einem Leck der Anlage vor und nach ihrem Übergang auf einen neuen Inhaber/Eigentümer Brenn- oder Treibstoffe austreten und die Umwelt verschmutzen und dass sich nicht feststellen lässt, welcher Teil des Schadens vor resp. nach dem Übergang der Anlage verursacht wurde[69]. Es liegt nahe, dann den Schaden als eine Einheit zu betrachten und Solidarität zwischen dem alten und dem neuen Eigentümer/Inhaber anzunehmen.

74

---

[67] Das RLG rechnet mit der Möglichkeit des Betriebes einer Rohrleitung ohne Konzession; vgl. RLG 45 Ziff. 1.

[68] Daraus dürften sich keine Schwierigkeiten in bezug auf die obligatorische Haftpflichtversicherung ergeben, weil sie nach den üblichen Versicherungsbedingungen nicht eine mit Namen angegebene Person deckt, sondern den aus dem Betrieb einer bestimmten Anlage Haftpflichtigen. Wird sie aufgehoben, so ist RLG 36 (vgl. hinten N 187, 203 ff.) anzuwenden.

[69] Das ist praktisch nur von Bedeutung, wenn gleichzeitig die Versicherung gewechselt wird oder wenn deren Garantiesumme nicht ausreicht.

3. Eigentum an den schädigenden Brenn- und Treibstoffen

75 Das Eigentum an den Brenn- und Treibstoffen, die in einer Rohrleitungsanlage transportiert werden und dabei einen Schaden verursachen, ist haftpflichtrechtlich nicht von Bedeutung[70].

4. Betriebsvertrag

76 Beim Betriebsvertrag erfolgt der Betrieb nicht auf Rechnung und Gefahr derjenigen Person, die tatsächlich die Betriebsleitung selbständig ausübt[71]. Derjenige, der Rechnung und Gefahr trägt, hat die tatsächliche Betriebsleitung einem Dritten übertragen, natürlich gegen Entgelt. Er kassiert aber alle Einnahmen und bezahlt alle Ausgaben.

77 Der Umstand, dass RLG 33 die Haftpflicht nicht dem Betriebs-, sondern dem Anlageinhaber auferlegt, schliesst hier Schwierigkeiten von vornherein aus: Anlageinhaber ist derjenige, der die tatsächliche Verfügungsmacht ausübt, und zwar — im Gegensatz zu seinen Mitarbeitern — selbständig. Hier besteht aber die Besonderheit — wie im KHG —, dass der Eigentümer als solcher neben dem Inhaber haftet.

5. Pachtvertrag

78 Beim Pachtvertrag fallen Rechnung und Gefahr einerseits und die selbständige tatsächliche Verfügungsgewalt anderseits nicht auseinander. Deshalb entstehen keine Probleme: Der Pächter ist Inhaber der Anlage.

---

[70] Es ist allerdings denkbar, dass das Fördergut Eigenschaften aufweist, die den Eintritt eines Schadens begünstigen. Wenn sie dem Inhaber der Rohrleitungsanlage nicht bekanntgegeben worden waren, kann eine Haftpflicht des Erteilers des Transportauftrages gegenüber dem Geschädigten nach OR 41 oder 55 in Frage kommen. Es handelt sich dann für den Inhaber der Rohrleitungsanlage um ein Drittverschulden, das den Kausalzusammenhang nicht unterbrechen kann (vgl. hinten N 143 ff.). Daher haftet der Inhaber, wobei ihm aber ein Regressrecht gegen den Erteiler des Transportauftrages zusteht (aus Vertrag oder aus dem inneren Verhältnis bei Solidarität).

[71] Vgl. § 27 N 45; § 28 N 82; § 29 N 151; § 31 N 75.

6. Hilfspersonenhaftung

Wie vorn bereits ausgeführt worden ist, ist die bei den Kausalhaftungen allgemein geltende Haftung für Hilfspersonen, die in RLG 33 II in einem besonderen Zusammenhang noch erwähnt ist, auch hier zu bejahen. Sie ergibt sich aus dem Umstand, dass Voraussetzung der Haftung die Verursachung eines Schadens durch den Betrieb einer Rohrleitungsanlage oder einen Mangel oder eine fehlerhafte Behandlung einer nicht in Betrieb stehenden Anlage ist. Weshalb der Betrieb zu einem Schaden geführt hat, weshalb ein Mangel eingetreten und nicht behoben worden ist oder wer die Anlage fehlerhaft behandelt hat, ist nicht von Bedeutung[72]. 79

Eine Umschreibung des Begriffes der Hilfsperson drängt sich trotzdem auf, weil deren Verschulden eine an sich mögliche Entlastung wegen ausserordentlichen Naturvorgängen oder kriegerischen Ereignissen sowie wegen groben Verschuldens des Geschädigten ausschliesst (RLG 33 II). Sie ist auch nötig, weil das Verschulden der Hilfspersonen bei der sektoriellen Verteilung dem Inhaber angerechnet wird. 80

Hilfspersonen sind in erster Linie die Arbeitnehmer des Inhabers, die mit dem Betrieb zu tun haben[73], daneben aber auch alle andern Personen, deren er sich zum Betrieb seiner Rohrleitungsanlage bedient, sei es auf Grund irgendwelcher Rechtsverhältnisse oder nur auf Grund tatsächlicher Beziehungen, die zu einer Mithilfe eines Dritten führen[74]. Zu den Personen, deren sich der Inhaber zum Betrieb seiner Anlage bedient, gehören auch *selbständige Handwerker*, die mit Reparaturen der Anlage beschäftigt sind. Auch hier liegt ein Rechtsverhältnis vor. Nicht zu den Hilfspersonen zählen dagegen Inspektoren der Aufsichtsbehörde (vgl. RLG 16 ff., insbesondere 19). 81

Da im RLG das Drittverschulden keinen Entlastungsgrund darstellt (vgl. hinten N 143), dient der Begriff der Hilfsperson nicht zur Bestimmung des Dritten, dessen Verschulden zur Entlastung führen kann. Wird die Hilfsperson selbst geschädigt, so ist ihr eigenes Verschulden 82

---

[72] Deswegen können aber nicht alle Personen, die die Verursachung eines Schadens durch eine Rohrleitungsanlage veranlassen, als Hilfspersonen qualifiziert werden. Wenn ein Geistesgestörter eine Rohrleitung sprengt, haftet für den Schaden von Dritten der Inhaber; der Geistesgestörte wird meistens nicht seine Hilfsperson sein.
[73] Also z. B. nicht der angestellte Gärtner.
[74] Man denke an einen befreundeten Ingenieur, der bei einer Betriebsbesichtigung gefälligkeitshalber auf irgendeinen wichtigen Umstand hinweist.

ihr als Selbstverschulden anzurechnen. Bei der sektoriellen Verteilung ist es in diesem Fall nicht gleichzeitig dem Anlageinhaber zu belasten[75].

83 Ein eventuelles Verschulden einer Hilfsperson hat auch insofern Bedeutung, als es dem Inhaber den Regress auf die Hilfsperson erlaubt; denn die Hilfspersonenhaftung ist hier keine kausale Freistellungshaftung (vgl. hinten § 32 N 77). Die Frage stellt sich ausser bei grober Fahrlässigkeit oder Vorsatz nur, wenn die persönliche Haftpflicht der Hilfspersonen nicht in die Haftpflichtversicherung des Betriebes eingeschlossen ist[76].

7. Mehrheit von aus RLG 33 Haftpflichtigen

a) Inhaber und Eigentümer

84 Wie vorn N 69 erwähnt, haftet der Eigentümer solidarisch mit dem Inhaber der Anlage, wenn keine Personalunion besteht.

85 Das RLG sagt wie das KHG nichts über das *interne Verhältnis* zwischen den beiden. Hier ist zu berücksichtigen, dass der Eigentümer jeweils nur ein «Ersatzhaftpflichtiger» ist wegen der Möglichkeit, dass der Inhaber über wenig eigene Mittel verfügt. Daraus ergibt sich, dass dem Eigentümer im internen Verhältnis der volle Regress auf den Inhaber einzuräumen ist, wenn den Eigentümer oder eine seiner Hilfspersonen nicht ein Verschulden trifft, das den Regress reduzieren kann. Wenn der Inhaber über wenig eigene Mittel verfügt und die Garantiesumme der Versicherung nicht ausreicht, trägt so der Eigentümer das Risiko der Zahlungsunfähigkeit des Inhabers, was der ratio legis der Mithaftung des Eigentümers entspricht. Mehr ist nicht notwendig und auch nicht geboten.

86 Vertraglich kann selbstverständlich eine abweichende interne Verteilung des Schadens vorgesehen werden.

---

[75] Vgl. Bd. II/2 § 25 N 71 betreffend das Verhältnis Halter/Lenker in der Motorfahrzeughaftpflicht.

[76] In den üblichen Versicherungsbedingungen ist nur die persönliche Haftpflicht von Angestellten und Arbeitern eingeschlossen, nicht aber diejenige anderer Hilfspersonen, z. B. selbständiger Unternehmer. Das Regressrecht gegen diese kann daher auch bei leichter Fahrlässigkeit praktisch eine Rolle spielen.

b) Mehrere Mitinhaber

Auch hier herrscht im externen Verhältnis der Grundsatz der Solidarität. Normalerweise wird über die interne Verteilung eines Schadens eine vertragliche Vereinbarung vorliegen. Wenn dies nicht zutrifft, liegt Haftung zu gleichen Teilen nahe, wenn nicht beteiligte Verschulden eine andere Quote rechtfertigen. Dabei hat sich jeder Mitinhaber das Verschulden *seiner* Hilfspersonen anrechnen zu lassen. 87

III. Voraussetzungen der Haftpflicht

A. Positive Voraussetzungen: Verursachung des Schadens durch den Betrieb einer Rohrleitungsanlage oder durch eine Rohrleitungsanlage ausser Betrieb.

1. Schaden

RLG 33 I erwähnt, wie ElG 27, EHG 1/11, SVG 58 und MO 23 — im Gegensatz zu MO 22 I — ausdrücklich, dass der Personen- und der Sachschaden zu ersetzen sei. Auch hier[77] stellt sich daher das Problem, ob für *Vermögensschäden i. e. S.* das RLG anwendbar sei oder nicht, und wenn nicht, ob für sie im Anwendungsbereich des RLG keine ausservertragliche[78] Haftpflicht bestehe oder das OR resp. das ZGB gelte. 88

Man kann sich kaum vorstellen, dass durch eine Rohrleitungsanlage ein widerrechtlicher Vermögensschaden i. e. S. verursacht wird. Namentlich kann eine Gewässerverschmutzung[79] nicht als Beispiel dafür betrachtet werden, obschon ein Gewässer sachenrechtlich nicht als 89

---

[77] Vgl. Bd. II/2 § 25 N 297 ff.; Bd. II/3 § 27 N 75 ff.; § 28 N 123; § 32 N 198 ff.
[78] Vgl. zur vertraglichen Haftung für Vermögensschäden i. e. S. vorn FN 47.
[79] Wenn herrenloser Boden verschmutzt wird und wegen der Gefahr einer Gewässerverschmutzung ausgebaggert werden muss, handelt es sich um einen Anwendungsfall von GSG 8.

Sache betrachtet wird. An öffentlichen Gewässern besteht kein Eigentumsrecht, und seine Verschmutzung kann daher nicht als Verletzung des Rechtsgutes Eigentum qualifiziert werden[80]. Es entsteht auch kein Schaden im Sinne der Differenztheorie[81], ausser, das Gewässer werde auf diese oder jene Art genutzt: als Lebensraum für Fische, als Basis für eine Trinkwasserversorgung, für den Schiffsverkehr usw. Wenn daraus Sachschaden entsteht, indem z. B. Schiffe, Landestege oder Ufermauern verschmutzt werden oder eine Trinkwasserversorgung nicht mehr benutzt werden kann, stellt sich unser Problem nicht. Dies ist nur der Fall, wenn die Gewässerverschmutzung scheinbar ausschliesslich zu einem Vermögensschaden i. e. S. führt, wenn z. B. eine Badeanstalt wegen Gefährdung der Gesundheit der Badenden geschlossen werden muss. Richtigerweise wird aber das Gewässer als solches als Rechtsgut betrachtet, d.h. als rechtlich geschützte Sache. Seine Verschmutzung stellt bei privaten Gewässern eine Verletzung des Eigentumsrechts dar, bei öffentlichen gemäss ZGB 664 eine Verletzung des Hoheitsrechts des Staates[82]. Die sachenrechtliche Überlegung, dass fliessendes Wasser nicht als Sache zu betrachten sei[83], kann hier nicht massgebend sein.

90 Die Frage, ob neben den Personen- und den Sachschäden auch die Vermögensschäden i. e. S. nach RLG 33 zu ersetzen seien, dürfte daher ohne praktische Bedeutung sein.

2. Begriff der Rohrleitungsanlagen

91 Dazu ist auf die Ausführungen über den sachlichen Geltungsbereich des RLG (vorn N 26 ff.) zu verweisen.

---

[80] Vgl. Bd. II/1 § 23 N 89ff.; ARTHUR MEIER-HAYOZ, Berner Kommentar (5. A. Bern 1981) N 125 ff. System.Teil zu ZGB 641 ff.

[81] Bd. I 54; EMIL W. STARK, Zur Frage der Schädigung ohne Vermögensnachteile, FS Max Keller (Zürich 1989) 311 ff.; BREHM, Berner Kommentar, N 70 zu OR 41.

[82] Vgl. Bd. II / 1 § 23 N 123ff.; LOREZ/ WIEGAND 81; A. KELLER I 270. KÜCHLER 45 zieht demgegenüber aus der Tatsache, dass das RLG nach den Materialien (Botsch. RLG 808; Sten.Bull. NR 1962, 711 ff.) die Gewässerverschmutzungen einbeziehen sollte, den Schluss, dass darunter ein Sachschaden in einem weiteren Sinn zu verstehen sei, d. h. dass das Wort «Sachschaden» in RLG 33 auch die Vermögensschäden umfasse. Damit wird aber der Begriff des Sachschadens uferlos ausgedehnt, was mit der herrschenden Lehre nicht zu vereinbaren ist.

[83] Vgl. MEIER-HAYOZ, zit. vorn FN 80, N 125 des System. Teils zu ZGB 641 ff.

3. Verursachung

a) Kausalzusammenhang

Der Schaden muss nach dem Wortlaut des Gesetzes durch den Betrieb oder einen Mangel oder eine fehlerhafte Behandlung einer nicht in Betrieb stehenden Rohrleitungsanlage *adäquat verursacht* worden sein[84]. Wir haben es also mit zwei[85] Haftungsarten zu tun, die sich durch ihre Ursachen unterscheiden. Entweder ist der *Betrieb* einer Rohrleitungsanlage die Ursache eines Schadens; dann gilt die in RLG 33 zuerst statuierte Gefährdungshaftung. Oder die Ursache liegt, wenn der Betrieb keine Rolle gespielt hat, in einem *Mangel* oder in einer *fehlerhaften Behandlung* der Anlage; dann findet die zweite Kausalhaftung Anwendung, die als subsidiär bezeichnet werden kann.

92

b) Schäden durch den Betrieb einer Rohrleitungsanlage

1. Auch beim RLG geht es, wie z. B. beim EHG[86], um den *Betrieb im technischen Sinne*. Der wirtschaftliche Komplex einer Rohrleitungsfirma, also die ganze Verwaltung inkl. Büroarbeiten, den man als Betrieb im gewerblichen Sinne bezeichnen kann, stellt nicht den massgebenden Anknüpfungspunkt der Haftung nach RLG dar. Diese wird vielmehr dadurch gerechtfertigt, dass durch technische Anlagen mit Rohrleitungen, Pumpen und Tanks Stoffe befördert werden, die Wasser- und/oder Luftgifte darstellen und ausserdem z. T. leicht entzündbar und explosibel sind. Die Gefährdung ergibt sich aus der Verbindung dieser Eigenschaften der beförderten Stoffe mit den technischen Anlagen. Zu erwähnen ist der grosse Druck in den Rohrleitungen, der zur Folge hat, dass eine schwache Stelle — z. B. eine schlechte

93

---

[84] Das Gesetz enthält keine Regelung für den Fall, dass eine Anlage sich im Zeitpunkt des Schadenfalles in Betrieb befindet, aber der Schaden nicht durch den Betrieb, sondern unabhängig davon durch einen Mangel oder eine fehlerhafte Behandlung der Anlage verursacht wird. Es ist sehr zweifelhaft, ob ein solcher Ablauf überhaupt möglich ist. Sollte es doch einmal der Fall sein, drängt es sich auf, die Haftung für Mängel und fehlerhafte Behandlung auch auf Anlagen in Betrieb auszudehnen.

[85] Oder drei, wenn man die Mängel- und die Behandlungshaftung als zwei verschiedene Haftungsarten betrachtet. Sie sind aber sehr nah miteinander verwandt, und in den folgenden Ausführungen werden sie daher als *eine* Haftungsart aufgefasst.

[86] Vgl. vorn § 27 N 90 ff., wo dargelegt wird, dass die Gerichtspraxis insbesondere beim EHG in dieser Beziehung gewisse Unsicherheiten gezeigt hat.

§ 30　　　　Haftpflicht für Rohrleitungsanlagen

Schweissnaht[87] — sich leicht in ein Leck verwandelt, durch das innert kurzer Zeit viel Fördergut entweichen kann. Da die Leitungen sehr lang sein können, ist auch viel Material vorhanden, das aus dem Leck austreten kann, bevor die Schieber geschlossen werden. Dazu kommt, dass die Weitläufigkeit der Anlagen ihre Verwundbarkeit[88] erhöht und ihre Kontrolle [89] erschwert[90].

94　Die Gefährdung ist eindeutig grösser, wenn das Fördergut sich in Bewegung befindet, als wenn es stilliegt. Das ergibt sich aus dem Druck, mit dem die zu befördernden Stoffe durch die Leitung gepresst werden und aus der dadurch bedingten grossen Menge gefährlicher Stoffe, die bei einem Leck pro Zeiteinheit austreten kann. Wenn das Fördergut stilliegt, weil die Pumpen abgeschaltet[91] und die Schieber geschlossen sind, fehlt ein wesentlicher Faktor der Gefährlichkeit solcher Anlagen. Die menschliche Unzulänglichkeit ist zwar die gleiche, ob

---

[87] Eine einzige ungenügende Schweissnaht kann zu einem schweren Schaden führen, wenn sie nicht frühzeitig erkannt wird. Daher werden beim Verlegen der Leitungen alle Schweissnähte durch Röntgenaufnahmen kontrolliert.
Auch die Verdünnung der Leitungswand durch einen Pickelhieb bei Bauarbeiten in der Nähe einer Rohrleitung, der sie zwar nicht durchschlägt, aber doch eine Kerbe von z. B. 1 mm Tiefe verursacht, führt zu Spannungsspitzen und einer Werkstoffverfestigung und damit zu einer Aufhärtung der Kerbensohle. Diese hat eine Schwäche der Leitung zur Folge, wie das Bundesamt für Energiewirtschaft in einer Verfügung vom 7. Juni 1984 dargelegt hat.
Zu erwähnen ist auch der Umstand, dass durch das Gewicht sehr schwerer Baumaschinen eine Rohrleitung beschädigt werden kann. So hat ein Bagger mit einem Leergewicht von 75 t durch seinen Druck auf das Erdreich den Bruch einer Gasleitung verursacht. Das austretende Gas entzündete sich und führte zu einem Brand des Baggers.

[88] Der grösste Feind der Leitungen ist der Mensch, der in ihrer Nähe Bauarbeiten durchführt. Die Inhaber von Rohrleitungsanlagen kontrollieren daher ihre Leitungsstrecken periodisch in relativ kurzen zeitlichen Abständen, u. a. um von ihnen nicht gemeldeten Bauarbeiten in der näheren Umgebung der Leitung frühzeitig Kenntnis zu erhalten. Weder die Meldepflicht der Baubehörden noch dieses Abschreiten, Abfahren oder Überfliegen (mit Helikoptern) der Leitungen geben aber immer einen genügenden Schutz; man denke z. B. an Schützenlöcher, die von Soldaten innert kurzer Zeit ausgehoben werden. Man verlegt daher über der Leitung in die Erde farbige Plastikbänder, deren Aufschriften auf die Rohrleitung und die mit ihrer Beschädigung verbundenen Gefahren hinweisen.

[89] Moderne technische Mittel erlauben es, von der Erdoberfläche her Schwachstellen frühzeitig zu erkennen.

[90] Dass die Leitungen mit einem kathodischen Schutz gegen eine Schädigung durch elektrische Ströme versehen sind, ist wohl eine Selbstverständlichkeit.

[91] In Gefällstrecken braucht es keine Pumpen; das Fördergut bewegt sich auf Grund seines Gewichtes von selbst, wenn die Schieber geöffnet werden. Auch Erdgas kann in der Schweiz weitgehend ohne Pumpen befördert werden; der Druck, mit dem es an der Grenze geliefert wird, genügt für den weiteren Transport.

III. Voraussetzungen der Haftpflicht § 30

sich die Anlage in Betrieb befindet oder nicht; sie führt aber zu weniger bedeutenden Schädigungswahrscheinlichkeiten. Die Betriebshaftung entfällt daher, wenn die Anlage stillsteht; der Inhaber haftet aber doch bei Mängeln oder fehlerhafter Behandlung der Anlage.

Der *typische Betriebsunfall* tritt ein, wenn die transportierten Stoffe aus irgendeinem Grund entweichen können und die Umwelt verschmutzen oder zu Brand- oder Explosionskatastrophen führen [92]. 95

Der Umstand, dass schwere Schadenfälle in der Schweiz bisher nicht eingetreten sind, spricht nicht gegen die mit einer Rohrleitungsanlage verbundene Gefährdung [93], weil ein Schaden, wenn er eintritt, ungemein gravierend sein kann [94]. Diese Gefährdung würde an sich ein Verschulden darstellen, weil sie nicht beherrscht werden kann [95]. Wegen des allgemeinen Interesses an Rohrleitungen werden diese vom Gesetzgeber ent-schuldigt, wobei er aber als «Kompensation» dem Geschädigten eine Gefährdungshaftung zur Verfügung gestellt hat (vgl. vorn N 8) [96]. 96

---

[92] Man denke an den nach Zeitungsmeldungen in Russland passierten Fall, bei dem in einer Geländemulde Gas, das schwerer war als Luft, bei sehr ruhigem Wetter aus einer Rohrleitung austrat. Deshalb bildete sich in der Geländemulde ein «Gas-See», der dann durch eine Eisenbahn entzündet wurde.
Im westsibirischen Gebiet Tjumen sind nach einer Meldung der amtlichen sowjetischen Nachrichtenagentur Tass wegen des Bruches einer Ölleitung infolge Metallkorrosion rund 400 t Öl ausgelaufen. Dieses hat sich an mehreren Stellen entzündet und zu einer schweren Umweltverschmutzung geführt; vgl. NZZ Nr. 163 vom 17. Juli 1990, S. 9.

[93] Wir verdanken dies wohl wesentlich den strengen Vorschriften des Eidg. Rohrleitungsinspektorates und des Bundesamtes für Energiewirtschaft sowie der grossen Sorgfalt der schweizerischen Rohrleitungsunternehmer. Aber menschliche Unzulänglichkeiten sind trotzdem möglich.

[94] Im Vordergrund steht also das zweite Merkmal einer grossen Gefährdung im Sinne von Bd. I 20, d. h. «die Wahrscheinlichkeit, dass eine Anomalie der betreffenden Vorrichtung oder Tätigkeit quantitativ oder qualitativ schwere Folgen zeitigt».

[95] Es werden zwar, wie soeben dargelegt, sehr gründliche und aufwendige Kontrollen laufend durchgeführt. Diesem Umstand dürfte es zu verdanken sein, dass RLG 33 I bisher in seinem Dornröschenschlaf nicht gestört wurde. Wenn nur solch intensive Bemühungen zur unerlässlichen Sicherheit führen, hängt diese vom Menschen und seiner Zuverlässigkeit ab, die bekanntlich nie lückenlos sichergestellt werden kann. Daraus ergibt sich in Anbetracht des sehr grossen Ausmasses der Schäden, die eintreten können, die hohe Gefährdung.

[96] Es zeigt sich hier, dass die Gefahr nicht nur von der technischen Anlage bewirkt wird. Diese allein wäre, wenn sie richtig betreut wird, eigentlich nicht besonders gefährlich. Wenn die Überwachung aber Mängel aufweist, die normalerweise auf menschliche Unzulänglichkeiten zurückzuführen sind, können grosse Schäden entstehen oder m. a. W., ein kleiner Umstand kann ungemein schwerwiegende Folgen haben.
Zur *Illustration* sei z. B. erwähnt, dass man heute Ölleitungen 24 Std. pro Tag elektronisch überwacht und auf abnorme Druckdifferenzen zwischen zwei Messstellen sofort

§ 30   Haftpflicht für Rohrleitungsanlagen

97 2. Da die gefährliche Natur des beförderten Stoffes einen entscheidenden Punkt in der Gefährdung darstellt — nur bei gefährlichem Fördergut stellen grosse Leitungsanlagen eine besondere Gefahr dar; Wasserleitungen unterstehen daher nicht dem RLG — ist sie auch massgebend für die Betriebsgefahr[97]. *Betriebsunfälle* liegen an sich nur vor, wenn diese gefährliche Natur sich auswirkt. Dabei gilt aber auch hier der auch die übrigen Gefährdungshaftungen beherrschende Grundsatz, dass im Zweifelsfall ein Betriebsunfall anzunehmen ist[98].

98 In ähnlicher Weise verlangt das deutsche Recht als Ursache eine Einwirkung des gefährlichen Stoffes. Dann gilt die sog. *Wirkungshaftung*. Demgegenüber spricht man in Deutschland von einer Zustandshaftung, wenn das Vorhandensein der Anlage Haftungsursache ist[99].

99 3. Eine wesentliche Konsequenz der technischen Interpretation des Betriebsbegriffes zeigt sich bei Unfällen *am Anfang oder Ende der Anlage*. Gleich wie sich bei den Fahrzeugen die Frage stellt, ob Unfälle beim Ein- und Aussteigen unter die Gefährdungshaftung fallen, ist hier zu entscheiden, ob Unfälle bei der Löschung der Ladung eines Tankschiffes in eine Rohrleitungsanlage[100], z.B. Ausfliessen von Transportgut, das die Kläranlage verschmutzt, unter das RLG fallen. Das analoge Problem stellt sich am Ende der Leitung, wenn die transportierten Stoffe z.B. in Last- oder Eisenbahnwagen gepumpt werden.

100 Aus dem technischen Betriebsbegriff ergibt sich, dass solche Schadenfälle nicht unter das RLG fallen. Die spezifische Erhöhung der Gefahr, die mit flüssigen oder gasförmigen Brenn- und Treibstoffen

---

reagiert, weil sie auf eine Undichtigkeit hinweisen können. Nachts wird Alarm ausgelöst, wenn der den Betrieb überwachende Operateur einen der periodisch erfolgenden Telefonanrufe nicht abnimmt, weil er z.B. verunfallt oder bewusstlos geworden ist. Wenn ein Schieber geschlossen wird, entsteht durch das fliessende Öl, namentlich bei Gefälle, ein starker Druck. Ein Teil des Öls wird daher durch ein Ventil automatisch in einen besonderen Tank abgeleitet, der in einer Betonwanne steht. Auf die Kontrolle der Leitungen und ihrer Umgebung sowie auf ihre kathodische Sicherung ist bereits hingewiesen worden. Im übrigen weisen die Leitungen eine so grosse Elastizität auf, dass sie auch bei einem beträchtlichen Durchhang wegen Wegschwemmens der Unterlage kaum reissen. An schwierigen Stellen in den Alpen werden die Leitungen durch Felsstollen geführt, die begangen werden können.

[97] Es liegt eine Parallele vor zur ElG-Haftung, die bei richtiger Betrachtungsweise auch nur angewendet wird, wenn die Anlage Strom führt; vgl. vorn § 28 N 132 ff.
[98] Vgl. Bd. II/2 § 25 N 340.
[99] Vgl. vorn N 21; FILTHAUT § 2 N 16 ff., 20a ff.
[100] Das heisst in einen Tank des Inhabers der Rohrleitungsanlage, von dem die Rohrleitung ausgeht.

ihrer Natur nach immer verbunden ist, durch die besonderen Faktoren der Rohrleitung (schwere Kontrollierbarkeit, durch Pumpen verursachter Druck) fehlt hier. Zwar werden auch Pumpen eingesetzt; aber die Leitungen liegen offen zutage und sind leicht kontrollierbar. Ein Leck kann sofort erkannt werden. Die vom Gesetz gezogene Grenzlinie der Gefährdungshaftung (vgl. vorn N 49) schliesst deren Anwendung beim Einfüllen und Umfüllen in andere Transportmittel aus.

4. Wenn eine Rohrleitungsanlage mit Stoffen, die keine flüssigen oder gasförmigen Brenn- oder Treibstoffe sind, *gereinigt oder auf ihre Dichtigkeit geprüft* wird[101], fehlen die flüssigen oder gasförmigen Brenn- oder Treibstoffe und die mit ihnen verbundenen Gefahren. Die Menge und der Druck des Reinigungsstoffes in der Leitung, die deren schweren Kontrollierbarkeit erst ihre Bedeutung als Schadenursache geben, liegen zwar vor. Trotzdem ist kein Betriebsunfall anzunehmen, wenn keine flüssigen oder gasförmigen Brenn- oder Treibstoffe an der Verursachung eines Unfalles beteiligt sind. Für diesen Fall sieht das Gesetz die besondere Haftung für Schäden vor, die durch einen Mangel oder fehlerhafte Behandlung einer nicht in Betrieb stehenden Anlage verursacht werden.

101

5. Wenn eine *Anlage stillgelegt, aber nicht entleert wird* (vgl. vorn N 94), wenn sich also der gefährliche Stoff nach wie vor in der Leitung befindet, sich aber nicht bewegt, ist die Gefährdung wesentlich reduziert, aber nicht ausgeschaltet. Es liegt nahe, den Betrieb zu verneinen, wenn sich das Fördergut nicht vorwärts bewegt[102] bzw. unter Druck steht; dann gilt die Mängel- resp. die Behandlungshaftung. Der Betrieb hört aber nicht genau dann auf, wenn die Pumpen abgeschaltet werden, sondern erst dann, wenn die beförderte Flüssigkeit resp. das beförderte Gas sich nicht mehr im Fluss befindet[103].

102

---

[101] Es scheint sich hier allerdings um eine mehr theoretische Möglichkeit zu handeln. So wird bei der Oleodotto del Reno SA, wie dem Autor gesagt wurde, beim Wechsel von schwerem auf leichtes Heizöl die Leitung nicht mit irgendeinem fremden Stoff gereinigt. Vielmehr wird direkt leichtes Heizöl in die Leitung gepumpt, die noch Reste von schwerem Heizöl enthält. Das leichte Heizöl übernimmt dann die Reinigungsfunktion. Die erste Charge davon muss allerdings am Ziel von den Rückständen des schweren Heizöls gereinigt werden, was in einer geeigneten Anlage keine Schwierigkeiten bietet.
[102] A.M.A. KELLER I 267.
[103] Wenn Flüssiggas transportiert wird, das sich verflüchtigt, wenn es nicht unter Druck steht, hört aus naheliegenden Gründen der Betrieb erst auf, wenn der Druck aufhört.

§ 30   Haftpflicht für Rohrleitungsanlagen

103   6. Während des *Baues der Rohrleitungsanlage* ist diese noch nicht in Betrieb und entfällt daher die Betriebshaftung. Ein Probelauf ist dagegen als Betrieb zu betrachten[104], wenn dabei flüssige oder gasförmige Brenn- oder Treibstoffe in die Leitung gepumpt werden. In administrativer Hinsicht drängt sich daher auf, schon für einen solchen Probelauf die Betriebsbewilligung zu verlangen.

c) Mangelhaftigkeit und fehlerhafte Behandlung einer nicht in Betrieb stehenden Anlage

aa) Allgemeines

104   Eine Mangelhaftigkeit oder eine fehlerhafte Behandlung einer Anlage wird bei den meisten Betriebsunfällen mit im Spiele sein. Dort sind sie aber nicht Haftungsvoraussetzung: Ihr Vorhandensein ist nicht zu beweisen.

105   Wenn aber die Anlage im Zeitpunkt des Unfalles *nicht in Betrieb* war, sind Mangelhaftigkeit oder fehlerhafte Behandlung alternative Voraussetzungen der Haftung[105]. Dies gilt, wenn die besonderen Gefahren von flüssigen oder gasförmigen Brenn- oder Treibstoffen bei der Entstehung des Unfalles auf Grund der Verhältnisse eine Rolle spielten, wenn z. B. eine stillstehende Pumpenanlage wegen der Unvorsichtigkeit eines Rauchers in Brand gerät und Dritte dadurch geschädigt werden. Wenn im weiteren das Leitungssystem nicht unter Druck steht, kann zwar durch ein Leck, das längere Zeit nicht entdeckt wird, auch viel Fördergut austreten. Trotzdem ist kein Betriebsunfall anzunehmen (vgl. vorn N 102); gerade für solche Fälle sieht RLG 33 die subsidiäre Haftung vor.

106   *Schäden beim Einfüllen* von zu transportierenden Stoffen in die Rohrleitungsanlagen oder beim *Umfüllen* von transportierten Stoffen in andere Transportmittel stehen in einem so entfernten Zusammenhang mit der Anlage, dass sie weder unter die Betriebshaftung (vgl. vorn

---

[104] Im Gegensatz zur Regelung im EHG; vgl. vorn § 27 N 112 ff. Nach KHG 3 I haftet der Inhaber für die Nuklearschäden, die durch Kernmaterialien in seiner Anlage verursacht werden. Das kann auch während der Bauzeit sein (vgl. vorn § 29 N 136 f.), bezieht sich aber im Gegensatz zur Regelung im EHG nur auf die spezifischen Schäden, d. h. hier auf Nuklearschäden.

[105] Das muss auch gelten, wenn die Anlage in Betrieb war, dieser aber den Schaden nicht verursacht hat; vgl. vorn FN 84.

N 99 f.) noch unter die subsidiäre Nichtbetriebshaftung des RLG fallen. Sie sind nach OR abzuwickeln.

Während des Baues der Rohrleitungsanlage ist, wie vorn N 103 erwähnt, diese nicht in Betrieb und kommt daher die Betriebshaftung nicht in Frage. RLG 27 statuiert für diese Zeit die Pflicht des Konzessionärs, die nötigen Massnahmen zu treffen, «die zur Sicherheit des Baues und zur Vermeidung von Gefahren für Personen, Sachen und wichtige Rechtsgüter[106] sowie von unzumutbaren Belästigungen der Anwohner notwendig sind». 107

Die Mängel- und Behandlungshaftung gilt nach dem Wortlaut des Gesetzes auch während der Bau- oder einer Reparaturzeit. Da aber auch diese Haftungsvariante nur zur Anwendung kommt, wenn die besonderen Gefahren der flüssigen oder gasförmigen Brenn- oder Treibstoffe eine Rolle spielen, ergibt sich daraus keine *generelle* Gefährdungshaftung beim Bau und bei Reparaturen. 108

bb) Die Mängel einer Rohrleitungsanlage

Für den Begriff der *Mangelhaftigkeit der Anlage* kann auf die Ausführungen zum Mangelbegriff nach OR 58 (Bd. II/1 § 19 N 61 ff.) verwiesen werden, die mutatis mutandis auch hier anwendbar sind. Die Rohrleitungsanlage darf niemanden und nichts gefährden. Sie darf nicht nur kein Leck aufweisen, sondern muss auch mit den gebotenen Sicherheitsvorrichtungen ausgestattet sein, deren Nicht-Funktionieren eine Mangelhaftigkeit darstellt. 109

OR 58 erwähnt mit der Aufzählung von fehlerhafter Anlage oder Herstellung oder mangelhaftem Unterhalt die *Ursachen* des Mangels. Diese oder ähnliche mögliche Ursachen werden von RLG 33 nur negativ angeführt: Die Haftung gilt nicht, wenn ausserordentliche Naturvorgänge, kriegerische Ereignisse oder grobes Verschulden des Geschädigten den Schaden herbeiführen. Es kommt nicht darauf an, ob diese Faktoren die Mangelhaftigkeit und auf diesem Wege auch den Schaden verursachen (Fremdbestimmung der haftungsbegründenden Ursache) oder ob sie den Kausalzusammenhang zwischen der unabhängig von ihnen bestehenden Mangelhaftigkeit und dem Schaden unterbrechen. 110

---

[106] Diese Formulierung könnte zum falschen Schluss verführen, dass Personen und Sachen entweder keine Rechtsgüter oder nicht wichtig seien. Im übrigen gibt es keine wichtigen und weniger wichtigen Rechtsgüter.

§ 30 Haftpflicht für Rohrleitungsanlagen

111 Das RLG schreibt die *behördliche Genehmigung* der Rohrleitungsanlage sowie deren Kontrolle vor. Der Inhaber der Anlage kann sich aber nicht unter Berufung auf Genehmigung und Kontrolle von seiner Haftpflicht für Mängel der Anlage befreien[107].

112 Hier stellt sich die Frage, ob auch ein Mangel, der nicht die eigentliche Rohrleitungsanlage betrifft, d. h. die Rohrleitung und die dazugehörenden Tanks, die Pumpen, Schieber und Sicherheitsvorrichtungen, sondern an einem Teil der Rohrleitungsanlage aufgetreten ist, der nur in losem Zusammenhang mit dieser steht und dem Betrieb nur indirekt dient, trotzdem die Mängelhaftung von RLG 33 I auszulösen vermag. Auch solche Mängel können Schäden Dritter verursachen. Man denke an die Dienstwohnung eines Abwartes einer Rohrleitungsanlage, in der die fest eingebaute Waschmaschine wegen eines Mangels einen privaten Gast der Abwartsfrau verletzt. Oder an einen Dachziegel des Pumpenhauses, der von einem Sturm gelöst und auf die Strasse geworfen wird. Auch Treppen in der Umgebungsanlage des Einfülltanks sind zu erwähnen; sie können durch Mängel irgendwelche Benützer schädigen.

113 Solche Mängel an Teilen der Rohrleitungsanlage, die mit deren Charakter als Rohrleitungsanlage in keinem notwendigen Zusammenhang stehen[108], lösen die Mängelhaftung von RLG 33 I nicht aus: Die besonderen Gefahren der flüssigen oder gasförmigen Brenn- oder Treibstoffe sind nicht im Spiel. Diese Fälle sind nach OR 58 abzuwickeln[109]. Dafür spricht auch der Umstand, dass nach dem Wortlaut von RLG 33 I die Mängelhaftung nur gilt, wenn die Anlage nicht in Betrieb ist. In oder ausser Betrieb können aber nur Anlageteile sein, die spezifisch zur Rohrleitungsanlage gehören.

114 Massstab für die Qualifikation einer Ursache als Mangel ist eine Rohrleitungsanlage in ordnungsgemässem Zustand. Hauptbeispiel eines

---

[107] Vgl. Bd. I 151 f.; Bd. II / 1 § 19 N 76, 78.
[108] Diese Teile könnten ebenso gut zu einer Trinkwasserversorgung oder einer Transformatorenstation gehören; vgl. zur Abgrenzung auch vorn N 43.
[109] Die praktische Bedeutung dieser Frage ist gering:
— Für die RLG-Haftung besteht eine obligatorische Haftpflichtversicherung mit Minimalgarantiesummen gemäss RLG 35 II sowie mit direktem Forderungsrecht und Einredenausschluss. Dies trifft für die Haftung nach OR 58 nicht zu. Praktisch wird es aber kaum vorkommen, dass keine Haftpflichtversicherung — also auch keine fakultative — für die Werkeigentümerhaftung besteht.
— Nach RLG 33 I haftet der Inhaber neben dem Eigentümer der Anlage, wenn sie nicht identisch sind, nach OR 58 nur der Eigentümer.
— Zum Unterschied in bezug auf die Entlastungsgründe hinten N 115 f.

III. Voraussetzungen der Haftpflicht § 30

Mangels ist das Leck in der Rohrleitung[110]. Es hat auch bei einer stillgelegten Anlage Bedeutung, während Mängel im Überwachungssystem, durch das ein Druckabfall gemeldet werden sollte, oder an Schiebern, die nicht funktionieren, wohl nur beim Betrieb der Anlage zu Schäden führen können[111].

In diesem Sinne kann man sich keine Schäden vorstellen, die von einer *mängelfreien*, stillgelegten Anlage verursacht werden. Wenn gestützt darauf *von einem Schaden immer auf die Mangelhaftigkeit der Anlage geschlossen wird*, handelt es sich bei dieser Mängelhaftung im Gegensatz zu derjenigen nach OR 58 (und auch zur EG-Richtlinie über Produktehaftpflicht[112]) nicht mehr um eine einfache Kausalhaftung, die sich auf die Verletzung einer Sorgfaltspflicht[113] abstützt, sondern ebenfalls um eine strenge Kausalhaftung oder m. a. W. um eine Gefährdungshaftung. Der Mangel ist nicht zu beweisen, sondern ergibt sich aus dem Unfall. Die Gefährdung ist die Folge der über lange Strecken unterirdisch verlegten Leitung für umwelt- und feuergefährliche Stoffe mit der dabei erschwerten Kontrollierbarkeit[114]. 115

Diese Auffassung ist nur richtig, wenn der Inhaber auch für Mängel der Rohrleitungsanlage verantwortlich ist, die von einem Dritten — mit oder ohne Verschulden —, von einem andern Werk oder von einem 116

---

[110] Wenn eine Rohrleitung nicht entsprechend den behördlich genehmigten Plänen verlegt ist, sondern z. B. ein paar Meter daneben, kann sie von einem Bauunternehmer mit Baumaschinen beschädigt werden, obschon er ihren Verlauf — entsprechend den Plänen als seiner einzigen Informationsquelle — an der Oberfläche markiert hat. Wenn dann aus der Rohrleitung Brenn- oder Treibstoffe austreten, haftet der Inhaber für den Mangel der unrichtigen Verlegung.

[111] Wenn eine Anlage in Betrieb gesetzt wird, bevor eine Reparatur abgeschlossen oder ohne dass sie einwandfrei durchgeführt worden ist, entsteht eventuell ein Betriebsschaden. Wird aber nur eine Druckprobe mit Luft durchgeführt, ist ein eingetretener Schaden nicht durch den Betrieb verursacht. Die Anlage ist für die Druckprobe mangelhaft; wahrscheinlich liegt auch eine objektiv fehlerhafte Behandlung vor.

[112] Richtlinie 85/374/EWG vom 25. Juli 1985, Amtsblatt der EG Nr. L 210 vom 7. August 1985.

[113] Vgl. Bd. II/1 § 17 N 6. Nach KÜCHLER 43 geht es auch bei der Nichtbetriebshaftung des RLG um die Verletzung einer stillschweigend vorausgesetzten Sorgfaltspflicht wie bei OR 58; vgl. Bd. II/1 § 19 N 62.

[114] Verglichen mit der Betriebshaftung fehlt hier als gefährliches Moment der hohe Druck in der Leitung; die besondere Gefährdung ergibt sich nur noch aus der reduzierten Kontrollmöglichkeit. Der hohe Druck kann in gewissem Umfang allerdings gegeben sein, wenn die Leitung ein starkes Gefälle aufweist und nicht entleert wird.

Naturereignis verursacht werden[115]. Es handelt sich um eine *Fremdbestimmung der haftungsbegründenden Ursache*[116]. Sie führt im Rahmen des RLG nicht zur Entlastung, weil das Drittverschulden nach RLG 33 II keinen Entlastungsgrund darstellt, wohl aber die ausserordentlichen Naturvorgänge und kriegerischen Ereignisse. Dies spricht nicht gegen den Charakter als Gefährdungshaftung.

cc) Fehlerhafte Behandlung einer Rohrleitungsanlage

117 Auch dieser Umstand, der ebenfalls zur Haftung nach RLG 33 I ohne die Voraussetzung des Betriebes der Anlage führt, ist *streng* auf die besondere Natur einer Rohrleitungsanlage zu beziehen. Die Haftung setzt voraus, dass die Behandlung deswegen fehlerhaft war, weil es sich nicht um irgendeine Anlage handelte, sondern um eine Rohrleitungsanlage im Sinne des RLG. Wenn also ein Angestellter, der es pflichtwidrig unterlassen hat, Reservesicherungen zu besorgen, eine Sicherung der Lichtanlage in einem Pumpwerk mit Staniol überbrückt, haftet für den durch den Brand entstehenden Schaden Dritter der Inhaber nicht nach RLG 33 I, sondern nach OR 55[117]. Wenn der Angestellte aber eine Druckprobe vornimmt, bevor eine Reparatur abgeschlossen ist, ist die Haftpflicht nach RLG 33 I zu bejahen. Dies gilt auch, wenn die Reparatur abgeschlossen ist, jedoch dem Druck der flüssigen oder gasförmigen Brenn- oder Treibstoffe nicht standhält. Dann gilt die Betriebshaftung.

118 Die fehlerhafte Behandlung setzt kein Verschulden voraus; es kommt nur auf ihre objektive Fehlerhaftigkeit an, wie bei OR 55.

119 Die fehlerhafte Behandlung kann durch den Inhaber resp. eines seiner Organe erfolgen oder, was meistens der Fall sein wird, durch eine andere Person, sei sie Hilfsperson (vgl. vorn N 79 ff.) oder nicht. Es kann sich also auch um einen Besucher bei einer Betriebsbesichtigung

---

[115] Man denke an den Aushub einer Baugrube in der Nähe einer Rohrleitungsanlage, an Soldaten, die Schützenlöcher graben müssen, an ein Erdbeben oder an Hochwasser, das das Erdreich über und/oder unter der Leitung auf weiten Strecken wegschwemmt und eventuell auch grosse Steine mitführt, die auf die Leitung prallen. Ähnliche Folgen, wenn auch in geringerem Ausmass, kann auch der Bruch einer Hauptleitung, einer Trinkwasserversorgung in der Nähe einer Pipeline haben.
[116] Vgl. Bd. II/1 § 19 N 68a; hinten N 125 ff.
[117] Der Inhaber der elektrischen Anlage haftet nicht, wenn es sich, was regelmässig der Fall sein wird, um eine Hausinstallation gemäss ElG 41 handelt; vgl. vorn § 28 N 14 ff.

III. Voraussetzungen der Haftpflicht § 30

oder sogar um einen Saboteur handeln, nachdem das RLG das Drittverschulden nicht als Entlastungsgrund anerkennt.

4. Widerrechtlichkeit

In Bd. II/2 § 24 N 27 ff. ist dargelegt worden, dass die Widerrechtlichkeit auch bei den Gefährdungshaftungen als Haftungsvoraussetzung zu betrachten ist. Obschon diese Auffassung nicht unbestritten ist[118], wird sie hier auch der RLG-Haftung zugrunde gelegt. 120

Die praktische Bedeutung der Frage ist gering. Immerhin sei darauf hingewiesen, dass Schädigungen von Nachbarn nach ZGB 684 dann widerrechtlich sind, wenn sie auf übermässigen Einwirkungen beruhen[119]. Trifft dies nicht zu, fehlt also die Rechtswidrigkeit, so entfällt die Haftpflicht nach RLG für Einwirkungen auf Gewässer und Grundstücke[120]. 121

5. Dauereinwirkungen

RLG 33 setzt nicht voraus, dass ein *Unfallereignis*[121] vorliegt. Auch Dauereinwirkungen auf nachbarliche Grundstücke[122] fallen unter das RLG[123]. Das ist durchaus sinnvoll; im gegenteiligen Fall würde sich die Frage stellen, ob dafür ZGB 679 massgebend sei oder keine Haftpflicht bestehe. 122

Dauereinwirkungen durch Lärm, Erschütterungen usw. gehören nicht zu den spezifischen Gefahren von Rohrleitungsanlagen und fallen 123

---

[118] Die Vermutung liegt nahe, dass die Divergenzen der Meinungen weitgehend auf verschiedenen Auffassungen über den Begriff der Widerrechtlichkeit beruhen.
[119] ZGB 684 ist auch massgebend für die Abgrenzung des Begriffes der Eigentumsüberschreitung nach ZGB 679; vgl. TUOR/SCHNYDER, Das Schweizerische Zivilgesetzbuch (10. A., Zürich 1986) 664.
[120] Nach ZGB 684 II sind alle *schädlichen* Einwirkungen durch Rauch oder Russ, lästige Dünste, Lärm oder Erschütterung verboten. Dies ist auch für andere als die aufgezählten Immissionen anzunehmen. Die von ARTHUR MEIER-HAYOZ, Berner Kommentar Bd. IV (3. A. Bern 1975) N 95 zu ZGB 684 erwähnten Umstände, die eine Schädigung rechtfertigen, dürften hier kaum je vorliegen.
[121] Vgl. Bd. I 90 ff.
[122] Man denke an geringe Mengen des Förderguts, die über längere Zeit ausfliessen.
[123] Auch das deutsche Recht (vgl. FILTHAUT § 2 N 33) setzt kein Unfallereignis voraus; im österreichischen Recht ist die Frage umstritten (vgl. KOZIOL II 428).

daher, wenn sie einmal vorkommen sollten, nicht unter das RLG. Sie sind nach ZGB 679 zu beurteilen.

B. Negative Voraussetzungen: Keine Befreiung gestützt auf Entlastungs- und besondere Befreiungsgründe

1. Allgemeines

124   1. Wie vorn N 92 ff. dargelegt wurde, stellen sowohl die Haftung aus dem Betrieb als auch diejenige für Schädigungen ausser Betrieb je eine Gefährdungshaftung dar; besondere Befreiungsgründe bestehen nicht. Zu besprechen ist daher nur die Entlastung des Haftpflichtigen durch ausserordentliche Naturvorgänge, kriegerische Ereignisse oder grobes Verschulden des Geschädigten. Für alle drei Entlastungsgründe gilt die Bestimmung von RLG 33 II, dass sie nicht zur Entlastung führen, wenn den Haftpflichtigen oder eine Person, für die er verantwortlich ist, ein Verschulden trifft. Dieser Punkt ist unter Ziff. 2 (hinten N 130 ff.) zu erörtern.

125   2. Nach der in Bd. I 108 ff. vertretenen Auffassung, die als herrschend zu bezeichnen ist[124], unterbricht der Entlastungsgrund den adäquaten Kausalzusammenhang zwischen der haftungsbegründenden Ursache und dem Schaden. Das führt zum Fehlen des rechtlich relevanten Kausalzusammenhanges und schliesst daher die Haftpflicht auch dort aus, wo das Gesetz dies nicht erwähnt.

126   Dieser Mechanismus wird dadurch relativiert, dass bei einzelnen Arten von Gefährdungshaftungen nicht alle drei üblichen Entlastungsgründe diese Wirkung haben: Der Gesetzgeber hat vor allem dem Drittverschulden im KHG, in der MO und im RLG diese mögliche «automatische» Wirkung verweigert. Er hat damit bestimmt, dass dem Drittverschulden bei diesen Haftungsarten nicht die für die Unterbrechung des Kausalzusammenhanges nötige Intensität zukommen

---

[124] Vgl. BGE 85 II 521; 95 II 635; BREHM, Berner Kommentar, N 132 zu OR 41; KELLER/GÄBI 31 f.; EMIL W. STARK, Entlastungsgründe im Haftpflichtrecht (Aarau 1946) 69 ff.

könne[125]. Er hat also die Entlastung nicht im Einzelfall, sondern generell zum Gegenstand seines Werturteils gemacht.

Eine Wertung drängt sich bei einzelnen Haftungsarten (auch beim RLG) noch für einen weiteren, verwandten Fragenkreis auf: Namentlich dort, wo der *Zustand* einer baulichen Anlage den Schaden herbeiführt und für die Haftpflicht massgebend ist, kann dieser Zustand durch einen Dritten oder ein Naturereignis so verändert werden, dass er den Schaden verursacht. Ohne diese Veränderung hätte er nicht zu einem Schaden geführt. Das von aussen einwirkende Ereignis unterbricht in diesen Fällen nicht den Kausalzusammenhang zwischen dem haftungsbegründenden Sachverhalt und dem Schaden. Ein solcher Kausalzusammenhang ist im Zeitpunkt des Auftretens des äusseren Ereignisses nicht vorhanden und auch nicht im Entstehen begriffen. Erst das fragliche Ereignis löst seine Entstehung aus. Er führt dann in gerader Linie über die Verursachung des Mangels zum Schaden. Man kann von Entlastung durch *Fremdbestimmung der haftungsbegründenden Ursache* sprechen. Hier ist auch durch ein Werturteil zu entscheiden, ob die Haftpflicht gelten soll[126]. 127

3. RLG 33 II erwähnt die gleichen Entlastungsgründe für die Betriebs- wie für die Mängel- und Behandlungshaftung. Bei ihrer Anwendung ist aber zu berücksichtigen, aus welchem Umstand die Haftung abgeleitet wird. Bei der Betriebshaftung braucht es eine grössere Intensität des Entlastungsgrundes als bei der Mängel- und Behandlungshaftung, um den Kausalzusammenhang zu unterbrechen. Von praktischer Bedeutung kann dies bei einer Berufung auf Präjudizien sein. 128

Das Problem stellt sich nicht bei der Fremdbestimmung der haftungsbegründenden Ursache, weil sie bei der Betriebshaftung kaum vorkommen wird. 129

2. Das vom Haftpflichtigen zu vertretende Verschulden

Der Ausschluss der Entlastung bei vom Inhaber oder Eigentümer zu vertretendem Verschulden findet sich auch in SVG 59 I, wobei dort 130

---

[125] Vgl. Bd. I 112; EMIL W. STARK, ZSR 86 (1967) II 24 ff.
[126] Darauf wird in der neuen Auflage von Bd. I näher einzutreten sein; vgl. auch hinten N 136; vorn § 29 N 343; Bd. II/1 § 19 N 68a; § 21 N 81; § 22 N 76; § 23 N 107 ff.

§ 30　　　　　Haftpflicht für Rohrleitungsanlagen

— im Gegensatz zum RLG — der fehlerhaften Beschaffenheit des Fahrzeuges zusätzlich die gleiche Bedeutung zukommt.

131　Das Gesetz umschreibt die übrigen Personen — ausser dem Haftpflichtigen —, deren Verschulden die Entlastung ausschliesst, mit dem Satz: «für die er verantwortlich ist». Wer darunter zu verstehen ist, ist vorn N 79 ff. dargelegt worden.

132　Die Beweislast dafür, dass kein vom Inhaber/Eigentümer zu vertretendes Verschulden vorliegt, trifft diesen (wie bei SVG 59 I).

3. Die einzelnen Entlastungsgründe

133　Anstelle der *höheren Gewalt* erwähnt das Gesetz ausserordentliche Naturvorgänge und kriegerische Ereignisse. Daraus ist zu schliessen, dass andere mögliche Formen von höherer Gewalt nicht zur Entlastung führen. Das betrifft namentlich diejenigen Naturvorgänge, die sich immer wieder ereignen, wie Lawinenniedergänge, Steinschlag und Erdrutsche[127].

a) Ausserordentliche Naturvorgänge

134　Wenn eine Leitung sich *in Betrieb* befindet, ist damit die haftungsbegründende Ursache eines eventuell eintretenden Schadens bereits gesetzt[128]. Eine Fremdbestimmung der haftungsbegründenden Ursache fällt daher ausser Betracht. Die Haftung entfällt dementsprechend nur, wenn der Naturvorgang sich so intensiv auswirkt, dass daneben der Betrieb nicht mehr als Ursache des Schadens erscheint, d. h. dass der Kausalzusammenhang unterbrochen wird. Zu denken ist an eine Beschädigung einer Rohrleitung durch ein ausserordentliches Hochwasser, Erdbeben oder aber auch einen ausserordentlichen Erdrutsch, vielleicht auch an einen Blitzschlag in eine durch «normales» Hochwasser freigelegte Leitung.

135　Die für die Unterbrechung des Kausalzusammenhanges nötige Intensität ist nur bei ganz ausserordentlichen Naturvorgängen zu beja-

---

[127] Vgl. Botsch. RLG 820.
[128] Es kommt nicht darauf an, wer die Anlage in Betrieb gesetzt hat; die Inbetriebsetzung durch einen aussenstehenden Dritten dürfte kaum möglich sein.

hen[129]. Sie fehlt, wenn aus einem Leck ausgetretenes Heizöl bei starken Regenfällen vom Wasser in Getreidefelder geschwemmt wird und dort das Getreide so verschmutzt, dass es unbrauchbar ist[130].

Ist die *Leitung stillgelegt*, so setzt darüber hinaus ein Naturvorgang, der die Leitung beschädigt, die Haftungsvoraussetzung der Mängelhaftigkeit der Anlage. Dann liegt eine Fremdbestimmung der haftungsbegründenden Ursache vor, die ebenfalls zur Entlastung führen kann. 136

b) Kriegerische Ereignisse

Kriegshandlungen stellen eigentlich ein Drittverschulden[131] oder vielleicht besser ein Drittverhalten dar, da der feindliche Soldat mit seiner schädigenden Handlung unter dem Gesichtswinkel der Rechtsordnung seines Heimatstaates seine Pflicht erfüllt, was nicht als Verschulden zu qualifizieren ist, wenn es mit dem Völkerrecht im Einklang steht. Durch die Voraussetzung des Krieges erhält dieses Drittverhalten den Charakter eines Entlastungsgrundes, während das Drittverschulden sonst im RLG nicht als solcher erwähnt ist: Drittverhalten genügt also zur Entlastung, wenn es als ein kriegerisches Ereignis zu qualifizieren ist. 137

Bei einem erklärten Krieg dürfte diese Abgrenzung kaum je zu Schwierigkeiten führen. Fraglich ist aber, ob auch kriegs*ähnliche* Einwirkungen zur Entlastung führen können. Zu denken ist an eine irrtümliche Bombardierung oder an von einem fremden Staat veranlasste Sabotageakte[132]. Der Begriff «kriegerisches Ereignis» schliesst eine Anwendung auf kriegsähnliche Einwirkungen sprachlich nicht aus. 138

Die Beantwortung der Frage ergibt sich aus der Überlegung, dass die Entlastung nur geboten ist, wenn der Entlastungsgrund sich so 139

---

[129] Vgl. dazu auch Botsch. RLG 820; Sten.Bull. NR 1962, 742.
[130] Ein solches Ereignis hat sich vor einigen Jahren in der Nähe von Pruntrut zugetragen, wobei das Heizöl aber aus einem Haustank ausgelaufen war, es sich also um eine relativ kleine Menge handelte; vgl. zum Entlastungsgrund der ausserordentlichen Naturvorgänge Bd. I 115; KÜCHLER 50 f.; A. KELLER I 265; HUG 92 ff.
[131] Vgl. A. KELLER I 265; STARK, ZSR 86 (1967) II 26 ff.; a. M. Bd. I 115, insbes. FN 175 und die dort zit. Lit. Die Abgrenzung zwischen höherer Gewalt und Drittverschulden ist nicht eindeutig. Im deutschen Recht (vgl. HPflG 2 III Ziff. 3) wird das Drittverschulden allgemein als ein Fall von höherer Gewalt betrachtet.
[132] Vgl. dazu die zum AtG angestellten, aber auch hier verwertbaren Überlegungen von HANS-JÜRG HUG, Haftpflicht für Schäden aus der friedlichen Verwendung von Atomenergie (Diss. Zürich 1970) 94.

intensiv auswirkt, dass der Haftungsgrund nicht mehr als adäquate Ursache zu betrachten ist. Das ist bei einer irrtümlichen Bombardierung schweizerischen Territoriums durch eine fremde Armee, die sich mit einem Nachbarstaat im Kriege befindet, anzunehmen. Blossen Sabotage- und Terrorakten fehlt diese Intensität; sie sind gleich zu beurteilen, unabhängig davon, ob sie von einem fremden Staat oder von Privaten veranlasst und durchgeführt werden [133].

140   Irrelevant für die rechtliche Beurteilung ist, ob die Rohrleitungsanlage sich in Betrieb befindet oder nicht [134].

c) Selbstverschulden des Geschädigten

141   Das RLG verlangt als Voraussetzung der Entlastung, dass das Selbstverschulden grob sei. Das gilt im Haftpflichtrecht allgemein, sei es im Gesetz ausdrücklich erwähnt oder nicht. Aus der Nichterwähnung des Drittverschuldens durch den Gesetzgeber ist zu schliessen, dass nur sehr schweres Selbstverschulden zur Entlastung genügen soll. Bei der Betriebshaftung wird ein schwereres nötig sein als bei der Mängel- und Behandlungshaftung.

142   Das Selbstverschulden kann den Kausalzusammenhang zwischen der haftungsbegründenden Ursache und dem Schaden unterbrechen [135] oder, im Rahmen der Mängelhaftung, den Mangel verursachen und damit die haftungsbegründende Ursache setzen [136].

d) Drittverschulden

143   Wie schon mehrfach erwähnt wurde, ist das Drittverschulden im RLG nicht als Entlastungsgrund aufgeführt. Daraus ist hier wie andern-

---

[133] Nach A. KELLER I 269 genügen einzelne kriegerische Handlungen nicht, «sondern nur eigentliche, sich in grösserem Rahmen abspielende kriegerische Ereignisse»; nach GEIGY, Die Haftung für Schäden aus Atomenergie (Diss. Maschschr. Basel 1959) 58 sind hier auch alle mit kriegerischen Ereignissen zusammenhängenden militärischen und polizeilichen Massnahmen, z. B. die Sprengung einer Brücke, zu berücksichtigen. KÜCHLER 51 schlägt sogar vor, auch innere Unruhen einzubeziehen.

[134] Im letzteren Fall liegt in der Verursachung des Mangels eine Fremdbestimmung der haftungsbegründenden Ursache.

[135] Beispiel: Der spätere Geschädigte konstatiert in der Nähe einer Rohrleitung starken Benzingeruch. Er überlegt, was zu tun sei, und zündet sich dabei eine Zigarette an, was zur explosionsartigen Verbrennung der Benzindämpfe führt. Er wird dabei verletzt.

[136] Beispiel: Der spätere Geschädigte verursacht mit einer Baumaschine ein Leck in einer Leitung. Das herausfliessende Benzin entzündet sich und verletzt ihn.

orts der Schluss zu ziehen, dass das Drittverschulden auch in seiner gröbsten Form (verbrecherische Absicht) nicht die nötige Intensität zur Unterbrechung des Kausalzusammenhanges aufweist[137].

Wesentlich für den Ausschluss der Entlastung auch bei gröbstem Drittverschulden ist der Gedanke, dass dem Dritten durch die Existenz der Rohrleitungsanlage eine enorme Schädigungsmöglichkeit geboten wird, die er sonst nicht hätte. 144

Dieses Werturteil des Gesetzgebers vermag in bezug auf eine Rohrleitungsanlage, die sich in Betrieb befindet, ohne weiteres zu überzeugen. Nach dem Wortlaut von RLG 33 II gilt der Ausschluss des Drittverschuldens aber auch für die Mängel- und Behandlungshaftung[138]. 145

e) Fremdbestimmung der haftungsbegründenden Ursache

Für die sich stellenden Fragen ist im wesentlichen auf die generelle Behandlung in der neuen Auflage von Bd. I zu verweisen. 146

IV. Übrige Fragen

A. Verschulden

Obschon die Haftungsarten, die RLG 33 statuiert, Gefährdungshaftungen sind, ist ein eventuelles Verschulden des Haftpflichtigen oder einer Person, für die er verantwortlich ist, wie bei den andern Gefährdungshaftungen doch von Bedeutung: Es schliesst die Entlastung des Inhabers/Eigentümers nach RLG 33 II aus und ist zu berücksichtigen bei der sektoriellen Verteilung (Selbstverschulden oder sonstige vom Geschädigten zu vertretende Faktoren, Innenverhältnis unter mehreren solidarisch Haftpflichtigen) und bei der Festsetzung einer Genugtuungssumme. 147

---

[137] Vgl. STARK, ZSR 86 (1967) II 25f.; kritisch dazu KÜCHLER 54f.; vorbehalten bleiben die kriegerischen Ereignisse; vgl. vorn N 137.
[138] Man könnte eine Lücke im Gesetz annehmen, was sich aber in Anbetracht der minimen praktischen Bedeutung des Drittverschuldens als Entlastungsgrund nicht aufdrängt.

148   Das den Haftpflichtigen belastende Verschulden besteht in irgendeiner Unsorgfalt beim Betrieb der Rohrleitungsanlage sowie bei der Überwachung des Betriebes und der Rohrleitung. Die Sorgfalt bedeutet, dass bei Störungen die Pumpen abgestellt und die Schieber geschlossen werden, z.B. bei Druckabfall, dass die Leitung regelmässig magnetisch oder auf andere Weise auf ihre Dichtigkeit geprüft wird, dass bei Bauarbeiten in gefährlicher Nähe der Leitung sofort eingeschritten wird oder ganz generell, dass nicht nur die Vorschriften des RLG, der RLV und der Aufsichtsbehörde, die einen ordnungsgemässen Betrieb sicherstellen sollen, genau beachtet und die genehmigten Pläne (RLG 18, 21) eingehalten werden, sondern auch sonst jede gebotene Massnahme ergriffen wird. Auch eine Betriebsaufnahme ohne Zustimmung der Aufsichtsbehörde (RLG 30 I) stellt ein Verschulden dar.

149   Die Einhaltung der Vorschriften des Gesetzes, der RLV und der Aufsichtsbehörde exkulpiert den Inhaber/Eigentümer und seine Hilfspersonen nicht von vornherein (vgl. vorn N 111).

B. Selbstverschulden des Geschädigten

150   Das Selbstverschulden des Geschädigten, das nicht die nötige Intensität zur Unterbrechung des Kausalzusammenhanges aufweist und auch nicht als Fremdbestimmung der haftungsbegründenden Ursache zu betrachten ist, führt zu einer Schadenersatzreduktion. Ihr Ausmass ist davon abhängig, ob die Anlage in Betrieb war oder ob die Haftung des Inhabers/Eigentümers auf einem Mangel oder einer fehlerhaften Behandlung der Anlage beruht und reduziert sich bei zusätzlichem Verschulden des Haftpflichtigen oder einer seiner Hilfspersonen.

151   Bei der Wertung des Selbstverschuldens ist das Wissen des Geschädigten um die besonderen Eigenschaften und Gefahren von Rohrleitungsanlagen zu berücksichtigen, da es nicht allgemein verbreitet ist. Werden Plastikbänder mit den nötigen Angaben, die über einer Leitung im Erdboden verlegt sind, von einem Dritten bei Bauarbeiten in der Nähe nicht beachtet, so ist dessen Verschulden als schwer zu betrachten.

152   Wird eine Hilfsperson des Haftpflichtigen geschädigt und trifft sie ein Selbstverschulden, so kann sie bei der Festsetzung von dessen Quote durch sektorielle Verteilung nicht verlangen, dass ihr Verschul-

den nicht nur ihr selbst, sondern auch dem Haftpflichtigen angerechnet werde [139]; diesem ist vielmehr gegenüber seiner Hilfsperson nur der Haftungsgrund gemäss RLG — bei Betriebsunfällen die Betriebsgefahr — und sein Verschulden sowie das Verschulden der andern Hilfspersonen anzulasten.

C. Schadensberechnung

RLG 34 verweist für «Art und Umfang des Schadenersatzes» auf das OR, so dass sich hier besondere Ausführungen erübrigen. 153

Besonderheiten können sich bei Verunreinigungen von Erdreich und Gewässern ergeben. In bezug auf die Gewässerverschmutzung sei auf Bd. II/1 § 23 N 89 ff. verwiesen. 154

Die Verschmutzung von Erdreich stellt einen Sachschaden dar, und die entstehenden Kosten sind daher vom Inhaber/Eigentümer der Rohrleitungsanlage nach RLG 33 zu tragen, wenn er nicht selbst Eigentümer der betreffenden Erde ist. Meistens werden sich dann aus öffentlichem Interesse trotzdem Sanierungsmassnahmen aufdrängen, deren Kosten nach USG 59 — eine Parallelbestimmung zu GSG 8 — dem Verursacher überbunden werden können. Es handelt sich dabei nicht mehr um eine Haftpflichtfrage. 155

D. Schadenersatzbemessung

RLG 34 verweist auch dafür auf die Bestimmungen des OR. 156

E. Genugtuung

Gemäss RLG 34 ist auf OR 47 abzustellen. 157

---

[139] Vgl. vorn N 82.

F. Gegenseitige Schädigung und andere Fälle der Kollision von Haftungen

158 Der wichtigste Fall der Kollision von Haftungen liegt im Verschulden des Geschädigten, auf das bereits eingetreten worden ist (vgl. vorn N 150 ff.).

159 Als Beispiele seien die Möglichkeiten erwähnt, dass ein Bagger im Fahren durch sein grosses Gewicht eine im Boden verlegte Rohrleitung beschädigt[140] oder dass sich zwei Rohrleitungen kreuzen, wobei als Folge der Undichtigkeit der einen die andere beschädigt wird, was zu einem zusätzlichen Schaden an der ersten Leitung führt. In Frage kommt auch eine Beschädigung einer Rohrleitung durch die Armee, wenn Geschützstellungen ausgehoben oder Schützenlöcher gegraben werden. Wird dabei durch die austretenden Brenn- oder Treibstoffe Armeematerial beschädigt, so muss sich die Armee gestützt auf ihre eigene Verantwortlichkeit gemäss MO 22 I/23 einen Abzug gefallen lassen. Wird eine Militärperson durch die Folgen eines von der Armee verursachten Rohrleitungsschadens verletzt, so ist der Regress der Militärversicherung gegen den Inhaber/Eigentümer der Rohrleitungsanlage zu kürzen[141].

160 Solche Fälle sind in Ermangelung einer besonderen Norm im RLG nach den allgemeinen Grundsätzen über die gegenseitige Schädigung zu lösen, d. h. mit der Methode der sektoriellen Verteilung[142].

G. Mehrheit von Ersatzpflichtigen. Regress

161 Wie vorn N 85 erwähnt, drängt es sich auf, dem Eigentümer den vollen Regress gegen den Inhaber einzuräumen, dem Inhaber aber keinen gegen den Eigentümer. Dies gilt hingegen nur, wenn der Eigentümer nicht ein Verschulden zu vertreten hat und die interne Schadenstragung nicht vertraglich anders geregelt ist.

---

[140] Vgl. Bd. II/2 § 25 N 48 f., 56, FN 601.
[141] Vgl. § 32 N 349 a.
[142] Vgl. Bd. I § 9, insbes. 319 ff., 328 ff.; A. KELLER I 286 ff., 294 ff.; STARK, Skriptum N 1033 ff.; PETER STEIN, Haftungskompensation, ZSR 102 (1983) I 67 ff.

Abgesehen davon, kommt eine Mehrheit von Haftpflichtigen namentlich dann in Frage, wenn ein Dritter eine Rohrleitung beschädigt oder mangelhaft erstellt oder repariert hat. 162

RLG 34 verweist auch für die Haftung Mehrerer und den Rückgriff unter ihnen auf das OR, was sich insbesondere auf OR 51 bezieht. Wenn allerdings die Leitung von einem selbständigen Unternehmer mangelhaft erstellt oder repariert wurde, kann der Inhaber/Eigentümer die von ihm nach OR 51 zu tragende Schadensquote vom Unternehmer nach Werkvertragsrecht zurückverlangen, so dass dieser dann am Ende den ganzen Schaden zu tragen hat. Wenn der Inhaber gestützt auf RLG 33 und OR 51 einen Teil des Schadens bezahlt hat, ergibt sich eine besondere Schwierigkeit, wenn nicht er, sondern der Eigentümer den Unternehmer beigezogen hat. Der Unternehmer ist dann als Hilfsperson des Eigentümers im Sinne von OR 101 zu betrachten: Der Eigentümer muss für den Unternehmer einstehen und die interne Quote (nach OR 51) des Inhabers wegen mangelhafter Erfüllung seiner vertraglichen Pflichten gegenüber dem Inhaber übernehmen. Daraus ergibt sich der vertragliche Regress des Eigentümers gegen den Unternehmer. 163

Der Rückgriff eines Ersatzpflichtigen auf einen andern verjährt nach RLG 39 III (vgl. dazu hinten N 169f.). 164

H. Vereinbarungen über Haftpflichtansprüche

Das RLG enthält — im Gegensatz zum SVG (Art. 87), zum KHG (Art. 8), zum ElG (Art. 39) und zum EHG (Art. 16) — keine Regelung über die Wegbedingung und die Beschränkung der Haftpflicht sowie über die Anfechtung offensichtlich unzulänglicher Vergleiche. 165

1. Vertragliche Regelungen über die Wegbedingung oder Beschränkung der Haftpflicht nach RLG 33

Da die Rohrleitungen auf Grund beschränkter dinglicher Rechte in fremde Grundstücke verlegt werden, ausser wo ausnahmsweise der Eigentümer der Rohrleitungsanlage selbst Grundeigentümer ist, kann faktisch im Dienstbarkeitsvertrag die Haftpflicht des Inhabers/Eigentü- 166 mers der Rohrleitungsanlage gegenüber dem Eigentümer des Grundstückes wegbedungen oder beschränkt werden[143]. Das RLG schliesst dies zu Recht nicht aus[144].

167 Daneben sind aber Wegbedingungen oder Beschränkungen der Haftpflicht gegenüber andern Personen denkbar, z. B. gegenüber dem Pächter der mit dem Durchleitungsrecht belasteten Liegenschaft[145] oder gegenüber einem Handwerker, der mit einer Arbeit in der unmittelbaren Nähe der Rohrleitung betraut wird. Nachdem das Gesetz sich über die Zulässigkeit solcher Vereinbarungen ausschweigt und die entsprechenden Normen anderer Spezialgesetze des Haftpflichtrechts Ausnahmebestimmungen gegenüber dem OR darstellen, drängt sich deren analoge Anwendung nicht auf.

2. Anfechtung offensichtlich unzulänglicher Vergleiche

168 Da das Gesetz keine einschlägige Regelung enthält, können Vergleiche vor allem wegen Willensmängeln angefochten werden[146].

J. Verjährung

169 Die Verjährung ist in RLG 39 gleich geregelt wie in SVG 83, weshalb auf die Ausführungen in Bd. II/2 § 25 N 759 ff. verwiesen werden kann.

---

[143] Bei Aneignung einer Dienstbarkeit an einer herrenlosen Sache (vgl. PETER LIVER, Die Dienstbarkeiten und Grundlasten, Bd. I: Die Grunddienstbarkeiten, Zürcher Komm. [Zürich 1968] N 22 ff. der Einleitung) kommt eine Wegbedingung oder Beschränkung der Haftung dagegen nicht in Frage, wohl aber bei gesteigertem Gemeingebrauch oder Sondernutzung an einer herrenlosen oder öffentlichen Sache (vgl. ARTHUR MEIER-HAYOZ, Das Grundeigentum I, Berner Komm. [Bern 1964] N 180 ff. zu ZGB 664; HEINZ REY, Die Grunddienstbarkeiten, Berner Komm. [Bern 1981] System. Teil N 173 ff.).
[144] Nach KÜCHLER 75 ist eine Wegbedingung der Haftung analog zu andern Gefährdungshaftungen, die ein solches Verbot ausdrücklich vorsehen, generell unzulässig.
[145] Da das eigene Personal des Inhabers nach UVG versichert ist, richtet sich dessen Schadenersatzanspruch nach UVG 44.
[146] Vgl. dazu Bd. II/2 § 25 N 756 ff.; vorn § 27 N 205; § 28 N 173; § 29 N 456 ff.

IV. Übrige Fragen   § 30

Eine Besonderheit besteht bei der absoluten Frist in bezug auf die 170
hier in Betracht zu ziehende Möglichkeit von Dauereinwirkungen[147],
gleichgültig, ob sie im Zeitpunkt der Unterbrechung der Verjährung
noch andauern oder nicht. Hier sind die Regeln von OR 60 und der im
Zusammenhang damit entstandenen Lehre beizuziehen: Solange die
Einwirkung noch andauert, beginnt die Verjährung nicht zu laufen[148].

K. Prozessuale Vorschriften

RLG 40 enthält eine Gerichtsstandsbestimmung für die Zivilklage 171
des Geschädigten gegen den Haftpflichtigen oder dessen Versicherer
(direktes Forderungsrecht, vgl. hinten N 205 ff.) sowie die Regressklage
des Versicherers gegen den Versicherungsnehmer, wenn er auf Grund
des Einredenausschlusses dem Geschädigten mehr bezahlt hat, als nach
dem Versicherungsvertrag dem Versicherungsnehmer geschuldet war[149].
Der Kläger hat die Wahl zwischen dem Sitz des Beklagten und dem
Ort des Schadenseintrittes.

Dieses Wahlrecht wird in der Botschaft des Bundesrates[150] damit 172
begründet, dass der Geschädigte nicht — wie dies beim Wohnsitzgerichtsstand des Beklagten der Fall sein könnte — z. B. bei einem Schaden an seinem Grundstück gezwungen sein soll, in einem andern Kanton oder gar in einem andern Sprachgebiet zu prozessieren.

Der *Wohnsitz des Beklagten* ist der allgemeine Gerichtsstand nach 173
BV 59[151]. Er gibt im vorliegenden Zusammenhang keinen Anlass zu
weiteren Bemerkungen.

---

[147] Immer wieder erfolgende Einwirkungen *aus der gleichen Quelle* mit zeitlichen Unterbrüchen — z. B. während der Stillegung der Leitung zwecks Reparaturen, Revisionen oder Wechsel des zu transportierenden Stoffes — sind auch als Dauereinwirkungen zu betrachten. Es läuft daher nicht für jede Einwirkungsperiode eine neue absolute Verjährungsfrist. Wenn aber ein Leck repariert wurde und nachher eine neue Undichtigkeit entsteht — weil z. B. die Ursache der ersten weiterdauert —, handelt es sich bei den Einwirkungen um zwei verschiedene Ereignisse mit eigenen Verjährungsfristen.
[148] Vgl. BGE 81 II 445; 92 II 7; 107 II 40; Bd. II/1 § 16 FN 528; KÜCHLER 82.
[149] Diese Bestimmung gilt also nicht für Klagen gegen einen Schädiger, der neben dem Inhaber/Eigentümer haftet, z. B. einen Saboteur oder eine Hilfsperson; vgl. KÜCHLER 78.
[150] BBl 1962 II 822/23.
[151] Diese Bestimmung hat nur interkantonale Bedeutung. Es steht den Kantonen daher frei, nur ein einziges Gericht im Wohnsitzkanton als zuständig zu bezeichnen, z. B. das kantonale Handelsgericht. Das muss auch für Klagen aus RLG 33 gelten.

174 Daneben eröffnet RLG 40 dem Beklagten die Möglichkeit, am *Ort des Schadenseintrittes* zu klagen [152, 153]. Unter Schadenseintritt ist — schon rein sprachlich — der Ort des Erfolges, nicht der Ort der Verursachung des Schadens zu verstehen [154, 155]. Es kommt also darauf an, wo Erdreich oder Gewässer verschmutzt werden oder ein Brand entsteht. Läuft ausgelaufenes Öl in einem Grundwasserstrom zu einer Grundwasserfassung, so tritt der Schaden sowohl dort ein, wo das Öl aus der Rohrleitung fliesst, als auch am Ort der Grundwasserfassung resp. wo das verschmutzte Wasser verwendet wird. An allen diesen Orten tritt ein Schaden ein.

175 Das Wahlrecht des Geschädigten führt zur Möglichkeit, dass verschiedene Geschädigte vor verschiedenen Gerichten klagen oder dass der Inhaber und der Eigentümer vor verschiedenen Gerichten eingeklagt werden. Das ist unerwünscht. Im Gesetz fehlt aber eine Bestimmung, wie sie in IPRG 129 III enthalten ist, wonach der zuerst angerufene Richter ausschliesslich zuständig ist.

V. Obligatorische Haftpflichtversicherung und andere Formen der Sicherstellung

A. Allgemeines

176 Das Obligatorium der Versicherung der Haftpflicht eines Gefährdungshaftpflichtigen stellt vor allem dort eine naheliegende und dem

---

[152] Dieser Gerichtsstand für Klagen aus unerlaubter Handlung könnte ohne RLG 40 nur innerkantonal gelten, weil interkantonal BV 59 massgebend wäre; vgl. MAX GULDENER, Schweizerisches Zivilprozessrecht (3. A. Zürich 1979) 84, 92; HANS ULRICH WALDER-BOHNER, Zivilprozessrecht (3. A. Zürich 1983) 101, 109; OSCAR VOGEL, Grundriss des Zivilprozessrechts (Bern 1988) 4. Kap. N 68.

[153] Nach IPRG 129 ist das Wohnsitzgericht des Beklagten zuständig, eventuell das Gericht am Aufenthalts- oder Niederlassungsort des Beklagten. Nur wenn er weder Wohnsitz noch gewöhnlichen Aufenthalt oder eine Niederlassung in der Schweiz hat, kann am Handlungs- oder am Erfolgsort geklagt werden. Diese Regelung geht RLG 40 bei internationalen Verhältnissen vor; vgl. dazu HANS ULRICH WALDER, Einführung in das internationale Zivilprozessrecht der Schweiz (Zürich 1989) § 5 Rz 73.

[154] Für den allgemein geltenden Gerichtsstand der unerlaubten Handlung, das forum delicti commissi, ist sowohl der Ort der Tat als auch des Erfolgseintrittes massgebend; vgl. VOGEL (zit. FN 152) 4. Kap. N 68.

[155] A.M. KÜCHLER 77.

Zweck der Gefährdungshaftpflicht entsprechende Regelung dar, wo befürchtet werden muss, dass in vielen oder auch nur in einzelnen Fällen die finanziellen Mittel des Haftpflichtigen nicht ausreichen, um die begründeten Schadenersatzansprüche der Geschädigten zu befriedigen. Die Existenz einer Haftpflichtversicherung kann zudem eine schnelle und kompetente Schadenbehandlung begünstigen (vgl. Bd. II/2 § 25 N 21 ff.).

Ausserdem erleichtert das Obligatorium einer Haftpflichtversicherung dem Gesetzgeber die Statuierung einer strengen Haftpflicht; der Haftpflichtige wird durch sie gegen eine grosse finanzielle Belastung, die sich aus ihr im Schadenfall ergibt, geschützt. Das fällt namentlich bei der Möglichkeit sehr grosser Schäden ins Gewicht. 177

Diese Überlegungen können bei allen Kausalhaftungen angestellt werden. Das Obligatorium einer Haftpflichtversicherung ist aber nur sinnvoll und erreicht seinen Zweck, wenn es vom Staat durchgesetzt werden kann. Dies ist der Fall, wenn die Aktivität, an die die Haftpflicht geknüpft wird, eine Polizeierlaubnis oder eine Konzession voraussetzt. Ist dies nicht der Fall, so ist die Gefahr gross, dass namentlich der finanziell Schwache — «der nichts zu verlieren hat» — trotz des Obligatoriums auf den Abschluss einer Haftpflichtversicherung verzichtet, um die Prämien zu sparen. 178

Es liegt auf der Hand, dass die erwähnten Voraussetzungen eines Obligatoriums der Haftpflichtversicherung bei Rohrleitungsanlagen erfüllt sind. Dementsprechend enthält RLG 35 I die Pflicht des Inhabers einer Rohrleitungsanlage, eine Haftpflichtversicherung zur Deckung der versicherbaren Risiken seiner Haftpflicht gemäss RLG 33 abzuschliessen. Die Aufsichtsbehörde kann ihn von dieser Verpflichtung ganz oder teilweise entbinden, wenn er in anderer Weise[156] gleichwertige Sicherheit leistet. 179

Die Regelung des RLG hält sich in den wesentlichen Zügen an die Vorschriften über die obligatorische Haftpflichtversicherung in SVG 63 ff. Das RLG schreibt ebenfalls eine minimale Garantiesumme vor, 180

---

[156] Eine ähnliche Regelung findet sich in KHG 17 I und in LFG 70/71, wobei im LFG im Gegensatz zum RLG die Art dieser Sicherstellung näher umschrieben wird. Es wird sich aufdrängen, gegebenenfalls die dortigen Bestimmungen bei Rohrleitungsanlagen analog anzuwenden.
Zur Begründung der Möglichkeit anderer Sicherstellung wird in Botsch. RLG 822 auf den fehlenden Kontrahierungszwang der Versicherungsgesellschaften hingewiesen.

§ 30　　　　Haftpflicht für Rohrleitungsanlagen

räumt dem Geschädigten ein direktes Forderungsrecht gegen den Haftpflichtversicherer ein und schliesst dessen eventuelle Einreden aus dem Versicherungsvertrag oder aus dem VVG gegenüber dem Geschädigten aus. Wenn der Versicherer gestützt darauf dem Geschädigten mehr bezahlen muss, als er seinem Versicherten intern schuldet, steht ihm ein Regressrecht gegen den Versicherungsnehmer zu (RLG 37 III).

181　　RLG 38 enthält entsprechend SVG 66 eine Entschädigungsordnung für den Fall, dass die den Geschädigten zustehenden Forderungen die vertragliche Versicherungsdeckung übersteigen.

182　　Abweichungen gegenüber dem SVG bestehen, abgesehen von der hier gegebenen Möglichkeit anderweitiger Sicherstellung, in der Beschränkung der Versicherungspflicht auf die versicherbaren Risiken in RLG 35 I, während anderseits die Zulässigkeit der sog. Verwandtenklausel von SVG 63 III lit. b hier nicht gilt. Im weiteren statuiert das RLG im Gegensatz zu SVG 67 keinen automatischen Übergang der Haftpflichtversicherung bei einem Wechsel des Inhabers. Schliesslich sieht RLG 36 für die externe Weitergeltung der Versicherung bei deren Aussetzen und Aufhören eine kürzere Frist (30 Tage) vor als SVG 68 II (60 Tage).

183　　Wie im Bereich des SVG (Art. 73) unterstehen Bund und Kantone der Versicherungspflicht nicht (RLG 35 V).

B. Ausgestaltung der obligatorischen Haftpflichtversicherung

1. Wer ist der Versicherungspflicht unterworfen?

184　　RLG 35 I bestimmt ausdrücklich, dass der *Inhaber* der Rohrleitungsanlage zur Deckung *seiner* Haftpflicht eine Versicherung abzuschliessen habe. Neben ihm haftet aber auch der Eigentümer als solcher, wenn er nicht gleichzeitig Inhaber ist[157]. Da der Inhaber aber immer haftet, ob der Eigentümer mit ihm identisch sei oder nicht, wird die Stellung des Geschädigten nicht tangiert, wenn der Eigentümer

---

[157] Nach KHG 11 hat demgegenüber eine Versicherung abzuschliessen, «wer nach den Bestimmungen dieses Gesetzes haftet». Vgl. dazu vorn § 29 N 559.

nicht versichert ist; die gesetzliche Minimal-Garantiesumme steht ohnehin zur Verfügung. Die obligatorische Deckung der Haftpflicht des Eigentümers ist für den Schutz des Geschädigten nicht nötig.

2. Die administrative Sicherstellung der Erfüllung der Versicherungspflicht

Nach AtG 5 II ist die Bewilligung des Bundes zur Erstellung und zum Betrieb einer Atomanlage zu verweigern, wenn der Gesuchsteller die erforderliche Versicherungsdeckung oder Sicherstellung nicht nachweist. Nach AtG 9 II ist die Bewilligung zu widerrufen, wenn die Voraussetzungen dafür nicht mehr erfüllt sind. Im RLG ist der Versicherungsschutz resp. die anderweitige Sicherstellung der Ansprüche des Geschädigten demgegenüber nicht Voraussetzung der Konzessionserteilung (RLG 3 I), sondern nur der Betriebsbewilligung (RLG 30 II lit. c)[158]. 185

Daraus ergibt sich, dass die Versicherung während der Bauzeit noch nicht obligatorisch ist. Das entspricht dem Umstand, dass die Haftpflicht nach RLG dann noch nicht besteht (vgl. vorn N 103). 186

Wenn die Versicherung *aussetzt*[159] oder *aufhört*[160], hat der Versicherer dies nach RLG 36 der Aufsichtsbehörde[161] der Rohrleitungsanlage zu melden. Dann ist eine Voraussetzung der Erteilung der Betriebsbewilligung (RLG 30 II lit. c) weggefallen und der Betrieb nach RLG 31 einzustellen[162]. 187

---

[158] Nach dem Wortlaut von RLG 30 II lit. c muss die Haftpflichtversicherung *abgeschlossen* sein. Richtigerweise muss sie aber im Zeitpunkt der Betriebsaufnahme auch in Kraft sein.
RLV 45 II Ziff. 1 begnügt sich ebenfalls als Voraussetzung der Erteilung einer Betriebsbewilligung mit einer Bestätigung über den *Abschluss* der Haftpflichtversicherung und erwähnt fälschlicherweise nicht, dass auch das Inkrafttreten der Versicherung auf den Zeitpunkt der Betriebsaufnahme bestätigt werden muss.
Sowohl RLG 30 II lit. c als auch RLV 45 II Ziff. 1 erwähnen die Möglichkeit der anderweitigen Sicherstellung der Ansprüche der Geschädigten gemäss RLG 35 IV nicht, der aber analog anzuwenden ist.

[159] Indem z. B. die Mahnfrist abgelaufen ist; vgl. VVG 20 III.

[160] Beendigung des Vertrages aus einem der zahlreichen gesetzlich vorgesehenen oder vereinbarten Gründe; vgl. Bd. II/2 § 26 N 136 ff.

[161] Dies ist nach RLV 1 das Bundesamt für Energiewirtschaft.

[162] Vgl. hinten N 204.

3. Umfang der Versicherungspflicht

a) Mindestdeckung

188 Das Gesetz[163] schreibt die minimalen Garantiesummen pro Schadenereignis vor, die vom Versicherer zur Verfügung zu stellen sind. Sie betragen bei Rohrleitungsanlagen für flüssige Brenn- oder Treibstoffe 10 Mio Fr., bei Rohrleitungsanlagen für gasförmige Brenn- oder Treibstoffe 5 Mio. Fr. Die unterschiedliche Behandlung wird in der Botschaft des Bundesrates (S. 821) damit begründet, dass bei den flüssigen Stoffen die Möglichkeit der Gewässerverschmutzung zu grösseren Gefahren führt, als sie bei gasförmigem Transportgut zu befürchten seien[164]. Man kann sich fragen, ob diese Differenzierung berechtigt ist. Wenn die Versicherer die Risiken entsprechend beurteilen, wird der Unterschied zwischen den Prämien für 5 und für 10 Mio Fr. gering sein.

189 Die vorgeschriebenen Beträge können in der Konzession herabgesetzt oder erhöht werden, sofern das öffentliche Interesse dies zulässt oder erheischt (RLG 35 III).

190 Die Garantiesumme muss *pro Schadenereignis* zur Verfügung stehen. Dieser Begriff wird kaum je zu Auslegungsschwierigkeiten führen. Da Dauerschädigungen — namentlich bei flüssigem Fördergut — in Frage kommen, ist der Zeitfaktor nicht von entscheidender Bedeutung. Wichtiger ist, ob die verschiedenen aufgetretenen Schäden auf die gleiche Ursache zurückzuführen sind. Ist eine Rohrleitung undicht und entsteht ein Brand, so liegt ein einziges Schadenereignis vor, wenn dieser Brand weitere Undichtigkeiten verursacht, die zu Schäden führen. Wenn eine Leitung wegen eines Mangels einer Reparatur undicht und gleichzeitig an einer in der Nähe liegenden Stelle von einem Dritten mit einem Bagger beschädigt wird, liegen zwei Ereignisse vor, auch wenn der gleiche Grundwasserstrom verschmutzt wird.

---

[163] In SVG 64 wird die Kompetenz zur Festsetzung der Minimalgarantiesummen für Motorfahrzeugversicherungen seit der Revision von 1975 dem Bundesrat übertragen. Das KHG (von 1983) auferlegt dem Bundesrat die Pflicht, höhere als die im Gesetz genannten Beträge vorzuschreiben, wenn sie zu zumutbaren Bedingungen versichert werden können (KHG 11 II).

[164] Im E zum RLG wurde für gasförmige Stoffe nur eine Garantiesumme von 3 Mio Fr. verlangt; vgl. dazu auch Sten.Bull. NR 1962 743f.

In die gleiche Garantiesumme einzurechnen sind alle nach RLG 33/ 191
34 zu ersetzenden Folgen eines Schadenereignisses, also auch Genugtuung und Schadenszins, nicht aber ein geschuldeter Verzugszins[165].

Für die Abgrenzung zwischen Schadens- und Verzugszins sind die 192
gleichen Überlegungen massgebend, wie sie bei der Besprechung des KHG in § 29 N 561 ff. dargelegt wurden.

Reicht die Garantiesumme nicht aus, so ist der Rest vom Inhaber 193
und gegebenenfalls vom Eigentümer solidarisch zu übernehmen.

Sind mehrere Personen geschädigt und übersteigt der Gesamtscha- 194
den die Ereignisgarantie des betreffenden Versicherungsvertrages, die eventuell höher ist als die Minimalgarantie von RLG 35 II, so ist nach RLG 38 zu verfahren: Der Direktanspruch jedes Geschädigten gegen den Versicherer ermässigt sich im Verhältnis der Versicherungsdeckung zur Summe aller berechtigten Forderungen. Die nicht innerhalb der vom angerufenen Richter nach RLG 38 II festgesetzten Frist eingeklagten Ansprüche gegen den Versicherer sind nur insoweit von diesem zu übernehmen, als die vertragliche Garantiesumme ausreicht. Dass die nicht rechtzeitig eingeklagten Forderungen dadurch benachteiligt werden, wird vom Gesetzgeber im Interesse der Praktikabilität der Rechtsordnung in Kauf genommen, was sicher richtig ist[166].

Eine aussergerichtliche vergleichsweise Erledigung wird durch das 195
Verfahren nach RLG 38 II nicht ausgeschlossen. Wenn aber die Garantiesumme nicht ausreicht, müssen dabei alle Geschädigten nicht nur mit der Höhe ihrer Entschädigung, sondern auch mit der Verteilung der Garantiesumme, d.h. mit der Entschädigung aller andern Anspruchsteller, einverstanden sein. Melden sich nach Abschluss des Vergleiches weitere Geschädigte, so kann ihnen der Versicherer seine Zahlungen an die andern entgegenhalten, wenn er sie gutgläubig geleistet hat. Dieser gute Glaube wird nach ZGB 3 I vermutet. Er kann vom Versicherer nicht angerufen werden, wenn er die Möglichkeit bei Anwendung der nach den Umständen gebotenen Aufmerksamkeit hätte erkennen können, dass noch bisher nicht berücksichtigte Schädigungen vorhanden sind (ZGB 3 II, RLG 38 III). Dann muss er mehr als seine Garantiesumme leisten, wobei hier nicht auf die Frage eingetreten werden kann, ob er dieses Mehr seinem Rückversicherer belasten kann.

---

165 Vgl. für das SVG Bd. II/2 § 26 N 63 und zur Regelung im KHG vorn § 29 N 565.
166 Vgl. die entsprechende Regelung in SVG 66 und die Ausführungen in Bd. II/2 § 26 N 182 ff., die hier beizuziehen sind.

§ 30 Haftpflicht für Rohrleitungsanlagen

b) Ausnahmen von der Versicherungspflicht

196 Wenn ein Gesetz ein Obligatorium der Haftpflichtversicherung statuiert, muss es eventuell zulässige, auch gegenüber dem Geschädigten geltende Einschränkungen des Deckungsumfanges, auch abgesehen von der Garantiesumme, festlegen, wie es in SVG 63 III erfolgt ist.

197 RLG 35 I beschränkt sich darauf, von den «versicherbaren Risiken»[167] zu sprechen, ohne diese näher zu umschreiben. Es kommt also darauf an, welcher Deckungsumfang auf dem Versicherungsmarkt erhältlich ist. Dabei spielt der Zeitpunkt eine Rolle, da der für die Versicherbarkeit von Risiken massgebende internationale Rückversicherungsmarkt sich den Erfahrungen, die mit einem Risiko gemacht werden, anzupassen pflegt. Aus der Formulierung von RLG 35 I kann der Schluss gezogen werden, dass es auf die im Zeitpunkt des Abschlusses eines konkreten Vertrages versicherbaren Risiken ankommt. Nur in diesem Zeitpunkt wird von den Behörden geprüft, ob der Versicherungsvertrag den Anforderungen des Gesetzes entspricht. Dehnen die Versicherer oder einzelne von ihnen nachher den Versicherungsumfang, den sie zu akzeptieren bereit sind, aus, macht aber ein Inhaber einer Rohrleitungsanlage von dieser Möglichkeit keinen Gebrauch — mit oder ohne Wissen davon —, so kann vernünftigerweise sein Versicherungsvertrag nicht nachträglich ungenügend werden, ohne dass er darauf hingewiesen wird. Dagegen erscheint es als zulässig, dass die Aufsichtsbehörde ihn darauf aufmerksam macht und von ihm eine Anpassung seines Versicherungsvertrages verlangt. Wenn er dazu nicht bereit ist, ist ihm nach RLG 31 die Betriebsbewilligung zu entziehen[168].

198 Anlass zur Umschreibung des obligatorischen Deckungsumfanges mit der Formulierung der versicherbaren Risiken bot bei Erlass des RLG die Frage der Streichung des groben Drittverschuldens als Entlastungsgrund (vgl. vorn N 143 ff.). Die schweizerischen Versicherungsgesellschaften erklärten, sich zur Übernahme von Schäden, die durch

---

[167] Diese Formulierung findet sich auch in KHG 11 I. KHG 11 III überträgt dem Bundesrat die Kompetenz, die Risiken zu bezeichnen, die der private Versicherer von der Deckung ausschliessen darf. Sie sind dann, gestützt auf KHG 12, vom Bund zu übernehmen. Der Bundesrat hat von der erwähnten Kompetenz in KHV 4 I Gebrauch gemacht; vgl. vorn § 29 N 608 ff.

[168] Bei der Erhöhung der versicherbaren Garantiesumme für Atomanlagen ist die Rechtslage klarer; dort gilt das neue Minimum vom Inkrafttreten des Beschlusses des Bundesrates an, der amtlich publiziert wird.

grobes Drittverschulden verursacht werden, nicht verpflichten zu können[169].

Diese Situation hat sich in der Zwischenzeit geändert: Die Versicherungsgesellschaften sind bereit, die Haftpflicht nach RLG 33/34 — unter Vorbehalt der Maximalsumme — voll abzudecken. Der Hinweis auf die Versicherbarkeit des Risikos hat daher zur Zeit (1990) keine praktische Bedeutung. 199

Trotzdem sei der Vollständigkeit halber erwähnt, dass der Ausschluss der Haftung bei grobem Drittverschulden — *wenn er im Versicherungsvertrag figuriert,* weil bei dessen Abschluss dieses Risiko nicht versicherbar war — dem Geschädigten entgegengehalten werden kann; das direkte Forderungsrecht bezieht sich nicht auf solche Fälle. 200

c) Deckung der persönlichen Haftpflicht der Hilfspersonen

Das Gesetz verlangt nur die Deckung der Haftpflicht des Inhabers, nicht aber der persönlichen Haftpflicht seiner Hilfspersonen aus OR 41[170]. Diese wird zwar meistens mitversichert sein, muss aber nicht[171]. Selbstverständlich gilt dies auch für die persönliche Haftpflicht der Hilfspersonen des Eigentümers. 201

4. Befreiungsanspruch des Inhabers

Wenn der Inhaber direkt belangt wird und den Geschädigten befriedigt, kann er seine Leistungen gestützt auf den Versicherungsvertrag 202

---

[169] Vgl. Botsch. RLG 821; Sten.Bull. NR 1962, 744; Amtl.Bull. SR 1962, 152.
[170] In SVG 63 II wird das Obligatorium ausdrücklich auf die Hilfspersonenhaftung ausgedehnt.
[171] Wenn die schuldige Hilfsperson vom Geschädigten direkt belangt wird, kann sie auf den Inhaber und seine Haftpflichtversicherung aus Solidarität zurückgreifen, meistens aber nur, wenn man die in OR 51 Abs. 2 enthaltene Regel nicht als verbindlich betrachtet und statt dessen die Methode der sektoriellen Verteilung anwendet.
Reguliert der Inhaber oder sein Haftpflichtversicherer die Ansprüche des Geschädigten, so können sie eine nicht mitversicherte Hilfsperson, der ein leichtes Verschulden vorzuwerfen ist, regressweise belangen. Wenn die Hilfsperson dagegen mitversichert ist, setzt der Regress grobe Fahrlässigkeit oder Vorsatz voraus und ist er nur im Rahmen der Praxis zu VVG 14 möglich.

vom Versicherer zurückverlangen. Dafür sei auf die Ausführungen zum SVG (Bd. II / 2 § 26 N 130 ff.) verwiesen.

5. Aussetzen und Aufhören der Versicherung

203 Es ist bereits erwähnt worden (vgl. vorn N 187), dass der Versicherer das Aussetzen und Aufhören des Versicherungsschutzes der Aufsichtsbehörde zu melden hat. Die externe Deckungspflicht des Versicherers bleibt nach Satz 2 von RLG 36 bis zum Inkrafttreten eines neuen Versicherungsvertrages erhalten, maximal aber 30 Tage[172] nach Eingang der Meldung bei der Aufsichtsbehörde. Für die Zahlungen für nach der Meldung, aber innerhalb dieser Frist, eingetretene Schadenfälle kann der Versicherer nach RLG 37 III auf den Versicherungsnehmer zurückgreifen, weil dieser intern keine Deckung mehr hat.

204 Wenn die Versicherung aussetzt oder aufhört, ist der Betrieb nach RLG 31 einzustellen. Dafür enthält das Gesetz keine Frist[173]. Vernünftigerweise hat die Betriebseinstellung so schnell als möglich zu erfolgen. Eine blosse Stillegung genügt nicht, nachdem RLG 33 auch eine strenge Kausalhaftung für Anlagen ausser Betrieb vorsieht. Wenn eine Anlage ausser Betrieb mehr als 30 Tage nach Aussetzen oder Aufhören der Versicherung aus irgendwelchen Gründen noch einen Schaden verursacht, muss der Inhaber die darauf gestützten Schadenersatzansprüche aus RLG 33 selbst erfüllen[174]; der obligatorische Versicherungsschutz enthält hier eine Lücke, die der Inhaber mit Vorteil durch eine fakultative Versicherung abdeckt.

---

[172] Nach SVG 68 II beträgt die entsprechende Frist dort 60 Tage. Dieser Unterschied erscheint als gerechtfertigt, weil das Einziehen von Fahrzeugausweis und Kontrollschildern eventuell längere Zeit benötigt.
[173] Nach SVG 68 II hat die Behörde den Fahrzeugausweis und die Kontrollschilder *sofort* nach Eingang der Meldung einzuziehen.
[174] Im Gegensatz dazu sieht das SVG in Art. 76 II eine Deckung für nicht versicherte Motorfahrzeuge durch alle Motorfahrzeughaftpflichtversicherer zusammen vor.

C. Unmittelbares Forderungsrecht des Geschädigten gegen den Haftpflichtversicherer und Einredenausschluss

1. Direktes Forderungsrecht

a) Allgemeines

Das direkte Forderungsrecht ermöglicht es dem Geschädigten, den Haftpflichtigen zu «überspringen» und sich nicht nur bei eventuellen Vergleichsverhandlungen, sondern auch bei gerichtlicher Geltendmachung seines Anspruches direkt an den Versicherer zu halten. Der Grund dafür liegt nicht in der Gefahr, dass der Haftpflichtige in Konkurs fällt und der Geschädigte dann nur eine Konkursdividende erhält, während die Konkursmasse den ganzen Deckungsanspruch geltend machen kann; denn dem Geschädigten steht, gestützt auf VVG 60 I, ein gesetzliches Pfandrecht am Ersatzanspruch des Versicherungsnehmers zu. Darauf und auf die dabei möglichen Schwierigkeiten ist hier nicht näher einzutreten. 205

Das direkte Forderungsrecht bezweckt daher weniger, dass der Geschädigte die vom Versicherer zu bezahlenden Beträge wirklich erhält, als die *möglichst* reibungslose Abwicklung des Falles, auch wenn der Haftpflichtige zum Trölen neigt[175]. Es ist heute zu einer selbstverständlichen Ergänzung obligatorischer Haftpflichtversicherungen geworden[176]. 206

Das direkte Forderungsrecht ist im Rahmen des SVG (vgl. Bd. II/2 § 26 N 150 ff.) einlässlich dargestellt worden. Darauf kann hier verwiesen werden. Die folgenden Ausführungen beschränken sich daher auf Fragen, die sich im Rahmen des RLG unter einem besonderen Aspekt 207

---

[175] Auch ein Versicherer könnte geneigt sein zu versuchen, durch an den Haaren herbeigezogene Argumentationen die Zahlung hinauszuschieben in der Hoffnung, dass dem Geschädigten die Auseinandersetzung verleidet und er ungerechtfertigte Konzessionen macht, um den Fall endlich abzuschliessen. Eine solche Haltung schädigt seinen geschäftlichen Ruf und erschwert damit seine Akquisitionstätigkeit. Das gilt für den Haftpflichtigen selber nicht.

[176] An sich würde der geschilderte Zweck des direkten Forderungsrechts es hier viel weniger nahelegen als z. B. in der Motorfahrzeughaftpflichtversicherung; denn hier sind die Haftpflichtigen grosse Unternehmungen, die auf die Wahrung ihres guten geschäftlichen Rufes bedacht sein müssen.

stellen oder deren besondere Erörterung hier aus andern Gründen naheliegt.

b) Geltungsbereich

208 Das direkte Forderungsrecht gilt nach RLG 37 I nicht im Rahmen der gesetzlich vorgeschriebenen, sondern der *vertraglichen Versicherungsdeckung*. Wenn also der vertragliche Deckungsbereich über die gesetzlichen Grenzen hinausgeht, wird diese zusätzliche Deckung wie im SVG vom direkten Forderungsrecht erfasst [177].

209 Dies gilt vor allem für die *Garantiesumme*. Übersteigt sie die gesetzlichen Minima von RLG 35 II, so besteht für den Zusatzbetrag ebenfalls ein Direktanspruch mit Einredenausschluss. Dies drängt sich schon aus praktischen Gründen auf: Wenn der Schaden die gesetzliche Minimalgarantiesumme übersteigt, müsste sonst der Geschädigte doch gegen den Haftpflichtigen vorgehen oder aber gegen ihn und gegen den Versicherer.

210 Wenn, was normalerweise der Fall sein wird, die *Ansprüche gegen die Hilfspersonen des Inhabers* und eventuell gegen den von ihm verschiedenen *Eigentümer* mitversichert sind, handelt es sich dabei um eine freiwillige Versicherung, wie bei den die Minima übersteigenden Garantiesummen. Nach dem Wortlaut des Gesetzes steht das Rückgriffsrecht des Versicherers nach RLG 37 III diesem nur gegen den Versicherungsnehmer, nicht aber gegen den Versicherten zu [178]. Ein direktes Forderungsrecht ohne Rückgriffsmöglichkeit auf den Versicherten bei fehlender interner Deckung wäre aber widersinnig. Das direkte Forderungsrecht bei Mitversicherung der Hilfspersonen und des Eigentümers würde also in bezug auf Ansprüche gegen diese Personen RLG 37 III widersprechen.

2. Einredenausschluss und Rückgriffsrecht des Versicherers

211 Die obligatorische Haftpflichtversicherung kann ihre Funktion, den Geschädigten gegen Zahlungsunfähigkeit und Zahlungsunwilligkeit des

---

[177] Vgl. Bd. II/2 § 26 N 50 ff.
[178] Im Gegensatz zum Wortlaut von SVG 65 III.

Haftpflichtigen zu schützen, nur erfüllen, wenn sie deckungspflichtig ist. Um dies sicherzustellen, wird hier wie bei den andern obligatorischen Haftpflichtversicherungen mit direktem Forderungsrecht dem Versicherer verwehrt, die ihm eventuell zustehenden Einreden aus dem VVG oder aus dem Versicherungsvertrag dem Geschädigten entgegenzuhalten (RLG 37 II). Er muss dann dem Geschädigten mehr bezahlen, als er nach dem Versicherungsverhältnis dem Versicherungsnehmer resp. dem von diesem verschiedenen Versicherten schuldet. Diese vom Gesetz zum Zwecke der Erreichung des Zieles der obligatorischen Haftpflichtversicherung angeordnete Leistungspflicht des Versicherers wird durch dessen Regressrecht ausgeglichen: Der Versicherer kann denjenigen Betrag, den er auf Grund seiner Einreden intern nicht schuldete, extern aber leisten musste, vom Versicherungsnehmer zurückverlangen. Er trägt damit das Risiko der Zahlungsunfähigkeit des Haftpflichtigen[179].

Für die eventuell mit der obligatorischen Versicherung des Inhabers verbundene fakultative Deckung der Haftpflicht der Hilfspersonen resp. des Eigentümers besteht, wie vorn (N 210) ausgeführt wurde, kein direktes Forderungsrecht: Verhandelt der Versicherer (für den Eigentümer oder eine Hilfsperson) trotz des fehlenden direkten Forderungsrechts direkt mit dem Geschädigten, so kann er ihm seine Deckungseinreden entgegenhalten, wie dies vor der Einführung des Versicherungsobligatoriums für Radfahrer galt. 212

Durch das Rückgriffsrecht des Versicherers gegen den Versicherungsnehmer dürfen die Ansprüche des Geschädigten nicht reduziert werden. SVG 88[180] wird von der Rechtsprechung zu Recht auch ausserhalb des SVG angewendet[181]. 213

D. Rückgriffsrechte des Versicherers gegen mithaftende Dritte

Soweit dem Inhaber ein haftpflichtrechtliches Rückgriffsrecht gegen Dritte zusteht, kann es auch von seinem Versicherer geltend gemacht 214

---

[179] Vgl. über die entsprechende Regelung im SVG Bd. II/2 § 26 N 213 ff.
[180] Vgl. dazu Bd. II/2 § 26 N 425.
[181] Vgl. BREHM, Berner Komm., N 138 zu OR 51.

werden (vgl. Bd. I 368f., 375ff.). Das gilt sowohl gegenüber irgendwelchen Dritten, z. B. einem Bauunternehmer, der eine Rohrleitung beschädigt hat, als auch gegenüber Dritten, die mit der Rohrleitungsanlage verbunden sind; man denke an den vom Inhaber verschiedenen Eigentümer und an die Hilfspersonen des Inhabers oder des Eigentümers. Da der Eigentümer trotz externer Solidarität vom Inhaber nicht belangt werden kann (vgl. vorn N 85, 161), wenn ihn kein Verschulden trifft und er auch nicht vertraglich eine Haftpflicht übernommen hat, wird dieses Regressrecht gegenüber dem Eigentümer kaum je aktuell werden. Anders ist die Rechtslage gegenüber den Hilfspersonen, wenn ihre Haftpflicht durch die Haftpflichtversicherung des Inhabers nicht mitgedeckt ist.

§ 31 Haftpflicht nach Sprengstoffgesetz

Literatur

SCHWEIZERISCHE: DESCHENAUX/TERCIER 187ff. — A. KELLER I 277f. — PIERRE TERCIER, Une nouvelle règle de responsabilité: l'art. 27 de la loi sur les explosifs, SJZ 76 (1980) 341 ff.
AUSLÄNDISCHE: WERNER FILTHAUT, Haftpflichtgesetz, Kommentar (2. A. München 1988) § 3. — KOZIOL II 576f. — HENRI et LEON MAZEAUD/JEAN MAZEAUD, Responsabilité civile, Bd. II (6. A. Paris 1970). — KONRAD ZWEIGERT/HEIN KÖTZ, Einführung in die Rechtsvergleichung auf dem Gebiete des Privatrechts, Bd. II: Institutionen (2. A. Tübingen 1984).

I. Grundlagen

A. Rechtsquellen

Das BG über explosionsgefährliche Stoffe (Sprengstoffgesetz, SSG, SR 941.41) vom 25. März 1977 regelt im wesentlichen in 35 Artikeln den Umgang mit explosionsgefährlichen Stoffen (Geltungsbereich und -Begriffe, Pulverregal, Berechtigung zum Verkehr mit Sprengmitteln und pyrotechnischen Gegenständen, Schutz- und Sicherheitsvorschriften, Überwachung des Verkehrs mit Sprengmitteln und pyrotechnischen Gegenständen, administrative Verfügungen und Rechtsschutz) und enthält in 5 Artikeln Strafbestimmungen für Widerhandlungen gegen das Gesetz. Dazwischen findet sich in Art. 27 eine Haftpflichtnorm, deren Interpretation Gegenstand der folgenden Ausführungen ist. Nähere Bestimmungen dazu enthält die VO über explosionsgefährliche Stoffe[1]. 1

Im Entwurf des Bundesrates[2] war, wie im Giftgesetz[3], keine Haftpflichtbestimmung enthalten, sondern ein Versicherungsobligato- 2

---

[1] Sprengstoff-Verordnung, SSVO, SR 941.411.
[2] BBl 1975 II 1289 ff.
[3] BG vom 21. März 1969 über den Verkehr mit Giften (SR 814.80).

rium[4], das aber wegen der administrativen Schwierigkeiten seiner Durchführung im Parlament auf Opposition stiess. Um die Geschädigten aus Sprengstoffunfällen trotzdem besser zu stellen als andere, schlug Ständerat Arnold die Einführung einer Gefährdungshaftung vor[5]. Das EJPD formulierte eine entsprechende Bestimmung, die dann von beiden Räten angenommen wurde und heute als Art. 27 Gesetz ist. Als Grund wurde angeführt, dass mit Sprengmitteln und pyrotechnischen Gegenständen eine hohe Betriebsgefahr verbunden sei und die Möglichkeit von schweren Schäden bestehe.

B. Haftungsgrundsatz und Abgrenzungen

1. Wesen dieser Haftung

3   Nach SSG 27 haftet der Inhaber eines Betriebes oder einer Anlage, in denen Sprengmittel oder pyrotechnische Gegenstände hergestellt, gelagert oder verwendet werden, für den Schaden, der durch die Explosion solcher Mittel oder Gegenstände verursacht wird. Es handelt sich um eine Kausalhaftung ohne Bezug auf irgendeine Unsorgfalt[6]. Es liegt vielmehr eine *Gefährdungshaftung*[7, 8] vor, die nur dann entfällt, wenn einer der drei klassischen Entlastungsgründe gegeben ist (vgl. SSG 27 II).

4   Die Voraussetzungen für die Einführung einer Gefährdungshaftung sind gegeben, weil genügende Schutzmassnahmen, durch die die mit explosionsgefährlichen Stoffen verbundenen Gefahren ausgeschaltet

---

[4]   Art. 23 des Entwurfes knüpfte die Versicherungspflicht an das Herstellen und Lagern von Sprengmitteln und pyrotechnischen Gegenständen, beschränkte sie auf die Haftpflicht für Folgen von Explosionen und nahm neben dem Bund die Kleinverbraucher davon aus.
   In der Botschaft wurde die Versicherungspflicht mit der Gefährdung von Leben und Gut durch das Lagern von Sprengmitteln und pyrotechnischen Gegenständen begründet und der Erwartung Ausdruck gegeben, dass die Versicherungs-Gesellschaften Missständen beim Lagern explosionsgefährlicher Stoffe entgegenwirken werden.
[5]   Amtl. Bull. SR 1976, 170; vgl. auch 596 und amtl. Bull. NR 1976, 952/53.
[6]   Vgl. Bd. II/1 § 17 N 6ff.; Bd. II/2 § 24 N 13.
[7]   Im Unterschied zur Haftpflicht nach GSG 36 wird der Geltungsbereich durch die Art der Ursache und nicht durch die Art des Schadens bestimmt; vgl. Bd. II/1 § 23 N 3ff., insbesondere N 9.
[8]   Vgl. TERCIER, SJZ 76 (1980) 342; A. KELLER I 277.

werden können, kaum bestehen. Irgendwelche Umstände, mit denen vernünftigerweise nicht gerechnet werden muss, können wegen der enormen Explosionskraft solcher Stoffe zu grossen Schäden führen[9]. Die Herstellung, die Lagerung, das Besitzen, Einführen, Abgeben, Beziehen, Verwenden und Vernichten (vgl. SSG 3 I) von explosionsgefährlichen Stoffen würde daher wegen der damit verbundenen, unbeherrschbaren Gefahren an sich schon ein Verschulden darstellen. Nachdem diese Stoffe aber eine erhebliche volkswirtschaftliche Rolle spielen[10], erscheint es als gerechtfertigt, ihre Verwendung nicht bereits als Verschulden zu betrachten, aber — als Ausgleich — die strenge Gefährdungshaftung zu statuieren[11]. Man kann von einer *Energiehaftung*[12] sprechen: Der Mensch macht sich die Explosionsenergie von Sprengmitteln und pyrotechnischen Gegenständen dienstbar, woraus sich besondre Gefahren ergeben.

2. Gegenüberstellung ähnlicher Haftungsnormen in ausländischen Rechten

Das *deutsche Recht*[13] kennt keine speziell auf Sprengstoffschäden zugeschnittene Bestimmung. Jedoch lässt sich HPflG 3, die Haftung des Unternehmers eines gefährlichen Betriebes, auch auf Sprengstoffschäden anwenden. Die der Haftung unterstellten Betriebe sind abschlies-

---

[9] Vgl. BGE 40 II 276, wo Dynamitpatronen eines Bauern von der Putzfrau nicht als solche erkannt und in den Ofen geworfen wurden. Das Bundesgericht hat fahrlässige Aufbewahrung angenommen. Der Fall zeigt aber die Unbeherrschbarkeit des Risikos: Es gibt keine Sicherung dagegen, dass in einem Haus, in dem explosionsgefährliche Stoffe aufbewahrt werden, ein Brand ausbricht.
Vgl. auch den folgenden Fall: In einem Stollen waren Arbeiter damit beschäftigt, Sprengstoffpatronen mit elektrischen Zündern zu versehen und dann in Bohrlöcher zu stecken. Während dieser Arbeit explodierten plötzlich einige dieser Sprengstoffpatronen, wobei zwei Arbeiter getötet wurden. Die Explosion war durch einen Blitzschlag ausgelöst worden, der in das in den Stollen führende Geleise eingeschlagen hatte. Von den Geleisen war der Strom in das am Stollenende liegen gebliebene Wasser und von dort aus in die darin liegenden Enden der elektrischen Zündschnüre gelangt (gemäss Angaben der SUVA).
[10] Man denke z. B. an den Tunnelbau im Fels.
[11] Vgl. Bd. II/2 § 24 N 22 ff.
[12] Vgl. ROCHUS GASSMANN-BURDIN, Energiehaftung (Diss. Zürich 1988) 97 ff.; EMIL W. STARK, Die weitere Entwicklung unseres Haftpflichtrechts, ZSR 1981 I 378 ff.; DERS., Einige Gedanken zur Entwicklung des Haftpflichtrechts, VersR, 25 Jahre Karlsruher Forum, Jubiläumsausgabe 1983, 71 ff.
[13] Vgl. dazu generell FILTHAUT § 3.

send aufgezählt: Bergwerke, Steinbrüche, Gräbereien (Gruben), Fabriken. Entsteht bei einem solchen Betrieb ein Schaden, der auf die Explosion von Sprengstoff zurückzuführen ist, so haftet der Betriebsunternehmer für Körperschaden ohne eigenes Verschulden, aber nur bei Verschulden seines Bevollmächtigten[14]. Die praktische Bedeutung von HPflG 3 ist gering, da die Personenschäden der in den Betrieben tätigen Personen von der Unfallversicherung gedeckt werden[15].

6   Auch das *österreichische Recht* kennt keine speziell auf Sprengstoffschäden anwendbare Bestimmung. In Lehre und Rechtsprechung ist jedoch die Gefährdungshaftung kraft Analogie anerkannt[16]. «Die vom Gesetzgeber in einzelnen Fällen (RHG, EKHG, LuftVerkG usw.) besonders ausgesprochene erweiterte Haftung des Unternehmers für die spezifische Betriebsgefahr» ist «grundsätzlich analog auf alle gefährlichen Betriebe auszudehnen; wer ein solches Unternehmen betreibt, kann die Gefahr einer aus der Art des Betriebes entspringenden Verursachung von Schäden an Leib, Leben und Vermögen anderer nicht auf die Öffentlichkeit abwälzen, sondern er muss für sie auch dann aufkommen, wenn ihm oder seinen Betriebsgehilfen ein Verschulden nicht nachgewiesen werden kann»[17]. Gefährlich ist ein Betrieb dann, wenn gewaltige Elementarkräfte entfesselt werden, schwere Massen mit grosser Geschwindigkeit dahingleiten, Zündstoffe erzeugt oder verwendet werden, der feste Boden untergraben oder der Luftraum unsicher gemacht wird[18]. Im angeführten Urteil wurde entschieden, dass der «Inhaber eines Unternehms, dessen Betriebsgegenstand das Abbrennen von Feuerwerken ist, für die mit diesem ‹gefährlichen Betrieb› naturnotwendig verbundene spezifische Betriebsgefahr»[19] haftet. Diese Rechtsprechung lässt sich auf die Sprengstoffe übertragen.

7   Das *französische Recht* sieht in CCfr 1384 I eine Haftung für Sachen[20] vor. Dieser Artikel statuiert eine verschuldensunabhängige Haftung des Halters (gardien) der Sache, sofern der Schaden auf einem

---

[14] FILTHAUT § 3 N 19.
[15] Vgl. FILTHAUT § 3 N 2.
[16] Vgl. KOZIOL II 576.
[17] SZ 46/36 S. 163.
[18] Vgl. SZ 46/36 S. 164; KOZIOL II 576 f.
[19] SZ 46 S. 166.
[20] Die Haftung ist nicht auf gefährliche Sachen beschränkt. Dies führte dazu, dass andere Kriterien zur Haftungsbeschränkung herangezogen werden mussten. Vgl. MAZEAUD/ MAZEAUD N 1209 ff.; ZWEIGERT/KÖTZ II 410 ff.

I. Grundlagen § 31

Fehler in der Beschaffenheit der Sache oder auf einem Versagen ihrer Einrichtungen beruht[21].

Das *italienische Recht* verfügt in CCit 2051 über eine Bestimmung, die direkt auf CCfr 1384 I zurückgeht und in der Praxis auch gleich ausgelegt wird[22]. Gemäss CCit 2050 wird überdies für gefährliche Tätigkeiten gehaftet. In beiden Fällen werden an den Entlastungsbeweis die gleichen Anforderungen gestellt, so dass die Unterscheidung zwischen der Haftung für Sachen und der Haftung für gefährliche Tätigkeiten praktisch keine Rolle spielt[23].

8

3. Tendenz, Notwendigkeit und praktische Bedeutung einer verschärften Haftung für explosionsgefährliche Stoffe

Die Entstehungsgeschichte von SSG 27 (vgl. vorn N 2) zeigt, dass keineswegs eine als Lücke der allgemeinen Haftpflichtordnung empfundene Situation zur Einführung dieser Gefährdungshaftung geführt hat, sondern — indirekt — die administrativen Nachteile eines Haftpflichtversicherungs-Obligatoriums. Ein solches war vom Bundesrat vorgeschlagen worden, weil man ohnehin das Herstellen, Lagern und Verwenden von explosionsgefährlichen Stoffen in polizeilicher Hinsicht regeln wollte. Dabei ist zu berücksichtigen, dass eine Gefährdungshaftung und eine obligatorische Haftpflichtversicherung dem Geschädigten nicht gegen die gleichen Schwierigkeiten Schutz bieten: eine Gefährdungshaftung gegen das Fehlen oder gegen fehlende Beweisbarkeit eines Verschuldens des Schadensverursachers, die obligatorische Haftpflichtversicherung gegen das Fehlen von dessen Zahlungsfähigkeit und Zahlungswilligkeit.

9

Das führt zum Gedanken, dass die Gefährdungshaftung von SSG 27 fast zufällig eingeführt worden sei[24].

10

Diese Feststellung zieht dieser Norm aber nicht den rechtspolitischen Boden unter den Füssen weg[25]. Die Gefahren, die durch die Exi-

11

---

21 «faute dans la garde»; vgl. MAZEAUD/MAZEAUD N 1318.
22 Vgl. ZWEIGERT/KÖTZ II 417.
23 Vgl. ZWEIGERT/KÖTZ a.a.O.
24 Dem entspricht, dass die Ausgestaltung der Haftpflicht in einem einzigen Artikel erfolgt ist und im übrigen einfach auf das OR verwiesen wird.
25 Sie zeigt aber, dass die Abgrenzungen innerhalb unserer Haftpflichtordnung manchmal etwas zufällig sind.

stenz explosionsgefährlicher Stoffe geschaffen werden, liegen auf der Hand, weshalb die Verhältnisse eine Gefährdungshaftung auf diesem Gebiet voll rechtfertigen (vgl. vorn N 4). Die Tendenz, den Gefahren unseres technischen Zeitalters und dem damit verbundenen Einsatz verschiedenster Energieträger auf dem rechtlichen Gebiet mit der Einführung von Gefährdungshaftungen wenigstens finanziell die Stirne zu bieten, ist zu begrüssen.

12 Damit ist die Notwendigkeit dieser Haftungsnorm genügend belegt, auch wenn bis zur Drucklegung dieses Buches in den BGE, der ZR, der SJZ, den BJM, der ZBJV, der Sem.jud. und dem JT keine Urteile zu SSG 27 publiziert wurden, obschon dieses Gesetz seit dem 1. Juni 1980 in Kraft steht.

4. Einfluss der Polizeibestimmungen des SSG auf die Auslegung von dessen Haftungsnorm

13 Anlass für die Vorbereitung des SSG waren verschiedene parlamentarische Vorstösse, die Vorkehren des Bundes zur Verhütung von Sprengstoffanschlägen forderten. Der «freie Zugang» zu Sprengstoff sollte unterbunden werden. Das Gesetz will daher primär den zivilen Verkehr mit Sprengmitteln unter Kontrolle bringen[26, 27]. Dieser Gesichtspunkt der Prävention gegen Sprengstoffdelikte beherrscht die gesetzlichen Definitionen und damit den Anwendungsbereich des SSG.

14 Daneben enthalten das SSG und die SSVO aber auch Schutzvorschriften, die Unfälle mit Sprengmitteln verhindern sollen[28].

15 Diese Ausgangssituation bringt bei der Interpretation der Haftpflichtnorm von SSG 27 die Frage mit sich, wie weit dabei auf die andern Bestimmungen des Gesetzes zurückzugreifen und wie weit der Wortlaut von SSG 27 unabhängig davon unter haftpflichtrechtlichen Gesichtspunkten auszulegen sei.

16 Die folgenden Ausführungen versuchen, hier einen vernünftigen Mittelweg zu finden.

---

[26] Ähnlich wie man für das Anschaffen und Tragen von Schusswaffen einen Waffenerwerbs- bzw. einen Waffentragschein braucht; vgl. das Konkordat über den Handel mit Waffen und Munition vom 27. März 1969 (zürcherische GS 552.1) und z. B. für den Kanton Zürich die Verordnung über den Handel mit Waffen und Munition, das Waffentragen und den Waffenbesitz (WaffenVO, GS 552.2) vom 28. September 1942.
[27] Vgl. BBl 1975 II 1289.
[28] Vgl. SSG 14, 15 und 17–26.

C. Geltungsbereich von SSG 27

Die Haftpflicht nach SSG 27 gilt nur, wenn in einem Betrieb oder in einer Anlage, in denen Sprengmittel oder pyrotechnische Gegenstände hergestellt, gelagert oder verwendet werden, durch eine Explosion solcher Mittel oder Gegenstände Schaden entsteht. 17

Es ist schon hier festzuhalten, dass es sich nicht um eine Produktehaftung für fehlerhaft zusammengesetzte Sprengmittel und pyrotechnische Gegenstände handelt, die an das fragliche Produkt geknüpft ist[29]. Haftpflichtig nach SSG 27 ist nicht, wer die explosionsgefährlichen Stoffe hergestellt hat und daher für deren Mängel mehr oder weniger streng einstehen muss, sondern wer sie im Zeitpunkt ihrer Explosion in seinem Betrieb oder seiner Anlage herstellt, lagert oder verwendet. 18

1. In sachlicher Hinsicht

a) Die der Haftpflicht unterstellten Betriebe und Anlagen

Betriebe und Anlagen jeder Art (resp. ihre Inhaber), in denen Sprengmittel oder pyrotechnische Gegenstände hergestellt, gelagert oder verwendet werden, sind der Haftpflicht unterstellt. 19

1. Unter dem Wort «*Betrieb*» ist nicht ein maschinentechnischer Betrieb zu verstehen, im Gegensatz zum SVG[30], zum EHG[31], zum ElG[32] und zum RLG[33, 34], sondern ein (gewerblicher, industrieller oder 20

---

[29] SSVO 5 III und 9 I/II enthalten zwar Vorschriften über die Kennzeichnung von Sprengstoffen, elektrischen Zündern und Sprengkapseln, die auch nach einer Explosion erlauben soll, den Hersteller zu ermitteln.
[30] Vgl. Bd. II/2 § 25 N 348.
[31] Vgl. vorn § 27 N 94ff.; abweichend noch Bd. II/1 § 23 N 50.
[32] Vgl. vorn § 28 N 132ff.
[33] Vgl. vorn § 30 N 93.
[34] KHG 3 I verwendet den Ausdruck «Betrieb» nicht, sondern erklärt den Inhaber einer Kernanlage als verantwortlich für die Nuklearschäden, die durch Kernmaterialien *in* seiner Anlage verursacht werden. Die lokale Begrenzung auf Schäden, die in seiner Anlage verursacht werden, wird dann in Abs. 2 und 3 auf Transporte ausgeweitet. Bei Kernanlagen sind die Verhältnisse denjenigen nach SSG nicht unähnlich: Es wird mit gefährlichen Stoffen gearbeitet, dort mit Kernmaterialien, hier mit Sprengmitteln und pyrotechnischen Gegenständen. Die Haftpflicht gilt nur für die spezifischen Schädigun-

§ 31 Haftpflicht nach Sprengstoffgesetz

ähnlicher) Betrieb im Sinne eines Unternehmens[35]. Auch ein *Einmann-Betrieb* fällt unter den Begriff des Betriebes. Ausgeschlossen sind dagegen durch diesen Begriff die *Privatpersonen:* Wer in seiner beruflichen Aktivität Sprengmittel oder pyrotechnische Gegenstände herstellt, lagert oder verwendet, untersteht SSG 27; wer die gleiche Tätigkeit in seiner Freizeit ausübt, fällt nicht darunter[36, 37].

21 Der Betrieb wird normalerweise Erwerbszwecken dienen. Dies ist aber nicht zwingend. Ein Betrieb liegt auch vor, wenn regelmässig kein Gewinn erzielt und die betreffende Aktivität z. B. aus Freude an der entsprechenden Arbeit trotzdem weitergeführt wird, sofern es sich um berufliche Tätigkeit handelt. Wer einen Wald besorgt, sei es selbst oder durch Angestellte, führt einen forstwirtschaftlichen Betrieb auch dann, wenn kein finanzieller Vorteil herausgewirtschaftet wird. Auch ein Privatgelehrter, der mit Sprengstoffen Forschungen betreibt, führt einen Betrieb, wenn er damit nicht nur seine Freizeit verbringt[38]. Wenn ein Dienstleistungsunternehmen, das nach seiner Zweckbestimmung weder mit Sprengmitteln noch mit pyrotechnischen Gegenständen irgend etwas zu tun hat, sein Jubiläum mit einem grossen Feuerwerk feiert, handelt es sich um eine betriebliche Tätigkeit, die der Haftpflicht nach SSG 27 untersteht. Das gilt auch, wenn eine Stadt ein Seenachtfest organisiert: Die Verwendung von Sprengstoff oder pyrotechnischen Gegenständen braucht mit dem Betriebszweck nicht notwendigerweise

---

gen durch diese Stoffe, dort Nuklearschäden, hier Folgen von Explosionen. Das AtG versucht wie das SSG, den Besitz an diesen Stoffen durch strenge Bewilligungen für Einkauf, Verkauf usw. auf einen kontrollierbaren Personenkreis zu beschränken. Wenn der Inhaber einer Kernanlage nicht verhindert, dass seine Kernmaterialien in unbefugte Hände geraten, bleibt er für sie verantwortlich (KHG 3 II). Hier geht das SSG weniger weit. Vgl. vorn § 29 N 350 ff.

[35] Vgl. den Betriebsbegriff des GSG, der aber nicht ganz identisch ist; vgl. Bd. II/1 § 23 N 47; dort setzt der Betrieb eine gemeinsame Aktivität mehrerer Personen voraus; auch Einzelpersonen sind GSG 36 unterstellt und brauchen daher nicht unter den Begriff Betrieb zu fallen.

[36] Diese Abgrenzung lässt sich haftpflichtrechtlich ebenso wenig begründen wie die Ausnahme, die das SVG für die Motorfahrräder macht.
Da hier die gleiche Tätigkeit eines Betriebsinhabers einerseits und einer Privatperson anderseits rechtlich verschiedenen Normen unterstellt ist, gehört die Besprechung des Betriebsbegriffes zum Anwendungsbereich des SSG und nicht zu den Voraussetzungen der Haftpflicht.

[37] Das gilt auch für einen Jugendlichen, der aus Freude an der Chemie probiert, ob er selber Sprengstoffe oder Raketen herstellen kann.

[38] Wenn er nur in der Freizeit forscht, aber dazu eine Anlage (vgl. hinten N 87) benützt, z. B. ein Laboratorium, untersteht er auch der Gefährdungshaftung von SSG 27.

I. Grundlagen § 31

verbunden zu sein. Sie können eine nebensächliche, zufällige Rolle spielen.

Auch ein *Landwirtschaftsbetrieb* fällt unter SSG 27[39]. 22

Lagert und/oder verwendet ein Verein Sprengmittel oder hauptsächlich pyrotechnische Gegenstände und üben seine Mitglieder die Vereinstätigkeit in ihrer Freizeit aus, so erhält diese durch den statutarischen oder faktischen Vereinszweck betrieblichen Charakter und untersteht der Verein SSG 27. Wenn aber ein paar Freunde zu ihrer Belustigung gemeinsam einige Knallkörper zünden, kann nicht von einem Betrieb gesprochen werden und liegt daher private Tätigkeit vor[40]. 23

Es versteht sich wohl von selbst, dass zu einem Betrieb nicht nur die Tätigkeit an seinen Niederlassungsorten gehört, sondern auch ausserhalb, z. B. auf einer Baustelle. Es kommt nur darauf an, ob die Herstellung, Lagerung oder Verwendung von Sprengmitteln oder pyrotechnischen Gegenständen — resp. die weiteren dazugehörenden Tätigkeiten; vgl. hinten N 41 ff. — im Rahmen des Betriebes erfolgt. Dann gehört jede Explosion, die damit zusammenhängt, zum Anwendungsbereich von SSG 27[41]. 24

2. Unter *Anlagen* sind bauliche Einrichtungen im weitesten Sinne des Wortes mitsamt der Zubehör zu verstehen. 25

Dass Anlagen neben den Betrieben aufgeführt werden, obschon sie wohl fast immer einem Betrieb dienen, kann damit begründet werden, dass sich u. U. in einer stillgelegten Anlage, die also nicht mehr zu einem Betrieb gehört, noch Sprengmittel befinden. Daneben können Anlagen auch in der Freizeit (als Privatperson) benützt werden, was für Betriebe nicht gilt[42]. 26

---

[39] Vgl. den Sachverhalt von BGE 40 II 276. Landwirte dürften Kleinverbraucher sein, die nach SSG 13 Sprengmittel nur gelegentlich und nur in kleineren Mengen (nach SSVO 53 25 kg Sprengstoff und 100 Sprengkapseln oder elektrische Zünder) benötigen. Haftpflichtmässig gelten für sie keine Sonderbestimmungen.

[40] Diese Unterscheidung führt dazu, dass die einfache Gesellschaft dann nicht unter SSG 27 fällt, wenn ihre Aktivität freizeitmässig ist, während es beim Verein nicht auf diesen Umstand ankommt; eine juristische Person hat keine Freizeit und kein Privatleben.

[41] Wenn die Sprengmittel und pyrotechnischen Gegenstände eines Betriebes mit einer (lokal) bei ihm erfolgenden Explosion in keinem Zusammenhang stehen — eine Sprengstoffabrik lässt quer durch einen Anbau errichten; beim Aushub sprengt der Bauunternehmer einen Felsblock im Baugrundstück —, führt dies nicht zu dessen Haftpflicht nach SSG 27: Haftpflichtig ist in diesem Beispiel nicht die Sprengstoffabrik, sondern der Bauunternehmer. Der Wortlaut von SSG 27 ist hier nicht eindeutig.

[42] Vgl. hinten N 87.

27 Der Zustand der Anlage spielt keine Rolle, im Gegensatz zur Rechtslage nach RLG 33. Auch wenn die Anlage keinerlei Mängel aufweist, sich darin aber eine Explosion von Sprengmittel oder pyrotechnischen Gegenständen ereignet, haftet dafür ihr Inhaber.

28 3. Es muss sich aber, wie bereits erwähnt, um einen Betrieb oder eine Anlage handeln. Wer ausserhalb eines Betriebes oder einer Anlage, in seinem privaten Bereich, Sprengmittel oder pyrotechnische Gegenstände selber herstellt, lagert oder verwendet, untersteht deswegen nicht SSG 27. Wenn ein Schützenverein ein Munitionslager unterhält, handelt es sich um einen Betrieb im Sinne von SSG 27 und haftet der Verein, wenn die Munition sich entzündet und explodiert.

29 4. Diese Anknüpfung an Betrieb oder Anlage, die denjenigen von der Gefährdungshaftung ausnimmt, der in seiner Freizeit sprengt[43], aber auch nicht eine andere Person für die von ihm verursachten Schäden eintreten lässt, befriedigt haftpflichtrechtlich nicht.

b) Die die Haftpflicht begründenden Sprengmittel und pyrotechnischen Gegenstände

30 Das SSG definiert die Sprengmittel[44] und die pyrotechnischen Gegenstände in Art. 4—7[45].

31 Haftpflichtrechtlich erscheinen folgende Punkte als relevant:

32 1. *Sprengstoffe* werden durch Zündung, mechanische Einwirkung oder auf andere Weise zur Explosion gebracht. Wenn solche Stoffe wegen ihrer zerstörerischen Kraft schon in verhältnismässig geringer Menge gefährlich sind, d. h. wenn schon die Explosion einer relativ geringen Menge wahrscheinlich zu Schädigungen führt, gelten sie als Sprengstoffe im Sinne des SSG. Wenn durch eine solche Explosion tat-

---

[43] Man denke an den Eigentümer eines Ferienhauses in den Bergen, der im Militärdienst Sprengkenntnisse erworben hat und diese bei der Gestaltung der Umgebung seines Ferienhauses anwendet.
[44] Sprengmittel und Munition gelten nach BG über das Kriegsmaterial vom 30. Juni 1972 (SR 514.51) Art. 1 I als Kriegsmaterial, wenn sie als Kampfmittel verwendet werden können. Auf die Haftpflichtfrage gemäss SSG 27 hat dies keine Auswirkungen.
[45] Vgl. auch SSVO 2—4.

I. Grundlagen § 31

sächlich ein Schaden entsteht, ist diese Voraussetzung der Gefährlichkeit wohl immer erfüllt.

2. *Explosionsfähige Gase, Dämpfe* von flüssigen Brennstoffen, überhaupt Stoffe, die erst nach einer Vermischung mit Luft explodieren, gelten nicht als Sprengstoffe im Sinne des SSG. In diese Kategorie fallen z. B. Benzindämpfe und Kochgas: Wenn sie explodieren, ist SSG 27 nicht anwendbar[46].

Diese Abgrenzung leuchtet unter dem Gesichtspunkt der Gefährdung nicht ein; wahrscheinlich passieren nicht viel weniger Unfälle mit einem Kochgas-Luft-Gemisch, das z. b. durch einen elektrischen Funken entzündet wird, als mit vielen eigentlichen Sprengstoffen. Der Ausschluss dieser Stoffe ergibt sich daraus, dass das SSG ein Polizeigesetz über die Sprengstoffe mit angehängter Haftpflichtnorm ist. Konsequenterweise sollte für explosionsgefährliche Gase und Dämpfe die gleiche Haftungsnorm gelten wie für Sprengstoffe. Punkto Gefährlichkeit und Unvermeidbarkeit von Schädigungen liegen keine relevanten Unterschiede vor[47].

3. Die weitere Ausnahme von *Hilfsstoffen* und *Zwischenerzeugnissen*, die in einem Produktionsverfahren verwendet werden, aber vor dessen Abschluss die Explosionsgefährlichkeit verlieren[48], ist auch nur im Zusammenhang mit den polizeirechtlichen Normen, nicht aber in bezug auf SSG 27 einleuchtend.

4. Sowohl lit. a als auch lit. b von SSG 5 II rufen haftpflichtrechtlich also Bedenken. Anders wäre zu urteilen, wenn SSG 27 eine Produktehaftpflicht statuieren würde. Nachdem dies aber nicht der Fall ist und zweifellos grundsätzlich Sprengstoffexplosionen in Fabriken und Explo-

33

34

35

36

---

[46] Vgl. SSG 5 II lit. a. Der Bundesrat erwähnt in der Botschaft als Beispiele Zucker, Mehl, Harze, Aluminium, Eisen und Bronce, «die bei Arbeitsvorgängen in Industrie und Gewerbe in Form von Staub auftreten und auf Zündungen wie explosionsfähige Gase reagieren können» (BBl 1975 II 1296) und fährt einfach fort: «Solche Gemische will und soll der Entwurf nicht erfassen».

[47] Das Argument, dass bei der Explosion von Gasen und Dämpfen meistens ein Verschulden vorliegt, kann auch bei den Sprengmitteln und überhaupt bei allen Gefährdungshaftungstatbeständen angerufen werden.

[48] Vgl. SSG 5 II lit. b. Es ist haftpflichtrechtlich unbegreiflich, dass die Anwendbarkeit der Gefährdungshaftung bei der Explosion eines Sprengstoffes in einem Fabrikationsprozess davon abhängt, ob dessen Endprodukt auch explosionsgefährlich ist.

sionen von Gasen und Dämpfen unter die Haftpflicht fallen sollten, stellt sich die Frage, ob SSG 27 nicht ohne Beachtung von SSG 5 II lit. a und b ausgelegt werden darf[49]. Dies wäre möglich durch die Annahme einer Lücke in SSG 5 II, wonach die in ihr statuierten Ausnahmen von SSG 5 I für SSG 27 nicht gelten.

37   5. Dies trifft auch auf die *explosionsfähigen Erzeugnisse und Präparate* zu, die nicht zu Sprengzwecken hergestellt und in den Handel gebracht werden[50].

38   6. Neben den Sprengstoffen unterstehen auch die *pyrotechnischen Gegenstände* SSG 27. Sie unterscheiden sich von den Sprengstoffen durch ihren Zweck: Er besteht nicht im Sprengen. SSG 7 I lit. a nennt industrielle, technische oder landwirtschaftliche Zwecke und daneben in lit. b unter Hinweis auf die Feuerwerkskörper das Vergnügen.

39   Diese vier Zwecke — der E erwähnte neben dem Vergnügen nur gewerbliche oder technische Zwecke — sind aber nicht als exklusive Aufzählung zu betrachten, obschon der Wortlaut des Gesetzes dazu verleitet. Es lässt sich nicht festlegen, welche Zweckbestimmung (ausser dem Sprengzweck) die Anwendung der Vorschriften über die pyrotechnischen Gegenstände auf gebrauchsfertige Erzeugnisse mit einem Explosiv- oder Zündsatz ausschliessen sollte.

40   Da SSG 27 Sprengmittel und pyrotechnische Gegenstände gleich behandelt, erübrigt sich eine nähere Prüfung der pyrotechnischen Gegenstände[51]. Aus SSG 7 ergibt sich eindeutig, dass auch Explosionen von anderen als eigentlichen Sprengstoffen unter die Gefährdungshaftung von SSG 27 fallen, wenn die weiteren Voraussetzungen gegeben sind und nicht eine der Ausnahmen von SSG 5 II vorliegt.

---

[49] Der einzige plausible Grund dagegen besteht in der Bindung des Richters an das Gesetz und in der in der Schweiz — im Gegensatz zu Österreich; vgl. KOZIOL II 378 ff. — allgemein vertretenen Ablehnung von auf Analogieschlüssen beruhenden Kausalhaftungen.

[50] Vgl. SSG 5 II lit. c. Benzindämpfe und Kochgas-Luft-Gemische fallen an sich auch unter diese Ausschlussklausel, werden aber nicht in explosionsfähiger Form in den Handel gebracht. Die Botschaft erwähnt als Beispiele Chloratmischungen für Pflanzenschutz- und Schädlingsbekämpfungsmittel, Nitroverbindungen für pharmazeutische Präparate, Perverbindungen in Bleich- und Waschmitteln, organische Chlorate und Perchlorate (BBl 1975 II 1296).

[51] Der Sinn der Unterscheidung zwischen Sprengstoffen und pyrotechnischen Gegenständen liegt im polizeirechtlichen Teil des Gesetzes: Es werden Erleichterungen für den Verkehr mit pyrotechnischen Gegenständen vorgesehen (BBl 1975 II 1297).

c) Herstellung, Lagerung und Verwendung von Sprengmitteln oder pyrotechnischen Gegenständen

Das SSG regelt den Verkehr mit Sprengmitteln und pyrotechnischen 41
Gegenständen (Art. 1) und definiert diesen Verkehr in Art. 3 insbesondere als Herstellen, Lagern, Besitzen, Einführen, Abgeben, Beziehen, Verwenden und Vernichten von Sprengmitteln und pyrotechnischen Gegenständen. Dabei wird die Beförderung im Post-, Eisenbahn-, Strassen-, Luft- und Schiffsverkehr ausgenommen.

SSG 27 I spricht demgegenüber nur von der Herstellung, Lagerung 42
und Verwendung von Sprengmitteln und pyrotechnischen Gegenständen; die Ausnahmen des Post-, Eisenbahn-, Strassen-, Luft- und Schiffsverkehrs gelten nicht für die Haftpflicht.

In bezug auf das Herstellen, Lagern und Verwenden von Sprengmit- 43
teln und pyrotechnischen Gegenständen, wo kaum Interpretationsschwierigkeiten auftreten werden, stimmen SSG 27 und SSG 3 überein; das Besitzen, Einführen, Abgeben, Beziehen und Vernichten ist aber in SSG 27 nicht erwähnt.

Diesem Unterschied kann vernünftigerweise keine Bedeutung beige- 44
messen werden. Es kommt nur darauf an, ob die schädigende Explosion eines Sprengstoffes oder pyrotechnischen Gegenstandes im Zusammenhang mit einem Betrieb steht oder in einer Anlage stattfindet.

Im Zusammenhang mit einem Betrieb steht eine Explosion von 45
Sprengmitteln, wenn sie diesem Betrieb unmittelbar dienen, d.h. für die Betriebstätigkeit verwendet werden. Das ist auch der Fall, wenn der Betriebsinhaber sie besitzt, einführt, abgibt oder bezieht. Es ist, wie vorn erwähnt, nicht der Fall für denjenigen Betrieb, für den die Sprengmittel und pyrotechnischen Gegenstände von einem anderen Unternehmer eingesetzt werden. Wenn bei einem Aushub eine Felspartie im Untergrund gesprengt wird, ist nach SSG 27 die Aushubunternehmung haftpflichtig und nicht derjenige Betrieb, der den Auftrag zum Aushub erteilt hat.

Der Betrieb, der die Sprengmittel für seine Zwecke benützt, ist von 46
dem Moment an dafür verantwortlich, da er sie übernimmt und z.B. mit seinen Transportmitteln beim Verkäufer abholt. Bringt sie ihm der Verkäufer an seinen Standort, so trifft die Haftpflicht für eine Explosion auf dem Transport den Verkäufer. Dies gilt auch, wenn es sich um eine Holschuld handelt und der Verkäufer den Transport zum Käufer

auf dessen Kosten besorgt; denn der Verkäufer ist dann für die nötige Sorgfalt im Sinne von SSG 19 und 24 II verantwortlich. Wird ein selbständiger Unternehmer mit dem Transpsort beauftragt, so muss er für die Folgen einer Explosion auf dem Transport einstehen. Dies gilt auch für eine Eisenbahnunternehmung. Es kommt also immer auf den unmittelbaren Besitz an.

47   SSG 3 erwähnt auch das Einführen von Sprengmitteln. Wenn ein Transportunternehmer Sprengmittel aus dem Ausland zu einem schweizerischen Käufer transportiert und sich im Ausland eine Explosion ereignet, so ist dafür das ausländische Recht massgebend (lex loci delicti commissi, IPRG 133 II). Erfolgt die Explosion in der Schweiz, so haftet der selbständige Transportunternehmer, da auch hier auf den unmittelbaren Besitz abgestellt wird.

48   SSG 27 enthält auch keine Antwort auf die Frage, ob diese Norm auch auf die *Vernichtung* von Sprengmitteln und pyrotechnischen Gegenständen anwendbar sei, die in SSG 26 und SSVO 86 ff. geregelt ist. Es drängt sich auf, die Gefährdungshaftung auch hier anzuwenden; es wäre hier besonders sinnwidrig, sich an den genauen Wortlaut von SSG 27 zu klammern[52] (vgl. vorn N 44).

49   Diese ausdehnende Interpretation der Ausdrücke «herstellen», «lagern» und «verwenden» ergibt allein eine vernünftige Abgrenzung des Anwendungsbereiches von SSG 27. Wer sie ablehnt, gelangt zu kaum zu rechtfertigenden Haftpflichtlücken. Wo ein Betrieb sich eines Sprengmittels oder pyrotechnischer Gegenstände bedient, sie herstellt oder lagert, aber auch besitzt, einführt, abgibt, bezieht oder vernichtet, untersteht dessen Inhaber der Gefährdungshaftung von SSG 27[53].

2. In persönlicher Hinsicht

a) Kreis der haftpflichtigen Personen

50   Die Frage des Haftpflichtsubjektes wird hinten (N 70 ff.) besprochen. Hier ist zu prüfen, wer nach SSG 27 überhaupt haftpflichtig sein kann.

---

[52] Die Vernichtung eines Sprengmittels oder pyrotechnischen Gegenstandes kann wohl kaum als Verwendung desselben bezeichnet werden, hängt aber meistens eng damit zusammen.

[53] Für eine ausdehnende Interpretation auch TERCIER, SJZ 76 (1980) 345 f. Wenn im folgenden von der Herstellung, Lagerung und Verwendung von Sprengmitteln und pyrotechnischen Gegenständen die Rede ist, ist immer diese weite Interpretation gemeint.

I. Grundlagen § 31

Grundsätzlich kommt jedermann als Haftpflichtiger in Frage. Das gilt namentlich auch für: 51

1. *Bund, Kantone und Gemeinden*, die durch SSG 27 III ausdrücklich dieser Haftungsnorm unterstellt werden[54]. 52

2. die *Armee*, die eidgenössischen und kantonalen Militärverwaltungen und ihre Betriebe. Nach SSG 2 I ist dieses Gesetz aber auf sie nur anwendbar, wenn sie Sprengmittel an zivile Stellen oder Private abgeben. Diese Bestimmung kann sich jedoch nicht auf SSG 27 beziehen; denn wenn die Armee resp. die Militärverwaltungen und ihre Betriebe Sprengmittel an zivile Stellen oder Private abgeben und diese Sprengmittel nachher explodieren, besteht von vornherein keine Haftung des Bundes nach SSG 27. SSG 2 I betrifft vielmehr die polizeirechtlichen Bestimmungen dieses Gesetzes über den Verkehr mit Sprengmitteln und pyrotechnischen Gegenständen. 53

Soweit die Armee resp. eine Militärverwaltung Inhaberin von Betrieben oder Anlagen ist, die mit Sprengmitteln und pyrotechnischen Gegenständen zu tun haben — wobei sie sie nicht an zivile Stellen oder Private abgibt —, ist daher SSG 27 gestützt auf dessen Abs. 3 anwendbar. Das gilt insbesondere für Munitionsdepots und -fabriken. 54

Wenn ein Soldat in Ausübung seiner dienstlichen Tätigkeit einen Sprengschaden verursacht oder wenn eine militärische Übung oder dienstliche Verrichtungen der Truppe zu einem solchen Schaden führen, stellt sich die Frage des Verhältnisses von SSG 27 zu MO 22/23: SSG 27 ist exklusiv anzuwenden (vgl. hinten § 32 N 142 f.)[55]. Inhaber des «Betriebes» ist der Bund[56]. 55

Wenn der Wehrmann nicht im Dienst ist und seine Taschenmunition, z.B. bei einem Zimmerbrand, explodiert, handelt es sich dabei um die Folgen der dienstlichen, durch Reglemente geregelten Tätigkeit (des Wehrmannes) des Aufbewahrens der Taschenmunition. MO 22 I wäre 56

---

[54] Dies entspricht der Regelung von SVG 73, ElG 27 I, RLG 35 V und GSG 36 IV und gilt gestützt auf Art. 4 I des BG über die Schweizerischen Bundesbahnen vom 23. Juni 1944 (SR 742.31) auch für den Bereich des EHG, soweit der Bund im Spiel ist. Die spezielle Erwähnung erweist sich als notwendig als Ausfluss des Legalitätsprinzips; vgl. BGE 63 II 30; 68 II 217; 77 I 95; 81 II 303; 95 I 288; 101 II 184; SJZ 51 (1955) 300 Nr. 151.

[55] Anderer Meinung Tercier, SJZ 76 (1980) 343 f., der sich dabei auf SSG 2 I stützt.

[56] Die gleiche Frage stellt sich praktisch nicht für ZSG 77, weil der Zivilschutz keine Sprengungen vornimmt.

§ 31   Haftpflicht nach Sprengstoffgesetz

daher an sich anwendbar. SSG 27 geht aber gestützt auf MO 22 II dieser Haftpflichtnorm in seinem Anwendungsbereich vor, d. h. wenn ein Betrieb oder eine Anlage im Spiele ist. Das Aufbewahren der Taschenmunition gehört zum Betrieb «Armee» des Bundes, weshalb dieser nach SSG 27 für den Schaden aufzukommen hat.

b) Kreis der Geschädigten

57 Als Geschädigter kommt jedermann in Frage.

58 Soweit ein Geschädigter für den erlittenen Schaden durch eine (obligatorische) Sozialversicherung gedeckt ist, tritt diese in seine Haftpflichtansprüche von Gesetzes wegen ein[57]. Das gilt bei Sprengunfällen, für die zivile Personen haftpflichtig sind, aber auch für durch die Militärversicherung gedeckte Geschädigte. Den durch die Versicherung nicht gedeckten Teil des Schadens kann der Geschädigte dabei jeweils beim Haftpflichtigen direkt geltend machen.

59 Ist der Bund nach SSG 27 haftpflichtig, so kann die Militärversicherung nicht auf ihn zurückgreifen, weil sie selbst ein Teil der (unselbständigen) Bundesverwaltung ist. Aber auch den nicht gedeckten Schaden kann die geschädigte Militärperson nicht vom Bund ersetzt verlangen: Das Verhältnis zwischen dem Versicherten und dem Bund wird durch das MVG exklusiv geregelt; ergänzende Ansprüche gegen den Bund sind ausgeschlossen[58].

3. In rechtlicher Hinsicht: Verhältnis zu anderen Haftpflichtvorschriften

60 Die Frage des Verhältnisses zu anderen Haftpflichtnormen stellt sich nur, wenn nach ihnen die gleiche Person für die Folgen der gleichen Explosion an sich verantwortlich ist wie nach SSG 27.

---

[57] Vgl. UVG 41 ff.; AHVG 48ter ff.; IVG 52 I.
    Häufig werden Arbeitnehmer des Betriebsinhabers geschädigt, wie z. B. am 8. April 1969 in der Schweizerischen Sprengstoffabrik AG in Dottikon. Vgl. auch den damals nach EHG entschiedenen BGE 37 II 556.
[58] Vgl. Bd. I 439/40; MAURER, Sozialversicherungsrecht II 593. Diese Regelung ist in SVG 81 ausdrücklich festgehalten, gilt aber auch hier; vgl. Bd. II/2 § 26 N 413 ff.

I. Grundlagen § 31

a) Verhältnis zu anderen Spezialgesetzen des Haftpflichtrechts

Es handelt sich um die Frage, ob zwischen andern Spezialgesetzen 61
und SSG 27 Alternativität oder Exklusivität gelten soll[59].

Es rechtfertigt sich, zwischen den Spezialgesetzen das Verhältnis der 62
Alternativität anzunehmen, wenn der Gesetzgeber nicht eine ausdrückliche Lösung getroffen hat oder sonst besondere Gründe dagegen sprechen wie beim KHG die Kanalisierung der Haftpflicht[60]. Weder der Grundsatz der lex specialis noch derjenige der lex posterior ergibt eine vernünftige Entscheidung zugunsten der Exklusivität.

b) Verhältnis zum Obligationenrecht und zum Zivilgesetzbuch

Das SSG erscheint als Spezialgesetz gegenüber dem OR und dem 63
ZGB, woraus sich in Anwendung des Satzes lex specialis derogat legi generali die Exklusivität des SSG ergibt[61]. So ist, wenn eine Hilfsperson des Inhabers eines Sprengstofflagers dessen Explosion verursacht, in bezug auf die Haftpflicht dieses Inhabers nicht OR 55, sondern allein SSG 27 anwendbar. Daneben kann die Hilfsperson persönlich aus OR 41 haftpflichtig werden.

Dasselbe gilt, wenn Kinder in einem Landwirtschaftsbetrieb zum 64
Sprengen von Wurzelstöcken bestimmte Dynamitpatronen finden und ins Feuer werfen, wobei nicht nur sie selbst, sondern auch Dritte geschädigt werden.

Gegenüber vertraglichen Ansprüchen[62] geht SSG 27 vor, wie dies 65
bei den Gefährdungshaftungen generell zutrifft[63].

Da Explosionen sich häufig über die Grenzen des Grundstückes, auf 66
dem sie stattfinden, hinaus auswirken, ist die Möglichkeit von Kolli-

---

59 In MO 22 II wird anderen Haftpflichtbestimmungen und damit auch SSG 27 ausdrücklich der Vorrang eingeräumt. Vgl. vorn N 56. Eine entsprechende Bestimmung findet sich in GSG 36 VI.
60 Vgl. vorn § 29 N 113 ff.
61 Vgl. Bd. I 479 ff.
62 Im Vordergrund steht der Arbeitsvertrag: Schädigung eines Arbeitnehmers des Betriebsinhabers. Hier greift unabhängig von der anwendbaren Haftpflichtnorm die Beschränkung der Haftpflicht gegenüber den eigenen, obligatorisch gegen Unfall versicherten Arbeitnehmern auf Absicht und grobe Fahrlässigkeit ein (UVG 44 II). Daneben dürften namentlich Werkverträge in Frage kommen.
63 Vgl. Bd. I 482 ff.

sionen zwischen ZGB 679 und SSG 27 naheliegend. Auch hier geht das SSG vor.

D. Polizei- und Strafrecht

1. Polizeirechtliche Vorschriften

67   Es ist bereits darauf hingewiesen worden, dass das SSG primär ein Polizeigesetz ist, das durch verwaltungsrechtliche Vorschriften verhindern will, dass Sprengmittel und pyrotechnische Gegenstände in unbefugte Hände gelangen oder durch Personen angewendet werden, die dafür nicht ausgebildet sind. Die SSVO enthält viele Vorschriften, wie mit den Sprengmitteln und pyrotechnischen Gegenständen umzugehen ist. Darauf kann hier nicht näher eingetreten werden. Immerhin sei bemerkt, dass eine Verletzung dieser Vorschriften normalerweise ein Verschulden darstellt, das dem Haftpflichtigen im Rahmen der sektoriellen Verteilung anzurechnen ist.

2. Strafrechtliche Vorschriften

68   Das SSG enthält in Art. 37 ff. Strafbestimmungen für unbefugten Verkehr und andere Widerhandlungen. Daneben enthalten StGB 223–226 besondere Straftatbestände betreffend das Verursachen einer Explosion mit Gefährdung von Leib, Leben und Eigentum, die Gefährdung durch Sprengstoffe und giftige Gase in verbrecherischer Absicht und die Gefährdung ohne verbrecherische Absicht. Darauf ist hier nicht näher einzutreten.

E. Abgrenzung gegenüber dem öffentlichen Recht

69   Es ist bereits darauf hingewiesen worden (vorn N 52), dass gestützt auf SSG 27 III Bund, Kantone und Gemeinden auch nach SSG haften. Das muss auch für andere Korporationen des öffentlichen Rechts gelten.

II. Subjekt der Haftpflicht

A. Grundsatz

Haftpflichtig ist der Inhaber eines Betriebes oder einer Anlage, in denen Sprengmittel oder pyrotechnische Gegenstände zweckentsprechend vorhanden sind. 70

Nach SSG 1 II ist das Gesetz bei pyrotechnischen Gegenständen (vgl. vorn N 38 ff.) für Vergnügungszwecke nur auf den Hersteller, den Importeur und den Verkäufer sowie deren Angestellte und Hilfspersonen anwendbar. Es fragt sich, ob diese Bestimmung sich auch auf SSG 27 bezieht oder nur auf die polizeirechtlichen Vorschriften über den Verkehr mit pyrotechnischen Gegenständen (SSG 9 ff.). 71

Die Erwähnung von Angestellten und Hilfspersonen passt nicht zur Haftpflichtnorm — sie sind nicht Inhaber von Betrieben und Anlagen — und spricht gegen die Anwendung von SSG 1 II im Bereich von SSG 27. Dieser Schluss drängt sich auch auf, weil der Hersteller, der Importeur und der Verkäufer kaum je Inhaber des Betriebes oder der Anlage sein werden, so dass SSG 27 auf pyrotechnische Gegenstände zu Vergnügungszwecken nur selten anwendbar wäre. Der Hinweis auf die pyrotechnischen Gegenstände in SSG 27 würde sich daher fast nur auf solche Gegenstände beziehen, die nicht zu Vergnügungszwecken bestimmt sind. Das ist nicht sinnvoll. Es widerspräche dem Schutzzweck von SSG 27, die Gefährdungshaftung nicht anzuwenden, wenn z.B. eine Firma mit Feuerwerk ihr Jubiläum feiern will[64], wobei durch eine Explosion ein Schaden verursacht wird. 72

B. Begriff des Betriebsinhabers

1. Allgemeine Kriterien

Der Begriff des Inhabers stellt wie derjenige des Halters bei andern Haftungsarten auf die tatsächlichen Verhältnisse und nicht auf recht- 73

---

[64] Vgl. vorn N 21.

liche Beziehungen ab[65]. Es kommt darauf an, wer zur Verfolgung seiner Interessen das Unternehmen auf eigene Rechnung und Gefahr[66, 67] betreibt und wer die Betriebstätigkeit bestimmt und leitet.

74 Die Umschreibung des Begriffes des Inhabers kann hier — im Gegensatz zum Begriff des Tierhalters, wo der Sorgfaltsbeweis von OR 56 eine Rolle spielt[68] — nicht daraus abgeleitet werden, dass der Inhaber derjenige sein muss, dessen Beziehungen zum Betrieb ihn in die Lage versetzen, die Schädigung durch Aufwendung der für den Befreiungsbeweis nötigen Sorgfalt zu vermeiden. Trotzdem kommt der tatsächlichen Verfügung über den Betrieb massgebende Bedeutung zu, weil sie die Möglichkeit bietet, die Wahrscheinlichkeit von Schadenfällen gering zu halten — ganz unabhängig von der Frage der objektiven Sorgfalt[69].

2. Einzelfragen

75 1. Wenn nicht die gleiche Person einerseits Rechnung und Gefahr trägt und anderseits die tatsächliche, selbständige Betriebsleitung ausübt, insbesondere beim sog. *Betriebsvertrag*[70], rechtfertigt es sich auch hier, wie beim EHG, beim ElG, beim RLG und beim KHG, der tatsächlichen Verfügungsgewalt über die Betriebsmittel und der Weisungskompetenz gegenüber den Angestellten mehr Gewicht beizumessen als dem wirtschaftlichen Interesse. Wer eine Bauunternehmung einem Dritten zur selbständigen Führung gegen Bezahlung eines fixen Betrages überlässt, aber selbst die Kosten bezahlt und die Einnahmen einkassiert, ist daher nicht Inhaber der Unternehmung im Sinne von SSG 27[71].

---

65 Oder, wie man auch sagt, es kommt auf ein materielles und nicht auf ein formelles Kriterium an; vgl. Bd. II / 1 § 21 N 23.
66 Vgl. Bd. II / 2 § 25 N 90 ff.; vorn § 27 N 39 ff.; § 28 N 63 ff.
67 Der Ausdruck «Gefahr» bedeutet in diesem Zusammenhang nicht die Wahrscheinlichkeit oder Möglichkeit von Schädigungen Dritter, sondern das wirtschaftliche Risiko.
68 Vgl. Bd. II / 1 § 21 N 24.
69 Der Betriebsinhaber kann kraft seiner Leitungsfunktion Massnahmen treffen, deren Unterlassung keinerlei Unsorgfalt darstellen würde.
70 Vgl. vorn § 27 N 45; § 28 N 82; § 29 N 151; § 30 N 76 f.
71 Man denke z. B. an eine Bank, die die Aktiven und Passiven eines Betriebes übernommen hat, dessen Führung aber einer Vertrauensperson selbständig überlässt und nicht mitredet.

II. Subjekt der Haftpflicht § 31

2. Der *Pächter* eines Betriebes trägt demgegenüber auch das wirtschaftliche Risiko. Es steht daher ausser Frage, dass er auch Betriebsinhaber ist. Zur Frage des *Mieters* von Betriebsanlagen vgl. hinten N 88. 76

3. Zur Herstellung, Ein- und Ausfuhr sowie zum Verkauf im Inland von Sprengmitteln und pyrotechnischen Gegenständen ist nach SSG 9/10 eine *Bewilligung* nötig. Der Staat entscheidet auch über die Zahl der Sprengmittellager von Verkäufern und deren regionale Verteilung (SSG 11) und schliesslich benötigt der Erwerber von Sprengmitteln (als Verbraucher) einen Erwerbsschein (SSG 12); die zur eigenen Verwendung gekauften Sprengmittel dürfen nicht weitergegeben werden (SSG 15 IV). 77

Passivlegitimiert ist im Schadenfall aber nicht der Träger der in Frage stehenden Bewilligung, sondern der Inhaber des Betriebes — oder der Anlage —, der nach den geschilderten materiellen Kriterien zu bestimmen ist. Diese Aufgabe fällt im Streitfall dem Zivilrichter zu [72]. 78

4. Der nach SSG 27 verantwortliche Inhaber eines Betriebes — oder einer Anlage — haftet auch für seine *Hilfspersonen*, d. h. für alle Explosionen von Sprengmitteln und pyrotechnischen Gegenständen, die auf deren Tätigkeit oder Untätigkeit zurückzuführen sind [73]. Ihr Verschulden wird dem Betriebsinhaber angerechnet, was bei der sektoriellen Verteilung eine Rolle spielt, und kann nie ein entlastendes Drittverschulden sein. Wenn sie selbst geschädigt werden, führt es als Selbstver- 79

---

[72] Die Rechtslage entspricht derjenigen nach SVG, das zwischen privatrechtlicher und polizeirechtlicher Halterschaft unterscheidet; vgl. Bd. II/2 § 25 N 102f.

[73] Im Gegensatz zu ElG 34, EHG 8 (betrifft nur die Genugtuung, die nach EHG ein Verschulden voraussetzt), SVG 58 IV und RLG 33 II (hier wird nur die Entlastung bei Verschulden einer Hilfsperson ausgeschlossen) erwähnt SSG 27 die Haftung für Hilfspersonen nicht, sondern verweist wie GSG 36 II auf das OR. Auch das KHG enthält keine Norm über die Hilfspersonenhaftung.
Dazu ist folgendes zu bemerken:
a) Die Haftpflicht des Gefährdungshaftpflichtigen bei Verursachung eines Unfalles durch eine Hilfsperson muss im Gesetz nicht erwähnt werden, weil die Haftungsvoraussetzungen ohnehin — habe eine Hilfsperson mitgewirkt oder nicht — erfüllt sind.
b) Dass das Verschulden einer Hilfsperson nicht als Drittverschulden zur Entlastung führen kann (vgl. EHG 1 II), gehörte eigentlich in das Gesetz, ist aber so unbestrittener Bestandteil der Lehre, dass der Gesetzgeber darauf verzichten kann.
c) Das gilt auch für die Auffassung, dass sich der Gefährdungshaftpflichtige das Verschulden seiner Hilfspersonen bei der sektoriellen Verteilung wie eigenes Verschulden anrechnen lassen muss.

schulden zur Schadenersatzreduktion. Eine Befreiung des Inhabers auf Grund des Sorgfaltsbeweises gemäss OR 55 ist ausgeschlossen, weil der Inhaber für seine Hilfspersonen nicht gemäss OR 55, sondern gestützt auf SSG 27 einzustehen hat.

80 Trifft die Hilfsperson ein Verschulden, so kann sie neben dem Inhaber des Betriebes — oder der Anlage — nach OR 41 belangt werden. Sie unterliegt auch dem Regress des Inhabers nach OR 51 II.

81 Ob eine mitwirkende Person als Hilfsperson des Inhabers zu betrachten sei, ist nur von Bedeutung, wenn ihr Verschulden dem Betriebsinhaber angerechnet werden soll[74] oder wenn es als entlastendes Drittverschulden in Frage kommt. In bezug auf die grundsätzliche Haftungsfrage ist die Stellung der Hilfsperson irrelevant, weil der Inhaber für alle adäquat verursachten Schäden aus Explosionen von Sprengmitteln oder pyrotechnischen Gegenständen im Zusammenhang mit seinem Betrieb einzustehen hat, wenn keine Entlastungsgründe gegeben sind.

82 Zu den Hilfspersonen gehören vor allem die Angestellten des Inhabers. Das Verhältnis zwischen dem Inhaber und seinen Hilfspersonen muss aber nicht unbedingt ein arbeitsvertragliches sein. Auch andere Rechtsverhältnisse, z. B. familienrechtliche, kommen in Frage und daneben auch tatsächliche Beziehungen, die dem Inhaber erlauben, sich der andern Person für seinen Betrieb resp. in seiner Anlage zu bedienen. Auch ein selbständiger Handwerker, der mit Reparaturen in einer Anlage gemäss SSG 27 beschäftigt ist und dabei eine Explosion dort vorhandener Sprengmittel oder pyrotechnischer Gegenstände auslöst, begründet die Haftpflicht des Inhabers; sein Verschulden wird dem Inhaber belastet und kann nicht als Drittverschulden zur Entlastung führen. Wenn aber ein Ingenieur, der nicht im Auftrag des Inhabers (im Sinne von SSG 27), sondern im Auftrage des Bauherrn handelt, seine Tunnelbaustelle besucht, dabei ausgleitet, auf die für die nächste Sprengung fertig vorbereitete Zündvorrichtung fällt und sie auslöst, haftet der Inhaber dann nicht nach SSG 27, wenn dem Ingenieur grobe, entlastende Fahrlässigkeit vorzuwerfen ist; denn der Ingenieur ist nicht Hilfsperson des Betriebsinhabers.

---

[74] Wenn den Geschädigten ein Selbstverschulden trifft, hängt die Schadenersatzquote nach der sektoriellen Verteilung davon ab, ob der Inhaber ein Verschulden zu vertreten hat.

C. Begriff des Inhabers der Anlage

1. Allgemeine Kriterien

Der Ausdruck des «Inhabers einer Anlage» findet sich auch in KHG 3 I und RLG 33. In beiden Normen wird festgelegt, dass neben dem Inhaber der Eigentümer der Anlage haftet, wenn er nicht zugleich Inhaber ist.

Als Anlage[75] sind hier wie in KHG 3 und RLG 33 die baulichen Einrichtungen im weitesten Sinne des Wortes zu verstehen[76]. Im Gegensatz zu den erwähnten andern Gefährdungshaftungen ist hier aber nicht der Eigentümer einer Anlage neben dem Inhaber verantwortlich.

Anlage und Betrieb sind im Gesetzestext einander gleichgestellt. Die Verantwortlichkeit des Inhabers der Anlage in dieser Stellung wird namentlich aktuell, wenn kein Betrieb existiert, während nach KHG 3 und RLG 33 der Betrieb nur im Zusammenhang mit der Anlage vorkommt.

Der Begriff des Inhabers ist hier gleich zu umschreiben wie beim Betrieb. Das Moment von Rechnung und Gefahr tritt aber mehr in den Hintergrund, weil das wirtschaftliche Risiko bei einer Anlage eine weniger wichtige Rolle spielt. Mehr Gewicht hat die Verfügungsgewalt über die Anlage, aus der sich die Möglichkeit des Einflusses auf deren Gestaltung in allen Details ergibt. Inhaber ist, wer die Anlage selbständig gebraucht oder mindestens die Möglichkeit dazu hat.

2. Einzelfragen

1. Inhaber einer Anlage kann, im Gegensatz zur Situation beim Betrieb, auch eine *Privatperson* sein; eine Anlage kann auch der *Freizeitbeschäftigung* dienen. Wer als Hobby einen privaten Schiessstand unterhält oder ein Laboratorium, in dem er Sprengmittel oder pyro-

---

[75] Das Wort «Anlage» hat bei der Haftpflicht nach OR 58 eine andere Bedeutung als hier: Es steht parallel neben dem Begriff der Herstellung und bedeutet die Errichtung des Werkes; vgl. Bd. II/1 § 19 N 61.
[76] Vgl. vorn N 25 ff.

technische Gegenstände herstellt und damit experimentiert, untersteht daher SSG 27.

88 2. Ein sog. Betriebsvertrag wird bei einer Anlage, die nicht einem Betrieb dient, kaum vorkommen. Dagegen kommt *Miete* in Frage; der Mieter, der den unmittelbaren Besitz an der Anlage ausübt, ist als deren Inhaber zu betrachten.

89 3. Gleich wie beim Inhaber eines Betriebes ist nicht derjenige als Inhaber einer Anlage zu betrachten, auf dessen Namen die polizeirechtlichen *Bewilligungen* lauten, sondern derjenige, der über die Anlage verfügt und sie gebraucht.

90 4. Wenn für die Benützung einer Anlage andere Personen als *Hilfspersonen* beigezogen werden — entstehe deswegen ein Betrieb oder nicht —, so haftet der Inhaber der Anlage wie ein Betriebsinhaber (vgl. vorn N 79).

III. Voraussetzungen der Haftpflicht

A. Positive Voraussetzungen

91 Die Haftpflicht nach SSG 27 ist dadurch gekennzeichnet, dass sie für *Schäden und immaterielle Unbill* gilt, die durch eine *Explosion verursacht* werden und *widerrechtlich*[77] sind.

1. Schaden

92 Für Begriff und Arten des Schadens sei auf Bd. I 53 ff. verwiesen.
93 Während ElG 27, EHG 1 und 11, SVG 58, RLG 33 und MO 23 die Haftpflicht ausdrücklich auf Personen- und Sachschäden beschrän-

---

[77] Vgl. Bd. II/2 § 24 N 27 ff.

ken, verzichtet SSG 27 wie das OR und das ZGB, aber auch wie KHG 2 I lit. a[78], MO 22 und ZSG 77 auf diese Unterscheidung und spricht einfach vom Schaden.

Dass *Personen- und Sachschäden* darunter fallen, bedarf keiner näheren Ausführungen. Diese Schäden können verschiedenster Art sein. Personenschäden können nicht nur auf Verletzungen durch herumfliegende harte Gegenstände oder Druckwellen, sondern z. B. auch auf einem grossen Schreck mit psychischen Nachwirkungen, verursacht durch den Knall, beruhen. Ein solcher Schreck kann auch zu einer ungeeigneten Manipulation, z. B. am Steuer eines Autos, führen, wodurch der Erschreckte einen Schaden erleiden kann. Sachschäden können u. U. durch Erschütterungen hervorgerufen werden, denen empfindliche Instrumente, z. B. automatische Steuerungen, nicht gewachsen sind[79]. 94

Daneben gibt es noch den sog. *Vermögensschaden i. e. S.*[80] (auch sonstiger oder übriger Schaden genannt). Im Vordergrund stehen Verspätungsschäden[81]. Zum Teil werden auch die Anwaltskosten hier eingereiht; als richtiger erscheint es, sie als Teil des Personen- oder Sachschadens zu betrachten, durch dessen Geltendmachung sie entstehen[82]. 95

Die Vermögensschäden i. e. S. stellen auch Schäden dar. Das Problem, ob sie von der Gefährdungshaftung mitumfasst werden, stellt sich bei SSG 27 nicht, weil hier die Ersatzpflicht nicht auf Personen- und Sachschaden beschränkt ist. 96

Während Rechtsgutverletzungen immer widerrechtlich sind, trifft dies bei den Vermögensschäden i. e. S. nur zu, wenn der Verursacher gegen eine Verhaltensnorm verstossen hat, die den Schutz vor solchen Schäden bezweckt[83]. 97

---

[78] Vgl. vorn § 29 N 78.
[79] Vgl. Bd. I 13.
[80] Vgl. Bd. I 61; MERZ, SPR VI/1 189; GAUCH/SCHLUEP II N 1623; STARK, Skriptum N 153 ff.; GAUCH/SWEET, Deliktshaftung für reinen Vermögensschaden, FG Max Keller (Zürich 1989) 117 ff.
[81] Man denke an den Fall, dass jemand wegen einer Explosion den letzten Zug oder sein Flugzeug verpasst, ohne dass er verletzt wurde oder einen Sachschaden erlitt; vgl. Bd. II/2 § 25 N 299.
[82] Vgl. Bd. II/2 § 25 N 301 ff., insbesondere die in FN 452 zit. Lit.
[83] Vgl. Bd. II/1 § 16 N 94 ff.

2. Immaterielle Unbill

98 Vgl. dazu hinten N 148.

3. Explosion von Sprengmitteln oder pyrotechnischen Gegenständen

a) Im allgemeinen

99 An und für sich ist der Begriff «Explosion» im Sinne der Umgangssprache zu verstehen, da er auch dort, nicht nur in der Sprache der Naturwissenschaften, eine Bedeutung hat.

100 Dementsprechend ist unter Explosion eine sehr schnelle und kraftvolle Ausdehnung des explodierenden Gegenstandes unter Knall zu verstehen[84].

101 Zur Haftpflicht nach SSG führen nicht alle Explosionen, sondern nur diejenigen von Sprengmitteln und pyrotechnischen Gegenständen. Ausgeschlossen sind damit z.B. die Explosionen von Benzindämpfen und von Kochgas-Luft-Gemischen[85].

102 Die Ursache der Explosion ist irrelevant. Das Gesetz stellt nur darauf ab, ob sich in einer Kausalkette, die zum Schaden führt, eine Explosion befindet. Damit sind alle andern Schädigungen durch Sprengmittel und pyrotechnische Gegenstände, z.B. Vergiftungen, ausgeschlossen[86]. Sie führen nicht zur Haftpflicht nach SSG 27.

103 In dieser Beziehung unterscheidet sich die Gefährdungshaftung von SSG 27 nur scheinbar von den andern Gefährdungshaftungen; so haften der Motorfahrzeughalter und die Eisenbahnunternehmung nur für die Folgen der Fortbewegung kausal.

---

[84] Nach BROCKHAUS, Enzyklopädie in 24 Bänden (19. A. Mannheim 1988), ist eine Explosion eine durch schnelle exotherme chemische Reaktionen eines Stoffes verursachte, von den entstehenden und sich rasch ausbreitenden Gasen bewirkte Volumenvergrösserung, die oft mit Knall und zerstörender Wirkung verbunden ist.
Wenn Kohlensäure sich bei starken Temperaturänderungen massiv ausdehnt resp. einen hohen Druck entwickelt und ihr Gefäss zersprengt, liegt keine Explosion vor. SSG 27 ist überdies in solchen Fällen nicht anwendbar, weil Kohlensäure weder ein Sprengmittel noch ein pyrotechnischer Gegenstand ist.

[85] SSG 5 II lit. a; vgl. vorn N 33 f.

[86] Man denke z. B. an einen Munitionskarton, der von einem stillstehenden Lastauto fällt und eine Person verletzt oder auf der Strasse liegen bleibt und zum Sturz eines Motorradfahrers führt.

III. Voraussetzungen der Haftpflicht   § 31

Explosionen führen immer in der Form eines Unfalles, d.h. einer 104
gewaltsamen, plötzlichen äusseren Einwirkung[87] zu einem Schaden.

b) Gewollte und ungewollte Explosionen

1. Dass die *ungewollte Explosion* von Sprengmitteln und pyrotechni- 105
schen Gegenständen zur Haftpflicht nach SSG 27 führt, gibt zu keinen
Zweifeln Anlass. Dazu gehören namentlich auch Detonationen von
Sprengkapseln beim Entladen, wenn die gewollte Sprengung nicht
erfolgt ist.

2. War eine *Explosion gewollt,* d.h. wenn Sprengmittel zum Zwecke 106
des Sprengens und pyrotechnische Gegenstände zu andern «industriel-
len, technischen oder landwirtschaftlichen» Zwecken[88] oder Feuerwerkskörper zum Vergnügen eingesetzt werden, können auch nicht
gewollte Schäden verursacht werden, sei es wegen mangelnder
Sorgfalt[89], sei es aus irgendwelchen unglücklichen Umständen.

Auch solche Schäden fallen unter die Haftpflicht von SSG 27. Dies 107
gilt auch dann, wenn die Sprengung kunstgerecht durchgeführt und die
Widerstandskraft des Sprengobjektes richtig beurteilt wurde, der Schaden jedoch auf Begleitumstände zurückzuführen ist, z.B. auf ungenügende Abdeckung benachbarter Schaufenster oder auf einen Übermitt-
lungsfehler, der zur Folge hatte, dass eine Strasse nicht gesperrt wurde.
In bezug auf das mit einer Sprengung bezweckte Resultat, z.B. den
Einsturz eines baufälligen Hauses, entfällt die Haftpflicht, weil der
Eigentümer seine Einwilligung gegeben hat, weshalb die Widerrechtlichkeit fehlt (vgl. hinten N 116).

Einen Grenzfall zwischen gewollter und ungewollter Explosion stellt 108
die Auslösung einer mit einer elektrischen Zündung vorbereiteten
Sprengung durch ein Gewitter dar[90].

Haftpflichtrechtlich ergeben sich daraus keine Schwierigkeiten, weil 109
gewollte und ungewollte Sprengungen rechtlich gleich behandelt werden.

---

[87] Vgl. Bd. I 90 ff.
[88] Vgl. vorn N 39.
[89] Vgl. BGE 111 Ib 192; 112 II 131 (Abbruch alter Fabrikgebäude durch die Armee. Der Unfall passierte vor Geltung des SSG, so dass nach MO entschieden wurde).
[90] Vgl. SSVO 79 und vorn FN 9 a. E.

110 3. Auf den ersten Blick überraschend ist, dass auch das *Schiessen* mit Feuerwaffen unter SSG 27 fällt: Schiesspulver und Explosivsätze in Munition fallen unter den Begriff der Sprengmittel[91]. In der Patronenhülse findet eine — meistens gewollte — Explosion statt, die dem Geschoss die Anfangsgeschwindigkeit verleiht.

111 4. Dass auch die Sprengstoffdelikte, die an der Wiege des SSG gestanden haben[92], die Haftpflicht nach SSG 27 begründen, versteht sich von selbst, hat aber keine präventive Wirkung.

112 5. Wenn Sprengmittel und pyrotechnische Gegenstände vernichtet werden[93], findet normalerweise auch eine Explosion statt, die unter SSG 27 fällt.

c) Explosionsort

113 Nach dem Wortlaut von SSG 27 haftet der Inhaber des Betriebes oder der Anlage, in denen Sprengmittel und pyrotechnische Gegenstände hergestellt, gelagert oder verwendet werden, für den Schaden, der durch die Explosion nicht *«dieser»*, sondern *«solcher»* Mittel oder Gegenstände angerichtet wird. Die Explosion muss also nicht im Betrieb oder in der Anlage erfolgen. Während Explosionen bei der Herstellung und bei der Lagerung wohl immer im Betrieb oder in der Anlage stattfinden, trifft dies für Explosionen bei der Verwendung nicht zu. Da die drei Ausdrücke «herstellen», «lagern» und «verwenden» extensiv zu interpretieren sind[94], ergeben sich noch weitere Möglichkeiten von Explosionsorten, für die der Betriebs- oder Anlageinhaber einstehen muss. Die massgebende Beziehung zum Betrieb oder der Anlage kann nicht örtlicher Natur sein. Es kommt vielmehr darauf an, ob ein Betriebs- oder Anlageinhaber im Zeitpunkt der Explosion die faktische Verfügungsgewalt über die Sprengmittel und pyrotechnischen Gegenstände innehat[95]. Bei Explosionen von Sprengstoffen auf Transporten,

---

[91] Botschaft des Bundesrates, BBl 1975 II 1292; vgl. auch SSG 15 V, 18 II, 22 II; SSVO 2 I lit. d.
[92] Vgl. BBl 1975 II 1289; vorn N 13.
[93] Vgl. SSVO 86 ff.
[94] Vgl. vorn N 41 ff.
[95] Vgl. vorn N 74, 86.

z. B. aus einer Fabrik zu einem Bauunternehmer, kommen verschiedene Haftpflichtige in Frage; vgl. dazu vorn N 46 f.

4. Verursachung

Der Inhaber haftet für denjenigen Schaden, den die Explosion adäquat verursacht hat.

Die Adäquanz des Kausalzusammenhanges wird meistens gegeben sein. Sie kann aber fehlen, wenn Dritte übertrieben und gänzlich unangemessen auf die Explosion reagieren, z. B. wenn ein Autofahrer in grösserer Entfernung vom Explosionsort als Reaktion auf den Knall auf der Strasse sein Fahrzeug wendet, ohne genügend auf den Verkehr zu achten [96]. Wenn aber in ebenso grosser Entfernung ein alter Mann mit Krücken so erschrickt, dass er umfällt, dürfte die Adäquanz gegeben sein.

114

115

5. Widerrechtlichkeit

Die Widerrechtlichkeit ist, wie bei den andern Gefährdungshaftungen [97], eine Voraussetzung der Haftpflicht. Bei Personen- und Sachschäden ergeben sich daraus primär keine Folgerungen, weil Körperverletzungen und Sachbeschädigungen als Rechtsgutverletzungen an sich rechtswidrig sind. Die Rechtfertigungsgründe [98] können aber rechtlich nur von Bedeutung sein, wenn eine Haftpflichtart Rechtswidrigkeit voraussetzt. Wenn die Armee zur Vorbereitung der Abwehr eines Angriffes die Brücke eines Privaten, einer Gemeinde oder eines Kantons sprengt, wenn ein Fabikant seine Einwilligung gibt, dass die Luftschutztruppe sein nicht mehr gebrauchtes Hochkamin zu Übungszwecken sprengt, wenn jemand in Notwehr mit einer Feuerwaffe gegen einen Angreifer schiesst, können nur die Rechtfertigungsgründe der rechtmässigen Ausübung staatlicher Gewalt, der Einwilligung des Verletzten resp. der Notwehr die Haftpflicht ausschalten.

116

---

[96] Je nach der Schwere des Verschuldens kommt hier auch die Unterbrechung des Kausalzusammenhanges in Frage; vgl. hinten N 121.
[97] Vgl. Bd. II/2 § 24 N 27 ff.
[98] Vgl. Bd. II/1 § 16 N 224 ff.

B. Negative Voraussetzungen: Keine Befreiung gestützt auf Entlastungs- und besondere Befreiungsgründe

1. Entlastungsgründe

117   SSG 27 II sieht die Entlastung durch höhere Gewalt oder grobes Verschulden des Geschädigten oder eines Dritten vor. Es handelt sich um die drei «klassischen» Entlastungsgründe, die nach herrschender Lehre den Kausalzusammenhang unterbrechen; dafür sei auf Bd. I 118 ff. verwiesen. Im Gegensatz zu SVG 59 I erwähnt das SSG nicht, dass ein Verschulden des Haftpflichtigen oder einer seiner Hilfspersonen die Entlastung ausschliesst. Das ist hier im Einzelfall auf Grund der Umstände zu entscheiden. Je höher die Intensität des Entlastungsgrundes ist, um so weniger schliesst ein vom Haftpflichtigen zu vertretendes Verschulden die Entlastung von vornherein aus. Meistens dürfte die Intensität des Entlastungsgrundes dafür aber nicht genügen.

a) Höhere Gewalt

118   Ein gewaltsames, plötzliches äusseres Ereignis — wie die höhere Gewalt gewöhnlich umschrieben wird[99] — dürfte kaum je auf den Kausalzusammenhang zwischen der Explosion und dem Schaden einwirken und ihn unterbrechen; dafür stünde nur eine sehr kurze Zeit zur Verfügung.

119   Dagegen ist denkbar, dass höhere Gewalt die Explosion *auslöst*. Dann liegt nicht eine Unterbrechung, sondern eine Initialisierung des Kausalzusammenhanges vor, also eine *Fremdbestimmung der haftungsbegründenden Ursache*[100], was dann auch als höhere Gewalt zu bezeichnen ist. Dies trifft z. B. zu, wenn durch ein Erdbeben oder einen Blitz[101] eine Sprengladung zur Explosion gebracht wird.

120   Im Gegensatz zum KHG anerkennt das SSG die höhere Gewalt als Entlastungsgrund, weil die Gefahren von Sprengmitteln und pyrotechni-

---

[99] Vgl. Bd. I 118 ff.
[100] Vgl. Bd. II/1 § 19 N 68 ff.; § 21 N 81; § 22 N 76, FN 301; § 23 N 107 ff., 138; vorn § 29 N 343.
[101] Vgl. den vorn FN 9 a. E. geschilderten Fall.

III. Voraussetzungen der Haftpflicht   § 31

schen Gegenständen — und die der höheren Gewalt damit gebotenen «Wirkungsmöglichkeiten» — viel kleiner sind als diejenigen von Kernmaterialien [102].

b) Grobes Selbstverschulden des Geschädigten

Der (spätere) Geschädigte — es kann sich um Arbeitnehmer des Betriebs- resp. Anlageinhabers oder um Dritte handeln [103] — kann durch sein Verhalten vor oder nach der Explosion zu seiner Schädigung beitragen. Er kann die Explosion durch fehlende Vorsicht auslösen [104]. Er kann aber auch zu wenig in Deckung gehen und die Warnungen missachten sowie die Schadenminderungspflicht [105] verletzen, was nicht die Explosion auslöst, sondern mit deren Folgen zusammenwirkt [106]. In allen Fällen rechtfertigt sich, wie das Gesetz erwähnt, eine völlige Entlastung nur bei grobem Verschulden.   121

c) Grobes Drittverschulden

Grobes Drittverschulden wird meistens in der Auslösung der Explosion bestehen. Beim Sprengstoff-Delinquenten, der sich Sprengstoff beschafft, um ein Delikt zu begehen, wird aber meistens von vornherein kein Inhaber eines Betriebes oder einer Anlage haften, weil der nötige Zusammenhang mit einem Betrieb oder einer Anlage fehlt. Dies gilt auch, wenn der Sprengstoff in einem Betrieb oder einer Anlage gestohlen wurde, sofern er dort mit der nötigen Sorgfalt verwahrt war [107].   122

Es ist auch denkbar, dass ein Dritter den Sprengstoff, der sich im Bereich eines Betriebes oder einer Anlage befindet und zu demselben   123

---

[102] Vgl. vorn § 29 N 322 ff.
[103] Vgl. vorn N 57.
[104] In diesem Fall handelt es sich nicht um Unterbrechung des Kausalzusammenhanges, sondern um dessen Veranlassung, also um Fremdbestimmung der haftpflichtbegründenden Ursache.
[105] Vgl. STEPHAN WEBER, Die sogenannte Schadenminderungspflicht (Diss. Zürich; noch nicht erschienen).
[106] Es liegt also eine Unterbrechung des Kausalzusammenhanges vor, wenn die nötige Intensität gegeben ist.
[107] War dies nicht der Fall und trifft den Dritten wegen fehlender Urteilsfähigkeit kein Verschulden, so dürfte eine Haftpflicht des Inhabers des Betriebes aus SSG 27 in Frage kommen.

gehört, schuldhaft zur Explosion bringt[108], oder dass er durch sein Verhalten eine Explosion verursacht, die viel stärker ist als geplant war[109].

124 Nur wenn das Drittverschulden grob ist, kann es zur Entlastung führen; sonst hat es die solidarische Mithaftung des Dritten neben dem Inhaber zur Folge. Meistens wird es sich um Fremdbestimmung der haftungsbegründenden Ursache handeln, bei der es naheliegt, die Entlastung nur eintreten zu lassen, wenn mindestens Eventualvorsatz vorliegt[110].

2. Besondere Befreiungsgründe

125 Das Gesetz sieht keine besonderen Befreiungsgründe vor, im Gegensatz zum ElG (Art. 35) und zum EHG (Art. 6/7). Es kommt hier also nur darauf an, ob der Kausalzusammenhang als unterbrochen zu betrachten ist[111] oder eine die Haftpflicht ausschliessende Fremdbestimmung der haftungsbegründenden Ursache vorliegt.

IV. Übrige Fragen

A. Verschulden und Selbstverschulden

126 Dass Verschulden und Selbstverschulden Urteilsfähigkeit voraussetzen, bedarf keiner besonderen Erläuterung.

---

[108] Man denke an den Fall, dass ein Automobilist unter Missachtung des Vortrittsrechts mit einem Lastauto kollidiert, das Sprengstoff geladen hat, und dass dieser Sprengstoff dadurch zur Explosion gebracht wird. Oder beim Aufräumen wird eine Kartonschachtel, in der sich noch Sprengstoff befindet, vom Arbeiter eines andern Unternehmers als vermeintlich leer ins Feuer geworfen, vgl. den ähnlichen Sachverhalt in BGE 40 II 274.
[109] Beispiel: Die Quantität oder die Qualität des Sprengstoffs wird auf der Packung falsch angegeben (vgl. SSVO 6, 11).
[110] Vgl. Bd. II/1 § 19 N 68a; § 23 N 110.
[111] Vgl. dazu Bd. II/2 § 25 N 469 ff.

IV. Übrige Fragen § 31

1. Verschulden

Ein Verschulden des Haftpflichtigen und seines Personals — dieses 127
wird ihm angelastet; vgl. vorn N 79 ff. — spielt haftpflichtrechtlich nur
eine Rolle, wenn Schadenersatzreduktionsgründe vorliegen oder weitere
Haftpflichtige vorhanden sind; sonst haftet der Inhaber des Betriebes
oder der Anlage ohnehin voll[112].

a) Bedeutung von Bewilligungen

Das SSG verlangt aus präventiven Gründen für den Verkehr und 128
den Umgang mit Sprengmitteln und pyrotechnischen Gegenständen
verschiedene Arten von Bewilligungen[113]. Wenn sie bei einem Unfall
nicht vorliegen, stellt sich die Frage, ob ein zusätzliches Verschulden
des Haftpflichtigen anzunehmen sei.

Das kommt höchstens in Frage, wenn eine Voraussetzung zur Ertei- 129
lung der Bewilligung fehlte und dieser Umstand bei der Entstehung des
Unfalles eine Rolle spielte. Aber auch dann wird die Adäquanz des
Kausalzusammenhanges kaum je gegeben sein[114].

Wird die Bewilligung zu Unrecht erteilt, so dürfte ein adäquater 130
Kausalzusammenhang mit einem Unfall, der wegen des nicht berücksichtigten Fehlens einer Voraussetzung eingetreten ist, kaum je zu bejahen sein. Deshalb kommt auch keine Haftpflicht der Bewilligungsbehörde in Frage.

---

[112] Vgl. hinten N 139 f.
[113] Vgl. SSG 9, 10, 12, 14, 15 V.
[114] Wenn z. B. kein Erwerbsschein gemäss SSG 12 abgegeben wurde, weil für eine zulässige und fachgemässe Verwendung der Sprengmittel keine Gewähr bestand, der Interessent sich aber trotzdem Sprengmittel verschaffen konnte, besteht das adäquat kausale Verschulden am Unfall nicht im Fehlen des Erwerbsscheines, sondern gegebenenfalls in der unzulässigen oder unfachgemässen Verwendung der Sprengmittel.
Auch wenn ein Kleinverbraucher seine Sprengmittel nach drei Monaten entgegen SSG 13 II nicht zurückgibt und auch keinen neuen Erwerbsschein löst, dürfte sich daraus kein Verschulden an einem nach Ablauf dieser Frist eintretenden Unfall ableiten lassen.

b) Verletzung polizeirechtlicher Verhaltensnormen

131   Das SSG und die SSVO enthalten einen Katalog von Verhaltensnormen für den Umgang mit Sprengmitteln und pyrotechnischen Gegenständen. Allen voran steht die Grundregel von SSG 17, dass alle nach den Umständen gebotenen und zumutbaren Massnahmen zu treffen sind. Aus der Verletzung dieser Regel, die aber haftpflichtrechtlich ohnehin gilt, ergibt sich ein vom Haftpflichtigen zu vertretendes zusätzliches Verschulden.

132   Auf die zahlreichen weiteren Vorschriften, die dem Richter konkrete Anhaltspunkte für die Beurteilung der Verschuldensfrage an die Hand geben, näher einzutreten, würde den Rahmen dieser Arbeit sprengen.

2. Selbstverschulden des Geschädigten

133   Das Selbstverschulden des Geschädigten spielt hier seltener eine Rolle als z.B. bei Strassenverkehrsunfällen, weil der spätere Geschädigte meistens nicht als mit-handelnde Person auftritt. Wenn er nicht als Arbeitnehmer des Betriebs- oder Anlageinhabers an der Sprengung beteiligt und durch die obligatorische Unfallversicherung gedeckt ist, beschränkt sich die Mitverursachung durch ihn meistens darauf, dass er sich dort befindet, wo er von den Auswirkungen der Sprengung betroffen werden kann. Darin ist ein Selbstverschulden zu sehen, eine Unsorgfalt, wenn er von der bevorstehenden Sprengung Kenntnis hat und deren wahrscheinliche Auswirkungen beurteilen kann.

134   Beides ist der Fall, wenn er ausdrücklich (vor allem, aber nicht ausschliesslich) durch eine dafür eingesetzte Hilfsperson des Haftpflichtigen davor gewarnt wird, z.B. eine Strasse zu begehen, in deren Nähe in kurzer Zeit eine Sprengung stattfinden soll.

135   Wenn er von der Gefahr nur Kenntnis haben kann, aber nicht hat, indem z.B. in der Zeitung davor gewarnt wurde oder in der Nähe des Sprengortes ein Anschlag darauf hinwies, was er nicht gelesen hat, kann ihm kein Selbstverschulden vorgeworfen werden. Anders ist die Frage zu beantworten, wenn eine Fabrikationsfirma in einer Gegend regelmässig Versuche mit Handgranaten durchführt und jeweils in Zeitungsinseraten und durch Anschläge darauf hinweist, sofern der Geschädigte diesen Umstand kennt. Dann ist ihm bei einem Spaziergang in der fraglichen Gegend besondere Aufmerksamkeit zuzumuten.

IV. Übrige Fragen　§ 31

Der Gefahrenbereich ergibt sich dann aus den betreffenden Warnungen; besondere Kenntnis von Sprengwirkungen sind unter diesen Umständen nicht Voraussetzung für den Vorwurf des Selbstverschuldens. 136

Wenn der Geschädigte eine Sprengladung irgendwo findet, sie nicht als solche erkennt[115] und ins Feuer wirft[116], trifft ihn normalerweise kein Selbstverschulden und ist daher sein Schadenersatzanspruch nicht herabzusetzen. Wenn der Sprengstoff aber angeschrieben, jedoch in Zeitungspapier eingewickelt ist, das er nicht öffnet, ist ihm eine Unsorgfalt vorzuwerfen[117]. 137

Ein Selbstverschulden trifft regelmässig denjenigen, der ihm zur Kenntnis gelangte Warnungen nicht berücksichtigt, z.B. die Handzeichen von Arbeitern, die den Verkehr aufhalten sollen, wenn in der Nähe gesprengt wird. Sind die Warnungen aber nur öffentlich publiziert und erhält der spätere Geschädigte davon keine Kenntnis, so stellt deren Nichtbeachtung — wie bereits erwähnt — kein Selbstverschulden dar. Arbeitnehmer des Betriebsinhabers, die für ihn Sprengungen durchführen müssen, sind in besonderem Masse den damit verbundenen Risiken ausgesetzt[118]. Sie kennen zwar die Gefahren und insbesondere auch die gesamte Situation; aber sie gewöhnen sich daran, was die Vorsicht herabsetzen kann[119, 120]. 138

---

[115] Die Vorschriften von SSG 19 III/IV sind nicht beachtet worden.

[116] Vgl. den Sachverhalt von BGE 40 II 274.

[117] In BGE 40 II 277 sah das Bundesgericht in der Unterlassung jeder Prüfung «eine gewisse leichte Fahrlässigkeit». Es hat dann bei einem Schaden von Fr. 6800.— nur Fr. 1000.— zugesprochen bei Verschuldenshaftung mit leichtem Verschulden des Schädigers, aber unter Würdigung besonderer Umstände.

[118] Auffällig häufig findet sich bei Zusammenstellungen der Ursachen von Sprengunfällen die Bemerkung, dass eine Restladung angebohrt worden sei.
Auch Arbeitnehmer anderer Firmen, die auf der gleichen Baustelle arbeiten, sind bei solchen Ursachenkombinationen speziellen Gefahren ausgesetzt. Sie sind wie die Arbeitnehmer des Betriebsinhabers im Sinne von SSG 27 obligatorisch gegen Unfall versichert. UVG 44 ist aber nicht anwendbar, und sie können daher eventuelle Direktansprüche gegen den erwähnten Betriebsinhaber auch ohne dessen grobe Fahrlässigkeit oder Absicht geltend machen.

[119] Nur so lässt sich wohl erklären, dass Arbeitnehmer verunfallten, weil sie beim Hantieren mit Sprengstoff rauchten.

[120] An sich stellt das Selbstverschulden des geschädigten Arbeitnehmers gleichzeitig ein vom Betriebsinhaber zu vertretendes Verschulden dar. Dieses Verschulden ist dann aber nicht als vom Inhaber zu verantwortende Mitursache bei der sektoriellen Verteilung zu berücksichtigen: Gegenüber dem Geschädigten muss der Inhaber dessen Verschulden nicht vertreten. Vgl. über die entsprechende Regelung im Bereiche des SVG Bd. II/2 § 25 N 71 und die dort zit. Lit.

B. Schadenersatzbemessung

1. Allgemeine Bemerkungen. Bedeutung des Verschuldens des Haftpflichtigen und seiner Hilfspersonen

139   Es ist bereits erwähnt worden (vorn N 127), dass der Inhaber auch ohne von ihm zu vertretendes Verschulden voll haftet. Ein solches Verschulden erhält — abgesehen vom Fall der internen Verteilung eines Schadens unter mehrere solidarisch Haftpflichtige — erst praktische Bedeutung, wenn gegenüber dem Geschädigten ein Schadenersatzreduktionsgrund angerufen werden kann. Dann stellt sich die Frage, wieviel Gewicht dem Verschulden des Haftpflichtigen oder seiner Hilfspersonen, wieviel dem Schadenersatzreduktionsgrund und wieviel dem Haftungsgrund im Verhältnis zu den beiden andern Faktoren beizumessen sei. Zusammen müssen sie 100% ergeben. Je grösser der eine Faktor ist, um so kleiner werden die andern, verhältnismässig betrachtet. Man kann in einem Kreis jeder rechtlich relevanten Mitursache des Schadens einen ihrem Gewicht entsprechenden Sektor zuteilen: Sektorielle Verteilung oder Kuchenprinzip [121].

140   Für die angemessene Gewichtung des Haftungsgrundes gegenüber einem mittleren Verschulden des Geschädigten sowie für die dem Verschulden des Haftpflichtigen zukommende Bedeutung lassen sich nur schwer allgemeine Grundsätze aufstellen. Es fehlt — vorläufig — die Rechtsprechung, die bei älteren Gefährdungshaftungen wertvolle Anhaltspunkte liefert. Das Gesetz gibt keine Richtlinien. Immerhin kann festgehalten werden, dass der Gesetzgeber durch seine Verweisung auf das OR hier jedes Selbstverschulden als relevant qualifiziert — im Gegensatz zur Regelung in KHG 5 II, wonach nur grobes Selbstverschulden zu einer Schadenersatzreduktion, eventuell aber auch zur Entlastung, führen kann. Es liegt daher nahe, ungefähr die gleichen Massstäbe anzuwenden wie bei den andern Gefährdungshaftungen mit Ausnahme der Kernenergiehaftpflicht.

---

[121] Vgl. Bd. II / 2 § 25 N 558 (mit weiteren Verweisungen).

IV. Übrige Fragen § 31

2. Faktoren der Schadenersatzbemessung

a) Selbstverschulden des Geschädigten

Das Selbstverschulden des Geschädigten spielt hier eine viel unbedeutendere Rolle als z. b. im Strassenverkehr, weil der spätere Geschädigte meistens nicht als mit-handelnde Person auftritt (vgl. vorn N 133 ff.). 141

Die Frage einer Reduktion des Schadenersatzes stellt sich nur, wenn das Selbstverschulden nicht zur Entlastung führt (vgl. vorn N 121). 142

b) Notlage des Ersatzpflichtigen

Gestützt auf die Verweisung auf das OR findet dessen Art. 44 II Anwendung[122]. Diesem Reduktionsgrund, der in KHG 7 I ausdrücklich als bei der Kernenergiehaftpflicht nicht anwendbar bezeichnet wird[123], dürfte kaum praktische Bedeutung zukommen. Es sei dafür auf die Literatur zu OR 44 II verwiesen[124]. 143

c) Anrechnung von Versicherungsleistungen

Soweit der Versicherer des Geschädigten auf den Haftpflichtigen Regress nehmen kann[125], stellt sich die Frage der Anrechnung der Versicherungsleistungen nicht; denn die Zahlung des Haftpflichtigen an den Geschädigten wird um die Regressleistung des Haftpflichtigen an den Versicherer gekürzt. 144

---

[122] Vgl. über das Verhältnis zur Berücksichtigung des ungewöhnlich hohen Einkommens des Geschädigten Bd. II/2 § 25 N 611 ff.
[123] Vgl. vorn § 29 N 430.
[124] Vgl. Bd. I 271 ff.; BREHM N 67 ff. zu OR 44; PETER GAUCH, OR, Allgemeiner Teil, Rechtsprechung des Bundesgerichts (2. A. Zürich 1989) 105 ff.; STARK, Skriptum N 376 ff.; MERZ, SPR VI/1 230 f.; A. KELLER I 98; DESCHENAUX/TERCIER § 28 N 45 f.
[125] Dies trifft vor allem auf die Sozialversicherer gemäss UVG 41 ff., AHVG 48ter ff. und IVG 52 I, aber auch auf den Schadensversicherer gemäss VVG 72 zu. Das Regressrecht in der Personenversicherung wird durch VVG 96 ausgeschlossen. In BGE 104 II 47 wurde aber entschieden, dass eine private Personenversicherung in bezug auf Taggeld und Heilungskosten auch als Schadensversicherung ausgestaltet werden kann, so dass dann VVG 72 anwendbar ist. Zu erwähnen ist im übrigen auch die Militärversicherung.

145	Für die Fälle, in denen der Versicherer nicht auf den Haftpflichtigen regressieren kann, sehen verschiedene Spezialgesetze[126] vor, dass Leistungen aus einer privaten Versicherung des Geschädigten, deren Prämien ganz oder teilweise vom Haftpflichtigen aufgebracht worden sind, auf die Haftpflichtforderung anteilmässig anzurechnen sind, wenn der Versicherungsvertrag nichts anderes vorschreibt.
146	Das SSG enthält, wie das RLG, das GSG und die MO, keine entsprechende Bestimmung.
147	Die Auffassung, dass der Haftpflichtige durch seine früheren Prämienzahlungen seine Haftpflicht quotenmässig abgegolten hat, überzeugt und es drängt sich daher auf, diese Regelung auch bei jenen Gefährdungshaftungen anzuwenden, für die sie im Gesetz nicht vorgesehen ist[127], ausserdem auch bei den Haftungen des OR und des ZGB.

C. Genugtuung

| 148 | SSG 27 erwähnt die Genugtuung nicht, verweist aber «im übrigen» auf die Bestimmungen des OR über die unerlaubten Handlungen. Wenn diese Verweisung auch die Pflicht zur Leistung von Genugtuungszahlungen nicht ausdrücklich enthält[128], ist sie doch in diesem Sinne zu verstehen: Auch gestützt auf SSG 27 können Genugtuungszahlungen geschuldet sein. Sie gehören heute als eine Selbstverständlichkeit zur Haftpflicht[129]. |

D. Gegenseitige Schädigung und andere Fälle der Kollision von Haftungen unter sich

| 149 | Für das allgemeine Problem der Kollision von Haftungsarten kann auf Bd. I § 9 verwiesen werden. Es tritt dann auf, wenn nicht nur der Schädiger, sondern auch der Geschädigte einen für das Ereignis kausa- |

---

[126] EHG 13, SVG 62 III, KHG 9 II.
[127] Vgl. Bd. I 396 / 97.
[128] EHG, SVG, KHG, RLG und GSG erwähnen die Genugtuung in dieser oder jener Form. Jeder Hinweis fehlt ausser im SSG auch im ElG.
[129] Vgl. EMIL W. STARK, Einige Gedanken zur Haftpflicht für staatliche Verrichtungen, SJZ 86 (1990) FN 8.

IV. Übrige Fragen § 31

len Haftungsgrund zu vertreten hat. Den praktisch wichtigsten Fall stellt das Selbstverschulden des Geschädigten dar, auf das bereits hingewiesen worden ist (vorn N 133 ff.). Das Kollisionsproblem stellt sich auch, wenn der Schädiger gleichzeitig Geschädigter ist und umgekehrt.

Kollisionen dürften im Rahmen der Haftpflicht nach SSG 27 selten sein. Sie setzen voraus, dass der durch eine Explosion von Sprengmitteln oder pyrotechnischen Gegenständen Geschädigte selbst für das schädigende Ereignis einstehen müsste, wenn andere Personen davon betroffen wären. Der Geschädigte muss also durch eine Ursache, für die er einzustehen hat[130], entweder zur Entstehung der Explosion oder zu ihren Auswirkungen beigetragen haben[131]. 150

Wenn die vom Dritten zu vertretende Ursache in bezug auf die Haftpflicht nach SSG 27 einen Entlastungsgrund[132] darstellt, liegt kein Kollisionsfall vor. 151

Der wohl einfachste Fall besteht darin, dass ein Dritter eine Explosion auslöst, durch die der nach SSG 27 Verantwortliche geschädigt wird. 152

1. Schädigungen unter Inhabern von Betrieben und Anlagen mit Sprengmitteln oder pyrotechnischen Gegenständen[133]

Wenn der Inhaber eines Betriebes oder einer Anlage, in denen Sprengmittel oder pyrotechnische Gegenstände hergestellt, gelagert 153

---

[130] Handle es sich um ein Verschulden oder um einen Umstand, für den er ohne Verschulden haftpflichtig ist.
[131] Beispiele:
— Ein Lastauto fährt gegen ein zur Sprengung vorbereitetes Haus, durch dessen teilweisen Einsturz die Sprengladungen zur Explosion gebracht werden. Derjenige Teil des Schadens des Chauffeurs und am Lastauto, der nicht durch den Aufprall am Haus verursacht wurde, ist nach den Kollisionsregeln zu behandeln.
— Sachverhalt wie obiges Beispiel, wobei das Krankenauto, das den verletzten Chauffeur ins Spital bringt, von einem andern Auto gerammt wird, wodurch der Chauffeur zusätzliche Verletzungen erleidet.
[132] Fremdbestimmung der haftungsbegründenden Ursache (vorsätzliche Auslösung der Explosion durch den Geschädigten oder einen Dritten) oder Unterbrechung des Kausalzusammenhanges zwischen der Explosion und dem Schaden durch höhere Gewalt, grobes Selbst- oder Drittverschulden; vgl. vorn N 117 ff.
[133] Es handelt sich hier um einen Spezialfall der unter Ziff. 3 (hinten N 161 f.) behandelten Konstellation, der wegen seiner Anschaulichkeit und relativen Einfachheit vorweg behandelt wird.

oder verwendet werden, durch eine Explosion seiner eigenen Sprengmittel oder pyrotechnischen Gegenstände geschädigt wird und wenn diese Explosion durch die Explosion von Sprengmitteln oder pyrotechnischen Gegenständen, die zu einem andern Betrieb oder einer andern Anlage gehören, verursacht wurde, kann er gegen deren Inhaber nach SSG 27 Haftpflichtansprüche geltend machen. Er muss sich aber die Mitwirkung seiner eigenen Sprengmittel oder pyrotechnischen Gegenstände als Reduktionsgrund entgegenhalten lassen.

154   Es drängt sich auf, dann von einer 50%igen Haftpflicht auszugehen und je nach dem auf beiden Seiten beteiligten Verschulden diese Quote zu korrigieren.

155   Entsprechend ist die Rechtslage, wenn auf einer *Grossbaustelle* zwei Bauunternehmer Sprengungen durchführen und durch eine geplante oder nicht geplante Explosion beim einen durch eine Druckwelle oder herumfliegende Gegenstände Sprengmittel des andern Bauunternehmers zur Explosion gebracht werden und dadurch der für die erste Explosion verantwortliche Unternehmer geschädigt wird.

156   Ähnliche Verhältnisse liegen vor, wenn in einem gemeinsamen *Sprengstofflager* mehrerer Unternehmer Sprengmittel oder pyrotechnische Gegenstände verschiedener Inhaber von Betrieben oder Anlagen nebeneinander gelagert[134] werden und die durch irgendeinen Umstand bewirkte Explosion der Sprengmittel oder pyrotechnischen Gegenstände des einen Inhabers eine Explosion derjenigen des andern herbeiführt.

157   Wenn im Sprengstofflager eines Verkäufers verkaufte, aber noch nicht gelieferte Sprengmittel oder pyrotechnische Gegenstände neben den nicht verkauften gelagert werden, nachdem das Eigentum an den verkauften bereits gestützt auf ZGB 924 übergegangen ist, ist der Käufer nur mittelbarer Besitzer der Kaufsache. Die Verantwortung dafür nach SSG 27 liegt noch beim Verkäufer, der Inhaber des Lagers ist. Es kann daher kein Kollisionsfall passieren[135].

---

[134] Inwieweit dies trotz SSVO 19 praktisch in Frage kommt, muss hier dahingestellt bleiben.

[135] Man könnte demgegenüber gestützt auf den Grundsatz «periculum est emptoris» von OR 185 I argumentieren, dass der Käufer die Gefahr trage. Das wäre falsch, weil der Begriff der Gefahr in OR 185 II sich auf das Schicksal der gekauften Sache bezieht und nicht auf deren Schädigungsmöglichkeiten gegenüber anderen (vgl. HANS GIGER, Berner Kommentar, N 8 zu OR 185; MAX KELLER/THOMAS LÖRTSCHER, Kaufrecht [2. A. Zürich 1986] 22f.). OR 185 I ist überdies wegen der dort vorbehaltenen besonderen Verhältnisse nicht anwendbar.

2. Schädigungen eines nach anderen Normen als SSG 27 Kausalhaftpflichtigen durch eine Explosion von Sprengmitteln oder pyrotechnischen Gegenständen

Eine Sprengung kann ein Tier, insbesondere ein Pferd, zu einer Schreckreaktion veranlassen, wobei es einen Schaden seines Halters verursacht. Hier liegt es nahe, ähnlich wie bei der Kollision der Tierhalterhaftung mit derjenigen eines Motorfahrzeughalters, den Tierhalter einen Drittel des Schadens tragen zu lassen und den nach SSG 27 Verantwortlichen zwei Drittel[136]. 158

Kollisionsfälle kommen auch mit dem SVG in Frage, sei es, indem ein Motorfahrzeughalter in einer normalen Schreckreaktion auf den Knall einer Explosion einen Unfall erleidet, sei es, dass er durch einen Zusammenstoss mit einem mit Sprengmitteln oder pyrotechnischen Gegenständen beladenen Fahrzeug eine Explosion auslöst. In Ermangelung anderer Anhaltspunkte liegt es nahe, von einer 50%igen Teilung auszugehen. 159

Es erübrigt sich, die weiteren möglichen Kollisionsfälle bei Schädigungen von Kausalhaftpflichtigen und anderen Gefährdungshaftpflichtigen näher zu betrachten. Sie sind von Fall zu Fall nach den konkreten Verhältnissen zu lösen. 160

3. Schädigung des nach SSG 27 Verantwortlichen bei Mitverursachung der Explosion durch einen Dritten[137]

Wenn ein Dritter eine Ursache für die Explosion von Sprengmitteln oder pyrotechnischen Gegenständen setzt und für diese Ursache aus andern Haftungsnormen als SSG 27 verantwortlich ist und wenn dabei der Inhaber von Betrieb oder Anlage, zu denen die explodierten Sprengmittel oder pyrotechnischen Gegenstände gehörten, geschädigt wird, muss sich dieser Geschädigte eine Herabsetzung seiner Ansprüche gefallen lassen. Dies gilt, wenn der schädigende Dritte nur aus Verschulden (sei es aus Vertrag oder aus Delikt), aber auch, wenn er kausal haftet. 161

---

[136] Vgl. Bd. II/2 § 25 N 715.
[137] Es handelt sich hier um eine Ausweitung der Sachverhalte gemäss Ziff. 1, vorn N 153 ff.

162 Besonders zu erwähnen ist hier der Haftpflichtanspruch gegen den Produzenten der Sprengmittel oder pyrotechnischen Gegenstände, sei es aus OR, sei es in Zukunft vielleicht aus einer besonderen *Produktehaftpflicht* nach dem Vorbild der EG-Richtlinie von 1985[138]. Auf diese Frage wird in der neuen Auflage von Bd. I näher einzutreten sein.

E. Mehrheit von Ersatzpflichtigen. Regress

163 Jeder Schaden beruht auf dem Zusammenwirken unzähliger Umstände. Wenn mehr als einer dieser Umstände den Schaden *adäquat* verursacht hat, d. h. als rechtlich relevante Ursache erscheint, und wenn ausserdem je jemand für die verschiedenen Ursachen einstehen muss, besteht eine Mehrheit von Ersatzpflichtigen. Dafür sei auf Bd. I § 10 verwiesen. Dort ist festgehalten, dass die mehreren Haftpflichtigen gegenüber dem Geschädigten solidarisch haften (Aussenverhältnis), wenn nicht einer der kausalen Umstände den Kausalzusammenhang zu den andern unterbricht. Aus der Solidarität ergibt sich aber die Frage, wie der Schaden intern auf sie zu verteilen sei (Innenverhältnis).

164 Im Rahmen der SSG-Haftung ergeben sich hier keine Besonderheiten. Da SSG 27 I ausdrücklich auf das OR verweist, kann nicht in Zweifel gezogen werden, dass OR 51 II grundsätzlich auf das Innenverhältnis anwendbar ist. Danach sind die mehreren Haftpflichtigen in Kategorien eingeteilt: Wenn einer der Ersatzpflichtigen aus *verschuldeter* unerlaubter Handlung verantwortlich ist, muss er den Schaden allein tragen. In Bd. II/2 § 25 N 709 ist dargelegt, dass diese Regelung zu starr ist und im Bereich der Gefährdungshaftungen zu unbilligen Resultaten führt[139]. OFTINGER löste dieses Problem in Bd. I[140] mit dem Prinzip der Vorwegtragung eines Teils des Schadens durch den Gefährdungshaftpflichtigen, das aber als ein Fremdkörper erscheint und nicht

---

[138] Vgl. Richtlinie 85/374/EWG vom 25. Juli 1985, Amtsblatt der EG Nr. L 210 vom 7. August 1985 und die in Bd. II/1 § 16 FN 566 zit. Lit.
[139] Beispiel: Ein Bauunternehmer führt Sprengungen durch. Ein Arbeiter eines andern auf der gleichen Baustelle tätigen Unternehmers löst durch Unachtsamkeit eine solche Sprengung zur Unzeit aus, so dass Schäden entstehen. Nach der Regelung von OR 51 II muss der fragliche Arbeiter den Schaden — soweit er wirtschaftlich dazu in der Lage ist — allein tragen.
[140] S. 358/59, 363; vgl. auch Bd. II/2 der Voraufl. 668.

IV. Übrige Fragen § 31

befriedigt. Richtiger dürfte es sein, gestützt auf die Worte «in der Regel» in OR 51 II die sektorielle Verteilung anzuwenden und dabei davon auszugehen, dass zwischen einem gewöhnlichen Kausalhaftpflichtigen und dem nach SSG 27 aus Gefährdung Haftpflichtigen als Ausgangspunkt das Verhältnis 1:2 angemessen sein dürfte[141]; bei zwei Gefährdungshaftpflichtigen ist von gleichen Quoten auszugehen. Damit wird auch das wenig überzeugende Resultat von OR 51 II überwunden, dass der *ganze* Schaden *einem* oder *einer* Kategorie von Schädigern aufgebürdet wird.

Offen bleibt das Verhältnis zwischen einem mitwirkenden Verschulden — sei es eines Dritten, sei es des Geschädigten — und der Explosionsgefahr, für die der Inhaber von Betrieb oder Anlage nach SSG 27 einzustehen hat. Im Bd. II/2 § 25 N 660 ist vorgeschlagen worden, bei der sektoriellen Verteilung das Verschulden eines Dritten[142] der vom Haftpflichtigen zu vertretenden Gefahr gegenüberzustellen und im Falle der Mitwirkung weiterer Kausalhaftungen nicht die Verschuldensquote, sondern nur die auf die Gefährdungshaftungen entfallenden Quoten zu reduzieren. Damit wird dem Verschulden das sich aus OR 51 II ergebende besondere Gewicht zuerkannt. In Bd. II/2 § 25 N 660 konnte allerdings — im Rahmen der Motorfahrzeughaftung — davon ausgegangen werden, dass für die Bemessung der Verschuldensquoten Präjudizien zur Verfügung stehen. Dies wird hier nur selten zutreffen. Als Richtlinie (oder Eselsleiter) kann die Rechtsprechung zum SVG aber auch hier beigezogen werden, wenn (vgl. vorn N 159) die Explosionsgefahr von Sprengmitteln und pyrotechnischen Gegenständen ungefähr gleich gewichtet wird wie die Betriebsgefahr eines Motorfahrzeuges. Einer leichten Fahrlässigkeit sind danach 10—25%, einer mittleren bis schweren — ohne dass sie zur Entlastung genügt — 25—50% zuzuteilen. 165

Für die *Verjährung des Regressanspruches* enthält das SSG im Gegensatz zum SVG, zum KHG und zum RLG keine Angaben; es wird nur auf das OR verwiesen. Danach beginnt die Verjährung des Regressanspruches mit der Zahlung des Regressberechtigten an den Geschädigten zu laufen. Dabei ist diejenige Verjährungsfrist massgebend, die für den Anspruch des Geschädigten gegen den als Solidar- 166

---

[141] Vgl. Bd. II/2 § 25 N 715.
[142] Zum Beispiel des Arbeiters einer andern Unternehmung; vgl. vorn FN 139.

schuldner in Anspruch genommenen Mit-Haftpflichtigen gegolten hätte, wenn der Geschädigte sich direkt an diesen gehalten hätte[143].

F. Vereinbarungen über Haftpflichtansprüche

167   Das SSG enthält keine SVG 87, KHG 8 und EHG 17 entsprechende Norm über die Anfechtbarkeit eines Vergleiches mit einer offensichtlich unzulänglichen Entschädigung. Daher besteht nur die Möglichkeit der Anfechtung wegen Willensmangels.

G. Verjährung

168   Da SSG 27 I auf das OR verweist, richtet sich die Verjährung nach OR 60. Es kann auf die Ausführungen in Bd. II/1 § 16 N 341 ff. verwiesen werden.

H. Prozessuale Vorschriften

169   Das SSG enthält keine Vorschriften über den Gerichtsstand, die sachliche und die funktionelle Zuständigkeit und die Prozessmaximen. Es gelten daher die allgemeinen Regeln.

---

[143] Vgl. Bd. II/1 § 16 N 387 ff.

§ 32 Haftpflicht des Staates für Schädigungen durch die Armee und den Zivilschutz

Literatur

ROBERT BINSWANGER, Die Haftungsverhältnisse bei Militärschäden (Diss. Zürich 1969). — BURCKHARDT, Schweizerisches Bundesrecht IV (Frauenfeld 1931) Nr. 2293 ff. (die mit dem Namen dieses Herausgebers bezeichneten Zitate beziehen sich meist auf Gutachten des Eidgenössischen Justiz- und Polizeidepartements). — ANDRÉ GRISEL, Traité de droit administratif (Neuchâtel 1984) 807 ff. — EMIL HOLLENWEGER, 50 Jahre Rekurskommission der Eidgenössischen Militärverwaltung, SJZ 75 (1979) 366 ff. — SCHAER Rz 754 ff. — ROLAND SCHAER/ALBERT BRUNNER, Die Verantwortlichkeit des Wehrmannes für Personen- und Sachschäden, SVK 1984, 26 ff., 126 ff. — EMIL W. STARK, Einige Gedanken zur Haftpflicht für staatliche Verrichtungen, SJZ 86 (1990) 1 ff.

Zum Teil durch Gesetzesänderungen überholt sind: WALTER ASAL, Die öffentlichrechtliche Entschädigung in Militärsachen (Diss. Basel 1946 MaschSchr.), Auszug Jahrb. der Basler Juristenfakultät Bd. 25, 21 f. — HANS HÜRLIMANN, Die Haftung des Bundes und der Militärpersonen für den im Militärdienst entstandenen Schaden (Diss. Bern 1925). — ROBERT MEYER, Die Haftung des Bundes bei militärischer Requisition, SJZ 39 (1942/43) 337 ff. — ERNST SCHWARZ, Die Haftung des Bundes bei militärischen Requisitionen (Diss. Bern 1950). — EMIL W. STARK, Die persönliche direkte Haftpflicht von Militärpersonen für Unfälle im Militärdienst, SJZ 44 (1948) 349 ff. — TREADWELL, Die Haftung des Bundes für Schädigungen ziviler Interessen durch das Militär, SJZ 39 (1942/43) 56 ff. — E. ZINGG, Das Rekursverfahren gegen Entscheide der Eidg. Militärverwaltung, SJZ 35 (1938/39) 84 ff. — DERS., Das Rückgriffsrecht des Bundes nach Militärorganisation, SJZ 50 (1954) 37 ff. — W. ZUMSTEIN, Der Tätigkeitsbereich der Rekurskommission der Eidg. Militärverwaltung und das Verfahren, SJZ 39 (1942/43) 321 ff. — DERS., Die Abänderung des Verwaltungsreglementes für die schweizerische Armee, SJZ 43 (1947) 72 ff. — DERS., Das neue Militärverwaltungsverfahren, SJZ 47 (1951) 133 ff.

JUDIKATUR: Ein Teil der Judikatur wurde in einer eigenen Sammlung publiziert: *Die Praxis der Rekurskommission der Eidgenössischen Militärverwaltung* (Bern), Bd. I ff. (für die Jahre 1929 ff.), abgekürzt PraRek. Die Sammlung ist teils nach systematisch erfassten Sachzusammenhängen aufgebaut, teils nach alphabetisch geordneten Stichworten. — Mit Rek. werden Entscheide der gleichen Kommission, die weder in der erwähnten Sammlung, noch in den VerwEntsch veröffentlicht sind, angeführt. — Seit 1973 werden wichtige Entscheide in der *Verwaltungspraxis der Bundesbehörden* (VPB) abgedruckt.

Die Abschnitte I bis V beziehen sich auf die Schädigungen durch die Armee. Für den Zivilschutz gelten weitgehend analoge Bestimmun- 1 gen und Überlegungen. Auf die Besonderheiten wird in Abschnitt VI hingewiesen.

I. Grundlagen

A. Übersicht

2   Man kann sich fragen, ob diese Staatshaftung in einem Buch über privates Haftpflichtrecht zu behandeln sei, obwohl die Haftung des Staates bei Schädigungen Dritter durch seine Behördenmitglieder, Beamten und Angestellten nicht erörtert wird. Es handelt sich um eine Ermessensfrage. Nachdem die Haftung des Staates für Schädigungen durch die Armee mindestens z. T. den Charakter einer Gefährdungshaftung hat[1], wird dieses Haftungsgebiet in Anlehnung an die Vorauflagen hier auch dargelegt.

3   Die Haftung des Staates für durch Armee- und Zivilschutzangehörige verursachte Schäden ist komplex und kompliziert, weshalb hier zuerst eine kurze Übersicht gegeben wird. Sie ist geprägt durch den Umstand, dass der Wehrmann[2] einerseits Tätigkeiten ausübt, die Zivilpersonen in genau gleicher Weise besorgen, wobei er sich häufig in ungewohnter Umgebung befindet und mit den Umständen nicht vertraut ist. Das kommt in der Freizeit vor, aber auch während des Dienstes i. e. S., d. h. vor dem Hauptverlesen. So fährt eine Büroordonnanz per Rad zu einem Laden, um Nägel zu kaufen. Sie kann sich auch während des sog. inneren Dienstes als Fussgänger Zigaretten besorgen oder in einer Übungspause in eine Wirtschaft gehen[3].

---

[1]   Die Staatshaftung für Schädigungen durch Beamte trägt im Bund und in vielen — aber nicht in allen — Kantonen ebenfalls eindeutig Züge einer Gefährdungshaftung (vgl. STARK, SJZ 86 [1990] 11). Das war bei Erscheinen der 1. A. dieses Buches (1942) noch ganz anders. Die seitherigen Änderungen der Rechtslage im Bund und in vielen Kantonen hätte an sich eine Aufnahme der Staatshaftung für Beamte usw. in dieser Auflage nahegelegt. Die grosse Bedeutung des kantonalen Rechts in diesem Sektor sprach aber dagegen, weshalb darauf verzichtet wurde.

[2]   Hilfsdienstpflichtige sind auch Angehörige der Armee; vgl. BVA 11 I, 18, 20 ff.

[3]   Dies kann erlaubt sein oder nicht. Wesentlich ist hier nur, dass es vorkommt und dass dabei Dritte geschädigt werden können.

Andererseits übt er Tätigkeiten aus, die spezifisch militärisch sind. 4
Er gräbt sich an einem Waldrand ein, fährt mit schweren Motorfahrzeugen über nasse Wiesen und stellt sie in private Scheunen in Fliegerdeckung; er richtet sich in privaten Kellern ein, schiesst mit Kanonen, Maschinengewehren usw. und wirft Handgranaten; er baut bei Katastrophen Notbrücken und -wege, sprengt zu Übungszwecken Häuser oder zündet sie an, um das Löschen zu üben (Luftschutztruppe) und regelt als Verkehrsplanton den Strassenverkehr.

All dies erfolgt im Rahmen des militärischen Dienstes, ist also auf 5
Tätigkeit für den Staat ausgerichtet. Der Armeeangehörige ist zwar nicht Beamter oder öffentlicher Angestellter. Er soll aber im Ernstfall öffentliche Aufgaben erfüllen und wird dafür in Friedenszeiten vorbereitet. Er ist wie die Beamten in eine staatliche Hierarchie eingeordnet und zum Gehorsam verpflichtet.

Dabei ist zu unterscheiden zwischen der Aktivität des Wehrmannes 6
im Rahmen der Ausbildung und jener beim Einsatz der Armee zum Schutz der Unabhängigkeit des Landes, zur Aufrechterhaltung von Ruhe und Ordnung und zur Katastrophenhilfe.

Er kann bei diesen Tätigkeiten Dritte, aber auch andere Wehrmän- 7
ner schädigen und unterliegt selbst einer besonderen Unfallgefahr. Dabei stellt sich immer die Frage, unter welchen Voraussetzungen der Bund für eintretende Schäden aufzukommen hat, d.h. ob der sie verursachende Wehrmann selbst allein, neben dem Staat oder ausschliesslich regressweise gegenüber dem Staat verantwortlich ist.

Nach MO 22 haftet der Bund für Schäden, die ein Wehrmann bei 8
dienstlichen Verrichtungen Dritten widerrechtlich zufügt, auch wenn den Wehrmann kein Verschulden trifft.

MO 23 begründet daneben die Haftung des Bundes für Schädigun- 9
gen durch militärische Übungen oder dienstliche Verrichtungen der Truppe, wobei hier die höhere Gewalt und das Selbstverschulden des Geschädigten als Entlastungsgründe erwähnt werden.

Auf das Verhältnis zwischen diesen beiden Bestimmungen wird hin- 10
ten einzutreten sein (N 56 ff.). In ZSG 77 wird keine entsprechende Unterscheidung gemacht; der Bund, die Kantone, die Gemeinden und die Betriebe haften für alle Schäden, die ihre Instruktoren und Schutzorganisationen bei Kursen, Übungen und sonstigen dienstlichen Verrichtungen Drittpersonen zufügen. Dabei werden wie in MO 23 höhere Gewalt und Selbstverschulden als Entlastungsgründe erwähnt.

§ 32   Haftpflicht des Staates für Schädigungen durch Armee und Zivilschutz

11   Im weiteren haftet der Bund auch für die Sachschäden an requirierten Motorfahrzeugen und für Personenschäden, die deren (zivile) Fahrzeugführer anlässlich der Fahrt zum und vom Stellungsplatz bzw. Ein- oder Ausladebahnhof oder Inspektionsplatz erleiden. Eine entsprechende Haftung besteht im Zusammenhang mit der Requisition von Pferden [4].

12   Ergänzend ist zu erwähnen, dass die Haftpflicht sich z. T. auch nach zivilen Gesetzen regelt, worauf hinten (N 125 ff.) zurückzukommen sein wird.

13   Die Haftung des Bundes gegenüber Militärpersonen und Zivilschutzangehörigen richtet sich für Personenschäden ausschliesslich nach dem MVG; für ihre Sachschäden müssen die Wehrmänner an sich selber aufkommen, wobei aber MO 24 die Ausrichtung einer angemessenen Entschädigung durch den Bund vorsieht, «wenn der Schaden durch einen dienstlichen Unfall oder unmittelbar durch die Ausführung eines Befehls verursacht wurde». Daneben bezahlt die Militärversicherung nach MVG 8 II Sachschäden des Wehrmannes an Brillen, Prothesen usw.

B. Rechtsquellen

14   Die in die Gestalt eines Bundesgesetzes gekleidete *Militärorganisation* der Schweizerischen Eidgenossenschaft vom 12. April 1907 enthielt in einem Titel über «Besondere Leistungen des Staates» in den drei Artikeln 27—29 Haftpflichtbestimmungen. Sie sind durch die zahlreichen Revisionen der MO in ihren Grundzügen nicht berührt worden. Die *Eidgenossenschaft* oder — wie das Gesetz gemäss dem üblichen abkürzenden Sprachgebrauch sagt — der *Bund* haftete schon damals, wenn «infolge militärischer Übungen eine Zivilperson getötet oder körperlich verletzt wird». Diese grundsätzliche Haftung konnte eh und je nur mittels des Entlastungsbeweises abgewendet werden. In «entsprechender Weise» haftete der Bund schon damals für Sachschaden und stand ihm der Rückgriff auf den schuldigen Urheber des Schadens zu.

15   Während des Ersten Weltkrieges bestand Unsicherheit, ob die Vorschriften von aMO 27 ff. nur für militärische Übungen im Instruktionsdienst oder auch im Aktivdienst gelten. Nach dem Ausbruch des Zwei-

---

[4]   Vgl. BVA 112 II.

I. Grundlagen § 32

ten Weltkrieges wurde durch BRB vom 29. März 1940/18. Dezember 1942[5] die Anwendbarkeit von aMO 27 ff. auf den Aktivdienst bejaht.

Am 19. Dezember 1946 hat die Bundesversammlung das Verwaltungsreglement der Schweizerischen Armee vom 27. März 1885 revidiert[6] und dabei die persönliche Belangbarkeit des einzelnen Wehrmannes für Unfälle, für die der Bund nach aMO 27/28 einzutreten hatte, ausdrücklich ausgeschlossen, während diese Frage vorher umstritten war[7]. Am 30. März 1949 erliess die Bundesversammlung einen neuen Beschluss über die Verwaltung der Armee (BVA, SR 510.30) mit einigen materiellrechtlichen Bestimmungen zur Ergänzung der MO. Die Art. 101–103 der BVA über Unfallschäden wurden dann durch die Änderung der MO vom 5. Oktober 1967[8] wieder aufgehoben resp. in die MO übernommen. Neu wurde dabei in MO 22 eine Kausalhaftung des Bundes für Schäden eingeführt, die ein Wehrmann in Ausübung seiner dienstlichen Tätigkeit Dritten widerrechtlich zufügt. 16

Diese neue Bestimmung steht neben der bisherigen über die Haftung des Bundes für die Schäden, die bei militärischen Übungen verursacht werden. 17

In der Revision der MO vom 22. Juni 1984[9] wurde diese Bestimmung beibehalten. 18

Die hauptsächlichen *Rechtsquellen* für die Beurteilung der Haftpflicht für Schäden, die von Militärpersonen verursacht werden, sind zur Zeit die folgenden: 19
a) MO 22–29;
b) Die prozessrechtlichen Bestimmungen in BVA 104–108 und 123 ff.;
c) OR 42, 43 I, 44 I, 45, 46, 47 und 50 I in sinngemässer Anwendung gemäss MO 27.

Die Verweisung auf das OR wurde erstmals anlässlich der Revision des alten Verwaltungsreglementes vom 19. Dezember 1946 vorgenommen. Doch stand seit jeher ausser Zweifel, dass die rudimentäre Regelung der Haftpflicht durch die MO der Ergänzung durch OR 42 ff. bedürfe. 20

Bestimmungen des OR über die unerlaubten Handlungen sind dort, wo das Verwaltungsrecht sich mit Haftpflichtfragen befasst, immer wie- 21

---

[5] AS 56, 293; 58, 1180; aufgehoben durch BRB vom 27. Dezember 1946, AS 62, 1122.
[6] AS 62, 1067; Botschaft BBl 1946 III 667.
[7] Vgl. STARK, SJZ 44 (1948) 349 ff.; BGE 47 II 176 ff.
[8] AS 1968, 73; BBl 1966 II 378.
[9] AS 1984, 1324, 1333; BBl 1983 II 462; SR 510.10.

§ 32 Haftpflicht des Staates für Schädigungen durch Armee und Zivilschutz

der berufen, an die Stelle fehlender entsprechender Regeln des Verwaltungsrechts zu treten. Dies gilt auch für allgemeine Begriffe und Regeln des privaten Haftpflichtrechts, die nicht im OR selber enthalten sind. Im Verlaufe der Darstellung ist jeweils zu zeigen, inwieweit man diese heranzuziehen hat.

22 Diese Gleichbehandlung gleicher Fragen im öffentlichen und im privaten Schadenersatzrecht stellt die einzige vernünftige Lösung dar. Es wäre nicht einzusehen, weshalb im öffentlichen Recht in bezug auf Einzelprobleme andere Regelungen gelten sollten als im viel eingehender entwickelten privaten Haftpflichtrecht; denn die Fragen stellen sich meistens genau gleich. Man denke z. B. an die Entlastung durch Unterbrechung des Kausalzusammenhanges, die Herabsetzung der Haftpflicht bei mitwirkendem Selbstverschulden des Geschädigten oder an die Berechnung des Versorgerschadens [10].

23 Wie in allen Bereichen des Haftpflichtrechts muss für die Beurteilung der von MO 22 ff. erfassten Sachverhalte gegebenenfalls auf die verschiedensten *verwaltungsrechtlichen Vorschriften*, auf militärische Reglemente, zurückgegriffen werden, namentlich für die Erhellung der Fragen des Verschuldens und des Selbstverschuldens.

24 Das Militärrecht ist ständigen Revisionen unterworfen, die mit einer Raschheit und in einem Ausmass erfolgen, die weit über dem Durchschnitt des ohnehin veränderlichen Verwaltungsrechts liegen. Der Bearbeiter von Haftpflichtfragen nach MO 22 ff. hat diese Verhältnisse zu berücksichtigen.

C. Zuständigkeit und Verfahren [11]

25 1. Die Behandlung der geltend gemachten Ansprüche ist im Rahmen eines *Vorverfahrens* Aufgabe der Direktion der Eidg. Militärverwaltung

---

[10] Der Bereich der staatlichen Tätigkeit ohne Ausübung hoheitlicher Gewalt hat sich seit vielen Jahrzehnten stark ausgedehnt; man denke an die Entwicklung des Wohlfahrtsstaates. Hier erscheint es ohnehin als fraglich, ob nicht das private Haftpflichtrecht Anwendung finden sollte.

[11] Unter diesem Titel wird im privaten Haftpflichtrecht das streitige Verfahren verstanden. Die Frage, an wen sich der Geschädigte primär zu halten und bei wem er seine Ansprüche anzumelden habe, beantwortet sich dort von selbst aus der Passivlegitimation. Beim Staat drängt es sich aber auf, dass auch festgelegt wird, welche Verwaltungsabteilung sich mit einem Haftpflichtfall zu befassen hat und auch zur Anerkennung von Ansprüchen und zum Abschluss von Vergleichen zuständig ist.

I. Grundlagen § 32

(BVA 104). Diese Amtsstelle prüft, ob die Forderung nach Grundsatz und Höhe begründet ist; sie kann für die Schadensberechnung Sachverständige beiziehen.

In Fällen von Personenschaden und schwerem Sachschaden hat der zuständige Truppenkommandant vorweg, d. h. unabhängig von der Geltendmachung von Schadenersatzansprüchen, eine vorläufige Beweisaufnahme oder Voruntersuchung gemäss Art. 101 ff. des Militärstrafprozesses (SR 322.1) anzuordnen. Deren Ergebnisse bilden eine wichtige Grundlage für die Stellungnahme der Direktion der Eidg. Militärverwaltung (BVA 107). 26

Fälle von leichtem Sachschaden können nach BVA 108, wenn der Tatbestand einwandfrei abgeklärt ist, unter Vorbehalt der Genehmigung durch die Direktion der Eidg. Militärverwaltung durch die Truppe erledigt werden. 27

2. Beim *streitigen Verfahren* ist zu unterscheiden, ob Personenschaden und/oder Sachschaden entstanden und wer für den Regressprozess zuständig ist. 28

a) Falls *Personenschaden* zu ersetzen ist und mit der Direktion der Eidg. Militärverwaltung keine Einigung zustande kommt, entscheidet gemäss MO 28 I (vgl. auch OG 116 lit. c) das Bundesgericht, das mit einer verwaltungsrechtlichen Klage angerufen wird, als einzige Instanz ohne Rücksicht auf die Höhe des Streitwertes [12]. Im gleichen Verfahren beurteilt das Bundesgericht allfällige, durch das gleiche Unfallereignis bewirkte *Sachschäden* (BVA 105 II) [13]. 29

b) Kann ein Geschädigter *allein Sachschaden* geltend machen, so entscheidet über den Anspruch die Direktion der Eidg. Militärverwaltung (BVA 106), deren Entscheid ohne Rücksicht auf den Streitwert an 30

---

[12] Vgl. BGE 112 II 132; FRITZ GYGI, Bundesverwaltungsrechtspflege (2. A. Bern 1983) 100ff. Es findet kein Aussöhnungsversuch nach kantonalem Recht statt; vgl. BGE 76 I 383/84. Die Anrufung des Bundesgerichts stellt *nicht* ein *Rechtsmittel* gegen eine Verfügung der Direktion der Eidg. Militärverwaltung dar, sondern leitet einen *eigenen direkten Prozess* ein. Folglich muss keine Beschwerdefrist eingehalten werden; vgl. BGE 97 I 70; WILHELM BIRCHMEIER, Handbuch des BG über die Organisation der Bundesrechtspflege (Zürich 1950) 447/48; BINSWANGER 81, 324.

[13] Sachschäden von Personen, die selber aus dem Ereignis, das zur Körperverletzung anderer Personen geführt hat, keine Ansprüche aus Körperverletzung oder Tötung haben, fallen vernünftigerweise nicht in dieses Verfahren, sondern sind nach den Vorschriften über die Sachschäden zu behandeln. Gleich verhält es sich, wenn über den Personenschaden eines Geschädigten ein Vergleich zustande gekommen ist, nicht aber über den Sachschaden; vgl. VerwEntsch 15 Nr. 84 S. 144/45.

§ 32 Haftpflicht des Staates für Schädigungen durch Armee und Zivilschutz

die Rekurskommission der Eidg. Militärverwaltung weitergezogen werden kann.

31 c) Nimmt der Bund für eine von ihm geleistete Entschädigung *Rückgriff* und ist der Beklagte eine *Zivilperson*, die den Schaden mitverursacht hat, so richtet sich sein Anspruch nach OR 51. Zuständig sind daher die ordentlichen Zivilgerichte. Wenn er aber gestützt auf MO 25 auf einen *Wehrmann* regressiert, d. h. auf diejenige Person, für die er nach MO 22/23 einzustehen hat, und hat der Bund für den Körperschaden einer Zivilperson Schadenersatz geleistet, so entscheidet das Bundesgericht als einzige Instanz über den Regressanspruch[14]. In den andern Fällen liegt die Zuständigkeit bei der Direktion der Eidg. Militärverwaltung, deren Entscheid ohne Rücksicht auf den Streitwert an die Rekurskommission der gleichen Verwaltung weitergezogen werden kann (BVA 123/24).

32 d) Die erwähnte *Rekurskommission* der Eidg. Militärverwaltung stellt ein spezialisiertes Verwaltungsgericht dar. Sie ist kompetent «für die Beurteilung streitiger verwaltungsrechtlicher Ansprüche vermögensrechtlicher Art des Bundes oder gegen den Bund, die sich auf die MO oder deren Ausführungserlasse stützen» (BVA 125 I). Ihre Entscheide unterliegen der Verwaltungsgerichtsbeschwerde an das Bundesgericht (BVA 131, OG 98 lit. e, OG 100 lit. d Ziff. 1 e contrario). Ihre Organisation, die Zuständigkeit und das Verfahren richten sich nach der VO über die Rekurskommission der Eidg. Militärverwaltung vom 26. Januar 1972 (SR 510.45). Für das Verfahren ist das BG über das Verwaltungsverfahren vom 20. Dezember 1968 (SR 172.021) massgebend.

D. Andere Tatbestände vom Militär bewirkter Schädigungen Dritter

33 Die Haftung nach MO 22 ff. stellt einen Ausschnitt dar aus dem weiten, eingehend geregelten, mit einem guten Rechtsschutz versehenen[15] Gebiet des *militärischen Schadenersatzrechts*. In engem Zusam-

---

[14] Vgl. BGE 111 Ib 194 f.
[15] BVA 125 ff.; VO über die Rekurskommission der Eidg. Militärverwaltung vom 26. Januar 1972 (SR 510.45); HOLLENWEGER, SJZ 75 (1979) 366 ff. Vgl. auch die in der Vorauflage FN 20 zit. Lit.

I. Grundlagen § 32

menhang damit steht die Haftpflicht für vom *Zivilschutz* verursachte Schäden, auf die hinten N 389 ff. eingetreten wird.

Die Materie reicht von der Militärversicherung[16] bis zur Ordnung der Requisition[17]. Von den zahlreichen Fällen solcher Haftpflicht seien hier vier erwähnt, welche z. T. Parallelen zur Haftung gemäss MO 22/23 aufweisen, aber einer gesonderten Regelung unterstehen: 34

1. Die Haftung für *Land- und Sachschaden*, der infolge militärischer Massnahmen entstanden ist, d. h. die Haftung für Schäden an Grundstücken und Kulturen und an Gebäuden[18]. Es handelt sich dabei um öffentlich-rechtliche Entschädigungen als Ausgleich dafür, dass die Truppe zur Inanspruchnahme von Immobilien (und im aktiven Dienst auch von Mobilien) Dritter befugt ist (MO 33, 200; BVA 86 ff., 109 ff.). Die Widerrechtlichkeit der Schädigung ist daher nicht Voraussetzung dieser Entschädigungspflicht des Bundes. Vielfach erfolgt die Schädigung im übrigen absichtlich[19] oder doch eventualvorsätzlich[20, 21]. 35

Die Beurteilung von Ersatzforderungen für Land- und Sachschaden erfolgt vorab durch eigene Schatzungskommissionen oder den Oberfeldkommissär; erreicht die Forderung den Betrag von Fr. 1000.—, so steht ein Rekurs an die Rekurskommission der Eidg. Militärverwaltung offen (BVA 89 ff.)[22]. 36

2. Gemäss einer Sondervorschrift haftet der Bund bei der *Requisition von Motorfahrzeugen für den aktiven Dienst* (MO 200) nicht nur für die Sachschäden, die an den Motorfahrzeugen während der Requisition entstehen[23], sondern auch für die *Personen- und Sachschäden* (ausser am requirierten Fahrzeug), die dem *Fahrzeugführer* auf dem direkten Weg vom und zum Stellungs- bzw. Inspektionsplatz sowie während der Ein- und Abschatzung bzw. Inspektion zustossen, an denen 37

---

16 MVG vom 20. September 1949 (SR 833.1); E zum MVG vom 20. Februar 1989.
17 BVA 109 und viele andere Vorschriften, insbesondere VO über die Requisition vom 3. April 1968 (SR 519.7); BRB betreffend das vorübergehende Inkraftbleiben von Bestimmungen über die Requisition vom 22. April 1966 (AS 1966, 651/52).
18 Hiezu die zahlreichen Entscheide in der Sammlung PraRek.; als Beispiele I 63, 64, 66, 71; II 27; III 13; V 19.
19 Soldaten graben sich auf einer Wiese ein.
20 Motorfahrzeuge fahren über eine Wiese.
21 Nach BVA 88 haben die Truppenkommandanten dafür zu sorgen, dass Land- und Sachschäden «nach Möglichkeit» vermieden werden.
22 HOLLENWEGER, SJZ 75 (1979) 367.
23 BVA 113 II; VO über die Requisition vom 3. April 1968 (SR 519.7) 33 ff.

§ 32   Haftpflicht des Staates für Schädigungen durch Armee und Zivilschutz

ihn oder einen Dritten kein Verschulden trifft (BVA 112 II)[24]. Die Experten an Inspektionen und Schatzungen von Motorfahrzeugen sind demgegenüber durch die Militärversicherung gedeckt (MVG 1 I Ziff. 4), eine Lösung, die auch für die Überbringer von Motorfahrzeugen nahegelegen wäre; denn die geltende Regelung wirft verschiedene Fragen auf:

38   a) Es handelt sich nicht um eine Kausalhaftung[25], weil weder der Bund noch eine Person, für die er einstehen muss, noch ein Betrieb, den er unterhält, den Schaden verursacht haben muss.

39   b) Verschulden des Geschädigten oder eines Dritten schliesst die Haftung aus. Es genügt irgendein Verschulden, was bei leichter Fahrlässigkeit als stossend erscheint.

40   c) Die höhere Gewalt stellt im Gegensatz zum Drittverschulden keinen Entlastungsgrund dar[26].

41   d) Kollidiert der Fahrzeugführer mit einem andern Auto, wobei keinen der Lenker ein Verschulden trifft[27], so haftet der Bund für den Personenschaden des Überbringers neben dem Halter des andern Motorfahrzeuges. Wie ist hier das Innenverhältnis zwischen den beiden solidarisch Haftpflichtigen zu regeln? Ähnliche Schwierigkeiten treten auf, wenn der Überbringer nicht der Halter des von ihm geführten Fahrzeuges ist und auch einen Ersatzanspruch gegen «seinen» Halter hat.

42   e) Weitere Kollisionsprobleme treten nicht nur mit dem SVG, sondern auch mit der MO auf: Wenn ein Wehrmann als Verkehrsplanton den Schaden verursacht hat, haftet der Bund dafür auch nach MO 22.

43   Diese Aufzählung von Fragen ist nicht abschliessend. Es muss im Einzelfall versucht werden, unter Heranziehung der allgemeinen Grundsätze des Haftpflichtrechts eine billige Lösung zu finden. Gestützt darauf liegt es nahe, dem Führer eines Requisitionsfahrzeuges gegebenenfalls auch einen Genugtuungsanspruch zuzuerkennen[28].

44   Für die Auslegung des Erfordernisses des «direkten Weges», auf dem der Überbringer gefahren sein muss, kann sinngemäss die Rechtsprechung zu MVG 3 II herangezogen werden.

[24] Für Zuständigkeit und Verfahren sind die gleichen Regeln massgebend wie bei den Ansprüchen nach MO 22 / 23.
[25] Anderer Meinung Voraufl. 853.
[26] Man denke an einen Blitz, der den Fahrzeugführer trifft.
[27] Beispiel: Bruch eines Teiles des Lenkmechanismus des Drittfahrzeuges.
[28] Anderer Meinung Voraufl. 854.

I. Grundlagen § 32

3. Die gleiche Regelung gilt für die *Requisition von Pferden.* BVA 45
112 II und 113 II sind für requirierte Sachen allgemein anwendbar[29].

4. Bestimmte Tatbestände militärischer Schädigung führen zur Haf- 46
tung gemäss *zivilrechtlichen Vorschriften;* hierüber und über die
Abgrenzung von der Ersatzpflicht nach MO 22/23 finden sich Ausführungen unter N 125 ff.

5. Der Vollständigkeit halber sei hier ergänzend darauf hingewiesen, 47
dass anlässlich der beiden Revisionen der MO in den Jahren 1968 und
1985 verschiedene Haftpflichtbestimmungen, die teilweise aus der BVA
übernommen wurden, neu in die MO aufgenommen worden sind:

a) Nach MO 24 besteht grundsätzlich keine Haftung des Bundes für 48
Verlust und Beschädigung des Eigentums der Armeeangehörigen, es sei
denn, der Schaden sei durch einen dienstlichen Unfall oder durch die
Ausführung eines Befehls verursacht worden.

b) Nach MO 26 I haftet die Militärperson für den Schaden, den sie 49
dem Bund durch vorsätzliche oder grobfahrlässige Verletzung ihrer
Dienstpflicht unmittelbar zugefügt hat.

c) Nach Abs. 2 des gleichen Artikels haftet der Wehrmann auch für 50
Verlust und Beschädigung der Bewaffnung, der persönlichen Ausrüstung und des anvertrauten Materials, wenn er nicht nachweisen kann,
dass er den Schaden weder durch vorsätzliche noch durch grobfahrlässige Verletzung seiner Dienstpflicht verursacht hat. Eine entsprechende
Haftung entsteht für diejenigen Militärpersonen, die für die Organisation des Materialdienstes oder der Materialkontrolle verantwortlich
sind.

d) MO 26 III bestimmt, dass die Rechnungsführer und deren Kon- 51
trollstellen für den Kommissariatsdienst und die ihnen anvertrauten
Gelder verantwortlich sind, wenn sie sich nicht exkulpieren können.

e) MO 26bis sieht eine Kollektivhaftung der Einheiten und Stäbe für 52
das ihnen übergebene Material vor.

Alle diese Bestimmungen sind nicht Gegenstand dieses Buches, wer- 53
den aber nötigenfalls herangezogen.

---

[29] Vgl. auch die VO über die Requisition vom 3. April 1968 (SR 519.7), insbesondere 49 ff.

E. Keine Haftung ohne Gesetz

54 Das *Legalitätsprinzip* führt im Haftpflichtrecht dazu, dass «der Staat für Schaden, den seine Beamten einem Bürger rechtswidrig zufügen, nur einzustehen hat, wenn ein Rechtssatz dies ausdrücklich vorsieht»[30]. Dieser Grundsatz der Staatshaftung für Beamte gilt auch im Militärrecht.

55 Es gibt nicht eine generell umschriebene Haftung für militärische Schäden *schlechthin*, sondern lediglich die in den Gesetzen *spezifizierten* Fälle; dazu gehören die Haftungen nach MO 22/23. Weitere sind z. T. soeben erwähnt worden oder ergeben sich im Verlaufe der Darstellung[31]. Diese wird zeigen, wo sich die Maxime, ohne entsprechende ausdrückliche Norm hafte der Bund nicht, des Näheren auswirkt und wo sie der Kritik ruft. Besonders eindrückliche Folgen zeitigt die Konsequenz, dass zu Lasten des Bundes keine generelle Haftung für rechtmässige (gesetzliche) Staatsakte besteht[32].

F. Haftungsgrundsatz und Eigenarten des Gesetzes. Aufgabe der Darstellung

56 Die MO enthält in Art. 22 I und 23 zwei Haftungen des Bundes ohne Verschulden, zu deren Begründung die adäquate Verursachung eines Schadens durch einen Wehrmann bei MO 22 I resp. durch die Truppe bei MO 23, jeweils bei der Ausübung dienstlicher Tätigkeit resp. bei militärischen Übungen oder dienstlichen Verrichtungen, genügt.

---

[30] BGE 95 I 288; vgl. auch 63 II 30; 68 II 217; 77 I 95; 81 II 303; 101 II 184; SJZ 51 (1955) 300 Nr. 151; vgl. auch Bd. II/1 § 20 N 39; STARK, SJZ 86 (1990) 2.

[31] Eine interessante, recht allgemein gefasste Norm enthielt Art. 12 der (aufgehobenen) VO über die Wahrung der Sicherheit des Landes, vom 22. September 1939 (AS 55, 1082).

[32] Vgl. Bd. II/1 § 20 N 40 a. E. und die dort FN 133 zit. Lit.; MICHAEL FAJNOR, Staatliche Haftung für rechtmässig verursachten Schaden (Diss. Zürich 1987) 71 ff. Zur allfälligen *Entschädigungspflicht des Gemeinwesens ohne gesetzliche Grundlage*, insbesondere aus *Billigkeit*, vgl. u. a. die auf militärische Vorgänge bezüglichen Urteile BGE 47 II 71 ff., 497 ff.; 50 II 362; 68 II 215; VerwEntsch 14 Nr. 44/45; dazu BURCKHARDT Nr. 2293, 2298; ferner BGE 55 II 107; 58 II 463. Vgl. auch BEATRICE WEBER-DÜRLER, Zur Entschädigungspflicht des Staates für rechtmässige Akte, in: FS Otto K. Kaufmann (Bern 1989).

I. Grundlagen § 32

Die dogmatische Einordnung dieser beiden Haftungsnormen ist 57
umstritten und setzt deren genaue Erörterung voraus. Sie muss auf den späteren Darlegungen beruhen. Hier kann aber bereits erwähnt werden, dass die Haftpflicht nach MO 22 I eine scharfe Kausalhaftung des Bundes für das Verhalten seiner Militärpersonen darstellt, die vom Geschädigten nicht direkt belangt werden können. Dafür wird hinten N 77 der Begriff einer kausalen Freistellungshaftung verwendet. MO 23 statuiert eine Gefährdungshaftung.

1. Vorerst ist festzuhalten, dass die Armee in Friedenszeiten (soweit 58
es sich nicht um den Einsatz zur Aufrechterhaltung von Ruhe und Ordnung handelt) nur Übungen durchführt und ihre militärischen Machtmittel nicht gezielt gegen Personen und Sachen einsetzt, um damit ihre Zwecke zu erreichen. Sie muss aber *ausgebildet* werden; die Armeeangehörigen müssen lernen, wie im Ernstfall diese Machtmittel einzusetzen sind, um die gewünschte Wirkung zu erzielen. Sie müssen auch zu Forschheit und Draufgängertum erzogen werden, ohne die der militärische Einsatz kaum zu Erfolg führt[33]. Sie müssen auch wissen, wie sie sich gegen feindliche Waffenwirkung schützen können, wozu sie sich des Geländes und bestehender Bauten geschickt zu bedienen haben.

Was der Wehrmann im Friedensdienst zu lernen hat, unterscheidet 59
sich weitgehend von seiner zivilen Tätigkeit.

Der Soldat muss lernen, die Machtmittel der Armee entsprechend 60
ihrem Zweck so einzusetzen, dass sie für andere gefährlich sind; sonst kann die Armee ihren Zweck nicht erreichen.

Schon die Ausbildung zum Einzelkämpfer ist daher zwangsläufig 61
mit ganz besonderen, ausserhalb des Militärdienstes kaum anzutreffenden Gefahren verbunden. Bei Kampfübungen ganzer Einheiten ergeben sich zusätzliche Gefahrenmomente.

Dazu kommt, dass der Einsatz der Armee im Ernstfall ein sehr 62
kompliziertes Zusammenwirken vieler militärischer Stellen voraussetzt. Auch das muss geübt werden; daraus ergeben sich zusätzliche Gefahren, man denke nur an Missverständnisse, Fehlinterpretationen, Unkenntnis der genauen Verhältnisse an entfernten Orten usw.

Schliesslich spielt im militärischen Einsatz der Zeitfaktor eine wich- 63
tige Rolle. Er kann für den Erfolg entscheidend sein. Das gilt nicht nur für Panzerduelle, bei denen in besonderem Masse alles davon abhängt, wer zuerst trifft, sondern z. B. auch für die Bewegung der Truppe: Wer

---

[33] Vgl. BGE 92 II 197.

§ 32   Haftpflicht des Staates für Schädigungen durch Armee und Zivilschutz

ein Engnis oder eine Brücke zuerst erreicht, kann dadurch einen wesentlichen Vorteil erringen.

64   All dies muss geübt sein, und zwar auch unter erschwerten Bedingungen, an der Grenze der körperlichen Leistungsfähigkeit und unter psychischem Druck.

65   Die Existenz einer *spezifischen Militärgefahr,* die in sehr verschiedenen Formen auftritt, steht daher ausser Zweifel. Soll eine Truppe Kriegstauglichkeit erreichen, so ist diese Gefahr auch nicht beherrschbar. Dass an ihr ein öffentliches Interesse besteht und dass ihre Schaffung daher nicht an sich als Verschulden betrachtet werden kann, versteht sich von selbst. Damit sind die Voraussetzungen einer *Gefährdungshaftung*[34] erfüllt.

66   Von einzelnen Autoren[35] wird die Meinung vertreten, MO 23 statuiere nicht eine Gefährdungshaftung, sondern eine Pflicht zur Leistung einer öffentlich-rechtlichen Entschädigung für eine rechtmässige Schädigung. Diese Auffassung setzt voraus, dass Schädigungen durch Armeeangehörige in dienstlicher Verrichtung rechtmässig seien. Dies hätte zur Folge, dass die Rechtfertigungsgründe — ausser demjenigen der rechtmässigen Ausübung öffentlicher Gewalt, der bei dieser Konstruktion immer vorliegt — keine rechtliche Bedeutung hätten (vgl. dazu hinten N 283). Ausserdem lässt sich der Regress des Bundes auf die Militärperson nach MO 25 mit dieser Konstruktion nicht vereinbaren.

67   2. MO 22 ist erst 1967 in die MO eingefügt worden. Da diese Bestimmung sich auf die Verursachung eines Schadens durch einen einzelnen Wehrmann bezieht und nicht durch die Truppe, kann sie nicht mit der Schaffung einer besonderen Militärgefahr begründet werden; denn der Wehrmann schafft fast nur bei eigentlichen militärischen Übungen besondere Gefahren, aber bei weitem nicht bei allen seinen dienstlichen Verrichtungen, die ebenfalls unter MO 22 I fallen[36].

68   Es handelt sich um eine Kausalhaftung des Bundes anstelle des Wehrmannes. Sie gleicht OR 55, sieht aber die Möglichkeit des dort geltenden Sorgfaltsbeweises nicht vor. MO 22 I lässt sich am ehesten mit der von PETER JÄGGI am Schweizerischen Juristentag 1967 vorge-

---

[34] Vgl. Bd. II/2 § 24 N 22 ff.
[35] Vgl. die hinten FN 175 zit. Lit.
[36] Man denke an den inneren Dienst, die Reinigung der Motorfahrzeuge, die Arbeiten in der Küche, das Abholen des Soldes auf der Bank usw. Selbst die Schildwache stellt keine besondere Gefahr dar, wenn sie nicht mit Munition versehen ist.

schlagenen Organisationshaftung vergleichen[37], daneben aber auch mit der Haftung des Bundes und vieler Kantone für die Schäden, die von ihren Behördenmitgliedern, Beamten und Angestellten verursacht werden[38].

Diese Haftungen nach MO 22 I, VG 3 und verschiedenen kantonalen Gesetzen sind *Kausalhaftungen,* da sie die Verantwortlichkeit des Staates für die von einer *andern Person,* dem Wehrmann oder dem Beamten usw., verursachten Schäden vorsehen. Sie unterscheiden sich von den einfachen oder milden Kausalhaftungen für andere Personen gemäss OR 55 und ZGB 333, aber auch OR 101, dadurch, dass sie auch nicht das minimalste Verschulden, sei es des Verursachers des Schadens, sei es des Haftpflichtigen, voraussetzen. Ausserdem schliessen sie die direkte Belangbarkeit des Verursachers des Schadens aus. Wenn man die deliktischen Haftungen in Verschuldenshaftung, einfache Kausalhaftungen und Gefährdungshaftungen einteilt, gehören diese Haftungsarten zu den letzteren; man kann sich ihnen nur bei Vorliegen eines Entlastungsgrundes entziehen. Diese Einteilung ist sicher gut vertretbar. Dabei wird allerdings nicht berücksichtigt, dass die besondere Gefährdung, die den Gefährdungshaftungen zugrunde liegt, hier z.T. kaum gegeben ist. Während sie bei Beamten, die hoheitliche Gewalt ausüben, vielfach noch bejaht werden kann[39], fehlt sie in grossen Teilen des Anwendungsbereiches von MO 22 I. Aus der Tatsache, dass der Wehrmann in unvertrauter Umgebung z.T. unvertraute Aktivitäten ausüben muss, eine spezielle Gefahr abzuleiten, ginge etwas weit. Immerhin ist nicht ausser acht zu lassen, dass auch besondere militärische Gefahren zur Schädigung durch einen Wehrmann im Sinne von MO 22 I führen können; man denke an Handgranaten, die aus Unachtsamkeit in einem geräumten Munitionsdepot liegen gelassen werden. Deswegen ist aber MO 22 I nicht als Gefährdungshaftung zu qualifizieren, weil diese mögliche Militärgefahr nicht Voraussetzung dieser Haftpflicht ist; diese umfasst vielmehr auch grosse Bereiche, in denen die Militärgefahr keinerlei Rolle spielt.

---

[37] Vgl. PETER JÄGGI, ZSR 86 (1967) II 756; FRANÇOIS GILLIARD, ZSR 86 (1967) II 753; PIERRE WIDMER, Produktehaftung Schweiz — Europa — USA (Bern 1986) 31; DERS. in recht 1986, 57; KASPAR SPOENDLIN, ZSR 86 (1967) II 807; HINDERLING, ZSR 86 (1967) II 778; ELISABETH WEBER-HÄUSERMANN, Haftung für Hilfspersonen (Diss. Zürich 1984); HANS NATER, Die Haftpflicht des Geschäftsherrn gemäss OR 55 ... (Diss. Zürich 1970) 113 ff., 118 ff.
[38] Vgl. hinten FN 105.
[39] Vgl. STARK, SJZ 86 (1990) 11.

§ 32   Haftpflicht des Staates für Schädigungen durch Armee und Zivilschutz

70 Richtigerweise statuiert MO 22 I also nicht eine Gefährdungshaftung, sondern eine Haftpflicht des Bundes, die an die Stelle der persönlichen Haftpflicht des Armeeangehörigen tritt, diesen von direkten Haftpflichtansprüchen freistellt und ihn nur dem Regress des Bundes bei Vorsatz oder grober Fahrlässigkeit aussetzt. Sie tritt an die Stelle der persönlichen Haftpflicht des Wehrmannes, geht aber insoweit über OR 41 hinaus, als sie auf das Verschulden als Haftungsvoraussetzung verzichtet (wie OR 55). Sie entspricht aber OR 41 in der Hinsicht, dass sie eine Haftpflicht für durch eine bestimmte Person und nicht durch einen Betrieb oder eine Maschine usw. verursachte Schäden darstellt.

71 3. Auf die *Rechtsnatur* von MO 22 I und weiteren ähnlichen Kausalhaftungen des Bundes wird in einer neuen Auflage des Allgemeinen Teils einzutreten sein. Hier vorerst nur kurz folgendes:

72 Die *dogmatische Einreihung* von MO 22 I und der verwandten Haftungsarten hat von ihren typischen Eigenschaften auszugehen: Nicht-Haftung nur bei Unterbrechung des Kausalzusammenhanges, daneben Ausschluss der direkten Belangbarkeit des Verursachers des Schadens. Durch die erste Eigenschaft werden sie als scharfe Kausalhaftungen — wie die Gefährdungshaftungen — qualifiziert. Sie sind aber keine Gefährdungshaftungen, weil nicht eine besonders grosse Gefahr ohne mögliche Schutzmassnahmen im Sinne des Gefahrensatzes ihre eigentliche ratio legis darstellt.

73 Der Grund für die *Aufhebung der direkten Belangbarkeit* ist darin zu sehen, dass der Wehrmann[40] im Interesse des haftpflichtigen Staates besonderen Risiken ausgesetzt wird, einen Schaden zu verursachen. Darauf ist bereits hingewiesen worden.

74 Dieser Zweck würde auch erreicht durch die blosse Streichung der direkten Belangbarkeit (ohne Verzicht auf das Verschulden als Haftungsvoraussetzung), wie sie z. B. im Verantwortlichkeitsgesetz des Kantons St. Gallen[41] vorgesehen ist.

75 Die MO, das ZSG, das VG und die Verantwortlichkeitsgesetze vieler Kantone gehen aber einen Schritt weiter: Sie schliessen nicht nur die direkte Belangbarkeit aus, sondern gewähren auch *keine Befreiung, wenn keinerlei Verschulden im Spiel ist,* wenn der Staat z. B. einen Sorgfaltsbeweis, wie er in OR 55 vorgesehen ist, leisten könnte.

---

[40] Vgl. hinten FN 136.
[41] Gesetz vom 7. Dezember 1959 (mit seitherigen Abänderungen) § 1 III.

I. Grundlagen § 32

Der Grund für diese Strenge der Haftung ist in den Schwierigkeiten 76
zu sehen, mit denen der Geschädigte unter Umständen konfrontiert ist,
wenn er durch eine grosse Organisation, in der sehr viele Menschen[42]
zusammenwirken, geschädigt wurde. Dadurch entsteht leicht eine Verschleierung des Sachverhaltes, und der Geschädigte, der nur weiss, durch welche Organisation er geschädigt wurde, riskiert, sein Recht nicht durchsetzen zu können. Der Träger der Organisation, der sich der vielen «Mitarbeiter» für seine Zwecke bedient, sollte von den dadurch entstehenden Unklarheiten nicht profitieren. Deshalb erscheint bei solchen grossen Organisationen eine strenge Kausalhaftung als angezeigt und zumutbar[43].

Die Kombination der Gründe für die Streichung des Direktanspru- 77
ches einerseits und für die Kausalhaftung des Trägers der Organisation andererseits führt zu den im Haftpflichtrecht des Staates (z. T.) vorgesehenen Kausalhaftungen für Behördenmitglieder, Beamte und öffentliche Angestellte, Militärpersonen und Zivilschutzangehörige. Es ergibt sich hier eine einheitliche Gruppe von scharfen Kausalhaftungen, die nicht als Gefährdungshaftungen zu qualifizieren sind[44]. Wer diese Gemeinsamkeiten im Auge hat, kommt zum Schluss, dass hier ein besonderer Haftungstyp vorliegt: Es handelt sich um scharfe Kausalhaftungen für die von bestimmten andern[45] Personen verursachten Schäden, deren direkte Belangbarkeit dadurch abgelöst wird. Diese Haftung ersetzt die persönliche direkte Haftung des Schadenverursachers. Man könnte von einer *kausalen Freistellungshaftung*[46] sprechen, die neben den Gefähr-

---

[42] Diese sitzen gewissermassen im gleichen Boot und haben daher die natürliche Tendenz, einander in ihren Aussagen zu decken. Eine polizeiliche Untersuchung mag in vielen Fällen mit dieser Schwierigkeit fertig werden, aber nur, wenn sie sehr sorgfältig geführt wird. Der Geschädigte hat zudem nicht in allen Fällen den Vorteil, dass der Sachverhalt amtlich abgeklärt wird.
[43] PETER JÄGGI, ZSR 86 (1967) II 756, hat daher am Schweiz. Juristentag 1967 für den nicht-staatlichen Bereich eine strenge Kausalhaftung vorgeschlagen und dabei von einer *Organisationshaftung* gesprochen. Seine Begründung ist aber auch für den staatlichen Bereich zutreffend.
[44] In SJZ 86 (1990) 31 habe ich die Voraussetzungen der Gefährdung bei der Beamtenhaftpflicht noch bejaht, muss sie nach erneuter Prüfung aber als problematisch betrachten.
[45] Das heisst nicht vom Haftpflichtigen.
[46] Diese Freistellung fehlt im privaten Haftpflichtrecht bei den Haftungen für Hilfspersonen; diese sind regelmässig persönlich nach OR 41 belangbar. Diese Divergenz zur kausalen Freistellungshaftung ist weitgehend theoretischer Natur, weil im privaten Sek-

dungshaftungen eine Unterart der strengen Kausalhaftungen darstellen würde.

78 4. Zu erwähnen ist noch, dass die erwähnten Haftungen des Staates zwar nur die Verursachung des Schadens durch einen Beamten, einen Armeeangehörigen oder eine Hilfsperson voraussetzen. Diese Verursachung führt aber richtigerweise nur dann zur Haftpflicht, wenn sie als *ordnungswidrig* zu qualifizieren ist, d. h. objektiv gesehen die Voraussetzungen des Verschuldensbegriffes erfüllt[47], sofern diese Frage überhaupt abgeklärt werden kann.

79 5. Die *Anwendungsbereiche von MO 22 I und MO 23 überschneiden sich weitgehend*. Beide beziehen sich auf Schäden, die von Armeeangehörigen in dienstlicher Verrichtung Zivilpersonen zugefügt werden und widerrechtlich sind. Bei beiden haftet der Bund, aber bei Art. 22 I für die Folgen des Verhaltens eines Armeeangehörigen, bei Art. 23 für die schädigenden Auswirkungen einer militärischen Übung. Diese muss in ihrer Gesamtheit den Schaden adäquat verursacht haben; es ist nicht nötig, dass ein einzelner oder mehrere Wehrmänner als ordungswidrige Verursacher erscheinen. Beide Bestimmungen verbessern die Rechtsstellung des Geschädigten, verglichen mit dem OR, in entscheidender Weise. Durch die Einführung von MO 22 I ist die frühere Versuchung für den Richter, den Begriff der militärischen Übung allzu sehr auszudehnen, weggefallen, was nur begrüsst werden kann. Wäre demgegenüber bei der Einführung von MO 22 I die Bestimmung MO 23, resp. aMO 27, gestrichen worden, so wäre die Haftpflicht für das allgemeine Geschehen einer Übung, für das Zusammenwirken aller damit verbundenen Faktoren weggefallen. Das wäre nicht sinnvoll gewesen.

80 Eine wesentliche Funktion beider Bestimmungen besteht neben dem Schutz des Geschädigten im Schutz des Armeeangehörigen vor finanzieller Inanspruchnahme. Diese ist auf den Regress des Bundes bei Vorsatz und grober Fahrlässigkeit beschränkt.

---

tor die persönliche Haftpflicht der Angestellten und Arbeiter fast immer durch eine Haftpflichtversicherung des Geschäftsherrn gedeckt ist, die nur bei Absicht oder grober Fahrlässigkeit ihre Leistungen reduzieren kann. Im Rahmen des SVG ist die Deckung der persönlichen Haftpflicht der Hilfspersonen durch die Halterversicherung obligatorisch.

[47] Vgl. Bd. II / 1 § 18 N 47, § 22 N 69; hinten N 155.

I. Grundlagen § 32

6. Nach herrschender, wohl sogar unbestrittener Meinung ist die 81
Haftpflicht nach MO 22/23 *öffentlich-rechtlicher Natur*[48]. Das hat aber
keine weiteren Auswirkungen, als dass — wie vorn dargelegt — die Verwaltungsbehörden und insbesondere die Verwaltungsgerichte für die
Beurteilung der einschlägigen Fragen zuständig sind[49].

Das öffentliche Recht enthält keinen ausgefeilten juristischen Appa- 82
rat zur Beurteilung der vielen Einzelfragen, die zur Lösung eines Haftpflichtfalles beantwortet werden müssen[50]. In Anbetracht der sich auf
die Grundzüge beschränkenden Bestimmungen der MO sind daher die
privatrechtlichen Regeln beizuziehen, z.B. über die Berücksichtigung
des Selbstverschuldens, die Haftung Mehrerer, die Berechnung des Personen- und Sachschadens. Dementsprechend verweist MO 27 I ausdrücklich auf die in Frage kommenden Bestimmungen des OR, ausser
auf OR 51 (vgl. dazu hinten N 158).

Wenn man berücksichtigt, dass der Staat auch den Gefährdungshaf- 83
tungen der Spezialgesetze untersteht[51] und dass dies auch gilt, wenn
Motorfahrzeuge, elektrische Anlagen und Eisenbahnen für militärische
Zwecke eingesetzt werden (hinten N 125ff.), wird es fast zum leeren
Wort, wenn man die Haftpflicht nach MO dem öffentlichen und nicht
dem privaten Recht zuteilt. Selbst wenn es dabei bleibt, dass sie primär
öffentlichen Rechts ist, muss sie doch im wesentlichen angewendet werden, *wie wenn* sie ein zum OR hinzutretendes, aus diesem zu ergänzendes Haftpflicht-Spezialgesetz wäre. Das private Haftpflichtrecht dient
mindestens als «allgemeine Orientierung»[52].

Der öffentlich-rechtliche Einschlag kommt freilich dort zum Vor- 84
schein, wo es sich frägt, ob über den strikten Wortlaut der MO hinaus
Haftpflichtleistungen in Betracht fallen. Da der Staat ohne ausdrück-

---

[48] Genauer betrachtet handelt es sich um eine Haftpflicht des Staates für öffentlich-rechtlich geregelte Tätigkeiten. Die Haftpflichtfrage selbst hat aber keinen hoheitlichen Charakter; wenn der Staat gerichtlich belangt wird, kann er sich nicht gestützt auf seine hoheitliche Gewalt der Schadenersatzpflicht entziehen.
[49] Vgl. IMBODEN/RHINOW, Schweizerische Verwaltungsrechtsprechung (5. A. Basel und Stuttgart 1976) II 711 ff.
[50] Die Verantwortlichkeitsgesetze des Bundes und vieler Kantone enthalten zwar Einzelbestimmungen, die aber meistens wörtlich mit dem OR übereinstimmen; so entspricht VG 4 fast wörtlich OR 44 I, VG 5 I genau OR 45 und VG 5 II/III OR 46. Ähnliches gilt z. B. für die §§ 7—9 des zürcherischen Haftungsgesetzes vom 14. September 1969.
[51] Vgl. SVG 73, ElG 27 I, RLG 35 V, GSG 36 IV (in Revision), SSG 27 III sowie Art. 4 I des BG über die Schweiz. Bundesbahnen vom 23. Juni 1944 (SR 742.31); STARK, SJZ 86 (1990) 3.
[52] Vgl. BGE 55 II 115; BINSWANGER 7 FN 12.

§ 32 Haftpflicht des Staates für Schädigungen durch Armee und Zivilschutz

liche Norm nicht haftet (vorn N 54), wird dies grundsätzlich zu verneinen sein. Die Einzelheiten sind am gegebenen Ort zu besprechen.

85   7. Die geschilderten Verhältnisse legen die *Behandlung der Haftungen nach MO in einem Buch über das private Haftpflichtrecht* und auch die Beibehaltung des Aufbaues der Darlegungen, dem die Erörterung der eindeutig privatrechtlichen Gefährdungshaftungen folgt, nahe, immer unter Berücksichtigung der hier vorliegenden Besonderheiten und hauptsächlich der Tatsache, dass MO 22 und 23 zwei verschiedene Haftungsarten statuieren. Trotz ihrer Verschiedenheit wird darauf verzichtet, sie in zwei separaten Abschnitten in allen wesentlichen Aspekten darzustellen, um den sonst nötigen Wiederholungen und Verweisungen aus dem Wege zu gehen.

G. Geltungsbereich der Haftpflichtbestimmungen der Militärorganisation

1. In sachlicher Hinsicht: Begriff des Militärischen

86   Die Haftpflichtbestimmungen der MO sind nur anwendbar, wenn die Verursachung des Schadens auf eine militärische Aktivität, sei es eine militärische Übung (MO 23), sei es eine dienstliche Tätigkeit eines Wehrmannes (MO 22 I), zurückgeht.

87   Der Bundesrat als Regierung der Eidgenossenschaft verfügt im wesentlichen über zwei Organisationen, die ihm dazu dienen, seine Entscheidungen zu vollziehen und durchzusetzen: den Beamtenapparat[53] und die Armee. Für Schäden von Dritten, die der Beamtenapparat verursacht, ist das VG massgebend. Die Haftpflicht für Schäden, die die Armee einem Dritten zufügt, richtet sich nach der MO.

88   Beide Apparate sind zwangsläufig hierarchisch organisiert. Es herrscht ein stufenmässiges Unterordnungsverhältnis; sonst wären sie nicht geeignet, den Willen des Bundesrates durchzusetzen.

89   Die beiden Apparate unterscheiden sich durch ihren Zweck: Die Armee ist eine Gesamtorganisation zur Abwehr gewaltsamer Einwirkungen fremder Staaten, d. h. zur *Landesverteidigung*. Diejenigen Akti-

---

[53] Zum Teil auch denjenigen der Kantone, soweit sie Bundesaufgaben erfüllen.

I. Grundlagen § 32

vitäten sind als militärisch zu qualifizieren, die in Ausübung einer *Funktion im Rahmen der Gesamtorganisation Armee* erfolgen[54].

Bei dieser Betrachtungsweise erscheint als militärisch, was sich nach den Weisungen und Befehlen der direkt dem Bundesrat unterstellten Spitzen der Armee zu richten hat, in Friedenszeiten des EMD, in Aktivdienst- und Kriegszeiten des Generals. Dabei ergeben sich aber Abgrenzungsfragen, weil z.T. militärische Funktionen in (beruflicher) Beamtenstellung ausgeübt werden[55]. Das EMD verfügt wie die andern Departemente des Bundes über einen Beamtenapparat, dessen Tätigkeit nicht durchwegs als militärisch bezeichnet werden kann. 90

Die haftpflichtmässige Abgrenzung ergibt sich hier aus VG 1 II, wonach die Angehörigen der Armee mit Bezug auf ihre militärische Stellung und ihre dienstlichen Pflichten nicht dem VG unterstehen[56]. 91

Man könnte als militärisch auch bezeichnen, was in Erfüllung der Wehrpflicht erfolgt. Diese Abgrenzung wäre unbefriedigend, weil militärische Funktionen z.T. freiwillig ausgeübt werden. Das erfolgt dann aber doch im Rahmen der Armee als Gesamtorganisation zur Abwehr gewaltsamer Einwirkungen fremder Staaten, d.h. zur Landesverteidigung[57]. 92

Man muss die Ausübung von Funktionen im Rahmen der Gesamtorganisation Armee in zwei Gruppen einteilen, wenn man haftpflicht- 93

---

[54] Der Zivilschutz ist nicht Teil der Armee und auch nicht dem EMD unterstellt. Für die Haftung für die durch ihn verursachten Schäden gilt nicht die MO, sondern das ZSG; vgl. hinten N 389 ff. Dagegen gehört der MFD zur Armee; vgl. die VO über den militärischen Frauendienst (VMFD, SR 513.71) Art. 2.

[55] Das trifft insbesondere zu für den General, die Heereseinheitskommandanten (wobei die Kommandanten der Grenzbrigaden nebenamtlich tätig sind), die Instruktoren, das Festungswachtkorps, das Überwachungsgeschwader, die Bediensteten der Eidg. Militärpferdeanstalt, die Zeughausverwalter, die Waffenkontrolleure, die Waffenplatzzeiger und Waffenplatzkrankenpfleger.

[56] Diese Bestimmung bedarf der Auslegung: Unter den dienstlichen Pflichten sind nicht die beamtenrechtlichen, sondern die sich aus der Wehrpflicht (BV 18, MO 1) ergebenden Pflichten zu verstehen. Daraus ergibt sich auch die Auslegung des Ausdruckes «militärische Stellung».
Nach der VO über das Festungswachtkorps vom 1. Dezember 1986 (SR 513.216) Art. 7 findet das VG auf die Haftung der Angehörigen des Festungswachtkorps Anwendung, gelten aber während des besoldeten Truppendienstes die Art. 24—29 MO. Die VO sagt aber nicht, ob der Bund gegenüber dem Dritten nach VG oder nach MO hafte. Das legt den Schluss nahe, dass auf VG 1 II abzustellen ist.

[57] Wenn ein Kompaniekommandant seine Kompanie irrtümlich einen Monat zu früh durch Aufgebotskarten, die er in seiner Freizeit zu Hause ausfüllt, aufbietet, geschieht das in Ausübung einer militärischen Funktion. Wenn durch seinen Irrtum ein selbständig erwerbender Wehrmann geschädigt wird, besteht dafür eine Haftpflicht nach MO 22 I.

rechtlich verwertbare und MO 22/23 entsprechende Kriterien finden will. Man kann auch von einem inneren und einem äusseren Kreis sprechen.

94 Der innere Kreis enthält das *Militärische i. e. S.*, d. h. die Funktionen, die direkt auf den Zweck der Armee, die Landesverteidigung und die Ausbildung dazu, ausgerichtet sind. Dazu gehören vor allem die Waffenausbildung, die Gefechtsausbildung, das Scharfschiessen, das Verschieben militärischer Verbände und die Manöver.

95 Diese Aktivitäten können aber nicht ausgeübt werden ohne viele *Tätigkeiten, die das Leben der Truppe erst ermöglichen* und in einem *weiteren Sinn militärisch* sind. Dazu gehören das Bereitstellen von Unterkunft und Verpflegung, von Waffen, Munition, Motorfahrzeugen und Pferden, Uniformen und weiterer persönlicher Ausrüstung wie Schutzmasken, Brotsäcke und Feldflaschen, im weiteren die Aushebung der Militärdienstpflichtigen und die administrative Bearbeitung der Bestände sowie die Besorgung der Aufgebote zum Militärdienst. Im weiteren ist der Sanitätsdienst zu erwähnen, der aber bei Gefechtsübungen zum Militärischen i. e. S. gehört.

96 Abgesehen davon bilden diese Funktionen den sog. äusseren Kreis. Sie müssen auch erfüllt werden in Jugend- und Sportlagern, bei Hochgebirgskursen, Expeditionen usw., also in vielen nicht-militärischen Veranstaltungen und fallen dann natürlich nicht unter die Haftpflichtbestimmungen der MO. Sie dienen nur in einem indirekten Sinne der Landesverteidigung.

97 *Dienstliche Tätigkeiten* oder *Verrichtungen* gemäss MO 22 I/23[58] — im Gegensatz zu den privaten — sind sowohl diejenigen im inneren als auch diejenigen im äusseren Kreis: Dienstlich ist eine Tätigkeit, wenn sie im Rahmen der Gesamtorganisation der Armee erfolgt. Das Dienstliche umfasst den äusseren und den inneren Kreis.

2. In persönlicher Hinsicht: Kreis der Geschädigten

a) Natürliche Personen

98 Als Geschädigte kommen einerseits *Militärpersonen,* andererseits *Zivilpersonen* in Frage. MO 23 beschränkt seinen Anwendungsbereich

---

[58] Die dienstliche Verrichtung fehlte im Wortlaut von aMO 27.

I. Grundlagen § 32

ausdrücklich auf die Zivilpersonen. Das muss auch für MO 22 I gelten[59], weil der Bund Schadenersatzleistungen an Militärpersonen ausschliesslich unter dem Titel der Militärversicherung, d.h. nach MVG leistet[60, 61]. Da die Militärpersonen als solche durch die Militärversicherung gedeckt sind und auch in Sonderfällen zwei verschiedene Zahlungspflichten des Bundes auf Grund zweier gesetzlicher Grundlagen nicht sinnvoll wären, liegt es nahe, diejenigen Personen als Zivilpersonen zu betrachten und ihnen damit den Schutz von MO 22 I/23 zukommen zu lassen, die nicht der Militärversicherung unterstellt sind.

Die Militärversicherung verfolgt das Ziel, denjenigen Personen (oder im Todesfall ihren Angehörigen) finanzielle Leistungen zukommen zu lassen, die bei militärischer Inanspruchnahme durch Unfall oder Krankheit Schaden erlitten haben[62]. Diese Zweckbestimmung geht von der Ausübung einer militärischen Funktion (vgl. vorn N 93 ff.) aus, überschreitet aber diesen Rahmen eindeutig: Wer sich im Militärdienst befindet, ist auch bei privater Tätigkeit, z.B. im Ausgang nach dem Hauptverlesen, durch die Militärversicherung gedeckt. Das gilt auch für den Hin- und den Rückweg beim Einrücken und bei der Entlassung sowie im allgemeinen Urlaub, dagegen nicht im persönlichen Urlaub und ausserdem nicht, wenn der Versicherte einer Erwerbstätigkeit nachgeht (vgl. MVG 3). Der Versicherte, der auf dem Hin- und Rückweg durch eine militärische Tätigkeit (im Sinne von MO 22 I/23) anderer Armeeangehöriger einen Schaden erleidet, kann nur die gesetzlichen Leistungen der Militärversicherung verlangen und sich nicht auf MO 22 I/23 berufen. Wird er aber geschädigt, während er sich in einem persönlichen Urlaub befindet (abgesehen von Hin- und Rückweg) oder eine Erwerbstätigkeit ausübt, so gilt er als Zivilperson im Sinne von MO 22 I/23 und kann sich daher auf diese Haftpflichtbestimmungen berufen.

99

---

59 MO 22 spricht nicht von einer Zivilperson als Geschädigtem, sondern von einem Dritten. Über die Abgrenzung vgl. hinten N 100.
60 Für Sachschaden vgl. hinten N 105. Das MVG befindet sich in Revision; vgl. E zum MVG vom 20. Februar 1989.
61 Nach BGE 103 Ib 277 fällt das MVG unter die in MO 22 II vorbehaltenen Haftpflichtbestimmungen. Diese Betrachtungsweise überzeugt nicht. Die Leistungen der Militärversicherung sind keine Haftpflichtleistungen. Sie werden nicht zum Ausgleich von Schäden erbracht, die der Bund oder eine seiner «Hilfspersonen» verursacht hat. So leistet die Militärversicherung auch, wenn eine Militärperson im Ausgang vom Blitz getroffen wird.
62 Vgl. BERNARD SCHATZ, Komm. zur Eidg. Militärversicherung (Zürich 1952) 26.

§ 32   Haftpflicht des Staates für Schädigungen durch Armee und Zivilschutz

100   Zivilperson ist also, wer nicht durch die Militärversicherung gedeckt ist[63]. Diese Abgrenzung hat den grossen Vorteil, dass die Umschreibung des durch die Militärversicherung gedeckten Personenkreises in MVG 1[64] für die Lösung der Frage des persönlichen Geltungsbereiches von MO 22 I/23 massgebend ist und dass dementsprechend auch die Judikatur zu MVG 1 herangezogen werden kann.

101   Eine Schwierigkeit ergibt sich allerdings daraus, dass der Militärversicherung nicht nur Personen unterstellt sind, die während einer relativ beschränkten Zeit Kurse, Übungen und Rapporte besuchen und als Beruf eine andere Tätigkeit ausüben, sondern auch Personen, die im militärischen Bereich im Dienste des Bundes stehen, namentlich als Angehörige des Instruktionskorps der Armee[65], des Festungswachtkorps und des Überwachungsgeschwaders[66]. Diese Bundesbediensteten sind auch in ihrer ganzen Freizeit, in den Ferien usw. durch die Militärversicherung gedeckt, ausser wenn sie eine (andere) Erwerbstätigkeit ausüben (MVG 3 III). Es wäre stossend, wenn sie in ihrer bundesdienstfreien Zeit nicht als Zivilpersonen i. S. von MO 22 I/23 gelten würden und deshalb keine Schadenersatzansprüche gegen den Bund — über die Leistungen der Militärversicherung hinaus — stellen könnten, wenn sie in ihrer Freizeit durch die Armee geschädigt werden. Es drängt sich auf, sie dann als Zivilpersonen i. S. von MO 22 I/23 zu betrachten und hier, im Sinne einer Ausnahme, nicht ihre Unterstellung unter das MVG als Kriterium zu betrachten. Ihr Anspruch aus MO 22 I/23 reduziert sich dann um die Leistungen der Militärversicherung.

102   Für Schaden, der über die Leistungen der Militärversicherung hinausgeht, besitzen die Militärpersonen (resp. im Todesfall ihre Angehörigen) keinerlei Anspruch gegen die Eidgenossenschaft, weder nach MO noch gestützt auf eine andere Vorschrift[67]. Wenn ein Dritter neben

---

[63] Zivilschutzangehörige sind ebenfalls der Militärversicherung unterstellt und daher keine Zivilpersonen im Sinne von MO 22 I/23.

[64] Im E zum MVG vom 20. Februar 1989 ist keine wesentliche Änderung des Kreises der versicherten Personen gegenüber dem MVG vorgesehen.

[65] Im Gegensatz zu den Instruktoren des Zivilschutzes, die nur beim Besuch von Kursen, Übungen und Rapporten gedeckt sind; vgl. MVG 1 II Ziff. 1.

[66] Daneben sind zu erwähnen die Waffenkontrolleure und deren Stellvertreter, die Bediensteten der Eidg. Militärpferdeanstalt, die zu ihrer Arbeit ordentlicherweise die Uniform oder das Dienstkleid tragen, die Waffenplatzzeiger und die Waffenplatzkrankenpfleger (MVG 1 Ziff. 8).

[67] Vgl. BGE 34 II 841; 50 II 358; 52 II 261f.; 68 II 263; 103 Ib 277; BURCKHARDT Nr. 2345. Die Leistungen der Militärversicherung bleiben z. T. unter den Ansätzen, die für das Haftpflichtrecht massgebend sind.

I. Grundlagen § 32

einem Armeeangehörigen den Schaden mitverursacht hat und dafür nach dem privaten Haftpflichtrecht verantwortlich ist, kann die Militärperson die von der Militärversicherung nicht gedeckten Schadensteile von ihm ersetzt verlangen.

Aus den vorn N 98—100 angestellten Überlegungen ergibt sich, dass die Unterstellung unter die Militärversicherung als *Vorfrage* dafür angesehen werden kann, ob sich ein bestimmter Geschädigter auf MO 22 I/ 23 berufen kann. 103

Es versteht sich wohl von selbst, dass es darauf ankommt, ob diejenige Person, die durch militärische Einwirkungen geschädigt wurde, als Militärperson zu betrachten ist. Wenn also eine Zivilperson durch einen Unfall, der durch die Armee verursacht wurde, getötet wird und ein naher Angehöriger sich gleichzeitig im Militärdienst befindet, steht dies seinen Versorgerschaden- und Genugtuungsansprüchen aus MO 22 I/23 nicht entgegen; er erhält nichts von der Militärversicherung. 104

Besonderer Erwähnung bedarf in diesem Zusammenhang der *Sachschaden* von Armeeangehörigen. Die Militärversicherung übernimmt ihn nur im engen Rahmen von MVG 8 II[68], d. h. wenn er in engem Zusammenhang mit einer Körperverletzung steht (Zahnprothesen, Brillen usw.). Im übrigen müssen die Armeeangehörigen für Verlust und Beschädigung ihres Eigentums im Zusammenhang mit dem Militärdienst selbst aufkommen, ausser wenn diese durch einen dienstlichen Unfall oder unmittelbar durch die Ausführung eines Befehls[69] verursacht wurden. Aber auch dann bezalt der Bund nur eine «angemessene Entschädigung»[70]. Danach bekommt der Wehrmann keinen Schadenersatz, wenn er z.B. seine Fotoausrüstung in den Wiederholungskurs mitnimmt, sie im Zelt zurücklässt, das im Manöver von einer Patrouille der Gegenpartei umgelegt wird, wonach die Ausrüstung von einem Gewitterregen beschädigt wird. Gehört die Ausrüstung dagegen einem Freund des Wehrmannes, so kann dieser sich auf MO 23 II berufen. 105

---

68 Der E zum MVG vom 20. Februar 1989 sieht in Art. 60 eine entsprechende Regelung vor.
69 Vgl. den Sachverhalt von VPB 1986 Nr. 78, der sich aber vor Inkrafttreten von MO 24 ereignete.
70 MO 24 in der Fassung gemäss Ziff. I des BG vom 22. Juni 1984, in Kraft seit dem 1. Januar 1985 (AS 1984, 1324, 1333; BBl 1983 II 462).

§ 32   Haftpflicht des Staates für Schädigungen durch Armee und Zivilschutz

106 Wenn das Fuhrwerk einer Militärperson während ihres Militärdienstes zu Hause durch eine militärische Übung beschädigt wird, ist zu berücksichtigen, dass MO 24 offensichtlich das vom Wehrmann in den Militärdienst mitgenommene private Eigentum betrifft. Das zu Hause gebliebene Fuhrwerk fällt nicht darunter, und die Ansprüche aus MO 23 II sind daher davon nicht betroffen.

107 Anders verhält es sich im Fall der Fotoausrüstung, weil sie eindeutig unter MO 24 fällt. Das gilt auch für die Uhr, die ein Soldat verliert, es sei denn, der Verlust sei auf einen dienstlichen Unfall zurückzuführen, z. B. auf den Zusammenbruch einer Notbrücke, bei dem der Wehrmann in den Fluss fällt[71].

108 In bezug auf den Sachschaden, der durch die Armee verursacht wird, stellt sich noch die besondere Frage, wie es sich mit dem Schaden an den *persönlichen Effekten des Zivilschutzangehörigen* und am *Material des Zivilschutzes* verhält.

109 Beide in Frage kommenden Gesetze, die MO und das ZSG, schweigen sich darüber aus. Es drängt sich auf, vom Gedanken auszugehen, dass auch der Zivilschutz zur Landesverteidigung gehört (ZSG 1 I). Die aufgeworfenen Fragen müssen von dieser Grundlinie aus beantwortet werden[72]. Die Tatsache, dass die Zivilschutzangehörigen der Militärversicherung unterstellt sind, weist unübersehbar in diese Richtung. Dem entspricht auch die Tendenz, die Haftpflicht nach ZSG nach dem Beispiel des Militärrechts zu regeln[73].

110 Daraus ergibt sich der Grundsatz, die Stellung des Zivilschutzangehörigen nicht nur in bezug auf den Personenschaden gleich festzulegen wie die Stellung des Armeeangehörigen, sondern auch in bezug auf seinen persönlichen Sachschaden. Gestützt darauf ist bei Beschädigung von Sachen eines Zivilschutzangehörigen durch die Armee MO 24 analog anzuwenden. Danach kann der Zivilschutzangehörige in einem solchen Fall vom Bund eine angemessene Entschädigung verlangen, wenn

---

[71] In der Vorauflage (863) wird vorgeschlagen, aus Gründen der *Rechtsgleichheit* anders zu entscheiden. Das erscheint als problematisch, weil für die Armeeangehörigen noch in vielerlei anderer Hinsicht eine andere Rechtslage besteht als für die Zivilpersonen.

[72] Der Umstand, dass der Zivilschutz nicht ein Teil der Armee ist, muss auf Gründe der Politik und der Praktikabilität zurückgeführt werden, die hier keine Rolle spielen können.

[73] Vgl. BGE 114 I a 197; BBl 1961 II 698, 1976 III 369; Stenbull. NR 1961, 613; SR 1962, 47.

I. Grundlagen § 32

er durch einen dienstlichen Unfall der Armee oder unmittelbar durch die Ausführung eines militärischen Befehls durch einen Armeeangehörigen einen persönlichen Sachschaden erlitten hat. Weitere Ansprüche aus Sachschaden stehen ihm nicht zu. Vgl. im übrigen zum von MO und ZSG weitgehend ungelöst gelassenen Problem der Schädigung des Zivilschutzes und seiner Angehörigen durch die Armee und umgekehrt der Armee und ihrer Angehörigen durch den Zivilschutz hinten N 420 ff.

b) Juristische Personen

Das Kriterium der Unterstellung unter die Militärversicherung ist bei juristischen Personen nicht anwendbar. Die Frage stellt sich hier normalerweise überhaupt nicht; auch juristische Personen, die der Armee nahestehen, weil sie ihr helfen, ihre Zwecke zu erreichen — man denke an einen Schützenverein, in dem die Wehrmänner ihre Schiesspflicht erfüllen —, sind als Dritte im Sinne von MO 22 I/23 zu betrachten. 111

Das Problem stellt sich nur, wenn die Armee Material des Zivilschutzes beschädigt. Nachdem der einzelne Zivilschutzangehörige durch seine Unterstellung unter die Militärversicherung als Dritter im Sinne von MO 22 I/23 ausscheidet, erscheint es als widersprüchlich, diese (bevorzugte) Stellung dem Träger einer Zivilschutzorganisation zuzuerkennen und ihn als Dritten im Sinne der MO-Haftungen zu betrachten. 112

Wenn die Durchführung des Zivilschutzes nicht — vom haftpflichtrechtlichen Standpunkt aus eher zufällig — den Kantonen, Gemeinden und Betrieben übertragen worden wäre, sondern vom Bund selber besorgt würde, wäre es eindeutig, dass die Armee für die Beschädigung von Zivilschutzmaterial nicht verantwortlich werden könnte. Der Bund müsste diesen Schaden wie denjenigen an Armeematerial selber tragen, wenn er nicht gestützt auf MO 26/27 II auf den Verursacher zurückgreifen könnte. Die Einschaltung von Kantonen, Gemeinden und Betrieben als Träger der Zivilschutzorganisationen verfolgt nicht den Zweck, dem Zivilschutz die Stellung eines Dritten gegenüber der Armee einzuräumen. Der Ausdruck «Zivilperson» in MO 23 lässt dies von vornherein nicht zu. Im übrigen leistet der Bund den Trägern der Zivilschutzorganisationen nach ZSG 69 finanzielle Beiträge von 55— 65% an die Durchführung der von ihm vorgeschriebenen Massnahmen (Kurse, Übungen und Rapporte, Lagerung des Materials, Erstellung 113 von Anlagen und Einrichtungen) und kann ihnen auch Ausrüstung und Material verbilligt abgeben[74].

114 In diesen Regelungen kommt der Grundgedanke, dass der Zivilschutz wie die Armee ein Teil der Landesverteidigung und vom Bund vorgeschrieben ist, deutlich zum Ausdruck. Es rechtfertigt sich auch aus diesen Überlegungen, den Trägern der Zivilschutzorganisationen keine Ansprüche aus MO 22 I/23 zuzubilligen. Statt dessen ist MO 26 in dem Sinne extensiv zu interpretieren, dass der Wehrmann nicht nur dem Bund, sondern auch den Trägern der Zivilschutzorganisationen bei vorsätzlicher oder grobfahrlässiger Schädigung persönlich haftbar ist. Auf diese Haftung ist auch MO 27 II analog anzuwenden. Trifft den den Schaden verursachenden Armeeangehörigen weder Vorsatz noch grobe Fahrlässigkeit, so muss die Zivilschutzorganisation ihren Schaden selber tragen. Das gilt auch für den Schadensteil, um den der Schadenersatzanspruch gestützt auf MO 27 II zu kürzen ist.

3. In rechtlicher Hinsicht: Verhältnis zu anderen Haftpflichtvorschriften

a) Im allgemeinen

115 Nach MO 22 II richtet sich die Haftung des Bundes bei Sachverhalten, die unter andere Haftpflichtbestimmungen fallen, nach diesen und nicht nach MO 22. Im weiteren steht den Geschädigten nach MO 22 III kein Anspruch gegen den Fehlbaren zu.

116 Diese Bestimmungen werfen verschiedene Fragen auf:

117 1: Der *Ausschluss von Ansprüchen gegen den Fehlbaren* kann sich nur auf Ansprüche gegen die Militärperson beziehen, die ohne MO 22 III nach irgendwelchen anderen Haftpflichtnormen für den Schaden neben dem Bund aufkommen müsste, nicht aber auf Ansprüche gegen Dritte, die nicht Armeeangehörige sind. Im Vordergrund stehen die Ansprüche aus OR 41 gegen den einzelnen Wehrmann, worauf das Gesetz durch die Verwendung des Wortes «Fehlbaren» hinweist.

---

[74] Dies gilt nicht für die ordentlichen Feuerwehren, die Auslagen der Hauseigentümer für die Ausrüstung ihrer Schutzräume und das gemeinsame Material der Schutzraumorganisation, das ihnen von den Gemeinden verbilligt abgegeben wird.

Diese Regelung findet sich wörtlich gleich in VG 3 III und in verschiedenen kantonalen Verantwortlichkeitsgesetzen. Sie ist aber ungenau, weil sie offensichtlich nur die Ansprüche gegen den Wehrmann betrifft, nicht aber gegen andere «Fehlbare»[75]. Der Ausschluss von Ansprüchen gegen irgendwelche Zivilpersonen, die den Schaden mitverursacht haben, wäre nicht sinnvoll und kann nicht gemeint sein. 118

2. Der in MO 22 II festgelegte *Vorrang von andern Haftpflichtbestimmungen*, die an sich — d.h. ohne Berücksichtigung von MO 22/23 — die Haftpflichtfrage regeln, ist im folgenden näher zu prüfen. 119

Dabei ist vorauszuschicken, dass MO 22 II die Frage offen lässt, ob die an sich auf den Sachverhalt anwendbare Norm den Bestimmungen der MO auch dann vorgeht, wenn sie zur Verneinung der Haftpflicht führt, d.h. wenn eine ihrer Haftungsvoraussetzungen fehlt. Die Exklusivität einer Norm gegenüber einer andern Norm wird im Haftpflichtrecht[76] normalerweise in diesem Sinne verstanden[77]. Das muss auch hier so ausgelegt werden. 120

Das Verhältnis von Exklusivität und Alternativität besteht aber nicht zwischen den Gesetzen in ihrem ganzen Umfang, sondern zwischen den Haftungsbestimmungen (vgl. hinten N 126 f.). 121

3. Der Umstand, dass der Vorrang anderer Haftpflichtbestimmungen und der Ausschluss von Ansprüchen gegen den einzelnen Wehrmann in MO 22 II und III stehen, könnte zur Meinung verleiten, dass diese Regelungen nur in bezug auf die Haftpflicht nach MO 22 I gelten. Das kann aber nicht so gemeint sein: Der Ausschluss der Haftpflicht des einzelnen Wehrmannes muss auch bei militärischen Übungen Anwendung finden, und der Vorrang der andern Gefährdungshaftungen ist insbesondere bei MO 23 sinnvoll, weil als Haftungssubjekt bei den betreffenden Gefährdungshaftungen auch der Bund in Frage steht. Die Absätze 2 und 3 von MO 22 sind daher so zu interpretieren, wie wenn sie einen separaten Art. 23a bilden würden[78]. 122

---

[75] § 6 IV des zürcherischen Haftungsgesetzes vom 14. September 1969 bringt diesen Gedanken eindeutiger zum Ausdruck. Dies gilt auch für andere entsprechende Normen.
[76] Vgl. Bd. I 478.
[77] Meistens spielt dieser Unterschied zwischen Alternativität und Exklusivität keine Rolle, weil das strengere Gesetz exklusiv gilt. Wenn nach dem exklusiv geltenden Gesetz Verjährung eingetreten ist, nach dem anderen aber nicht, kann der Kläger nicht auf dieses andere Gesetz ausweichen, was ihm bei Alternativität offensteht; vgl. BGE 31 II 225.
[78] Vgl. BINSWANGER 315.

§ 32   Haftpflicht des Staates für Schädigungen durch Armee und Zivilschutz

123   4. Wenn das Gesetz die *Kollisionsnorm* von MO 22 II in einem separaten Artikel erwähnt hätte, wäre klar, dass sie nicht gilt *zwischen MO 22 I und MO 23.*

124   Zwischen diesen beiden Haftungsarten drängt sich das Verhältnis der Alternativität auf, wenn die Haftungsvoraussetzungen beider erfüllt sind. Wäre MO 23 gegenüber MO 22 I exklusiv anwendbar, hätte dies zwar für den Geschädigten keine praktische Bedeutung, der Richter müsste aber in jedem Fall festlegen, ob der Bund nach MO 23 oder MO 22 I haftet.

b) Verhältnis von MO 22 I und 23 zu den anderen Haftpflichtbestimmungen

aa) Zum Strassenverkehrsgesetz

125   Die Motorfahrzeuge des Bundes unterstehen dem SVG [79], auch diejenigen der Armee [80]. Es kommt nicht darauf an, ob die Eidgenossenschaft als *zivilrechtliche Halterin* anzusehen ist oder ob sie kraft besonderer Vorschrift *wie ein Halter* und damit als Haftungssubjekt zu behandeln ist. Dies kommt namentlich bei requirierten Motorfahrzeugen in Betracht. Das SVG ist auch unabhängig davon anwendbar, ob das Fahrzeug einen Unfall im Zusammenhang mit einer militärischen Übung oder unabhängig davon — im äusseren Kreis (vgl. vorn N 95 f.) — verursacht. Bei Instruktorenautos richtet sich die Halterschaft vorab nach dem BRB über die Instruktorenwagen vom 28. Februar 1972 (SR 512.42) Art. 4 und bei sog. Dienstmotorfahrzeugen nach dem BRB über die Abgabe von Dienstmotorfahrzeugen vom 29. November 1949 (SR 514.33) Art. 6.

126   Der Vorbehalt von SVG 73 bezieht sich nicht nur auf die Gefährdungshaftung von SVG 58 I, sondern auch auf die Haftungen nach Abs. 2 und 3 dieses Artikels. Das ergibt sich aus der generellen Formulierung von SVG 73, wo einfach von den Haftpflichtbestimmungen «dieses Gesetzes» die Rede ist.

127   Das SVG geht also der MO vor, aber nur dort, wo es eine Kausalhaftung vorsieht und nicht einfach die Regelung des OR übernimmt. Die Haftpflichtordnung der MO ist daher nur dort ausgeschaltet, wo das SVG eine Haftung ohne Verschulden vorsieht. Wenn ein Armee-

---

[79] SVG 73; vgl. Bd. II / 2 § 25 N 68 ff. und die dort zit. Lit.
[80] Dazu gehören auch die Panzerwagen; vgl. Bd. II / 2 § 25 N 56.

I. Grundlagen § 32

motorfahrzeug einen *Nichtbetriebs-Verkehrsunfall* veranlasst, gilt SVG 58 II, wenn fehlerhafte Beschaffenheit des Motorfahrzeuges mitgewirkt hat. Ist der Unfall dagegen durch das Verhalten einer Militärperson verursacht worden, so ist deren Verschulden — im Gegensatz zum Wortlaut von SVG 58 II — nicht Haftungsvoraussetzung. Vielmehr muss MO 22 I und/oder 23 angewendet werden; denn das Verschulden der Militärperson kann nicht in diesem sehr engen Bereich im Gegensatz zum übrigen militärischen Haftpflichtrecht Haftungsvoraussetzung sein. MO 22 I findet auch Anwendung, wenn ein Angehöriger der Armee nicht ein Militärfahrzeug, sondern gefälligkeitshalber — aber im Rahmen seiner dienstlichen Verrichtungen — ein Fahrzeug einer Zivilperson parkiert, die Handbremse nicht anzieht und dadurch ein Nichtbetriebs-Verkehrsunfall entsteht.

Verursacht ein Armeemotorfahrzeug, das sich nicht in Betrieb befindet, einen Unfall, der keinen Verkehrsunfall darstellt[81], gilt bei privaten Fahrzeugen die Haftpflicht nach OR 41[82] und daher bei Armeefahrzeugen MO 22 I oder 23. Dementsprechend ist auf die der Gefährdungshaftung des SVG nicht unterstellten Motorfahrzeuge (Motorhandwagen, Motoreinachser und Motorfahrräder) der Armee die MO anzuwenden. 128

SVG 59 IV verweist im weiteren für zwei Fälle auf das OR, bei denen im Rahmen der Armee statt dessen ebenfalls das Militärrecht Anwendung finden muss[83]. Im Fall a) steht das Requisitionsrecht im Vordergrund[84]; der Fall b) kommt nur selten zum Zuge, weil normalerweise der Transport von Zivilpersonen und deren Sachen mit Militärfahrzeugen verboten ist. Findet er trotzdem statt[85], so ist in dem in SVG 59 IV lit. b dem OR vorbehaltenen Bereich MO 22 I anzuwenden. 129

Auch Fahrräder unterstehen nicht einer besonderen Haftpflicht nach SVG. Verursacht eine Militärperson mit einem *Fahrrad* einen Schaden bei einer militärischen Übung, so gilt MO 23[86]. Wenn aber ein Wehr- 130

---

[81] Bei Vorbereitungsarbeiten oder Reparaturen in einer zivilen Werkstätte verursacht eine Militärperson einen Schaden eines Dritten; vgl. Bd. II/2 § 25 N 386.
[82] Vgl. Bd. II/2 § 25 N 364, 386 f.
[83] Es handelt sich bei SVG 59 IV nicht um Haftpflichtbestimmungen des SVG im Sinne von dessen Art. 73 I.
[84] Vgl. die VO über die Requisition vom 3. April 1968 (SR 519.7) Art. 33 ff.
[85] Man denke an den Transport ausländischer Manöverbeobachter oder von Angehörigen eines verunfallten Soldaten vom Bahnhof ins Spital.
[86] Vgl. BGE 93 I 590 f. (zu aMO 27); über die Frage der besonderen Militärgefahr vgl. hinten N 234 ff.

mann bei dienstlicher Tätigkeit mit einem Fahrrad ohne Zusammenhang mit einer militärischen Übung einen Unfall herbeiführt, haftet der Bund nach MO 22 I. Aus der MO ergibt sich dann die in SVG 73 II erwähnte weitergehende Haftung[87].

131 Wo das SVG Anwendung findet, gilt für die *Geltendmachung von Schadenersatzansprüchen* nicht die vorn (N 25 ff.) geschilderte Ordnung, sondern das normale zivilprozessuale Verfahren. Die örtliche Zuständigkeit richtet sich nach SVG 84.

132 Der Bund untersteht nach SVG 73 I keiner *Versicherungspflicht*. Während er früher bei der Gesamtheit der schweizerischen Motorfahrzeughaftpflichtversicherer versichert war, werden die von Militärmotorfahrzeugen verursachten Schäden heute auf seine Rechnung von einer privaten Gesellschaft erledigt. Ein unmittelbares Forderungsrecht gegen eine Versicherungs-Gesellschaft mit Einredenausschluss besteht daher nicht.

bb) Zum Eisenbahnhaftpflichtgesetz

133 Eine Kollision zwischen EHG und MO setzt voraus, dass der Bund als Betriebsinhaber einer für militärische Zwecke verwendeten Bahn auftritt. Dann geht das EHG der MO vor, wie sich eindeutig aus MO 22 II ergibt.

134 Dies ist insbesondere der Fall bei Seilbahnen, die von der Truppe gebaut und benützt werden.

135 Wenn die Armee Eisenbahneinrichtungen sowie Fahrzeuge und Schiffe anderer konzessionierter Transportunternehmungen, wie Schifffahrtsunternehmungen und Luftseilbahnen, für militärische Zwecke benützt, stellt sich die Frage, ob resp. unter welchen Voraussetzungen der Bund Betriebsinhaber werde und sich dementsprechend das Kollisionsproblem stelle.

136 Wenn die Armee Transportmittel einer solchen Unternehmung requiriert und mit Militärpersonen in Betrieb setzt, ist sie auch als Betriebsinhaberin zu betrachten. Sie haftet nach EHG und nicht nach MO.

137 Das muss auch gelten, wenn Bautruppen eine Eisenbahnstrecke von strategischer Bedeutung, die z. B. durch eine irrtümliche Bombardierung zerstört wurde, reparieren, da das EHG auch auf den Bau von Eisenbahnen Anwendung findet.

---

[87] Vgl. Botschaft zum SVG, BBl 1955 II 54; SCHAFFHAUSER/ZELLWEGER, Grundriss des Schweiz. Strassenverkehrsrechts II (Bern 1988) N 1871.

I. Grundlagen § 32

Wie verhält es sich aber, wenn der Bund, z.B. bei einer Kriegsmobilmachung[88], den Kriegsbetrieb der Eisenbahnen anordnet? Kriegsbetrieb bedeutet, dass das Verfügungsrecht über die Eisenbahnen, ihr Material und ihr Personal, und die Leitung des gesamten Betriebes an die Militärbehörde übergeht[89]. Aus der Anordnung des Kriegsbetriebes ergibt sich aber nur eine Kompetenz der Militärbehörden. Solange sie von diesem Verfügungsrecht *tatsächlich* nicht in einem Umfang Gebrauch machen, der die Transportunternehmung in eine Militäranstalt umwandelt, solange zwar ein Kriegsfahrplan eingeführt wird, damit die Wehrmänner auch während der Nacht einrücken können, aber auch Zivilpersonen, die mit einem Billett versehen sind, befördert werden, dient die Bahn weder ausschliesslich noch vorwiegend militärischen Zwecken. Sie führt den Betrieb dann nach wie vor auf eigene Rechnung und Gefahr, hat aber als zusätzliche militärische Aufgabe Militärtransporte zu übernehmen[90]; die Armee ist aber nicht Betriebsinhaberin und haftet daher nicht nach EGH. 138

cc) Zum Elektrizitätsgesetz

Das Verhältnis zwischen MO und ElG ist gleich aufzufassen wie dasjenige zwischen MO und SVG oder EHG: Wenn die durch eine militärische Stelle handelnde Eidgenossenschaft Inhaberin einer dem ElG unterstehenden elektrischen Anlage ist (vgl. vorn § 28 N 62 ff.), ist das ElG statt der MO anzuwenden. Eine solche Inhaberschaft an einer *kleineren* Anlage, z. B. an einem Scheinwerfer, wird häufig vorkommen, während sie bei grossen Anlagen wie einem Elektrizitätswerk oder einer Transformatorenstation selten sein wird; die Verhältnisse liegen ähnlich wie bei den Transportanstalten (vgl. vorn N 135 ff.)[91]. 139

[88] Hinsichtlich des Zweiten Weltkrieges vgl. BRB betr. die Kriegsmobilmachung der Armee vom 1. September 1939, Ziff. III; BRB betr. die allgemeine Wiedermobilmachung vom 15. Mai 1940, Ziff. IV.

[89] Vgl. über das *Militäreisenbahnwesen* im allgemeinen die VO über den Kriegsbetrieb staatlicher und konzessionierter Transportunternehmen vom 9. November 1983 (SR 510.751).

[90] Das gilt auch ohne Kriegsbetrieb, vgl. Eisenbahngesetz vom 20. Dezember 1957 (SR 742.101) Art. 43 und um so mehr beim Kriegsbetrieb; vgl. VO über den Kriegsbetrieb (zit. vorn FN 89) Art. 2 II, 5 I Satz 2.

[91] Die militärische Bewachung von Elektrizitätswerken und die Unterstellung ihres Personals unter die Militärgesetzgebung (vgl. hinsichtlich des Zweiten Weltkrieges: BRB betr. die Kriegsmobilmachung der Grenztruppen vom 28. August 1939, Ziff. 6 und 7; BRB betr. den Aktivdienstzustand vom 29. August 1939, Art. 2 c; BRB über die Betriebswachen vom 15. Mai 1940) genügt nicht, um die Eidgenossenschaft zur Betriebsinhaberin zu machen, wie dies auch bei den Bahnen zutrifft.

§ 32 Haftpflicht des Staates für Schädigungen durch Armee und Zivilschutz

dd) Zum Luftfahrtgesetz

140 Die Bestimmungen des LFG über die Haftung für Schäden, die von einem im Fluge befindlichen Luftfahrzeug einer Person oder Sache auf der Erde zugefügt werden (Art. 64 ff.), sind gemäss LFG 106 I auch auf die Militärflugzeuge anwendbar, d. h. bei Militärflugzeugen haftet der Bund für Schaden an Personen und Sachen auf der Erde nach LFG 64 kausal. Diese Regelung geht MO 22 I/23 vor.

141 Wenn ein Militärflugzeug mit einem Zivilflugzeug kollidiert, gilt nach LFG 106 LFG 79, wo auf das OR verwiesen wird. Die Anwendung von OR 41 ff. könnte den Militärpiloten persönlich haftbar werden lassen, während der Bund für den angerichteten Schaden nicht einzustehen hätte. Das widerspricht so sehr der gesamten Regelung der Haftpflicht im militärischen Bereich, dass es sich aufdrängt, die Verweisung von LFG 79 hier auf MO 22 I und 23 umzulenken [92]; denn diese Bestimmungen sind nicht nur im allgemeinen, sondern auch in solchen Kollisionsfällen im militärischen Bereich an die Stelle von OR 41 ff. zu setzen, hier wie bei der Anwendung von SVG 58 II und 59 IV (vgl. vorn N 127 ff.).

ee) Zum Sprengstoffgesetz

142 Auch hier gilt die in MO 22 II festgelegte Exklusivität des Spezialgesetzes, also des SSG.

143 Dabei stellt sich die Frage, ob die Armee als Betrieb und ein Munitions- oder Sprengstofflager als Anlage im Sinne des SSG zu betrachten sind. Diese Frage ist zu bejahen [93]. Das SSG geht daher der MO vor.

ff) Zum Rohrleitungsgesetz

144 Die Armee wird kaum je Inhaber einer Rohrleitungsanlage im Sinne des RLG sein. Sollte dies aber doch einmal zutreffen, so geht das RLG nach MO 22 II der MO vor.

gg) Zum Obligationenrecht und zum Zivilgesetzbuch

145 1. Die Haftpflicht des Fehlbaren wird in MO 22 III bei dienstlichen Tätigkeiten und militärischen Übungen ausgeschlossen. Damit tritt die Haftpflicht des Bundes an die Stelle der Haftpflicht des einzelnen

---

[92] Anderer Meinung Voraufl. 868; vgl. auch die dort FN 77 zit. Lit. Gleicher Meinung BINSWANGER 141.
[93] Vgl. vorn § 31 N 53 ff.

I. Grundlagen § 32

Armeeangehörigen (der einen Schaden verursacht hat) nach OR 41. Die MO gilt also gegenüber OR 41 exklusiv, entgegen dem zu weiten Wortlaut von MO 22 II.

2. Übrig bleibt die Frage, wie es sich mit den *einfachen Kausalhaftungen des OR und des ZGB* (OR 55, 56 und 58 sowie ZGB 679) verhalte. 146

a) Wenn ein Schaden bei einer *militärischen Übung* verursacht wurde, drängt es sich auf, MO 23 exklusiv anzuwenden, wie dies für alle Gefährdungshaftungen gilt[94]. Es lassen sich keine Fälle vorstellen, bei denen im Rahmen einer militärischen Übung zwar keine Haftpflicht des Bundes nach MO 23, wohl aber nach OR 56, 58 oder ZGB 679 bestehen würde. Wenn die Armee auf einem Waffenplatzgelände des Bundes eine Schiessübung durchführt und ein Geschoss ein benachbartes Gebäude trifft, haftet die Eidgenossenschaft nach MO 23 und nicht nach ZGB 679. 147

b) Wie verhält es sich aber ausserhalb von militärischen Übungen? Zu erwähnen ist hier die Schädigung einer Zivilperson durch ein *Militärpferd*, das z. B. von einem Soldaten zur Tränke geführt wird. Wenn der Bund nach OR 56 haftet, kann er u. U. den Sorgfaltsbeweis erbringen. Dies führt zum Resultat, dass bei solchen Schädigungen durch die Armee in Abweichung von den andern Regelungen die Sorgfalt beim Auftrag an eine Militärperson eine entscheidende Rolle spielt. Dieser Einwand genügt aber nicht, um über den Wortlaut von MO 22 I hinauszugehen und bei allen Fällen, an denen die Armee beteiligt ist, eine Kausalhaftung ohne Sorgfaltsbeweis Platz greifen zu lassen. Dies würde dem Legalitätsprinzip (vorn N 54) widersprechen. Der Schaden wird in diesem Beispiel nicht von einem Wehrmann, sondern von einem Pferd verursacht. 148

c) Neben der Tierhalterhaftpflicht ist hier insbesondere die *Werkeigentümerhaftpflicht* von OR 58 zu erwähnen; man denke an Tanksperren und andere Barrikaden im Gelände[95], Festungsbauten[96] usw. 149

Wenn das Werk bestimmungsgemäss der zivilen Benützung nicht offen steht[97], besteht keine Haftpflicht nach OR 58 (aber auch nicht 150

---

[94] Vgl. Bd. I 479.
[95] Auf Strassen und Wegen werden Barrikaden nur im Zusammenhang mit militärischen Übungen aufgestellt; dann ist MO 23 anzuwenden.
[96] Vgl. Bd. II / 1 § 19 N 33.
[97] Vgl. Bd. II / 1 § 19 N 70.

nach MO), es sei denn, die Sperrung für den zivilen Verkehr sei nicht genügend signalisiert worden (vgl. hinten N 151 a. E.). In letzterem Fall führt OR 58 zur Haftpflicht.

151 Wird umgekehrt eine zivile bestimmungsgemässe Benützung zugelassen — eine Strasse bleibt ungeachtet des Baues von Hindernissen dem zivilen Verkehr geöffnet —, ist OR 58 anzuwenden, soweit die Barrikaden nicht mit einer militärischen Übung im Zusammenhang stehen[98]. Dabei darf aber die Frage der Mangelhaftigkeit solcher Werke nicht allein im Hinblick auf den zivilen Verkehr beurteilt werden; ihre militärische Zweckbestimmung ist mitzuberücksichtigen. Diese hat aber nur relative Bedeutung; es kommt auch hier auf die Signalisierung an. Eine Bauabschrankung, die genügend signalisiert ist, stellt keinen Werkmangel der Strasse dar. So verhält es sich auch mit militärischen Hindernissen: Ihr militärischer Charakter ist zwar massgebend dafür, dass sie überhaupt angebracht werden dürfen. Ihre Gefährlichkeit für den zivilen Verkehr ergibt sich aber aus dem Genügen oder Ungenügen der Signalisierung, die für die Haftpflicht massgebend ist.

152 Wird z. B. der zivile Automobilverkehr auf einer teilweise — d. h. mit einem Durchlass — verbarrikadierten Strasse erlaubt, so darf erwartet werden, dass Vorsignale und nachts Laternen angebracht werden oder ein warnender Posten aufgestellt wird[99]. Erlauben die militärischen Verhältnisse das nicht, so dürfte das Hindernis immer im Zusammenhang mit einer militärischen Übung oder sogar mit dem Einsatz der Armee zur Landesverteidigung stehen. Im ersten Fall gilt MO 23; im zweiten entfällt die Haftpflicht wegen Rechtfertigung der Schädigung durch die rechtmässige Ausübung öffentlicher Gewalt. Über die Haftpflichtfrage bei Verursachung des Schadens während des Aktivdienstes vgl. hinten N 247.

153 Im weiteren stellt eine erkennbare militärische Anlage ein sichtbares Warnzeichen dar, das den Strassenbenützer zu grosser Vorsicht mahnt. Wer sich nicht daran hält, muss sich ein Selbstverschulden entgegenhal-

---

[98] Vgl. BGE 69 II 93; PraRek I 218 / 19, 227, 238; V 16.
[99] Vgl. VerwEntsch 15 Nr. 84 S. 147. Die militärische Geheimhaltung kann ein Unterlassen der Signalisierung nur im Ernstfall begründen.
Gehören zu einer Strassensperre in den Strassenkörper eingelassene Schächte, die oben wie Hydrantenschächte mit Deckeln verschlossen sind, so müssen diese Schächte das sichere Begehen und Befahren der Strasse erlauben; sonst ist diese zu sperren; vgl. den Sachverhalt von BGE 69 II 90; Bd. II/1 § 19 N 93 Ziff. 7.

ten lassen. Wo ein Zutrittsverbot besteht, insbesondere bei Festungsanlagen[100], wird meistens ein die Haftpflicht ausschliessendes Selbstverschulden anzunehmen sein.

Die exklusive Geltung der einfachen Kausalhaftungen führt also, wenn nicht MO 23 anwendbar ist, auch bei OR 58 zu vernünftigen Resultaten. 154

d) Eine besondere Situation besteht bei OR 55 (*Geschäftsherrenhaftung*). Diese Norm wird — im Rahmen der dienstlichen Verrichtungen, auf die OR 55 allein anwendbar ist — durch MO 22 I ersetzt. Diese Bestimmung stellt wie OR 55 eine Haftung des Übergeordneten für die von den ihm unterstellten Personen verursachten Schäden dar, aber ohne Sorgfaltsbeweis. OR 55 wird daher durch MO 22 I ersetzt, wobei aber wegen des Fehlens des Sorgfaltsbeweises die Ordnungswidrigkeit des Verhaltens der «Hilfsperson» eine zusätzliche Haftungsvoraussetzung darstellen muss (vgl. vorn N 78): Wenn ein militärischer Radfahrer korrekt fährt und trotzdem ein Unfall entsteht, haftet der Bund nicht. 155

e) ZGB 679 geht dementsprechend MO 22 I vor, was aber nur relevant werden kann, wenn eine Einwirkung von einem Gelände des Bundes ausgeht und eine Schädigung nicht im Rahmen einer militärischen Übung erfolgt (vgl. dazu hinten N 203). 156

f) Daraus ergibt sich, *dass MO 23 auch gegenüber den einfachen Kausalhaftungen des OR und des ZGB Vorrang geniesst. Das gilt nicht für MO 22 I.* Dieser Artikel deckt ohnehin nicht alle Fälle dieser Kausalhaftungen ab, und das Problem der Anspruchskonkurrenz stellt sich dann gar nicht. MO 22 I geht aber OR 55 vor. 157

3. Die MO legt nur die Ansprüche fest, und zwar gegen den Bund in Art. 22 I und 23, gegen den Wehrmann in Art. 26 und 27. Sie begnügt sich im übrigen mit einer Verweisung auf OR 42, 43 I, 44 I, 45, 46, 47 und 50 I. Damit sind die darin festgelegten Grundsätze des Haftpflichtrechts in die MO übernommen worden, was sicher zweckmässig ist. Es wäre nicht einzusehen, warum diese Fragen bei einer Staatshaftung anders beantwortet werden sollten als im privaten Haftpflichtrecht: Das OR enthält dank seiner generellen Formulierung eine 158

---

[100] Vgl. dazu Art. 4 des BG über den Schutz militärischer Anlagen vom 23. Juni 1950 (SR 510.518).

allgemein gültige schadenersatzrechtliche Ordnung, deren Bereich über das Privatrecht hinausreicht und subsidiäre Geltung für weite Teile der Rechtsordnung beanspruchen darf.

II. Subjekt der Haftpflicht

A. Die Eidgenossenschaft

159 Haftpflichtig sowohl nach MO 22 I als auch nach MO 23 ist die Schweizerische Eidgenossenschaft. Bei ihr sind die Ansprüche geltend zu machen und gegen sie ist die Klage zu richten. Die Prozessführung wird vom Militärdepartement besorgt.

160 Die Haftpflicht nach MO 22 I ist ihrer Natur nach eigentlich eine Hilfspersonenhaftung: Der *Bund* haftet für alle Schäden, die eine Militärperson Dritten bei Ausübung ihrer dienstlichen Verrichtungen widerrechtlich zufügt.

161 Dass der Bund auch bei Anwendung von MO 23 für seine militärischen «Hilfspersonen» voll einstehen muss, die im Rahmen einer militärischen Übung den Schaden verursacht haben, entspricht den Grundsätzen der Gefährdungshaftung.

162 Besondere Fragen wirft die persönliche Haftpflicht der einzelnen Militärpersonen auf, die hier *anhangweise* zu besprechen ist:

B. Haftung der einzelnen Militärperson

1. Gegenüber Zivilpersonen

a) Grundsatz

163 Die Frage der persönlichen Haftung der einzelnen Militärperson für einen Schaden einer Zivilperson, zu dessen Verursachung sie durch

II. Subjekt der Haftpflicht § 32

dienstliche Tätigkeit beigetragen hat, war lange Zeit umstritten[101]. Sie wurde bei der Revision des Verwaltungsreglementes der Armee vom 19. Dezember 1946 in Art. 237 I ausdrücklich beantwortet: Die persönliche Verantwortlichkeit des Wehrmannes gegenüber Zivilpersonen wurde ausgeschlossen.

Diese Regelung gilt heute gestützt auf MO 22 III, welche Bestimmung auch auf die nach MO 23 abgewickelten Fälle anzuwenden ist[102]. Gestützt darauf kann die «fehlbare» Militärperson nur vom Bund, der die Zivilperson entschädigt hat, regressweise nach MO 25 persönlich in Anspruch genommen werden[103]. Dieser Regress ist beschränkt auf die Fälle von Absicht und grober Fahrlässigkeit. Bei leichter Fahrlässigkeit kann der Wehrmann auch vom Bund nicht belangt werden. 164

Hier liegt eine wesentliche Abweichung von dem im privaten Haftpflichtrecht allgemein geltenden Grundsatz vor, dass neben dem Kausalhaftpflichtigen, der für das Verhalten eines anderen einstehen muss, auch seine Hilfsperson solidarisch mit ihm gegenüber dem Geschädigten haftet[104]. 165

Eine der Regelung der MO entsprechende Streichung der vollen Haftung der Hilfsperson neben dem Kausalhaftpflichtigen, kombiniert mit dessen Regressrecht bei Absicht und grober Fahrlässigkeit, findet man in der Haftpflicht des Staates für seine Beamten usw.[105] Hier wie dort führt sie — wie erwähnt — dazu, dass die Militärperson resp. der 166

---

[101] Vgl. die einlässliche Begründung der Bejahung dieser Haftpflicht in Bd. II der 1. A. (Zürich 1942) 1067 ff.; Verneinung dieser Haftpflicht in BGE 47 II 176 ff.
[102] Vgl. vorn N 122 a. E.
[103] Diese Auffassung wurde von BINSWANGER 129 ff. schon unter dem alten Regime von BVA 103 I vertreten und dann durch die Revision der MO von 1967 durch die Einführung von Art. 22 III ausdrücklich festgelegt; vgl. die Botschaft des Bundesrates in BBl 1966 II 423; SCHAER 260 FN 762.
Die Streichung des direkten Anspruches hat keine Verschlechterung der Stellung des Geschädigten zur Folge, da die Grundsätze der Schadensberechnung nach MO 22/23 die gleichen sind wie nach OR. Dies war früher anders, indem nach aMO 27 bei Tötung nur die unterstützungs*berechtigten* Angehörigen Ersatz des Versorgerschadens verlangen konnten; vgl. STARK, SJZ 44 (1948) 354.
[104] Bd. I 341 ff.
[105] Eine originäre Staatshaftung ohne Direktanspruch des Geschädigten gegen den Beamten kennen nicht nur der Bund in VG 3 III, sondern auch die Kantone Zürich, Luzern, Uri, Schwyz, Obwalden, Nidwalden, Zug, Freiburg, Solothurn, Basel-Stadt, Schaffhausen, Appenzell ARh., St. Gallen, Graubünden, Aargau, Thurgau, Tessin, Waadt, Wallis und Jura in ihren Verantwortlichkeitsgesetzen. Die Kantone Bern, Glarus, Basel-Land, Neuenburg und Genf sehen demgegenüber eine Solidarhaftung des Staates *neben* dem Beamten vor.

Beamte für leichte Fahrlässigkeit zivilrechtlich überhaupt nicht persönlich einstehen muss [106]; beide unterstehen nicht der vollen Haftpflicht nach OR 41 [107].

167 Die Regelung von MO 22 III und entsprechender Normen in den Verantwortlichkeitsgesetzen hat nicht nur die Einschränkung der persönlichen Haftpflicht auf Absicht und grobe Fahrlässigkeit zur Folge, sondern schützt den Begünstigten auch vor den Umtrieben und Unannehmlichkeiten eines Rechtsverfahrens, wenn eindeutig keine Absicht oder grobe Fahrlässigkeit vorliegt.

168 Ist aber eine der genannten schweren Verschuldensformen gegeben, so darf die Militärperson oder der Beamte damit rechnen, dass der Staat bei seinem Regress Zurückhaltung übt und die Umstände berücksichtigt, insbesondere die finanzielle Leistungsfähigkeit des Belangten und bei der MO die besonderen militärischen Verhältnisse [108]. Dadurch wird seine Handlungs- und Entscheidungsfreude [109] gefördert, was im Rahmen der MO namentlich bei den militärischen Übungen eine Rolle spielt und bei MO 23 ein gültiges Argument darstellt, weniger bei den Fällen von MO 22 I [110].

---

[106] Dieses Resultat ergibt sich praktisch auch, wenn die persönliche Haftpflicht der Hilfsperson durch eine (obligatorische) Haftpflichtpflichtversicherung des Kausalhaftpflichtigen — z. B. nach SVG 63 II — gedeckt ist: Der Haftpflichtversicherer kann nach VVG 14 für seine Leistungen für den Kausalhaftpflichtigen auf die Hilfsperson nur bei grober Fahrlässigkeit oder noch schwererem Verschulden Regress nehmen.

[107] Dies ist auch der Fall beim Arbeitgeber gegenüber seinem geschädigten, nach UVG versicherten Arbeitnehmer gemäss UVG 44 sowie bei vertraglichen Freizeichnungsklauseln, die auch für deliktische Haftungen gelten; vgl. die von HERMANN WEITNAUER, VersR Beiheft Karlsruher Forum 1962, 7 ff. erwähnten Fälle.
Das Problem der Auswirkung von Haftungsprivilegien auf die Rechtsstellung des solidarisch Mithaftpflichtigen stellt sich hier aber nicht, weil der Bund voll einzustehen hat.

[108] BGE 111 Ib 199 f. — Wenn die Regressnorm nicht eine Kann-Vorschrift ist, wäre der Staat eigentlich — bei Absicht oder grober Fahrlässigkeit — nach dem Legalitätsprinzip verpflichtet, ohne Berücksichtigung besonderer Umstände voll Regress zu nehmen. Das wird aber allgemein nicht so praktiziert, was sicher vernünftig ist.

[109] Diese ratio legis wird z. T. durchkreuzt durch die Militärjustiz, die auch bei leicht fahrlässiger Körperverletzung oder Sachbeschädigung bestraft, dabei aber den besonderen Verhältnissen bei militärischen Übungen (Eile, Schlafmangel usw.) bei der Strafzumessung Rechnung trägt.

[110] Es erscheint als gerechtfertigt, dass bei militärischen Übungen anerkannt wird, dass, in der Eile oder unter sonstigem Druck, nicht immer die grösste Sorgfalt aufgewendet werden kann. Das gilt nicht für das Handeln des Wehrmannes bei Tätigkeiten, die nicht spezifisch militärisch sind (im äusseren Kreis, vgl. vorn N 95 f.), z. B. als Radfahrer auf einem Botengang.

II. Subjekt der Haftpflicht §32

Bei der Beamtenhaftpflicht kommt dem Umstand, dass öffentliche 169
Gewalt ausgeübt wird[111] und sich die Fehler des Beamten vielleicht viel stärker auswirken als bei Privaten, entsprechende Bedeutung zu wie den besonderen Verhältnissen bei militärischen Übungen. Für die Militärpersonen gilt diese Überlegung nicht, weil sie — ausser beim Einsatz der Armee zur Landesverteidigung oder zur Aufrechterhaltung von Ruhe und Ordnung — nicht Träger staatlicher Gewalt sind, die gegen Dritte eingesetzt wird.

Die Vorzugsstellung der schadenstiftenden Militärperson bei Haf- 170
tung des Bundes sowohl aus MO 22 I als auch aus MO 23 lässt sich insbesondere noch damit rechtfertigen, dass sie den Militärdienst — in der grossen Mehrzahl der Fälle — nicht freiwillig leistet[112]. Sie wird durch ihre Militärdienstpflicht in Situationen versetzt, bei denen ihr eine Schädigung Dritter unterlaufen kann, nachdem sie sich von ihren gewohnten Lebensverhältnissen stark unterscheiden und sie ihnen daher unter Umständen nicht gewachsen ist. Wenn der Staat dies von seinen Armeeangehörigen verlangt, soll er auch das Risiko ihres Ungenügens und leichter Fahrlässigkeit, wie sie nun einmal vorkommen können, tragen.

Zum Teil wird auch damit argumentiert, dass sich aus dem militäri- 171
schen Denken die unabweichliche Folgerung ergebe, «dass der Soldat über die Durchführung seiner dienstlichen Aufgaben nur dem Militärherrn Rechenschaft schulden solle, dem Art. 29 MO den Rückgriff einräumt, der aber — zum Schutze des Wehrmannes wie im Interesse der Armee, um die Dienst- und Verantwortungsfreude nicht zu beeinträchtigen — auch die aussergewöhnlichen Umstände, unter denen der Soldat handelt, berücksichtigen kann und wird»[113]. Diese Ausführungen sind, soweit sie sich auf aMO 29 (heute MO 25) beziehen, zutreffend. Weniger überzeugend wirkt heute der Gedanke, dass der Soldat über die Durchführung seiner dienstlichen Aufgaben nur dem «Militärherrn» Rechenschaft schulde. Er entspringt der Auffassung, dass die Armee ein obrigkeitliches Machtinstrument sei. Dabei wird übersehen, dass die

---

[111] Die zur Diskussion stehende Besserstellung des Beamten gegenüber anderen Schaden-Verursachern gilt im VG und in den meisten kantonalen Verantwortlichkeitsgesetzen, die sie enthalten, nicht nur bei hoheitlicher, sondern bei jeder amtlichen Tätigkeit. Bei nicht hoheitlichen Verrichtungen ist sie aber nicht gerechtfertigt; vgl. STARK, SJZ 86 (1990) 8f.; a. M. wohl PETER JÄGGI, ZSR 86 (1967) II 756.
[112] Vgl. BGE 92 II 197; 114 I a 198; SCHAER Rz 764.
[113] BGE 78 II 424.

§ 32   Haftpflicht des Staates für Schädigungen durch Armee und Zivilschutz

Armee im Friedensdienst, wo diese Haftpflichtregelungen in erster Linie eine Rolle spielen, vor allem eine Ausbildungsorganisation darstellt, die ihre Tätigkeit in Schulen und Kursen entfaltet[114] und dass nach heutiger Auffassung der Träger hoheitlicher Gewalt wie andere Leute sein Handeln gegenüber Dritten verantworten muss. Das steht allerdings dem Verzicht auf die persönliche Verantwortung des Wehrmannes bei leichter Fahrlässigkeit nicht entgegen, da die übrigen für diese Regelung angeführten Gründe durch diese Überlegungen nicht ausgeschaltet werden.

b) Einzelfragen

172   1. An sich sind wohl kaum Fälle denkbar, in denen eine Militärperson in Ausübung ihrer dienstlichen Verrichtungen *Schäden von Zivilpersonen verursacht, für die der Bund weder nach MO 22 I/23 noch nach anderen Bestimmungen aufzukommen hat.*

173   Wenn aber die Voraussetzung der dienstlichen Verrichtung (vgl. dazu hinten N 217 ff.) fehlt und deswegen eine Haftpflicht nach MO 22 I/23 nicht in Frage kommt, entfallen auch alle Gründe, die die Streichung der direkten Belangbarkeit und die Beschränkung des Regresses des Bundes auf die Fälle von Absicht und grober Fahrlässigkeit bei dienstlichen Tätigkeiten rechtfertigen. Einsatzbereitschaft und Wagemut, Forschheit und Draufgängertum stehen dann nicht zur Diskussion, und der Wehrmann befindet sich auch nicht in einer ihm nicht vertrauten Situation, der er nicht gewachsen ist. Die Sonderregelung von MO 22 III in Verbindung mit MO 25 ist daher nicht gerechtfertigt. Sie ist in diesen Fällen auch nicht anzuwenden[115].

174   Ausserhalb der dienstlichen Verrichtungen haftet die schadenstiftende Militärperson in Ermangelung einer speziellen Norm nach OR 41[116]. Selbst wenn die Armee zur Verfolgung eines ihrer verfas-

---

[114] Auf einer entsprechenden Betonung der «Obrigkeitlichkeit» beruht die Anwendung des Legalitätsprinzips auf das Haftpflichtrecht (vgl. STARK, SJZ 86 [1990] 2).
[115] Über die Anwendbarkeit von MO 22 I/23 bei Einsatz der Armee im Ernstfall vgl. hinten N 244 ff. Ohne Haftung des Bundes gegenüber dem Geschädigten kann vernünftigerweise die direkte Belangbarkeit nicht gestrichen werden. Vgl. BGE 92 II 201.
[116] Das Legalitätsprinzip (vgl. vorn N 54 f.) schliesst die Anwendung von OR 41 nicht aus, da es nur der Haftung des Staates ohne besondere Norm entgegensteht, nicht aber der Haftung seiner Hilfspersonen im weitesten Sinn des Wortes. Dementsprechend haften die Beamten von Kantonen, die kein Verantwortlichkeitsgesetz erlassen haben, nach

II. Subjekt der Haftpflicht § 32

sungsmässigen Zwecke (Landesverteidigung, Aufrechterhaltung von Ruhe und Ordnung) eingesetzt wird, besteht kein Grund, eine Rechtfertigung von Schädigungen ausserhalb der dienstlichen Verrichtungen anzunehmen [117].

2. Wo der Bund nicht nach MO 22 I/23 haftet, sondern nach zivilrechtlichen Vorschriften (insbes. nach SVG, EHG, ElG, LFG, OR 56, 58 und ZGB 679, vgl. vorn N 125 ff.), gelten die Gründe für den Ausschluss der direkten Belangbarkeit des Wehrmannes auch, wenn er den Schaden in Ausübung seiner dienstlichen Verrichtungen verursacht. Das setzt eine ausdehnende Interpretation von MO 22 III voraus, die sich hier aber aufdrängt [118]. 175

3. Wenn irgendwelche Bundesbeamte Militärdienst leisten, sind ihre militärischen Tätigkeiten keine amtlichen Handlungen im Sinne des VG. Sie unterstehen zwar als Bundesbeamte wie als Militärpersonen dem Bundesrat, aber in einer anderen hierarchischen Linie. VG 1 II bestimmt ausdrücklich, dass sie in bezug auf ihre militärische Stellung und ihre dienstlichen Pflichten nicht dem VG unterstellt sind, sondern wie alle andern Angehörigen der Armee dem Militärrecht und damit der MO. 176

Besondere Verhältnisse liegen bei jenen Angehörigen der Armee vor, die vom Bund *zum Zwecke der Führung und Organisation der Armee vollamtlich angestellt* sind. Sie unterstehen nur ihrem militärischen Vorgesetzten und nicht daneben noch einem zivilen. Sie sind in Art. 1 der sog. Rechtsstellungsverordnung vom 10. März 1969 (SR 510.22) aufgezählt. Art. 5 stellt klar, dass sie sich dauernd im Militärdienst befinden und dass ihre Rechte und Pflichten sich nach den Bestimmungen der Militärgesetze und der dazugehörenden Ausführungserlasse richten, d. h. haftpflichtrechtlich nach der MO und dem 177

OR 41; vgl. Bd. II/1 § 20 N 41, 51 f., FN 134; A. KELLER I 31; DESCHENAUX/TERCIER § 2 N 45; STARK, SJZ 86 (1990) 5; HÜRLIMANN 10 ff., insbes. 18 f. und 66 ff.; ARNOLD SAGER, Die vermögensrechtliche Verantwortlichkeit der eidg. Behörden und Beamten ... (Diss. Zürich 1941) 41 ff.; gleich im Ergebnis BECKER N 7 zu OR 61.

[117] Diese Regelung gilt auch für private Verrichtungen von *Beamten;* vgl. WALTER HALLER, Komm. zur Bundesverfassung zur Schweiz. Eidgenossenschaft vom 29. Mai 1874 (Basel, Zürich und Bern 1989) N 17 ff. zu BV 117.

[118] Vgl. BINSWANGER 164 f.; a. M. Voraufl. 876; STARK, SJZ 44 (1948) 354.

§ 32 Haftpflicht des Staates für Schädigungen durch Armee und Zivilschutz

MVG. Die Ausnahme von VG 1 II umfasst ihre gesamte berufliche Aktivität[119].

178 Im Gegensatz zu ihnen sind die *Instruktoren* gemäss Art. 4 der VO über das Instruktionskorps vom 17. Dezember 1973 (SR 512.41) allen Bestimmungen des Beamtengesetzes unterstellt. Auf die von ihnen verursachten Schäden ist nach InstruktorenVO 6 das VG anwendbar. Wenn sie aber nicht als Instruktoren im Sinne von InstruktorenVO 2 tätig sind, sondern eine normale Stellung innerhalb der Armee, z. B. als Kommandanten einer Einheit, bekleiden, gilt für sie die Ausnahmebestimmung von VG 1 II: Ihre Haftpflicht richtet sich nach dem Militärrecht.

179 Entsprechend ist die Rechtsstellung der Angehörigen des *Festungswachtkorps* geregelt: Sie unterstehen in haftpflichtrechtlicher Hinsicht dem VG gemäss Art. 7 der VO über das Festungswachtkorps (VFWK) vom 1. Dezember 1986 (SR 513.216); wenn sie aber besoldeten Truppendienst leisten, gilt der Vorbehalt von VG 1 II[120].

180 Da sowohl nach VG als auch nach MO die persönliche Haftpflicht ausgeschlossen ist und nur bei Absicht und grober Fahrlässigkeit dem Bund ein Regress zusteht, kommt in allen erwähnten Gruppen diesen Unterscheidungen keine praktische Bedeutung zu, ausser für das Prozedere zur Geltendmachung der Ansprüche.

2. Gegenüber Militärpersonen

181 Die vorn N 170 f. angeführten Gründe gegen die Möglichkeit einer direkten Belangung des schädigenden Wehrmannes durch die geschädigte Zivilperson treffen auch zu, wenn einer *Militärperson* von einer andern Schaden zugefügt worden ist. Darüber hinaus kann die Überlegung angestellt werden, dass prozessuale Auseinandersetzungen unter Armeeangehörigen im Interesse des Korpsgeistes möglichst vermieden werden sollten[121].

---

[119] Die in Art. 6 der RechtsstellungsVO angeführten Bestimmungen des Beamtengesetzes gelten für die Armeeleitung sinngemäss.
[120] Vgl. vorn N 90 f.
[121] Eine Parallele findet sich in UVG 44, wo die Haftpflichtansprüche unter den Arbeitnehmern ein und desselben der obligatorischen Unfallversicherung unterstellten Betriebes auf Absicht und grobe Fahrlässigkeit beschränkt werden.

II. Subjekt der Haftpflicht   § 32

Gestützt darauf hat das Bundesgericht in konstanter Praxis[122] die   182
Vorschriften über die Haftung gegenüber Zivilpersonen analog auf die
Haftpflicht einer Militärperson gegenüber einer andern angewendet. Es
ging dabei vom Argument aus, dass der Leitgedanke der Nicht-Haftung
gegenüber einer Zivilperson auch zwischen Wehrmännern zutreffe. Es
hat diese Analogie aber eingeschränkt und den Wehrmann gegenüber
einer andern Militärperson als haftpflichtig bezeichnet, wenn die Schädigung vorsätzlich oder mit besonders grober Fahrlässigkeit erfolgt.
Dieser Unterschied in der Rechtsstellung des geschädigten Wehrmannes verglichen mit einer geschädigten Zivilperson liegt nahe, weil der
Wehrmann von der Militärversicherung nicht voll entschädigt wird[123].
Die Zivilperson bekommt dagegen nach MO 22 I/23 vom Bund den
ganzen Schaden ersetzt. Es rechtfertigt sich, bei Vorsatz und besonders
grober Fahrlässigkeit der geschädigten Militärperson resp. ihren Hinterlassenen einen Anspruch auf Ersatz des von der Militärversicherung
nicht übernommenen Schadens zuzuerkennen[124].

Körperschäden eines Wehrmannes werden vorerst im Rahmen der   183
im MVG vorgesehenen Leistungen von der Militärversicherung übernommen, die nach MVG 49 auf den Wehrmann, der den Schaden verursacht hat, zurückgreifen kann, wenn dem Geschädigten ein direkter
Anspruch gegen ihn zusteht, der auf die Militärversicherung übergehen
kann[125]. Wenn der Schaden durch die Militärversicherung nicht voll

---

[122] Vgl. BGE 47 II 179; 78 II 419; 79 II 147; 92 II 196; Bd. I 438 ff.; MAURER, Sozialversicherungsrecht II 592 ff.; BINSWANGER 175 ff.
[123] Der E zum MVG von 1989 sieht demgegenüber vor, dass Taggelder und Renten in Zukunft auf der Basis des vollen massgebenden Verdienstes berechnet werden sollen (vgl. Art. 31 I, 43), so dass sich ein Minus gegenüber der haftpflichtrechtlichen Berechnung nur noch aus der Höchstgrenze des anrechenbaren Verdienstes ergeben wird, wenn diese Regelung Gesetz wird. Ausserdem erhält der Geschädigte, wenn ihm trotz gröbster Fahrlässigkeit oder Vorsatz kein Direktanspruch gegen den Schädiger zusteht, seinen Sachschaden nur in den engen Grenzen von MVG 8 II und MO 24 ersetzt.
[124] In BGE 114 Ia 198 wird demgegenüber aus der heutigen Bestimmung von MO 22 III der Schluss gezogen, dass auch bei gröbstem Verschulden des den Schaden verursachenden Wehrmannes der geschädigten Militärperson kein Direktanspruch gegen ihn zustehe. Diese Argumentation überzeugt nicht, weil MO 22 und 23 nur die Haftpflicht gegenüber nicht der Militärversicherung unterstellten Personen regeln, und der Ausschluss der direkten Belangbarkeit der Militärperson in MO 22 III das Gegenstück zur Kausalhaftung des Bundes darstellt.
[125] Wenn man von der vom Bundesgericht in BGE 114 Ib 198 vertretenen Auffassung ausgeht, dass der Ausschluss der direkten Haftung auch bei absichtlicher oder grobfahrlässiger Schädigung eines Angehörigen der Armee durch einen andern gelte, kommt ein Regress der Militärversicherung gegen einen Wehrmann nach MVG 49 nie in Frage (in

gedeckt wird, steht dem Geschädigten nach der früheren bundesgerichtlichen Rechtsprechung (nur) bei Vorsatz und ausserordentlich grober Fahrlässigkeit ein Anspruch gegen den Wehrmann auf Ersatz des Direktschadens zu, nach der neuen Rechtsprechung auch dann nicht.

184 Für die *Sachschäden* leistet der Bund — abgesehen von den «körpernahen» Sachschäden gemäss MVG 8 — nur Schadenersatz nach MO 24: Der Bund bezahlt eine «angemessene Entschädigung», wenn der Schaden «durch einen dienstlichen Unfall oder unmittelbar durch die Ausführung eines Befehls verursacht wurde».

185 Es liegt nahe, die Überlegungen, die das Bundesgericht (früher) veranlasst haben, bei Vorsatz und ausserordentlich grober Fahrlässigkeit dem Wehrmann für Körperschaden einen Direktanspruch zuzubilligen, auch auf Sachschaden anzuwenden. Gestützt darauf kann der Armeeangehörige von einem andern Armeeangehörigen bei Vorsatz und ausserordentlich grober Fahrlässigkeit Ersatz des Sachschadens verlangen, der nicht durch einen dienstlichen Unfall oder unmittelbar durch die Ausführung eines Befehls verursacht wurde. Bei einem dienstlichen Unfall und der unmittelbaren Verursachung des Schadens durch die Ausführung eines Befehls ist ihm ein Anspruch auf Ersatz der Differenz zwischen dem nach den Grundsätzen des OR berechneten Sachschaden und der vom Bund bezahlten angemessenen Entschädigung zuzuerkennen — immer unter der Voraussetzung von Absicht oder ausserordentlich grober Fahrlässigkeit des Schädigers.

186 Diese Regelung gilt natürlich nur im Rahmen der dienstlichen Verrichtungen. Für private Tätigkeiten während des Militärdienstes haften Wehrmänner einander nach OR 41, obschon das Argument der Ver-

---

diesem Sinne BGE 108 Ib 222; vgl. vorn FN 124). Wenn man aber von der vor Erlass von MO 22 III massgebenden höchstrichterlichen Rechtsprechung ausgeht, besteht ein Direktanspruch einer Militärperson gegen eine andere, die sie mit besonders grober Fahrlässigkeit oder vorsätzlich geschädigt hat; dann kann die Militärversicherung im Rahmen ihrer Leistungen in diesen Anspruch subrogieren. Die neue Auffassung des Bundesgerichts führt dazu, dass ein Wehrmann für den einem Kameraden zugefügten Schaden selbst bei Vorsatz nicht belangt werden kann, wenn man nicht MO 25 hier anwenden will. Dies wird in BGE 108 Ib 222 als möglich betrachtet, ist aber mit der Stellung von MO 25 im Gesetz nur schwer zu vereinbaren.

Diese Anwendung von MO 25 hätte zur Folge, dass der Bund für die Leistungen der Militärversicherung auf den Armeeangehörigen, der einen Kameraden mit grober Fahrlässigkeit oder Absicht geschädigt hat, zurückgreifen könnte, während dem Geschädigten für den von der Militärversicherung nicht gedeckten Schaden kein Anspruch zustünde. Die Anwendung von MO 25 auf einen Regress der Militärversicherung ist daher abzulehnen.

meidung von Rechtsstreitigkeiten im Interesse des Korpsgeistes auch hier gilt.

3. Gegenüber dem Bund und gegenüber Zivilschutzorganisationen

Für die Verursachung von Schaden des Bundes— namentlich Sachschaden — haftet der Wehrmann nach MO 26 nur, wenn er den Schaden durch vorsätzliche oder grobfahrlässige Verletzung seiner Dienstpflicht verursacht. Diese Regelung entspricht derjenigen von MO 25, wonach der Bund für Zahlungen an Dritte nur bei Vorsatz oder grober Fahrlässigkeit auf den Armeeangehörigen zurückgreifen kann. Beiden Bestimmungen liegt die Idee zugrunde, dass der Wehrmann nicht in erheblichem Masse vom Bestreben geleitet sein soll, seine persönliche Haftpflicht nicht zu begründen, und dass er durch die Armee in Aufgaben und Funktionen hineingesetzt wird, mit denen er nicht vertraut ist. 187

Für den Fall einer Schädigung von Zivilschutzmaterial, was insbesondere bei gemeinsamen Übungen von Zivilschutz und Armee vorkommen kann, fehlt in der MO und im ZSG eine entsprechende Bestimmung. Es drängt sich auf, MO 26 analog auf die Schädigung von Zivilschutzorganisationen anzuwenden. Nur so können unverständliche Widersprüche vermieden werden. 188

III. Voraussetzungen der Haftpflicht

Die MO enthält zwei Haftpflichtbestimmungen, Art. 22 I und 23, die zum Teil übereinstimmen, zum Teil aber natürlich nicht. Es würde naheliegen, die Haftungsvoraussetzungen für beide Haftungsarten separat zu behandeln, was zwangsläufig mit vielen Verweisungen oder Wiederholungen verbunden wäre. Für die Darstellung der Natur der beiden Haftungsarten und der sich daraus ergebenden Schlussfolgerungen für die Auslegung des Gesetzes eignet sich in Anbetracht ihrer engen Verbindung eine gemeinsame Besprechung der Haftungsvoraussetzungen besser. Dieser Weg wird daher im folgenden eingeschlagen. 189

§ 32 Haftpflicht des Staates für Schädigungen durch Armee und Zivilschutz

A. Positive Voraussetzungen

190   Der Bund ist nach MO 22 I/23 haftbar, wenn ein *Schaden* einer *Zivilperson* von Angehörigen der Armee durch die Ausübung einer *dienstlichen Verrichtung* oder im Zusammenhang mit einer *militärischen Übung verursacht* worden ist.

1. Unfallereignis

191   In der Vorauflage (878) wird als zusätzliche Haftungsvoraussetzung erwähnt, dass der Schaden durch ein Unfallereignis verursacht wurde. Im Gesetz wird der Unfallbegriff weder in MO 22 I noch in MO 23 als Haftungsvoraussetzung aufgeführt; in MO 23 I wird bei den Entlastungsgründen das schädigende Ereignis aber kurz als «Unfall» bezeichnet [126]. Eine ähnliche Verwendung des Wortes «Unfall» findet sich in ElG 27, EHG 1/11 I und SVG 59.

192   Der Begriff des Unfallereignisses stellt innerhalb des Haftpflichtrechts eigentlich einen Fremdkörper dar. Es lässt sich kein Grund ausmachen, warum für plötzliche, gewaltsame und äussere Einwirkungen auf einen Körper oder eine Sache strenger gehaftet werden soll als für allmähliche und sanfte. Die Plötzlichkeit und die Gewaltsamkeit können eine besondere Haftpflicht [127] weder unter dem Gesichtswinkel des Schädigers noch des Geschädigten begründen.

193   Es liegt zwar auf der Hand, dass die Gefahren, die der Gesetzgeber einer Gefährdungshaftung unterstellt hat (Fortbewegung, Explosion usw.), sich fast ausschliesslich in Unfällen realisieren. Dies ist aber kein

---

[126] Ausserdem werden die Unfälle in MO 21 als Gegenstück zu den Krankheiten aufgeführt. Das entspricht der allgemein üblichen Einteilung der Gesundheitsschädigungen im Versicherungsbereich; man unterscheidet in der privaten wie in der sozialen Versicherung zwischen Unfall- und Krankenversicherungen (UVG, Krankenkassen). Diese Unterscheidung verliert heute aber je länger je mehr an Bedeutung, nachdem auch die Krankenversicherung immer mehr Verbreitung findet.
[127] Die allgemeine und subsidiäre Haftpflicht nach OR 41 will niemand auf Unfallereignisse beschränken.

Grund, einen Sachverhalt ohne Unfall, wenn er sich einmal ereignet, rechtlich anders zu behandeln [128].

Die Haftungsvoraussetzung der Unfallmässigkeit des schädigenden Ereignisses wurde vorn in bezug auf ElG 27 (vgl. § 28 N 102, FN 99), EHG 1 und 11 (vgl. § 27 N 63) und SVG 58 (vgl. Bd. II/2 § 25 N 294, 321) aus der Vorauflage übernommen, weil keine gewichtigen Gründe dagegen sprechen. 194

Die Frage hat aber im Militärrecht eine besondere praktische Bedeutung, weil hier eher als im Gebiet der zivilrechtlichen Kausalhaftungen — wie bei der Staatshaftung — «unfallfreie» Schädigungen vorkommen können [129]. Spezielle Schwierigkeiten ergeben sich bei einer auf Unfallereignisse beschränkten Haftpflicht gemäss MO 22 I aus der Frage, ob der einzelne Wehrmann bei Schädigungen ohne Unfall im Rahmen seiner dienstlichen Tätigkeit persönlich aus OR 41 haftet oder ob eine Haftungslücke besteht. Anderseits würde eine verschiedene Behandlung der Frage in bezug auf MO 22 I und 23 zu einem widersprüchlichen Resultat führen. 195

Es drängt sich daher auf, den Unfall im Gegensatz zur Vorauflage (878) nicht als Voraussetzung der Schadenersatzpflicht des Bundes nach der MO zu betrachten. 196

---

[128] Das Problem berührt sich mit demjenigen der Vermögensschäden i. e. S.; vgl. hinten N 198 ff.

[129] Beispiele:
— Ein militärisches Fuhrwerk, das während einer nächtlichen Übung in eine private Garageneinfahrt gestellt wird, hindert am Morgen den Hauseigentümer daran, eine wichtige geschäftliche Besprechung rechtzeitig zu erreichen oder als Anwalt einen Gerichtstermin wahrzunehmen. Beschädigte das Fuhrwerk, als es abgestellt wurde, das Garagentor, so liegt ein eindeutiges Unfallereignis mit Sachbeschädigung vor, so dass die Haftpflicht des Bundes ausser Zweifel steht. Im gegenteiligen Fall fehlt das Unfallereignis. Dann stellen sich die Fragen der Widerrechtlichkeit (vgl. hinten FN 174) und ob Vermögensschäden i. e. S. unter die Haftpflicht fallen (vgl. hinten N 198 ff.).
— Ein Militärpferd, das vor einer Wirtschaft angebunden ist, steckt andere Pferde mit einer Krankheit an (über Infektionen existiert eine umfangreiche Judikatur in bezug auf die Unfallversicherung; vgl. die auch heute noch weitgehend verwertbare Judikatursammlung bei ZOLLINGER/MOOSER, Infektion und Unfall [Schwarzenburg 1948] 5 ff.; MAURER, Unfallversicherungsrecht 189 ff.).
— Eine Militärperson gibt im Rahmen ihrer dienstlichen Verrichtung eine falsche Auskunft, für die sie als Zivilperson nach OR 41 verantwortlich wäre (vgl. Bd. II/1 § 16 N 118).

2. Schaden

197 Während MO 22 I generell einfach von «Schaden»[130] spricht, sieht MO 23 die Haftpflicht des Bundes nur für Personen- und Sachschäden vor. MO 22 I entspricht in dieser Beziehung den Haftungen von OR und ZGB, KHG, SSG, ZSG und GSG sowie der Verantwortlichkeitsgesetze, während sich die Beschränkung auf Personen- und Sachschäden in ElG 27, EHG 1 und 11, LFG 64, SVG 58 und RLG 33 findet.

198 Es wäre sehr problematisch, die Vermögensschäden i. e. S.[131] im Rahmen von MO 22 I einerseits und MO 23 anderseits verschieden zu behandeln. Die Vermögensschäden i. e. S. wären vom Bund zu übernehmen, wenn sie unter MO 22 I fielen, nicht aber, wenn nur MO 23 anwendbar wäre. Dies müsste zu kaum zu rechtfertigenden Einzelentscheidungen führen.

199 Es drängt sich daher auf, entweder MO 22 I nur auf Personen- und Sachschäden anzuwenden oder nach MO 23 auch andere Rechtsgutsverletzungen und Vermögensschäden i. e. S. zu entschädigen.

200 Beim Erlass von aMO 27 (heute MO 23) wurde wohl nur an Personen- und Sachschäden gedacht. Nachdem der Gesetzgeber aber dann MO 22 eingefügt und an die Verantwortlichkeitsgesetze des Bundes und vieler Kantone angelehnt hat, wo die Vermögensschäden i. e. S. eindeutig erfasst werden sollen, liegt es nahe, MO 23 in dem Sinne extensiv zu interpretieren[132], dass andere Rechtsgutsverletzungen und Vermögensschäden i. e. S. auch erfasst werden. MO 22 I ist entsprechend seinem Wortlaut in diesem Sinne auszulegen. Damit wird vermieden,

---

[130] Der Vollständigkeit halber sei hier auf den zur MO ergangenen BGE 101 Ib 252 ff. sowie auf VPB 1988 Nr. 42 betreffend Reflexschäden hingewiesen. Bei militärischen Übungen, vor allem Schiessübungen, können Brände entstehen, welche oft von der Feuerwehr der zuständigen Gemeinde gelöscht werden. Die so der Gemeinde erwachsenden Löschkosten stellen, sofern sie nicht selbst Eigentümerin der durch den Brand beschädigten Objekte ist, einen Reflexschaden dar. Ein Ersatzanspruch stünde ihr deshalb nur zu, wenn sie durch eine besondere Norm geschützt wäre (vgl. BGE 104 II 99). Die Rekurskommission hat eine Ersatzpflicht in jahrelanger Praxis abgelehnt; vgl. VPB 1984 Nr. 12 E. 1 mit eingehender Begründung. In VPB 1988 Nr. 38 wird diese Praxis geändert und der Ersatzanspruch der Gemeinden für ihre Aufwendungen gestützt auf MO 23 geschützt, unbekümmert darum, ob gemeindeeigene oder fremde Liegenschaften betroffen sind. Dogmatisch erweckt dieser Entscheid Bedenken.
[131] Vgl. Bd. II/2 § 25 N 297 ff. und die dort zit. Lit.
[132] So auch VPB 1988 Nr. 38 E. 3.

III. Voraussetzungen der Haftpflicht §32

dass für widerrechtliche Vermögensschäden i. e. S.[133] eine Haftungslücke entsteht, es sei denn, man wolle für diese Schäden den Wehrmann persönlich nach OR 41 haften lassen.

Grosse praktische Bedeutung hat diese Streitfrage nicht, weil andere Rechtsgutsverletzungen kaum vorkommen und bei den meisten Vermögensschäden i. e. S. die Widerrechtlichkeit mangels Verletzung einer Verhaltensnorm fehlen wird. 201

Personenschäden und Sachschäden sind nicht auf dem gleichen Rechtsweg geltend zu machen: Nach MO 28 I entscheidet das Bundesgericht als einzige Instanz und ohne Rücksicht auf den Streitwert über streitige Personenschäden, während für die andern Schäden die Rekurskommission der Eidg. Militärverwaltung zuständig ist mit der Möglichkeit der Verwaltungsgerichtsbeschwerde an das Bundesgericht[134]. Dieser Rechtsweg muss auch für Vermögensschäden i. e. S. gelten. MO 28 II verweist auf die Ordnung von Zuständigkeit und Verfahren durch die Bundesversammlung, die aber in BVA 104 ff. für die Vermögensschäden i. e. S. keine besondere Regelung vorgesehen hat. 202

Immissionen von Lärm, Staub, Russ, Erschütterungen usw. können Personenschäden oder Sachschäden verursachen. Sie fallen aber normalerweise nur ins Gewicht, wenn sie entweder geballt auftreten oder während längerer Zeit von einer militärischen Anlage ausgehen. Im ersten Fall wird praktisch immer MO 23 anwendbar sein (vgl. vorn N 156). ZGB 679 geht an sich MO 22 I vor, kommt aber nur zum Zuge, wenn die Ursache der längere Zeit andauernden Einwirkungen auf einem Gelände des Bundes gesetzt wird. Ist dies nicht der Fall, so 203

---

[133] Man denke an den ersten Sachverhalt von FN 129 oder an einen Feldweibel, der nach der Kantonnementsabgabe aus Ärger über die vielen kleinlichen Beanstandungen seitens des Gemeindevertreters im Winter die elektrische Raumheizung auf maximale Leistung einstellt, die Fenster öffnet und bei der Schlüsselabgabe erwähnt, er habe die Heizung auf blossen Gefrierschutz reduziert.
Wenn ein Fourier der Gemeinde irrtümlich ein falsches Datum für die Räumung eines Kantonnementes angibt, weshalb die Gemeinde für Asylanten — unnötigerweise — teurere andere Unterkunft besorgt, erleidet sie auch einen Vermögensschaden i. e. S.; sie erhält zwar vom Bund eine Entschädigung für die Benützung ihres Kantonnementes gestützt auf MO 30 II. In BGE 102 Ib 260 wurde diese Bestimmung auch angewendet auf die Umtriebe für die Bereitstellung eines in Aussicht genommenen, aber dann nicht benützten Kantonnementes. Das wäre für die Mehrkosten wegen der Meldung eines falschen Datums für die Räumung eines Kantonnementes kaum mit dem Gesetzestext zu vereinbaren. Daher dürfte nur MO 22 I als Anspruchsgrundlage zur Verfügung stehen, was voraussetzt, dass eine Schutznorm verletzt wurde.
[134] Vgl. vorn N 29 f.

haftet nicht der Grundeigentümer anstelle des Bundes nach ZGB 679, weil die Aktivität der Armee nicht eine Ausübung seines Eigentumsrechts darstellt [135].

204   Im zweiten Fall stellt sich die Frage einer materiellen Enteignung. Der geschädigte Nachbar kann eine Expropriationsentschädigung für übermässige, sich ständig wiederholende Einwirkungen verlangen, die jede für sich allein keinen entschädigungswürdigen Schaden verursacht.

3. Verursachung durch einen Wehrmann oder die Truppe (oder kürzer: Verursachung durch die Armee)

205   Nach MO 22 I ist diese Bestimmung auf Schäden anwendbar, die ein *Wehrmann* einem Dritten widerrechtlich zufügt. Bei MO 23 kommt es darauf an, ob die Schädigung auf militärische Übungen oder dienstliche Verrichtungen der *Truppe* zurückzuführen ist.

a) Begriff des Wehrmannes [136]

206   Da der Soldat auch im Ausgang durch die Militärversicherung gedeckt ist, kann deren Deckungsbereich (MVG 3) für die Abgrenzung der Eintretenspflicht des Bundes bei von ihm verursachten Schäden nicht herangezogen werden. Aber auch die Umschreibung des Kreises der Versicherten in MVG 1 eignet sich nicht, da sie auf Grund einer ausgesprochen sozialen ratio legis aufgestellt worden ist, die nicht auf die Abgrenzung der Bundeshaftung zugeschnitten ist.

207   Vorn (vgl. N 98 ff.) ist demgegenüber in bezug auf die Rolle des Geschädigten der Angehörige der Armee von der Zivilperson gestützt auf die Unterstellung unter die Militärversicherung abgegrenzt worden.

---

[135] Hat der Grundeigentümer sein Grundstück durch einen Gebrauchsüberlassungsvertrag der Armee zur Verfügung gestellt, so haftet er an sich nach ZGB 679 (vgl. MEIER-HAYOZ, Berner Kommentar, Bd. IV [3. A. Bern 1964] N 61 ff. zu ZGB 679 und die dort zit. Lit.), wenn MO 23 nicht anwendbar ist, weil ausnahmsweise keine militärische Übung vorliegt.

[136] Gestützt auf die Eingliederung von Frauen in die Armee ist der Begriff des Wehrmannes überholt; richtiger spricht man vom Angehörigen der Armee (AdA). Der Begriff des Wehrmannes ist aber eingebürgert und hat den Vorteil der Kürze; ausserdem dürften von männlichen Armeeangehörigen unverhältnismässig viel mehr Schäden verursacht werden als von weiblichen. Er wird daher neben demjenigen des/der Angehörigen der Armee in diesem Buch verwendet, nachdem er auch im Gesetz noch figuriert.

III. Voraussetzungen der Haftpflicht § 32

Diese Lösung drängte sich auf, weil eine durch die Militärversicherung gedeckte Person von ihr die gesetzlichen Leistungen erhält und ein paralleler Anspruch gegen den Bund (bei Grenzfällen) nach MO 22 I/23 nicht sinnvoll wäre.

Wenn jemand aber einen Schaden verursacht, kann seine Unterstellung unter die Militärversicherung nicht die gleiche Bedeutung haben. Die Frage, wer als Geschädigter vom Bund nach dem MVG entschädigt wird, ist zu unterscheiden von derjenigen, für wessen Handeln und Unterlassen der Bund die Haftpflicht zu übernehmen hat. Das Problem konkurrierender Ansprüche gegen den Bund stellt sich hier nicht. 208

Es ist also denkbar, dass jemand zwar als Geschädigter von der Militärversicherung gedeckt ist, dass aber der Bund für die von ihm verursachten Schäden nicht einzutreten hat [137]. 209

Auch der Anspruch auf Sold gemäss BVA 11 ff. ergibt keine überzeugenden Anhaltspunkte. In unserer Milizarmee werden viele Funktionen unbesoldet durchgeführt, was aber keinen Grund für die Nichtgeltung der Haftpflichtbestimmungen der MO abgeben kann [138]. 210

Wenn die ratio legis der MO-Haftpflicht darin gesehen wird, die *durch den Militärbetrieb* verursachten Schäden durch den Bund tragen zu lassen und daneben die Angehörigen der Armee, die durch ihre Militärdienstpflicht *in ungewollte und ungewohnte Situationen* versetzt werden, von der damit verbundenen Haftpflichtgefahr zu entlasten, sind diejenigen Personen als Militärpersonen im Sinne von MO 22 I zu betrachten, die *an den Aktivitäten der Gesamtorganisation Armee teilnehmen und darin eine Funktion* erfüllen und insbesondere in die *militärische Hierarchie* eingegliedert sind. Diese Voraussetzungen sind auch bei freiwilligem Militärdienst erfüllt. 211

Diese Umschreibung ist grundsätzlich weit zu interpretieren. Die Abgrenzung gegenüber privater Tätigkeit in zeitlichem Zusammenhang mit der Ausübung militärischer Funktionen erfolgt durch die Haftungsvoraussetzung der dienstlichen Verrichtung (hinten N 217 ff.). 212

---

[137] Das ergibt sich ohne weiteres aus der Aufzählung der versicherten Personen in MVG 1 I.
[138] Wenn ein Kompanie-Kommandant vor seinem Dienst Aufgebote mit falschem Einrückungsdatum verschickt, besteht kein Grund, die MO nicht anzuwenden (vgl. vorn FN 57), seine Haftpflicht aber durch den Bund ablösen zu lassen, wenn er die Aufgebote zufällig in einem früheren Militärdienst versendet.

b) Begriff der Truppe

213 MO 23 knüpft die Haftpflicht an militärische Übungen oder dienstliche Verrichtungen der *Truppe*, während aMO 27 die Truppe als Verursacher nicht erwähnte. Mit dieser Änderung des Wortlautes war aber keine Änderung der Rechtslage beabsichtigt [139].

214 Durch die Verwendung des Ausdruckes «Truppe» unterscheidet sich MO 23 — neben anderen Punkten — von MO 22 I. Dadurch wird auf eine kollektive Veranstaltung hingewiesen; der einzelne Wehrmann ist für sich allein keine Truppe.

215 Zur Truppe gehört aber nicht nur, dass eine Mehrheit von Armee-Angehörigen beteiligt sein muss, sondern auch, dass diese im Rahmen der Gesamtorganisation Armee tätig wird. Fast immer wird eine Truppe unter einheitlicher Leitung stehen. Aber auch wenn Versprengte verschiedener voneinander unabhängiger militärischer Übungen sich zufällig in der gleichen Gartenwirtschaft zusammenfinden und dort Schaden anrichten, kann noch von einer Verursachung durch eine Truppe im Rahmen einer militärischen Übung gesprochen werden [140].

216 Die Verwendung des Ausdruckes «Truppe» in MO 23 hat für den Geschädigten den Vorteil, dass er nicht die Verursachung des Schadens durch einen bestimmten Wehrmann beweisen muss. Das wäre häufig unmöglich. Dabei ist allerdings zu berücksichtigen, dass es auch für die Anwendung von MO 22 I genügen muss, wenn feststeht, dass *irgendein* Wehrmann den Schaden verursacht hat. Es muss nicht bewiesen werden, wie er heisst; denn für alle Wehrmänner haftet ja der gleiche Bund.

c) Begriff der dienstlichen Verrichtung

217 Sowohl in MO 22 I als auch in MO 23 wird — in Abweichung von aMO 27 — die Haftpflicht auf *dienstliche Tätigkeiten des einzelnen Wehrmannes* resp. *dienstliche Verrichtungen der Truppe*[141] beschränkt. Damit wird in beiden Artikeln die private Tätigkeit ausgenommen, und zwar immer auch dann, wenn sie bei Gelegenheit einer militärischen

---

[139] Vgl. Botschaft des Bundesrates, BBl 1966 II 423.
[140] Fraglich ist allerdings, ob eine dienstliche Verrichtung vorliege. Für den Besuch einer Wirtschaft im Rahmen einer militärischen Übung ist das zu bejahen, nicht aber für aus Übermut verursachte Sachbeschädigungen.
[141] Ob die «Verrichtungen» oder die «Tätigkeiten» dienstlich sein müssen, macht keinen Unterschied aus.

III. Voraussetzungen der Haftpflicht § 32

Tätigkeit erfolgt[142]. Die Erwähnung der dienstlichen Verrichtung in MO 23 bezieht sich auf Tätigkeiten der Truppe — statt eines einzelnen Armeeangehörigen —, die ihrer Natur nach den militärischen Übungen gleichzustellen sind, aber keinen Übungscharakter haben. Wenn eine Truppe eine Militärbaracke aufstellt, was sie sehr gut kann und nicht mehr üben muss, besteht darin eine dienstliche Verrichtung, die unter MO 23 fällt. Bei Einsatz der Armee im Ernstfall ist demgegenüber — in einschränkender Interpretation des gesetzlichen Wortlautes — MO 23 nicht anwendbar.

Der Ausdruck der dienstlichen Verrichtung resp. Tätigkeit hat dabei 218 die gleiche Funktion wie in OR 55 die «Ausübung ihrer dienstlichen oder geschäftlichen Verrichtungen»[143]. Es liegen ähnliche Verhältnisse vor. Bei OR 55 ist der funktionelle Zusammenhang mit der geschäftlichen Tätigkeit im Interesse und entsprechend den Weisungen des Geschäftsherrn massgebend, hier der funktionelle Zusammenhang mit dem militärischen Betrieb. Dieser ist im inneren Kreis (vgl. vorn N 94) bestimmt durch den Zweck der Ausbildung der Armee für den Ernstfall[144]. Dazu dienen die militärischen Übungen. Diese Ausbildung ist aber nicht möglich, ohne dass die Truppe gemeinsam lebt, d.h. isst und schläft, und dass das dafür nötige Material zur Verfügung gestellt, gereinigt und gepflegt wird. Diese Tätigkeiten des äusseren Kreises sind ihrer Art nach zivilen Tätigkeiten sehr ähnlich. Trotzdem sind sie, wenn sie im Rahmen der Armee erfolgen, als militärisch zu betrachten; sie stellen dienstliche Verrichtungen dar.

Da die Armee streng hierarchisch organisiert ist, sind in ihrem 219 Bereich dienstliche Tätigkeiten durch allgemeine oder spezielle Befehle oder Reglemente angeordnet oder sie ergeben sich aus den erteilten Aufträgen[145]. Verrichtungen, die weder durch Reglemente noch durch

---

[142] Im Wortlaut von MO 23 werden militärische Übungen und dienstliche Verrichtungen unterschieden. Militärische Übungen einer Truppe werden aber nie privaten Charakter tragen. Wenn es auch denkbar ist, dass sich ein einzelner Wehrmann in der Freizeit in einer Kiesgrube im Schiessen übt, so kann eine gemeinsame Aktion mehrerer Wehrmänner in der Freizeit — man denke z.B. an die «Erstürmung» eines Mädchenpensionats durch eine Gruppe Rekruten — nicht unter den Begriff der militärischen Übung (vgl. hinten N 222ff.) fallen. MO 23 sollte richtigerweise wie folgt beginnen: «Wenn infolge militärischer Übungen oder anderer dienstlicher Verrichtungen der Truppe...».
[143] Vgl. Bd. II/1 § 20 N 88ff.
[144] Daneben steht natürlich der militärische Betrieb bei Einsatz der Armee zur Erreichung ihrer Zwecke, auf den hinten (N 244ff.) eingetreten wird.
[145] Vgl. BGE 78 II 429; 79 II 150; VPB 1979 Nr. 71. Bei der *medizinischen Behandlung einer Zivilperson durch einen Militärarzt* ist vor allem an zwei Fälle zu denken: Es ist

Befehle geregelt sind und sich auch nicht aus dem erteilten Auftrag auf Grund der Lage im konkreten Fall ergeben, sind nicht dienstlich. Sie stehen nicht in funktionellem Zusammenhang mit dem Militärbetrieb [146].

220 Gestützt darauf sind vor allem Verrichtungen *im Ausgang, in der Freizeit und im Urlaub,* soweit sie nicht ausnahmsweise durch Befehle geordnet sind [147], nicht als dienstlich zu betrachten; die Haftung des Bundes erstreckt sich nicht auf sie [148].

kein Zivilarzt erreichbar, die ärztliche Behandlung ist aber dringend oder die Behandlung erfolgt im Rahmen des sog. koordinierten Sanitätsdienstes.
Im ersten Fall wird keine dienstliche Verrichtung vorliegen. Die Armee ist nur insofern beteiligt, als sie den Arzt am fraglichen Ort eingesetzt hat (aber nicht für die dann erfolgte Behandlung einer Zivilperson). Der Arzt wird auch vom Patienten ein Honorar verlangen können, was die dienstliche Verrichtung ausschliesst.
Bei koordiniertem Sanitätsdienst stellt die Behandlung von Zivilpersonen demgegenüber eine dienstliche Verrichtung dar, gestützt auf das einschlägige Reglement. Dementsprechend haftet der Bund gestützt auf MO 22 I/23 für die Schäden, die durch Militärärzte Zivilpersonen durch fehlerhafte Behandlung zugefügt werden.

[146] An und für sich fallen nur rechtmässige Befehle in Betracht, d. h. Befehle des zuständigen Vorgesetzten im Rahmen seiner Kompetenz. Wenn er diese Genze überschreitet, stellt die Nichtbefolgung des Befehls keine Befehlsverweigerung dar und die Befolgung keine dienstliche Verrichtung. Es liegt nahe, hier die Brücke zum Militärstrafrecht zu schlagen. Strafbar ist der Wehrmann, «wenn das Angeordnete mit dem Dienst in einem wirklichen oder wenigstens scheinbaren sinnvollen Zusammenhang steht»; vgl. KURT HAURI, Kommentar zum Militärstrafgesetzbuch (Bern 1983) N 15 zu MStG 61. Einen Befehl in einer privaten Angelegenheit darf man, wie das Militärkassationsgericht (MKGE 6 Nr. 13) entschieden hat, verweigern.
Diese (dogmatische) Parallele zwischen dienstlicher Verrichtung und erlaubter Befehlsverweigerung darf nicht zu konsequent gezogen werden. In nicht ganz eindeutigen Fällen wird der Befehlsempfänger auf Grund seiner militärischen Erziehung und des Ansehens des Befehlenden dazu neigen, einen Befehl ohne weitere Überlegungen über seine Rechtmässigkeit zu befolgen. Das darf nicht dazu führen, dass MO 22 I/23 auf einen dabei verursachten Schaden nicht angewendet werden und der Wehrmann dafür persönlich haftet.

[147] Wenn eine Truppe sich im Sonntagsausgang im Ortsrayon befindet — weil sie alarmierbar sein muss — und durch alle Strassen befahrende Motorradfahrer mit Hupsignalen zum Sammelplatz gerufen wird, liegen von diesem Moment an gleiche Verhältnisse vor, wie wenn kein Abtreten in den Ausgang erfolgt wäre. Wenn dann ein Soldat im Laufschritt aus einem Haus rennt und eine Zivilperson umwirft, haftet daher der Bund.
Befehle können auch das Verhalten im Urlaub betreffen, ohne dass dieser abgebrochen wird: Ein Soldat erhält den Befehl, bei seiner Rückreise aus dem Urlaub beim vorgesetzten Kommando als Kurier die Post abzuholen.

[148] Wenn ein Soldat im Urlaub an seinem Wohnort von sich aus Zigarren der von seinem Hauptmann bevorzugten Marke besorgt und dabei einen Fahrradunfall verursacht, ist das keine dienstliche Verrichtung. Auch wenn sein Kompaniekommandant ihn dazu veranlasst hat, liegt kein dienstlicher Befehl und daher auch keine dienstliche Tätigkeit vor. Wenn der Hauptmann aber während der Manöver einen entsprechenden Auftrag erteilt, ist im gegenteiligen Sinn zu entscheiden. Vgl. vorn FN 146 a. E.

Schädigungen, die nur dadurch mit dem militärischen Betrieb 221
zusammenhängen, dass sie *bei Gelegenheit* der Ausübung militärischer
Funktionen erfolgen, beruhen nicht auf dienstlichen Verrichtungen, entsprechend der Interpretation von OR 55. Das ist eindeutig bei schweren Straftatbeständen[149]; sie haben mit den dienstlichen Obliegenheiten nichts zu tun. Wenn aber ein Radfahrer auf einer befohlenen Fahrt eine Stopstrasse überfährt, ist die dienstliche Verrichtung zu bejahen, weil der Radfahrer keine von der Befolgung des militärischen Befehls unabhängige Absicht verfolgt[150]. Die Verursachung des Schadens «passiert ihm» bei der Ausübung seiner militärischen Pflichten.

d) Begriff der militärischen Übung

aa) In Friedenszeiten

Militärische Übungen stellen immer dienstliche Verrichtungen 222
dar[151]. Das Problem der Schädigung bei Gelegenheit einer militärischen Übung stellt sich auch hier und ist nach den Grundsätzen zu behandeln, die für die dienstlichen Verrichtungen allgemein dargelegt worden sind (vorn N 217 ff.).

Dagegen wirft der Begriff der militärischen Übung der Truppe die 223
Frage auf, ob er neben demjenigen der dienstlichen Tätigkeit eine besondere Bedeutung hat, oder m. a. W., ob sich daraus in Fällen, in denen nach MO 22 I mangels dienstlicher Verrichtung keine Haftung besteht, eine Verantwortlichkeit des Bundes ergeben kann.

An sich ist dies nicht denkbar, da jede militärische Übung sich aus 224
Verrichtungen von Wehrmännern zusammensetzt, die, wenn sie zur Übung gehören, auch dienstlicher Natur sind. Wie hinten N 238 gezeigt wird, können bei einer militärischen Übung aber auch Schäden verursacht werden, die nicht einer konkreten Militärperson angelastet werden können.

Eine nähere Prüfung des Begriffes der militärischen Übung drängt 225
sich auf:

---

[149] Beispiele:
— Brandstiftung an ziviler Unterkunft durch einen Wehrmann unter Alkoholeinfluss aus Verärgerung über den befohlenen Wachtdienst (VPB 1979 Nr. 71).
— Einbruchdiebstahl eines Wehrmannes (VPB 1979 Nr. 72).
[150] Das gilt auch, wenn ein Schütze sich bei der Vorbereitung eines Ortskampfes mit seinem Sturmgewehr an einem Fenster einrichtet und dabei einen Geraniumstock vom Sims schiebt, der einem Passanten auf den Kopf fällt.
[151] Vgl. vorn FN 142.

§ 32   Haftpflicht des Staates für Schädigungen durch Armee und Zivilschutz

226   1. *Übung* ist an und für sich ein Vorgang, der der *Ausbildung und Erprobung,* hier in *militärischen Belangen,* dient. Es handelt sich um eine *Aktion,* zum Unterschied von einem Zustand oder einer Vorrichtung.

227   2. Eine militärische Übung ist ein *Gesamtgeschehen,* an dem eine Mehrheit von Militärpersonen unter einer gemeinsamen Leitung, also hierarchisch gegliedert, teilnimmt. Der zuständige Leiter der Übung bestimmt deren Zweck und deren Ablauf. Dieser wird je nach dem Charakter der Übung mehr oder weniger detailliert festgelegt.

228   Welche Aktivitäten von Angehörigen der übenden Truppe[152] noch zur Übung gehören, ist im Einzelfall nach den konkreten Umständen zu entscheiden. Auf alle Fälle sind auch Ruhe-Phasen hier einzureihen. Diese Frage ist heute nicht mehr von praktischer Bedeutung, denn der Bund haftet auf Grund von MO 22 I auch für das Verhalten der an der Übung beteiligten Armeeangehörigen, das ausserhalb der Übung liegt.

229   3. Die Aktivitäten von Truppenteilen dienen fast immer der Ausbildung, auch wenn noch ein anderer Zweck damit verbunden ist. So dient eine Dislokation vom Mobilmachungsort zur Wiederholungskurs-Unterkunft zwar primär dem Zweck, die Truppe an den Kursort zu bringen. Damit verbunden ist aber der weitere Zweck, die Truppe in der Verladung des Materials und in der Verschiebung zu schulen[153] und z. B. die Motorfahrzeuglenker an ihre militärischen Fahrzeuge zu gewöhnen. Der Übungscharakter liegt daher auch hier auf der Hand, nicht nur, wenn eine Fahrt als eigentliche Fahrschule ausschliesslich der Ausbildung dient[154]. Wenn der Ausbildungszweck ganz entfällt, es sich aber trotzdem um eine Tätigkeit der Truppe handelt, ist MO 23 gestützt auf die darin erwähnte dienstliche Verrichtung anwendbar, soweit es sich nicht um einen Einsatz im Ernstfall handelt. Die Haftungsvoraussetzung der Ausbildung wird dadurch ergänzt, drückt aber als weit überwiegender Anwendungsfall MO 23 trotzdem ihren Stempel auf.

---

[152] Dazu gehören bei Manöverübungen auch die Schiedsrichter.
[153] Vielleicht auch im Bezug von Fliegerdeckung und in deren militärischer Sicherung.
[154] In der früheren Gerichtspraxis bestand die Tendenz, den Begriff der militärischen Übung sehr extensiv auszulegen, um zur Bejahung der Bundeshaftung zu kommen. Dies zeigt die Kasuistik in der Voraufl. 891 ff. Vgl. hinten N 235 ff.

III. Voraussetzungen der Haftpflicht § 32

4. Wie vorn (N 146 ff.) erwähnt, schliesst die Anwendbarkeit von 230
MO 23, d. h. die Schädigung durch eine militärische Übung, die
Anwendung der einfachen Kausalhaftungen des OR und des ZGB
aus[155]. Obschon die Übung an sich eine Aktion darstellt, ist auf
Zustände und Vorrichtungen, die mit ihr in Zusammenhang stehen,
MO 23 anzuwenden. Wenn im Rahmen eines Manövers ein Dorf zu
verteidigen ist und zu diesem Zweck Sperren errichtet werden, haftet
für Unfälle nicht der Strasseneigentümer nach OR 58, sondern der
Bund nach MO 23.

5. Eine militärische Übung stellt ein Geschehen besonderer Art dar, 231
wie es sonst in gleicher Weise nicht vorkommt. Das ist offensichtlich bei
Schiessübungen und Manövern, gilt aber auch bei militärischen Transporten, körperlicher Ertüchtigung und Mutübungen[156]. Daraus ergeben
sich *besondere Gefahren* für Zivil- (aber auch für Militär-)Personen, die
als ratio legis schon der Haftung für militärische Übungen nach aMO
27 zugrunde lagen.

Wie bei allen Gefährdungshaftungen das Vorliegen der spezifischen 232
Gefahr im konkreten Fall nur bei eindeutigen Verhältnissen verneint
wird[157], sind auch hier nicht allein Vorgänge zu berücksichtigen, die nur
bei der Armee vorkommen. Es genügt, wenn der Geschehensablauf,
der zum Schaden geführt hat, in seiner *Gesamtheit* einen für das Militär
als Ganzes typischen Charakter aufweist. Dieser ist nicht nur dort vorhanden, wo zur Ausbildung und Erprobung der Truppe kriegsähnliche
Handlungen vorgenommen werden, wo ein Manöver durchgeführt oder
geschossen wird[158]. Vielmehr ist der vollständige, dem aktiven und passiven Schutz des Landes unmittelbar oder mittelbar dienende Dienstbetrieb im Zusammenhang mit einer militärischen Übung zu berücksichtigen. Ein nach MO 23 zu beurteilender Unfall liegt deshalb z. B. nicht
nur vor, wenn ein herunterfallendes Geschoss der Fliegerabwehr eine
Zivilperson verletzt, sondern ebenso gut, wenn eine übende Luftschutzgruppe beim Besteigen eines Daches einen Ziegel loslöst, der einen
Fussgänger trifft.

---

[155] Dies gilt nicht für MO 22.
[156] Dabei, d. h. beim Überrollen in eine Kiesgrube oder beim Überklettern eines Hindernisses in einer Kampfbahn, können Zivilpersonen kaum geschädigt werden. Wenn aber Aspiranten ihren Mut durch einen Kopfsprung ins Wasser von einem hohen Sprungbrett beweisen müssen, kann ein ziviler Schwimmer verletzt werden.
[157] Vgl. Bd. II/2 § 24 N 7.
[158] Fälle bei BURCKHARDT Nr. 2297 VII; 2300 I; 2298 I, III.

§ 32 Haftpflicht des Staates für Schädigungen durch Armee und Zivilschutz

233 Dagegen kann man nicht ohne weiteres von einer spezifischen Militärgefahr sprechen, wenn eine in einer Wirtschaftsküche arbeitende Militärordonnanz aus Unachtsamkeit den Koch der Wirtschaft umwirft. Aber auch dies kann im Rahmen einer militärischen Übung auf die dadurch bedingte Eile zurückzuführen sein, woraus sich dann das Vorliegen der besonderen Militärgefahr ergibt.

234 Die Frage, ob die *Militärgefahr* Voraussetzung der Haftpflicht nach MO 23 sein soll, hat sich zu einem Zankapfel unter den Juristen herausgebildet. Das Bundesgericht und die Rekurskommission der Eidg. Militärverwaltung vertraten jahrzehntelang die Ansicht, sie sei zu bejahen[159].

235 In der Vorauflage (887) beruft sich OFTINGER für seine Ablehnung der Militärgefahr als Haftungsvoraussetzung auf die Tendenz, die Haftpflicht der Eidgenossenschaft auszudehnen, um den Bereich der persönlichen Haftung der Militärperson zu verkleinern. Diese Tendenz der Rechtsprechung ergibt sich deutlich aus der in der Vorauflage (891 ff.) zusammengestellten Literatur.

236 Diese Situation hat durch die Einführung von MO 22 I eine grundlegende Änderung erfahren: Auch wenn die Militärgefahr nicht im Spiele ist, haftet für dienstliche Verrichtungen der Bund und kann der den Schaden verursachende Wehrmann nicht direkt persönlich belangt werden. Die Frage, ob die Militärgefahr Voraussetzung der Anwendung von MO 23 sei, hat ihre praktische Bedeutung weitgehend verloren. Die Fälle, in denen bisher die Militärgefahr und auch das Vorliegen einer militärischen Übung in eher gekünstelter Art bejaht wurden[160], liessen sich eindeutig dem Verhalten eines oder mehrerer ganz bestimmter Armeeangehöriger, vielleicht auch ihres zuständigen Vorgesetzten, zur Last legen. Hier ist allerdings beizufügen, dass die Haftpflicht nach MO 23 keine *Ordnungswidrigkeit* des für den Schaden kausalen Verhaltens eines Wehrmannes voraussetzt, wohl aber die Haftpflicht nach MO 22 I (vgl. vorn N 78 f.).

---

[159] Vgl. BGE 47 II 513, 526; 68 I 39 f.; 68 II 217; 69 II 93; 78 I 287; PraRek I 224, 229 f., 231 f., 238 f.; II 34, 35; III 22; SJZ 39 (1942/43) 301 f. Nr. 181—83; 39, 417 f., 553 Nr. 276; VerwEntsch 14, 122 Nr. 66, 130 Nr. 68; 17, 206 Nr. 101. Vgl. auch die bei BURCKHARDT Nr. 2300 sowie VerwEntsch 5, 166 Nr. 125 und 17, 174, Nr. 75 wiedergegebenen Gutachten; ausserdem TREADWELL, SJZ 39 (1942/43) 57; STARK, SJZ 44 (1948) 349.

[160] Vgl. z. B. PraRek I 225 (Benützung eines Hotels zur Unterkunft, zum Kochen usw.; Brand des Gebäudes); PraRek III 22 (Soldat mit genagelten Schuhen trägt einen schweren Gegenstand über die Marmortreppe eines Hotels und lässt seine Last fallen; sie beschädigt die Treppe).

III. Voraussetzungen der Haftpflicht § 32

Bei militärischen Übungen im eigentlichen Sinn des Wortes (vgl. 237
vorn N 226 ff.), die mit der besonderen Militärgefahr verbunden sind,
ist aber der Verursacher nicht immer bekannt. Wegen dieses Umstandes wurde 1907 in die MO eine Gefährdungshaftung des Bundes aufgenommen, damit der Geschädigte nicht leer ausgehe, wenn niemanden
ein Verschulden treffe. Es ging also nicht um die Besserstellung des
Wehrmannes, sondern des Geschädigten; denn der Ausschluss der persönlichen Belangbarkeit des einzelnen Armeeangehörigen galt damals
noch nicht. Er taucht erstmals 1921 in BGE 47 II 179 auf und wurde
1946 als Art. 237 I des Verwaltungsreglementes in einer ausdrücklichen
Rechtsregel kodifiziert[161].

Wenn man davon ausgeht, dass die Schäden, für die der Bund nach 238
MO 23 aufzukommen hat, immer auf das Verhalten irgendeiner Militärperson zurückzuführen ist, besteht die Haftpflicht des Bundes auch
ohne MO 23 in allen Fällen, auch wenn der konkrete Verursacher nicht
eruiert werden kann.

Es ist aber auch denkbar, dass die Umstände einer militärischen 239
Übung zu einem Schaden führen, ohne dass man von dessen Verursachung durch eine Militärperson sprechen könnte[162].

Zu erwähnen sind hier auch Schreckreaktionen von Mensch und 240
Tier auf übermässigen Lärm, wie er mit dem militärischen Betrieb häufig verbunden ist[163].

Diese Beispiele, die sich leicht vermehren liessen, zeigen, dass die 241
Haftung von MO 23 ihre Existenzberechtigung hat, obschon sie sich
wie MO 22 I auch auf die dienstlichen Verrichtungen bezieht[164]. Diese
Regelung hat auch zur Folge, dass der Bund für Schäden durch Tiere
voll haftet, ohne sich auf den Sorgfaltsbeweis berufen zu können, wenn

---

[161] Vgl. BINSWANGER FN 199; STARK, SJZ 44 (1948) 350.
[162] Beispiele:
— Eine durstige, von einem langen Fussmarsch ermüdete Truppe lagert in der Morgenfrühe in einem Garten und auf dem angrenzenden Trottoir. Die militärfreundliche Hausfrau kocht Kaffee und Kaffee und noch einmal Kaffee. Beim Transport eines Kruges Kaffee zu den Soldaten rutscht sie aus und leert sich heissen Kaffee über das Bein, so dass sie mittlere Verbrennungen erleidet.
— Ein Landwirt will in der Dämmerung seine Jauchegrube ganz zudecken, damit die Soldaten, die bei ihm in Fliegerdeckung gegangen sind, nicht hineinfallen — und fällt dabei selbst hinein.
[163] Es ist auch denkbar, dass eine Frau nachts im Freien durch still marschierende Soldaten erschreckt wird, die ihre Gesichter geschwärzt und die Waffen mit Stoff umwickelt haben, um vom Feind weder gehört noch gesehen zu werden.
[164] Vgl. vorn N 222.

§ 32 Haftpflicht des Staates für Schädigungen durch Armee und Zivilschutz

sie im Rahmen einer militärischen Übung eintreten[165]. Hat die Armee auf einer Strasse im Zusammenhang mit einer militärischen Übung Barrikaden errichtet, die ungenügend signalisiert und gesichert sind, so haftet der Bund nach MO 23 und nicht der Strasseneigentümer nach OR 58. Diese Lösung überzeugt.

242 Diese Überlegungen führen zum Schluss, dass die spezifische Militärgefahr, weit ausgelegt, Voraussetzung der Haftung nach MO 23 sein muss. Durch diese Bestimmung werden insbesondere mit den militärischen Übungen unvermeidbar verbundene Schädigungsmöglichkeiten abgedeckt. Da das öffentliche Interesse offensichtlich ist, liegen alle Voraussetzungen einer *Gefährdungshaftung*[166] vor.

243 Verglichen mit den andern Gefährdungshaftungen entspricht die militärische Übung dem Betrieb eines Motorfahrzeuges, einer Eisenbahn usw. und die Militärgefahr der Betriebsgefahr.

bb) Im Krieg, im Aktivdienst und bei Naturkatastrophen

244 Der Begriff der Übung steht im Gegensatz zu demjenigen einer Aktion entsprechend den Zwecken der Armee. Wenn diese eingesetzt wird, um die *Unabhängigkeit des Landes* gegen eine fremde Organisation, die sie vernichten will, aufrechtzuerhalten, übt sie nicht mehr, sondern handelt sie. Dies gilt, obschon eine Truppe durch jeden kriegsmässigen Einsatz auch weitergebildet wird und eine kampferprobte Truppe stärker ist als eine unerprobte.

245 In Kriegszeiten steht nicht die ganze Armee in kriegsmässigem Einsatz; sie muss auch Rekruten ausbilden und Wehrmänner für neue militärische Verwendungen umschulen. Sie führt also auch militärische Übungen durch, für die grundsätzlich die Haftung nach MO gilt, soweit nicht spezielle Erlasse ihr vorgehen (vgl. FN 167).

246 Beim Einsatz zur *Aufrechterhaltung von Ruhe und Ordnung im Innern,* d. h. zur Abwehr von Versuchen, demokratische, gemäss der Bundesverfasssung gefällte Mehrheitsentscheide umzustürzen und die rechtmässig bestellten Organe des Staates mit Gewalt auszuschalten, handelt es sich auch nicht um Übungen der Armee. Wenn diese von den Trägern der Regierungsgewalt gegen politische Gegner einge-

---

[165] Vgl. vorn N 147. Man denke z. B. daran, dass ein Pferd durch das Übungsgeschehen nervös wird und ausschlägt. Es wäre sehr schwer zu entscheiden, ob der Bund den Sorgfaltsbeweis von OR 56 leisten kann, wenn die Soldaten das Pferd mustergültig beaufsichtigt und behandelt haben.
[166] Vgl. Bd. II/2 § 24 N 22 ff.

setzt wird, die nicht gewaltsam und staatsstreichartig, aber durch Störung der öffentlichen Ordnung der Mehrheit ihren Willen aufzwingen wollen, liegen die Verhältnisse nicht anders.

Wenn sich die Armee im *Aktivdienst*[167] befindet, ist sie zum Einsatz 247 gegen einen möglichen Feind bereitgestellt, ohne aber, solange der Krieg nicht ausbricht oder kriegsähnliche Verhältnisse eintreten, militärische Machtmittel einsetzen zu müssen. Sie steht Gewehr bei Fuss. Diese Zeit wird zur Erhöhung ihrer Kampfkraft durch Ausbildung, also zu *Übungen,* benutzt.

Wenn sie dabei die Grenzpolizei bei der Kontrolle der Grenzübergänge und der «grünen» Grenze unterstützt oder in die Schweiz eingedrungene fremde Truppen entwaffnet, entfällt die Übungsfunktion oder tritt sie doch ganz in den Hintergrund: Es handelt sich nicht mehr um militärische Übungen im Sinne von MO 23. 248

Wird die Armee zur *Katastrophenhilfe* eingesetzt, so leistet sie den 249 von der Katastrophe Betroffenen tatkräftige Hilfe. Die dabei gewonnene Erfahrung käme ihr beim Einsatz gegen einen Feind in so hohem Masse zugute, dass es sich rechtfertigt, bei solchen Einsätzen den Übungscharakter noch zu bejahen und MO 23 anzuwenden. Die Truppe kämpft nicht gegen einen Feind, den sie daran hindern will, uns seinen Willen aufzuzwingen und gegen den sie militärische Machtmittel einsetzt, sondern sie beseitigt unhaltbare äussere Zustände, die durch eine Katastrophe verursacht worden sind.

Zusammenfassend lässt sich feststellen, dass MO 23 beim Einsatz 250 der Armee zum Schutze der Unabhängigkeit der Schweiz oder von Ruhe und Ordnung im Innern von vornherein nicht gilt, wohl aber bei Katastrophenhilfe und meistens im aktiven Dienst.

Diese Grenzziehung ergibt sich aus dem Begriff der Übung, nicht 251 aus der fehlenden Rechtswidrigkeit (die aber zu den gleichen Abgrenzungen führt). Sie bezieht sich daher nur auf MO 23, nicht aber auf MO 22 I. Diese Bestimmung gilt auch im Ernstfall, d. h. bei Einsatz der Armee zur Landesverteidigung, zur Aufrechterhaltung von Ruhe und Ordnung und bei Katastrophenhilfe, soweit sie nicht durch spezielle Erlasse aufgehoben wird. Wenn der Wehrmann dabei öffentliche Gewalt rechtmässig ausübt, entfällt deswegen die Rechtswidrigkeit und ist daher MO 22 I nicht anwendbar. Entsteht die Schädigung aber nicht

---

[167] Vorbehalten bleiben spezielle Erlasse über die Haftungsfrage im Aktivdienst, wie der BRB über die Erledigung von Forderungen für Unfallschäden während des Aktivdienstes vom 29. März 1940.

durch rechtmässige Ausübung hoheitlicher Gewalt — ein Radfahrer überfährt bei einem Ernstfall-Einsatz eine Stopstrasse —, so ist die Schädigung nicht rechtmässig und löst sie daher die Haftung des Bundes aus.

e) Kausalzusammenhang

252 Die Haftpflicht setzt voraus, dass der Schaden durch einen Armeeangehörigen oder eine militärische Übung *adäquat verursacht* worden ist. Es ist auf den üblichen Begriff des adäquaten Kausalzusammenhanges abzustellen [168].

253 Hier stellen sich einige *Einzelfragen:*

254 1. Wenn durch *Schiesslärm* oder *furchterregende Vorgänge* akustisch oder visuell bei einer *Kuh* ein *Abortus* ausgelöst wird, ist die Haftung nach MO zu bejahen, wenn der Kausalzusammenhang wirklich als gegeben anzunehmen ist. Das ist eine Expertenfrage. Sie wird von vornherein zu verneinen sein, wenn die Kuh an Bang erkrankt ist, was allerdings vielleicht nicht mehr festgestellt werden kann. Dem Rind wird eine wenig entwickelte Psyche und insbesondere grosse Unempfindlichkeit gegen Lärm attestiert. Gestützt darauf wird die Haftpflicht auf Grund eines Wahrscheinlichkeitsurteils meistens verneint [169].

255 Wenn das Vieh nebst dem Lärm noch durch visuelle Eindrücke beunruhigt wurde, namentlich bei im Stall angebundenen Kühen, die nicht fliehen können, ist demgegenüber der Kausalzusammenhang wesentlich wahrscheinlicher und wird daher die Haftung — je nach den konkreten Umständen — teilweise bejaht [170].

---

[168] VPB 1973 Nr. 16; 1977 Nr. 78 E. 2.
[169] Vgl. PraRek I 214 ff.; II 32; III 21; IV 18; V 31 ff.; VI 28; SJZ 45 (1949) 29; VerwEntsch 15, 111 Nr. 69; 25 Nr. 116; VPB 1984 Nr. 15. Bejahung des Kausalzusammenhanges in VPB 1986 Nr. 74, wo ein Rind wegen eines ausserordentlich starken Knalls auf den Bauch stürzte und daraufhin verwarf.
[170] Vgl. SJZ 51 (1955) 42 f.; PraRek IV 19; V 32/33. In der Voraufl. 894 wird die teilweise Haftung damit begründet, dass eine konstitutionelle Prädisposition (vgl. dazu Bd. I 102 ff.; STARK, Skriptum N 364 ff., insbes. 372; STEPHAN WEBER, Zurechnungs- und Berechnungsprobleme bei der konstitutionellen Prädisposition, SJZ 85 [1989] 73 ff.) vorliege. Dies wäre nur zu bejahen, wenn die verwerfende Kuh empfindlicher wäre als andere Kühe, denn konstitutionelle Prädisposition beruht immer auf einem Abweichen vom Normalzustand. Dieser kann sich nur auf eine bestimmte Tierart beziehen und nicht auf alle Tiere überhaupt.

2. Wenn dagegen ein Tier auf einen Schrecken nicht mit einem 256
Abortus reagiert, sondern vor allem durch Flucht, ist der Kausalzusammenhang keine veterinär-medizinische Frage und wird er sich meistens — je nach den Umständen — aus dem konkreten Geschehensablauf ergeben[171].

3. *Silberfüchse* sind auf Lärm — mindestens in Silberfuchsfarmen, 257
wo sich die Schadenersatzfrage allein stellen kann — besonders empfindlich. Muttertiere können durch Flugzeuge, die die Silberfuchsfarm in geringer Höhe überfliegen, in solche Aufregung versetzt werden, dass sie ihre Jungen verschleppen, sie auffressen oder zugrunde gehen lassen; trächtige Tiere verwerfen. Die gleiche Wirkung kann Schiesslärm haben[172].

Da das LFG der MO vorgeht (vorn N 140), sind solche Fälle nach 258
LFG 64 zu behandeln, wenn der Lärm von Militärflugzeugen den Schaden verursacht hat. War es aber Schiesslärm, so regelt sich die Haftung nach MO 23, eventuell 22 I.

4. Wird durch den Knall beim Fliegen mit Überschallgeschwindig- 259
keit ein Gebäude beschädigt oder anderer Schaden verursacht, so ist ebenfalls das LFG massgebend.

5. Treten an Gebäuden, Strassen, Rohrleitungen und dgl. Schäden 260
auf und wird geltend gemacht, sie seien auf vorbeigefahrene Panzer, militärischen Schwerverkehr oder Abschuss-Erschütterungen von Panzerabwehrkanonen zurückzuführen[173], so ist es wiederum eine Frage des adäquaten Kausalzusammenhanges, ob und in welchem Umfang Schadenersatz zu leisten ist. Zum Teil ist das SVG anzuwenden.

---

[171] Vgl. PraRek V 33; VPB 1984 Nr. 14 A.
[172] Vgl. KARL OFTINGER, Lärmbekämpfung als Aufgabe des Rechts (Zürich 1956) 121; PETER HAFTER, Das Lärmproblem in der Praxis der Gerichts- und Verwaltungsbehörden (Diss. Zürich 1957) 82f., 93; PETER VON DER MÜHLL, Voraussetzungen und Umfang der Lufthaftpflicht gegenüber Drittpersonen (Basel 1950) 83, 147ff.
Im Gegensatz zur Vorauf. 894f. ist auch bei Silberfüchsen nicht eine konstitutionelle Prädisposition anzunehmen, da die beschriebenen Angst-Reaktionen offenbar dieser Tier*art* eigen und nicht spezielle Anlagen einiger weniger Tiere sind. Deshalb ist nicht ein reduzierter, sondern voller Schadenersatz geschuldet.
[173] Vgl. VPB 1977 Nr. 78; 1979 Nr. 66; Nr. 68; 1984 Nr. 2, Nr. 5 und Nr. 13; 1986 Nr. 75; 1988 Nr. 39.

4. Widerrechtlichkeit

261 Für den Begriff der Widerrechtlichkeit sei auf Bd. I 127 ff. sowie auf Bd. II/1 § 16 N 41 ff. verwiesen. Das Wesen der Widerrechtlichkeit ergibt sich nicht aus diesem Wort, sondern aus ihrer Funktion. Rechtswidrig ist jede Rechtsgutsverletzung und daneben jede Verletzung einer Verhaltensnorm [174]. Unabhängig davon, aus welcher dieser beiden Situationen sich in einem bestimmten Fall die Rechtswidrigkeit ergibt, entfällt sie, wenn ein Rechtfertigungsgrund vorliegt.

262 In MO 22 I wird die Widerrechtlichkeit als Haftungsvoraussetzung ausdrücklich erwähnt, nicht aber in MO 23. Die Diskussion über die Frage, ob die Widerrechtlichkeit Haftungsvoraussetzung sei, konzentriert sich daher auf diese Bestimmung [175].

263 Wenn man MO 23 nur auf Personen- und Sachschaden anwendet [176], ist die Rechtswidrigkeit — abgesehen von eventuellen Rechtfertigungsgründen — immer gegeben, da die körperliche Integrität und das Eigentum an Sachen Rechtsgüter darstellen. Die Bedeutung der Frage, ob die Widerrechtlichkeit Haftungsvoraussetzung sei, reduziert sich dann auf die Bedeutung der Rechtfertigungsgründe: Haftet der Bund nur für rechtswidrige Schädigungen, so wird er bei Vorliegen eines Rechtfertigungsgrundes nicht verantwortlich; stellt die Widerrechtlichkeit dagegen keine Haftungsvoraussetzung dar, wird er auch schadenersatzpflichtig, wenn er sich auf einen Rechtfertigungsgrund berufen kann [177].

---

[174] Es ist auf den gleichen Rechtswidrigkeitsbegriff abzustellen wie im privaten Haftpflichtrecht; vgl. EMIL W. STARK, Die Haftungsvoraussetzung der Rechtswidrigkeit in der Kausalhaftung des Staates für seine Beamten, FS Ulrich Häfelin (Zürich 1989) 569 ff.

[175] In Abweichung von der hier vertretenen Auffasssung wird von vielen Autoren die Widerrechtlichkeit nicht als Voraussetzung der Haftung nach MO 23 resp. aMO 27 betrachtet; vgl. schon die Botschaft des Bundesrates in BBl 1966 II 423, daneben WALTER HALLER, Komm. zur Bundesverfasssung der Schweiz. Eidgenossenschaft vom 29. Mai 1874 (Basel, Zürich und Bern 1989) FN 37 zu BV 117; MICHAEL FAJNOR, Staatliche Haftung für rechtmässig verursachten Schaden (Diss. Zürich 1987) 37; GRISEL 808; OTTO K. KAUFMANN, Die Verantwortlichkeit der Beamten und die Schadenersatzpflicht des Staates in Bund und Kantonen, ZSR 72 (1953) 360a ff.; VPB 1984 Nr. 12; a. M. auf Grund einer genaueren Untersuchung des Widerrechtlichkeitsbegriffes BINSWANGER 37 ff., 49 ff., 317.

[176] Im Gegensatz zur vorn N 200 vertretenen Meinung.

[177] Vgl. die Beispiele hinten FN 200.

Es erweist sich als notwendig, diese Fragen etwas näher darzulegen, 264
weil in der Literatur[178] und in der Judikatur[179] divergierende Meinungen vertreten worden sind. Dabei liegt es nahe, die folgenden eng miteinander verbundenen Fragen getrennt zu besprechen:

a) Für welche Schädigungen ist die Rechtswidrigkeit dadurch aufgehoben, dass militärisches Handeln einen staatlichen Charakter aufweist?

An sich liegt der Gedanke nahe, dass die Schäden, die durch staatliches Handeln, das sich an den Rahmen der Rechtsordnung hält[180], 265
entstehen, grundsätzlich ebenso rechtmässig seien wie das betreffende staatliche Handeln[181]. Danach begeht der Soldat, der im Rahmen seiner Dienstpflicht handelt, keine Widerrechtlichkeit[182].

Das staatliche Handeln ist jedoch differenzierter zu würdigen. Es ist 266
nicht generell als gerechtfertigt zu betrachten[183]. Die Rechtfertigung umfasst dabei verursachte Schäden nur, wo der Zweck des Handelns

---

[178] Vgl. vorn FN 175.
[179] In BGE 47 II 179 handelte es sich um die persönliche Haftpflicht von Militärpersonen, die entsprechend ihrem Auftrag zur Zeit des Ersten Weltkrieges ein gegen die Landesgrenze fahrendes Auto schliesslich mit Schüssen aufgehalten hatten. In diesem Zusammenhang hat das Bundesgericht ausgeführt, dass der Soldat, der sich an den Rahmen seiner dienstlichen Verrichtungen gehalten und dabei einen Schaden verursacht hat, nicht widerrechtlich gehandelt hat und daher nicht haftet. Das Gericht hat das Handeln in Ausübung der militärischen Dienstpflicht generell als nicht widerrechtlich betrachtet und nur die Möglichkeit erwähnt, dass der Eingriff eines Wehrmannes in eine fremde Rechtssphäre nicht mehr in Ausübung der Dienstpflicht erfolge. Vgl. auch BGE 47 II 558, der den gleichen Sachverhalt betrifft.
[180] Wenn das Handeln ausserhalb der Rechtsordnung liegt, ergibt sich aus seinem staatlichen Charakter keine Rechtmässigkeit. Die Frage der Widerrechtlichkeit ist dann nach den allgemeinen Grundsätzen zu beantworten. Durch die Rechtsordnung nicht gedecktes Handeln eines staatlichen Funktionärs ist zwar nicht rechtmässig, aber nicht zwangsläufig rechtswidrig *im Sinne des Haftpflichtrechts*. Wenn ein Strassenarbeiter gegen ein Trinkgeld alle privaten Vorplätze jeweils vom Schnee räumt, wenn er die daneben liegende Strasse pfadet, macht er dem Unternehmer Konkurrenz, der diese Arbeit früher gegen Entgelt besorgt hat. Trotzdem ist der Staat, der für den Strassenarbeiter nach dem einschlägigen Verantwortlichkeitsgesetz einzustehen hat, für den Schaden des Unternehmers nicht haftpflichtig: Der Unternehmer erleidet einen Vermögensschaden i. e. S., ohne dass ein Schutzgesetz verletzt wird.
[181] Das erinnert an den absoluten Herrscher, dessen Handeln nicht rechtswidrig sein kann, weil er selbst die oberste Gesetzgebungsinstanz ist.
[182] Vgl. BGE 47 II 180.
[183] Für die gewerblichen Verrichtungen des Staates, die aber im Armee-Bereich nicht in Frage kommen, trifft dies von vornherein zu (vgl. hinten N 269).

seine Art so bestimmt, dass Schädigungen von Privatpersonen nicht vermieden werden können. Das ist offenkundig, wenn die Polizei eine Person verhaftet oder mit Gewalt einen Entführten befreit. Wenn sie den zu Verhaftenden aber mit Schlägen traktiert, obschon er sich der Verhaftung kaum widersetzt, oder wenn sie bei der Befreiung eines Entführten eine alte Frau niederschlägt, obschon sie passiv im Hintergrund steht, sind diese zusätzlichen Aktionen zur Erreichung des staatlichen, durch die Rechtsordnung gedeckten Zweckes nicht mehr nötig. Das gilt z. B. auch für gewaltsames Vorgehen der Polizei mit Gummiknüppeln und -geschossen gegen eine friedliche, gewaltlose Demonstration. Es gilt auch für das Vorgehen des von MAX FRISCH[184] beschriebenen Leutnants, der während des letzten Krieges einem Juden, der durch den Rhein geschwommen war und sich am schweizerischen Ufer an irgendeiner Kante halten konnte, mit dem Stiefel auf die Finger getreten sein soll, so dass er vom Wasser weggerissen wurde und ertrank.

267 Das staatliche Handeln verursacht also zweierlei Schäden; die einen sind mit seinem Zweck zwangsläufig verbunden, und ohne ihre Verursachung könnte der Zweck nicht erreicht werden. Wenn z. B. ein Grundstück mit einem Bauverbot belegt wird, entsteht eine unvermeidbare Werteinbusse der Parzelle, die Gegenstand einer Entschädigung für rechtmässigen Schaden sein kann.

268 Daneben entstehen aber auch andere Schäden, ohne die der rechtmässige Zweck des staatlichen Handelns auch erreicht werden könnte[185]. Sie sind mit dem staatlichen «Betrieb», insbesondere mit den militärischen Übungen, ungewollt verbunden. Sie sind an sich auch vermeidbar, kommen aber auch bei grösster Sorgfalt immer wieder vor. Wenn in einer staatlichen Schule Turnunterricht erteilt wird, sind gelegentliche Unfälle[186] unvermeidbar. Sie gehören aber nicht zum Zweck der körperlichen Ertüchtigung und werden daher nicht deswegen rechtmässig, weil der Staat in Verfolgung seiner Ziele den Turnunterricht durchführt. Sie sind zwar generell unvermeidbar, es wird sie immer geben, wobei man nicht immer jemandem einen Vorwurf machen kann. Der Zweck des staatlichen Handelns verlangt sie aber nicht unabdingbar, im Gegenteil, er wird ohne Unfälle besser erreicht. Man könnte

---

[184] Schweiz ohne Armee? Ein Palaver (Zürich 1989) 32.
[185] Vgl. STARK, SJZ 44 (1948) 351.
[186] Ein Schüler verletzt einen andern beim Fussballspiel. Der Ball kann aber auch aus dem Spielfeld fliegen und einen unbeteiligten Dritten treffen.

III. Voraussetzungen der Haftpflicht § 32

von ausserhalb des Zweckes liegenden Folgen staatlichen Handelns sprechen[187].

Diese Abgrenzung steht nicht mit dem Begriff des *hoheitlichen Handelns* im Zusammenhang. Der moderne Staat erfüllt viele nichtobrigkeitliche Funktionen, in denen er dem Privaten als gleichgeordnetes und nicht als übergeordnetes Subjekt entgegentritt. Auch bei dieser nicht-hoheitlichen Tätigkeit verfolgt der Staat staatliche Zwecke. Wenn damit verbundene Schädigungen zwangsläufig eintreten, können sie nicht als rechtswidrig bezeichnet werden. Wenn der Staat als Wohlfahrtspflege einen Fussballplatz betreibt und sich daraus übermässige Lärmimmissionen auf Nachbargrundstücke ergeben, sind sie rechtmässig und führen nicht zu einem Unterlassungsanspruch nach ZGB 679 resp. 928. Dies ist dann nicht mehr der Fall, wenn der Betrieb des Sportplatzes Lärmimmissionen nicht zwangsläufig mit sich bringt, wenn sie sich vermeiden lassen[188]. 269

Nur für die vom Staat bezweckten oder bei seiner Zwecksetzung in Kauf genommenen Schäden kann die Rechtswidrigkeit generell, d.h. auch bei Rechtsgutsverletzungen, verneint werden; sie sind nach den Regeln der staatlichen Haftung für rechtmässig verursachten Schaden zu behandeln[189]. 270

---

[187] Diese Unterscheidung zwischen zweckwidrigen und unvermeidbaren Folgen staatlichen Verhaltens ist von Bedeutung für die Frage, ob bei solchem Verhalten eine Gefährdungshaftung angemessen sei; vgl. Bd. II/2 § 24 N 20 ff.: Die Einführung einer Gefährdungshaftung ist dort geboten, wo ein bestimmtes Verhalten oder ein bestimmter Betrieb — ungewollt — Gefahren mit sich bringt, die nicht vermieden werden können. So enthält der Motorfahrzeugverkehr ein nicht beherrschbares Schädigungspotential: Wenn ein langer Lastenzug langsam durch ein Wohnquartier fährt und aus einem Gartentor ein kleines Kind, das der Lenker beim Vorbeifahren nicht sehen konnte, unter das hinterste Rad des Anhängers springt, handelt es sich um einen unvermeidbaren Schaden. In *diesem* Sinne unvermeidbar sind die schädigenden Folgen militärischen Tuns, wenn sie nicht bezweckt oder wenigstens in Kauf genommen sind. Dann ist für sie eine Gefährdungshaftung am Platz.

[188] Die von Stark in SJZ 86 (1990) 8 verneinte Frage, ob für nicht-hoheitliches staatliches Handeln eine vom OR abweichende Gestaltung des Haftpflichtrechts geboten sei, steht hier nicht zur Diskussion; sie ist für die Armee vorn N 56 ff. bejaht worden. Hier handelt es sich demgegenüber um die Frage, ob militärisches Handeln auch ausserhalb des Ernstfalles von vornherein rechtmässig sei. Das ist nicht der Fall. Dementsprechend enthalten sowohl MO 22 I als auch die Verantwortlichkeitsgesetze (vgl. als Beispiel VG 3 I) die Haftungsvoraussetzung der Rechtswidrigkeit.

[189] Vgl. Michael Fajnor, Staatliche Haftung für rechtmässig verursachten Schaden (Diss. Zürich 1987) 44 ff.; Peter Ueli Rosenstock, Die Haftung des Staates als Unternehmer im Bereich der Hoheitsverwaltung (Diss. Zürich 1966) 27: «Das Tätigwerden der staatlichen Verwaltungsbehörden ist demnach an sich zwar die Ausübung einer rechtlichen Kompetenz, nicht aber der bei dieser Gelegenheit entstehende Eigentumseingriff».

271　Das kann aber nicht gelten für die ausserhalb des Zweckes liegenden Schäden, die mit dem staatlichen Handeln verbunden sind[190]. Wegen ihrer Vermeidbarkeit[191] werden sie durch das an sich rechtmässige Grundverhalten nicht gerechtfertigt. Sie werden vom Staat nicht in Kauf genommen. Wenn im Rahmen einer Schiessübung wegen eines Materialfehlers ein Schuss unbeabsichtigt losgeht und ein Haus trifft, ist das eindeutig rechtswidrig; es liegt eine Rechtsgutsverletzung vor, die durch die befohlene Übung nicht zwangsläufig verursacht wurde.

272　Bei *militärischen Übungen* werden keine Schädigungen von Zivilpersonen bezweckt oder in Kauf genommen. Wenn auch auf Grund der ganzen bei einer militärischen Übung entstehenden Aktivität manchmal unvermeidbar ist, dass da und dort ein Schaden eintritt, so ist er doch nicht bezweckt oder in Kauf genommen. Er könnte ohne Beeinträchtigung des Übungszweckes vermieden werden[192]. Das ergibt sich aus dem Übungscharakter und der Abgrenzung der Übung vom Einsatz der Armee zum Zwecke der Landesverteidigung oder der Aufrechterhaltung von Ruhe und Ordnung.

273　Schädigungen im Rahmen von militärischen Übungen sind daher rechtswidrig, wenn ein Rechtsgut oder eine von einem kompetenten Staatsorgan erlassene Verhaltensnorm mit Schutzzweck verletzt wurde, sofern nicht ein Rechtfertigungsgrund gegeben ist. Militärische Aktionen stellen dabei keine rechtmässige Ausübung amtlicher Gewalt dar.

274　Wenn man dies berücksichtigt, fällt die — meines Wissens nirgends ausgesprochene — Argumentation dahin, dass MO 23 auch rechtmässige Schäden erfassen müsse, weil die Militärschäden generell rechtmässig seien; sonst bliebe für MO 23 kein Anwendungsbereich.

---

[190] Vgl. MICHAEL FAJNOR, Staatliche Haftung für rechtmässig verursachten Schaden (Diss. Zürich 1987) 51.

[191] Der Begriff der Vermeidbarkeit ist streng auszulegen; vermeidbar sind alle Schäden, deren Vermeidung den Übungszweck nicht unerreichbar macht. Wenn es in einem Manöver taktisch richtig wäre, einen Panzer in einem privaten Garten aufzustellen und dabei ein Gartenhäuschen zu Boden zu walzen, so kann der Zweck der Übung auch ohne dieses Vorgehen erreicht werden und ist es daher vermeidbar. Die Schädigung des Gartens und des Gartenhäuschens ist daher rechtswidrig. Dementsprechend werden für den Einsatz von Panzertruppen in Manövern strenge und häufig das Geschehen und das Bild des Gefechtsfeldes beeinträchtigende Vorschriften aufgestellt.

[192] Wenn die Übung richtig und mit der nötigen Sorgfalt durchgeführt wird, entstehen vielleicht Land- und Sachschäden — vgl. dazu vorn N 35 f. — nicht aber Personenschäden, Artillerietreffer in Sennhütten usw. Diese werden zwar nicht immer vermieden, aber auch nicht in Kauf genommen.

b) Setzt die Haftpflicht nach MO 23 die Widerrechtlichkeit der Schädigung voraus?

Diese Frage ist nur in Ausnahmefällen von praktischer Bedeutung, weil — wie soeben dargelegt — der militärische und damit staatliche Charakter der militärischen Übungen die Widerrechtlichkeit von dadurch verursachten Schädigungen nicht aufhebt. Der Charakter der militärischen Übung schliesst eine Aufhebung der Widerrechtlichkeit fast immer aus; d.h. die meisten Schäden, die dabei durch die Truppe verursacht werden, sind widerrechtlich[193] und müssen nach MO 23 vom Bund übernommen werden, setze diese Norm die Rechtswidrigkeit voraus oder nicht.

275

Die Bedeutung der Frage beschränkt sich daher einerseits auf die Fälle mit von vornherein fehlender Rechtswidrigkeit mangels Verletzung eines Rechtsgutes oder einer Schutznorm und anderseits auf die Fälle von Rechtfertigungsgründen.

276

aa) Voraussetzungen der Rechtswidrigkeit nicht gegeben

Nach den im Zivilrecht entwickelten Grundsätzen über die Rechtswidrigkeit, die hier auch anzuwenden sind[194], fehlt sie von vornherein, wenn kein Rechtsgut und keine Verhaltensnorm mit Schutzzweck verletzt wurde. Dann kommt im Deliktsrecht eine Haftpflicht nicht in Frage.

277

MO 23 bezieht sich nach dem Wortlaut des Gesetzes — wie bereits erwähnt — nur auf Tötung oder Verletzung von Zivilpersonen sowie auf Sachbeschädigungen. Nach dieser Formulierung sind alle Schäden, die unter MO 23 fallen können, ohnehin wegen Rechtsgutsverletzung rechtswidrig (wenn nicht ein Rechtfertigungsgrund vorliegt). Wer aber die Aufzählung von Tötung, Verletzung und Sachbeschädigung nur als pars pro toto betrachtet und auch andere Schäden MO 23 unterstellt (vgl. vorn N 200), muss die Abgrenzung der entschädigungsberechtigten anderen Schäden von den nicht-entschädigungsberechtigten nach dem Begriff der Widerrechtlichkeit vornehmen. Wenn die Widerrechtlichkeit nicht Haftungsvoraussetzung ist, sind dann alle diese Schäden zu ent-

278

---

[193] Die Situation ist also gleich wie im übrigen Haftpflichtrecht; auch dort ist die Widerrechtlichkeit — bei den Rechtsgutsverletzungen und bei Verstoss gegen eine Verhaltensnorm mit Schutzzweck — primär gegeben und entfällt bei Vorliegen eines Rechtfertigungsgrundes, d.h. relativ selten.
[194] Vgl. vorn FN 174.

schädigen. Wenn ihr Fehlen aber die Haftpflicht ausschliesst, muss bei diesen andern Schäden zwischen den rechtswidrigen und den nichtrechtswidrigen unterschieden werden. Das hier zu behandelnde Problem stellt sich nur — das sei nochmals betont —, wenn man nicht nur Personen- und Sachschäden als grundsätzlich nach MO 23 ersatzberechtigt betrachtet.

279 *Unter dieser Bedingung* führt der hier diskutierte Verzicht auf die Rechtswidrigkeit als Haftungsvoraussetzung zur eigenartigen Situation, dass nach MO 23 Schäden zu ersetzen sind, die bei der Verschuldenshaftung, den einfachen Kausalhaftungen und den übrigen Gefährdungshaftungen ausser Betracht fallen. Zur Diskussion stehen fast ausschliesslich Vermögensschäden ohne Verletzung einer Verhaltensnorm mit Schutzcharakter. Wenn z. B. im Rahmen eines grossen Manövers Hunderte von übernächtigten Infanteristen bei einem Stundenhalt auf dem Trottoir liegen, um auszuruhen, während auf der Fahrbahn dichter Verkehr von motorisierten Truppen herrscht, kann eine Zivilperson ihren Zug und damit auch die Frist für die Annahme einer günstigen Offerte verpassen. Das ist nicht rechtswidrig und würde, abgesehen von der Verursachung durch die Armee[195], von vornherein keine Schadenersatzpflicht auslösen[196]. Es besteht kein Grund dafür, dass der Bund von der Armee verursachte Schäden ersetzt, die im ganzen zivilen Haftpflichtrecht und auch im Verantwortlichkeitsrecht des Bundes und der Kantone nicht ersatzberechtigt sind. Eine verschiedene Behandlung der MO-Haftung verglichen mit allen andern lässt sich in diesem Bereich nicht begründen[197]. Die Einheitlichkeit der Rechtsordnung würde ohne verständlichen Anlass gestört. Ein solches Werturteil des Gesetzgebers, der damit die gleiche Frage in verschiedenen Rechtsgebieten verschieden behandeln würde, und zwar ohne Anlass, müsste als fragwürdig erscheinen.

---

[195] Man denke an eine Kuhherde, die den Verkehr bei der Alpfahrt stark behindert.
[196] Die Verspätungsschäden dürften mit Ausnahme der Schäden durch wirtschaftliche Konkurrenzierung die wichtigsten Vermögensschäden i. e. S. darstellen. Sie sind, wenn sie nicht auf einer Rechtsgutsverletzung oder dem Verstoss gegen eine Verhaltensnorm beruhen, nicht ersatzpflichtig, ausser wenn auch für rechtmässige Schäden Ersatz zu leisten ist wie bei der Hilfeleistung nach SVG 58 III; vgl. Bd. II/2 § 25 N 406 und 415.
[197] Wenn Truppen bei Kriegsgefahr möglichst schnell ein Abwehr-Dispositiv beziehen müssen und dabei den zivilen Verkehr behindern, handelt es sich nicht um eine militärische Übung. Der Schaden ist als unvermeidbare Konsequenz der Erfüllung der militärischen Aufgabe nicht rechtswidrig.

III. Voraussetzungen der Haftpflicht   § 32

Bei diesen Überlegungen ist zu berücksichtigen, dass einer Schädi- 280
gung, die nach den das zivile Haftpflichtrecht beherrschenden Grundsätzen rechtswidrig ist, diese «Eigenschaft» nur dann abgeht, wenn die Schädigung von der Armeeleitung oder ihr untergeordneten Kommandostellen[198] bezweckt oder in Kauf genommen worden ist. Dann ist die Schädigung durch rechtmässige Ausübung öffentlicher Gewalt gerechtfertigt.

Das trifft zu für den *Einsatz der Armee im Ernstfall;* im *Aktivdienst* 281
für einzelne Aktionen, die zum Zwecke des Schutzes der Unabhängigkeit des Landes[199] oder der Aufrechterhaltung von Ruhe und Ordnung im Innern durchgeführt werden, nicht aber für die Ausbildung, die Aktivdiensttruppen betreiben.

Die gleiche Betrachtungsweise gilt auch, wenn ein einzelner Ange- 282
höriger der Armee in Verfolgung des Zweckes der Armee einen Schaden verursacht, der mit diesem Zweck unvermeidbar verbunden ist. Dies dürfte allerdings ausserhalb von Aktionen von ganzen Truppenteilen kaum vorkommen.

bb) Aufhebung der Rechtswidrigkeit durch einen
    Rechtfertigungsgrund

Wichtiger als die Fälle mit von vornherein fehlender Rechts- 283
widrigkeit sind diejenigen, in denen eine an sich bestehende Widerrechtlichkeit durch einen Rechtfertigungsgrund aufgehoben wird. Wenn die Haftung nach MO 23 keine Rechtswidrigkeit voraussetzt, muss der Bund auch Schäden ersetzen, bei denen ein Rechtfertigungsgrund gegeben ist[200]. Auch hier geht dann die Haftpflicht des Bundes weiter als

---

[198] Die massgebenden Befehle müssen von dem dafür zuständigen Kommando erteilt worden sein und sich auf ihm erteilte Befehle oder Weisungen stützen. Fehlt dieser «Hintergrund» der schädigenden Aktion, so ist sie nicht gerechtfertigt. Vgl. den in BGE 47 II 177 und 555 erwähnten Befehl des Generalstabschefs über den Waffengebrauch im Grenzdienst vom 30. Juni 1917.

[199] Man denke z. B. an die Entwaffnung von Überläufern, an die Verhinderung von Aktionen ausländischer Truppen gegen verfolgte Feinde auf schweizerischem Gebiet, an die Verhaftung von vermutlichen Mitgliedern der 5. Kolonne am Unterkunftsort einer Truppe bei grosser Kriegsgefahr. Vgl. die Umschreibung des Auftrages der Dragonerschwadron 18 vom 6. Juni 1917 in BGE 47 II 176.

[200] Dies betrifft namentlich Personen- und Sachschäden. Beispiele:
— Wenn ein Wehrmann im Rahmen einer militärischen Übung den Motorfahrzeug-Park seiner Einheit bewacht, einen Saboteur überrascht, der die Pneus der Autos durchschneidet und, von diesem angegriffen, ihn mit dem Gewehrkolben verletzt, so

bei allen zivilrechtlichen ausservertraglichen Haftungsarten und auch als im Staatshaftungsrecht des Bundes und der Kantone.

284 Für eine solche Haftpflicht des Bundes nach MO 23 bestehen keine stichhaltigen Gründe. Es ist nicht einzusehen, weshalb die Haftpflicht des Bundes für Schäden bei militärischen Übungen in dieser Beziehung weiter gehen sollte als im ganzen übrigen Haftpflichtrecht und weshalb das generelle Werturteil des Gesetzgebers, dass bei Rechtfertigungsgründen keine Ersatzpflicht besteht, hier nicht gelten sollte.

285 Abgesehen davon, dass solche Entscheidungen im Einzelfall stossend sind, würde dadurch ohne verständlichen Grund die Einheitlichkeit der Rechtsordnung gestört. Ein solches Werturteil des Gesetzgebers, der ohne genügenden Grund die gleiche Frage bei verschiedenen Haftungsarten verschieden behandeln würde, müsste als fragwürdig bezeichnet werden.

286 Ergänzend ist beizufügen, dass nach MO 27 I bei der Festsetzung der Entschädigung des Bundes OR 44 I sinngemäss anzuwenden ist. OR 44 I sieht vor, dass die Haftpflicht entfallen kann[201], wenn der Geschädigte in die schädigende Handlung eingewilligt hat. Dann liegt ein Rechtfertigungsgrund vor. Daraus kann geschlossen werden, dass die Haftpflicht des Bundes die Rechtswidrigkeit voraussetzt. Dieser Argumentation ist aber entgegenzuhalten, dass die Notwehrbestimmung von OR 52 I in MO 27 I nicht erwähnt wird; der Gesetzeswortlaut ist also in dieser Hinsicht widersprüchlich[202].

---

dringt der Einwand des groben Selbstverschuldens gegenüber dem Saboteur nur durch, wenn der Verletzte im Zeitpunkt der Tat urteilsfähig war. Litt er aber an einer schweren psychischen Krankheit, so muss der Bund für seinen Schaden aufkommen, wenn die Widerrechtlichkeit nicht Haftungsvoraussetzung ist. Die Aufhebung der Rechtswidrigkeit durch Notwehr der Wache kann dann die Haftpflicht nicht ausschliessen.
— Bei einer Überschwemmungskatastrophe will die zugezogene Luftschutztruppe eine vom Einsturz bedrohte Scheune stützen und muss zu diesem Zweck mit schwerem Material in den Rosengarten des Eigentümers eindringen, den sie in einen Morast verwandelt. Wenn die Rechtswidrigkeit Haftungsvoraussetzung ist und man die Rechtfertigungsgründe dementsprechend zulässt, kann der Bund sich auf tatsächliche oder mutmassliche Einwilligung des Eigentümers berufen; wenn nicht, haftet er für den Schaden am Garten.

[201] Vgl. dazu Bd. II/1 § 16 N 239.
[202] In VG 3 I wird die Widerrechtlichkeit ausdrücklich als Haftungsvoraussetzung erwähnt. VG 4 führt die Einwilligung des Verletzten an; die Notwehr wird aber im VG nicht erwähnt (nach VG 9 sind allerdings die Bestimmungen des OR anwendbar, aber nur auf den Regress des Bundes gegen den fehlbaren Beamten und auf den Schadenersatzanspruch für den direkt zugefügten Schaden).

III. Voraussetzungen der Haftpflicht § 32

c) **Sonstige Widersprüchlichkeit der Rechtsordnung bei Anwendung von MO 23 auf rechtmässige Schädigungen**

Neben den erwähnten Widersprüchen ist noch auf zwei weitere hinzuweisen: 287

aa) Differenz zu MO 22 I

Wie erwähnt, gilt MO 22 I nur bei widerrechtlichen Schädigungen. 288 Wenn MO 23 auch auf rechtmässige Schädigungen angewendet wird, kommt es bei Schädigungen durch einen Wehrmann — im Gegensatz zu den allgemeinen Schädigungen durch den Militärbetrieb — zu Differenzen zwischen MO 22 I und MO 23: Die rechtmässigen Schädigungen sind vom Bund nach MO 23 zu tragen, wenn sie im Rahmen einer militärischen Übung oder einer dienstlichen Verrichtung einer Truppe erfolgt sind; wenn nicht, besteht keine Haftpflicht, weil MO 22 I nicht anwendbar ist: Die frühere Tendenz, den Begriff der militärischen Übung allzu sehr auszuweiten, könnte sich in diesem engen Bereich wieder bemerkbar machen, um dem Geschädigten zu helfen.

bb) Differenz zu den anderen Gefährdungshaftungen

Wie vorn (N 125 ff.) festgehalten, gehen die andern Gefährdungshaftungen, 289 vor allem diejenige aus SVG 58, der Gefährdungshaftung des Bundes nach MO 23 vor. Wenn MO 23 sich auch auf rechtmässige Schädigungen bezieht, ist sein Anwendungsbereich in dieser Beziehung grösser als derjenige von SVG 58[203]. Dann entsteht in solchen Fällen die Frage, ob MO 23 nicht — entgegen SVG 73 — auf Schädigungen durch Motorfahrzeuge anzuwenden sei, wenn die Rechtswidrigkeit fehlt.

d) **Schlussfolgerung**

Die vorherrschende Meinung, dass die Rechtswidrigkeit keine Haftungsvoraussetzung 290 von MO 23 sei, lässt sich auf Grund der dargelegten Argumentationen nicht halten. MO 23 statuiert daher eine Gefährdungshaftung und nicht eine öffentlich-rechtliche Entschädigungspflicht des Staates für rechtmässige und rechtswidrige Eingriffe.

---

[203] Vgl. Bd. II/2 § 24 N 27 ff.; § 25 N 294.

5. Aktivlegitimation

291 In MO 23 ist ausdrücklich erwähnt, dass Zivilpersonen aktivlegitimiert sind, während MO 22 I von Drittpersonen spricht. Die Abgrenzung ist aber für beide Bestimmungen die gleiche: Militärpersonen können sich nicht auf MO 22 I oder 23 berufen[204]; sie sind durch die Militärversicherung gedeckt (vgl. vorn N 100).

B. Negative Voraussetzungen

1. Entlastungsgründe

a) Allgemeine Bemerkungen

292 MO 23 erwähnt, dass die Haftung entfällt bei höherer Gewalt oder Verschulden des Geschädigten oder Verletzten. Es handelt sich um zwei der drei klassischen Entlastungsgründe, die zur Entlastung des Bundes durch Unterbrechung des Kausalzusammenhanges führen[205]. In MO 22 I sind sie nicht angeführt, wie auch in den verwandten Normen über die Staatshaftung[206]. Da aber auch hier der Kausalzusammenhang Haftungsvoraussetzung ist, gelten sie auch in diesem Bereich, wie bei OR 55, wo sie auch nicht erwähnt sind[207].

293 Für das Drittverschulden sei auf N 299 und 303 hinten verwiesen.

294 Im Gegensatz zu SVG 59 I, ElG 27 I (nur in bezug auf das Selbstverschulden), RLG 33 II und GSG 36 beschränkt MO 23 die Entlastung bei Selbstverschulden nicht ausdrücklich auf die Fälle, in denen dieses als grob zu qualifizieren ist. Dieser Umstand ist nicht von Bedeutung, da leichte oder mittlere Fahrlässigkeit des Geschädigten nicht die für die Unterbrechung des Kausalzusammenhanges nötige Intensität

---

[204] BINSWANGER 315 betrachtet bei MO 22 I auch Militärpersonen als aktivlegitimiert.
[205] Vgl. Bd. I 108 ff.
[206] VG 3; Verantwortlichkeitsgesetze der Kantone Zürich, Uri, Schwyz, Obwalden, Nidwalden, Zug, Freiburg, Solothurn, Basel-Stadt, Basel-Land, Schaffhausen, Appenzell ARh., Thurgau, Tessin, Waadt, Wallis, Neuenburg, Jura.
[207] Vgl. Bd. II / 1 § 20 N 106.

III. Voraussetzungen der Haftpflicht   § 32

aufweisen[208]. Dazu braucht es sowohl bei MO 22 I als auch bei MO 23 mindestens grobe Fahrlässigkeit[209], wobei allerdings, wie zu zeigen sein wird, die Intensität der vom Bund zu verantwortenden Ursachen sehr verschieden gross sein kann.

Ob ein Verschulden einer an der Verursachung des Schadens beteiligten Militärperson die Entlastung von vornherein ausschliesst — wie nach SVG 59 —, sagt das Gesetz nicht: Der Gesetzgeber überlässt diesen Entscheid im konkreten Fall dem richterlichen Ermessen. Dies erscheint um so mehr als gerechtfertigt, als hier tatbeständlich sehr verschiedenartige Haftpflichtfälle in Frage kommen können.

b) Die Intensität des Haftungsgrundes

aa) Bei MO 22 I

Unter MO 22 I fällt irgendein Verhalten eines Armeeangehörigen, ob ihn ein Verschulden trifft oder nicht[210]. Eine ganz besondere Intensität wird vielfach nicht damit verbunden sein. Es kann sich um ein Verhalten handeln, wie es immer wieder vorkommt; man denke an einen Radfahrer, der eine Stopstrasse überfährt oder an einen Fussgänger, der auf die Fahrbahn tritt, ohne auf den Verkehr zu achten. Daneben kommen aber auch andere Tatbestände in Frage, bei denen die besonderen Verhältnisse des Militärdienstes mitspielen. Je nachdem wird die Intensität des Haftungsgrundes ganz verschieden zu beurteilen sein, wobei ein Verschulden der Militärperson von vornherein dazu führt, dass nur ein schwerwiegenderes Ereignis als Entlastungsgrund in Frage kommt als ohne Verschulden.

---

[208] Vgl. Bd. I 121; EMIL W. STARK, Probleme der Vereinheitlichung des Haftpflichtrechts, ZSR 86 (1967) II 23; a. M. Voraufl. 903.
[209] Man könnte theoretisch den Standpunkt vertreten, dass bei MO 22 I ein weniger grobes Selbstverschulden den Kausalzusammenhang schon unterbreche als bei MO 23, bei dem die Intensität so gross sein müsse, dass die Auswirkung der Militärgefahr ausgeschaltet werde. Das würde dazu führen, dass die Haftpflichtfrage in einem bestimmten Fall möglicherweise nach den beiden Bestimmungen verschieden zu beantworten wäre; bei MO 22 I könnte Entlastung vorliegen, nicht aber bei MO 23. Es entstünde eine ähnliche Situation, wie wenn MO 23 keine Widerrechtlichkeit voraussetzen würde (vgl. vorn N 288). In der Praxis spielt diese Problematik keine Rolle, weil die Beantwortung der Frage der Unterbrechung auf dem Ermessen und nicht auf eindeutigen Feststellungen beruht.
[210] Vgl. vorn N 69.

bb) Bei MO 23

297 MO 23 setzt eine militärische Übung oder sonstige dienstliche Verrichtungen einer Truppe voraus, wozu ganz verschiedene Aktivitäten gehören. Man denke einerseits an ein Scharfschiessen der Artillerie oder an ein Handgranatenwerfen, anderseits an einen Botengang einer Offiziersordonnanz per Fahrrad.

298 Auch hier lässt sich daher die Intensität des Haftungsgrundes nicht generell umschreiben und eng eingrenzen. Vielmehr ist auf die konkreten Verhältnisse abzustellen. Allgemeine Ausführungen lassen sich nur mit Vorbehalt verantworten.

299 Eine Besonderheit besteht in bezug auf das *Drittverschulden*, das in MO 23 nicht erwähnt wird. Da es sich nicht um ein Versehen des Gesetzgebers handeln kann[211], liegt es nahe, wie bei entsprechenden Fällen in andern Gefährdungshaftungen[212] davon auszugehen, dass der Gesetzgeber dem Drittverschulden ganz generell die für die Unterbrechung des Kausalzusammenhanges nötige Intensität abspricht. Diese Argumentation überzeugt hier aber wegen der ausserordentlich grossen Schwankungsbreite der Intensität des Haftungsgrundes, den der Bund vertreten muss, nicht. Während man die Entlastungsfähigkeit des Drittverschuldens bei einem Scharfschiessen mit Panzerabwehrraketen ohne weiteres verneinen kann, kommt dies in anderen Fällen kaum in Frage. Wenn im Verlaufe eines Manövers ein Dritter Train-Pferde absichtlich zum Durchbrennen veranlasst, z. B. mit Schrotschüssen in die Hinterbeine, Knallpetarden oder auf andere Weise, unterbricht das Drittverschulden den Kausalzusammenhang zwischen der militärischen Übung und dem dabei entstehenden Schaden von Zivilpersonen. Auch wenn — immer im Rahmen einer militärischen Übung — ein Dritter in einem Sturmgewehr, das in einem Restaurant steht, eine blinde Patrone durch eine scharfe ersetzt und dann im Ortskampf eine Zivilperson verletzt wird, ginge eine Haftpflicht des Bundes nach MO 23 zu weit. Diese Beispiele von vorsätzlichem Drittverschulden zeigen, dass der Entlastungsgrund des Drittverschuldens nicht generell als ausgeschlossen betrachtet werden sollte[213]. Diese Lösung drängt sich auch deshalb auf, weil das Drittverschulden bei Motorfahrzeugunfällen der Armee ebenfalls zur Entlastung führen kann.

---

[211] Vgl. Bd. I 112, insbes. FN 163; a. M. noch Voraufl. 904 FN 219.
[212] Vgl. LFG 64, KHG 5, RLG 33 II. Zu ZSG 77 I vgl. hinten N 477.
[213] Vgl. BINSWANGER 36, 317.

III. Voraussetzungen der Haftpflicht § 32

c) Die einzelnen Entlastungsgründe

aa) Höhere Gewalt

Hier ist die Variationsbreite des Haftungsgrundes, auf die soeben hingewiesen worden ist, angemessen zu berücksichtigen. Praktische Fälle werden sehr selten sein[214]. Ein Blitz, der in eine an Bäumen aufgehängte militärische Telefonleitung schlägt und in einer damit verbundenen Station einen Brand verursacht, wird als höhere Gewalt zu qualifizieren sein. Wenn aber ein Blitz bei einem Übungsschiessen der Artillerie in die bereitgestellte Munition schlägt und sie zur Detonation bringt, dürfte in Anbetracht der Grösse der Militärgefahr eine Entlastung ausgeschlossen sein. Dies ist auch anzunehmen, wenn ein Erdbeben während der Schussauslösung bei einer Kanone das Geschütz verschiebt.

300

bb) Selbstverschulden

Aus der relativen, auf quantitative Überlegungen abstellenden Konzeption der Entlastungsgründe[215] ergibt sich auch hier, dass das gleiche Selbstverschulden im einen Fall zur Entlastung führen kann, im andern nicht. Je akuter die Gefahr ist, die sich im konkreten Unfall verwirklicht, desto intensiver muss das Selbstverschulden auftreten. Wenn es nicht grob ist, führt es nicht zur Entlastung[216], sondern zur Reduktion des Schadenersatzes.

301

Wer in Gedanken versunken ohne jede Vorsicht über die Strasse geht und von einem militärischen Radfahrer angefahren wird, wird sich grobes Selbstverschulden entgegenhalten lassen müssen. Wer aber mit ebenso viel Unaufmerksamkeit aus einem Wald tritt und in die Geschossbahn eines Maschinengewehres gerät, wird teilweisen Schadenersatz beanspruchen können.

302

cc) Drittverschulden

Es ist bereits darauf hingewiesen worden (vorn N 299), dass das Drittverschulden als Entlastungsgrund nicht nur bei MO 22 I, sondern auch bei MO 23, wo es nicht aufgeführt ist, anzuerkennen ist. Wenn ein

303

---

[214] Vgl. BGE 102 Ib 262: Höhere Gewalt verneint bei heftigen Schneefällen im Gebirge im Frühjahr.
[215] Bd. I 110 ff., 119; vorn § 27 N 134.
[216] Anderer Meinung Voraufl. 903.

ziviler Automobilist durch sein grobfahrlässiges Verhalten ein Militärfuhrwerk zum plötzlichen Ausweichen zwingt und dieses eine parkierte Luxuslimousine beschädigt, kann der Bund sich gegenüber deren Eigentümer auf das Verschulden des beteiligten zivilen Automobilisten als Entlastungsgrund berufen. Wenn zivile Manöverbesucher schädliche Störungen militärischer Vorgänge herbeiführen, wird Entlastung erst in Erwägung zu ziehen sein, wenn von militärischer Seite alles getan wurde, um die Besucher fernzuhalten; andernfalls liegt ein zusätzliches Verschulden vor, das geeignet ist, die Entlastung auszuschliessen [217].

2. Rechtfertigungsgründe

304   Wie vorn (N 261 ff.) dargelegt wurde, setzt die Haftpflicht des Bundes nach MO 23 eine *widerrechtliche* Schädigung voraus. Das gilt auch für die Haftpflicht nach MO 22 I. Daraus ergibt sich, dass die Haftpflicht nach beiden Bestimmungen entfällt, wenn ein Rechtfertigungsgrund [218] vorliegt.

305   Wenn die Armee im Rahmen ihres Zweckes Gewalt anwendet oder androht, gilt der Rechtfertigungsgrund der rechtmässigen Ausübung hoheitlicher Gewalt. Im übrigen fallen die üblichen Rechtfertigungsgründe [219] in Betracht.

IV. Regress des Bundes auf den Armeeangehörigen

306   MO 25 sieht vor, dass der Bund für seine Schadenersatzleistungen gemäss MO 22 I und 23 auf den Wehrmann regressieren kann, der den Schaden vorsätzlich oder grobfahrlässig verursacht hat. Nach MO 27

---

[217] Vgl. einen auf Selbstverschulden bezüglichen Fall bei BURCKHARDT Nr. 3000 I.
[218] Die Verweisung auf das OR in MO 27 I erwähnt zwar die Notwehrbestimmung von OR 52 I und die Notstandsbestimmung von OR 52 II nicht, wohl aber die Einwilligung des Verletzten (OR 44 I). Die Rechtfertigungsgründe des OR sind aber als generell geltende Regeln im ganzen Haftpflichtrecht anzuwenden, auch wenn sie in einem Spezialgesetz nicht erwähnt werden (vgl. vorn N 286).
[219] Vgl. dazu Bd. II/1 § 16 N 224 ff.

II/III[220] sollen dabei die Art des Dienstes sowie die militärische Führung und die finanziellen Verhältnisse des Haftenden angemessen berücksichtigt werden[221].

Es handelt sich nicht um einen Regress im Innenverhältnis zwischen zwei für den gleichen Schaden solidarisch Haftpflichtigen (vgl. zu dieser Frage hinten N 350ff.); denn der Bund haftet *nicht neben* dem Wehrmann — im Gegensatz zum Geschäftsherrn bei OR 55 —, sondern *an seiner Stelle*. Subrogation fällt daher ausser Betracht; der Regressanspruch ist selbständiger Natur. 307

Der Regress nach MO 25 steht dem Bund für Schadenersatzleistungen nach MO 22 I/23 zu. Für Leistungen der Militärversicherung passt diese Bestimmung nicht[222]. 308

A. Regressvoraussetzungen

1. Schadenersatzleistung des Bundes

Der Bund kann nur im Rahmen seiner eigenen Ersatzleistung an den Geschädigten unter Berücksichtigung seiner haftpflichtrechtlichen 309

---

[220] Diese Bestimmung entspricht dem seinerzeitigen Art. 117 II BVA, der 1967 aufgehoben wurde (BBl 1966 II 378; AS 1968, 73).
[221] Die Zusammenfassung der drei Absätze von MO 27 in einen einzigen Artikel kann zu Irrtümern verleiten und bedarf daher näherer Darlegungen:
— Abs. 1 bezieht sich offensichtlich auf die *Haftung des Bundes gegenüber Zivilpersonen* nach MO 22 I/23: Namentlich die Regeln des OR über den Versorgerschaden, die Körperverletzung und die Genugtuung haben nur dort, nicht aber bei der Haftung des Angehörigen der Armee gegenüber dem Bund nach MO 25 und 26 Bedeutung.
— Abs. 2 spricht von der Haftung des Militärperson und gilt *sowohl regressweise* (MO 25) *als auch direkt gegenüber dem Bund* (MO 26).
— Abs. 3 bezieht sich auf die Haftung der Einheiten und Stäbe, d. h. auf die Kollektivhaftung der Mitglieder von Einheiten und Stäben für das ihnen übergebene Material, wenn der einzelne Verantwortliche nicht festgestellt werden kann (MO 26bis).
Gegen diese Interpretation spricht das Wort «ausserdem» in Abs. 2 und 3 von MO 27. Es verweist auf die sinngemässe Anwendung der in Abs. 1 erwähnten Bestimmungen des OR, die aber im Rahmen der Direkthaftung für das Material kaum sinnvoll angewendet werden können.
Das Wort «ausserdem» in Abs. 3 könnte sich sprachlich auch auf Abs. 2 beziehen. Aber auch dies fällt nicht in Betracht, weil Abs. 3 — wie Abs. 2 — die Berücksichtigung der besonderen Umstände selber erwähnt und keiner Ergänzung durch Abs. 2 bedarf.
Es drängt sich daher auf, das Wort «ausserdem» in beiden Absätzen bei der Interpretation nicht zu berücksichtigen.
[222] Vgl. vorn FN 125, aber auch Art. 69 II des E zum MVG vom 20. Februar 1989.

Regressansprüche gegen Mitverursacher des Schadens auf den Wehrmann Rückgriff nehmen. Seine Schadenersatz*pflicht* ist insofern massgebend, als er für freiwillige und für irrtümlich zu hohe Zahlungen nicht auf den Armeeangehörigen zurückgreifen kann[223]. Der Regressanspruch setzt die Schadenersatz*leistung* des Bundes voraus. Solange er die Ersatzpflicht nur anerkannt hat, auch betragsmässig, oder die Klage gegen ihn gutgeheissen wurde, er aber noch nicht bezahlt hat, hat er keinen Anspruch gegen den Wehrmann. Das steht in einem gewissen Widerspruch zur Verjährungsbestimmung von MO 29 II: Für den Beginn des Laufes der Verjährungspflicht ist die Anerkennung oder die gerichtliche Feststellung der Schadenersatzpflicht des Bundes massgebend[224].

310 Wenn der Bund den Schadenersatz in Rentenform leistet, ist er nur berechtigt, die bezahlten Renten vom Angehörigen der Armee zurückzuverlangen, nicht aber den kapitalisierten Wert der Rente. Selbstverständlich kann vergleichsweise eine andere Regelung getroffen werden.

2. Vorsätzliche oder grobfahrlässige Verursachung durch den Wehrmann

311 Regressverpflichtet ist derjenige Wehrmann, der den Schaden — selbstverständlich adäquat — *verursacht* hat[225], wenn ihn dabei der Vorwurf des *Vorsatzes*[226] oder der *groben Fahrlässigkeit*[227] trifft. Durch diese Beschränkung auf die schweren Verschuldensformen wird der Angehörige der Armee bei leichter und mittlerer[228] Fahrlässigkeit, wie

---

[223] Das ergibt sich nicht aus dem Wortlaut des Gesetzes, sondern aus dem Sinn der Regelung und gilt auch im Rahmen von OR 51 II; vgl. A. KELLER II 161; BGE 95 II 340.
[224] Vgl. hinten N 381. Theoretisch könnten sich daraus Schwierigkeiten ergeben, wenn die Zahlung des Schadenersatzes hinausgeschoben wird, z. B. bei einem Kind, wenn die Zahlung erst bei dessen Volljährigkeit erfolgen soll. Durch Unterbrechung der Verjährung (vgl. MO 29 IV) oder Verzicht auf sie kann aber ohne Komplikationen diese Schwierigkeit behoben werden. Dieses Problem entsteht nicht bei der Regressverjährung nach SVG 83 III.
[225] aMO 29 sprach vom «Urheber» des Unfalles oder der Sachbeschädigung. Im weiteren genügte dort irgendein Verschulden zur Begründung des Regressanspruches.
[226] Vgl. Bd. I 142; Bd. II / 1 § 16 N 23 ff.
[227] Vgl. Bd. I 153; A. KELLER I 86 f.; HANS Oswald, SZS 9 (1965) 1 FN 1; KELLER/GABI 57; STARK, Skriptum N 515 ff. und viele andere. — Die grobe Verletzung einer Verkehrsregel ist nicht ausnahmslos als grobfahrlässig zu qualifizieren; vgl. VPB 1988 Nr. 43 A E. 2; unpräzis VPB 1988 Nr. 43 B E. 3.
[228] Vgl. VPB 1986 Nr. 76.

IV. Regress des Bundes auf den Armeeangehörigen   § 32

sie jedem, insbesondere unter den erschwerenden Verhältnissen des Militärdienstes, passieren kann, von der Schadenersatzpflicht[229] befreit. Das Gesetz trägt damit dem Umstand Rechnung, dass der Wehrmann im Militärdienst ohne oder sogar gegen seinen Willen in Situationen gebracht wird, denen er vielleicht nicht ganz gewachsen ist[230].

Das Gesetz verlangt nicht ausserordentlich grobe Fahrlässigkeit[231]. Dieser Differenzierung kommt kaum grosse Tragweite zu, da die Qualifizierung einer Fahrlässigkeit als grob ohnehin auf dem Ermessen beruht.   312

Die hinten N 319 zu besprechenden speziellen Umstände der Art des Dienstes haben auch Auswirkungen auf die Frage, ob im konkreten Fall die Fahrlässigkeit wirklich als grob zu betrachten sei. Zu denken ist hier z. B. an eine starke, dienstbedingte Ermüdung, an widrige Wetterverhältnisse und an die Kompliziertheit der technischen Geräte, Fahrzeuge und Waffen, mit denen der Wehrmann umgehen muss.   313

B. Höhe des Regresses

Nach MO 25 steht dem Bund bei Vorsatz und grober Fahrlässigkeit ein Rückgriffsrecht zu; nach dem Legalitätsprinzip ist die Verwaltung verpflichtet, bei Vorliegen der gesetzlichen Voraussetzungen ihre vollen Aufwendungen vom Armeeangehörigen zurückzuverlangen.   314

Durch MO 27 II wird diese strenge Regelung insofern gemildert, als bestimmte Verhältnisse des konkreten Falles zu berücksichtigen sind: die Art des Dienstes, die militärische Führung und die finanziellen Verhältnisse des Regressschuldners[232]. Die Art des Dienstes beeinflusst,   315

---

[229] Nicht aber von den strafrechtlichen Folgen (vgl. vorn N 109).
[230] Vgl. im deutschen Arbeitsrecht die auf der Fürsorgepflicht des Arbeitgebers beruhende Regelung, dass er den ihm durch leichte Fahrlässigkeit des Arbeitnehmers zugefügten Schaden ganz oder teilweise zu tragen hat; vgl. ENNECCERUS/LEHMANN, Schuldrecht (15. A. Tübingen 1958) 620. Heute wird diese Einschränkung vor allem mit dem Betriebsrisiko begründet: Bei gefahrengeneigter Arbeit wird beschränkt gehaftet; vgl. PETER HANAU/KLAUS ADOMEIT, Arbeitsrecht (9. A. Frankfurt a. M. 1988) 188 f.
[231] So noch BGE 78 II 423; 92 II 198; jetzt aber BGE 111 Ib 197.
[232] Nähere Angaben über die Handhabung des Regresses bei BINSWANGER 94 ff. Praktische Fälle: BURCKHARDT Nr. 2300 I; PraRek I 274; III 30/31; BGE 111 Ib 192 ff.Vgl. auch PICCARD, Kapitalisierung von periodischen Leistungen (Bern 1956) 71 ff.

§ 32 Haftpflicht des Staates für Schädigungen durch Armee und Zivilschutz

wie vorn N 313 erwähnt, bereits die Beantwortung der Frage, ob im konkreten Fall die Fahrlässigkeit als grob zu betrachten sei[233, 234].

316 Zu den einzelnen Milderungsgründen, denen um so weniger Gewicht zukommt, je schwerer das Verschulden ist, sind folgende Bemerkungen zu machen:

1. Die mitwirkende Militärgefahr als Kürzungsgrund

317 Im Rahmen der Haftung von MO 23 stellt sich die Frage, ob der Bund wegen der Militärgefahr, die sich ausgewirkt hat, seinen Regress von vornherein reduzieren muss[235]. Zwar haften der Bund und der Wehrmann nicht solidarisch; trotzdem erscheint es als angemessen, den unter Solidarschuldnern geltenden Grundsatz der sektoriellen Verteilung[236] anzuwenden. Gestützt darauf muss der Bund bei Regressen für Zahlungen aus MO 23 einen Teil des Schadens definitiv tragen, es sei denn, es liege Vorsatz der Militärperson vor, der den auf die Militärgefahr entfallenden Sektor ganz ausschaltet.

318 Wo keine Militärgefahr im Spiele ist[237], insbesondere in vielen Anwendungsfällen von MO 22 I, entfällt eine Reduktion des Regressanspruches des Bundes unter diesem Titel.

2. Die Art des Dienstes

319 Es ist bereits vorn N 313 erwähnt worden, dass hier eine starke, dienstbedingte Ermüdung[238] und widrige Witterungsverhältnisse zu

---

[233] Eine ähnliche Milderung gilt nach MO 27 II auch für die Haftung des Wehrmannes für direkt dem Bund zugefügten Schaden und nach MO 27 III für die Haftung der Einheiten und Stäbe für Schaden des Bundes (MO 26ᵇⁱˢ).
[234] Das VG sieht keine entsprechende Berücksichtigung der Schwierigkeiten des vom Beamten zu leistenden Dienstes vor. Dagegen enthalten drei kantonale Verantwortlichkeitsgesetze entsprechende Normen: Basel-Stadt 35 III, Glarus 33, Luzern 37. Auf die Notlage des Haftpflichtigen verweisen die Kantone Aargau (6) und Bern (41 III).
[235] Vgl. SCHAER Rz 758. Ein Anwendungsfall findet sich in BGE 111 Ib 200.
[236] Vgl. Bd. II/2 § 25 N 558 und 653.
[237] Wenn ein Wehrmann im Rahmen einer militärischen Übung einen Schaden dienstlich verursacht und der Bund gestützt auf MO 22 I in Anspruch genommen wird, muss er sich beim Regress auch eine Kürzung gefallen lassen, wenn eine Militärgefahr mitgewirkt hat.
[238] Nicht dagegen die Ermüdung, mit der ein Wehrmann nach dem Sonntagsurlaub eingerückt ist.

berücksichtigen sind. Wenn grobe Fahrlässigkeit trotz dieser Umstände anzunehmen ist[239], kann ihnen doch als Regress-Herabsetzungsgrund noch Rechnung getragen werden. Zu erwähnen sind auch die hochtechnisierten Geräte, Fahrzeuge und Waffen, mit denen der Wehrmann schon nach relativ kurzer Einführungszeit und mit grossen zeitlichen Abständen zwischen den einzelnen Wiederholungskursen umzugehen hat. Auch psychische Belastungen durch den Militärdienst sind hier nicht auszuschliessen[240].

3. Die militärische Führung

Der Begriff der militärischen Führung — das Gesetz verlangt nicht, dass sie gut oder sehr gut sein müsse — kann hier nicht näher umschrieben werden[241]. Es handelt sich um ein dem Haftpflichtrecht fremdes Element, das bei der Verursachung des konkreten Schadenfalles mitgespielt haben kann[242], nicht aber muss. Es ist verständlich, dass der Bund von einem guten Wehrmann[243] weniger zurückverlangt als von einem undisziplinierten Drückeberger. Es handelt sich um eine Art Gegenstück zum deliktischen Verhalten des Geschädigten gemäss EHG 6/7 und ElG 35[244] und erscheint als problematisch. Es ist nicht ohne

320

---

[239] Der Wehrmann hätte sich zusammenreissen sollen und auch können; seine Unaufmerksamkeit und Unsorgfalt sind trotz der erwähnten Umstände als sehr schwerwiegend zu betrachten.
[240] Schwere psychische Belastungen *im persönlichen Bereich des Wehrmannes* (Tod oder schwere Krankheit eines nahen Angehörigen, Scheidung usw.) können nicht unter den Begriff der «Art des Dienstes» subsumiert werden. Je nach den Umständen kann hier aber eine analoge Anwendung von MO 27 II in Erwägung gezogen werden, weil der Wehrmann zu anspruchsvollen Tätigkeiten gezwungen ist, die er bei gleicher psychischer Situation im Zivilleben meiden würde. Im Rahmen des objektivierten Fahrlässigkeitsbegriffes ist die subjektive Entschuldbarkeit zwar unerheblich (vgl. Bd. I 146); da es sich hier um den Regress des Bundes handelt und nicht um die Streichung des Schadenersatzanspruches des Geschädigten, liegen aber andere Verhältnisse vor.
[241] Der Begriff wird auch in MStG 44 und 161a sowie in Ziff. 314 I des Dienstreglementes verwendet. Nach PETER HAUSER, Disziplinarstrafordnung (Frauenfeld 1981) 47f. sind die militärischen Führungsberichte (Qualifikationen) massgebend, wenn von militärischer Führung gesprochen wird. Sie sollen Auskunft geben über die Aktivität, Kameradschaft, allgemeine Einstellung, Pflichterfüllung, geistige und körperliche Leistungsfähigkeit, Bewährung als Vorgesetzter.
In aMStG 32 Ziff. 1 I wurde der Begriff der militärischen Führung im Zusammenhang mit dem bedingten Strafvollzug erwähnt.
[242] Der Wehrmann hat den Schadenfall durch seinen Übereifer verursacht.
[243] Vgl. BGE 111 Ib 200.
[244] Vgl. Bd. II/2 § 25 N 469ff.; vorn § 27 N 149ff. und § 28 N 147ff.

§ 32   Haftpflicht des Staates für Schädigungen durch Armee und Zivilschutz

weiteres vertretbar, dass von zwei Militärpersonen, die in genau gleicher Weise einen gleich grossen Schaden verursacht haben, deren Qualifikationen aber verschieden lauten, diejenige mit der schlechteren militärischen Führung dem Bund mehr zurückzahlen muss als die andere [245].

4. Die finanziellen Verhältnisse des Regressschuldners

321   Im Gegensatz zu OR 44 II[246] braucht es hier nicht eine Notlage des regresspflichtigen Angehörigen der Armee, sondern es sind einfach die finanziellen Verhältnisse zu berücksichtigen. Diese Regelung leuchtet ein. Sie soll nicht nur verhindern, dass ein Wehrmann wegen des Regresses des Bundes in Not oder Konkurs gerät, sondern gegenüber demjenigen militärischen Schädiger, der finanziell nicht auf Rosen gebettet ist, eine angemessene Reduktion des Rückgriffsanspruches erlauben [247].

C. Verhältnis unter mehreren militärischen Regressschuldnern

322   Wenn mehrere Armeeangehörige einen Schaden vorsätzlich oder grobfahrlässig verursacht haben — handle es sich um gemeinsame Verschuldung oder nicht —, stellt sich die Frage, ob sie gegenüber dem Bund solidarisch haften oder anteilmässig [248].

323   Für eine Solidarität der beteiligten Militärpersonen gegenüber dem Bund besteht kein Anlass.

324   Die Wehrmänner, die den Schaden verursacht haben, haften daher jeder für seinen Anteil, der vor allem durch die Grösse der verschiede-

---

[245] Die militärische Führung wird in MO 27 III (Haftung der Einheiten und Stäbe für das ihnen übergebene Material) nicht ausdrücklich erwähnt. Wenn sie hier eine Rolle spielen würde, hätte für verlorenes Material nicht jeder Angehörige der betreffenden Einheit gleich viel zu bezahlen.

[246] Diese Bestimmung ist in MO 27 I zu Recht nicht erwähnt, weil sie bei Absicht und grober Fahrlässigkeit nicht angerufen werden kann.

[247] BGE 111 Ib 200.

[248] Beim Regress gegen solidarisch haftende Mitschuldner nach OR 51 II oder verwandten Bestimmungen finden die Grundsätze der Solidarität keine Anwendung; vgl. Bd. I 354. Hier handelt es sich aber nicht um die interne Regelung externer Solidarität, weil nur der Bund, nicht aber die Militärperson haftet.

nen Verschulden bestimmt wird. Auf diese Anteile sind je die speziellen vorn (N 315 ff.) erwähnten Reduktionsgründe anzuwenden.

V. Übrige Fragen

A. Verschulden

Für die Beurteilung eines Verschuldens einer Militärperson sind primär die gleichen Gesichtspunkte massgebend wie bei jedermann: Abgesehen vom Vorsatz, bei dem sich kaum Probleme ergeben, besteht das Verschulden in einem Mangel an Sorgfalt, in einem Verhalten, das von der Rechtsordnung missbilligt wird[249]. Als Anhaltspunkt kann dienen, ob *dienstliche Vorschriften* verletzt worden sind, wenn diese Vorschriften Schäden der eingetretenen Art vermeiden sollen. Jedoch ist die Bejahung eines Verschuldens einer Militärperson auch denkbar, wenn keine solche Verletzung vorliegt, aber trotzdem die gebotene Sorgfalt nicht angewendet wurde. Es gilt grundsätzlich das, was sonst hinsichtlich der Übertretung polizeilicher Regeln und des Verhältnisses zwischen zivilen und strafrechtlichen Vorschriften festzustellen ist[250]. Ferner besteht, wie überall, auch ohne besondere Vorschrift die *Pflicht, Schutzmassnahmen* zu ergreifen, wo Aussenstehende gefährdet werden[251]. Je schwieriger und gefährlicher ein militärisches Unternehmen ist, einen je höheren Rang eine Militärperson bekleidet, desto grösser sind die Ansprüche an die Sorgfalt; der Massstab ist wie immer *konkret*. Es ergibt sich von selbst, dass dabei die dienstlichen Notwendigkeiten, die gegebenenfalls einen gewissen Grad von Gefährdung Dritter nicht vermeiden lassen, zu berücksichtigen sind[252]. Wenn eine militärische Übung nicht ohne unabwendbare Gefährdung durchgeführt werden kann, ergibt sich daraus — im Gegensatz zum sonstigen Haftpflichtrecht[253] — nicht, dass schon die Veranstaltung der Übung an sich

325

---

[249] Vgl. Bd. I 138 ff.; STARK, Skriptum N 456 und die dort zit. Lit.
[250] Vgl. Bd. I 149f., 156f.; Bd. II/2 § 25 N 496 ff.
[251] Bd. I 89 ff., 150; Bd. II/1 § 16 N 26 ff.
[252] Vgl. BGE 78 II 427; 79 II 150; 111 Ib 197.
[253] Vgl. Bd. II/1 § 16 N 30.

§ 32   Haftpflicht des Staates für Schädigungen durch Armee und Zivilschutz

ein Verschulden darstellt, wenn sie für die Ausbildung der Truppe nötig ist.

326   Das Ungenügen der Sorgfalt ist beachtlich, soweit es für den Unfall *kausal* ist. Das Verhalten mehrerer Militärpersonen wird dem Bund als einheitliche *Summe* von Verschulden angerechnet[254].

327   Das Verschulden eines Armeeangehörigen belastet den Bund wie eigenes Verschulden, obschon der Armeeangehörige kaum je ein Organ des Bundes im Rechtssinne sein wird[255]. Das ergibt sich schon aus dem Umstand, dass die Militärperson gegenüber dem Geschädigten nicht direkt haftet; wenn deren Verschulden bei der sektoriellen Verteilung nicht dem Bund belastet würde, müsste es aus der Rechnung fallen, d. h. es hätte keine rechtlichen Konsequenzen.

328   Im übrigen sei auf die Ausführungen in Bd. I 138 ff. verwiesen.

B. Schadensberechnung und Schadenersatzbemessung

1. Schadensberechnung

a) Allgemeine Regeln. Sachschaden

329   Es gelten die *allgemeinen* Umschreibungen des Begriffs des Schadens und seines Ersatzes und ebenso die allgemeinen Regeln über die Schadensberechnung[256], einschliesslich derjenigen über die Vorteilsanrechnung[257]. Dies ergibt sich aus MO 27 I, der auf OR 42, 43 I und 44 I verweist. Nach dieser Massgabe ist der *volle Schaden*, der gemäss der *subjektiven* Berechnungsart[258] zu ermitteln ist, zu ersetzen[259]. Es fehlt jeder Anhaltspunkt dafür, dass z. B. der *Sachschaden* nach der

---

[254] Dies spielt eine Rolle, wenn Umstände vorliegen, für die der Geschädigte einzustehen hat, oder wenn der Bund neben dritten Ersatzpflichtigen haftet, d. h. bei der sektoriellen Verteilung.
[255] Vgl. Bd. II/2 § 25 N 479; a. M. Voraufl. 905.
[256] Dazu BURCKHARDT Nr. 2297 V, 2298 VI; PraRek I 217/18; SJZ 40 (1944) 207; VPB 1977 Nr. 76; 1979 Nr. 70; 1981 Nr. 39 (in diesen drei Entscheidungen wird fälschlicherweise statt von der Schadensberechnung von der «Bemessung des Schadenersatzes» gesprochen); 1984 Nr. 5.
[257] Vgl. Bd. I 53 ff., 170 ff.
[258] Bd. I 59, 251.
[259] Vgl. dazu SJZ 39 (1942/43) 302 Nr. 186; VerwEntsch 14, 131 Nr. 68; PraRek I 227, 234/35; IV 19.

objektiven Art²⁶⁰ zu berechnen oder dass einzelne Teile des Schadens, wie der entgangene Gewinn²⁶¹, nicht zu berücksichtigen wären. Die Anwendung der Maxime, dass ohne ausdrückliche Norm nicht gehaftet werde²⁶², führt keineswegs so weit. Gegen die generelle Ausschaltung des entgangenen Gewinnes spricht schon, dass kraft Verweisung in MO 27 auf OR 45 und 46 der Versorgerschaden und der zukünftige Verdienstausfall zu berücksichtigen sind. Überdies ist in BVA 87 II lit. b hinsichtlich des sog. Land- und Sachschadens²⁶³ der Ersatz von Inkonvenienzen und des entgangenen Gewinnes *ausdrücklich* ausgeschlossen; für Unfall-²⁶⁴ und andere Schäden, die unter MO 22 I/23 fallen, fehlt eine entsprechende Bestimmung.

Der Begriff des ersatzberechtigten Schadens sollte in einer Haftpflichtordnung, die innere Widersprüche vermeiden will, einheitlich sein; nur wo gute Gründe vorliegen, darf für einzelne Haftpflichtarten von der generellen Regel abgewichen werden. Zu berücksichtigen ist hier auch, dass von der MO ausgeschlossene, vom OR berücksichtigte Schäden nicht gegen den einzelnen Wehrmann geltend gemacht werden könnten und daher auch dann ersatzlos blieben, wenn nach OR dafür Ersatz zu leisten wäre, und dass die Gefährdungshaftungen der Spezialgesetze sowie OR 56, 58 und ZGB 679 auch für Militärschäden gelten, die nicht bei militärischen Übungen verursacht werden²⁶⁵. 330

b) Personenschaden

Auch für die Berechnung des Personenschadens gelten die allgemeinen Regeln des Haftpflichtrechts. Dies ergibt sich aus der Verweisung von MO 27 I auf OR 45/46, müsste aber auch sonst gelten. 331

In aMO 27 II war der Kreis derjenigen Personen, denen bei Tötung ein Anspruch auf Versorgerschaden zusteht, enger gezogen als im übrigen Haftpflichtrecht: Aktivlegitimiert waren nur die *unterstützungsberechtigten Angehörigen,* während es heute und im übrigen Haftpflichtrecht darauf ankommt, wer vom Getöteten *tatsächlich* unterstützt wor- 332

---

²⁶⁰ Bd. I 250.
²⁶¹ Vgl. dazu BURCKHARDT Nr. 2297 V; 2298 VI; SJZ 40 (1944) 207.
²⁶² Vgl. vorn N 54.
²⁶³ Vgl. vorn N 35 f.
²⁶⁴ Vgl. vorn N 195 f.
²⁶⁵ Vgl. vorn N 146 ff.

§ 32 Haftpflicht des Staates für Schädigungen durch Armee und Zivilschutz

den wäre[266]. Die Ausmerzung der Ausnahmebestimmung von aMO 27 II war sehr berechtigt.

333 Die Gestalt des Schadenersatzes wird durch OR 43 bestimmt, auf welche Vorschrift MO 27 I verweist. Es fallen für den zukünftigen Schaden sowohl Kapital- als auch Rentenleistungen in Betracht. Im Falle der Körperverletzung ist ein Rektifikationsvorbehalt zulässig[267].

2. Schadenersatzbemessung

334 Massgebend sind die Bestimmungen des OR; MO 27 I verweist auf OR 43 I und 44 I. Daneben sind die zahlreichen ergänzenden Regeln, die von der Wissenschaft und der Rechtsprechung erarbeitet worden sind, herbeizuziehen[268].

335 Wie überall ist auch hier das *Selbstverschulden* des Geschädigten, das nicht zur Entlastung ausreicht[269], der wichtigste Schadenersatzreduktionsgrund. Steht ihm ein vom Bund zu vertretendes Verschulden einer oder mehrerer Militärpersonen gegenüber, so reduziert sich bei der sektoriellen Verteilung die auf das Selbstverschulden entfallende Quote.

336 Das gleiche gilt, wenn andere Umstände mitgewirkt haben, für die der Geschädigte einzustehen hat, insbesondere eine Betriebsgefahr.

337 In diesem Sinne spielt die Grösse des Verschuldens der beteiligten Militärpersonen eine Rolle[270].

338 Ausser Betracht fällt und auch in MO 27 I nicht erwähnt ist OR 44 II: Die *Notlage des Haftpflichtigen* als Schadenersatzreduktionsgrund[271]. Die MO sieht auch keine Berücksichtigung eines *ungewöhnlich hohen Einkommens* des körperlich Verletzten oder des Getöteten vor[272].

339 Der *Zufall*[273] spielt als Schadenersatzreduktionsgrund keine Rolle, wenn der Schadenfall als eine Manifestation der Militärgefahr zu

---

[266] Vgl. Bd. I 234 f.
[267] OR 46 II; Bd. I 219 ff.; BREHM N 154 ff. zu OR 46.
[268] Vgl. Bd. I 261 ff.
[269] Vgl. VPB 1986 Nr. 73; 1988 Nr. 41.
[270] Die hier vorausgesetzte Regelung, dass das Verschulden der Militärpersonen dem Bund anzurechnen sei, ist umstritten. Darauf wird hinten N 357 näher eingetreten.
[271] Vgl. vorn N 321.
[272] Vgl. Bd. II/2 § 25 N 611 ff.; vgl. auch Voraufl. 911.
[273] Bd. I 279.

betrachten ist. Trifft dies nicht zu, insbesondere im Bereich von MO 22 I, ist es nicht ausgeschlossen, dass ein von aussen hinzutretender Zufall als Reduktionsgrund anerkannt wird.

Drittverschulden, das nicht zur Entlastung genügt, stellt wie im ganzen übrigen Haftpflichtrecht keinen Reduktionsgrund dar. Der Bund haftet solidarisch mit dem Dritten. Für die interne Verteilung des Schadens sei auf N 354 ff. hinten verwiesen. 340

C. Genugtuung

MO 27 I verweist auch auf die Bestimmung des OR zur Frage der Genugtuung bei Tötung und Körperverletzung[274]. Näheres dazu findet sich in Bd. I § 8 (286 ff.). 341

D. Gegenseitige Schädigung und andere Fälle der Kollision von Haftungen unter sich

Kollision von Haftungen bedeutet deren gegenseitige rechtliche Einwirkung. Es handelt sich um das Zusammentreffen von Haftungen oder m. a. W. um den Fall, dass der Geschädigte, der Ansprüche aus MO 22 I/ 23 stellen kann, seinerseits einen Haftungsgrund zu vertreten hat. Der wichtigste Fall besteht im bereits besprochenen Selbstverschulden des Geschädigten. Eine Reduktion steht aber auch zur Diskussion, wenn der Geschädigte nicht ein Verschulden, sondern einen andern Haftungsgrund zu verantworten hat, z. B. als Tierhalter[275], Werkeigentümer[276] oder Motorfahrzeughalter[277]. 342

Man hat ein *allgemeines Problem* vor sich, das unter der gleichen Überschrift in Bd. I § 9 behandelt ist. Darauf ist generell zu ver- 343

---

[274] Ein Anwendungsfall findet sich in BGE 112 II 131 ff.
[275] Ein Reitpferd wird durch eine heranrollende Panzerkolonne erschreckt, brennt durch und verletzt sich.
[276] Ein militärischer Radfahrer stürzt wegen eines Mangels der Strasse und beschädigt dabei einen Verkehrsteiler.
[277] Ein Auto kollidiert mit einem Militärkarren und wird beschädigt. Vgl. VPB 1988 Nr. 40.

weisen²⁷⁸. Ergänzend sei beigefügt, dass die Methode der *sektoriellen Verteilung*²⁷⁹ oder, wie man auch sagt, das *Kuchenprinzip,* die Lösung der Probleme anschaulich umschreibt und die Terminologie zu deren Darstellung liefert.

344 Die Grundsätze, die bei einer Mehrheit von Ersatzpflichtigen (hinten N 350 ff.) massgebend sind, finden auch hier Anwendung: Wenn eine Militärperson und eine Zivilperson durch ihr Zusammenwirken eine Drittperson schädigen und die gleiche Zivilperson gleichzeitig einen Schaden erleidet, soll sie von diesem Schaden die gleiche Quote tragen wie vom Schaden des Dritten. Wenn die Zivilperson vom Schaden des Dritten 25% zu tragen hat, kann sie vom Bund nicht mehr und nicht weniger als 75% ihres eigenen Schadens ersetzt verlangen. Eine andere Regelung wäre nicht nur dogmatisch unsauber, sondern auch nicht verständlich.

345 Ergänzend sind noch folgende Ausführungen zu machen:

346 1. Das *Verschulden der beteiligten Militärperson* ist in der sektoriellen Verteilung dem Bund zu belasten und reduziert daher die von der geschädigten Zivilperson zu tragende Quote (vgl. hinten N 357).

347 2. Wenn die *besondere Militärgefahr* mitgewirkt hat, vergrössert sich die Quote des Bundes, verglichen mit den Fällen ohne Militärgefahr. Dabei dürfte es sich rechtfertigen, die Quote des Bundes ungefähr doppelt so hoch anzusetzen wie die Quote des Dritten, wenn auf keiner Seite ein Verschulden und auf Seite des Dritten nur eine einfache Kausalhaftung, nicht aber eine Gefährdungshaftung im Spiel ist. Ist ein Verschulden gegeben, ist dafür ein besonderer Sektor festzulegen und der Rest im Verhältnis 1:2 zuzuteilen, wenn der Geschädigte einer einfachen Kausalhaftung unterliegt.

348 3. *Wird der Bund selbst durch eine Militärperson zusammen mit einem Dritten geschädigt,* so haftet dafür der Angehörige der Armee nach MO 26 I nur bei vorsätzlicher oder grobfahrlässiger Verletzung

---

²⁷⁸ Vgl. neben der in Bd. I zit. Lit. DESCHENAUX/TERCIER § 29; A. KELLER I 285 ff.; ANDREAS GIRSBERGER, Die Bedeutung der Betriebsgefahr von Motorfahrzeugen im Haftpflichtprozess, ZBJV 97, 256 ff.; ERIKA VEIT/ROLF E. VEIT, Das Eisenbahn- und Kraftfahrzeug-Haftpflichtgesetz (4. A. Wien 1984) 159 ff.
²⁷⁹ Vgl. Bd. II/2 § 25 N 653 ff.

seiner Dienstpflicht. Die sich daraus ergebende Besserstellung der Militärperson gegenüber dem allgemeinen Haftpflichtrecht kann aber nicht dem zivilen Schädiger belastet werden. Seine Quote beträgt daher nicht 100%, wenn den Wehrmann nur ein leichtes oder gar kein Verschulden trifft und dieser sich daher an der Schadenstragung nicht beteiligen muss. Daraus folgt, dass, wenn der Dritte seinerseits einen Schaden erleidet, bei der Festsetzung der von ihm zu tragenden Quote seines Schadens auch leichtes oder mittleres Verschulden der Militärperson zu berücksichtigen ist, obschon die Militärperson gegenüber dem Bund für dieses Verschulden nicht einstehen muss.

Schaden des Bundes entsteht auch, wenn bei Tötung oder Verletzung einer Militärperson die *Militärversicherung* Leistungen zu erbringen hat. Hat ein Dritter den Unfall verursacht, so wird die Militärversicherung nach MVG 49[280] auf ihn Regress nehmen. 349

Wenn weder die Militärgefahr noch ein Verhalten einer andern Militärperson zum Unfall beigetragen hat und den Geschädigten kein Verschulden trifft — einem Wehrmann fällt ein Blumentopf von einem Fensterbrett auf den Kopf —, umfasst der Regress gegen den Dritten, der einen Haftungsgrund zu vertreten hat, die ganzen Leistungen der Militärversicherung. Wenn sich aber im Unfall die Militärgefahr realisiert oder ein Angehöriger der Armee dazu beigetragen hat, ist diesen Faktoren im Sinne einer Kürzung des Regresses der Militärversicherung Rechnung zu tragen. Das muss gelten, obschon der Bund für den Schaden der verletzten Militärperson nicht nach MO 22 I/23 einzustehen hat. 349a

E. Mehrheit von Ersatzpflichtigen. Regress

Ein Schaden, für den die Haftung nach MO 22 I/23 in Betracht fällt, kann von einem *Dritten mitverursacht* sein. Man denke z.B. an den Zusammenstoss eines zivilen Automobils mit einem Militärfuhrwerk, 350

---

[280] Nach dem Wortlaut von MVG 49 I tritt die Militärversicherung in den Ersatzanspruch des Versicherten oder seiner Hinterlassenen ein. Daraus darf nicht geschlossen werden, dass dieser (fiktive) Ersatzanspruch von einer Mitverursachung des Schadens durch die Ausübung dienstlicher Verrichtungen durch die verunfallte Militärperson nicht berührt werde.

§ 32 Haftpflicht des Staates für Schädigungen durch Armee und Zivilschutz

wodurch ein Fussgänger, eine Zivilperson, verletzt wird, oder an zivile Manöverbesucher [281], die störend auf den Ablauf militärischer Vorgänge einwirken, wodurch eine Zivilperson geschädigt wird. Stellt die Einwirkung des Dritten kein entlastendes Drittverschulden dar, so haften die Eidgenossenschaft und der Dritte *solidarisch* [282].

351 Bezahlt der Bund, so steht ihm im *internen Verhältnis* gegebenenfalls der *Rückgriff* gegen den Dritten zu, der im ordentlichen Zivilprozess geltend zu machen ist.

352 MO 27 I verweist nicht auf OR 51 II, sondern nur auf OR 50 I. Gemeinsames Verschulden im Sinne dieser Bestimmung wird aber kaum je vorliegen. Die Regressordnung bei Fällen ohne gemeinsames Verschulden muss sich daher an die allgemeinen Grundsätze des Haftpflichtrechts halten. Es liegt nahe, die allgemeine Regressordnung von OR 51 II als Richtlinie zu verwenden. Sie ist allerdings keineswegs vollständig: Sie gilt nur «in der Regel» und lässt die Regressfrage innerhalb der drei darin aufgestellten Kategorien (Haftpflicht aus unerlaubter Handlung, aus Vertrag oder aus Gesetz) vollständig offen. Sie bringt mit ihrer Kategorien-Einteilung im weiteren eine allzu starre Lösung, die namentlich bei der Beteiligung von Gefährdungshaftpflichtigen nicht zu befriedigenden Resultaten führt.

353 Es drängt sich daher auf, auch hier wie bei SVG 60 II [283] und bei mitwirkendem Selbstverschulden die sektorielle Verteilung zur Anwendung zu bringen, dabei aber die der Kategorien-Einteilung von OR 51 II zugrundeliegende Wertung der verschiedenen Haftungsgründe zu berücksichtigen [284].

354 Die Grösse der Sektoren hängt von vornherein davon ab, ob sich auf der Seite des Bundes die besondere Militärgefahr manifestiert hat:

---

[281] Offizielle militärische Manöverbeobachter fremder Staaten — man denke an die KSZE-Vereinbarungen — sind als Zivilpersonen zu betrachten.
[282] Die besondere, für Klagen gemäss MO vorgesehene Zuständigkeitsordnung (vorn N 25 ff.) hat die unerfreuliche Konsequenz, dass der Bund und der Dritte nicht im gleichen Verfahren belangt werden können.
[283] Vgl. Bd. II/2 § 25 N 707 ff.
[284] Hier ist nicht ausser acht zu lassen, dass die sehr hohe Einstufung des Verschuldens in OR 51 II nicht tel quel übernommen werden kann, wenn für die interne Verteilung der gleiche Massstab gelten soll wie für die Haftungskollisionen (vgl. vorn N 344 ff.); sonst müsste jedes Selbstverschulden des Geschädigten die Kausalhaftungen ausschliessen.

V. Übrige Fragen § 32

1. *Ohne Militärgefahr*, d. h. bei Haftung des Bundes aus MO 22 I, 355
dürfte folgende interne Verteilung des Schadens den Verhältnissen am
besten gerecht werden:

a) Wenn *nur den mitverursachenden Dritten ein Verschulden* trifft, 356
hat er intern nach dem Wortlaut von OR 51 II den ganzen Schaden des
geschädigten Vierten allein zu tragen[285]. Wenn der gleiche Dritte aber
ebenfalls einen Schaden erleidet und sein Verschulden den Kausalzusammenhang nicht unterbricht, hat er für diesen Schaden einen um
seine Selbstverschuldensquote — z. B. 33% — gekürzten Anspruch
gegen den Bund. Das ist die Konsequenz der Tatsache, dass die Haftpflicht des Bundes nach MO 22 I kein Verschulden des Wehrmannes
voraussetzt. Es drängt sich daher auf, auch den Schaden des Vierten,
der ihn nicht mitverursacht hat, intern zu $^2/_3$ vom Bund und nur zu $^1/_3$
vom mitverursachenden Dritten tragen zu lassen.

b) Liegt *auf der Seite der mitwirkenden Militärperson ebenfalls ein* 357
Verschulden vor, so ist der Schaden trotzdem nach der *herrschenden*
Meinung in bezug auf OR 51 II über die Kausalhaftungen für das Verschulden eines andern[286] intern allein vom Dritten zu tragen, da der
Kausalhaftpflichtige sich nach dieser Meinung intern das Verschulden
dessen, für den er einzustehen hat, nicht anrechnen lassen muss. Dies
fällt ausser Betracht, wenn man bei alleinigem Verschulden des Dritten
eine Beteiligung des Bundes (vorn N 356) annimmt. Die genannte
Regelung überzeugt aber auch deswegen nicht, weil die Militärperson
trotz ihres Verschuldens weder vom Geschädigten direkt noch vom solidarisch Mithaftpflichtigen regressweise belangt werden kann. Würde
hier das Verschulden des Angehörigen der Armee dem Bund nicht
angerechnet, so müsste es bei der internen Verteilung generell ausser
Abschied und Traktanden fallen. Das ist nicht haltbar. Wenn ein militärischer Radfahrer (A) schuldhaft einen unvorsichtigen Fussgänger (B)
umwirft und dadurch ein Kind (C) verletzt wird, muss sich daher der
Bund das Verschulden des A beim Regress gegen den unvorsichtigen
Fussgänger B anrechnen lassen[287]: Der Schaden ist nach der Grösse

---

[285] Ein militärischer und ein ziviler Radfahrer stossen zusammen mit alleinigem Verschulden des zivilen Radfahrers. Ein Kind wird verletzt.
[286] Vgl. Bd. I 349; v. TUHR/PETER 471; KELLER/GABI 147; STARK, Skriptum N 998; A. KELLER II 164.
[287] Vgl. den Entscheid des Tribunal cantonal du Jura vom 29. September 1989 i. S. Elvia c. Confédération suisse.

545

der beiden Verschulden unter Berücksichtigung der Kausalhaftung zu Lasten des Bundes intern zu verteilen[288].

358   Ist der Mitverursacher des Schadens (B) einer *einfachen Kausalhaftung* unterworfen (z. B. als Werkeigentümer[289]) und trifft die Militärperson (A) das alleinige Verschulden, so steht dem Bund nach der hier vertretenen Auffassung ein um die Bedeutung des Werkmangels gekürzter, dem Verschulden der Militärperson Rechnung tragender Regress zu[290].

359   Wenn der mit dem Bund solidarisch Haftende einer *Gefährdungshaftung* unterliegt[291], vergrössert sich seine Quote und reduziert sich diejenige des Bundes, verglichen mit dem vorher erwähnten Sachverhalt.

360   2. Hat sich die *besondere Militärgefahr* manifestiert, so muss sich der Bund das Gefährdungsmoment als zusätzlichen seine Quote erhöhenden Faktor anrechnen lassen.

361   3. Die Militärperson, die einen Schaden einer Zivilperson verursacht hat, kann dafür, wie schon mehrfach betont wurde, nicht direkt belangt werden. Der Regress des Bundes gegen sie bei Vorsatz oder grober Fahrlässigkeit (MO 25) stellt daher keinen Anwendungsfall der «Mehrheit von Ersatzpflichtigen» dar. Der Armeeangehörige steht nicht *neben* dem Bund als ebenfalls Ersatzpflichtiger, sondern *hinter* ihm. Auf den beteiligten Wehrmann entfällt daher bei der sektoriellen Verteilung des Schadens kein Sektor.

362   Der Regress des Bundes nach MO 25 bezieht sich nur auf denjenigen Teil des Schadens, den er nach Durchführung seiner Regresse gegen Mithaftpflichtige allein tragen muss (vgl. vorn N 309).

363   4. Wurde der Schaden von einem *öffentlichen Beamten* (der sich nicht im Militärdienst befindet) zusammen mit einer Militärperson ver-

---

[288] Wenn der unvorsichtige Fussgänger seinerseits einen Schaden erleidet, steht ihm ein Ersatzanspruch gegen den Bund zu, der nur durch sein Mitverschulden gekürzt wird.
[289] Ein militärischer Radfahrer stürzt wegen eines Werkmangels der Strasse und verletzt ein Kind.
[290] Erleidet der Werkeigentümer auch einen Schaden, indem z. B. ein Verkehrsteiler beschädigt wird, so hat er auch einen Ersatzanspruch gegen den Bund, gekürzt um die auf den Werkmangel entfallende Quote.
[291] Ein militärischer Radfahrer kollidiert mit einem Auto, das infolge seines Ausweichmanövers mit einem Gartenzaun zusammenstösst.

ursacht, so haftet, wenn der Beamte nicht direkt belangt werden kann
— wie z. B. nach VG 3 III —, neben dem Bund das in Frage stehende
Staatswesen. Bei Bundesbeamten entfällt damit der Rückgriff des Bundes, weil er nicht auf sich selber regressieren kann [292]. Bei kantonalen
Beamten kann der Bund auf den betreffenden Kanton zurückgreifen.
Wenn auf keiner Seite ein Verschulden vorliegt, rechtfertigt es sich, den
Schaden hälftig zu teilen, wenn die besondere Militärgefahr nicht im
Spiele ist. Andernfalls dürfte der Bund mit $^2/_3$ zu belasten sein, wenn
nicht besondere Verhältnisse eine andere Quote rechtfertigen.

F. Haftpflicht und Versicherung

Anspruchsberechtigt aus MO 22 I/23 sind nur diejenigen Personen, 364
die nicht der *Militärversicherung* unterstehen (vorn N 98). Ein Regress
der Militärversicherung nach MO 22 I/23 fällt daher von vornherein
ausser Betracht; es fehlt die primäre Aktivlegitimation ihres Versicherten.

Dagegen kann sich der obligatorische *Unfallversicherer nach UVG* 365
auf die Subrogation von Ansprüchen seiner Versicherten aus MO 22 I/
23 gegen den Bund berufen. Das gilt auch für die SUVA, da diese über
eigene Rechtspersönlichkeit verfügt.

In bezug auf Taggeld und Heilungskosten kann je nach den Umstän- 366
den auch ein privater Unfallversicherer, der durch eine freiwillige Versicherung beteiligt ist, auf den Bund Regress nehmen[293]. Das gilt generell für private und öffentliche *Schadensversicherer*.

Ein privater *Haftpflichtversicherer*, dessen Versicherter solidarisch 367
neben dem Bund haftet (vorn N 350), kann ebenfalls auf die Eidgenossenschaft Regress nehmen. Das gilt nicht für ihre eigenen militärischen
Motorfahrzeuge, da sie diese Schäden zwar durch eine private Haft-

---

[292] Die Frage, welcher Rechnung des Bundes die betreffende Auslage belastet werden soll,
ist hier nicht näher zu untersuchen; sie ist nicht haftpflichtrechtlicher Natur, wenn es
auch naheliegen dürfte, die Verteilung nach haftpflichtrechtlichen Grundsätzen vorzunehmen.
[293] Vgl. BGE 104 II 45; STARK, Skriptum N 1045 ff.; A. KELLER II 179 f.

pflichtversicherung[294], aber auf ihre eigenen Kosten, erledigen lässt und der Bund nicht gegen sich selbst regressieren kann.

G. Schutz des Geschädigten vor Benachteiligung

368 Nach ElG 39 und EHG 16 haben *Reglemente, Bekanntmachungen und Vereinbarungen,* die die Haftpflicht einschränken oder ausschliessen, keine rechtliche Wirkung. Das gilt, wenigstens für die Vereinbarungen, nach SVG 87 II und KHG 8 auch im Rahmen der Motorfahrzeug- und der Atomhaftpflicht. Die MO enthält keine entsprechende Norm.

369 Solche *Vereinbarungen* setzen ein öffentlich-rechtliches oder privatrechtliches Vertragsverhältnis voraus, das im Rahmen der MO-Haftung kaum je vorliegen wird. Sollte dies doch einmal der Fall sein, so ist die Frage der rechtlichen Gültigkeit nach OR 100/101 zu beurteilen[295]. Auch die Gültigkeit eines *Vergleichs* ist in der MO nicht in Anlehnung an EHG 17, SVG 87 II und KHG 8 II durch eine Sondervorschrift beschränkt worden. Die Anfechtung eines Vergleichs über die Haftpflichtentschädigung hat sich somit nach den allgemeinen Regeln zu richten[296].

370 Eher als Vereinbarungen könnten im militärischen Bereich *Reglemente und Bekanntmachungen,* die die Haftpflicht einschränken oder ausschliessen, vorkommen, insbesondere Bekanntmachungen. Man denke an entsprechende Zusätze bei Schiesspublikationen. Ihre Gültigkeit ist in Ermangelung einer Vorschrift der MO nach OR zu beurteilen: Es handelt sich um einseitige Erklärungen, die nur durch Annahme seitens der Gegenpartei zu einem Vertrag und damit rechtsgültig werden. Es liegt nicht ein Anwendungsfall von OR 6 vor. Es würde aber auch den Verhältnissen nicht gerecht, in der Zuwiderhandlung gegen das in der Bekanntmachung geforderte Verhalten — Nicht-Betreten des Übungsplatzes — ein Akzept der Enthaftungserklärung zu sehen[297]. Diese hat daher nur insofern haftpflichtrechtliche Bedeutung, als das Selbstverschulden des Geschädigten strenger zu beurteilen ist, wenn er von der Bekanntmachung Kenntnis erhalten hat.

---

[294] Vgl. vorn N 132.
[295] Bd. I 465 ff.
[296] Bd. I 474 ff.
[297] Vgl. GUIDO BRUSA, Die einseitige Enthaftungserklärung (Diss. Zug 1977) 40 ff.

H. Verdunkelungsunfälle

Wenn während einer wegen militärischer Bedrohung angeordneten Verdunkelung ein Unfall entsteht, haftet dafür nicht der Bund nach MO 23: Es handelt sich nicht um eine Übung, sondern um eine Massnahme zum Schutz der Unabhängigkeit des Landes; darüber hinaus würde sie heute wohl von den Zivilbehörden und nicht von der Armee angeordnet. Nach ZSG 2 I Ziff. 2 lit. a gehört die Verdunkelung zum Pflichtenkreis des Zivilschutzes.

371

J. Verjährung

Die Verjährung ist in MO 29[298] geregelt. Diese Bestimmung gilt nur für Schadenersatzansprüche aus der MO. Haftet der Bund für von einer Militärperson angerichtete Schäden nach Zivilrecht, insbesondere nach SVG, so richtet sich die Verjährung nach den für das betreffende Gesetz gültigen Vorschriften, z. B. SVG 83.

372

Obschon das prozessuale Verfahren für Personen- und Sachschaden verschieden geordnet ist (vgl. vorn N 28 ff.), gilt MO 29 für beide und gegebenenfalls auch für Vermögensschäden i. e. S.

373

1. Schadenersatzansprüche gegen den Bund

Die relative Verjährungsfrist beträgt ein Jahr, nachdem der Geschädigte vom Schaden Kenntnis erhalten hat. Die absolute Frist ist auf 5 Jahre seit der schädigenden Handlung festgelegt.

374

Im Vergleich mit der Regelung nach OR 60 fällt auf, dass die relative Frist zu laufen beginnt, auch wenn der Geschädigte von der Beteiligung des Bundes noch keine Kenntnis hat. Im weiteren macht die absolute Frist nur die Hälfte der entsprechenden Frist von OR 60 aus.

375

In bezug auf die Interpretationsfragen sei auf die Ausführungen zu OR 60 verwiesen[299].

376

---

[298] Nach BVA 92 richtet sich auch die Verjährung für Land- und Sachschaden im Sinne von BVA 86 ff.(vgl. vorn N 35 f.) nach MO 29.
[299] Vgl. Bd. II / 1 § 16 N 341 ff.

377 1. Der Verzicht auf die Kenntnis des Ersatzpflichtigen als Voraussetzung des Beginnes der *relativen Frist* geht offenbar von der Annahme aus, dass die Beteiligung der Armee jeweils von Anfang an bekannt sei. Diese Annahme ist aber nicht zwingend. Es kann z.B. erst nach mehr als einem Jahr durch Zeugeneinvernahmen bekannt werden, dass ein militärischer Verkehrsplanton falsche Zeichen gegeben hat — namentlich wenn die beteiligte Zivilperson getötet wurde — oder dass ein unbekannter Radfahrer, der ein Auto in der Dunkelheit zu einem Ausweichmanöver veranlasst hat, der Armee angehörte. Es ist auch denkbar, dass der Geschädigte MO 22 I nicht kennt, zuerst gegen den Wehrmann vor einem Zivilgericht klagt und erst aus dessen Prozessantwort oder einer Rechtsbelehrung durch das Gericht davon erfährt, dass er gegen den Bund vorgehen muss. Die Abweichung gegenüber OR 60 I leuchtet daher nicht ein.

378 2. Die Verkürzung der *absoluten Frist* auf 5 Jahre lässt sich ebenso wenig rechtfertigen. Es ist nicht einzusehen, weshalb der Bund hier einen stärkeren Schutz verdient als ein Privater.

2. Schadenersatzansprüche des Bundes

379 MO 29 I erwähnt auch die Ansprüche des Bundes und bezieht sich damit auf dessen Schädigung durch Angehörige der Armee, d.h. auf die Ansprüche gemäss MO 26 und 26bis. Diese sind nicht Gegenstand dieses Buches. Vor allem ist festzuhalten, dass damit weder die Regressansprüche nach MO 25 noch die Forderungen gegen Mithaftpflichtige bei einer Mehrheit von Ersatzpflichtigen gemeint sind: Für die Regressansprüche gilt MO 29 II, für die internen Ausgleichsansprüche bei Solidarität die gleiche Verjährungsfrist wie für die Forderung des Geschädigten gegen den Mithaftpflichtigen[300].

3. Regressansprüche des Bundes gegenüber einem Wehrmann

380 Es handelt sich um die Rückgriffsansprüche des Bundes nach MO 25 (vgl. vorn N 306 ff.).

---

[300] Vgl. Bd. II/1 § 16 N 389.

V. Übrige Fragen　　　　　　　　　　　　　　§ 32

Die einjährige Frist beginnt mit der Anerkennung oder gerichtlichen 381
Feststellung der Schadenersatzpflicht des Bundes; die absolute Frist
von 5 Jahren am Tage der schädigenden Handlung. Die Regelung
weicht daher von derjenigen von SVG 83 III ab.

4. Die strafrechtliche Verjährung

Bei strafbaren Handlungen, für die das Strafrecht eine längere Ver- 382
jährung vorsieht, gilt diese auch für den Schadenersatzanspruch (MO
29 III). Dies entspricht OR 60 II.

Für die Schwierigkeiten, die sich daraus ergeben können, sei auf 383
Bd. II / 1 § 16 N 373 ff. verwiesen.

Eine Besonderheit ergibt sich hier daraus, dass der Bund für seine 384
Wehrmänner haftet; diese haben die strafbare Handlung begangen und
nicht der im Schadenersatzprozess passivlegitimierte Bund. Es kommt
auf die strafrechtliche Verjährung gegenüber dem Wehrmann an [301].

---

[301] MO 29 verwendet die gleiche Formulierung wie OR 60 II: «... aus einer strafbaren
Handlung hergeleitet,...», wobei aber bei OR 60 II die persönliche Haftung des Schädigers im Vordergrund stand. Immerhin gilt nach der Stellung von OR 60 II im Gesetz
diese Bestimmung auch für die einfachen Kausalhaftungen von OR 55, 56 und 58 und
dementsprechend auch von ZGB 333 und 679. Nach A. KELLER II 237 f. gilt die strafrechtliche Verjährung auch für Haftpflichtige, welche das Verhalten einer Hilfsperson
wie ihr eigenes zu vertreten haben. Anders sei es aber bei der Haftung des Familien-
hauptes nach ZGB 333 oder des Geschäftsherrn nach OR 55, bei denen die Haftpflicht
sich «aus der vermuteten Sorgfaltsverletzung durch den Haftpflichtigen selbst» ergibt.
Bei teleologischer Auslegung ist davon auszugehen, dass vermieden werden soll, dass
der Richter zwar für das Delikt eine Strafe verhängen, wegen der zivilrechtlichen Verjährung aber dem Geschädigten keinen Schadenersatz zusprechen kann (vgl. Bd. II / 1
§ 16 N 373). Solange der Schädiger bestraft werden kann, soll der Geschädigte nicht
wegen Verjährung die Durchsetzbarkeit seiner Ansprüche gegen den Schädiger, aber
auch nicht gegen den für diesen Haftpflichtigen verlieren. Das führt zum Schluss, dass
bei jeder Haftpflicht für das Verhalten eines andern die strafrechtliche Verjährung
gegenüber dem Schädiger auch für den Haftpflichtanspruch gegen den Kausalhaftpflichtigen gelten muss. Sonst wäre es unter Umständen denkbar, dass zwar ein Unmün-
diger oder ein Arbeitnehmer in einem bestimmten Zeitpunkt zivil- und strafrechtlich
belangt werden, dass aber das Familienhaupt oder der Geschäftsherr dem Schadenersatzanspruch gegen sie die Verjährung entgegenhalten können. Das gilt auch für den
Angehörigen der Armee mit der Besonderheit, dass er selbst direkt zivilrechtlich nicht
belangt werden kann.

5. Unterbrechung und Stillstand der Verjährung

385 MO 29 IV verweist für die Unterbrechung der Verjährung auf OR 135ff. Dafür sei auf die einschlägige Literatur und Judikatur verwiesen.
386 Sofern die Militärverwaltung für den erstinstanzlichen Entscheid zuständig ist, gilt als Klage die schriftliche Geltendmachung des Schadenersatzanspruches beim Eidg. Militärdepartement.
387 Nicht erwähnt sind Hinderung und Stillstand der Verjährung nach OR 134. Die dort aufgeführten Fälle fallen hier aber ausser Betracht.

6. Die Geltendmachung der Verjährung

388 Die Vorschrift von OR 142, wonach der Richter die Verjährung nicht von Amtes wegen berücksichtigen darf, ist auch auf MO-Ansprüche gegen den Bund anwendbar.

VI. Schädigungen durch den Zivilschutz

389 Im Sinne eines Anhanges an die Haftung des Bundes nach der MO soll hier kurz auf die Haftung für Schädigungen durch den Zivilschutz hingewiesen werden.

A. Grundlagen

1. Rechtsquellen

390 Der Zivilschutz stellt gestützt auf das BG über den Zivilschutz vom 23. März 1962 (ZSG, SR 520.1, z.T. abgeändert durch das BG vom 5. Oktober 1967, AS 1968 81/82, BBl 1967 I 301, und durch das BG vom 7. Oktober 1977, AS 1978 50—63, BBl 1976 III 350) neben der

VI. Schädigungen durch den Zivilschutz § 32

Armee eine selbständige Organisation dar mit eigenen Kadern und Mannschaften sowie Uniformen[302].

Nach ZSG 7 übt der Bundesrat die Oberaufsicht und die oberste Leitung aus. ZSG 8 überträgt die sich aus dem Gesetz ergebenden Aufgaben, die Bundessache sind, dem Eidg. Justiz- und Polizeidepartement. 391

Die Haftpflicht für Schädigungen durch den Zivilschutz ist geregelt durch ZSG 77—80. Auf die Abweichungen und Übereinstimmungen, verglichen mit der Haftung für Schädigungen durch die Armee, ist im folgenden hinzuweisen: Schon hier sei festgehalten, dass der Gesetzgeber bestrebt war, die Haftpflichtordnung des Zivilschutzes derjenigen des Militärrechts anzupassen, eine Tendenz, die bei der Auslegung und Ergänzung des ZSG zu berücksichtigen ist[303]. 392

2. Zuständigkeit und Verfahren

Zuständigkeit und Verfahren sind in ZSG 79 in enger Anlehnung an die für Ansprüche aus MO 22 I / 23 geltenden Bestimmungen geregelt. 393

1. *Anzumelden* sind die Ansprüche bei der vom betreffenden Kanton bezeichneten kantonalen Behörde. Diese verhandelt mit dem Geschädigten, und zwar unabhängig davon, ob der Anspruch sich gegen den Bund, den Kanton, eine Gemeinde oder einen Betrieb richtet[304]. 394

2. Wird keine Einigung erzielt, so ist hier wie bei den Armee-Schäden (vgl. vorn N 28 ff.) zwischen den verschiedenen Schadenarten zu unterscheiden: 395

---

[302] Vgl. auch die VO über das Instruktionspersonal des Zivilschutzes in den Kantonen, Gemeinden und Betrieben vom 13. November 1985 (SR 523.1) und die VO über den Zivilschutz in der Bundesverwaltung und in den eidg. Gerichten (SR 521.1).
Daneben bestehen kantonale Gesetze über den Zivilschutz; vgl. z. B. das zürcherische Gesetz über den Zivilschutz vom 16. März 1986 (GS 522).
[303] Vgl. BGE 114 Ia 197.
[304] Vergleiche können bei der Haftpflicht von Bund, Gemeinden und Betrieben nur abgeschlossen werden, wenn diese zustimmen. Ob die betreffende kantonale Behörde für ihren Kanton rechtsverbindlich handeln kann, bestimmt nicht das ZSG, sondern ist Sache des kantonalen Rechts.

396 a) Über Ansprüche für *Personenschäden* urteilt das Bundesgericht, das mit einer verwaltungsrechtlichen Klage angerufen wird, als einzige Instanz ohne Rücksicht auf den Streitwert. Sind durch das gleiche Unfallereignis auch Sachschäden entstanden, so sind sie im gleichen Verfahren dem Bundesgericht vorzulegen.

397 b) Über *Sachschäden ohne damit verbundene Personenschäden* urteilt die erwähnte kantonale Behörde als erste Instanz. Ihr Entscheid kann unabhängig vom Streitwert an die Eidg. Rekurskommission für Zivilschutzangelegenheiten weitergezogen werden. Gegen deren Entscheid steht die Verwaltungsgerichtsbeschwerde an das Bundesgericht offen (OG 98 lit. e sowie OG 100 lit. d Ziff. 1e contrario).

398 c) Für *Rückgriffsforderungen* nach ZSG 78 gilt die gleiche Regelung[305]. Rückgriffsforderungen gegen eine Zivilperson aus Solidarität bei einer Mehrheit von Ersatzpflichtigen (OR 51 II) sind dagegen im normalen Zivilprozess geltend zu machen.

3. Land- und Sachschäden

399 ZSG 75 I/II sieht vor, dass der Zivilschutz Grundstücke und Gebäude für Erkundungen und Übungen von Schutzorganisationen und für einzelne Dienstzweige in Anspruch nehmen kann. Eigentümer und Besitzer sind auch verpflichtet, dem Zivilschutz dienende Anlagen und Einrichtungen auf ihren Grundstücken zu dulden.

400 Nach ZSG 75 III ist dabei für Wertverminderungen und Verlust des Eigentums angemessener Ersatz zu leisten. Ausserdem sieht ZSG 75 IV vor, dass der Bund ein abgekürztes Expropriationsverfahren durchführen und dieses Recht den Kantonen oder Gemeinden übertragen kann.

401 Die in diesem Rahmen zu leistenden Schadenersatzbeträge stellen öffentlich-rechtliche Entschädigungen für die rechtmässige Inanspruchnahme von Grundstücken und Gebäuden dar und fallen nicht unter ZSG 77 I (vgl. vorn N 35).

---

[305] Vgl. BGE 114 Ia 194.

4. Haftungsgrundsatz und Eigenarten des Gesetzes. Aufgabe der Darstellung

Der Zivilschutz ist ein Teil der Landesverteidigung. Er hat keine Kampfaufgaben, sondern bezweckt, wie in ZSG 1 festgehalten ist, den *Schutz,* die *Rettung* und die *Betreuung* von Personen sowie den Schutz von Gütern. Er soll die Auswirkungen bewaffneter Konflikte auf Personen und Güter verhüten oder mildern. Er kann auch, wie die Armee, für Hilfeleistungen bei Katastrophen eingesetzt werden.

Neben der Aufklärung der Bevölkerung über Gefahren und Schutzmöglichkeiten trifft der Zivilschutz *Schutz-* und *Rettungsmassnahmen.* ZSG 2 Ziff. 2 zählt die Alarmierung der Bevölkerung auf, die Verdunkelung, den Brandschutz und die Brandbekämpfung, die Rettung von Personen und Sachen, Massnahmen gegen atomare und chemische Einwirkungen, Schutz gegen Überflutungen, Verlegung von Bevölkerungsteilen, Erhaltung von Betrieben und Schutz lebenswichtiger und kulturell wertvoller Güter. Zu seinen Aufgaben gehören auch Hilfe für Verletzte, Gebrechliche und Kranke und Sorge für Obdach- und Hilflose.

Zur Verfolgung dieser Zwecke sind die Zivilschutzorganisationen aufgestellt worden, die für die haftpflichtrechtliche Betrachtung im Vordergrund stehen. Im weiteren sind hier zu erwähnen die Anlagen und Einrichtungen des Zivilschutzes sowie Schutzbauten und Einrichtungen für die Bevölkerung (ZSG 3).

Als Schadenursachen, die zu einer Haftung nach ZSG führen können, stehen die Aktivitäten der Angehörigen des Zivilschutzes, bauliche Anlagen und sonstige Einrichtungen, Maschinen und Werkzeuge im Vordergrund. Daneben sind die vom Zivilschutz benutzten Transportmittel zu erwähnen, vor allem Autos und Fahrräder.

Im Gegensatz zur Armee ist der Zivilschutz nicht darauf angelegt, jemandem, namentlich einem Eindringling in die Schweiz, seinen Willen aufzuzwingen und ihn nötigenfalls, wie es in der militärischen Terminologie heisst, zu vernichten. Das wirkt sich auch auf die Schulung und die Übungen in Friedenszeiten aus; geübt wird hier der Schutz von Einrichtungen, nicht die Vernichtung des Bedrohers. Dementsprechend ergibt sich aus solchen Übungen kaum eine besondere Zivilschutz-Gefahr und gleicht die Aktivität der Zivilschutzangehörigen viel mehr den Tätigkeiten, die auch im zivilen Berufsleben ausgeübt werden, als bei der Armee. Natürlich ist die Rettung von Personen aus dem Keller eines brennenden Hauses mit erheblichen Gefahren verbunden. Diese sind aber nicht anderer Natur, als wenn ein Haus ohne Einwirkung feindlicher Kräfte in Brand geraten ist.

407 Es kann daher keine Rede davon sein, dass durch die Aktivitäten des Zivilschutzes unabwendbare *besondere Gefahren* geschaffen würden, deren Veranlassung an sich als Verschulden zu betrachten wäre, wenn daran nicht ein öffentliches Interesse bestünde. Dieses ist hier im übrigen so gross, dass der Staat selber die betreffenden Aktivitäten und Organisationen nicht nur duldet, sondern vorschreibt.

408 Damit fehlen die Voraussetzungen für eine Gefährdungshaftung[306]. Es handelt sich vielmehr um eine *kausale Freistellungshaftung*[307] entsprechend derjenigen nach MO 22 I, d.h. nicht um eine milde, sondern auch um eine strenge Kausalhaftung. Dabei steht der Begriff der Organisation, die die Schäden verursacht, mehr im Vordergrund als bei MO 22 I. Auslösendes Moment der Haftpflicht ist nach dem Wortlaut des Gesetzes nicht die Verursachung eines Schadens durch einen Zivilschutzangehörigen, sondern, dass der Schaden *infolge* der Aktivität des Zivilschutzes *zugefügt* wird. Der Charakter als Organisationshaftung kommt daher deutlicher zum Ausdruck als bei MO 22 I und bei den Verantwortlichkeitsgesetzen des Bundes und der Kantone. Das hängt damit zusammen, dass hier keine besondere Haftung für Übungen von Verbänden ausgeschieden ist wie in MO 23.

409 Praktische Konsequenzen ergeben sich daraus nicht.

410 Zu erwähnen bleibt, dass der Gesetzgeber die Entlastungsgründe der höheren Gewalt und des Selbstverschuldens explizit anführt, was den Gepflogenheiten bei den Gefährdungshaftungen entspricht. Da die Entlastungsgründe nur zur Befreiung führen, wenn sie den Kausalzusammenhang unterbrechen, dann aber auch ohne Erwähnung im Gesetz, kommt diesem Umstand keine Bedeutung zu.

411 Es handelt sich um eine Kausalhaftung des Bundes, des Kantons, der Gemeinde oder des Betriebes anstelle[308] des Zivilschutzangehörigen. Die Möglichkeit eines Sorgfaltsbeweises wie bei OR 55 steht dem Haftpflichtigen nicht zur Verfügung.

412 Der Zivilschutzangehörige wird dadurch von seiner Haftpflicht gegenüber dem Geschädigten, namentlich nach OR 41, entbunden und

---

[306] Vgl. Bd. II/2 § 24 N 17 ff.
[307] Vgl. vorn N 77.
[308] Zur Frage der fehlenden direkten Haftpflicht des Zivilschutzangehörigen siehe hinten N 446.

unterliegt nur dem Regress des Haftpflichtigen (ZSG 78)[309], wenn ihm Vorsatz oder grobe Fahrlässigkeit vorzuwerfen sind. Die Haftpflicht nach ZSG 77 schützt daher nicht nur den Geschädigten gegen den Nachteil eines eventuellen Fehlens eines Haftpflichtanspruches und gegen mangelnde Durchsetzbarkeit seiner Forderung, sondern namentlich auch den Zivilschutzangehörigen vor der finanziellen Inanspruchnahme, solange ihm nicht Vorsatz oder grobe Fahrlässigkeit vorzuwerfen ist.

Die gleichen Gründe, die die Haftpflicht nach MO ins öffentliche Recht einreihen lassen, sprechen auch dafür, dass der Haftpflicht nach ZSG 77 öffentlich-rechtliche Natur zuzuschreiben ist[310]. Vorn N 84 ist festgehalten worden, dass der öffentlich-rechtliche Einschlag der Haftpflicht nach MO zur Folge hat, dass ohne ausdrückliche Norm keine Haftpflicht besteht[311]. Das gilt daher grundsätzlich auch für ZSG 77 ff. In Anbetracht der Beschränkung der haftpflichtrechtlichen Bestimmungen auf die Grundzüge ist aber auch hier dieses Prinzip mit grosser Zurückhaltung anzuwenden. Die Einzelheiten sind am gegebenen Ort zu besprechen. 413

5. Geltungsbereich der haftpflichtrechtlichen Bestimmungen des Zivilschutzgesetzes

a) In sachlicher Hinsicht:
Infolge von Zivilschutzveranstaltungen zugefügte Schäden

ZSG 77 findet Anwendung auf Schäden, die infolge von Kursen und Übungen oder sonstigen dienstlichen Verrichtungen von Instruktoren oder Schutzorganisationen des Zivilschutzes zugefügt werden. 414

Vor allem ist vorausgesetzt, dass es sich bei den Aktivitäten von Instruktoren und Schutzorganisationen um solche des *Bundes*, eines 415

---

[309] Vgl. hinten N 480 ff.
[310] Vgl. vorn N 81.
[311] Streng genommen hängt dies mit dem Staat als Haftungssubjekt zusammen und nicht mit der öffentlich-rechtlichen Natur einer Haftung. Wo aber der Staat eindeutig nach Zivilrecht haftet (vgl. STARK, SJZ 86 [1990] 3), kann dieser Grundsatz nicht gelten, weil sonst in Grenzfällen auf Grund des gleichen Gesetzes der Staat und ein Privater verschieden haften würden.

Kantons, einer *Gemeinde* oder eines *Betriebes* handelt. Sind diese nicht beteiligt — man denke z. B. an freiwillige und private Brandbekämpfungsübungen in einem Dreifamilienhaus —, so wird keine Haftpflicht nach ZSG 77 ausgelöst [312].

416 Andererseits gilt die Haftung nicht nur für die von Bund, Kantonen, Gemeinden und Betrieben durchgeführten Kurse und Übungen des Zivilschutzes, sondern auch für die sonstigen dienstlichen Verrichtungen ihrer Instruktoren [313] oder ihrer Schutzorganisationen.

b) In persönlicher Hinsicht: Kreis der Geschädigten

417 Geschädigt werden können einerseits Angehörige des Zivilschutzes oder der Armee, andererseits Zivilpersonen, schliesslich aber auch der Bund als Eigentümer von Armeematerial und andere Zivilschutzorganisationen resp. deren Träger.

418 Nach ZSG 77 I gilt die Haftpflicht nur gegenüber Drittpersonen [314]. Der Begriff der Drittperson ist gleich zu umschreiben wie im Rahmen der MO-Haftungen [315]: Auch die Angehörigen des Zivilschutzes sind gemäss ZSG 48 der Militärversicherung unterstellt und werden von ihr entschädigt [316]. Als Drittperson muss auch hier gelten, wer nicht der

---

[312] Massnahmen im Sinne des Zivilschutzes erfolgen nicht nur in Kursen und Übungen oder bei sonstigen dienstlichen Verrichtungen von Instruktoren oder Schutzorganisationen. Nach ZSG 12 haben die Hauseigentümer und die Mieter für Entrümpelung und Verdunkelung der von ihnen benützten Räume zu sorgen. Nach ZSG 13 I ist jedermann zur Entrümpelung, Verdunkelung und richtigem Verhalten bei Alarm verpflichtet. Die Hauseigentümer, die Mieter und die übrigen Einzelpersonen sind in der Disposition des Gesetzes auf der gleichen Stufe wie das Eidg. Justiz- und Polizeidepartement, das eidg. Amt für Zivilschutz sowie die Kantone, Gemeinden und Betriebe aufgeführt. Dies könnte zum Schluss verleiten, dass bei jeder Entrümpelung eventuelle Drittschäden nach ZSG 77 abzuwickeln seien. Das wäre aber nicht richtig: Nur die Schäden, die infolge von Kursen, Übungen oder sonstigen dienstlichen Verrichtungen von Instruktoren und Schutzorganisationen des Bundes, der Kantone, der Gemeinden und der Betriebe Drittpersonen zugefügt werden, fallen unter ZSG 77; vgl hinten N 444.
[313] Wenn Instruktoren in ihrer Freizeit sich freiwillig mit Zivilschutzproblemen abgeben und z. B. Besichtigungen vornehmen, sind das keine dienstlichen Verrichtungen; vgl. vorn N 217f.
[314] Das entspricht dem Wortlaut von MO 22 I, während MO 23 von Zivilpersonen spricht.
[315] Vgl. vorn N 100.
[316] Der Bund trägt also das Unfall- und Krankheitsrisiko aller Zivilschutzangehörigen, obschon die Zivilschutzorganisationen zum grössten Teil nicht von ihm, sondern von den Kantonen, Gemeinden und Betrieben geführt und unterhalten werden.

VI. Schädigungen durch den Zivilschutz § 32

Militärversicherung unterstellt ist³¹⁷. Dies betrifft auch Anfang und Ende oder eventuelle Unterbrechungen der Deckung durch die Militärversicherung³¹⁸.

Die Entschädigung eines Zivilschutz- oder Armeeangehörigen durch die Militärversicherung ist auch hier abschliessend: Übersteigt der haftpflichtrechtlich relevante Schaden die Leistungen der Militärversicherung, so steht dem Zivilschutz- oder Militärangehörigen dafür kein Schadenersatzanspruch gegen den Bund zu, aber auch nicht gegen einen Kanton, eine Gemeinde oder einen Betrieb; denn er ist nicht Drittperson gemäss ZSG 77 I. 419

Die Argumentation, die im Bereich der Haftpflicht des Bundes für die Armee massgebend ist³¹⁹, trifft nur für vom Bund durchgeführte Kurse und Übungen und die von ihm angestellten Instruktoren zu. Soweit Kantone, Gemeinden und Betriebe grundsätzlich haften, kann der Ausschluss dieser Haftung gegenüber Zivilschutzangehörigen nicht mit der vorn N 98 erwähnten Überlegung abgelehnt werden³²⁰. Die Kantone, Gemeinden und Betriebe könnten gegenüber dem Bund, der Träger der Militärversicherung ist, als Kausalhaftpflichtige betrachtet werden wie der Eigentümer irgendeines Werkes oder der Halter irgendeines Motorfahrzeuges. Dies würde bedeuten, dass die Militärversicherung auf diese Haftpflichtigen gestützt auf MVG 49 regressieren könnte und dass der durch sie nicht gedeckte Teil des Schadens vom Geschädigten beim Träger der Zivilschutzorganisation direkt geltend gemacht werden könnte. 420

Obwohl diese Lösung mit dem Gesetzestext übereinstimmt, kann sie nicht als richtig betrachtet werden: 421

1. Wenn der Bund die Zivilschutzangehörigen in die Militärversicherung einschliesst und die Kosten von deren Unfällen und Krankheiten trägt, die mit dem Zivilschutzdienst im Zusammenhang stehen, 422

---

[317] Militärpersonen sind daher nicht Dritte im Sinne von ZSG 77 I, ebenso wenig wie Angehörige der Zivilschutzorganisationen anderer Träger. Beispiel: Ein Zivilschutzinstruktor des Kantons X wird durch eine Zivilschutzorganisation der Gemeinde Y, die in einem andern Kanton liegt, geschädigt.
[318] Vgl. MVG 3.
[319] Vgl. vorn N 98.
[320] Dogmatisch gesehen wäre die Stellung von Kantonen, Gemeinden und Betrieben die gleiche wie diejenige irgendwelcher Kausalhaftpflichtiger bei Verletzung von Personen, die durch die Militärversicherung gedeckt sind.

§ 32   Haftpflicht des Staates für Schädigungen durch Armee und Zivilschutz

erscheint es nicht als plausibel, wenn er auf die andern Träger von Zivilschutzorganisationen für einen Teil dieser Kosten zurückgreift.

423 Dieses Argument erhält besonderes Gewicht durch den Umstand, dass die Träger dieser andern Zivilschutzorganisationen einer strengen Kausalhaftung unterliegen, die nicht auf Unfälle beschränkt ist. Die Militärversicherung könnte also für den grössten Teil ihrer Leistungen auf die in Frage stehenden Kantone, Gemeinden und Betriebe zurückgreifen [321]. Das wäre nicht sinnvoll.

424 2. Im weiteren ist zu bedenken, dass die Haftung nach ZSG 77 I, kombiniert mit der Unterstellung der Zivilschutzangehörigen unter die Militärversicherung, der Regelung des ganzen Problemkreises im Bereiche der Armee für deren Angehörige entspricht. Das ist nur vernünftig, wenn diese Parallelität konsequent durchgeführt wird. Es ist insbesondere nicht einzusehen, weshalb der Zivilschutzangehörige besser gestellt sein sollte als der Armeeangehörige.

425 In bezug auf den *Sachschaden* des Zivilschutzangehörigen sowie des Armeeangehörigen und der Armee ergeben sich dabei Schwierigkeiten [322].

426 Diejenigen Sachschäden, die von der Militärversicherung gestützt auf MVG 8 II (vgl. vorn N 105) übernommen werden, werden auch im Bereiche des Zivilschutzes von ihr getragen und werfen daher hier keine besonderen Probleme auf.

427 Für «weiteren» durch die *Armee* verursachten Sachschaden kann der Angehörige der *Armee* vom Bund eine «angemessene Entschädigung» verlangen, wenn der Schaden durch einen dienstlichen Unfall oder unmittelbar durch die Ausführung eines Befehls verursacht wurde. Dies ergibt sich aus MO 24 (vgl. vorn N 105). Eine entsprechende Norm fehlt im ZSG. Nach dem Legalitätsprinzip (vgl. vorn N 54) steht dem Zivilschutzangehörigen, der einen Sachschaden erlitten hat, daher kein Schadenersatzanspruch gegen den Bund, den betreffenden Kanton oder die betreffende Gemeinde zu. Das muss auch für Schutzorganisa-

---

[321] Ein Unterschied zwischen der — nicht der geltenden Rechtsordnung entsprechenden — Leistungspflicht eines Zivilschutzträgers und den Leistungen der Militärversicherung besteht, abgesehen von den Limiten der Militärversicherung, nur insoweit, als diese dem Geschädigten leichtes Selbstverschulden nicht als Reduktionsgrund entgegenhalten kann. Dies könnte der Zivilschutzträger nach ZSG 77 I tun.

[322] Vermögensschäden i. e. S. der Armee sowie eines Armee- oder Zivilschutzangehörigen dürften nicht vorkommen. Sollte dies trotzdem einmal der Fall sein, so kann MO 24 nicht angewendet werden und entfällt ein Anspruch nach dem Legalitätsprinzip.

tionen von Betrieben gelten, da die Betriebe vom Gesetzgeber mit der Aufstellung und Ausbildung des Betriebsschutzes betraut wurden und damit eine öffentliche Aufgabe erfüllen [323].

Eine solche konsequente Anwendung des Legalitätsprinzips führt zu stossenden Ergebnissen [324]. Nachdem die Haftpflichtordnung von ZSG 77 ff. nach dem Vorbild derjenigen für die Armee aufgebaut ist, drängt es sich auf, diese Lücke durch analoge Anwendung von MO 24 auszufüllen. Dabei fällt als Haftpflichtiger im Gegensatz zum Wortlaut von MO 24 nicht immer der Bund, sondern der jeweilige Träger der schädigenden Zivilschutzorganisation in Betracht [325].

428

Auf Grund dieser Auffassung schuldet der Träger der Zivilschutzorganisation, meistens die Gemeinde oder der Betrieb, seinen Zivilschutzangehörigen für den von ihnen erlittenen Sachschaden eine angemessene Entschädigung, wenn der Schaden unmittelbar durch die Ausführung eines Befehls oder einen dienstlichen Unfall verursacht worden ist.

429

Für den Sachschaden an persönlichen Effekten eines Angehörigen der Armee ist hier, in spiegelbildlicher Anwendung der Überlegungen über die Schädigung eines Zivilschutzangehörigen durch die Armee (vorn N 110), ebenfalls auf die Regeln von MO 24 zurückzugreifen, wobei der Träger der in Frage stehenden Zivilschutzorganisation als Subjekt der Haftpflicht zu betrachten ist.

430

Das gilt auch für den Sachschaden an Material der Armee: Der Schadenersatzanspruch des Bundes ist nicht nach ZSG 77 I abzuwickeln, weil der Bund keine Drittperson ist und «am gleichen Strick zieht» wie der Zivilschutz. Vielmehr ist dem Bund ein Anspruch gegen den schuldigen Zivilschutzangehörigen unter den Voraussetzungen von MO 26/27 zuzubilligen.

431

---

[323] Vgl. VG 1 I lit. f.

[324] Dies ist besonders augenfällig bei kombinierten Übungen von Zivilschutz und Armee (vgl. BGE 114 Ia 199). Nach ZSG 77 III richtet sich die Haftpflicht bei gemeinsamem Einsatz nach dem ZSG: Wer die analoge Anwendung von MO 24 auf den Bereich des Zivilschutzes ablehnt, wird dann dem Angehörigen der Armee den Schutz von MO 24 wohl auch verweigern müssen.

[325] Wenn man statt dessen das OR anwenden würde, wäre in bezug auf Ansprüche gegen den Zivilschutzträger das Legalitätsprinzip auch verletzt. Wollte man es beachten, so könnte man dem Zivilschutzangehörigen nur einen Anspruch gegen den fehlbaren Kameraden nach OR 41 einräumen. Dabei würde sich die Frage stellen, ob die hier allgemein vertretene (vgl. vorn N 182 und hinten N 449) Anwendung der bundesgerichtlichen Rechtsprechung über die Haftpflicht unter Militärpersonen und deren Beschränkung auf Vorsatz und besonders grobe Fahrlässigkeit auch massgebend wäre.

c) In rechtlicher Hinsicht: Verhältnis zu anderen Haftpflichtvorschriften

432 Es handelt sich hier um die Frage der Kollision von ZSG 77 I mit andern Haftpflichtnormen, und zwar mit Normen, die ohne ZSG 77 eine Haftpflicht einer Zivilschutzorganisation oder eines Zivilschutzangehörigen begründen würden. Nicht in diesen Bereich fallen Haftpflichtnormen zu Lasten von Dritten, die mit dem Zivilschutz nichts zu tun haben, z.B. eines zivilen Radfahrers, Motorfahrzeug- oder Tierhalters.

aa) Zum Strassenverkehrsgesetz

433 Wie vorn (N 125 ff.) dargelegt, unterstehen die Motorfahrzeuge des Bundes (und der Kantone) dem SVG (SVG 73). Diese Regelung wird in ZSG 77 II ausdrücklich wiederholt, aber allgemeiner: Sie gilt nicht nur für die Motorfahrzeuge des Bundes und der Kantone, sondern auch der Gemeinden und Betriebe, soweit diese Motorfahrzeuge im Rahmen des Zivilschutzes eingesetzt werden.

bb) Zum Eisenbahnhaftpflichtgesetz und zum Luftfahrtgesetz

434 Da die Träger des Zivilschutzes nie als Betriebsinhaber einer für ihre Zwecke verwendeten Bahn oder als Halter von Luftfahrzeugen auftreten werden, erübrigen sich weitere Erörterungen zur Stellung dieser Gesetze gegenüber dem ZSG.

cc) Zum Elektrizitätsgesetz

435 Es ist denkbar, dass der Zivilschutz Inhaber einer elektrischen Anlage ist; dann geht das ElG dem ZSG (wie der MO; vgl. vorn N 139) vor, wenn man nicht die analoge Anwendung von ZSG 77 II auf das ElG ablehnt und sich statt dessen zum argumentum e contrario bekennt.

dd) Zum Sprengstoffgesetz

436 Der Zivilschutz führt nicht selber Sprengungen aus; das ist Sache der Luftschutztruppe. Dementsprechend unterhält er keine Sprengstofflager. Eine Kollision des SSG mit dem ZSG ist daher kaum denkbar; sollte sie doch einmal vorkommen oder sollte die Durchführung von Sprengungen später dem Zivilschutz übertragen werden, so ginge zwar gestützt auf die engere Fassung von ZSG 77 II gegenüber MO 22 II

per argumentum e contrario das ZSG vor; richtiger wäre es aber, ZSG 77 II analog auf das SSG anzuwenden.

ee) Zum Rohrleitungsgesetz

Der Zivilschutz wird — noch weniger als die Armee (vgl. vorn 437
N 144) — kaum je Inhaber einer Rohrleitungsanlage im Sinne des RLG sein. Das Problem der Gesetzeskonkurrenz entfällt daher.

ff) Zum Obligationenrecht und zum Zivilgesetzbuch

In bezug auf *OR 41* stellt sich die Frage, ob der einen Schaden einer 438
Drittperson verursachende Zivilschutzangehörige neben dem Träger der Zivilschutzorganisation vom Geschädigten direkt belangt werden kann, wenn ihn ein Verschulden trifft.

Die Angehörigen der Armee können gestützt auf MO 22 III vom 439
Geschädigten nicht direkt in Anspruch genommen werden. Im ZSG fehlt eine entsprechende Norm[326]. Im Zivilschutz gelten aber die Überlegungen (vgl. vorn N 170f.), die zur Ausschaltung des Direktanspruches gegen den Wehrmann geführt haben, ebenfalls, wenn auch vielleicht in abgeschwächter Form.

Es liegt daher nahe, MO 22 III analog anzuwenden[327]. Das drängt 440
sich um so mehr auf, als ZSG 78 den Rückgriff des Trägers der Zivilschutzorganisation, der Schadenersatz geleistet hat, vorsieht, ihn aber auf Vorsatz und grobe Fahrlässigkeit beschränkt[328].

In bezug auf die *Kausalhaftungen des OR und des ZGB* kann aus 441
dem ausdrücklich auf das SVG beschränkten Vorbehalt von ZSG 77 II geschlossen werden, dass nur das SVG dem ZSG vorgeht. Während dies bei den andern Gefährdungshaftungen nicht befriedigt (vgl. vorn N 435f.), führt es bei den einfachen Kausalhaftungen des OR und des ZGB zum Resultat, dass die kausale Freistellungshaftung von ZSG 77 I den einfachen Kausalhaftungen vorgeht.

---

[326] Die einschlägigen Botschaften des Bundesrates (vom 6. Oktober 1961, BBl 1961 II 693, und vom 25. August 1976, BBl 1976 III 350) befassen sich nicht ausdrücklich mit der Frage der direkten Belangbarkeit des Zivilschutzangehörigen. Auch in den Protokollen über die parlamentarischen Beratungen (Stenbull NR 1961, 612 ff.; SR 1962, 47 ff.) finden sich keine Hinweise auf den Willen des Gesetzgebers zur Zeit des Erlasses des ZSG und seiner Revisionen von 1967 und 1977.
[327] Vgl. BGE 114 Ia 196 ff.
[328] Der Umstand, dass die MO die Frage des Direktanspruches ausdrücklich behandelt, obschon auch sie einen entsprechenden Regress des Bundes vorsieht, genügt nicht zur Ablehnung dieser Auffassung: Die Gleichstellung von Armee und Zivilschutz hat mehr Gewicht als diese gesetzgebungstechnische Überlegung.

B. Subjekt der Haftpflicht

1. Haftung von Bund, Kantonen, Gemeinden und Betrieben

442 ZSG 77 I verzichtet darauf, den Haftpflichtigen durch eine generelle Umschreibung der verschiedenen Träger von Zivilschutzorganisationen zu bestimmen und zählt statt dessen die vier möglichen Träger auf: Bund, Kantone, Gemeinden und Betriebe. Sie alle sind nach dem ZSG verpflichtet, den Zivilschutz zu organisieren. Die Hauptlast liegt auf den Gemeinden, die die vom Bund und den Kantonen vorgeschriebenen Massnahmen durchzuführen haben (ZSG 10). Sie begründen und betreiben die örtlichen Zivilschutzorganisationen (ZSG 15—17). Daneben sind von Betrieben Betriebsschutzorganisationen zu unterhalten. Diese unterstehen wie die örtlichen Schutzorganisationen und die Schutzraumorganisation dem Ortschef. Diese drei Organisationen bilden zusammen die Zivilschutzorganisationen der Gemeinden (ZSG 14 II). Subjekt der Haftpflicht nach ZSG 77 I für Schäden im Bereich einer Betriebsschutzorganisation ist aber der Betrieb und nicht die Gemeinde[329].

443 Die haftpflichtrechtlich in Betracht fallenden Aktivitäten des Bundes und der Kantone konzentrieren sich auf die von ihnen gemäss ZSG 55 und 56 durchzuführenden Ausbildungskurse.

444 Zivilschutzaktivitäten obliegen aber nicht nur dem Bund, den Kantonen, den Gemeinden und den Betrieben, sondern auch einzeln, den Hauseigentümern, Mietern und sonstigen Einzelpersonen (ZSG 12/13). Das Gesetz erwähnt Entrümpelung und Verdunkelung. Wenn dabei Drittpersonen geschädigt werden, haften nicht diese Einzelpersonen nach ZSG 77. Soweit die Schädigung im Rahmen von Kursen und Übungen[330] zugefügt wird, haftet die Gemeinde, die diese organisiert hat. Schäden von Drittpersonen, die ausserhalb des Rahmens von Kursen und Übungen durch Einzelaktionen von Privaten verursacht werden, sind nach OR 41 (eventuell 97) zu beurteilen. Sie liegen ausserhalb des Rahmens von ZSG 77. Haftpflichtig ist daher der schuldhafte

---

[329] Der Betriebszivilschutz untersteht für Übungen und Einsätze im Betrieb der Betriebsleitung und wird nur ausserhalb des Betriebes vom Ortschef eingesetzt.
[330] Vgl. hinten N 462 ff.

Verursacher des Schadens, bei Vertragsverletzungen auch der Vertragspartner des Verletzten.

Die Mehrzahl möglicher Haftungssubjekte gemäss ZSG 77 I wirft 445 die Frage auf, ob unter Umständen für das gleiche Ereignis mehr als ein Haftungssubjekt nach ZSG in Anspruch genommen werden kann. Man denke an einen Ausbildungskurs einer Gemeinde, der von einem kantonalen Zivilschutzinstruktor geleitet wird. Massgebend ist auch hier, wer den Kurs organisiert; im genannten Beispiel trifft die Haftpflicht die Gemeinde. Auf die Frage ihres Regresses gegen den Kanton wird unten (N 490 ff.) zurückzukommen sein. Wenn aber mehrere Gemeinden Zivilschutzaufgaben gemeinsam durchführen (vgl. ZSG 17), haftet jede von ihnen solidarisch nach ZSG 77 I.

2. Haftung des einzelnen Zivilschutzangehörigen

a) Gegenüber Zivilpersonen

Es ist vorn (N 439) bereits dargelegt worden, dass der einzelne 446 Zivilschutzangehörige bei Schäden, die unter ZSG 77 I fallen, vom Geschädigten nicht direkt belangt werden kann. Die Haftung des Trägers der Zivilschutzorganisation ist in diesem Sinne ausschliesslich.

Wie bei Schädigungen im Rahmen militärischer Tätigkeiten (vgl. 447 vorn N 217) ist aber auch hier an die Möglichkeit zu denken, dass eine Schädigung einer Drittperson nicht als dienstliche Verrichtung zu qualifizieren ist, sondern nur bei Gelegenheit eines Kurses oder einer Übung erfolgt. Dafür besteht keine Haftpflicht nach ZSG und ist der einzelne Zivilschutzangehörige nach OR 41 persönlich verantwortlich und direkt belangbar.

b) Gegenüber anderen Zivilschutzangehörigen

Es rechtfertigt sich, hier die durch die bundesgerichtliche Rechtspre- 448 chung entwickelte Lehre über die Haftpflicht unter Militärpersonen (vgl. vorn N 182) ebenfalls anzuwenden. Danach besteht kein Haftpflichtanspruch eines Zivilschutzangehörigen gegenüber einem andern Zivilschutzangehörigen, der ihn durch eine dienstliche Verrichtung geschädigt hat.

§ 32 Haftpflicht des Staates für Schädigungen durch Armee und Zivilschutz

449 Unter Militärpersonen gilt eine Ausnahme von dieser Regel im Falle *vorsätzlicher oder besonders grobfahrlässiger Schädigung*[331]: Diese schweren Verschuldensformen begründen einen persönlichen Haftpflichtanspruch des geschädigten Zivilschutzangehörigen gegen den Schädiger. Im Rahmen der Leistungen der Militärversicherung geht er auf diese über und kann von ihr regressweise geltend gemacht werden (MVG 49). Die von der Militärversicherung nicht übernommenen Schadensteile kann der geschädigte Zivilschutzangehörige gegen den haftpflichtigen Zivilschutzangehörigen direkt geltend machen. Dazu gehört der *Sachschaden,* soweit er weder von der Militärversicherung nach MVG 8 II noch auf Grund einer analogen Anwendung von MO 24 auf den Zivilschutz vom Bund, den Kantonen, Gemeinden oder Betrieben entschädigt wird. (Diese Darstellung entspricht der früheren Rechtsprechung des Bundesgerichts über das Verhältnis unter Militärpersonen, die der neuen nach BGE 114 Ia 196 ff. vorzuziehen ist und daher hier der Beantwortung der Haftungsfrage unter Angehörigen des Zivilschutzes zugrunde gelegt wird.)

c) Gegenüber der Zivilschutzorganisation

450 Für den Fall, dass der Zivilschutzangehörige seine Zivilschutzorganisation schädigt, namentlich ihr Material beschädigt, enthält das ZSG keine MO 26 (vgl. vorn N 187f.) entsprechende Bestimmung. MO 26 schreibt für den Bereich der Armee vor, dass der Wehrmann gegenüber dem Bund bei Schädigungen durch vorsätzliche oder grobfahrlässige Verletzung seiner Dienstpflicht verantwortlich ist, sonst nicht.

451 Wenn man wegen des Fehlens einer MO 26 entsprechenden Bestimmung im Bereich des Zivilschutzes das OR anwendet[332], haftet der Zivilschutzangehörige für jedes Verschulden (ausserdem haftet der Armeeangehörige für jede Beschädigung von Zivilschutzmaterial schon bei leichter Fahrlässigkeit; denn man kann den Schutz von MO 26 nicht dem Zivilschutzangehörigen verweigern, ihn aber dem Armeeangehörigen bei Schädigung von Zivilschutzmaterial zur Verfügung stellen). Die Anwendung des OR bei Schädigung von Zivilschutzmaterial

---

[331] In BGE 114 Ia 198 wird diese Einschränkung des Ausschlusses der persönlichen Belangbarkeit abgelehnt; vgl. vorn FN 124.
[332] Das Legalitätsprinzip steht der Anwendung des OR nicht entgegen, da es sich hier nicht um eine Haftpflicht des Staates, sondern des einzelnen Zivilschutzangehörigen handelt.

würde dem Grundgedanken von ZSG 78 widersprechen. Es wäre sehr wenig sinnvoll, den Zivilschutzangehörigen bei der Schädigung von Dritten durch leichte Fahrlässigkeit freizustellen, ihn aber bei — z. B. gleichzeitiger — Schädigung von Zivilschutzmaterial persönlich zur Kasse zu bitten. Dies muss auch gelten bei Schädigung der Armee durch einen Zivilschutzangehörigen; er muss in diesem Fall, genau gleich wie der Armeeangehörige, des Schutzes von MO 26 teilhaftig werden.

Im weiteren rechtfertigt es sich, auch MO 27 II, der die Berücksichtigung der besonderen Umstände vorsieht, analog anzuwenden. 452

d) Gegenüber Militärpersonen

Die Militärpersonen sind den Zivilschutzangehörigen gleichzustellen: Der Zivilschutzangehörige haftet gegenüber einem Wehrmann nicht persönlich, es sei denn, er habe vorsätzlich oder mit besonders grober Fahrlässigkeit gehandelt. Es drängt sich auf, die Militärpersonen und die Zivilschutzangehörigen einander gleichzustellen. Eine Militärperson ist kein Dritter im Sinne von ZSG 77 I[333]. 453

C. Voraussetzungen der Haftpflicht

1. Positive Voraussetzungen

a) Schaden

Nach ZSG 77 I fallen ausdrücklich *alle* Schäden in den Anwendungsbereich dieser Bestimmung, also nicht nur Personenschäden und Sachschäden, sondern auch Vermögensschäden i. e. S. Wenn man diese letzteren, sofern die Widerrechtlichkeit gegeben ist, auch im Bereich der Haftpflicht nach MO als ersatzwürdig betrachtet (vgl. vorn N 198 f.), ergeben sich daraus keine Schwierigkeiten[334]. 454

---

[333] Vgl. vorn FN 317.
[334] Im gegenteiligen Fall, d. h. wenn bei Schädigung durch die Armee für blosse Vermögensschäden i. e. S. kein Ersatz geleistet wird, ist die Rechtslage für solche Schädigungen davon abhängig, ob die Armee mit oder ohne den Zivilschutz tätig gewesen ist (vgl. ZSG 77 III). Das wäre ein unhaltbares Ergebnis.

§ 32   Haftpflicht des Staates für Schädigungen durch Armee und Zivilschutz

b) Verursachung

455   Die Haftpflicht nach ZSG 77 I setzt voraus, dass die Schäden «infolge» von Kursen und Übungen oder bei sonstigen dienstlichen Verrichtungen von Instruktoren oder Schutzorganisationen «zugefügt» werden.

456   Es müssen also dienstliche Verrichtungen einzelner oder mehrerer Zivilschutzangehöriger zum Schaden geführt haben. Der blosse Sachzusammenhang mit einer Veranstaltung des Zivilschutzes genügt nicht[335].

aa) Der Begriff der dienstlichen Verrichtung

457   Die dienstliche Verrichtung ist der zentrale Begriff für die Beantwortung der Frage, welche von Zivilschutzangehörigen gesetzten Schadenursachen eine Haftpflicht nach ZSG 77 I auslösen und welche nicht. Allgemein kann dafür auf N 217 ff. vorn verwiesen werden.

458   Durch den Begriff der dienstlichen Verrichtung werden vor allem *private Tätigkeiten* als mögliche Ursachen ausgeschlossen. Es handelt sich um private Tätigkeiten, die bei Gelegenheit von Kursen und Übungen oder sonstigen Anlässen von Schutzorganisationen oder Aktivitäten von Instruktoren ausgeübt werden.

459   Daneben werden durch die Formulierung «sonstige dienstliche Verrichtungen» von Instruktoren und Schutzorganisationen Schäden in den Haftpflichtbereich einbezogen, *deren Verursachung nicht im Rahmen von Kursen und Übungen erfolgt*. Man denke an einen Instruktor, der eine Rekognoszierung für eine von ihm vorzubereitende Übung durchführt. Auch diese Tätigkeit ist dienstlich; denn sie beruht auf Befehlen, Reglementen oder speziellen Aufträgen. Liegen keine solchen vor, so ist die Tätigkeit nicht als dienstlich zu qualifizieren[336].

460   Das Büropersonal des Zivilschutzes[337] leistet an seinen Arbeitsplätzen nicht Zivilschutzdienst und untersteht daher nicht ZSG 77 I, sondern den einschlägigen Verantwortlichkeitsgesetzen. Dagegen nehmen die Instruktoren eine besondere Stellung ein, und ihre Unterstellung unter ZSG 77 ist daher im Gesetz ausdrücklich erwähnt.

---

[335] Vgl. BGE 114 Ia 195.
[336] Ein Zivilschutzinstruktor besichtigt auf einer Ferienreise eine Zivilschutzübung in einem fremden Staat.
[337] Bundesamt für Zivilschutz (ZSG 8 II), kantonale Ämter für Zivilschutz (ZSG 9 III) und Zivilschutzstellen der Gemeinden (ZSG 10 II).

bb) Kurse und Übungen

An sich erübrigen sich hier nähere Darlegungen. 461

Dank dem Umstand, dass das Gesetz nicht den einzelnen Zivil- 462
schutzangehörigen oder die Zivilschutztruppe als Verursacher erwähnt,
sondern für die bei Kursen und Übungen zugefügten Schäden gilt, werden auch Schäden erfasst, die von nicht im Zivilschutz eingeteilten Personen verursacht werden, die sich daran beteiligen (vgl. ZSG 13 II, 46 I).

Unter ZSG 77 I fallen selbstverständlich auch freiwillige Kurse und 463
Übungen.

Jeder Einsatz einer Zivilschutzorganisation bei einer *Katastrophe* 464
(ZSG 1 III) dient nicht nur der Abwehr der Katastrophenfolgen, sondern auch der Ausbildung der Zivilschutzangehörigen — obschon diese nicht Zweck des Einsatzes ist. Es rechtfertigt sich daher, solche Einsätze in Friedens- oder Aktivdienstzeiten — wie bei der Armee (vgl. vorn N 249) — ZSG 77 I zu unterstellen.

Wird dagegen der Zivilschutz im *Kriegsfall* eingesetzt, so schliesst 465
ZSG 77 IV eine Anwendung von ZSG 77 I ausdrücklich aus.

Hier ist vorerst zu prüfen, unter welchen Voraussetzungen der 466
Kriegsfall vorliegt. Keine Zweifel entstehen, wenn der Schweiz der Krieg erklärt wurde oder sie ihn erklärt hat. Wenn aber ein fremder Staat Soldaten als Terroristen in die Schweiz schickt, um Angst und Schrecken zu verbreiten und den Widerstandswillen zu untergraben, kann man kaum schon von Krieg sprechen. Wenn schweizerisches Territorium irrtümlich bombardiert wird wie Schaffhausen und Oerlikon im Zweiten Weltkrieg, ist die Schweiz auch nicht im Krieg. Soll bei dadurch veranlassten Einsätzen die Rechtslage eine andere sein, als wenn sich die Schweiz völkerrechtlich im Kriegszustand befände?

Im weiteren stellt sich die Frage, ob bei einem Ernstfall-Einsatz des 467
Zivilschutzes alle Schäden nicht nach ZSG zu erledigen sind, unabhängig davon, ob sie zwangsläufig mit dem Einsatz-Zweck verbunden waren oder bei dessen Verfolgung unnötigerweise zugefügt wurden. An sich ist das nach ZSG 77 IV anzunehmen. Es lässt sich aber mit dem Wortlaut dieser Bestimmung vereinbaren, für die Ausbildung von Zivilschutzangehörigen in Kursen und Übungen die Haftpflichtfrage nach ZSG 77 I zu beurteilen, auch wenn sich die Schweiz im Kriegszustand befindet.

Überzeugender wäre die Regelung, dass nur die Schäden aus recht- 468
mässiger Aktivität im Ernstfall nicht unter ZSG 77 I fallen. Das trifft

z. B. zu, wenn bei einer Trümmerbeseitigung frühere Bewohner eines ausgebombten Hauses mit Gewalt weggeführt werden, wenn ein brennendes Haus nicht gelöscht wird, weil die Löschung anderer Objekte als dringender erscheint, wenn eine Baugrube ausgefüllt wird, weil die Spriessung beschädigt wurde und die Grube einzustürzen droht, wenn Personen bei Einsatz von Giftgas oder Niederschlag von atomarem Staub mit Gewalt gezwungen werden, sich der Entgiftung zu unterziehen, bevor sie einen Schutzraum betreten usw. Es handelt sich um durch den Zweck des Zivilschutzes gerechtfertigte Eingriffe.

469 Auf dieser Basis löst sich auch das Problem der kriegsähnlichen Handlungen ohne völkerrechtlichen Kriegszustand: Das Zivilschutzgesetz gilt auch dann nur für unter dem Gesichtspunkt des Zweckes des Zivilschutzes unnötige Schädigungen.

470 Dieses Abstellen auf den Zweck des Zivilschutzes muss grosszügig erfolgen. Wenn man in guten Treuen verschiedener Meinung sein kann, ob eine bestimmte Massnahme des Zivilschutzes nötig gewesen sei, ist ihre Anordnung durch den Zivilschutz-Verantwortlichen zu billigen.

471 Es drängt sich auf, ZSG 77 IV in diesem Sinne zu interpretieren.

c) Widerrechtlichkeit

472 Es kann hier auf die Ausführungen vorn N 261 ff. verwiesen werden: Auch ZSG 77 I gilt nur für widerrechtliche Schädigungen. Vermögensschäden i. e. S. ohne Verletzung eines Schutzgesetzes fallen nicht darunter. Ist die Rechtswidrigkeit an sich gegeben, insbesondere bei einer Rechtsgutsverletzung, entfällt die Haftpflicht, wenn ein Rechtfertigungsgrund — man denke vor allem an Notwehr oder Einwilligung des Verletzten — gegeben ist.

473 Anders ist die Rechtslage bei Schäden an Grundstücken und Gebäuden gemäss ZSG 75 (vgl. vorn N 399 ff).

d) Aktivlegitimation

474 ZSG 77 I erwähnt ausdrücklich die Schädigung von Drittpersonen. Das sind diejenigen Personen, die nicht durch die Militärversicherung gedeckt sind (vgl. vorn N 418).

2. Negative Voraussetzungen

a) Entlastungsgründe

Das Gesetz erwähnt ausdrücklich die höhere Gewalt und das Selbstverschulden des Geschädigten. Das entspricht dem Wortlaut von MO 23, so dass auch hier auf die Ausführungen dazu im Teil über die Haftung nach MO verwiesen werden kann (vgl. vorn N 300 ff.). 475

Da eine besondere Zivilschutzgefahr — im Gegensatz zur Militärgefahr bei MO 23 — verneint werden muss, kann eine solche Gefahr auch nicht die Entlastung erschweren: Die Intensität des Haftungsgrundes, deren Ausschaltung durch höhere Gewalt oder Selbstverschulden zur Entlastung führt, entspricht weitgehend derjenigen im privaten Berufsleben. 476

In Anlehnung an MO 23 wird das Drittverschulden nicht als Entlastungsgrund erwähnt. Vorn (N 299) wurde dargelegt, dass in Anbetracht der enormen Unterschiede zwischen den verschiedenen Sachverhalten, die zur Anwendung von MO 23 führen können, nicht anzunehmen ist, der Gesetzgeber habe die Intensität des Haftungsgrundes der militärischen Übung generell als so gross betrachtet, dass eine Entlastung durch Drittverschulden nicht in Frage komme. Im Rahmen des Zivilschutzes bestehen diese grossen Unterschiede zwischen den denkbaren Sachverhalten und der dabei wirkenden Intensität des Haftungsgrundes nicht. Das könnte den Schluss nahelegen, dass die Nicht-Erwähnung des Drittverschuldens die Wertung des Gesetzgebers zum Ausdruck bringe, dass die Gefährdung, für die der Haftpflichtige einzustehen hat, so gross ist, dass ein Drittverschulden nie die nötige Intensität aufweisen kann, um den adäquaten Kausalzusammenhang zu unterbrechen[338]. 477

Diese Argumentation ist hier nicht anwendbar, weil — wie vorn N 407 dargelegt — nicht eine *besondere Gefährdung* von Drittpersonen Anlass zur Einführung dieser scharfen Kausalhaftung gegeben haben kann. Sie mag zwar in einzelnen Fällen vorliegen; die Regel ist sie aber sicher nicht. Bei denjenigen Gefährdungshaftungen, bei denen das Drittverschulden nicht als Entlastungsgrund anerkannt wird (MO 23, KHG 5 und auch RLG 33 II), hat die Gefährdung ganz andere Dimensionen. Anderserseits fallen unter ZSG 77 I viele Sachverhalte, die sich 478

---

[338] Vgl. STARK, Skriptum N 232.

auch ohne Beteiligung des Zivilschutzes genau gleich abwickeln können; dann entlastet grobes Drittverschulden von genügender Intensität den an sich Haftpflichtigen. Das trifft namentlich auch für das SVG zu, das auf die Motorfahrzeugunfälle des Zivilschutzes Anwendung findet. Das führt zum Schluss, dass im Rahmen von ZSG 77 I das Drittverschulden als Entlastungsgrund zugelassen werden sollte[339].

3. Rechtfertigungsgründe

479   Da die Widerrechtlichkeit Voraussetzung der Haftpflicht ist (vgl. vorn N 472), entfällt die Verantwortlichkeit des Zivilschutzes, wenn ein Rechtfertigungsgrund vorliegt[340].

D. Regress des Zivilschutzträgers auf den Zivilschutzangehörigen, der den Schaden verursacht hat

480   Bund, Kantone, Gemeinden und Betriebe haben für ihre Zahlungen an Drittpersonen gestützt auf ZSG 78 einen Rückgriffsanspruch gegen den Zivilschutzangehörigen, der den Schaden vorsätzlich oder grobfahrlässig verursacht hat.

481   Das Gesetz spricht nicht von einem Rückgriff auf den in Frage stehenden Zivilschutzangehörigen, sondern auf die «Person», die den Schaden grob verschuldet hat[341]. Darunter könnte auch irgendeine Zivilperson verstanden werden. Nach dem System der kausalen Freistellungshaftung[342] und auf Grund der Tendenz, die Haftpflichtfragen im Zivilschutz gleich zu lösen wie bei der Armee, können diesem Regressrecht aber nur Zivilschutzangehörige unterliegen. Dafür spricht

---

[339] Beispiel: Der Zivilschutz übt die Beseitigung von Trümmern mit Baumaschinen. Ein böswilliger Dritter zeigt einem Hund eines Bekannten ein Stück Fleisch und wirft es auf den Aufräumplatz. Der Hund läuft ihm nach und wird verletzt.

[340] Vgl. dazu Bd. II/1 § 16 N 224 ff. Beispiel: Eine Zivilperson, die sich über den Lärm ärgert, der vom Zivilschutz bei einer Übung mit Pressluftbohrern verursacht wird, greift einen Zivilschutzangehörigen tätlich an. Dieser schlägt zurück und verletzt den Angreifer.

[341] MO 25 spricht vom Regress auf den «Wehrmann» und schliesst dadurch dritte Personen, die nicht der Armee angehören, eindeutig aus.

[342] Vgl. vorn N 77.

auch der Umstand, dass es sich bei einer Beteiligung einer Zivilperson an der Verursachung des Schadens um das Problem einer Mehrheit von Ersatzpflichtigen handelt, wobei nicht einzusehen ist, dass eine mithaftpflichtige Zivilperson in Abweichung von der übrigen Haftpflichtordnung hier nur bei Vorsatz und grober Fahrlässigkeit sollte belangt werden können.

MO 27 II sieht vor, dass bei der Festsetzung des Regresses des Bundes gegen einen Wehrmann die Art des Dienstes, die militärische Führung und die finanziellen Verhältnisse des Haftenden angemessen zu berücksichtigen sind (vgl. vorn N 314 ff.). Während das ZSG keine entsprechende Norm enthält, finden sich ähnliche Bestimmungen in den Verantwortlichkeitsgesetzen der Kantone Basel-Stadt, Glarus und Luzern. Es ist nicht einzusehen, weshalb diese wohlbegründete und der Idee der kausalen Freistellungshaftung gerecht werdende Regelung nicht auch im Zivilschutz gelten soll. Es rechtfertigt sich daher, MO 27 II analog anzuwenden. 482

Mehrere für einen Schaden regressweise in Anspruch genommene Zivilschutzangehörige haften, wie auch im Militärrecht, nicht solidarisch (vgl. vorn N 323). 483

E. Übrige Fragen

1. Verschulden

Es ist hier auf die Ausführungen im militärrechtlichen Teil (vorn N 325 ff.) zu verweisen, die mutatis mutandis auch für den Zivilschutz gelten. 484

2. Schadensberechnung und Schadenersatzbemessung

ZSG 77 I sieht die sinngemässe Anwendung von OR 42, 43 I, 44 I, 45 und 46 vor und entspricht damit MO 27 I, mit Ausnahme davon, dass OR 50 I nicht angeführt wird[343]. Es kann daher auch für die Schadensberechnung und Schadenersatzbemessung auf den MO-Teil (vorn N 329 ff.) und die generellen Ausführungen in Bd. I 53 ff., 170 ff. verwiesen werden. 485

---

[343] Vgl. dazu vorn N 352 ff., hinten N 488.

3. Genugtuung

486 Aus der Verweisung von ZSG 77 I auf OR 47 ergibt sich zweifelsfrei, dass die allgemeinen Grundsätze des Haftpflichtrechts über den immateriellen Schaden auch für den Zivilschutz gelten.

4. Gegenseitige Schädigung und andere Fälle der Kollision von Haftungen unter sich

487 Auch hier sind die Ausführungen zur Haftung nach der MO (vorn N 342 ff.) sinngemäss anwendbar.

5. Mehrheit von Ersatzpflichtigen. Regress

488 Hier ist ebenfalls auf die Überlegungen zur Haftung des Bundes nach MO zu verweisen. Der Umstand, dass MO 27 I auch OR 50 I erwähnt, was für ZSG 77 nicht zutrifft, hat keine Bedeutung, weil die Anwendung von OR 50 I bei der MO-Haftung kaum in Betracht fällt (vgl. vorn N 352). Da der besonderen Militärgefahr keine besondere Zivilschutzgefahr gegenübersteht, bildet eine solche im Rahmen der sektoriellen Verteilung kein zu beachtendes spezielles Moment.

489 Für den Fall einer Schädigung von Zivilschutzmaterial ist vorn (N 450 ff.) dargelegt worden, dass die Zivilschutzorganisation keinen Anspruch gegen den verursachenden Zivilschutzangehörigen hat, es sei denn, dieser habe den Schaden durch vorsätzliche oder grobfahrlässige Verletzung seiner Dienstpflicht verschuldet (MO 26 analog). Die dem Zivilschutzangehörigen belastete Quote bei leichter Fahrlässigkeit darf aber nicht vom mitverursachenden Dritten verlangt werden (vgl. vorn N 357).

6. Haftungsverhältnisse unter verschiedenen Trägern von Zivilschutzorganisationen

490 Da der Zivilschutz von vier Arten von Rechtssubjekten (Bund, Kantone, Gemeinden und Betriebe) durchgeführt wird, ist es denkbar, dass die Zivilschutzmassnahmen des einen einen andern schädigen oder

dass durch das Verhalten des einen ein anderer gegenüber Drittpersonen nach ZSG 77 I verantwortlich wird. Vorn (N 445) ist als Beispiel dafür erwähnt worden, dass ein kantonaler Zivilschutzinstruktor bei der Leitung eines Zivilschutzkurses einer Gemeinde Fehler macht, die zur Schädigung von Zivilschutzmaterial dieser Gemeinde oder zur Schädigung einer Drittperson führen. Zu denken ist auch an die nachbarliche Hilfe nach ZSG 28 I oder an fehlerhafte kantonale Vorschriften.

Das ZSG enthält keine Norm, die solche Fälle regelt. Nach dem 491 Legalitätsprinzip entfällt daher ein Schadenersatz- oder Regressanspruch.

Bei differenzierter Betrachtung der Verhältnisse ist die Rechtslage 492 zwischen zwei Trägern von Zivilschutzorganisationen gleich zu gestalten wie zwischen einem Zivilschutzträger und der Armee: Sie sind als gemeinsame Träger der Landesverteidigung (ZSG 1 I) zu betrachten. Eine Zivilschutzorganisation kann nicht als Drittperson im Sinne von ZSG 77 I gegenüber einer andern Zivilschutzorganisation eingestuft werden. Dementsprechend bestehen — in Übereinstimmung mit dem Legalitätsprinzip — keine Schadenersatzansprüche zwischen Zivilschutzträgern. Der Gemeinsamkeit des Zweckes ist aber dadurch Rechnung zu tragen, dass MO 25/26 in Verbindung mit MO 27 II analog angewendet werden: Eine Zivilschutzorganisation, die von Angehörigen einer andern geschädigt oder wegen deren Verhalten gegenüber einer Drittperson verantwortlich wird, hat einen Anspruch gegen die Zivilschutzangehörigen einer andern Zivilschutzorganisation, wenn diese den Schaden vorsätzlich oder grobfahrlässig verursacht haben. Dabei sind die Umstände gemäss MO 27 II zu berücksichtigen.

7. Haftpflicht und Versicherung. Schutz des Geschädigten vor Benachteiligung

Hier ist auf die Ausführungen im Militärteil dieses Paragraphen zu 493 verweisen (vorn N 364 ff., 368 ff.), die mutatis mutandis anwendbar sind.

8. Verdunkelung

Ordnet der Zivilschutz im Ernstfall die Verdunkelung an, so besteht 494 keine Haftpflicht nach ZSG 77 I für dadurch verursachte Unfälle; vgl.

die Ausführungen zu ZSG 77 IV vorn N 465 ff. Handelt es sich demgegenüber um eine blosse Übung[344], so ist ZSG 77 I anwendbar. Führt dies zu einem Schaden, so wird meistens grobes, entlastendes Selbstverschulden des Geschädigten vorliegen; denn er kennt den Sachverhalt der allgemeinen Verdunkelung und muss sich dementsprechend verhalten.

9. Verjährung

495   Der für die Verjährung massgebende Art. 80 ZSG entspricht fast wörtlich MO 29, so dass auch hier auf die Ausführungen im MO-Teil verwiesen werden kann.

496   1. Nicht erwähnt ist in ZSG 80 die Verjährung von Schadenersatzansprüchen von Zivilschutzorganisationen und von Zivilschutzangehörigen. Damit fehlt eine Vorschrift über die Verjährung von Ansprüchen einer Zivilschutzorganisation gegen ihren Zivilschutzangehörigen (analog MO 26), der sie grob schuldhaft geschädigt hat, und über die Ansprüche des Zivilschutzangehörigen gegen seine Organisation, wenn er einen Sachschaden erlitten hat (analog MO 24). Dies deutet darauf hin, dass der Gesetzgeber die betreffenden Rechtsfragen nicht gesehen hat oder sie, resp. mindestens diejenige der Ansprüche der Zivilschutzorganisation gegen ihren Angehörigen, stillschweigend dem OR unterstellen wollte. Dann wären die Verjährungsvorschriften von OR 60 massgebend, d. h. der Beginn der relativen Frist würde Kenntnis nicht nur des Schadens, sondern auch des Schädigers resp. des Verantwortlichen voraussetzen, die absolute Frist würde 10 Jahre statt nur 5 betragen.

497   Es ist andernorts dargelegt worden (vgl. vorn N 427 ff. und N 450 ff.), dass schwerwiegende Gründe der Gleichbehandlung gleichartiger Fälle dafür sprechen, MO 26 und MO 24 auf den Zivilschutz analog anzuwenden. Dann müssen auch die Verjährungsfristen von ZSG 80 dafür gelten.

---

[344] Man denke an übungshalber durchgeführte Verdunkelungen, wie sie vor dem Zweiten Weltkrieg stattfanden und damals von der Luftschutztruppe von Haus zu Haus kontrolliert wurden.

VI. Schädigungen durch den Zivilschutz § 32

2. Eine weitere Differenz zwischen MO 29 und ZSG 80 besteht 498
darin, dass nach MO 29 IV die schriftliche Geltendmachung des Schadenersatzanspruchs beim Eidg. Militärdepartement als Klage gilt und die Verjährung unterbricht, wenn die Militärverwaltung für den erstinstanzlichen Entscheid zuständig ist, d. h. wenn nur Sachschaden geltend gemacht wird. In ZSG 80 fehlt diese Bestimmung in bezug auf die Anmeldung des Anspruchs bei der in ZSG 79 I vorgesehenen kantonalen Behörde. Es ist aber nicht einzusehen, was dann als Klage gelten soll, weil die gleiche kantonale Behörde nach ZSG 79 II erstinstanzlich entscheidet, «sofern eine Einigung nicht zustande kommt». Die zuständige Behörde befasst sich dann von der Anmeldung an mit der Sache; der Übergang vom Einigungsverfahren zum streitigen Verfahren setzt keine zusätzliche formelle Klageerhebung voraus. Die Regelung von MO 29 IV muss daher auch hier gelten.

Gesetzesregister

Die erste Zahl nach dem Artikel oder dem Strichpunkt weist auf den Paragraphen im Buch hin. Die den Buchstaben N (= Randnote) und FN (= Fussnote) folgenden Zahlen bezeichnen dieselben.

Hervorhebungen durch Fettdruck bezeichnen die Stellen, in denen die einzelnen Artikel ausführlicher bzw. grundlegend behandelt sind.

Die gewählte Reihenfolge der Gesetze entspricht dem inhaltlichen Aufbau des Buches; Nebenerlasse sind nach ihren Haupterlassen aufgeführt.

EHG

Artikel	Randnote/Fussnote	Artikel	Randnote/Fussnote
1	27 N 39, 76, 78, 93f., 128, 152f., 164, FN 203; 30 N 50, 88	10	27 N 172, 207
I	27 N 2, 9, 13, 15, **54f.**, 59, 62, 86, 121, 130, 144, 165	11	27 N 54, **56ff.**, 65, 72f., 76, 78, 161, 187, 252, FN 104, 126; 30 N 88
II	27 N 2, 41, 50f., 63, 133, 169, 188, 193	I	27 N 57f., 62f., 65f., FN 106, 108
2	27 N 172	II	27 N 63f., 66, 72, FN 108, 133; 28 N 43
3	27 N 172	12	27 N 56, 183, 252, FN 328f.
4	27 N 176	13 I	27 N 198
5	27 N 140, 146f., 153, 164, 174, FN 263, 285, 317, 331	II	27 N 204
		14	27 N 72, 195, FN 350, 363
6	27 N 61, **149ff.**, 164f., FN 268f., 279f.; 28 N 43, 147f.	I	27 N 172, 207, 272
		II	27 N 38, 207
7	27 N 61, 149f., 153, **162ff.**, 175, 179, FN 267, 290, 292; 28 N 43, 147, 149, 154	16	27 N 205; 30 N 165
		17	27 N 205; 28 N 173
		18	27 N 2, 50, 169, 194, 269
8	27 N 2, 50, 169, **188ff.**, 193, FN 58, 95, 328, 338	19	27 N 1, **208ff.**, FN 368, 375, 381, 472
9	27 N 172, 221	20	27 N 1, 221

579

Gesetzesregister

Artikel	Randnote/Fussnote	Artikel	Randnote/Fussnote
21	27 N 223	Ziff. 1	27 N 19, 118, 216, 233; 28 FN 58
22	27 N 1	Ziff. 2	27 N 119, 227, 235, 237
Ziff. 1	27 N 221		
Ziff. 2	27 N 221, 252	25	27 N 1, FN 384, 386, 417
		I	27 FN 384
24	27 N 9	II	27 FN 386, 417

TBG

Artikel	Randnote/Fussnote	Artikel	Randnote/Fussnote
15 I	28 N 55	II	28 N 55, 177, FN 51

TG

Artikel	Randnote/Fussnote	Artikel	Randnote/Fussnote
1	27 N 66	39	27 N 228, 243, 255, FN 410
I	30 N 58		
16	27 N 154, 159	39 I	27 N 67
17	27 N 228, 253, FN 152	40	27 N 67, 228
		Satz 2	27 N 67
19	27 N 228, 244		
II Satz 1	27 N 71, 250	41	27 N 228, FN 410
II Satz 2	27 N 72, 252, FN 112	42	27 N 228
20	27 N 242	43	27 N 228
21	27 N 242	44	27 N 228
22	27 N 242	45	27 N 228
23	27 N 69, 228, 242, 254	46	27 N 72, 228
24	27 N 243	47	27 N 228
25	27 N 243	48	27 N 228
26	27 N 243	51 II lit. a	27 N 163, FN 290
27	27 N 73		

EIG

Artikel	Randnote/Fussnote
2	28 FN 20
I	28 N 11
III	28 FN 16
3	28 N 3, 14
I	28 N 30
4 I	28 N 33
13 II	28 N 20 f., 25
15	28 N 3, FN 147
IV	28 N 32
16	28 N **14,** 20, 29
17 VII	28 N 32
19	28 FN 147
20	28 N 77, FN 147
21	28 FN 147
Ziff. 3	28 FN 3
22	28 FN 147
23	28 FN 147
24	28 FN 147
25	28 FN 147
26	28 N 32, FN 147
27	27 FN 182; 28 N 1, 20, 22, 24, 55 f., **62 ff., 105 ff.,** 120, 122, **135 ff.,** FN 27, 42, 65, 82, 85, 101; 30 N 88
I	28 N **10 ff.,** 34, 62, 86, **109 ff.,** 128, **135 ff.,** 151, 154, FN 99; 30 N 50

Artikel	Randnote/Fussnote
II	27 FN 329; 28 N 35, 43, **58, 108 ff.**
28	28 N 1, 24, 43, 45, 55 f., 80, 95, 113, FN 10
I	28 N **88 ff.,** 113
I lit. a	28 N **89 f.**
I lit. b	28 N 67, **91 f.,** 168, FN 78
II	28 N 70, **93,** 97
29	28 N 1, 24, 35, 43, 55, **58,** 111, **119 ff.,** FN 117, 119
30	28 N 1, 24, 43, 45, 55 f., 68, 70, 80, **94 ff.,** 113, 166, 168, FN 11, 80
31	28 N 1, 24, 43, 45, 55 f., 69 f., 95, 101, 113, **163 ff.,** FN 12, 173, 176
32	28 N 1, 24, 55 f., **179**
I	28 FN 186
II	28 FN 186
33	28 N 1, 24, 55 f., 141
34	28 N 1, 7, 24, 55 f., 112
I	28 N 85
II	28 N **158, 169 f.**
35	27 FN 268, 292; 28 N 1, 24, 55 f., **147 ff.,** FN 156
36	28 N 1, 24, 55 f.
I	28 N 61, **159 f.**
II	28 N **159,** 178
III	28 N **159,** 176
37	28 N 1, 24, 55 f., 59, 61, **174 ff.**

581

Gesetzesregister

Artikel	Randnote/Fussnote	Artikel	Randnote/Fussnote
38	28 N 1, 24, 55 f., **178**	41	28 N 1, **14 ff.**, 33, 35, 55 f., **58,** 111, 120, 122, 130, FN 23, 75, 82; 30 N 44, FN 118
39	28 N 1, 24, 55 f., 59, **172;** 30 N 165		
		42	28 FN 121

Starkstrom VO

Artikel	Randnote/Fussnote	Artikel	Randnote/Fussnote
2 lit. a	28 N 46	109	28 FN 160
3	28 FN 20	112	28 FN 160
71	28 FN 33	118 I	28 N 84
73 I	28 FN 160	I lit. a	28 N 14
I lit. c	28 FN 134	I lit. b	28 N 20, 25
II	28 FN 89	I lit. c.	28 N 15, 26, 83, FN 85
		II	28 N 21 f., FN 85
86	28 N 46	119	28 N 29

KHG

Artikel	Randnote/Fussnote	Artikel	Randnote/Fussnote
1 I	29 N 53 ff.	VII	29 N **126 ff.**
II	29 N **73 ff.**	3	29 N 13, 82, 84 113 ff.; 30 N 50
III	29 N 54, **78 f.**		
2 I	29 N **191 f.,** 249, FN 19	I	29 N 53, 318; 30 FN 104
I lit. a	29 N **192 ff.,** 258 ff., 294 423, FN 298	II	29 N **67 ff.,** 147, 164 ff., 371, 522, FN 144
I lit. b	29 N 254, 262 ff., **277 ff.,** 422 f., FN 298	III	29 N **65 f.,** 147, 172 ff., 347, 372, 444, FN 144
II	29 N 53, 311, FN 18, 137	IV	29 N **123 ff.,** 151, 184; 30 N 53, 69, FN 16
III	29 FN 18	V	29 N 12, **71 f.,** 120, 148 f., 177
IV	29 N 196 ff.		
V	29 N **53 ff.,** FN 72	VI	29 N 85, 88, 113 ff., 182, 347, 444, FN 138
VI	29 N 53		

Gesetzesregister

Artikel	Randnote/Fussnote
4	29 N 510, 575, FN 471
5	29 N 8, 157
I	29 N **329 ff.**, 425
II	29 N **338 ff.**, 426, 687 f., FN 289
6	29 N 89, 188, **347 ff.**, 402, 453, FN 160
lit. a	29 N 348, **350 ff.**, 377, 497
lit. b	29 N 348, **360 ff.**, 497, FN 271
lit. c	29 N **368 ff.**, 498
7 I Satz 1	29 N **421**, 424 ff., 689
I Satz 2	29 N **430**
II	29 N **431 ff.**, 690 f.
8	29 N **451 ff.**; 30 N 165
I	29 N **454 f.**
II	29 N **456 ff.**
9 I	29 N **90 ff.**, **650 ff.**
II	29 N **434 ff.**, 653
10	29 N 30 ff.
I	29 N 34, 479 ff., 613
II	29 N **495 ff.**
III	29 N **462 ff.**, FN 316 f.
IV	29 N 480 f., **505 ff.**
11	29 N 18; 30 FN 16, 157
I	29 N 543 f., **548 ff.**, FN 406; 30 FN 167
II	29 N 19; 30 FN 163
III	29 N 20 f., 545, **608 ff.**, FN 444; 30 FN 167
12	29 N 5, 18, 491, 531, 543, **548 ff.**, 615, 641, **644 ff.**, 656, FN 429; 30 FN 167
13	29 N 35, 476, 481, 486, **489 ff.**, 649, 656, 712 f., FN 346

Artikel	Randnote/Fussnote
14	29 N 22, 644
15	29 N 22 ff., 646
16	29 N **531 ff.**, 645, FN 445
I	29 N 121, 334
I lit. a	29 N 317, **533**
I lit. b	29 N **534 ff.**, 641
I lit. c	29 N **537 ff.**
I lit. d	29 N 109, **540 f.**
II	29 N 340
III	29 N 535
17	29 N 18, FN 380
I	29 N 17; 30 FN 156
II	29 N 83
18	29 N 545, **616 ff.**
I	29 N 621 ff.
II	29 N 620, 624 ff.
III	29 N 625 ff.
19	29 N 581 ff., 614
I	29 N **585 ff.**
II	29 N **588 ff.**, 669, FN 407
20	29 N 594 ff., 642, FN 407
I	29 N 588, **598 ff.**, 669, FN 416
II	29 N **404 ff.**, FN 458
21	29 N 590, **636 ff.**
22	29 N **508 f.**, 575, FN 430
I	29 N 306, 315
23	29 N 511
24	29 N 511, 513, 707
I	29 N 519
II	29 N 520
II lit. a	29 N 511, FN 355
II lit. b	29 N 511
III	29 FN 401

583

Gesetzesregister

Artikel	Randnote/Fussnote	Artikel	Randnote/Fussnote
25	29 N 512	I Satz 2	29 N 666 ff.
26	29 N 317	I Satz 3	29 N 697 ff.
I	29 N 514 f.	II	29 N **683 ff.**
		III	29 N 700, **703 ff.**
27	29 N 518	IV	29 N 656, 708, FN 450
28	29 N 517	30	29 N 28 f., 546, 654 ff., **710 f.**
29	29 N 28, 546, 654 ff.	I	29 N 710
I	29 N **656 ff.**, FN 459		
I Satz 1	29 N 663	34	29 N **105 ff., 527 ff.**

AtG

Artikel	Randnote/Fussnote	Artikel	Randnote/Fussnote
4	29 N 62, FN 267	III	29 N 392, FN 157
I	29 N 148, FN 137, 267	13	29 FN 258
I lit. b	29 FN 174		
I lit. c	29 N 72, FN 174	14	29 N 8, 610, FN 244
5	29 N 550, FN 267	18	29 FN 442, 445
II	29 N 637, FN 406, 427; 30 N 185	19	29 N 3
		I	29 FN 442
8	29 FN 267	IV	29 FN 443
9	29 FN 267	21	29 N 3, 18, FN 29
I	29 FN 406		
II	29 N 620, 637; 30 N 185	22	29 N 18, 619, FN 29
III	29 FN 431, 436	23	29 N 18, FN 29
IV	29 FN 431, 436		
10	29 N 7, FN 12, 88	24	29 N 18, FN 29
11	29 N 7, FN 12, 88	25	29 N 18, FN 29
II	29 FN 267	27	29 N 3, FN 455, 457
12	29 N 3, 8, FN 66, 163, 237	I	29 FN 472
		28	29 N 3
I	29 N 123, 193, 261, FN 164	35 II	29 FN 138

KHV

Artikel	Randnote/Fussnote	Artikel	Randnote/Fussnote
1	29 N 54	5	29 N 22
3	29 N 5, 543	I lit. b	29 FN 72
I	29 N 19	7 II	29 N 587, 635, FN 420
II	29 N 570 ff.	8	29 N 646
III	29 N 574 f.		
4	29 N 20, **608 ff.**, FN 382	9	29 FN 344
I	30 FN 167	10	29 FN 344
I lit. a	29 N 609 ff., FN 244	II	29 FN 443
I lit. b	29 N 613	11	29 N 60, FN 471
I lit. c	29 N 613		
II	29 N 615		

PUe

Artikel	Randnote/Fussnote	Artikel	Randnote/Fussnote
1	29 N 62, 201, 210, FN 57, 72, 169 f.	5	29 N 170, FN 144
2	29 N 110, FN 81, 154, 278, 365	6	29 N 37, 113, 359, FN 366
3	29 N 37, 210	7	29 N 38, FN 396
4	29 N 169, 174, 178 ff., FN 49, 83, 85, 152	8	29 FN 419
		13	29 FN 365

MO

Artikel	Randnote/Fussnote	Artikel	Randnote/Fussnote
21	32 FN 126	III	32 N 115 f., 122, 145, 164, 167, 173, 175, 439 f., FN 124 f.
22 I	30 N 159; 32 N **190 ff.**		
II	30 N 57; 32 N 115, 119 f., 122 f., 133, 142, 144 f., FN 61	23	30 N 88, 159; 32 N **190 ff.**

Gesetzesregister

Artikel	Randnote/Fussnote
24	32 N 13, 48, 106f., 110, 184, 427f., 430, 449, 496f., FN 69f., 123
25	32 N 31, 66, 164, 171, 173, 187, 306, 308, 314, 361f., 379f., 492, FN 125, 341
26	32 N 113f., 187f., 379, 431, 450f., 489, 492, 496f., FN 221
I	32 N 49, 348
II	32 N 50
III	32 N 51
26[bis]	32 N 52, 379, FN 221, 233
27	32 N 431, 492
I	32 N 82, 286, 329, 331, 333f., 338, 341, 352, 485, 488, FN 218, 246

Artikel	Randnote/Fussnote
II	32 N 113f., 306, 315, 452, 482, 492, FN 240
III	32 N 306, FN 233, 245
28 I	32 N 29, 202
II	32 N 202
29	32 N 372f., 498, FN 301
I	32 N 379
II	32 N 309, 379
III	32 N 382
IV	32 N 385, 498, FN 224
30 II	32 FN 133
33	32 N 35
200	32 N 35, 37

RLG

Artikel	Randnote/Fussnote
1	30 FN 39
I	30 N **28 ff.**, 43, FN 39
II	30 N **38 ff.**
IV	30 N 42, **44 f.**
3 I	30 N 185, FN 32
II	30 FN 32
8	30 N 73
14	30 N 70, FN 66
17	30 FN 40
18	30 N 148
21	30 N 148

Artikel	Randnote/Fussnote
23	30 FN 40
27	30 N 107
30 I	30 N 148
II lit. c	30 N 16, 185, 187, FN 158
31	30 N 16, 187, 197, 204
33	30 N 1 ff., 19, 29, 31 f., 34 ff., 41, 191
I	30 N 53, 64 ff., 88, 112 ff., 117 ff., FN 109
II	30 N 10, 79 ff., 116, **124 ff.**, 147 f., FN 8
III	30 N 52

Artikel	Randnote/Fussnote	Artikel	Randnote/Fussnote
34	30 N 41, **153 ff.**, **163 ff.**, 191	38	30 N 41, 194
		II	30 N 195 f.
35	30 N 15, 41, **176 ff.**	III	30 N 195
I	30 N 19, 179, 182, 184, 197 ff.	39	30 N 41, **169 f.**
II	30 N **188 ff.**, 209, FN 109	III	30 N 164
II lit. a	30 N 188	40	30 N 41, **171 ff.**, FN 152 f.
II lit. b	30 N 188	41	30 N 4, 41, FN 34
III	30 N 189, FN 12		
IV	30 N 17, FN 158	42	30 N 41
V	30 N 18, 50, 183	43	30 N 41
36	30 N 16, 41, 182, 187, **203 f.**	45	30 N 16, FN 32
		Ziff. 1	30 FN 67
37	30 N 15, 41	52	30 N 2
I	30 N 208		
II	30 N 211		
III	30 N 180, 203, 210		

RLV

Artikel	Randnote/Fussnote	Artikel	Randnote/Fussnote
1	30 FN 161	I	30 N 49, FN 39
4	30 N 28, 36, FN 35	III	30 N 46, FN 40
5	30 FN 35	7	30 FN 35
6	30 N 44, FN 35	45 II Ziff. 1	30 N 16, FN 158

SSG

Artikel	Randnote/Fussnote	Artikel	Randnote/Fussnote
1	31 N 41	3	31 N 41, 43, 47
II	31 N 71 f.	I	31 N 4
2 I	31 N 53, FN 55	4	31 N 30 ff.

Gesetzesregister

Artikel	Randnote/Fussnote	Artikel	Randnote/Fussnote
5	31 N 30 ff.	17	31 N 131, FN 28
I	31 N 36	18	31 FN 28
II	31 N 36, 40	II	31 FN 91
II lit. a	31 N 36, FN 46, 85		
II lit. b	31 N 36, FN 48	19	31 N 46, FN 28
II lit. c	31 FN 50	III	31 FN 115
		IV	31 FN 115
6	31 N 30 ff.	20	31 FN 28
7	31 N 30 ff.	21	31 FN 28
I lit. a	31 N 38		
9	31 N 71, 77, FN 113	22	31 FN 28
10	31 N 71, 77, FN 113	II	31 FN 91
11	31 N 71, 77	23	31 FN 28
12	31 N 71, 77, FN 113 f.	24	31 FN 28
		II	31 N 46
13	31 N 71, FN 39	25	31 FN 28
II	31 FN 114		
14	31 N 71, FN 28, 113	26	31 N 48, FN 28
15	31 N 71, FN 28	27 I	31 N **91 ff.**
IV	31 N 77	II	31 N **117 ff.**
V	31 FN 91, 113	III	30 N 50; 31 N 52, 54, 69

ZSG

Artikel	Randnote/Fussnote	Artikel	Randnote/Fussnote
1	32 N 402	9 III	32 FN 337
I	32 N 109, 492	10	32 N 442
III	32 N 464	II	32 FN 337
2 Ziff. 2	32 N 371, 403	12	32 N 444, FN 312
3	32 N 404	13	32 N 444
7	32 N 391	I	32 FN 312
8	32 N 391	II	32 N 462
II	32 FN 337	14 I	32 N 442

Gesetzesregister

Artikel	Randnote/Fussnote	Artikel	Randnote/Fussnote
15	32 N 442	II	32 N 399
16	32 N 442	III	32 N 400
		IV	32 N 400
17	32 N 442, 445	77 I	32 N **454 ff.**
28 I	32 N 490	II	32 N 433, 436, 441
46 I	32 N 462	III	32 FN 324, 334
		IV	32 N 465, 467, 471, 494
48	32 N 418	78	32 N 398, 412, 440, 480
55	32 N 443	79	32 N 393
56	32 N 443	I	32 N 498
		II	32 N 498
69	32 N 113	80	32 N 496 ff.
75 I	32 N 399, 473		

IPRG

Artikel	Randnote/Fussnote	Artikel	Randnote/Fussnote
129	30 FN 153	131	29 N 523 f., FN 367
II	29 FN 365	133 I	29 N 525
III	29 FN 367; 30 N 175	II	29 N 526, 529, FN 312; 31 N 47
130 I	29 N 519		
II	29 N 521		

VVG

Artikel	Randnote/Fussnote	Artikel	Randnote/Fussnote
6	29 N 591	38	29 N 591
14	29 N 331, 590, 595; 30 FN 171; 32 FN 106	39	29 N 591
		40	29 N 531
20 III	29 N 590; 30 FN 159	42 IV	29 N 618
28	29 N 591	60	29 N 586
33	29 FN 417	I	30 N 205

589

Gesetzesregister

Artikel	Randnote/Fussnote	Artikel	Randnote/Fussnote
61	29 N 570	96	27 N 197 ff.; 29 FN 304; 31 FN 125
70	29 N 568 ff.		
71 II	29 FN 374	101	27 FN 18
72	27 N 200; 28 FN 118; 29 N 398 ff., 668; 31 FN 125		

Sachregister

Die erste Zahl nach dem Schlagwort oder dem Strichpunkt weist auf den Paragraphen im Buch hin.

Die den Buchstaben N (= Randnote) und FN (= Fussnote) folgenden Zahlen bezeichnen dieselben.

A

Abfälle, radioaktive 29 N 53, 58, 60, 64
Abklingbecken 29 N 58
Abschlagszahlungen 29 N 517
Abschreibepolice 29 FN 424
Absicht s. einzelne Haftungsarten
Adäquater Kausalzusammenhang s. einzelne Haftungsarten, Kausalzusammenhang
Aktivlegitimation s. einzelne Haftungsarten
Alarmorganisation 29 N 6
Allgemeine Versicherungsbedingungen 29 FN 391, 406
Allgemeinverbindlicher Bundesbeschluss 29 N 28, 658, 663, 713
Alternativität v. Haftungsgründen 27 N 35; 28 N 47; 29 N 100; 30 N 56 ff.; 31 N 61 f.; 32 N 121, 124
Angestellter s. Arbeitnehmer
Anlage s. einzelne Haftungsarten
Anscheinsbeweis s. Prima-facie-Beweis
Anschlussgeleise s. Verbindungsgeleise
Anspruchsberechtigung s. einzelne Haftungsarten, Aktivlegitimation
Anspruchskonkurrenz s. einzelne Haftungsarten, Mehrheit von Ersatzpflichtigen
Anspruchskumulation 27 N 199
Anstalt s. Juristische Person
Anstifter 29 N 352
Anwaltskosten 27 N 79; 29 N 518, 571 ff.; 31 N 95
Anzeigepflicht 28 N 179; 29 N 621 ff., 640
Arbeitnehmer 27 N 39, 41, 43, 45 f., 267; 30 N 51, 81

– Geschädigter s. dort
– Hilfsperson s. dort
Armee s. Militär
Atomanlage s. auch Kernanlage 29 FN 66
Atomgesetz 29 N 3
Atomhaftpflicht s. Kernenergiehaftpflicht
Atomverordnung 29 N 6
Auffüllungsbetrag 29 N 627 ff.
Aufräumungskosten 29 FN 34
Aufzug 27 N 21, 233, 253, FN 43 f., 47
Ausländisches Recht s. einzelne Haftungsarten
Ausschluss der Widerrechtlichkeit s. Rechtfertigung
Automobil s. Motorfahrzeug
Autoscooter 28 N 54

B

Bahn s. Eisenbahnhaftpflicht
Bahnbau s. Bau, Bauarbeiten
Bahnhof
– Gemeinschaftsbahnhof s. Konkurrenzbetrieb
Bau, Bauarbeiten 27 N 3, **112 ff.**, 128; 28 N 43, 50, 83, 132 f., 180, FN 46, 130; 29 N 57
Baute s. Werk
Bauunfall 27 N 50 f., 62, 86 ff., 112 ff.; 28 N 133, FN 130
Bauunternehmung, selbständige 27 N 51, 63, 114, 133, 136, 193 f.
Befreiung 27 N **129 ff.**; 28 N 100, 135, **147 ff.**; 29 N 344
– deliktisches Verhalten 27 N **149 ff.**; 28 N 43, 149

591

Sachregister

- polizeivorschriftswidriges Verhalten 27 N 162 ff.; 28 N 43, 149
- Entlastung s. dort
- vorschriftswidriges Verhalten 28 N 147, 149 ff.
- widerrechtliches Verhalten 28 N 43, 135, 147 ff.

Behördliche Anordnungen 29 N 266 ff., 274 ff., 279 ff.
Beseitigungsanspruch 29 N 94, 256
Besitz 27 N 58
Bestattungskosten 29 N 231, FN 319
Betrieb s. einzelne Haftungsarten
Betriebsbewilligung 29 FN 433
Betriebsgefahr s. einzelne Haftungsarten
Betriebshaftung 27 N 3; 28 N 5; 29 N 9
Betriebsunfall 27 N 62, 86 ff., **90 ff.**, 118, 120, 237
Betriebsvertrag 27 N 45, 28 N **82**, 120, FN 84; 29 N 15; 30 N 67, 71, **76 f.**; 31 N 75, 88
Beweis, Beweislast 27 N 53, 60; 28 N 80, 92; 29 N 299 ff., 316 f., 471 ff.
- Anscheinsbeweis s. Prima-facie-Beweis
- Beweissicherung 29 N 508 ff., 575
- Beweiswürdigung 27 N 145, 221; 28 N 178; 29 N 514
- Selbstverschulden 27 N 143
- Verschulden 27 N 72; 29 N 441

Bewilligungspflicht 29 N 3, 72, 623, 637 f., FN 137, 174, 267
Billigkeit 29 N 431
Binnenschiff s. Eisenbahnhaftpflicht, Schiff
Blitz, Blitzschlag 28 N 137 ff., FN 137 f., 142
Brand, Brandschaden 28 N 43, 58, 65, 107, 109, 111, 114, **119 ff.**, 122, FN 42, 119
Brandassekuranz 29 N 398 ff., 675
Brennstoff, flüssig oder gasförmig 30 N 5 ff., **28 ff.**, 75
Brüsseler Zusatzprotokoll 29 N 36, 38 f., FN 6
Bund, Beiträge 29 N 697 ff.
Bund, subsidiäre Haftung 29 N **531 ff.**
Bundesbahnen s. Schweizerische Bundesbahnen
Bundesgericht 29 N 28, 644, 707, FN 476
Bürgschaft 29 FN 398

C

Camionnage 27 N 67
Cargo-Domizildienst 27 N 67
Chômage 27 N 185, FN 150; 28 N 109
Clausula rebus sic stantibus 29 N 477, FN 321
Cura in eligendo, instruendo vel custodiendo 27 N 50

D

Dampfschiff s. Eisenbahnhaftpflicht, Schiff
Datenträger 28 N 106, FN 102
Delcredere-Haftung 29 FN 374
Deliktisches Verhalten s. Befreiung, Reduktion
Deliktsort 29 N 519 ff.
Diebstahl von Energie 28 FN 77
Direkter Vorsatz s. einzelne Haftungsarten
Direktschaden s. Quotenvorrecht
Dolus s. einzelne Haftungsarten
Dritte, Regress s. einzelne Haftungsarten
Drittverschulden s. einzelne Haftungsarten, Entlastung
Duldungspflicht 29 N 255 ff.

E

Eidgenössische Erledigungsinstanz 29 N 703 ff.
Eidgenössisches Verkehrs- und Energiewirtschaftsdepartement 28 N 179
Eigenmittel
- Bund 29 N 29
- Geschädigter 29 N 84 ff.
- Haftpflichtiger 29 N 26, 113 f., 125

Eigentum 27 N 39, 41, 43, 46 f., 58, 65
Eigentümer
- Geschädigter 29 N 181 ff.
- Haftpflicht 29 N 123 ff.
- Regress 29 N 378 ff.

Eingangszähler 28 N 75, FN 71
Einreden des Beklagten 28 N 135
Einzelanlage, elektrische 28 N 20
- mit Niederspannung und Stromerzeugung auf eigenem Grund und Boden 28 N 25 ff.

Sachregister

Eisenbahngebiet 28 N 30
Eisenbahnhaftpflicht, allgemeine Darstellung 27 N 1 ff.
- Absicht 27 N 201, FN 285
- Anlage 27 N 34f., 39, 41, 45, 112f., 117, 142; 28 N 44
- Arglist 27 N 190f.
- ausländisches Recht 27 N 4ff., 26
- Befreiung
  - deliktisches Verhalten 27 N **129ff.**; 28 N 43
  - polizeivorschriftwidriges Verhalten 27 N 162
- Betrieb 27 N 2f., 15, 39, 41ff., 86ff., **90ff.**, 120ff.
- Betriebsgefahr 27 N **93ff.**, 111f., 116f., 121, 123, 128, 138f., 144, 165, 170, 174, 179, FN 47
- Eisenbahnbegriff 27 N 13ff.
- elektrische Bahn 27 N 14, 31, 106, 123; 28 N 37f.
- elektrischer Strom 27 N 24, 123, FN 197; 30 N 63
- Entlastung 27 N 50f., 61, **129ff.**
  - Drittverschulden 27 N 2, 48, 108, **133ff.**, 177
  - höhere Gewalt 27 N 2, **131f.**, 138
  - Selbstverschulden 27 N 1f., 128a, 136, **137ff.**, 150, 153, 157, 160, 164ff., 169, FN 201
- Exkulpation 27 N 20
- Fahrlässigkeit 27 N 153, 170
  - grobe 27 N 170, 190f., 201
  - leichte 27 N 190f.
- Geltungsbereich
  - persönlicher 27 N **28ff.**
  - rechtlicher 27 N **31ff.**; 28 N 37ff.
  - sachlicher 27 N **9ff.**
- Genugtuung 27 N 161, 167, 171 **188ff.**, 194, FN 95, 328, 391
- Geschädigter 27 N 29f.
- Haftpflichtversicherung 27 N 21, 203, 270
- Hilfsarbeiten 27 N 3, 62, 86ff., 93, 112, **121ff.**, 148; 28 N 133
- Kasuistik
  - Betriebsbegriff 27 N 91
  - Betriebsunfall 27 N 91, 110
  - Drittverschulden 27 N 136
  - Eisenbahnbau 27 N 113
  - Hilfsarbeiten 27 N 123
  - Höhere Gewalt 27 N 132

- Schadenersatzreduktion 27 N 179
- Selbstverschulden 27 N 146
- Selbstverschulden des Bahnpersonals 27 N 182
- Verschulden 27 N 191
- Kausalzusammenhang 27 N **86ff.**
- Mehrheit von Ersatzpflichtigen 27 N 108, **193ff.**
  - Anspruchskonkurrenz 27 N 41
  - Solidarität 27 N 41f., 50f., 135, 193f.
- Nachbarrecht 27 N **80ff.**
- Personenschaden 27 N 55, 79, 188, 217, 239
- Reduktion 27 N 61, **174ff.**
  - deliktisches Verhalten 27 N **149ff.**, 175; 28 N 43
  - Selbstverschulden 27 N 1, 108, 150, 153, 157, 160, 164ff., 169, 174, 179ff., 187, FN 201
- Regress 27 N 49, **193ff.**, 197ff.
- Rektifikationsvorbehalt 27 N 172, 207
- Sachschaden 27 N **56ff.**, 66ff., 76, 79, 161, 167, FN 341
  - im Zusammenhang mit gleichzeitigem Personenschaden 27 N 56ff., 72, 161
  - ohne Zusammenhang mit gleichzeitigem Personenschaden 27 N 56, 63ff.
- Schaden 27 N **54ff.**
- Schadenersatzbemessung 27 N 61, 108, 140, 147, 165f., **173ff.**, 187, FN 216, 249
- Schadensberechnung 27 N **172, 183ff.**
- Schiff s. auch Betrieb 27 N 9ff., 19f., 32, 52, 63, 66, 109f., 118, 120, 125, 148, 216, 233, 253; 28 N 49; 32 N 135
- Subjekt der Haftpflicht 27 N **39ff.**, 219
- Traktion 27 N 14, 19, 105f.
- Unfall 27 N 86ff., 100, 102, 105, FN 104
- Vergleich 27 N 205
- Verjährung 27 N 38, 72, 195, **207**, 272, FN 425
- Verkehr
  - durchgehender 27 N 43
  - internationaler 27 N 70f., 74
  - öffentlicher 27 N 13, 17f., 24
- Vermögensschaden i.e.S. 27 N **75ff.**

593

Sachregister

- Verschulden 27 N 1, 3, 63 ff., 71 f., 95, 108, **169 ff.**, 188 ff., 194; 28 N 43
  - zusätzliches 27 N 134 ff., 147, 160, 165, 174, 179, 184 f.
- Verwirkung 27 N **207**
- Vorsatz 27 N 153, 156
- Widerrechtlichkeit 27 N 77 ff., **128 a**
- Zufall 27 N 144
- Zuständigkeit
  - örtliche 27 N **208 ff.**
  - sachliche 27 N **218**
- **Eisenbahnkonzession** s. Konzession
- **Eisenbahntransport** 29 N 99
- **Elektrizitätshaftpflicht** 28 N **1 ff.**
  - Abgrenzung s. auch Elektrizitätshaftpflicht, Geltungsbericht
    - negative 28 N 14 ff.
    - positive 28 N 10 ff.
  - Abnehmer 28 N 75
  - Alternativität 28 N 47
  - Anlage 27 N 24, FN 197; 28 N 10 ff., 38, 41, 67, **72 f., 128 ff.**
    - Herrschaft über die 28 N 66, 69
    - zusammengesetzte 28 N 43, **88 ff.**, 113
  - Anlageinhaber 28 N 67, 72, **74, 76,** 79
  - Anzeigepflicht von Unfällen 28 N 179
  - Ausführungserlasse 28 N 3
  - ausländisches Recht 28 N 8
  - Autoscooter 28 N 54
  - Bahn, elektrische 28 N 37 f., 41, 127
  - Bau 28 N 43, 50, 83, 132 f., 180, FN 46, 130
  - Befehlsgewalt 28 N 77, FN 81
  - Befreiung 28 N 100, 135, **147 ff.**
    - deliktisches Verhalten 28 N 43, 149
    - polizeivorschriftswidriges Verhalten 28 N 43, 149
    - vorschriftwidriges Verhalten 28 N 147, 149 ff.
    - widerrechtliches Verhalten 28 N 43, 135, 147 ff.
  - Benachteiligung, Schutz des Geschädigten vor 28 N **172 f.**
  - Betrieb 27 N 24, FN 197; 28 N **132 ff.**
  - Betriebsgefahr 28 N 134, 137
  - Betriebshaftpflichtversicherung 28 N 115
  - Betriebshaftung 28 N 5
  - Betriebsinhaber 28 N 24, 62 f., 77, 79, 84 ff., 141, 158
    - Kreis der haftpflichtigen 28 N **33 f.**
  - Mehrheit von 28 N 67, **87 ff.**, 168
  - Betriebsvertrag 28 N **82,** 120, FN 84
  - Beweis 28 N 80, 92
  - Beweisthema 28 N **102**
  - Beweiswürdigung 28 N 178
  - Blitz, Blitzschlag 28 N 137 ff., FN 137 f., 142
  - Brand, Brandschaden 28 N 43, 58, 65, 107, 109, 111, 114, **119 ff.**, 122, FN 42, 119
  - Chômage 28 N 109
  - Datenträger 28 N 106, FN 102
  - Diebstahl von Energie 28 FN 77
  - Eidgenössisches Verkehrs- und Energiewirtschaftsdepartement 28 N 179
  - Eingangszähler 28 N 75, FN 71
  - Einreden, des Beklagten 28 N 135
  - Einzelanlage 28 N 20
    - mit Niederspannung und Stromerzeugung auf eigenem Grund und Boden 28 N 25 ff.
  - Eisenbahn, elektrische 28 N 37 f.
  - Eisenbahngebiet 28 N 30
  - Eisenbahnhaftpflichtgesetz, Verhältnis zum 27 N 31; 28 N **37 ff.**
  - Eisenbahnwagen 28 N 42
  - Elektromobil 28 N 52, 54
  - Elektromotor 28 N 54
  - Elektroschwachgeräte 28 FN 19
  - Energielieferungsvertrag 28 N 59, 117 f., FN 36, 64, 113
  - Enteignung 28 N 1, **124 ff.**
  - entgangener Gewinn 28 N 109
  - Entlastung 28 N 86, 112, **135 ff.**, 169, FN 133
    - Drittverschulden 28 N 5, 136, **142 ff.**, FN 133, 169
    - höhere Gewalt 28 N 5, 136, **137 ff.**, FN 133, 137
    - Selbstverschulden 28 N 5, 136, **145 ff.**, 151 ff., FN 133, 169
  - Entschädigungsforderung 28 N 127
  - Erdbeben 28 FN 140
  - Ersatzpflichtige, Mehrheit von 28 N **168 ff.**
  - Exklusivität 28 N 47
  - Expropriation s. Enteignung
  - Fahrlässigkeit 28 FN 45
  - Fahrleitung 28 N 42, 48, 50 f.
  - Fernheizungsanlage 28 FN 64
  - Fernwärmelieferungsvertrag 28 FN 64

Sachregister

- Feuerwehr, Feuerwehrmann 28 FN 89
- Freileitung 28 N 46, 84, FN 33, 87
- Gefährlichkeit der Elektrizität 28 N 6, FN 16
- gegenseitige Schädigung s. Haftungskollision
- Geltungsbereich
  - persönlicher 28 N **33 ff.**
  - rechtlicher 27 N 105 f.; 28 N **37 ff.**
  - sachlicher 28 N **10 ff.**
    - negativ 28 N 14 ff.
    - positiv 28 N 10 ff.
- Generator 28 N 41
- Genugtuung 28 N 31, 61, 104, **161 f.**, FN 45
- Gerichtsstand 28 N 177
- Gesamtanlage 28 N 90 f., 93
- Geschädigter 28 N 35 f.
  - Schutz vor Benachteiligung 28 N **172 f.**
- Geschäftsbetrieb, Störung im 28 N 2, 43, 58, **107 ff.**, FN 113, 119
- Geschäftsherr 28 N 59
- Grundeigentümer 28 N 28
- Grundstück 28 N 27 f.
- Gyrobusfahrzeug 28 N 56
- Haftungskollision 28 N 43, 69 f., 101, 113, **163 ff.**
- Hausinstallation 28 N 2 ff., **14 ff.**, 58, 83 f., 111, 114, 120, 122, 130, FN 20 ff., 33, 75, 82, 87
- Herrschaft
  - über die Anlage 28 N 66, 69
  - über den darin fliessenden Strom 28 N 66, 69, 72
- Hilfsarbeit 28 N 133
- Hilfsperson 28 N 85, 166, FN 81, 88 f.
  - Haftung 28 N 86
  - Regress 28 N 169
  - Verschulden 28 N 86, 100
- Hilfspersonenhaftung 28 N 7, 85 f., 112, 158, FN 81
- Hochspannung 28 N 24, 29, FN 20
- Hochspannungsleitung 28 N 24
- Kasuistik
  - Drittverschulden 28 N **144**
  - Selbstverschulden 28 N **146**
- Kausalhaftung
  - Wegbedingung der 28 N 172
  - Verschärfung durch Konzession 28 N **180**
- Kausalzusammenhang 28 N 24, 43, **131,** 137, 139, 142, FN 133
- Konzession 28 N 49, 125, 127, 180, FN 123
- Konkurrenz 28 N 37, 59
- Leitungen, Zusammentreffen von 28 N 6, 43, 68, 70, 80, **94 ff.**, 113
- Leitungsverordnung (LEV) 28 N 4
- Lichtbogen 28 N 103, 138
- Lokomotive, elektrische 28 N 39, 42, 50
- Mehrheit von Ersatzpflichtigen 28 N **168 ff.**
  - Anspruchskonkurrenz 28 N 42
  - Solidarität 28 N 67 f., 80, 86 ff., 91 f., 94, 168 ff., FN 78
- Mieter, Haftung des 28 N 81, 120, FN 81
- Mietrecht 28 N 28, FN 74
- Moorelichtanlage 28 N 29
- Nachbarrecht 28 N **124 ff.**, 127, FN 122
- Neonlichtanlage 28 N 29
- Niederspannung 28 N 14, 21 f., 24 f., 29, FN 20
- Niederspannungsinstallationsverordnung (NIV) 28 N 3
- Niederspannungsleitung 28 N 24
- obligatorische Unfallversicherung s. Unfallversicherung
- Pachtrecht 28 N 28, FN 74
- Pächter, Haftung des 28 N 81, 120, FN 81
- Personenschaden 28 N 43, **103 f.**, 122, 152, 166, 178 f., FN 42
- Polizeirecht 28 N 2, 43, 149, 154
- prozessuale Vorschriften 28 N **177 ff.**
  - örtliche Zuständigkeit 28 N 177
  - Pflicht zur Anzeige von Unfällen 28 N 179
  - Prozessmaximen 28 N 178
- Publikation 28 N 172
- Radiorecht 28 N **126**
- Radiostörung 28 FN 21
- Reduktion
  - deliktisches Verhalten 28 N 43, 149
  - polizeivorschriftswidriges Verhalten 28 N 43, 149, 154
  - Selbstverschulden 28 N 169
  - vorschriftswidriges Verhalten 28 N 147, 149 ff.
  - widerrechtliches Verhalten 28 N 43, 135, 147 ff.

595

Sachregister

- Reglement 28 N 172
- Regress 28 N 93, 97, **168 ff.**, FN 118
- Reisegepäck 28 N 43
- Rektifikatikonsvorbehalt 28 N 159, 176
- Reparatur 28 N 50 f.
- Revision 28 N 4
- Röntgenlichtanlage 28 N 29
- Sabotage 28 N 152
- Sachschaden 28 N 43, 58, **105 ff.**, 119, 152, 166, 179, FN 45, 100 ff., 113
- Schaden 28 N 2, 24, 67, 88 ff., **102 ff.**
  - direkter 28 N 109, 116
  - indirekter 28 N 109, 116
  - interne Verteilung 28 N 68, 80, 95
  - Personenschaden s. dort
  - Sachschaden s. dort
  - Vermögensschaden i.e.S. 28 N 123, FN 102
- Schadenersatz 28 N 31, 119, 152, 154
- Schadenersatzbemessung 28 N 61, **160**
- Schadensberechnung 28 N 61, **159**
- Schaubude 28 N 83
- Schiff 28 N 49
- Schutzvorschrift 28 N 147, 149 f., 155
- Schwachstrom 28 FN 20
  - Schwachstromanlage 28 N 1 f., **10 ff.**, 30, 128, FN 16, 20
  - Schwachstromleitung 28 N 94
- Schwachstromverordnung 28 N 3
- Schwarzfahrer 28 FN 44
- Schweizerischer Elektrotechnischer Verein (SEV) 28 N 3, FN 3 f., 146
- Sorgfaltspflicht 28 N 82
- Spätschaden 28 N 174
- Starkstrom 28 N 134, FN 20
  - Starkstromanlage 28 N 1 ff., **10 ff.**, 30, 128, FN 16, 20, 24
  - Starkstromleitung 28 N 94, 154
- Starkstrominspektorat 28 N 179, FN 3, 16
- Starkstromverordnung 28 N 3 f., 46
- Störung im Geschäftsbetrieb 28 N 2, 43, 58, **107 ff.**, FN 113, 119
- Stromerzeugungsanlage 28 N 88
- Strominhaber 28 N 67
- Stromrechnung 28 N 82
- Stromverbrauchsanlage 28 N **83**, 88

- Subjekt der Haftpflicht 28 N 59, **62 ff.**, 79, 82, 84, 95, 113, 120, 129, FN 71, 74, 87
- Sukzessivlieferungskauf 28 FN 64
- Teilanlage 28 N 70, 80, 90
- Telephonleitung 28 N 43
- Transformator 28 N 41
- Transformatorenstation 28 N 88
- Triebfahrzeug 28 N 48
- Trolleybusfahrzeug 28 N 55, FN 51
- Trolleybusgesetz, Geltungsbereich, Abgrenzung 28 N **55 f.**
- Überlandleitung 28 N 88
- Unfall 28 N 39, 102, 131, 134, 152, FN 99, 113
- Urteilsunfähigkeit 28 N 155.
- Verdienstausfall 28 N 109
- Vereinbarung 28 N 172
- Verfügungsgewalt 28 N 76 f., FN 81
- Vergleich 28 N 173
- Verjährung 28 N 59, 61, **174 f.**
- Vermögensschaden i.e.S. 28 N 123, FN 102
- Verschulden 28 N 2, 43, 60, 77, 111, **157 f.**, 162, FN 118
- Versicherung 28 N **171**
- Verteilstation 28 N 41
- Vertrag 28 N 35, 60, 117 f.
- Verwirkung 28 N **176**
- Vorsatz 28 N 148
- Warnung 28 N 147, 149 f.
- Waschmaschine 28 N 39
- Wegbedingung der Haftung 28 N 59
- Werk 28 N 31 f., 83, 111 f., FN 74
- Werkeigentümer 28 N 59, FN 74
- Werkeigentümerhaftung 28 N 60, FN 133
- Werkvertrag 28 N 117
- Widerrechtlichkeit 28 N 125, 127, **147 ff.**
- Zähler 28 N 75, 81 f., 84, FN 71, 78, 82, 87
- Zuleitung, elektrische 28 N 41
- Zusammengesetze Anlage 28 N 43, 67, **88 ff.**, 113
- Zusammentreffen von Leitungen 28 N 6, 43, 68, 70, 80, **94 ff.**, 113
- Zuständigkeit, örtliche 28 N **177**
- Zweck einer Anlage 28 N 12

Elektromobil 28 N 52, 54
Elektromotor 28 N 54
Elektroschwachgerät 28 FN 19

Energie 29 N 53, 56
Energielieferungsvertrag 28 N 59, 117f., FN 36, 64, 113
Enteignung 27 N **80ff.**; 28 N 1, **124ff.**; 29 FN 199; 32 N 204
Entgangener Gewinn 27 N 184f.; 28 N 109; 29 N 286, 288ff., 422f.; 32 N 329
Enthaftung s. Wegbedingung der Haftung
Entlastung s. einzelne Haftungsarten
Entschädigungsordnung bei Grossschäden 29 N 664ff., 683ff.
Entwendung von Kernmaterialien 29 N **361f.**, 613, FN 271
Erdbeben 28 FN 140; 29 N 327, 612
Ermessen 27 N 165, 221; 28 N 178
Erschütterung s. Immission
Evakuation 29 N 254, 263ff., 422
Exklusivität v. Haftungsgründen 27 N 35; 28 N 45, 47; 29 N 100; 30 N 56ff.; 31 N 61ff., 154
Expertisekosten 29 N 569f., 574f.
Explosion 27 N 105, 110, 136; 29 N 204f., FN 114; 31 N 99ff.
Expropriation s. Enteignung

F

Fahrlässigkeit s. einzelne Haftungsarten
Fahrleitung 27 N 91, 105, 146, FN 197; 28 N 42, 48, 50f.
Fahrrad 27 N 212, 214, 237, 247; 32 N 130, 405
Fernheizungsanlage 28 FN 64
Fernwärmelieferungsvertrag 28 FN 64
Feuerversicherung 29 N 398ff., 675
Feuerwehr, Feuerwehrmann 28 FN 89
Flugzeug 32 N 140f., 258
Fonds für Atomspätschäden 29 FN 442
Fonds s. Nuklearschadenfonds
Forschung 29 N 57
Frachtgut 27 N 59, 63, 66f., 243, 249, 255, 260
Franchise 29 N 589
Freileitung 27 FN 197; 28 N 46, 84, FN 33, 87
Fremdbestimmung der haftungsbegründenden Ursache 29 N 454f.; 30 N 110, 116, 125, 127, 129, 146, 150; 31 N 119, 124, FN 104, 132
Funkenwurf 27 N 63

G

Gefahr s. einzelne Haftungsarten, Betriebsgefahr
Gefahren der Kernenergie 29 N 50
Gefahrensatz 27 N 18
Gefährdung
- Gesundheit 29 FN 225, 298
- Schaden 29 N 254ff., 263ff.
- Widerrechtlichkeit 29 N 291
Gefährdungshaftung 27 N 2, 18, 26, **95ff.**, 117, FN 47; 28 N 8f., 19, 22f., 38, 65, 77, 95, 105, 115, 130; 29 N 2, 8, 37; 30 N 8, 96, 99f., 115, 120; 31 N 4, 9ff., 65; 32 N 65f., 69f., 72, 77, 83, 232, 242f., 359, 408, 441, FN 187
Gegenrecht 29 N 105
Gegenseitige Schädigung s. Haftungskollision
Gehilfe 29 N 352
Geltungsbereich s. einzelne Haftungsarten
Gemeinschaftsbahnhof s. Konkurrenzbetrieb
Genetische Schäden 29 N 240ff.
Generator 28 N 41
Genugtuung s. einzelne Haftungsarten
Gerichtsstand 27 N 209ff.; 28 N 177; 30 N 171ff., FN 151ff.; 31 N 169
- Ort des schädigenden Ereignisses 29 N 519, FN 354, 364ff.
- Sitz der Unternehmung 27 N 209, 282
- Unfallort 27 N 210ff., 217, 276, 280, 282, FN 381f.
- Wohnortskanton 27 N 210
Geschädigter 27 N 29f.; 28 N 35f., 80; 29 N 84ff., 229ff., 242ff.; 30 N 51ff.; 31 N 57ff.; 32 N 163ff., 417ff.
- Arbeitnehmer 27 N 30, 113, 115, 121, 128, 164, 180ff., 201; 28 FN 45; 30 N 51, 81; 31 N 133, 138
- Nichtreisender 27 N 29, 57, 59, 63, 90, 246, 252, 258, 263
- Reisender 27 N 29, 57, 59, 63, 69, 72, 90, 214, 217, 230f., 245, 251, 257, 262
- Schutz vor Benachteiligung 27 N 205; 28 N 172f.
- Vertragspartner 28 N 35; 30 N 51
Geschäftsausfall 29 N 266, 298
Geschäftsführung ohne Auftrag 29 N 431, FN 218

597

Sachregister

Geschäftsherr 28 N 59
Geschäftsherrenhaftung 27 N 36f., 41, 51, 123, FN 129, 190, 206; 32 N 146, 155
Gewässerschutzhaftung 29 N 11, 81f., 96, FN 164
Gewinn, entgangener 27 N 184f.; 28 N 109; 29 N 286, 288ff., 422f.; 32 N 329
Gift 29 N 200, FN 294
Gondelbahn s. Luftseilbahn
Grenzüberschreitende Schäden 29 N 101ff.
Grobes Drittverschulden s. einzelne Haftungsarten, Entlastung
Grobes Selbstverschulden s. einzelne Haftungsarten, Entlastung; Reduktion
Grossschäden 29 N 28, 546, **654ff.**
Grundeigentümer 28 N 28
Grundeigentümerhaftung 27 N 37; 29 N 94; 31 N 66; 32 N 146f., 156, 203, 269
Grundlagenirrtum 29 N 477f.
Grundstück 28 N 27f.; 29 N 252ff.
Gyrobusfahrzeug 28 N 56

H

Haftpflichtiger s. einzelne Haftungsarten, Subjekt der Haftpflicht
Haftungsbeschränkung 29 N 3, 5, 38, 40, 105, 107
Haftungskollision 27 N 64, 108, 137, 178, **192,** 167; 28 N 43, 69f., 101, 113, **163ff.**; 29 N **442ff.**; 30 N 150, **158ff.**; 31 N **149ff.**; 32 N **342ff.**
Haftungsprivileg 29 N 91
Haftungssubjekt s. einzelne Haftungsarten, Subjekt der Haftpflicht
Halbwertszeit 29 N 216
Halter 27 FN 108; 29 N 127, FN 130, 132
– Motorfahrzeug 27 N 64, 193ff., 229, 266, FN 108; 31 N 159
Handgepäck, taxfreies 27 N 59, 61, 66, 71f., 244, 250, 256, 261
Hausinstallation 28 N 2ff., **14ff.**, 58, 83f., 111, 114, 120, 122, 130, FN 20f., 23, 33, 75, 82, 87; 30 N 44f.
Hehlerei s. Verhehlung

Herabsetzung s. einzelne Haftungsarten, Reduktion
Hilfeleistung 29 N 341
Hilfsperson 27 N 51, 133; 28 N 85, 166, FN 81, 88f.; 29 N 8f., **156ff.**, 336ff., 342, 411, 417f.; 30 N 80ff., 87, 201; 31 N 63, 79ff.
– Haftung 27 N 50, 193f.; 28 N 86; 31 N 63, 80; 32 N 165f.
– Regress 27 N 194; 28 N 169; 31 N 80
– Verschulden 27 N 169, 194, FN 190; 28 N 86, 100; 30 N 82f., 147, 149f., 152; 31 N 79ff.
Hilfspersonenhaftung 27 N 3, 20, 50, FN 206; 28 N 7, 85f., 112, 158, FN 81; 30 N 79ff.; 31 N 63, 79, 90; 32 N 160
Hinterlegung 29 FN 398
Hochspannung 28 N 24, 29, FN 20
Hochspannungsleitung 28 N 24
Höhere Gewalt s. einzelne Haftungsarten, Entlastung

I

Immaterielle Unbill s. einzelne Haftungsarten, Genugtuung
Immission 27 N 80ff.; 28 N 124f., 127; 32 N 203, 254, 258, 269
Inadäquanz
– Entlastung s. dort
– Kausalzusammenhang s. dort
Indiz s. Beweis
Ingenieure 29 N 115, 349, 369, 411
Instanzenzug 29 N 512
Internationales Privatrecht 27 N 217, 224; 29 N 102, **519ff.**
Internationales Recht 29 N 4, **36ff.**, 111
Jagd 29 FN 28
Jagdgesetz 27 N 76
juristische Person 27 N 58; 29 N 83f., FN 340; 32 N 111ff.
– öffentlichrechtliche 27 N 15; 29 N 83f.
– privatrechtliche 27 N 15; 29 N 84

K

Kanalisierung der Haftung 29 N 37, 41, 85, 88, 108, 113ff., 125, 171, 174, 350, 368; 31 N 62

… Sachregister

Kasuistik s. einzelne Haftungsarten
Kaufrecht 29 FN 204
Kausalhaftung 27 N 2 f., 67, 70, 72, 242; 28 N 5, 8, 11, 14, 30, 57; 29 N 8; 30 N 5 ff.; 32 N 68 f., 76 f., 408
Kausalität
- alternative 29 FN 232
- konkurrierende 27 N 193

Kausalzusammenhang s. einzelne Haftungsarten
Kernanlage 29 N 53 ff., 123 ff., 203, 553 ff.
Kernenergie 29 N 53
Kernenergiehaftpflicht 29 N 1 ff.
- Allgemeines 29 N 5
- Änderung der Verhältnisse 29 N 462 ff.
- Anlage s. Kernanlage
- Ausländisches Recht 29 N **40 ff.**
- Betrieb 29 N 123 ff.
- Betriebsgefahr 29 N 397
- Entlastung 29 N 8, **321 ff., 329 ff.,** 414 ff., 425 ff., 687 f.
  - Drittverschulden 29 N 157, 416
- Eventualvorsatz 29 N 331
- Geltungsbereich
  - örtlicher 29 N 101 ff.
  - persönlicher 29 N 83 ff.
  - rechtlicher 29 N 93 ff.
  - sachlicher 29 N 53 ff.
- Genugtuung 29 N **247 f.**, 441, 684 ff., FN 319, 465
- Geschädigter 29 N 84 ff., 229 ff., 242 ff.
- Gerichtsstand 29 N 149, 511 ff.
- Grossschäden 29 N 28, 546, **654 ff.**
- Haftung des Bundes 29 N 531 ff.
- Haftungskollision 29 N 442 ff.
- Inhaber 29 N 5, 12, 84 ff., 113 f., 123 ff., **126 ff.**, 378 ff.
- internationales Privatrecht 29 N 102, **519 ff.**
- internationale Übereinkommen 29 N 36 ff.
- Kanalisierung 29 N 37, 41, 85, 88, 108, 113 ff., 125, 171, 174, 350, 368
- Kausalzusammenhang 29 N 221, 299 ff., 313 ff., FN 172, 193, 359
  - Unterbrechung des 29 N 322 ff., FN 245, 417
- Kernmaterialien 29 N 53, 78 f., 154, 196 ff., FN 18

- Konstitutionelle Prädisposition 29 N 218, 449
- Mehrheit von Ersatzpflichtigen 29 N 115, **447 ff.**, 559 ff.
  - Solidarität 29 N 378 f., 397, 447, 506 f.
- Nuklearschaden
  - Begriff 29 N 9 f., 59, **80 ff.**, **189 ff.**, 283
  - Evakuation 29 N 254, 263 ff., 422
  - Grundstück 29 N 252 ff.
  - Kernanlage 29 N 181 ff.
  - Pariser Übereinkommen 29 N 37
  - Personenschaden 29 N 193, 213 ff., 695, FN 164
  - Sachschaden 29 N 193, **249 ff.**, 295, 695, FN 164, 197
  - spezifischer 29 N 221
  - Strahlentod 29 N 226
  - Tiere 29 N 251
  - unspezifischer 29 N 219 ff.
  - Vermögensschaden 29 N 193, 261 ff.
  - vorgeburtliche Schäden 29 N 229 ff.
- Personenschaden s. Kernenergiehaftpflicht, Nuklearschaden
- Prozessrecht 29 N 475, 508 ff., 708
- Reduktion 29 N 273, **414 ff.**, 425 ff., 687 f.
- Reflexschaden 29 N 244
- Regress
  - Aufhebung und Beschränkung 29 N 27, 29, 666 ff.
  - Dritte 29 N 350 ff.
  - Haftpflichtiger 29 N 87, 171, 175, **345 ff.**
  - Sozialversicherer 29 N 651, 671 ff., FN 459
  - Verjährung und Verwirkung 29 N 495 ff.
  - Versicherer 29 N 398 ff., 404 ff., 598 ff., 642, 666 ff.
  - vertraglicher 29 N 368 ff.
- Rektifikationsvorbehalt 29 FN 328
- Schaden s. Kernenergiehaftpflicht, Nuklearschaden
- Schadenersatzbemessung 29 N 424 ff.
- Schadensberechnung 29 N 421 ff.
- Subjekt der Haftpflicht 29 N 83, 119 ff.
- Spätschäden 29 N 15, 35, 480, **489 ff.**, 649., **712 ff.**

599

Sachregister

- Transport v. Kernmaterialien 29 N 8 f., 12, **63 ff.**, 119 ff., **147 ff.**, 155, **163 ff.**, 203, 310 ff., 370 ff., 443 ff., 520, 555
- Unfall 29 N 37
- Vereinbarungen über Haftpflichtansprüche 29 N **451 ff.**, 661, 665, FN 413
- Vergleich, Anfechtung 29 N 456 ff.
- Verjährung 29 N 30 ff., 39, 479 ff.
  - absolute 29 N 7, 31, 34, 484, FN 316
  - relative 29 N 7, 34, **479 ff.**, 493
  - Rückgriffsrechte 29 N 403, **495 ff.**
  - strafrechtliche 29 N 488
  - Unterbrechung 29 N 505 ff., FN 43
  - Verzicht auf 29 FN 43
- Vermögensschaden i. e. S. 29 N 193, **261 ff.**
- Verschulden 29 N 8, 336 ff., 409 ff., 421, 441
- Versorgerschaden 29 N 231, 469 f.
- Verwirkung 29 N 30, 34, 39, 403, **484 ff.**, 495 ff., 614, FN 316
- Wechsel des Haftpflichtigen 29 N **150 ff.**, 387
- Wegbedingung der Haftung 29 N 454 f.
- Widerrechtlichkeit 29 N 255, 291, **319 f.**, FN 165
- Wiederherstellung der Deckung 29 N 616 ff.
- Zufall 29 N 13, 440
- Zuständigkeit 29 N 511 ff., 519 ff.

Kernenergiehaftpflichtverordnung 29 N 6

Kernenergiehaftpflichtversicherung
- Aussetzen und Ende d. Versicherung 29 N 636 ff.
- Bundesdeckung/-versicherung 29 N 5, 21, 25, 490 f., 543, **644 ff.**, FN 380
- Deckungs-/Risikoausschluss 29 N 608 ff.
- Deckungs-/Garantiesumme 29 N 5, 19, 21, 407, 543, 548 ff., 616 ff., 648
- Direktes Forderungsrecht 29 N 17, 523 f., 581 ff., **585 ff.**, 614 f., 642
- Einredenausschluss 29 N 582, **588 ff.**
- fehlende 29 N 534 ff.
- Grundzüge 29 N 14 ff., 542 ff.
- Obligatorium 29 N 3, 5, 7, 17, 559 f.
- Pool 29 N 25, 547, 604
- Regress 29 N 404 ff., 598 ff.

- Risikoeinheit 29 N 548 ff.
- Transporte 29 N 19, 544, 555, 557 f.
- Wiederherstellung der Deckung 29 N 616 ff.
- Zinsen und Verfahrenskosten 29 N 561 ff.

Kernfusion s. Kernumwandlung
Kernreaktor s. Kernanlage
Kernspaltung s. Kernumwandlung
Kernumwandlung 29 N 53, 55
Kollision von Haftungsarten s. einzelne Haftungsarten, Haftungskollision
Konkurrenzbetrieb 27 N 41, 50; 28 FN 54
Konkurs 29 FN 449, 475
Konstitutionelle Prädisposition s. einzelne Haftungsarten
Konzession, Konzessionierung 27 N 9 f., 39; 28 N 49, 125, 127, 180; 30 N 3, 7, 36 f., **72 ff.**
- Eisenbahn 27 N 16, 80 f., 223; 28 N 49, 127
- Elektrizitätswerk 28 N 125, FN 123
- Post 27 N 9, 21, 25, 230, 234, FN 43, 46

Konzessionierte Unternehmung 27 N 9 ff., 16, 22, 45, 83, 148, 255, 269 ff.; 28 N 49
- Automobilunternehmung 27 N 66, 231 f., 240, 253 ff., 265, 282
- Transportunternehmung 27 N 85, 120, 203, **225 ff.**; 32 N 135

Konzessionspflicht 27 N 10 f., 14, 17, 19 ff., 24 f., 231, 255
Körperverletzung s. einzelne Haftungsarten, Personenschaden
Kosten d. Beseitigung 29 N 510
Krankenversicherung 29 N 668, 672 f., 677
Krebserkrankung 29 N 219 f., 304
Krieg 32 N 244 f., 250, 281, 465 ff.
Kriegerische Ereignisse 29 N 41, **325 ff.**, 611, FN 175; 30 N 10, 80, 110, 116, **137 ff.**, FN 133
Kritikalitätsrisiko 29 FN 66, 79
Kuchenprinzip s. sektorielle Verteilung
Kumulationsprinzip 29 FN 459
Kürzung
- Entschädigungsanspruch 29 N 662, 693 f.
- Regressrechte 29 N 680 f.

L

Lagerung v. Kernmaterialien 29 N 53, 56, 58, 61, FN 386
Landwirtschaftsbetrieb 31 N 22
Lärm s. Immission
Legalitätsprinzip 31 FN 54; 32 N **54 f.**, 84, 148, 314, 413, 427 f., 491 f., FN 108, 114, 116, 322, 332
Legalzession s. Subrogation
Leibesfrucht s. vorgeburtliche Schäden
Leitungen, Zusammentreffen von 28 N 6, 43, 68, 70, 80, **94 ff.**, 113
Leitungsverordnung (LEV) 28 N 4
Lichtbogen 28 N 103, 138
Lex loci delicti commissi 27 N 268; 31 N 47
Lex posterior 31 N 62
Lex specialis 31 N 62
Lift s. Aufzug
lucrum cessans s. entgangener Gewinn
Luftfahrt 29 FN 28
Luftfahrtgesetz 27 N 76, 88
Luftseilbahn 27 N 10, 21, 32, 52, 66, 111, 233, 253, FN 164; 32 N 134 f.
Lokomotive, elektrische 28 N 39, 42, 50

M

Mangel 27 N 3; 29 FN 28
Market share liability 29 N 302
Medizin 29 N 76
Meerschiff s. Eisenbahnhaftpflicht, Schiff
Mehrheit von Ersatzpflichtigen s. einzelne Haftungsarten
Meldepflicht s. Anzeigepflicht
Miete 29 N 297
Mieter, Haftung des 28 N 81, 120, FN 81; 31 N 88
Mietrecht 28 N 28, FN 74
Militärhaftpflicht, allgemeine Darstellung 32 N 2 ff., 56 ff.
- Absicht 32 N 164, 166 f., 173
- Aktivdienst 32 N 15, 247, 250, 281
- Aktivlegitimation 32 N **291**, 364
- Befehl 32 N 105, 110, 219 f.
- Betrieb 32 N 211, 218 f., 221
- dienstliche Tätigkeit, Verrichtung 31 N 55 f., 97, 172 ff., 186, **217 ff.**, 222 f., 229, FN 140, 148, 179

- Drittverschulden 32 N 294, 299, **303**, 340
- Entlastung 32 N 69, **292 ff.**
  - Drittverschulden 32 N 294, 299, **303**, 340
  - höhere Gewalt 32 N 292, **300**
  - Selbstverschulden 32 N 23, 153, 294, **301 f.**
- Fahrlässigkeit
  - besonders grobe 32 N 312
  - grobe 32 N 164, 166 f., 173, 294, 306, 311, 313
  - leichte 32 N 164, 166
- Festungswachtkorps 32 N 101, 179
- Gefahr 32 N 65, 67, 69, **232 ff.**, 242 f., 300 f., 317 f., 347, 349 a, 354 ff., 360, 363
- Geltungsbereich
  - persönlicher 32 N 98 ff.
  - rechtlicher 32 N 115 ff.
  - sachlicher 32 N 86 ff.
- Genugtuung 32 N **341**
Geschädigter
  - Bund 32 N 187
  - Wehrmann 32 N 181 ff.
  - Zivilperson 32 N 163 ff.
  - Zivilschutzorganisation 32 N 188
- Haftung der Militärperson 32 N **163 ff.**
- Haftungsgrund 32 N **296 ff.**, 342, 349 a
- Höhere Gewalt 32 N 292, **300**
- Instruktionsdienst 32 N 15
- Instruktionskorps 32 N 101, 178
- Katastrophenhilfe 32 N 6, 249 ff.
- kausale Freistellungshaftung 32 N 77
- Kausalzusammenhang 32 N **252 ff.**
- konstitutionelle Prädisposition 32 FN 170, 172
- koordinierter Sanitätsdienst 32 FN 145
- Krankheit 32 FN 126, 129
- Krieg 32 N 244 f., 250, 281
- Land- und Sachschaden 32 N 35 f., FN 192, 298
- Mehrheit von Ersatzpflichtigen 32 N **350 ff.**
- Solidarität 32 N 340, 350
- Militärbegriff 32 N **86 ff.**
- militärischer Frauendienst 32 FN 54
- militärische Übung 31 N 55; 32 N 15, 168, **222 ff.**, 272 f.

601

Sachregister

- Militärperson s. Militärhaftpflicht, Wehrmann
- Militärversicherung 30 N 159; 31 N 58f.; 32 N 13, 37, 98ff., 182f., 206ff., 349, 364
  - Regress 30 N 159; 32 N 349f., 364
- Normverletzung 32 N 261, 276f., 279
- öffentlich-rechtliche Entschädigung 32 N 35, 66
- Organisationshaftung 32 N 68, FN 43
- Personenschaden 32 N 183, 185, **197ff.**, 263, 331ff.
- Rechtfertigung 32 N 66, 263, 266, 276, 278, 283f., **304f.**
- rechtmässige Schädigung 32 N 55, 265, 269f., 274, 278, 283, 287ff.
- Rechtsgutsverletzung 32 N 261, 270, 276ff.
- Rechtsquellen 32 N **14ff.**
- Reduktion 32 N 301, 317
  - Selbstverschulden 32 N 23, 153, 335, 342
- Reflexschaden 32 FN 130
- Regress 32 N 31, 164, 166, 168, 173, **306ff., 350ff.**, 380f.
- Rektifikationsvorbehalt 32 N 333
- Rekurskommission 32 N 30ff., 36, 202
- Requisition 32 N 11, 37ff., 125, 129, 136
- Sachschaden 32 N 105, 108, 184f., **197ff.**, 263, 329f.
- Schaden 32 N **197ff.**
- Schadenersatzbemessung 32 N **334ff.**
- Schadensberechnung 32 N **329ff.**
- staatliches Handeln 32 N **265ff.**
- Staatshaftung 32 N 166
- Subjekt der Haftpflicht 32 N **159ff.**
- Truppe 32 N **213ff.**
- Unfall 32 N 105, 107, 110, **191ff.**
- Verdunkelung 32 N 371
- Verfahren 32 N **25ff.**, FN 24
- Vergleich 32 N 369, FN 13
- Verjährung 32 N **372ff.**
- Vermögensschaden i.e.S. 32 N **198ff.**, FN 128, 180, 196
- Verschulden 32 N 23, **325ff.**, 337, 346, FN 124
- Versorgerschaden 32 N 329, 332, FN 103
- Verursachung 32 N **205ff.**

- Verwaltungsgerichtsbeschwerde 32 N 32, 202
- verwaltungsrechtliche Klage 32 N 29
- Voraussetzungen der Haftung
  - negative 32 N **292ff.**
  - positive 32 N **190ff.**
- Vorsatz 32 N 306, 311, 325
- Vorverfahren 32 N 25
- Wehrmann 31 N 55f.; 32 N 98ff., 114, 163ff., 181ff., **206ff.**
- Widerrechtlichkeit 32 N 251, **261ff.**
- Zivilperson 32 N **98ff.**, 113, 163ff., FN 281
- Zufall 32 N 339
- Zuständigkeit 32 N **25ff.**, FN 24
  - örtliche 32 N 131

Mitverschulden s. Selbstverschulden
Mitversicherung 29 N 603ff., FN 402
Mobile Anlagen 29 N 62
Moorelichtanlage 28 N 29
Motorfahrzeug 27 N 64f., 84, 104, 192, 212ff., 321; 28 N 52; 32 N 125, 127f., 132, 405, 433
Motorfahrzeughaftpflicht 29 N 97, 115

N

Nachbarrecht 27 N **80ff.**; 28 N **124ff.**, 127, FN 122; 30 N 121
Nachklage s. einzelne Haftungsarten, Rektifikationsvorbehalt
nasciturus 29 N 229ff.
Naturalobligation 29 FN 346
Naturereignisse, ausserordentliche 29 N 325ff., 609f., 612, FN 175
nemo subrogat contra se 29 N 27, FN 38
Neonlichtanlage 28 N 29
Nichtbetriebsunfall 32 N 127
Nichtreisender s. Geschädigter
Niederspannung 28 N 14, 21f., 24f., 29, FN 20
Niederspannungsinstallationsverordnung (NIV) 28 N 3
Niederspannungsleitung 28 N 24
Niveauübergang 28 N 39
No-fault-system 29 FN 361
nondum conceptus 29 N 241ff.
Notfallschutz 29 N 6
Notlage
- Geschädigter 29 N 439, 692

602

Sachregister

- Haftpflichtiger 29 N 430, 689
Notstand infolge Grossschaden 29 N 655, **710 f.**
Notwehr 27 N 128 a
Normalspurbahn 27 N 14
Nuklearschadenfonds 29 N 22 ff., 35, 646

O

Oberleitung s. Fahrleitung
Obhut 27 N 56 ff., 63, 65, 69, 245, 251, 257, 262
Obligationenrecht 27 N 34 ff.; 28 N 57 ff.; 29 N 94; 30 N 59 ff.; 31 N 63 ff.; 32 N 145 ff., 438 ff.
Obligatorische Unfallversicherung s. Unfallversicherung
Öffentliches Recht 27 N 1, 10 ff., 37; 28 N 2 f.; 29 N 24, 83; 32 N 21 ff., 81 ff., 413
- Juristische Person s. dort
- Legalitätsprinzip s. dort
- Staatshaftung s. dort
- Verantwortlichkeitsgesetz s. dort
Offizialmaxime 29 N 515
Ökonomische Analyse 29 FN 124
Organhaftung 27 N 36 f., FN 206

P

paarige Organe 29 N 450
Pachtrecht, Pachtvertrag 27 N 44; 28 N 28, FN 74; 29 N 150, 297; 30 N 71, **78**
Pächter, Haftung des 28 N 81, 120, FN 81; 31 N 76
Pariser Übereinkommen 29 N 4, **36 ff.**, 40 ff., 48, 169 ff., 178 ff., 210
Parteikosten 27 N 79; 29 N 518, 571 ff.; 31 N 95
Passagier s. Geschädigter, Reisender
Passagiergut s. Reisegepäck
Passivlegitimation s. einzelne Haftungsarten, Subjekt der Haftung
Personal s. Arbeitnehmer
Personenschaden s. einzelne Haftungsarten
perte d'une chance 29 N 303
Pferd 32 N 148

Polizeivorschriftswidriges Verhalten s. einzelne Haftungsarten, Befreiung oder Reduktion
Pool s. Kernenergiehaftpflichtversicherung
Posthaftpflicht, allgemeine Darstellung 27 N 225 ff.
- Betrieb 27 N 225, **227 ff.**, 236 ff., 242 ff., 253
- Betriebsgefahr 27 N 237
- Geltungsbereich
  - persönlicher 27 N **267**
  - räumlicher 27 N **268**
- Postkursbetrieb 27 N 241, 259 ff.
- Postkursunternehmer 27 N 234 f., 266, 269, 271, 283
- Regress 27 N **269**, FN 413
- Subjekt der Haftpflicht 27 N **264 ff.**
- Verjährung 27 N **272**, FN 425
- Zuständigkeit
  - funktionelle 27 N 277
  - örtliche 27 N 274 ff., 278 ff., 282
  - sachliche 27 N 274, 278
Postkonzession s. Konzession
Prämienverzug 29 N 590, 597, 639
Prämienzahlung durch Haftpflichtigen 29 N 434 ff., 653
Prima-facie-Beweis 27 N 143 ff.; 29 N 300
Privatübergang 27 N 48
Produktehaftung 31 N 18, 36, 162
Prorogation 27 N 218, 277, 281
Prozessfähigkeit 29 N 705, 707, FN 441
Prozessrecht s. einzelne Haftungsarten

Q

Quotenvorrecht 29 N 27, 308, 652

R

Radfahrer 28 N 39; 32 N 302
Radioaktivität 29 N 2, 6, 74 ff., 196 ff.
Radioisotope 29 N 42, 75 ff.
Radionuklide 29 N 45
Radiorecht 28 N **126**
Radiostörung 28 FN 21
Radium 29 FN 179
Rauch s. Immission
Reaktorschiffe 29 N 42, FN 77

603

Rechnung und Gefahr 27 N 39, 41, 43 f., 52; 28 N 63 f., 82; 29 N 131, 148, 152; 31 N 73, 75, 86
Rechtfertigung 29 N 320; 31 N 116; 32 N 66
Rechtmässige Eingriffe 29 N 268
Rechtsgutsverletzung 27 N 77; 32 N 261, 270, 276 ff.
Rechtskraft 29 N 661, 665, FN 451
Rechtswidrigkeit s. einzelne Haftungsarten, Widerrechtlichkeit
Reduktion s. einzelne Haftungsarten
Reflexschaden s. einzelne Haftungsarten
Regress s. einzelne Haftungsarten
Reisegepäck, aufgegebenes 27 N 59, 61, 63, 66, 69, 242, 248, 254, 259; 28 N 43
Reisender s. Geschädigter
Rektifikationsvorbehalt s. einzelne Haftungsarten
Reparatur 28 N 50 f.
Rettungskosten s. auch Schadensabwehr und -minderung 29 N 263 ff., 320, 568, 572
Revision 28 N 4; 29 N 475 f.; 32 N 16, 18, 20, 24
Risikoausschluss 29 N 608 ff.
Rohrleitungshaftpflicht, allgemeine Darstellung 30 N 5 ff.
- Abgrenzung, s. auch Rohrleitungshaftpflicht, Geltungsbereich
  - negative 30 N **44 f.**
  - positive 30 N **26 ff.**
- Alternativität 30 N **56 ff.**
- Anlageeigentümer 30 N **69 ff.**
  - Wechsel des 30 N **73 f.**
- Anlageinhaber 30 N **65 ff.**, 77 f.
  - Mitinhaber 30 N 68, 87
  - Wechsel des 30 N **73 f.**
- Aufhören der Versicherung 30 N 203 f.
- Aufsicht der Kantone 30 N 4, 41, FN 31
- Aufsichtsbehörde 30 N 17, 46, 81, 148 f., 179, 187, 197, 203, FN 35, 40
- Ausländisches Recht 30 N **20 ff.**
- Aussetzen der Versicherung 30 N 203 f.
- Bau 30 N 103, 107 f., 186, FN 31
- Befreiung, besondere 30 N 124
- Befreiungsanspruch des Inhabers 30 N 202

- Behandlungshaftung 30 N 30, 101 f.
- Betrieb
  - Rohrleitungsanlage in Betrieb 30 N 9, 30, 62, **93 ff.**, 140
  - Rohrleitungsanlage ausser Betrieb 30 N 9, 30, 62, 94, 101 f., **104 ff.**, 140
- Betriebsgefahr 30 N 8
- Betriebsvertrag 30 N 67, 71, **76 f.**
- Brennstoff, flüssig oder gasförmig 30 N 5 ff., **28 ff.**
  - Eigentum an 30 N **75**
- Beschränkung, vertragliche der Haftpflicht 30 N 165 ff.
- Betriebsbewilligung 30 N 16, 185, 187
- Bundesratsbeschluss (BRB) betr. die technische Aufsicht über die Rohrleitunganlagen 30 N 2
- Dauereinwirkung 30 N **122 f.**, 170, 190, FN 147
- Dichtigkeitsprüfung 30 N 35, **101**
- direktes Forderungsrecht 30 N 15, 171, 180, 200, **205 ff.**
- Eigentum an Brenn- und Treibstoffen 30 N **75**
- Eigentümer der Rohrleitungsanlage 30 N **69 ff.**
  - Wechsel des 30 N **73 f.**
- Einredenausschluss des Versicherers 30 N 15, 171, 180, **211 f.**
- Einrichtungen, die dem Betrieb dienen 30 N **43**
- Entlastung 30 N 10 f., **124 ff.**
  - Drittverschulden 30 N 10, 80, 82, 110, 116, 119, 126, 137, **143 ff.**, 198, 200, FN 70
  - kriegerisches Ereignis 30 N 10, 80, 110, 116, **137 ff.**, FN 133
  - Naturvorgänge, ausserordentliche 30 N 10, 80, 110, 116, **134 ff.**
  - Selbstverschulden 30 N 10, **141 f.**
- Erde, Verschmutzung der 30 N 154 f.
- Erdgas 30 N 28
- Erdöl 30 N 28
- Exklusivität 30 N **56 ff.**
- Fehlerhafte Behandlung der Anlage 30 N **117 ff.**
- Fördergut, Art des 30 N **28 ff.**, 94
  - Eigentum am 30 N **75**
  - Schaden am 30 N 52
- Forderungsrecht, direktes 30 N 15, 171, 180, 200, **205 ff.**

Sachregister

- Garantiesumme, minimale 30 N 13, 180, **188 ff.**, FN 11 f.
- Geltungsbereich
  - persönlicher 30 N **50 ff.**
  - rechtlicher 30 N **56 ff.**
  - sachlicher 30 N **26 ff.**
    - negativ 30 N 44 f.
    - positiv 30 N 26 ff.
- Genehmigung, behördliche 30 N 111
- Genugtuung 30 N 12, 147, **157**, 191
- Gerichtsstand 30 N 171 ff., FN 151 ff.
  - Ort des Schadenseintritts 30 N 174
  - Wohnsitz des Beklagten 30 N 173
- Geschädigter 30 N **51 ff.**
- Gewässerverschmutzung 30 N **89**, 154 f., FN 50, 79, 82
- Haftpflichtversicherung, obligatorische 30 N 15 f., 56, 83, **176 ff.**, FN 68
  - Sicherstellung der Erfüllung der Versicherungspflicht 30 N 185 ff.
  - Umfang der Versicherungspflicht 30 N 188 ff.
  - Versicherungspflichtiger 30 N 184
- Haftungskollision 30 N 150 ff., 158 ff.
- Hausinstallation 30 N 44 f.
- Haustank 30 N 45
- Hilfsperson 30 N **80 ff.**, 87, 119
  - Haftpflicht 30 N 201
  - Regress 30 N 83
  - Verschulden 30 N 82 f., 147, 149 f., 152
- Hilfspersonenhaftung 30 N **79 ff.**
- Industrieheizgas 30 N 28
- Inhaber der Rohrleitungsanlage 30 N **65 ff.**, 77 f.
  - Wechsel des 30 N **73 f.**
- Kanton, Rohrleitungsanlagen unter Aufsicht des 30 N 4, **41**
- Kausalzusammenhang 30 N 92, 125 ff.
- Kohlenwasserstoff, flüssig oder gasförmig 30 N 28
- Kohlenwasserstoffgemisch, flüssig oder gasförmig 30 N 28
- Konzession 30 N 3, 7, 36 f., 189, FN 12, 31 f.
  - Bedeutung der Konzessionserteilung 30 N **72**, 178, 185
  - Übertragung der Konzession durch den Bundesrat 30 N **73 f.**
- Konzessionär 30 N 70
- Krieg, kriegerisches Ereignis 30 N 12, 80, 110, 116, **137 ff.**

- Mangelhaftigkeit der Anlage 30 N **109 ff.**
  - von Teilen ohne notwendigen Zusammenhang zur Anlage 30 N **112 f.**
- Mängelhaftung 30 N 30, 101 f.
- Mehrheit von Ersatzpflichtigen 30 N 12, **84 ff.**, 161 ff.
  - Inhaber und Eigentümer 30 N **84 ff.**
  - Mehrere Mitinhaber 30 N 54, **87**
  - Solidarität 30 N 53, 69, 74, 84 f., **87**, 191
- Mitinhaber 30 N 68, 87
- Naturvorgänge, ausserordentliche 30 N 10, 80, 110, 116, **134 ff.**
- Ölbrenner 30 N 45
- Öltank 30 N 45
- obligatorische Haftpflichtversicherung 30 N 15 f., 56, 83, **176 ff.**, FN 68
  - Sicherstellung der Erfüllung der Versicherungspflicht 30 N 185 ff.
  - Umfang der Versicherungspflicht 30 N 188 ff.
  - Versicherungspflichtiger 30 N 84
- Pachtvertrag 30 N 71, **78**
- Personenschaden 30 N **88 ff.**
- Plangenehmigungsverfahren, Bedeutung des 30 N **46**
- Polizeierlaubnis 30 N 178
- Prozessrecht 30 N 171 ff., FN 151 ff.
- Pumpanlage 30 N 43
- Rechtsquellen 30 N **1 ff.**
- Reduktion 30 N 12, 150
  - Selbstverschulden 30 N **150 ff.**
- Regress 30 N **161 ff.**, 171, 180, FN 70
  - des Versicherers 30 N 213 f.
- Reinigung 30 N 35, **101**
- Risiken, versicherbare 30 N 197 ff.
- Rohrleitungsverordnung (RLV) 30 N 2
- Rückversicherung 30 N 197
- Sabotage 30 N 119, 138 f.
- Sachschaden 30 N **88 ff.**, 155
- Schaden 30 N **88 ff.**
- Schadenersatzbemessung 30 N **156**
- Schadensberechnung 30 N **153 ff.**
- Schadenzins 30 N 191 f.
- sektorielle Verteilung 30 N 12, 80, 82, 147, 152
- Sicherheitsverordnung (SicherheitsVO) 30 N 2
- Speicheranlage 30 N 43
- Stadtgas 30 N 28
- Strafbestimmung 30 N 3

605

Sachregister

- Subjekt der Haftpflicht 30 N 50, **64 ff.**
  - Eigentümer der Rohrleitungsanlage 30 N **69 ff.**
  - Inhaber der Rohrleitungsanlage 30 N **65 ff.**, 77 f.
- Tankanlage 30 N 43
- Technisches Kriterium
  - Durchmesser und Betriebsdruck 30 N **38 ff.**, FN 34
  - Landesgrenze, überschreiten der 30 N **40 f.**
- Terrorakt 30 N 139
- Transport von Brenn- und Treibstoffen 30 N 8, **28 ff.**
- Treibstoff, flüssig oder gasförmig 30 N 5 ff., **28 ff.**
  - Eigentum am 30 N **75**
- Vergleich 30 N 165, 168, 195
- Verjährung 30 N 164, **169 f.**, FN 147
- Vermögensschaden i. e. S. 30 N **88 ff.**
- Verordnung des EVED über die Anerkennung von Richtlinien für Rohrleitungsanlage 30 N 2
- Verschmutzung
  - Erdreich 30 N 154 f.
  - Gewässer 30 N **89**, 154 f., FN 50, 79, 82
- Verschulden 30 N **147 ff.**
- Versicherung, aufhören oder aussetzen der 30 N 203 f.
- Versicherungspflicht
  - Sicherstellung der Erfüllung 30 N 185 ff.
  - Umfang der 30 N 188 ff.
- Verursachung 30 N **92 ff.**
- Verwaltungsmassnahme 30 N 3
- Verzugszins 30 N 191 f.
- Wegbedingung, vertragliche der Haftpflicht 30 N 165 ff.
- Widerrechtlichkeit 30 N **120 f.**
- Wirkungshaftung 30 N 98
- Zivilrichter 30 N 46
- Zuständigkeit 30 N 171 ff.

Rollmaterial 27 N 39, 43, 45, 47
Röntgenlichtanlage 28 N 29
Rückgriff s. einzelne Haftungsarten, Regress
Rückstellungen 29 N 624 f., FN 430
Rückversicherung 29 N 25, 605, FN 402, 420
Russ s. Immission

S

Sabotage 28 N 152; 29 N 328, 351, 417; 30 N 119, 138 f.
Sachbeschädigung s. einzelne Haftungsarten, Sachschaden
Sachschaden s. einzelne Haftungsarten
Sachversicherer
- Leistungen 29 N 26
- Regress 29 N 398 ff.

Schaden s. einzelne Haftungsarten
Schadenersatzbemessung s. einzelne Haftungsarten
Schadenminderungspflicht 31 N 121
Schadensabwehr und -minderung 29 N 263 ff., 415, 470, 570, 696, FN 215
Schadensberechnung s. einzelne Haftungsarten
Schadenszins 29 N 564
Schädigung, gegenseitige s. einzelne Haftungsarten, Haftungskollision
Schaubude 28 N 83
Schiff s. Eisenbahnhaftpflicht
Schlittenseilbahn 27 N 21, 233
Schmalspurbahn 27 N 14
Schutzmassnahmen 28 N 77; 29 N 270 ff., 412, 696
Schutzvorschrift 28 N 147, 149 f.
Schwachstrom 28 FN 20
Schwachstromanlage 28 N 1 f., **10 ff.**, 30, 128, FN 16, 20
Schwachstromleitung 28 N 94
Schwachstromverordnung 28 N 3
Schwarzfahrt 27 N 154 f., 158; 28 FN 44
Schweizerische Bundesbahnen 27 N 14, 16 f., 37, 39, 209 f., 215, 218 f.; 29 FN 441
Schweizerischer Elektrotechnischer Verein (SEV) 28 N 3, FN 3 f., 146
Seelischer Schaden s. einzelne Haftungsarten, Genugtuung
Seetransport 29 FN 45
Sektorielle Verteilung 27 N 108, 174, 194; 29 N 381, 427; 30 N 80, 82, 147, 152; 31 N 67, 79, 139, 164 f.; 32 N 317, 327, 335, 343, 346, 353, 488
Selbstbehalt s. Franchise
Selbstverschulden s. einzelne Haftungsarten, Reduktion; Entlastung
Sesselbahn s. Luftseilbahn

Sachregister

Sicherstellungspflicht 29 FN 398
Skilift 27 N 21, 25 f.
Solidarität s. einzelne Haftungsarten, Mehrheit von Ersatzpflichtigen
somatische Schäden 29 FN 183
Sondergericht 29 FN 355
Sonderordnung s. Entschädigungsordnung
Sonderziehungsrecht 29 FN 51
Sonstiger Schaden s. einzelne Haftungsarten, Vermögensschaden i. e. S.
Sorgfaltsbeweis 31 N 79; 32 N 68, 75, 148, 155, 411
Sorgfaltspflicht 27 N 3, 170; 28 N 82; 29 N 129 f.
Sozialversicherung 29 N 27, 90 ff., 650 ff.; 31 N 58
- Regress 27 N 128, 201; 29 N 27, 650 ff.
- Unfallversicherung s. dort

Sprengstoffhaftpflicht, allgemeine Darstellung 31 N 3 f.
- Anlage 31 N **25 ff.**, 44, 84; 32 N 143
- Anlageeigentümer 31 N 83 f.
- Anlageinhaber 31 N 70, **83 ff.**
- Armee 31 N 53 ff.
- ausländisches Recht 31 N 5 ff., 47
- Befreiung 31 N 125
- Benzindampf 31 N 33 f.
- Betrieb 31 N **20 ff.**, 44 ff.; 32 N 143
- Betriebsinhaber 31 N 70, **73 ff.**
- Bewilligung 31 N 77 f., 89, 128 ff.
- Bund 31 N 52
- Dämpfe 31 N 33 f., 36
- Energiehaftung 31 N 4
- Entlastung 31 N 79, 81 f., **117 ff.**
  - Drittverschulden 31 N 79, 81 f., **122 ff.**, FN 132
  - höhere Gewalt 31 N **118 ff.**, FN 132
  - Selbstverschulden 31 N **121**, 133 ff., FN 132
- Explosion 29 FN 114; 31 N **99 ff.**
- Explosionsort 31 N 113
- Fahrlässigkeit 31 N 165
- Gase 31 N 33 f., 36
- Geltungsbereich 31 N **17 ff.**
  - persönlicher 31 N **50 ff.**
  - rechtlicher 31 N **60 ff.**
  - sachlicher 31 N **19 ff.**
- Gemeinde 31 N 52
- Genugtuung 31 N **148**

- Geschädigter 31 N 57 ff.
- Haftungsgrund 31 N 139 f.
- Haftungskollision 31 N **149 ff.**
- Hilfsstoffe 31 N 35
- internationales Privatrecht 31 N 47
- Kanton 31 N 52
- Kausalzusammenhang 31 N **114 f.**, 130
- Kochgas 31 N 33 f.
- Mehrheit von Ersatzpflichtigen 31 N **163 ff.**
  - Solidarität 31 N 163
- Mieter, Haftung des 31 N 88
- Notlage des Ersatzpflichtigen 31 N 143
- öffentliches Recht 31 N 69
- Personenschaden 31 N **93 f.**
- Polizeirecht 31 N 13 ff., 67, 131
- Privatperson 31 N 20, 28 f., 87
- pyrotechnische Gegenstände 31 N **38 ff.**
- Rechtsquellen 31 N 1 f.
- Reduktion 31 N 79, 127
  - Selbstverschulden 31 N 79, 133 ff., 140 f., 149
- Regress 31 N 166
- Sachschaden 31 N **93 f.**
- Schaden 31 N **92 ff.**
- Schadenersatzbemessung 31 N **139 ff.**
- Sprengmittel, -stoff 31 N **30 ff.**, 110
- Sprengstofflager 31 N 156 f.
- Strafrecht 31 N 68
- Subjekt der Haftpflicht 31 N **70 ff.**
- Unfall 31 N 104
- Unternehmen 31 N 20
- Vergleich 31 N 167
- Verjährung 31 N 166, 168
- Vermögensschaden i. e. S. 31 N **95 ff.**
- Verschulden 31 N 4, 9, 67, **127 ff.**, 139 f., 165
- Versicherungsleistung, Anrechnung 31 N 144 ff.
- Verspätungsschaden 31 N 95
- Widerrechtlichkeit 31 N **116**
- Zuständigkeit
  - funktionelle 31 N 169
  - sachliche 31 N 169
- Zwischenerzeugnisse 31 N 35

Staatshaftung 29 N 534, FN 438; 32 N 2, 158
Staatsvertrag s. auch int. Recht 29 N 111
Standseilbahn 27 N 14

607

Starkstrom 28 N 134, FN 20
Starkstromanlage 28 N 1 ff., 10 ff., 30, 128, FN 16, 20, 24
Starkstrominspektorat 28 N 179, FN 3, 16
Starkstromleitung 28 N 94, 154
Starkstromverordnung 28 N 3 f., 46
Sterilität 29 N 237 ff.
Stillegung der Kernanlage 29 N 638
Stillegung des Kernkraftwerks 29 N 638, FN 34, 431
Stochastische Strahlenwirkung 29 FN 182
Strahlenschaden s. Kernenergiehaftpflicht, Nuklearschaden
Strahlenschutz 29 N 7, FN 88
Strassenbahn 27 N 14
Strassenverkehrsgesetz 27 N 32 f.; 28 N 52 ff.; 32 N 125 ff., 436
Streitverkündung 29 N 615
Strolchenfahrt 28 FN 78
- Schädigung Dritter 27 N 49
- Schädigung des Strolchenfahrers 27 N 154
Subjekt der Haftung s. einzelne Haftungsarten
Subrogation 29 N 7, 90, 401, 650; 32 N 307, FN 125
Subsidiäre Haftung 29 N 531 ff.
Sukzessivlieferungskauf 28 FN 64

T

Teilanlage 28 N 70, 80, 90
Teilchenbeschleunigeranlage 29 FN 72
Tier 27 N 59
Tierhalterhaftung 27 N 37, 123; 31 N 158; 32 N 146 ff., 241
Tort moral s. immaterielle Unbill
Tötung s. einzelne Haftungsarten, Personenschaden
Traktion 27 N 14, 19, 105 f.
Transformator 28 N 41
Transporte, internationale 27 N 8, 68
Transportgesetz, -verordnung 27 N 56, 66 ff., 71 ff., 154, 159, 163, 242 ff., 250, 252 ff.
Transportrecht 27 N 59, 63, 66 ff., 123, 186 f., **225 ff.**, FN 88

Treibstoff, flüssig oder gasförmig 30 N 5 ff., **28 ff.**, 75
Triebfahrzeug 28 N 48
Trolleybusfahrzeug 27 N 24, 232, 253, 282, FN 197; 28 N 55, FN 51
Trolleybusgesetz, Geltungsbereich, Abgrenzung zum Elektrizitätshaftpflichtgesetz 28 N **55 f.**
Tschernobyl 29 N 34, 37, 49, 57, 540, FN 1

U

Überbordwerfen v. Kernmaterialien 29 N 613
Übereinkommen 27 N 8
- über den internationalen Eisenbahnverkehr 27 N 68
Übernahmestelle 29 N 167, 170
Übriger Schaden s. einzelne Haftungsarten, Vermögensschaden i. e. S.
Umlagebeiträge 29 N 710
Umweltschutzgesetz 27 N 84
Umweltschutzrecht 27 N **80 ff.**
Unentgeltliche Prozessführung 27 N 221
Unfall als Ursache s. einzelne Haftungsarten
Unfallort s. Gerichtsstand
Unfallversicherung
- obligatorische 27 N 30, 115, 117, 180, 267, FN 88, 183, 198 f., 206; 28 N 36, 171; 29 N 27, **90 ff.**, 438, **650 ff.**, 674; 31 N 133; 32 N 365
- private 29 N 434 ff., 653, 668; 32 N 366
Unredliches Verhalten s. einzelne Haftungsarten, Befreiung oder Reduktion
Unterbrechung des Kausalzusammenhanges s. einzelne Haftungsarten, Entlastung
Unterlassungsanspruch 29 N 94, 256
Untersuchungsmaxime 29 N 515
Unzurechnungsunfähigkeit s. Urteilsunfähigkeit
Ursache 27 N 84, 89, 139
- Miniursache 27 N 84
Urteilsfähigkeit 27 N 164, 171; 29 N 335, 428
Urteilsunfähigkeit 27 N 128 a, 171; 28 N 155

Sachregister

V

Vagabundierende Ströme 28 N 127
Verantwortlichkeitsgesetz 32 N 176 ff.
Verbindungsgeleise 27 N 16, 46, FN 201; 28 FN 54
Verbrecherisches Verhalten s. einzelne Haftungsarten, Entlastung oder Reduktion
Verdunkelung 27 N 206
Verein 31 N 23
Verfahrenskosten 29 N 567 ff.
Verfügungsmacht 29 N 128, 132
Vergleich s. einzelne Haftungsarten
Verhaltensnorm 27 N 77
Verhandlungsmaxime 27 N 221
Verhehlung v. Kernmaterialien 29 N 363 ff.
Verjährung s. einzelne Haftungsarten
Verkehrsunfall 29 N 418
Verlust einer Sache 27 N 60
Verlustschein 29 FN 449
Vermögensertrag, Anrechnung 29 FN 320
Vermögensschaden i. e. S. s. einzelne Haftungsarten
Vermutung 29 N 164 f.
Verpuffungen 29 N 205
Verrichtung, gewerbliche 27 N 65
Verschulden s. einzelne Haftungsarten
Verschuldenshaftung 27 N 20 f., 25, 34, 36 f., 41, 50 f., 64, 72, 123, 141, 171, 250, FN 198, 205 f, 283; 28 N 57; 29 N 94; 31 N 164; 32 N 69, 174, 186, 444, 447
Verseuchung 29 N 260, FN 225
Versicherungsnehmer 29 FN 405
Versorgerschaden s. einzelne Haftungsarten
Verspätungsschaden s. einzelne Haftungsarten, Vermögensschaden i. e. S.
Verteilstation 28 N 41
Vertragliche Haftung 27 N 25, 34; 28 N 35, 60, 117 f.; 31 N 65
Verursachung s. einzelne Haftungsarten
Verwaltungsgerichtsbeschwerde 29 N 644; 32 N 32, 202
Verwaltungsrecht s. öffentliches Recht
Verwirkung s. einzelne Haftungsarten
Verzugszins s. einzelne Haftungsarten
Völkerrecht 29 N 112
Vorgeburtliche Schäden 29 N 229 ff.
Vorsatz s. einzelne Haftungsarten
Vorschussleistungen 29 FN 443
Vorsorgliche Massnahmen s. auch Evakuation oder Schadensabwehr 29 FN 450
Vorteilsanrechnung 29 N 470, FN 320

W

Wahrscheinlichkeit 29 N 303 ff.
Warnung 28 N 147, 149 f.
Waschmaschine 28 N 39
Wechsel d. Haftpflichtigen 29 N **150 ff.**, 387
Wegbedingung der Haftung s. einzelne Haftungsarten
Weiterer Schaden s. einzelne Haftungsarten, Vermögensschaden i. e. S.
Wellenschlag s. Immission
Werk 27 N 43 f.; 28 N 31 f., 83, 111 f., FN 74; 32 N 150
Werkeigentümer 28 N 59, FN 74
Werkeigentümerhaftung 27 N 21, 25, 34 ff., 41, 51, 239, FN 43, 133; 28 N 60, FN 133; 32 N 146 f., 149 ff., 241
Werkmangel 27 N 35; 32 N 151
Widerrechtlichkeit s. einzelne Haftungsarten

Z

Zahlungsunfähigkeit 29 N 537 ff.
Zahnradbahn 27 N 14
Zins 29 N 563 ff.
Zivilgesetzbuch 29 N 94; 30 N 62; 31 N 63 ff.; 32 N 145 ff., 438 ff.
Zivilschutzhaftpflicht
- Aktivlegitimation 32 N 474
- Anlage 32 N 404 f.
- dienstliche Verrichtung 32 N 447, **457 ff.**, FN 313
- Entlastung 32 N 410, **475 ff.**
  - Drittverschulden 32 N 477 f.
  - höhere Gewalt 32 N 410, 475 f.
  - Selbstverschulden 32 N 410, 475 f.
  - Fahrlässigkeit, grobe 32 N 412, 449 f., 453, 480 f., 489, 492
- Gefahr 32 N 406 f., 476, 488

609

Sachregister

- Geltungsbereich
  - persönlicher 32 N **417 ff.**
  - rechtlicher 32 N **432 ff.**
  - sachlicher 32 N **414 ff.**
- Genugtuung 32 N 486
- Geschädigter
  - Bund 32 N 417
  - Wehrmann 32 N 417
  - Zivilperson 32 N 417
  - Zivilschutzangehöriger 32 N 417 ff.
  - Zivilschutzorganisation 32 N 417
- Haftung des Zivilschutzangehörigen 32 N **446 ff.**
- Haftungsgrund 32 N 476 f.
- Katastrophenhilfe 32 N 464
- kausale Freistellungshaftung 32 N 408, 441
- Kausalzusammenhang 32 N 455 f.
- Krieg 32 N 465 ff.
- Kurse 32 N **461 ff.**
- Land- und Sachschaden 32 N **399 ff.**, 473
- Mehrheit von Ersatzpflichtigen 32 N 398, 488 f.
  - Solidarität 32 N 398, 445
- Militärversicherung 32 N 418 f., 422, 424, 426, 449
  - Regress 32 N 449
- Organisationshaftung 32 N 408
- Personenschaden 32 N 110, **454**
- Rechtfertigung 32 N 472, 479
- rechtmässige Schädigung 32 N 401, 468
- Reduktion 32 N 485
- Regress 32 N 398, 412, **480 ff.**
- Rekurskommission 32 N 397
- Sachschaden 32 N 110, **454**
- Schaden 32 N **454**
- Schadenersatzbemessung 32 N 485
- Schadensberechnung 32 N 485
- Selbstverschulden 32 N 410, 475 f.
- Subjekt der Haftpflicht 32 N **442 ff.**
- Übung 32 N 406, **461 ff.**
- Verdunkelung 32 N 403, 494
- Verfahren 32 N **393 ff.**
- Vergleich 32 FN 304
- Verjährung 32 N 495 ff.
- Vermögensschaden i.e.S. 32 N **454**, FN 322
- Verschulden 32 N 484
- Versicherung 32 N 493
- Verursachung 32 N **455 ff.**
- Verwaltungsgerichtsbeschwerde 32 N 397
- verwaltungsrechtliche Klage 32 N 396
- Voraussetzung der Haftung
  - negative 32 N **475 ff.**
  - positive 32 N **454 ff.**
- Vorsatz 32 N 412, 449 f., 453, 480 f., 489, 492
- Wehrmann 32 N 453
- Widerrechtlichkeit 32 N **472 f.**
- Zivilschutzangehöriger 32 N 108 ff., 112, 405, 417 ff., 448 ff., FN 63
- Zivilschutzorganisation 32 N 112 ff., 188, 404, 417, 442, 450 ff.
- Zuständigkeit 32 N **393 ff.**

Zufall s. einzelne Haftungsarten
Zuleitung, elektrische 28 N 41
Zulieferer 29 N 115 f., 349, 351, 369, 411
Zurechnungsfähigkeit s. Urteilsfähigkeit
Zusammenhang
- funktioneller 27 N 112 f., 117
- örtlicher 27 N 112 f., 117
- zeitlicher 27 N 112 f., 117

Zusammentreffen von Leitungen 28 N 6, 43, 68, 70, 80, **94 ff.**, 113
Zusammenwirken von Kernmaterialien 29 N 394 f., 501
Zuständigkeit s. einzelne Haftungsarten
Zutrittsverbot 32 N 153
Zwischenlager 29 N 166, 168, 173